ETA
EL SAQUEO DE EUSKADI

ETA
EL SAQUEO DE EUSKADI
JOSÉ DÍAZ HERRERA
ISABEL DURÁN

Planeta

Este libro no podrá ser reproducido, ni total ni parcialmente, sin el previo permiso escrito del editor. Todos los derechos reservados

© José Díaz Herrera e Isabel Durán, 2002
© Editorial Planeta, S. A., 2002
Diagonal, 662-664, 08034 Barcelona (España)

Diseño de la cubierta: Enric Jardí
Ilustración de la cubierta: © Aranberri/AP Photo

Primera edición: noviembre de 2002
Depósito Legal: B. 42.669-2002
ISBN 84-08-04473-7
Composición: Anglofort, S. A.
Impresión: A&M Gràfic, S. L.
Encuadernación: Eurobinder, S. A.
Printed in Spain - Impreso en España

Índice

Introducción 7

- I. Los negocios del euskera 17
- II. ETA, Sociedad Anónima 50
- III. Los abogados del diablo 86
- IV. El sindicato del crimen 121
- V. HB, la otra boina de ETA 156
- VI. El miedo guarda la viña 195
- VII. Asesinados por partida doble 229
- VIII. El euskera, la «kantera» de ETA 261
- IX. A Dios rogando y con las pistolas matando 299
- X. La Ertzaintza, entre el PNV y ETA 337
- XI. El control de la sociedad civil 370
- XII. La pedagogía de la violencia 409
- XIII. El huevo de la serpiente 442
- XIV. La trastienda de ETA 474
- XV. Territorio comanche 509
- XVI. El *ministerio* de la santísima trinidad 542
- XVII. Votos teñidos de sangre 573
- XVIII. «Cosa nostra» 605
- XIX. «Nostra cosa» 638
- XX. La estrategia del diablo 671
- XXI. El exterminio civil 701
- XXII. La diplomacia de las pistolas 738
- XXIII. La senda del abismo 779

Apéndice 821

Introducción

En 1979, durante el debate previo de la ponencia del Estatuto vasco, un sector del PNV se mantuvo inflexible en su postura de incorporar al texto una disposición transitoria que permitiera la celebración de un referéndum a favor de la autodeterminación en el momento en que el futuro Parlamento vasco lo considerase oportuno.

Haciendo suyas las tesis de la oficina política de ETA (el ser para decidir), los nacionalistas pretendían declararse dueños del destino de toda la comunidad vasca —integrada al cincuenta por ciento por nacionalistas y constitucionalistas— al margen del Gobierno, el Parlamento español, la Constitución, el futuro Tribunal Constitucional y todas las instituciones depositarias de la voluntad popular de vascos y españoles.

Tras un duro enfrentamiento, la propuesta se retiró. Pero durante el largo enfrentamiento dialéctico, el dirigente socialista Enrique Múgica, sin poder contenerse por la cerrazón de sus adversarios políticos, le dice al diputado de UCD Julen Guimón, hoy fallecido:

—Estos nacionalistas no escarmientan. Como siempre, andan buscando un baño de sangre.

Luego vino la dura discusión del Estatuto, donde el Partido Nacionalista, sin ser la fuerza mayoritaria ni mucho menos, impuso a todos los demás partidos su tesis. O jugamos como digo yo, o rompemos la baraja. Cuando vienen a Madrid a presentarlo en el Congreso de los Diputados, que debe decidir su discusión y aprobación, Carlos Garaikoetxea y Xabier Arzalluz amenazan al Parlamento soberano de la nación:

—Aquí no se toca ni una coma.

En un ejercicio de benevolencia, se les respetó. Las amenazas sin cuento del PNV, unidas a la acción de ETA, que inició una «limpieza étnica» de concejales, alcaldes, diputados, dirigentes de UCD y empresarios afines al centro derecha español, a los que se pretendía «expulsar» de Euskadi, bien por las buenas o en una caja de madera y con los pies por delante, lograron el efecto pretendido.

Y es que el clima de violencia no tenía parangón en la reciente historia de España. Una gestión de un enviado especial del Rey de España con un intermediario de la banda armada para tratar de integrar a los terroristas en el Estatuto fue contestada meses después con un atentado al jefe del Cuarto Militar del Rey y se saldó con la muerte de un coronel, un sargento y un conductor, y con heridas graves al teniente general Joaquín Valenzuela.[1]

El PNV repudiaba de puertas afuera los asesinatos de mandos de las Fuerzas Armadas, pero uno de sus miembros más señalados le dijo a la banda armada, según aparece en *Zutabe*: «A pesar de no estar de acuerdo con la lucha armada de ETA, criticando especialmente las acciones contra militares, llego a aceptar que en determinados momentos puede resultar políticamente rentable su utilización, sobre todo visto el rumbo que están tomando los acontecimientos en Euskadi y la cerril actitud del Gobierno centralista.»[2]

En este contexto y como contamos en este libro, con unos asesinando y otros incitándolos, cuando el Rey sancionó el Estatuto de Gernika, el 18 de diciembre de 1979, la mayoría de los españoles entendieron que se acababa de firmar un «pacto histórico» entre los nacionalistas y el resto de los vascos y españoles. Este acuerdo, sellado con la sangre de muchos inocentes, ponía fin a una serie de contiendas —las guerras carlistas— que habían asolado especialmente el norte de España durante el siglo XIX.

A finales de la década de los cincuenta y durante la de los sesenta, el irredentismo vasco representado por los viejos rescoldos del carlismo; el sector más joven y radical del PNV, azuzado por

---

1. El coronel Guillermo Tebar Seco, el sargento de escolta Antonio Nogueira y el cabo conductor Manuel Rodríguez Taboada.
2. *Zutabe*, núm. 15, 1979.

los dirigentes de los grupos escindidos Aberri, Jagi Jagi y Acción Nacionalista Vasca;[3] algunos *gudaris* con mala conciencia por su papel en la guerra civil y por la «traición» de los aliados que no liberaron al País Vasco de las garras del franquismo y del resto de España,[4] y un amplio sector del clero vasco montaraz, adobado con algún matiz de la Teoría de la Liberación, paren a la Bestia: ETA.

Nacida como una excrecencia del nacionalismo, la banda terrorista no ha sido la organización abanderada contra el franquismo, en contra de uno de los mitos creados por la izquierda. Siempre y en todo momento se ha definido como un grupo armado revolucionario cuya meta era invariablemente la emancipación por la vía de la confrontación armada, la vía insurreccional o la estrategia del diálogo, según los distintos períodos, de Euskal Herría para crear allí un Estado independiente, euskaldún, es decir, donde sólo se hable euskera, y socialista, al margen de lo que ocurriera en el resto de España.

Por eso, a partir de su V Asamblea, sus dirigentes se preocuparon de cortar de raíz las corrientes marxista-leninistas e internacionalistas, cuyos militantes fueron tachados de «españolistas» y «revisionistas» y acabaron siempre escindiéndose.

La banda terrorista entronca así con el nacionalismo y el carlismo irredento, dispuesto a teñir de sangre sin causa aparente el País Vasco, y con el aranismo, que hace de la lengua el elemento básico para romper cualquier vínculo entre vascos y españoles.

ETA, sin embargo, sin engañar a nadie[5] ni ocultar en ningún momento su proyecto racista, xenófobo y excluyente, sabe aprovecharse de la cobertura y el apoyo que le prestan las fuerzas democráticas que luchan contra el franquismo para matar, extorsionar, aniquilar enemigos políticos.

Así, con la aquiescencia y el aplauso de una parte de la sociedad que la dejó actuar sin movilizarse en su contra, sin sentir el

---

3. Grupo independentista del PNV acaudillado por Elias Gallastegui y otros líderes, a los que se une Telesforo Monzón.
4. El nacionalismo no practica el internacionalismo, sino que es radicalmente contrario a él. Por lo tanto, la liberación del resto de España, obviamente, les trae sin cuidado.
5. En algunas hemerotecas, especialmente en la Universidad de Deusto, están todos sus documentos internos (*Zutik, Zutabe*) para quien quiera consultarlos.

dedo acusador o el rechazo moral de un amplio sector del clero vasco, con la ayuda encubierta de un sector del PNV que aportó su ayuda económica y en ningún momento dejó desasistido a terrorista alguno, la Bestia sobrevivió a la muerte del guardia civil José Pardines, al Consejo de Guerra de Burgos, e intentó provocar una insurrección popular con el asesinato del almirante Luis Carrero Blanco, dentro de su estrategia de entonces: acción-represión-acción.

Como se cuenta en este libro, a finales de la década de los sesenta y en los setenta, cuando se empieza a preparar el futuro de España ante la muerte inminente del dictador, la banda armada plantea reiteradamente, en varias ocasiones y con diversos interlocutores, a los partidos vascos la creación de un Frente Común en contra de España. «República o monarquía, democracia o dictadura, el denominador común es que todas las formas de Estado o de gobierno son enemigas del pueblo vasco», escribe ETA.

Por razones de oportunismo electoral, por no querer embarcarse en aventurismo político y por el temor a que la vía insurreccional que proponen los pistoleros fracase, como así ocurre,[6] el PNV opta por presentarse a las elecciones.

Pero a la Bestia se le ha dado ya suficiente pienso, tiene detrás un amplio respaldo social que le aporta decenas de madrigueras donde esconderse, y Eusko Gastedi, la «sección juvenil» del PNV, actúa de «nave nodriza», dispuesta a abastecer de pistoleros a sus comandos mil veces destruidos y vueltos a reconstruir. ETA da así el gran salto cualitativo. De ser un simple grupo terrorista al estilo de la banda Baader Meinhof alemana o las Brigadas Rojas italianas, pasa a convertirse en un grupo revolucionario con todo tipo de apoyos políticos, sindicales, culturales e institucionales. Ya no hay quien la pare.

Es el ejército del PNV en la sombra, con el que mantiene permanentes vasos comunicantes, aunque se está formalmente en desacuerdo en los métodos, pero nunca jamás en los fines. Como se relata en esta obra, se lo dice Xabier Arzalluz al presidente del Gobierno Leopoldo Calvo-Sotelo, y se lo repite, años más tarde,

---

6. Tras la muerte de Carrero, ETA abandona sus tesis de derrotar al Estado por la vía de las armas y saca la Alternativa KAS para negociar.

Carlos Garaikoetxea a José María Aznar en el palacio de la Moncloa tras el Pacto de Lizarra.

Pero en 1977 y 1979 el nacionalismo que dicen moderado suscribe con el resto de las fuerzas políticas un pacto para dejar atrás una historia de desencuentros, de guerras y de sangre. Es, como dijimos al principio, el Estatuto de Gernika. «Hemos [conseguido] con el Estatuto vasco el máximo de funciones y facultades que creemos señala la Constitución», dijo el día de su aprobación en el Senado el dirigente vasco Julio Jáuregui Lasanta. Y añadió: «Señores, estamos hablando de un Estatuto de Autonomía dentro de la Constitución, dentro de la unidad del Estado; no estamos hablando de independencia, porque para eso no vendríamos a este Parlamento.»

Abogado vizcaíno, Jáuregui concluyó su parlamento: «El día que se forme el Gobierno Vasco y se forme el Parlamento autónomo podrán ponernos a ETA en el "debe" de los vascos; antes, no. En 1936 voté un Estatuto nacido de la guerra y para la guerra. Hoy, como senador, voy a votar con la convicción de que voto por un Estatuto para la paz y para siempre.»

Jáuregui, uno de esos hombres íntegros del PNV que hizo la guerra civil, muere un mes más tarde. De esta manera no es testigo de cómo su partido rompería aquel «pacto histórico» de la democracia.

Fue la orden más cruel, despiadada e inhumana que grupo terrorista haya dado nunca: «Hay que poner toda la fuerza posible en levantar a un concejal del PP, dando un ultimátum de días para que los presos estén en Euskadi. En relación a este tema [secuestro], hacerlo lo antes posible, y si no podéis secuestrarlo o hay un problema en el intento, le dais *kostu* y a por otro. De todas formas, intentar levantar a uno.»[7]

Estas instrucciones, transmitidas por los jefes de la banda armada a todos los comandos en febrero de 1997, iban a cambiar la reciente historia del País Vasco. El 10 de junio, el comando «Viz-

---

7. Diligencias número 122/97 de fecha 24 de septiembre de 1997, instruidas por la Guardia Civil de Vizcaya.

caya» secuestra a Miguel Ángel Blanco, concejal de Ermua, y lo mata dos días después.

Como se relata minuciosamente en este volumen, con la aportación de documentos inéditos, el PNV, que ve peligrar su granero electoral por el lógico levantamiento popular que provocó un asesinato tan despiadado, decide echarse en manos de los enemigos de la libertad y estampar su firma al pie de un pacto «entre nacionalistas» que plantea la construcción de un Estado vasco independiente y la expulsión de los representantes de los partidos políticos constitucionalistas.

El Pacto de Lizarra fracasa y las elecciones autonómicas del 13 de mayo de 2001 se encargan de darle la puntilla. Con apenas 24 069 votos de diferencia, la coalición PNV-EA, ganadora de los comicios, carece del respaldo popular suficiente para iniciar la secesión del País Vasco de España y poner rumbo a los Balcanes.

Pero de la misma manera que entre los periodistas suele decirse «no dejes que la realidad te estropee un buen reportaje», PNV y EA no están dispuestos que los votos de casi el cincuenta por ciento de las papeletas escrutadas acabaran con el sueño virtual, utópico y romántico de una Euskal Herría unida.

Y como se expone con detalle en el último capítulo, tras sacar el Pacto de Estella de Udalbiltza y llevarlo a las instituciones emanadas del Estatuto —Gobierno y Parlamento vasco—, el 27 de septiembre de 2002 el *lehendakari* Juan José Ibarretxe se encamina por la senda del abismo al proponer la creación de un Estado libre asociado.

De esta manera, el nacionalismo que en 1998 rompe el «pacto histórico» con el resto de las fuerzas políticas que da lugar a la Constitución y el Estatuto, retorna de nuevo a las tesis de ETA y se instala en la provocación, el desafío y el «golpe de Estado» desde las instituciones que controlan.

Los detalles se narran en el presente volumen. Utilizando por primera vez toda la documentación interna de ETA que se conoce, desde 1954 hasta 2002, cotejando entrevistas en exclusiva con libros y enciclopedias escritos por el sector que siempre ha mandado en la banda armada —el nacionalista—, en este volumen no sólo tratamos de aportar al lector las claves de la evolución de la banda armada y sus pactos con el llamado nacionalismo moderado.

También desmenuzamos en los capítulos «Cosa nostra» y «Nostra cosa» los encuentros secretos entre PNV y ETA, profundizamos en los tres ejes que han hecho posible la supervivencia de la mayor lacra europea de los siglos XX y XXI (nacionalismo, Iglesia y abogados); aportamos por primera vez una lista de más de treinta y cinco folios relatando los viajes de los dirigentes de HB para visitar a los etarras en sus santuarios y aportamos documentos inéditos de las «ayudas» de ETA al diario *Egin* y la extensa lista de los periodistas que, según el Gobierno, han sido procesados o condenados por terrorismo.

La primera y fundamental cuestión era: ¿Cuáles son las verdaderas fuentes de financiación de ETA? ¿De dónde se nutre, además del «impuesto revolucionario»?

Por ello, el libro comienza con la demostración de que el euskera también mata porque es la fuente principal de financiación de ETA en los años noventa. A pesar de saberlo, el Gobierno Vasco declara a la Coordinadora para la Alfabetización y Euskaldunización de adultos (AEK) vasca de «utilidad pública».

A continuación pasamos a glosar el *holding* empresarial del hacha y la serpiente, que va desde el mar de Alborán, con la pesca de coral y la venta de marisco, hasta empresas de muebles en Francia, materiales de construcción en México, restaurantes de lujo en Uruguay, comercializadora de chatarra en Costa Rica, y que tiene su puntal en Cuba, donde gracias a sus excelentes relaciones con Fidel Castro venden zapatillas de baile al Ballet Nacional, rehabilitan centrales eléctricas y hasta construyen calderas de vapor, ya que ser revolucionario socialista a costa de la miseria del pueblo resulta verdaderamente rentable.

Pero también nos adentramos en el verdadero negocio de los supuestos libertadores de Euskadi: el negocio de la extorsión con las empresas pantalla descubiertas por la justicia española e internacional y los numerosos mecanismos utilizados por los etarras para nutrir sus arcas.

En los siguientes capítulos desbrozamos el bosque jurídico tras el que se parapeta el terror. En el capítulo que hemos llamado «Los abogados del diablo» desvelamos, con sus propias conversaciones, sus propios documentos, la red de cerca de cien letrados que se encargan de que quienes secuestran, chantajean, extorsionan, amenazan, injurian y coaccionan queden en buena parte inmunes. Y algo más: cómo parte de los supuestos miembros del entramado legal pertenecen a la organización asesina, transmitiendo las órdenes y coaccionando para que se cumplan.

Pero ETA no hubiera llegado hasta hoy de no haber impuesto su sindicato, LAB, a tiro limpio. Y no sólo en el sindicato del crimen sino en HB hay personas que tienen dos boinas, y que «en ocasiones usan la de HB y en otras la de ETA», en palabras del *lehendakari* Ardanza. Por ello aportamos la manera en que la banda armada elige a los candidatos que deben representarlos en sus instituciones o cómo nombra y destituye a los órganos de gobierno de la formación política en virtud del «voto de calidad» que se reserva para sí con la excusa de que hay que «educar al pueblo».

La disciplina etarra no la impone sólo a su formación política, HB; es más dura si cabe la dictadura aplicada a sus mecanismos de funcionamiento internos. Una vez dentro de ETA hay que pedir permiso hasta para tener hijos, como desvelamos con las cartas que la activista deportada en Cabo Verde, Rosa Alkorta, remite desesperadamente a la organización para que se le permita salir de allí y someterse a tratamientos de fertilidad. Estremece también la brutal respuesta de la banda.

Pero la maldad no tiene límites y en Euskadi se asesina por partida doble. Por eso contamos en otro capítulo cómo los familiares de las casi doscientas personas que ETA ha asesinado bajo la acusación genérica de «chivatos», casi siempre falsa, son tratados como apestados y se niegan a que se los homenajee.

En un lugar donde quien te señala para que te maten es tu vecino porque compras un periódico no *abertzale*, la lengua autóctona no sólo ha sido el gran negocio de los terroristas, también se ha convertido en arma arrojadiza contra quienes no quieren aprenderla. Así lo contamos en «Euskera, la *kantera* de ETA», y les mostramos cómo los libros de texto pueden ser tan peligrosos como las bocas de los fusiles.

Pero la compleja telaraña tejida en torno a los apoyos a los «independentistas vascos» de las pistolas no se comprende si no se buscan los datos fehacientes sobre el verdadero apoyo de las sotanas de ETA. Sus primeras asambleas se planificaron en una iglesia, y en un templo de Dios se decidieron también los primeros asesinatos. Un monje benedictino, Txiquía, se convirtió en uno de los primeros pistoleros. La sacristía de Sokoa era lugar de confesión habitual de los aterrorizados empresarios a los que extorsionaba la banda e imploraban de rodillas la rebaja de las cuantías. El primer zulo de ETA se hizo en la casa del cura de Ibárruri. Éstos son sólo algunos de los ejemplos que desmenuzamos en «A dios rogando y con las pistolas matando».

También hemos abordado las razones de por qué, pese a existir una policía pagada con dinero de todos los españoles, ésta ha sido incapaz de enfrentarse a los pistoleros por orden expresa de sus responsables políticos. Y es que, caso insólito, algún sindicato de la Ertzaintza ha firmado treguas de no agresión con los terroristas, ha protegido encuentros secretos entre PNV y ETA, y es la única policía del mundo que paga un Estado y actúa a favor de sus enemigos.

El control de la sociedad civil y la pedagogía de la violencia son dos capítulos donde desmenuzamos cómo la Bestia controla cualquier tipo de asociación cultural, ecológica, antimilitarista o antiglobalización que se cree en el País Vasco. Es la forma más eficaz de eliminar competidores y de impedir que los «ancestrales enemigos del pueblo vasco» se adueñen de la calle.

Gracias por tanto a la enorme maquinaria desplegada a base de numerosas subvenciones públicas (Gobierno Vasco, diputaciones forales y ayuntamientos) y de la publicidad institucional y privada, el huevo de la serpiente se retroalimenta. Contamos cómo Jarrai, su organización juvenil, las gestoras de la muerte (Gestoras Pro Amnistía) y las *herriko* tabernas son tres cabezas del mismo reptil del hacha.

No es nuestra intención, sin embargo, agotar la paciencia de los lectores ni poner a prueba su capacidad de asombro. Sólo nos queda, por tanto, asumir toda la responsabilidad de los posibles errores, que sin duda los hay, y dar las gracias a nuestras fuentes por su infinita paciencia y por los posibles hallazgos que podamos transmitir a quienes tengan la paciencia de continuar con la lectura.

Madrid, 12 de octubre de 2002.

CAPÍTULO PRIMERO
Los negocios del euskera

ETA controla desde hace muchos años la empresa AEK, la red escolar vasca más importante dedicada a la alfabetización y la euskaldunización de adultos. Integrada por 150 centros distribuidos por el País Vasco, Navarra y territorio francés, AEK era, sin embargo, algo más que una organización dedicada a impartir clases de euskera, adoctrinar e, incluso, predicar el odio entre vascos y españoles. Protegida y financiada por el Gobierno Vasco, una investigación de la Audiencia Nacional revela que durante años fue la «caja principal» de la organización terrorista ETA. De sus cuentas, abiertas casi todas en la Caja Laboral Popular, el banco en que más confía ETA, salían no sólo los sueldos de Arnaldo Otegui y *Josu Ternera*. También, incluso, el mantenimiento de sus coches, el pago de muchos de sus gastos y hasta la pensión de separación que Xabier Alegría Loinaz, máximo dirigente de HB, la trama civil de la organización terrorista, pagaba a su ex mujer, Begoña Respaldiza Ozaeta. El 9 de julio de 2002, el Ejecutivo de Ibarretxe la declara de «utilidad pública».

Situada entre el río Urumea y la plaza de Zaragoza, la calle Arrasate, en Donostia, es una vía tranquila, de dos carriles, que discurre paralela a la calle San Martín, sede de los juzgados provinciales de Guipúzcoa.

Los agentes de paisano de la Policía Nacional que rondan por las aceras no pretenden vigilar al alcalde de San Sebastián, el socialista Odón Elorza,[1] acusado de condescendencia con los radicales, ni a proteger a las tías del ex ministro del Interior Jaime Mayor Oreja, que viven allí.

Es el 27 de mayo de 1998. Agazapados en los portales de algunas viviendas, en algún que otro bar, en coches camuflados, los policías esperan que se apaguen todas las luces de un piso de oficinas, enclavado en el número 51, para intervenir.

Finalmente, a las 12.30 de la noche, cuando la ciudad recobra la tranquilidad y el sosiego tras una jornada laboral intensa para

   1. En esa calle viven sus suegros, los Lamfus.

muchos de sus habitantes, una docena de policías echa abajo la puerta y penetra en el inmueble sumido en tinieblas, donde el intenso olor a tabaco revela que acaba de ser abandonado apenas unas horas antes.

Al mismo tiempo, siguiendo instrucciones del juez de la Audiencia Nacional, Baltasar Garzón, y del fiscal Enrique Molina, dos centenares de policías entran en una decena de lugares del País Vasco y detienen a algunos de sus moradores.

En principio no parece que se trate de una operación contra ETA. Los policías, en lugar de buscar zulos con armas y explosivos, bombas-lapa, temporizadores o listas de posibles víctimas de la banda terrorista, confiscan ordenadores, agendas personales, recibos de teléfono, extractos de cuentas corrientes bancarias, facturas, documentos de compra-venta, actas notariales y todo tipo de documentos mercantiles.

Lo mismo ocurre en el número 51 de la calle Arrasate de Donostia. El edificio es la sede de la asociación AEK (Alfabetatze ta Euskalduntze Koordinakundea), la Coordinadora de Alfabetización y Euskaldunización de adultos, la red privada más importante del País Vasco dedicada a la enseñanza del euskera a los adultos.

Calificada públicamente por muchos como una institución modélica y sin ánimo de lucro, como una entidad benéfica y de «utilidad pública»[2] al dedicarse oficialmente a la difícil tarea de la recuperación de la lengua y la cultura vascas de acuerdo con los principios de la Euskaltzaindia, la Academia de la Lengua Vasca, lo que muy pocos sospechan es que aquella inocente y altruista entidad constituye la tapadera perfecta de una de las tramas financieras más importantes de la banda terrorista ETA.

¡Bingo!

Como se verá con más detalle, en 1991, el presidente del PNV, Xabier Arzalluz, y su hombre de confianza en el mundo de ETA, Gorka Aguirre, se entrevistan en secreto con José Luis

---

2. Oficialmente no aparece inscrita como entidad de «utilidad pública» por el Gobierno Vasco. Sin embargo, AEK utiliza con frecuencia esa característica para obtener subvenciones públicas.

Elkoro, Rafael Díez Usabiaga y otros dirigentes de Herri Batasuna.[3]

En el encuentro, y a la hora de los reproches mutuos, el ex jesuita echa en cara a sus contertulios los intentos de HB y ETA de controlar y monopolizar en exclusiva la enseñanza de la lengua.

«Es lamentable que en temas básicos como el euskera tampoco pueda funcionar ese "valor entendido" entre nacionalistas», les espeta.

Los dirigentes de HB protestan. No es cierto que traten de monopolizar el uso de la lengua y la cultura vascas. Por el contrario, es el PNV el que hace dejación constante de su sagrada obligación de recuperar su lengua, al entregar la Consejería de Cultura al PSOE.

«¿Y vosotros qué? Vosotros os empeñáis en "aekaizar" todo», replica Arzalluz, en referencia a la implantación de AEK.

Nacida, según cuentan sus fundadores, durante el franquismo, en 1966, en torno a un grupo de intelectuales del entorno de ETA vinculados a la Academia de la Lengua Vasca,[4] la Coordinadora de Alfabetización y Euskaldunización se presenta como un movimiento popular y espontáneo de la sociedad vasca dirigido a la recuperación de sus señas de identidad.

En los primeros años de funcionamiento, en plena dictadura y en la transición política, los centros dedicados a reeuskerizar a las personas mayores son escasos. En esa época, además, carecen de medios de financiación propios. Se sostienen mediante rifas, *txoznas* (casetas en fiestas populares), *korrikas* (carreras populares) y venta de pegatinas, camisetas y chubasqueros.

El método es extremadamente rudimentario. Resulta, sin embargo, muy eficaz, para aglutinar y movilizar permanentemente a núcleos de gente en torno al nacionalismo radical y violento, mantener el espíritu de rebeldía y el fuego sagrado de la contestación y el enfrentamiento permanente con el Estado y las instituciones autonómicas.

---

3. El informe de la reunión es requisado por la Guardia Civil de la casa de Díez Usabiaga. Aparece en el sumario 18/98, abierto por el Juzgado de Instrucción número 5 de la Audiencia Nacional.

4. José Luis Álvarez Enparanza, *Txillardegui*, el sacerdote Julen Kalzada o el escritor de origen Federico Krutwig, dos de ellos miembros de Euskaltzaindia.

A comienzos de los ochenta, tras la aprobación del Estatuto y la formación del primer Gobierno Vasco, el PNV se plantea reestructurar el sector marginal de la educación de adultos. Con este motivo, dentro de la Consejería de Cultura se crea el HABE (Helduen Alfabetatze eta Berreuskalduntzerako Erakundea), es decir, el Organismo de Alfabetización y Reeuskaldunización de Adultos. Su misión, poner en marcha una red de centros públicos y homologar los ya existentes, para que la formación impartida tenga unos criterios mínimos de calidad.

El nuevo ente debe vencer los recelos del nacionalismo radical. Se configura, por tanto, desde el principio como un organismo autónomo, con presupuesto propio y con personal e instalaciones diferenciados de la Secretaría de Cultura del Gobierno Vasco.

HB y ETA descubren la maniobra y no están dispuestas a dejarse arrebatar la parcela de poder que ejercen en el sector educacional. Un grupo de profesores afines de *euskalteguis* (centros de enseñanza reglada de adultos) y de *barnateguis* (internados para el aprendizaje de la lengua por el sistema de inmersión) se niega a ser engullidos por el PNV y el Gobierno Vasco. Para evitarlo se integran en una serie de cooperativas que, poco a poco, acaban fusionándose en un solo ente.

Así, tras varias reuniones, a finales de 1982 nace AEK, una entidad que aparece inscrita en el Registro de Asociaciones del Ministerio del Interior con el número 47 728, el 2 de diciembre. Su objeto social es la «enseñanza y promoción del euskera» y su ámbito territorial abarca al País Vasco, la Comunidad Foral de Navarra y el País Vasco francés. Su domicilio social y fiscal se establece en la calle Arrasate, 51 de San Sebastián.[5]

La pelea por el control de la formación de adultos entre PNV y HB se decanta, en poco tiempo, del lado de Herri Batasuna. Incapaz de enfrentarse al mundo radical, en campaña permanente hasta en los últimos pueblos y aldeas en movilizaciones, manifestaciones, sentadas, encadenamientos en los que mezcla la llamada «construcción nacional» con la lengua autóctona, el Gobierno

---

5. Al tratarse de una entidad constituida, al estilo de la futura nación vasca, por *herriades*, otros domicilios sociales se encuentran en las calles Arana, 30 (Álava), Perro, 1 (Bilbao), Jarauta (Pamplona) y Pontrike Karrika (Bayona).

Vasco renuncia a crear una red de centros oficiales para la enseñanza del euskera.

El organismo autónomo HABE se convierte de esta manera en un ente sin contenido ni capacidad de control,[6] cuyo único objetivo es hacer de intermediario entre la Consejería de Cultura y los *euskalteguis* y *barnateguis* en la concesión de ayudas a estos últimos.[7]

Así, tras el abandono por parte de la Consejería de Educación de la formación de adultos en manos de profesores cercanos a HB, gracias a las ayudas del Gobierno Vasco, a las subvenciones de los ayuntamientos con mayoría *abertzale* y a la contratación de muchos de los centros por el Gabinete de Vitoria para impartir clases de euskera a sus funcionarios, Ertzaintza, funcionarios y profesores de la red de *ikastolas*, AEK crece como la espuma.

En pocos años se convierte en la empresa líder en el sector de la euskaldunización, frente a sus competidoras IKA,[8] Bertrán y los udales, o escuelas municipales. En el año 2002, AEK cuenta con una red de cerca de 150 *euskalteguis*, la mayor parte de ellos bajo control de HB.[9]

6. No tiene capacidad para exigir una mínima titulación a los profesores ni inspeccionar los centros de enseñanza y verificar si reúnen las condiciones exigidas por las leyes. Se limita a controlar el número de horas impartidas por centro y a abonar la subvención correspondiente.

7. Las ayudas se conceden mediante un contrato marco, suscrito entre las dos partes, que se establece por un período quinquenal.

8. IKA es otra cooperativa vinculada a la izquierda radical. Tiempo atrás estuvo vinculada a AEK y se desgajó de ella.

9. *Euskalteguis*: Abadiño (Vizcaya); Amorebieta (Vizcaya); Durango (Vizcaya); Igorre (Vizcaya); Iurreta (Vizcaya); Lemoa (Vizcaya); Ubidea (Vizcaya); Zaldíbar (Vizcaya); Ixkiria (Álava); Donostia (Guipúzcoa), seis centros; Ayala (Álava); Amurrio (Álava); Bernedo (Álava); Gasteiz (Álava), tres centros; Campezo (Álava); Legutio (Álava); Bilbao (Vizcaya), once centros; Andoain (Guipúzcoa); Tolosa (Guipúzcoa); Barakaldo (Vizcaya); Galdácano (Vizcaya); Arrigorriaga (Vizcaya); Basauri (Vizcaya); Zaratamo (Vizcaya); Zeberio (Vizcaya); Éibar (Guipúzcoa); Soraluce (Guipúzcoa); Elgóibar (Guipúzcoa); Elorrio (Vizcaya); Antzuola (Guipúzcoa); Mondragón (Guipúzcoa); Bergara (Guipúzcoa); Ermoa (Vizcaya); Mallabia (Vizcaya); Usurbil (Guipúzcoa); Bermeo (Vizcaya); Forua (Vizcaya); Gernika (Vizcaya); Astigarraga (Guipúzcoa); Hernani (Guipúzcoa); Oyarzun (Guipúzcoa); Irún (Guipúzcoa); Kuartango (Álava); Urkabustaiz (Álava); Zigoitia (Álava); Zuya (Álava); Arrieta (Vizcaya); Bakio (Vizcaya); Berango (Vizcaya); Derio (Vizcaya); Erandio (Vizcaya); Gatika (Vizcaya); Getxo (Vizcaya); Gorliz (Vizcaya); Larrabetzu (Vizcaya); Mungía (Vizcaya); Plentzia (Vizcaya); Sondika (Vizcaya); Sopelana (Vizcaya); Uduliz (Vizcaya); Zamudio (Vizcaya); Llodio (Álava); Agurain (Álava); Asparren (Álava); Dulantzi (Álava); Etxebarría (Vizcaya); Ispaster (Vizcaya); Lekeitio (Vizcaya); Markina (Vizcaya); Ondárroa (Vizcaya); Leioa (Vizcaya); Lasarte (Guipúzcoa); Beasain (Guipúzcoa); Idiazabal (Guipúzcoa); Lazkao (Guipúzcoa); Ordicia (Guipúzcoa); Zumárraga (Guipúzcoa); Lezo (Guipúzcoa); Pasaia (Guipúzcoa); Santurce (Vizcaya); Sestao (Vizcaya); Abanto (Vizcaya); Mus-

El caserío Txantxangorria, situado en la localidad francesa de Arcangues, es una casa solariega de una sola planta con tejado rojizo a dos aguas, emplazada en el camino vecinal que une las carreteras de Saint-Peé-sur-Nivelle con Arbonne.

El 29 de marzo de 1992, entre las doce y la una de la mañana, con un intervalo de varios minutos, tres coches se introducen silenciosamente en sus lindes. El último en aparecer es un Citroën BX azul metalizado con matrícula francesa 1918 SP 64.

El «cazador» entrado en años, que lleva toda la mañana recorriendo el lugar con su escopeta al hombro, los ve atravesar la verja, adentrarse por el camino de grava y perderse en el interior. Gran observador, acaba de descubrir que los visitantes no son los dueños de la casa —el cineasta Antoine Harispe y su mujer, Baisy, que pasan allí sus vacaciones—, sino unos individuos bien diferentes. Nervioso, saca un «walkie-talkie» del chubasquero y anuncia:

—¡El «número uno», dentro! ¡ El «número uno» acaba de entrar!

En el cuartel de la Guardia Civil de Intxaurrondo, el teniente coronel Enrique Rodríguez Galindo[10] se entera así de que la cúpula de ETA acaba de reunirse en territorio francés. Descuelga el teléfono y llama al comisario jefe de la Policía Judicial (PJ) de Bayona, Regis Abribat.

—Los tenemos. ¡Son tuyos!

---

kiz (Vizcaya); Ortuella (Vizcaya), dos centros; Trapagaran (Vizcaya), dos centros; Abanto (Vizcaya); Portugalete (Vizcaya); Rentería (Guipúzcoa); Balmaseda (Vizcaya); Karranza (Vizcaya); Zalla (Vizcaya); Aya (Guipúzcoa); Azkoitia (Guipúzcoa); Azpeitia (Guipúzcoa); Deba (Guipúzcoa); Zarauz (Guipúzcoa); Zestoa (Guipúzcoa); Zumaia (Guipúzcoa); Tudela (Navarra); Aoiz (Navarra); Estella (Navarra); Berriozar (Navarra); Burlada (Navarra); Donibane (Francia); Baztan (Navarra); Puente La Reina (Navarra); Garralda (Navarra); Hendaya (Francia); Pamplona (Navarra), cinco centros; Larraun (Navarra); Miarritze (Francia); Bayona (Francia); Alsasua (Navarra); Tafalla (Navarra); Ulzama (Navarra); Ansoain (Navarra); Sangüesa (Navarra) y Cizur (Navarra).

Barnateguis: Aduna (Vizcaya); Amezketa (Vizcaya); Arantza (Vizcaya); Azpeitia (Guipúzcoa); Bilbao (Vizcaya); Forua (Vizcaya); Lesaka (Vizcaya); Lizarza (Vizcaya); Oyarzun y Ondárroa (Vizcaya).

10. Ascendido a coronel y general de la Guardia Civil, Rodríguez Galindo fue años más tarde procesado y condenado por la muerte de dos miembros de ETA, José Antonio Lasa y Zabala, en una operación atribuida a los GAL.

Era domingo y la mayoría de los 35 agentes de la PJ disfrutan del descanso semanal. Pese a todo, Abribat, experto en la lucha antiterrorista desde que llega a Bayona en 1985 como jefe de la Policía del Aire y Fronteras (PAF), sabe que no se le van a presentar muchas oportunidades similares en la vida.

De esta manera, Francisco Múgica Garmendia, *Pakito*; José María Arregui Erostarbe, *Fitipaldi*, y José Luis Álvarez Santacristina, *Txelis,* miembros de la cúpula de ETA, fueron capturados por primera vez desde la creación de la organización terrorista en 1959.

La forma de operar de la policía gala[11] permite a Txelis, un donostiarra de treinta y nueve años, licenciado en Filología Vasca por la universidad parisina de la Sorbona, con una beca pagada por el Gobierno Vasco, y verdadero cerebro de ETA, destruir numerosos documentos, que aparecen chamuscados en una chimenea o rotos en el retrete de la vivienda.

La llamada «Operación Broma-Queso» se salda, no obstante, con la incautación de valiosos informes como el «Proyecto Udaletxe»[12] que, años más tarde, facilitará la reconstrucción de las tramas financieras de ETA.

Cuando el juzgado de instrucción del Tribunal de Gran Instancia de París, encargado en 1992 de los asuntos de terrorismo, remite a Madrid fotocopias de la documentación incautada a la dirección de ETA en Bidart, los papeles duermen el sueño de los justos en los archivos policiales.

El trabajo policial es, entonces, poco comandos y nada de lecturas. Un inspector de la Comisaría General de Información, el Polaco, decide por su cuenta dedicarse al análisis de los textos. Uno de ellos llama especialmente su atención. Se trata de un acta levantada el 1 de marzo de 1992 por ETA tras la reunión de la cúpula de la banda terrorista con dirigentes de HB y otras organizaciones mediante la cual la organización armada planificaba la

---

11. Los agentes franceses no actúan de noche ni asaltan los pisos francos de los terroristas por sorpresa. Por el contrario, antes de entrar por la fuerza en un lugar conminan por tres veces, mediante un megáfono, a los terroristas a entregarse voluntariamente

12. Proyecto casa municipal.

constitución en el País Vasco de una serie de empresas y sociedades para su financiación.

El documento, de dos folios de extensión, lleva por título «Proyecto Udaletxe» y evidencia la supeditación de HB, *Egin*, Gestoras Pro Amnistía, Jarrai, Egizan y Txalaparta a los pistoleros de ETA. Revela también el interés de los terroristas por encontrar fuentes de financiación propias.

Así, tras la reunión del 1 de marzo, en que se analiza el «Proyecto Udaletxe», ETA plantea que el asunto vuelva a discutirse por segunda vez en la reunión del 29 de ese mes, el día en que casualmente cae la cúpula de la banda terrorista.

Un aspecto en particular atrae la atención del Polaco. AEK, la Coordinadora de Alfabetización y Euskaldunización, una entidad que había pasado desapercibida hasta entonces a la policía, figura dentro del epígrafe «grandes empresas» vinculadas a ETA. En el acta del 1 de marzo de 1992 intervenida en Txantxangorri, la banda armada pide incluso que un representante de esta organización asista a la reunión del 29 de marzo, en la que se ha de debatir su participación en el aparato de finanzas de los terroristas.

Al analizar los registros mercantiles de AEK, el Polaco observa que Miren Itziar Goienetxea, militante de KAS, titular de cuentas corrientes de AEK, es la compañera sentimental del máximo jefe del aparato político de ETA, Xabier Alegría Loinaz. Como se verá a continuación, descubre mucho más.

Julen Kalzada Ugalde es, como diría la ex ministra de Cultura Carmen Alborch, un cura malo. Coadjutor de la parroquia de Yurreta (Durango), en 1967 y 1968 ocultó a terroristas de ETA, prestó su casa para que se organizaran atentados[13] y colaboró en todo tipo de actividades delictivas. En el Proceso de Guerra de Burgos fue condenado a doce años y un día de reclusión. Amnistiado, en 1981 aparece como presidente de la Coordinadora de Alfabetización y Euskaldunización de adultos.

---

13. Según consta en el sumario por el atentado de la calle Correo de Madrid, ya reseñado en este libro, y en otros procedimientos abiertos en esa época.

Sagrario Alemán Astiz, vocal de la asociación AEK desde su constitución hasta el 10 de junio de 1989 y parlamentaria foral por la provincia de Navarra, fue detenida en 1990 por injurias al Rey. Posteriormente fue puesta en libertad.

Ignacio Amuátegui Basauri fue vocal de AEK desde el 17 de noviembre de 1990 hasta el 29 de noviembre de 1994. En 1990, su pasaporte y dos fotografías suyas fueron encontrados en los archivos del dirigente de ETA José Javier Zabaleta Elósegui, *Baldo*, tras su detención en el sur de Francia.

Kalzada, Alemán y Amuátegui son tres de los treinta miembros de la dirección de la Coordinadora de Alfabetización y Euskaldunización de adultos que han sido detenidos o controlados en los veinte últimos años por su pertenencia a ETA, a sus organizaciones satélites o por actividades de apoyo a la banda terrorista.[14]

Con estos datos y teniendo en cuenta que la mitad de los miembros de AEK han compaginado su actividad en ETA con la presidencia, la vicepresidencia, la secretaría, la tesorería o las vocalías de la entidad destinada a la euskaldunización de los mayores, todo parece indicar que la banda terrorista ha controlado permanentemente la AEK.

Pero hay más connivencias. Significados dirigentes de Herri Batasuna o ETA, como Xabier Alegría, Julen Kalzada, Fermín Lazkano, Juan María Mendizábal, Ángel María Olalde, Floren Goikoetxea o Itziar Goienetxea, han pertenecido a la dirección de la Coordinadora de Alfabetización y Euskaldunización de adultos desde su fundación en 1982.

Al mismo tiempo, alrededor de ochenta ex miembros de la banda armada, juzgados y condenados por delitos de sangre en muchos casos, que aprenden el euskera en la cárcel, imparten cla-

---

14. El resto son José Ignacio Zabaleta Urquiola, Fermín Lazkano Pérez (diligencias 77/97 del Juzgado 5), Xabier Alegría Loinaz (detenido en 1986 por desórdenes y procesado en 1998 y 2000), José Ignacio Urtarán (detenido en 1992 por pertenencia a banda armada), Abelardo Castillo (detenido en 1996 por desobediencia y en 1997 por desórdenes), María Itziar Goionetxea (compañera de Xabier Alegría), José Ignacio Uriarte (detenido en 1992 por colaboración con banda armada), José María Mendizábal (detenido en 1994 y 2000 por pertenencia a ETA-EKIN), Ángel Olalde (condenado en 1981 por colaboración con banda armada), Miguel Galarza (detenido en 1986 por resistencia y desobediencia), José Aguirrezabala (militante de KAS), Victoria Armendáriz (militante de KAS), Floren Goikoetxea (condenado en 1981 por colaboración con banda armada), Ángel Hermosilla (militante de KAS), María Aránzazu Ruiz (militante de KAS), Jacques Bortayrou (detenido en 1979 por pertenencia a banda armada) y Doroteo Zobarán (detenido en 1981 por pertenencia a banda armada).

ses en los más de cien centros de AEK en Vizcaya, Álava, Guipúzcoa, Navarra, San Juan de Luz y Bayona. Así las cosas, asegurar que la Coordinadora de Alfabetización y Euskaldunización de adultos es un nido de víboras o, mejor dicho, de serpientes parece más que obvio.

Se trata del principal centro de adoctrinamiento y captación de militantes de que dispone la banda terrorista en el campo de la educación en el País Vasco, hecho que ha sido obviado por todos los gobiernos de la democracia hasta la llegada de Jaime Mayor Oreja al Ministerio del Interior.

Lo que nadie suponía hasta entonces es que la Coordinadora de Alfabetización y Euskaldunización de adultos ha constituido y constituye una de las mayores tapaderas legales dedicadas a la financiación encubierta de ETA.

El Polaco muere en un accidente de carretera cuando viaja desde Madrid a Álava y le cae una señal de tráfico encima. Días más tarde, cuando sus compañeros revisan sus cajones para entregarle a la familia sus pertenencias personales se encuentran con que éste ha realizado prácticamente toda la investigación previa.

Sus jefes, Jesús de la Morena, Antonio Martín Zaragoza y otros, sólo tienen que seguir el hilo del trabajo del Polaco para llegar al ovillo de las tramas financieras de ETA.

Al comisario Antonio Martín Zaragoza, un tipo amable, de modales correctos, nada toscos pero tampoco amanerados, nacido el 22 de julio de 1954 en Madrid, sus ojos vivarachos y saltones se le salían de las órbitas.

Procedente de la Brigada de Delitos Monetarios del Banco de España, lleva apenas unos meses como jefe de la Unidad Central de Inteligencia de la Policía, con veinticuatro años de ejercicio profesional dedicados en gran parte a perseguir ladrones de guante blanco, no había visto nada igual en su vida.

Al examinar el «plan de contabilidad» de la Coordinadora de Alfabetización y Euskaldunización de adultos se encontró con un informe denominado «normas de seguridad», poco habitual en una sociedad que no tiene nada que ocultar. El informe decía:

- Los documentos bancarios, recoger, apuntar en diskette y luego romper.
- Los diskettes, no guardar nunca en casa. Todos los archivos, encriptados en el sistema de HB o, al menos, con una contraseña.
- Las llamadas de teléfono a los tesoreros, desde cabinas o a las *herrikos*, nunca a la casa del responsable.
- Las cuentas corrientes importantes, abrir a nombre de personas de confianza del tesorero. No domiciliar nada en ellas.
- Los talonarios, siempre en lugares ocultos.
- El dinero para gastos de tesorería, en una caja fuerte, en una sucursal bancaria de confianza.[15]
- Las anotaciones en la contabilidad, en clave. Los códigos, a nivel nacional, deben ser iguales.

Tras repasar una y otra vez las normas de seguridad internas, Martín Zaragoza no está seguro de si acaban de registrar una inocente cooperativa dedicada al euskera o han entrado, por error, en una oficina de la mafia.

El 25 de noviembre de 1998, los inspectores de Hacienda números 32 729, 48 329 y 38 738 comparecen ante el Juzgado de Instrucción número 5 de la Audiencia Nacional y aportan un informe de 35 páginas, ampliatorio de otro anterior, en el que exponen sus averiguaciones definitivas sobre AEK. Sus conclusiones, a la vista de la información de que disponen, son las siguientes:

- No aparece registrada como entidad de «utilidad pública» en el registro del Gobierno. Pese a ello, en el Impuesto de Sociedades, el único que presenta, se declara entidad exenta.[16]

---

15. La caja de seguridad central era compartida por Iker Beristain (AEK) y Brígida Arrúe (empresa Aulkia). Se abrió el 22 de mayo de 1998 en la agencia 94 de la Caja Laboral Popular, situada en calle Santa Clara, 10 de Bilbao. Cuando fue intervenida por la policía, en su interior se encontraron 3 800 000 pesetas.

16. El Impuesto de Sociedades que presentan en la Diputación Foral de Guipúzcoa es ficticio. Así, desde 1982 hasta 1996, el capítulo inmovilizado material se mantiene inalterable en 150 000 pesetas. Con sorprendente precisión, los ejercicios de 1988 a 1994 se saldan con un resultado de cero pesetas.

- El volumen de operaciones asciende en 1996 a 1 102 millones de pesetas, y en 1998 a 1 400 millones. Por esa época trabajan en la cooperativa 1 022 personas.
- Pese a no tener declarados a sus empleados en la Seguridad Social, como es preceptivo, ha recibido subvenciones del Gobierno Vasco por un importe de 2 412 397 558 pesetas.
- Paralelamente recibe ayudas a fondo perdido de los ayuntamientos y otras entidades oficiales por varios centenares de millones de pesetas.[17]
- Imparte cursos de euskera a ertzaintzas, personal de Osakidetza y funcionarios del Gobierno Vasco y de las diputaciones forales, por los que percibe decenas de millones anuales, que factura sin IVA.
- Hasta 1985 no refleja las subvenciones que recibe, según el Servicio de Renta y Riqueza de la Diputación Foral de Guipúzcoa.
- Se financia, además, de sorteos, rifas, *txoznas*, *korrikas* y ventas diversas de camisetas, mochilas, chubasqueros, pegatinas. Estos negocios, por los que AEK obtiene ingresos de 131 503 622 pesetas en 1997, no están exentos de IVA ni del pago de la tasa de juego.
- No retiene cantidad alguna en concepto de IRPF a sus empleados.
- Sólo presentó una declaración trimestral de IVA, en la Diputación Foral de Vizcaya, en diecisiete años de existencia.[18]
- Entre los años 1991-1997 ha abonado sueldos por un importe de 3 534 446 508 pesetas. En ese período no ha cotizado una sola peseta a la Seguridad Social.
- Por la misma razón carece de libros de matrícula de personal, libros de visitas de la Inspección de Trabajo y relación de trabajadores con categoría profesional y período de prestación de sus servicios.
- A partir de 1996, cuando saben que la policía les está investigando, los mismos accionistas de AEK constituyen la em-

---

17. Por poner algunos ejemplos: en el curso 91-92, las subvenciones municipales ascienden a 49 211 331 pesetas. En el mismo año recibe 86 007 643 pesetas por impartir cursos a entidades públicas y privadas. En el curso 97-98, las ayudas municipales descienden a 30 385 530 pesetas y los ingresos por cursos a 84 281 212 pesetas.

18. Durante el primer trimestre de 1993, ingresando una cuota de 66 648 pesetas.

presa Galgaraka, con la que subcontratan la enseñanza de euskera.
- Galgaraka carece de infraestructura, tiene su sede social en el mismo edificio de AEK, no tiene alumnos, no cobra las matrículas, no obtiene las subvenciones del Gobierno Vasco ni imparte clases. Su papel se limita a contratar a los profesores.
- Galgaraka es, por tanto, una sociedad instrumental. Su única función es contratar a los profesores que subcontrata a AEK para que ésta eluda sus responsabilidades tributarias y fiscales y sus pagos a la Seguridad Social. En las operaciones de subcontratación no factura el IVA a AEK.
- La Coordinadora de Alfabetización y Euskaldunización mantiene al menos seis cuentas corrientes a nombre de personas ajenas a la institución, cinco de ellas en la Caja Laboral Popular, que, aparentemente, actúan de testaferros.[19]

Todos los indicios apuntan a que AEK practica, desde su creación, la «desobediencia fiscal» a la Hacienda central y a la vasca que impulsa ETA en sus llamamientos a la población vasca. Lo que faltaba por verificar es que, al mismo tiempo, «tributa» a la banda terrorista y a sus organizaciones afines.[20]

La Comisaría General de Información de la Policía se encuentra emplazada en Canillas, un complejo de edificios amurallado y protegido por cámaras de televisión situado al noreste de Madrid.

Allí, los casi dos mil agentes de información disponen de un edificio propio rodeado a su vez de impresionantes medidas de

---

19. Se trata de las cuentas 3035 0775 41 0750028060, cuyo titular es Nagore Tolosa Irasuzta; la 3035 0164 00 1640700767, a nombre de Lander Beristain Urizarbarrena; la 3035 0060 40 0600084576, cuyo propietario es la sociedad Dorregarai Kultur Elkartea; la 3035 0035 00 0250062207, a nombre de Susana Portugal Otermin, y la 3035 0060 43 0600060646, llamada «Cuenta Easo», de donde pueden extraer fondos Miren Itziar Goienetxea, Vicente Alkasibar Barrutia, Iker Beristain Urizarbarrena y Ainhoa Ozaeta. Además de estas cuentas de la Caja Laboral Popular, existe otra en la Caja de Ahorros de Guipúzcoa y San Sebastián, la número 2101 0001 11 0010179620, a nombre de Joseba Uribe.

20. El único impuesto que abonan es el de Transmisiones Patrimoniales y Actos Jurídicos Documentados, ya que es imprescindible su desembolso para poder escriturar una propiedad.

seguridad, de manera que su ordenador, con mayor capacidad que el *Berta*, puede reconocer de forma instantánea miles de voces de etarras, identificar cualquier documento manuscrito o al autor de un comunicado de ETA y comparar con el banco de datos, en cuestión de minutos, cualquier tipo de huellas dactilares.

Obsesionado por la seguridad, el comisario Antonio Martín Zaragoza se ha hecho construir una oficina invisible a simple vista, oculta tras una pared, a la que se accede pasando una tarjeta codificada por un sensor a su vez invisible. El comisario jefe de la Unidad Central de Inteligencia, el corazón de la policía de información, hace bien en tener un zulo como ETA. Así es imposible que sus informes se filtren.

Pero como el «derecho a conocer» prevalece sobre las excesivas precauciones de algunos agentes, podemos afirmar que AEK era algo más que un centro dedicado a la enseñanza, de carácter altruista y no lucrativo. Se trataba del «banco» de ETA y de sus organizaciones satélites.

Entre la documentación incautada aparece un préstamo a Gadusmar, la empresa de ETA dedicada a comercializar bacalao con Cuba, por importe de nueve millones de pesetas. Además existen otros dos créditos al diario *Egin*, con fechas de 13 de octubre de 1993 y 4 de julio de 1994, por veinticinco y veintiocho millones de pesetas, respectivamente.

Desde una cuenta domiciliada en AEK se solicita un crédito hipotecario de siete millones y medio de pesetas para la compra de la Hernaniko Etxea (Casa de Hernani), situada en el número 51 de la calle Mayor de Hernani, destinada a convertirse durante años en la sede de Jarrai, es decir, de los jóvenes cachorros de ETA, y posteriormente de Ardantza, propietaria de los talleres de impresión de *Egin*.

La cooperativa, que no paga sus impuestos, dispone de un fondo de inversión de 55 millones de pesetas en la oficina 65 del Barclays Bank, situada en la calle Miracruz, 4 de San Sebastián, para actuar de «caja de resistencia». En la misma cuenta se registran, además, ingresos por importe de 125 400 000 pesetas entre 1991 y 1996.

La contabilidad revela también pagos millonarios a Jarrai, a la revista *Epalza* y al aparato internacional de ETA, Xaki, sin ningún tipo de justificación ni contraprestación.

La Coordinadora de Alfabetización y Euskaldunización de adultos paga los seguros de las *txoznas* que Jarrai monta en las fiestas de los pueblos, adquiere en 1987 a Airtel ocho teléfonos móviles para Herri Batasuna, cuatro mensáfonos de Mensatel para *Epalza* y se encarga de hacer efectivas las facturas de los mismos.

El análisis de la contabilidad revela así que AEK sufraga los gastos de las organizaciones satélites de ETA, les inyecta liquidez cuando tienen problemas de tesorería y actúa de «caja general» de todo el entramado legal de la banda terrorista.

El estudio de las cuentas corrientes de AEK, por su parte, iba a aportar datos mucho más sustanciosos.

Documento número 1

Caja Laboral Popular. Oficina 60, situada en la avenida de la Libertad, 10 de San Sebastián. Cuenta corriente número 3035 0060 41 0600702586. Fecha de apertura: 20 de junio de 1997. Titulares: Iker Beristain (tesorero de AEK y KAS) y Miren Itziar Goienetxea (vocal de AEK y militante de KAS).

Es la caja general de AEK y KAS. En esta cuenta se ingresan las subvenciones de HABE, ayuntamientos y Gobierno Vasco por impartir clases de euskera a los funcionarios.

Al margen de abonar los gastos propios de la Coordinadora de Alfabetización y Euskaldunización, numerosos asientos contables revelan el pago sistemático de dinero al entorno civil de ETA.

1993. Pago de sueldo y gastos de viaje a Juan María Mendizábal Alberdi, *Lander*.

Pago de reparaciones del vehículo y gastos de gasolina a Arnaldo Otegui Mondragón, Arnaldo.

Pago de las letras del coche utilizado por Xabier Alegría Loinaz, Xabier. Pago de las mensualidades por valor de 43 070 pesetas a su ex mujer, Begoña Respaldiza Osaeta.

Abono del sueldo al liberado de KAS José Luis Olarciregui Altuna, *Txiki*. Inyección de un millón de pesetas en la cuenta

1260013676 de la Caja Laboral Popular, cuyo titular es el mismo individuo.[21]

Pago de los gastos del impuesto municipal de un coche utilizado por los liberados de KAS en Álava.

Abono de los gastos de rehabilitación del inmueble situado en la calle Mayor, 51 de la localidad guipuzcoana de Hernani, sede de Jarrai y Ardantza.

Documento número 2

Caja Laboral Popular. Oficina 164, situada en la calle José María Salaberría, 41 de San Sebastián. Cuenta corriente número 3035 0060 41 1640700767. Fecha de apertura: 31 de diciembre de 1991. Titular: Lander Beristain Urizarbarrena (Catalina de Erauso, 18, San Sebastián).

Ingreso de 4 181 234 pesetas en enero de 1997, cuando Iker Beristain inicia su actividad de tesorero de AEK y KAS. Se desconoce el origen de este dinero.

Pago del sueldo de Iker Beristain desde enero de 1997 hasta marzo de 1998, por la cantidad de 101 000 pesetas mensuales en concepto de «Iker Gastuak».

Financia la estructura juvenil de Jarrai inyectando diversas cantidades en la cuenta corriente 0250062207 de la Caja Laboral Popular, a nombre del tesorero de la organización, Mikel Aznar.[22]

Abona los gastos de los teléfonos 943 33 26 83 y 943 55 26 95, situados en la sede de Jarrai de Hernani.

Por primera vez en su historia, el 2 de septiembre de 1998 ETA hace público un comunicado monográfico de tres folios en defensa del euskera en el diario *Euskadi Información*:

El euskera es la expresión primera e indispensable del carácter vasco, el que da identidad y unidad a Euskal Herría. Sin

---

21. Los liberados de KAS Mendi, Lander, Arnaldo Otegui, Xabier Alegría y Txiki aparecen en la contabilidad de AEK con las claves 37, 30, 33, 13 y 26, respectivamente, para dificultar la investigación de la policía.

22. El 19 de febrero de 1997 ingresa en la cuenta de Jarrai medio millón de pesetas y en marzo 1 317 454, mediante cuatro reintegros.

euskera no hay Euskal Herría, se ha dicho una y otra vez. El euskera es un tesoro vivo que ha llegado hasta hoy a través de los milenios, y si algún día desapareciera, más que un tesoro cultural mundial desaparecería el corazón de Euskal Herría, se convertiría en una región española o francesa con un folclore diferenciado.

El euskera, además de ser expresión del carácter vasco, también es un elemento integrador del pueblo vasco, el modo más efectivo de ser y de sentirse históricamente parte del pueblo vasco a pesar de haber nacido fuera de él. Hablarlo es esencial para llegar a ser ciudadanos vascos completos.

Quienes desean una Euskal Herría totalmente sometida lo tienen bien asumido y por eso despliegan, siglo tras siglo, una ofensiva continuada contra el euskera. Como la polémica desplegada en los últimos meses por los españolistas en los medios de comunicación, bajo el pretexto de las colonias de verano, por las *ikastolas*, AEK o la enseñanza en euskera. Pretenden así arrinconar todo el trabajo de recuperación del euskera y hacer que se desarrolle a la defensiva.

En definitiva, todo un alegato político para ocultar una realidad vergonzante, la trama de corrupción montada por ETA en AEK para financiar sus actividades gansteriles y blindar y proteger ante la opinión pública uno de sus más sucios y lucrativos negocios.

Documento número 3

Caja Laboral Popular. Oficina 60,[23] situada en la avenida de la Libertad, 10 de San Sebastián. Cuenta corriente número 3035 0060 40 0600084576. Fecha de apertura: 29 agosto de 1997. Titulares: Miren Lierni Ayerbe, Iker Beristain Urrizarbarrena y Juan María Larrarte (tesorero de AEK).

Ingresos: proceden de las *txoznas* y rifas organizadas por AEK.

---

23. Los informes policiales sitúan esta oficina en Lezo (Guipúzcoa). Los libros de códigos que maneja la banca fijan su domicilio social en Donostia.

Pagos: sueldo de José Luis Olarciegui Altuna y de María del Koro García Barrera

Documento número 4

Caja Laboral Popular. Oficina 0205, situada en la calle Zumalakarregui, 10 de Pasajes (Guipúzcoa). Cuenta corriente número 3035 0205 41 0250062207. Fecha de apertura: 12 de febrero de 1991. Titular: Mikel Aznar Ares, tesorero de Jarrai.
Ingreso de 500 000 pesetas desde cuentas de AEK.
Ingresos de 200 000, 200 000, 317 454, 400 000 y 400 000 pesetas.
Tres ingresos por transferencia de 300 000, 300 000 y 400 000 pesetas desde cuentas de AEK.[24]
Pagos a miembros del Comité Nacional, Comité Ejecutivo y liberados de Jarrai.
Facturas de pagos de teléfonos y abonos en beneficio de Xaki, órgano internacional de ETA, y de *Egin*, diario *abertzale*.

Traducción de la nota manuscrita, en euskera, hallada en el registro efectuado por la policía en la sede de AEK de la calle Arrasate de San Sebastián. Aparece firmada por el miembro de la Mesa Nacional de Herri Batasuna, Xabier Alegría Loinaz, sin ningún cargo de responsabilidad en la Coordinadora de Alfabetización y Euskaldunización de adultos:

(Vehículo) SS-5654-AM.
Como lo hablamos esta semana, este coche he comprado yo y lo del dinero está arreglado.
Tengo que abonar 20 000 pesetas mensuales y próxima semana te pasaré un número de cuenta corriente para que vayas metiendo ese dinero sobre el (día) 10. Estará pagado en dos años.
Además de esto hay que pagar el seguro (febrero-diciembre). La semana próxima te diré cuánto es. Mantén el actual porque es a todo riesgo y muy bajo.

---

24. Los resguardos de ingresos de hallan en el registro al domicilio de Iker Beristain, tesorero de KAS y de AEK.

Si tienes alguna duda llama a HB de San Sebastián (teléfono) 47 00 90.

Xabier Alegría

Documento número 5

Caja Laboral Popular. Oficina 14, situada en la calle Zumalakárregui, 10 de Durango. Cuenta corriente número 3035 0014 23 0010435949, domiciliada en sede de AEK. Fecha de apertura: 21 de marzo de 1995. Titulares: Miren Itziar Goienetxea Garmendia e Iker Beristain Urizarbarrena.

Gastos: en esta cuenta se domicilia el crédito hipotecario para la compra de la Hernaniko Etxea, sede de Jarrai, del grupo Orain-Egin y de la empresa Ardantza, sucesora de Orain.

Se realiza pago al liberado de KAS Aitor Garín Santamaría.

Documento número 6

Caja de Ahorros de Guipúzcoa. Oficina 001, situada en la calle Garibai, 13 de San Sebastián. Cuenta corriente número 2101 0001 11 0010179620, domiciliada en sede de AEK en Donostia.[25] Fecha de apertura: 31 de marzo de 1995. Titulares: Joseba Iñaki Uribe (militante de KAS) y Milagros Idiáquez Alcibar (supuesta responsable de KAS y Egizan).

Asociada a cuenta corriente anterior en relación con la solicitud de crédito hipotecario para la compra por 7,5 millones de pesetas de la Hernikako Etxea, situada en la calle Mayor, 51 de Hernani.

Desde junio de 1997 hasta diciembre de ese año recibe la cantidad mensual de 1 650 000 pesetas desde la cuenta 0010435949 de la Kutxa.

Ingresos de diversas cantidades desde otras cuentas corrientes de AEK.

Abono de los teléfonos del domicilio de Iñaki Uribe Arregui, entre 1993 y 1996.

---

25. El domicilio social de esta cuenta estuvo inicialmente en la calle Zabaleta, 59 de Lasarte (Guipúzcoa).

Paga el seguro de vida de Milagros Idiáquez Alcibar en 1997 y 1998.

El 29 de junio de 1998, la Policía Nacional lleva a cabo un registro en el piso segundo derecha, situado en el número 2 de la calle Mitxel Labergerie de Bilbao.
Se trata de un «piso franco» de Herri Batasuna. En su interior, los agentes encuentran libros de claves de comunicación entre KAS y ETA, informes internos de la banda armada y un sofisticado sistema de escucha y vigilancia, integrado por un visor láser de largo alcance, *scanners* para detectar las frecuencias de la policía y la Ertzaintza, equipos camuflados de vigilancia, filmación, grabación y otros *gadgets* del espionaje profesional.

El material, según la policía, ha sido adquirido para montar una red de vigilancia a partidos políticos, jueces y policías; realizar seguimientos, y preparar incluso algún tipo de secuestro o extorsión económica.

El 27 de mayo de 1998, cuando se registra la sede de la Coordinadora de Alfabetización y Euskaldunización, se localizan las facturas de pago de este material.

Caja Laboral Popular. Oficina 60 (trasladada desde Donostia), oficina de Lezo (Guipúzcoa). Cuenta corriente número 3035 0060 42 0600060521, domiciliada en la sede de AEK en Donostia. Fecha de apertura: 2 de marzo de 1995. Titulares: Miren Itziar Goionetxea Garmendia (militante de KAS y empleada de AEK), Vicente Ascacibar Barrutia (ex tesorero de KAS) e Iker Beristain (tesorero de KAS y AEK).

Diciembre de 1995: se abona el sueldo de los liberados de KAS Xavier Alegría Loinaz, Arnaldo Otegui Mondragón, Segundo Ibarra Izurieta y Gorka Martínez Bilbao por importe de 150 000 pesetas.

Julio de 1995: se abona a Coches Durango el pago de las letras de los coches de los liberados de KAS, por importe de 350 000 pesetas.

Noviembre de 1996: se abonan 427 745 pesetas por la compra de material de vigilancia incautada en la lonja de Segundo Ibarra Izurrieta y Begoña Pérez Capapé, alias *Tetas Grandes*.

Diciembre de 1996: se abonan 530 000 pesetas por la compra del coche de Arnaldo Otegui Mondragón.

Agosto de 1997: paga de 85 000 pesetas al liberado de KAS Aitor Garín Santamaría.

Documento número 7

Caja Laboral Popular. Oficina de Lezo (Guipúzcoa). Cuenta corriente número 3035 0060 00 0600060646, denominada «Easo». Domiciliada en sede de AEK. Fecha de apertura: 3 de marzo de 1995. Titulares: Miren Itziar Goienetxea, Vicente Ascacibar, Iker Beristain Urizarbarrena y Ainhoa Ozaeta.

Pagos a los liberados de KAS en los herrialdes de Vizcaya, Guipúzcoa, Navarra y Álava con periodicidad mensual, hasta el año 1997.[26]

Documento número 8

Caja Laboral Popular. Oficina 164, situada en la calle José María Salabarría, 41 de San Sebastián. Cuenta corriente número 3035 0060 41 1640700767. Fecha de apertura: 31 de diciembre de 1991. Titulares: Lander Beristain Urizarbarrena (Catalina de Erauso, 18, San Sebastián).

Enero 1997: pago de gastos de coche a la liberada Elena Beloqui, del aparato internacional de ETA, supuesta «novia» de *Josu Ternera*.

Último trimestre de 1997: gastos de seguro y coche al liberado de KAS Aitor Garín Santamaría.

Septiembre de 1997: abono de gastos al liberado de KAS Juan María Mendizábal Alberdi.

Diciembre de 1997: pago del coche del liberado de KAS «Muñiz», sin identificar, vinculado a María Garín Atorrasagastui.

---

26. José Antonio Etxebarría Arbelaiz, Xabier Alegría Loinaz, Arnaldo Otegui Mondragón, Segundo Ibarra Izurrieta.

1996: pago de todas las mensualidades de la casa denominada «Hernaniko Etxea», que aparece en la contabilidad de ETA con la clave 10.[27]

Sus padres, procedentes de la localidad lucense de Pastoriza, emigraron en los años sesenta a Estrasburgo. Y allí, en una de las capitales políticas de la UE, nace José Antonio Martínez Anido, alias *Joseph Anido*, uno de los principales «activistas» de la organización terrorista ETA.

Con *carte d'identité* belga y un perfecto dominio del francés, Anido decide un día aprender euskera y se apunta a la AEK de Bayona. Allí entra en contacto con los círculos antinucleares y antimilitaristas y, por esa vía, penetra en el cerrado mundo *abertzale*.

Por su temperamento frío y calculador y sus profundas convicciones antisistema, acaba en las filas de ETA. En 1989 es nada menos que el chófer de Mikel Albizu, *Antza*, y forma parte del selecto núcleo de militantes de confianza del comité ejecutivo de la banda armada.

En 1995 se descubre el pastel. Un profesor del centro de alfabetización de adultos donde Joseph Anido estudia euskera está de vacaciones en Estrasburgo. Como no tiene ningún plan ese día, y recuerda la dirección de los padres de éste, pasa a saludarlos.

Los progenitores del jefe de ETA, dos jubilados, le reciben amablemente y le invitan a sentarse. Nada más entrar, el visitante no pudo ocultar un gesto de estupor. Sobre la cómoda, en un marco de plata, está la foto de Joseph Anido. No es el tipo radical y dispuesto a todo que conoce. Allí aparece vestido de guardia civil, con el clásico tricornio de charol, besando la bandera de España.

El profesor de AEK cercano a ETA sale despavorido. Desde la primera cabina que encuentra comunica su hallazgo a los círcu-

---

27. Desde esta cuenta se abonan, además, los gastos del aparato internacional de ETA en 1986 (900 000 pesetas), se ingresan 600 000 pesetas en cuenta corriente de Jarrai, se pagan 414 442 pesetas a la aseguradora ASKI (del entorno de ETA) en concepto de seguros de *txoznas*, vehículos, seguros de enfermedad y accidentes de personas cercanas a ETA; se financian carteles de propaganda, anuncios publicitarios y la edición de publicaciones de KAS, entre otros.

los *abertzales*. Horas después, un comando terrorista se presenta en su casa de Anglet dispuesto a hacerle desaparecer. Joseph Anido ha volado llevándose consigo los nombres, direcciones, lugares de citas, matrículas de vehículos, pisos francos, suministradores de armas, *mugalaris*, y toda la información que había recopilado en seis años de infiltración en ETA.[28]

Otra persona que intentó infiltrarse en ETA por medio de los centros de AEK fue el teniente del Ejército Javier López Santamaría. Con un carnet de identidad donde figura como natural de Irún y bajo el nombre de Javier Sánchez Urrutikoetxea, en 1998 se matricula en el *euskaltegui* de Altza.[29] Es el trampolín que le permite acudir a las manifestaciones de HB para pedir la libertad de Iker Beristain, tesorero de AEK y HB, y de otros muchos miembros de la trama civil de ETA encarcelados.

Dotado de unas dotes teatrales excepcionales, se muestra más racista y xenófobo que Sabino Arana y Xabier Arzalluz juntos. Así, un día los militantes de HB de Loyola lo enrolan en el partido y le acompañan a la Gazte Topagunea de Jarrai, en Oyarzun, a preparar cócteles molotov o a la Heriko Taberna de Hernani a jugar al «tiro al *txakurra*».[30]

El «infiltrado» Sánchez Urrutikoetxea tuvo que salir también por pies. En 1999, HB sospecha de él y comprueba que su nombre no figura en el censo de Irún. Carece de cartilla de la Seguridad Social y su número de DNI corresponde al de una persona fallecida años atrás.

La lista de infiltrados en el mundo *abertzale* por medio de la red de alfabetización y euskaldunización de adultos es más amplia. Ninguno de ellos, sin embargo, logró averiguar que bajo las inocentes clases de euskera se oculta una de las tramas financieras de ETA.

---

28. Anido estuvo en Madrid y Barcelona como miembro de la escolta de Ferrand Cardenal y Luis Roldán, directores generales de la Guardia Civil. Posteriormente aparece como agregado a la embajada de Colombia, donde desarrolló labores de seguridad bajo la cobertura de Antonio Cabana Romar. El 26 de noviembre de 1998 se supo su paradero al sufrir un atraco por un grupo de mafiosos y difundirse su fotografía.

29. También estuvo «estudiando» en los *barnateguis* de Oyarzun y Cestona.

30. Especie de juego macabro que consiste en lanzar dardos contra una diana con forma de tricornio de la Guardia Civil.

Documento número 10

Caja Laboral Popular. Oficina 126, situada en la plaza de San Esteban, 6 de Oyarzun (Guipúzcoa). Cuenta corriente número 3035 0126 00 1260013676, domiciliada en calle Arrietegui Udaletxo, 4 de Oyarzun. Fecha de apertura: 27 de marzo de 1995. Titular: José Luis Olarciegui Altuna, dirigente de KAS.

La cuenta se abre por su titular con una peseta y ese mismo día recibe una inyección económica de un millón de pesetas de AEK.

Ingresos de *txoznas* por importe de 5 952 513 pesetas a lo largo del mes de marzo.

En septiembre, la cuenta se encuentra en descubierto. El ayuntamiento de Oyarzun ingresa 200 000 pesetas.

Documento número 11

Caja Laboral Popular. Oficina 125, situada en la calle Santo Cristo, 4 de Lezo (Guipúzcoa). Superlibreta número 125.1.01435.8, domiciliada en calle Jaizkibel, 32 (Lezo). Fecha de apertura: 21 de marzo de 1995. Titular: Miren Itziar Goienetxea Garmendia. Autorizado a disposición de fondos: Francisco Xabier Alegría Loinaz, liberado de KAS y compañero de la anterior.

En esta libreta se ingresan desde AEK los sueldos de los liberados de KAS Xavier Alegría Loinaz y Miren Itziar Goienetxea desde cuentas corrientes de AEK.

Desde 1997 se abonan en la libreta cantidades que coinciden con las letras del coche de Xabier Alegría Loinaz, así como gastos de gasolina, peaje, viajes y otros de Xabier Alegría.

Se abonan mensualmente los gastos de la pensión que Xabier Alegría pasa a su ex mujer, Begoña Respaldiza Ozaeta.

Se abona el teléfono (689 47 48 75) de José Ramón Aizpurúa Rementería.[31]

---

31. Itziar Goienetxea y Xabier Alegría disponen de una segunda libreta en la Caja Laboral Popular, la número 1251019250, que aparece identificada en la contabilidad de KAS con la clave 13, «Xabi», donde recibe su sueldo mensual de 105 000 pesetas.

Nacido en Torres (Jaén), cuarenta y tres años, Baltasar Garzón Leal, titular del Juzgado de Instrucción número 5 de la Audiencia Nacional, se tomó varias semanas para analizar las cerca de cincuenta cajas con documentos incautadas en la sede de AEK y de Herri Batasuna.

La lectura de los distintos informes le llevó de sorpresa en sorpresa. La Coordinadora de Alfabetización y Euskaldunización de adultos, no sólo actuaba de «banco» de las entidades «legales» de ETA sino que, además, financiaba los coches,[32] los seguros, pagaba el agua y la luz de sus casas y abonaba el sueldo a sus liberados.

En Guipúzcoa, los beneficiados por la «magnanimidad» de AEK eran los dirigentes de HB Xabier Alegría Loinaz, cuarenta y cuatro años, nacido en San Sebastian y domiciliado en Lezo; Jon Salaberría Sansinea, treinta y cuatro años, oriundo de Donostia; Aitor Garín Santamaría, treinta y cinco años, donostiarra y responsable del comité local de HB; José Antonio Etxebarría Arbelariz, cuarenta años, nacido en Oyarzun y Juan María Mendizábal Alberdi, natural de Elgóibar, cuarenta y siete años, el portavoz Arnaldo Otegui, así como de otra persona identificada con la clave «X», cuya identidad no se ha podido establecer.[33]

En Vizcaya, AEK abona el sueldo a tres liberados de KAS, Pablo Asensio Millán, nacido en Getxo hace treinta y dos años; Segundo Ibarra Izurrieta, un bilbaíno de cuarenta y tres años, y Mikel Echaburu Osa, un ondarrés de treinta y tres años. En la provincia de Álava financiaba el sueldo de Pedro Jesús Martínez de la Hidalga, un vitoriano de treinta y cinco años, y de otros dos liberados no identificados, cuyas claves son «IRA» y «F». Por último, la tapadera de la enseñanza del euskera permitía también que Pedro Jesús Sánchez Mendaza, un pamplonés de treinta y dos años, tuviera su subsistencia asegurada.

---

32. Los vehículos eran los siguientes: SS-9699-AD, a nombre de José Antonio Etxebarría Arbelaiz; NA-5448-Y, Ana Boutron; SS-5654-AM, Xabier Alegría; BI-2994-BD, Segundo Ibarra; SS-5482-AX, Arnaldo Otegui Mondragón, y BI-3132-AZ, Pedro Martínez de la Hidalga. El pago de los seguros ascendía a 539 136 pesetas.

33. Todos ellos figuran con las claves «X», «J», «Ait», «Jox», «Men» y «X» en la contabilidad de AEK, y con las claves «110», «110», «55», «110», «55» y «55» en las claves de la Koordinadora Abertzale Socialista. El resto de los liberados utilizan las claves «Pol», «Mik», «Big», «Ira», «Tx», «F» y «Pel».

Un hecho que añade gravedad al asunto lo constituye que una buena parte del dinero que permite a los miembros de la «trama civil» de ETA no trabajar y dedicarse a predicar la «revolución nacionalista» procede de las subvenciones del Gobierno Vasco y los ayuntamientos, que constituyen más del cincuenta por ciento de los ingresos de los *euskalteguis*.

Era la primera vez en la historia de ETA en que se incautaba una documentación tan amplia, pormenorizada y comprometedora. En cualquier país democrático donde la lengua autóctona no se viva casi como una religión, lo lógico hubiera sido ordenar la clausura al día siguiente de la red de centros de enseñanza que actuaban de tapadera de ETA.

Garzón prefirió, sin embargo, aplicar la prudencia y la mesura. Así, en lugar de tomar una medida tan drástica, interviene judicialmente la cooperativa de centros de enseñanza para adultos. El 22 de noviembre de 2000 dicta un auto en el que, entre otras cosas, dice:

- AEK y su instrumental Galgaraka constituyen unas entidades integradas en la estructura criminal de ETA, en el llamado frente de masas, así como en el entramado económico y financiero.
- En los diversos documentos incautados a ETA, AEK figura como una de las «grandes empresas» y en su libro de códigos aparece identificada con la clave «A-M», a efectos de salvaguardar su identidad.[34]
- La entidad ha estado controlada por ex miembros de ETA y miembros liberados de KAS, insertados en sus órganos directivos, que prácticamente son idénticos en ambos casos.
- La Coordinadora de Alfabetización y Euskaldunización forma parte del «estado paralelo» que pretende crear ETA para desligitimar al Estado español y subvertirlo.

---

34. Los «Códigos-Berriak» o códigos nuevos son descubiertos tras la detención de José María Dorronsoro Malatxetxeberría en 1993 en Saint-Denis (Francia). Aplicando las claves en las comunicaciones escritas, el término KAS se sustituye por «A», ETA por «A-3», LAB por «A-5», Egizan por «A-2», Jarrai por «A-5», y así sucesivamente. De esta manera, para dificultar la acción a la policía, la expresión «Asamblea Provincial de Mujeres de Vizcaya» se escribiría «HAVA-2(b)». Servicio de Información de la 512 Comandancia de la Guardia Civil, 14 de julio de 1994.

Tras su exposición de los hechos y de la aplicación de los fundamentos de Derecho aplicables al caso, en un auto conjunto con la malversación de fondos de Orain-Ardantza, la editora de *Egin*, el instructor decide procesar a diecinueve personas, en su mayoría vinculadas a KAS y AEK, en virtud del principio de doble militancia que impone ETA a sus organizaciones de masas.[35]

A finales de 1999, el Parlamento Vasco celebra varias sesiones para aprobar los presupuestos para el ejercicio 2000. Batasuna, que tiene la llave de la gobernabilidad del Ejecutivo de Ajuria Enea, planea una serie de exigencias para dar su visto bueno a la ley: la creación de una Biblioteca Nacional vasca, un Instituto Nacional de Meteorología propio, un Instituto Nacional de Estadística euskaldún y asumir unilateralmente las competencias en materia laboral, penitenciaria y de fronteras.

A todo ello añade un incremento sustancial de la partida destinada a la promoción del euskera, lo que supone centenares de millones de pesetas a fondo perdido para AEK, la red de *ikastolas* bajo control *abertzale*, el enorme entramado editorial que controlan.[36]

Mientras Baltasar Garzón descubre que AEK es la tapadera de ETA, hecho que Xabier Arzalluz parecía conocer desde mucho antes, y la lengua, en muchos casos, un pretexto para comprar pistolas, el consejero de Hacienda aprueba incrementar en 5 000 millones de pesetas la partida destinada al euskera. La trama financiera de la banda terrorista acaba de recibir una inyección de dinero público.

---

35. Juan María Mendizábal Alberdi, Eduardo Konde Rekondo, Erramún Osa Ibarzola, Ángel María Olalde Arrieta, Juan María Larrate Telletxea, Elena Etxalar Martínez, Luis Javier Ugalde Ulias, Iñaki Lasa Ustariz, Olatz Arkotxa Garate, Iltxaso Ojeda Errasti, Félix Gómez Fernández, Jesús María Zalakaín Garaikoetxea, Xabier Alegría Loinaz, Teresa Mendiburu Zabarte, Juan Ramón Aranguren Mendizábal, Manuel Intxauspe Vergara, María Itziar Goienetxea Carmendia, María Victoria Armendáriz Iraola y Ángel María Hermosilla Bermejo

36. Desde la editorial Txalaparta, a Euskaldun Egunkaria, Euskadi Información, Egía, diario *Gara* o las editoriales de libros de textos Erein, Elkarlanean Ikastolen Elkartea, Ibaizabal, Gaiak y otras.

Aquel martes, 9 de marzo de 1999, no sospecha nada cuando pide que le sirvan el desayuno en la cama y una solícita camarera acude con el zumo de naranja, el café bien cargado y las tostadas en una bandeja.

Poco después, al salir a la calle vuelve a tropezarse con la camarera. Pero en esta ocasión no le da los buenos días amablemente sino que le apunta con una pistola y, en compañía de otros agentes de la Policía Judicial francesa, le detiene a la salida del hotel Printania, situado en el número 16 del Boulevard du Temple en París.

José Javier Arizkuren Ruiz, *Kantauri*, jefe del aparato militar de ETA, y su acompañante, Irantzu Gallastegui, la asesina de Miguel Ángel Blanco, han sido cazados. La Guardia Civil y su equivalente francés, los Reseignements Generaux, ponen así fin a dos años de seguimiento constante a uno de los terroristas más buscados de los últimos tiempos.

Su caída provocará la captura en cascada de varios miembros de la banda terrorista.[37] Horas después, los agentes irrumpen en un piso situado en el número 16 de la calle Lacordaire de la capital francesa y detienen a José Javier Herranz Bilbao, lugarteniente del jefe militar de ETA, al que se incautan dos ordenadores con los archivos de la banda armada.

Descifrar la información contenida en los discos duros resulta en esta ocasión imposible. Tras la caída de José María Dorronsoro Malatxetxebarría en 1993, ETA incrementa las medidas de seguridad de sus sistemas informáticos. Ahora, la mayoría de los archivos están encriptados en el sistema PGP (Pretty Good Privacy), un sistema de doble codificación inventado por el judío Philip Zimmerman, que no ha sido descifrado por ninguna de las agencias americanas, incluidos el FBI y la CIA.[38]

La Unidad Central de Inteligencia de la Policía, con su ordenador más potente que el *Berta* instalado en El Escorial, donde se

---

37. Mikel Zubimendi, ex parlamentario de HB y dirigente de Jarrai, Jesús María Puy Lecumberri, Irantxu Gallastegui Sodupe y Juan María Sampedro Blanco, entre otros.

38. La versión 7 del PGP se vende vía Internet por 39,95 dólares en la dirección «softwarenirvana.com». También puede comprarse en la *web* de PGP.

almacenan todos los datos de los DNI, pasaportes de los españoles y los antecedentes policiales de millones de personas, lo intenta infructuosamente. Recurre al MI-5, el servicio secreto británico,[39] para que no haya filtraciones a la Guardia Civil o al Centro Nacional de Inteligencia, pero el esfuerzo resulta inútil.

Pese a todo, la Guardia Civil incauta al «archivero» de ETA documentos no codificados que revelan la existencia de una entrevista, tras la intervención del juez Garzón, entre los representantes de AEK y la dirección de ETA. En el encuentro, los dirigentes de la coordinadora comunican a los terroristas su temor a ser encarcelados y solicitan a la banda que averigüe si el juez guarda alguna «sorpresa» más.

Además sospechan que la Audiencia Nacional prepara su cierre. Si se diera ese caso, proponen crear una nueva entidad que aglutine no sólo a AEK, sino a IKA, un grupo de *ikastolas* para adultos de tendencia más moderada, que desarrolla su actividad por medio de la asociación cultural Ardatz. Éste es el texto:

> [Reunión] bilateral de AEK. Bien. Limpia. Formal.[40] En la lectura política bastante de acuerdo. Según parece algunos [dirigentes] se ven a sí mismos en el mako. Creen que [la Audiencia Nacional] cerrará AEK y, por tanto, están preparando el relevo. Por esta línea piensan que el que venga tendrá que acoger en su seno no sólo a AEK, sino a IKA y demás movimientos. Se nos ha pedido que investiguemos nosotros, a ver si hay algo más, para no llevarse más «sorpresas» de Garzón.[41]

El inspector de Trabajo y de la Seguridad Social Julián Lobete Pastor tardó varios meses en investigar las deudas de AEK con la Seguridad Social.

Finalmente, el 2 de octubre de 2000 remite un informe de cinco folios al Juzgado Central de Instrucción número 5 de la

---

39. El Centro Nacional de Inteligencia (CNI) ha adquirido otro potentísimo ordenador. Dispone de personal especializado y numerosos programas para desencriptar textos. La policía no se fía del antiguo Cesid y recurre a los servicios británicos.
40. Se refiere a la rueda de prensa ofrecida por HB en julio de 1998, tras la operación judicial contra el entramado económico de KAS.
41. Documentación intervenida a Herranz Bilbao, páginas 2524-2527, apartado 4.

Audiencia Nacional ratificando, en gran parte, lo que ya se sabía.

Creada en 1982, la Coordinadora de Alfabetización y Euskaldunización de adultos no se inscribe como empresa ni como empleador en la Seguridad Social. No afilia ni cotiza por ninguno de los 743 trabajadores que tiene en 1995,[42] pese a que realiza un proyecto educativo organizado y estructurado y ha mantenido abiertos en los últimos años un promedio de cien *euskalteguis*.

Sus empleados cobran mensualmente, durante veinte años, cantidades fijas y regulares, por lo que no se trata de dietas ni de gratificaciones, como afirman sus directivos. Por el contrario, éstos no pueden aducir desconocimiento de la normativa laboral, ya que todos los años son apercibidos de ello por los gobiernos vasco y navarro.[43]

Al haber prescrito la deuda anterior a 1995, el inspector Lobete analiza sólo los cinco últimos años de ejercicio profesional de la coordinadora. La cantidad defraudada en ese período (1995-1999) a la Seguridad Social la cuantifica en 770 688 220 pesetas.

El 2 de octubre de 2000, junto con su informe, remite las actas correspondientes al Juzgado de Instrucción y, paralelamente, la Seguridad Social procede a la notificación y cobro de las mismas. La respuesta de ETA será fulminante.

Sevilla se levantó convulsionada por la catástrofe que pudo ocurrir esa madrugada.

Era domingo, 31 de diciembre de 2000, día de Nochevieja. Nada más despertarse y poner la radio, los habitantes de la ciudad se enteran de que a las ocho de la mañana las unidades de desactivación de explosivos (Tedax) acaban de neutralizar un coche bomba aparcado frente a la Tesorería de la Seguridad Social en la capital andaluza,[44] a pocos metros del hotel Occidental y la estación del AVE.

---

42. En 1999, la cifra asciende a 869.

43. Tanto AEK como Galgaraka comienzan a regularizarse a partir de julio de 1998 por medio de las empresas Zedarri y Eskuratuz, pero mantienen profesores ilegales.

44. Exactamente, en la calle Picasso, en la glorieta que une la calle Kansas City y la calle José Laguillo, junto a la Tesorería de la Seguridad Social.

El vehículo, un Peugeot 305 blanco con matrícula falsa de Málaga,[45] contenía 160 kilos de dinamita, repartidos en dos ollas. La cantidad y potencia del explosivo, procedente de un robo efectuado en septiembre de 1999 en la localidad bretona de Plevin, eran suficientes para reducir a escombros una manzana entera, causando numerosos muertos y heridos.

Colocada en un día de fiesta con un temporizador, que falló, para que explotara a las 2.40 de la madrugada, los terroristas pretendían solamente causar daños materiales. Sin embargo, en la Seguridad Social se interpretó como un aviso de lo que podría ocurrir si el Ministerio de Trabajo decidía ejecutar el cobro a AEK.

Sin pagar impuestos a nadie, salvo a ETA, AEK se hace con un importante patrimonio inmobiliario en el País Vasco y la Comunidad Foral de Navarra.

Según el Ministerio de Hacienda, el 3 de abril de 1998 disponía de 37 inmuebles, nueve de los cuales habían sido tasados por el departamento de riesgos de la Caja Laboral Popular, a efectos de hipoteca, en 531 199 175 pesetas, sin incluir la sede principal de AEK, situada en la calle Perro, 1 de Bilbao, escriturada en 90 millones y en las que se hacen inversiones por otros 120 millones. El 6 de noviembre de 2000, la policía cifra las propiedades de la sociedad en 52,[46] con un valor de mercado por encima de los dos mil millones de pesetas.

El 31 de enero de 2001, tras embargar sus bienes por una cantidad suficiente para hacer frente a las deudas con el Estado, el juez Baltasar Garzón decide nombrar un administrador judicial para que el dinero de AEK se destinara a sus fines, la educación de adultos, y no a subvencionar empresas terroristas destinadas a subvertir el orden.

El cargo recae sobre el funcionario Manuel Santos Álvarez, adscrito en la Intervención General de la Administración del Es-

---

45. Había sido robado en Toulousse (Francia) dieciséis días antes, el 14 de diciembre, y su matrícula era MA-8494-AT.

46. Veintiocho en Vizcaya, diez en Navarra, nueve en Guipúzcoa y cinco en Álava. Informe 26300/2000 de la Comisaría General de Información.

tado, en el número 50 de la calle María de Molina, en Madrid.

La primera decisión de Santos es reunirse con los peritos judiciales y los administradores de AEK, estudiar la situación patrimonial de la sociedad y pedir al juez que no se permitan libramientos de fondos de 101 cuentas corrientes sin su firma, para impedir que se hagan pagos a ETA.

Pese a la administración judicial, la «trama civil» de ETA continúa sin embargo disponiendo de los fondos de la Alfabetatze ta Euskalduntze Koordinakundea, como se demuestra a continuación.

Conversación intervenida el 19 de julio de 2001, a las siete y diez de la tarde, en el teléfono 656 78 14 70, del que es usuario Jon Imanol Beascoa Rodríguez, de Gestoras Pro Amnistía. Su titular llama a un individuo identificado como «Peli». Dicen:

>   *Peli.* — Oye, ¿AEK a la tarde cierra?
>   *Jon.* — ¿Qué?
>   *Peli.* — He llamado, pero por las tardes cierra ahora en verano, ¿eh?
>   *Jon.* — Mañana, a la mañana, antes de salir, a las nueve y media, le pegas un toque, ¿eh?
>   *Peli.* — Vale.
>   *Jon.* — Y que te haga el ingreso, que tiene la Caja Laboral en El Arenal, a dos minutos de ahí.[47]

Transcripción detectada al día siguiente en el teléfono móvil 656 78 14 70. Hablan los mismos interlocutores.

>   *Peli.* — Oye, tú, estoy aquí, en AEK, ¿eh? Me dicen que eso no se puede.
>   *Jon.* — ¿Que no se puede por qué? ¡Qué bobada! Qué más dará que te lo ingrese ella o que lo ingreses tú. Cuando ingresas algo en el banco nadie te pregunta quién lo ingresa, ¿entiendes?

---

47. Se refiere a la sucursal de la Caja Laboral Popular situada en la calle Arenal, 2 de Bilbao, en cuyo edificio estaba la sede principal de HB en Vizcaya hasta su cierre por la Ertzaintza, en la última semana de agosto de 2002.

Peli. — ¿Tú cuánto ibas a pillar?
Jon. — ¿Eh? Quinientas.
Peli. — ¡Ah!, vale. Hay un kilo y algo, ¿eh? Si quieres, puedes hacerlo.

Y no sólo pueden continuar con sus transferencias millonarias con total tranquilidad gracias a los más de dos mil quinientos millones de pesetas recibidos del erario público a través del Ejecutivo autónomo en los últimos años. A pesar de las investigaciones judiciales realizadas por el juez Garzón y el fiscal Enrique Molina, el Gobierno Vasco decide premiar la labor de la Coordinadora de Alfabetización y Euskaldunización de Euskal Herría AEK por «la labor en la educación y promoción del euskera durante los últimos treinta y seis años», declarándola de «utilidad pública». El reconocimiento no es baladí, ya que establece el privilegio de gozar de «exenciones, bonificaciones, subvenciones y beneficios de carácter económico, fiscal y administrativo».

El Gabinete de Juan José Ibarretxe adoptó esta decisión el martes 9 de julio de 2002 en Consejo de Gobierno al considerar que su actividad contribuye a «la promoción del interés general de Euskadi».

Los presuntos delitos de integración en organización terrorista, colaboración con organización terrorista y fraude contra la Seguridad Social y contra la Hacienda Pública imputados por la Audiencia Nacional suenan, por tanto, a condecoraciones en el Ejecutivo de Vitoria.

CAPÍTULO II
ETA, Sociedad Anónima

A comienzos de los ochenta pretendían montar un *holding* empresarial para pescar coral rojo en el mar de Alborán y para vender mariscos y pescado congelado. Luego constituyeron empresas de muebles en Francia, de materiales de construcción en México, restaurantes de lujo en Uruguay y una comercializadora de chatarra en Costa Rica. En Cuba lo han intentado todo: desde venderle zapatillas al ballet nacional hasta rehabilitar centrales eléctricas, pasando por construir calderas de vapor, conducciones de agua y torres de enfriamiento. Pero el verdadero negocio de ETA, la extorsión, la ha llevado a emplear métodos más sofisticados para no ser detectados. Desde utilizar empresas pantalla que reciben avales de grandes bancos por contraprestación de servicios que no se efectúan hasta pedir a sus víctimas que abran una cuenta corriente y les entreguen una tarjeta para sacar el dinero de los cajeros automáticos. Al igual que las grandes multinacionales, prefieren tener una parte de su dinero fuera y han adquirido una sociedad en las Antillas Neerlandesas adonde sacan los miles de millones de pesetas de subvenciones que reciben anualmente de las diputaciones forales vascas.

Con motivo de su jubilación, en diciembre de 2002 el Gobierno de España decide conceder la Cruz de Isabel la Católica al mérito en el trabajo al empresario vasco Antonio Cancedo Alonso.

Nacido en Puebla de Sanabria (Zamora) el 25 de diciembre de 1936, cinco meses y siete días después del comienzo de la guerra civil, casado y con dos hijos, Cancedo ha sido hasta meses antes el presidente del Grupo Mondragón Corporación Cooperativa, el conglomerado empresarial más importante del País Vasco.

Desde que fuera nombrado gerente de la cooperativa de consumo Juan XXIII de Éibar (Guipúzcoa) en 1967, el empresario de origen zamorano había realizado una fulgurante carrera en el Grupo Mondragón. En sólo dos años pasó a convertirse en director general de la cooperativa Eroski y desde allí asciende a presidente de esta compañía, a vicepresidente de la división de Distribución y Alimentación de Mondragón Corporación Cooperativa (MCC) para convertirse en el presidente del consejo general del consorcio cooperativista más relevante de Europa en 1995.

El día en que se publica en el *BOE* la concesión de la máxima distinción en el trabajo, un grupo de inspectores de la Comisaría General de Información de la Policía Nacional lleva más de cinco años investigando las posibles conexiones del grupo industrial más importante del País vasco con la banda terrorista ETA.

El 5 de abril de 2001, Iñaki Mallagaray Cortázar, director del departamento de auditoría interna de la Caja Laboral Popular, remite a la Comisaría General de Información de la Policía la siguiente carta.

>Asunto DP/30/00. Su escrito de 16/02/01.
>Señores:
>En respuesta a su escrito de referencia, les adjuntamos los soportes documentales de la cuenta número 3035 0064 21 0640030913.
>Acompañamos una hoja excel con todas las partidas señaladas por ustedes con una columna de «observaciones» donde se indica la causa por la que algunos soportes no son enviados y se explica su contenido o contrapartida cuando ha sido posible su localización.[1]
>Les devolvemos también el extracto punteado que nos remitieron. Les saludamos atentamente.
>Caja Laboral Popular. Auditoría Interna. Iñaki Mallagaray Cortázar.

Ex concejal por Herri Batasuna del Ayuntamiento de Mallabia (Vizcaya) y presidente de la *herriko* taberna de la misma localidad, Mallagaray ignora entonces que desde hace cuatro años sus números de teléfono estaban controlados y sus movimientos vigilados.

---

1. La cuenta corriente pertenece a la comunidad de bienes Josu Urrutia y José Ignacio González Palomino. Funcionó entre junio de 1997 y diciembre de 2000. Era utilizada como tapadera para ocultar fondos de Herri Batasuna y transferirlos a entidades de desobediencia civil, como Pitzu y otras, camuflando su procedencia.

El miércoles 29 de mayo de 2002, el juez da instrucciones a la policía de intervenir. A media mañana, agentes de paisano se presentan en la sede central de Caja Laboral Popular, la entidad financiera del Grupo Mondragón Corporación Cooperativa, en la plaza José María Arizmendiarrieta de Mondragón, y proceden a su detención.

Minutos más tarde registran su domicilio, la *herriko* taberna de Mallabia y la sede de Batasuna, y se llevan varias carpetas de documentos contables, facturas, informes comerciales y otros papeles.

Mallagaray, nacionalista e independentista, miembro de HB desde su fundación, centralizaba en la Caja Laboral Popular todos los requerimientos de información del juez Garzón sobre las entidades satélites de ETA en el mundo *abertzale*, sustituyendo en este cometido a Inmaculada Berriozábal, antigua interventora de la entidad financiera y contable y apoderada del conglomerado empresarial de KAS.

En muchas ocasiones, antes de que el instructor pudiera intervenir judicialmente las cuentas, Mallagaray, jefe de la auditoría interna de la caja por el que pasan todos los asuntos delicados, daba instrucciones a sus titulares para que retiraran el dinero.

Las investigaciones de la Audiencia Nacional, soportadas en informes de la Guardia Civil y de la Policía Nacional, demuestran que la Caja Laboral Popular es la entidad financiera casi exclusiva del llamado Movimiento de Liberación Nacional Vasco (MLNV).

El 19 de agosto de 2000, la Guardia Civil desarticula en Vitoria al comando «Araba» y detiene a tres de sus componentes, Esther Llorens Pérez, David Cuña Alonso y Zuriñe Lebrero Panizo. Su hermano Roberto logra huir.

Durante el registro posterior a los domicilios de los terroristas, el instituto armado encuentra un justificante de ingreso en la Caja Laboral Popular de 450 000 pesetas a favor de la entidad Orain, S. A., editora del diario *Egin*, con la anotación «*Zortnoza Presoen* Egin». En el mismo piso se halla también un listado con los afiliados al sindicato LAB que tienen domiciliado el pago de sus cuotas a través de la misma entidad crediticia y una carta fechada el 12 de diciembre de 1995 solicitando ayuda para Jarrai. La cuenta que se da es la 1640009035 de Caja Laboral Popular.

Olaia Castresana Landaberea fallece víctima de la bomba que prepara el 25 de julio de 2001 en el levante español, tal y como se cuenta pormenorizadamente en otro capítulo.

En el registro que ese mismo día hace la Guardia Civil a su domicilio, un piso del barrio de Alza de San Sebastián, se interviene un documento con la siguiente anotación: «*Aportazioak egiteko kontua* (Cuenta para hacer aportaciones). Caja Laboral Euskadiko Kutxa 075 001044-3.»

El 7 de agosto de 2001, el instituto armado lleva a cabo un registro en la sede de Gestoras Pro Amnistía de Vitoria. Allí se incautan todos los archivos de la entidad dedicada a convertir a los presos de ETA en «mártires de la revolución vasca».

Uno de los papeles intervenidos es una fotocopia escrita en euskera y castellano con el título «Bonoak». Se trata de un modelo de impreso para ayudar a la plataforma «Gasteizera». «Los ingresos se harán o bien en Caja Vital o en la Caja Laboral Popular a una de las cuentas de Gasteizera», se dice en el texto.

Tras cuatro años de compleja y rigurosa instrucción sumarial en la que se estudian más de dos mil cuentas corrientes, el juez Baltasar Garzón ordena la suspensión cautelar de Batasuna el 26 de agosto de 2002 en un auto razonado de más de trescientos folios.

Entre las razones que alega el instructor para situar fuera de la ley al conglomerado político *abertzale* se encuentra la suscripción de préstamos por parte de Batasuna con entidades bancarias como Caja Laboral Popular, no siendo amortizados con normalidad.

Así, la cuantía adeudada por el grupo político *abertzale* a dicha entidad ascendía a 130 900 000 pesetas en 1996. En el año 2002, el brazo político de ETA no había hecho efectiva cantidad alguna para amortizar estos créditos.

El juez trataba de verificar la concesión de otros préstamos por el mismo banco en años anteriores, que habían sido condonados o pasados a fallidos incluso antes del plazo que marca la ley, por lo que, en el caso de verificarse los hechos, podrían considerarse donaciones.

La Caja Laboral Popular constituye, además, la entidad financiera casi exclusiva de la Coordinadora de Alfabetización y Euskaldunización de adultos (AEK), una de las grandes financieras de ETA, según la acreditada y amplia investigación del juez Garzón y de la que se da cuenta en el capítulo precedente.

«AEK mantiene abiertas con nosotros más de doscientas cuentas corrientes con un saldo medio de 122 millones de pesetas», afirmaba el departamento de auditoría interna, controlado por un hombre de HB, en uno de los informes previos a la concesión de créditos.

Llegados a este punto, conviene que repasemos aunque sea someramente lo que es en esencia, Grupo Mondragón, sus relaciones con el mundo del PNV y Herri Batasuna y sus actividades en el País Vasco y en el resto de España.

El 5 de febrero de 1951, en plena autarquía, llega a la parroquia de San Juan Bautista, en Mondragón (Guipúzcoa), el sacerdote José María Arizmendiarreta. Ha sido destinado allí por su obispo como coadjutor de la iglesia, pero su principal ocupación va a ser otra: promover un amplio movimiento cooperativista en la comarca.

Situado casi en el vértice de las tres provincias vascas, en la Euskadi profunda, Mondragón es entonces un municipio de poco más de 15 000 habitantes que vive de la agricultura, la ganadería y la pequeña industria montada en torno a un grupo de torneros, fresadores y fabricantes de piezas de máquina-herramienta, sin apenas perspectivas de crecimiento e incapaces de evolucionar por sí mismos.

Influido por la Doctrina Social de la Iglesia, Arizmendiarreta decide ayudar a toda aquella gente y monta la Escuela Profesional de Mondragón. Sin saberlo, acaba de descubrir la «piedra filosofal» sobre la que se asentará el desarrollo de la comarca.

Con los nuevos conocimientos adquiridos, los antiguos fresadores y torneros están capacitados para emprender nuevas aventuras y, como carecen de financiación, en abril de 1956 el primer grupo de egresados fundan Ulgor, la primera cooperativa.

La iniciativa se expande por el valle de Léniz (Arretxabaleta, Eskoriatza, Mondragón, Gatzaga) y posteriormente alcanza a otros municipios, como Aramayona, Oñate y Vergara, donde se constituyen sociedades cooperativas como Comet, Ederlan, Arrasate, Funcoro o el economato San José.

Para paliar la falta de recursos económicos propios con los que ampliar las industrias y emprender nuevas actividades, en 1959 dan otro paso importante. Constituyen la Caja Laboral Popular o Euskadiko Kutxa. Aunque hay una clara concentración de riesgos que permite el Banco de España, el ahorro de los mismos trabajadores de Mondragón sirve así para sufragar sus propias iniciativas.

Poco a poco, el «milagro económico» se impone. En 1973 hay 62 cooperativas industriales, de consumo, servicios o viviendas, vinculadas a la Caja Laboral Popular. En diciembre de 1996, los centros del Grupo Mondragón, 173 sociedades, dan trabajo a 20 000 personas y facturan 160 000 millones de pesetas.

La memoria del año 2000 revela la existencia de un potente conglomerado empresarial con tres grandes patas: el grupo industrial, el de distribución y el grupo financiero, y numerosas empresas en electrodomésticos (Fagor), aeronáutica (Danobat), distribución (Eroski, Maxi y Consum), automoción (Batz), componentes y equipos técnicos (Ederfil, Irizar), servicios industriales (Alecop, Manchalan), muebles (Coinma), equipamiento comercial (Fagor Industrial), consultoría (Diara), Seguros (Lagun), ocio y deportes (Dikar, Wingroup), y otros.

El grupo se llama ahora Mondragón Corporación Cooperativa y su buque insignia es la Caja Laboral Popular, con varios centenares de oficinas abiertas y más de un billón de pesetas de depósitos de clientes.

Sus dirigentes niegan sistemáticamente cualquier vinculación con ETA y su entorno y en la primera reunión que tienen con el nuevo secretario general de los socialistas vascos, Patxi López, poco antes del verano de 2002, con el mayor desparpajo del mundo le sueltan: «Nosotros estamos más cerca del PSOE que de HB o del PNV.»

Sin embargo, José Antonio Ardanza, el segundo *lehendakari* de la transición, trabajó en el departamento de servicios jurídicos del grupo antes de convertirse en presidente del Gobierno vasco. Dos de sus consejeros, Inaxio Oliveri, de Educación, y Félix Ormazábal, de Medio Ambiente, acabaron colocados en la Mondragón Univertsitatea tras la salida del Gobierno en junio de 2001, y Joseba Azkárraga, consejero de Justicia en 2002, llegó a tener un sillón reservado en los consejos de administración de sus empresas.

Lo que nadie puede negar, porque existen decenas de miles de documentos, es que la Caja Laboral Popular constituye el banco elegido por ETA y su entorno para guardar su dinero, algo que, sin ser delito ni mucho menos, no deja de ser significativo. Veámoslo.

El 29 de marzo de 2002 se registra la sede de Batasuna en Tolosa y se incauta el boletín número 15 de la Asociación de Familiares y Amigos de los Presos Políticos, titulado «A la calle». En sus páginas aparece el siguiente módulo publicitario:

> Asociación de Familiares y Amigos de los Presos Políticos (AFAPP).
> Apartado de Correos 3205-01080. Gasteiz, teléfono-fax 945138875. E-mail: afapp@post.com.
> Número de cuenta en Caja Laboral Popular: 3035/0079/26/079103303-4.

Formado y organizado en 1996 por Soledad Iparragirre, *Anboto*, el comando «Basurde» fue detenido en 1999, días antes de que colocaran dos furgonetas con 950 y 750 kilos de explosivos en Madrid, para «conmemorar» el final de la tregua de ETA. Uno de los miembros del grupo, al que se le atribuye una participación indirecta en el asesinato de Francisco Tomás y Valiente, en la Ciudad Universitaria de Madrid, es Juan Antonio Cortés de Luis, un antiguo camarero nacido en la provincia de Álava.

En su declaración afirma: «El bar herrikoa donde trabajaba es de las Gestoras Pro Amnistía. Cuando estaba allí de camarero cobraba su sueldo mediante un cheque que me bajaba Maite Díaz de Heredia al bar. Respecto a la recaudación neta del bar, lo ingresaba en una cuenta de la Caja Laboral e incluso, algunas veces, cobraba su sueldo de esa cuenta, puesto que, para ocultar los ingresos a la policía, se decidió ponerla a su nombre.»

Susana Atxaerrandio, natural de Vitoria, detenida en la misma operación policial, aporta nuevos datos:

«El sueldo de los camareros de la herrikoa sale de los ingresos del local. Los beneficios, producto de la actividad comercial del bar, se ingresan en una cuenta. La entidad era la Caja Laboral de la calle Francia. Se hacían dos ingresos semanales (el lunes y el viernes) de aproximadamente unas 300 000 pesetas.»

El 23 de diciembre de 1998, el «Contseilua», una entidad que aglutina a todos los organismos sociales en defensa del euskera, promueve una campaña en favor de la normalización de la lengua vasca en todo el País Vasco. Una de las entidades que suscribe el pacto *«Bai Euskarari»* (Sí al euskera) es la Caja Laboral.

El 25 de marzo de 1999, tres meses y tres días más tarde, la Mancomunidad de Municipios Euskaldunes (UEMA) firma un acuerdo con la entidad crediticia para que todas las comunicaciones entre ambas instituciones se realicen íntegramente en la lengua de Sabino Arana.

En el mes de septiembre de 2001 se hace público otro pacto, en esta ocasión ilegal. Diversas sucursales de la Caja Laboral-Euskadiko Kutxa aceptan el ENHA (documento de identidad vasco promovido por sectores de la izquierda radical) como documento válido para identificarse, en sustitución del DNI.

Todo ello, unido a que la mayoría de las entidades ligadas a ETA (Jarrai, LAB, Gestoras Pro Amnistía, Herri Batasuna,

AEK,[2] la revista *Kale Gorría,* Arakatzen, S. L., editora de *Ardi Beltza*) operan esencialmente desde sucursales de la entidad financiera ligada a las Cooperativas de Mondragón, y al hecho de que varios etarras hayan trabajado antes de iniciar su actividad delictiva en sus oficinas, contribuye a que la Caja Laboral Popular haya estado de forma casi permanente en el punto de mira de la policía y la Guardia Civil españolas.[3]

Considerada por gran parte de la izquierda *abertzale* como algo propio, la Caja Laboral Popular no se ha librado sin embargo de las agresiones de la *kale borroka* a sus oficinas y cajeros automáticos. Un estudio en poder del Gobierno revela que es la entidad que menos atentados sufre, doce veces por debajo del resto de las instituciones crediticias.

Los inspectores de la Brigada Político-social llevan casi un mes siguiéndolos por el centro de Bayona, pero solían perderlos por las calles Victor Hugo, Panneceau o en el boulevard Lachepaillet.

Huidos a Francia, José Luis Álvarez Enparanza e Ignacio Irigaray elegían cada vez un camino diferente y se movían como pez

---

2. Según la Intervención General de la Administración del Ministerio de Hacienda, sólo AEK tiene 130 cuentas corrientes en la Caja Laboral Popular (Euskadiko Kutxa), frente a una en el Banco de Vasconia, una en Barclays Bank, cuatro en Banif, S. A., dos en la Vital Kutxa, nueve en la Caja de Navarra, seis en Guipuzkoa Donostia Kutxa (GDK) y diez en Bilbao Bizkaia Kurtxa (BBK). Algunas de estas cuentas son las siguientes: 072002682 (a nombre de Galdaraka, S. L.), 0720024368 (a nombre de AEK Fundazioa), 0010029752, 0010082450, 0110052449, 0140006560, 0140700709, 0180000595, 0180003677, 0180014561, 0180015650, 50180015661, 0180016118, 0180016129, 0210009114, 0210009723, 0220013387, 0220029807, 0230730900, 0250064832, 0280042998, 0320007011, 0330014078, 0410015397, 0450019997, 0510006536, 0520022760, 0520023790, 0540026313, 0580007105, 0580035148, 0580042805, 0580054110, 0580064063, 0580702732, 0600009388, 0600063832, 0600067575, 0600702586, 0620011422, 0650004229, 0660009362, 0680006341, 0690019333, 072000571, 0720008685, 0720009280, 072003795, 0720016121 0720018332, 0720023198, 0870007206, 0890001217, 0930011260, 1010002943, 1010007144, 1020001578, 1020010789, 1110007516, 1110015502, 1140005216, 250701590, 320001913, 3400220903, 340022914, 370007437, 1420003437, 142000510, 140015009, 1600001100, 180001018, 1980000231, 2000003599, 200700485, 0681095395, 0721029131, 1451018097, 1601028930, 6010373077, 6010891298 y 5030178820. En la información precedente hemos obviado insertar el numero de entidad bancaria (el 3035), el número de oficina, también de cuatro cifras, y los dos dígitos de control interno.

3. Por ejemplo, el número de cuenta corriente más utilizado por Jarrai es el 1640009035; el de *Kale Gorría* el 3035/0011/25/0110094702 y el de *Ardi Beltza* el 3035/0011/20/011008507.

en el agua por la zona. Por fin, un día, a finales de 1963, consiguieron verlos entrar en un inmueble de la rue des Lisses y permanecer dentro varias horas, como si estuvieran cumpliendo una jornada laboral.

Los agentes acudieron entonces al Registro Mercantil y averiguaron que en aquel lugar se hallaba domiciliada la empresa Ikar, dedicada a la producción industrial y a la exportación e importación al por mayor de bienes de consumo.

Ikar, la primera empresa conocida de ETA, se había creado con un capital social de 22 000 francos nuevos. Sus accionistas son Jean Louis Davant, profesor del Instituto Agrícola Vasco; Simón Haran, farmacéutico y director de la revista *Enbata*, y los etarras Ignacio Irigaray Urrutia, Julen Madariaga Aguirre y Benito del Valle.[4]

Era a la vez una tapadera para tener una cobertura legal desde la que planificar los atentados y realizar sus actividades terroristas y una sociedad que daba trabajo a media docena de antiguos activistas de la banda armada.[5] Su éxito como fuente de financiación debió de ser importante, dentro de la situación económica de la época, porque el 14 de mayo de ese mismo año crean Goiztire (Al alba), dedicada a la edición de discos y libros.

La sociedad tiene un domicilio ficticio, el número 10 de la avenida Louis Barthou (pensión de la familia Abeberry). Su capital social es de 10 000 francos nuevos y entre sus accionistas figuran de nuevo miembros de ETA y conocidos intelectuales vascofranceses, como Francisco Iturrioz Herrero, Ignacio Irigaray Urrutia, Benito del Valle, Michel Laberguerie, Josehp Laberguerie, Simón Haran y los hermanos Jean *Koko* y Jacques Abeberry.

A partir de 1968, tras el asesinato de Melitón Manzanas, la banda terrorista abandona sus negocios y busca otros medios de financiación: la extorsión y los atracos. La creación de Herri Batasuna, Gestoras Pro Amnistía, Jarrai y otras estructuras legales

---

4. La mayor parte de ellos pertenecen a la revista *Enbata* (En pie), cuyos accionistas son el médico Michel Laberguerie; el farmacéutico Simón Haran; Jean Luis Davant, profesor del Instituto Agrícola Vasco; Paul Dutournier, alcalde de Sare; Jacques Abeberry, dirigente de los Ballets Vascos; Pierre Legasse; el doctor Goyenetxe, consejero de Ustaritz, y Andrés Ostital, director de una lechería de Anglet y administrador de los periódicos *Herria* y *Alderdi*.

5. Benito del Valle, José Luis Álvarez Enparanza, Ignacio Irigaray Urrutia, Julen Madariaga, Sabino Uribe Cuadra, Francisco Javier Barreño y otros.

muy difíciles de sostener, hará que a partir de 1979 estudien nuevas vías de financiación.

Enrique Aresti Urien, conde de Aresti y presidente de la correduría de seguros Maura y Aresti,[6] llevaba varios días que se le notaba nervioso e inquieto.

Se sabía amenazado por ETA, acababa de comprarse una pistola y el 24 de marzo de 1980, al salir de la oficina, le dijo a sus subordinados que no le esperasen al día siguiente porque se iba de viaje a Madrid.

El 25 por la mañana recibe una llamada extraña en su casa. Sin decir nada a nadie, cita a su misterioso interlocutor en su despacho, un edificio de dos pisos sin ascensor, situado en la zona de El Arenal de Bilbao, enfrente del teatro Arriaga. Al subir las escaleras y llegar al primer descansillo, un asesino de ETA le está esperando y le mata allí mismo.

Fernando Maura, hijo de su socio, diputado autonómico del PP y casado con una sobrina de José Lipperheide, secuestrado años después por ETA, tiene que hacerse cargo de la oficina, que entonces cuenta con cuarenta empleados.

Descubre así que por esa época Herri Batasuna pretende crear una correduría de seguros para financiar sus actividades. El brazo político de ETA llega incluso a constituir una sociedad entre cuyos accionistas aparece el portero de fútbol José Ángel Iríbar, y plantea la colegiación para comenzar a ejercer en el País Vasco.

Las dos grandes compañías del sector en Bilbao, Plus Ultra y Maura y Aresti, se oponen a la iniciativa de la banda terrorista. Como presidente de la correduría Maura y Aresti y vicepresidente de La Unión y el Fénix,[7] el conde de Aresti se opone de manera activa a los planes de HB.

Como vicepresidente del Colegio de Agentes de Seguros de Bilbao, bloquea la colegiación de los activistas de ETA. En nombre de La Unión y el Fénix, se pone en contacto con los representantes de Aurora Polar y el resto de sociedades líderes del sec-

---

6. Empresa fundada por José María Maura y el conde de Aresti a comienzos del siglo XX.
7. En la actualidad Aliance.

tor en el País Vasco, y por medio de su patronal, Unexpa, bloquea la operación.

Con ello acababa de colocarse frente a ETA. Años más tarde, en enero de 1993, eliminados todos los impedimentos, ETA logra su objetivo: monta en Lezo (Guipúzcoa) la correduría de seguros Aski, vinculada a la «Red Udaletxe».

Fracasadas sus incursiones en el mundo empresarial, la principal vía de financiación terrorista es la extorsión.

En la sede central del Banco de Vizcaya, situado en el número 1 de la Gran Vía de Don Diego López de Haro de Bilbao, el corazón comercial, industrial y financiero de España hasta la crisis de los ochenta, Ángel Galíndez Celayeta, presidente de la entidad crediticia, recibió la misiva y, como de costumbre, la echó a la papelera.

A dos manzanas de distancia, en el número 12 de la Gran Vía, frente al edificio de El Cortes Inglés, en la «casa matriz» del Banco de Bilbao, la otra entidad financiera del País Vasco, José Ángel Sánchez Asiaín, el representante de la burguesía de Neguri en la entidad, recibió una carta similar. Tampoco le dio importancia.

El PSOE, indiscutible vencedor de las elecciones del 28 de octubre, aún no se había trasladado a la Moncloa. En noviembre de 1982, ETA le da la bienvenida golpeando a los llamados poderes fácticos: el Ejército y la banca, para forzar la negociación y llenar de dinero sus arcas.

El ataque a las Fuerzas Armadas se produce el 4 de noviembre con el asesinato del jefe de la División Acorazada Brunete 1, emplazada en Madrid, Víctor Lago Román. Paralelamente, la banda terrorista acosa a la banca con la exigencia del pago del «impuesto revolucionario».

Los presidentes de los consejos de administración de los seis grandes bancos del país, Alfonso Escámez (Banco Central), Luis Usera (Hispano Americano), José Ángel Sánchez Asiaín (Bilbao), José María Aguirre Gozalo (Guipuzcoano),[8] Emilio Botín (San-

---

8. El Guipuzcoano no estaba considerado uno de los grandes, pero sí Banesto, bajo control de la familia Aguirre.

tander), Ángel Galíndez (Vizcaya) y Luis Valls Taberner (Banco Popular Español), reciben un folio mecanografiado con el sello del grupo del hacha y la serpiente, al igual que las grandes superficies y las principales aseguradoras con oficinas en el País Vasco.

En el caso de las entidades financieras, ETA remite también una carta al presidente de la Asociación Española de la Banca, Rafael Termes. Los terroristas exigen en conjunto a los cinco bancos el pago de 1 500 millones de pesetas, a razón de 250 millones por entidad de crédito.[9]

Las misivas habían sido escritas en una de las madrigueras de los terroristas en el sur de Francia, un zulo de tres metros de largo por dos de ancho situado en los sótanos de la Cooperativa Sokoa de Hendaya, donde se hallarían tres años más tarde las copias ciclostiladas[10] de las comunicaciones entre el grupo armado y el poder financiero.

Ninguno de los banqueros trató de ponerse en contacto con el «señor Otxia»[11] como se indicaba en la misiva. Por el contrario, poco después del 2 de diciembre, cuando el PSOE se traslada a la Moncloa, Luis Termes y Alfonso Escámez acuden al Ministerio del Interior y le cuentan su situación a su titular, José Barrionuevo.

Los banqueros no están dispuestos a pagar a ETA, pero el asesinato en Elgóibar (Vizcaya) del empresario Ángel Berazadi Uribe y el de Javier de Ibarra Bergé, vinculado a *El Correo Español-El Pueblo Vasc*o y al Banco de Bilbao, ronda por sus cabezas. Aunque ninguno de ellos quiere colaborar con los terroristas, tampoco desean situarse en la mira de sus pistoleros.

La banda armada lleva unos meses intentando que esta vez su «voz» se escuche. Y, además, sin contemplaciones.

Situada sobre un solar de 30 000 metros cuadrados, junto a la plaza Circular, al lado de la estación de Renfe, de los jardines de

9. Termes, miembro del Opus, tiene previsto dar una conferencia en el Colegio Mayor Bidealde en Bilbao y la suspende.
10. Documento precintado con el sello número 30. Procedimiento verbal seguido a raíz de la comisión rogatoria número 732/1 llevada a cabo por el comisario de la Policía del Aire y Fronteras Regis Abribat y los inspectores Migliaccio, Maillard y Bringuier. Hendaya, 6 de noviembre de 1986.
11. Acróstico de «Organización Txomin Iturbe Abasolo», como se cuenta en *Arzalluz, la dictadura del miedo*.

Albia y la ría, la torre, un inmueble modernista, se había levantado para sobresalir en el centro de la ciudad y competir con sus rivales del Banco de Bilbao. Por eso, el edificio central del Banco de Vizcaya ocupa una de las edificaciones más emblemáticas de la ciudad, en plena Gran Vía de Don Diego López de Haro de la capital vizcaína.

El 5 de febrero de 1983, en plena jornada laboral, una potente carga explosiva, colocada en el departamento de moneda extranjera de la entidad crediticia, provoca la rotura de cristales y la destrucción de parte del edificio.

No fue lo más grave: tres trabajadores, Aníbal Izquierdo Emperador, Ramón Iturriondo García y Benicio Alonso Gómez, resultan muertos, y más de una veintena de empleados reciben heridas de consideración en cabeza, torso y manos. De los muertos, el primero era delegado del sindicato ELA y el segundo simpatizante de Herri Batasuna.[12]

En 1982 y 1983, ETA coloca 52 bombas contra las sucursales en el País Vasco del Vizcaya, Bilbao, Hispano Americano, Guipuzcoano, Santander y Central.[13] El atentado del 5 de febrero es el más grave de los cometidos por los pistoleros en el País Vasco contra una entidad considerada entonces «de las nuestras», donde guarda sus ahorros la alta burguesía vasca del barrio cercano de Neguri, nacida al socaire de las explotaciones de mineral de hierro de Somorrostro a finales del XIX y comienzos del XX y de la industrialización de La Naval, Altos Hornos, Babcock and Wilcok Española, Iberduero, Astilleros Euskalduna y otras empresas, pero también muchos pequeños y medianos ahorradores.

El mensaje de ETA al asesinar a tres trabajadores y herir a otros y causar daños valorados en el conjunto de la banca en más

---

12. Años más tarde, un hijo suyo se hace miembro de Gestoras Pro Amnistía y no sólo justifica los crímenes de ETA. Acude a la cárcel a visitar a los asesinos de su padre, entre ellos el etarra Josu Amantes Arnaiz, *Txirlas*, detenidos a finales de los noventa en Francia. *Euskadi ta Askatasuna*, Txalaparta, 1993.

13. Veintiséis bombas al Banco de Vizcaya (San Sebastián, Lasarte, Lekeitio, Gernika, Mungía, Villabona, Pamplona, Mondragón, Rentería, Pasajes, Oyarzun, San Sebastián, Tolosa, Vitoria, Zamudio, Yurre, Andoain, Derio, Zorroza, Abadiano, Derio, Elorrio, Pamplona, Motrico y Hernani), ocho al Guipuzcoano (Amurrio, Beasain, Rentería, Mondragón, Mungía, Elgóibar, Pasajes y Deba), nueve al Santander (Rentería, Amurrio, Beasain, Tolosa, Vitoria, Lasarte y San Sebastián), siete al Hispano Americano (Amurrio, Leso, Rentería, Andoain, Bilbao, Irún y Bilbao), una al Bilbao (Lasarte) y otra al Central (Galdákano).

de quinientos millones es muy claro. Los terroristas están dispuestos a todo para que los grandes bancos e industrias «financien» su «revolución nacional y social».

En estos momentos, no sólo los presidentes están amenazados. Al no cumplirse sus exigencias, la banda armada envía cartas a sus consejeros advirtiéndoles que tomará represalias «contra su persona, su familia y sus bienes» en el supuesto de que no abonen diez millones de pesetas a título individual «en el caso de que su banco no pague la cantidad de 250 millones que le tenemos asignada».[14]

Cuarenta y ocho horas después de la explosión, las planas mayores del Vizcaya y del Bilbao se reúnen urgentemente, en sus respectivas sedes, para decidir qué actitud tomar. Allí se analizan todos los riesgos posibles. Desde la voladura de la sede central del banco a un secuestro del consejo de administración, aprovechando una de sus reuniones.

14. *Banco de Santander:* Emilio Botín-Sanz de Sautuola López, Pedro Terrero, Emilio y Jaime Botín-Sanz de Sautuola Ríos, Santiago Corral, Ignacio Soler, Juan José Martínez, César Martínez, Luis Berge, Ramón Quijano, Joaquín Chapaprieta, Ángel Jado, Juan Secades, Alberto Folch. *Banco de Bilbao:* José Ángel Sánchez Asiaín, Manuel Lezama Leguizamón, Emilio Ybarra, Jaime Aguirre, Juan María Aguirre, Ignacio Alzola, Pedro Ampuero, José Aresti, Pedro Artiach, Juan Blanco, Gabriel Chávarri, José Manuel Delclaux, Arturo Echevarría, Miguel Esparta, Faustino García-Moncó, Fernando Gondra, José Ignacio González, Lorenzo Hurtado de Saracho, Ramón Icaza, Gabriel Laiseca, Antonio Navarrete, José Orbegozo, Juan Ríos, Ceferino Urien, Andrés Vilariño e Ignacio Zubiría. *Banco de Vizcaya:* Ángel Galíndez, Federico Lipperheide, Enrique Sendagorta, Pedro Toledo, Luis María Ybarra, Víctor Urrutia, Mauel María de Gortázar, Rafael Guzmán, Manuel Zubiría, Pedro Ybarra, Ignacio Muguruza, Isidoro Delclaux, José María Borda, Javier Prado, Carlos Mendoza, Ignacio Landa, José Basabé, José María Illera, José Arana, Vicente Eulate, Fernando Ybarra, Pedro Zubiana e Ignacio Basterra. *Banco Guipuzcoano:* José María Aguirre, José María Caballero, José María Barrenechea, José Luis Barrueta, Ramón Chalbaud, Julián Lasa, Francisco Luzuriaga, José María Muguruza, Antonio María Murúa, Pedro Nerecán, Marcelino Oreja, Fermín Rezola, Epifanio Ridruejo, José María Sainz de Vicuña, Alejandro Suárez, Juan Usobiaga y Ramón Vizcaíno. *Banco Central:* Alfonso Escámez, Alfonso y Arturo Fierro, Joaquín Reig, Ricardo Tejero, Enrique Marnas, Antonio Cubeñas, Luis de Ussía, Juan Blasco, Alfonso Güell, Manuel Gari, Pedro Guerrero, Francisco Daurella, José María Aristrain, Félix Gallardo, Tomás Higuera, Fernando Losano, José Luis de Blas, Javier Gil de Biedma, Gabriel Lodares, José Vila, Francisco Carrillo, Blas González y Francisco Díaz. *Banco Popular Español:* Luis y Javier Valls Taberner, Juan Manuel Fanjul, Rafael Termes, José María Lage, Giorgio Stecher, Antonio Cabestany, Antonio Casadellá, Gonzalo Fernández, Alonso Gabriel, Antonio García-Muhiño, Emiliano González, José Henestrosa, José Manuel Hernández, Miguel Igartúa, Juan Ladios, Manuel Laffon, Santiago Miralles, Miguel Nigorra, Martín Ribalta, Javier Serra y Fernando Solís. *Banco Hispano Americano:* Luis Usera, Pedro Gamero, Rafael Azcoaga, Eusebio Bertrand, Gervasio Zaldo, Alberto Comenge, Pedro Durán, Antonio Barrera, José Antonio Ollero, Alberto Oliart, Antonio Basagoiti, Javier Benjumea, Julio Hernández, José Salgado, Ramón Serrano, José Manuel Arburúa, Julio Tejero, Pedro Morlyon, Francisco Urquía, Alejandro Albert, Enrique Prada y Jaime Carvajal.

Para dificultar un secuestro que pueda dejarlos sin su órgano de dirección colegiado, el Banco de Bilbao traslada su central de operaciones a Madrid y recomienda a los consejeros que se muden a la capital de España donde, a partir de entonces, se celebran buena parte de los consejos de administración.

El Banco de Vizcaya, por su parte, tomó esta y otras medidas. Contrató de jefe de seguridad a Manuel de la Pascua, coronel del Ejército y ex agente de los Servicios de Documentación de Presidencia del Gobierno, que había vivido en carne propia la guerra y el terrorismo y le puso protección a todos sus consejeros y ejecutivos.

El cúmulo de medidas de autoprotección, con ser importantes y disuasorias, no garantizan al ciento por ciento la seguridad de las personas y los bienes de las entidades crediticias. Así que, tras una dura negociación, la banca decide pagar a ETA.

Los abonos no se hacen a través de paraísos fiscales como el de Jersey, mediante el cual el BBV estuvo retribuyendo a sus consejeros. Se hacen efectivos mediante la creación por la trama civil de ETA de una serie de sociedades instrumentales, especialmente papeleras y sociedades vinculadas al mundo de la comunicación que, sin empleados ni actividad alguna que lo justifique, reciben todos los años una serie de créditos y avales multimillonarios que ejecutan año tras año sin devolver cantidad alguna.[15]

A partir de entonces, muchos consejeros de entidades bancarias se permiten volver a vivir en el País Vasco y empiezan a dejarse ver sin escolta en algunas zonas de «alto riesgo», como el casco viejo de Bilbao o determinados municipios del Goyerri o la comarca de Tolosa, bajo control de Herri Batasuna.

Con la llegada del PP se pone fin, dentro de lo posible, a esta situación. En la junta general de accionistas celebrada el 9 marzo de 2002, en Bilbao, el nuevo presidente del BBVA, Francisco González, declara: «El principal reto de 2002 es hacer frente al terrorismo.»

La reacción de ETA, que conoce con anterioridad la presión sobre los bancos para que no paguen, es automática. El 11 de

---

15. Estas sociedades, algunas de ellas radicadas en Cataluña a nombres de testaferros, están siendo investigadas e impide a los autores ser más explícitos.

mayo, coloca una bomba en la calle Goya de Madrid, frente a las oficinas del BBVA; el 10 de junio de 2001 hace estallar un artefacto en la Gran Vía de Logroño, el centro financiero de la ciudad, en plenas fiestas locales, y el 21 de junio vuela la central de datos del Guipuzcoano, situado en la calle Portuetxe, en el barrio de Igara de San Sebastián.

¿Volvió la banca a someterse al chantaje de ETA? No hay datos fehacientes, pero pronto los habrá. Sigamos con los negocios de la banda terrorista.

Como se relata en otro apartado del libro, el 5 de noviembre de 1986, a las ocho menos diez de la mañana, la Policía del Aire y Fronteras francesa rodean la cooperativa Sokoa, un inmueble de dos plantas en forma de caserío vasco, situado en la carretera de Hendaya a Behovia, en Francia.

El establecimiento, una inocente fábrica de muebles de oficina supuestamente con capital francés, era la tapadera perfecta para ocultar las armas de ETA. Investigaciones posteriores demostraron, además, que la empresa, fundada en 1971, formaba parte del entramado financiero de la banda armada.

Uno de sus accionistas, Benito del Valle, fundador de ETA, poseía el veintitrés por ciento de las acciones, y otros testaferros, entre ellos los hermanos François y Patrick Noblia, vinculados a *Enbata* y a la izquierda *abertzale* del País Vasco francés, el resto.

Sokoa, donde trabajaban varios etarras, entre ellos Eloy Uriarte Díaz de Gereño, había obtenido en 1983 unos beneficios de treinta millones de pesetas. El dinero, sin embargo, no se había repartido entre los accionistas. Se reinvertiría en crear otras sociedades, como Elkar, dedicada a la edición de libros; Collectivité Service, especializada en material de oficina, Iraty (el bosque), dirigida por Benito del Valle; Ibaifoto (material fotográfico); Suny Cuisine (electrodomésticos); Sei; Sonim; Smes, y Herrikoa.

En definitiva, todo un entramado empresarial cuya actividad real, en muchas ocasiones, no es la que figura en el Registro Mercantil. Así, por ejemplo, Collectivité Service y Herrikoa aparecen, en los años ochenta, vinculadas al blanqueo de dinero negro y en operaciones poco transparentes.

Collectivité Service, donde trabaja entonces el etarra Mikel Lujúa, trató de blanquear en 1985 veinte millones procedentes del «impuesto revolucionario» utilizando en una ocasión los servicios del Banco de Bilbao en Bayona, Banca Inchauspe y la fiduciaria Basque Hollandeaise de Change.

Herrikoa, por su parte, recibe por las mismas fechas quinientos mil francos en una cuenta corriente de militantes de ETA. El dinero se transfiere desde las cajas de ahorros guipuzcoanas, es detectado por la policía francesa y tiene toda la apariencia de tratarse de un pago del impuesto revolucionario.

Instado por las autoridades españolas, el ministro de Finanzas francés, al tener conocimiento de la operación, ordena el bloqueo de la cuenta corriente. Sin embargo, determinadas presiones ejercidas desde el PNV y desde París, y por el diputado de los Pirineos Atlánticos Jean Pierre d'Estrade, impiden que se realice una investigación en toda regla para determinar su procedencia.

El desmantelamiento de la cooperativa Sokoa permite conocer, asimismo, que ETA tenía intereses en la sociedad Aturri,[16] dedicada a la comercialización de válvulas para conducciones petrolíferas y dirigida por el ex etarra Julen Madariaga; en Garoa, comercializadora de pilas eléctricas; Mugalde, cuyo objeto social es la edición de libros; Irizar France, constituida para la fabricación y venta de accesorios de automóviles.

El opaco conglomerado, del que apenas se tienen datos, se completaría con las sociedades *import-export* Sukal y Zuhal, especializadas en trabajos de artesanía, con oficinas esta última en Cibourne y San Juan de Luz y donde trabajan dos conocidos etarras, Miguel Zubiarrain Ibáñez y Ángel María Galarraga Mendizábal, *Pototo*.

La lectura de la documentación hallada en la cooperativa depara aún más sorpresas. Un informe de cerca de veinte folios revela que ETA pretende crear un banco nacional vasco para financiar sus actividades, siguiendo el modelo de la Caja Laboral

---

16. Agustín Valladolid, en la revista *Tiempo*, 26 de marzo de 1984. Valladolid, ex jefe de prensa del Ministerio del Interior, relaciona a ETA con otras empresas, como la cooperativa Denek, financiada por la Caja Laboral de Mondragón, y Elgarrena, donde trabajó el etarra Jesús Zugarramundi Huici, *Kistur*. Por otra parte, dos de los empleados de Aturri, José Camio y Jean Pierre Haramendi, fueron asesinados por el Batallón Vasco Español.

Popular. La banda terrorista, asimismo, proyectaba establecer un *holding* con tres sociedades, Esframarée, Royansa y Excoesa, destinadas a la comercialización de marisco, pescado congelado y a la pesca de coral rojo en el mar de Alborán.

El autor de la ulterior propuesta es el terrorista Juan José Rego Vidal, responsable de varios intentos de atentados contra el Rey de España, todos ellos fallidos, el último, cometido en el verano de 1995, en la isla de Palma de Mallorca, donde es detenido.

El estudio se lo encarga a José Luis Arrieta Zubimendi, *Azkoiti*, entonces jefe de Finanzas de los pistoleros, partidario de que la banda armada tuviera sus propias empresas y se financiara de sus beneficios, idea que no todos los pistoleros de ETA comparten.

En mayo de 1993, una serie de explosiones fortuitas destrozan un taller de reparaciones de coches situado en el barrio de Santa Rosa, en las afueras de Managua. Las detonaciones causan tres muertos, dieciséis heridos y destruyen por completo el taller y varias casas del vecindario.

Días más tarde, los policías encargados de remover los escombros para encontrar supervivientes y rescatar a las víctimas hacen un descubrimiento insólito: al quitar los cascotes de hormigón y las planchas aparece un escondrijo repleto de armas, explosivos y documentación falsa.

Se trata de un perfecto arsenal, construido en un subterráneo, con varios túneles habilitados como refugios, al que se accede por medio de un sofisticado sistema de puertas hidráulicas camufladas. Contiene 19 misiles superficie-aire, fusiles AK-47, lanzagranadas, 310 pasaportes falsos de veintiún países diferentes,[17] carnets de conducir en blanco y material para realizar falsificaciones. Su propietario es el español Miguel Antonio Larios Moreno, a quien el Frente Sandinista había concedido la nacionalidad nicaragüense en 1982.

---

17. Uno de esos pasaportes fue encontrado en posesión de Ibrahim Elgabrowny, arrestado en febrero de 1993 como sospechoso de colocar una bomba en el World Trade Center de Nueva York. Otro tenía la foto de Sayid Nosair, terrorista detenido en Estados Unidos, acusado de participar en el asesinato del rabino neoyorquino Mehir Kahane.

Tres años antes, los seguidores de Edén Pastora y Tomás Burge habían perdido el poder y la nueva presidenta del país, Violeta Chamorro, impide que se eche tierra a las investigaciones. De esta forma se descubre que Larios Moreno es una identidad falsa bajo la que se oculta el etarra Eusebio Arzalluz Tapia, *Paticorto*.[18]

Llegados a Managua junto a un grupo de pistoleros de la banda armada en la década de los ochenta, bajo el gobierno del Frente Sandinista, para participar en la reconstrucción del país tras la caída de Anastasio Somoza y apoyar militarmente al gobierno revolucionario, los miembros de ETA juegan un importante papel. Durante los primeros años forman parte del aparato de seguridad de los ministros Tomás Borge y Humberto Ortega, obtienen fácilmente pasaportes falsos, y aprenden el manejo de todo tipo de armamento ligero y medio.

Sus responsables son Eusebio Arzalluz Tapia, *Paticorto* y José María Larreategui Cuadra, *Antxulo*, al que sus propios compañeros acusan de traicionar los presupuestos de la izquierda al haberse instalado en una mansión y comprado un coche para él solo, y «aceptar la forma de vida burguesa, teniendo servicio doméstico y todo».

Anécdotas al margen, fuentes de Interpol revelan que el armamento encontrado pertenecía a un grupo del Frente Farabundo Martí de El Salvador en negociaciones con el Gobierno de su país para abandonar la lucha armada. En lugar de entregar las armas, tal y como se había consensuado con las Naciones Unidas, sus dirigentes prefirieron ocultarlas en Nicaragua.[19] En el zulo, fabricado por ETA, se encontró también algo insospechado: una lista con los nombres y fotografías de los setenta y siete empresarios iberoamericanos más ricos, susceptibles todos ellos de secuestro, especialmente mexicanos, venezolanos, brasileños y colombianos.[20]

---

18. Véase *Cambio16*, mayo de 1991.
19. Así lo reconoció el 11 de junio el comandante del Frente, Álvaro Sánchez Ceren, al secretario general de la ONU, Butros Ghali.
20. Entre ellos el empresario brasileño Abilio Diniz, capturado en 1989 y liberado previo pago de diez millones de dólares. Figuran también el presidente de Temex, Carlos Slim, futuro consuegro de Felipe González; el empresario judío Isaac Saba; el magnate de Galavisión Emilio Azkárraga; Hank González, político y multimillonario mexicano; Gustavo Cisneros, empresario venezolano; Carlos Burgerhoni, industrial argentino; la familia Maspaus Guzmán, de Ecuador; los Wright-Durán-Ballen, y otros. Revistas *Proceso* de México y *Executive Intelligence Review*, 10 de noviembre de 1995.

Los planes de Paticorto eran, según las investigaciones, la puesta en marcha de una «industria del secuestro» a escala continental, en colaboración con otros grupos armados, como Montoneros argentinos, los Tupamaros uruguayos, el Mir (Movimiento de Izquierda Revolucionaria) chileno, el MAS (Movimiento hacia el Socialismo) venezolano, el M-19 colombiano, similar a la realizada a comienzos del siglo XXI por las FARC (Fuerzas Armadas Revolucionarias de Colombia).

El terrorista vasco lo tenía todo controlado. Disponía de información sobre los pasos de frontera entre Colombia, Argentina, Perú, Ecuador y Brasil, controles, documentación necesaria para cruzar las aduanas. Los datos verificados revelan que la «industria del secuestro» produjo entre 1990 y 1993 alrededor de cincuenta millones de dólares.

Sólo la casualidad evitó que la estrategia de ETA se mantuviera en el tiempo. Pese a haber sido acusado de trabajar para la CIA en una operación planificada por los servicios secretos panameños para desacreditar al régimen cubano y a los sandinistas, Arzalluz Tapia regresó meses después al País Vasco y acabó como responsable de logística y miembro del comité ejecutivo de ETA.

Durante más de un año, un grupo de funcionarios de la Comisaría General de Información de la Policía, mandados por Jesús de la Morena, un experto en análisis y documentación, comprueba los nombres de un centenar de sociedades, investiga decenas de cuentas bancarias, de documentos contables, y sigue el rastro del dinero por España, Francia, Panamá y Cuba.

Dispuestos a no dejar nada a la improvisación, los investigadores se infiltran en algunas de las empresas y obtienen datos fehacientes sobre sus actividades, balances, estados de cuentas, dirigentes y destino del dinero. A mediados de 1998 dan por concluido su trabajo y, el 26 de mayo, el titular del Juzgado número 5 de la Audiencia Nacional, Baltasar Garzón, el fiscal Enrique Molina y representantes de la policía se reúnen para estudiar cada detalle y preparan meticulosamente la operación.

Al día siguiente, de madrugada, doscientos policías, diez agentes judiciales, un fiscal de la Audiencia Nacional y el juez de guardia de Bilbao se presentan por sorpresa en varias empresas de Vizcaya y Guipúzcoa, detienen a sus dirigentes, precintan sus instalaciones y se incautan de tres camiones de documentos.

La operación se presenta a la opinión pública como el mayor golpe al aparato financiero de ETA y sus organizaciones de apoyo en el País Vasco. Entre los detenidos se encuentran los máximos responsables de KAS[21] en Vizcaya y Guipúzcoa, Vicente Akasibar y José Antonio Echevarría; el tesorero de la sociedad que gestiona la Coordinadora para la Alfabetización y Euskaldunización de adultos de HB, Iker Beristain; el liberado del sindicato LAB y miembro del aparato económico de KAS José Antonio Díaz, y el administrador único de la sociedad Gadusmar, Juan Pablo Diéguez.

Situada en la localidad vizcaína de Bermeo, la compañía es en apariencia una empresa de importación y exportación de bacalao. El juez Garzón descubre que es una mera tapadera del *holding* económico de ETA, que controla cerca de otras cien sociedades, con unos beneficios anuales de algo más de dos mil millones de pesetas.

Constituida en Bilbao en 1989, con un capital social de 300 000 pesetas, sus fundadores son Begoña Clemente Lázaro, Soledad Garín Iztueta y Leonardo Iriarte. En julio de 1992 aumenta el capital social en nueve millones setecientas mil pesetas, para adaptarse a la nueva normativa de sociedades anónimas.[22]

La totalidad de la ampliación es suscrita por José Luis Franco Suárez, un hombre ligado a las finanzas de ETA que actúa como presidente. A partir de entonces, Gadusmar conforma el corazón de todo el conglomerado empresarial de ETA.

Registrada en Panamá y con delegaciones en Cuba, México, Paraguay y otros países, su función principal es el blanqueo de dinero negro procedente del cobro del «impuesto revolucionario» y de los secuestros. Pero no es su único fin. La empresa «pesquera» figura como cabecera de un conglomerado de empresas dedicadas al turismo, la venta de billetes de viaje, la hostelería, la enseñanza, la compra y venta de solares, materiales de construcción y otras actividades.

21. Koordinadora Abertzale Socialista.
22. Su objeto social es la comercialización de conservas y productos alimenticios de todas clases, vinos, licores, artículos de limpieza, droguería, perfumería, material eléctrico, electrodomésticos y cualquier artículo de lícito comercio.

Como opera dentro de la más absoluta legalidad, sus ejecutivos dedican gran parte de su tiempo libre a leer el *BOE* y a solicitar exenciones, desgravaciones y ayudas al Gobierno de Madrid y a la Consejería de Economía del Ejecutivo autónomo. Veamos algunos de sus negocios.

Jose Antonio López Ruiz, *Kubati*, miembro del comando «Goyerri» y uno de los pistoleros más violentos de ETA, tiene un sentido del humor muy corrosivo. A mediados de los noventa envía una carta a su compañera Belén González Peñalba. «Lo que nos faltaba ahora es meternos a taberneros. A ver si me llevan a mí a Santo Domingo y ponemos un restaurante como en Uruguay, pues ya sabes, no cocino mal. A Antxón [Eugenio Etxebeste], como es vegetariano, le podemos encargar de las ensaladas, y a Macario [Ignacio Aracama], de los puros y los licores.»

Situados en el centro de Montevideo, a un tiro de piedra de los principales edificios oficiales, los restaurantes Boga-Boga y La Trainera fueron, durante muchos meses, el centro de reunión predilecto de la clase política y empresarial de Montevideo (Uruguay).

Decorados con diversos elementos que recordaban el interior de un caserío vasco y regentados por un grupo de jóvenes de Vizcaya y Guipúzcoa, en sus amplios comedores se servía bacalao al ajo arriero, setas con cardos y marisco fresco recién salido del mar capturado en las aguas del Atlántico, frente a la desembocadura del Río de la Plata.

La calidad de su gastronomía, la variedad de su carta de platos, la cuidada decoración y el buen servicio que ofrecían los camareros atraía a sus fogones a buena parte de los ministros del Gobierno, al empresariado y a la alta aristocracia uruguaya.

A comienzos de 1992, la ciudad de Montevideo se llenó de coches patrulla españoles de segunda mano. Eran vehículos de desecho regalados por el secretario de Estado para la Seguridad, Rafael Vera, a las autoridades locales, que, sin medios para desplazarse, quedaron sinceramente agradecidas. A muchos de ellos incluso no les había dado tiempo siquiera a darles una mano de pintura y llevaban en las puertas el logotipo de la Policía Nacional de España.

La llegada de los coches patrulla, el repentino abandono de los ministros del presidente Luis Alberto Lacalle del restaurante Boga-Boga y La Trainera y el inicio de una amplia redada policial contra sus dueños fueron tres acontecimientos sucesivos.

El 15 de mayo, mientras en Madrid se celebraba la primera corrida de toros de San Isidro, a 10 000 kilómetros de distancia, la policía de Montevideo penetraba en el restaurante Boga-Boga y detenía a sus dueños y empleados, casi todos ellos miembros de ETA y del movimiento terrorista uruguayo Túpac Amaru.[23] La redada se extendió a otros barrios de la capital y en pocas horas, diecisiete pistoleros de la banda terrorista vasca daban con sus huesos en la cárcel.[24]

El restaurante más exclusivo de Montevideo era una pantalla del grupo independentista vasco destinado a dar trabajo a sus «taldes de reserva» desplazados del sur de Francia a Latinoamérica para eludir la presión conjunta de las autoridades galas y españolas.

Formaba parte, además, de la estructura financiera de la banda terrorista cuya documentación había sido incautada por primera vez semanas antes en Anglet (Francia), tras la captura de la cúpula de ETA a la que se ha reseñado en el anterior capítulo.

Los informes aprehendidos a José Luis Álvarez Santacristina, *Txelis,* revelaban, además, la existencia de un acuerdo entre ETA y los Túpac Amaru para adquirir una flota pesquera con la que financiar la compra de armas y explosivos y mantener las estructuras de las organizaciones legales.

---

23. Túpac Amaru, grupo terrorista que siembra de crímenes Uruguay en las décadas de los sesenta y setenta. El grupo toma su nombre del dirigente inca Túpac Amaru, el último indio que en 1780 encabeza una rebelión contra el virreinato español y el 18 de mayo de 1781 es ejecutado en la plaza de Cuzco. Tras ser aniquilados como grupo guerrillero en 1984, crean el partido Túpac Amaru y se integran en el llamado Frente Amplio. Según el *Miami Herald,* dos de sus dirigentes, José Múgica y Eleuterio Fernández, presionan en 1999 a ETA para que negocie con el Gobierno de Aznar.

24. El 24 de agosto de 1994 son extraditados a España Luis María Lizarralde, Mikel Ibáñez, Josu Goitía, Andoni Hernández, Pilar Artze y otros, tras una huelga de hambre para impedir su entrega por el ministro del Interior Ángel María Gianola. Las horas previas a la expulsión, el Frente Amplio, Túpac Amaru y las centrales obreras PIT-CNT convocan una concentración para dificultar el traslado al aeropuerto que se salda con siete muertos, nueve desaparecidos, alrededor de doscientos detenidos y el cierre de dos emisoras de radio (CX44 y CX36). Veinticuatro horas después, en el marco de los festejos del Día de la Independencia, el presidente Luis Alberto Lacalle achaca los sucesos al «terrorismo nacional e internacional». Raúl Zibechi en semanario *Brecha,* 26 de agosto de 1994.

> El asunto sería comenzar comprando un barco y, a la vista de los beneficios que aporte, adquirir nuevas unidades, hasta disponer de una pequeña flota. Los pasos a dar son los siguientes: comprar una sociedad anónima que existe en Uruguay, lo que supone una inversión de mil dólares. La sociedad tendría que estar a nombre de los Túpac Amaru y mediante un documento interno se concretaría nuestra parte.
>
> Una vez adquirida ésta, se pediría a Túpac Amaru una licencia experimental de pesca por un año.[25] El barco lo pondríamos nosotros. Un barco de pesca con capacidad para setenta toneladas cuesta actualmente trece millones de pesetas en Brasil. Respecto a los aparejos, armamento y primeros gastos de consumo, los aportarían ellos.
>
> El reparto de los beneficios es el siguiente: cincuenta por ciento para Túpac Amaru y cincuenta por ciento para nosotros. El primer año, tirando por lo bajo, se pueden conseguir diez millones de pesetas. Si nos fiamos de ellos y se obtiene ese resultado, se podría pensar en nuevas inversiones.[26]

El gobierno de Fidel Castro se ha negado sistemáticamente a permitir que la isla de Cuba se convierta en un segundo «santuario» de ETA en el Caribe. Por eso, la dirección de la banda terrorista ha rechazado siempre, sin dar explicaciones, las peticiones de sus activistas de buscar refugio en la Perla del Caribe. He aquí el motivo fundamental:

> Unos hermanos míos estaban trabajando en Euskadi en una empresa de calderas de vapor y me plantearon instalar en Cuba una empresa que se dedicara a lo mismo. Un grupo de empresarios se unió al proyecto y me dieron permiso para hacer producción cooperativa en Cuba. Ahora ya contamos con

---

25. Tras abandonar el terrorismo, los tupamaros se presentan a las elecciones dentro del Frente Amplio (coalición enfrentada al tradicional Partido Colorado) en 1989 y ocupaban la cartera de Agricultura.

26. Informe de una reunión celebrada el 24 de febrero de 1992 por los responsables de Banaka, José Luis Franco Suárez, Juan Carlos San Miguel y José Miguel Albarracín, empresa instrumental de ETA para concretar los aspectos formales para establecer negocios de la banda terrorista en Cuba, México y Uruguay.

una oficina en la que trabajan cubanos, trabajamos nosotros y un exiliado chileno. Contamos con una empresa «Kaioetarra»[27] que fabrica tubos para llevar el agua, hacemos torres de enfriamiento en otra empresa y ahora comenzamos a construir grandes calderas con la tecnología punta europea para las fábricas de azúcar. En Cuba había una gran empresa de calderas que montaron los soviéticos; llevaba años medio parada y hemos empezado a ponerla en marcha. Hemos iniciado también un proyecto de rehabilitación de una central eléctrica en Santiago de Cuba y más centrales que rehabilitar en el futuro. Además, tenemos un estudio para instalar calderas de vapor en las empresas textiles y generar, además, electricidad.[28]

De esta manera explica Jesús Abrisketa Korta, activista de ETA deportado por el Gobierno socialista el 8 de enero de 1994 a Cuba, los negocios de la banda terrorista en la isla caribeña por medio del grupo Ugao. Se trata de un consorcio con licencia del Gobierno cubano para operar al margen de la economía comunista,[29] situado en la Calle 96, esquina a la Tercera avenida del barrio de Miramar, en la ciudad de La Habana y con instalaciones abiertas en el número 205 de la carretera de Carey, en Vista Alegre (Santiago de Cuba).

El *holding*, con ramificaciones en el País Vasco[30] y la isla del Caribe, constituye una de las principales fuentes de financiación de la banda terrorista, según las investigaciones de la Audiencia Nacional y los datos aportados por el propio Abrisketa.

Los negocios donde trabajan los terroristas de ETA Agustín Azkárate, José Ángel Urtiaga, Luciano Eizaguirre, Iñaki Etxarte, Amaya Eguiguren, Iñaki Rodríguez y José Miguel Arrugaeta,[31] un miembro del MIR (Movimiento de Izquierda Revoluciona-

---

27. «Cayo de ETA».
28. Pilar Iparragirre Lazkano, *Deportación, el mal menor*, Txalaparta, 1998.
29. Licencia 555 del Gobierno de Cuba renovada el 14 de julio de 1997.
30. Su representante en España es la empresa Novatrack, S. L., comercializadora de chalets de madera, economizadores e ionizadores de agua, sistemas de eliminación de cal y griferías. Su domicilio social se encuentra en el barrio de Santutxu (Bilbao).
31. Otros terroristas extrañados a Cuba, como Pedro Ansola Larrañaga, Karlos Ibarguren, Ramón Sagarzazu, José Antonio Múgica Arregui y Jose María Larretxea, han regresado al País Vasco, han fallecido o se han arrepentido y han dejado ETA.

ria) chileno y alrededor de veinte cubanos, le permiten acceso directo a los ministerios de Minas, Industria, Industria Básica, Industria Ligera, Asuntos Exteriores y, de forma especial, al comandante Fidel Castro. «Hemos traído muchos técnicos de España, Francia y asimismo han venido muchos empresarios del PNV a vender sus productos.[32] Todo el mundo sabe quién soy y nosotros no entramos ni salimos si traen cosas que convienen a Cuba», agrega el pistolero metido a empresario.

A finales de los ochenta, tras la captura de la cooperativa Sokoa y el descubrimiento del aparato financiero de ETA, el Gobierno español solicitó a Cuba la extradición del que fuera uno de los máximos responsables de la «trama de extorsión» de la banda terrorista, Carlos Ibarguren Aguirre, *Nervios,* deportado en la isla desde febrero de 1983.

El Gobierno de Fidel Castro ni siquiera respondió a la petición de Felipe González. Sus razones existían. El 11 de noviembre de 1991 se reunieron en Varadero (Cuba) José Luis Franco Suárez, responsable de la empresa Banaka y supuesto hombre de negocios de ETA, con los terroristas deportados en la isla Carlos Ibarguren Aguirre, José Ángel Urtiaga Martínez y Jesús Abrisketa Korta, todos ellos representantes del Grupo Ugao.

El objeto de la cita era establecer una lista de negocios y actividades económicas que ETA, a través de su empresa Banaka y del Grupo Ugao, su estructura empresarial en la isla, pudieran realizar para financiar sus actividades armadas. Tras este primer encuentro, los representantes de Banaka y del Grupo Ugao levantaron un acta conjunta, que fue encontrada en poder de ETA. Dice:

> Se nos pide información de cómo funciona el comercio exterior y Txutxo Abrisketa les explica las enormes posibilida-

---

32. En el año 2000, el Ejecutivo de Vitoria promovió el viaje de un grupo de empresarios a Cuba para negociar con Abrisketa Korta y el Gobierno de Castro la venta de sus productos. La delegación fue encabezada por el entonces portavoz del Gabinete, Josu Jon Imaz. La Unidad Central de Inteligencia de la Policía infiltró un agente en el grupo. El espía hizo un amplio informe de los negocios de ETA y fotografías del encuentro entre Abrisketa e Imaz, viejos conocidos de la etapa de la clandestinidad.

des de hacer negocios con Cuba a través de Cubaexport, Cubaníquel, sociedades al ciento por ciento de capital del Estado, o por medio de compañías mixtas. [...] Se acuerda que la persona encargada de hacer las gestiones, consultas, ofertas entre el Grupo Ugao y Banaka será, en el futuro, Carlos Ibarguren.

Meses más tarde, el 16 de noviembre, José Luis Franco Suárez vuelve a visitar la isla y, en unión de Ibarguren,[33] se cita con los responsables de las empresas cubanas Cubanacan, Carlos Montelongo, y Comodoro, Anselmo Sánchez. Durante la reunión, ETA se compromete a montar una agencia de viajes para enviar turismo a Cuba y a construir un hotel y varios restaurantes vascos en la isla, uno de ellos en la «casa verde» de La Habana.[34]

A partir de ese segundo viaje, las dos tramas financieras de ETA —Banaka y Grupo Ugao— intercambian numerosas comunicaciones con propuestas de negocios de venta de ron, níquel, azúcar y otros productos cubanos en España. Al mismo tiempo, los representantes de ETA en los dominios de Fidel Castro piden que se creen en la isla empresas de fabricación de bolígrafos, mecheros, camisetas, lencería, cosmética, ropa interior y otros productos de difícil acceso a la corrupta economía socialista.[35]

Las relaciones mercantiles entre Cuba y ETA darían para escribir un nuevo libro, pero hagamos sólo un último apunte.

El 31 de agosto de 1992, el etarra Jesús Abrisketa envía desde Cuba una carta al presidente del grupo Banaka. En el documen-

---

33. Responsable durante muchos años del cobro del «impuesto revolucionario», Carlos Ibarguren Aguirre debe su apodo de *Nervios* a que en las entrevistas con los empresarios para extorsionarlos simula ponerse nervioso y echa mano de la pistola cada vez que alguien afirma no tener dinero para pagar a ETA. Permanece en Cuba desde enero de 1984 hasta noviembre de 1996, en que regresa clandestinamente a Francia y es deportado a España.

34. Documentación intervenida en el ordenador del terrorista José Ignacio Herranz Bilbao en París el 9 de marzo de 1999.

35. Los informes tienen fecha de 22 de noviembre, 9, 11 y 18 de diciembre de 1991, 10 de enero, 29 de mayo, 20 de junio, 31 de agosto, 2 de septiembre y 13 de noviembre de 1992. Los firman José Luis Franco, José Miguel Garmendia y Maite Amezaga, todos ellos de Banaka, o Carlos Ibarguren y Jesús Abrisketa, por parte del Grupo Ugao de tecnologías industriales. Arhivos de José Luis Herranz Bilbao, París, 1999.

to le informa de la llegada a España de una tal «Alina» y les anuncia: «Se trata de una persona de la total confianza del Gobierno cubano. Con ella tenéis que negociar el asunto de la venta del ron Havanna Club en España.»

Alertados por la comunidad anticastrista en Madrid y Miami, la policía comprobó durante meses la llegada de los aparatos de Cubana de Aviación al aeropuerto de Barajas. Esperaban ver desembarcar en Madrid a Alina Fernández, la hija rebelde del comandante barbudo y la actriz Naty Revuelta. En su lugar apareció Alina Rosell Chong, persona de confianza de Castro y editorialista del diario oficial del régimen *Gramma*.

En otra ocasión fue el responsable del Ballet Nacional de Cuba, Pompilio Lobaina, quien fue a ver a la colonia de ETA establecida en la isla. Les pidió que Banaka estableciera una fábrica de confección en la isla. «Nosotros no tenemos capacidad para hacerla y, además, nos falta financiación. Banaka, en cambio, puede encontrarla en Europa, pues se necesita adquirir maquinaria de confección de alta tecnología, pues la que tenemos aquí está anticuada.»

«Os enviamos una carta de José Luis Franco [presidente de Banaka] para el señor Porfirio Lombana. En dicha carta le proponemos un plazo hasta octubre [de 1992] para darles una respuesta definitiva sobre la fábrica de zapatillas. [En el caso de encontrar financiación] nos gustaría saber cómo valora la parte cubana el papel de Banaka en este negocio, si se nos considera como a un empresario o si se considera que está todo el grupo [ETA y sus satélites] implicado, porque la decisión es distinta en uno u otro caso», respondía el jefe político de la banda armada, José Luis Álvarez Santacristina, *Txelis*, a comienzos de 1992.

El frenesí capitalista de la banda terrorista «socialista *abertzale*» era tal que, a finales de año, proponen incluso la creación de una empresa de copistería. «Viendo el problema que supone sacar fotocopias en Cuba, lo caras que son y las dificultades que existen para adquirir una fotocopiadora, nos parece interesante montar este negocio que daría empleo a dos personas».[36]

---

36. El 2 de febrero de 1998 se detectan todavía desplazamientos de José Luis Franco desde el aeropuerto de Foronda (Vitoria) a Cuba para hacer negocios. El jefe de Banaka viaja con el billete número 1363776611121-3 emitido por la agencia Politours.

Y es que lo de ser revolucionario a costa de la miseria del pueblo cubano es muy rentable, a resultas de los beneficios del *holding* del hacha y la serpiente. Pero todavía extienden sus tentáculos más allá de la isla caribeña.

Con sus botas de montar, su cinturón de cuatro dedos de ancho, sus pantalones ajustados, su piel curtida y sus más de seis pies de estatura, Vicente Fox parecía más bien un viejo vaquero del Oeste americano que el presidente de una nación de comienzos del siglo XXI.

Nacido en León, estado de Juanajuato, en 1942, Fox visitó España por segunda vez el lunes 15 de octubre de 2001, tras su histórica victoria sobre el PRI un año antes. «México —declara— no es ni será en el futuro refugio de terroristas de ETA.»

Lo cierto es que, pese a las presiones del nacionalismo vasco violento y también del menos radical, desde 1996 los gobiernos mexicanos de Ernesto Zedillo y Vicente Fox habían entregado a España un total de veinte terroristas.[37] El país azteca continuaba siendo, sin embargo, la segunda retaguardia de ETA después de Francia y el lugar donde numerosos activistas de la banda se dedican a realizar negocios con los que comprar armas y municiones en los mercados internacionales de Bélgica y Amsterdam.

Así, el 29 de septiembre de 1992, la policía interceptaba una carta enviada desde la sede cubana de Banaka y firmada por Maite Amezaga a la empresa Ederra, dedicada a la venta de materiales de construcción,[38] radicada el la calle 12 de Septiembre de Chihuahua, en México. El responsable de esta empresa era el miembro liberado de ETA Lorenzo Llona Olalde.

Nacido en Lejona (Vizcaya) en 1954, Llona Olalde se encuentra en busca y captura en dos sumarios de la Audiencia Nacional[39] de 1980 y 1981. Acusado de asesinato, a comienzos de 1982 desaparece del sur de Francia y en febrero de ese año se detecta su presencia en México.

---

37. Entre ellos, José María Garitaonaindía, Miguel Simón Ruiz, Jesús María Bravo, Óscar Ronco, Miguel Izpura, Josu Larrea, José Antonio Galarraga y Leire Martínez.
38. Cemento, mármol, pisos, puertas y material eléctrico.
39. Sumarios 26/80 y 133/81 del Juzgado número 2 de la Audiencia Nacional.

Las investigaciones policiales han permitido verificar también que Banaka ha tenido negocios en Alajuela (Costa Rica), donde adquirían material de chatarra y lo exportaban a Guatemala y Nicaragua por medio de la empresa Comercial Berria, S. A.[40]

Los diversos informes remitidos por Interpol a la Audiencia Nacional revelan, además, que el hombre a la sombra de la banda armada para estas actividades, el responsable de Banaka, José Luis Franco Suárez, no ha dejado de moverse por los países latinoamericanos.

Existen, sin embargo, otras formas de financiación de la banda armada que no podemos pasar por alto.

La Consejería de Hacienda de la Diputación Foral de Vizcaya ocupa un edificio de varias alturas en la calle Capuchinos de Bilbao, dentro del complejo de la Feria de Muestras, junto al hospital de Basurto y al estadio San Mamés.

A comienzos de enero de 2002, dos capitanes del Servicio Central de Información de la Guardia Civil, bajo la cobertura de inspectores de Hacienda que están investigando una serie de irregularidades fiscales, se presentan en sus instalaciones.

Con la ayuda de dos funcionarios del departamento, proceden a revisar todas las subvenciones concedidas por este organismo público a empresas editoriales, fundaciones de defensa del euskera, proyectos culturales y otra serie de sociedades y organizaciones no gubernamentales, aparentemente sin ánimo de lucro.[41]

Paralelamente, otros cuatro agentes se encargan de desentrañar una maraña de nombres, cifras y datos en las diputaciones de Álava y Guipúzcoa, y casarlas con los informes que llevaban en sus ordenadores.

El resultado de la investigación dio sus frutos. En las últimas

---

40. El presidente de Banaka, José Luis Franco, viaja a Costa Rica el 20 de junio de 1995 y permanece en este país hasta el 3 de mayo de 1997, en que es deportado por sus vinculaciones con el terrorista de ETA José Ceberio Ayerbe, detenido en aquel país. Su actividad, en ese período, es la de visitar los países del Caribe y hacer negocios en nombre de ETA.

41. Dentro del régimen fiscal vasco, las diputaciones son las encargadas de recaudar los impuestos que transfieren a la Consejería de Hacienda del Gobierno de Ajuria Enea, tras retener un veinticuatro por ciento de los ingresos para atender a sus necesidades. Se trata, por tanto, de entidades con presupuesto propio, que manejan importantes sumas de dinero en todos los ejercicios económicos.

dos décadas, veinte sociedades editoriales, entre ellas la editora del diario *Euskaldunon Egunkaria,* la editorial Txalaparta, Orain y otras compañías, han recibido de las haciendas forales de los tres territorios históricos varios miles de millones de pesetas en subvenciones a fondo perdido para invertir en proyectos de defensa del euskera, promoción de la lengua, edición de libros y otras actividades relacionadas con el mundo de la cultura.

Una buena parte de los fondos —varios cientos de millones de pesetas— se destinó a la elaboración de una enciclopedia de la cultura vasca, que al parecer nunca llegó a realizarse, según el diario *La Vanguardia,*[42] sin que las subvenciones llegaran nunca a devolverse.

Y es que el dinero, alrededor de tres mil millones de pesetas de acuerdo con los informes que maneja el instituto armado, se sacó de España, vía Francia y Holanda, y se halla a buen recaudo en una serie de sociedades interpuestas creadas en paraísos fiscales del Caribe.

Los primeros datos de este nuevo entramado económico se conocieron por vez primera en 1988, tras la detención en el caserío «Goiz Argi» de San Juan de Luz (Francia), propiedad de un alto ejecutivo de la Banca Inchauspe, del jefe de ETA Santiago Arróspide Sarasola, *Santi Potros,* y de su mujer, Izaskun Rekalde Goikoetxea, de Gracién Alfaro y otros.

Las agendas incautadas a todos ellos, especialmente la de Izaskun Rekalde, condujeron a una serie de números de teléfonos y direcciones de sociedades holandesas con sucursales en los paraísos fiscales de las islas de San Martín, Curaçao, Bonaire, San Eustatius y Saba (Antillas Neerlandesas), en el Caribe.

Una de estas sociedades, Lib Logistic Holding B. V., una compañía limitada domiciliada en la isla de San Martín, que actúa como un verdadero *trust* para ocultar fortunas de medio mundo, ha sido utilizada por los terroristas Carlos Almorza Arrieta, *Pedrito de Andoain,* nacido en Herrera (Guipúzcoa), cuarenta y siete años, y Francisco Javier García Gaztelu, *Txapote,* natural de Galdákano, de treinta y seis, para hacer pagos a traficantes de armas y proveedores de la banda armada.

---

42. *La Vanguardia,* 27 de octubre de 2001.

Es la pantalla utilizada, igualmente, para ocultar las ayudas que las diputaciones forales y el propio Gobierno vasco han dado a manos llenas a la constelación de ONG, entidades culturales, deportivas, recreativas, gastronómicas del entorno de la banda armada. Llegar al final del asunto será, por tanto, cuestión de meses o años.

La ingeniería financiera y su introducción en el mundo de las finanzas internacionales no ha impedido que ETA siga empleando métodos más tradicionales de esquilmar al prójimo.

El País Vasco es, probablemente, la única región del mundo donde, por Navidades, la tradición anglosajona de Papá Noel ha sido sustituida por la *abertzale* del Olentzero, una especie de *baseitarra* (agricultor) barbudo, salido de los bosques, que visita a los niños durante tan entrañables fiestas.

Hay, además, otro Olentzero no precisamente bueno ni tan conocido, el de ETA, que so pretexto de las felices fechas que conmemoran el nacimiento de Jesús en Belén, aprovecha para darle un pellizco a la paga extra de muchos vascos. Los terroristas actúan así.

El 12 de diciembre de 2000 se recibe una llamada en la sede de Gestoras Pro Amnistía de Bilbao. Coge el teléfono Jagoba Terrones Arrate. Desde el otro lado de la línea, una señora de Amorebieta (Vizcaya) no identificada pregunta cómo llevar a cabo la campaña anual de extorsión para los presos.

Mujer.—A ver, llamo desde Amorebieta. Tenemos para lo de la solidaridad lo que mandasteis de las Navidades para los presos. Tenemos todo el material, pero no sabemos cómo enviarlo.
Jagoba.—Tenéis dos hojas, ¿no?
Mujer.—Sí.
Jagoba.—Entonces metéis los dos folletos en cada sobre, y carta comercio.
Mujer.—¿Carta comercio?
Jagoba.—Carta comercio, ¿vale? Por los comercios...
Mujer.—¿Los dos folletos?

Jagoba.—Sí, los dos a la vez. Es que la hoja donde aparece el Olentzero, ahí no pone apenas nada. Las Navidades, que solicitamos dinero, pero no tiene información.
Mujer.—Ya, ya.
Jagoba.—Entonces, la otra sí tiene información. Las dos metidas en un sobre y ponéis ahí el nombre del comercio, y darlo. Y con ello, decir como en todas las Navidades se hace. En todas las Navidades se reparten esos panfletos y se pone un plazo de una semana. Dejad un plazo de una semana y luego pasad por ese comercio en busca del dinero.
Mujer.—Es que pensábamos dar el sobre por una parte y los folletos por otra.
Jagoba.—No, todo dentro del sobre. Y luego, otra cosa. El dinero lo ingresáis poniendo «cartas comercio Navidades», para nosotros saber el concepto. ¿Vale?
Mujer.—Perfecto.[43]

La conversación, que ve ahora la luz por primera vez, revela claramente el sistema que ETA y su entorno emplean no sólo para cobrar un «impuesto revolucionario» para los presos. Es el método empleado igualmente para estafar a los pequeños comercios, bares, cafeterías, a los que, como en el Chicago de los años treinta, la banda terrorista exige un impuesto de protección.

El que no pague ya lo sabe. Durante las jornadas de lucha, de *kale borroka* o en las huelgas generales, los cristales de estos pequeños establecimientos vuelan por los aires, sus cerraduras son selladas con silicona o sufren los estragos de las bombas fabricadas con bombonas de camping-gas o de los cócteles molotov.

Esta forma de extorsión se emplea por lo menos a comienzos de la década de los ochenta, fecha en que fue denunciada en la revista *Cambio 16*. El autor del reportaje, Ánder Landáburu, fue entonces amenazado de muerte por revelar unos métodos mafiosos que, hasta entonces, nadie se atrevía a denunciar a la opinión pública.

La banda terrorista no negó los hechos, conocidos especialmente en el casco viejo de Bilbao, donde, una vez al mes, una persona entraba en el bar o en la cafetería, preguntaba por el dueño

---

43. Diligencias 300/00 de la Audiencia Nacional.

o el encargado, le entregaba un sobre vacío y dos o tres días después pasaba de nuevo a recogerlo con 25 000 o 30 000 pesetas dentro.

De esta manera, con el dinero de pequeñas familias que muchas veces no tenían para pagar las letras del traspaso del establecimiento, con el dinero del sudor y el sacrificio de la clase trabajadora a la que los terroristas se dicen dispuestos a salvar, se compraban las balas para matar muchas veces a sus vecinos.

Habían salido de Bruselas una hora antes y se desplazaban por la autopista que conduce a París a una marcha moderada, sin saltarse ninguna norma de tráfico ni vulnerar los límites de velocidad.

Los agentes españoles, encargados de su seguimiento y control, esperaron a que cruzaran la frontera franco-belga e inmediatamente avisaron a sus colegas de la Dirección Nacional Antiterrorista de París.

Al percatarse de las señales que les indicaran que se apartaran a un lado, el tesorero de HB, Jon Gorrotxategui, treinta y nueve años, y su acompañante, el informático Mikel Corcuera, de treinta, pensaron que se trataba de un control rutinario.

Cuando aquel 22 de marzo de 2002, viernes, los agentes les preguntaron dónde llevaban el dinero, se dieron cuenta de que era una operación antiterrorista. Por si aún les quedaba alguna esperanza, una vez descubiertos los 200 304 euros que llevaban encima (33,4 millones de pesetas), los agentes los condujeron a París, ante la juez Laurence Levert, y no ante el magistrado encargado de perseguir el tráfico de divisas.

El movimiento de fondos por el «sistema del maletín» no es, sin embargo, el más habitual en ETA. En 1993, en Anget, la Guardia Civil descubriría una carta manuscrita atribuida a Arantza Sasiain, viuda de Domingo Iturbe Abasolo, en la que ponía en conocimiento de la banda armada la existencia de una persona, que no identifica, dispuesta a colaborar económicamente «al sostenimiento de la resistencia vasca».

«Pues que vaya al banco, ingrese la cantidad que quiera donar a la organización, saque una tarjeta de crédito para utilizar en cajeros y te la entregue. Poco a poco, nosotros iremos haciendo uso del dinero de acuerdo con las necesidades», responde por escrito José Luis Álvarez Santacristina, responsable de la oficina política y de las finanzas de ETA.

Un procedimiento que luego se extendió al conocido cobro del «impuesto revolucionario».[44]

No sólo el dinero es lo que ha garantizado la supervivencia de la Bestia. Un selecto grupo de abogados constituye uno de los tres pilares de la organización.

44. Para más detalles, consultar *Arzalluz, la dictadura del miedo.*

CAPÍTULO III
Los abogados del diablo

El País Vasco es uno de los pocos lugares del mundo donde se puede insultar, calumniar, injuriar, amenazar, coaccionar, chantajear, extorsionar, secuestrar, hacer apología del terrorismo, ocultar a sus autores materiales, quemar la bandera española, llevar el hacha y la serpiente —los símbolos de ETA— en la solapa e incluso, en ocasiones, asesinar sin que pase nada. Llevar a los culpables ante la Justicia, en cambio, es en muchos casos un problema para el que lo intenta y para quien trata de aplicarla con rigor y ejemplaridad. Para gran parte del nacionalismo, antes que hacer Justicia, denunciar los actos vandálicos, las manifestaciones ilegales o detener a un alevín de terrorista por quemar un autobús, hay que hacer patria. Una red de cerca de cien letrados, muchos de ellos procesados y condenados, se encargan de que una buena parte de estos delitos queden impunes. Son los abogados del diablo.

En 1975, el Batallón Vasco Español coloca una bomba bajo su coche pero el dirigente de ETA, miembro de su comité ejecutivo, duro entre los duros de la organización, sale ileso del atentado.

Entre 1982 y 1986, los GAL le tienen entre sus objetivos, pero este tipo con pinta de leñador nacido en Vizcaya en 1941 y miembro de la banda terrorista desde 1970 se mostró esquivo y escurridizo como la serpiente de ETA, que tal fielmente representó durante casi dos décadas.[1]

En 1987 y 1988, al comandante de la Guardia Civil Enrique Rodríguez Galindo, responsable de las unidades antiterroristas del instituto armado en Guipúzcoa, le proponen secuestrarle en el sur de Francia y trasladarle en barco al puerto de Pasajes. Las autoridades francesas se niegan a colaborar en el plan.

---

1. El símbolo de ETA es un hacha y una serpiente, con la leyenda «*Bietan jarrai*» («Adelante con las dos»). El hacha representa la fuerza bruta, la «violencia revolucionaria», y la serpiente la astucia, la inteligencia, la negociación. En contra de la opinión generalizada, el autor del logotipo no fue ningún etarra, sino el miembro de la CNT Félix Likiniano, nacido en Mondragón en 1909 y miliciano en la guerra civil española. El símbolo se diseña en 1975, época en que su autor está exiliado en San Juan de Luz. Likiniano muere el 22 de diciembre de 1985.

El 11 de febrero de 1989, a José Antonio Urrutikoetxea Bengoetxea, *Josu Ternera*, se le acaba la *baraka*. Setenta y dos horas antes, ETA decreta una tregua para dar paso a las Conversaciones de Argel entre la banda armada y el Gobierno. Responsable de la matanza de Hipercor, *Josu Ternera* es considerado por ambas partes un obstáculo al diálogo.[2]

Esa mañana, una veintena de agentes de la Policía Judicial con un mandamiento de entrada y registro del juez Michel Legrand ponen cerco a su casa, en Le Coq de Vive, una zona residencial arbolada, situada en las cercanías del río Adour, en la Bayona francesa.

En el momento de la intervención se produce un hecho inesperado. El máximo dirigente de ETA recibe la visita de un desconocido, que llega a la casa en un coche con matrícula española. Para evitar incidentes, los policías esperan pacientemente a que Urrutikoetxea concluya la entrevista para reducirle por la fuerza y colocarle las esposas.

Poco después, los agentes efectúan un registro en su domicilio. Entre un montón de documentos de la organización armada descubren un recibo por 89 millones de pesetas. Es el dinero que *Josu Ternera* ha entregado supuestamente a José María Montero, letrado de varios presos de HB y hoy alejado de las tesis del nacionalismo violento.

El pago se efectuó diecinueve meses antes, el 5 de mayo de 1987, el mes previo a la celebración de las elecciones al Parlamento Europeo en las que saldría elegido diputado de HB en la eurocámara.[3]

No es la única cantidad de dinero que el jefe de ETA entrega a los abogados de la organización terrorista. Meses más tarde, encarcelado en la prisión de La Santê, en las afueras de París, el juez Legrand sospecha que sigue dirigiendo la banda armada desde la cárcel.

Para salir de dudas, ordena que lleven a Urrutikoetxea ante su presencia y, durante el viaje de ida y vuelta, un grupo de funcio-

---

2. Según la revista *Tiempo*, fue entregado por los abogados Iñaki Esnaola y Christianne Fandó a Rafael Vera y al comisario Manuel Ballesteros.

3. Poco antes de la captura de *Josu Ternera*, éste estuvo supuestamente reunido con Txema Montero. La Guardia Civil había visto salir un coche con matrícula española del domicilio del jefe de ETA. Hechas las averiguaciones, pertenecía a la mujer del letrado. Diario *ABC*, 14 de enero de 1989.

narios de prisiones registran minuciosamente su celda. Allí encuentran dos recibos con diversas cantidades de dinero abonadas a «I» y a «E».

La policía sospecha que «I» y «E» son dos claves que corresponden a los abogados y miembros de HB Íñigo Iruín e Iñaki Esnaola, dos de los abogados de ETA. *Josu Ternera*, sin embargo, no reveló los nombres de los beneficiarios.

Las calles adyacentes habían sido cortadas al tráfico, una compañía de «boinas verdes» y numerosos vehículos blindados habían tomado posiciones junto al Gobierno Militar de Burgos.

Aquel 3 de diciembre de 1970, un día frío y lluvioso, se forma el consejo de guerra contra los dieciséis activistas de ETA presuntos autores del asesinato de Melitón Manzanas y del taxista Félix Monasterio.

Nada más empezar la vista, en el momento en que el juez instructor va a dar lectura a la relación de hechos, Gurutze Galpalsoro, abogado de Jone Dorronsoro, interrumpe el acto.

«Algunos de los procesados están esposados. ¿No sería conveniente que fueran colocados en situación de comodidad?», pregunta.

El presidente[4] de la sala consulta al jefe de policía. Ante la negativa de éste a responsabilizarse de la seguridad si se retiran los grilletes, deniega la petición y ordena que se continúe con la relación de hechos.

«Con la venia, señor. El fiscal infringe el Código Militar. Éste dice que debe comparecer ante este consejo con sable y veo que no es así», corta Miguel Moreno Lombardero, defensor de Enrique Guesalaga.

«¡Que conste en acta![5] En su día tomaremos las medidas disciplinarias oportunas», dice el presidente.

---

4. Presidía el tribunal militar, que ha sido recusado previamente por «extranjero, burgués y fascista», el coronel de Caballería Manuel Ordovás González, acompañado de los vocales Ángel Calderón López, Félix Álvarez Lazo y Damián Bermejo Zofío, todos ellos capitanes. De fiscal actúa el también capitán Antonio Trocoso de Castro.

5. De las actas taquigráficas del juicio en poder de los autores.

«Solicito que se suspenda el consejo por no llevar sable el fiscal, se considere nulo el apuntamiento y se proceda a una nueva lectura», protesta Elías Ruiz Ceberio, defensor de Teo Uriarte.

La vista oral acaba de empezar. En los siguientes siete días, las protestas de los letrados por cuestiones formales nimias van a ser la tónica del proceso.

«Para un problema formal. En virtud de los usos del foro, en el estrado no debe estar más que el tribunal, el fiscal y los letrados togados. Observo que hay un funcionario a la misma altura», apunta Gregorio Peces Barba, defensor de Vítor Arana Bilbao.

«Con la venia, para solicitar que se permita a los procesados quitarse las chaquetas, ya que hace mucho calor», plantea Francisco Letamendía, abogado de Itziar Aizpurúa.

El presidente acepta. Transcurridos quince minutos, al iniciarse de nuevo la lectura de la acusación, Letamendía vuelve a interrumpir:

«Con la venia, ya que hay tres matrimonios en esta causa, y ya que están esposados en parejas, me gustaría pedirle que se les permitiera sentarse juntos», plantea.

Fuera de sí, el presidente deniega la solicitud. Pero a lo largo de las siguientes jornadas tendrá que interrumpir la vista para atender a otras preguntas del siguiente tenor:

«Con la venia, para formular una petición. El Consejo de Ministros decretó ayer el estado de excepción en Guipúzcoa. Este letrado piensa que nos limita el derecho de defensa y pide que se suspenda la vista oral», plantea Juan María Bandrés, defensor de Jokin Gorostidi.

«El artículo 766 del Código Militar dice que en sitio preferente de la sala se colocará un crucifijo, que debe, además, estar a la derecha del presidente. Como no ocurre así, este letrado pide que así se haga en este momento», protesta Elías Ruiz Ceberio, letrado de Uriarte Romero.

El interrogatorio a los dieciséis procesados, con observadores internacionales y con la prensa mundial pendiente de lo que ocurre en la sala, fue una hábil maniobra de exaltación de las virtudes de ETA, donde el idealismo, la capacidad de entrega, el sacrificio propio y la extrema generosidad aparecen como valores de los terroristas. Enfrente, un Estado que niega las libertades, aplasta cualquier resquicio de disidencia y aplica métodos inhumanos para obtener las confesiones.

Letrado. — ¿Es usted socialista?[6]
Gorostidi. — Sí, señor, marxista-leninista.
Letrado. — ¿Conocía usted los riesgos de su adscripción a Euskadi ta Askatasuna?
Gorostidi. — Sí, señor. Todo revolucionario es consciente de ese peligro.
Letrado. — ¿Contra quién lucha usted?
Gorostidi. — Contra el sistema, contra la oligarquía.

Letrado. — ¿Pensó usted dedicarse a las misiones?
Echave. — Es cierto. Pero ETA ha llenado totalmente mis ansias misioneras de entonces.
Letrado. — ¿No cree usted que hay una contradicción entre su condición de sacerdote y la de militante de ETA?
Echave. — No, ETA está vinculada al pueblo y el sacerdote es también un hombre del pueblo.
Letrado. — ¿Ha usado usted pistola?
Echave. — Sí. Más o menos desde octubre de 1968 hasta mi detención.
Letrado. — ¿Ha realizado actos de bandidaje?
Echave. — Si a realizar excursiones por el monte y ejercicios de tiro lo llama actos de bandidaje, pues sí.
Letrado. — Vamos a suponer que sale absuelto en esta causa. ¿Volvería, para entendernos, a las andadas?
Echave. — Claro que sí, pero sin duda alguna.
Letrado. — ¿Desde cuándo tiene usted inquietudes políticas?

Aizpurúa. — Desde que fui a la escuela y vi cómo los maestros apaleaban a los niños, los dejaban sin comer o los tenían con los brazos en cruz por no saber español.
Letrado. — ¿Apaleaban los maestros a los niños? ¿Por qué?
Aizpurúa. — Porque la gente habla euskera. Y el euskera, nuestra lengua materna, está proscrita.

---

6. Los abogados son, respectivamente, Juan María Bandrés (Jokin Gorostidi Artola), Ramón Camiña (Juan Echave), Francisco Letamendía (Itziar Aizpurúa) y Miguel Castells (Mario Onaindía).

Letrado. — ¿O sea, que a los cinco años empezó usted a sentir inquietud política? ¿Es corriente eso en su localidad?
Onaindía. — No, pero la opresión que sufre el pueblo es tan brutal que los niños se dan cuenta perfectamente.
Letrado. — En la acusación del fiscal se dice que ETA es una organización terrorista. ¿Usted cree que aterroriza al pueblo?
Onaindía. — No, ETA quita el pánico al pueblo.
Letrado. — ¿ETA quiere que la población sea aterrorizada?
Onaindía. — No, todo lo contrario. Nos gustaría que la libertad de Euskadi se consiguiera con el mínimo esfuerzo. Como no es así tenemos que luchar.
Letrado. — ¿Ha participado usted en las acciones armadas de ETA?
Onaindía. — No, no he tenido el honor de participar.
Letrado. — Llevaba usted una pistola al ser detenido?
Onaindía. — Sí, una pistola checoslovaca.
Letrado. — ¿Para qué la necesitaba?
Onaindía. — Para defenderme de la policía.
Letrado. — ¿Usted se considera prisionero de guerra?
Onaindía. — Sí, lo que pasa que no me acojo a los convenios de Ginebra porque quiero aprovechar esta tribuna para dar a conocer la lucha del pueblo vasco y la opresión que sufre. *Gora Euskadi ta Askatasuna!*

Fue el momento de mayor tensión del juicio. Puño en alto, Onaindía camina hacia el tribunal y dos vocales desenvainan sus sables en actitud defensiva. Los restantes presos y parte del público corean «*Gora Euskadi ta Askatuta*» y comienzan a entonar el *Eusko Gudariak*, el himno del soldado vasco, a la vez que amenazan con avanzar hacia el estrado, actitud que corta enérgicamente la policía.

La vista oral acaba el 9 de diciembre, a las tres y cuarto.

Treinta años y dos meses después, el 8 de febrero de 2000, Francisco Múgica Garmendia, *Pakito*, uno de los dirigentes de ETA, llega extraditado desde París, donde ha cumplido casi ocho años de cárcel.

Nacido en Ordicia en 1953, Pakito aterriza en España para hacer frente a los múltiples asesinatos que se le imputan, entre ellos haber ordenado la muerte de María Dolores González Kataraín, *Yoyes*, y la del catedrático valenciano Manuel Broseta.

Al atravesar el primer control policial en el aeropuerto Madrid-Barajas, los agentes encargados de trasladarle a la cárcel de Alcalá-Meco se extrañan del escaso equipaje que porta. Cosido al dobladillo del pantalón descubren un papel manuscrito doblado y perfectamente camuflado. Son los nombres y números de teléfono de los principales abogados de ETA.

La situación se repite meses después con los terroristas Rafael Caride, José Luis Álvarez Santacristina, José María Arregui Erostarbe y otros. Y es que desde el Consejo de Guerra de Burgos, donde los letrados hacen un uso abusivo del Derecho y la prensa actúa como caja de resonancia internacional, convirtiendo lo que era un proceso a dieciséis terroristas en un juicio al sistema, los abogados son parte esencial de la trama terrorista.

Profesionales del Derecho como Miguel Castells, Txema Montero, Íñigo Iruín o Jone Goiricelaya juegan, cada uno en su momento, un papel relevante en el entramado y ponen todo su saber al servicio de la construcción nacional. Por eso, la banda terrorista cuenta con una plantilla de cerca de cien letrados, algunos de los cuales a su vez son militantes de las diferentes organizaciones satélites de la organización, desde Jarrai, Gestoras Pro Amnistía y Herri Batasuna hasta el sindicato LAB.[7]

---

7. Éstos son los letrados que con más frecuencia trabajan para ETA y sus organizaciones adláteres o aparecen en sumarios o asistencia jurídica terroristas. Evidentemente, no todos tienen vinculaciones orgánicas con la banda armada: Jone Goirizelaia, Pedro Mari Landa, Arantza Zulueta, Iñaki Goyoaga, Carmen Galdeano, José María Matanzas, José Miguel Gorostiza, Aitor Ibero, Ainhoa Baglieto, Íñigo Iruín, Álvaro Reizabal, Amaya Izko, Ainhoa Erkizia, Kepa Monzisidor, Esther Aguirre, Luz Baringarrementeria, Félix María Calzada, Concepción de la Peña, Gabirne Olealdekoa, Sorne Olealdekoa, Javier Zabalza, Juan Jesús Soria, Enekoitz Echevarría, Miguel Castells, José María Montero, Ainhoa Erkizia, Zigor Reizabal, Jon Emparantza, Unai Errea, Julen Arzuaga, Joseba Agudo, Juan Carlos Yoldi, Íñigo Elkoro y Amaia Izko. Los datos proceden de los sumarios instruidos en la Audiencia Nacional. A estos nombres habría que añadir, según fuentes policiales, los de Jakoba Zulueta, Arkaitz Zárraga, Mikel Elortza (LAB), José Félix Illarramendi, Urko Ayarza, Karmelo Landa, Ángel María Ezkerra, Eñaut Apaolaza, Jon Aguirre, Margarita Alakin, Carlos Almonacid, Marta Aldamondo, Pedro Apalategui, Adolfo Araiz, Juana Aranguren, Francisco Arias, Sabino del Bado, Miren Baztarrika, José Luis Beaumont, Begoña Beguiristain, Joseba Belaustegui, Begoña de la Kal, Víctor Canales, Félix Kañada, Jose Luis Cereceda, Javier Eceizabarrena, Íñigo Elkoro, Javier Echaniz, Ignacio Garmendia, Jean Philippe González, Luis Gorostiaga, Ignacio Goyoaga, Koldo Guridi, Antonio Hernández, José Antonio

El poder de algunos de ellos dentro de las estructuras políticas del movimiento armado es tan importante que la mayoría de las decisiones que han tomado ETA o HB en los últimos años no se han hecho públicas hasta tener el visto bueno del «colectivo de abogados».

Si en 1970, tras el Proceso de Guerra de Burgos, ETA no desaparece por el apoyo de los curas y del nacionalismo moderado; si en 1992, tras la caída de Bidart, se mantiene por el balón de oxígeno que le ofrece el PNV, en los cuarenta años de historia la banda armada mantiene la cohesión interna en todos los frentes, pero especialmente en el de las cárceles por los letrados.

«En ETA no hay colectivos que deciden quién entra y quién sale de la cárcel, hay abogados que ordenan quiénes se comen los marrones de los que no existen pruebas fehacientes y quiénes quedan liberados de sus delitos porque son más útiles fuera que dentro», asegura el ex miembro del comando «Madrid» José Manuel Soares Gamboa. Y es que muchos letrados en realidad son «comisarios políticos» de la banda armada que amenazan a los presos, impiden las deserciones y dirigen y coordinan huelgas de hambre.

El juez Baltasar Garzón redactó la orden de ingreso en prisión esa mañana y dio instrucciones de que se le tuviera vigilado y que el asunto se mantuviera en secreto hasta que el inculpado acudiera ante su presencia.

Ese día, José María Matanzas Gorostizaga hizo algo insólito. A primera hora de la tarde, tras acabar la vista oral contra siete terroristas de ETA donde intervino en calidad de abogado defensor, cogió el coche, enfiló la carretera de Burgos y lo puso a doscientos kilómetros por hora.

---

de la Hoz, Aitor Ibero, Ignacio Idiáquez, Asier Irastorza, Karmele Iriazábal, Pedro Landa, Enrique Lazkano, José María Laullon, Álvaro Marcet, Koldo Markoz, Yolanda Molina, Joseba Múgika, Juan Manuel Olarrieta, Andrés Ormazábal, Lourdes Prat, Andrés Percaz, Josefa Pérez, Julio Rekalde, José Luis Reizabal, Didier Rouget, Juan Ruiz, Xabier San Sebastián, Carmen Torres, Carlos Trenor, Iñaki Uribe, Juan María Urrutia, José Luis Velasco, Fernando Vicente, Arántzazu Zulueta y Endika Zulueta, Tomás Urzainki. Por último, podría añadirse la lista del sindicato de Abogados Euskaldunes, vinculada a ETA y que preside Luis Barinagarrementería y de la que es secretario general Íñigo Santxo. (Fuente: Ministerio del Interior.) La simple enumeración de sus nombres excede al espacio de este libro.

Los funcionarios de policía de la Audiencia Nacional encargados de su seguimiento se lanzaron tras él, pero lo perdieron de vista. Aunque al día siguiente continuaba el juicio, entre fiscales, jueces y policías sospechaban que se había enterado de su encarcelamiento y se había dado a la fuga.

Inmediatamente se avisó a la Comisaría Provincial de Información de Álava para que le interceptaran. Los agentes apostados en el peaje de Miranda de Ebro vieron aparecer el coche y lo siguieron hasta un frontón. Allí, tras jugar un partido con unos amigos, Matanzas se montó en su automóvil y regresó a Madrid a preparar la vista oral del día siguiente. El riesgo de fuga había sido una falsa alarma.

Horas más tarde, 13 de septiembre de 2000, el abogado habitual de ETA es detenido en un hotel de Madrid. El fiscal Enrique Molina, con el que ha hablado tantas veces, le acusa de formar parte de EKIN, una de las tramas de ETA para luchar contra el sistema aprovechando los resquicios que ofrece la legalidad.

Matanzas, según el auto de prisión, asistió a una reunión en una *herriko taberna* de Durango (Vizcaya) para dar a conocer públicamente la existencia de la nueva organización,[8] a través de la cual ETA dirige el control de los aspectos financieros y económicos del entramado que la rodea, el desarrollo de la violencia callejera o *kale borroka*, las campañas de desobediencia civil y la dirección política del llamado Movimiento de Liberación Nacional Vasco (MLNV).

El defensor, según el auto judicial, había pertenecido previamente, durante dos años, a KAS. Cuando Garzón decidió ilegalizar esta trama, las fuentes de financiación, los miembros y la estructura de KAS pasan a integrarse en EKIN, hecho este último que reconoce el propio Matanzas en una conversación telefónica desde el móvil 607 50 47 94, que figura en la causa.

Como se verá a continuación, no iba a ser éste el único proceso abierto en contra del letrado más activo del entorno de ETA.

---

8. La noticia de la creación de EKIN fue dada a conocer el 23 de septiembre de 1999 por el diario *Deia*. Durante su presentación en Navarra, el 6 de noviembre de 1999, su portavoz Olatz Eguiguren acaba su disertación con un «*Gora ETA*».

El 25 de abril de 2000, a las 14.57 de la tarde, José María Matanzas Gorostizaga habla por teléfono con su compañera Carmen Galdeano.

>   *Txema.* — [...] Creo que se han puesto en huelga de hambre en Badajoz, creo yo.
>   *Carmen.* — Sí, sí. Me lo ha dicho Txemi.
>   *Txema.* — ¿Quién?
>   *Carmen.* — Txemi.
>   *Txema.* — Si se pone Badajoz en huelga de hambre, se unen Soto, Alcalá, Badajoz y él, pero claro...
>   *Carmen.* — Y Cuenca también. ¿Cuenca?
>   *Txema* [inaudible]
>   *Carmen.* — No, no. Cuenca, al final, no, pero iba también...

El mismo día a las 8.13 de la tarde. Hablan los mismos interlocutores. Poco antes, Matanzas acaba de salir de la cárcel de Soto del Real, donde los presos de ETA van a la huelga.

>   *Txema.* — ¿A ver?
>   *Carmen.* — Cucu
>   *Txema.* — Hola. ¡Cucu!
>   *Carmen.* — ¿Cuántos en lucha en Soto?
>   *Txema.* — ¿Cuántos? No sé. Me han dicho que siguen adelante. [...] Yo creo que están todos, no sé cuántos pueden estar, pero están todos.

Veintiocho de abril de 2000, 8.29 de la tarde. Txema Matanzas habla con una mujer, identificada como Mertxe. Comentan la huelga de hambre en las cárceles. Mertxe quiere saber día y hora para informar a los presos de Valladolid. Por su condición de profesora tiene acceso a la prisión.

>   *Mertxe.* — Sí, a ver, eso, lo que estaba pendiente, a ver cuándo...
>   *Txema.* — Yo no sé por dónde irá el tema, ya que yo no he

pasado por ahí, pero me imagino que su intención era la de saber cuándo empezar.

Mertxe. — ¿Eh?

Txema. — Cuándo deben empezar ellos. Eso es lo que pregunta... ellos quedaron en que entrarían en huelga de hambre.

Mertxe. — ¡Ajá!, ah, sí. [...] Dado que debían actuar todos a la vez, pues tenían pensado esta semana.

Txema. — ¿No hay manera de avisarlos?

Mertxe. — Sí, sí que la hay.

Txema. — Es que el tema, es que la mayoría de sitios entran mañana.

Mertxe. — ¿Mañana?

Txema. — A las doce de la noche entran el resto de lugares.

Mertxe. — Mañana a las doce. Vale, les avisaremos.

Txema. — No, hoy a las doce de la noche, mañana a las cero horas.

Mertxe. — ¡Ah!, entonces hoy a la noche.

Txema. — Eso es, en la mayoría de sitios. De modo, atarlo lo más rápido posible, lo más rápido que puedan.

Cinco días más tarde, José María Matanzas Gorostizaga, *Txema,* conversa con el preso etarra José Luis Martín Karmona, *Koldo.* Son las 19.24 horas.

Txema. — ¿A ver?

Koldo. — ¿Txema?

Txema. — ¡Koldo!

Koldo. — ¡Hostia! Has cogido el teléfono a la primera. ¡Joder con los abogados!

Txema. — Soy un tío eficaz. ¿Dime?

Koldo. — A ver, dos cosas. Una, he hablado esta mañana con Aintzarne. Me ha dicho que ayer empezó la fiesta.

Txema. — Eso es.

Koldo. — Bueno, mira, como me habéis pillado tan rápido, la voy a empezar mañana. Para que me dé tiempo a coger aire.

Txema. — Vale, tranquilo. Mañana ¿qué es?

Koldo. — Mañana, día uno.

Txema. — Día uno, vale.

Koldo. — ¿Qué te iba a decir?, pero fijo. Dilo donde haga falta.

Con estas tres conversaciones y otras pruebas, el juez imputa a Txema Matanzas dirigir una huelga de hambre de los presos de ETA. Además, le acusa de presionar a un preso de ETA para que no se acoja al tercer grado[9] y de facilitar el nombre de un funcionario de prisiones de El Puerto de Santa María (Cádiz) que supuestamente ha maltratado a un recluso. Este supuesto «señalamiento» supone un riesgo para su vida.[10]

Pese a los documentos referidos anteriormente, el 4 de abril de 2001 la sección cuarta de la Sala de lo Penal de la Audiencia Nacional confirma el procesamiento del letrado y de otros trece imputados por un delito de integración en banda armada, pero decide dejar en libertad con una fianza de un millón de pesetas a siete de ellos, incluido Matanzas.[11]

La libertad le supo a gloria. Al poco tiempo, el 14 de febrero de 2002, el mismo juez le imputa, junto con la letrada Ainhoa Baglietto, formar parte de las tramas de las Gestoras Pro Amnistía. Garzón considera que los letrados de Gestoras recaban «datos trascendentales para la seguridad interna de ETA» gracias a los sumarios en los que los miembros de la banda están acusados, y donde aquéllos se personan como abogados defensores. A su juicio, los letrados «ejercen el control del colectivo de presos para garantizar su cohesión interna y sumisión a la disciplina orgánica de la propia organización terrorista».

Matanzas, sin embargo, ha estado implicado en asuntos más graves, como el de colaborar activamente con comandos terroristas, supuestamente facilitándoles información y dinero.

Nacido en Kuartango (Álava), de 37 años, estudiante de Derecho en la Universidad de Deusto (Bilbao), concejal de su pueblo por HB, José María Matanzas fue siempre un chico listo para la política. A finales de los ochenta, sin acabar aún la carrera, forma

---

9. Se trata del recluso Julio Rekalde Goikoetxea, cuya historia se desarrolla en otra parte de este libro.
10. La noticia aparece en el diario *Gara* el día 2 de mayo de 2000.
11. La sala estaba integrada por los magistrados Carlos Cezón González, Juan José López Ortega (ponente) y Antonio Díaz Delgado, que formuló un voto particular contra el auto. Quedaron en libertad Txema Matanzas, Rubén Nieto Torío, Xabier Balanzategi Aguirre, Francisco Gundín Maguregui, Unai Hernández Sistiaga, Antxon Ollokiegi Egaña y David Soto Aldaz.

parte del sector duro de KAS (Koordinadora Abertzale Socialista).

Abogado de Gestoras Pro Amnistía, se le encarga del frente de cárceles en la etapa en que el ministro Enrique Múgica pone en práctica la política de dispersión de presos y le gana el pulso al Gobierno al mantener la cohesión entre los reclusos de ETA. Hasta el 4 de febrero de 1992, lo que nadie sabe es que mantiene contactos directos con el comando «Vizcaya» de la banda armada.

Dos días antes, la Guardia Civil detiene a dos colaboradores del comando «Vizcaya» de ETA. Josu Eguzkiza y Encarnación Blanco identifican al letrado como la persona a la que entregan unos sobres para que se los haga llegar a los terroristas Jesús María Mendinueta, *Manu*,[12] y a Juan María Ormazábal Ibarguren, *Turco*,[13] del comando «Bilbao».

«En una ocasión se presentó en el bar Aketza de Santurce [alquilado por la declarante] el etarra *Turco* y le dio un papel envuelto con celofán. Le pidió que se lo entregara a Txema Matanzas, lo que hizo al día siguiente en la *herriko* taberna de Santurce. Cuarenta y ocho horas después, Txema le llevó al bar otro paquete que entregaron a Manu y *Turco* en El Arenal de Bilbao, comprobando previamente que se trataba de folios mecanografiados», manifestó a la Guardia Civil Encarnación Blanco.[14]

Nacida en Santurce (Vizcaya) en 1958, Encarnación Blanco y Josu Eguskiza eran los encargados de esconder en su piso de la calle Mamariga a dos comandos terroristas[15] y de hacer de «enlace» con el abogado. «Días más tarde, Matanzas me dio un segundo paquete envuelto con papel de celofán para que se lo hiciera llegar a los miembros de ETA cuando vinieran a comer a casa. Antes de dárselo comprobamos que, entre otras cosas, contenía dinero», agrega la declarante.

---

12. Apodado así, según declara el 30 de agosto de 1991 en un juzgado de instrucción de Bilbao, por haber sustituido a otro que utilizaba ese apodo. Se trata de José Manuel Koldoriza. Éste, a su vez, había asumido el apodo de *Manu* al heredar la pistola del etarra Manuel Urionabarrenetxea Betanzos, muerto en un tiroteo con la Guardia Civil en Irún el 9 de agosto de 1989.

13. Ormazábal muere el 29 de agosto de 1991 en un enfrentamiento con la Ertzaintza en el que también pierde la vida el agente Alfonso Mentxaka.

14. Acta de declaración de Encarnación Blanco Abad el 2 de febrero de 1992 en la Dirección General de la Guardia Civil (Madrid). Folios 605 y siguientes.

15. El segundo estaba formado por un tal Jon y por Juan Carlos Iglesias Chouzas, *Gadafi*, acusado de quince asesinatos entre 1988 y 1991.

«En el mes de julio, durante las fiestas del Carmen, después de cerrar el bar se presentan Manu y *Turco* y cenan con Txema Matanzas y con nosotros dos [Josu Eguskiza y la declarante]», concluye ésta.[16]

En el parque Etxeberría del barrio de Begoña de Bilbao muere el 29 de agosto de 1991, en un enfrentamiento con la Ertzaintza, el camarero vecino de Hernani Juan Mari Ormazábal Ibarguren, *Turco*, de veintisiete años.

Poco después, la policía detiene al letrado Matanzas en Vizcaya, junto a otro individuo, por pegar carteles en una marquesina de autobús en los que se recuerda la «heroica muerte» de este *gudari* entregado en cuerpo y alma a la causa del pueblo vasco.

El asunto, un claro caso de apología del terrorismo, cae en el Juzgado de Instrucción número 2 de Barakaldo (Vizcaya). Su titular le procesa, pero no por presunta exaltación de la violencia. Lo hace por ensuciar la marquesina. La Audiencia de Bilbao fue todavía más benevolente y los absolvió. «Los papeles —dice la sentencia— no estropeaban la marquesina por haber sido pegados con papel adhesivo.»

La muerte del terrorista, consecuencia del primer enfrentamiento armado serio entre la policía autónoma y la banda armada, tuvo otras repercusiones en los tribunales. Los abogados del pistolero —una verdadera alimaña—, Arantza Zulueta e Iñaki Goyonaga, en rueda de prensa, sugieren que fue un asesinato premeditado de la Ertzaintza: «Queremos investigar los hechos hasta las últimas consecuencias. *Turco* tiene un tiro en la sien, a quemarropa, que no fue producto de un tiroteo», afirman. Otros miembros de Batasuna, amparándose en estos testimonios, dan a entender que la policía vasca le preparó una emboscada con el fin de matarle, y el diario *Egin* insinúa que el jefe del operativo fue el sargento mayor del cuerpo Joseba Goikoetxea Asla, *Cabezón*.[17]

---

16. Según una información publicada por el diario *ABC* el 12 de septiembre de 2001, en el despacho de Matanzas se encuentran firmas falsas de presos etarras y fotocopias de los documentos nacionales de identidad de muchos presos de ETA.

17. Éste se querella contra el periódico por llamarle *Cabezón*, sobrenombre que considera despectivo y denigratorio. La justicia no le da la razón y sobresee la querella.

La Ertzaintza presenta querella contra los letrados. El 17 de marzo de 1992, la Audiencia de Bilbao hace una aplicación minimalista del Código Penal y sobresee la causa. Las graves imputaciones realizadas contra el cuerpo policial, con despliegue de medios y publicidad, «no se han producido con el ánimo de injuriar ni de falsear, sino de que se esclarecieran unos hechos», se dice en el auto de archivo.

Pero continuemos con el papel de los abogados como elementos esenciales para la supervivencia de ETA.

El 5 de febrero de 1992, la Guardia Civil desmantela parte de la estructura del comando «Vizcaya». Ese día es detenida en Guernica Rosa María Arana Txakartegui, treinta y seis años, responsable de haber ordenado unos meses antes la colocación, en la localidad de Erandio (Vizcaya), de dos kilos de Goma-2 en un coche, que causa la muerte al niño de dos años Fabio Moreno Asla.[18]

Poco después, la Policía Judicial francesa detiene a la cúpula de ETA en Bidart, cuyos detalles aparecen en otro apartado del volumen. En el registro al caserío donde se encuentran reunidos los dirigentes de ETA se halla la autocrítica de la terrorista, en la que cuenta cómo y por qué se ha producido su detención, y una lista de compañeros suyos que no han sido identificados por las fuerzas del orden.

Entre las dos redadas ha transcurrido poco más de un mes. Tras pasar más de quince días incomunicada en los calabozos de la Guardia Civil y, posteriormente, en las celdas de ingreso de la cárcel, ¿cómo ha podido Rosa María Arana elaborar su autocrítica y sacarla al exterior?, se preguntan los agentes.

La respuesta la ofrece el etarra Miguel Ángel Eguibar Mitxelena: «El colectivo de abogados es el encargado de pasar las comunicaciones de ETA a los presos, de recabar las "autocríticas" en las que se detalla la información que han suministrado a la policía[19] y

---

18. El atentado ocurre el 7 de noviembre de 1991. La muerte se produce al colocar una bomba en el interior del vehículo particular del miembro de la Guardia Civil Antonio Moreno Chica, padre del menor.

19. Las llamadas autocríticas son esenciales para la supervivencia de ETA, ya que les permiten reestructurar sus aparatos «quemados» para impedir nuevas detenciones.

de ayudar a ETA a ejercer adecuadamente la dirección política.»
Uno de los primeros dirigentes que hace una radiografía pormenorizada del peso del «colectivo de abogados» dentro de la banda armada es Eguibar Mitxelena. El que fuera jefe de la oficina política de ETA en Bruselas durante algunos años no puede ser más claro.

Está dividido por áreas: José María Matanzas se encarga de la asistencia jurídica, la letrada y la diputada Jone Goiricelaya es la jefa de las relaciones institucionales, Iñaki Goyoaga es el responsable político, Miguel Castells y Álvaro Reizabal llevan las relaciones con el resto del Estado y Jon Enparanza y Yolanda Molina son los encargados de coordinar la actividad de ETA en Francia. Arantza Zulueta, Jose Luis Elkoro e Iñaki Goyonaga tienen a su cargo el control de las colonias de refugiados.

En Vizcaya, los letrados más activos son Carmen Galdeano, Jone Goiricelaya, Iñaki Goyonaga y Arantza Zulueta. En Araba, José María Matanzas; Aitor Ibero, Ainhoa Baglietto, Íñigo Iruín, Álvaro Reizabal y Miguel Castells en Guipúzcoa. Por último, Texmi Gorostiza es el responsable de Navarra. José María Montero, Iñaki Esnaola, Christianne Fandó, Claire Frayssinet y José María Elosúa desarrollan ahora mismo un papel secundario.

La banda terrorista no deja un solo flanco sin cubrir. Dispone de letrados especializados en movilizar los organismos internacionales de defensa de los derechos humanos, expertos en contactar con la Iglesia, con los países donde existen etarras deportados, dinamizadores de *herrialdes* (territorios), de entidades socioculturales, educativas, y de la defensa del euskera en las instituciones, especialmente en los tribunales de justicia, apoyo a grupos de insumisos, Gestoras Pro Amnistía, Jarrai, creación de sociedades instrumentales, miembros de fundaciones culturales, asociaciones de vecinos, plataformas ecologistas e instituciones de desobediencia civil.

Lo que Eguibar no cuenta es la larga y reiterada relación de los abogados con el cobro del «impuesto revolucionario» de ETA.

El 19 de mayo de 1987, ETA secuestra al empresario vasco Andrés Gutiérrez Blanco. El 3 de julio, previo pago de 190 millones de pesetas en efectivo, le dejan en libertad. Durante el secuestro, la policía interviene todos sus teléfonos y llega a la conclusión de que la persona que da las órdenes para proceder al cobro de la extorsión es el abogado de HB Antonio Ibarguren, hoy fallecido. Éste actúa en colaboración con otro letrado próximo al mundo *abertzale*, José Antonio de la Hoz Uranga, un antiguo jugador de la Real Sociedad.

Una vez liberado el empresario, la Audiencia Nacional instruye un sumario. En enero de 1992, tras tomarle declaración, el juez ordena su ingreso en prisión, de donde sale en libertad condicional en julio del mismo año.[20]

La vista oral se celebra el 10 y 11 de enero de 1994 sin la presencia de la víctima, «bajo tratamiento psiquiátrico tras la muerte de su esposa», ni siquiera de su hija, «que se encuentra embarazada». En la primera de las sesiones, el letrado afirma que toda su actuación en el caso se limita a hacer una gestión ante un abogado de HB, en nombre de la familia, para comprobar si las personas a las que iban a pagar el rescate eran las adecuadas.

El 27 de mayo de ese año, De la Hoz Uranga es condenado a ocho años de cárcel por un delito de cooperación para detención ilegal. La sentencia condenatoria se produce pese a que el condenado afirma en la vista oral que las órdenes para llevar a cabo la extorsión las recibe de su colega, el también abogado Antonio Ibarguren, ya fallecido. Unas cintas grabadas al letrado en los teléfonos de los extorsionados fueron estimadas por el tribunal como relevantes para que la familia aceptara el chantaje.

El 5 de abril de 1990, el titular del Juzgado de Instrucción número 1 de la Audiencia Nacional, Carlos Bueren, dicta auto de

---

20. De la Hoz intenta entonces que la Audiencia Nacional se inhiba a favor de la jurisdicción ordinaria al considerar que los delitos que se le imputaban deberían ser juzgados en los tribunales comunes. Pretende también concurrir como candidato de HB a las elecciones generales de 1993, para obtener la inmunidad parlamentaria.

prisión contra el abogado de Herri Batasuna José María Elosúa y el empresario Francisco Arratibel.[21] Según el auto del juez, ambos intervienen como mediadores en el pago del rescate del empresario Emiliano Revilla, secuestrado por ETA el 24 de febrero de 1988 y liberado el 30 de octubre de ese año, tras un largo cautiverio.

Los cargos son graves. El abogado es acusado de ayudar a la banda asesina a cobrar mil millones de pesetas a la familia Revilla por el rescate del industrial, de los que se queda con un millón. Al actuar de esa manera lo hace, según el instructor, en su calidad de miembro de HB, el brazo político de ETA. Dicho con otras palabras, ha ayudado a comprar la munición para asesinar a otras personas.

La organización pone en marcha su estrategia para intentar sustraerse a la acción de la justicia. Pese a los cargos, Elosúa concurre a las elecciones autonómicas vascas y es elegido diputado en 1990. Adquiere así la condición de aforado, y el 31 de enero de 1991 el Tribunal Supremo le permite salir de la cárcel para acudir al Parlamento, donde es elegido portavoz de HB.

La maquinaria judicial es imparable. El juicio se celebra a comienzos de marzo de 1994 en el Tribunal Superior de Justicia del País Vasco. Allí, el fiscal Jesús Cardenal pide para Elosúa y Arratibel cuatro años de cárcel, al estimar que el letrado, miembro del despacho Egia Kolektiboa de San Sebastián, ha actuado en defensa de los intereses de ETA y el empresario en beneficio propio.

Durante la vista oral se produce un hecho insólito. Los familiares del secuestrado y los negociadores de la familia, entre los que se encuentra un ex inspector de Hacienda, declaran todos a favor del abogado y diputado de Herri Batasuna.

«Elosúa intervino siempre a petición de la familia. Frente a ETA, que mantenía que la cantidad a pagar fuera de 2 000 millones de pesetas, sostuvo ante la organización terrorista que la suma acordada fue de 850 millones», llegan a decir los testigos propuestos por la víctima en la vista oral, tal y como se recoge en la sentencia.[22]

---

21. Por los hechos, Elosúa estuvo varios meses en prisión preventiva y Arratibel dieciséis.
22. Sentencia 45/94 del TSJPV.

Antonio Revilla, hijo del industrial retenido 249 días en contra de su voluntad, en el que sería entonces el secuestro más largo de la historia, declara que el letrado de ETA no le pidió nunca cantidad alguna ni le pasó minuta. Él mismo personalmente ordenó que se le entregara un millón de pesetas en muestra de «agradecimiento por sus gestiones».

La sentencia se hace pública el día 28. Tal y como se ha celebrado el juicio, el resultado es el previsto. Elosúa es absuelto y Arratibel condenado a dos años de prisión. «Cuando medió en el secuestro de Emiliano Revilla [el letrado] lo hizo en una situación de "estado de necesidad" y Arratibel obró con ánimo de obtener un aprovechamiento económico, por lo que no cabe aplicarle la eximente completa de actuar por "razones humanitarias, como al primero"», dice la sentencia.

El tribunal pasa por alto la condición de Elosúa de presunto colaborador de ETA, en su condición de miembro de HB y de la «doble militancia» que impone la banda terrorista a sus dirigentes. «No hay pruebas que permitan concluir que actuara para favorecer los intereses de la organización terrorista, y aunque los hechos protagonizados por Elosúa y Arratibel constituyen un delito de colaboración con banda armada, actuaron movidos por un estado de necesidad y hay que aplicarles esta eximente», señala el tribunal.[23]

El fiscal general del Estado, Eligio Hernández, no se da por satisfecho con esta resolución y recurre al Tribunal Supremo. En una sentencia del 15 de diciembre de 1994, de la que fue ponente el magistrado José Antonio Martín Pallín, la Sala Segunda confirma la decisión del tribunal vasco y agrega: «[Elosúa] actuó, a petición de la familia, para evitar un mal, ya que existía peligro real para la vida del secuestrado, causando otro que era menor, por lo que puede afirmarse que obró por estado de necesidad y por razones humanitarias.»

La «justicia» de ETA, en cambio, no iba a ser tan benevolente.

---

23. «Elosúa intervino a petición de la familia y frente a ETA, que mantenía que la cantidad a pagar era de 2 000 millones, sostuvo ante quien fuere que la cantidad acordada fue de 850 millones», dice la sentencia.

Natural de Tolosa (Guipúzcoa), donde ha ejercido toda la vida de empresario, Francisco Arratibel, cuarenta y cuatro años, se planteó actuar como intermediario de ETA como una actividad mercantil más. Cobró 75 millones de pesetas, el siete por ciento de la extorsión, como si se tratara de un negocio cualquiera.

Entre los planes de la banda terrorista no figura, sin embargo, abonar comisiones a nadie. Así que, nada más salir de la cárcel, comenzó a enviarle cartas exigiéndole que devolviera el dinero y a amenazarle de muerte por teléfono.

El empresario vasco no estaba dispuesto a pagar. Bastantes problemas le había causado la banda terrorista en los últimos quince años, el primero de ellos en 1978, cuando un grupo de etarras había intentado secuestrar a su padre por no someterse a la extorsión, y al enfrentarse a cara descubierta a ellos recibió un tiro en la pierna.

Pero ETA no tenía intención alguna de hacer concesiones. El 30 de mayo de 1996 pasó de las palabra a los hechos. Un comando armado se presentó en Tolosa para matarle. Arratibel escapó por los pelos y decidió huir sin más dilaciones para salvar la vida.

Como muchas de las víctimas, cometió un error de cálculo. Regresaba al pueblo una vez al año a reencontrarse con sus amigos. Lo hacía el día de carnavales, bajo la tranquilidad, el anonimato y la impunidad que le otorgaba ir permanentemente disfrazado, como el resto de sus convecinos.

El 11 de febrero de 1997, nueve años después del secuestro de Revilla, acudió puntual a la cita lúdica. En plena fiesta carnavalera, tras almorzar en el bar Beti Alai con sus amigos de la comparsa Kabila, salió a divertirse a la calle oculto bajo una máscara en forma de calavera. Fue como una trágica premonición. Dos individuos disfrazados con chilaba negra, peluca y un gorro árabe se le acercaron por la espalda y le reventaron la cabeza de un disparo certero.

De esta manera, ETA ejecuta su máxima: «El vasco medio que no cumple con sus deberes de ciudadano debe sentirse amenazado en su casa, en su trabajo, en la calle si no colabora con la resistencia o, peor aún, si es traidor. Ese poder invisible hará que se apodere de él una angustia y la deprimente sensación de que será una víctima aislada y sin defensa.»[24]

Dos horas después del atentado, el cadáver de Arratibel descansaba inerte en una fría mesa de mármol, en espera de que el médico forense le realizara la autopsia mientras sus familiares lloraban su asesinato. En Tolosa, un pueblo controlado por Herri Batasuna, los servicios municipales tardaron apenas unos minutos en limpiar la sangre de la calle. Fue el tiempo que necesitaron charangas y comparsas para reunirse y decidir que la fiesta debía continuar.

El 22 de noviembre de 1989, ETA secuestra al ingeniero e industrial navarro Adolfo Villoslada, dueño de la empresa Construcciones Metálicas Anuri.

Semanas antes se habían roto las Conversaciones de Argel y el dinero pagado por el rescate de Emiliano Revilla se ha esfumado. La banda terrorista, dispuesta a reanudar su tradicional vía de diálogo, el del tiro en la nuca, necesita «confiscar» a alguien para rehacer su economía.

Tras la desaparición del industrial, su hermano Cipriano recurre al presidente del Colegio de Abogados de Navarra, Ángel Ruiz de Erechum, para que le ayude a contactar con los pistoleros, aceptar sus exigencias monetarias y salvar así la vida de su hermano.

Las gestiones para su liberación se realizan por medio del despacho de abogados donde trabaja el letrado próximo a ETA Íñigo Iruín, uno de los negociadores de Argel, emplazado en San Sebastián. Así, tras pasar 85 días privado de libertad, en pésimas e inhumanas condiciones, y pagar 250 millones de pesetas de «impuesto», Adolfo Villoslada puede regresar sano y salvo con su familia.

La Ertzaintza, que se ha limitado hasta el momento a intervenir varios teléfonos y a vigilar los movimientos de media docena de individuos, decide entonces entrar en acción. El 30 de enero de 1990, provistos de un mandamiento judicial, registran el

---

24. *Insurrección en Euskadi*, Colección Cuadernos de ETA, núm. 20, 1963.

despacho Berdin, donde trabaja Íñigo Iruín, y se llevan las cintas de las máquinas de escribir.

Realizadas las oportunas pruebas periciales, se demuestra que «los fragmentos más significativos del contenido de la cinta se refieren a la carta que la familia Villoslada envía a ETA», de acuerdo con el informe que remiten al juez Baltasar Garzón. «La misiva se redactó en una máquina de escribir de su despacho de San Sebastián, en presencia del también letrado Ángel Ruiz de Erechum, portavoz de la familia Villoslada y del hermano del secuestrado, Cipriano Villoslada», concluye el titular del Juzgado de Instrucción número 5 de la Audiencia Nacional.

Pero el instructor no las tiene todas consigo. En el momento en que llama a declarar a los principales testigos de cargo, Cipriano Villoslada y Ángel Ruiz de Erechum, éstos se niegan a ratificar sus pesquisas. Los dos reconocen «temer represalias contra sus familias y contra ellos mismos».[25]

Las diligencias judiciales acaban archivadas provisionalmente y el letrado Iruín, uno de los personajes más influyentes del entorno de la banda terrorista, hacia quien se encaminan todos los indicios, salva su dignidad profesional. Será por poco tiempo.

El 30 de enero de 1992, la policía autónoma desarticula en el País Vasco una trama de extorsión destinada al cobro del «impuesto revolucionario» de ETA, dirigida desde HB.

Previamente, en una reunión celebrada en el sur de Francia, la organización terrorista asumía para sí el monopolio de la lucha armada, como vanguardia de la izquierda *abertzale*, y delegaba algunas funciones de menor importancia, como el sostenimiento económico de los asesinatos y coches-bomba, a la formación política.

El chantaje y la extorsión a los empresarios vascos, que hasta 1989 se realizaba prácticamente en territorio francés, empieza a ejercerse desde el País Vasco. El miembro de la Mesa Nacional de Herri Batasuna y concejal del ayuntamiento de San Sebastián Fe-

---

25. Como se señala en otra parte de este volumen, la persona que cobra físicamente el dinero en Francia es Michel Idiart, párroco de la pequeña localidad de Sarre.

lipe San Epifanio es la persona encargada de dirigir la red de extorsión. Así se lo comunica a finales de 1990 el jefe del aparato económico de ETA, José Luis Álvarez Santacristina, *Txelis*, en una cita celebrada en un supermercado de Bayona. Allí, Txelis le encarga también que cree un comando estable para que le ayude en el cobro del impuesto revolucionario.

De regreso a España, el dirigente de HB organiza un encuentro con Carlos Apesteguía Jaca, trabajador en la sede de HB de Pamplona y periodista de *Euskaldunon Egunkaria*, Manuel Idarraga Gorostiaga, un individuo nacido en Algorta perteneciente al departamento de publicidad de *Egin*, y Jon Andoni Solagurenbeascoa Betelu, miembro del sindicato *abertzale* LAB, en el restaurante Jaizkibel de San Sebastián, y constituye con ellos el «aparato de extorsión» de ETA en el interior, conocido como «red Easo».

Periódicamente cruza la frontera para recibir órdenes. Unas veces en la tienda de bricolaje de Bidart, Bricobidart, y otras en la estación de Hendaya, donde se encuentra con Philippe Lassalle, lugarteniente de Txelis, al que informa de sus gestiones y del que recibe la lista de las futuras víctimas.

Desde la creación de la «red Easo» y hasta su desarticulación, en enero de 1992, catorce empresarios vascos reciben cartas amenazadoras para que se pongan en contacto «con los medios vascos habituales» con el fin de ejercer su «cotización obligatoria» a la banda terrorista.[26]

Convertido en el «cobrador del frac» de ETA, a Felipe San Epifanio le falta poner un letrero en la puerta anunciando su «segunda actividad». Porque en la trama de extorsión montada por él aparecen también dos conocidos abogados, Álvaro Reizabal, defensor de varios miembros de la banda armada, y su compañero Íñigo Iruín.

El primero de ellos, Reizabal, le comenta un día que el em-

---

26. Los empresarios chantajeados fueron María Teresa Lizarribar Aramburu, Joaquín Berasátegui Mendizábal, José Luis Múgica Chapartegui, José Luis Arriaga Usandizaga, Pedro Zubiarte Ugarte, Salvador Arotzamena Irribarren, Cosme Vivanco Aristarán, José Gregorio Irízar Lizarazu, José Errasti Goenaga, José María Alzugaray Marqués, Eugenio Montoya Sánchez, Miguel Jauregiberri Beracoechea, Jacinto Irigoyen Tellechea y Francisco Irazusta Escamendi. Diligencias previas 306/91 del Juzgado de Instrucción número 1 de la Audiencia Nacional.

presario Miguel Jauregiberri, de Oñate (Guipúzcoa), se había puesto en contacto con él para pagar el impuesto revolucionario a ETA. Como si fuera la cosa más natural del mundo, San Epifanio le da una cita para tres semanas más tarde en el bar Santi de Donostia. Y como no acudió al encuentro, el concejal de HB en el Ayuntamiento de San Sebastián va a visitar a Reizabal para que le dé su teléfono.[27]

En otra ocasión es Íñigo Iruín quien le aborda en la sede de HB de San Sebastián. Según cuenta, dos empresarios del sector del automóvil de Oyarzun (Guipúzcoa) se han presentado en su despacho y le han pedido que los ayude a entrevistarse con ETA para hablar del pago del «impuesto revolucionario».[28]

Los empresarios son Jacinto Irigoyen y Francisco Irazusta. Siempre situado en un discreto segundo plano, San Epifanio los convoca por medio de Iruín para que acudan a un merendero de Ventas de Astigarraga, donde podrían discutir la forma de pago.[29]

El material intervenido por la Ertzaintza con motivo del secuestro de Adolfo Villoslada revela que el papel presuntamente jugado por Reizabal e Iruín en la red de extorsión no es tan ingenuo como parece a simple vista. «Las pruebas periciales demuestran también que la cinta [de la máquina de escribir usada en el caso Villoslada] se emplea para redactar cartas a empresarios a los que se propone una cita con personas relacionadas con ETA. Uno de los extorsionados que aparece en el sumario es el industrial Miguel Jauregiberri Beracoechea», según la versión que recoge el diario *Egin*.

Carlos Bueren, responsable de instruir este sumario, avisa: «Hubo un contacto con el despacho y allí se confeccionó una carta dirigida a ETA, utilizando una máquina del despacho.» En la misiva se pide una entrevista personal con los representantes de

---

27. Por la extorsión, los cuatro implicados, Apesteguía, Idarraga, Reizabal y Solagurenbeaskoa, son condenados a cárcel y a indemnizar a la víctima en ochenta millones de pesetas. Diligencias 2/93 de la Audiencia Nacional.

28. La visita fue el 24 de mayo de 1990. Los empresarios, según ha contado Iruín, estaban angustiados y temían por ellos y por su familia. Incluso les enseñaron las cartas conminatorias remitidas por ETA.

29. Declaraciones de Felipe San Epifanio San Pedro a la Brigada Provincial de Información de Barcelona el 19 de abril de 1994. Folios 47 y siguientes.

la banda y, según el juez, «es Iruín quien se encarga de hacerle llegar el documento a ETA».

La «red Easo» acaba siendo desmantelada. Todos sus miembros, salvo Íñigo Iruín, que goza de inmunidad parlamentaria por su condición de senador, y Felipe San Epifanio, que huye a Francia e ingresa en los comandos operativos de ETA,[30] dan con sus huesos en la cárcel.

El 14 de mayo de 1993 son condenados a seis años de prisión menor por catorce delitos de amenazas en colaboración con banda armada. Posteriormente, el 27 de junio de 1994, cuando lleva ya dos años y medio en la cárcel y ha cumplido casi la mitad de la condena, el Tribunal Supremo absuelve a Álvaro Reizabal al estimar que si bien es cierto que había asesorado a algunos empresarios sobre el pago del «impuesto revolucionario», lo hizo por su condición de letrado.[31]

En ese lapso de tiempo, Iruín no las tiene todas consigo. Convencido de su culpabilidad, el instructor del sumario ha desglosado parte del mismo y ha remitido testimonio a la Sala II del Tribunal Supremo. Al Alto Tribunal compete ahora incoar diligencias o archivar definitivamente.[32]

Madrileño, sesenta y un años, Gregorio García Ancos hizo gran parte de su carrera con el PSOE, primero como secretario general técnico del Ministerio de Defensa con Narcís Serra y posteriormente como director general de Registro y Notariado en el Ministerio de Justicia.

---

30. Se integra en el comando «Barcelona». Entre agosto de 1993 y abril de 1994, en que es detenido, interviene en cuatro asesinatos, entre ellos el del coronel interventor del Ejército Leopoldo García Ramos.

31. «La Audiencia Nacional interpretó forzadamente los indicios existentes y los convirtió en hechos probados. Las gestiones de Reizabal beneficiaron a ETA, pero «no existen pruebas de que tuviera intención de ayudar, contribuir o beneficiar las actividades de ETA», argumenta la sentencia, de la que fue ponente José Antonio Martín Pallín, magistrado elegido a propuesta del PSOE.

32. Felipe San Epifanio fue juzgado y condenado el 20 de octubre de 1995. Extraditados a España Francisco Múgica Garmendia (10 de abril de 1995), José María Arregui Erostarbe (5 de diciembre de 2000) y José Luis Álvarez Santacristina (17 de noviembre de 1999), han sido también enjuiciados. La sentencia 43/2001, dictada por la Sala de lo Penal de la Audiencia Nacional el 4 de octubre de 2001, es un hito en la historia de la jurisprudencia española, ya que es la primera vez que se sienta en el banquillo a la plana mayor de ETA y se la condena.

Antiguo juez de Mallorca, Albacete y otras provincias, en 1988 vuelve a la carrera judicial como magistrado de la Sala II del Tribunal Supremo.

Cuatro años después, en 1992, le corresponde instruir la causa contra el abogado más importante de los círculos de ETA, Íñigo Iruín, por su participación en secuestros y redes de extorsión de la banda terrorista.

Decidido a llevar el asunto hasta sus últimas consecuencias, García Ancos no se anda con paños calientes. En febrero de 1992 ordena a los juzgados de la Audiencia Nacional que practiquen nuevas pruebas y a la Audiencia de San Sebastián que tome declaración al imputado en relación con la «red Easo» de extorsión.

Al mismo tiempo, para garantizar los derechos del procesado, el 17 de marzo solicita al Senado que conceda el suplicatorio a Iruín, privilegio al que Iruín renuncia voluntariamente.[33] Como pieza clave en el aparato de interlocución con ETA, en unos momentos en que el Gobierno comienza a explorar la «vía Azkoiti», es una persona prácticamente intocable.

El martes 10 de marzo de 1992, Iruín es llamado a declarar ante el presidente de la Audiencia Provincial de San Sebastián por exhorto del Tribunal Supremo. Allí reconoce su participación en la «red Easo» y afirma que intervino por el «drama humano» que se planteó a los dos empresarios de Oyarzun. Y agrega: «No tengo nada que ocultar ni de lo que arrepentirme. Resuelto el caso, incluso los empresarios me agradecieron en nombre propio y de su familia mi intervención.»

Elena Cormenzana Lirra, empresaria donostiarra hecha a sí misma, una de las víctimas de la trama de extorsión de ETA, no parece en cambio que tenga nada que agradecer al «colectivo de abogados» próximos a la banda armada.

Convencida de que su esfuerzo personal y su dinero no debía utilizarse para segar vidas inocentes, se había negado a pagar a la red de Felipe San Epifanio y, tras su detención, pensó que ya

---

33. La Cámara Alta lo concede en febrero de 1994, al considerar que la «inmunidad parlamentaria» no ampara delitos de terrorismo.

se habían acabado los sobresaltos y que podía dormir tranquila.

Craso error. Semanas después encontró una nueva carta en el buzón de su casa exigiéndole el «impuesto revolucionario». Decidió arrojarla a la basura y entonces comenzaron las llamadas amenazadoras desde cabinas telefónicas.

—¿Está Elena Cormenzana, por favor?

—No, no está. Soy una de sus hijas, ¿quiere algo?

—Sí, dígale que si no cumple lo convenido, vamos a actuar contra ella o contra alguna de ustedes.

El 19 de marzo de 1992, nueve días después de la declaración de Iruín ante la Audiencia Provincial de Donostia, su hija recoge un libro envuelto en papel de regalo de la Caja Laboral Popular. Camuflado dentro del libro *El general en su laberinto* de Gabriel García Márquez se encuentra una bomba. El artefacto no llega a estallar. Era el último aviso de ETA. No dejarse robar y, encima, contárselo a los «cipayos» se paga con la invalidez permanente o la muerte.

La amenaza a Cormenzana incita al consejero de Interior vasco, Juan María Atutxa, a intentar poner fin de una vez al entramado financiero de ETA.

El 6 de agosto de 1993, la Ertzaintza, dirigida por el juez Carlos Bueren, en colaboración con la Policía Judicial francesa, desarrolló la «Operación Diru-Gutxi» (menos dinero), encaminada a desarticular la estructura de ETA destinada al cobro del impuesto revolucionario.

Esa mañana, los grupos de choque de la policía vasca, algunos de ellos de paisano, detenían en la *herriko* taberna del barrio de Rekalde de Bilbao a José Ramón Asyastui, en Anzuola a Iñaki Arrietaleanizbeaskoa y en Zaldíbar y Vergara (Guipúzcoa) a Luis Etxebarría y a Javier Lazkano, respectivamente. Al mismo tiempo, a cientos de kilómetros, en París, la VI División de la Policía Judicial captura a Carlos Almorza, *Pedrito de Andoain*.[34]

En los registros posteriores en los domicilios de Javier Lazkano, en Vergara, y en un zulo situado en las inmediaciones del

---

34. Estaba acusado de pertenecer a un comando de ETA hasta 1980, fecha en que huye a Francia. Cuando dirige la red de extorsión de París se entrevista con siete empresarios. Cinco de ellos no pagan y dos sí.

monte Igueldo, en Donostia, la Ertzaintza se incauta de quince millones de pesetas procedentes de las extorsiones de ETA.

Al día siguiente, el consejero de Interior del Gobierno Vasco, Juan María Atutxa, muestra públicamente una serie de vídeos en los que se observa a los detenidos «negociando» el pago de la tasa terrorista y a Pedrito de Andoain con uno de los empresarios a los que chantajea y con su hijo en París.

La operación policial es continuación de la «Operación Easo», desarrollada en febrero de 1992, en la que, como ha quedado expuesto, aparecen varios abogados y miembros de Herri Batasuna dedicados al sutil negocio de extorsionar a sus compatriotas para que paguen de su bolsillo una «revolución» que no quieren y que, de triunfar, los arruinaría todavía un poco más.

Las vigilancias de la Ertzaintza demuestran también que desde 1990 el impuesto revolucionario se cobra en el interior por gente de Herri Batasuna y miembros del colectivo de abogados. Como dirigente de ETA, Carlos Almorza es el encargado de dirigir la red desde París, citándose con sus colaboradores y víctimas en el Museo del Louvre y en el santuario de la Virgen de Lourdes, próximo a la localidad francesa de Gavarnie. En estas citas, Almorza entrega las cartas donde se exige la extorsión a la gente de HB de Vizcaya y Guipúzcoa y les ordena contactar con ellos y cobrar.

La desarticulación de esta nueva red tendría, como casi todos los golpes a ETA, un final trágico para un inocente. El 26 de julio de 1996, casi tres años después de la captura de Pedrito de Andoain, en plenas fiestas veraniegas un comando de ETA asesina en Ordicia (Guipúzcoa) al empresario Isidro Usabiaga Esnaola, dueño de Grúas Usabiaga. Su coche, un vehículo todoterreno poco común en la provincia de Guipúzcoa, había aparecido en los vídeos mostrados por la Consejería de Interior del Gobierno Vasco, y ése fue motivo suficiente para que un comando le acribillara a balazos, pegándole cinco tiros en el tórax y uno en la cabeza.

Atutxa, sin embargo, no logra poner fin a una de las actividades más denigrantes y execrables de ETA: los secuestros y las exigencias de dinero mediante cartas intimidatorias. La Guardia Civil lo sabe desde que tres años antes, en 1993, se captura en Saint Denis (Francia) a José María Dorronsoro Malatxetxeberría y se le incautan los archivos de la banda armada.

Entre las cartas que aparecen hay varias dirigidas por la dirección de los pistoleros a *Eneko*, nombre de guerra del miembro de la Mesa Nacional de HB José María Olarra Aguiriano. En la misiva, ETA muestra su perplejidad por unas cantidades de dinero cuyo origen desconoce: «Haritza [Jokin Gorostidi Artola] nos trajo cinco kilos, tres pagados por Iloba[35] y otros dos [cobrados] por HB a no sabemos quién. Ahora, según lo que nos dices tú, Iloba no ha cumplido sus deudas y nos debe esos tres kilos. En consecuencia, salieron de otro sitio.»[36]

La explicación a estos errores en la «contabilidad» terrorista se debe a que, meses antes, Jokin Gorostidi, uno de los condenados en el Proceso de Guerra de Burgos y tesorero de Herri Batasuna, ha sufrido una trombosis cerebral en abril de 1992 y ha perdido la memoria.

A partir de entonces, José María Olarra Aguiriano y Rufino Etxebarría Arbelaiz son los encargados de cobrar el «impuesto revolucionario» en nombre de ETA hasta febrero de 1998, en que son detenidos por el juez Garzón.

Los abogados, mucho más valiosos para ETA en otros frentes, implicados incluso en el señalamiento de funcionarios de prisiones y otros objetivos terroristas, son retirados de este escenario, demasiado vulnerable a la acción policial.

El 3 de febrero de 1993, el abogado bilbaíno, próximo al entorno de ETA, José Miguel Gorostiza Vicente es detenido por orden del juez de la Audiencia Nacional Ismael Moreno.

La fiscal adscrita al juzgado, María Dolores Márquez de Prado, le acusa de actuar como «correo» de la banda terrorista y de transmitir a los presos de ETA «objetivos, mensajes y consignas emitidas por la dirección del grupo armado»,[37] valiéndose de las facilidades que como abogado le otorga la ley.

---

35. El constructor Adolfo Sobrino Marín, de Construcciones Sobrino de San Sebastián.

36. Archivo Infos Sur Enekori II, de abril de 1993, incautado en el ordenador de José María Dorronsoro Malatxeberría. La persona a la que se envía la carta es el dirigente de HB en Guipúzcoa José María Olarra Aguiriano, *Eneko* en el libro de claves de ETA.

37. Escrito de acusación y de apertura de juicio oral suscrito por la fiscal María Dolores Márquez de Prado.

De acuerdo con lo instruido en la causa,[38] Gorostiza acude el 12 de enero de 1993 a la cárcel de Alcalá-Meco a entrevistarse con su cliente, el preso etarra José Antonio Artola Ibarreche. Cuando se encuentra en el locutorio se produce una situación insólita. En lugar de Artola aparecen tras la mampara de cristal los miembros del comando «Madrid» Esteban Esteban Nieto y Juan Ignacio de Juana Chaos, dos de los terroristas más sanguinarios de ETA

«Me encanta ver las caras desencajadas de los familiares en los funerales. Aquí, en la cárcel, sus lloros son nuestras sonrisas y acabamos a carcajada limpia. Esta última acción de Sevilla ha sido perfecta; con ella ya he comido para todo el mes», escribía uno de ellos.[39]

Esteban Nieto y De Juana Chaos son los jefes de las dos «comunas» de presos de Alcalá-Meco. Como tales, pretenden que el letrado, al que suponen relacionado con la dirección de la banda, les dé explicaciones sobre la inactividad de los comandos en el llamado «frente de makos».

Gorostiza se defiende. Justifica la falta de iniciativa por el error cometido por un comando de la banda armada el 19 de febrero de 1992 en Santander. Aquel día, ETA pretende volar un furgón de funcionarios de prisiones, pero el coche-bomba colocado en las proximidades de una comisaría causa la muerte de tres viandantes y heridas a otras veinte personas.[40] Explica el letrado:

> [...] Se intentó trasladar el enfrentamiento a Santander y arriesgar el tipo de quien se traslada allí por primera vez en la historia e intenta colocar un artefacto para que salga bien, le pega, pero le pega mal y caen tres paisanos. Frente a que no cae una furgoneta, es decir, arriesga un seguimiento, un control, un colocar, un esto, una infraestructura, un no sé qué...

---

38. Diligencias previas número 35/93.
39. Texto escrito semanas después del asesinato del concejal del PP Alberto Jiménez Becerril y de su mujer, Ascensión García Ortiz, en Sevilla en marzo de 1998.
40. Los muertos fueron Eutimio Gómez Gómez, celador de hospital; Julia Ríos Ríos, panadera, y el químico Antonio Ricondo Somoza.

Y añade:

> Yo analizo el sumario, porque eso está en el sumario Recarte/Galarza. En cambio, no arriesgan al Tirillas. ¿Quién se acuerda del Tirillas? Pero eso sí es efectivo y el Tirillas no va a tener escape, seguro. Porque no se puede tener a doscientos tíos en esa órbita, no lo puede tener. Ni setecientos, que serían objetivos selectivos, pues hay unos dos mil funcionarios y no puede tener arcas suficientes el Estado para garantizar eso [su seguridad].

En el curso de la conversación, Gorostiza explica a De Juana Chaos[41] los planes para actuar contra directores y funcionarios de Prisiones y apunta algunos posibles objetivos de acciones terroristas.

> Siempre he estado de acuerdo —agrega—, porque ya te digo que nos hemos cansado de transmitir [se supone que a ETA] lo del Tirillas. Es el Carrero Blanco de los años noventa. Lo ha sido y se ha aprovechado ése como lo es don Manuel Avilés[42] [...] mientras que por otro lado nos desgastan y nos meten caña del tal forma que aparenta ser una derrota imparable del propio movimiento.

Por último, José María Gorostiza hace alusión a la ineficacia de enviar cartas-bomba a los funcionarios de Prisiones. «Estamos aburridos, aburridos. Ya no sabemos qué hacer, si repetirlo cuatro veces para que con cuatro veces lo comprendan. Lo que no vale [es] sólo mandar una cartita [una carta-bomba] que la desactivan en el patio y no pasa nada.

Diez días después de este encuentro, grabado por los servicios de información de la Guardia Civil encargados de aplicar la normativa relativa a la intervención general de comunicaciones en las cárceles, el 22 de enero de 1993 el funcionario de Prisiones

---

41. Autor de varios libros de literatura, entre ellos *La senda del abismo*, *Egunak* y *Días*, publicados por Txalaparta, Tafalla (Navarra).
42. El llamado *el Tirillas* y Manuel Avilés son, según el sumario, dos funcionarios de Prisiones destinados entonces en la cárcel de Martutene (Guipúzcoa).

José Ramón Burillo Domínguez, treinta y cinco años, sale de su domicilio para acudir a su trabajo en la prisión de Martutene. Inesperadamente, dos individuos se le acercan por la espalda y le disparan a bocajarro, asesinándole en el acto.

El juez Ismael Moreno dicta inmediatamente orden de detención contra el letrado José María Gorostiza y contra su acompañante, la también abogada de ETA Arantxa Zulueta, presente en la conversación con Juan Ignacio de Juana Chaos.[43] Sin embargo, pese a quedar demostrada la responsabilidad de Gorostiza como presunto «correo» de ETA, el 10 de febrero de 1994 la Audiencia Nacional declara su absolución.

Frente a la tesis de la fiscal Márquez de Prado, quien sostiene a lo largo del proceso que las escuchas son legales al no ser De Juana Chaos cliente del letrado Gorostiza y no estar amparado por el secreto de las comunicaciones entre defensor e inculpado, la Sala de lo Penal, encargada de enjuiciar los hechos, estima que las grabaciones se realizan sin mandamiento judicial.[44]

La fiscal Márquez de Prado recurre al Supremo, que el 8 de marzo de 1995 le da la razón y ordena la repetición del juicio. «No era abogado de José Ignacio de Juana Chaos y, por tanto, la comunicación no era secreta. La prueba es válida», declara el alto tribunal. Paralelamente, el consejero de Interior vasco Juan María Atutxa se suma a la decisión del tribunal y pide el ingreso de Gorostiza en prisión provisional. «La cinta es una clara incitación a la violencia, incluso al asesinato. Y eso es aterrador y preocupante», señala.[45]

El caso, sin embargo, es uno más de los centenares de ellos que se acumulan en la Audiencia Nacional y en las audiencias de Bilbao, Vitoria y Álava. La mayoría de ellos revelan que letrados como Esther Aguirre,[46] Íñigo Iruín, Iñaki Esnaola, José Luis El-

---

43. El ministerio fiscal, sin embargo, no formuló cargos contra la letrada Arantxa Zulueta.
44. Sometidos a un régimen general de intervención de todas sus comunicaciones por razones de seguridad, según el fiscal, los presos no cuentan con el derecho al secreto de sus comunicaciones. Por eso, la Fiscalía y la Asociación de Víctimas del Terrorismo (AVT), que ejerce la acusación popular en el caso, recurren la sentencia al Tribunal Constitucional.
45. El abogado de Gorostiza, Kepa Landa, opina que el Tribunal Supremo se ha excedido en sus funciones. «Ha resuelto cuestiones que no estaban en el recurso», dijo.
46. Conocida en ETA como Itza, la abogada Esther Aguirre mantuvo al menos veinte comunicaciones con la dirección de ETA desde que se convirtió en responsable de Xaki, según Garzón.

koro, Íñigo Elkoro, Jon Enparanza, Christianne Fandó y otros muchos están más cerca de los círculos de poder e influencia de ETA, donde ejercen cargos orgánicos, que en el trabajo cotidiano de un bufete.

Una relación pormenorizada de todos los casos recopilados por los autores, más de trescientos, excede al propósito de este libro. Veamos, por tanto, una última denuncia.

El 8 de enero de 1991, el fiscal jefe de la Audiencia Provincial de San Sebastián, Luis Navajas, abre diligencias por presuntas coacciones y amenazas contra el abogado José Luis Elkoro y sus compañeros de la Mesa Nacional de Herri Batasuna Iñaki Esnaola, Jokin Gorostidi Artola, José María Olarra y Rufino Etxebarría.

El día anterior acuden a la Fiscalía a presentar denuncia los empresarios Gabriel Murías Murías, de Construcciones Murías, Francisco Javier Azeguinolaza, de Asfaltos Naturales del Campezo, y Juan María Uría Mendizábal, de Construcciones Altuna y Uría.

Los representantes de estas tres empresas, en unión de Construcciones Adolfo Sobrino, S. A., Construcciones Moyua, S. A. y Construcciones Soquía, S. A., han formado meses antes una UTE (Unión Temporal de Empresas) para construir el tramo guipuzcoano de la autovía de Leizarán.

Debían iniciar las obras el día 7 de enero. Sin embargo, el 13 de noviembre de 1990 reciben una carta de ETA, dirigida a todos los directivos y responsables financieros y técnicos, en la que les advierte:

> Dado el caso omiso que su empresa viene haciendo a las reiteradas y pacientes llamadas a la paralización inmediata de las obras de la autovía Irurtzun-Andoain[47] hasta tanto no se dirima el contencioso por la vía del diálogo y del refrendo popular, la Organización Socialista Revolucionaria Vasca de Liberación Nacional Euskadi ta Askatasuna les advierte por

---

47. Nombre por el que en sectores *abertzales* se conoce la autovía de Leizarán.

última vez que, caso de no mediar un giro de ciento ochenta grados en su actitud y respetar de modo inmediato la moratoria demandada, nuestra organización automáticamente los considera tanto a ustedes como a sus intereses objetivo operativo prioritario y actuará en consecuencia [...], no vacilando en dirigir acciones contundentes contra ustedes y sus intereses. En Euskal Herría, a 13 de noviembre de 1990. Euskadi ta Askatasuna.

Mes y medio más tarde, el 28 de diciembre de 1990, a petición de la Mesa Nacional de Herri Batasuna, los tres denunciantes se reúnen en una oficina de San Sebastián con José Antonio Olarra Aguiriano, Rufino Etxebarría y Jokin Gorostidi Artola, dirigentes del brazo político de ETA, para discutir la situación.

—Tenemos que empezar el día siete. Va en ello nuestro futuro como empresarios y el pan de muchas familias vascas —dice uno de los constructores.

—Pues yo en vuestro caso no empezaría.

—Hemos pagado una fianza de seiscientos millones de pesetas. Si no damos comienzo a los trabajos de explanación, la perdemos. Es la ruina para nuestras empresas.

—Entonces, ateneos a las consecuencias —advierte Olarra.

—¿Lo que estás diciendo es que si empezamos nos vais a matar?

—Nosotros ni decimos ni matamos a nadie —insiste el dirigente de Herri Batasuna.

—¿Qué interpretación le damos a tus palabras, pues?

—Que os atengáis a las consecuencias. Tened en cuenta una cosa. Las amenazas de ETA, desgraciadamente, suelen cumplirse —concluye.[48]

Tras la entrevista, los dueños de Construcciones Murías, S. A., Asfaltos Naturales del Campezo, S. A., Altuna y Uría, S. A., Adolfo Sobrino, S. A., Construcciones Suquía, S. A. y Construcciones Moyúa, S. A. llegan a la conclusión de que sus empresas y bienes estaban amenazados y deciden presentar denuncia en la Fiscalía de San Sebastián.

---

48. Diligencias previas 124/91 del Juzgado de Instrucción número 1 de San Sebastián.

El responsable del Ministerio Público, Luis Navajas, abre diligencias el 8 de enero y, tras tomar declaración a los constructores y a los responsables de Herri Batasuna, el 22 de enero pone los hechos en conocimiento del Juzgado de Instrucción número 1 de San Sebastián. Su titular, tras estudiar el caso y a la vista de que uno de los imputados, Jokin Gorostidi, era parlamentario vasco, el 17 de junio remite la causa al Tribunal Superior de Justicia del País Vasco.

Cuatro meses y veinticinco días más tarde, el 12 de noviembre, la Sala de lo Civil y Penal del máximo tribunal vasco decide archivar las diligencias. Según el auto correspondiente, en la conducta de Olarra, Etxebarría y Gorostidi «no se aprecia delito de coacción».

Lo que el auto no dice es que meses antes de la diligencia de archivo, algunos de los empresarios denunciantes habían recibido la visita de los abogados defensores de ETA para que no se ratificaran en su denuncia.

Y es que el colectivo de juristas asesores jurídicos de los terroristas y su entorno suele hacer bien su trabajo. Como también lo hacen los representantes del sindicato de ETA.

CAPÍTULO IV
El sindicato del crimen

Como no podía ser de otra manera en el País Vasco, ETA impuso a su sindicato, LAB, a tiro limpio. Convertidos en el «ángel guardián de la clase obrera», en sus orígenes, los comandos de la banda armada mataron y secuestraron a decenas de empresarios para obligarlos a cumplir las plataformas reivindicativas que exigían sus asalariados. A comienzos de los ochenta, los terroristas hicieron una concesión a los patronos: en lugar de «arrancarles el pellejo» o secuestrarlos, se los llevaban a dar un paseo unas horas por el monte, los obligaban a firmar un pacto y los despedían con un tiro en la pierna. «Y tienes que darnos las gracias, porque a lo que veníamos era a matarte.» Desplumados e inválidos, centenares de industriales acabaron marchándose con sus empresas a otra parte. En algún caso, los pistoleros del sindicato del crimen, decididos a impedir la fuga de capitales que ellos mismos provocaban, fueron a buscarlos a su lugar de destino y los llevaron a la fuerza a Euskadi. Sindicalistas *abertzales* y terroristas han arrinconado a las centrales sindicales españolistas, CC. OO. y UGT, y luchan por los mismos principios, un «marco vasco de relaciones laborales» como vía a la independencia.

Sometida durante meses a una huelga salvaje por sus 170 trabajadores, que exigen un importante incremento salarial, la empresa Precicontrol, situada entre Éibar y Ermua, en la frontera de Vizcaya y Guipúzcoa, comienza a tener problemas económicos e inicia el despido de los trabajadores más conflictivos.

El 19 de enero de 1972, ETA decide tomar cartas en el asunto. Un comando secuestra[1] en Abadiano (Vizcaya) a su propietario, el empresario Lorenzo Zabala Suinaga, y envía una nota al diario *Hierro* de Bilbao en la que exigen:

1.º Readmisión de todos los trabajadores de Precicontrol, sin excepción alguna, con los mismos derechos de puesto de

---

1. El comando está integrado por José Miguel Beñarán Ordeñana, *Argala*, Domingo Iturbe Abasolo, *Txomin*, y otros. La operación se cuenta con más detalle en otro capítulo.

trabajo, categoría profesional y antigüedad que poseían antes del conflicto. 2.º Pago completo del jornal de todos los días de trabajo perdidos, incluidos puntos y primas. 3.º Aumento salarial de 137 900 pesetas mensuales a repartir entre todos los trabajadores a escala invertida. 4.º Reconocimiento oficial de un comité o comisión democráticamente elegido entre los trabajadores y con derecho a participar en la gestión de la empresa.

La banda terrorista da un plazo improrrogable de seis días para que se cumplan sus exigencias. «Si el lunes día 24 de enero a las ocho horas de la mañana los obreros no han comenzado a trabajar y las condiciones no han sido totalmente concedidas, el señor Zabala será ejecutado», amenaza. Y apostilla: «Luego seguiremos con otros accionistas, con el director gerente Juan Luis Mugarza, Faustino Múgica y el resto de la dirección.»

El conflicto de Precicontrol es un asunto exclusivamente laboral, entre patronos y obreros. Asumiendo un papel que no les corresponde, convertidos a sí mismos en los «gendarmes de la clase obrera», los comandos de Euskadi ta Askatasuna imponen pistola en mano sus condiciones. Pero no lo hacen una, sino decenas de veces.

Al año siguiente, en enero de 1973, son los trabajadores de Torfinasa, en la sede principal de Navarra, quienes viven un largo y duro enfrentamiento laboral con la patronal. Como las dos partes no se ponen de acuerdo en la «tabla reivindicativa», los obreros convocan una huelga.

El 16 de ese mes, un comando de ETA dirigido por el monje benedictino Eustakio Mendizábal, *Txikia,* secuestra en Villa Adriana (Pamplona) al presidente del consejo de administración, el industrial y constructor Felipe Huarte Beaumont, y se lo llevan en su Dodge Dart hasta una antigua mina de Itsasondo, la tierra de *Txikia,* y una bajera de Lasarte, donde le tienen oculto.

Los terroristas ponen dos condiciones para su liberación: una subida lineal de 3 000 pesetas a cada trabajador de Torfinasa. Una vez resuelta ésta, harán pública la segunda exigencia: cincuenta millones de pesetas como «castigo» para que la resistencia vasca pueda continuar su lucha, secuestrar a otros empresarios, arruinar sus empresas y robarles a punta de pistola, al igual que lo hacían en Andalucía Curro Jiménez o la banda del Tempranillo siglos atrás.

Liberado en Irún (Guipúzcoa) el 26 de enero de 1973 —tras diez días de cautiverio— debido a la intervención de los abogados de ETA Juan María Bandrés y Pedro Ruiz Balerdi, que actúan de negociadores, a Felipe Huarte no le queda más remedio que aceptar a rajatabla las imposiciones de ETA y, de esa manera, salva la vida.

El 3 de junio de 1973, los trabajadores de Emua (Tolosa) entran en huelga. Sin que nadie la llame, diecinueve días más tarde, el sábado 22 de junio, ETA irrumpe en el conflicto.

Para que su presencia no pase desapercibida a nadie, sus pistoleros dinamitan primero la sede de los sindicatos verticales de la comarca y, acto seguido, se presentan en el domicilio de Francisco Arozamena, principal accionista de la compañía, y, delante de él y de toda su familia, le queman la casa.

Así transcurrió la operación, según el informe que llegó a la dirección del grupo terrorista:

> Entramos y uno de nosotros se quedó vigilando a Arozamena, que temblaba de miedo. Le dijimos que estuviera tranquilo, que sólo le íbamos a quemar la casa como respuesta a su postura fascista y explotadora de los trabajadores. Nos respondió que él también era vasco y le replicamos que eso no le eximía de culpa, pues también había vascos explotadores. Tras prender fuego a la vivienda y antes de marcharnos le dejamos claro que nuestra acción era un aviso para que arreglara la situación de sus obreros. Respondió que no nos preocupásemos, que todo se solucionaría en seguida.[2]

---

2. El 29 de abril, un comando de ETA entra en Villa Lycra, en San Sebastián, y protagoniza una acción similar. Después de reducir a sus dueños, rocían la casa con gasolina y le prenden fuego. Su propietario, Ramón Ohlsson, fabricaba material ferroviario en Irún.

Tras el secuestro de la familia y la quema del domicilio, Arozamena obedeció sin rechistar. Al día siguiente readmitió a dieciséis obreros despedidos y elevó los sueldos a la tabla salarial propuesta por los obreros.

«El resto de las empresas de Tolosa se aplicaron el cuento de cuando las barbas de tu vecino veas quemar. Inmediatamente y sin que tuviéramos que pedírselo, subieron el sueldo a sus obreros»,[3] concluye su «informe» el comando autor de las amenazas, sin hacer alusión al número de empresas que llevaron a la suspensión de pagos o a la quiebra con su hazaña ni las que se «esfumaron» de la comarca en los meses siguientes.

Los tres casos relatados de forma sucinta anteriormente revelan los mafiosos, expeditivos y contundentes métodos empleados por ETA, a comienzos de los setenta, para defender los derechos de los trabajadores.

Mientras el resto de los sindicatos de clase, todavía clandestinos, CC. OO., UGT y ELA, imponen unos modos civilizados en las relaciones laborales, donde empresarios y trabajadores no son enemigos acérrimos e irreconciliables, la banda terrorista había celebrado a finales de 1966 y comienzos de 1967 su V Asamblea y creado cuatro ámbitos de lucha, uno de ellos el Frente Obrero.[4]

Decidido a convertirse rápidamente en una organización de masas de ideología *abertzale*, en un sindicato que una la opresión de la clase obrera a la «opresión» nacional por España y Francia, el primer objetivo del Frente Obrero de ETA es acabar con los sindicatos españolistas CC. OO. y UGT, fuertemente arraigados en las empresas de la margen izquierda de la ría de Bilbao. Y la forma más rápida para implantarse entre la clase obrera es hacerlo a tiro limpio.

De esta manera, el Frente Obrero de la banda terrorista regresa a los comienzos del siglo XX en que, acuciados por el hambre, la miseria y la falta de trabajo, los sindicatos anarquistas y anarcosindicalistas de Cataluña y otras regiones acudían al pistoleris-

---

3. Enciclopedia *Euskadi ta Askatasuna*, varios autores, Txalaparta, Navarra.
4. Se establecen los frentes Militar, Obrero, Cultural y Político.

mo y a la acción directa para mejorar sus condiciones laborales.⁵ Las mismas técnicas coactivas que emplea Al Capone cuando crea en los muelles de Nueva York el famoso sindicato del crimen, aunque en uno y otro caso los objetivos no fueran los mismos.

De muy poco sirve que CC. OO. y UGT repudien estos métodos, por lo que representan, y por el «efecto imán» que ejercen sobre la policía. Sus sabuesos han encontrado en el movimiento obrero el talón de Aquiles para penetrar en el Frente Militar de ETA y desmantelarlo una y otra vez. Muchos trabajadores, sin vinculación alguna con ETA, sufren la represión.

El enfrentamiento entre los representantes sindicales de CC. OO. y UGT con el Frente Obrero de ETA llega a ser de tal calibre que los primeros amenazan en varias ocasiones con dar los nombres de sus dirigentes como sigan echándoles la policía encima.

«Tenemos que pedir de nuevo a ETA que no nos defienda. Para hacer que se respeten nuestros derechos y que se cumplan los acuerdos de Torfinasa ya nos valemos nosotros solos», denuncian en un comunicado los dirigentes de CC. OO. en la clandestinidad tras el secuestro de Zabala relatado al comienzo.

Los sindicatos aún clandestinos acusan a la banda armada de «injustificada intromisión» e «injerencia intolerable» en los problemas de la clase obrera con métodos «más propios del Chicago de los años treinta que de la sociedad que pretendemos construir».

«Por muy cerriles que sean los empresarios a nuestros planteamientos, amenazarlos a punta de pistola, secuestrarlos o matarlos no es la solución, salvo que se pretenda tener a la policía dentro de las fábricas, convertirnos en cabezas de turco o facilitar una coartada para que toda la represión se centre en la clase trabajadora», protesta UGT.

Pero ETA no atiende a razones. «Los empresarios cuentan con la Guardia Civil, la policía, el Ejército, los sindicatos verticales y otros muchos aparatos represivos para doblegar la voluntad de los trabajadores. Los patronos, además, tienen mucho dinero y pue-

---

5. Angel Pestaña, *Lo que aprendí en la vida*, Tebas, Madrid, 1974; Alberto Balcells, *El sindicalismo en Barcelona (1916-1923)*, Nova Terra, 1968, y José Andrés-Gallego, *El socialismo durante la dictadura (1923-1930)*, 1977, Tebas, Madrid.

den resistir una huelga. En cambio tienen un único punto débil, su pellejo, que sólo tienen uno y no lo quieren perder», opina Jon Idígoras,[6] uno de los más destacados dirigentes del Frente Obrero de ETA en Vizcaya. «Cada vez que es su pellejo lo que está en juego, ellos mismos se encargan de frenar a la policía y el triunfo de la clase obrera está garantizado. Y eso, hoy por hoy, sólo lo puede hacer ETA.»

Sin embargo, compatibilizar los atentados con la lucha sindical más o menos legal, como pretenden los terroristas, no iba a ser tan fácil.

En septiembre de 1972, ETA coloca ochenta kilos de explosivos bajo un puente entre Loyola y San Sebastián. El objetivo es volar un autobús de guardias civiles que realizan servicio de vigilancia en la cárcel de Martutene (San Sebastián).

La masacre no se llega a consumar porque unos niños descubren los explosivos antes de que el comando los active al paso del vehículo policial y lo denuncian al instituto armado. Los planes para llevar a cabo una matanza colectiva iban a salirle muy caros a la banda terrorista. Numerosos miembros del Frente Obrero, al enterarse de la bestialidad, abandonan la organización y dejan de acudir a las citas con los «liberados» de ETA.

La Guardia Civil tampoco va a permanecer de brazos cruzados. Pocos días más tarde, el 12 de septiembre, un grupo de agentes de paisano protegidos por un cinturón de miembros uniformados rodea un piso en Lekeitio (Vizcaya) y ordena a sus moradores, miembros activos de ETA, que se rindan.

Benito Mújica y Miguel Martínez de Munguía intentan hacer frente a las fuerzas del orden y caen abatidos, pero otros activistas logran romper el cerco y escapar. Con las prisas, cometen un error de principiantes. Durante la huida se dejan olvidada en el piso una agenda con numerosos nombres, teléfonos, citas y reuniones de miembros de los frentes Militar y Obrero de la banda armada.[7]

---

6. Jon Idígoras, *El hijo de Juanita Gerrikabeitia*, Txalaparta, 1999.

7. Los terroristas habían abatido días antes, el 28 de agosto de 1972, al policía municipal de Galdákano Eloy García Cambra, cuando éste, acompañado de una pareja de la Guardia Civil, intenta identificarlos.

El olvido resulta catastrófico para la organización terrorista. En el otoño de 1972 y la primavera de 1993, el instituto armado organiza numerosas redadas en Basauri, Durango, Gernika, Bilbao, Amorebieta, Éibar, Llodio y las zonas industriales de la margen izquierda de la ría de Bilbao. El Frente Obrero de ETA, la parte más vulnerable de la organización, tras pasar por el cuartel de la Guardia Civil de La Salve, queda desmantelado.[8] Desde entonces, los pistoleros tienen que replantearse el futuro del Frente Obrero.

El centro Errekaldeberri es un complejo de centros escolares, religiosos y laicos, situado en Bilbao, justo en el arranque de la autopista en dirección a Vitoria y Burgos.

Poco concurrido los fines de semana, es el lugar idóneo para celebrar una reunión clandestina sin demasiados riesgos de ser descubiertos. Por eso, a comienzos del verano de 1974, cuando el curso académico ha finalizado, la dirección de ETA y los representantes del Frente Obrero de Vizcaya se dan cita allí para entrevistarse.

Al encuentro asisten, en representación de ETA, Eduardo Moreno Bergaretxe, *Pertur,* jefe de la oficina política, y José Miguel Goiburu Mendizábal, *Goierri,* responsable máximo del Frente Obrero en la banda armada. En representación de los trabajadores de Vizcaya están presentes Jon Idígoras, de la empresa Izar, y Andrés Izaguirre, que luego acabaría en la banda armada.

Por esas fechas han aflorado dos tendencias dentro de la banda terrorista. Los partidarios de mantener el Frente Obrero a toda costa, aun a riesgo de soportar el incesante goteo de «caídas» de trabajadores comprometidos, y los partidarios de crear las Comisiones Obreras Abertzales (COAs), en un intento de marcar distancias al mismo tiempo de ETA y del sindicato estatal que lleva el mismo nombre.

La entrevista es tensa y, en algunos momentos, violenta. Con

---

8. Al fin y al cabo, no se trata de militantes liberados sino, en muchos casos, de personas legales que tienen que ir todos los días al trabajo, de padres de familia que necesitan alimentar a sus hijos y son más controlables. Muchos de los detenidos, Andrés Izaguirre Gogor, Emilio y Vicente Goitia, Cipriano Garamendi, Jon Idígoras, formaban parte de la estructura legal de ETA e incluso algunos de ellos acabaron en los comandos armados.

su flamante pistola Browning a la cintura, Pertur no está dispuesto a perder el control de las fábricas. Quiere mantener a toda costa, sea cual fuere el sacrificio, el Frente Obrero.

—Eso es imposible. Hasta el policía más tonto sabe que militar en el Frente Obrero es lo mismo que militar en ETA —se opone Jon Idígoras.

—¿Y cómo coño crees entonces que podemos tomar el poder sin contar con los trabajadores? —replica el jefe de la oficina política de ETA.

—Ésa es la cuestión. Pero, hoy en día, hacer seguidismo de ETA es arrastrar la represión hacia los trabajadores y cavarnos nosotros mismos la tumba —se defiende Idígoras.

—Pero la lucha armada, desligada de la lucha de masas, está históricamente abocada al fracaso.

—Y la lucha obrera vinculada al Frente Militar nos ha conducido hasta ahora a que muchos dirigentes estén en la cárcel y a que cada vez seamos menos los que estamos dispuestos a dar el callo. ¿Te parece un bonito panorama?

La discusión se mantiene durante horas. Goierri y Pertur acusan a los representantes del Frente Obrero de que muchos trabajadores, que meses antes parecían seguir los planteamientos de ETA, hicieran ahora propuestas españolistas en las asambleas y no quisieran ver ni en pintura a los pocos leales a la organización armada.

La situación parecía haber llegado a un callejón sin salida. Así se puso de relieve en el Biltzar Txipia celebrado por ETA en mayo de ese año. Los trabajadores tenían miedo a afiliarse en el Frente Obrero por las constantes vigilancias y seguimientos de la policía. Los miembros del Frente Militar, por su parte, tampoco querían acudir a las citas con los trabajadores por temor a que éstos estuvieran controlados y se los detuviese.

Para empeorar un poco más el panorama, los terroristas constataron que sus cuadros dirigentes estaban más tiempo en la cárcel que en las fábricas. La falta de dirección impedía mantener una organización coherente y estable. La suma de todos estos problemas condujo al estancamiento e incluso a que muchos trabajadores *abertzales* empezaran a darse de baja.

«Hay que desdoblar los dos frentes, que ETA vaya por un lado y el movimiento obrero por el suyo, sin perjuicio de que ambos organismos nos coordinemos a nivel de dirección. Es la única forma de frenar el permanente acoso policial —plantea Idígoras. Y agrega—: Hay que crear un sindicato que asuma la doble condición de opresión de los trabajadores vascos: la opresión de los estados español y francés y la opresión de los capitalistas, sin descartar la existencia de ETA, que actúe paralelamente en la misma dirección.»

Resueltos los problemas teóricos, es necesario pasar a la práctica.

Con 1 226 habitantes y 6,9 kilómetros cuadrados, situada en el corazón del Goyerri, entre Beasain, Gabiria, Idiazábal e Itsaso, la localidad de Ormaiztegui (Guipúzcoa) cuenta con varios edificios singulares, entre ellos la iglesia parroquial de San Andrés y la casa Iriarte Erdikoa, habilitada como museo dedicado al general Zumalacárregui, uno de los héroes de la primera y segunda guerras carlistas.

Los trescientos delegados obreros que se dieron cita en la villa, camino real de coches a mitad del siglo XVIII, el 17 de mayo de 1975 no acudían al lugar a visitar sus monumentos ni eran agricultores rezagados de las fiestas de San Isidro Labrador, celebradas dos días antes.

Se trataba de los representantes más cualificados del Frente Obrero de ETA. Acudían a Ormaiztegui a celebrar una reunión clandestina en la que se crearía Langile Albertzaleen Batzordeak (LAB) o, dicho en castellano, la Asamblea de Trabajadores Patriotas, con el objetivo de difundir los postulados independentistas entre la clase trabajadora vasca.

El sindicato *abertzale* elige como anagrama una *argizaiola* (una especie de tabla a la que se enrolla una fina vela, que se usa en los ritos fúnebres) y establece su primera sede en el despacho laboralista de Luis Mendaza, en la calle General Concha de Bilbao.

Dos años más tarde, muerto Franco e instauradas las libertades públicas, el 24 de mayo de 1977 se legaliza como sindicato mediante la entrega de sus estatutos en la delegación de Guipúzcoa del aún no desaparecido Ministerio de Relaciones Sindicales. Al mismo tiempo, ETA parece hacer examen de conciencia y reconoce por primera vez sus errores pasados al tratar de influir en el movimiento obrero. «Las acciones de castigo que ETA ha adoptado en varias ocasiones frente a patronos que tenían sus empresas en lucha es el ejemplo más ilustrativo de lo que no deben hacer los revolucionarios. El papel de "ángel de la guarda", profundamente paternalista, que ETA asumía en ocasiones, no sólo no contribuía a fortalecer la capacidad combativa de los obreros en lucha sino que los perjudicaba gravemente. El rechazo sistemático que este tipo de acciones encontró entre los trabajadores afectados es la prueba más evidente de ello», reconoce la banda armada en *Zutik* meses más tarde.[9]

Pero una cosa eran las palabras y otra bien distinta los hechos.

El 18 de marzo de 1976, ETA secuestra al industrial Ángel Berazadi Urbe, director de Sigma, empresa dedicada a la fabricación de máquinas-herramientas y accionista de Estarta y Escenaro, así como de la compañía Muebles Ayala.

Sigma, con más de mil empleados entre los que trabaja el padre de Xabier Arzalluz como conductor hasta su muerte, no ha sabido adaptarse a tiempo a las nuevas tecnologías, comienza a tener unas cuentas de resultados poco saneadas y está abocada a una reconversión de plantilla para salvar la compañía.

Por si la situación no fuera ya grave, la banda terrorista entra en juego con la pretensión de castigar al empresario y, de paso, llenar sus alforjas con unos centenares de millones de pesetas.

Sin saberlo, se encuentran con un inconveniente. Afiliado al Partido Nacionalista Vasco, Berazadi es «un hombre del país», un patriota. Así que el propio Xabier Arzalluz, acompañado de Mikel Isasi, Gerardo Bujanda y Luis María Retolaza, se desplaza a San Juan de Luz y se entrevista con Eduardo Moreno Bergaretxe, *Pertur*.

—Lo tenéis vosotros, ¿no? —pregunta.

---

9. *Zutik*, 18 de octubre de 1977. Por esas fechas, los trabajadores de General Electric condenaban un atraco realizado por ETA. «Nadie mejor que nosotros sabemos lo que es una multinacional y la manera de combatirla. Los "consejos" de ETA están de sobra.»

—Sí, ha sido obra de un comando «poli-mili» —reconoce Pertur.

—Entonces no se hable más. En uno o dos días lo soltáis y aquí no ha pasado nada —propone.

El 8 de abril aparece el cadáver de Berazadi, en la carretera de Elgóibar a Azkoitia, con un tiro en la cabeza. El 20 de junio, dos meses después, ETA emite un largo comunicado. Justifica el asesinato por «la injerencia del PNV en el secuestro, llegando a pedir a la familia que no se pagara, ya que Berazadi, un patriota vasco, no sería ejecutado. Debido a ello, la familia rompió las negociaciones con ETA y no quiso pagar».[10]

La «justicia popular» que decía representar la banda de forajidos, el talismán que lo justificaba todo, se había puesto automáticamente en marcha.

El 8 de mayo de 1976 perece de forma instantánea, en las cercanías del monte Kalamendi de Zarauz (Guipúzcoa), Ángel Iruretagoyena Elorza, *Piru*.

Cuando la Guardia Civil, alertada por algunos vecinos que han oído la explosión, llega al lugar de los hechos, el cadáver de Piru, irreconocible, se encuentra esparcido en un radio de cien metros.

Con apenas diecinueve años, el terrorista ha sido víctima de la bomba que está preparando y con la que pretende asesinar al industrial Ángel Aranzábal. Sus planes eran volar el chalet donde residía junto a su familia en la localidad costera del Cantábrico, situada a apenas doce kilómetros de San Sebastián.

Su empresa, Bombas Itur, llevaba más de seis meses en conflicto laboral. ETA había decidido, mediante su habitual política de diálogo, hacer «entrar en razón» al empresario o a sus descendientes, en el caso de que sobrevivieran.[11]

---

10. Según el escritor Ángel Amigó, durante el secuestro la policía de Irún retuvo a la madre de Pertur para canjearla por el industrial. Más detalles en Ángel Amigó, *Pertur, ETA 71-76*, Lur, Donostia, 1978.

11. Tras la explosión, la Guardia Civil detiene a quince personas del Frente Obrero de la banda armada, entre ellas la novia del fallecido, Maite Eizaguirre.

El 10 de noviembre de 1977, una bomba destruye las oficinas de la compañía Babcock-Wilcok en Bilbao. La empresa, situada en la margen izquierda de la ciudad, atraviesa momentos de dificultad y los terroristas creen, como siempre, que ésta es la mejor manera de ayudarla a superar sus problemas.

ETA, Organización Socialista Revolucionaria Vasca de Liberación Nacional, reivindica la voladura de que han sido objeto ayer, 10 de noviembre, las oficinas de la empresa Babcock-Wilcok, situadas en Bilbao. La crítica situación por la que vienen atravesando los 5 000 trabajadores de Babcock es un hecho concreto más dentro del contexto general de crisis económica que atraviesa todo el sistema capitalista en Euskadi, Europa y en el mundo entero.
Solamente conjugando las formas de lucha de las masas trabajadoras vascas y las acciones militares de ETA podrá el Movimiento Revolucionario Vasco hacer frente a los enemigos del Pueblo Vasco y acabar con el régimen de Dictadura Militar que se asienta en el poder.[12]

En los años 1975, 1976 y 1977 se produjeron otros 112 atentados similares encaminados siempre a «echar una mano» a los desvalidos trabajadores. Pero prosigamos con el relato.

El Aula Magna de la Universidad de Lejona, en Vizcaya, se encuentra el viernes 25 de mayo de 1978 a rebosar. Las personas que ocupan todos los asientos disponibles no son los estudiantes del centro, convocados a un multitudinario acto académico. Se trata de los mil delegados que ese día y el resto del fin de semana asisten al primer congreso del sindicato LAB.

Las salutaciones, comunicaciones y ponencias que se presen-

---

12. Comunicado de ETA, hecho público el 11 de noviembre de 1977. El 30 de diciembre de ese mismo año dinamitan un comercio en San Sebastián y el almacén de la empresa Delgado, dedicada al mantenimiento del alumbrado público. La compañía acababa de suspender pagos y, para los terroristas, ésta era la mejor forma de reflotarla y apoyar a la clase obrera vasca.

tan a la asamblea general constituyen el fiel reflejo de lo que ocurre entonces en el seno de ETA, dividida desde un año antes en dos bloques, los «milis», decididos a continuar la lucha armada hasta hacer claudicar al Estado, y los «poli-milis», dispuestos a disolver el frente militar y convertirse paulatinamente en un partido de masas.

Enfrentados en una lucha sin cuartel para dilucidar quién se queda con el control del sindicato, semanas antes del congreso, la guerra de trincheras que se vive en la banda armada se traslada a todas las organizaciones de masas del mundo *abertzale,* donde se producen todo tipo de maniobras y corruptelas. Numerosos militantes de HASI,[13] la corriente minoritaria, se afilian a última hora al sindicato, distribuyen entre los compromisarios listas de candidatos al secretariado con la indicación «ésta es la lista de ETAm»[14] y muchos activistas son expulsados por un asunto de tanto calado sindical como apoyar el Estatuto de Gernika.

Al final, el 27, durante la elección del secretario general y los siete vocales que han de gobernar el sindicato, la división queda patente. LAB es controlado por la candidatura propuesta por EIA, el partido político salido de la VII Asamblea de ETA, dirigido por Kepa Aulestia, Mario Onaindía y Juan María Bandrés, que, pasado el tiempo, acabaría llamándose Euskadiko Ezkerra.

La lista presentada por el sector inmovilista de ETA, representado políticamente por la Koordinadoa Abertzale Socialista (KAS), queda en minoría en los órganos de dirección de la Asamblea de Trabajadores Patriotas.[15]

El bando perdedor no da la batalla por perdida y la pugna ideológica que se ha vivido en el paraninfo de la Universidad se traslada a las fábricas y empresas donde ambos colectivos tratan de recuperar a balazos el prestigio entre las masas.

Los fabricantes de sillas de ruedas, muletas y aparatos ortopédicos para andar deberían hacerle un monumento a ETA políti-

---

13. Herriko Alberdi Sozialista Iraultzailea.
14. Jon Idígoras, *El hijo de Juanita Gerrikabeitia*, Txalaparta, 1999.
15. Koldo Elejalde, Martín Auzmendi, Juan José Zubimendi, Txutxi Torres, Goyo Larrazaban, militantes de EIA, y Juan José Larrea, Xabier Onaindía y Jon Idígoras, militantes de HASI.

co-militar, de la misma manera que los cristaleros de la nación, no sólo de Euskadi, deben rendirle público tributo a Jarrai y al inventor de los coches-bomba, por el dinero que les han hecho ganar.

El 11 de mayo de 1978, la banda terrorista «retiene» en contra de su voluntad en Munguía (Vizcaya) al director general de la empresa Teyco, dedicado a la carpintería metálica y a la fabricación de herrajes.

Tras someterle a un terrorífico interrogatorio sobre los beneficios de la compañía, los planes de expansión industrial, la política de reducción de plantilla y cierre de fábricas en España, le dejan marchar después de descerrajarle un balazo en la pierna, a la altura de la rótula, para que duela más y no pueda recuperar al ciento por ciento la movilidad.

—Aunque no eres exactamente la persona que buscamos, esto es sólo un mensaje para ti y para tus jefes. La próxima vez que pongáis en juego los intereses de la clase obrera te aseguro que no os dispararemos en la rodilla —le advierten.

Cinco meses y dos días más tarde, el 13 de octubre, otro comando «poli-mili» comete una acción mucho más osada todavía. Sale por la mañana desde Guipúzcoa, recorre más de quinientos kilómetros, atravesando las provincias de Vizcaya, Santander, Oviedo y Lugo, y se presenta en Orense. Allí secuestra al empresario vasco Jacinto Zulaika. En el mismo día emprende el camino de vuelta, por carreteras infernales, hasta llegar a Cestona (Guipúzcoa). Sin mediar palabra, le dan un tiro en cada pierna y lo dejan abandonado en un descampado en el que es su pueblo natal.

El «crimen» cometido por Zulaika ha sido trasladar su compañía a Galicia para eludir el acoso, el clima de violencia irrespirable, la inseguridad que se vive en Guipúzcoa en esos años y la imposibilidad de que el sindicato *abertzale* LAB le deje en paz.

No satisfechos con extorsionar a los industriales con el impuesto revolucionario y, al mismo tiempo, arruinarlos mediante las exageradas reivindicaciones de LAB, ETA tampoco les permite marcharse. Y para demostrar que el largo brazo de su «justicia» llega a todas partes han ido a buscar a Zulaika a Orense, lo han secuestrado y trasladado a Cestona con el único propósito de dejarle tirado en una cuneta, malherido, para que sirviera de escarmiento y de «aviso» a posibles imitadores.

«No es que estemos contra la implantación de empresas en otras zonas del Estado español, sino todo lo contrario. Lo que sí condenamos, en cambio, es que capitalistas sin escrúpulos pretendan descapitalizar Euskadi y se marchen de aquí», explica poco después ETApm al diario *Tele-eXprés*.

«¿Que se van porque tienen miedo? Pues peor lo van a pasar porque nosotros estamos dispuestos por todos los medios a romper la tendencia a la evasión de capitales. Los empresarios vascos tienen que invertir aquí y nosotros les vamos a garantizar que tendrán más paz que en ningún otro sitio», agrega un portavoz de la banda armada.[16]

Durante los años 1979 y 1980, convertida sin que nadie se lo pida en redentor de los obreros vascos y en martillo de los «empresarios explotadores», ETA secuestra a quince empresarios,[17] que acaban inexorablemente con un tiro en la pierna, ametralla viviendas de simples ejecutivos o gerentes de empresas, coloca bombas en almacenes y naves, y comete todo tipo de fechorías «en nombre de la clase obrera».

Ante los asesinatos casi diarios de militares y guardias civiles, la acción directa y el sindicalismo gansteril de finales de los setenta y comienzos de los ochenta pasa prácticamente desapercibido para la mayor parte de la prensa. No ocurre así con el diario *Deia*, el periódico del PNV. El 6 de junio de 1983, el rotativo publica una relación de actos violentos contra empresarios, la mayor parte de ellos cometidos durante la negociación de los convenios colectivos de sus compañías.

La lista es escalofriante. Dejando al margen los secuestros de tipo económico, la campaña contra Iberduero por la Central Nuclear de Lemóniz y los atentados contra los bancos, que pasan de

---

16. *Tele-eXprés*, 12 de diciembre de 1978.
17. Otras personas secuestradas y liberadas con una pierna tullida fueron José Elicegui, empresario de Hernani (9 de diciembre de 1989); director general de Michelin (5 de febrero de 1989); encargado general de Construcciones Arregui (13 de febrero de 1979); Victoriano Magdaleno (21 de febrero de 1979); Serafín Apellaniz (15 de marzo de 1979); José Luis Calvo, constructor (8 de noviembre de 1989); Javier Jáuregui (23 de noviembre de 1989); Eduardo Sanchís (3 de mayo de 1980); José Araquistain (9 de mayo de 1980); Gregorio Baza (21 de mayo de 1980); José María Lecea (14 de julio de 1980); Luciano Varela (2 de enero de 1981).

sesenta y seis, ETA ha realizado más de trescientos actos terroristas en una década, entre 1972 y 1983.[18]

Lo más grave de todo fue que la llamada «defensa de la clase obrera» fue una banal excusa para llevar a cabo los «ajustes de cuentas» entre los dos sectores enfrentados por el control de LAB —los «milis» y los «poli-milis»—, decididos a librar sus guerras internas y venganzas personales sobre las espaldas de los industriales para hacerse con el control de los obreros nacionalistas todavía no afiliados a la Asamblea de Trabajadores Patriotas.[19]

18. *Deia*, 6 de junio de 1983.
19. Durante ese período (años 1978 a 1983); y sin pretender ser exhaustivos, se producen los siguientes hechos relacionados con conflictos laborales en empresas: secuestro de Lorenzo Pastor López, director de Industrial Española (20 de diciembre de 1976); atentado contra transportista de Markina (14 de octubre de 1977); bomba contra Babcock-Wilcok (9 de noviembre de 1977); bomba contra Sener (3 de diciembre de 1977); atentado contra empresa Ansa (24 de diciembre de 1977); bomba contra empresa Delgado (31 de diciembre de 1977); bomba contra empresa Paisa (24 de enero de 1978); bomba contra bodega Cadreita (7 de abril de 1978); bombas contra empresarial de Adegui (12 y 22 de abril de 1878); cócteles contra la casa del gerente de Alconza (22 de junio de 1978); artefacto contra Multiplast (15 de agosto de 1978); explosivos en empresa de Cascante (2 de septiembre de 1978); intento de secuestro del industrial Olazagutia (1 de febrero de 1979); secuestrados un ejecutivo de Magefesa y el hijo de un industrial de Algorta (7 de marzo de 1979); atentado contra Prefabricados Umaran (4 de mayo de 1979); bomba contra Citroën (3 de julio de 1979); bomba-coche de un industrial de Ecenarro (20 de agosto de 1979); bomba contra Renault (30 de agosto de 1979); atentado conducción de aguas de Michelin de Lasarte (12 de septiembre de 1989); bombas contra Citroën y Renault en Éibar y Arrasate (21 de septiembre y 10 de octubre de 1979); el 19 de febrero de 1979 secuestran a Luis Abaitúa y le liberan el 28 de ese mes; ametrallado el domicilio de un constructor de Vitoria (16 de febrero de 1980); disparos contra el gerente de Laminaciones Lesaka (5 de abril de 1980); asesinato de José Luis Espinosa, jefe de ventas de Astilleros Luzurriaga (8 de mayo de 1980); herido Jesús Casanova de Michelin (16 de mayo de 1980); asesinato de Luis Helgueta, director de Michelin (16 de mayo de 1980); destrucción de la casa de un industrial de Tafalla (23 de julio de 1980); ametrallamiento de la casa de un constructor de Oyarzun (2 de agosto de 1980); ETA amenaza a dueños de Etxeasa (25 de noviembre de 1980); intento de secuestro de Felipe Muñategui (2 de noviembre de 1980); ametrallamiento de instalaciones de Finanzauto de Lasarte (25 de noviembre de 1980); acciones contra importadores de Pasajes (28 de noviembre de 1980); bombas contra Bodegas Olarra (28 de diciembre de 1980); secuestrado durante dos horas Javier Egaña de Zaldívar (6 de febrero de 1981); explosión en Gestoría Arza de Estella (13 de marzo de 1981); asesinado el director de producción de Moulinex en Usurbil, José María Latiegui (14 de marzo de 1981); tiroteado el director de Blug Ibérica en Azpeitia (22 de diciembre de 1981); bomba contra la empresa Ambrosio Zurrutza (24 de enero de 1982); atentado contra el subdirector de Porcelanas del Bidasoa (17 de julio de 1982); intento de secuestro del director de Espumosos Bermeo (17 de julio de 1982); asesinato de Alberto Toca, delegado de Asepeyo (8 de octubre de 1982); atentado contra el despacho de un interventor de empresas en suspensión de pagos de Tolosa (7 de noviembre de 1982); secuestro frustrado de un chatarrero de Donostia (10 de diciembre de 1982); atentado contra Avis de Bilbao (22 de diciembre de 1982); atentado contra la factoría Michelin de Oyarzun (22 de febrero de 1983); bomba contra Rank Xerox (10 de febrero de 1983); atentado contra Iberkonta (26 de febrero de 1983); bomba contra Avidesa (2 de marzo de 1983); explosión en peaje Bilbao-Behobia (10 de marzo de 1983); bombas con-

Decenas de industriales propietarios de pequeños talleres y de fábricas modestas emplazados en localidades pequeñas y, por tanto, sometidos al cerco constante de los sindicatos, tuvieron que cerrar y marcharse a los cinturones industriales de las grandes ciudades o a los nuevos polígonos industriales para zafarse del continuo marcaje del mundo radical, que a partir de 1979 se hace con el poder municipal. Otros, por el contrario, se dejaron la vida y la fortuna en el empeño.

Estuvo en casa el tiempo justo para almorzar, pasar un rato con la familia y charlar con sus hijos sobre sus estudios. Serafín Apellaniz, propietario de la compañía Apellaniz, S. A., emplazada en Ordicia (Guipúzcoa) y dedicada a fabricar componentes para Telefónica de España, no tenía tiempo para nada y regresó en seguida a la oficina.

A media tarde, alguien aporreó violentamente la puerta. Sobresaltada, su mujer, Gloria Segura, acudió a ver qué ocurría, y cuando preguntó quién llamaba la tranquilizaron.

—Abra, por favor. Traemos un paquete urgente para su marido —le dijo una voz.

Era el 25 de marzo de 1979. Laura abrió confiada y se encontró, de sopetón, con cuatro individuos encapuchados con pocos modales. Pistola en mano, le apuntaron a la sien y la metieron a empujones en la casa, preguntándole por su marido.

Laura les contestó que no se encontraba en la vivienda, pero los extraños visitantes no parecían tener prisa. Se sentaron con ella en el tresillo a esperar tranquilamente su vuelta a casa.

—¿Qué le vais a hacer? —preguntó Gloria, inquieta.

—Nada. Sólo queremos hablar con él.

Los terroristas estaban al corriente de que la empresa de Apellaniz, recién operado a corazón abierto, atravesaba tiempos difíciles por las continuas huelgas de la época. Con el comité de em-

---

tra Echevarría de Rentería, Nielssen de Oyarzun, Extein, de Donostia, Oteic Productividad y Ayesa, de Donostia, y Bide Onber (entre el 11 y el 28 de marzo de 1983). Se omiten atracos a bancos y a empresas, secuestros económicos de industriales y banqueros, bombas contra Lemóniz y más de medio centenar de bombas en farmacias, gasolineras y pequeños comercios. Extorsiones a bancos, aseguradoras y grandes superficies, que se cuentan en otro capítulo.

presa controlado por ETA, las sentadas, manifestaciones, amenazas y coacciones no cesaban. Cada mañana, al entrar a la oficina, Apellaniz tenía que pasar frente a decenas de carteles que incitaban a la violencia: «Explotadores, os hundiremos», «Empresarios, el mejor colgado», «Sociedad en quiebra, capitalista muerto».

Amargado por la situación, endeudado hasta las cejas con los bancos, el industrial se lamentaba de su desgracia: «¿Qué habré hecho yo, salvo trabajar como un esclavo toda la vida, para que ETA venga ahora a acabar de hundirme la empresa?» Por eso, tras la intervención quirúrgica, el industrial tomó una decisión. Aunque ya no estaba para demasiados esfuerzos, al igual que otros muchos compañeros suyos, se trasladaría con todos sus bienes a Segovia, e intentaría comenzar de nuevo.

Había tomado precauciones y se había movido con el mayor de los sigilos. Sin embargo, la banda terrorista descubrió sus planes y un comando armado estaba ahora dispuesto a impedírselo. Con los nervios rotos, ardor en el estómago y el corazón a punto de salírsele del pecho, Gloria Segura no paraba de mirar el reloj de pared. Ese día le hubiera gustado que las horas fueran más lentas, que el tiempo se parara.

Sin saber qué hacer ni qué decir para poner fin a la pesadilla, para acabar con aquella tensa situación, estaba tan nerviosa que llegó a preguntarle a los pistoleros:

—¿Queréis tomaros un vino?

Cuando aparece Serafín Apellaniz, el comando se lo llevó secuestrado. Eso sí, como fuera hacía frío, le permitieron coger una chaqueta más abrigada y llevarse sus pastillas para el corazón.

La fuga resultó más esperpéntica que una película de Luis García Berlanga. Los terroristas habían llegado a la casa a pie y como los coches de los Apellaniz estaban averiados, para trasladar al industrial tuvieron que robar previamente un taxi, llevarse al conductor a la casa y atarlo junto al resto de la familia a las patas de la mesa.

Allí permanecieron, atados y amordazados, hasta que apareció la policía, forzó la cerradura de la puerta y los rescató. Poco antes, tras recibirse una llamada de la DYA, los agentes habían encontrado al empresario en un monte. Tenía un proyectil en una pierna que le había destrozado la rótula.

Restablecido de la herida pero imposibilitado para andar, Apellaniz, lo mismo que muchos empresarios que tienen sus industrias en pueblos pequeños del País Vasco, vende su empresa, su casa, «La Glorieta», de Ordicia y se marcha con su familia a San Sebastián.

Allí, arruinado, sin bienes de fortuna e incapacitado para rehacer sus negocios, sobrevive sentado en una silla de ruedas gracias a la pensión de invalidez que le paga la Seguridad Social hasta su fallecimiento en 1996.

Sobre su tiro en la rodilla y el de muchos otros, sobre su ruina y el cierre de sus empresas, se asentó el futuro de ETA y del sindicato LAB.

Francisco Arín Urkiola no era uno de esos emprendedores que se dejan amedrentar por ETA ni de los que pagan el «impuesto revolucionario» a la banda terrorista a las primeras de cambio.

Nacido en Tolosa, de cuarenta y ocho años, había fundado con algunos amigos la empresa Construcciones Arín, S. A., situada en Aduna, un pueblo de poco más de trescientos habitantes, y dedicada a realizar trabajos auxiliares para las empresas papeleras y a fabricar maquinaria de soldadura. La crisis del sector en 1978 le obliga a presentar suspensión de pagos.

A partir de entonces, para ganarse el sustento y el de su familia tiene que montar un pequeño taller de soldadura y dedicarse a las pequeñas chapuzas. En las listas de ETA figura, sin embargo, como un gran empresario, dedicado a la construcción, que «explota» a decenas de trabajadores.

La banda terrorista, año tras año, le manda la habitual carta exigiéndole el pago del «impuesto para la revolución nacional». La consabida misiva amenazadora que tantos infartos y úlceras ha provocado en el País Vasco, para Arín es sólo un ligero contratiempo que le va a hacer perder una jornada de trabajo. Al día siguiente acude al sur de Francia, busca por los bares de Le Petit Bayonne a Txomin Iturbe Abasolo y le explica de nuevo su calamitosa situación económica.

—Vete tranquilo. Si dentro de unos días no recibes noticias

nuestras, es que todo está solucionado —le tranquiliza Txomin un año tras otro.

Y así ocurre hasta 1983. A finales de año, el 15 de diciembre por la tarde se presentan dos individuos en su casa, situada en el número 12 de la calle Zumalacárregui de Tolosa. Hablan con su mujer y su hijo y les dicen que quieren ver al cabeza de familia.

La situación es similar a la precedente de Apellaniz. Francisco Arín está en esos momentos en la empresa Construcciones Electromecánicas Irura, de la que es directivo. Así que los visitantes, miembros de los Comandos Autónomos Anticapitalistas, se lo toman con paciencia.

Se acomodan en el salón, piden un vaso de agua, encienden un cigarrillo y se deciden a esperarle tranquilamente. Aunque sus familiares lo ignoran, el tremendo rito de la muerte acaba de ponerse en marcha de esta manera tan macabra.[20]

Cuando aparece el empresario lo meten en su propio coche, un Renault 18 familiar, matrícula SS-1371-O, y ponen el motor en marcha. La familia intuye que se trata de un secuestro, así que poco antes de la salida se le acerca su hijo Gerardo y le entrega un chaquetón de cuero.

—Llévate esto, por si acaso —le dijo.

—No os preocupéis. Donde le vamos a llevar no hace frío —le tranquiliza uno de los terroristas.

Tenía toda la razón del mundo. Una hora después, el cuerpo de Francisco Arín es encontrado en el maletero de su coche, boca abajo y con un tiro en la nuca. El vehículo ha sido abandonado en la desviación de la N-1 hacia Aduna, apenas a veinte metros de su empresa.

Fue, como todos, un asesinato inexplicable, pero, según el lenguaje de los terroristas, tremendamente «pedagógico». Poco después de su entierro, ETA envía una nueva remesa de cartas a los empresarios y el «caso Arín» tiene un efecto taumatúrgico en las comarcas de Tolosa y El Goyerri.

---

20. En lugar de malgastar el tiempo vigilando a sus víctimas, controlando sus itinerarios y anotando los horarios de entrada y salida para buscar el punto más vulnerable donde cometer el atentado, ETA opta por el pragmatismo. Echa mano de la guía telefónica, busca el domicilio de la víctima, se presenta en ella y, como lo más natural del mundo, espera pacientemente a que llegue del trabajo para darle el último «paseo».

Los industriales de la comarca, incluso los más reacios a dejarse estafar por los pistoleros, cruzan la frontera en tropel con sus millones a cuestas. En el sur de Francia compran unos meses de libertad y pagan por adelantado las pistolas y las balas con las que volverán a ser chantajeados.

La imagen de una viuda desconsolada y de cuatro hijos huérfanos, dos de ellos estudiantes de Periodismo en Bilbao, vestidos de negro en el cementerio de Tolosa una fría tarde de diciembre, llorando la muerte de Francisco Arín, valía más que mil llamadas telefónicas amenazantes de ETA.[21]

En la tribuna de invitados estaban los representantes de los Cómites Obreros de Italia, los enviados del Partido para la Victoria del Pueblo de Uruguay, los líderes del Movimiento Popular de Liberación Nacional de Bolivia, de la Organización Unitaria de Trabajadores de Uruguay y del MIR (Movimiento de Izquierda Revolucionaria) de Chile y líderes independentistas irlandeses, corsos y bretones. Compartían escaños junto a los dirigentes del Sindicato de Obreros del Campo y Frente Andaluz de Liberación (FAL), de la Unión do Povo Galego, de Independentistas de los Países Catalanes o del Pueblo Canario Unido.

Aunque no lo parezca, no se trataba de una reedición de la Conferencia Tricontinental de La Habana. Los dirigentes de los grupos más violentos y radicales de América latina, España, Irlanda y Francia asisten, el 11 de mayo de 1980, en el Aula Magna de la Universidad de Lejona (Vizcaya), al segundo congreso del sindicato LAB.

Han pasado dos años y, en ese período, LAB abandona las tesis de los «poli-milis» y el partido EIA para acercarse a las posiciones de las organizaciones situadas en la «órbita de KAS», como se vería tras las distintas votaciones celebradas durante el congreso.

A partir de entonces, el sindicato asume una línea política radical: deja al margen las alternativas coyunturales o sectoriales

---

21. Años más tarde, dos de sus cuatro hijos han emigrado del País Vasco, y los que siguen allí tienen que sufrir, de vez en cuando, las humillaciones de la gente de ETA y de los dirigentes de la Mesa Nacional de Herri Batasuna. En una ocasión, al entrar en un restaurante, oyeron cómo José María Olarra comentaba con unos amigos: «Mira éstos, los hijos del hijo de puta ese.»

para iniciar la «lucha frontal contra los planes del enemigo», materializado en el Gobierno y el Estado central que, por medio del PNV, quieren legitimar en Euskadi el marco constitucional y el estatutario. LAB se convierte así, definitivamente, en el brazo armado de ETA en el mundo laboral y en una poderosa y eficaz palanca para arrastrar a los trabajadores nacionalistas, sean afiliados a ELA o a LAB, por la senda de la autodeterminación y de la independencia.

—¿Quién manda aquí? —pregunta a gritos un tipo malencarado, con barba de varios días, desde la tribuna de oradores.

Aquel 26 de junio de 1980, durante una reunión plenaria del Parlamento vascongado, emplazado todavía en su sede provisional de la Diputación de Vizcaya, los trabajadores de Nervacero, incitados por LAB, HB y Movimiento Comunista, acaban de ocupar el edificio como el que toma la isla de Perejil o el pequeño Estado de Belice.

Los obreros han estudiado previamente todas las contingencias que puede acarrear una decisión de ese tipo. Organizados en grupos, cierran todas las puertas, bloquean las salidas, colocan piquetes en los puntos estratégicos del edificio y secuestran a los representantes del pueblo, poniendo en peligro las recién creadas instituciones vascas.[22]

—¿Quién manda aquí? —vuelve a gritar el mismo energúmeno, encaramado en la tribuna de oradores del salón de plenos de la Diputación de Vizcaya.

El pintoresco asalto a la Duma vasca se produce a primera hora de la tarde, un poco antes de la llegada del presidente del Parlamento, Juan José Pujana. Ante su ausencia, Carlos Garaikoetxea, que lleva dos meses y medio como presidente del Gobierno Vasco, decide asumir las riendas y defender la dignidad de la institución.

Pero desde el primer momento se encuentra frente a una situación prácticamente sin solución. Los trabajadores se niegan a deponer su actitud y a marcharse a sus casas y exigen que el Par-

---

22. Los parlamentarios, pertenecientes a la primera legislatura, habían tomado posesión de sus cargos el 30 de marzo, es decir, dos meses y veintiséis días antes.

lamento y el Gobierno Vasco, aún sin competencias, impidan el cierre de Nervacero.

Mientras tanto, adoctrinados por el Movimiento Comunista y LAB, pretenden mantener como rehén al recién constituido Parlamento Vasco. En su interior, sin esperarlo, cuentan con el apoyo incondicional de los quince parlamentarios de Herri Batasuna, que se convierten en sus más enfervorizados defensores. Jon Idígoras, Telesforo Monzón, Iñaki Esnaola y Jokin Gorostidi, entre otros, que se habían negado a participar en las instituciones, a las que no conceden legitimidad, se dedican a atizar el fuego y, al mismo tiempo, se ofrecen como «mediadores» ante el malestar generalizado del resto de los partidos democráticos.

Ante la gravedad de la situación y alertados por la radio, que no deja de informar de lo que ocurre en la Diputación de Vizcaya, miles de contramanifestantes del PNV, PSOE, UCD y AP se han ido congregando a lo largo de la tarde y primeras horas de la noche alrededor del edificio. Formando un segundo círculo, tras la Policía Nacional, armados con palos y barras de hierro, muchos de ellos están dispuestos a defender las instituciones, que tantos sacrificios han costado, de los alborotadores a garrotazo limpio.

Puestas así las cosas, a primeras horas de la madrugada los trabajadores de Nervacero abandonan el Parlamento y ponen fin al bochornoso espectáculo de «decenas de parlamentarios de izquierdas secuestrados por obreros de izquierdas».[23]

Quien de verdad aprende la lección es el presidente del Gobierno Vasco. Carlos Garaikoetxea, que durante las horas que dura el encierro impide que la Policía Nacional desaloje el salón de actos, decide por las bravas y sin comunicárselo al Gobierno de Adolfo Suárez crear la Policía Autónoma Vasca, la Ertzaintza que, un mes más tarde, comienza a entrenarse, en secreto, en la finca «Berrotzi», situada en un recóndito paraje de Álava.[24]

Pero aún habrá mucho más.

23. Durante los enfrentamientos a la salida del Parlamento Foral fallece Ramón Begoña. Tenía treinta y siete años y varios hijos.
24. Según Garaikoetxea, el asunto provoca algún enfrentamiento entre el consejero de Interior, Luis María Retolaza, y el de Hacienda, Pedro Luis Uriarte. Al comprar la finca, Retolaza le había obligado a adquirir cabras, ovejas, establos y hasta alguna cosecha de cereales sin recoger. Carlos Garaikoetxea, *Euskadi: la transición inacabada*, Planeta, 2002.

El 25 de mayo de 1980, un mes y un día después que los trabajadores de Nervacero asalten la sede provisional del Parlamento Vasco en Bilbao, un comando de ETApm asesina en Vitoria a Luis Hergueta Guinea.

Hergueta, casado y padre de dos hijos, no entraba en los prototipos de las personas a «ejecutar» por la banda terrorista. No era «torturador», «chivato», miembro de las Fuerzas de Orden Público ni militar. Su empleo era el de director de la fábrica que la empresa francesa Michelin, dedicada a la fabricación de neumáticos y accesorios para automóvil, tenía en la capital alavesa.

La banda terrorista, sin embargo, había iniciado un año antes una particular «cruzada» contra sus directivos, muchos de ellos de nacionalidad francesa, como no había ocurrido antes con ninguna empresa nacional o extranjera.

Todos sus ejecutivos habían recibido una carta de ETA amenazándolos de muerte y en los dos últimos años, 1979 y 1980, algunos de ellos habían sido secuestrados a punta de pistola, otros sacados a la fuerza de sus casas, trasladados al monte y abandonados con un tiro en la pierna, e incluso alguno de ellos, como Jesús Casanova, tiroteado en plena calle.

Por fin, el 25 de mayo de 1980 ETA encuentra la fórmula para acabar con el «conflicto laboral prolongado» por el que atraviesa la empresa. Dispara a bocajarro a Luis Hergueta y le quita la vida, o «el pellejo», en palabras de Jon Idígoras. Los terroristas, en un comunicado, explicarían así el asesinato:

«Michelin es la punta más adelantada de la patronal. No sólo en Euskadi, sino también en el resto del Estado. [La de esta empresa] es una batalla muy importante porque, si los trabajadores pierden, se tendrán consecuencias inmediatas en otros convenios sindicales y de cara a otros contratos. Un triunfo en Michelin reforzaría las posiciones de toda la clase trabajadora.»

Con factorías en Vitoria, Oyarzun y Lasarte (Guipúzcoa), el asesinato de Hergueta provocó la desbandada de todos los directivos de la compañía, de nacionalidad francesa, que tenían sus domicilios en las villas de las afueras de Lasarte.

Pudo, sin embargo, originar una verdadera tragedia contra los trabajadores que la banda terrorista pretende defender. Meses más tarde, un comando armado intenta dinamitar un depósito de agua en Lasarte y paralizar así la producción de la fábrica. La dirección de Michelin, harta de ETA, se planta y da instrucciones para cerrar todas sus fábricas en el País Vasco.

Sólo un acuerdo in extremis impidió el *look out* empresarial mientras LAB avanzaba cada día más hacia sus objetivos.

En marzo de 1992, el sindicato LAB celebra su III Congreso nacional, y de nuevo el lugar elegido es el Aula Magna de la Universidad de Lejona (Vizcaya). Lo que muy poca gente conoce es que el entonces jefe de la oficina política de ETA, José Luis Álvarez Santacristina, *Txelis*, remite un documento de salutación a los delegados sindicales presentes y un segundo documento denominado *Aportazioa*, que recoge la filosofía de la banda terrorista sobre el papel que debe jugar el proletariado en la lucha armada. El primero de ellos comienza así:

> *Kaixo Lagunok!* Recibid, ante todo, un fraternal abrazo revolucionario. Y nunca mejor dicho, pues los momentos en que vivimos están, al mismo tiempo, confirmando la justeza de las reivindicaciones populares y exigiendo un reto sin igual por nuestra parte.[25]
>
> Tras la caída del Muro de Berlín y el fracaso del «socialismo real» [...] lo que está en juego no es la adscripción de nuestra lucha a los principios estratégicos de independencia y socialismo. Lo que está en discusión es la incardinación de estos principios en la transformación social operada en el mundo. Por eso os pedimos que desde LAB luchéis por insertar cada vez más a los ciudadanos vascos en nuestro proyecto de construcción nacional.

Cuatro folios cargados de frases retóricas y llamadas incesantes a apoyar la lucha del pueblo trabajador vasco en los que Txelis finaliza:

---

25. Documento *Saludo a 16* (clave de LAB), incautado el 29 de marzo de 1992 al propio José Luis Álvarez Santacristina en Bidart.

Quisiéramos, con las presentes líneas, recalcar la urgencia de que el MLNV se dote de un programa socioeconómico, de un marco vasco de relaciones laborales íntegro, viable y auténticamente alternativo. De esta manera podremos proseguir una lucha para que un día podamos sentirnos hombres y mujeres libres. ¡Podemos hacerlo! *Gora Euskadi ta Askatasuna! Gora Euskadi Sozialista!*

A partir del III Congreso, y a la vista de la insalvable distancia que le separa de ELA,[26] el otro sindicato nacionalista, en lugar de iniciar una lucha encarnizada por hacerse con el poder en las fábricas, sus mandos se plantean la estrategia distinta: ganarse a su dirección y a sus cuadros intermedios y arrastrarlos al camino del llamado marco vasco de decisión, hacia la senda de la independencia.

Se trataba, ni más ni menos, que de repetir en el mundo laboral la experiencia del Frente Abertzale negociada entre PNV y ETA en Txiberta (Anglet) a comienzos de la transición democrática con escaso éxito, y de aniquilar, entre ambos, a los sindicatos tradicionales CC. OO. y UGT, acusándolos de españolistas.

La persona encargada de llevar a la práctica el proyecto es el secretario general de LAB, Rafael Díez Usabiaga, una de las cabezas mejor amuebladas del entorno de ETA.

El 5 de abril de 1989, una pareja de la Guardia Civil encargada de seguir los pasos al secretario general del sindicato LAB observa que acaba de reunirse con Íñigo Iruín en el hotel Orly de San Sebastián.

«¿Qué demonios tendrá que decirle que no pueda esperar a

26. ELA-STV se funda en 1911 como Solidaridad de Trabajadores Vascos, un sindicato de ayuda mutua de origen cristiano. Poco a poco absorbe a otras formaciones sindicales, como la Agrupación Vasca de Acción Social Cristiana (AVASC) o la agrupación de *casheros* Eusko Nekazarrien Bazkuna. Entre sus fundadores se encuentran varios curas, como el canónigo Alberto Onaindía, del que se habla en otra parte del libro, y los padres Joaquín Azpiazu, José Arristiñuño, Aitzol, o Policarpo Larrañaga. Prohibido tras la guerra civil, en los años sesenta, un grupo de nacionalistas de izquierdas, entre los que se encuentra el médico Josu Arenaza, Javier Gorostiza, José Antonio Altonaga, Goyo Larrazábal, Patxi Barandiarán e Iñaki Zarraoa, intentan poner en marcha ELA para frenar el auge de UGT y CC. OO. La Compañía de Jesús, con la aquiescencia del PNV, se adelanta. Los padres Valentín Bengoa y Eduardo Maribateitia, vinculados a la Doctrina Social de la Iglesia, forman en Loyola los futuros cuadros del sindicato.

mañana?», se pregunta uno de los agentes. Tenía razón. Domiciliado en el número 21 del paseo de Vera de San Sebastián, Rafael Díez Usabiaga y el abogado de ETA, Íñigo Iruín, solían verse todas las mañanas en la parada del autobús escolar de sus hijos.

Nacido el 25 de agosto de 1956 en el municipio de Urnieta (Guipúzcoa), de 1,64 de estatura, casado con María Jesús Urruzaola Iturbe y padre de una hija, Díez Usabiaga era el hombre «llamado» por ETA para dirigir el sindicato radical vasco.

Aunque de su infancia y su juventud se poseen pocos datos, en 1986, con treinta años, aparece como miembro del comité de empresa de Michelin, compañía en la que ingresó en los «años de plomo» de ETA, en la que trabajó más de una década como administrativo y donde hizo sus primeras armas como sindicalista.

Fogueado en las duras huelgas de la multinacional francesa que enviaron a una silla de ruedas, de por vida, a media docena de ejecutivos, pese a su escasa estatura física estaba predestinado a desempeñar misiones más altas dentro del mundo radical vasco.

Su bagaje político tampoco tiene nada que envidiar. En 1979 figura como candidato a las elecciones municipales por HB y en 1984 como aspirante a una poltrona en el Parlamento de Vitoria. Dos años después, en 1986, se presenta a las elecciones generales y, al año siguiente, concurre por HB a los comicios al Parlamento Europeo.

Lo suyo, sin embargo, no parece que sea la política activa en los foros públicos, sino la lucha clandestina y las movilizaciones sindicales. El 12 de marzo de 1987 se encuentra en Anglet (Francia) cuando la policía detiene a Josu Muguruza, uno de los principales ideólogos de ETA.[27] El 22 de septiembre se responsabiliza de un artículo publicado en *Egin* donde llama a la policía «asociación de malhechores». En los dos años siguientes viaja a Argelia a asesorar a ETA en las negociaciones con el Gobierno, adoptando en sus itinerarios las clásicas medidas de seguridad[28] pese a

---

27. En la misma reunión se encuentran Elías Virrumblales, Santos Indakoetxea y José Luis Cereceda.

28. Por ejemplo, el 20 de febrero de 1989 sale de Biarritz con destino a Argel, adonde llega el día 21 y de donde regresa dos días más tarde, el 23. Los billetes los adquiere en la agencia La Poste de San Juan de Luz el día 16 a nombre de «monsieur Díez». El viaje por Air France hace el siguiente itinerario: Biarritz-Lyon, Lyon-Argel y Argel-París.

que su papel como consultor es público. A partir de 1990 viaja a la República Dominicana en varias ocasiones a entrevistarse con el dirigente de ETA Eugenio Etxebeste, y «su forma de hablar, comportamiento y lenguaje no son los de un sindicalista, sino más propios de un dirigente de ETA».[29]

El 6 de agosto de 1983, su nombre aparece en sesenta y cinco documentos de los más de dos mil informes de la dirección terrorista incautados en Saint Denis (Francia) al dirigente de la banda José María Dorronsoro Malatxetxeberría.[30] Su nombre, dirección y números de teléfono figuran en las agendas de varios etarras detenidos en los últimos años.[31] Y lo que es más importante: según un informe de la Guardia Civil, es uno de los hombres más importantes de ETA en el interior, comunicándose con la organización mediante el nombre en clave de *Hontza* (Lechuza).[32]

Al margen de todas estas actividades, es en el sindicato LAB donde se siente como pez en el agua. Desde su despacho enclavado en la capital donostiarra, calle Zorroaga, 7, la Asamblea de Trabajadores Patriotas le permite llevar a cabo el proyecto político de ETA en el mundo sindical. La conquista de un «marco vasco de relaciones laborales» y de un «espacio socioeconómico vasco», los dos pilares básicos para avanzar hacia el objetivo último: la independencia de Euskal Herría, la expulsión de los vascos españolistas o su conversión en ciudadanos de segunda.

El 16 de mayo de 1992, la Guardia Civil detiene al miembro del comando «Askatu» (Liberación) de ETA Juan José Latasa Guetaria.

En sus declaraciones en el instituto armado, Latasa declara

---

29. Según las declaraciones del etarra Juan Manuel Soares Gamboa. Diligencias previas 75/89 del Juzgado Central número 5 de la Audiencia Nacional.

30. Su nombre figura en los documentos números 619 a 681 y 1222 a 1225 y en el 1117. La clave usada era, según testimonios de varios etarras, «RD» (Rafael Díez).

31. Juan Salvatierra Sansinea, Manuel Iparraguirre Arretxea, Antonio Murga Cenarruzabeitia, Juan Carlos Ucar Coloma, Juan José Latasa Guetaria y otros.

32. Uno de los documentos se titula *Carta de la dirección de ETA a Hontza* (supuestamente Díez Usabiaga) y aparece en el ordenador de José María Dorronsoro con el título *Hotza-ri (03/93)*.

que en junio de 1990 fue captado para trabajar como correo entre la banda armada y el sindicato *abertzale* por el secretario nacional de LAB.[33]

Rafael Díez Usabiaga, según el testimonio de Latasa, le dejó en la sede de LAB, en el número 6 de la calle San Sebastián de Rentería (Guipúzcoa), y otros lugares diversos sobres cerrados para que los trasladara al sur de Francia.

El punto de encuentro era la tienda de bricolaje Bricobidart, situada en la localidad gala de Bidart, donde debía encontrarse con Philippe Lasalle Astiz, chófer de José Luis Álvarez Santacristina, *Txelis*, y entregárselos en mano. También tenía que recoger la documentación que, periódicamente, la dirección de ETA hacía llegar al máximo responsable del sindicato afín a los terroristas.[34] Por esa época, en el ordenador de ETA se encuentra un documento sobre el sindicato ELA, a punto de celebrar su congreso. Entre otras cosas, dice:

> La ponencia está llena de ambigüedades. Critican el desarrollo estatutario y, al tiempo, apuestan por esta vía. Pretenden impulsar un proyecto nacional vasco pero califican de «equivocada» a la izquierda *abertzale*. ETA es un «estorbo» en la consecución de esos objetivos.
>
> Se consideran parte del movimiento *abertzale* y están decididos a asumir su papel. Ven la necesidad de que los sindicatos no se queden al margen de la independencia del País Vasco y aspiran a construir consensos con quienes apuestan por la construcción nacional.
>
> Reprochan al PNV y al presidente Ardanza que haya entregado la Consejería de Trabajo al PSOE.[35] Como aspecto

---

33. Diligencias 59/92 de la Guardia Civil de Guipúzcoa, remitidas al Juzgado Central número 5 en mayo de 1992.

34. Elegido parlamentario autonómico en febrero de 1992, el caso es puesto en conocimiento de la Audiencia de San Sebastián por la Guardia Civil. Las acusaciones de Latasa dan lugar a la apertura de diligencias, por lo que Díez Usabiaga es llamado a declarar el 23 de noviembre de 1992 por colaboración con banda armada. Poco después, su nombre figura en la relación de personas que visitan al etarra en la cárcel. Tras la declaración posterior de Latasa, el asunto se archiva.

35. El 27 de septiembre de 1991, José Antonio Ardanza había nombrado al abogado socialista Paulino Luesma consejero de Trabajo. ELA calificó el nombramiento de «acto irresponsable y hostil al sindicalismo nacionalista», de «claudicación», «entreguismo» y de «vender a los trabajadores vascos a las centrales sindicales de Madrid».

positivo consideran que el proyecto nacional no es patrimonio de los partidos.

Tras analizar el escrito, ETA considera que el terreno está abonado para iniciar el abordaje del sindicato afín al PNV cuyo secretario general, José Elorrieta, empieza a distanciarse cada vez más del partido y a funcionar «por libre».

El bocado que se le ofrece a la banda terrorista no puede ser más apetitoso. ELA constituye la primera fuerza laboral del País Vasco. Tiene 90 256 afiliados —el triple que el PNV— y representa al 40,24 % de los trabajadores vascos. Su capacidad negociadora le ha permitido pactar autónomamente 73 de los 107 convenios sectoriales aprobados en la Comunidad Autónoma Vasca, que afectan a 300 000 trabajadores, el noventa por ciento de los obreros con convenio sectorial.

Así, mientras el consejero de Interior, Juan María Atutxa, asegura que no se fía de LAB porque es un «sindicato filoetarra», los líderes de las dos centrales nacionalistas comienzan a entenderse en la sombra. Su plan para llegar a la «unidad de acción» no tardará en dar frutos.

El 19 de febrero de 1994, dos años después de los primeros contactos entre ELA y LAB, se manifiestan juntos en las calles de Bilbao para reclamar el «independentismo laboral».

> Ante una situación de emergencia, altas tasas de paro y con la industria en declive, los vascos necesitamos disponer de instrumentos de gestión propios. Por eso, el de hoy será un día histórico en Euskadi. No sólo por ser un acto unitario de las dos centrales sindicales vascas, sino porque un proyecto de construcción nacional serio requiere un marco autónomo de relaciones laborales.

La unidad de acción entre las dos centrales forma parte del proceso de acumulación de fuerzas en el sector obrero en la denuncia de la Constitución, el Estatuto de Autonomía, y poner cerco a la unidad del Estado. Tras veinte años de terrorismo sin que la «derrota de las fuerzas de ocupación» se atisbe; tras el aislamiento que representa para ETA el Pacto de Ajuria Enea y la caída de su cúpula en Bidart (Francia), los terroristas necesitan poner en marcha nuevas formas de lucha e implicar al PNV para romper el aislamiento a que están sometidos.

En 1990, la banda terrorista ETA, en un documento interno, da instrucciones detalladas y minuciosas al sindicato LAB acerca de cómo debe comportarse en las elecciones sindicales venideras.

> Las elecciones tienen que suponer un avance de LAB en Azpeitia, Azkoitia, Zestoa, Zumaia y en pueblos donde aún no hemos conseguido nuestro techo, como Irún, Rentería, Donostia y Andoaín, en la provincia de Guipúzcoa.
>
> Por lo que respecta a Vizcaya, los *euskaldes* de Lea-Artibay, Enkarterri y Durango son prioritarios. Asimismo, el núcleo industrial Esker-aldea, Bilbao y la margen derecha tienen que ser objeto de especial tratamiento por las posibilidades de expansión, lo mismo que los *euslkaldes* de Errioxa, Agurain y Gazteiz, en Araba, por su incidencia e importancia en el conjunto de la economía.[36]
>
> El sindicato tiene que extenderse en sectores como la administración local, por el apoyo que supone en las elecciones; en la construcción, un sector de complicada penetración, feudo de UGT; transporte (Euskao Trenbideak, Renfe, autobuses urbanos, interurbanos, puertos y aeropuertos); medios de comunicación, para frenar la tergiversación y manipulación del conflicto vasco y pequeña empresa.

La banda terrorista marca también a LAB la estrategia de la campaña, los discursos y los mensajes destinados a los trabajadores para acabar con la apatía sindical. «Hay que romper el cliché

---

36. Documentos *Berregituraketa-89, Ponencia elecciones sindicales 90* y *Aparato de formación*. Los tres se incautaron en los ordenadores de ETA en Francia, custodiados por José María Dorronsoro Malatxetxeberría.

de que LAB sólo se dedica a hacer política y no está en la arena de los trabajadores, fruto de la intoxicación de los sindicatos reformistas. Hay que impedir el uso de términos como "negociación política" o "Alternativa KAS" en los mítines. Todos sabemos que asustan a los trabajadores.»[37]

Ocho años más tarde, el sindicato *abertzale* no oculta que su verdadero objetivo no es denunciar la situación de precariedad laboral o reivindicar la jornada de 35 horas, sino hacer política, asumiendo el papel reservado tradicionalmente a los partidos.

Así, el 5 de abril de 1998, Domingo de Resurrección, mientras centenares de vascos del PNV acuden a las campas de Salburúa, en las afueras de Vitoria, a celebrar el Aberri Eguna, los dos sindicatos nacionalistas, ELA y LAB, hacen público un comunicado conjunto:

> Constatamos que el modelo jurídico-político sobre el que ha girado la vida institucional en las dos últimas décadas no da más de sí. El ciclo político está agotado. ELA y LAB creemos que en todos los sectores comprometidos con los derechos democráticos de nuestro pueblo debemos superar conformismos y recuperar la iniciativa social y política. El culpable es el Estado español. Sólo acepta una democracia de cartas marcadas que excluye el derecho de la ciudadanía vasca a decidir sobre cuestiones fundamentales sobre su futuro.

El 15 de octubre de 1997, coincidiendo con el XVIII aniversario de la aprobación del Estatuto, los dirigentes de las centrales sindicales nacionalistas, arropados por parte de las ejecutivas de PNV, EA y HB, se dirigen a la Casa de Juntas de Gernika, la villa

---

37. «Salvo en el caso de CC. OO., no merece la pena desgastarnos mucho fustigando a los demás porque difícilmente van a avanzar. De todas maneras, hay que debilitarlos presentándolos como sindicatos "españoles", que simulan ser "rojeras" pero que lo único que saben hacer es defender el sistema capitalista», aconseja la banda armada. «En cuanto a ELA, hay que criticarlos pero sin planteamientos globales en negativo, pero con sacudidas dialécticas pedagógicas, para atraerlos a las posiciones del MLNV», propone la banda armada. En esas fechas, LAB cuenta con 20 000 personas afiliadas y mantiene 56 sedes abiertas, cuatro más que el año anterior. Los pisos son 16 en propiedad y 38 alquilados. Cuenta con cinco órganos de expresión: *Iraultzen* (mensual), *Langai* (de difusión interna), *Ganbara* (trabajadores de El Corte Inglés), *Informatzen* (cajas de ahorro) y *Altzaui* (Acenor).

por antonomasia de los vascos, y allí deciden echarse definitivamente al monte.

«El Estatuto ha muerto. Los centralistas, los poderes del Estado lo han matado. Los reiterados incumplimientos han supuesto su derogación de hecho y ya no hay quien lo resucite. Tal vez otros se conformen con medio Estatuto, nosotros no», bramó Elorrieta. Y apostilló: «No es el momento de resignarse ante el engaño sino de exigir un nuevo marco de autogobierno. Por eso, quiero pedir a las fuerzas políticas, sindicales y sociales aquí representadas que nos movilicemos sin tregua ni descanso, para situar al movimiento *abertzale* en posiciones convergentes y que nadie nos quite nuestro futuro. La apuesta que hoy iniciamos en Gernika va hasta el final, hasta la autodeterminación.»

La *egiria* (manifiesto) de José Elorrieta suponía, en realidad, el primer ensayo del «Pacto de Lizarra». Lo más trágico era, no obstante, que el gran pacto por la independencia se había construido sobre los cadáveres de varios militantes de ELA, asesinados por ETA.

Los primeros en caer víctimas de las balas asesinas de ETA, disparadas a traición y por la espalda, o de sus bombas fueron Carlos Díaz Arcocha, máximo responsable de la Ertzaintza, Genaro García Andoain, Juan José Pacheco, Luis Ortelano y Alfonso Mentxaca.[38]

Sus muertes fueron sentidas pero no levantaron oleadas de protesta e indignación. Ninguno de ellos «era de los nuestros», es decir, no pertenecían al PNV ni al sindicato ELA.

Con Joseba Goikoetxea Asla, sargento mayor de la Ertzaintza, asesinado el 26 de noviembre de 1993 en las cercanías del Ayuntamiento de Bilbao, ya fue otra cosa. Goikoetxea pertenecía al «círculo íntimo» del PNV y era intocable.

Luego atentaron en Irún contra Montxo Doral, responsable de los servicios de información de la policía autónoma en Gui-

---

38. Díaz Arcocha fue asesinado en Vitoria el 7 de marzo de 1985. García Andoain pierde la vida al liberar al empresario Adolfo Villoslada el 2 de noviembre de 1986. Pacheco fallece en Legazpia al desactivar una bomba el 16 de octubre de 1988, lo mismo que Luis Ortelano. Alfonso Mentxaca fallece el 1 de septiembre de 1991 tras un enfrentamiento con ETA en Bilbao.

púzcoa y contra Txema Aguirre mientras vigilaba los exteriores del Museo Guggenheim de Bilbao.[39] Los dos eran del sindicato ELA y sus dirigentes, con José Elorrieta a la cabeza, fueron a quejarse a sus compañeros de LAB.

Rafael Díez Usabiaga, secretario general del sindicato proetarra, les dio una respuesta para levantar a un muerto de su tumba. «En este y en cualquier otro caso, entre ELA y ETA siempre estaremos con ETA, hoy y siempre.»[40]

El 30 de enero y 11 de marzo de 1997, los terroristas asesinan en San Sebastián a otros dos afiliados a ELA, el empleado de una tienda de bicicletas Eugenio Olaciregui Borda y el funcionario de Prisiones Francisco Javier Gómez Elósegui. Elorrieta protesta de nuevo y el diario *Egin* editorializa: «Nosotros seguimos donde estamos mientras ELA es quien ha tenido que romper con su pasado.»[41]

Matar a los renegados, máxime cuando son «cipayos» de Madrid, es una obligación para los terroristas. El 9 de marzo de 2001 acaban con la vida de Iñaki Totorika, el 14 de julio de 2001 con Mikel Uribe y el 23 de noviembre del mismo año con Ana Arostegui, en Beasaín. Todos ellos, militantes de ELA, constituyen la «cuota de sangre» a pagar por la construcción nacional.

Por eso, pese a que la unidad sindical se ha roto desde 1999, es ELA el que asume con más fuerza que el sindicato hermano, LAB, la antorcha del independentismo. Así, tras la ruptura de la tregua de ETA y pese a los asesinatos del magistrado del Supremo José Francisco Querol y del dirigente socialista Ernest Lluch, en octubre y noviembre de 2000, el dirigente de ELA, José Miguel Leunda Etxeberría, se entrevista en secreto, a finales de 2000, con el secretario general de LAB, Rafael Díez Usabiaga, y le anuncia:[42] «Pese a existir intereses divergentes en algunos puntos, el PNV necesita a la izquierda *abertzale* y ésta precisa del Partido Nacionalista. Aunque la actividad armada de ETA supone de facto una crisis en la colaboración entre ETA y HB, hay que seguir adelante con todas las consecuencias.»

---

39. Son asesinados el 4 de marzo de 1996 y el 13 de octubre de 1997.
40. *El País*, 2 de julio de 1997.
41. *Egin*, 23 de mayo de 1997.
42. Diario *ABC*, 4 de abril de 2002.

Ex secretario general de ELA, Leunda, que dice contar con el visto bueno de Xabier Arzalluz y de Gorka Aguirre, miembros del EBB del PNV, acaba su encuentro con esta apocalíptica sentencia: «Habrá que aguantar los muertos que sean, la cuestión es avanzar en lo otro (la independencia).»

Un motivo más para que Gobierno y oposición decidieran en 2002, con todas las consecuencias, promover la ilegalización de la trama civil del terrorismo.

CAPÍTULO V
HB, La otra boina de ETA

El *lehendakari* José Antonio Ardanza los definió perfectamente: «En el mundo *abertzale* hay muchas personas que tienen dos boinas. En ocasiones usan la de HB y en otras la de ETA.» Constituidos como coalición electoral en 1977, tras un proceso revolucionario sin precedentes, Herri Batasuna no es más que una prolongación del mundo de los pistoleros de ETA, que pone y quita a su antojo a los candidatos que deben representarla en las instituciones, nombra y destituye a los órganos de gobierno de los partidos que participan en la coalición en virtud de «voto de calidad» que la banda terrorista se reserva para sí, amenaza de muerte y «dicta» sentencias de destierro contra sus disidentes, e impone sus criterios a sus activistas con la excusa de que «hay que educar al pueblo». Y lo que es peor, llega a proponer como candidato a *lehendakari* a uno de sus pistoleros, en un intento vano de instalarse en el palacio de Ajuria Enea, una de las instituciones de las que reniegan permanentemente y a la que quieren destruir.

El 19 de julio de 1987, ETA coloca una bomba en el centro comercial Hipercor de Barcelona y comete la mayor matanza de su historia: veintiuna personas pierden la vida y un centenar resultan heridas.

Al día siguiente, el diario *Egin* inserta por primera vez un artículo en el que afirma que la banda armada «ha dejado de practicar la lucha armada para caer en el puro terrorismo». No es la única voz discrepante. Txomin Ziluaga, secretario general y el hombre que representa la vanguardia revolucionaria dentro de HASI, se suma al grupo de disidentes y declara: «ETA ha perdido el norte y debe tomarse unas vacaciones.»

Los terroristas, sin embargo, no están dispuestos a recibir órdenes de nadie. En una apuesta sin precedentes por el militarismo puro y duro, antes de que finalice el año, el 11 de diciembre, un comando terrorista coloca un coche-bomba frente al cuartel de la Guardia Civil de Zaragoza y causa otros once muertos, cinco de ellos niñas.

Dispuesto a impedir aquella serie de barbaries, en abril de 1988, en el congreso de HASI celebrado a puerta cerrada en la localidad guipuzcoana de Cestona,[1] Ziluaga encabeza una candidatura de oposición a los terroristas. Sus miembros están decididos a exigir a la cúpula de ETA que supedite su acción armada a la línea política del partido.

Su candidatura sale triunfadora por abrumadora mayoría, pero no llega siquiera a tomar posesión. Antes de que se clausure el congreso, Jon Idígoras y Josu Iraeta, que han quedado excluidos, acusan a la nueva dirección de HASI de pretender liquidar la lucha armada. En el acaloramiento del debate, alguien se levanta y anuncia:

—Que nadie abandone la asamblea. Un dirigente de ETA está a punto de llegar de Francia y va a dirigirse al congreso.

Acto seguido, Kepa Embeitia Urtuondo, un joven de veinte años presente en la reunión, se coloca una capucha, sube al escenario y anuncia que va a leer un comunicado en nombre de ETA.

«La organización armada revolucionaria vasca de liberación nacional —declara, en tono de solemnidad— no va a tolerar que se cuestione su liderazgo ni su papel como vanguardia del Movimiento de Liberación Nacional Vasco. La ejecutiva que acaba de ser votada constituye un elemento corrosivo y un cáncer liquidacionista que busca la división del movimiento y sólo contribuye a dar bazas al enemigo. Por tanto, utilizando el voto de calidad que ETA ostenta dentro de HASI, la nueva dirección queda disuelta y se va a proceder a la elección de una nueva.»

Y allí mismo, sin que nadie se atreva a cuestionar la decisión de la banda armada, se expulsa a nueve de los integrantes de la ejecutiva y se nombra un nuevo Comité Central.[2]

Meses más tarde, ETA expulsa a un centenar de militantes «revisionistas» de HASI y, posteriormente, disuelve el partido y lo integra en KAS. Previamente, Txomin Ziluaga y su compañera Isazkun Larrategui son obligados a pasar a Francia para entrevistarse con la cúpula de la banda armada, donde se los invita a pa-

---

1. Posteriormente habría otra reunión a puerta abierta en Lequeitio.
2. Se mete en él a toda la línea dura, especialmente a Txema Matanzas, entonces estudiante de segundo de Derecho en la Universidad de Deusto, a José Luis Cereceda, Iñaki Ruiz Pinedo, Gorka Martínez y Josu Iraeta.

sar una temporada en Nicaragua, «reciclándose», y se los amenaza de muerte si desobedecen las órdenes e intentan crear una escisión dentro del MLNV.[3]

«Nuestra beligerancia contra cualquier tipo de escisión ha de ser total aunque haya que tomar medidas dolorosas contra algunos compañeros. Tenemos que aplicarlas en todos los planos, superando el amiguismo y las llamadas fidelidades personales», advierte la nueva dirección.[4]

Los hechos expuestos revelan con toda rotundidad la dependencia, sumisión y entrega de HASI, KAS, HB y de todo el conglomerado de siglas del mundo *abertzale* a los postulados de la banda terrorista ETA. Es la organización criminal la que da las órdenes, la que designa sus comités ejecutivos a dedo y los elimina de la misma manera a la mínima disidencia posible.

El 24 de octubre de 1977, un grupo de políticos e intelectuales de izquierda, entre los que destacan el ex consejero de Interior del Gobierno Vasco Telesforo Monzón, el sindicalista Jon Idígoras, el alcalde de Vergara José Luis Elkoro, Patxi Zabaleta, el ex dirigente de ETA Jokin Goristidi Artola, el pediatra Santiago Brouard, el profesor universitario Francisco Letamendía y el portero del Atlhetic de Bilbao José Ángel Iríbar, se dan cita en la localidad navarra de Alsasua.

Todos ellos representan diversas corrientes de la izquierda radical vasca pero tienen un denominador común: son admiradores de ETA, partidarios de la creación de un Estado vasco, independiente y euskaldún y, por tanto, están en contra de la reforma política emprendida por Adolfo Suárez.

Meses antes han intentado boicotear las elecciones generales del 15 de junio de 1977 encerrándose, sucesivamente, en la Diputación Foral de Vizcaya —donde tiene su sede el Consejo General Vasco—, el Ayuntamiento de San Sebastián y la Diputa-

---

3. Otras personas a las que se expulsa y a las que se recomienda una reprogramación en el «gulag nicaragüense» son Juan Okiñena, Javier Pascual, Edurne Brouard, hija de Santiago Brouard, y Simón Loyola. En los días posteriores, entre cien y doscientos militantes se dan de baja del partido.

4. Informe de José María Urkijo, *Kinito*, infiltrado del inspector José Amedo en Herri Batasuna.

ción Foral de Álava, de donde son desalojados a la fuerza por la Policía Nacional y conducidos ante el juez Siro García, que los envía a la cárcel de Nanclares de la Oca (Álava).

Puestos en libertad pocos días más tarde, vuelven a las andadas. Para sensibilizar a la izquierda radical sobre el «fraude» que se prepara organizan cuatro grandes marchas, al estilo de la «marcha por la sal» de Indira Gandhi o «la marcha sobre Washington» de Martin Luther King, que recorren el País Vasco de un extremo a otro.[5]

Aquellas movilizaciones, en las que se mezclan antiguos etarras, familiares de presos, miembros de Gestoras, viejos carlistas y nacionalistas irredentos, recorriendo durante tres semanas enteras todos los pueblos de la geografía vasca, donde son acogidos y aclamados multitudinariamente, comiendo lo que les ofrezcan y durmiendo donde se tercie, unas veces a la intemperie y otras en albergues o tiendas de campaña, y entonando permanentemente canciones patrióticas que evocan gestas pasadas o historias mitológicas, fue el germen de lo que sería en el futuro Herri Batasuna.

Las cuatro columnas que parten el 2 de julio desde Zarauz (Guipúzcoa), Gernika (Vizcaya), Salvatierra (Álava) y Lodosa (Navarra) confluyen el 28 de agosto en las campas de Arazuri, en las afueras de Pamplona, en un acto multitudinario presidido por Telesforo Monzón y en el que, en un desafío sin precedentes al Gobierno, irrumpen en el escenario los condenados a muerte en el Consejo de Guerra de Burgos, extrañados semanas antes a Bélgica. Fue el final apoteósico de aquella convocatoria radical.

Una vez movilizada la sociedad hacia las tesis de ETA, sólo faltaba recoger la cosecha. Por eso, tras un período de reflexión, el 24 de octubre los principales instigadores de aquella marcha se reúnen en Alsasua y deciden dar coherencia política a aquel gigantesco movimiento de rebelión e insurrección que han organizado.

Concluido el encuentro, la que sería conocida a partir de en-

---

5. Las cuatro columnas que participan en la movilización se denominan «Txikia», en recuerdo del etarra Eustakio Mendizábal, muerto por la policía en Algorta; columna «Matalaz-Apala-Txirrita», que evoca los nombres de un guerrillero sulentino y dos etarras; columna «Erribera», que hace mención a la ribera navarra del Ebro, y columna «Martxoak-3», en recuerdo de los tres obreros muertos el 3 de marzo de 1976 durante un desalojo en la iglesia San Francisco de Vitoria.

tonces como Mesa de Alsasua hace público un manifiesto fundacional, de cuatro puntos, en el que se comprometen a crear una coalición de izquierdas para participar en las futuras elecciones municipales y utilizar los ayuntamientos como un contrapoder que elabore una Constitución vasca y la negocie, de Estado a Estado, con el Gobierno de Madrid.

El documento lo firman cinco de los partidos presentes, Acción Nacionalista Vasca (ANV), Euskal Iraultzarako Alderdia (EIA), Euskal Sozialista Biltzarrea (ESB), Heriko Alderdi Sozialista Iraultzailea (HASI) y Langile Abertzale Iraultzaileen Alderdia (LAIA), todos ellos relacionados directa o indirectamente a ETAm y ETApm.

Dos meses más tarde, en diciembre de 1977, EIA, el partido vinculado a ETApm, abandona la Mesa, pero el resto de los grupos políticos deciden seguir adelante. En febrero de 1978 convocan un acto público en Algorta (Vizcaya) y el 27 de abril de ese año presentan públicamente la coalición electoral Herri Batasuna (Unidad Popular).

Aunque el grupo no reconoce oficialmente ninguna vinculación con la banda terrorista, en las elecciones generales de marzo de 1979, las primeras en que participa, ésta queda clara. Cuatro de sus candidatos —José Antonio Torre Altonaga (Vizcaya), César Izar de la Fuente (Álava), Jesús María Zabarte (Guipúzcoa) y Javier Morras (Navarra)— son presos de ETA, encarcelados todos ellos por delitos de sangre.

No todos los participantes en aquellas algaradas negaron que la inspiradora de aquella marcha fuera ETA. «Yo siempre he tenido la percepción de que la unidad popular Herri Batasuna fue concebida por los partidos que se sentaron a la Mesa de Alsasua, con la aquiescencia de ETA, como una plataforma unitaria que agrupara a los sectores populares en torno a la Alternativa KAS, en versión más dulcificada. Por eso sé que votar a HB es votar a ETA», afirma el ex parlamentario de la formación Jon Idígoras.[6]

Su rechazo a la legalidad constitucional española, al Consejo General Vasco, a la Constitución y al futuro Estatuto de Gernika

---

6. Jon Idígoras, *El hijo de Juanita Guerrikabeitia*, Txalaparta, 1999.

queda patente desde los primeros momentos, y una de las primeras personas en comprobarlo sería el conde de Motrico.

Diplomático, ex alcalde de Bilbao, embajador de España en Buenos Aires y ante la Santa Sede, José María de Areilza, conde de Motrico, tiene una misión que cumplir: hablar con la dirección de ETA y buscar puntos de coincidencia para integrar a la izquierda radical vasca en las instituciones del Estado y acabar con el eterno problema de la España montaraz e irredenta.

Enviado por el Rey Juan Carlos en mayo de 1979, poco antes de que se negocie el Estatuto de Autonomía, Areilza viaja al País Vasco con la difícil tarea de entrevistarse con ETA y convencerlos de su propósito. Tras varios intentos fallidos, el 15 de mayo de 1979 se encuentra en secreto con el ex miembro de la banda armada condenado en el Consejo de Guerra de Burgos Jokin Gorostidi Artola. La versión de ETA sobre aquel encuentro,[7] es la siguiente:

> Comentó que el Rey se halla bastante preocupado por el problema vasco y que está personalmente muy interesado en buscar una solución política que resuelva el conflicto planteado.
> A Suárez le inquieta el auge experimentado por la coalición Herri Batasuna en las elecciones municipales y generales. Constituye un factor de extrema gravedad que puede alterar el programa de reforma democrática. La actividad armada de ETA impide que los planes políticos del Gobierno alcancen el éxito previsto.
> Sobre el Ejército, Areilza insistió en que conocía muy bien su forma de pensar y de actuar. En la actualidad, la jerarquía militar está dividida al cincuenta por ciento sobre la postura resolutiva a tomar en el País Vasco. [Un sector] se inclina por su ocupación por el Ejército y el otro por la vía conciliatoria, es decir, la negociación.
> Estaba muy interesado en saber si verdaderamente, por parte de ETA, existía una voluntad seria de negociación o si

---

7. Juzgado de Instrucción 5 de la Audiencia Nacional.

era simplemente un juego para obtener frutos políticos con miras a objetivos no desvelados.

En cuanto a la Alternativa KAS, se veía que la tenía muy estudiada y se la sabía de memoria. Dijo que una amnistía no plantea demasiados problemas, ya que el Gobierno recurrió a ella el 15 de junio y podía volver a hacer lo mismo.

El punto de la retirada de las FOP tampoco lo creía insalvable, ya que al ser una propuesta «escalonada» se podía presentar como un reajuste de efectivos y, por ejemplo, a los guardias civiles de Amorebieta enviarlos a Jaén.

En cuanto a la legalización de Herri Batasuna y al Estatuto de Autonomía no consideraba problemática su concesión, excepto en el derecho de autodeterminación, por ser anticonstitucional.

Tanto el punto del control de las Fuerzas Armadas por el Gobierno Vasco como el referente a la sustitución de las fuerzas represivas por la policía autónoma fueron materias que no se abordaron.

La valoración que ETA hizo de aquel encuentro no pudo ser más negativa. «Nuestra impresión es que Areilza pidió la entrevista como delegado del Gobierno para tantear el terreno que pisamos. Ahora, conociendo su demencial historial en la rebelión franquista, su trayectoria en la dictadura, su amplio historial delictivo, no parece admisible que de la noche a la mañana se haya convertido en ada [sic] madrina de los demócratas españoles.»

La reacción de ETA no se hace esperar. El 25 de mayo de 1979, asesinan en la calle Corazón de María de Madrid al teniente general Luis Gómez Hortiguela, el militar de más alta graduación muerto por la banda terrorista después del almirante Luis Carrero Blanco.

>Asesinamos generales —explicaría ETA— porque torturan y oprimen a nuestro pueblo. Hay momentos en que nos preguntamos si Europa sabe lo que es el Ejército español o ha perdido la memoria. La mayoría de los generales estuvieron en la División Azul y lucen la Cruz de Hierro nazi, que recibieron del mismísimo Hitler. Son los militares que asolaron Ucrania,

que han asesinado a demócratas de todos los países. Pues bien, cuando los ejecutamos vemos con gran sorpresa que los demócratas europeos se escandalizan. Es increíble.[8]

Pese a la locura terrorista, la entrevista entre Areilza y Gorostidi, en aquel momento dirigente de Herri Batasuna, demuestra una vez más que ETA y la coalición *abertzale* son una misma cosa. Ejemplos que lo confirman no faltan.

La jornada es oscura y lluviosa, uno de esos típicos días de invierno del norte de España, cuando una barca[9] a remo, movida por dos *arrantzales* (pescadores) cubiertos con sus chubasqueros, se hace lentamente a la mar mientras desde la orilla un grupo de personas lanza flores al agua o saluda puño en alto, como en los viejos tiempos del Kremlin.

En la proa, cubierto con un paraguas, viaja el médico bilbaíno y presidente del partido HASI, Santiago Brouard, y, junto a él, una urna de madera con el hacha y la serpiente esculpidas en la tapa, cubierta con una *ikurriña* con crespón negro.

Brouard, uno de los pediatras que más niños ha ayudado a traer a este mundo, va a cumplir con el deber de arrojar al mar, en la bahía de Txingudi, entre Hendaya y Fuenterrabía, las cenizas de Mikel Goikoetxea Elorriaga, *Txapela*, uno de los asesinos de ETA que más guardia civiles ha enviado al otro mundo.[10]

Era el 1 de enero de 1978. La foto del máximo dirigente de HASI cumpliendo la última voluntad de Txapela refleja la perfecta simbiosis existente entre la banda terrorista y su frente político: HASI, HB, ANV, KAS y el resto de organizaciones radicales, que forman una sopa de letras interminable.

Y es que Herri Batasuna lleva apenas unos meses constituida cuando el 10 de junio de 1978 sus principales dirigentes se reúnen con ETA para recibir instrucciones sobre si deben presentarse o no a las distintas elecciones convocadas, en qué instituciones

---

8. *Le Figaro*, 31 de octubre de 1981.
9. La barca matrícula SS12078 de la Comandancia de Marina de San Sebastián.
10. Natural de Derio (Vizcaya), de veintisiete años, el 28 de diciembre de 1983 es abatido en San Juan de Luz por los GAL. Muere en el hospital Pellegrin de Bayona.

deben participar y cuál es el papel a desarrollar en ellas, como vanguardia política de un grupo armado, para diferenciarse de los partidos políticos tradicionales.

Así, en el encuentro del 10 de junio, ETA se compromete a conceder una tregua de mes y medio durante la celebración de las elecciones municipales de abril de 1979, «siempre que ésta la capitalice HB y no el grupo de alcaldes de Vergara», que capitanea entonces el que luego sería dirigente de la coalición *abertzale* José Luis Elkoro.

El 9 de enero de 1979, los responsables de HB vuelven a reunirse con la dirección de ETA para tratar un asunto monográfico: las elecciones generales: «Hay que presentarse a los comicios, con candidatos obreros, para que se vean nuestras fuerzas, pero dejando bien claro que no aceptamos el actual marco. Nuestros representantes deben comprometerse por escrito a rechazar la Constitución, el Parlamento y el Senado, y a no acudir a Madrid», ordena la banda armada.[11]

El 18 de abril de ese año, tras las elecciones municipales y forales, se produce una nueva cumbre de la Coordinadora Abertzale Socialista, en la que participan HB y ETA. «En Pamplona no podemos negociar con el PSOE la alcaldía. Aunque la propuesta no produzca rechazo en nuestro electorado, tenemos que educar al pueblo en que los cargos no es lo importante y que no podemos negociar con partidos revisionistas».[12]

El 10 de mayo siguiente, la organización terrorista y su trama civil vuelven a encontrarse en San Juan de Luz. Poco antes, el pleno del Ayuntamiento de Lemona (Vizcaya) ha condenado la muerte de dos obreros en la central nuclear de Lemóniz a consecuencia de una bomba de ETA. «¿Cómo es posible que haya prosperado una moción de condena a nuestras acciones en este ayuntamiento? ¿Es que no tenemos concejales allí?», pregunta sorprendido el enviado de los sicarios a los dirigentes de LAIA y HASI.[13]

La simple enumeración de los contactos, encuentros, entrevistas e intercambios de información entre el grupo criminal y los re-

---

11. *Zutabe*, núm. 13, enero de 1979.
12. *Zutabe*, núm. 14, abril de 1979.
13. *Zutabe*, núm. 16, junio de 1979.

presentantes de la coalición Herri Batasuna sería interminable, al igual que la publicación de los pistoleros que acuden como candidatos en las listas electorales del frente *abertzale*,[14] lo que demuestra el control de ETA sobre sus estructuras políticas desde el comienzo.

Las reuniones, en aquella época, eran semanales. Por parte de ETA acudían *Argala* (José Miguel Beñarán Ordeñana), *Juanra* (Juan Ramón Aramburu), *Yoyes* (María Dolores González Katarain), *Pertur* (Eduardo Moreno Bergaretxe), *Erreka* (Javier Garayalde) y Sabin Atxalandabaso.[15] Desde España íbamos Santi Brouard, Nacho Arregui e Isazkun Larreategui por EHAS; Andoni Ibarra por LAIA, y por LAB Martín Auzmendi y yo,

recuerda el dirigente *abertzale* Jon Idígoras. Y agrega:

Como lugares de encuentro elegíamos los puntos más diversos para no levantar las sospechas de la policía. La casa de Santi Brouard en la calle L'y de San Juan de Luz, mi propia casa, donde entonces residía mi mujer, o la iglesia de Sokoa, lo suficientemente alejada del pueblo para que no se oyeran los gritos de nuestras interminables y, a veces, acaloradas discusiones.

El 25 de julio de 1980, día de Santiago Apóstol, una docena de miembros de ETA, vestidos de guardias civiles, asaltan el polvorín de la empresa Explosivos de Riotinto, situada en Soto de la Marina (Santander).

14. Como para muestra bien vale un botón, pasamos a enumerar los terroristas que formaron parte de las candidaturas de HB en los ayuntamientos vascos en abril de 1979: Ángel Figueroa (Busturia), Victoria Gorostiaga (Basauri), Iñaki Gonzalo (Getxo), Andoni Muñoz (Urduliz), Guillermo Marañón (Yurre), Sebastián Prieto (Bilbao), Juan Carlos Beaskoetxea (Gueñes), Juan María Fullaondo (Santurce), Jorge González (Portugalete), Jesús Aranzamendi (Elorrio), Rafael Martín Manrique (Lemóniz), Andoni García Frutos e Iñaki Arakama Mendía (Vitoria), José Ángel Viguri (Ayala), Koldo Zurimendi (Elorrio), Eulalia Aramendi (Llodio), Josu Ayerbe (Ordicia), Ander González (Rentería), Iñaki Arretaleanizbeaskoa (Vergara), Eugenia Muñagorri (Donostia), Ibán Illarramendi (Zarauz), Luis Lizarralde (Azkoitia), Javier Retolaza (Ibarra), Miguel Arteaga (Beasain), Ander Beristain y Lourdes Churruca (Soraluze), Óscar Arrue (Hernani), Ignacio López (Oyarzun), Jesús Goitia (Oñate), Ángel Apecetxea (Villabona), Aritz Arnaiz (Andoain) y Pedro Galarraga (Zizúrkil).

15. Los tres últimos terroristas, miembros de ETApm, dejan de asistir cuando EIA decide marcharse de la Mesa de Alsasua.

Valiéndose del factor sorpresa y de la escasa vigilancia existente en la zona, en pocos minutos cargan más de siete toneladas de Goma-2, cables, temporizadores, detonadores y todo un arsenal destructivo en un camión, y parten con rumbo desconocido.

Aquél fue el mayor robo de explosivos realizado en España en la historia de ETA y convulsionó durante meses al Gobierno de Adolfo Suárez y, en especial, al ministro del Interior, Rodolfo Martín Villa.[16]

El Gobierno decretó de inmediato una alarma general. En los siguientes días movilizó a centenares de guardia civiles y policías. Pero el comando terrorista desapareció como por ensalmo, como si se lo hubiera tragado la tierra.

Lo que el Gobierno ignoraba entonces es que el «botín» de Soto de la Marina había llegado a las seis de la mañana a la localidad vizcaína de Amorebieta, que vive la resaca de sus fiestas mayores. A las ocho de la mañana, mientras el pueblo se divertía con la suelta de las vaquillas, varios jóvenes *abertzales,* entre los que se encuentran Sabin Euba, José María Etxeberría García, *Smith*, y Juan José Larrinaga Etxebarría, *Litxu,* descargan el camión y ponen la Goma-2 a buen recaudo.

Concluida la operación, el que posteriormente sería diputado y miembro de la Mesa Nacional de HB, Jon Idígoras, se encarga de trasladar al otro lado de la frontera a los terroristas que han participado en el «robo del siglo». Años después, dos de los autores de aquel atraco, Litxu y Smith, son detenidos en Francia y entregados a la Audiencia Nacional.

Los etarras reconocen ante el juez Carlos Bueren su participación en el asalto al polvorín y acusan a Idígoras de ayudarlos a burlar la acción de la justicia. El juez ordena inmediatamente su presencia en la Audiencia Nacional y, una vez atados todos los cabos, prepara un careo entre los terroristas y el dirigente batasuno.

—Jon, esta vez lo tenemos jodido. Ve preparado para ir a la cárcel —le dice su abogado, Íñigo Iruín, en el tren en que viajan a Madrid.

Idígoras intuye lo que le espera. Por eso, esa noche viaja a la

---

16. Es el explosivo que más personas ha matado en la historia de la banda, hasta el empleo del amonal y el amosal (dos productos utilizados en demoliciones, que se pueden fabricar artesanalmente), ya que lo estuvieron usando hasta 1986.

capital de España con una maleta en la que lleva el chándal y las zapatillas para ingresar en Carabanchel.

Y es que los augurios no son nada buenos. Lo comprueban nada más llegar a la Audiencia Nacional, a pocos metros de la plaza de Colón, y hablar con el jefe de seguridad, el policía y actor de televisión Ramón Lillo.

—Las órdenes del juez es que tenga un furgón carcelario preparado —le comenta el agente a Iruín.

Dispuesto a jugarse el todo por el todo, Idígoras coge el toro por los cuernos. En el momento en que se enfrenta al primer etarra y antes de que el juez Bueren le formule la primera pregunta, toma la palabra.

—Oye, Litxu, sé que te han torturado y te han obligado a firmar una declaración falsa para criminalizar a Herri Batasuna. Sé que ahora te han utilizado a ti —le dice al encarcelado, mientras le guiña un ojo.

—¡Señor Idígoras! Los careos los dirijo yo. No coaccione al testigo.

—Oiga, señor Bueren. Aquí el que se juega su libertad soy yo. No estoy dispuesto a que mediante torturas se me involucre en un delito —se revuelve el dirigente de HB, con la soga al cuello.

Ante la impotencia del juez, incapaz de impedir que se coaccione a los testigos, Idígoras se sale con la suya. Los dos etarras se retractan de sus declaraciones anteriores, efectuadas ante la Guardia Civil, y el diputado batasuno queda libre.

Los hechos, contados años más tarde con pelos y señales por Idígoras,[17] no hacen más que confirmar lo que venimos repitiendo, que pistoleros y políticos de HB no son más que las dos caras de la misma organización terrorista, como se vería en el acto de homenaje al Rey en Gernika.

El presidente del Gobierno, Adolfo Suárez, y el *lehendakari* vasco, Carlos Garaikoetxea, habían planteado el viaje como el broche de oro que ponía el punto final a la transición.

Aprobada la Constitución y el Estatuto de Autonomía, resta-

---

17. Jon Idígoras, *El hijo de Juanita Gerrikabeitia*, Txalaparta, 1999.

blecidos los Conciertos Económicos, elegido el primer Parlamento vasco y nombrado el primer Gobierno democrático, el viaje de los Reyes de España a la Casa de Juntas de Gernika (Vizcaya) tenía el valor simbólico de que por primera vez en la historia de España, partidos nacionalistas y constitucionalistas se habían puesto de acuerdo para sellar un pacto institucional que enterrara definitivamente viejas rivalidades y odios ancestrales.

Era el 4 de febrero de 1981. Decididos a aguar la fiesta a todo el mundo, en el momento en que el jefe del Estado inicia su discurso, los parlamentarios de Herri Batasuna, puño en alto, lo interrumpen con gritos y empiezan a cantar el *Eusko Gudariak* (Himno del soldado vasco), en una actitud chulesca y desafiante, mientras Televisión Española retransmitía en directo la ceremonia.

En marzo de ese año, la plana mayor de HB y la de ETA celebran un encuentro en el que los dirigentes *abertzales* cuentan cómo se preparó la protesta. «Por la mañana hicimos una asamblea en Gernika, donde discutimos si entrábamos en la Casa de Juntas o no. La decisión fue mayoritaria, entrar e interrumpir al Rey. Nuestra valoración es que la acción constituyó un éxito al demostrar que no había base social para recibir al Monarca y que la izquierda *abertzale* no da el proceso por concluido», explica Santiago Brouard.

Los reunidos se plantean la actitud que debe tomar HB en el caso de que los participantes sean procesados, condenados y encarcelados por injurias al jefe del Estado. «La postura más positiva no es huir a Francia sino ir a la cárcel. Desde el *mako* se puede hacer una labor de concienciación de la represión que existe en Euskadi, que alcanza no sólo a algunos dirigentes políticos sino a todo el pueblo», arguye Yoyes.

A lo largo de la década de los ochenta, la banda ETA y HB protagonizarían situaciones más esperpénticas todavía.

El 26 de febrero de 1987, un furgón celular fuertemente custodiado por la Ertzaintza sale de la cárcel de Nanclares de la Oca (Álava) y se detiene ante la verja exterior del Parlamento vasco. Armados con escopetas de postas y fusiles de precisión, la policía autónoma abre el portón posterior del vehículo y permite la salida del etarra Juan Carlos Yoldi Múgica.[18]

Son las nueve y media de la mañana. Custodiado por una veintena de ertzainas, jaleado por los trabajadores de Magefesa, que se manifiestan ese día en Vitoria, y rodeado de una nube de fotógrafos, Yoldi cruza el control de acceso del Parlamento vasco, y, acompañado de catorce parlamentarios de Herri Batasuna[19] y de varios simpatizantes de ETA entra en el salón de actos y ocupa un escaño.

Treinta y siete minutos después, los miembros de la III Legislatura del Parlamento vasco inician la sesión para la investidura del nuevo *lehendakari* vasco. Mecánico ajustador de veinticuatro años, nacido en Ataún (Guipúzcoa) y parlamentario de HB en las últimas elecciones autonómicas, el terrorista Juan Carlos Yoldi es junto con José Antonio Ardanza Garro, del PNV, los dos únicos candidatos a la presidencia del Gobierno de la Comunidad Autónoma, tras la renuncia del PSOE, la fuerza más votada en los comicios, a ocupar la *lehendakaritza*.

«Bueno, antes de empezar con el programa de Herri Batasuna quiero denunciar mi traslado desde la cárcel de Nanclares hasta este edificio por medio de la Ertzaintza. Ésta me parece que no es forma de tratar a un *lehendakari*, a un presunto *lehendakari*», inició su discurso el, en palabras del presidente de la Cámara, «ilustrísimo señor» don Juan Carlos Yoldi. Y añadió:

> En la actualidad me encuentro en Herrera de la Mancha en espera de juicio en condición de preso político. Soy también candidato a *lehendakari*. Estoy orgulloso de lo primero, porque lucho por una Euskadi soberana y solidaria, y con plena responsabilidad de lo segundo, porque los que defienden la unidad de España han fracasado, tienen esta guerra perdida y, con su obstinación, aunque acabado este acto yo tenga que volver a Herrera de la Mancha, no harán más que aumentar el sufrimiento del pueblo vasco.

18. Encarcelado en la prisión de Herrera de la Mancha, donde está preso por delitos de terrorismo, había sido trasladado el día anterior a la cárcel de Álava.

19. Xabier Amuriza, Xabier Barreño, Edurne Brouard, Rafael Díez Usabiaga, Tasio Erkizia, Pablo Gorostiaga, Jokin Gorostidi, Xabier Gurrutxaga, Íñigo Iruín, Juan Mari Olano, Álvaro Reizábal, Iñaki Ruiz, Carlos Sainz Angulo y Felipe San Epifanio.

Por último, tras enviar varios saludos a los presos de varias cárceles, «gente mucho más noble y auténtica que la que hoy veo aquí», concluyó: «De la cárcel me traen y a la cárcel me llevan. No es un lugar recomendable, pero sí más digno que estas poltronas mezquinas. El acto de hoy ha sido un buen avance. Por eso, aunque ya somos muchos los que apoyamos a HB y a ETA, cada vez seremos más.»[20]

La caricatura de «sesión de investidura», en la que un terrorista ridiculiza y deslegitima a la primera institución vasca emanada de la soberanía popular, utilizando para ello los mecanismos que le permite el Estado de Derecho, es un acto sólo comparable con el golpe de Estado del 23-F protagonizado por el teniente coronel Antonio Tejero Molina.

Miembro del comando «Atxio-Zorrotza», Yoldi está acusado, junto con sus compañeros José María Lizarraga Goikoetxea y José Goikoetxea Munduoate, de los delitos de pertenencia a banda armada, depósito de armas de guerra, robo con intimidación, estragos, lesiones, terrorismo y detención ilegal.

Según la instrucción del Juzgado Central número 1 de la Audiencia Nacional,[21] el candidato a *lehendakari* de ETA había atracado en marzo de 1984 la gasolinera de Campsa de Legorreta (Guipúzcoa). Posteriormente colocó una bomba en el pub Panamá de Beasain (Guipúzcoa), hiriendo a tres ertzainas,[22] y otro artefacto en el taller Laskao, concesionario de la marca Renault en Lazcano.

El 3 de mayo de 1985, el comando de Juan Carlos Yoldi ametralló un camión en el puerto de Etxegarate. Por último, pusieron dos bombas en la estación de Renfe de Beasain, al paso de un tren de mercancías que transportaba vehículos franceses. Durante el acto de investidura, el *lehendakari* de los etarras cumplía prisión preventiva en la cárcel de Herrera de la Mancha.

Con esa «hoja de servicios» a la democracia, una sala ad hoc formada por magistrados de lo penal y civil de la Audiencia Provincial

---

20. Para más detalles, consultar el *Diario de Sesiones* del Parlamento vasco, núm. 4 de la III Legislatura.

21. Causa 42/85 remitida a la Audiencia Territorial, en funciones de Tribunal Superior de Justicia del País Vasco por la condición de aforado del detenido.

22. El atentado se produjo el 1 de febrero de 1985 y los ertzainas heridos fueron José Ángel Otaegui Sarasua y José Luis Esteban, con rotura de tímpano los dos, y Fernando Pozo Iborra, con lesiones menores.

de Bilbao, dependiente de la Territorial de Burgos y de la de Guipúzcoa, adscrita a la Audiencia Territorial de Pamplona,[23] presidida por el máximo responsable de la Audiencia Territorial de Burgos, Juan Bautista Pardo, tras decidir que un candidato a *lehendakari* no podía delegar, «porque no es un acto delegable», en otra persona la lectura de su discurso, decidieron excarcelarle por un día.

Juzgado en la Audiencia Provincial de Bilbao, el primer y único pistolero que ha disputado el palacio de Ajuria Enea al PNV fue condenado por un tribunal,[24] el 10 de junio de 1987, a veinticinco años de cárcel por un delito de integración en banda armada, otro de depósito de armas de guerra y un tercero de estragos con resultado de lesiones graves.

Cumplió sólo dieciséis años, tiempo que aprovechó para estudiar la carrera de Derecho, pero su ultraje a la democracia, su payasada han quedado registrados en los anales de la historia.[25]

Desde el cuartel de Intxaurrondo en San Sebastián la Guardia Civil lo había preparado todo minuciosamente para que la Bestia no tuviera capacidad de reproducirse.

Durante los años 90 y 91, en una serie de operaciones espectaculares realizadas en España y Francia capturaron a los «números dos» de todos los aparatos de ETA. Cuando sus lugartenientes estaban en la cárcel, el 29 de marzo de 1992 deciden ir por su cúpula y, junto con la Policía Judicial francesa, proceden a descabezar a la banda armada en Bidart, en una operación cuyos pormenores se detallan en otros capítulos.

Cuarenta y ocho horas más tarde, la dirección de HB celebra una reunión clandestina y, tras analizar la situación, decide tomar provisionalmente el relevo de los mafiosos hasta que ésta pueda

---

23. Aún no estaba constituido el Tribunal Superior de Justicia del País Vasco (TSJPV) y las competencias para enjuiciar a los cargos autonómicos correspondían a las audiencias territoriales.

24. El tribunal estuvo formado por Juan Bautista Pardo García, Joaquín Pagués García (ponente), César González Herrero, Pedro Esteban Álamo, Enrique Torres y López de Lacalle, Juan Alberto Belloch Julbe, Segundo Menéndez Pérez, Jaime Carrera Ibarzábal, Arturo González Yagüe, Magali García Jorrín y Emilio Villalain Ruiz.

25. El fiscal pide que por el atentado de Beasain se le aplique la Ley Antiterrorista. El tribunal considera que una huella dactilar que aparece en el paquete-bomba no es suficientemente incriminatoria o está manipulada y no aplica la Ley Antiterrorista.

reconstituirse. Así lo anuncian, en un comunicado público, los cinco concejales de HB del Ayuntamiento de San Sebastián ese mismo día al finalizar el pleno de la corporación.

El grupo de concejales de Herri Batasuna quiere expresar su emocionado homenaje de agradecimiento a los presuntos militantes de ETA José Luis Álvarez Santacristina, *Txelis,* Francisco Múgica Garmendia, *Pakito,* y José María Arregui Erostarbe, *Fiti.* Ante este nuevo zarpazo del colonialismo imperialista franco-español, los concejales de HB vamos a revisar nuestra postura de abstencionismo y no boicot al Tour de Francia, que debía iniciarse dentro de unos días en Donostia.

Declaramos firmemente que, en la medida de concienciación y de movilización activa, procuraremos que Europa se entere de que Donostia no es la ciudad turística del norte de España sino una ciudad vasca, sojuzgada, sometida y ocupada militarmente por el Estado español. Por último, los concejales de HB agradecemos a Txelis, Pakito y Fiti su modélica entrega a la lucha del País Vasco por su liberación.

José Luis Arrieta, portavoz municipal de la coalición *abertzale,* acabó la lectura del mensaje con la siguiente frase: «Se equivocan los poderes fácticos si piensan que van a acabar con ETA tan fácilmente. Desde ahora anunciamos que vamos a seguir luchando y que no pararemos ni les daremos un minuto de descanso a nuestros enemigos hasta la liberación total y definitiva del pueblo vasco.»

Esa misma semana, otros consistorios bajo control de la formación filoetarra dan lectura a textos similares, y lo que es interpretado por muchos como una *boutade* encierra algo bastante más grave. Convencidos de que la «máquina de matar» no puede ser derrotada ni aniquilada, HB va a sustituir provisionalmente a ETA en algunas de sus misiones, incluso.

Se había levantado a las siete, como de costumbre, y tras afeitarse, ducharse y tomar un café con leche bajó al garaje de su casa en la localidad guipuzcoana de Irún para coger el coche e ir al trabajo en la empresa familiar Ikusi, dedicada a la fabricación de antenas de televisión y material electrónico.

Aquel 5 de julio de 1993, Julio Iglesias Zamora no llegó siquiera a iniciar la jornada laboral. En el momento en que está a punto de arrancar su automóvil, dos individuos le abordan pistola en mano, le inyectan un potente narcótico, le introducen en el maletero de su propio coche y se lo llevan «retenido».

Dos días más tarde, el 7 de julio, el presidente del Gobierno vasco, José Antonio Ardanza, descarga sobre HB toda la responsabilidad del secuestro. «ETA no tiene ni capacidad ni autoridad para haber tomado la decisión de realizar el secuestro. Los que toman las decisiones de llevar a cabo las acciones terroristas son las mesas civiles y, más concretamente, las mesas de KAS y de HB. En Herri Batasuna hay personas que tienen dos boinas. En unas ocasiones usan la de HB y en otras la de ETA, según les convenga.»

Casi al mismo tiempo, el consejero vasco de Interior, Juan María Atutxa, se dirige a Herri Batasuna y les recomienda que acudan a la policía para comunicar dónde tienen secuestrado al industrial. «Sabemos que los estrategas de la violencia y la extorsión no están en estos momentos en ETA sino en Herri Batasuna», agrega.

El 3 de agosto de 1993, ETA reivindica el «arresto» del industrial mediante un comunicado remitido al diario *Egin*. El Gobierno vasco, sin embargo, está convencido de que la banda armada es ajena a la desaparición del ejecutivo. «El secuestro se organizó del Bidasoa (la frontera con Francia) para abajo. Sabemos incluso que la nota de prensa se ha redactado hace sólo veinticuatro horas y nos consta que en ella se repiten conceptos de algunos señores de la Mesa Nacional de KAS, que hemos oído muchas veces»,[26] insiste Ardanza.

Durante los 172 días que dura el cautiverio, un tío del directivo vasco retenido contra su voluntad, Ángel Iglesias, se entrevista clandestinamente en cuatro ocasiones con varios individuos en un monte para negociar la liberación de su sobrino. «Sabemos que los interlocutores no eran etarras sino dirigentes políticos de Herri Batasuna que actuaban encapuchados», afirma la policía autónoma.

Iglesias Zamora fue liberado el 29 de octubre en las inmediaciones del monte Arrate, en el término municipal de Éibar (Gui-

---

26. Agencia EFE, agosto de 1993.

púzcoa). Semanas antes, el portavoz del PNV aseguró que ETA había dado la orden de libertad desde el 22 de septiembre. «HB y ETA son una ensalada unida por la misma violencia. La formación *abertzale* es quien dirige actualmente a la banda armada y quien da la información necesaria para diseñar la estrategia etarra», insiste Atutxa.

No han pasado ni tres meses desde la publicación del comunicado de los concejales de HB del Ayuntamiento de San Sebastián dando las «gracias» a la cúpula de ETA cuando la policía asesta otro duro golpe a la trama terrorista, y se descubre, entonces, que el comando asesino tiene ramificaciones entre los ediles *abertzales* del consistorio municipal.

El detenido es el miembro de Herri Batasuna y secretario del grupo de concejales de la coalición electoral en San Sebastián Francisco Javier Balerdi. Hábilmente interrogado por la Brigada Regional de Información de Guipúzcoa, el 17 de junio lo confiesa todo.

Poco después, los agentes le acusan de tomar parte, como miembro del comando «Donosti», en cinco asesinatos: los del conductor Gregorio Caño García, del policía nacional José Álvarez Suárez, del funcionario de Prisiones Ángel Jesús Mota, del capitán de Infantería Ignacio Urrutia Bilbao y el de Luis García Lozano, segundo jefe del Gobierno Militar de Guipúzcoa.

El concejal de HB había pasado igualmente información a ETA para asesinar al coronel retirado José Lasanta y al vendedor de periódicos Vicente López Jiménez. Asimismo, junto con otro terrorista, había tratado de secuestrar, sin éxito, al empresario guipuzcoano Joaquín Aperribaray en marzo de 1989, por negarse a pagar el mal llamado «impuesto revolucionario».

La detención de Balerdi y la huida a Francia, tras el desmantelamiento de la red de extorsión de ETA en Guipúzcoa, de otro compañero de corporación, Felipe San Epifanio, *Pipe*, revela que, tal y como lo habían anunciado, un grupo de miembros de HB estaban dispuestos a abandonar sus cómodas poltronas y compaginar su cargos institucionales con el rudo y tosco oficio de pistolero.

Obsesionado con que Euskadi ta Askatasuna es indestructible y no puede desaparecer sin poner de rodillas previamente al Gobierno de Madrid y obligarlo a firmar un armisticio, meses más tarde San Epifanio reaparece en Cataluña como miembro del comando «Barcelona» y comete una serie de asesinatos en los años 93 y 94, hasta que su grupo, uno de los más activos de ETA en ese período, es desmantelado por la Guardia Civil.

Una situación que aunque parezca novedosa es tan vieja como la historia misma de la banda. Según los informes que maneja en la Audiencia Nacional el fiscal Eduardo Fungairiño, a centenares de militantes y simpatizantes de HB se les ha exigido la práctica de la «doble militancia», lo que los ha llevado a ser al mismo tiempo el doctor Jekyll y mister Hyde y, en muchos casos, a pasar una temporada en la sombra, con pensión completa a cargo del Estado.

De esta manera, España es uno de los pocos países del mundo donde la mitad de los miembros del Parlamento de Gasteiz han estado en la cárcel por asesinatos, extorsiones y secuestros, y un diputado constitucionalista puede estar tranquilamente tomando café con otro de Herri Batasuna mientras éste maquina interiormente cómo puede quitárselo de en medio, y no metafóricamente hablando.

Y es que de los cerca de dos mil cargos electos que ha tenido la formación *abertzale* en su historia, más de cuatrocientos cincuenta ex miembros del Congreso de los Diputados, parlamentarios europeos, autonómicos, diputados forales, alcaldes y concejales[27]

---

27. Esta es la lista de doscientos setenta de los cuatrocientos cincuenta cargos electos de Herri Batasuna que están o han estado detenidos o en prisión por presunta pertenencia a ETA. *Diputados y parlamentarios* Jon Cruz Idígoras, José Ignacio Aldekoa, Guillermo Arbeloa, Francisco Javier Ilundain, José María Elosúa, Carmelo Landa, Simón Loyola, María Pilar Michel, Juan María Olano, Fernando Sáez, Juan Carlos Yoldi, Francisco Juan Zabaleta, Víctor Goñi, Sergio Polo, José Angel Viguri, Miguel Angel Zubimendi, Javier Alegría Loinaz; José Luis Barrios, Sabino del Bado, José Antonio Etxeberría, Mikel Gotzon Eguibar, Olatz Eguiguren y Francisco Gundín. *Alcaldes y tenientes de alcalde:* Miguel Angel Atxeega (Oreja), Pablo Gorostiaga (Llodio), José María Aguinaga (Plenzia), Mikel Alberdi (Elgóibar) y José María Olarra (Villabona). *Concejales*: Felipe San Epifanio, Francisco Javier Balerdi, Imanol Uranga, María Eugenia Muñagorri, María Cristina Gete y Carlos Trenor (San Sebastián); Marta Pérez, Sebastián Prieto, José Ramón Murgoitio y Gorka Fraile (Bilbao); Juan Luis Napal y Juan Antonio Nicolás (Pamplona); Antonio Alemán (Aoiz); Jesús Irazagorria (Urduliz); Margarita Izaga (Hernani); José Antonio Lecumberri e Iñaki Gonzalo (Getxo); José Luis Loidi (Vergara); Natalia Marijuán (Oñate); Martín Pérez (Echauri) Francisco Javier Rezola (Ibarra); Jesús Efrén Rodríguez y Juan María Fullaondo (Santurce); Pedro Terrones (Berango); Francisco Joaquín Bidasoro (Ibarra); José Manuel Zabalegui (Oyarzun); Asier Altuna y Luis María Lizarralde (Azkoitia); José Angel Alzuguren e Imanol Larrañaga (Vera de Bidasoa); Aritz Arnaiz (Andoain); María Lourdes Churruca (Soraluce); Sotero Etxandi (Baztán); Carlos Ezcurra (Burlada); Ana Belén

han llegado a la política desde la escuela del crimen, tras aprender a apretar el gatillo y practicar el tiro al blanco sobre militares, guardias civiles, policías, políticos y periodistas, a los que pretenden expulsar por la fuerza del País Vasco para construir su Arcadia feliz.

Ejemplos de altos responsables políticos del partido *abertzale* que, en un momento dado, deciden empuñar las armas y asesinar a sus adversarios políticos los hay a montones.

Egués (Elduayen); Jorge González (Portugalete), Guillermo Marañón (Yurre); Ibon Muñoa (Eibar); Andoni Muñoz (Urdúliz); Iiakue Azpiri (Arrigorriaga); Francisco Javier Otero (Villaba) y Tomás Trifol Madrazo (Lejona). *Candidatos no electos*: Ana Lizarralde; Gorka Martínez, José María Matanzas, Ignacio O'Shea, Miguel Angel Resa, Lorena Somoza, Jokin Gorostidi, Antonio Urbiola, Peru Alvarez, Nerea Bengoa, Julen Calzada, Lander Etxeberria, Jesús Ormaetxea, Paul Asensio, Miguel Alonso, Julián Antón, Javier Añorga, José Angel Apetxea, Adolfo Araiz, Guillermo Arbeloa, Miguel Angel Arbeloa, Oscar Arrue, Miguel Arteaga, Jesús Artetxe, Javier Aurrecoetxea, Josu Ayerbe, Bittore Ayerbe, Manuel Barrenetxea, Francisco Baceta, Juan Beascoetxea, Ander Beristain, Joseba Mirena Beroiz, José María Bilbao, Rafael Castrillo, Luis Celestino, Agustín Celigueta, Juan Cenitagoya, José Luis Cereceda, Nekane Txapartegui, Josefa Egaña, Ignacio Eguiluz, José Luis Elkoro, Sabin Euba, Pedro Galarraga, Juan Gallastegui, Jesús Gotilla, Jon Ander González, María Teresa Guerricabeitia, Iban Illaramendi, Eduardo Jiménez, José López, Rafael Martín Manrique, Juan Torrontegui, Angel Luis Zabala, María Pilar Aguirre, Ignacio Aracama, José Ramón Arenaza, Iñaki Arietaleanizbeascoa, Ignacio Garcés, Iñaki Ibaibarriaga, Idoia Martínez, Guillermo Meriono, José Novoa, Francisco Aramburu Landa, Oscar Abad, Jon Aguinako, Julen Aguinako, Julián Aguirre, Nicasio Aguirretxe, Angel Aguirrezaldegui, Iciar Aizpurua,Luis Alaña, Aitor Alberdi, Luís Alberdi, Angel Alcalde, Fermín Aldalur, Gregorio Aldama, Joaquín Aldanondo, Jesús Amenabar, Iciar Amezaga, Juan José Amezketa, María José Andueza, José Luís Angoitia, José María Angulo, José Luís Ansola, Elías Murguiondo, Javier Anunciabay, Ramón Aperribay, Vicente Aragón, Urtzi Arana, Jokin Aranade, José Ramón Aranguren, José María Arretxaga, Javier Arretxaga, Bergoña Arretxabaleta, Angel Arego, Javier Arreizaga, Juan Arrejolaleiba, Jorge Ariceta, José Manuel Aristi, Oscar Armentia, Miguel Arrastoa, José Luis Arrastoa, Gerardo Arratibel, Juan Ramón Arretxe, María Arretxe, José Antonio Arretxe, Javier Arriaga, Miguel Arriaga, Felipe Arriaga, Alberto Arribas, Ismael Arrieta, Antonio Aspiazu, Jesús del Bado, Marí Luz Bella, Ibon Beloki, Elena Beloki, Iker Beristain, José Ignacio Bilbao, José Luis Blanco, Nagore Blanco, Rosario Buñuel, Julián Celarain, Pedro María Celarain, Jesús Cerrato, Angel Korta, Olatz Dañobeitia, Jorge del Campo, Teresa Ruíz de Heredia, José Antonio Díaz, Juan Pablo Dieguez, Nieves Chapartegui, Miguel Etxaburu, Juán María Etxabarri, Jesús María Etxabarri, Milagros Etxabarría, Pedro Etxebarria, Miguel Etxebarría, Rufi Etxeberria, Angel Echezarreta, Iñigo Eguiguren, Francisco Eguiluz, Iñigo Elkoro, Tomás Elgorriaga, Julián Ereñaga, Aitor García, Iker Garitaonaindia, Joseba Garmendia, Carlos Garrido, Nerea Garro, Jesús Goikoetxea, Miguel Goikoetxea, José Gorotiza, Jon Gorrotxategui, Vicente Goya, Trinidad Guinea, Pedro del Hoyo, Pedro Igarataundi, Manuel Intxauspe, Antonio Inciarte, Carlos Blasco, Manuel Iparraguirre, Jaime Iribarren, María del Carmen Iritzar, Natalia Jiménez, Izaskun Labeaga, Ignacio López, Francisco Márquez, Gregorio Martín, Jorge Martínez, Pedro Martínez, Francisco Martínez, Guillermo Merino, Javier Moreno, Isidro Murga, Nerea Olaciregui, Aitor Olaizola, Fernando Olalde, Igor Ortega, Txomin Otegui, Arnaldo Otegui, Isabel Pacual, Leire Picabea, Zigor Reizabal, José Rey, Elisardo Roncero, Cándido Sagarzazu, José Sarasola, Iker Sarriegui, Amaya Sarrionaindía, Iratxe Sorozabal, David Soto, Juan Carlos Ucar, Ramón Uranga, Julián Uriarte, José Antonio Urrutikoetxea, Garazi Viteri y José Javier Zabaleta, Fuentes: La Razón y Ministerio del Interior.

El 3 de julio de 1990, la Audiencia Nacional condena a José Luis Cereceda, dirigente del sindicato LAB y candidato de HB por Vizcaya a las elecciones generales de 1989, a siete años de prisión por colaboración con banda armada.

Profesor de la Facultad de Ciencias Económicas de Sarriko, en Bilbao, el dirigente *abertzale* había sido detenido el 2 de septiembre de 1989, tras la caída de varios miembros de la infraestructura del comando «Araba».

Según la sentencia, Cereceda había tenido alojados, tres años antes, en 1987, a José Javier Arizcuren Ruiz, *Josechu* o *Kantauri*, María Soledad Iparraguirre, *Anboto*, y a Juan Carlos Arruti Azpitarte, *Paterra,* todos ellos miembros del citado comando terrorista.[28]

Bautizados como los «ángeles de la muerte», el comando de *Paterra* y *Anboto* había realizado veintidós asesinatos, los cuales se iban de juerga, regresaban para cenar, contemplar sus atrocidades por televisión y dormir a pierna suelta en el domicilio del honorable profesor.

En la centralita de la Policía Municipal de Barakaldo (Vizcaya) se recibe aquella mañana una denuncia telefónica. Dos individuos jóvenes acaban de robar, a punta de pistola, un taxi y se han dado a la fuga.

Por las características del robo, la indumentaria de los pistoleros y la hora en que se produce, el agente de guardia sospecha que se trata de un comando terrorista dispuesto a llevar a cabo un atentado inminente.

Decidido a impedir el crimen, el policía alerta sin dilación a todos los coches patrulla que se hallan de servicio desplegados por la comarca. El aviso se amplía, además, a los radio-taxis del municipio situado en la margen izquierda del Nervión, a la Guardia Civil y a la Policía Nacional.

Así, minutos después, un radio-patrulla intercepta al vehículo y detiene a sus ocupantes, todos ellos miembros del comando

---

28. En 2002, todos ellos forman parte de la dirección de ETA.

«Vizcaya». Dos de los capturados son Felipe González Baños, fotógrafo de *Egin*, y Francisco Gómez López, candidato de HB a las elecciones municipales de la localidad de Ortuella en dos ocasiones, 1983 y 1987.

La intuición del policía municipal, esta vez, no ha fallado. Los pistoleros de ETA se dirigían en esos momentos a colocar un coche-bomba en un cuartel de la Policía Nacional y habían robado el taxi para escapar del lugar.

El 25 de mayo de 1991, Jaime Mayor Oreja, en calidad de presidente del Partido Popular en el País Vasco, presenta una denuncia contra Herri Batasuna por retener a diecinueve personas en el velódromo de Anoeta, de San Sebastián, para asegurar la huida de un prófugo de la justicia.

Los hechos se produjeron durante un acto electoral unos días antes, el 19 de mayo. Con el fin de conseguir un golpe de efecto en los medios de comunicación, la formación política independentista decidió presentar en el mitin a Ángel Alcalde, parlamentario, prófugo de la justicia y en busca y captura por formar parte de la banda terrorista.[29]

Al concluir el acto, para garantizar de nuevo su fuga, el servicio de seguridad de Batasuna cierra las puertas del velódromo e impide durante un cuarto de hora la salida del público, incluida la de diecinueve periodistas que deben enviar urgentemente sus crónicas.

Al día siguiente, los informadores reflejaron en sus medios de comunicación los hechos y protestaron porque se los había retenido coartando su libertad de movimientos y su libertad de expresión. Dieciséis de los diecinueve informadores son llamados a ratificarse en los hechos ante la fiscalía.

«Ninguno de ellos, salvo una mujer, quiso hacerlo. Pero me pidió no quedarse sola y que, al menos, algunos de sus compañeros presentaran denuncia también», recuerda el fiscal Luis Navajas.

---

29. Tras el asesinato de Josu Muguruza, Alcalde es enviado a Madrid por la dirección de ETA para sustituirle como parlamentario en el Congreso de los Diputados. No se le permite tomar posesión al no aceptar la fórmula de juramento del Parlamento y hacerlo «por imperativo legal». El 13 de diciembre de 1989 es procesado por la Sala Segunda del Tribunal Supremo. Huye al extranjero y seis días más tarde convoca una rueda de prensa en Bruselas en la que anuncia que ETA está dispuesta a conceder una nueva tregua de tres meses si se reinician las Conversaciones de Argel.

Ante la falta de testimonios, el ministerio público decide archivar las diligencias contra Herri Batasuna, pero las mantiene contra su representante de Prensa, Roberto Sampedro. Meses después, Sampedro, miembro de la Mesa Nacional de la formación *abertzale,* muere de un infarto y el asunto se archiva definitivamente.

No fue éste el único caso en que Herri Batasuna coacciona o amenaza a los medios de comunicación para defender las tesis de la banda armada.

El 19 de octubre de 1993 fallece, de muerte natural, en la comisaría de la Guardia Civil de Tres Cantos (Madrid) la etarra Miren Gurutze Yanci, de treinta y un años de edad.

Tras un funeral oficiado en la iglesia del Buen Pastor de San Sebastián por el obispo de la diócesis, José María Setién, el cadáver es trasladado a la cercana localidad de Pasajes, donde Gestoras Pro Amnistía y Herri Batasuna le rinden el consabido homenaje, como si de una heroína del pueblo vasco se tratara.

Los terroristas y sus compañeros de viaje de siempre organizan un mitin en el que José María Olarra, parlamentario de Herri Batasuna, desde un escenario presidido por el hacha y la serpiente y el eslogan *«bietan jarrai»* (utiliza las dos a la vez), el logotipo de ETA, lanza una encendida soflama al auditorio, llamando a las jóvenes generaciones *abertzales* a incorporarse a la «guerra santa» contra el enemigo, siguiendo el ejemplo de Yanci.

Su alocución adquiere tintes de esperpento en el momento en que Olarra achaca la muerte de la terrorista a la presunta falta de diligencia de los medios informativos para denunciar las supuestas torturas de la Guardia Civil: «Una cosa es ser periodista y otra terrorista del bolígrafo. Y eso es lo que está pasando en Euskadi», vocifera el dirigente *filoetarra.*

En un ambiente caldeado por la muerte de una de las asesinas más activas de ETA, considerada una mártir para los que aspiran a liberar el País Vasco asesinando por la espalda a los que se oponen a ello por medios pacíficos y democráticos, los seguidores de ETA se encrespan. Varios periodistas son golpeados, zarandeados e insultados con gritos de *«txakurras»* y «asesinos».

Por estos incidentes, que pudieron acabar aún peor, el ministerio fiscal abrió diligencias contra Olarra por un delito de amenazas y coacciones a la libertad de expresión. Dada su condición de parlamentario foral, el 28 de octubre de 1993 remitió las actuaciones a la Sala de lo Civil y Penal del Tribunal Superior de Justicia del País Vasco.

El 11 de diciembre de 1995, la magistrada instructora del caso dictó un auto de archivo de las diligencias. «No se aprecian indicios de delito», concluyó.

La semilla del odio estaba sembrada. El 26 de enero de 1995, el diario *El Correo* publica un documento interno de la Coordinadora Abertzale Socialista (KAS) en el que recomienda a ETA iniciar una campaña de atentados selectivos contra la prensa, al achacar a este colectivo un papel «beligerante» y «partidista» en lo que ellos llaman el «conflicto vasco».

El 7 de marzo de 2000, tras la ruptura de la tregua, ETA recoge el guante que le ha tendido HB y asesina al columnista de *El Mundo* y miembro del Foro de Ermua José Luis López de la Calle.

Tras intentar acciones similares contra veteranos periodistas, como Luis del Olmo, director del programa «Protagonistas» de Onda Cero, Carlos Herrera, conductor entonces de un espacio similar en Radio Nacional de España, y otros, el 24 de mayo de 2001 matan al director financiero de *El Diario Vasco*, Santiago Olegeaga Elejabarrieta.

Los hechos demuestran, de esta manera, que Herri Batasuna y ETA son partes de un mismo todo y que, en muchos casos, cuando la formación *abertzale* amenaza, el grupo armado acaba inexorablemente actuando con la sincronía de un reloj.

El 12 de diciembre de 2000, el jugador de fútbol del Bayern de Munich y miembro de la selección nacional francesa Vicente Lizarazu recibe una carta de ETA. «Usted ha sido bien pagado con dinero del pueblo vasco por llevar la camiseta de un país opresor. Dada su estrecha colaboración con el enemigo, ETA le escribe porque tiene grandes necesidades económicas para continuar la lucha. Y necesita su aportación.»

Nacido en San Juan de Luz y ex jugador del Atlhetic de Bilbao en la temporada 1996-1997, Lizarazu se quedó estupefacto. La carta, redactada en euskera, llevaba matasellos de París y había sido escrita en septiembre, es decir, dos meses antes.

La información abrió al día siguiente las primeras páginas de los diarios deportivos, las tertulias radiofónicas y fue noticia de apertura en telediarios y emisoras de radio. No era para menos. Se trataba de la primera vez que una banda terrorista extorsionaba a un deportista y amenazaba con romperle las piernas, su único medio de trabajo, al estilo de la mafia siciliana, si no se decidía a colaborar.

En contra de lo que se pensó entonces, la decisión de ETA de abrir un nuevo «frente financiero» en el mundo del deporte, la farándula y las estrellas del papel couché no era nuevo. Siete años antes, en agosto de 1993, la policía francesa había detenido en Saint Denis a José María Dorronsoro Malatxetxeberría. En sus archivos aparece una carta enviada al miembro de la Mesa Nacional de Herri Batasuna por Guipúzcoa José María Olarra Eguiriano, identificado con la clave de *Eneko*, en la que le ordena «recabar información sobre deportistas de élite» para extorsionarlos económicamente.[30]

Tras el asesinato en Madrid del «periodista» Josu Muguruza, el hombre de ETA en el interior, las investigaciones del juez Garzón revelan que su puesto había sido ocupado por Olarra, quien, a través de Mikel Eguibar Mitxelena, mantiene una comunicación fluida y constante con la cúpula de ETA, recibiendo al menos doce cartas de la dirección, que les imparte instrucciones claras y precisas de cómo debía actuar Herri Batasuna en cada momento.

«Los informes me los entregaba en un disquete de ordenador encriptado Philippe Lasalle Astiz, *Tintín*, chófer de Txelis, en una serie de citas predeterminadas, en distintos lugares de San Juan de Luz. Mi papel como "enlace" consistía en trasladar los discos de ordenador a la sede de Herri Batasuna en San Sebastián, sacar copias del texto y entregárselas a sus destinatarios, uno de ellos José María Olarra», contó Eguibar Mitxelena a la Guardia Civil.[31]

Nacido en San Sebastián (Guipúzcoa), de veintiocho años, ex delegado de Herri Batasuna en Bruselas, Eguibar Mitxelena estu-

---

30. En la misma carta, la banda armada le hace partícipe de que ha solicitado el pago del impuesto revolucionario al empresario Sobrino por un importe de tres millones de pesetas.
31. Sumario 18/98 del Juzgado de Instrucción número 5 de la Audiencia Nacional.

vo trabajando como «correo del zar» al menos durante un lustro. «Además de para el parlamentario Olarra, traje instrucciones de ETA para otros dirigentes, entre ellos Arnaud Etchart, la diputada y miembro de Xaki Esther Aguirre, Gorka Martínez Bilbao, Carlos Sáez de Eguilaz, Nekane Txapartegui,[32] Íñigo Elkoro Ayastuy, hijo de José Luis Elkoro y miembro de Gestoras Pro Amnistía, Josetxo Otegui y Elena Beloqui, entonces novia de *Josu Ternera*», revela.

Las declaraciones de Eguibar Mitxelena constituyen un documento de excepcional valor al establecer con nombres, apellidos y fechas la relación entre la cúpula dirigente de los terroristas y la trama civil de ETA, que actúa legalmente en España bajo cobertura política y protegida, en muchos casos, por la inmunidad parlamentaria que otorga el Estado de Derecho que la organización mafiosa pretende destruir.

Para el juez Garzón, el hombre clave en las relaciones del entramado etarra con HB es José María Olarra. «El dirigente de HB recibió instrucción de ETA, integró el aparato de relaciones internacionales de KAS y ETA, y participó en labores de enlace y comunicación hasta 1994. Además, a principios de 1993 captó para ETA a Mikel Egibar Mitxelena, para que desarrollara la labor de enlace del aparato internacional con ETA», afirma el instructor. Y añade: «ETA mandaba sus mensajes a través de Olarra, siempre a través de él, en lo que se refería a sus opiniones sobre la estructura exterior. En estos informes recibe instrucciones, rinde informaciones y comunica datos a ETA o a otros por orden de ésta. Por su parte, el dirigente *abertzale* asistía puntualmente a las reuniones de la Mesa Nacional de HB, para informar por escrito a la dirección política de la organización terrorista de lo que allí se trataba.»

Formado en la lucha callejera contra la autopista de Leizarán y en las protestas por la construcción de la presa de Itoiz, Olarra sería la persona de ETA en la Coordinadora Abertzale Socialista y en la Mesa Nacional de Herri Batasuna desde el congreso de HASI celebrado en Vitoria el 16 de febrero de 1992. «Era un etarra con piel de cordero, con la misión de imponer las consignas de la banda terrorista en los frentes institucional, de masas y en el

---

32. La última comunicación se la entregó el 2 de febrero de 1999 en el bar Aurrerá de Zizurkil.

frente negociador de ETA y, posteriormente, de negociar con el PNV», agrega la Guardia Civil en un informe interno poco descaminado por lo que se relata a continuación.

Acosado por los escándalos de corrupción, con el partido escindido en dos grupos antagónicos e irreconciliables,[33] aislado y recluido en la Moncloa y sin capacidad de frenar el avance del Partido Popular, Felipe González convoca elecciones generales el 6 de junio de 1993.

Herri Batasuna decide presentar a los comicios como cabezas de lista a Jon Idígoras para el Congreso de los Diputados y a Íñigo Iruín para el Senado.

Lo que nadie ha contado todavía es que, por enésima vez, la lista fue elaborada por la dirección de ETA y que Herri Batasuna siguió «al pie de la letra las instrucciones que recibió» de la banda armada.

La persona encargada de transmitir las órdenes de los terroristas a la trama civil de ETA fue, según Baltasar Garzón, José María Olarra, *Eneko*. «En una de las comunicaciones de marzo de 1993, Eneko recibió instrucciones de quiénes debían ser los candidatos de las listas», relata el juez en uno de sus autos.

Entre los nombres propuestos por la banda terrorista para representar a su brazo político se encuentran Jon Idígoras, Jone Goiricelaya, Kepa Landa, Periko Solabarría, Patxi Zabaleta, Florencio Aoiz, Miren Egaña, Pablo Gorostiaga González, Begoña Garmendia, Rafael Díez Usabiaga, Itziar Aizpurúa y otros.[34]

---

33. Los partidarios de Alfonso Guerra, Txiki Benegas, Francisco Fernández Marugán y el aparato del partido y el bloque encabezado por el ministro de Hacienda, el navarro Carlos Solchaga, el vicepresidente Narcís Serra y otros.

34. La lista completa es la siguiente: *Congreso*: Álava: Iñaki Usastegui, Pablo Gorostiaga, Matilde Iturralde y Nieves Antepara. Guipúzcoa: Begoña Garmendia, Rafael Díez Usabiaga, Itziar Aizpurúa, Irazkum Rekalde, Alberto Aldasoro y Javier Olano. Vizcaya: Jon Idígoras, Jone Goiricelaya, Xabier Amuriza, Xabier Arriaga, Anartz Arambarri, Joseba Trantxo, Yolanda Jubeto, Juan Carlos Rodríguez y Karmelo Landa. Navarra: Patxi Zabaleta, Florencio Aoiz, José María Jabat, Esther Lakosta y Santiago Kiroga. *Senado*: Álava: Nekane Jurado, Iñaki Olalde e Iñaki Ruiz de Pinedo. Guipúzcoa: José Luis Elkoro, Íñigo Iruín y José María Olarra. Vizcaya: Kepa Landa, Periko Solabarría y Txoli Mateos. Navarra: Adolfo Arraiz, Estitxu Arocena y Miren Egaña. Real Decreto 534/1993 de 12 de abril, relativo a candidaturas proclamadas para el Congreso de los Diputados y Senado. *BOE*, núm. 112, de 11 de mayo de 1993.

Con ETA bajo mínimos, una comisión de la Mesa Nacional de Herri Batasuna sería la encargada de redactar en los años 93 y 94 el borrador del documento que sería conocido como «Alternativa Democrática».

> Con la acción contra el presidente del PP español, José María Aznar, ETA ha atacado a uno de los máximos representantes de los enemigos que garantizan la opresión de Euskal Herría. [...] Ahora que el PSOE, ahogado en la corrupción y la guerra sucia, ha fallado en su labor de desmenuzar la resistencia vasca, el PP se prepara deseoso de relevarle en la dirección del Estado y nos quiere hacer beber el vino avinagrado del mismo tonel. El objetivo de ETA [con el atentado a Aznar] consiste en eliminar los impedimentos y trabas impuestos por el Estado español a la soberanía de Euskal Herría.

De esta manera, sin conocer su programa político ni sus intenciones como futuro gobernante, ETA se ponía la venda antes de la herida, y el año previo a su llegada al poder, el 25 de abril de 1995, organizaba un intento de magnicidio contra el jefe del principal partido de la oposición.

Con la frialdad que los caracteriza y como si el fallido asesinato de un hombre de Estado fuera moneda corriente, una semana después del atentado los sicarios remiten a la Moncloa un sobre con matasellos de San Juan de Luz dirigido al presidente del Ejecutivo, Felipe González.

En su interior aparece un documento denominado «Alternativa Democrática», es decir, el proyecto de mínimos que exigen los terroristas y a los que debe renunciar España sin ninguna condición para que un grupo de criminales se digne a sentarse en una mesa de negociaciones a pactar los ritmos y plazos de la independencia del País Vasco y la retirada de todos los españoles que no estén dispuestos a abrazar la doctrina de Sabino Arana, en la que se les insulta y menosprecia como miembros de una raza «inferior».

Lo que resulta menos conocido es que el borrador de la «Alternativa Democrática» de ETA, una mera redefinición de la

Alternativa KAS, había venido gestándose desde finales de 1993. Sus redactores fueron el abogado Íñigo Iruín, el sindicalista Rafael Díez Usabiaga, el parlamentario Floren Aoiz y el dirigente navarro de Herri Batasuna Adolfo Arraiz.

Herri Batasuna es, por tanto, la que define las bases ideológicas del Movimiento de Liberación Nacional Vasco, que luego asume ETA como propias y sobre las que basa su táctica y su estrategia terrorista.

La primera víctima de la «Alternativa Democrática» elaborada por Iruín, Usabiaga, Aoiz y Arraiz, el *think tank* encargado de fabricar el «caldo de cerebro» de ETA, iba a ser el presidente del Partido Popular, José María Aznar,[35] la persona destinada a convertirse en su teórico intermediario desde el poder central.

Una situación tan irreal e insólita, propia de un grupo de personas desquiciadas y ajenas al mundo real, como la que se expone a continuación.

Begoña Galdeano Prieto, hija de Xabier Galdeano, periodista de *Egin* muerto en atentado del GAL.

Irale Lejarza Arza, presa política, actualmente en la cárcel de Carabanchel.

Joseba Enbeitia Ortuondo, preso político, actualmente en la cárcel de Valdemoro.

Rosario Torre Altonaga, hermana de José Antonio Torre Altonaga, *Medius*, el preso vasco que más tiempo lleva en prisión (diecisiete años).

Tomás Linaza Euba, padre de Tomás Linaza, deportado en Cabo Verde. Padeció tortura durante una detención en 1981.

Ángel María López Anta, insumiso, impulsor y militante

---

35. Bases de la Alternativa Democrática: 1. Para que se constituya una verdadera democracia en Hego Euskal Herría, el Estado español reconocerá nuestro derecho a la autodeterminación y nuestra territorialidad y, en consecuencia, se comprometerá a respetar lo que la ciudadanía decida. 2. Mediante la implicación y la participación de toda la sociedad vasca, se decidirá qué modelo de Euskal Herría deseamos, correspondiendo este proceso de debate y decisión únicamente a la ciudadanía vasca. La sociedad vasca será, por tanto, el único sujeto de decisión. 3. Para que este proceso resulte realmente democrático, se concederá una amnistía que permitirá intervenir en el mismo a todas las personas presas, refugiadas y deportadas. 4. ETA manifiesta que cesará su actividad armada cuando se consignan y garanticen los citados contenidos mediante acuerdo político.

del movimiento antimilitarista; pendiente de ejecución de condena.

Bautista Uribe Beitia. *Gudari* que combatió en la guerra civil.

Itziar Amezaga Epalza, víctima de salvajes torturas.

Santos Sagardui Bilbao, padre del preso político Gatza y miembro de Senideak.

Imanol Lertxundi Badiola, hijo de Imanol Lertxundi *Porru*, *abertzale* muerto a consecuencia de una carga policial de la Ertzaintza.

Miguel Quintela Álvarez, concejal por HB; perdió la visión en un ojo a consecuencia de una dura intervención de la Ertzaintza.

Alonso Asensio, padre de Joseba Asensio Kirruli, *gudari* muerto en prisión.

El martes 30 de enero de 1996, Herri Batasuna hace públicas las listas de sus candidatos a las elecciones generales de ese año. Los sesenta nombres que integran las candidaturas, incluidos suplentes, son todos ellos parientes de terroristas muertos, presos encarcelados por delitos de sangre y condenados a más de mil años de cárcel, hermanos de etarras asesinados por el GAL, supuestas víctimas de torturas y hasta algún «combatiente» de la guerra civil sacado del álbum de la historia, donde debía de estar conservado en naftalina.[36]

La simple lectura de los aspirantes a ocupar una poltrona en el palacio de la Carrera de San Jerónimo de Madrid, donde aparecen diez pistoleros de ETA y cinco insumisos, sugiere que la «opresión nacional y social que sufre el País Vasco» ha sido de tal magnitud que no queda un individuo sano para hacer política.[37]

---

36. «Los rostros de la lucha en las listas de HB», *Egin*, miércoles 31 de enero de 1996.

37. Sigue la lista de candidatos: «Manuel Gallastegui, hijo de Eli Gallastegui y padre de la presa Uxune Gallastegui; Pablo Beñarán, hermano de José Miguel Beñarán, muerto por el BVE; Begoña Sánchez, en prisión; Andoni Murelaga, ex preso torturado por la Ertzaintza; Haritz Pérez, hijo de Tomás Pérez Revilla, víctima de los GAL; Beatriz Quintanilla, detenida bajo la acusación de dar fuego a un autobús, Norberto Mújika, herido de bala; Blanca Antepara, madre de Iñaki Ormaetxea, muerto, y de Josu Ommaetxea, preso; Nerea Bengoa, presa; Alberto Gómez, hermano de Enrike Gómez, víctima del BVE; Miren Gotzone, militante alavesa; Peru Álvarez, procesado por luchar por el euskera;

Lo que la banda criminal ocultaba era que el 30 de enero de 1996 ETA llevaba asesinadas a 664 personas y que muchos de los candidatos eran los autores de los crímenes más crueles, dejando muchas veces sin cabeza y sin pies a sus víctimas, persiguiéndolas y rematándolas a un kilómetro del atentado, cuando huían malheridos intentando salvar la vida, como es el caso de Jesús María Zabarte, calificado por *Cambio 16* de «carnicerito de Mondragón».

Para que el electorado identificara cada vez más los mensajes de HB con la estrategia armada de ETA, el frente *abertzale* dio un paso adelante y prestó sus espacios electorales de la campaña a los asesinos, un hecho que por primera vez en la historia tendría graves consecuencias para la trama civil del grupo armado.

Fue, sin duda, el golpe más duro propinado desde la instauración democrática a la banda terrorista. El 29 de noviembre de 1997, la Sala Segunda del Tribunal Supremo condenó a la Mesa Nacional de Herri Batasuna a siete años de prisión mayor por un delito de colaboración con banda armada.[38]

Alberto García, detenido por la Ertzaintza por protestar por la desindustrialización; Gorka Arburu, preso; Félix Isasi, militante de apoyo a los presos; Mónica Aceves, joven que sufrió el seguimiento de la Guardia Civil; Carlos Molina, insumiso; Padi Izaga, padre de los presos Rikardo y Xabi; Andoni Lariz, apaleado en una manifestación de Jarrai; María Arostegui, madre de Joxi Lasa, secuestrado y asesinado por los GAL; Félix Artano, madre de Joxean Zabala, secuestrado y asesinado por los GAL; Argider Mújika, preso; Jose Manuel Pagoaga, exiliado; Josefa Arregui, madre del preso Jesús María Zabarte; Maite Golmaio, madre de Xabi Galparsoro, muerto al caer por una ventana de comisaría; Igor Igerategui, insumiso, hermano de Joxe Igerategui, muerto en Gasteiz al manipular un explosivo; Pello Jáuregui, padre del preso Xabier Jáuregui; Armando Legaz, preso; Kontxi Igeratiegui Santacruz, madre de Guntze Lantzi, muerta por torturas; Manuel Aristi, preso; Arantza Bergara, madre de Ramón Oñaederra, primera víctima de los GAL; Arántzazu Benito, madre de Eustakio Mendizábal, muerto por la policía; Xabier Irazusta, esposo de Rosa Zarra, muerta por una pelota de goma; Miren Pagola, madre de Agustín Irazustabarrena, *Beltza*, muerto por los GAL; Ignacia Lizarraga, madre de Ángel Gurmindo, víctima de los GAL; Fermín Sánchez, preso; Benita Imaz, madre de Pedro Mariñelarena, preso fallecido en la cárcel; José Aguirre, insumiso; Maritxu Zubeldía, madre de Juanjo Zubieta, herido en Lliçà d'Amunt; Pilar López, hija de un ajusticiado en la guerra civil; Julia Makuso, torturada; Patxi Lage, víctima de la guerra sucia; Iñaki Pagoaga, preso político vasco desde1993; Mikel Iribarren, herido por la policía española en el año 1991; Juan Rubenach, padre de Germán Rubenach, gravemente herido en la Foz de Lumbier, donde murieron otros dos militantes vascos; Imanol Berruete, hermano de Yolanda Berruete, joven navarra deportada en Cabo Verde; Mikel Basarte Pozo, insumiso, razón por la que sufrió condena en la cárcel de Navarra; Abel Castillo, recientemente ha sido víctima de la guerra sucia.

38. Causa especial 840/1996, sentencia 2/97.

Los veintitrés miembros de la trama civil de ETA[39] estaban convencidos de que, a consecuencia de la cierta impunidad que otorgan las pistolas, el Estado de Derecho no se atrevería a tomar una decisión semejante. Sin embargo, en las primeras horas de la mañana la Ertzaintza rodeó las sedes de la coalición *abertzale* en Vizcaya, Bilbao y Álava, y entre empujones, gritos de histeria y amenazas procedió a la detención de su cúpula dirigente.

Los hechos arrancan el 26 de abril de 1995. Ese día, el diario *Egin* publica la ya citada Alternativa Democrática, y aunque el documento no aporta nada nuevo, la Mesa Nacional de Herri Batasuna organiza un gran despliegue de medios para convencer a la opinión pública de lo contrario.

Meses más tarde, a finales de enero de 1996, el Gobierno convoca elecciones generales para el 3 de marzo siguiente y distribuye, de acuerdo con los votos alcanzados en anteriores comicios, los espacios electorales gratuitos en los medios de radio y televisión públicos. El 5 de febrero, la formación *abertzale* se reúne y decide renunciar a aquéllos, concediéndoselos a ETA para que dé a conocer un vídeo de veinte minutos, donde tres encapuchados con dos pistolas al cinto, la *ikurriña* de telón de fondo y los símbolos de ETA —el hacha y la serpiente— en primer plano, tratan de explicar la Alternativa Democrática.[40]

---

39. Adolfo Araiz Flamarique, Florencio Aoiz Monreal, Itziar Aizpurúa Egaña, José María Olarra Agiriano, Tasio Erkizia Almandoz, Koldo Castañeda Vallejo, Alberto de Lorenzo Goikoa, Juan Pedro Plaza Lujambio, Carlos Rodríguez González, Rufino Etxeberría Arbelaiz, Gorka Martínez Bilbao, Koldo Celestino Samper, Amaia Bao Gómez, María José Andueza Ortega, Juan María Olano Olano, Antón Morcillo Torres, Mikel Arregui Urrutia, Joseba Martín Hernando, Matilde Iturralde Martínez Lizarduy, Carmelo Landa Medibie, Joseba Álvarez Forcada, José Luis Elkoro Unamuno y Juan Cruz Idígoras Gerrikabeitia.

40. Según la transcripción literal del sumario, el contenido del vídeo es el siguiente: «Aparecen tres encapuchados, primero andando por el campo y luego sentados tras una mesa en el que se ve un fondo con una *ikurriña* y el símbolo de ETA, el hacha y la serpiente. Informan sobre la llamada "Alternativa Democrática". La alocución comienza con una referencia a la que llaman propuesta de paz, cuya base, afirman, es la misma que la presentada veinte años antes por la Alternativa KAS. Los terroristas dicen: "Os vamos a ofrecer las condiciones para superar la lucha armada entre el Estado español y el País Vasco a través de los nuevos caminos democráticos y pacíficos y construir así el futuro del País Vasco". Añaden: "Los problemas del País Vasco sólo los puede solucionar el propio País Vasco, pero en el marco en que vivimos eso no es posible, y no es posible porque España y Francia han establecido unas fronteras, unos límites, además por la fuerza. El quehacer de ETA se basa en levantar esos límites para que así el Pueblo Vasco pueda decidir libremente su futuro". Uno de los intervinientes agrega que para que se realice el proceso democrático, en que "han de participar todos los vascos", "la primera condición es la amnistía general e incondicional". La segunda, la salida de las Fuerzas Arma-

Fue la gota que colmó el vaso. Los partidos políticos democráticos sin excepción se manifestaron radicalmente en contra de que ETA pudiera utilizar las vías legales que admiten las leyes para seguir amenazando y chantajeando a la sociedad.

Pese a la protesta generalizada, HB organizó actos públicos[41] para emitir el vídeo en diversas localidades vascas durante los mítines electorales. Hasta que el 15 de febrero, a petición del fiscal general del Estado, el Juzgado de Instrucción número 5 de la Audiencia Nacional incoó las diligencias previas 58/96, ordenó la entrega inmediata de los mismos e impidió la difusión de los *spots* publicitarios y las cuñas radiofónicas.[42] Poco después llama a declarar a Jon Idígoras, coportavoz de HB, y decreta su ingreso en prisión bajo fianza de trescientos millones de pesetas.

Al existir personas aforadas en la Mesa Nacional de Herri Batasuna, el 13 de marzo el juez Garzón decide inhibirse de la causa a favor de la Sala Segunda del Tribunal Supremo y remite a ésta los diez tomos instruidos. El instructor de la Sala Segunda, el magistrado José Manuel Martínez Pereda, aprecia indicios de delito de colaboración con banda armada y continúa con la elaboración del procedimiento. Sin embargo, la formación *abertzale,* en un

---

das españolas. "Si el Estado español acepta los puntos que han de establecerse, ETA daría un alto el fuego para dar paso al proceso democrático que ha de llevarse a cabo en el País Vasco." El vídeo concluye: "Os pedimos que asumáis, que toméis como vuestra esta alternativa que hemos presentado, que cojáis su sentido y que os unáis a la lucha para empezar, cada uno con sus capacidades, a construir desde hoy el País Vasco de mañana. ETA seguirá en la lucha para que eso sea así. ¡Viva Euskadi libre! ¡Trabajad duro hasta conseguir la independencia!" Por último, la cámara capta a los encapuchados de espaldas retirándose, se acerca a sus espaldas y trae a primer plano las dos pistolas que llevan en la cintura. Sobre esta imagen se imprime el siguiente rótulo: *"Bozkutu Herri Batasuna"* (Votad a Herri Batasuna).»

41. En Orduña (Vizcaya), Areso, Villabona y Oreja (Guipúzcoa), entre otros municipios.

42. En respuesta a la acción judicial, ETA decide enviar los vídeos al presidente del Gobierno, Felipe González, y al Rey con la siguiente nota: «En respuesta al requerimiento realizado por el juez Garzón del Juzgado Central número 5 de la Audiencia Nacional de Madrid, la Mesa Nacional de Herri Batasuna ha decidido enviar los únicos ejemplares de que disponemos sobre la exposición que ETA realiza de la "Alternativa Democrática" a las más altas instancias del Estado, es decir, al presidente Felipe González y a Su Majestad el Rey. El envío de los ejemplares de que disponemos a dichas instancias del Estado obedece a la imperiosa necesidad de que conozcan de primera mano el contenido de la propuesta democrática por la paz que realiza la organización armada ETA, con objeto de buscar soluciones al conflicto y el camino de la paz. Esperamos una reflexión serena, alejada de las acaloradas e irracionales declaraciones que últimamente escuchamos, y una respuesta política decidida y valiente en el camino de dar una salida satisfactoria a las legítimas y democráticas aspiraciones de Euskal Herría. Bilbao, 16 de febrero de 1996.»

claro desafío a la justicia y a las instituciones democráticas, sigue adelante en su papel de «portavoz» de ETA.

La prueba de fuego de hasta dónde estaba dispuesta a implicarse la judicatura en la lucha contra el terrorismo va a revelarse el 13 de octubre de 1997.[43] Ese día, los veinte hombres y tres mujeres que componen la Mesa de HB tienen una cita en el edificio que alberga al Tribunal Supremo, en la madrileña plaza de la Villa de París.

Preside el tribunal un controvertido magistrado, Jose Augusto de Vega Ruiz, vinculado al PSOE, y forman parte de la Sala Ramón Montero Fernández Cid, que moriría meses más tarde a consecuencia de un cáncer, y Roberto García-Calvo y Montiel, quien hace de ponente.

Aunque el ministerio público solicita para cada uno de los imputados ocho años de cárcel, las posibilidades de una sentencia condenatoria son poco probables. Hasta entonces, los jueces no se muestran proclives a encarcelar a los miembros de un grupo político.[44] La sentencia, hecha pública el 29 de noviembre de 1997, marca un hito en la lucha contra el terrorismo. El tribunal considera que los miembros de HB han cometido un delito de colaboración con banda armada, ya que «los acusados, al ceder a una organización terrorista espacios electorales gratuitos que les corresponden como formación política, asumen sus postulados y prestan un apoyo incondicional a ETA, que se propone dominar por el terror a la sociedad para imponer sus criterios a través de la sinrazón y la violencia».[45] Y los condena, como se ha reseñado con anterioridad, a seis años de prisión. Sin embargo, no proce-

---

43. La vista oral con la lectura de las actas de acusación y defensa y la toma de declaración de los imputados en realidad comenzó el 20 debido a los numerosos incidentes procesales sacados a la luz por las defensas en los primeros días, que hubieron de ser resueltos por la Sala.

44. Treinta y ocho días antes, el Tribunal Superior de Justicia del País Vasco archiva unas diligencias contra la Mesa Nacional de HB, cuyos dirigentes han sido denunciados por el consejero de Interior del Gobierno de Ajuria Enea, por organizar contramanifestaciones en la plaza del Buen Pastor de San Sebastián. «Acudir a una concentración prohibida por la Consejería de Interior no es delito, aunque se desarrolle frente a otra de signo contrario», afirma el auto de archivo.

45. La Mesa de HB queda en libertad el 21 de julio de 1999 por sentencia del Tribunal Constitucional que admite la existencia de un delito de «colaboración con banda armada» pero considera la pena excesiva al aplicar el viejo Código Penal.

de a la disolución de HB como asociación ilícita, tal y como propone la Asociación de Víctimas del Terrorismo, anticipándose en varios años a lo que haría el Gobierno.

Las veinticuatro horas siguientes, tras hacerse público el fallo del tribunal, los dirigentes de HB ingresan en prisión. La portavoz de Jarrai, Ana Lizarralde, convoca una rueda de prensa y anuncia: «Si quieren guerra, la van a tener. Sólo luchando se consigue la paz. Aquí, el que la hace la paga.» Los mandos policiales temen una reacción de ETA similar a la matanza de Hipercor[46] y el presidente del Gobierno ordena el estado de alerta de la policía.

La banda terrorista carece de capacidad operativa para asestar uno de sus habituales zarpazos a la sociedad democrática y no pasa de una serie de amenazas y acusaciones descalificatorias contra el tribunal y el Gobierno.

Pero, como vienen haciendo desde el comienzo de la transición, HB y ETA utilizan los ayuntamientos bajo su control como un «Estado paralelo», donde rige sólo la ley de los pistoleros, y muchos de los gobernados por los nacionalistas como instrumento de contrapoder para deslegitimar las instituciones democráticas y socavar los cimientos mismos del Estado de Derecho.

El 25 de febrero de 1997, el Ayuntamiento de Aramayo (Álava), gobernado por la coalición PNV-EA, a petición de la sociedad Aramaiako Talde Antimilitaristak (Grupo Antimilitarista de Aramayo) decidía aprobar la siguiente moción:

1. Manifestar la solidaridad y el apoyo de la corporación con Jon Uribarren Errati, declarado insumiso y pendiente de juicio.
2. Que el ayuntamiento se persone en el caso, en defensa de Uribarren Errati.
3. Financiar el alquiler de un autobús con fondos públicos para que los vecinos del pueblo puedan estar presentes en la vista oral y apoyar a su vecino.

---

46. El atentado de Hipercor, una matanza indiscriminada en el que mueren 21 personas y otras 45 resultan heridas, marca el punto de inflexión de ETA y Herri Batasuna, que comienza a perder votos en las siguientes elecciones.

4. Negar la ayuda al Ejército para la talla y el reclutamiento de los mozos al haberse declarado el ayuntamiento insumiso y formar parte de Eudima, la mancomunidad de ayuntamientos vascos insumisos.

Reunido en sesión plenaria a las siete de la tarde del 7 de junio de 2000, el Ayuntamiento de Campezo (Álava), a propuesta de Senideak y a la vista de las «prácticas de tortura» en cuartelillos y comisarías de la policía del Estado español, aprueba la siguiente propuesta: «Solicitar al Estado francés la no entrega a España de Félix Alberto Lacalle, *Mobutu*, vecino de Orbisco, y encarcelado en la prisión de Fleury (Francia).» La decisión se aprueba por cinco votos a favor,[47] a pesar de un informe presentado por el Gobierno en el que se hace una relación detallada de los asesinatos cometidos por Mobutu en Álava, entre ellos el del comerciante Saturnino Sota.

La corporación municipal, a petición del único concejal del PP, se niega, en cambio, a condenar la muerte del edil Jesús María Pedrosa, asesinado por ETA el 4 de mayo en Durango (Vizcaya).

«No sé nada de este asunto y no tenemos datos para condenar esa muerte», afirma el alcalde, según consta en el acta del pleno remitida al Juzgado de Guardia de Álava por el delegado del Gobierno en el País Vasco, Enrique Villar.

El 30 de octubre de 2001, el juez Baltasar Garzón detuvo a la plana mayor de Gestoras Pro Amnistía por su implicación en las actividades terroristas de ETA. Veinticuatro horas después, el 31 de octubre, el Ayuntamiento de Salvatierra (Álava), de 3 818 habitantes, gobernado por la coalición Eusko Alkartasuna y PNV, aprobaba el siguiente acuerdo a propuesta de Herri Batasuna:

Ante la detención de diversos ciudadanos vascos comprometidos con Euskal Herría y su pueblo por parte del juez Garzón y de la policía nacional española, se aprueba la siguiente moción:

---

47. La de los concejales Aitor Aguinaga Legorburu, Fidel Garraza, Pedro Martínez de la Hidalga y Joaquín Trespalacios, y el alcalde Miguel Luis García, de Acilu Martínez de Antoñana.

En la noche del 31 de octubre, las fuerzas judiciales y armadas españolas, una vez más, han vuelto a convertirse en perversos protagonistas a lo largo y ancho de Euskal Herría. Euskal Herría ha vuelto a sufrir con la detención de trece ciudadanos vascos, un nuevo ataque por parte del Estado español. Otra operación político-policial más, diseñada y desarrollada desde Madrid, contra aquellos que trabajan sin descanso en la construcción de Euskal Herría y, en especial, en la denuncia de las violaciones de los derechos humanos.

El Gobierno español ha dado este nuevo salto represivo utilizando para ello al juez Garzón. [...] Una vez más, los responsables del Estado español y sus colaboradores han vuelto a creer que pueden parar mediante la represión, utilizando cualquier excusa, a aquellos que luchan por el pueblo.

Ante esta situación, el grupo municipal de HB presenta esta moción para su aprobación en todos los ayuntamientos del Euskal Herría:

1. Exigimos la puesta en libertad de los ciudadanos vascos[48] y hacemos llegar nuestra solidaridad a sus familiares y amigos.

2. Mostramos nuestra profunda preocupación ante la situación de indefensión que estos ciudadanos vascos están sufriendo, incomunicados en manos de la policía nacional.

3. Los estados español y francés vuelven a dejar claro que no tienen voluntad de dar una solución democrática al conflicto de Euskal Herría y apuestan por la vía policial.

4. Reivindicamos como única solución posible que todos demos pasos para dar la palabra a Euskal Herría, haciendo frente a los que niegan sus derechos a este pueblo.

5. Este ayuntamiento llama a la ciudadanía a participar en movilizaciones que se convoquen para participar por estas detenciones comprometiéndose asimismo a la construcción de un nuevo marco que supere la espiral represiva y devuelva la voz al pueblo.

---

48. *Iker* Zubía, Maite Díaz de Heredia, Julen Zelarain, Gorka Zulaica, Ainhoa Irastorza, Aratz Estomba, Gaizka Larrinaga, Julen Larrinaga, Jagoba Terrones, Juan Antonio Madariaga, Alex Velazco, Jon Beaskoa y Josu Beamount.

La propuesta, aprobada por la mayoría de los ayuntamientos nacionalistas, revela la ruptura existente en las instituciones entre partidos nacionalistas y constitucionalistas, y la utilización, permanente y reiterada, que el mundo *abertzale* hace de uno de los pilares básicos de la democracia, asunto sobre el que volveremos más adelante.

De ahí las resistencias del PNV y del Gobierno Vasco a usar la Ertzaintza para disolver a Herri Batasuna, aunque parezca claramente demostrado que es lo que ellos mismos han denominado como la «otra boina de ETA».

CAPÍTULO VI
El miedo guarda la viña

Uno de los máximos responsables del comando «Madrid», Juan Manuel Soares Gamboa, lo ha dicho claramente: «Cuando entras en ETA se acaba la democracia. La última decisión democrática que tomas es la de entrar o no entrar. Si entras, cuando se acabe el romanticismo revolucionario, decidas que ya basta de violencia y quieras salir de la caverna del monstruo, te encontrarás que no podrás abandonarla. Porque en ETA se entra pero no se sale, salvo pagando un precio extremadamente alto, para algunos su propia vida.» «Es menos escandaloso fusilar a los traidores que fusilar enemigos. No podemos ser bondadosos porque los errores de la bondad del alma son la peor de todas las cosas. Nuestra verdad es la verdad absoluta. No permite la más mínima duda y justifica la eliminación de los enemigos reales o virtuales», afirma la banda terrorista en 1963.[1]

Tras permanecer varios años en la cárcel después del Proceso de Guerra de Burgos y las redadas policiales de la época, Mikel Francisco Solaun Angulo, como otros muchos terroristas de ETA, queda en libertad con la amnistía decretada por el Gobierno de Adolfo Suárez en 1977.

De veintiocho años de edad, ingeniero industrial, es un mito dentro de ETA. Dados sus conocimientos técnicos, en 1975 dirige la construcción del túnel del penal de Basauri (Guipúzcoa) por el que escapan los etarras de las garras del franquismo.

Por eso, la banda terrorista no le permite la reinserción y, apenas recuperada la libertad, tiene que exiliarse a Venezuela, desde donde jura a ETA que jamás los delataría ni haría pública su reinserción. Su exilio en Caracas dura apenas unos meses. De vuelta a España es nombrado gerente de la empresa constructora Benito Delgado y se dedica a levantar edificios en la ciudad de Bilbao y sus alrededores.

De esta manera, a finales de los setenta, forma parte de los res-

1. *Insurrección en Euskadi*, Colección Cuadernos de ETA, núm. 20.

ponsables de remodelar el nuevo cuartel de la Guardia Civil de Algorta (Vizcaya), situado en un inmueble a medio construir. Dos meses antes de la finalización de las obras recibe la visita de dos antiguos camaradas.

—Necesitamos que nos des los planos de la casa-cuartel de Algorta y facilites la entrada a la obra a dos «albañiles» de la organización.

—¡Ni de coña! —protesta Solaun, airado.

—Pues bien. Nosotros te proporcionamos la Goma-2 y tú haces el trabajo.

—¿Conque pretendéis volar el nuevo cuartel de Algorta? ¡Ahora si que de verdad estáis locos![2]

El ex etarra se niega tajantemente a colaborar. No por el riesgo que supone la operación, sino porque está íntimamente convencido de que por el camino de la violencia y el terrorismo no se va a ninguna parte.

ETA no está dispuesta a soltar su presa y, en las semanas siguientes, sufre toda suerte de presiones. Al final, cuando le ponen delante las fotografías y la dirección del colegio al que acuden todos los días sus hijas y le amenazan con tomar represalias contra ellas, cede al chantaje.

A comienzos de 1981, el director general de la Guardia Civil, José Antonio Sáenz de Santamaría y Tinture, el jefe del Estado Mayor de la Benemérita, Andrés Casinello Pérez, el entonces jefe de la VI Región Militar, con sede en Burgos, tienen una cita en Vizcaya.

Ese día está prevista la inauguración del cuartel del Instituto Armado de Algorta. El número de jefes, oficiales y suboficiales del cuerpo invitados al acto, con sus familias, pasa de cien personas. En el supuesto de que explote la bomba colocada por ETA en las vigas maestras y en los falsos techos, el edificio se vendría abajo y se produciría una masacre de incalculables consecuencias.

Horas antes del acto, una voz anónima telefonea a las dependencias de la Jefatura Superior de Policía de Bilbao y anuncia la existencia de una potente carga explosiva en el edificio.

---

2. Del relato a los autores de una de las personas que intervinieron en su posterior detención.

Varios agentes se desplazan al lugar y revisan el complejo. El resultado es negativo. Ni la revisión ocular ni el empleo de perros policías, acostumbrados a olfatear explosivos, detectan el más mínimo riesgo.

Los especialistas regresan de nuevo a sus cuarteles y, en ese momento, se produce una segunda llamada. El anónimo informante habla desde una cabina telefónica, parece muy seguro de lo que dice y pide que le pongan con los especialistas en desactivación de explosivos.

—Tienen que volver al cuartel de Algorta y realizar un nuevo rastreo. Hay una bomba oculta en alguna parte.

—Es imposible. Los perros la habrían detectado —protesta uno de los agentes, airado.

—Me temo que el explosivo está cubierto por una capa de hormigón. ¿Pueden los perros, en esas circunstancias, olfatear el explosivo?

Los policías regresan al cuartel, ponen patas arriba suelos y techos y descubren más de cien kilos de Goma-2. Inmediatamente comienzan las pesquisas para identificar al informante.

La investigación dura muy poco. La Guardia Civil llama a declarar a Solaun y éste confiesa ser el autor de la denuncia. Relata también su odisea, el chantaje a que le somete un comando de ETA, decidido a matar a sus hijas. Revela asimismo que, al saber el número de personas que acudirían a la inauguración, abrumado por los remordimientos, decide evitar la matanza y alerta a la Policía Nacional, pensando que de esa manera no sería descubierto.

Al ser identificado no tiene más remedio que acusar a quienes le han amenazado y convertirse en testigo de cargo en contra de la banda criminal. Y así ocurre. En una fulgurante operación, la Benemérita desarticuló el comando «Vizcaya» y envió a prisión a Ignacio Apilanez Arozamena, José Miguel Azurmendi Albizu,[3] Antonio García del Molino,[4] Francico Javier Goenaga Mendiola y José Miguel Larrañaga Mendiri.

Para proteger al informante, Mikel Solaun es acusado también de colaboración con banda armada y enviado a prisión junto con

---

3. En 2002 trabaja como profesor de euskera en una *ikastola*, por oposición.
4. En 1981 había robado un coche con el que pretendía asesinar al delegado del Gobierno en el País Vasco, el diplomático Marcelino Oreja Aguirre, con una bomba de quince kilos de Goma-2.

el resto de los responsables del comando.[5] ETA no es tonta y ese día, sin saberlo, acababa de firmar su sentencia de muerte.

Enclavada en el corazón del duro clima continental de la Península, la cárcel de Soria tiene fama de ser una de las prisiones más inhóspitas y duras de España. No eran las inclemencias del clima lo que más preocupaba a Mikel Solaun, sino la paliza que varios miembros de ETA le propinaron nada más llegar.

—Y esto es sólo el principio —le advierten.

Solaun sabía que no saldría vivo de allí y decidió enviar cartas a los ministros Juan José Rosón y José Barrionuevo, al general Sáenz de Santamaría y al diputado del PNV Joseba Azkárraga. También escribió a su familia, a la que relató su odisea y sus negros augurios:

> Lo que temíamos pero no deseábamos pasó, se ha producido. Hoy a la mañana, a la hora de la comida, a la una, he sido cobardemente agredido por cuatro *milis* que, tapándose la cara con bolsas y mientras mantenían intimidados a varios miembros de la comuna *poli-mili*, haciendo uso de palos, me han dado una paliza bastante respetable. Gracias a otros compañeros que han intervenido he podido salvar la vida.
>
> Me encuentro con una costilla rota por dos sitios, tres brechas en la cabeza (una de siete puntos, otra de cuatro y otra de dos), una brecha profunda en la muñeca y golpes generalizados. Lo malo es que después de ir los *poli-milis* a pedir explicaciones les han dicho que con esto no acaba la cosa y que no pararán hasta llegar a mi desaparición física.
>
> Te escribo esta carta con el corazón en la mano. Tengo miedo, miedo, ya que, aunque los *p-m* en cierta manera me protegen y los funcionarios y la Policía Nacional están al corriente de lo que pasa, no puedo pensar que por un simple descuido me convierta en un cadáver.

Al final, entre todos le sacaron del encierro y regresó a su pueblo, Getxo, mientras se arreglaba su situación y le devolvían el pa-

---

5. Sumario 140/82 de la Audiencia Nacional.

saporte para marcharse al extranjero. Sin embargo, la muerte le espera fuera.

Sabía que ETA había puesto precio a su cabeza, que a todos los miembros de su cuadrilla se les había dicho que era un «traidor». A Mikel Solaun no se le pasaba por la cabeza que sus antiguos compinches se iban a atrever a matarle en pleno día, con las calles y los bares abarrotados de gente.

Acababa de salir de la cárcel y llevaba varios días recluido sin salir de casa. Aún no había disfrutado de la libertad, no había sentido el aire fresco en las mejillas, no había visto el horizonte ni había contemplado la luz del día fuera del estrecho espacio de las cuatro paredes.

Aquel día decidió dar la cara y, acompañado de su familia, salió a recorrer las calles de Getxo (Vizcaya) y a saborear los chiquitos y las tapas de sus locales.

Era el 4 de febrero de 1984, domingo. Al final de la mañana, tras la misa de doce, se acomodó en la barra de un bar y pidió un zurito. Fue su perdición. Dos miembros de ETA, más jóvenes que él, tomaban un vino en ese momento en el establecimiento y acababan de reconocerle.

Decididos a ejecutar la «sentencia de muerte» dictada por la banda armada, uno de los pistoleros fue a su casa a buscar su pistola. De regreso, se acercó de frente al ingeniero industrial y, a sangre fría, sin mediar palabra, le descerrajó un tiro en la boca. Es la forma en que la banda asesina a los «chivatos».

Como la cosa más natural del mundo, el pistolero enfundó el arma, se acabó el vino de un trago y abandonó tranquilamente el lugar. La banda armada acababa de cumplir su tremenda e implacable venganza.[6]

Nadie sabe cómo la Organización Nacional de Ciegos Españoles no ha aprovechado la enorme cantera que le ofrece el País Vasco para montar miles de puntos de venta del cupón.

---

6. «Su ejecución es una advertencia a los que buscan una salida personal a su situación.» Así justificó ETA su muerte, sin reconocer que evitó una masacre en Algorta.

Tras el asesinato de Solaun, el servicio de información de la Guardia Civil del cuartel de La Salve, en Bilbao, tardó menos de un cuarto de hora en llegar al bar de Getxo donde ocurrió el atentado. El cadáver de la víctima estaba aún caliente, pero la mayoría de los parroquianos no habían visto nada. Una escena demasiado habitual en el País Vasco, donde el terror a ser asesinado transforma en «ciegos, sordos y mudos» a decenas de miles de personas.

Los agentes intuyen que reconstruir el crimen y detener a sus autores va a ser una labor de años cuando un elemento inesperado va a dar un giro de 180 grados a la situación. Sobre la barra del bar, en una esquina, estaban todavía los vasos de vino utilizados por los terroristas.

Los guardias civiles los envolvieron cuidadosamente en una servilleta de papel y se los llevaron. Veinticuatro horas después, el departamento de criminalística del cuerpo encuentra las huellas dactilares de los autores del asesinato.

Así, apenas cuarenta y ocho horas más tarde, la Benemérita desarticula uno de los taldes del comando «Vizcaya». Entre sus miembros se encuentran Jon Imanol González Merino, Josu Olabarría Santursun,[7] Juan Manuel Píriz López y Francisco Javier Rubio Vallejo, los pistoleros que habían intervenido en la preparación y el asesinato de Solaun.[8]

Dispuestos a impedir a tiro limpio cualquier disidencia interna, sus primeras víctimas fueron sus mismos activistas.

Nacido en Algorta (Vizcaya), soltero, impresor, veinticinco años, Francisco Javier Izko de la Iglesia era un individuo duro, forjado para la lucha armada.

El 7 de diciembre de 1966, el día en que la V Asamblea de ETA se reúne en la casa parroquial de Gaztelu (Guipúzcoa) gracias a la colaboración del cura Lucas Dorronsoro, el presidente de la reunión le encarga organizar los servicios de seguridad para no ser sorprendidos por la policía en plenos debates.

7. Policía municipal de Barakaldo, fallece el 23 de octubre de 1992 mientras prepara un coche-bomba en compañía de otro terrorista.
8. Incursos en las diligencias 19/84 en la Audiencia Nacional, son juzgados y condenados a prisión y a indemnizar a la familia de Solaun con cincuenta millones de pesetas.

Provistos de dos metralletas Stein de la segunda guerra mundial, Izko de la Iglesia y su compañero Tomás Trifol Madrazo organizan todo un operativo para salvaguardar la vida de los 42 terroristas congregados.

Con cuatro militantes, Eugenio del Río, Patxi Iturrioz, Iñaki Zubiaur y Ángel Uresberueta,[9] expulsados diecisiete días antes por el comité ejecutivo acusados de «revisionismo y desviacionismo españolista», sin darles la palabra ni permitirles defender sus posiciones, la asamblea se celebra en un ambiente de enorme tensión.

Nada más iniciarse las discusiones, diez de los asistentes, entre ellos los hermanos Jokin y Francisco Barrutia, de Mondragón, se posicionan contra el sector mayoritario y piden que se permita intervenir a los expulsados. La dirección de la banda ordena reducirlos a punta de pistola, desarmarlos y mantenerlos recluidos en una cuadra hasta el 11 de diciembre, fecha en que se clausura la reunión.

Antes de concluir el encierro, algunos miembros de ETA proponen matar a Patxi Iturrioz, al que consideran responsable de «la infiltración no vasquista en ETA». Hay quien, como Mikel Azurmendi, ex miembro de ETA, profesor de Antropología de la UPV y en 2002 obligado a vivir fuera del País Vasco, asegura que la decisión llegó a someterse a votación.

De origen catalán, profesor de alemán de un colegio de Donostia, Iturrioz, que formaría ETA*zarra* y acabaría en el Movimiento Comunista, salva la vida por los pelos.

Nacidos en Mondragón en los años posteriores a la guerra civil, a los hermanos Iñaki, Juan José y José Antonio Echave solía localizárseles en el bar Etxabenea, propiedad de la familia, situado en el Alto de Kampazar, entre Mondragón y Elorrio.

A finales de los años sesenta, los tres ingresan en ETA y dos de ellos, Iñaki y Juan José, tuvieron un final trágico tras ser tiroteados por el Batallón Vasco Español y el GAL en el Alto de Kampazar y San Juan de Luz, respectivamente.[10]

---

9. Antiguo miembro del Felipe (Frente de Liberación Popular).

10. Iñaki Echave es asesinado el 5 de octubre de 1975 y Juan José Echave sufre un atentado el 2 de julio de 1978 en el que muere su mujer, Rosario Arregui. A consecuencia de las lesiones producidas por las heridas, él fallecería años más tarde.

A Juan José Echave la muerte le ronda años antes, en 1968. Miembro del comando que debe asesinar en Irún (Guipuzcoa) al jefe de la Brigada de Investigación Social de San Sebastián, Melitón Manzanas, el día de autos, Juan José Echave no acude a la cita y durante unos días es buscado por algunos de sus compañeros para quitarlo de en medio.

El 31 de enero de 1969, Juan José Echave, *Urrutia,* tiene que escribir una carta al Biltzar Ttipia y dar explicaciones de por qué no estuvo en Irún el día en que ETA comete su primer asesinato premeditado:

> Urrutia al Biltzar Ttipia:
> Compatriotas y amigos, son tres días que vengo de salir de prisión y me encuentro con la desagradable sorpresa de que cierta gente ha aprovechado mi [...] para montar una campaña de desprestigio y calumnias que, aunque burdos, han causado impacto en gente propensa a creer historias de espionaje y contraespionaje. Como, por otra parte, sé que os ha llegado un informe tendencioso y adulterado, creo necesario relataros mi versión de los hechos:
> 1. Por qué no estuvo este *herrialde* en la «Operación Sagarra».
> Como creo os ha contado Pablito, después de la reunión que tuvo lugar entre Zigor, él y yo en un pueblo cercano a San Juan de Luz, Zigor queda responsabilizado en encontrar un barco que sirviera para esta operación.
> Zigor recibió 5 000 pesetas de mi mano para conocer el lugar de la acción, punto donde desembarcaríamos y punto en el que embarcaríamos después. Decidimos pagar al patrón 10 000 pesetas después de la acción en concepto de alquiler. [...] Llega el día H, después de una noche de insomnio, sudando el miedo, llega Zigor diciendo que ha fallado el barco.
> Acudo al puerto a buscar a un viejo marino que me debe dinero y que se llama *el Sapo* para que nos saque del apuro. La mala suerte quiso que el Sapo estuviera pescando en el mar. Le esperamos hasta las doce y media de la mañana y no llegó.

Tras su extradición a España, José Antonio López Ruiz, *Kubati,* miembro del comando «Goierri» de ETA, se niega sistemáticamente a prestar declaración ante los juzgados de la Audiencia Nacional donde se instruyen varios sumarios por los numerosos asesinatos cometidos.

Fuera de los interrogatorios, mientras espera el furgón policial que le devuelve a la cárcel de Alcalá-Meco, su carácter se vuelve menos hosco y, a veces, sale de su autismo e intercambia algún comentario con el fiscal Enrique Molina Benito o los funcionarios de guardia. En una ocasión, el fiscal le pregunta:

—¿Por qué matas a la gente? ¿No se te hiela el corazón al quitar fríamente la vida a una persona?

Kubati se queda un instante pensativo. Responde:

—Pues, no. ¿Tú has ido alguna vez de cacería? ¿Sabes lo que es matar perdices? —le devuelve la pregunta.

—No, no he ido nunca. Pero me lo imagino.

—Pues bien, hazte a la idea. Para mí, matar a un guardia civil es lo mismo que ir de montería.

El etarra cuenta que, siendo niño, acude a buscar un día a su madre al cuartel de la Guardia Civil, donde estaba detenida. Mientras espera, presencia los malos modos con que es tratada su progenitora. La imagen le deja marcado, y cuando fue mayor se convirtió en un *killer* frío y despiadado. Increíble justificación, pero quien no se contenta es porque no quiere.

El 10 de septiembre de 1986, María Dolores González Kataraín, *Yoyes,* almuerza en casa de sus padres, en la localidad guipuzcoana de Ordicia, cuna de varios miembros de ETA, entre ellos Domingo Iturbe Abasolo, *Txomin.*

Dirigente histórica de la banda terrorista[11] y responsable de la oficina política de los pistoleros, cargo en el que sustituye a Miguel Ángel Beñarán Ordeñana, *Argala,* años antes ha decidido abandonar la organización. Su decisión causa un profundo malestar entre la cúpula dirigente. «¿Cómo tú, una revolucionaria,

---

11. Es la única mujer que participa en 1973 en el atentado al presidente del Gobierno, almirante Luis Carrero Blanco.

vas a marcharte en plena ofensiva del enemigo?», le pregunta Txomin Iturbe Abasolo, su jefe y amigo.

Después de dejarse media vida en ETA, llegando a alcanzar los puestos de mayor responsabilidad en la banda, Yoyes quiere abandonarlo todo. No porque esté arrepentida de lo que ha hecho, sino porque desea transformarse en una persona corriente: volver a su pueblo, casarse, tener hijos y convertirse en un ama de casa sin más pretensiones.

Sus jefes no lo admiten. Y es que María Dolores González Kataraín no es una militante cualquiera de ETA, es uno de los miembros de su estado mayor. «Alguien que ha elegido el camino del exilio y la lucha armada para cambiar la vida de su pueblo no puede volver al País Vasco hasta no conseguir sus objetivos», le ordenan. Lo contrario se interpretaría como una claudicación. Por tanto, le prohíben regresar, la obligan a vivir confinada en México, donde acaba sus estudios de Magisterio y trabaja de psicóloga en una guardería infantil.

A mediados de los ochenta, tras contraer matrimonio con Juan José Dorronsoro, un profesor del Liceo Francés de San Sebastián, cansada de vivir en el exilio separada de su marido, se arriesga a regresar a Ordicia. «Pero por qué Ordicia y no París o Bruselas», le plantean Félix y Martín, compañeros del colectivo de ETA de México, al que somete a discusión su decisión.[12] «Pues porque sí, porque ése es el pueblo por el que he luchado durante quince años.»

Para que nadie pueda tacharla de «traidora» o de «chivata», el director general de la Seguridad del Estado, Julián Sancristóbal, se encarga de que su paso por la Audiencia Nacional, donde tiene que prestar declaración, se haga de la forma más discreta posible. Asimismo, se le facilita un nuevo DNI y un pasaporte sin tener que pasar a estampar sus huellas y a firmar la cartulina por la correspondiente comisaría de policía.

La reacción de sus vecinos de Ordicia es todo lo contrario. Allí, en el municipio donde HB tiene mucha fuerza, la izquierda *abertzale* le hace sufrir un duro «calvario». Encontrársela tranquilamente en la cola del pan o verla pasear por el pueblo lo consi-

---

12. Pilar Iparraguirre, *Deportados, el mal menor*, Txalaparta, 1998.

deran un «mal ejemplo» para las nuevas generaciones de *gudaris* de ETA. Así, su cuadrilla, sus viejos amigos de toda la vida, que meses atrás la tenían idealizada, casi en un pedestal, dejan de saludarla. La gente de HB abandona los bares cuando ella entra. El sector más radical de la formación política la mira con odio y le escupe a los pies descaradamente a su paso. Los de Gestoras Pro Amnistía llaman por las noches a su casa para amenazarla y los jóvenes cachorros de Jarrai llenan el pueblo de pintadas acusándola de «cobarde» y «española».

Los pocos amigos que tiene sólo se arriesgan a verla a escondidas, como si fuera una apestada. «No te preocupes por esos —la consuelan, en referencia a los dirigentes de HB—, pronto se olvidarán de ti, ya se les pasará.» Yoyes asentía. Sabía que la decisión de hacerle la vida imposible, de amargarle el resto de sus días y no dejarla disfrutar de su hijo, no había partido de la gente de HB, sino de la cúpula de ETA en Francia.[13]

Y es que, meses antes, Francisco Múgica Garmendia, *Pakito*, la había citado en Bayona para una entrevista con la dirección de ETA. Allí la sometieron a una especie de «consejo de guerra». Dotados de un poder que nadie les ha dado, sin dejarla hablar ni preguntarle su opinión, votaron y decidieron que debía regresar de nuevo a México.[14] El incumplimiento de la «orden» suponía de facto una condena de muerte.

«Si el pueblo trabajador vasco no la castiga antes, si no actúa la violencia revolucionaria, el día que su hijo le arroje a la cara el desprecio por la traición sentirá vergüenza ajena», escribe desde Santo Domingo Eugenio Etxebeste, *Antxon*, situándola un poco más en la picota.

Sus presagios acaban cumpliéndose. Aquel 10 de septiembre de 1986 son las fiestas del pueblo. Tras comer con sus padres, sale a dar una vuelta llevando de la mano a su hijo Ekaitz, de tres años y medio. Al llegar a la plaza del pueblo, algo que capta en el ambiente la sobresalta, la pone sobre aviso de que algo grave va a ocurrir.

En su paseo de sobremesa acaba de darse de bruces con José

---

13. La orden fue dada por José Antonio Urrutikoetxea Bengoetxea, *Josu Ternera*, y Francisco Múgica Garmendia, *Pakito*.
14. Los presos de ETA, a los que también se consulta, son de la misma opinión.

Miguel Lasa Getaria, *Fermín*, militante de ETA al que conoce del sur de Francia. El terrorista camina hacia ella con una mano en el bolsillo del chubasquero, como si empuñara una pistola, y en actitud tensa y vigilante, controlando los movimientos de los escasos viandantes que deambulan por la villa.

Alarmada, trata de darse la vuelta para regresar a la casa de sus padres, probablemente en un intento desesperado de proteger a su hijo menor de edad. En ese instante, Kubati se cruza en su camino pistola en mano. Sin mediar palabra, le dispara a bocajarro dos tiros. Cumplida su misión, el despiadado pistolero de ETA se da la vuelta y echa a andar tranquilamente como el que regresa de una montería.

Ni siquiera la presencia de un niño de tres años y medio, de un crío bastante menor que él cuando presenció a la Guardia Civil golpear a su madre durante el franquismo, le impidió cometer, a sangre fría, el bárbaro y brutal asesinato de una mujer.

Belén González Kataraín, *Yoyes*, había dejado media vida luchando, sembrando el terror por el pueblo que quería, y la otra media se la quitaron sus compañeros de armas. El eslogan castrista «patria o muerte», en el País Vasco se aplica incluso a los suyos. Ya lo había dejado escrito ETA: «Un soldado se bate por su rey. Aquí nos batimos por el pueblo, y no hay permisos ni vacaciones hasta que no concluya la liberación nacional. Ésta sólo puede concluir con la victoria final, la cárcel o la muerte.»[15]

En el comunicado en que reivindica su asesinato, la banda armada dice: «Yoyes era colaboradora con los planes represivos del Estado español y [por tanto] traidora al proceso de liberación nacional que el pueblo vasco lleva a cabo. La traición ha de ser medida en función de la colaboración, tanto policial como política, con los planes genocidas que el Estado opresor español realiza en Euskadi con el asesinato de muchos patriotas por el GAL.»

Tras su asesinato ocurrió algo más grave todavía. Un amplio sector de los vecinos, no sólo no censuraron la actitud de la banda armada sino todo lo contrario. En las siguientes elecciones, HB se convierte en la fuerza hegemónica en Ordicia.[16]

---

15. *Insurrección en Euskadi*, Colección Cuadernos de ETA, núm. 20, 1963.
16. En 2002 conserva sólo cuatro concejales, uno de ellos teniente de alcalde, frente a los cinco del PNV/EA, que gobiernan el municipio de casi diez mil habitantes.

En febrero de 1983 y enero de 1986, cerca de 170 etarras dejan las armas como consecuencia de los pactos entre el ex ministro de Interior Juan José Rosón, Mario Onaindía y Juan María Bandrés, de Euskadiko Ezkerra. Antes de abandonar suelo francés, la mayoría de ellos recibieron la siguiente carta:

> ETA, Organización Armada para la Revolución Vasca, se dirige a ti como integrante de las listas negociadas entre Bandrés y Rosón para hacerte saber que, antes de cualquier hipotético proyecto de regresar a Euskadi Sur por tu parte, debes ponerte inmediatamente en contacto con la organización a causa de los problemas de seguridad que tu postura pudiera ocasionar y poder así solucionarlo de la mejor manera posible.
> Se te advierte igualmente que si haces caso omiso de esta carta y pones con ello en peligro a militantes o estructuras de la organización, tu actitud será considerada como traición, poniéndose automáticamente en marcha el mecanismo destinado a resolverlo por otros medios.

La entrevista de muchos de ellos con elementos más duros de la banda terrorista, en varios casos con sus compañeros del pueblo, fue traumática. Además de tener que aguantar una sarta de insultos e improperios, se les dio todo tipo de detalles sobre sus domicilios, nombres de sus padres, hermanos, lugares de trabajo e incluso los datos de algunos parientes que vivían fuera de Euskadi.

El largo brazo de ETA, al igual que el de la mafia, estaba dispuesto a llegar a cualquier parte a la más mínima sospecha de delación o colaboración con el enemigo.

En 1997, la dirección de ETA envía el siguiente mensaje a Herri Batasuna:

[Iñaki] Múgica Arregui,[17] *Ezkerra,* ha regresado [desde Cuba] al Estado francés como arrepentido. Tal y como han informado los compañeros que estaban con él, las negociaciones las ha hecho con un abogado francés que se llama Compte, que podía trabajar para el Ministerio del Interior. Se habló con él para amarrar el tema. Se le ha advertido que no se le ocurriera hablar de lo que ha podido ver. Se le dijo que le iba a dar una alegría a [José Luis] Corcuera y se le puso de ejemplo la dignidad de los presos de Salto de El Negro[18] y la de los exiliados. El Gobierno galo le ha ofrecido moverse libremente en el Estado francés, salvo en nueve departamentos, de momento. Ha tenido contactos con el alcalde de Hendaya y algunos intelectuales y éstos le sostienen. Para nosotros es un arrepentido y punto. No deberíamos hacer nada especial [en su contra] por ahora.

Son muchos los etarras que han sufrido presiones por dejar las armas e integrarse en la vida laboral. El ex ertzaina Mikel Suezkun, que a comienzos de los ochenta deserta de la comisaría de San Sebastián llevándose un arsenal de armas, tuvo que hacer frente durante meses a los panfletos que HB colocó en Álava, donde vive. Isidro Echave Urrestrilla y Jon Urrutia fueron obligados a abandonar el restaurante familiar, donde trabajaban de camareros al abandonar la cárcel, porque los *abertzales* los amenazaban de muerte. Al navarro Carlos Catalán, arrepentirse le costó el matrimonio. Su mujer, muy nacionalista, no aceptaba el rechazo social que existía contra ellos en el pueblo.

A Javier Izko de la Iglesia, presunto autor del asesinato de Melitón Manzanas, nadie quiso emplearle por temor a que se tomaran represalias contra la empresa. Montó varios restaurantes en Algorta y, en todas las ocasiones, los miembros de HB se los destrozaron por no cerrar cuando moría algún terrorista. La última vez, el día que mataron a Mikel Solaun. Mientras Izko de la Igle-

---

17. Iñaki Múgica Arregui, donostiarra, nacido en el barrio de Herrera y fundador de EGI (Eusko Gastedi Indarra), las juventudes del PNV. Se le considera el responsable del ingreso en ETA de más de trescientos miembros de las juventudes del partido nacionalista. Forma parte del ejecutivo de la banda terrorista y en 1983 es deportado a Cuba.

18. Prisión de Las Palmas de Gran Canaria utilizada para confinar a los presos más rebeldes de ETA.

sia leía un comunicado de repulsa en contra de ETA por el asesinato de su compañero, los *abertzales* radicales le quemaban el bar Utxoa.

Lo mismo le ocurre a José Miguel Goiburu Mendizábal, ex jefe de la oficina política de ETApm, al «poli-mili» que daba escolta al abogado Juan María Bandrés, o a Juan Manuel Soares Gamboa, ex miembro del comando «Madrid» en libertad condicional. Amenazados por sus antiguos compañeros, acosados en sus barrios, encontrar trabajo les ha sido casi imposible.

Treinta y dos años después del Consejo de Guerra de Burgos, Teo Uriarte ha tenido que desempeñar todo tipo de actividades hasta que se le responsabilizó de la Fundación para la Libertad. «Hubo un tiempo en que me llevaban a dar conferencias por ahí como si fuera una atracción de feria. Aquí, el domador de fieras, la mujer barbuda y los payasos. A mí, con dos penas de muerte, me toca hacer el papel estrambótico, el de la mujer barbuda», comenta Uriarte con su habitual sentido del humor.

No todos han sido capaces, sin embargo, de soportar la presión de la banda terrorista. Sin medios ni capacidad de subsistencia, en 1991 el etarra acabó «asociándose» con un delincuente común y organizando un atraco. Vendido a la policía por su «socio», poco antes de ser detenido sacó una pistola y se suicidó.

Ésta es la misiva de Rosa Alkorta y Félix Manzanos a la dirección de ETA, en 1992, pidiéndole a la banda armada autorización para abandonar Cabo Verde y así poder tener el hijo que desean:[19]

> Hola, camaradas:
> Soy Félix Manzanos y me encuentro como deportado en Cabo Verde, traído desde Argelia hace ahora tres años.
> Bueno, tras haberme presentado os quiero manifestar: quiero tener un hijo con mi compañera sentimental (Rosa Alkorta) y, dado que tenemos aquí grandes obstáculos, he deci-

---

19. Félix Manzanos iba a ser desterrado en 1985 a Santo Domingo, pero Eugenio Etxebeste presionó para que le mandaran a Cabo Verde y así poder ocupar él la plaza de Manzanos y viajar a la República Dominicana con Belén González, su novia.

dido pediros permiso para que nosotros dos nos vayamos de aquí a un país seguro.

Yo creo que nos conviene Cuba por dos razones: en el aspecto sanitario cumple las condiciones que necesitamos y, aunque no sé si estoy quemado, nos proporcionará una seguridad mayor.

Espero que lo que decidáis me lo hagáis saber, ya que el tiempo avanza.

Os saludo con un abrazo revolucionario. ¡Sin desmayo hasta la victoria! Arriba Euskadi libre. Arriba Euskadi socialista.

Hola, compañeros:
Soy Rosa Alkorta, me encuentro en Cabo Verde deportada y por estas razones os quiero decir que siento la necesidad de salir a otro territorio:

— Quiero tener un niño.
— Porque tengo depresiones, tanto aquí como en Argelia.
— He tenido dos abortos; en diciembre del 89 y en agosto del 90.

Tras los dos abortos me hice una biopsia de la matriz y la envié a Lisboa a analizar. Apareció que padecía hiperplaxia de endometrio, esto es, progesterona.

He seguido un tratamiento de seis meses, tomando progesterona (Primolut-Nor) y terminado el tratamiento continúo igual, con gran depresión, nerviosismo y susceptibilidad en los días de la ovulación.

Tengo treinta y cinco años y veo que el tiempo avanza, que este país no me ofrece las condiciones que nosotros (Félix y yo) queremos para tener un niño (hacer unos buenos análisis, incluida la amionitesia [sic], esto es saber si el niño será normal o no). El pasado año, habiendo ya enviado la biopsia a Lisboa, pedí que se me sacase a cualquier sitio para hacer un buen chequeo. Hablaron con Argelia, pero os tengo que manifestar que para una mujer Argelia es muy fuerte. De encontrarse ante la necesidad de hacer un aborto, tendríamos problemas.

Los resultados de la biopsia los envié a Euskal Herría y me mandaron un tratamiento. También me hicieron un raspado

(lo mandé a Lisboa) y no tengo la posibilidad de hacer unos buenos análisis. Como llevamos cuatro años buscando un niño os pedimos permiso de salir de este país.
Sin más, cuidaos y seguid firmes.

La decisión de Rosa Alkorta y Félix Manzanos de recuperar su libertad perdida para rehacer su vida y tener una familia da lugar a un fuerte debate en el seno de ETA. Antes de darle una respuesta, la banda armada pide informes a HB, a Xaki, a Gestoras y a varios asesores. Ésta es una de las respuestas:

> Sé que Rosa está quemada con todos nosotros. Y es que desde que pidió salir de Cabo Verde a hacerse una revisión ginecológica han pasado los años y nadie se ha movido. Por tanto, hay que aclarar de una vez si puede tener hijos o no. Quiero decir:
> 1. ¿Puede tener hijos? ¿Sí o no?
> 2. ¿Es que no puede tener hijos en Matxitxaco?[20] Entonces ¿es que está pidiendo tener hijos en un país X?
> 3. [Definitivamente] no puede tener hijos. Entonces, como militante, ha de estar donde le ha tocado, le guste o no. Hasta que se la pueda sacar a otro país.[21]

El 18 de abril de 1992, la dirección de ETA adopta un acuerdo. El matrimonio debe abandonar toda ilusión de viajar a Cuba. «Allí tenemos algunos temas importantes y delicados que se podrían estropear con una llegada masiva de refugiados», se dice en el escrito de respuesta.[22]

En cambio, se los autoriza a obtener la nacionalidad holandesa o irse a vivir a Dinamarca, un país a punto de ingresar en la UE. «En el aspecto médico puede ser el lugar más adecuado y ante la posibilidad de un aborto no creemos que existan problemas. Allí, además, podéis explorar qué posibilidades hay para la

---

20. Cabo Verde, según el libro de claves de ETA.
21. Informe de *Tucán* a la dirección de ETA. El documento aparece en el anexo documental II sobre la Asociación Europea Xaki en las diligencias que se instruyen en el Juzgado Central de Instrucción número 5 de la Audiencia Nacional.
22. Documentos de José María Dorronsoro Malatxetxeberría, Francia, 1993.

organización. Sin embargo, os tenemos que poner una condición. La de estableceros en México, si este intento falla.»

El 16 de abril de 1989, rota la tregua de Argel, la Guardia Civil detiene al comando «Éibar», al que atribuyen ocho asesinatos, formado por Jesús María Ziganda, Fermín Urdiain y Juan Carlos Alberti. Entre sus colaboradores se encuentra Luis Casares Pardo, un vecino de Plasencia de las Armas (Soraluce) que en varias ocasiones ha dado cobijo a los etarras.

Alertado por la noticia de las detenciones, huye a Francia. Siete años más tarde, el 24 de marzo de 1996, el colaborador fallece de cáncer en un hospital de Bayona y sus restos mortales son enterrados en su localidad natal, tras una serie de homenajes organizados por HB y Gestoras Pro Amnistía. La entidad responsable de los presos echa la culpa de la muerte al Gobierno español y denuncia la «dureza de las circunstancias que rodean la vida de aquellas personas obligadas a permanecer y sobrevivir en el exilio y a las que se impide rehacer su vida en condiciones normales y dignas».

Lo que ocultan los dirigentes de Gestoras es que Casares está enfrentado con ETA, que le retira la ayuda económica que presta a sus activistas. Es la represalia de la banda armada por rechazar la orden de irse a vivir a México, como pretenden sus jefes.[23]

Hay casos más sangrantes. Es el de Vicente Celaya, también navarro, fallecido de cáncer. Los médicos le pronostican dos años de vida y su familia aspira a que el enfermo pueda regresar a Pamplona a pasar sus últimos meses con su hermana y sus sobrinos, y morir en paz.

Según el periodista Florencio Domínguez, la dirección de ETA es informada de la enfermedad del activista en una carta en la que se indica que los médicos no le dan más de tres años de vida y se pide permiso a la cúpula etarra para que el enfermo pueda volver a Pamplona, con su familia, a pasar allí sus últimos años: «Vicente dice que no quiere prolongar su vida. Ahora, su hermana, que siempre se ha ocupado de él, está aquí, pero debe trabajar

---

23. Florencio Domínguez, *Dentro de ETA*, Aguilar, 2002.

y no puede venir siempre. [En cambio] en el País Vasco español su hermana y sus hijos le rodearían en la fase final.» El 27 de octubre de 1992, meses más tarde, Celaya fallece de cáncer en territorio francés.

Su petición ha sido rechazada por ETA, lo mismo que la de numerosos presos que han fallecido de cáncer y a los que sólo se permite volver a su lugar de origen cuando se encuentran prácticamente en estado terminal. Y es que ha habido etarras que han utilizado este argumento para acogerse a los beneficios penitenciarios y la banda armada desconfía hasta de sus propios activistas.

Contraria a «legalizar» las salidas individuales de sus presos, deportados o exiliados, para evitar una desbandada generalizada, ETA castiga con el ostracismo y la marginación, e incluso la muerte, a quienes pretendan vulnerar sus leyes.

El trágico final de Casares y Celaya, a los que no se permite regresar a España, muestra además la pretensión de la banda armada de decidir sobre la vida de sus miembros, incluso aunque se encuentren separados de la organización.

Ángel María Rekalde Goikoetxea, un tolosarra (Guipúzcoa) nacido en 1957, no perdió el tiempo en ir a la universidad. En 1976, con diecinueve años, se fue de casa para integrarse en la banda asesina ETA.

Poco tiempo después comienzan a conocerse sus «hazañas». El 20 de septiembre de 1980, al frente de un comando de ETA del que forman parte Jaime Rementería Beotegui, José Carlos García Ramínez y Fidel González García, entra en un bar de la localidad de Marquina (Vizcaya). Sin mediar palabra, los pistoleros se colocan frente a una mesa y ametrallan a sus cuatro ocupantes. Los guardias civiles Antonio García Argente, Mariano González Huergo, Miguel Hernández Espigares y Alfonso Martínez Bella mueren en el acto sin poder sacar sus armas.[24]

Es el período en que las fuerzas democráticas, que han aceptado la reforma frente a la ruptura con el antiguo Régimen, aca-

---

24. Sumarios 99/80 y 89/81 de la Audiencia Nacional.

ban de consensuar una Constitución en la que quepan todos los españoles y se trabaja en dotar al País Vasco de un amplio Estatuto de Autonomía.

ETA y las fuerzas involucionistas del Régimen son los únicos que se oponen a los cambios. Mientras los primeros respetan más o menos escrupulosamente el proceso de transición, la organización terrorista instaura los llamados «años de plomo» para imponer la secesión de las Vascongadas. Rekalde es uno de esos pistoleros enloquecidos. El 1 de febrero de 1980 asesina en la carretera de Ea a Isparter a seis guardias civiles que dan cobertura a un convoy que transporta armamento.[25]

Capturado por las Fuerzas de Seguridad del Estado, durante varios años es sometido a una serie de procesos y condenado a un total de 288 años de cárcel. Mientras sus víctimas llevan años bajo tierra, aprovecha su tiempo en prisión para hacer la carrera de Bellas Artes por la Universidad de Lejona (Vizcaya) y para dedicarse a la literatura y escribir varios libros,[26] todos ellos publicados por la editorial Txalaparta, situada en Tafalla (Navarra) y cercana al mundo terrorista.

La poesía y el culto a los clásicos no contribuyó a refinar su espíritu y a hacerle abjurar de la violencia. Duro entre los duros de ETA, el 11 de febrero de 1997 celebró con langostinos y pasteles los asesinatos del magistrado del Tribunal Supremo Rafael Martínez Emperador y del empresario tolosano, compatriota suyo, Francisco Arratibel.[27]

Ángel Rekalde estaba recluido entonces en la prisión de Cáceres, llevaba casi diecisiete años en la cárcel y, pese a su falta de arrepentimiento, las autoridades penitenciarias le propusieron para obtener el tercer grado. La negativa de la dirección de ETA a que sus activistas se acojan a los beneficios penitenciarios le iba

---

25. Gregorio González Roldán y Esteban García Cerviño. Sumario 140/80T
26. *Dorregarai, la casa torre, Herrera* [de la Mancha], *prisión de guerra, Memorias de mañana, Sombras del alba, Mugalaris, memoria del Bidasoa* y otros. Otros etarras dedicados al cultivo de las letras son Iñaki Gonzalo, Iñaki de Juana Chaos, Jokin Uraín, Xabier Izaga, José Luis Álvarez Santacristina, Jon Sarrionaindía, Kinito Izaga, Jon Etxaindía, Eugenio Etxebeste Antxon, Mikel Albizu *Antza* y media docena más.
27. Ese día encargó por medio del «servicio de demanduría» de la cárcel tres kilos de pasteles y dos de langostinos, que compartió con sus compañeros de módulo José Manuel Aristi y José Ramón Zabaleta.

a suponer un grave enfrentamiento con la cúpula etarra. Los testimonios que siguen revelan la «democracia interna» que impera entre los pistoleros.

Cinco de agosto de 1999, 10.36 horas. Se recibe una llamada a cobro revertido en el número 609 30 47 36, intervenido por orden judicial.[28] Ángel Rekalde Goikoetxea llama a su hermano Julio para contarle una entrevista sostenida el día anterior con José María Matanzas Gorostiza, abogado de ETA. Acude a la cárcel para pedirle que renuncie al tercer grado penitenciario, tras dieciocho años de prisión.

Ángel.— Y bueno, me vino montando, pues, la bronca. Me dijo que te llamaría a ti para pedirte una copia del material y ver cómo lo hemos hecho. Le dije que lo de la condicional lo habíamos montado con Castell[29] y algunos amigos pero que no había nada raro. Y él, una bronca.
Julio.— ¿Una bronca Matanzas?
Ángel.— Sí. Me agarré un rebote de cojones.
Julio.— ¿Y cuántas visitas te ha hecho en los dieciocho años que llevas en la cárcel?
Ángel.— En los tres últimos años, ayer fue cuando le vi.
Julio.— Pero no me jodas, tú, ¿quiénes se han creído que son esos payasos?
Ángel.— Me dijo que Miguel [Castell] no podía llevar mi caso porque está en otras cosas. Aquí, la única referencia ya sabes cuál es y tal, siempre señalando al cielo.
Julio.— ¡Ah sí!
Ángel.— Literalmente.
Julio.— Pues oye, con Dios no tengo yo el teléfono.
Ángel.— No, no me refería a Dios. [...] Era a otro tipo de divinidad.
Julio.— [...] O sea, es que ése es imbécil, coño, pero imbécil hasta decir basta.
Ángel.— Yo le preguntaba: ¿Por qué para unos [la libertad] sí y para otros no? Yo desde que estoy aquí dentro he estado en

---

28. Diligencias previas 127/99 del Juzgado de Instrucción número 5 de la Audiencia Nacional.
29. Miguel Castell Arteche, abogado donostiarra encargado de los presos de ETA y, en esos momentos, apartado de la línea de la banda armada.

un montón de juicios y si se podía sacar a alguien, a sacarle. Y nunca ha habido un mal rollo ni ninguna historia. Si dos tíos estaban cargados se quedaban dentro. Vale, mala suerte. Pero si se podía sacar a la mujer de tal, al de la casa cual, al que te dejó el coche, le sacábamos. Y ahora parece que ese criterio no se aplica nunca a nosotros.

Julio.— ¡Tiene cojones! [...] Y los del módulo, ¿no te han dicho nada?

Ángel.— No. Hoy se lo he comentado a los que están conmigo. [Les dije] que [Matanzas] me dijo que lo de salir en condicional no es muy lícito, que no está aceptado en el colectivo y que tuvimos la bronca. Les conté que lo de los grados no los aceptamos, porque nos supone problemas de trato, convivencia, diferencias, discriminaciones y castigos. Pero que, a efectos de condicional, cuando vamos a juicio sacamos lo que podemos.

Julio.— Vale, no te preocupes. Si éste me llama se va a llevar la pasada de su vida, y en nombre de Dios, amén, ¿eh?

Ángel.— Hum, hum.

Julio.— Además, como me nombre a Dios, ya verás tú lo que va a oír.

Mismo día, 11.16 de la mañana. Llama Iñaki Egaña Sevilla de Gestoras Pro Amnistía para hablar con Julio Rekalde Goikoetxea (hermano del preso de ETA). Lo hace primero con su esposa, Adela Tarrón.

Iñaki.— Ha hablado con Ángel hace un rato. Ha ido a visitarle Matanzas[30] ayer para leerle la cartilla, decirle que eche todo para atrás, que renuncie a su abogado y que haga un escrito diciendo que la ha cagado. Amenazas, mal... Bueno, un rollo muy chungo. Además, se presentó, palabras textuales, como «comisario político».

Adela.— Pero ¿el tío se ha vuelto loco o qué pasa?

[Coge el teléfono Julio Rekalde.]

Julio.— ¿Qué pasa?

---

30. José María Matanzas Gorostiza, abogado de los presos de ETA y persona encargada supuestamente de imponer las consignas de la banda armada en las cárceles.

Iñaki.— ... el Matanzas, que le ha dicho a Ángel que eche todo para atrás y que renuncie al abogado y a la libertad condicional.
Julio.— Ya, ¿por qué no se ocupa de sacar a Santi?[31]
Iñaki.— O a cualquier otro.
Julio.— No, que se preocupe de sacar a Santi y que nos deje en paz. Estamos de chupones de estos que viven del rollo hasta los cojones. Éste es un hijo de puta a sueldo y estoy hasta los huevos de la gente que ha vivido durante veinte años de nuestra sangre. [...] ¿Después de dieciocho años en la cárcel va a venir este hijo de puta a decirnos [lo que tenemos que hacer]?
Iñaki.— Ángel va a seguir adelante, ¿no?
Julio.— Por supuesto. Pero ¿qué se ha creído ese mamón, esa banda de hijos de puta, que pasan de veinticinco abogados [los contratados por ETA] que están viviendo de puta madre? Todos tienen consignas maravillosas, pero en la cárcel está Santi y está éste [su hermano Ángel Rekalde], ¡no te jode! Al que acusan de los muertos es a Ángel, no al hijo de puta ése, ¿eh? Al que no le sueltan los guardias civiles es a éste, ¿eh? Al que el fiscal pone la nota «son seis muertos» o al que los funcionarios le dicen «son seis muertos» es a éste, ¡no te jode!

Día 27 de agosto de 1999, hora indeterminada. Ángel Rekalde Goikoetxea llama a su hermano Julio.

Julio.— He estado con Kepa[32] y me ha dicho que habló con el de Bailén, me dijo que no te preocupes, ya está hablado.
Ángel.— Te está engañando. Hay una nota, una nota que es falsa que va como decisión de aquí y no es cierta. La están distribuyendo por Gestoras, por Senideak, y por HB, ¿eh? En Vizcaya.
Julio.— O sea, Kepa y todos éstos.
Ángel.— Sí, y es falsa. La han filtrado con unos añadidos, con una serie de historias, y a meter mierda.
Julio.— Pues a mí este tío, entonces, vamos, me está engañando directamente al morro.

---

31. Santiago Arróspide Sarasola, *Santi Potros*, dirigente de ETA extraditado por Francia.
32. Kepa Landa Fernández.

Ángel.— Hay que cortarlo. Llamada al orden, al orden pero seria. Yo creo que quien puede cortarlo es Izaskun[33] desde allí. Hay que cortarlo desde arriba.

Julio.— Ya, ya, ya.

Ángel.— Y que rueden cabezas. Tú puedes plantear la bronca y decir: Oye, ¿quién ha hecho esto? Esto es una manipulación.

Julio.— ¿Y qué dice la gente de tu módulo?

Ángel.— Hum... cortándose las venas. Pero es que lo que han hecho conmigo es muy grave. Según la nota, estoy expulsado. Y si estoy fuera, cuando salga propondrán que no se me haga recibimiento.

Julio.— Ya.

Ángel.— Hombre, a mí lo del recibimiento me la suda, pero es por lo que eso significa.

Julio.— Y el chico este, el hijoputa este, se dedica en cuerpo y alma a fastidiarte, ¿no? Porque un día sí y otro no está ahí, ¿no?

Ángel.— Sí, ha venido en menos de un mes cuatro veces. [...] Es cuestión de [echar] mierda. Ten en cuenta que aquí estamos en la burbuja, en el agujero, y el único que viene es el abogado. Entonces, claro, aquí la gente se mosquea mucho.

Julio.— Esto es el canibalismo de los náufragos, ¿no? La gente no lleva más perspectiva que machacarse unos a otros y tal. O sea, una cosa demencial, ¿eh?

Ángel.— Es cierto. Estamos llegando a las más altas cotas de miseria, que decía Groucho Marx. Es de paranoia interna.

Día 30 de agosto de 1999, 19.42 horas. Julio Rekalde Goikoetxea llama a Iñaki Egaña Sevilla, periodista.

Julio.— Éstos mal, mal, mal, porque ¡joder! son los guardianes del centeno. Ellos dicen no, éste conoce perfectamente la forma de funcionar del colectivo y se ha salido del colectivo.

---

33. Izaskun Rekalde Goikoetxea, hermana de los anteriores, casada con Santiago Arróspide Sarasola, *Santi Potros*, jefe de ETA hasta su detención el 27 de septiembre de 1987. Se supone que tiene «hilo directo» con la dirección de la banda armada, ya que, además, fue candidata por HB al Parlamento vasco.

[Hablo] con Carmen, Iñaki, Kepa y la Zulueta[34] y me dicen: de momento esto es una indisciplina. Ya verás cómo se van a poner los del Puerto[35] cuando se enteren. Tienes que tener en cuenta que hay gente que lleva no sé cuántos años. Pues si es así, si hay gente que no quiere la condicional, hay que mandarlos al psiquiatra, les digo.

Iñaki.— Han estado en el periódico.
Julio.— ¿Ah, sí?
Iñaki.— A decir que no les hagan una entrevista, que ni agua.
Julio.— ¿Y con quién han hablado?
Iñaki.— Con [Martín] Garitano y con Maite [Ubiría], que es la redactora jefe de Euskadi.
Julio.— ¿Y qué han dicho éstos?
Iñaki.— No sé, no sé. Sólo sé que han estado.
Julio.— Éstos se han cuadrado, ¿qué van a decir?
Iñaki.— Ya... se habrán cuadrado.

En noviembre de 1988, Melchor Miralles y Ricardo Arqués, dos periodistas de *Diario 16*, hacen un descubrimiento sensacional. El subcomisario José Amedo, miembro del servicio de información de la policía en Bilbao e implicado en las actividades del GAL, tiene un topo infiltrado al más alto nivel en la estructura de Herri Batasuna.

Su control de la organización es tal que la dirección de ETA le hace responsable de la desarticulación de tres comandos en la zona de Llodio (Álava)[36] y del desmantelamiento de otros dos, el «Araba» y el «Goyerri-Costa», con su jefe, José Antonio López Ruiz, *Kubati*, el asesino de Yoyes, a la cabeza.

El individuo en cuestión es José María Urkijo Borde, *Kinito*, un tipo nacido en Llodio en el seno de una familia *abertzale* sin

---

34. Carmen Galdeano Prieto, Iñaki Goyoaga Llano, Kepa Landa Fernández y Arantxa Zulueta Amuchastegui.
35. Los presos del penal del Puerto de Santa María (Cádiz).
36. Los comandos Pagasarri, en 1983, el Pagaza, en 1986, y el Goiko-Kane, en abril de 1989. Lo curioso es que tras entregar los comandos a la policía conseguía, en algunos casos, con ayuda de Amedo probablemente, que empresas como Tubacex les siguieran pagando las nóminas mientras estaban en la cárcel, lo que le ayudaba a granjearse las simpatías del mundo abertzale.

especiales simpatías políticas hasta que conoce a Pablo Gorostiaga, alcalde de HB de la población, a Elena Beloki y al sindicalista Joseba Cereceda, y comienza a militar en HASI y el sindicato filoetarra LAB.

A partir de ahí, su carrera es meteórica. Poco después es elegido diputado a las Juntas Generales de Álava y, en 1988, pasa a formar parte de la Mesa Nacional de HB y está en el cónclave secreto donde se toman todas las decisiones de la trama civil de ETA.

Lo que nadie sospecha es que tras ser detenido, en 1981, Kinito se ha convertido en confidente de Amedo. De esta manera, el subcomisario está al corriente de los organigramas de HASI, sabe que es ETA la que manda en esta organización y tiene las listas de candidatos a los distintos procesos electorales hasta dos meses antes de que se publiquen. De vez en cuando, incluso, sus indicaciones permiten a sus jefes capturar algún comando.

La información, una vez contrastada y una vez verificado que no pone en riesgo ninguna operación de Estado,[37] salta a las páginas de *Diario 16*, dirigido entonces por Pedro J. Ramírez, el 24 de febrero de 1989. José María Urkijo niega los hechos que se le imputan, pero Herri Batasuna decide ponerle en cuarentena y retirarle de todos los cargos en el partido.

La situación eclosiona mes y medio más tarde. El 14 de abril, José Amedo, preso en la cárcel de Guadalajara por el «caso GAL», no sabe cómo salvar el pellejo de la que se le viene encima. Y diseña una estrategia diabólica. «Exprimir» a fondo a su confidente para, con la información conseguida, negociar su libertad.

«[Si no colaboras conmigo] te entregaré a los tuyos de forma pública y documentada. Ya sabes lo que te esperaría. [...] Vuestros pistoleros se encargarán de ti», le amenaza en una carta en la que le pide que delate a la dirección de HASI y le cuente todo lo que sepa de ETA.

Atrapado en una ratonera sin escapatoria alguna, José María Urkijo no sabe qué hacer. Sabe que si no colabora, Amedo cumplirá su palabra, y si delata a la gente de ETA, marcado como está, acabará con una bala en la cabeza tirado en cualquier cuneta.

---

37. Txema Montero y Tasio Erkizia, de HB, llevaban varios meses tratando de identificar la existencia de un «topo» en la organización y habían llegado a idénticas conclusiones.

Al final, tras sopesar una y otra decisión, llega a la conclusión de que sólo tiene una posibilidad de salir con vida. Acudir a la iglesia de su pueblo, confesar sus «pecados» a Iñaki Mendieta, el cura al que de niño ayudaba de monaguillo, mostrar su profundo arrepentimiento y pedir al sacerdote que interceda ante HB y ETA por su vida.

Y eso fue lo que hizo. ETA puso dos condiciones para respetar la vida del «delator». Elaborar una autocrítica en la que contaría a la banda armada, hasta en los más nimios detalles, todos los encuentros con Amedo, la información que le había facilitado y los nombres y apellidos de todos los miembros de la organización con los que había estado desde 1981 hasta la fecha. Si pasaba la prueba y la banda armada podía establecer una serie de cortafuegos para ponerse a salvo, tendría que comprometerse a no hablar jamás del asunto con nadie, cambiar de personalidad, abandonar Euskadi y recluirse en un monasterio de clausura. Esta decisión era, además, de por vida.[38]

Kinito aceptó ambas propuestas. Lo que nadie sabe desde entonces es si está dedicado a la meditación trascendental, expiando sus culpas antiabertzales, o se encuentra bajo medio metro de tierra. La tesis más probable, dado el mutismo de la familia, es que se halle recluido en un convento de por vida.

Integrado por Sabino Onaindía, Aitor Zumárraga, José Luis de la Oliva, Vicente de Luis Astarloa, Luis Artola Ibarretxe, Francisco Etxebarría y Salvador Sopelana, el comando «Orbaiceta» de ETA actúa en Vizcaya entre los años 1979 y 1986.

Entre los atentados que cometen se encuentra el de José Ignacio Pascual Urra, al que confunden con un policía, la muerte del estanquero de Bilbao Ramón Coto, la del peluquero de Portugalete Agapito Sánchez Angulo y el asesinato del taxista Juan José Uriarte en Bermeo.

El 14 de enero de 1981 asesinan en Sodupe (Vizcaya) a uno de los suyos, a José Luis de la Oliva. Según la organización armada, De la Oliva «militaba en los entornos de la izquierda *abertza-*

---

38. Informes del archivo de Herranz Bilbao, París, 2001.

le, especialmente en Gestoras Pro Amnistía, para pasar información a la policía y a la Guardia Civil, siendo su pretensión la de entrar en Euskadi ta Askatasuna. Para realizar este trabajo habría recibido una importante cantidad de dinero y documentación falsa».[39]

Las cosas, en realidad, habían ocurrido a la inversa. De la Oliva no tenía un duro y sí una gran adicción a la droga. Lo que ETA oculta es que se ha gastado parte del dinero obtenido en un atraco del comando «Orbaiceta» en comprar estupefacientes.

Algo parecido le ocurre al comando «Igueldo», un talde legal desarticulado en Guipúzcoa en 1981 por la Guardia Civil. Sus miembros, Gabriel Muzas, Ignacio Oteiza y Jesús González Istillarte, toxicómanos, han tenido graves problemas con la dirección de ETA. Tras cometer más de veinte atracos al Banco de Santander, Caja de Ahorros Municipal de San Sebastián, Banco Industrial de Cataluña, se quedan con el dinero para comprar heroína.

En 1980, la banda terrorista los llama al sur de Francia. Los trasladan a un bosque cerca de Las Landas y los atan a un árbol. Allí los interrogan durante cinco horas, llegando a ponerles una pistola en la cabeza y a simular una ejecución, hasta que cuentan dónde y cómo se han gastado el dinero que se supone pertenece a la organización, al ser sus miembros parte activa de ésta.

Tras el interrogatorio, en el que participan Eugenio Etxebeste y Txomin Iturbe, se comprometen a someterse a un tratamiento de desintoxicación y a regenerarse. ETA les permite regresar al País Vasco y a la semana siguiente vuelven a estar enganchados a la droga, hasta el punto de que tras la detención de Jesús González Istillarte la Policía Nacional, en lugar de mandarle a la cárcel, le envía al hospital psiquiátrico de San Sebastián.

Una semana después, sus compañeros le liberan a punta de pistola y el comando «Igueldo» continúa realizando atracos, por lo que ETA, en una de sus comunicaciones, les exige terminantemente que abandonen Euskadi. Si no lo hacen, la próxima vez que tengan noticias de ellos será para pegarles dos tiros a cada uno.

---

39. *Zuzen*, número 5 de febrero de 1981.

Menos suerte tuvo José Miguel Etxeberría, *Naparra*. Nacido en Pamplona y militante de la Liga Comunista Revolucionaria, en 1978, con veinte años, huye a Francia

Allí ingresa en ETA, pero su filosofía anarquista choca con la férrea disciplina de la organización y acaba expulsado. Inmediatamente empieza a militar en los Comandos Autónomos Anticapitalistas y se dedica a la compra de armas para este grupo terrorista, en 2002 completamente desarticulado.

En su corta carrera terrorista, Naparra comete un error: quemar a un traficante de armas de ETA militar porque se niega a suministrarle una partida de pistolas Browning. El 11 de julio de 1980, los «milis» le ponen una cita en San Juan de Luz para solventar la cuestión y Naparra acude al volante de un Simca 1000. Nunca más se le ha vuelto a ver.[40]

Otros etarras, en cambio, han estado a punto de ser asesinados por no tener pelos en la lengua contra sus jefes. Es el caso, por ejemplo, del pistolero del comando «Madrid», responsable de dieciséis asesinatos y dos secuestros,[41] José Luis Urrusolo Sistiaga. En 1991 se intercepta una carta en la que habla del jefe de ETA Francisco Múgica Garmendia en los siguientes términos:

> Pakito es un hijo de puta y un gilipollas. Cuando le pida cuentas va a ser con el cacharro encima de la mesa y preocupándome que tenga la pipa bien lejos para poder darle cuatro hostias. Es un inútil, no tiene ni puta idea. Ahí no se puede estar ocupando un puesto que debía ocupar otro que ha estado en el otro lado. Está desequilibrado, trastornado, éste no está bien. Para hacer lo que hace y decir lo que dice hace falta estar tocado.

Tras estas declaraciones, publicadas en la prensa, Múgica asegura a sus amigos que cuando regrese a Francia le formará un «consejo de guerra». La detención de la cúpula de ETA en Bidart, probablemente, le salva del *paredón*.

---

40. Para más detalles, consultar la obra *Komando autonomoak*, una historia anticapitalista.
41. Los de Diego Prado y Colón de Carvajal, y Emiliano Revilla.

De niño siempre fue muy religioso y en el colegio de los Marianistas de San Sebastián sacaba unas excelentes notas en formación del espíritu nacional. La descolonización de Argel, el Mayo del 68, el Consejo de Guerra de Burgos y las lecturas de libros como *Revuelta en Tierra Santa*, de Menahem Begin, recomendados por el dirigente del PNV Luis María Retozala, le llevan a ETA. Y dentro de la banda armada, Regis Debray, Lenin y Mao Zedong le conducen a la lucha revolucionaria y a preparar el asalto al palacio de Invierno.

Nacido en Donostia y licenciado en Empresariales por los Jesuitas de Deusto, Eduardo Moreno Bergaretxe, *Pertur*, entra a militar en ETA en 1972.[42] Una de sus primeras decisiones fue votar, junto con Francisco Javier Garayalde, *Erreka*, en contra de la muerte del industrial Ángel Berazadi, secuestrado por ETA y posteriormente asesinado.

Alegre y jovial, animador de muchas fiestas *abertzales* en San Juan de Luz y Bayona con su inseparable guitarra, Pertur fue el principal autor de la ponencia «Otsagabía», base de la VII Asamblea de ETA.

Convencido de que la lucha armada carece de futuro en la Europa occidental tras la muerte de Franco, en el documento plantea el predominio de la lucha política sobre la militar y la necesidad de disolver paulatinamente los comandos armados y la creación de un partido político, EIA, que acabaría transformándose en Euskadiko Ezkerra.

El 23 de julio de 1976, unos compañeros «poli-milis» le ven por última vez en San Juan de Luz. A partir de ese día desaparece y nadie, ni familiares ni amigos, vuelven a saber nada de su paradero. Da la impresión de que se lo ha tragado la tierra.

Coincidiendo con su «evaporación», un sector de la banda terrorista le acusa de quedarse con cien millones de pesetas con los que habría escapado a Brasil, donde pretendía buscar una salida personal al margen de la situación política vasca y rehacer su vida.

La patraña, lejos de acallar los rumores sobre su asesinato por

---

42. Previamente había sido, uno de los editores de *Hausti*, de los «poli-milis».

ETA, actuó en el sentido contrario. Un grupo de activistas se dedican a reconstruir sus últimos movimientos antes de su desaparición del mundo de los vivos y se descubre que las dos últimas personas con las que ha estado son Francisco Múgica Garmendia, *Pakito*, y Miguel Ángel Apalategui Ayerbe, *Apala*.

Miembros de los comandos «Bereziak»[43] y partidarios de continuar con la lucha armada, Pakito y Apala le consideraban el responsable de la escisión de ETA en dos ramas y habían jurado venganza eterna. Ninguno de los dos ha reconocido, sin embargo, ser el autor material de su muerte. En agosto de 2000, su madre, Marta Bergaretxe, afirmaba: «Eta es hoy una banda nazi y mafiosa. En ETA un pequeño grupo de fanáticos y nazis sigue creyendo que en este país no puede haber democracia.»

A comienzos de mayo de 1974, Domingo Iturbe Abasolo, *Txomin*, selecciona a diez personas para llevar a cabo una acción de envergadura fuera de España que va a dirigir él personalmente.

El grupo está formado por Isidro María Garalde, *Mamarru*; Miguel Ángel Apalategui, *Apala*; José María Arrubarrena, *Tanke*; José Antonio Garmendia, *Tupa*; Beñar Oyarzabal, *Beñat*; José Luis Arrieta, *Azkoiti;* José Joaquín Villar, *Fanggio*; Juan Manuel Galarraga, *Potxolo*; José Ramón Arrizkorreta, *Josetxu*, y Joaquín María Azaola Martínez, *Jokin*. Entrenados muchos de ellos en el campamento de Güemes (Cuba), en Argentina y Uruguay, con los montoneros y tupamaros, todos ellos son los tipos más duros y mejor entrenados de la banda armada.

A los activistas, sin embargo, no se les ofrece la más mínima información del atentado que van a realizar. «Se trata de algo más gordo y más sonado que lo de Carrero Blanco», es lo único que logran sonsacarle a Txomin.

A mediados de ese mes, una parte del comando del que forman parte Tupa y Tanke se traslada a Niza y se establecen en el chalet «Roc Azur», alquilado poco antes por medio de la agencia

---

43. Grupos especiales a los que ETA encarga las acciones más sanguinarias. Acaban integrándose en el aparato de los «milis».

inmobiliaria Glemont. Su misión consiste en construir bajo la escalera una madriguera de dos metros y medio de largo por dos de ancho y dejarla acondicionada para soportar un largo secuestro sin que la policía sea capaz de encontrar el escondrijo.

Al mismo tiempo, otros miembros del grupo, entre los que se encuentran Mamarru y Azkoiti, alquilan el yate *Stolvezen* en Cannes (Francia) y se dedican a navegar por la costa como si fueran multimillonarios ociosos. Su misión consiste en familiarizarse con las mareas y los puertos de la zona.

La primera semana de junio, Txomin en persona se traslada a la Costa Azul para dirigir la operación. En ese momento, los diez integrantes del comando se enteran de que el objetivo es el Príncipe de España, Juan Carlos de Borbón, y la Princesa Sofía de Grecia, a los que pretenden secuestrar para solicitar a Franco un rescate de trescientos millones y la liberación de cien presos de ETA.

La banda armada sabe que ese verano la Familia Real española viajará al pequeño «reino» de Mónaco. El príncipe Rainiero quiere inaugurar un gran casino y, entre sus invitados de honor, están todos los miembros de la realeza europea.

Como se explica en otro apartado de esta obra, el secuestro del futuro Rey de España forma parte de la estrategia acción-represión-acción, que aparece con frecuencia en los manuales terroristas de la época. Colocando en el punto de mira de sus atentados a los pilares del sistema, ETA piensa lograr una represión indiscriminada contra la población, que acabará levantándose en masa y aniquilando el Régimen.

No todo el mundo, sin embargo, creía a pies juntillas en la teoría revolucionaria de ETA y estaba dispuesta a aplicarla al pie de la letra. Por el contrario, uno de los miembros del comando que iba a secuestrar a la Familia Real en Mónaco, Joaquín María Azaola, *Jokin*, sospecha que el secuestro de don Juan Carlos y de doña Sofía no sólo no va a contribuir en nada a la liberación del pueblo vasco sino que acentuará más la represión, como ocurrió con la muerte del almirante Carrero, sin que el Régimen se tambalee lo más mínimo. «Además, Franco no va a dar el brazo a torcer y, como no podremos dar marcha atrás, tendremos que mancharnos las manos de sangre con la persona con la que deberíamos firmar un armisticio que garantice las libertades de Euskadi una vez muerto Franco», dejó escrito.

Vinculado al sector «servicios» del PNV en su juventud y exiliado de 1947 a 1950 y de 1957 a 1966 por actividades terroristas, detenido y encarcelado durante nueve meses, en 1970, por su participación en el secuestro del industrial Zavala,[44] sometido a dos consejos de guerra y a un tercer exilio que dura hasta 1973, Joaquín María Azaola decide poner fin a aquella pesadilla que le atormenta.

A comienzos de agosto, aprovechando un viaje a Bayona, se entrevista con el *lehendakari* José María Leizaola y le pide permiso para desbaratar los planes de ETA. Obtenido éste y con la excusa de renovar su DNI, visita al cónsul de España y le hace entrega de un sobre cerrado dirigido al comisario general de investigaciones de la Dirección General de Seguridad, José Sainz González. «Me dirijo a usted porque quiero evitar un hecho con el que el porvenir de España se verá amenazado y que será, además, una mancha para todo el pueblo vasco», le dice.[45]

Cuarenta y ocho horas más tarde, Jokin y los comisarios José Sainz y Roberto Conesa se entrevistan en secreto en el casino de Biarritz y se pone fin a los planes de ETA. El Príncipe de España clausura su viaje a Mónaco y el resto de las autoridades franquistas hacen lo mismo.[46]

De esta manera, la operación terrorista queda abortada. Un mes más tarde, tras la caída en Donostia de Tupa y Tanke y, posteriormente, la de Beñat, a los que la policía acusa de la construcción de «cárceles del pueblo» en Madrid y del atentado de la cafetería Correo, ETA sabe que tiene un «topo» en la organización que ha impedido el secuestro del heredero al trono de España.

La localización de los pisos francos de Niza, el nombre del barco con el que iba a ser secuestrado el Príncipe de Asturias en alta mar, las fotografías que la policía les muestra del «zulo» cons-

---

44. El secuestro se relata en otra parte de este libro.
45. Revista *Interviú*, mayo de 1978.
46. No ocurre así con don Juan de Borbón, que no es advertido por las autoridades franquistas y aparece en Mónaco a bordo de su yate *Giralda*, convirtiéndose en blanco inesperado de los terroristas, que dan el visto bueno al secuestro alternativo. El mismo día es rescatado por un avión militar español y trasladado a Mallorca, donde declara: «Los de ETA querían secuestrarme.»

truido en el chalet «Roc Azul» son pruebas irrefutables de que alguien desde dentro ha desbaratado los planes terroristas.

La banda armada sospecha de Mikel Legarza, el primer infiltrado que la policía había logrado introducir en la cúpula de la organización, aunque no saben cómo ni cuándo el Lobo ha podido tener conocimiento de unos planes que sólo conocían once personas.

Pese a las dudas, el asunto queda archivado. Hasta 1998, en que, restablecidas las libertades democráticas e instaurado un sistema de libertades, Joaquín María Azaola, cincuenta y cinco años, viudo y con tres hijos, consideró voluntariamente que no corría peligro y que podía revelar a la opinión pública cómo el futuro de España se jugó un día en un casino de Mónaco.

La información ocupó la primera página y dos interiores de la revista *Interviú*. Fue su sentencia de muerte. La banda terrorista terminó de atar cabos y ordenó a sus comandos informativos localizar a Azaola para darle un escarmiento que sirviera de «ejemplo» al resto de los miembros de la organización terrorista.

Así, cuatro meses después de la publicación de la historia, el 19 de septiembre de 1998, a las siete y diez de la mañana, Joaquín María Azaola abandona su domicilio en la calle Hispanidad de Algorta (Vizcaya) y se dirige al garaje de unos vecinos. Allí le esperan dos compañeros[47] con los que va a desplazarse en coche hasta la empresa Mecánica de la Peña, de Urduliz, donde trabaja como delineante proyectista.

Aún es de noche y los dos testigos de la escena recuerdan los hechos muy desdibujadamente, con escasa precisión. Coinciden, sin embargo, en que fueron tres los terroristas que se le acercan por la espalda y le disparan en la cabeza. Poco después, mientras el cuerpo de Azaola se desploma herido de muerte, uno de ellos grita:

—*Gora Euskadi ta Askatasuna!*

Y desaparecen llevándose el coche, un Seat 124, matrícula BI-9822-D, propiedad de los trabajadores.

Los asesinatos de Azaola, Yoyes, Pertur y otros muchos activistas son eslabones de la misma cadena encaminados a perpetuar la subsistencia de un grupo terrorista por la vía del terror. El miedo, ya lo dice el refrán, guarda la viña.

---

47. Gonzalo Solano Gorbeta y Vicente Lorenzo Chasco.

CAPÍTULO VII
Asesinados por partida doble

El 16 de julio de 2002, con motivo del cumplimiento del trigésimo aniversario de una operación del IRA que causa nueve muertos y decenas de heridos, Pat O'Neill, responsable de la oficina de prensa de la banda armada, pide perdón a las víctimas: «Ofrecemos nuestras sinceras disculpas y condolencias a sus parientes. También reconocemos el dolor y la pena de sus familiares.» En el País Vasco, son los amigos y parientes de las víctimas los que tienen que pedir perdón a la banda asesina hermana para que, después de arrebatarles brutalmente a algún ser querido, dejen vivir en paz a los que han sobrevivido. De las casi doscientas personas que ETA ha asesinado bajo la acusación genérica de chivatos, una buena parte han sido amenazados por los terroristas cuando han ido a «pedirle explicaciones». Muchos han tenido que abandonar los pueblos donde vivían al ser tratados como apestados por los nacionalistas y la mayoría se niegan, pasados los años, a que se les rindan homenajes para limpiar su imagen. Lo más grave de todo: en la mayoría de los casos, el que los acusó de chivato es un vecino que ya ha salido de la cárcel y se enorgullece del asesinato.

—Aquí te dejo *La Razón* para Javi Canivel —le grita desde la furgoneta en marcha el repartidor de periódicos al quiosquero de Mundaka.

Víctima de la guerra civil y socialista hasta su muerte, Canivel era el único republicano de Mundaka (Vizcaya), hecho que nunca ocultó. Por eso llevó siempre prendida en la solapa la bandera de la República.

Todo el mundo en la localidad sabía, además, que era el único vecino suscrito al diario *La Razón,* el periódico que preside Luis María Anson y dirige José Antonio Vera.

A Canivel le gustaba especialmente la sección de «Las caras de la noticia». Y ése era el motivo esencial por el que adquiría el matutino madrileño.

No era el único vigilado. En Mundaka, un pueblo costero de 1761 habitantes, situado en la comarca de Gernika-Bermeo, en la desembocadura de la ría del mismo nombre, con alcalde del PNV y sin un solo concejal de los partidos constitucionalistas, todo el mundo sabe quién compra *Deia, Gara, El Correo, El País, La Razón, Abc* o *El Mundo* y, por esa vía, a qué partidos votan.

De la misma manera se conoce quién compra en las tiendas de HB, quién consume productos de la tierra y quién prefiere las neveras y las lavadoras General Electric o Liebherr a las Fagor, fabricadas en las cooperativas de Mondragón. Así, sin necesidad de urnas, se puede vaticinar con escaso margen de error quién ganará las próximas elecciones.

Es la sociedad rural vasca. Todo el mundo está al tanto de la vida de sus convecinos y cualquier extraño que aparezca fuera de la temporada estival es rápidamente detectado.

Tras la tregua de 1998-1999, que divide a la población en nacionalistas y constitucionalistas, el acoso es mayor. La gente no sólo sabe lo que come el vecino sin hurgar en la basura sino que una red de chivatos voluntarios se encarga de informar a ETA y a HB de quiénes son los que compran *El País* o *El Mundo* para ponerlos en la lista negra de los españolistas.

La presión ambiental es tal que la gente ilustrada abandona Artea, Mundaka, Morga, Mendexa, Meñaka, Maruri, Mendata, Mañaria, Loiu, Mallabia, Lezama o Lemóniz y otros municipios similares. Uno de los últimos es Teo Uriarte. En 1968 y 1969 militó en ETA y una borrosa fotografía de aquellos tiempos le recuerda con una metralleta Stein en bandolera cruzando un monte. Ahora, sin más armas que la Constitución y el Estatuto, no ha podido defenderse y ha dejado el pueblo.

Ha sido, además, su mujer quien tomó la decisión de vender la casa porque no soportaba a sus vecinos del PNV y HB. Y eso que está casado con una nacionalista de pura cepa, cuyo abuelo fue uno de los que aportaron dinero para crear el primer *batzoki* del PNV en la calle El Correo de Bilbao.

Amurrio es un pueblo de 9 980 habitantes, perteneciente a la cuadrilla[1] de Ayala, situado al noroeste de la provincia de Álava,

---

1. Denominación que se da en Álava a las mancomunidades de municipios.

a escasos kilómetros de Llodio, el principal baluarte de Herri Batasuna en la comarca y una de las más destacadas «cunas» de etarras.

El municipio, que vive de la agricultura y las industrias cercanas, es territorio a conquistar por el mundo *abertzale*, que tiene un solo concejal más que el PP. Y el terror, el miedo es la mejor arma psicológica para acabar con la conciencia crítica de las personas.

Por eso, el 2 de julio de 1980 ETA mató a Joaquín Becerra Calvente. Era militante de UGT y fue acribillado a balazos ante la puerta de su bar. La razón dada por la banda terrorista fue que en el establecimiento solían reunirse guardias civiles a tomar el aperitivo a mediodía, eso que hacen tan habitualmente muchos vascos sin que nadie los censure ni asesine al dueño del establecimiento. Pero como algunos clientes eran guardias, en la lógica etarra, Becerra tenía que ser confidente.

Un año más tarde, el 25 de julio de 1981, la «ruleta rusa» le tocó a Félix Galíndez Llanos. Fue asesinado a la puerta de la pensión donde se hospedaba. La excusa, que había alquilado un piso de su propiedad a miembros del Instituto Armado. Como si los servicios de información de la Benemérita, que trabajan en la clandestinidad, se acreditaran como agentes antes de alquilar un piso o el derecho de libertad de mercado rigiera para todo el mundo salvo para Galíndez.

Estanislao Galíndez Llanos, cartero y padre de ocho hijos, era hermano del anterior. Le mataron el 26 de julio de 1985, es decir, cuatro años y un día después, cuando hacía el reparto diario en su bicicleta.

Estanislao tenía sesenta y cinco años y estaba a punto de jubilarse. Los pistoleros lo mataron simplemente porque era español. Tenía, además, la «mala costumbre» de decir en voz alta y en público «el País Vasco es una puta mierda» y «aquí se vive de puta pena», frases similares a las pronunciadas en el verano de 2002 por un ertzaina de La Guardia (Álava), que le ha supuesto un expediente disciplinario tras ser denunciado por un concejal del PNV. A Estanislao, ETA, en cambio, decidió aplicarle directamente la pena de muerte.

Joaquín, Félix y Estanislao son los tres vecinos de Amurrio a quienes ETA ha asesinado bajo la acusación genérica de «chivatos». Durante años, sus familiares han tenido que sobrellevar dos castigos. La ausencia del ser querido y las pintadas, manifestaciones e insultos que, tras su entierro, el mundo de LAB, Jarrai, Gestoras Pro Amnistía y HB han organizado en el pueblo para criminalizar a toda la familia.

El acoso, el aislamiento social y la «satanización», como si se tratara de personas apestadas, durante lustros ha sido en algunos casos un sufrimiento mucho más sutil, una agonía más lenta y dolorosa que el brutal tiro en la nuca a las víctimas.

A Joaquín, Félix y Estanislao, tanto el PP como el PSOE han tratado de rendirles un homenaje público en ocho ocasiones en desagravio a su memoria. El resto de las fuerzas políticas, EA y PNV, se han negado o han preferido abstenerse por cobardía política. Lo más grave es, sin embargo, que las propias familias han preferido que no se los homenajee. No quieren provocar a la Bestia y encontrarse, al día siguiente, con las paredes llenas de pasquines insultantes a sus deudos.

Y es que en el País Vasco, ni a los muertos se los deja descansar en paz, algo que no ocurre en ninguna otra parte del mundo civilizado. Pero la miseria de Herri Batasuna es así.

En agosto de 2002, las principales salas de cine español exhibieron la película norteamericana *Windtalkers*. Protagonizada por Nicolas Cage y Adam Beach, la cinta se basa en un hecho verídico. El empleo por los servicios secretos norteamericanos durante la segunda guerra mundial de la lengua de los indios navajos para enviar mensajes codificados a la Flota del Pacífico y evitar que los japoneses los descodificaran con facilidad, como habían hecho hasta entonces.

Lo que el filme no narra, pero se enseña en los cursos de inteligencia militar de todo el mundo, es que otro de los raros idiomas utilizados, que tampoco pudo ser descifrado por *breakcodes* japoneses, fue el euskera, cuya estructura gramatical lo convertía en un jeroglífico para la pragmática mentalidad de los guerreros del Imperio del Sol Naciente.

Y es que, tras su deshonrosa derrota en la guerra civil española rindiéndose en Santoña a los italianos, centenares de «valerosos» *gudaris* del PNV se ofrecieron años después para trabajar de espías con las potencias aliadas, convirtiéndose en un grupo de delatores y soplones a sueldo.

A falta de análisis psiquiátricos más serios, tal vez ése sea el estigma familiar que explique que, cuando las jóvenes generaciones de miembros de EGI relevaron a sus padres del PNV y decidieron crear ETA, vieran espías del «enemigo» por todas partes, como ya se anunciaba en la revista *Gudari* de los mozalbetes del PNV. Veamos dos ejemplos:

> Galería de chivatos: Luis Martínez Larrañaga. De cuarenta y cinco años, constitución gruesa, personaje muy conocido en Donosti, que vive en la Casa Lore Berri, calzada de Eguía, Inchaurrondo. Fuertemente vinculado a la Delegación de Juventudes. Fuera de su trabajo se dedica a denunciar y calumniar a patriotas vascos.[2]

> El retrato de un chivato: Antonio García Ucelayeta vive en San Sebastián, calle Prim, número 26, 1. Es chivato de la Falange, brazo derecho del gobernador civil, secretario del Frente de Juventudes. En las manifestaciones tiene la misión de sacar fotografías que entrega en el Gobierno Civil. Es un elemento muy peligroso.[3]

Siguiendo las enseñanzas de sus mayores, ETA inicia su particular cruzada contra quienes denuncian sus tropelías. Uno de los primeros que pusieron en la picota pública fue al empresario Ramón Cea Carburito. Tenía una tienda en la avenida Basagoiti de Algorta (Vizcaya) y los terroristas se empeñaron en que había señalado a los responsables de las huelgas de 1963 y 1964. La Nochevieja de 1964 le quemaron el establecimiento, dejándole en la ruina, y le amenazaron de muerte. «Creemos que esta vez Carburito habrá comprendido que no tiene derecho a seguir viviendo en Euskadi, que no se le permitirá seguir atacándonos.»[4]

---

2. *Gudari*, órgano del Partido Nacionalista Vasco, 1965.
3. *Gudari*, abril de 1967.
4. *Zutik*, enero de 1965.

El 9 de marzo de 1967, ETA quema el coche, un Renault 4L, de Juan Atigarraga en Éibar. «Es sólo una advertencia para que abandone Euskadi. La próxima vez le matamos», advierten en una octavilla que arrojan por todo el pueblo.

Días más tarde, el 1 de mayo de 1971 incendian el autobús de Carlos Arguimberri Elorriaga, ex alcalde de Deba (Guipúzcoa), y años después le asesinan.[5] El 14 de agosto, cinco terroristas —José Begiristain, Dionisio Santoyo, Francisco Badiola, José Sarasola y José Ignacio Zufía— son detenidos por incendiar la vivienda del alcalde de Laskao, Juan Beguiristain, en el Goyerri guipuzcoano, mientras está de vacaciones. Uno de los pirómanos es su propio sobrino, José Begiristain.

El 2 de diciembre de 1972, una bomba destruye el coche del alcalde de Zeberio, José Salazar, de nuevo con familiares implicados en el atentado, y en agosto de 1973, Ramón Achutegui, Manuel Gutiérrez y Víctor Jáuregui recibían amenazas directas de ETA tras ser incendiados sus comercios, dos de ellos en Zamudio y el tercero en Galdákano.

La lista de personalidades y autoridades amenazadas por cumplir con su deber de denunciar a los que infringen la ley sería interminable. Era sólo el principio. La banda terrorista, que en sus más de cuarenta años de historia ha sido incapaz de detectar a ninguno de los numerosos «topos» incrustados por la policía y la Guardia Civil en sus estructuras, que en 1973 asesina en Francia a tres empleados de Telefónica tras romperles los dedos de las manos a golpes y arrancarles las uñas, al confundirlos con policías,[6] pasaría pronto a otras acciones más contundentes.

Desde hace muchos años, el Ayuntamiento de Etxarri Aranaz (Navarra), uno de los feudos de Herri Batasuna en el viejo reino, dedica uno de los días de sus fiestas patronales a los presos de ETA.

---

5. Le matan el 7 de julio de 1975.
6. Se trata de los ciudadanos José Humberto Fouz Escobedo, Jorge Juan García Carneiro y Fernando Quiroga Veina. De origen gallego, habían sido destacados a San Sebastián para hacer unas obras de Telefónica. El 24 de marzo de 1973 cruzaron la frontera para visitar el sur de Francia. ETA los confunde con policías españoles, los tortura salvajemente y luego los asesina.

Es el día del culto a la muerte del vecino o del adversario político. Los pistoleros más crueles y despiadados de la banda asesina son homenajeados por el ayuntamiento, Gestoras Pro Amnistía, y entidades culturales y recreativas controladas por los *abertzales,* y en los bares y barracas se recauda dinero para ayudarlos, y se bebe, canta y baila en su honor mientras los familiares de las víctimas no pueden salir de casa.

El primer sábado de agosto de 1996, Vicente Nazábal Azumendi es saludado efusivamente por numerosos vecinos y aclamado por la multitud como un héroe. El alcalde y los concejales del municipio renuncian a su privilegio y le permiten lanzar el chupinazo que marca el inicio de los festejos, el máximo honor que se puede otorgar a un vecino.

Todo ocurre sin contratiempos hasta las siete de la tarde. Sobre esa hora, Nazábal y su cuadrilla se tropiezan en el centro de la plaza mayor con José Ignacio Ulayar Mundiñano, que pasea acompañado de su mujer y sus dos hijos.

—¡Asesino! ¡Caradura!

Pese a estar acompañado de su familia, Ulayar no ha podido contener su rabia, su dolor e indignación. Diecisiete años antes, el 27 de enero de 1979, Vicente Nazábal y su hermano Jon asesinaron a su padre, Jesús Ulayar Liciaga, ex alcalde de la localidad, delante de su hermano mayor de catorce años, en la puerta de su propia casa.

El homenajeado fue el autor material de los cinco disparos que cegaron la vida a su progenitor, un hombre que había entregado su vida al pueblo, del que fue alcalde nueve años, desatendiendo a su familia y sus negocios para dedicarse en cuerpo y alma al municipio. El malnacido que tenía delante les dejó huérfanos a él y a sus tres hermanos.

—¡Asesino! ¡Cobarde! —volvió a gritar José Ignacio.

En medio de la plaza se formó un enorme revuelo. Los miembros de la cuadrilla *abertzale* que acompañan a Vicente Nazábal se lanzan contra el segundo de los Ulayar, su mujer y sus dos hijos; los rodean y comienzan a zarandearlos e insultarlos. Incluso le agredieron físicamente. Jaleado y envalentonado por sus compinches, el asesino de su padre se permite pegarle una fuerte patada en el pecho.

No fue el dolor físico ocasionado por el golpe, sin embargo, lo que más indignó a José Ignacio. Lo que de verdad se le clava en el alma como un puñal cada vez que lo piensa es que ninguno de los vecinos del pueblo, que le conocen desde niños, que compran en su tienda de electrodomésticos, moviera un dedo para ayudarlos y protegerlos de las iras de los salvajes de HB y de las agresiones del asesino convicto y confeso de su padre.

En otra ocasión, meses más tarde, fue su hermano Jesús quien tuvo un segundo encontronazo en Pamplona con el asesino. El asunto acabó en los tribunales, y en la misma sala donde se celebraba la vista oral, Nazábal los apuntó con el dedo índice, simulando que empuñaba una pistola, y les dijo a la cara:

—¡Os voy a cepillar!

Nazábal no era el único que andaba en libertad. Y es que, en realidad, el asesinato de Ulayar, a quien ETA acusó de confidente, constituyó una inmensa tragedia familiar. Uno de los miembros del comando de información que dio los datos para asesinarle fue el propio sobrino de la víctima, Eugenio Ulayar Huici.

Condenado a nueve años de cárcel, Eugenio Ulayar quedó en libertad en 1988. Dispuesto a rehacer su vida como si nada hubiera pasado, se compró un piso y un coche. Pero como el delito aún no estaba prescrito, el colaborador de ETA, que años antes se declaró insolvente, fue obligado a indemnizar a sus víctimas.

Para escarnio de la familia, no tuvo que poner un solo duro de su bolsillo. Gestoras Pro Amnistía, el brazo carcelario de ETA, acudió en su ayuda, organizó una cuestación pública y recaudó el dinero suficiente para hacer frente al resarcimiento económico a los deudos y saldar las costas del juicio.[7] Ulayar Huici, el Judas de la familia, recibió así sus treinta monedas de oro.

Para los hijos de la víctima, el asesinato de su padre supone un mazazo tras otro. A medida que se hacen mayores, convirtiéndose en personas adultas, Jesús, Salvador y María se han ido marchando del pueblo.

Sólo quedaba José Ignacio al frente de los negocios familiares. Sin embargo, la salida de la cárcel de Nazábal y el homenaje que

---

7. Es una de las contadas excepciones en la historia de ETA en que se cumple la sentencia y un terrorista es obligado a indemnizar a los herederos de sus víctimas.

le rinde Gestoras pasando frente a la casa familiar en romería, lanzando cohetes y bailando, para ir a la *herriko* taberna a arrancar su foto, tocó sus fibras más sensibles. La presencia, casi a diario, del asesino en la parada del autobús, frente a su tienda de electrodomésticos, esperando como si nada hubiera pasado para viajar a San Sebastián o a Alsasua, acabó de romperle los nervios.

Lo que le sacó definitivamente de quicio fue que a un asesino convicto y confeso se le convirtiera en héroe popular, en el modelo de ciudadano a imitar, en las fiestas del pueblo de 1996. José Ignacio, que llevaba un tiempo sin salir para no tropezarse con el pistolero que le dejó huérfano con doce años, se dio cuenta de que junto a aquellos desalmados no pintaba nada. Vendió todas sus propiedades, hizo las maletas y se fue de su tierra.

Etxarri Aranaz, una de las cunas del carlismo, patria de varios miembros de la guardia personal de Franco, había pasado en sólo meses a convertirse en un reducto de ETA, al igual que los siete ayuntamientos del valle del Sakarna, donde está enclavado, la zona más conflictiva de Navarra.

Posible candidato de UCD a las elecciones de 1979, la presencia de Jesús Ulayar hubiera cambiado las cosas. Por eso, y sólo por eso, su propio sobrino y otros le asesinaron, sabiendo que mataban la paz y la convivencia en el norte del viejo reino. Hay, sin embargo, otros casos que ponen igualmente los pelos de punta.

Félix de Diego Martínez solía decirle a sus compañeros más jóvenes que ingresaban en las patrullas de tráfico de la Guardia Civil que los conductores no eran delincuentes. «Son seres humanos que cometen infracciones porque, muchas veces, se equivocan. Por eso, en lugar de sancionarlos conviene, aunque no siempre, ayudarlos. A la postre, te lo agradecerán.»

Nacido en Aranda de Duero (Burgos), estaba destinado en el destacamento de San Sebastián y llevaba muchos años patrullando por la Nacional-I, especialmente por la zona de Irún y la frontera, cuando conoció a la que iba a ser su mujer; se casó con ella y tuvo dos hijos.

Como el sueldo de guardia apenas da para alimentar a la familia, su mujer montó el bar Herrería, en la avenida Elizatxo, 66 del barrio de Ventas, en Irún, junto al cuartel del Batallón Colón, a escasos trescientos metros del actual apeadero de la Renfe.

Lo siguiente son hechos que ya se han descrito en el libro pero que conviene recordar. El 7 de junio de 1968 está cortando el tráfico en la Nacional-I, a la altura de Villabona (Guipúzcoa), debido a unas obras de asfaltado en un lateral de la calzada, cuando uno de los conductores que circulan en sentido contrario le grita:

—¡Han matado a su compañero! Un chico joven acaba de dispararle desde un coche y está tendido al otro lado, bañado en un charco de sangre.

Incrédulo y nervioso, De Diego abandona el servicio, arranca la motocicleta y vuela hacia el punto indicado. Allí se encuentra el cuerpo de José Pardines Arcay, el primer muerto de ETA.

Volvamos a lo que muchos lectores ignoran. Los que conocieron al agente Félix de Diego aseguran que el asesinato de su compañero le quitó el sueño, le afectó en el alma y llegó incluso a cambiarle el carácter. Nunca pudo superar la muerte de Pardines.

Las desgracias nunca vienen solas. En 1977, con otros compañeros, sufrió un accidente en el alto de Etxegarate, cayendo desde una altura de sesenta metros. No perdió la vida, pero aquel hombretón alto y fuerte nunca volvió a recuperar la salud y fue dado de baja para el servicio activo. El 31 de enero de 1979 se encontraba sentado, vestido de paisano, en el bar Herrería de Irún. Un comando de ETA entró en el establecimiento y le acribilló a tiros. «Era un *txibato* de la Guardia Civil», fue toda la explicación que dio la banda armada.

La organización terrorista nunca supo que acababa de asesinar al compañero de Pardines. Y, mucho menos, que De Diego Martínez no podía ser un chivato porque llevaba dos años retirado del cuerpo y padecía un cáncer terminal de riñón, que lo mantenía impedido en una silla, a punto de llevarle a la tumba.

Con cinco hijos de edades comprendidas entre los cinco y once años, a partir de ese día su viuda tuvo que sobrevivir con una pensión de 18 000 pesetas. Encima, su familia tuvo que soportar la lacra social, el estigma de que era un vulgar soplón.

Hay algo bastante más sórdido en su muerte. Uno de los presuntos autores del asesinato fue el sacerdote Fernando Arburúa Iparraguirre, ATS y capuchino del barrio de Alza de San Sebastián, de veintiséis años.[8] De acuerdo con ETA, Arburúa, su asesor espiritual, decidió adelantar su llegada al cielo.

En los anales de la banda terrorista, Fermín Monasterio Pérez, acribillado a balazos y rematado de cinco tiros en el suelo en Arrigorriaga (Vizcaya) el 9 de abril de 1969, fue el primer chivato asesinado. Monasterio probablemente no tenía contactos con la policía, pero se negó a cumplir las órdenes de Mikel Etxeberría, un etarra que asalta su coche en el casco viejo de Bilbao, le pone una pistola en la cabeza y le ordena huir en dirección a Burgos.

Desde entonces, la banda terrorista ha asesinado a personas de todas las profesiones y condición social, desde taxistas, dueños de bares, directivos de Telefónica, conductores de autobús, sindicalistas, maestros, alcaldes, ex falangistas, miembros de la extinta Guardia de Franco, empleados de banca, guardas forestales, vigilantes jurados, detectives privados, jubilados, porteros, mecánicos, pescadores, aparcacoches, albañiles, periodistas, marmolistas, estudiantes, empleados públicos, estanqueros, abogados, viudos, parados, médicos, farmacéuticos, chatarreros, panaderos, cocineros, peluqueros, marineros, repartidores, enterradores y hasta algún seminarista, acusados de colaborar con el enemigo.

La tremenda ración de plomo es superior a la de cualquier otro colectivo político o social,[9] excluida la Guardia Civil. Así, en el año 1979 asesinan a veinticuatro supuestos colaboradores de las fuerzas del orden, más que los veintidós policías y militares juntos;[10] en 1980, a dieciséis personas; dos años más tarde, en

---

8. Arburúa fue detenido el 28 de enero de 1981.
9. En 1980 asesinó a dieciséis personas bajo este epígrafe.
10. Salvo error u omisión, las víctimas en sólo un año, 1979, son: Hortensia González, 6 de enero de 1979, en Beasain (Guipúzcoa), a la salida de una discoteca; Jesús Ulayar, ex alcalde de Etxarri Aranaz, el 27 de enero; José Artola, ametrallado el 30 en Anzuola, cuando pasea con otra persona; Antonio Bivot, el 6 de febrero, en Olaberría, por disparos en el portal de su casa; Vicente Irusta, el 9 de febrero, en Ibárruri; José Miguel Chavarri, policía municipal de Beasain (Guipúzcoa), el 9 de marzo, por disparos en su despacho del ayuntamiento; José María Maderal, el 16 de marzo, en Bilbao, por disparos de tres encapuchados; Pedro Fernández, el 6 de abril, por bomba colocada en el retrete del bar Mohica, en Pamplona; Dionisio Imaz, el 9 de abril, en San Sebastián, por disparos cuando estaba

1982, causan la muerte a ocho personas bajo la misma acusación genérica; en 1993 a nueve y en 1995 a cinco, en las localidades de Trintxerpe (San Sebastián), Galdákano, Lekeitio y Markina (Vizcaya), y Amurrio (Álava).

Desde la muerte de Franco, más de 150 personas de toda clase, profesión y condición social son cruelmente asesinadas en sus puestos de trabajo o en el monte, tras varias horas de secuestro y duros interrogatorios por parte de sus captores.

En un país donde está abolida la pena de muerte desde la aprobación de la Constitución en 1977, la norma rige para todo el mundo menos para ETA. Los etarras, que movilizaron media Europa contra el franquismo, desde la Santa Sede hasta la ONU, que violaron, saquearon, quemaron embajadas, consulados tras los cinco últimos fusilamientos del anterior Régimen, no aplican la misma vara de medir contra los que piensan por sí mismos y no comparten la idea de que ese ente etéreo llamado Euskal Herría debe ser un Estado independiente de España y Francia.

En el año 2002 son las únicas personas de toda Europa que aplican la pena capital a sus semejantes. Lo hacen, además, sin tribunales ni garantías procesales y sin escuchar al «reo». Situándose por encima del bien y del mal, ETA juzga, condena y administra la pena máxima sin temblarle el pulso.

Ejemplos de sus terribles crímenes los hay a montones, pero sólo vamos a poner algunos.

Era fiesta y Luis Domínguez Jiménez, natural de Cantaracillo (Salamanca), treinta y nueve años, casado y padre de cinco hijos,

---

en su taller de coches; Adolfo Mariñas, el 6 de abril por disparos en Tolosa (Guipúzcoa); Pedro Ruiz, policía municipal de Durango, el 28 de abril, por disparos desde un coche robado; Antonio Pérez, el 17 de mayo, en Lemona (Vizcaya), frente al bar de su propiedad; Luis Berasátegui, el 5 de junio, en Vergara (Guipúzcoa), por disparos en un bar; Héctor Muñoz, el 19 de junio, en Irún, por disparos en su tienda de antigüedades; Francisco Medina, el 22 de junio, en San Sebastián, cuando circula en moto; Jesús María Colomo, el 21 de julio, en Beasain (Guipúzcoa), por disparos de varios individuos; Antonio López, guarda forestal, el 16 de agosto, en Sondica; Sixto Holgado, el 27 de septiembre, en Rentería, aparece muerto; Luis María Uriarte, ex alcalde de Bedia, el 5 de octubre, en Lejona (Vizcaya); Fernando Spínola, el 12 de noviembre, guarda forestal de Icona, por disparos de ETA en Oyarzun (Guipuzcoa); Juan Luis Aguirreurreta, ex seminarista de Mondragón, el 16 de noviembre, y Juan Cruz Montoya, conserje de un colegio mayor, el 18 de diciembre, en Vitoria.

acudió como un día laborable cualquiera a su trabajo. Domínguez era sepulturero del municipio guipuzcoano de Vergara y en una profesión como la suya no hay días de fiesta. La muerte, al fin y al cabo, llega siempre sin avisar y, muchas veces, cuando el finado menos se lo espera. En el País Vasco, la máxima adquiere todavía mucha más vigencia.

Domínguez ejercía su profesión al menos con igual dignidad que Blas Múgica, voluntario del Tercio Oriamendi y padre del etarra Francisco Múgica Garmendia que, tras la guerra civil, encontró un puesto de trabajo como enterrador en Ordicia (Guipúzcoa), o como Enautz Oyarzábal, pistolero de ETA y novio de la terrorista Olaya Castresana y sepulturero del cementerio de Pasajes.

Aquel 25 de enero de 1980 estaba ya a punto de llegar al camposanto, situado a varios centenares de metros de su casa, donde pensaba excavar una sepultura, cuando oyó cómo una voz juvenil le llamaba por su nombre para que se detuviera:

—¡Luis!, ¡Luis!

Se paró un instante y volvió la cabeza. Eran dos individuos, uno de ellos vecino suyo, que caminaban tras él y trataban de alcanzarle.

—¿Eres Luis el sepulturero? Pues espera un momento que tenemos que hablarte —le dijeron.

Domínguez reconoce a uno de ellos. Es hijo de su vecina. Los espera y caminan juntos hasta la tapia del cementerio, situado junto al cuartel de la Guardia Civil, en un lugar poco concurrido de la localidad de 6 150 habitantes. Se los vio desaparecer, rodeando la tapia, y entonces varios vecinos escucharon varios impactos seguidos, como si fueran cohetes de feria.[11]

La próxima vez que se encuentra el cuerpo de Luis Domínguez estaba tendido en el suelo, junto a la pared del camposanto. Tenía cinco impactos de bala en el cuerpo, dos en la cara, uno en la rodilla y otros dos en el corazón. Muerto de necesidad.

Pocos días después, ETA se atribuyó su asesinato. Según el comunicado, que no pudo ser desmentido porque los muertos no hablan, el enterrador charlaba mucho con la Guardia Civil, los po-

---

11. Sumario 111/81 de la Audiencia Nacional.

bladores de la única construcción que había cerca del cementerio, donde pasaba los días enteros, incluidas las fiestas de guardar. Por eso habían ordenado «fusilarle junto a la tapia del cementerio».

La conclusión, por tanto, para los terroristas era obvia: Luis Domínguez, casado con Arrate Zurrututza, vecina de la localidad, de treinta y siete años, tenía que ser un chivato, un reo de pena de muerte. Y, sobre la marcha, decidieron ejecutar la «sentencia» para que sirviera de escarnio a sus vecinos y de escarmiento y ejemplo a quienes tuvieran la tentación de colaborar con las fuerzas de ocupación. La versión de los familiares es, obviamente, radicalmente diferente.

—De tantos guardias civiles que tuvo que enterrar, que meter en las cajas en aquellos años, era lógico que tuviera relación con ellos.

Cuando años más tarde se detiene a sus asesinos, los pistoleros de ETA José Ramón Basauri Pujana y Javier Otegui Etxebarría, se confirman las sospechas. Arrate Zurrututza, la mujer de la víctima, comprueba horrorizada cómo uno de ellos era pariente de su vecina y amiga desde siempre y había charlado varias veces con su víctima.[12]

Con lo que se demuestra una vez más que en la tierra de Unamuno, Celaya o Ibáñez hay parientes, vecinos y amigos que asesinan impunemente a aquellos que no comparten sus ideas. Algo más cruel e insólito muchas veces para los familiares que la propia muerte.

Nacido en Vitoria el 10 de mayo de 1960, Félix Alberto López de la Calle, *Mobutu*, uno de los últimos jefes de ETA, no fue un terrorista del montón.

Entrenado en Francia y Yemen del Sur, desde 1992 se le consideraba el «número dos» de ETA, después de Iñaki de Gracia Arregui, *Iñaki de Rentería*, tras la caída de la dirección de la banda armada en Bidart.

Jefe de los comandos ilegales de ETA, desde entonces se convirtió en un tipo escurridizo, y en dos ocasiones, en septiembre de

---

12. Sumario 111/81 de la Audiencia Nacional.

1993 y julio de 1994, logró burlar el cerco de la policía francesa, hasta el 17 de noviembre, día en que es detenido en la ciudad portuaria de Toulón.[13]

En 1978, cuando, con dieciocho años, estaba al frente del comando «Araba» y vivía en un piso del casco viejo de la ciudad, López de la Calle solía ir a comprar de vez en cuando a la tienda de ultramarinos que Saturnino de la Sota Argaiz tenía en el número 33 de la calle Cuchillerías.

Nacido en Villanueva del Ebro, de cuarenta y nueve años, separado, Sota vivía solo en una pensión de mala muerte del barrio y, de vez en cuando, acudía a visitarle un pariente, policía nacional destinado en Burgos. En una de esas visitas tuvo la mala suerte de toparse con Mobutu, que hacía su compra semanal.

Fue su condena de muerte por «chivato». El 13 de diciembre de ese año, a las ocho menos veinte de la tarde, cuando estaba a punto de cerrar el establecimiento, un Simca 1200 gris metalizado aparcó frente al establecimiento.

Dos de sus ocupantes, uno de ellos López de la Calle, descendieron del coche y con paso firme entraron en la tienda. Una vez dentro, cerraron la puerta para impedir que penetraran más clientes y, como en las películas, ordenaron a todo el mundo que se echara al suelo.

—No queremos que haya víctimas inocentes —dijeron.

Luego se enfrentaron a Saturnino de la Sota, le mandaron que saliera de detrás del mostrador y allí mismo le dispararon dos tiros en el estómago y otros dos en la cabeza y el cuello.

«Era una persona normal, callada, tal vez un poco rara desde que se separó de su mujer y sus hijos y se quedó solo a vivir en Vitoria. Todas sus cosas, ropa y dinero incluido, los guardaba en la tienda, y a la pensión sólo venía a dormir», señaló la dueña del hotel.

Dedicado sólo a su profesión, nada chismoso, ajeno al mundo que le rodeaba, desvinculado de la política, lo que todo el mundo estaba dispuesto a jurar es que nunca fue confidente ni delató a nadie.

---

13. Vivía en el número 1 del boulevard Alata, en un piso alquilado a nombre de Luis Calvo. Junto a él fueron capturados Jesús María Altabe, Jesús María Zabala, María Pilar Mondragón y Garbiñe Gómez.

En las vísperas del referéndum sobre la Constitución el País Vasco ardía al rojo vivo. Los Comandos Autónomos habían reivindicado un atentado contra un policía municipal de Amorebieta, los «poli-milis» acababan de secuestrar una avioneta en el aeropuerto bilbaíno de Sondica para lanzar cien mil folletos en contra de la Constitución, habían desaparecido seis vehículos Dyane de color verde, como los usados por la Guardia Civil, y en Zalzíbar acababan de robar nueve escopetas de caza.

Hombre de derechas, preocupado por todos estos acontecimientos y por la muerte de numerosos compañeros suyos, el policía municipal de Pasajes de San Juan (Guipúzcoa) Ángel Cruz Salcinas sabía que, tarde o temprano, podría ser blanco de los asesinos de ETA. Aquel día, al levantarse, tuvo una premonición, y así se lo dijo a su mujer, Raquel Peña:

—¡Qué poco me queda de vida![14]

Era el 5 de diciembre de 1978. Como todas las mañanas, el agente acudió a cumplir con su trabajo y, a las dos y veinte de la tarde, se desplazó al bar Urgull de San Sebastián, situado en la esquina de las calles Reyes Católicos con Prim, a tomar un vino con el comisario José María Sarrais Lausada, jefe de la comisaría de Rentería, y con el subcomisario Gabriel Alonso Perejil, adscrito a la Jefatura de Policía de San Sebastián.

A aquellas horas, habitualmente, el establecimiento está repleto de gente que toma el aperitivo en la barra, atendida por tres camareros, o almuerza en las mesas contiguas. La gran afluencia de clientes no fue obstáculo para que, en un momento inesperado, tres individuos a cara descubierta, pistola en mano, entrasen en el local y gritaran varias veces:

—¡Todo el mundo al suelo! ¡Todo el mundo a tierra!

Los pistoleros son identificados meses más tarde como José Miguel Azurmendi, Juan Aguirre Albistegui e Ildefonso Salazar.[15] El público obedece automáticamente la orden. Entonces, los

---

14. *El Correo*, 6 de diciembre de 1978.
15. Actúan amparados por María Lacombe y Miguel Sarasketa, que les brindan cobertura desde el exterior y tienen organizada la huida.

miembros del comando se dirigen a la mesa en que se encuentran los policías y, sin mediar palabra, les descerrajan un total de 37 disparos, persiguiendo y rematando al comisario Sarrais en el momento en que, herido de muerte, echa a correr y trata de protegerse tras la barra del bar.

Al día siguiente, la banda criminal justificó el asesinato de los dos miembros del Cuerpo Superior de Policía asegurando que se trataba de dos torturadores. Al policía municipal Ángel Cruz Salcinas le atribuyeron la condición de «conocido chivato de Pasajes de San Juan que se reunía todos los días a tomar copas con sus jefes para informarles».

Las horas siguientes, la muerte de Cruz Salcinas llenó de tristeza y desesperanza al jefe de la policía municipal de Pasajes, Juan Jiménez Gómez. Lo que le sacó de quicio fue, sin embargo, que los asesinos de ETA tildaran de «chivato» y «confidente» a una persona que se había desvivido en reconducir a muchos jóvenes *abertzales* al buen camino, pasando incluso por alto muchos hechos delictivos con tal de que no volvieran a delinquir.

Lleno de odio y de rabia por la mezquina utilización que hacía ETA de la muerte y decidido a que nadie manchara el buen nombre de su compañero, Jiménez Gómez envió una carta al *Diario Vasco* y otros periódicos desmintiendo que el agente Cruz Salcinas fuera un chivato ni hubiera denunciado nunca a ningún vecino. «Por el contrario, muchos de los que hoy pasean tranquilamente por la playa de La Concha o El Arenal de Bilbao se lo deben en gran parte a él.»

Desmentir a ETA era algo que hasta entonces muy pocos se atrevían a hacer. Al jefe de la policía municipal de Pasajes le iba a costar, además, muy cara su osadía. Ocho días después de la muerte de su subordinado, el 13 de diciembre, los etarras José Miguel Azurmendi e Ildefonso Salazar Uriarte entran en las dependencias de la Policía Municipal, situadas en la plaza de Viteri, al lado del frontón y el campo de fútbol, y uno de ellos le dice al agente de guardia que ha perdido el carnet de identidad.

Cuando el policía se da la vuelta para buscar el formulario, lo encañonan y le ordenan que los conduzca hasta el despacho del jefe de la unidad. Ya en su interior, preguntan a Jiménez Gómez si él es el jefe de la Policía Municipal. Al contestarles afirmativamente, le disparan, le roban la pistola y la cartera, y se marchan.

El cuerpo de Juan Jiménez Gómez, un brigada retirado de cincuenta y ocho años, nacido en Bensoján (Málaga), casado y con un hijo, queda tendido en el sillón de su despacho, con las gafas en la mano y la cabeza colgando hacia atrás.

Presentaba un balazo en la cabeza y otro en el pecho, mortales de necesidad, y en uno de los cajones de su mesa, manchado con sangre, con su propia sangre, se encontró el recorte de periódico donde, días antes, reivindicaba el honor y la dignidad de su compañero también exterminado.

Como se expone en otra parte, a Gregorio Ordóñez Fenollar, teniente de alcalde del Ayuntamiento de San Sebastián, le asesinaron el 23 de enero de 1995 para que no pudiera presentarse a las futuras elecciones y le «diera un baño de democracia» al mundo *abertzale*.

Al poco tiempo, los miembros de Jarrai del instituto de Llodio (Álava) reparten en mano un panfleto entre los alumnos. Reza: «Ordóñez, portavoz del españolismo y de la Guardia Civil, ejecutado.» No fue nada comparado con las pintadas burlonas, firmadas por Jarrai, que aparecieron en los muros de algunas calles de San Sebastián: «Gregorio, devuélvenos la bala.»

Al presidente del Gobierno, Luis Carrero Blanco, le matan en la calle Claudio Coello de Madrid el 20 de diciembre de 1973. Decenas de miles de personas celebraron su muerte y muchas siguen pensando, veintinueve años después, que aniquilar al jefe del Gobierno es legítimo, moralmente aceptable y que el magnicidio cambió la historia de España.

Durante muchos años, su asesinato fue celebrado en las fiestas populares y plazas públicas con la siguiente estrofa, que se cantaba incluso delante de la Policía Nacional. «Voló, voló, Carrero voló / voló y tan alto llegó», y en ese momento se lanzaban los objetos que se tuviesen lo más alto posible, para mayor escarnio.

Al general gobernador militar de Guipúzcoa Rafael Garrido Gil, a su mujer, Daniela Velasco, y a su hijo, Daniel Garrido Velasco, los asesinaron con una bomba-lapa en San Sebastián el 25 de octubre de 1986.

Al poco tiempo, en el campus de Ibaeta de la Universidad del País Vasco algún mal nacido desplegó una pancarta en la que se leía: «La familia Garrido también voló.» Nadie se atrevió a retirarlo por temor a ser visto por ETA y tachado de enemigo del pueblo vasco.

En septiembre de 2000, el grupo de alcaldes de Herri Batasuna de la comarca de Sakarna, al norte de la provincia de Navarra, inician la campaña «Alde Hemedik» (Fuera de aquí), destinada la promover un levantamiento popular contra la Guardia Civil.

Durante varios días se producen manifestaciones delante del cuartel, donde les arrojan maletas vacías y colocan en las paredes carteles con fotos de agentes del instituto armado patrullando por las calles y la siguiente leyenda: «Prueba de agudeza visual: ¿qué sobra aquí?»[16]

A Miguel Ángel Blanco le secuestran en Ermua (Vizcaya) el 10 de julio de 1997 y asesinan brutalmente 48 horas más tarde. Las semanas siguientes, el pueblo entero hizo un boicot a los dueños de los bares y tiendas de HB y el cura tuvo que pedir a la madre de la víctima que perdonara a sus asesinos para que los industriales locales vinculados a la izquierda *abertzale* no se arruinaran.

Un año después, los comerciantes del mundo *abertzale* violento continúan en Ermua. Los padres y la hermana del concejal del PP muerto han tenido que emigrar a Vitoria y a Madrid. La trama civil de ETA se dedicaba a hacerles la vida imposible.

Jefe provincial de la Comunión Tradicionalista, a José María Arrizabalaga Arcocha le envió ETA una misiva amenazándole con matarle si no hacía las maletas y, en 48 horas, abandonaba el País Vasco. «Aquí no vas a comer el turrón», le dijeron otro día por teléfono.

---

16. Durante las algaradas se colocan también numerosas pancartas y carteles en puentes y túneles injuriando a las fuerzas del orden y ensalzando las «hazañas» de los pistoleros de ETA. El 16 de octubre, la Subdelegación del Gobierno en la comunidad foral insta al Consorcio de Bomberos de Navarra a que retire los carteles en los municipios de Alsasua y Bakaikua. Los bomberos acuden y al verificar que se les pide que quiten unos carteles protestan. «Las pancartas no suponen ningún peligro para nadie.» Tras realizar el servicio, la comisión de personal del Consorcio de Bomberos de Navarra sacó un comunicado. Era, en realidad, una petición pública de excusas a ETA: «Nuestros compañeros fueron manipulados y coaccionados a realizar el trabajo. Se vieron obligados a retirar algunas pancartas, pero se negaron a retirar las alusivas a los presos.» Procedimiento abreviado 217/2000 del Juzgado Central número 2 de la Audiencia Nacional.

Le mataron en Ondárroa (Vizcaya) el 27 de diciembre de 1978, dos días después de Navidades. Mientras le daban sepultura, al día siguiente, HB organizó una manifestación por el pueblo de pescadores de 10 632 habitantes, para insultar a la víctima y vociferar «*Gora ETA*».

Y es que, en la mayoría de los casos, tan grave como la muerte física del ser querido es la humillación y el escarnio público de las víctimas o el acoso sistemático de HB a sus parientes.

Rubén y Daniel Múgica perdieron a su padre, Fernando Múgica Herzog, el 6 de febrero de 1996, por el simple hecho de ser el presidente del PSOE en Guipúzcoa.

Como le ha ocurrido a Jaime Mayor Oreja, a Carlos Iturgaiz, a Nicolás Redondo Terreros y a otros dirigentes políticos, tras el asesinato de su progenitor, el «cariño» y la «solidaridad» de muchos de sus vecinos fue «ejemplar». Varios conocidos suyos del barrio de Amara comienzan a verlos como «gente peligrosa» en el vecindario donde se criaron y con los que jamás han tenido el más mínimo roce.

Hay incluso quien llega a plantear reunir a la comunidad y pedirles que se vayan a vivir a otro lugar. «Sobre todo porque aquí hay muchos niños que juegan en la calle, que van a la parada a coger el autobús escolar y los coches-bomba no hacen distinciones entre grandes y pequeños», se excusa.

Al acoso de los vecinos se suma el de la banda terrorista. No conformes con haber asesinado a su padre, amenazan a sus hijos, que junto al dolor por la pérdida de un ser querido tienen que unir los insultos, el desprecio y la ignominia a que son frecuentemente sometidos desde el mundo de HB.

Por eso no suelen salir mucho de casa a cenar y, cuando lo hacen, acuden acompañados de un par de escoltas. El 12 de mayo de 2002, Rubén y Daniel, abogados y miembros del Foro de Ermua, acuden a la noche con varios amigos a una sidrería de Astigarraga, un pueblo de 3 202 habitantes de la provincia de Guipúzcoa, gobernado por Batasuna, situado a pocos kilómetros de Donostia.

No saben el calvario que los espera. Un grupo de unos quince militantes de HB, que están sentados en la mesa de al lado, los reconoce y comienzan a insultarlos y a decirles frases despectivas.

El acoso es tal que los hermanos Múgica, acompañados de sus cuatro escoltas, deciden dar por terminada la cena antes de tiempo y marcharse. Los «terroristas urbanos» se les adelantan y los reciben con una lluvia de piedras y una nueva catarata de insultos.

Cuando arrancan los coches para abandonar el aparcamiento se encuentran con la carretera bloqueada. Sus perseguidores han volcado varios contenedores de basura. «Los vehículos, además, estaban llenos de meadas», concluye su informe uno de los escoltas.[17]

Cuando un comando del Batallón Vasco español, organizado por uno de los jefes de la Inteligencia Naval, el capitán de navío Pedro Rovira Urrutia, *Pedro el Marino*, asesinó en el sur de Francia a Beñarán Ordeñana, Eugenio Etxebeste Arizcuren, una de las primeras personas que llegó al lugar del atentado, se quedó horrorizado.

«Lo único que quedaba de Argala era el torso y la cabeza. Era un cadáver sin piernas. La bomba le arrancó el cuerpo de cintura para abajo y sólo quedaba de él un torso desnudo y ensangrentado», escribió Antxon.[18]

Si el jefe de ETA fuera una persona con sentimientos, cosa poco probable, y hubiera asistido al asesinato del gobernador militar de San Sebastián, Rafael Garrido Gil, de su mujer, Daniela Velasco de Vidaurreta, y de su hijo de catorce años, Daniel Garrido Velasco, en lugar de dedicarse al estudio de las mariposas, como buen vasco y cristiano, estaría recluido en un convento, expiando sus pecados.

El atentado se produjo en pleno centro de San Sebastián, en el Bulevar, a plena luz del día. Aquel 25 de octubre de 1986, el general, que llevaba apenas año y medio destinado en San Sebastián iba de excursión con su familia y no llevaba escolta.

Un comando etarra, compuesto por José Miguel Latasa Gue-

---

17. Informe de la comisaría de policía de San Sebastián en poder de los autores.
18. Biografía de Argala, Editorial Txalaparta, 1998.

taria y Félix Alberto López de la Calle, *Kubati*, que viajaba en una moto de gran cilindrada, se paró un instante junto al vehículo del militar, en un semáforo. En el momento en que se encendió la luz verde para los conductores, el individuo que viajaba de paquete en la moto colocó un potente explosivo sobre el techo del vehículo. A continuación, la moto arrancó a toda velocidad. Era el segundo general gobernador militar asesinado.[19] Los cuerpos del general Garrido, de su mujer e hijo quedan con la cabeza arrancada, irreconocibles.[20]

Un cuñado del general Garrido, Silverio Velasco, y su mujer, Carmen, son profesores de enseñanza media. Llevan, por entonces, once años dando clases en un instituto de San Sebastián. Cuando, días después del sepelio, el matrimonio vuelve al instituto, sufre la experiencia más desagradable de su vida. «Tenía alumnos de Jarrai, de esos que nunca critican a ETA. Noté gestos de risa e incluso [le vi hacerme] cortes de manga. Era incomprensible y me sentí fatal. Fue muy cruel con una persona que había perdido a tres seres queridos», afirma el profesor Garrido.[21]

En el año 2002, Silverio y su mujer continúan en el País Vasco impartiendo clases. En contra de la mayoría generalizada de los profesores de ascendencia española, defienden el sistema de enseñanza y entienden la «purga política» de profesores españoles realizada por Arnaldo Otegui, Joseba Permach y sus conmilitones, con el apoyo de Xabier Arzalluz y el *lehendakari* Juan José Ibarretxe.

De todas las humillaciones sufridas por las víctimas civiles del terrorismo, tal vez la más lacerante es la de viajar a Francia y pedirle a ETA, a los asesinos, que reconozcan que se han equivocado al asesinar a su padre, a su marido o a su cuñado. Una situación que, aunque parezca increíble, ha ocurrido más de un centenar de veces en el País Vasco.

19. El 23 de septiembre de 1979, ETA había asesinado al general Lorenzo González-Vallés Sánchez cuando paseaba con su mujer cerca de la playa de La Concha.
20. El conductor salvó la vida al darse cuenta del atentado y abalanzarse fuera del vehículo, aunque resultó gravemente herido.
21. Cristina Cuesta, *Contra el olvido*, Temas de Hoy, 2000.

José Ignacio Arrizabalaga de la Granja, cocinero, estaba en la flor de la vida, tenía apenas veinte años cuando el terrorista Daniel Akaiturri Arrazábal,[22] un pistolero de Éibar, con otros dos hermanos en ETA, lo abatió el 20 de marzo de 1986 en Zumaya, un municipio de 8 255 habitantes de la provincia de Guipúzcoa.

Semanas después, María Teresa de la Granja, su madre, quiso ir a Francia a preguntarle a los dirigentes de ETA por qué habían asesinado a su hijo. Pretendía que Txomin Iturbe u otro cualquiera, el que fuera, le diera una explicación, cara a cara y mirándole a los ojos. No lo consiguió y tuvo que conformarse con hablar con un abogado de Herri Batasuna que le dio largas y nunca una explicación coherente.

De las más de ciento cincuenta personas asesinadas en el País Vasco bajo la acusación genérica de chivato, todos han soportado la muerte con más o menos resignación. Lo que casi ninguno ha podido sobrellevar es que, después de arrebatarles un ser querido, exhiban su nombre en público, en pintadas en las paredes, en miles de octavillas, en las páginas de *Egin* y hasta en los chismorreos de las tabernas.

Es como si, después de muerto, no contentos con su «hazaña», los asesinos arrojaran el cadáver a los leones, en la plaza pública, para que descuartizaran sus restos y borraran su buen nombre de la historia colectiva del lugar.

Es algo más que un segundo asesinato, una tragedia que provoca un inmenso dolor que no se puede soportar y que lleva a las víctimas a escribir cartas a periódicos reivindicando el buen nombre del muerto, a pedir a los ayuntamientos respectivos que les certifiquen por escrito que su pariente fue una gran persona o a pasar pliegos de firmas entre los vecinos para defenderse de las calumnias.

Todas estas iniciativas, generalmente, están abocadas al fracaso. ETA, con la «legitimidad» que le otorgaron los partidos de-

---

22. Fue condenado en el sumario 51/86 a la máxima pena de cárcel y a indemnizar a los familiares de la víctima con veinte millones. Posteriormente, el 6 de febrero de 1991, serían detenidos en Éibar y Vergara su hermano, Íñigo Akaiturri, María Eugenia Gracia, Bittore Ayerbe, Idoia Elkoro, Bittor Oregui, Pedro Belastegui y Maite Guridi

mocráticos en el País Vasco durante el franquismo, tiene patente de corso para decir quién es bueno o malo, las víctimas pasan a ser consideradas automáticamente como verdugos, cómplices o colaboradores del Estado opresor, y la izquierda *abertzale* acepta su veredicto como si hablara el mismo Espíritu Santo.

Acosados por un sector del pueblo e ignorados por el resto, que no quiere complicaciones, el último recurso de los familiares de los asesinados es viajar a Francia y pedir a los terroristas que reconozcan que se han equivocado. Es el «salvoconducto» que precisan para seguir viviendo con dignidad y pasear con la cabeza alta en una sociedad paralizada por el miedo y enferma por el terror,[23] donde un sector de la población aplaude a los que matan y el resto, salvo excepciones, mira hacia otra parte.

En un hábitat cerrado, acudir a ETA es la única vía de evitar la exclusión social. Además de pasar el resto de sus días buscando una «razón» al asesinato del padre, el hermano o el cuñado, con frecuencia sus familiares pierden sus puestos de trabajo, son marginados en los bares, restaurantes, supermercados, en los autobuses, en las paradas de taxis. Sus amigos empiezan a distanciarse, la cuadrilla no los llama para chiquitear, no encuentran con quién ir al cine, sus hijos son marginados en los colegios y hasta el cura les echa alguna mirada de reprobación.

De lo que muy pocos son conscientes es que es peor el remedio que la enfermedad, y que muchos de los que han ido a pedir a la banda armada que se disculpe han salvado el pellejo de milagro. Fue lo que le pasó, por ejemplo, a uno de los visitantes habituales del bar Zarza de Santurce (Vizcaya) a finales de los setenta.

En el otoño de 1978, en la pared del establecimiento aparecieron pintadas que ponían: «No entréis en el bar Zarza, son chivatos» y «*Gora ETA militarra*». El 9 de diciembre de ese año, un comando de ETA asesinó allí al ex jefe de la Policía Municipal, Vicente Rubio Ereño, e hirió a varias personas más.

Meses más tarde, uno de los heridos viajó a San Juan de Luz, se entrevistó con Txomin Iturbe y le exigió explicaciones.

---

23. El sistema habitual es pasar al sur de Francia y contactar con algún vecino del pueblo huido.

—Anda, márchate ahora mismo si no quieres que yo mismo te pegue dos tiros —fue toda la respuesta del jefe de ETA.[24]

Claro que, como en todas partes, hay víctimas de primera y de segunda clase.

A Begoña Zalduegui, nacida en Lemona, peluquera de profesión e hija de una familia *abertzale*, militante del PNV y profundamente independentista, no se le habría ocurrido nunca que su familia pudiera estar en el punto de mira de ETA.

El 20 de noviembre de 1994, cuando la Ertzaintza detuvo a José Luis Martín Karmona, *Koldo*, miembro del comando «Vizcaya», despertó a la realidad. Aunque fuera más nacionalista que Sabino Arana, siempre cabe la posibilidad de estar en el punto de mira de ETA.

Su marido, Juan María Atutxa, consejero de Interior del Gobierno Vasco, se había dedicado a aplicar la ley a ETA. *Abertzale* hasta la médula, compartía sus mismos fines que la banda armada, pero desde su cargo institucional temía que la «locura terrorista» pudiera acabar con el Estatuto de Autonomía y las instituciones vascas. Y por creerse más patriota que los pistoleros vascos había decidido plantarles cara.

Así, al tiempo que para unos se convertía en uno de los políticos más valorados del País Vasco, las gentes de HB de Lemona le gritaban: «Atutxa, valiente, valiente hijo de puta.» Aunque vivía en el viejo caserío familiar, rodeado de focos, alambradas y cámaras de televisión, de los insultos verbales pasaron a llenar de pintadas amenazantes el pueblo de 3 000 habitantes donde vivían los padres de Tomás Linaza Echevarría e Iñaki Bilbao, dos etarras presos o deportados, y todo el mundo conocía a los autores de los carteles.

Al final, ETA decidió eliminarle y organizó seis planes para

---

24. A Lizardo Samplil y a Manuel Albizu, taxistas de Yurre y Getaria, los matan en 1975 y 1978. Sus familiares pidieron explicaciones a ETA y casi les cuesta la vida. La situación se repite con los deudos del abogado José María López, del anticuario Héctor Muñoz o del mecánico José Ignacio Lago, al que tiroteó el comando «Orbaiceta» y salvó la vida. Los parientes de los asesinados «sin causa» han pasado por el mismo trance: pedir explicaciones a ETA, obligarlos a que reconozcan que se han equivocado, como si los terroristas fueran a aceptar sus errores.

quitarle la vida.[25] Atutxa, que en su juventud, cuando trabajaba de empleado en la caja de ahorros, sufrió una petición de «impuesto revolucionario», lloró de rabia y la rechazó «porque estos bárbaros no destrozan la patria de los vascos con mi dinero», estaba furioso. Él, que lo había dado todo para consolidar la autonomía, cuya familia había sido perseguida y encarcelada por llevar una *ikurriña*.

Más indignada, sin embargo, estaba su mujer al revisar el vídeo de la boda de su hijo mayor y ver junto a ellos a los etarras que querían asesinar a su marido. Al día siguiente fue a buscar a tres dirigentes de HB del pueblo y se enfrentó a ellos. «Era gente muy lanzada, pero al oírme se quedaron paralizados, no sabían dónde esconderse y se pusieron a temblar», relató a *El Correo*.[26]

Una de los dirigentes de HB a la que tuvo que abroncar fue su prima, la hija de su tía, en cuya casa había pasado largas temporadas en la infancia, que estaba muriéndose. Ninguno de los tres le pidió disculpas en ningún momento. Siendo casi hermanas, ni siquiera, por respeto, durante el encuentro se quitó de la solapa la pegatina de uno de los terroristas que había intentado seis veces asesinar a su marido, convertido desde entonces para HB en una «especie a proteger».

Ramón *Moncho* Doral Trabadelo, treinta y seis años, sargento de la Ertzaintza, era una de las pocas personas que podían pasear tranquilas por Euskadi. Nacido en Irún, en el seno de una familia de fuerte tradición nacionalista, responsable de EGI, las Juventudes del PNV en la comarca del Bidasoa, miembro del partido *jelkide* desde los dieciséis años y del sindicato ELA-STV, formó parte de la primera promoción de la policía autónoma vasca.

Su matrimonio con Cristina Sagarzazu, hija de Patxi Sagarzazu, jefe de la Junta Municipal del PNV en Irún, y su clara trayectoria política en defensa del nacionalismo le valieron un rápido ascenso en su carrera. Sargento de la policía autónoma, jefe del servicio de información en la provincia de Guipúzcoa y adjunto

---

25. Los detalles se desarrollan en otro apartado.
26. *El Correo*, 27 de noviembre de 1994.

a la Viceconsejería de Interior, era de las pocas personas que despachaba personalmente con el consejero de Interior, Juan María Atutxa, y que contaba con la confianza plena del *lehendakari* José José Antonio Ardanza y del presidente del PNV, Xabier Arzalluz. El 4 de marzo, a las nueve y media de la mañana, subió a su coche, un Opel Vectra matrícula SS-9466-AN, aparcado en la calle Cipriano Larrañaga de Irún, con la intención de dirigirse a su casa para llevar a su hijo pequeño a una guardería. Instantes después explotaba y moría.

Su muerte fue una conmoción en el seno del PNV. Hasta el arcipreste de Fuenterrabía, José Ramón Treviño, acusado de connivencia con ETA, acudió a dar el pésame a la familia. Las críticas más severas se producen desde el Partido Nacionalista. Los dirigentes de la formación política fundada por Sabino Arana no salen de su asombro. «Un grupo de dirigentes del EBB lleva varios meses reunido con la Mesa Nacional de Herri Batasuna, en Leitza (Navarra), buscando soluciones políticas al conflicto vasco y éstos van y matan a uno de los nuestros», protestó Arzalluz entre airado y confundido.

Lo más insólito del caso fue que, en lugar de movilizar a todos los efectivos de la policía vasca para dar captura al comando asesino, dos comisiones, una del EBB y otra formada por un grupo de compañeros de la víctima, miembros del colectivo Hemen Gaude (Aquí estamos), entregan sendas cartas en las sedes de HB de Bilbao y San Sebastián pidiendo explicaciones por el atentado.

«Habéis matado a un patriota que ha dedicado toda su vida a Euskadi. Apenas con dieciséis años, Moncho Doral y otro militante de Eusko Gasteti (EGI), la rama juvenil del PNV, tiraron el busto del general Emilio Mola de su pedestal en El Arenal de Bilbao. [...] Desde entonces milita en el PNV», afirma el texto del EBB.[27]

Como en los tiempos del franquismo y de la plaza de Oriente, la muerte de Doral unió al nacionalismo como una piña. Al igual que en el entierro de Franco, el sepelio de Doral fue el pri-

---

27. *El Mundo*, 7 de marzo de 1966. El monumento, en realidad, había sido volado años antes, en noviembre de 1946, con la dinamita facilitada a miembros de la Brigada Vasca por el capitán norteamericano Plastic. Este agente, sin embargo, se negó a entregar armas al PNV para iniciar una «cruzada» contra Franco, como pretendía José Antonio Aguirre.

mer acto necrológico que los vascos vieron en directo por televisión a través de ETB, con su amigo Joseba Eguibar bañado en lágrimas cantando el *Eusko Gudariak*.

La misma reacción de estupor tuvo lugar cuando la banda terrorista dispara contra el sargento mayor de la Ertzaintza de Bilbao, Joseba Goikoetxea Asla, el 22 de noviembre de 1993, quien fallece días después en el hospital de Cruces de Barakaldo. Entre airada e incrédula, su mujer le dice a Pedro Muñoz, general de la Guardia Civil y, pese a las distancias ideológicas, amigo de la víctima: «¿Por qué nos matan a nosotros? ¿Cómo se atreven contra nosotros esos hijos de puta?»

«¡Que ETA tome nota! Si vuelven a atacar a uno de los nuestros, que se preparen, porque nosotros somos más y podemos matarlos a todos ellos cuando queramos», brama Arzalluz, que en tiempos de Franco había defendido a la víctima ante un tribunal franquista. Lo chocante es que nadie manda detenerle. Porque si el presidente del PNV puede acabar con ETA cuando quiera es porque sabe dónde se esconden los asesinos o, al menos, cómo llegar hasta ellos. Pero no perdamos el hilo de la narración.

Otro nacionalista, guardián de las esencias sabinianas, Gorka Aguirre, el «topo» del PNV en los sórdidos ambientes de ETA, el hombre frío y calculador encargado de mantener los «puentes» entre el «nacionalismo moderado y el nacionalismo radical», como diría Carlos Garaikoetxea,[28] para no tener que hablar de terrorismo, fue el más indignado de todos.

> Quiero manifestar mi más absoluto desprecio hacia la actual dirección de ETA que ha decidido este asesinato. Sepan Iñaki [Ignacio García Arregui, *Iñaki de Rentería*], Mobutu [Félix Alberto López de la Calle, *Mobutu*], Josetxu [José Javier Arizcuren Ruiz, *Josetxu*], *Antza* [Mikel Albizu, *Antxa*], o cualesquiera que sean los que compongan la cúpula de ETA, que entre todos ellos no tienen ni el cinco por ciento del componente *abertzale* que ha demostrado Joseba Goikoetxea en su vida.[29]

---

28. Carlos Garaikoetxea, *Biografía*, Planeta, 2002.
29. *Deia*, 23 de noviembre de 1993.

Dispuesto a no parar hasta no obtener la condena moral y social de ETA, el PNV moviliza a sus bases en todo el País Vasco. Un pebetero con la llama de la libertad, transportado por la gente de EGI, recorre durante semanas todos los pueblos y un libro de firmas, donde se pueden escribir todas las barbaridades contra la banda terrorista, lo acompaña a todas partes.

Pasados el dolor y la rabia inicial, el Partido Nacionalista decide guardar las firmas bajo siete llaves. Los chicos de las pistolas, en cierta medida, también eran hermanos de sangre.

José María Korta Uranga era un empresario nato y sabía, desde muy pequeño, lo que era ganarse cada día el pan con el sudor de su frente.

Nacido en Cestona, cincuenta y dos años, licenciado en Filosofía y Letras, casado y con tres hijos, gracias a su valentía empresarial, a su coraje y tesón para levantarse a las siete de la mañana, llegar a la fábrica el primero y marcharse el último, logró sacar a flote una empresa donde trabajaban ochenta personas, entre ellas cinco hermanos suyos, dos hijos y varios sobrinos.[30]

Fundador de la *ikastola* de Zumaya, donde residía, y vinculado al PNV, que le había aupado a la presidencia de Adegi, la organización patronal guipuzcoana, seis meses antes había mandado una circular a sus asociados recomendando que no pagaran el «impuesto revolucionario» a ETA.

Korta no solía tomarse vacaciones. Por eso le asesinaron con un coche-bomba en el aparcamiento de su fábrica en Zumaya el 8 de agosto de 2000.

Fue la octava víctima tras la ruptura de la tregua de ETA, pero la única que sintió verdaderamente el PNV. Si la indignación de la sociedad en general fue grande, la reacción de rechazo y repulsa en el seno del PNV fue tremenda. Por primera vez, muchas personas vieron a través de las cámaras de televisión al diputado general de Guipúzcoa, el azkoitiano Román Sodupe, derramar

---

30. La compañía Mecanizados Korta, S. A., dedicada a la construcción de material de precisión, emplazada en el polígono industrial Goriostiaga de Zumaya, había llegado a fabricar incluso piezas para el cohete *Ariadnne*.

las lágrimas y preguntarse en alto: «¿Por qué?, ¿por qué a uno de los nuestros?»

Sus parientes se hacen la misma pregunta. Se la formulan directamente a HB y a ETA.

Situada por encima del bien y del mal, la banda terrorista no da explicaciones. Tampoco admite que se cuestione sus «sentencias de muerte». Por eso, al poco tiempo, como los familiares de Korta acusan a HB del asesinato, responden con su trágico lenguaje. El 9 de septiembre de 2000, una bomba destruye en Deba (Guipúzcoa) la discoteca Txitxarro, propiedad de Oier Korta, sobrino de la víctima.

Y es que quien de verdad dirige una verdadera trama de soplones, chivatos, confidentes, es la banda terrorista ETA. Veamos, de forma sintética, algunos datos.

A finales del año 2000, la Guardia Civil irrumpe en un domicilio particular situado en el número 80 de la calle Beato Tomás de Zumárraga, en Álava.

Su propietario es un dirigente de Gestoras Pro Amnistía que vive en el mismo inmueble en que residía el funcionario de Prisiones Máximo Casado, afiliado a CC. OO., destinado en Nanclares de la Oca, muerto en atentado el 22 de octubre de 2000.

El 7 de septiembre de 2000, tras la muerte de cuatro etarras en Bolueta (Vizcaya), Gotzone Mora, profesora de Sociología de la Universidad del País Vasco, recibe un informe de la policía según el cual era uno de los objetivos preferentes del comando terrorista. El encargado de vigilarla debió de ser alguien de su casa porque «sabían hasta cómo se colocaba las gafas», le dice un inspector.

El mismo mes, la Guardia Civil asalta un piso franco de ETA en Galdákano. En su interior aparecen fotografías sobre Santiago Abascal Escuza, responsable del PP en la comarca de Ayala (Álava) y su hijo, Santi Abascal, presidente de las Juventudes del PP en el País Vasco. La información había sido proporcionada por vecinos del pueblo y se habían librado de un atentado por cuestión de días.

A comienzos de 2001, Maite Pagazaurtundua, concejal socialista en Urnieta (Guipúzcoa) y filóloga, recibe una llamada de la

Guardia Civil: «Hemos detenido a unos terroristas de ETA. Tenían mucha información sobre usted. El que se encargaba de vigilarla es el frutero de su barrio.»

El 27 de junio de 2002, José Luis Vela, uno de los tres concejales socialistas de Andoain (Guipúzcoa), recibe en su casa un sobre que contenía una carta y una llave: «Toma la llave de tu portal, pero no te tranquilices demasiado, pues tenemos 47 copias más y 47 personas dispuestas a darlo todo por eliminarte.»

El 22 de febrero de 2001, ETA coloca un coche-bomba junto al apeadero del tren del barrio de Martutene, en San Sebastián, al paso del concejal socialista de Ordicia Ignacio Dubreuil Churruca, al que pretenden asesinar.

La carga explosiva, oculta en el maletero de un coche, explota a las ocho de la mañana. Dubreuil salva la vida, pero el atentado causa dos muertos, Josu Leonet Azkune y José Ángel Santos Laranga, empleados de la empresa Electra y simpatizantes nacionalistas, y ocho heridos, entre ellos el concejal socialista y su escolta, Ángel Pérez Alaez.[31]

Lo que no se ha contado todavía es que, además de los dos trabajadores fallecidos, otros dos de los heridos estaban fichados por la policía como posibles miembros de la *kale borroka*.

Representantes de la Subdirección General de Asistencia a las Víctimas del Terrorismo del Ministerio del Interior, que dirige José María Martínez Arruego, acuden, días más tarde, a visitar uno por uno a todos los heridos.

El panorama que se encuentran es desolador. La mayor parte de las víctimas desean abandonar el País Vasco lo antes posible. Sin embargo, los padres de uno de los heridos más graves, de ascendencia *abertzale*, en lugar de estar indignado con los pistoleros de ETA justifica el crimen y asume como algo lógico y natural que su hijo se encuentre herido grave.

—Estamos en guerra y en las guerras pasan esas cosas —le dijo a uno de los responsables de Interior.

---

31. El resto de los heridos son Igor Larrea Olano, María Silvia León Redin, María Aránzazu Pérez Cayetano, Ignacio Urdangarín Múgica, José Ignacio Urrestarazu Urkola y Sandra Viejo Lorente.

—¿Cómo dice usted eso? Aquí no hay ninguna guerra. ¿Dónde ve usted los tanques? —protesta Martínez Arruego.

—Esto es una guerra y mi hijo es víctima de los «daños colaterales».

Con padres así, que ETA disponga de una red de informadores mucho más amplia que la del PNV y la del Estado juntas no es nada extraño.

CAPÍTULO VIII
El euskera, la «kantera» de ETA

Mientras los hijos de los dirigentes del PNV acuden a colegios de pago, regentados mayoritariamente por profesores titulados, en el sistema público de educación y muchas de las *ikastolas*, dejadas en manos de antiguos etarras o de profesores *abertzales*, se ensalza el terrorismo y se enseña a los alumnos a odiar todo lo español. En consecuencia ha llevado a cientos de jóvenes vascos y no vascos a la cárcel, a la muerte o al exilio, las tres únicas alternativas que tienen quienes deciden empuñar las pistolas. Y es que la lengua vernácula de los vascos, un elemento neutro que no debía plantear problemas, se ha convertido en el muro de contención de los *erderas*, es decir, un valladar para impedir la integración de los vascoespañoles en Euskal Herrría, y en un arma arrojadiza contra quienes no quieren aprenderla. En un afán de no crearse problemas, el PNV ha entregado la mayoría de los centros educativos a ETA y su entorno, propiciando que algunos libros de texto sean tan peligrosos como la boca de los fusiles, y el ochenta por ciento de las escuelas públicas, donde no se enseña el castellano ni como asignatura, se hayan convertido en el motor principal de la construcción nacional.

Situada en el centro de Vitoria, la *ikastola* Toki Eder, uno de cuyos profesores fue detenido en los noventa por su vinculación con ETA, tiene fama de pertenecer al abertzalismo más radical.

Instalada al margen de las instituciones, como si perteneciera a un mundo aparte y las leyes no la afectaran, sus responsables se niegan a cumplir las directrices de la delegación en Álava de la Consejería de Educación del Gobierno Vasco y cuestionan la autoridad del consejero, José Ramón Recalde.[1]

—Vamos a mandarle la inspección —sugiere el delegado territorial de Educación, Ernesto Ladrón de Guevara.

—Tengamos la fiesta en paz, no vayamos a romper el pacto

---

1. Por ejemplo, no cumplimentan los libros de escolaridad porque llevan el escudo constitucional.

de gobierno —replica Recalde, al que años después intentará asesinar ETA.

Integrada en la red de escuelas públicas, Toki Eder pone en tela de juicio el sistema educativo, pero a la hora de pedir recursos y medios sus directivos no se cortan un pelo. La gota que rebosa el vaso de la paciencia del delegado de Educación es la pretensión de la *ikastola* de que les sustituyan dos limpiadoras castellanohablantes por personal euskaldún.

—¿Qué tiene de malo que las limpiadoras hablen español? —pregunta.

—Esto es una *ikastola*. Aquí se habla euskera —le replican.

Ladrón de Guevara resuelve el asunto de manera un poco sorprendente. Selecciona a una limpiadora sordomuda y la destina al centro.

Fue como si desatara un vendaval. La reacción de directivos y padres de alumnos no se hizo esperar. El 23 de diciembre de 1988, quince personas con pasamontañas tomaron la Delegación de Educación en Álava, en la avenida de Gasteiz, y arrojaron una tonelada de basura dentro.[2]

¡Bonito regalo de Navidad!

Ernesto Ladrón de Guevara, alavés de cincuenta y dos años, doctor en Pedagogía y ex secretario del Foro de Ermua, no lo pasó peor en su vida como en el período 1987-1992.

Miembro de la ejecutiva socialista de Álava y delegado provincial de Educación, en ese período le tocó vivir la implantación del sistema educativo vasco en una comunidad donde las cosas no se piden con educación. Se imponen a la brava, con algaradas, gritos y tiros en la nuca.

«Fue un infierno. Cada semana, por los motivos más fútiles, se montan manifestaciones delante de la delegación o frente a mi casa, con los niños como escudos. Los funcionarios eran insultados y agredidos».[3]

Consideradas un reducto al margen de la legalidad franquis-

---

2. Según la denuncia firmada por los 42 trabajadores de este organismo pidiendo la protección de la Ertzaintza.

3. A uno de ellos llegan a romperle un dedo en un asalto a la sede de Educación.

ta, al llegar la democracia, aprobarse el Estatuto y constituirse el primer Gobierno Vasco, las *ikastolas* siguen funcionando como si fueran clandestinas. Su aspiración secreta es sustituir a la escuela pública vasca.

Es el caso, por ejemplo, de La Puebla, una zona castellanohablante de Álava, con 737 habitantes. Un día, sin consultarlo con nadie, un grupo de padres montó una *ikastola* clandestina en un local del ayuntamiento que no reunía las mínimas condiciones de salubridad. La Delegación de Educación actuó en consecuencia y lo clausuró.

Los padres pusieron el grito en el cielo y exigieron que se revocara la orden. Ladrón de Guevara se negó, pero el *lehendakari* José Antonio Ardanza decidió obviar los informes de la delegación alavesa de Educación y firmó un decreto declarando nulo el cierre. Al nacionalismo, aunque vulnere las leyes, hay que tenerlo contento.

Con este precedente, los casos de vulneración de la legalidad vigente, la legalidad del Gobierno Vasco, y de imposición por la vía de los hechos consumados del modelo educativo de las *ikastolas* sobre el de la escuela pública, dependiente de la Consejería de Educación, se cuentan por decenas.

En Villarreal de Álava, hoy Legutiano, feudo de HB, con una población escolar de 181 alumnos, funcionan durante años una *ikastola* y una escuela pública, con una media de quince escolares por aula.[4] Como no hay población escolar para mantener la doble oferta educativa, en 1982 la Delegación de Educación llega a un acuerdo para crear un centro único.

El pacto dura seis años. En el curso 87-88, veinte padres exigen que las plazas de profesores se cubran con personal euskaldún. El Gobierno Vasco se niega porque supone cesar al director del centro y ejercer la «limpieza étnica» con el resto del profesorado.

---

4. La *ikastolas* de Álava tienen entonces una matrícula muy baja. Así, en Elvillar, Baños y Villanueva hay en julio de 1987, respectivamente, 11,13 y 9 alumnos, según el informe 3 554 de la Dirección de Enseñanza Básica. Sólo en dos poblaciones, Llodio y Álava, hay alumnos suficientes para rentabilizar la enseñanza.

Aunque sólo representan el once por ciento de la población escolar, los partidarios de la escuela vasca se segregan del resto de la comunidad escolar para no contaminarse y crean una *ikastola* en la calle Elixoste.

La Consejería de Educación, bajo control socialista, reacciona. En un escrito les anuncia que aunque las *ikastolas* existentes hasta ahora son ilegales, no va a permitir que se siga conculcando la ley. «Los niños del centro, al no estar registrados en la Consejería de Educación, figurarán como no escolarizados», advierte en una carta.

El centro de Legutiano recurre a la Arabako Ikastolen Elkartea (Federación de *Ikastolas* de Álava). El 8 de octubre de 1987, su presidente, José María Rekarte, en una carta amenaza a la Consejería de Educación: «Por el camino de la fuerza no vamos a llegar a ningún acuerdo, ya que ello nos obligaría a responder con la misma contundencia.»[5]

El contencioso se salda a favor de una entidad oficialmente fuera de la ley. Con motivo del Araba Euzkaraz (Día del Euskera), que ese año se celebra en Santa Cruz de Kampezo, el Gobierno de Ajuria Enea obliga a Ladrón de Guevara a autorizar la *ikastola* de Legutiano.

Hubo otros muchos casos aún más conflictivos.

Un grupo de madres de la *ikastola* Bambi, situada en las afueras de la ciudad, acuden en 1991 a protestar a la Delegación de Educación de Álava.

El centro, dependiente de la Diputación, carece de la ventilación directa y en lugar de la calefacción convencional emplea estufas de gas en invierno, lo que provoca una peligrosa concentración de anhídrido carbónico, perjudicial para la salud de los niños.

La delegación ordena su cierre cautelar hasta que se reparen las deficiencias. La respuesta de los padres fue organizar concentraciones durante seis meses frente a la casa del responsable de Educación.

---

5. Archivo de la Delegación de Educación de Álava. Carta con registro de entrada número 18 862.

—*Lampura, kampora!* (Ladrón, fuera) —le gritan sin cesar.

Ante el cariz que toman los acontecimientos, sin viabilidad de solución, el socialista Fernando Buesa, que sustituye a Recalde al frente de la Consejería de Educación, corta por lo sano. Pese a un informe técnico que aconseja lo contrario, ordena la reapertura del colegio.

Al poco tiempo, el consejero de Educación recibe un informe sobre las actividades lúdicas del centro. Uno de los juegos habituales de los niños es el tiro al dardo. La diana ha sido sustituida por una foto suya, el «tiro al Buesa».

A Fernando Buesa y a su escolta Jorge Díez los despedaza un coche-bomba el 22 de febrero de 2000 en la calle Aguirre Mireón de Vitoria. Sus asesinos, Asier Carrera, Diego Ugarte López de Arcaute y Luis Marinelarena, por su edad y formación, podían haber estudiado en un colegio semejante.

Para el PNV y ETA, la educación es la piedra angular del proyecto de construcción nacional. Por eso, al asumir las competencias en materia educativa, intentan arrinconar la escuela pública tradicional e imponer su modelo de enseñanza nacionalista y excluyente, la *ikastola*.

El 5 de febrero de 1988, el diputado del PP José Manuel Barquero interpela al consejero de Educación del Gobierno Vasco, José Ramón Recalde, sobre la ocupación del edificio de un colegio público de Ayala (Álava), de reciente construcción, por una *ikastola*.

«El 9 de noviembre de 1987 visité el nuevo colegio público. Mientras los niños del pueblo estaban dispersos por diversos municipios por falta de aulas, el edificio que se construyó para ellos, dedicado a impartir enseñanza bilingüe, es usado por la *ikastola* Etxaurren, que se apropió de él por la fuerza. El antiguo edificio de la *ikastola* en el ayuntamiento de Respladiza está cerrado a cal y canto y desocupado.»[6]

En contra de lo que cabría esperar en un país democrático,

---

6. Previamente, la junta de padres del centro, integrado en la Federación de Ikastolas, se dirige al ayuntamiento anunciándoles que se quedan con el colegio para montar allí una *ikastola* y le remiten una propuesta de acuerdo mediante la cual deben ceder «su usufructo durante diez años».

Recalde no mandó a la policía a desalojar a los delincuentes ni a detener a sus instigadores. Por el contrario, tuvo que asumir el asalto como algo normal.

Y es que la situación no era nueva. Según denunció el diputado de Euskadiko Ezkerra Xabier Gurrutxaga, desde 1981 son numerosas las apropiaciones similares de centros educativos o aulas de colegios públicos por parte de la red de *ikastolas* con el consiguiente «enfrentamiento entre las dos comunidades educativas».

Las escuelas nacionalistas, la mayoría de ellas ilegales, con la connivencia del Gobierno, se convierten en «okupas» de centros públicos de nueva creación, como los de El Ferial, Itxisu, Ugao, Trápaga, Abanto-Ciérvana, Ermua, Muzkiz, Lazkao, Andoain, Hernani o aulas en Barakaldo, Pasajes y otros muchos lugares.[7] «En la actualidad, sólo en Guipúzcoa y Vizcaya existen en torno a cuatrocientas unidades de *ikastolas* impartiendo clases en centros públicos», revela Gurrutxaga.

De esta manera, mediante una política de hechos consumados, el PNV no sólo impone la *ikurriña* y el himno de su partido a la sociedad vasca sino que trata de colocar por la fuerza también su modelo de enseñanza sectaria, ideologizada y en euskera.

Los distintos consejeros de Educación nacionalistas, Pedro Miguel Etxenike, Juan Urría Elejalde y Juan Churruca Arellano, reconocen, sin ambages, el despojo de los edificios de uso público para fines privados. En lugar de mandar a la policía a recuperar unas instalaciones construidas con fondos de la Consejería de Hacienda, hacen lo contrario: dedican ingentes sumas de dinero a promocionar sus centros, a dotarlos de las mejores instalaciones y convertirlos en la «nueva escuela» vasca.[8]

Mientras escasea el dinero para los centros públicos, cada

---

7. *Diario de Sesiones* del Parlamento vasco de fecha 30 de mayo de 1989.

8. Las primeras *ikastolas* nacen en el curso 1959-1960 en Guipúzcoa, con setenta alumnos. Según ETA, los profesores tienen que tener grado de conciencia política para enseñar. «No basta con saber la lengua, hay que tener conciencia de oprimido, de odio a España.» La banda armada no admite ningún control que no sea el de los nacionalistas. Por eso, en el año 1970 la revista *Zerulo Argia* llega a publicar 43 artículos sobre el asunto y la banda armada plantea copar sus estructuras. «Las fuerzas nacionalistas en conflicto en la sociedad vasca necesitamos controlar las *ikastolas*. El euskera es patrimonio nuestro, no le vamos a regalar su control a nuestros enemigos, para que lo usen en nuestra contra», afirman. En la actualidad, según el Gobierno, más de doscientos de los profesores que imparten sus enseñanzas en estos centros son ex activistas de ETA. «La enseñanza en euskera y su problemática», *Hautsi*, núm. 2, enero de 1973. «ETA», *Hautsi*, num. 3, enero de 1973.

curso escolar los consejeros de Educación del Gobierno Vasco firman planes educativos con la red de *ikastolas*, a las que inyecta del orden de tres mil millones de pesetas anuales para que impartan la enseñanza concertada, y aportan otros mil millones adicionales de forma discrecional para tener contento al sector educativo más cercano al nacionalismo.[9]

La sobrefinanciación del sistema educativo del PNV y ETA y el asalto a los bienes públicos, marginando a los niños que acuden a la red pública, a los que se convierte en educandos de segunda en beneficio de los euskaldunes, no es lo más escandaloso. Lo verdaderamente aberrante es el «genocidio cultural» del español impulsado desde el Gobierno vasco, con el sistemático incumplimiento del Estatuto de Autonomía.

En 1978 y 1979, cuando se discuten las líneas maestras del Estatuto de Gernika, todos los partidos políticos están de acuerdo en que en Euskadi existen dos comunidades lingüísticas distintas, la española y la vasca, y que aunque el uso del castellano está mucho más extendido no se puede ni se debe marginar a ninguna de las dos lenguas ni tomar medidas a favor de una en detrimento de la otra.

Por eso, el Estatuto de Autonomía para el País Vasco, publicado en el *BOE* número 306 de 22 de diciembre de 1979, en su artículo seis dice textualmente:

> 1. El euskera, lengua propia del pueblo vasco, tendrá, como el castellano, carácter de lengua oficial en Euskadi y todos sus habitantes tienen el derecho a conocer y a hablar ambas lenguas.
> 2. Las instituciones comunes de la Comunidad Autónoma, teniendo en cuenta la diversidad sociolingüística del País Vasco, garantizarán el uso de ambas lenguas, regulando su carácter oficial, y arbitrarán y regularán las medidas y medios necesarios para asegurar su conocimiento.

---

9. Según una pregunta efectuada el 3 de julio de 1991 por el diputado del PP Leopoldo Barreda al consejero de Educación, las asignaciones directas a las *ikastolas* fueron de ochocientos millones en 1999 y en el año 2000 se iba a reducir a 534.

3. Nadie podrá ser discriminado por razón de la lengua.

Para llevar a la práctica lo que establece el Estatuto, el Gobierno Vasco instaura tres modelos de enseñanza según el mapa lingüístico de cada región y nivel de conocimiento de las dos lenguas. El modelo A, a aplicar en aquellas comarcas donde la población se expresa mayoritariamente en castellano. La lengua vehicular es el castellano y el euskera se estudia como asignatura. El modelo B,[10] a emplear en comunidades bilingües, donde las asignaturas se imparten al cincuenta por ciento en castellano y euskera. Y, por último, el modelo D, en vigor en las zonas esencialmente euskaldunes,[11] muy pocas, donde todas las materias se estudian en la lengua aborigen y el castellano es una asignatura más.

Pero una cosa es la teoría y otra la práctica. Decididos a crear una comunidad vascoparlante donde no la hay, ETA, HB, PNV y el Gobierno de Ajuria Enea se dedican desde el día en que asumen las competencias, de manera sistemática, premeditada y criminal, a eliminar el español de los centros de enseñanza y a sustituirlo por el euskera para crear una comunidad educativa donde las materias se impartan en el modelo D.

Federico Krutwig, uno de los ideólogos del nacionalismo de los años sesenta, lo dejó escrito en 1963 en su libro *Vasconia*: «Mi espanto fue tremendo cuando me enteré que [el *lehendakari*] Leizaola era colaborador gratuito del enemigo. Siendo la máxima representación de las esencias de los vascos, permite que sus hijos hablen la lengua del enemigo. En la Europa central hubiera sido fusilado de rodillas y por la espalda.»[12]

Krutwig, un individuo que afirma que optar por una lengua distinta al vascuence es razón suficiente para quitar la vida a una persona de la manera más deshonrosa posible, representa el ma-

---

10. La letra «c» no existe en euskera. Se sustituye por la «k».
11. Orexa, Elduain y cuatro pueblos más.
12. Fernando Sarrailh de Ihartza (Federico Kurtwig), *Vasconia*, Ediciones Norbait, Buenos Aires, 1963.

yor grado de fanatismo e intolerancia en el País Vasco. No es el único que piensa así. «Si no existiera el euskera, Euskal Herría no existiría, puesto que sería barrida del mapa por españoles y franceses», opina José Luis Álvarez Emparanza, lingüista y uno de los fundadores de ETA.

«Sin euskera no hay patria vasca. Si desapareciera algún día, moriría el corazón de Euskal Herría, se convertiría en territorio español y francés. Por eso hay que preservarlo y combatir a sus enemigos. Ninguno de ellos tiene derecho a vivir en nuestro pueblo. Hay que responder sin complejos a los que lo atacan», afirma ETA el 2 de diciembre de 1998.

Vistas así las cosas, no es extraño que, iniciada la nueva andadura política tras la muerte del Régimen de Franco, en Euskadi resurja de nuevo con fuerza la pretensión de recuperar el euskera como símbolo de una forma de identidad antropológica, cultural y política.

Se sustituye, de esta manera, una forma hegemónica y totalitaria de ver las cosas por otra igualmente homogeneizadora y excluyente, con la pretensión no oculta por el PNV y ETA de que la lengua se constituya en un valladar, en un muro de contención, que delimite las fronteras del nuevo Estado frente a la «invasión extranjera» tal y como escribe tres cuartos de siglo antes Sabino Arana.

> No el hablar este u otro idioma, sino la diferencia de lenguaje es el gran medio de preservarnos de contagio de los españoles y evitar el cruzamiento de las dos razas. Si nuestros invasores aprendieran el euskera, tendríamos que abandonar éste, archivando su gramática y su diccionario, y dedicarnos a aprender el ruso, el noruego o cualquier otro idioma desconocido para ello, mientras estuviéramos sujetos a su dominio.[13]

Es bien sabido que a comienzos de la transición no existe un solo euskera sino siete dialectos, muy minoritarios.[14] Sin embar-

---

13. Sabino Arana Goiri, *De su alma y de su pluma (pensamientos escogidos)*, Zabaldu Nagixu, 1932. Edición facsímil.

14. Batúa, guipuzcoano, labortano, altonavarro septentrional, altonavarro meridional, sulentino, bajonavarro oriental y bajonavarro occidental.

go, los dirigentes nacionalistas lo imponen, presionados por ETA, que hace de este asunto su principal caballo de batalla, sin tener en consideración que existe otra lengua, el castellano, que hablan, leen y escriben casi el ciento por ciento de la población y cuyas últimas investigaciones ubican su germen de nacimiento en el Cartulario de Valpuesta,[15] en la comarca de Valdegobia (Álava).

Pese a todo, vulnerando la Constitución y el Estatuto, la lengua vernácula, que en el País Vasco es conocida por menos del doce por ciento de la población,[16] se implanta como lengua vehicular en la enseñanza en la mayor parte de los centros escolares, con la intencionalidad no oculta de convertirla en el elemento esencial de la llamada construcción nacional.

El estudio del idioma vasco se concibe así, no como una vía de integración de euskéricos y castellanohablantes, sino como contraposición y exclusión de aquellas personas que hablan la lengua de Cervantes, los supuestos subyugadores, opresores históricos del euskera, agresores y exterminadores de sus tradiciones y costumbres. Se estimulan así los sentimientos antiespañoles, se fomenta el odio y se propaga el secesionismo.

Con estos planteamientos, el objetivo principal del PNV tras la aprobación en 1981 del Estatuto de Autonomía, además de controlar las *ikastolas,* pretende ocupar la escuela para, a través de ella, imponer la nueva lengua y una nueva cultura social y política que impregne a los escolares y, por medio de ellos, a sus padres.

Para demostrarlo, no hace falta recurrir a informes secretos ni a documentos confidenciales. Bastan las actas del Parlamento vasco. Así, por ejemplo, el 27 de julio de 1983, el consejero de Educación, Pedro Miguel Etxenike, dice: «En la actualidad hay un diecisiete por ciento de estudiantes vascos que lo hacen en los modelos B y D en preescolar y EGB. Si ganamos las próximas elecciones, dentro de cuatro años tendremos un sesenta por ciento de escolarizados en los modelos B y D. Y no lo vamos a

---

15. Santiago Ruiz de Loizaga, *Lengua y cultura en Álava, siglos IX a XII,* La Olmeda (Burgos), 1995.

16. Bastante menos en algunas comarcas, como Las Encartaciones, las márgenes izquierda y derecha de la ría del Nervión y en las tres grandes capitales, Vitoria, Bilbao y San Sebastián.

hacer primando a las *ikastolas*, que es nuestro modelo de enseñanza, sino a la escuela pública, que tiene que pasar del cuatro por ciento al veintidós por ciento en el modelo D. Ése es nuestro gran desafío».[17]

La presión para imponer el euskera en las escuelas como lengua vehicular se incrementa con los siguientes consejeros de Educación nacionalistas, Juan Urrutia Elejalde, profesor de Economía de la Universidad del País Vasco y consejero del BBV, y con Juan Churruca Arellano, un ex jesuita, profesor de Derecho Natural de la Universidad de Deusto.

Los consejeros no están solos. Desde el mundo *abertzale*, cuyas instituciones son subvencionadas por Ajuria Enea, se les echa una mano.

El 8 de octubre de 1999, la diputada socialista Isabel Celaá acude al Parlamento vasco y denuncia las coacciones que decenas de miles de padres de familia sufren por parte de grupos de defensa del euskera vinculados a Batasuna para que matriculen a sus hijos en el modelo D.

«Lo más preocupante de todo esto es que quienes insultan, agreden y amenazan a los padres, coartando la libertad de elección de la enseñanza de sus hijos, son financiados por el Gobierno vasco, con cargo a los presupuestos de esta Cámara», denuncia.

Ex secretaria de Educación y parlamentaria por Vizcaya, a Celaá no le falta razón. Desde hace dos décadas, todos los años, en las semanas previas a las matriculaciones de alumnos, los directores de los colegios públicos en los que se imparten clases en castellano reciben una misiva en la que se los coacciona y amenaza como no disminuya el número de niños matriculados en el modelo de enseñanza A.

Al mismo tiempo, este grupo de «patriotas» exaltados, acompañados de algunos padres, toman al asalto los centros públicos del País Vasco donde consideran que la enseñanza en euskera no

---

17. Intervención de Pedro Miguel Etxenike el 27 de julio de 1983 sobre la creación del Instituto Vasco de Ikastolas, con el que se pretende aprobar su marco jurídico y acabar con la ilegalidad de las mismas.

hace progresos. Allí, los ayatolás del idioma coaccionan al profesorado, colocan carteles en las paredes, sacan pancartas en defensa del euskera y recriminan a los padres que han elegido el modelo A, llegando incluso a romperles la hoja de solicitud o amenazar a la familia con expulsarlos de Euskadi.

Los autores de las cartas y alborotadores forman parte del colectivo Euskal Herrian Euskaraz, una entidad que forma parte, lo mismo que la Agrupación de Abogados Euskaldunes y otras entidades cercanas a ETA, del Consejo de Organismos Oficiales del Euskera, financiado por el Gobierno vasco.

Hacer el trabajo sucio al PNV, ejecutar la «limpieza étnica» en las escuelas, tiene su coste. Los miles de carteles que se imprimen y las decenas de miles de cartas que se buzonean todos los años cuestan dinero y, por eso, los encargados de la campaña «*Bai euskarai*» (Sí al euskera) y otros cuentan con la ayuda del Gobierno vasco.

Así, con «piquetes informativos» a las puertas de los colegios, no es extraño que aunque la mayoría de los vascos piden una enseñanza bilingüe, el sistema educativo impuesto por Ajuria Enea se deslice peligrosamente de un bilingüismo de hecho a un monolingüismo euskaldún. «Mientras sólo el 23 por ciento de la población se declara euskaldún, al 73 por ciento se le enseña y adoctrina en el modelo D, es decir, en el euskaldún puro y duro», denuncia Isabel Celaá.[18]

La provincia de Álava es el mejor ejemplo de esta imposición.

Hay una frase antológica de Carlos Garaikoetxea, tras ser elegido presidente del Gobierno vasco y asentar sus reales en el palacio de Ajuria Enea, Vitoria: «Esto no es Euskadi, esto es España.»[19]

Al *lehendakari* de los vascos no le falta razón. En la provincia de Álava, la más septentrional, sólo el seis por ciento de su población de 272 447 habitantes habla euskera.[20]

---

18. *Diario de Sesiones* del Parlamento vasco, 8 de octubre de 1999.
19. *Arzalluz, la dictadura del miedo*, de los mismos autores, Planeta, 2000.
20. El padre Yritzar reduce la población vascófona en 1972 a 1 863 personas en toda la provincia. Ofrece estas cifras: 1 432 en Arayamona, 3 de Barrundia, 18 en Cigoitia, 12 en Lezama y Barambio, 200 en Llodio y 198 en Villarreal de Álava.

La falta de tradición en el uso de la lengua vernácula de los vascos no se debe a la opresión del Estado español, que impone el castellano en las escuelas golpeando a los niños. Según reconoce el diputado alavés Ricardo Becerro Bengoa[21] o la editorial Orain, nada sospechosa de españolismo, en 1868, es decir, un siglo antes de que se estableciera el primer gobierno autónomo, sólo nueve de cada cien individuos hablaba el idioma de Sabino Arana.[22] La lengua propia de la inmensa mayoría de los alaveses es el español.

Con esta realidad sociolingüística, a los nacionalistas partidarios de la construcción de la gran Euskal Herría se les plantea un problema de supervivencia. Pese a su escasa población,[23] Álava representa el 41,9 % del territorio de la Comunidad Autónoma. El PNV sabe que sin la integración lingüística y cultural de esta provincia, que antes de la guerra civil rechazó el Estatuto Vasco de 1936,[24] Euskadi no existe.

Conscientes de que la única manera de amarrar la provincia de Álava al resto de los «territorios históricos» e impedir cualquier veleidad secesionista es tratar a sus habitantes con guantes de seda, Vitoria es elegida sede de las instituciones frente a Gernika (Vizcaya) y se impone el euskera como un modelo único de comunicación, que funcione como elemento de identificación para preservar el «gueto vasco» del resto de España.[25]

Teniendo en cuenta que está en juego la creación de un Estado independiente, sus dirigentes no se andan con paños calientes y no reparan en imponer la lengua por la fuerza, proce-

21. Ricardo Becerro Bengoa, diputado alavés en la época de Antonio Cánovas, catedrático del Instituto de Vitoria, habla de sólo un cuatro por ciento de la población.

22. *Ingurunea* (libro de texto para quinto curso de educación primaria), Erein Proiektua, Depósito Legal BI-1005, 1995.

23. La densidad de población es de 89,41 habitantes por kilómetro cuadrado.

24. Conviene recordar que mientras el PNV presiona a la República para imponer su Estatuto a Álava, en este territorio histórico se elaboran dos proyectos de Estatuto foralista. El primero, el Estatuto Alavés, se promueve el 18 de mayo de 1931, cuatro días antes del de Estella, por Dámaso Villanueva, Tomás Alfaro Furnier, Luis Martínez de Marañón, Julio Salazar y otros que proponen cuatro ponencias que se refunden en una. El otro, denominado la Carta Foral de Álava, se elabora entre 1935-1936 y fue apadrinado por José Luis Oriol y Urquijo, de Comunión Tradicionalista, y Luis Dorao, del Partido Radical. Previamente, en 1917, durante el primer intento de Estatuto del PNV, se contrapuso otro proyecto alavés impulsado por Echave-Susaeta y Dans.

25. Sin una provincia de Álava euskérica hubiera sido muy difícil, casi imposible, vertebrar Euskadi, asegura el presidente de Unidad Alavesa, Pablo Mosquera.

dimiento que años antes critican al Régimen de Franco. Pero como no se trata de educar individuos, ni formar personas cultas, sino de fabricar nacionalistas, cualquier método vale.

Así como en Álava no existen casi *ikastolas*, como se ha visto, se implantan al estilo Pancho Villa, asaltando edificios públicos y ocupando sus instalaciones. A las escuelas públicas donde se enseña en castellano se las margina por la vía de no dotarlas de presupuesto, medios y profesorado. Los centros que, en cambio, aceptan la llamada «nueva escuela», en el argot de ETA, reciben todo tipo de subvenciones para mejorar comedores, bibliotecas, gimnasios y campos de deporte.

Miren Izaguirre Larramendi, veintinueve años, euskaldún, nacida en Mondragón, hija de padres nacionalistas, vinculada a Herri Batasuna y al movimiento en favor de las *ikastolas* desde comienzos de los setenta, no tenía ningún contacto como docente con el mundo de la enseñanza.

En 1984, un grupo de amigos le propone desplazarse a vivir a Vitoria y trabajar como profesora en una *ikastola*. Miren está en el paro y carece de titulación académica, pero como las expectativas de empleo son buenas acepta.

Su caso no es único. A comienzos de la década de los ochenta se produce otro fenómeno poco conocido en el mundo de la enseñanza en la provincia de Álava y algunas áreas de Vizcaya, como Las Encartaciones o los pueblos de la margen izquierda de Bilbao: la colonización de los centros educativos estratégicos por profesores procedentes de las zonas vascófonas de las provincias de Guipúzcoa y Vizcaya.

Muchos, como Miren Izaguirre, carecen de formación académica y titulación para impartir enseñanza,[26] pero tienen el «perfil» buscado por el Gobierno vasco: proceden de las zonas más euskaldunes de Guipúzcoa y Vizcaya[27] y, aunque muchos mantienen estrechos lazos con la izquierda *abertzale* y con ETA, hablan correctamente el euskera, ya que hasta entonces la gente

---

26. Posteriormente se los obliga a realizar cursos de formación pedagógica para impartir enseñanza.
27. Tolosa, Bermeo, Goierri, Alto Deba, Duranguesado o valle del Urola.

vinculada al mundo nacionalista radical es la que mayoritariamente se ha preocupado por aprender la lengua vasca.

En pocos años se pasa así de un profesorado fundamentalmente español, integrado en el ambiente urbano y rural alavés, a la implantación de otro foráneo, ajeno a la comunidad, decidido a hacer del idioma el único tótem, el símbolo de la cultura vasca.

Aunque los datos se ocultan cuidadosamente, esta medida produce una tremenda purga de profesores. En 1991, el grupo alavés Veleia, el único que estudia el fenómeno, aporta cifras alarmantes. De los 655 profesores que imparten enseñanza primaria en la provincia, 332 (el 46,10 %) proceden de Guipúzcoa; 153 (el 23,35 %) de las zonas más euskaldunes de Vizcaya; 85 (el 12,97 %) son nacidos en Álava, y el resto, 115 (el 17,55 %), del resto de España.

Como la colonización cultural y educativa de Álava por guipuzcoanos y vizcaínos no es fácilmente asimilable y muchos ciudadanos comienzan a sentirse extraños en su propia tierra, desde las instituciones vascas, el PNV y HB imbuyen en todos los castellanohablantes de una provincia que nunca fue euskalduna un complejo de culpabilidad por la pérdida del vascuence.

La enseñanza del idioma se convierte así en un mito, se sacraliza. Cualquier posición crítica hacia la política de imposición del euskera es por tanto sistemáticamente deslegitimada desde Ajuria Enea, desde el Parlamento vasco o desde los partidos políticos nacionalistas, tachando a los críticos de «antivascos», «fascistas» o «nostálgicos del franquismo», sin tener en cuenta que todas las imposiciones son malas[28] y que el Gobierno vasco fomenta con la lengua una nueva forma de totalitarismo.

---

28. Conviene no olvidar, además, que entre 1960 y 1979 ETA apalea a decenas de profesores por no permitir la enseñanza en euskera. En noviembre de 1963, por ejemplo, Antonio García Escobar, profesor de Zaldíbar, recibe una paliza a manos de la banda terrorista, «no como violencia sino como autodefensa» *(sic)*. El castigo al maestro se produce por su actuación antivasca, al impedir, en una ocasión, que los niños fueran a misa en el pueblo porque, según los etarras, se decía en euskera. Varios autores, *Euskadi ta Askatasuna*, Txalaparta, 1993.

Llevan varios años reuniéndose y denunciando el acoso sistemático, la marginación cada día más grave a que es sometido el castellano en las aulas de Álava.

Cansados de predicar en el desierto, de que nadie les haga caso ni salga en su defensa, en diciembre de 1993 varios intelectuales, profesores y padres de alumnos del grupo Veleia[29] deciden manifestarse en la plaza de la Virgen Blanca de Vitoria.

Su aspiración es lógica y meridianamente comprensible por todo el mundo: que se respete la igualdad de derechos de euskaldunes e hispanohablantes. Exigen, asimismo, que se acabe con la segregación de los niños que aprenden en castellano en los colegios, donde se los trata como apestados y no se les permite compartir los recreos, almuerzos y horas no lectivas con sus compañeros que estudian en el modelo D.

La convocatoria transcurre en silencio y con normalidad hasta que, de pronto, se oyen una serie de gritos:

—¡Fascistas! ¡Asesinos del euskera!

Los congregados, unas trescientas personas, se quedan quietos, sin saber qué hacer. En ese momento, un grupo de matones movilizados por Euskalherrian Euzkaraz[30] los rodean y empiezan a apalearlos sin miramientos y sin respetar la edad ni el sexo de los manifestantes.

—¡Asesinos del euskera! Marchaos a vuestra tierra, a España. ¡Fuera del País Vasco!

La protesta fue silenciada a mandoble limpio. De esta manera, golpeando a unos y silenciando a otros, HB y el PNV consiguen su propósito. El castellano, la lengua propia de Álava y

---

29. Nombre tomado de un poblado romano de Álava.

30. *En Euskal Herría el euskera*, uno de los muchos grupos radicales de defensa del euskera, que actúa como punta de lanza de los presupuestos políticos de Herri Batasuna y de ETA. Entidades similares son Euskal Konfederatioa, Euskal Kultur Erankunea, Euskal Kulturaren Batzarra, Euskal Herrian Euskaraz, Hemen Euskaraz, Udalerri Euskaldunen Mankomunitatea, Euskaren Orrialdea, Eusko Ikaskuntza, Euskal Kerriko Toponimoen, Udalo Euskal Unibertsiatea, editorial Txalaparta, Orain y otro centenar de entidades. Buena parte de ellas reciben ayudas y subvenciones del Gobierno vasco, lo que crea numerosas complicidades entre el mundo radical y el supuestamente moderado del nacionalismo.

única de uso social, se convierte en un idioma proscrito en la enseñanza e instituciones públicas.

Como se relata en otro capítulo, el 30 de octubre de 1986 el PSOE gana las elecciones autonómicas en el País Vasco al alcanzar un diputado más, frente a un PNV dividido, enfrentado a muerte a sus hermanos de Eusko Alkartasuna, y en franco retroceso en las urnas.

Sin posibilidad de formar Gobierno, los socialistas entregan el poder a un nacionalista moderado, José Antonio Ardanza, pero asumen la cartera de Educación. De esta manera, José Ramón Recalde, donostiarra, ex miembro del Frente de Liberación Popular, casado con María Teresa Castells, víctima del constante asedio de los terroristas a su librería Lagun[31] y hermana del abogado de ETA Miguel Castells, se convierte en el hombre clave para frenar la imposición del modelo educativo excluyente, racista y xenófobo en la escuela vasca.

Al llegar a su puesto, el consejero socialista encuentra un panorama desolador. En el País Vasco, tres redes de educación básica, la red de escuelas públicas, la red privada y la red paralela e ilegal en muchos casos de *ikastolas*,[32] creada a finales del franquismo para potenciar el uso de la enseñanza en euskera, y los tres sistemas de enseñanza ya descritos: el A (en castellano), el D (en euskera) y el B (mixto).

Coordinar la política educativa teniendo que satisfacer, al mismo tiempo, a tres colectivos de enseñantes y a dos comunidades, la de los hispanohablantes y la de los euskaldunes, con intereses contrapuestos y de difícil conciliación, resulta una tarea ardua, para la que se precisa una amplia plantilla de funcionarios y en la que se consumen muchas energías inútilmente. Por eso, poco antes de la entrada en vigor de la Ley Orgánica de Reordenación del Sistema Educativo (LODSE) se plantea simplificar y poner orden y concierto en el sistema educativo.

Partidario de la escuela pública como instrumento básico de

---

31. Tuvo que trasladarla del casco viejo al Buen Pastor en San Sebastián.
32. Legalizadas mediante la Ley 15/1983, de 27 de julio, aprueba el estatuto jurídico de las *ikastolas* y crea el Instituto Vasco de Ikastolas.

la educación primaria y secundaria, el PSOE propone potenciar la Escuela Pública Básica y, como complemento, una red de centros privados. Las Federaciones de Ikastolas, que siguen apropiándose de los centros oficiales y viviendo de los presupuestos, son invitadas a fusionarse en la escuela pública en un proceso de enriquecimiento mutuo.

Con tal fin, el 29 de junio de 1998 el Parlamento vasco aprueba la Ley para la Confluencia de las Ikastolas y la Escuela Pública. El texto ofrece en realidad un largo catálogo de subvenciones, ayudas e incentivos de todo género, desde complementos a los profesores, hasta los transportes escolares, comedores, bibliotecas, compras de edificios a todas aquellas *ikastolas* que deseen suscribir un convenio de colaboración como paso previo para su transformación en una escuela pública.[33]

La lista de dinero abonado a fondo perdido durante los cinco años que dura el período de integración[34] es tal que más del 95 % de estos centros firman con la Consejería de Educación del Gobierno vasco. Al llegar la hora de la verdad, la situación cambia.

En febrero de 1992, la Confederación Nacional de Ikastolas celebra en Pamplona su II Congreso. Sin renunciar a ninguno de los privilegios y prebendas con que cuentan, plantean un ultimátum al Gobierno vasco: o se les mantiene el statu quo de centros privados y se les permite contratar a su profesorado o rompen con el Gobierno. «No estamos dispuestos a aceptar la Ley de Escuela Pública vasca, que asuman ellos nuestro proyecto», anuncian.

Tras la ruptura con el Gobierno vasco, 52 *ikastolas*, con 30 000 alumnos, se niegan a perder su carácter elitista y crean la red Partaide. El Ejecutivo de Vitoria, que ha aportado ayudas por más de veinte mil millones para contribuir a su remodelación, les exige el reintegro del dinero invertido en comprar edificios pero perdona las cantidades destinadas a mejorar los sueldos de profesores o las ayudas a los alumnos, algo más de diez mil millones de pesetas.[35]

---

33. La Administración se compromete incluso a hacerse cargo de las deudas históricas de las *ikastolas*.
34. Entre los años 1989 y 1993.
35. Las *ikastolas* beneficiadas por esta medida fueron: Amurrio (60,9 millones), Sopelana (98,5), Andra-Mari de Amorebieta (267), Anoeta (129), Aranzadi de Bergara (66,2), Assa (321,2

La red de *ikastolas*, con serlo, no constituye por entonces el principal problema del sistema educativo vasco.

En 1984, Ernesto Ladrón de Guevara trabaja como asesor de Ramón Jáuregui en la Delegación del Gobierno en el País Vasco. Un día llegan a sus manos los primeros libros de texto en los que los términos «Euskadi» o «País Vasco» comienzan a ser sustituidos por «Euskal Herría».

De Guevara sospecha que con aquellos cambios semánticos se pretende crear una realidad artificial, ficticia, la de una nación sin Estado, Euskal Herría, que abarca el País Vasco, la Comunidad Foral de Navarra y parte de los territorios franceses de la demarcación de los Pirineos Atlánticos. Alarmado por el asunto, se lo expone a Jáuregui.

—Esto tienes que pararlo inmediatamente —le propone.

—No seas loco, eso es un término cultural. No importa.

—¿Cómo que no importa? Todas estas expresiones llevan implícita una carga ideológica y política tremenda. Éstos no se van a parar en el Estatuto. Pretenden construir el mito de Arana, la gran Euskal Herría. ¿No te das cuenta del riesgo de que los niños sean educados en estos valores de odio a lo español, en la falta de tolerancia y revanchismo?

—Y qué más da con que sueñen con la Arcadia feliz. Tú también fuiste educado en el franquismo y en los Principios del Movimiento Nacional. Hoy eres un demócrata.

Preocupado por el pasotismo de Jáuregui, se desplaza a Ma-

---

millones), Asti-leku de Portugalete (80,4), Axular de Donostia (436), Bariandarán de Donostia (221,4), Bastida (20), Eguzkiberri de Galdakano (249,7), Eleizande de Bermeo (225), Bihotz de Santurce (31,1), Eskuernaga (1,5), Harayalde de Urretxu (444,5), Haurtzaro (235,6), Haztegi (251) Herri de Donostia (265), Irura (4,8), Trapaga (37,7), Jakintza (214), Jesusen de Billabona (137,7), José Arana (11,1), Kirikiño de Bilbao (276,9), Kurutziaga de Durango (211,5), Larramendi de Andoain (237), Larramendi de Mungía (212), Laskorain de Tolosa (505), Laudio (222,2), Mainueta (5,6), Mitxelena de Zarautz (215), Dorleta (450,6), Orereta (553,9), Orio (58,5), Pasaia (406,8), Azkue de Lekeitio (93,3), San Bartolomé (201,1), San Benito (155,7), San Francisco Javier de Mondragón (280,4), San Nikolas de Algorta (388,3), San Viator de Mondragón (397,6), San Vicente (56), Santo Tomás de Donostia (604,1), Altube de Gernika (83,9), Txantxiku (295), Udarregi de Usurbil (150), Umezaintza de Mondragón (117), Urretxindorra de Bilbao (218,3), Uzturre (87,2), Zaharra de Balmaseda (9,1), Zaharra de Ondárroa (188,1) y Zurriola de Donostia (362,7 millones de pesetas).

drid para hablar con Mariano Pérez Galán, asesor del vicepresidente del Gobierno, Alfonso Guerra. Durante media hora le expone la misma situación.

—Todo lo que dices está bien. Pero lo que propones es precisamente lo que más molesta al PNV —le responde.

Equivocada o no, la política del PSOE entre 1982 y 1996 fue ésa. Hacer continuas concesiones tácticas, en asuntos aparentemente irrelevantes, como un mal menor en aras de que sus socios no plantearan cuestiones estratégicas como la reforma de la Constitución, la renegociación del Estatuto de Gernika, el ejercicio del derecho a la autodeterminación o la independencia.

El problema fue que el PNV resultó insaciable. Su objetivo no era llegar a «una autonomía lo más radical posible», como predicó Sabino Arana, sino a la creación de Euskal Herría, un país etéreo que como la isla canaria de San Borondón, sólo está en las mentes de sus habitantes. El paso previo para lograrlo es desterrar el bilingüismo.

Convertida en el idioma oficial de las instituciones vascas y de todo el funcionariado,[36] el euskera es un instrumento básico para encontrar trabajo en las instituciones. Así, el 19 de julio de 2002, el diario *Gara*, vinculado a ETA, publica la siguiente noticia:

> El responsable de Acción Político-institucional de Kontseilua,[37] Iñaki Lasa, solicitó ayer a Osakidetza (Servicio Vasco de Salud) que apruebe de una vez su plan de euskaldunización y suspenda las últimas convocatorias de trabajo público, ya que en ninguno de los 1 800 puestos ofertados se exige el conocimiento del euskera.
>
> A pesar de que estos empleos incluyen funciones cara al público, como pediatras, médicos de familia y responsables de administración, el euskera sólo se valora como mérito y obtiene una puntuación del 5,6 %, que Kontseilua tildó de

---

36. A los cargos políticos no se les exige por norma. «Loro viejo no aprende a hablar», asegura el portavoz del PNV en el Congreso de los Diputados, Iñaki Anasagasti.

37. Institución destinada a imponer el uso del euskera en la Administración vasca.

mínima. «Esto demuestra que han apostado por el mínimo», destacó. A su juicio, la convocatoria «hipotecará e impedirá, sin lugar a dudas, la normalización del euskera».

Lasa añadió que se trata de una cuestión muy grave y señaló que, «lamentablemente, tendremos que ver otra vez a nuestros hijos en la consulta del pediatra necesitados de un traductor, como si fueran ciudadanos de segunda». Recalcó que, «aun siendo bilingües, se deben respetar nuestros derechos lingüísticos. Hemos decidido vivir en nuestro país y en su lengua. Sin embargo, todas estas medidas hacen que esto sea difícil».[38]

Noticias como ésta aparecen a diario en los periódicos. Los nacionalistas, que tildan al resto de los españoles de imponer el «pensamiento único», no pierden la ocasión para que funcionarios públicos, agentes de la Ertzaintza, policías municipales, corporaciones, colegios públicos, institutos, se expresen en euskera. Aunque el Estatuto habla de que nadie puede ser discriminado por el uso de la lengua, conseguido este objetivo pretenden ahora extenderlo a otros colectivos como médicos, enfermeras, jueces, magistrados, profesores universitarios y cualquier individuo que trabaje cara al público.

A partir de 1990, el uso de la lengua se empieza a llevar a extremos tales que treinta ayuntamientos deciden funcionar sólo en vascuence,[39] vulnerando impunemente el propio Estatuto. Bajo el eslogan «vivir en euskera», en 1992 son ya cuarenta los consistorios que han desterrado la lengua de Gonzalo de Berceo de sus comunicaciones oficiales y el Gobierno se ve obligado a llevar a sus alcaldes ante el Tribunal Constitucional que años antes, el 26 de julio de 1986, ha fallado que el único idioma de uso obligatorio es el castellano.

ETA, HB y PNV, sin embargo, no dejan pasar un solo día sin convertir la lengua autónoma en objeto de controversia.

---

38. Diario *Gara*, 19 de julio de 2002.
39. Bermeo, Gatika, Muxika, Errigoiti, Munitibar, Aulesti, Etxebarría, Dima, Zeanuri, Medaro, Ikaztegieta, Orendain, Baliarrain, Zaldibia, Urdiain, Arbizu, Abalzisketa, Gaintza, Amezketa, Altzo, Oitz, Ituren, Lizartza, Orexa, Gaztelu, Aduna, Zizurkil, Getaria, Aizarnazábal, Regil, Ondárroa, Gizaburuaga, Nabarniz, Arteaga y Foru.

En la década de los ochenta, en el País Vasco se vivió una fuerte polémica. Dispuestos a euskaldunizar la toponimia vasca, un grupo de intelectuales propusieron que a la zona de Las Arenas se la llamese, a partir de entonces, Areeta.

Situada en la margen derecha del Nervión, en un enclave mayoritariamente castellanohablante, ni los más viejos del lugar habían utilizado nunca el término Areeta. Oficialmente, sin embargo, ése será su nombre desde la llegada del PNV al poder.

La locura por crear una lengua nueva, con su terminología, fonética y sintaxis propias, llevó a que la entidad Euskal Herriko Toponimoen Izendeia creara nada menos que 564 000 nuevas palabras en euskera. En un intento de acabar con los nombres castellanos, no quedó pueblo, villa, calle, plaza, villorrio, monte, valle, río, playa, ensenada o acantilado que no fuera euskaldunizado. La Viceconsejería de Política Lingüística del Gobierno vasco sólo aceptó 117 000 cambios que, automáticamente, fueron trasladados a la cartografía vasca.

El furor exterminador de todo lo que oliera a lengua de Cervantes llegó a tal extremo que, al principio de la transición, hasta los partidos políticos crearon su léxico propio y aún es imposible determinar si Rentería se escribe Errentería u Orereta,[40] si

---

40. Alegría (Dulantzi), Aramayona (Aramaio), Arceniaga (Artziniega), Armión (Aramiñon), Arrauza (Arratzu), Asparrena (Asparren), Ayala (Aiara), Baños del Ebro (Mainueta), Berantevilla (Beranturi), Campezo (Kampezu), Cigoitia (Zigoitia), Cripan (Kripan), Cuartango (Koartango), Elburgo (Burlegu), Elciego (Eltiziego), Elvillar (Bilar), Iruña de Oca (Oka), Iruraiz (Iruraitz), Labastida (Bastida), Laguardia (Biasteri), Lanciego (Lantziego), Llodio (Laudio), Oquendo (Okondo), Oyón (Oion), Peñadranda (Urizaharra), Ribera Alta (Erribera Goitia), Ribera Baja (Erribera Goitia), Salinas de Añana (Gesaltza), Salvatierra (Agurain), San Milán (Donemiliaga), Valdegovia (Gaubea), Valle de Arana (Harana), Villanueva de Álava (Uriona), Villarreal de Álava (Legutio), Vitoria (Gasteiz), Yecora (Elkora), Amorebieta (Zornotza), Arbancegui (Munitibar), Bilbao (Bilbo), Fruniz (Fruiz), Lejona (Leioa), Lemona (Lemoa), Mariri (Jatabe), Pedernales (Sukarrieta), Múgica (Muxica), Ochandiano (Otxandio), Rigoitia (Errigoiti), Salvador del Valle (Trapaga), Sopelana (Sopela), Villaró (Areatza), Yurre (Igorre), San Sebastián (Donostia), Alegría de Oria (Alegría), Aya, (Aia), Mondragón (Arrasate), Oñate (Oñati), Oyarzun (Oiarzun), Placencia (Soraluce), Rentería (Orereta), Villafranca de Ordicia (Ordizia), Burguete (Auritz), Carcastillo (Gazteluberri), Echarri (Etxauri), Elorz (Elortzibar), Estella (Lizarra), Genevilla (Uxanuri), Jaurrieta (Eaurta), Juslapeña (Xulapain), Lapoblación (Meanuri), Liedena (Ledia), Lumbier (Irunberri), Monreal (Elo), Pamplona (Iruña), Peralta (Azkoien) Puentelarreina (Gares), Roncesvalles (Orreaga), Salinas de Oro (Jaitz Sangüesa (Zangoza), Santesteban (Doneztebe), Zuñiga (Eztuniga), Villafranca (Alesbes), Villaba (Ata-

Fuenterrabía se dice Hondarribia u Hondarrabía. El consenso no alcanzó siquiera a la palabra Euskadi, que durante unos años se escribió con «z», tal y como lo hacía Sabino Arana, y en 2002 la mayoría de los medios políticos, sociales y culturales lo hacen con «s».

La lengua al servicio de la política nacionalista alcanza incluso a los letreros de las carreteras próximas al País Vasco. Así, cualquier persona que viaje de Burdeos a Madrid por Guipúzcoa, al cruzar la frontera de Behovia no sabe que llega a un país distinto porque los indicativos «España» o «Espagne» han sido suprimidos de la calzada, y un transeúnte que se desplace a Navarra por la autopista de Leizarán no encontrará letreros que le orienten del momento en que se introduce en el territorio del Viejo Reyno.

Y es que si se mantuviera la clásica nomenclatura vial internacional, la existencia de Euskal Herría no tendría sentido para muchos *abertzales* radicales obsesionados con alterar hasta el paisaje y dispuestos a ejercer cuantas purgas sean necesarias con tal de lograr un profesorado dócil y acomodaticio en las escuelas.

Formada en la Sorbona y en Deusto, donde estudió Filosofía y Letras, militante de CC. OO. y vinculada a la editorial Ruedo Ibérico, Soledad del Campo vive un auténtico calvario en los últimos veinte años.

Profesora de instituto, el curso 81-82 obtiene en propiedad su plaza de educadora en Basauri (Vizcaya), pero al año siguiente el inspector de Educación de la zona, Álvaro Lajarazu, ex miembro de ETA, la manda a estudiar euskera. Como se niega una y otra vez, en el curso 88-89 empiezan a marginarla. El director del centro, miembro de HB, la llama una noche a su casa:

—En Basauri no tienes plaza. Así que pásate mañana por la delegación y que te den destino —le dice.

---

rrabia), Anglet (Angelu), Arcangues (Arrangoitze), Bayonne (Baiona), Boucau (Bokale), Cibourne (Ziburu), Saint-Jean-de-Luz (Donibane-Lohizune), Saint-Pée-sur- Nivelle (Senpere), Biarritz (Miarritze), Guétary (Lapurdi), Saint Esteben (Donostiri), Saint-Étienne-de-Baigorri (Baigorri), Saint-Jean-le Vieux (Donazaharre), Saint-Jean-Pied-de-Port (Donibane-Garatzi), Mauleón (Maule), Etcharry (Zuberoa-Etxtarri), Idauz (Idauze). Fuente: *Anuario* del diario *Egin*.

Del Campo acude a la Delegación de la Consejería de Educación de Vizcaya y allí la envían al centro de formación profesional de Txurdinaga, en el barrio de Santutxu de Bilbao. Al tomar posesión de su plaza, con lo primero que se encuentra es con que al bedel lo acaban de detener acusado de pertenecer a ETA y facilitar las instalaciones del centro para fabricar por las noches cócteles molotov para la *kale borroka*.

En el curso 94-95 la mandan al colegio Saturnino de la Peña, en Sestao, cuyo director, Iñaki Landa, es militante de HB. Allí sufre una nueva humillación. Como no sabe euskera, la consideran «no idónea» para la enseñanza, la «desposeen» de su condición de profesora, la maltratan, la excluyen profesional y socialmente, y la envían a la biblioteca a cuidar a los alumnos.

Así descubre, al revisar sus ejercicios de redacción, a qué se dedican muchos jóvenes fuera del horario escolar. «Este fin de semana lo pasamos muy bien, han caído dos cajeros», escribe un estudiante. Otro pone: «hemos quemado un autobús».

Acosada por el claustro de profesores, euskaldún, para que se marche y deje su plaza a un educador que sepa euskera, un día la dejan encerrada en el centro. Poco después, varios jóvenes de Jarrai le pinchan las ruedas del coche y la Ertzaintza, donde presenta denuncia, no tiene medios para protegerla. Nerviosa, cansada, acaba pidiendo la baja por problemas psicológicos.

Idéntica situación vive en 2002 Yolanda Salanueva. Directora del colegio público de Basurto, en 1990 comienza a observar cómo los profesores que no hablan euskera, como ella, son tratados como enseñantes de segunda y marginados. «Aunque la plaza pudiera asignarse a un profesor de español con treinta años de antigüedad y la mejor hoja de servicios de todo el colectivo, si hay un compañero que habla euskera se la adjudican automáticamente a éste. A partir de ese día, aunque tu vocación profesional sea la enseñanza, te mandan a cuidar comedores, bibliotecas, a ejercer de profesor de apoyo para alumnos retrasados o, en el mejor de los casos, de profesor sustituto, por si algún compañero tuyo se rompe un tobillo», relata.

En contra del dicho «loro viejo no aprende a hablar», con cuarenta y ocho años de edad, la obligan a euskaldunizarse y tiene que superar tres cursos de EGA en seis meses. A consecuencia del estrés sufre dos embolias pulmonares y la inspección médica le propone darle de baja durante seis años, uno tras otro, para que se recupere.

De esta manera, cuando se reintegra a su puesto en el curso 96-97 se encuentra con que la han degradado. De ser la directora del centro durante años, pasa a convertirse en adjunta de su sucesora. «Pretendían que me convirtiera en criada de la nueva titular y me dedicara a hacerle las fotocopias y a cogerle los teléfonos, como si fuera su criada», recuerda.

A partir de entonces, afectada por las vejaciones a las que se la somete día a día, comienza a tener pesadillas, sufre una nueva embolia y una depresión por anemia ferropénica. En 1998 le dan la baja por «problemas psicológicos».

Las historias de Soledad del Campo y Yolanda Salanueva son dos de los más de mil casos de profesores que en los tres últimos lustros han sido vejados, humillados y maltratados por el sistema educativo vasco por no saber o no querer aprender euskera.

Y es que, decididos a imponer un modelo educacional único, que pretende desechar el español de los centros de enseñanza, centenares de profesores han vivido la marginación y exclusión social impuestas por el PNV. Tras una vida dedicada a la docencia, su verdadera vocación, muchos de ellos han tenido que reciclarse con cuarenta y cinco y cincuenta años, o ser tratados por un Gobierno xenófobo y etnicista como simples sirvientes. Paralelamente, otros centenares de «profesores» de *ikastolas*, sin titulación académica ni conocimientos pedagógicos, los han sustituido por el simple hecho de hablar euskera.[41]

Para llevar a cabo la «limpieza étnica», durante veinte años han circulado listas negras de docentes a los que en el argot de la Consejería de Educación del Gobierno vasco se conocía como los NAS (no adaptados al sistema), y en la mayor parte de los centros el PNV ha contado con el concurso de HB, cuyos pro-

---

41. A muchos de estos «profesores», con un simple examen amañado, se les da el título académico y se los convierte en funcionarios de por vida, sin hacer oposiciones, computándoseles sus años de antigüedad.

fesores han actuado de «comisarios políticos» con la misión de defenestrar a sus compañeros.

En este contexto, cerca de cuatro mil de los 17 297 maestros de enseñanza primaria que existían en 1980 han pedido el traslado a otras comunidades autónomas, han sido expulsados por ETA[42] del País Vasco o han sufrido la persecución ideológica, la degradación profesional y se han convertido en los parias del sistema. «Además, tenemos que estarles agradecidos porque, aunque nos han convertido en cadáveres morales, en muertos vivientes, no nos han quitado la vida», afirma Yolanda Salanueva.

Para los más rebeldes, los que no quieren perder su autoestima, la Consejería de Educación se guardaba un arma infalible. Proceder a su retiro forzoso, con lo cual, un maestro que en Euskadi cobra 312 000 pesetas (sueldo y complementos) más trienios se queda con un salario base de la tercera parte, al suprimirse los complementos, u obligarlos a elegir el camino del destierro.

Aunque esa medida extrema se ha aplicado en pocas ocasiones, debido a que la Consejería de Educación no estaba dispuesta a crear «mártires», las consecuencias han sido catastróficas. La presión ambiental y la obligatoriedad de aprender un idioma convertido al País Vasco en las dos últimas décadas del siglo XX en la comunidad con mayor nivel de absentismo laboral en el campo de la enseñanza. Nada más comenzar el curso, centenares de docentes pedían la baja temporal por apatía, depresión, fatiga, tensión, nerviosismo, incapacidad para descansar, trastornos gástricos, estrés, dolor de espalda y decenas más de problemas[43] físicos o psíquicos.

Todo estaba bien empleado en pos de la «construcción nacional». Así, mientras en 1977 sólo un dos por ciento de profesores sabe euskera, en el año 2000 el porcentaje se incrementa al 62 %. En el 2002, según los datos manejados por UGT y CC. OO., los maestros que hablan vascuence son el 98 % del profesorado.

---

42. Todavía en el invierno de 2000 tienen que marcharse cinco profesores de Guipúzcoa al ser amenazados por los terroristas. Uno de ellos está en La Rioja, otro en Zaragoza y tres en Madrid.

43. Este fenómeno se conoce como «síndrome de Burnout o del quemado» y afecta 2,5 veces más al País Vasco que a otra comunidad o país europeo.

De esta manera, casi el cien por ciento de las asignaturas se imparten en el idioma refundido y reinventado por los fieles seguidores de Sabino Arana al haber desaparecido el modelo A de la mayoría de los colegios, como puede comprobarse a continuación.

En julio de 2002, la Consejería de Educación del Gobierno vasco da a conocer el listado de plazas académicas para los colegios públicos de tres provincias vascas. Colegio Zaraobe (Amurrio), 18 profesores con perfil lingüístico en euskera,[44] 1 con perfil de español; *ikastola* Ikas Bidea, 20 profesores formados en euskera; Colegio Campezo (Campezo), 5 profesores con nivel de euskera; Colegio Badaia (Iruña de Oca), 8 profesores de euskera, 2 en castellano; Colegio Canciller de Ayala (Llodio), 16 profesores con perfil euskérico, 2 en castellano; Colegio Aniturri (Salvatierra), 12 profesores formados en euskera; Colegio Ekialdea (Vitoria), 26 profesores en euskera, 1 en castellano; Colegio Francisco de Vitoria, 9 profesores en euskera, 4 en castellano; Colegio Koldo Mitxelena, 20 profesores en euskera.[45]

La lista no puede ser más reveladora de la situación de la enseñanza. En la provincia menos euskaldún, en un plazo de veintidós años, los profesores españoles han sido prácticamente

---

44. Existen dos perfiles lingüísticos, el PL2 (cuatro años de euskera) y el PL1 (cinco años). Se obtienen presentando el título de euskera en grado medio, el IGA (ocho cursos) o el título superior, el EGA (doce cursos).

45. Colegio Dulantzi (Alegría), 20 profesores euskéricos, 1 español; Colegio Antonio Rueda (Amurrio), 8 profesores con perfil de euskera; Colegio Lucas Rey (Amurrio), 23 profesores euskeras; Colegio San Martín (Aramayo), 21 profesores euskeras; Colegio Maestu (Arraya), 5 profesores en euskera; Ikastola Ikas (Ubarrundia), 40 profesores en euskera; Colegio Arteko (Arceniega), 13 profesores en euskera; Colegio Araya (Asparrena), 16 profesores en euskera; Ikastola Etxaurren (Ayala), 16 profesores en euskera), Ikastola Ibernalo (Campezo), 14 profesores en euskera; Colegio El Ciego (El Ciego), 15 profesores en euskera; Colegio José Miguel Barandiarán (Iruña de Oca), 16 profesores en euskera, 1 en castellano; Colegio Labastida (Labastida), 9 profesores en euskera, 2 en catellano; Ikastola Lantziego (Lanciego), 10 profesores en euskera; Colegio Gartzi (Legutiano), 15 profesores en euskera; Colegio Fabián Legorburu (Llodio), 11 profesores en euskera; Colegio Lamuza (Llodio), 17 profesores en euskera; Colegio Lateorro (Llodio), 31 profesores en euskera, 1 en castellano; Colegio Santa María (Okondo), 4 profesores en euskera; Colegio Izarra (Arkabustaiz), 17 profesores en euskera; Colegio Gobea (Valdegovia), 7 profesores en euskera, 1 en castellano. La lista, referida sólo a la provincia de Álava, la menos euskaldún, tiene otros diez folios. La colonización de los profesores vascos frente a los castellanos es similar.

proscritos de las aulas, barridos del mapa escolar, y sustituidos por enseñantes euskaldunes.

Lo mismo ocurre con los modelos educativos. En el curso 2001-2002, el 98 % de los padres, incluidos los del PP, Unidad Alavesa o PSOE, piden que sus hijos sean escolarizados en el modelo D, es decir, en el sistema de enseñanza que emplea el euskera como lengua vehicular y donde el castellano se estudia como una asignatura más, lo mismo que el francés o el inglés.

La colonización idiomática de Álava es poco representativa comparada con lo que ocurre en Vizcaya y, especialmente, en Guipúzcoa, donde el ciento por ciento de las aulas están bajo control de educadores formados no sólo en la lengua vernácula, sino, lo que es peor, en las tesis de Herri Batasuna y ETA, en más del setenta por ciento de la red pública.

Y es que una de las misiones del Gobierno vasco, por extraño que parezca, es incentivar esa colonización. Así, según un estudio presentado por Isabel Celaá, portavoz de Enseñanza del PSOE en el Parlamento autónomo, de acuerdo con el sistema de baremos establecido por la Consejería de Educación para impartir física y química, si se sabe euskera, sólo se necesitan 2,5 puntos. Si el candidato ignora la brillante lengua de Sabino Arana, ese tesoro de la humanidad que sólo hablan, leen y escriben correctamente menos de medio millón de personas en el mundo, se precisan 42,25 puntos, es decir, hay que saber 18,9 veces más física o química que el aspirante euskaldún.

Incluso para la enseñanza de las lenguas extranjeras o del español mismo, donde la moderna pedagogía exige que el profesor no hable el idioma de los nativos para incentivar el esfuerzo del alumno, en el País Vasco se funciona al revés que en el resto del mundo.[46]

El sistema resulta tan burdo que, en una comunidad oficialmente bilingüe según el Estatuto, incluso los profesores de español o de lengua y literatura españolas, tienen que explicar sus asignaturas utilizando como idioma vehicular el euskera, con lo

---

46. Para una plaza de francés o inglés con perfil máximo de euskera se precisan sólo 5,5 o 2 puntos, respectivamente. Si el enseñante no sabe euskera necesita acreditar en las pruebas de acceso 49,75 y 31,50 puntos, respectivamente.

que el español queda proscrito de la enseñanza primaria y secundaria en el País Vasco.

El absurdo es de tal envergadura que personajes del mundo de la ciencia y la cultura como Albert Einstein, premio Nobel de Física y descubridor de la Teoría de la Relatividad, el egipcio Nagib Mahfouz, premio Nobel de Literatura o el biólogo Manuel Elkin Patarroyo, premio Príncipe de Asturias,[47] no podrían impartir clases en el País Vasco por no saber euskera. Arnaldo Otegui, José Antonio Urrutikoetxea o Francisco Mújica Garmendia, en cambio, tendrían un puesto asegurado.

Deportados por el Gobierno francés a Cuba el 7 de marzo de 1994, el etarra José Ángel Urtiaga y su compañera Maribel están deshechos por lo «ignorantes» que son los cubanos y los millones de personas de habla hispana del continente americano. «Aquí te llaman gallego y da lo mismo que les expliques que no eres español, que eres vasco: para los cubanos, todos somos gallegos», se lamenta.

El 5 de marzo de 1995 está prevista la celebración en La Habana de una macromanifestación en contra del «imperialismo» bajo el eslogan «¡Cuba vive!». Los etarras deportados en la isla[48] deciden manifestarse en solidaridad con el pueblo cubano. Para que no se los confunda con los españoles deciden desplegar una docena de *ikurriñas* y se colocan debajo de una gran pancarta en la que se lee «Los vascos con el pueblo cubano». Cuando pasan frente a la tribuna principal, su decepción es mayúscula. «Ahí avanzan los amigos vascos. ¡Vivan los vascos de España!», se dejó oír por la megafonía colocada junto al Malecón.

El fruto del amor entre José Ángel Urtiaga y Maribel fue un pequeño retoño, Imanol, al que desde muy joven le enseñan a hablar en euskera y empiezan a enviarle a Santurce (Guipúzcoa), a la casa de los abuelos, para que se familiarice con su «patria». Como conocen el régimen comunista cubano, tanto José Ángel como Maribel llegan a la conclusión de que es preferible edu-

---

47. Patarroyo trabaja para el Gobierno de Navarra.
48. Jesús Abrisketa Korta, José Miguel Arrugaeta, Carlos Ibarguren, José María Larretxea, José Ángel Urtiaga y Maribel, su mujer.

carlo en un sistema capitalista pero euskaldún antes que en el socialismo.

Tras la primera visita del niño a Euskadi, su decepción fue tremenda. «*Aitatxo* me ha engañado», le dice un día de vuelta a su madre. «¿Por qué dices eso?», pregunta Maribel. «Él me dijo que en Euskadi éramos todos euskaldunes y es mentira. Aquí todos hablan cubano.»[49]

Y es que el euskera se impone porque se introduce obligatoriamente a través de la enseñanza o en los cursos para funcionarios. «Pero no se nota un avance significativo como lengua ambiental, familiar o personal, lo que representa a la vez un éxito y un fracaso rotundo», ratifica el sociólogo Amando de Miguel en un estudio realizado por su empresa Tabula.[50]

El fracaso es tan estrepitoso que, pese a tener las «mejores promociones de estudiantes de la historia formados en el euskera», como dice Xabier Arzalluz, menos del uno por ciento lo utilizan en sus relaciones mercantiles, jurídicas y empresariales.

En lugar de ser un vehículo de comunicación, la lengua vernácula se reduce así pura y simplemente a un mero elemento de reconocimiento y de cohesión, con una función litúrgica e ideológica entre determinados elementos del grupo, los nacionalistas irredentos, y de segregación y exclusión hacia el resto de sus semejantes.

El euskera sirve para que los elementos de la tribu nacionalista —sean *euskalzarras* auténticos o *euskalberris* (nuevos hablantes, es decir, maketos o coreanos reconvertidos al credo de Jaungoikua eta Lege Zarra)— se identifiquen y reconozcan entre sí como buenos patriotas y puedan construir una albarrada que excluya al resto.

Y para poco más. Porque una lengua de pastores y agricultores, sin un léxico culto y, mucho menos, técnico,[51] que emplea

---

49. Pilar Iparraguirre, *Deportación, el mal menor*, Txalaparta, 1998.

50. Amando de Miguel, «La penetración del euskera en Álava. Estudio sociolingüístico», trabajo para las Juntas Generales de Álava, 1995, no publicado.

51. Se da el contrasentido de que todos los cuerpos de la Administración vasca, que hablan perfectamente español pero a los que se obliga a expresarse en euskera, utilizan diccionarios específicos euskera-español para poder traducir al batúa determinados términos jurídico-políticos, médico-sanitarios, policial-judiciales, económicos o administrativos. Incluso para leer en euskera el *Boletín Oficial de la Comunidad Autónoma* existe un diccionario, cuando la mayoría de los consultantes conocen o al menos entienden ese léxico en castellano.

menos del 0,2 % en sus testamentarías y actos jurídicos documentados, que prácticamente no se usa en los impresos de la declaración del IRPF que se presentan en las Diputaciones Forales de Vizcaya, Álava y Guipúzcoa,[52] que apenas ocupa el cinco por ciento de los medios escritos y ni siquiera se habla en el Parlamento de Vitoria,[53] es un mito, al igual que el de la nación vasca, que jurídicamente jamás existió. Aislada en su propio contexto, fonética y estructuralmente más compleja de aprender y objetivamente menos útil para entenderse que el español o el francés, su utilidad es nula fuera del estricto ámbito local de los pueblos minúsculos, encerrados en sí mismos.

Sin embargo, lo mismo que el gaélico a comienzos del siglo XX para el IRA o el hebreo tras la segunda guerra mundial,[54] el euskera ha sido uno de los ejes esenciales legitimadores y vertebradores de la identidad nacional y, por ende, de la violencia de ETA.

Y es que la ecuación que realizan los terroristas es muy simple: si el idioma vasco es nuestro signo definitorio, por encima de la cultura[55] y de los rasgos faciales, y el euskera está oprimido porque sufre las agresiones de los idiomas imperialistas español y francés, los vascos tenemos derecho a seguir nuestra lucha hasta que tengamos un Estado propio y recuperemos nuestros derechos.

«Es frecuente oír a los *abertzales* que sin euskera no hay pueblo vasco. Y es que el euskera es la piedra angular del proyecto de construcción nacional y, por tanto, es preciso que todas las gentes lo hablen para dar justificación racional a algo que no lo

---

52. Sólo 280 de los 350 000 contribuyentes de la Hacienda Foral vizcaína presentaron sus declaraciones en euskera. Debido a ello, la institución, que hasta hace unos años editaba folletos en las dos lenguas, ha dejado de imprimir el de euskera (se realiza uno mixto, en euskera-castellano), por considerarlo un despilfarro.

53. Sólo el diecisiete por ciento de las sesiones se produjeron en euskera.

54. La recuperación del hebreo está justificada porque los israelíes son un pueblo de emigrantes, con un sustrato identitario teocrático, provenientes de países diferentes y necesitados de un lenguaje común para entenderse y defenderse. Pese a todo, no renuncian al inglés para sus relaciones internacionales.

55. El mito de la cultura vasca, salvo algunos elementos folclóricos como la dulzaina, el *txistu* o la pelota vasca, no existe. La mayor parte de sus músicos (Carmelo Bernaola), pintores (Ignacio Zuloaga), escultores (Eduardo Chillida, Martín Chirino) y escritores (Ramiro de Maeztu, Miguel de Unamuno) son de talla universal.

tiene, y que ha de imponerse por la fuerza del amonal», afirma el profesor alavés y ex secretario del Foro de Ermua, Ernesto Ladrón de Guevara.[56]

En este contexto, la única forma de defenderse del castellano, para HB, ETA y muchos profesores, es prohibirlo en las escuelas, como ocurre en multitud de centros.

En septiembre de 1999, un padre acude al Juzgado de Guardia de Durango y presenta una denuncia contra el colegio público de Amorebieta (Vizcaya) por no impartir a sus hijos la asignatura de lengua y literatura españolas.

Poco después, los partidos políticos, PSOE y PP, se interesan por el asunto en el Parlamento. De esta manera se sabe que en 1994, el 81 % de los colegios de la red pública de Guipúzcoa y el 44 % de las de Vizcaya no imparten esa asignatura los primeros años de escolarización, tal y como obliga el Estatuto de Autonomía para garantizar una enseñanza bilingüe,[57] según un informe del Gobierno vasco. El mismo documento añade que en un 63 % de los locales de la red pública incumplen la normativa en materia de modelos lingüísticos.[58]

---

56. Ernesto Ladrón de Guevara, «Las resistencias al Estado liberal y el sistema educativo. Autonomismo versus nacionalismo: un problema histórico», 2001, inédito.

57. En las *ikastolas* se da por supuesto que la lengua vehicular de la enseñanza es el euskera y que no se imparte la lengua española como asignatura.

58. He aquí la lista de centros del modelo D que vulneran el Estatuto y no imparten la asignatura de castellano: Landáburu (Amurri), Ikastola Lantziego (Lanciego), Garratzi (Legutiano), Lanteorro (Llodio), López de Larrea (Salvatierra), Izarra (Urkabustaiz), *ikastolas* Abdeaño, Toki Eder, Umandi, Armentia y Batrutia, y Colegio Luis Elejalde (Vitoria), Ikastola San Vicente (Oyon), Berriatua (Berriatua), Zubizarreta (Ertxebarría), Bekobenda (Markina), Munitibar (Munitibar), Allende (Gernika), San Francisco (Bermeo), Barrutia (Arratzu), Mundaka (Mundaka), Elantxobe (Elantxobe), Uzelai (Busturia), Urretxindorra (Muxika), Matiena y Zelaieta (Abadiño), Larrea (Amorebieta), Maiztegi (Yurreta), Landako (Durango), Otxandio (Otxandio), Apatam (Atxondo), Learreta (Bérriz), Learreta (Mallabia), Anataisuna (Ermua), Zaldíbar (Zaldíbar), Elorrio (Elorrio), Emilia Zuza, Las Viñas y Ama (Santurce), Albiz (Sestao), Barsuto, Birjinetxe, Deustuko, Félix Serrano, Luis Briñas, Karmelo, Zamakola, Siete Campas, Viuda *Epalza*, Pagasarribide, Maestro García y Maestra Isabel (Bilbao), Gurutzeta (Barakaldo), Ikastola Muskizko (Muzkiz), Otxartaga (Ortuella), Urkitza (Bakio), Santo Domingo (Berango), Derio (Derio), Ikastola Alzaga (Erandio), Gatika (Gatika), Aandra Mari y Romo e Ikastola Geroa (Getxo), Larrabetzu (Larrabetzu), Laukitzko (Lauzkiz), Lezama (Lezama), Laukariz, Legardalde (Mungía), Plenzia (Pentzia), Gorondagane (Sondika), Elortza (Urduliz), Zamudio (Zamudio). A esta lista hay que añadir 51 centros públicos de Guipúzcoa, situados en Zumaya, Zirurkil, Zarauz, Villabona, Urretxu, Urnieta, Tolosa, Rentería,

«Hay niños que llevan cuatro o cinco años escolarizados y no se les ha impartido una hora en castellano», protestó Iñaki Oyarzábal, portavoz del PP en la Cámara vasca. «Están ustedes consiguiendo que el castellano quede borrado del mapa y del horario escolar», agregó la diputada María Isabel Celaá, del PSOE.

«No hay ninguna cruzada contra el castellano. Nadie pretende que desaparezca, que sea mal conocido o no se domine. Lo que pasa es que los procesos de inmersión lingüística, para que funcionen, hay que hacerlos no en el castellano sino en la segunda lengua, el euskera», se justificó el entonces consejero de Educación, Inaxio Oliveri Albisu.[59]

Decidido a imponer a cualquier precio su modelo lingüístico, el PNV da un paso más y adelanta el período de escolarización de los niños.

Elena Ochoa Abanto, treinta y un años, auxiliar de clínica, respiró de alivio el 12 de septiembre de 2001. Ese día comenzaba el curso escolar en el País Vasco y ella, lo mismo que otras decenas de miles de madres, pudo enviar a su hija de tres años a la guardería.

Y es que en Álava, Guipúzcoa y Vizcaya la educación preescolar, a partir de los tres años, es de carácter obligatorio. De esta manera, el 95 % de los niños de tres a seis años, procedan de una familia euskaldún o hispanohablante, son escolarizados treinta y seis meses después de su nacimiento en el sistema D (euskera).

La medida supone el último paso de la Administración vasca para conseguir mediante la inmersión lingüística que, por encima del idioma materno, todos los vascos se comuniquen en la lengua vernácula.

Los resultados, a efectos de enseñanza, se notan en seguida. El porcentaje de matriculación en el modelo A (castellano), que en el curso 87-88 era del 68,6 % del alumnado cae al 5,6 en el

---

Mondragón, Pasajes, Orio, Oñate, Ordizia, Lezo, Legorreta, Legazpi, Irún (4), Lasarte (2), Hernani (3), Fuenterrabía, Idiazábal, Guetaria, Regil, Eskoriaza, Éibar (3), San Sebastián (12), Deba, Bergara (2), Berastegui, Beasain (2), Azkoitia (2), Ataun, Mondragón, Arretxabaleta, Antzuola, Andoain y Aizarbnabal. Fuente: Gobierno vasco, 1998.

59. *Diario de Sesiones* del 30 de abril de 1999.

curso 97-98, hasta llegar a desaparecer prácticamente en el curso 2001-2002 en provincias no vascohablantes como Álava. Paralelamente, los sistemas B y D pasan de un 31,4 % del alumnado al 94,4 %, en palabras del ex consejero Inaxio Oliveri.

La agresión es de tal envergadura que el castellano, como lengua vehicular o instrumental para impartir la educación, desaparece por entero de la comunidad autónoma, salvo en los colegios privados o religiosos.

De esta manera, cualquier hijo de guardia civil, policía, notario, médico, enfermera, empleado de banca, funcionario de la administración periférica del Estado, periodista, militar, abogado, economista, juez, secretario, interventor o cualquier otra persona destinada al País Vasco que no sepa euskera no puede acudir a la red pública de enseñanza.

Se da, además, la tremenda paradoja de que mientras ingleses, franceses y alemanes pueden crear sus propios centros de enseñanza, donde las clases se imparten en las lenguas de sus respectivos países, al estar transferida la totalidad de las competencias en materia de educación a la Comunidad Autónoma, el Estado no puede establecer sus centros en castellano en su propia tierra.

Al mismo tiempo, impartir euskera es sólo un privilegio que no todos los nacionalistas están dispuestos a compartir.

Profesor de EGB de la población de Amurrio (Álava), Juan Carlos Ruiz Díez intuyó lo que iba a pasar con la enseñanza tras la muerte de Franco. En la transición, mientras unos quemaban coches y ponían bombas, se dedicó a estudiar euskera.

A comienzos de los noventa, cuando se unificó la red pública y las *ikastolas* y se amplió la gratuidad de la Enseñanza General Básica, se presentó en la *ikastola* de su pueblo y solicitó una plaza.

Tras superar con las más altas calificaciones todas las pruebas académicas, para muchos profesores euskaldunes se convirtió, de pronto, en un tipo sospechoso.

—Usted ¿cómo sabe tanto euskera? —le preguntan

—Porque desde siempre me gusta la lengua vasca.

Aprobada la convocatoria, pasó unos años en expectativa de destino, pero nunca se le adjudicó una plaza. Mientras llegaban oleadas de profesores del Goyerri, sin la carrera de maestro, que se colocaban automáticamente, fue excluido sistemáticamente, lo mismo que otros profesores de Álava.

Para sobrevivir, Ruiz montó su propia academia privada de euskera, sin ningún tipo de ayudas ni subvenciones. Además, se presentó en las listas del PP por Amurrio y acabó de concejal de su pueblo. Persona íntegra, demócrata y dialogante, los radicales de HB no pueden atacarle por ningún flanco. Ahora le dicen en los plenos:

—Tú eres un mercenario del euskera.

Lo mismo le ocurre a Manu Aguirre, catedrático del Instituto Mateo de San Sebastián y jefe del gabinete de Rosa Díez. Habla tan bien la lengua vasca que pertenece al patronato de euskera de San Sebastián.

—Manu, el siguiente serás tú —le amenazan.

O al concejal de Cultura del Ayuntamiento de Rentería, Joseba Gurrutxaga, bajo control socialista. Los ediles de Batasuna le exigieron poco antes del verano de 2002 que abandonara el cargo. Pese a saber más vascuence que el *lehendakari* Juan José Ibarretxe, que aprendió la lengua madre siendo abuelo, no se le tolera que pueda ser a la vez *euskaldunzarra* y del Partido Socialista de Euskadi.

Y es que para ser vasco, a partir del Pacto de Lizarra, no sólo hay que saber euskera. Es necesario identificarse con el mundo *abertzale* y sentirse oprimido por la Guardia Civil y la policía, aunque sólo te tropieces con ella cada cuatro años, al renovar el carnet de identidad. Hay, por tanto, que odiar a España.

Un asunto que, por otra parte, no resulta nada difícil. Basta leer cualquiera de los libros de texto utilizados en los colegios.

Viky Uriarte, euskaldún, de un pueblo de Vizcaya, no quería que sus hijas se educaran en el modelo D. Acude a la Consejería de Educación a informarse de qué colegios hay en la zona del modelo B y allí le dan a elegir un centro situado a treinta kilómetros de su casa.

—¿Y dónde se coge el autobús escolar? —preguntó, ingenua.
—Autobús no hay. Las tiene que mandar usted en coche de línea, guardar los tickets y venir a fin de mes. Nosotros se los abonamos.

Como la niña tiene cinco años y la solución no le parece fácil, decide ingresarla en un colegio religioso. Está a diez kilómetros de distancia pero, al menos, dispone de servicio de «ruta». En la primera semana de curso escolar, al revisar los cuadernos de ejercicios de su hija se encontró con la siguiente adivinanza:

> *No son españoles.*
> *No son franceses.*
> *Hablan euskera.*
> *¿Quiénes son?*

Viky se queda de piedra. Pero no tiene nada que hacer. Al examinar los libros de texto de sus hijos mayores comprueba que en «conocimiento del medio», que se enseña al mayor, de nueve años, la palabra Euskal Herría (un ente político y jurídicamente ficticio, inexistente) aparece 46 veces, y la apalabra España sólo tres. El mismo libro incluye 37 mapas de lo que se ha dado en llamar Euskal Herría y sólo dos de España. La *ikurriña* figura en tres páginas diferentes y la bandera de España no existe.[60]

Durante un buen rato Viky sigue leyendo. Encuentra textos como los que siguen:

> ETA no es obstáculo para presentar a Euskal Herría fuera. El 27 de mayo se hará huelga en Euskal Herría Sur. Explota la violencia de la policía. El explosivo ha provocado la muerte de dos personas.
>
> Una bandera francesa fue quemada ayer en Baiona, el último día de la marcha a favor de la insumisión. Esta marcha se inició en Hendaia el día dos de este mes y finalizó ayer en la capital labortana. En el transcurso de la misma, la policía ha detenido a tres insumisos, y ése fue el motivo de la pro-

---

60. Editorial Zubía (Santillana), Depósito Legal: M-5.066-2000.

testa de ayer, según manifestaron. La policía prohibió la concentración convocada en la plaza de San Andrés y los jóvenes se reunieron frente al Patxoki, lugar en el que prendieron fuego a la bandera. (De *Egunkaria*, 09-05-92.)[61]

En 1982, en la Sakarna navarra, cuatro personas fueron encarceladas por pintar señales de tráfico, tres de ellas pagaron fianzas y Sagrario Alemán pasó un mes en la cárcel al no pagar la fianza. He aquí algunos puntos para hacerte reflexionar: ¿Cómo crees que argumentarán los jóvenes de la foto (donde se ven embadurnando los carteles) lo que están haciendo? ¿Te parece el de la foto el modo más adecuado para traducir al euskera las señales de tráfico? ¿Por qué tenemos los euskaldunes derechos diferentes?[62]

El médico vasco Etxeberry se dio cuenta de que muchos vascos no tenían la proteína conocida como RH en la sangre. Basándose en eso, sacó la hipótesis de que el euskaldún fue el primer pueblo que vivió en Europa. Como consecuencia de las invasiones de otros pueblos que vinieron de fuera, con RH positivo en su sangre, se ha hecho descender el RH negativo en los vascos. Un grupo de trabajo de la Universidad del País Vasco confirma que, debido al aislamiento, hemos recibido menos genes del exterior.[63]

Cuando el nacionalismo [vasco] está unido a un Estado [español], como es el caso en nuestros tiempos, el Estado [español] buscará también el control político e ideológico. Si eso no se asegura pueden surgir problemas. Es por ello que el Estado pone una atención especial en la homogeneización cultural. [...] Para algunos puede ser suficiente asegurar la promoción de la cultura amenazada, y para ello se exigirán unas medidas políticas y administrativas mínimas, como el Estatuto. Pero puede ocurrir que se piense que hay que llevar más

---

61. Segundo curso del segundo ciclo de Educación Primaria. Editorial Erein.
62. *Euskara eta literatura* (Vascuence y literatura), segundo de bachillerato, niños de diecisiete a dieciocho años, Editorial Ibaizabal.
63. Filosofía de primero de bachillerato, niños de dieciséis a diecisiete años, Editorial Gaiak.

lejos las medidas políticas para sacar adelante la promoción de la cultura, y pedir para ello la independencia.[64]

Euskadi ta Askatasuna [ETA] es un movimiento Vasco de Liberación Nacional creado en la Resistencia patriótica, e independiente de todo otro partido, organización u organismo. ETA, dentro del marco político, propugna para Euskadi: El establecimiento de un régimen democrático y representativo en el sentido político, cultural y socioeconómico. La repulsa al racismo y a la superioridad de unos pueblos sobre otros. No apoya la segregación o expulsión de los elementos extraños al país, en tanto no atenten a los intereses nacionales de Euskadi. Apoya la constitución de Euskal Herría. La desaparición del liberalismo económico como sistema de la economía vasca. *(Belza, el nacionalismo vasco en el exilio)*.[65]

La mayoría de los libros dedican páginas enteras a exaltar y justificar la violencia, a exacerbar los sentimientos xenófobos y racistas y a odiar lo español sin que la consejería de Educación del Gobierno vasco mueva un dedo por impedirlo.

«A nosotros nos enseñaron a odiar al comunismo, pero la Unión Soviética estaba a 3 000 kilómetros y nadie podía hacer nada para manifestar su rabia. En cambio, en las *ikastolas* y la red pública se inculca el odio al vecino de al lado. Así, muchos jóvenes que empiezan por pincharle las ruedas al coche de su vecino pueden acabar en la kale borroka», afirma César Velasco Arsuaga, cincuenta años, subdelegado del Gobierno en Álava.

De ahí a que el vicepresidente primero del Gobierno, Mariano Rajoy, un gallego, de Pontevedra, acostumbrado a medir las palabras, dijera poco antes del verano de 2002: «La enseñanza vasca es letal.» Y tanto.

---

64. Filosofía de primero de bachillerato, niños de dieciséis a diecisiete años, Editorial Ibaizabal.
65. Texto de historia de segundo curso de bachillerato, Editorial Erein.

CAPÍTULO IX
A Dios rogando y con las pistolas matando

Las primeras asambleas se planificaron en una iglesia. Uno de los primeros en justificar moralmente el terrorismo fue un franciscano desde Caracas. Los primeros asesinatos se decidieron en el templo de Dios. Un monje benedictino, Txikia, fue una de las primeras alimañas asesinas. Los primeros empresarios aterrorizados que acudían a Francia a pagar el impuesto revolucionario eran enviados a entrevistarse con ETA desde la sacristía de Sokoa. El primer zulo de ETA para ocultar a un ser humano se hizo en la casa del cura de Ibarruri (Vizcaya). El primer dinero de los atracos de ETA se guardó en los Jesuitas de Bilbao. Los primeros huidos se escondieron en la iglesia del cura Lucas Dorronsoro, en Gaztelu (Guipúzcoa). Si no fuera por la tela de araña tejida en el seno de la Iglesia vasca, semillero del nacionalismo intransigente, el PNV y algunos abogados de ETA no existirían tal como los conocemos hoy. Los prelados han contribuido a la extensión y el arraigo de un odio profundo sembrado a conciencia entre caseríos y campanarios y, lo que es peor, han pasado a los hechos cobijando, encubriendo, amparando y alentando a terroristas en secuestros, extorsiones y atentados.

Su madre le inculcó el odio hacia los españoles y la mitificación del terrorismo desde muy pequeño. «Hijo mío, ETA no es mala. Quita a los ricos para dar a los pobres», recuerda.

El carcelero, pistolero y asesino de ETA Alfonso Etxegaray Atxirika, nacido en Plencia (Vizcaya) el 10 de enero de 1958, el mismo año en que se da a conocer ETA, contrae matrimonio en Ecuador con la colaboradora de la banda armada Chistianne Etxalus; ciudadana francesa quince años mayor que él, trabaja en Anai-Artea[1] y ha sido detenida varias veces en España por su vinculación con los terroristas.

Émulo del sanguinario cura Francisco Santa Cruz, que mandaba a su gente a matar treinta enemigos al menos, lo hizo, ade-

---

1. La organización Entre Hermanos es la encargada de acoger a los terroristas huidos a Francia.

más, como Dios manda. Por la Iglesia católica, apostólica y romana, en el templo de San Juan Bosco de Quito, aprovechando un descuido de sus guardianes. Antes de la ceremonia, Etxegaray confesó sus crímenes.

—Padre, he matado y no sé para qué sirve que me confiese si estoy dispuesto a cometer el mismo pecado contra los que dominan, ocupan e impiden a mi pueblo autodeterminarse —le dijo al cura.[2]

—Debes saber que quitar la vida es lo más grave que existe, pues no hay razón humana que lo justifique —le amonesta el sacerdote.

—Sí, lo sé, lo sé, padre.

—Sería un mal comienzo para tu país si bajo sus cimientos se escondieran cadáveres...

—¿Es que los que quieren convertirnos en españoles no esconden miles y miles de muertos? ¿Es que la Iglesia no esconde también muertos en sus cimientos?

—Pero debe haber otra vía distinta a la violencia. Éste es un círculo cerrado del que no se sale nunca.

—Es cierto. Puedo estar errado y no merecer la salvación por elegir la violencia para luchar por la libertad de mi pueblo. Aunque pueda ser un héroe para los míos, sé que tengo las manos manchadas de sangre, lo reconozco. Y reconozco los muertos, los míos, los de ETA, y los otros. Pero no me arrepiento de lo hecho ni de lo que puedo hacer en el futuro.

—Pues, hijo mío, si no te arrepientes no te puedo dar la absolución.

—¿Y tampoco nos va a casar?

—Bueno...Vamos a dejar tus pecados para que los analice Dios. Ahora vamos a dirigirnos al altar a celebrar la boda.[3]

Alfonso Etxegaray y Christianne Etxalus contraen matrimonio aquel día. Por algo el tío de la novia, el cardenal vasco-francés Roger Etxegaray, es uno de los amigos de ETA en el Vaticano.

---

2. Alfonso Etxegaray, *Regresar a Sara. Testimonio de un deportado vasco*, Txalaparta, mayo de 1995.

3. Etxegaray no tenía documentación alguna y no había forma de celebrar la boda. La solución la aportó el cardenal Roger Etxegaray, tío de Christianne Etxalus, cura vasco por supuesto, muy bien introducido en los ambientes vaticanos.

De 1,89 de estatura y con más de cien kilos de peso, su vozarrón grave y electrizante se hacía oír todos los domingos desde el púlpito. Más que predicar la palabra de Dios, procura inculcar entre sus feligreses el odio al Régimen de Franco y a todo lo español.

Nacido en Elorrio (Vizcaya) en 1906, Claudio Gallastegui Zenarruzabeitia, vascoparlante, se convierte así en el terror de los gobernadores civiles y obispos de la época, Carmelo Ballester, Francisco Javier Lauzurica y Casimiro Morcillo, que no pueden meterle en vereda.

Educado en los Jesuitas de Durango y en la Universidad Pontificia de Comillas (Cantabria), donde se ordena sacerdote en 1931, apenas acabada la guerra civil es designado cura de la parroquia de Gorliz (Vizcaya) y, poco después, de la de San Antón de Bilbao, de la que es titular hasta su fallecimiento.

Sus misas dominicales, en euskera, verdaderos discursos políticos críticos con el sistema, comienzan a atraer a su iglesia a la oposición al Régimen. A comienzos de los cincuenta se convierte en un imán para la gente de ETA, a los que imparte charlas sobre la nación vasca y la independencia y a los que permite utilizar la iglesia para celebrar sus encuentros clandestinos.

La parroquia, donde se edita ilegalmente la controvertida revista infantil *Kili-Kili* (Cosquillas)[4] en sus primeros tiempos, se transforma en esa época en el verdadero semillero del separatismo, en uno de los focos desde donde se esparce el germen del odio a España.

Claudio Gallastegui fallece en 1988. El PNV le erige un busto en Bilbao y a su entierro asisten las primeras autoridades provinciales, desde el diputado general de Vizcaya, José María Pradera, hasta el alcalde de la ciudad, José María Gorordo.[5]

Antes de su muerte deja claras muestras de sus inclinaciones por los etarras. En 1977 se desplaza desde Bilbao, al frente del Orfeón San Antón, hasta la isla de Yeu, situada en el noreste de

---

4. Revista subversiva que años más tarde se sigue repartiendo gratuitamente entre los escolares del País Vasco.

5. Anastasio de Olavaria, *Don Claudio, el cura de San Antón*, Martín de Retana editor, 2001.

Francia, para ofrecer un concierto-homenaje a un grupo de terroristas deportados allí por el Gobierno galo, entre ellos el máximo jefe de ETA, José Miguel Beñarán Ordeñana, *Argala*, recién casado con Asunción Arana.[6]

El centenar largo de agentes de los CRS (Compañías Republicanas de Seguridad) destacados en la isla para vigilar a los pistoleros de ETA recluidos en el Hôtel des Voyageurs no salieron de su asombro.[7]

Su memoria perdurará siempre, especialmente entre las víctimas de la banda armada. Fue el cura que elevó a los altares y convirtió en víctima al primer asesino de Euskadi ta Askatasuna.

Javier Etxebarrieta Ortiz, *Txabi*, el primer pistolero de ETA, dejó escrita su propia destrucción con esta lapidaria frase: «Para nadie es un secreto que difícilmente saldremos del 68 sin ningún muerto.»[8]

Es probable incluso que Txabi Etxebarrieta supiera lo que decía. Durante aquel año, ocasiones para que le mataran había habido varias. En Arretxabaleta participó en un atraco al Banco Guipuzcoano que acabó en tiroteo con la Guardia Civil y, meses más tarde, logró huir de un segundo encuentro con la Benemérita en el barrio tolosarra de Urkizu, que se resolvió a balazo limpio.

Encargado de preparar el asesinato de Melitón Manzanas y embarcado, al mismo tiempo, en una especie de ruleta rusa, el 7 de junio de 1978 invoca por tercera vez a su suerte. Tras asesinar a sangre fría al guardia civil José Pardines Arcay en Villabona (Guipúzcoa), en un inocente control de carretera establecido

---

6. Axun Arana, Maite Guridi, Miguel Ángel Pie de Guerrero, Francisco Zelaya, Miguel Euba, Pedro Goyenetxe, Juan María Iraola, José Villar, José María y Santiago Zapiarain, Gaspar Zubimendi, Juan Otxoantesala, José Arriaga y José Mazusta, Pérez Revilla, Eloy Uriarte, Aya Zulaika, José Manuel Sagardúa.

7. Claudio Gallastegui fallece el 28 de enero de 1988 y su funeral es oficiado por más de un centenar de curas, muchos de ellos firmantes de los manifiestos a favor de la negociación con ETA. Asiste la plana mayor del PNV a sus funerales, entre ellos el diputado general de Vizcaya, José María Pradera, y el alcalde José María Gorordo.

8. El texto lo imprime en Zumárraga (Guipúzcoa) Teo Uriarte, «editor» del *Zutik* de agosto de 1968, el *BOE* de ETA. Recuerda que cuando lo leyó le entró un escalofrío.

para cortar la vía por unas obras en la Nacional I, huye en dirección a Tolosa.

Alertado, el instituto armado establece un control en el barrio de Olarrain, en el cruce de carreteras a Azpeitia, Azkoitia, Regil, Itsasondo y Beasain, junto al restaurante Venta Haundi. Cuando aparece el Seat 850 *coupé* matrícula Z-73 956 en el que viajan Txabi Etxebarrieta y su compañero Iñaki Sarasqueta, los agentes les dan el alto y no tienen más remedio que pararse.

Etxebarrieta, bilbaíno, economista, es el máximo jefe del aparato militar de ETA. Viaja con un carnet de identidad falso, a nombre de Lucas Agoues Zubeldia, robado semanas antes por Mario Onaindía. Pero en esta ocasión no logra engañar a los guardias y su *baraka* se acaba.

Al verse descubierto intenta sacar la pistola por segunda vez en el mismo día. Sus captores adivinan sus intenciones, se adelantan y le disparan en el pecho. Tenía veintitrés años, fue el primer miembro de ETA que mató y el primero que murió.

Con su muerte, la simiente del mal incendió los corazones de muchos jóvenes vascos. Mientras el asesinato de Pardines pasa desapercibido para el mundo nacionalista —un número más—, la muerte de Etxebarrieta fue en el País Vasco el mayor acto de exaltación nacionalista desde la proclamación de José Antonio Aguirre como *lehendakari*.

Esa misma noche, ETA lanza un manifiesto en multicopista en el que resalta el valor de la entrega, el sacrificio sin límites, y le convierte en un mito a seguir por generaciones y generaciones de pistoleros. «Eligió la suerte de los perdedores, el camino del sacrificio y la entrega a los demás y, como Guevara, Etxebarrieta fue cazado a tiros. Su responsabilidad de militante le obligaba a no dejarse detener aun a costa de su propia vida. [...] Al renunciar a su propia vida, al morir por el pueblo, Txabi se ha hecho carne del pueblo»,[9] afirma el panfleto.

La Iglesia acaba convirtiéndolo en un mártir. Los funerales se celebran en la iglesia de San Antón de Bilbao con el cura etarra Claudio Gallastegui oficiando de pontifical. «Fue un brillante es-

---

9. José María Lorenzo Espinoza, *Txabi Etxebarrieta. Armado de palabra y obra* y *Txabi Etxebarrieta. Poesía y otros escritos*, Txalaparta, 1994 y 1996.

tudiante, con una vida de comodidad y lujo por delante, pero prefirió elegir el camino del pueblo y por eso ha muerto.»[10]

En San Sebastián, la misa la celebra el también jesuita nacido en Azkoitia Patxi Altuna, compañero de pupitre de Xabier Arzalluz en la Compañía de Jesús y en sus andanzas extrasacerdotales.

Altuna, hoy profesor de la Universidad de Donostia, autor del método *Euskara hire laguna*, lanzó una soflama política contra el Gobierno. «Si la violencia en sí es condenable, no lo es en el caso de una tiranía despótica y prolongada que atenta, en sus principios y en sus obras, contra los derechos humanos.»

Con publicidad y alevosía, desde el primer muerto de ETA, son vicarios de Cristo y no pocos quienes se ponen del lado del asesinato, la extorsión, el secuestro, las amenazas.

A comienzos de julio, el comité ejecutivo de ETA celebra una reunión clandestina en la casa del cura de Ceberio Amadeo Rementería. Los terroristas no van a confesar sus pecados sino a cometer el más grave de todos: planificar la muerte del policía Melitón Manzanas.

Tras este primer encuentro, en que se elige el nombre de la víctima, hay una segunda reunión para acordar los últimos preparativos. Se produce, con la ayuda de Pablo Iztueta Armendáriz, *Paul*, el sacerdote de veintisiete años oriundo de Berasátegui (Guipúzcoa), y simpatizante con las ideas de la banda terrorista, en el convento de los Padres Sacramentinos de Villaró (Vizcaya), situado en el número 20 de la calle General Franco.[11]

Tras la muerte de Txabi Etxebarrieta, preside el Biltzar Ttipia (Pequeña Asamblea) el entonces jefe de ETA militar José María Escubi Larraz, un estudiante de medicina de veintiséis años nacido en Leiza que ha cambiado el estetoscopio y el juramento hi-

---

10. A la salida, la Guardia Civil cargó contra los manifestantes, y detuvo a treinta, entre ellos cuatro curas y dos seminaristas.

11. Años antes, en 1962, ETA denuncia la escandalosa actitud de la jerarquía del clero vasco encarnada en la persona de León María Martínez, vicario general de la diócesis de Bilbao. «Estos gobernadores eclesiásticos son representantes del colonialismo invasor. El *BOE* es su evangelio y el tirano extranjero de turno su Dios», afirma. La banda armada plantea «no dar donativos» a la Iglesia hasta que los curas tiranos sean sustituidos por Juan XXIII.

pocrático por la capucha y la pistola. Asisten sus lugartenientes Eduardo Uriarte Romero, Asunción Goenaga López, José María Dorronsoro Ceberio, Javier Larena Martínez, Jokin Gorostidi Uriarte, Arantxa Arruti Odriozola, Mario Onaindía Nachiondo y Miguel Echevarría Iztueta.[12]

Todos ellos están de acuerdo en que es necesario realizar una acción de represalia por la muerte de Txabi Etxebarrieta o perderían el prestigio ganado durante años entre la juventud vasca. Allí se pone en marcha la llamada «Operación Sagarra»,[13] que lleva varios meses elaborándose y que consiste en la eliminación física del inspector jefe de la Brigada de Investigación Social de San Sebastián, Melitón Manzanas López.

La ejecución del atentado se encarga a dos liberados de la banda que acuden desde Bayona, Pedro Akizu Leizarreta y Juan José Echave, informa Mario Onandía, detenido el 9 de abril de 1989 en un piso franco de Artecalle, en el casco viejo de Bilbao.

El atentado se lleva a cabo el viernes 2 de agosto de 1968. A las dos y cuarto de ese día, el inspector Manzanas toma el autobús San Sebastián-Fuenterrabía, se baja en la parada de Irún y se encamina a pie hacia su domicilio, situado en la primera planta de «Villa Arana». En el momento en que comienza a subir la escalera, alertado por las señales del claxon de un coche y unas pisadas, un individuo le corta el paso y le mete dos balas en el cuerpo. Ya en el suelo, le dispara cinco balazos de gracia en la cabeza, delante de su mujer, María Artigas Aristizábal, y de su hija. Tal y como ETA preveía, el Gobierno decretó el estado de sitio y comenzó una tremenda redada.[14]

Cinco meses después, la policía detiene a Francisco Javier Izko de la Iglesia, responsable de seguridad de la banda armada, al intentar asaltar la cárcel de Pamplona, y le encuentran el arma homicida, una pistola VZOR 50 de fabricación checoslovaca.[15]

---

12. Sumarísimo 31/69, que da lugar al Consejo de Guerra de Burgos.
13. *Sagarra*, manzana en euskera.
14. La consigna dada a los terroristas para que se escondieran fue «la tía ha muerto, los funerales pasado mañana», según relata Jokin Gorostidi.
15. Juan José Echave y Pedro Akizu, finalmente, no participan en el asesinato al no encontrar «transporte marítimo» para trasladarse desde San Juan de Luz, según la carta de *Urrutia* (Echave) al Biltzar Ttipia de 31 de enero de 1969.

La muerte de Melitón Manzanas —el primer asesinato premeditado que realiza la organización terrorista— se había organizado en el convento de los Benedictinos de Villaró. Dos individuos, José María Escubi y el cura Paul Iztueta, uno educado para curar los cuerpos y el otro para salvar almas, están en las claves del asesinato.

El 9 de abril de 1969, un grupo de activistas de ETA, entre los que se encuentran Víctor Arana Bilbao, Mario Onaindía, Jesús Abrisketa Korta y Miguel Etxevarría Iztueta, regresan a Bilbao desde un piso franco situado en Mongrovejo (Santander).

Son las cinco y cuarenta minutos de la tarde. En el momento en que intentan entrar en un piso situado en la calle Artecalle, en el casco viejo, el inspector jefe de la Brigada de Investigación Social de la capital vizcaína, Félix Criado Sanz, y una docena de inspectores están esperándolos.

La redada es la respuesta policial al asesinato de Melitón Manzanas, y dos de los activistas de ETA, ante el temor a no salir vivos de la encerrona, deciden vender cara su vida. Víctor Arana Bilbao y Miguel Etxevarría Iztueta desenfundan sus pistolas y, a consecuencia del intenso tiroteo, resultan heridos.

Con dos heridas, una en el pecho y otra en el brazo izquierdo, Miguel Etxevarría Iztueta logra ganar de nuevo la calle. Detiene el taxi matrícula BI-125 984, conducido por Fermín Monasterio Pérez. A punta de pistola, le ordena que tome la carretera de Basauri en dirección a Burgos.

En mitad del trayecto, Monasterio, un burgalés de cuarenta y cinco años, casado y padre de tres hijos, se niega a secundar los planes del terrorista y es asesinado de tres disparos en las cercanías de Arrigorriaga.

Al volante del taxi, a cuyo conductor deja tirado en una cuneta, Mikel Etxebarría llega hasta las afueras de Orozko, en la comarca de Arratia-Nervión, donde permanece oculto hasta el anochecer, momento en el que aprovecha para presentarse en la casa de José María Ortuza, el cura de la localidad.

Pero el sacerdote no tiene donde alojarle y le envía al caserío de Heliodoro Elkoro Alday y Beatriz Ugarte Porres, donde le ocultan. Allí le hacen las primeras curas y, por medio del párroco de Llodio, Martín Orbe, logran que le vea un médico, le extraiga las balas y le prescriba los primeros medicamentos.

Dos días más tarde, el 11 de abril, abandona el caserío en un Seat 600 ocupado por dos nuevos sacerdotes, el párroco de Ibarra, José María Acha, y el coadjutor de Ceberio, el padre Amadeo Rementería,[16] que se prestan a hacer de «escudos humanos» frente a la Guardia Civil.

La autoridad eclesiástica de cuatro pueblos ocultando a un asesino mientras sus compañeros niegan la caridad cristiana a los familiares de su víctima. Los hechos hablan por sí solos.

A las diez y media de la noche del 1 de diciembre de 1970, el cónsul honorario de la República Federal de Alemania en San Sebastián, Eugenio Beihl Shaafer, de cincuenta y nueve años, llega a su domicilio en la calle Miraconcha, 28 de El Antiguo conduciendo su Mercedes Benz de color blanco.

Tras él penetra en el garaje un Mini rojo con matrícula de Navarra. Poco después, los dos vehículos abandonan la casa. Con ayuda del ex consejero del Gobierno Vasco, Telesforo Monzón, y del párroco de Sokoa, Pierre Larzabal, miembros de Anai Artea, el diplomático alemán acaba de ser secuestrado.

Al día siguiente da comienzo el Consejo de Guerra de Burgos, donde se juzgan, entre otros hechos, los asesinatos de Melitón Manzanas y Félix Monasterio, y ETA necesita una potente caja de resonancia para hacer oír en el mundo sus reivindicaciones.

La banda armada está tan diezmada que el comando terrorista, dirigido por Juan José Echave, jefe de su aparato militar, y algunos activistas no capturados por la policía, tienen que cruzar al prisionero a hombros a lo ancho del río Bidasoa para llevarlo a territorio francés.

La persona encargada de custodiarle durante su cautiverio no

---

[16]. Natural del Berasátegui (Guipuzcoa), Mikel Etxebarría huye a la URSS y, desde allí, a Cuba, y regresa a España en 1978, tras la amnistía. Tres años más tarde aparece relacionado con un comando terrorista y escapa a Francia, donde construye la fábrica de explosivos de ETA, localizada en un subterráneo de la localidad de Mouguerre en septiembre de 1994. En 1998, las autoridades de México le entregan a España.

es el miembro de un grupo de aguerridos pistoleros de la banda: es un hombre de Dios, el párroco Roger Idiart, quien le encierra en una de las habitaciones de la casa parroquial de Espelette.

Sin ningún tipo de vigilancia, el cónsul llegó a escapar en una ocasión de la vivienda, pero el párroco, advertido, reunió a varios amigos, organizó una batida por la zona y volvió a capturarle.

Así permaneció hasta que el 26 de diciembre de 1970, obedeciendo órdenes de ETA y de Telesforo Monzón, le dejó en libertad. Pocos días después, Franco no firma el «enterado» y las siete penas de muerte para los asesinos y colaboradores de Melitón Manzanas y el taxista Félix Monasterio quedan conmutadas.

Ibarruri, un pequeño pueblo de la provincia de Vizcaya, vive en 1972 con gran tranquilidad.

El 19 de enero, un Seat 124 blanco se detiene frente a la casa parroquial, una vivienda de dos pisos situada junto a la iglesia. De su interior descienden dos personas que introducen, cogido por ambos brazos y casi en volandas, a otro de mediana edad, vestido con un traje oscuro y con la cara tapada con unas gafas de sol, para ocultar su personalidad a los vecinos.

Los dos individuos son los dirigentes de ETA Domingo Iturbe Abasolo, *Txomin*, y José Miguel Beñarán Ordeñana. La tercera persona es el industrial Lorenzo Zabala Suinaga, accionista de Precicontrol, secuestrado por ETA.

Horas antes, un comando de la banda terrorista integrado por Txomin, Argala, Tomás Pérez Revilla y Mikel Lujua Gorostiaga había decidido capturarle en su domicilio de Éibar —donde casualmente tenía el comando el piso franco— en apoyo del Frente Obrero de ETA, como se cuenta en otro capítulo. Como no sabían dónde ocultarle, acudieron a la casa parroquial de Ibarruri, cuyo sacerdote, Txomin Artetxe Amuriza, colaboraba con ETA.

Nacido en Castillo Elejabeitia (Vizcaya), cuarenta y dos años, hijo de Melchor y Nemseis, el padre Artetxe tenía un amplio historial delictivo por colaborar con ETA.[17] Considerado entre sus

---

17. En mayo de 1965 y 1967 es detenido por participar en manifestaciones ilegales. El 14 de mayo de 1967 por ultraje a la bandera, y en 1968 se le captura en tres ocasiones por distribuir propaganda a favor de ETA e impago de una multa.

feligreses como un hombre santo dedicado a la meditación y a los ejercicios espirituales, había forrado las paredes y el piso parroquial con corcho para ocultar los posibles ruidos que pudieran alertar a la policía ante una posible redada. Practicaba la caridad: tuvo a Zabala durmiendo en un colchón en el suelo, en una habitación húmeda y sin ventilar.

Artetxe, además de prestar las dependencias parroquiales para mantener a una persona privada de libertad, hizo de correo entre el resto de la banda armada y los secuestradores. Vestido con su sotana pudo sortear los controles y reunirse con aquéllos en Durango.

Lo más duro de todo el secuestro era matar a Zabala en el caso de que la familia no cumpliera las condiciones de subir el salario a los trabajadores. El debate entre Txomin y Argala, que hacían de carceleros junto con el cura, se planteó varias veces. Artetxe ni se inmutó. Todo, sin embargo, se resolvió rápidamente. El 21 de enero, tres días antes del plazo dado por ETA, la familia aceptó el pacto propuesto por los terroristas.[18]

El sábado 22 de enero, cuando los trabajadores de Precicontrol reunidos en asamblea dan por buena la oferta de la familia Zabala, ETA deja en libertad a su prisionero. Le trasladan en un coche Seat 600, propiedad del cura, en el que viajan Argala y Txomin con la víctima mientras el sacerdote hace de lanzadera en otro vehículo para eludir los controles. Le dejan en el monte Urkiola.[19]

Tras la liberación de Zabala, la Guardia Civil ató muchos cabos sueltos e identificó al comando. Se equivocó, sin embargo, con el nombre del cura. Atribuyó el secuestro al prelado Félix Bergara, cuando sólo se había limitado a «pasar el cepillo», es decir, a intervenir como intermediario en el cobro del rescate. Un año más tarde identificaba la iglesia de Ibarruri como el lugar del secuestro y detenían al padre Artetxe.[20]

---

18. Los terroristas, en su nota, amenazaban no sólo con matar a Zabala, sino con secuestrar al director gerente de la empresa, Juan Luis Mugarza, al ejecutivo Faustino Múgica y a otros, sucesivamente, hasta que sus condiciones se aceptaran.

19. El responsable del coche lanzadera no fue localizado.

20. Zabala había contado los escalones de madera, doce, para llegar al escondrijo, pista que permitió a la Guardia Civil identificar el lugar.

Éste confesó de plano. El único remordimiento que había tenido durante el cautiverio, que le atormentó durante unos días, fue que el empresario secuestrado era un hombre de bien, es decir, de origen vasco, y no un oligarca español, explotador, como todos, de la siempre oprimida clase obrera.

Lamentablemente, el cura sólo se dio cuenta de ello en el momento del encierro, cuando Txomin Iturbe le dijo en euskera al empresario:

—*Suzen! Suzen!* (¡Sigue! ¡Sigue!)

Zabala, que hasta entonces sospecha que se encuentra en manos de unos vulgares delincuentes, exclama:

—*Ay, ama gainera, euskalduna da!*[21] (¡Ay, madre, si encima son euskaldunes!)

Así, el primer zulo de ETA lo aporta un cura. También, por absurdo que parezca, un representante de la Iglesia será el primero en bendecir el terrorismo.

En 1906, tres años después de la muerte de Sabino Arana, el fundador del PNV, un sacerdote capuchino navarro, Evangelista de Ibero, publica un folleto titulado *Ami Vasco*. Es un texto corto y sencillo donde en forma de preguntas y respuestas se recoge el catecismo nacionalista, revelando de forma contundente cuáles son las «verdades» y cuáles las «mentiras» acerca del problema vasco.

ETA, una escisión del PNV, no puede ser menos e imita sus métodos. En 1962, otro cura, en esta ocasión franciscano, Joseba Intxausti, redacta en el mismo estilo conciso y directo, con el mismo argumento de preguntas y respuestas, *Pláticas sobre los novísimos*.

El volumen se publica por primera vez en Caracas,[22] no realiza aportaciones doctrinales ni ideológicas, porque no es el fin pretendido, pero constituye una defensa cerrada y rotunda de la banda terrorista, la Biblia de los neófitos e indecisos en empuñar un arma.

---

21. Iker Casanova y Paul Asensio, *Argala*, Txalaparta, 1999.
22. Estamos hablando de un documento poco conocido en la actualidad. El texto entero aparece en *Zutik*, número 2, edición de Caracas, 1962.

«¿Es ETA un grupo terrorista?», se pregunta el cura. Y él mismo da la respuesta.

> ETA no es terrorista, aboga por la guerra revolucionaria y cada conciencia ha de ver si esto es justo o no (no olvidemos que puede haber guerras injustas y, dado el caso, también entre PNV y ETA). Terrorista es el que lucha matando inocentes sin atender a principios morales. ETA no ha defendido una forma de guerra sin moral.
> ¿Tiene Euskadi derecho a la autodeterminación?
> Euskadi tiene total derecho a la autodeterminación. Este derecho le es negado por gobiernos totalmente extraños e impuestos por las armas. Se ha roto el diálogo necesario para la resolución de nuestros problemas. Hay que volver a crearlo, hay que hacerlo por los métodos conducentes a ello. ETA dice que el pueblo vasco tiene los mismos derechos que asisten a otros pueblos a su autogobierno y afirma que deben emplearse los métodos adecuados. Lo que dice ETA es justo.

ETA necesitaba, lo mismo que el PNV, que un ungido sentara cátedra, los bendijera y certificara que la pena de muerte a sus adversarios, por el simple hecho de serlos, a traición, por la espalda, sin juicio previo y sin derecho a la defensa, era moralmente justo. Joseba Intxausti, el Evangelista de Ibero de la banda armada, lo hizo.

Fue una operación policial de esas que hacen historia, de las que se transmiten dentro del cuerpo de generación en generación, de las llamadas a permanecer eternamente en los anales de la policía.

El 9 de marzo de 1968, a las seis de la tarde, el propietario del coche BI-104 220, un Seat 600 de color blanco, acude a la comisaría de Vitoria a denunciar el robo de su vehículo. Y aporta un dato esencial para la investigación:

—Hace un rato lo vi circulando por la ciudad. Pero aunque estoy seguro de que era el mío le habían cambiado la matrícula. La nueva es LO-20 326.

El inspector de guardia se da cuenta inmediatamente que se trata de una operación de ETA. Da una alerta general y una patrulla detecta el vehículo en la calle Sancho el Sabio. Poco después, un individuo trata de ponerlo en marcha y la policía detiene a Sabino Arana Bilbao.

Junto con Javier Barreño Omaetxeberría y Emilio López Adán forma parte de un comando estable que opera en Pamplona. Arana Bilbao, sin embargo, no conoce los domicilios ni los pisos francos donde se esconden los etarras.

«Los contactos los establecemos por medio del padre Ladislao Echevarría Goenaga. Es un jesuita que está al frente del colegio de la orden en Pamplona», declara.

Al día siguiente, 10 de marzo, la policía tiende una trampa al cura etarra. Un inspector de Vitoria se desplaza a Pamplona y, desde allí, llama al colegio de los jesuitas.

—Soy de ETA. Viajaba con Sabino Arana, hemos tenido un accidente y la policía me persigue. ¿Puede ayudarme, padre Echevarría?

El cura duda un instante, tartamudea, no sabe qué responder. Da la impresión de que se teme una celada y no se fía ni un pelo de su interlocutor. Sin embargo, cuando el agente le da la contraseña que utiliza Sabino Arana para comunicarse se tranquiliza.

—Ahora tengo clases, pero pásate por el colegio a las dos de la tarde. Veré qué puedo hacer —le dice.[23]

A esa hora, el inspector se presenta en el centro educativo. El sacerdote, tras cerciorarse personalmente de quién es su interlocutor, le despide y le dice que vuelva de nuevo a las siete menos cuarto de la tarde.

—Ya sabes cómo son estas cosas. Antes de esconderte necesito la autorización de la organización —le explica.

A las siete menos cuarto, con puntualidad británica, el policía se presenta en el centro. Allí se encuentra al cura acompañado del etarra Francisco Javier Escubi Larraz, uno de los máximos responsables del aparato militar de ETA. Sin darle tiempo a reaccionar, saca la pistola y le apunta a la cabeza.

—¡Alto, policía! Quedan los dos detenidos.

En el exterior del centro, un grupo de agentes de apoyo de-

---

23. Un segundo operativo montado por la policía en torno al colegio detecta a Echevarría, que se desplaza al taller de José Antonio Muguerza Lasa.

tecta la presencia de Javier Barreño, que acude a la cita como guardaespaldas de Escubi. Instantes después luce unos grilletes en las muñecas.

El interrogatorio posterior permite esclarecer gran parte de las operaciones de ETA, especialmente el robo de explosivos y los atracos a bancos de los últimos años.

—El encargado de los atracos es Escubi. El dinero se esconde en la residencia de los padres jesuitas de Bilbao —relata Barreño.

—¿Y quién es la persona que oculta el dinero?

—Un novicio apellidado Aguirrezábal del que no conozco su nombre. Sólo recuerdo que ha estado dos años en Venezuela.

—¿Y quién os facilita las armas y los explosivos?

—El padre Tomás Saizar Machinea, de los padres sacramentinos de Tolosa.

La policía, con el correspondiente mandamiento judicial, rodea el centro religioso e intenta llevar a cabo un registro en toda regla. Pero el superior de la orden, Francisco Astorla, se opone rotundamente.

—Ésta es la casa de Dios y no puede ser profanada por las armas —protesta airado.

Al final, tras cinco horas de discusión, los agentes acceden a no registrar las celdas con la condición de que todos sus miembros les entreguen cualquier tipo de armas, explosivos, dinero robado o propaganda ilegal que hayan ocultado. El padre Saizar acepta el pacto y hace entrega a la policía de una maleta.

—Me la han entregado en secreto de confesión para que la guardara, con lo cual no puedo revelar el nombre de su propietario. Además, ignoro su contenido, por lo que no me hago responsable de lo que puedan encontrar —se excusa.

Los agentes la abren delante del superior y no encuentran pistolas ni metralletas, como esperaban. Lo que sí aparecen son cables de acero utilizados por ETA para bloquear carreteras y otros elementos empleados habitualmente en sabotajes.

La investigación conduce, asimismo, a los curas de Itxaso, Andrés Petrirena Azpiazu, y de Gorriti, Juan Arricibita Ansorena, donde se imprime la propaganda clandestina de ETA.[24]

---

24. El cura Arricibita huye a Francia antes de ser detenido.

Por último, un registro de la residencia de jesuitas de Aránzazu, en Bilbao, permite la localización y captura de un arsenal de armas de ETA, planos de bancos y detallados estudios para asaltar las cocheras de los autobuses de Bilbao e incendiarlos. Todo el material se incauta en la habitación del novicio Alejandro María Aguirrezábal Bilbao, tal y como ha relatado Javier Barreño.

La operación permite verificar que sacerdotes vascos ocultan a los terroristas, le facilitan la huida a Francia, utilizan sus centros para imprimir propaganda, guardan las armas, los planes para cometer atentados, y bendicen sus acciones desde el púlpito.

Cuando el jueves 29 de diciembre de 1978 el Batallón Vasco Español mató a Argala en Francia para vengar el asesinato del presidente del Gobierno, almirante Luis Carrero Blanco,[25] el pueblo de Arrigorriaga (Guipúzcoa) se moviliza para rendirle un homenaje.

Un inmenso despliegue policial impide el acto, al que sólo asisten los familiares en primer grado. Celebra la ceremonia el cura-secuestrador Txomin Artetxe, que sigue manteniendo un contacto directo y fluido con el máximo jefe de la banda terrorista. Elabora un discurso que no pudo pronunciarse pero que se reparte en panfletos. Artetxe dice:

> Que este pueblo pueda algún día autodeterminarse libremente es una forma de restablecer el equilibrio roto por Caín y de satisfacer los mínimos que la democracia exige para el total restablecimiento de ésta.
>
> Argala y los grupos euskaldunes con él identificados han ofrecido una alternativa real para el alto el fuego, unos puntos claros y negociables: hasta partidarios de la dependencia española han declarado que lo son. Pero quienes tienen en su mano la realización de estos puntos se niegan sistemáticamente a su discusión. Ante esto, ¿quién es el violento?, ¿quién es el culpable? Al pueblo vasco no le queda ninguna duda en la res-

---

25. Le asesinan o «ajustician», en el lenguaje de ETA, cinco años más tarde.

puesta. Encarcelar, matar o acallar a un pueblo por pequeño que sea es imposible, porque en cada nueva generación que nace a la conciencia de un derecho se reproduce el fenómeno de su violencia multiplicado por diez.

Hay casos peores que el de Artetxe, el de los abates delatores.

El 4 de octubre de 1981, ETA quiere emular el atentado contra la Vuelta Ciclista a España realizado años antes por Eusko Gastedi, las juventudes del PNV, relatado en otro capítulo.

En esta ocasión, sin embargo, en lugar de provocar un socavón en la calzada, los criminales organizan una emboscada sangrienta. Cuando se encuentran preparando la salida de la carrera ciclista en Salvatierra (Álava), un comando dirigido por Ignacio Arakama Mendía, *Makario,* asesina al cabo primero José Vázquez Plata y a los guardias Avelino Palma Briola y Ángel Prado Mella.

La persona que facilita la información a ETA para realizar los atentados es el cura de la localidad, Ismael Arrieta Pérez de Mendiola, quien un mes antes tiene una entrevista con los pistoleros,[26] según las diligencias policiales abiertas meses más tarde.

El cura Arrieta fue, además, en opinión de quienes le detienen, un cobarde. «Cuando fuimos a detenerle, el 30 de marzo de 1983, se había escondido. Tras registrar minuciosamente toda la casa varias veces, le encontramos con una tía metido debajo de la cama», recuerda el general de la Benemérita Guillermo Ostos, jubilado en el año 2002.

En una primera instancia, la Audiencia Nacional lo deja en libertad condicional por falta de pruebas. Posteriormente, tras la extradición de varios pistoleros de ETA del sur de Francia, recopilan la documentación suficiente para su encarcelamiento.

---

26. Los etarras María Arrate Riallos, Juan María Aguirre Ugartemendía y Manuel Aristimuño Mendizabal, *Kike.*

Así, tras pasar casi veintiún años en libertad, el 27 de mayo de 2002 la sección tercera de la Audiencia Nacional ordena a la Guardia Civil la detención del ya ex presbítero en Vitoria y su traslado a un centro penitenciario por «riesgo de fuga».[27]

Y es que todas las investigaciones revelan que este supuesto hombre de Dios, que tiene ganado el cielo por enviar almas a san Pedro anticipadamente, mantenía contactos con ETA desde 1977 y estaba fichado por la policía desde entonces.

Tras varios anuncios institucionales que son retrasados al coincidir con convocatorias electorales, el 6 de noviembre de 1982 el papa Juan Pablo II acude por primera vez en visita oficial al País Vasco.

La recepción al pontífice está prevista en el santuario de Loyola, uno de los focos de la cristiandad en los últimos siglos, situado en el valle de Urola (Guipúzcoa), a escasos kilómetros de donde nació san Ignacio, fundador de la Compañía de Jesús.

Todo está organizado para que el vicario de Cristo en la tierra descienda ese día en helicóptero frente a la explanada de la basílica, bese la tierra vasca y se dirija en comitiva, flanqueado por el nuncio del Vaticano en España, el presidente Carlos Garaikoetxea y el provincial de la Compañía de Jesús, hacia el interior del centro religioso.

La víspera del viaje la policía recibe una información según la cual, ETA va a colocar una bomba en Loyola para utilizar el viaje del pontífice y dar a conocer mundialmente su programa independentista.

Ante el riesgo de atentado, el presidente Leopoldo Calvo-Sotelo y el ministro Juan José Rosón se ponen en contacto con Garaikoetxea para cambiar horarios, itinerarios, visitas y lugares de recepción. Al mismo tiempo, el jefe del Mando Único de la Lucha Contraterrorista, Manuel Ballesteros, y su segundo, Joaquín Domingo Martorell, se desplazan a Euskadi al frente de mil policías para prevenir cualquier contingencia.

Fue un período de nervios y tensión. En menos de veinticua-

---

27. *El Mundo*, 28 de mayo de 2002.

tro horas se echan abajo tabiques de la basílica, se demuelen parterres de flores, se controlan coches sospechosos y se interroga a jesuitas partidarios de la «teología de la liberación».

Al final, el viaje se realiza sin incidentes. Lo que más impresiona a Joaquín Domingo Martorell de aquella jornada fue la visita que le hizo poco antes de la llegada del papa el provincial de la Compañía de Jesús.

—Hemos encontrado esto. Mejor que se las lleven. Las armas las carga el diablo —le dice.

Y le entrega una bolsa con armas que estaban escondidas en las laberínticas galerías y en los techos de las austeras celdas del monasterio.

Oficialmente, nadie le informó del origen de las armas. La policía supo, sin embargo, que procedían de un alijo guardado en junio de 1965, durante la IV Asamblea de ETA, a celebrar en la casa de ejercicios espirituales de Loyola con asistencia de representantes de los siete *herrialdes*. Un enfrentamiento de los etarras del exterior, ocurrido el 6 de junio en la frontera de Vera del Bisadoa con la Guardia Civil, provocó la huida de los del interior y el abandono del alijo. Los religiosos habían ocultado su existencia diecisiete años.

Acaba de recibir una carta en la que amenazan con matarle a él y a su familia si no paga cinco millones a ETA. Enrique Castro, gerente de una empresa de rodamientos, viaja al sur de Francia y, siguiendo las órdenes de la misiva, trata de ponerse en contacto con «medios *abertzales*».

Con el miedo en el cuerpo, da vueltas por todas partes. Recorre las calles Paneceau, Tonneliers, Cordeliers. Tras patearse el corazón de Le Petit Bayonne, junto al río Errobi, sin que nadie le dé razón de dónde se encuentran los «medios *abertzales*», se da una vuelta por el bar de Etxabe, Consolación, Kayetenia, el frontón Jai Alai de San Juan de Luz, la librería Mugalde, los círculos habituales de los vascos huidos a Francia.

Nadie «sabe» cómo ayudarle hasta que, por casualidad, un anciano le encamina a la sede de la revista *Enbata* (En lucha). Desde allí le remiten a la iglesia de Sokoa.

—Hable usted con el párroco. Él conoce a muchos vascos —le sugieren.

Nacido el 7 de marzo de 1915 en la pequeña población francesa de Ascain y comandante de la Resistencia francesa en la segunda guerra mundial, por lo que estuvo a punto de ser fusilado y le valió un largo cautiverio en Polonia, Pierre Larzabal le recibe en su recoleta iglesia.

El cura viste sotana negra, abotonada hasta el cuello, como los sacerdotes preconciliares, y se cubre con una chapela. Tras saludar al angustiado empresario y conocer de cerca su dificultad para hablar con ETA y la crisis económica por la que atraviesa su empresa, le consuela:

—Hijo mío, te comprendo perfectamente. Pero algo podrás pagar.

Destacado escritor en euskera, miembro de la Academia Vasca de la Lengua, fundador de *Enbata* y miembro de Anai Artea, la organización encargada de acoger a los terroristas huidos a Francia, Larzabal le organiza una cita con ETA. Y el empresario vasco acaba pagando religiosamente —nunca mejor dicho— el chantaje terrorista.

Así se descubre cuando en octubre de 1987 la policía asalta la cooperativa Sokoa, fundada por ETA para dar empleo a sus militantes y utilizarla como tapadera. Allí se encuentran los archivos de las finanzas de la banda armada y el nombre de Larzabal aparece 121 veces.

No da tiempo a meterle en la cárcel. El sacerdote etarra fallece en San Juan de Luz el 12 de enero de 1988 de una trombosis. Con él, muchos de los misterios del terrorismo se van a la tumba. El cura Larzabal, sin embargo, había creado escuela.

El 29 de marzo de 1990, la Gendarmería detiene al clérigo de Sara, Jean Michel Idiart, bajo la acusación de cobrar personalmente 250 millones de pesetas por el secuestro del industrial pamplonés Adolfo Villoslada.

Hermano de otro sacerdote ya conocido, Roger Idiart, el cura extorsionador ocultaba una pistola de 7,65 milímetros Parabellum. Y, además, varios recibos de ingresos de dinero en la Banca Inchauspe por un importe global de 250 millones.

Con estos datos queda demostrado que miembros de la Iglesia son los primeros en pasar el «cepillo» para ETA.

Fue una de esas guerras increíbles, como la del islote Perejil o el desembarco en la isla caribeña de Granada.[28] El 20 de diciembre de 1989, el ejército norteamericano invade Panamá para capturar al general Manuel Antonio Noriega, acusado de narcotráfico, y colocar en el poder al vencedor en las últimas elecciones, Guillermo Endara.

Ese día, el nuncio del Vaticano en Panamá, Sebastián Laboa, un vasco de Pasajes de San Juan (Guipúzcoa) de sesenta y cinco años, se encuentra en el Vaticano, donde piensa permanecer una semana antes de viajar a su pueblo natal para pasar las Navidades con sus hermanas.

Años atrás solía veranear en Pasajes pero, desde la muerte de sus padres, era el único período del año que pasan en familia. Por eso estaba ansioso por llegar, por el reencuentro anual con sus ancestros, cuando se enteró de la invasión de la República centroamericana. Y supo algo más: que en la nunciatura del Vaticano habían buscado refugio más de un centenar de personas, huyendo de los *marines* norteamericanos.

Uno de los que se acogió al derecho de asilo era el propio general Noriega, lo que complicaba las cosas, y cinco etarras, que residían en esa época en Panamá, tras haber sido deportados por el Gobierno español.

Formado en Roma, donde pasa 35 años como miembro de la curia vaticana, Laboa sabe lo que tiene que hacer. Inmediatamente toma un avión en el aeropuerto de Fiumicino, en Roma, y regresa a su puesto para ponerse al frente de la legación vaticana. La encuentra rodeada por alambradas de espino, vehículos de combate ligero y decenas de soldados en uniforme de combate, con sus armas listas para disparar.

Intuitivo y hábil como buen tratante de ganado,[29] su actuación revela que para él hay perseguidos de primera y de segunda.

---

28. Los hechos ocurren el 21 de octubre de 1983, para poner fin a un gobierno revolucionario apoyado por Cuba.
29. Según la descripción que de él ofrece Jon Idígoras.

Mientras entrega sin miramiento a decenas de colaboradores del general Noriega a las tropas invasoras, a los etarras los protege como a la niña de sus ojos.

—¿Y quiénes son éstos?

—Éstos son mis guardaespaldas, mis escoltas. Cuidan de mí para que no me pase nada —le dice al coronel encargado de negociar.[30]

Durante el tiempo que dura la invasión, a los terroristas les concede «estatus diplomático» y hasta les permite abandonar la nunciatura para recoger sus pertenencias. Nada menos que en su coche oficial, con la bandera diplomática del Estado Pontificio Vaticano. Reconducida la situación y restablecidas las libertades y las instituciones en la persona del depuesto presidente Endara, un día, el mayor Arístides Baldonedo les comunica a los etarras:[31]

—Tienen quince días para marcharse de aquí o los entregamos a España.

Como buen diplomático y mejor *abertzale*, Laboa remueve Roma con Santiago para impedir la deportación. Habla telefónicamente incluso con el comandante Fidel Castro para que conceda asilo a los terroristas en la isla del Caribe.

«Es cierto que algunos miembros de ETA vinieron a verme para que los ayude a establecerse en Cuba. Yo hice la gestión, pero no con el comandante Castro. La realicé a través del embajador de Cuba en Panamá», reconoce el nuncio en 1990 a uno de los autores del libro.[32]

Y es que mientras los gobiernos de Madrid y París deportan pistoleros a Sudamérica, desgraciadamente ilustrísimos representantes de la Iglesia forman una tela de araña para ampararlos, sin cuya generosa ayuda, y no precisamente para implorar su arrepentimiento, otro gallo hubiera cantado a los asesinos con las manos manchadas con la sangre de víctimas inocentes.

---

30. Agencia Central de Inteligencia de Estados Unidos.
31. El mismo coche en que meses antes ha paseado por la ciudad de Panamá a Jon Idígoras.
32. Ramón Tijeras y José Díaz Herrera, «Los curas protegen a ETA», *Tiempo*, 30 de julio de 1990.

El 4 de julio de 1990, poco antes de los Sanfermines, ETA lanza tres granadas anticarro contra la Comandancia de la Guardia Civil de Pamplona. Los artefactos alcanzan el edificio, y lo que puede ser una tragedia se salda con un solo muerto.

Ese día, como todos los martes, Luis Oregui, sacerdote dominico de cuarenta y siete años nacido en Vergara (Vizcaya) y párroco de la iglesia de Santiago de los Caballeros, en la República Dominicana, acude a visitar a Eugenio Etxebeste Arizcuren, máximo jefe de ETA, deportado en la isla.

«Con Antxon hablo de todo, pero especialmente de la teología de la muerte», cuenta el confesor. El etarra no se interesa en asuntos banales como los asesinatos de guardias y policías en el País Vasco, a muchos de los cuales contribuye a exterminar. «Le preocupa más la muerte de Dios en la tierra, el silencio de Dios en el pueblo», agrega el párroco. Un tema lógico en quienes llevan años especializados en mandar gente al cielo.

Oregui forma parte de la trama de influencias tejida por los prelados vascos en Latinoamérica para que los etarras extraditados a partir de 1983 no sufran la «persecución de la justicia». Cuando Antxon y sus cinco acompañantes llegan a Santo Domingo, intercede por ellos incluso ante los obispos Pepen Soliman y José Arnaiz, vizcaíno de sesenta y cuatro años.

De esta manera, la cúspide de la Iglesia local llega a entrevistarse con el presidente de la República, Joaquín Balaguer, y el general Manuel Antonio Lachapelli, jefe de la Dirección Nacional de Investigación (DNI), la policía secreta dominicana. Pretenden que el jefe terrorista, cuya vocación frustrada después de la de terrorista es cazar mariposas para matarlas a alfilerazos, es decir, la entomología, sea nombrado director de este departamento en el Museo de Ciencias Naturales.

Las autoridades le niegan el cargo con la excusa de que carece de documentación. Al poco tiempo, otros curas, José Luis Mesa, jesuita de origen cubano, José Hernando, palentino y superior de los dominicos, Domingo Armenta, sacerdote, y Martín Berasátegui, agustino de cuarenta y ocho años nacido en Yabar, al norte de Navarra, vuelven a la carga sin éxito.

Dispuestos a ayudar al prójimo, le prestan un televisor y le enseñan a manejar el nuevo ordenador, un Apple 2, con el que ha sustituido su viejo Comodore. Incluso Berasátegui le regaló una pantalla para que practique a dúo con Belén González Peñalba, por entonces ya su compañera sentimental.[33]

Apoyos no le faltan. Los obispos de Santo Domingo y los religiosos locales se convierten en los anfitriones de los padres del terrorista cuando viajan desde San Sebastián a visitarle a la isla. Acogen también a los abogados de ETA que viajan hasta allí para impedir que los asesinos vascos sean internados en prisiones comunes, y a los sacerdotes españoles Martín Orbe, ex rector del curso de euskera de la Universidad de Verano del País vasco, y Ciriaco Molinero, párroco de Llodio, vinculado entonces a Gestoras Pro Amnistía y a la coordinadora de curas vascos.[34]

En Venezuela, México, Ecuador y Uruguay, curas y monjas fueron el sostén de los terroristas deportados. Sacerdotes como Txomin Armendariz, cincuenta y cinco años, nacido en Escoriaza (Guipúzcoa), Carmelo Gorrotxategui, jesuita, y otros ex compañeros de sotana de Xabier Arzalluz que sería demasiado prolijo relatar.[35] Hasta el díscolo obispo José María Setién escribe cartas al obispo de Guayaquil, monseñor Etxebarría, cincuenta y nueve años, nacido en Zeanuri (Vizcaya), para que los diputados Jon Idígoras y Txomin Ziluaga puedan entrevistarse con los etarras confinados[36] en Ecuador y se les dispense un «trato especial», hecho que, en este caso, no consiguen de la firmeza del presidente León Febres Cordero.

Como se relata en otro capítulo, durante su estancia en Azpeitia acogió en su casa al más feroz pistolero de ETA. Por eso, en agosto de 1991, siendo párroco de la iglesia de Santo Cristo y arcipreste de Irún y Fuenterrabía, ETA vuelve a llamar a la puerta del párroco José Ramón Treviño.

33. Juan Manuel Soares, extrañado también en Santo Domingo, se queja de que Antxon tiene dos ordenadores y no se los deja tocar al resto de la comuna terrorista.
34. «Fuimos a llevarles un paquete porque nos cogía de paso», declaran a *Tiempo*.
35. Para ver más datos sobre el apoyo de curas y monjas en Ecuador consultar la obra *Regresar a Sara* del etarra Alfonso Etxegaray, Txalaparta, 2000.
36. Jon Idígoras, *El hijo de Juanita Gerrikabeitia*, Txalaparta, 1999.

Por esas fechas, la Guardia Civil desarticula al comando «Donosti» y dos de sus miembros, Ignacio Rekarte y Juan Ramón Rojo, pretende que los esconda. El arcipreste acepta, pero con una condición:

—Antes os tenéis que confesar de vuestros pecados —les dice.

Dicho y hecho. Los etarras pasan por el confesionario y Treviño, tras ocultarlos unos días, los traslada al otro lado de la frontera y los pone a salvo de la policía, con sus pistolas en la cintura y las mismas ansias de asesinar. Allí, con una carta del arcipreste, se presentan en casa de otro clérigo, François Garat, párroco de Expelete, secretario de la sociedad Anai Artea, el centro de acogida de los asesinos de ETA.[37]

Pero la policía francesa está al acecho. El 24 de febrero procede a detener a Garat junto al presbiterio, acompañado de uno de los etarras huidos. Acusado de «asociación con malhechores», acaba en la cárcel.

Antes de expiar sus culpas, Garat decide reconciliarse con la autoridad. De esta manera, José Ramón Treviño, cuarenta años, nacido en Éibar, arcipreste de Irún y Fuenterrabía, donde lleva nueve parroquias, no acude el 26 de marzo a oficiar su misa en la iglesia de Artin.

Ese día tiene que confesarse con la policía, que no le va a absolver de sus pecados de colaboración con banda armada tan fácilmente. Tras la detención, el PNV cumple con su papel de justificar cualquier hecho, delictivo o no, que contribuya a la no desaparición de ETA. «Lo que hizo Treviño fue una acción bienintencionada», declara Xabier Arzalluz.

El amor al prójimo, la ayuda al desvalido, el auxilio al que sufre persecución por la justicia es un manto con el que los curas llevan siglos encubriendo la extorsión, el asesinato y el crimen.

Al prelado de Gorriti, en Navarra, Juan María Arricibita Ansorena, le gustaba mucho el juego del Monopoly.[38]

---

37. Informe de los Renseignements Generaux que ordenaron su detención el 21 de enero de 1992.

38. Clásico juego de operaciones inmobiliarias inventado en Estados Unidos durante la Gran Depresión. Consiste en hacer grandes negocios y hacerse rico rápidamente moviendo fichas a través de un tablero y utilizando una serie de cartones para pagar.

Acusado en 1970 de colaborar en el secuestro del cónsul Beilh, candidato por Herri Batasuna al Senado en las primeras elecciones generales, Arricibita decide adecuar el juego a la «realidad social de la formación *abertzale* en la Comunidad Foral» y fabrica unos cartones muy especiales con inscripciones como éstas:

«Vete a la comisaría. Allí, la policía te quitará mil pesetas», «El banco le dará a ETA cinco mil pesetas. ETA lo agradece», «Ve a la calle de la Independencia. No hay que pagar nada», «Calle de los Gudaris. Tres mil pesetas», «Calle Txiki y Otaegui», «El primero que gane será de ETA», y otras frases por el estilo.

El juego puede parecer una apología del terrorismo a muchas personas, pero mientras se mantuviera en el ámbito familiar no hacía mal a nadie. Lo malo fue cuando el sesudo sacerdote decide convertir el juego en algo más.

El 2 de junio de 1983, a las cinco de la madrugada, agentes de la Guardia Civil despiertan al sacerdote y se lo llevan esposado a Pamplona, junto con los vecinos Domingo Balda y Felipe Abruza y el etarra Tomás Trifol Madrazo, natural de Ermua (Vizcaya).

Al día siguiente, el PNV local, defensor a ultranza, como siempre, del Estado de Derecho y decidido partidario de que los terroristas no campen por sus respetos, tilda la detención de «injusta y arbitraria», aprovecha para «descalificar el plan ZEN y pide la derogación de la Ley Antiterrorista».[39] Ni Herri Batasuna, en sus tiempos más duros, lo habría hecho mejor.

Pero los hechos, a veces, son tozudos. El párroco, según se pudo verificar más tarde, formaba parte de un comando de apoyo e infraestructura de ETA y prestaba su automóvil, un Citroën Diane-6, matrícula de San Sebastián SS-111 249, para trasladar explosivos y armamento de ETA desde Francia.

Según informa el diario *Pueblo*, el padre se había encargado de pedirles los coches a los dos vecinos del pueblo detenidos, quienes los denuncian como robados, para que ETA trasladase a Madrid los explosivos con los que se vuela en 1982 la central telefónica de la calle Ríos Rosas. Además había ocultado a los etarras José María Zaldúa Korta, Luis María Barandalla y Abel Fo-

---

39. *Navarra Hoy* y *La Gaceta del Norte*, 5 de junio de 1983

ruría poco antes de llevar a cabo un atentado en Pamplona.[40] Y todo por su afición a jugar al Monopoly etarra.

El detonante que sacudió en 2001 los muros del templo donde se guardan los diez mandamientos nacionalistas que justifican la *ortodoxia* terrorista es un libro titulado *La Iglesia frente al terrorismo de ETA*.[41]

El volumen, de 828 páginas, está prologado por el cardenal Antonio María Rouco, presidente de la Conferencia Episcopal Española, y recoge los textos de la Iglesia, desde la Santa Sede hasta los obispos diocesanos, pasando por la Conferencia Episcopal y las asambleas episcopales de las regiones y provincias eclesiásticas, sobre el terrorismo.

Se trata de una recopilación de la doctrina de la Iglesia en esta materia. Pero, entre tanto documento vacío y reiterativo, que apenas dice algo, se ha introducido el gusano de la *herejía* acerca de la «sacrosanta nación vasca» que lo justifica todo, incluido el asesinato.

La *blasfemia* o, mejor dicho, la *apostasía* se contiene en un texto de 34 folios que, bajo el título «La conciencia cristiana bajo el terrorismo de ETA», constituye el epílogo y lo verdaderamente interesante de la obra. Su autor no podía ser otro que el arzobispo *cismático* de Pamplona, monseñor Fernando Sebastián Aguilar. Sin pretender resumir su escrito, cuya lectura debería ser obligada a todos los vascos, el arzobispo *hereje* dice:

- ETA es una amenaza. La violencia, crueldad, imposición, menosprecio a la vida, desesperación y destrucción no es compatible con la sociedad actual.
- Durante años se disfrazó dentro del rechazo al franquismo y la defensa de las libertades. Quienes hoy acusan a la Iglesia de ser poco contundente con el terrorismo fueron entonces casi colaboradores con ETA.
- ETA se presenta como un movimiento de liberación del pueblo vasco. Esto le ha permitido contar con la indulgen-

---

40. *Pueblo*, jueves 9 de junio de 1983.
41. Biblioteca de Autores Cristianos, Madrid, 1991.

cia de muchas personas honestas que por sus sentimientos nacionalistas no la juzgan mal.
- Muchas familias tienen en ETA o en sus círculos parientes, amigos y paisanos. Saben que hacen mal, que la violencia no resuelve nada, pero a la hora de condenarlos prefieren la espera, retroceden ante el temor de ahondar el conflicto y son incapaces de formar bloque con los de fuera contra su gente.
- ETA está relacionada con una amplia corona de organizaciones políticas que actúan en la legalidad. Batasuna es una de ellas. Promueve los mismos fines [que la banda terrorista][42] con una unidad de dirección poco discutible.
- En un círculo más amplio desarrolla una influencia de tipo cultural en la sociedad, en colegios, escuelas públicas, fiestas y movimientos culturales. Aquí inculca en los jóvenes los postulados que sostienen los proyectos del abertzalismo radical y de la propia ETA.
- Sus mensajes son: no somos españoles, somos un pueblo ocupado, estamos sufriendo la injusticia histórica de no tener nuestro propio Estado, padecemos discriminación y persecución por ser vascos. Por tanto, tenemos que conseguir a toda costa nuestro propio Estado para poder ser nosotros mismos.
- Otros de sus mensajes dicen: la independencia es el único camino para hacer la revolución y construir el socialismo. ETA lucha a favor de la independencia de Euskal Herría y por la construcción de una sociedad socialista.
- ETA nace de la conjunción del marxismo con el nacionalismo radicalizado y frustrado de finales del franquismo, que ve la posibilidad de una ruptura institucional que lo conduzca a la independencia. [La suma] de Teología de la Liberación completa la fórmula y la hace atrayente a cristianos y clérigos.
- El nacionalismo radical no cree en la democracia española, sino en la del partido único, mesiánico, omnipotente. Democracia es para ETA la independencia de Euskal Herría.
- Los nacionalistas llaman a esta situación el «conflicto vasco». Según ellos, hay un conflicto original, el no reconoci-

---

42. Las acotaciones entre corchetes pertenecen a los autores.

miento de los derechos del pueblo vasco, perfectamente diferenciado, que ocupa un territorio injustamente ocupado por España y Francia, que niegan el derecho a organizarse en un Estado independiente.
- ¿Es un conflicto real o creado artificialmente por los nacionalistas? En realidad es «su» conflicto, ya que hay muchos vascos que viven perfectamente en España y compaginan sin dificultad su condición de vascos y españoles.
- Para los que viven en el mundo de ETA, la situación política y cultural en la que vive el pueblo vasco justifica las actividades terroristas.
- Otras muchas personas [el PNV y EA], aunque no dan legitimidad moral a los atentados y asesinatos, encuentran atenuantes y razones para transigir con los abusos de ETA, sin oponerse clara y decididamente.
- Quienes comparten las ideas nacionalistas e independentistas insisten en las injusticias objetivas que padece el pueblo vasco, en los abusos de las FOP, torturas y detenciones. El victimismo es la forma de justificar el terrorismo y constituye una técnica psicológica para hacer tolerables los crímenes de ETA.
- Sin embargo, no se puede afirmar que en la España actual se produzcan tales discriminaciones que justifiquen la insurrección armada y, mucho menos, los asesinatos indiscriminados y alevosos de ETA.
- La independencia del pueblo vasco no es una manera de pensar tan clara, tan fundada ni tan universal como para justificar una situación de opresión y grave injusticia. Nadie puede quitar la vida a los que no comparten sus ideas.
- En la actualidad no hay un pueblo homogéneamente vasco que ocupe un territorio definido. Los vascos están presentes en todo el territorio español y en lo que se llama País Vasco o Euskal Herría. Ha habido durante muchos siglos personas no vascas viviendo en paz y armonía con los vascos.
- Euskal Herría o el País Vasco no ha sido nunca una unidad política independiente, ni puede considerarse ocupado por otro pueblo, puesto que ha participado libremente en la historia general de España, desde la romanización.
- Hoy los vascos no están sometidos a ninguna injusticia ob-

jetiva ni padecen restricción de derechos y libertades que justifiquen la lucha armada.
- Actualmente está comúnmente admitido que el principio «un pueblo, un Estado» es fuente de discordias, divisiones y conflictos.
- ¿Qué pasaría con esa mitad de la población que se siente vasca y española y no quiere separarse de España? ¿Quién tiene el derecho a privarlos de la ciudadanía y territorio donde nacen sus antepasados? ¿Quién puede condenarlos a vivir en su tierra como extranjeros? ¿Cómo se puede suprimir de un golpe el patrimonio cultural, obra de siglos de vida en común ininterrumpida?
- Hoy no se puede invocar el diálogo ni la libre manifestación de la voluntad popular como medio de resolver el contencioso, porque mientras exista ETA no hay libertad para manifestarse.
- Los nacionalistas pueden decir lo que quieran porque saben que nadie los va a matar por ello. Los no nacionalistas, si dicen lo que sienten o votan libremente, si se significan en contra de ETA, se exponen a que se los mate.
- El vasco, en manos de los radicales, es un instrumento de difusión de ideas culturales y políticas. No basta aprenderlo, hay que «vivir» en vasco. Para muchos significa que uno no es español sino miembro de un pueblo oprimido y ocupado. Significa desarrollar la desconfianza hacia lo español y vincularse afectivamente a las instituciones liberacionistas. [El euskera], ciertas *ikastolas* y colegios son el principal instrumento de la revolución vasca.
- La primera obligación de los poderes públicos es garantizar el derecho a la vida, a la seguridad, a la libertad de expresión en igualdad de condiciones para todos [y no la construcción de una nación, como quieren el PNV y ETA].
- El 85 por ciento de los navarros se encuentra a gusto en la situación actual. No tienen dificultades para ser navarros y españoles. Pretender modificar la situación actual sin tener en cuenta su voluntad es impensable. Otra cosa sería la guerra. La inmensa mayoría de los ciudadanos no quieren romper su situación actual y, mucho menos, depender de Bilbao o Vitoria.

- La exaltación idolátrica de una raza, de un territorio, de un proyecto político, lleva en el germen la discriminación, la persecución, la guerra y la muerte. La Iglesia ha alertado siempre contra los racismos y los nacionalismos radicales. Hay que tener el valor de decirlo y prevenirlo a tiempo.

De escasa difusión, el libro *La Iglesia frente al terrorismo* llega al obispado de Bilbao en las Navidades de 2001 y una de las personas que tiene la curiosidad de hojearlo es el jesuita Joseba Segura, un cura con «hilo directo» con la dirección de ETA, como se cuenta en otra parte.

A medida que se adentra en el epílogo, Segura comienza a enrojecer de cólera. La tesis sostenida por el arzobispo Sebastián es una cuña de objetividad y seriedad en el bloque monolítico del mundo irreal y utópico construido en torno al nacionalismo.

Es la primera vez que un sacerdote se atreve a ir tan lejos, a acusar a PNV y ETA, sin citarlos, de estar promoviendo una guerra civil sobre bases erróneas y de aniquilar los derechos de la mitad de la población. De prosperar la *herejía*, no sólo abriría un cisma, sino que los sagrados muros del nacionalismo vasco, alimentado artificialmente durante décadas, se cuartearían y caerían hechos mil pedazos.

Lo más grave, sin embargo, es que los 34 folios del arzobispo de Pamplona se presentan en un volumen que recoge la doctrina oficial de la Santa Sede sobre el terrorismo y el exacerbado nacionalismo del PNV.

Joseba Segura fue «enlace» con el mundo de ETA del obispo de San Sebastián, Luis María Uriarte, el mediador en el encuentro de Zurich entre la banda terrorista y el Gobierno en mayo de 1999. Los dos, junto al obispo dimisionario de San Sebastián, José María Setién, están de acuerdo en que no hay más remedio que presentar batalla al documento de monseñor Fernando Sebastián.

Tras varios meses de preparación y discusión en las tres diócesis, el viernes 31 de mayo de 2002, bajo el título «Preparar la paz», los obispos del País Vasco sacaban a la luz una carta pastoral conjunta. La guerra entre obispos constitucionalistas y nacionalistas saltaba a los medios de comunicación y venía a añadir un elemento de apoyo más a ETA en un debate político en el que la Iglesia vasca, con la caridad cristiana que la caracteriza, se ha puesto siempre del lado de los verdugos y en contra de las víctimas.

El 3 de marzo de 1976, cuatro mil obreros se encierran en la iglesia de San Francisco de Asís del barrio Zaramaga de Vitoria. A las cinco y diez de la tarde, la policía desaloja el centro religioso con el resultado de varios muertos y sesenta heridos.[43]

Aquélla fue una de las páginas más luctuosas de la democracia. Al día siguiente se celebra un funeral por los muertos. Durante la ceremonia se lee una homilía suscrita por los obispos vascos.

> No es lícito matar; no es lícito matar así. Lo dijo Dios: «¡No matarás!» Y esta palabra, palabra sagrada de nuestro Dios, ha sido cruelmente profanada en las muertes absurdas de estos cuatro hermanos nuestros.
>
> Las muertes que hoy angustiosamente nos conmueven son injustificadas y han de ser entendidas como verdaderos homicidios. No existe ninguna excusa y nadie, nadie podrá encontrarles jamás justificación. Esas muertes están reclamando justicia y el castigo para sus autores.

Veintiséis años más tarde, los pastores de la Iglesia vasca que reclaman «justicia» y «castigo» para los autores de un desalojo por la fuerza apelando al Quinto Mandamiento parecen haber olvidado que matar es malo cuando lo hace la Policía Nacional en una acción desproporcionada. Bastante peor cuando los que asesinan cobardemente y por la espalda a seres inocentes y niños son los pistoleros de ETA.

Los obispos de Bilbao, San Sebastián y Vitoria parecían haberlo olvidado el viernes 31 de mayo de 2002. Los curas vascos, que niegan la misa a las víctimas del terrorismo, pusilánimes al

---

43. Entre otros Pedro María Martínez Ocio, Romualdo Barroso Chaparro y Francisco Aznar Clemente.

condenar a los verdugos, sectarios al negarse a apoyar el Pacto por las Libertades y Contra el Terrorismo, suscrito por PP y PSOE, «porque eso es entrar en política», no tienen escrúpulos en sembrar la duda sobre violación de los derechos humanos de los asesinos y pedir que se los acerque a cárceles vascas.

En 1998, cuando PNV, EA y HB forman un frente nacionalista con el objetivo declarado de marginar a los partidos no nacionalistas, los obispos guardan silencio. Ahora, cuando se trata de ilegalizar el partido de los que asesinan, plantean que no se tome esa medida «sean cuales fueren los vínculos [de Batasuna] con ETA».

Y es que para los obispos de Bilbao, Ricardo Blázquez y Carmelo Etxenagustia (auxiliar); de San Sebastián, Luis María Uriarte, y de Vitoria, Miguel Asurmendi, es posible equiparar a víctimas y verdugos, repartir culpas por igual entre asesinos y responsables políticos sin que la sociedad se sienta ultrajada, zaherida, discriminada y maltratada por los pastores de una Iglesia que pretende ser universal y velar por la dignidad humana. He aquí un extracto del documento:

- Nuestra sociedad anhela la paz y sufre por no tenerla. La Iglesia comparte tal anhelo y aboga por la comunicación entre los diversos grupos políticos. El diálogo es la avenida que conduce a la plaza mayor de la paz.
- La durísima violencia de ETA no ofrece visos de cancelarse. ETA debe desaparecer, con toda su constelación de violencia, porque viola gravemente el derecho a la vida, a la integridad física y a la seguridad personal.
- El terrorismo de ETA es negativo. Dicha valoración afecta a aquellas personas que colaboran con las acciones terroristas, las encubren o defienden.
- Dentro del espectro de las víctimas de ETA, son los concejales del PP y PSOE quienes se encuentran en su punto de mira. Atentar contra un concejal por defender una opción política es asestar un rudo golpe a la democracia.
- La injusticia, la inutilidad y el peligro del terrorismo y su rechazo social son más intensos en el mundo a partir del 11 de septiembre. La sociedad tiene el derecho a defenderse frente al azote terrorista. En esta defensa ha de utilizar medios a la vez moralmente lícitos y políticamente correctos.

- Ni siquiera los mayores malhechores pueden ser objeto de malos tratos ni de tortura. Legisladores, gobernantes, jueces y Fuerzas de Seguridad han de mantener en este punto un cuidado diligente. Resulta preocupante escuchar voces autorizadas que aseguran que no siempre se respetan estos límites.
- La pacificación de este país entraña la desaparición de ETA. Pero los problemas que es preciso resolver para alcanzar la paz no terminan ahí, sino que es preciso enfocar correctamente otra realidad que viene de lejos: la coexistencia de identidades nacionales contrapuestas y a veces conflictivas.
- Es preciso gestionar la pluralidad de identidades contrapuestas para no convertirla en guerra de identidades. Algunas decisiones de gobierno y declaraciones de políticos favorecen más la radicalización que la concertación.
- Las fórmulas políticas que el pueblo ha aprobado deben constituir el eje vertebrador de la convivencia. Si el valor superior de la paz postula que revisemos el modelo para aceptar otro [hemos de hacerlo].
- Nadie ha de subestimar las señas peculiares de este país, como son la lengua y la cultura, ni alimentar la sospecha de que la connivencia con el terrorismo anida al menos de manera latente en el corazón de un nacionalista.
- El Gobierno español ha propuesto la reforma de la Ley de Partidos para ilegalizar a Batasuna. Las razones que aduce para justificar esta medida son fundamentalmente que no es justo que un partido vinculado a ETA goce de la cobertura de la ley y que su ilegalización debilitará a ETA.
- Nos preocupa las consecuencias sombrías que prevemos. Sean cuales fueren las relaciones existentes entre Batasuna y ETA, deben ser evitadas.
- Optar por la paz significa no manipularla, poniéndola al servicio de otros intereses. Nadie debe jugar con la paz ofreciéndola a cambio de un determinado modelo de país.
- Optar por la paz lleva consigo ofrecer signos de distensión. Una política penitenciaria que permitiera a los presos cumplir su condena más cerca de sus lugares de origen entrañaría un gesto de humanidad, sobre todo para sus padres y familiares.

- La Iglesia puede y debe contribuir a sostener esta esperanza histórica porque ha recibido del Espíritu Santo un sedimento inagotable de esperanza escatológica que es capaz de encender las auténticas esperanzas históricas.

He aquí, desde nuestro convencimiento, algunos presupuestos fundamentales y las condiciones que con espíritu sincero tenemos que buscar entre todos para la justa y pacífica coexistencia en Euskal Herría:

1. Es un derecho inalienable el que ampara a nuestro pueblo acerca de la configuración de su presente y su futuro. Aunque seamos un pueblo o país pequeño tanto en la dimensión territorial como en el número de habitantes, nos pertenecen los mismos derechos que a los grandes para poder salvaguardar, fortalecer, legar y perpetuar eficazmente nuestra peculiar identidad.

2. No es justo que en nombre de un patriotismo foráneo se nos prohíba o se quiera ahogar los equivalentes sentimientos patrióticos que tenemos para nuestro pueblo.

3. Es de justicia el cumplir cuanto antes el tema de las transferencias pendientes y aprobadas para con el Estatuto de Gernika

4. Cúmplanse las leyes aprobadas en el tema de los presos.

5. Es conforme a la razón y a la justicia el que todos los habitantes de Euskadi acepten y desarrollen las peculiaridades idiosincrásicas que los configuran como tal pueblo.

6. Afirmamos que lo hasta ahora expuesto dentro del respeto a todos los derechos humanos y contemplando como el primero de todos el derecho a la vida queremos objetivarlo desde una justicia pacífica y desde una justa paz.

7. Proponemos y ratificamos que a lo largo y ancho de este proceso pacificador renunciamos al uso de cualquier tipo de violencia. Nuestra fuerza debe radicar en la verdad y en el vivo deseo de un diálogo respetuoso.

El texto que antecede no es un manifiesto suscrito por PNV-EA y ETA. Constituye una «pastoral» conjunta elaborada y leída desde el púlpito el 12 de diciembre de 1999 por los curas del valle de Arratia, que engloba las parroquias de los municipios vizcaínos de Bedia, Artea, Dima, Igorre, Lemona, Areatza y Zeanuri. El título del panfleto episcopal fue: «Buscando las raíces de los conflictos en Euskal Herría.»

En el municipio de Bedia, el encargado de encaramarse al punto desde donde se dice que el Espíritu Santo ilumina las preclaras mentes de los sacerdotes fue el cura Kepa Aguirre. En medio del sermón, en el que no hubo la más mínima mención a las víctimas de ETA «porque hubiera necesitado el doble de extensión para ello», pone el siguiente ejemplo:

Un día, una señora que venía de fuera, que no había nacido en el País Vasco, le preguntó a quién tenía que votar.

Le respondió que no podía orientarla, que debía hacerlo en conciencia.

—¡Como dicen que nos van a echar de aquí! —comenta.

—De aquí no se echa a nadie. A ustedes sólo los han echado de sus pueblos para que vengan aquí a comer la sopa caliente —le responde el cura.

«Comunicado de ETA al pueblo vasco:

»La organización Socialista Revolucionaria Vasca de Liberación Nacional reivindica la acción llevada a cabo contra Tomás Sulibarría *Tomy* por su calidad de miembro de a sueldo de los servicios de seguridad españoles.

»Tomás Sulibarría fue detenido por la policía española en el año 1975. Inmediatamente de puesto en libertad inicia su colaboración con ella. El objetivo de su labor sería infiltrarse en ETA al igual que antes lo hicieran «El Lobo», «Coco-liso» y «el Bor».[44]

»Participa activamente en la creación de la Gestora pro amnistía de Santurce (Vizcaya). Después en las mesas de reagrupación de EIA para más tarde ingresar en dicho partido. En él militaría durante un breve periodo de tiempo para abandonarlo en

---

44. Mikel Lejarza, El Lobo fue un topo que llegó a la dirección de ETA y provocó las caídas de 1974 y 1975 en Barcelona y Madrid. Cocoliso, vinculado a Fuerza Nueva, logró también la captura de varios comandos.

vísperas de las elecciones generales, ante las cuales defiende la postura abstencionista misma.

»Inmediatamente ingresará en ETA, de modo inmediato, asumiendo el control de actividades cercanas a la dirección que poco después eran conocidas por la policía y dieron lugar a la caída de dos comandos.

»En consecuencia, tras un juicio sumarísimo que reconoció su traición al pueblo vasco, decidimos darle un escarmiento como a los traidores y en el día de ayer uno de nuestros comandos se encargó de ejecutarle.— Euskadi, 31 de agosto de 1978.»

Olabarría, en contra de lo que asegura la banda armada en su comunicado no muere en ese acto. Tras pasar ocho meses en un hospital se restablece de sus heridas pero no se marcha del País Vasco ni toma precauciones. El 3 de junio de 1980 un nuevo comando terrorista prepara una emboscada en contra suya y le asesina en Bilbao. Lo que no se había contado hasta ahora es que la persona que facilitó la última información para «cazar» a Olabarría fue un cura.

El viernes 17 de mayo de 1985, a la ocho de la tarde, cuatro hombres y una mujer acuden a la parada de Lamera, en Bermeo (Vizcaya). En ese momento hay tres taxis estacionados buscando clientes.

Los individuos esperan a que los dos primeros vehículos de alquiler salgan de servicio. Cuando le toca el turno a Juan José Uriarte Orúe, treinta y nueve años, casado y con cuatro hijos, se suben al taxi Peugeot 504, matrícula BI-5192-V, y le piden que los traslade a San Juan de Gaztelugatxe.

Al llegar a la zona, a doscientos metros de la carretera Bermeo-Bakio, indican al conductor que tome una pista forestal, sin asfaltar, y continúe por ella. Unos metros más adelante, los ocupantes, pistola en mano, le mandan detenerse y parar el motor.

Tras bajarse del automóvil, le sacan a rastras, lo llevan en volandas unos seis metros, le obligan a arrodillarse y a agachar la cabeza. En esa posición, uno de los pistoleros le dispara por la espalda alcanzándole la columna vertebral y glúteo derecho. Un segundo matón desenfunda su arma y con una sangre fría escalofriante le remata en el suelo.

Media hora después, un individuo llama a la Asociación de Ayuda en Carretera de Bilbao. Con la mayor naturalidad del mundo anuncia:

—Hemos dejado tieso a un chivato en la carretera Bermeo-Bakio.

Son las ocho y media de la tarde. Cinco horas después, en la madrugada del 18, la Guardia Civil encuentra el cadáver de Juan José Uriarte, primo del obispo Luis María Uriarte.[45] Años más tarde, en 1997 y 1998, el vicario de Cristo en la tierra se convertía en portavoz de ETA.

En septiembre de 1979 un grupo de la kale borroka lanza dieciséis cócteles molotov contra la vivienda particular de una ertzaina situada en la comarca del Goyerri (Guipúzcoa).

Ante una agresión tan desproporcionada, la agente sale al patio, echa mano de la pistola y dispersa a sus agresores efectuando varios tiros al aire. Al mismo tiempo, la mujer-policía llama al cuartel de la Ertzaintza que detiene a Idoya y Ekain Menzizabal Múgica, a Andrés Geresta y a Idoya Garmendia Imaz.

Como los dos primeros son menores de edad pasan a los tribunales de menores pero Ekain Mendizabal (posteriormente huida a Francia) y Andrés Geresta aportan la información suficiente que permiten desarticular las tramas de la violencia callejera en la comarca.

A comienzos del año 2001, los responsables de dirigir la cale borroka son sentados en el banquillo en la Audiencia Nacional. Paralelamente, el fiscal Enrique Molina, que ejerce la acusación pública contra un grupo que ha estado a punto de quemar viva a una mujer con sus hijos en un caserío reciben una carta del Obispo de San Sebastián, monseñor Juan María Uriarte, en la que le pide «caridad cristiana» y «comprensión» para los alevines de asesinos. «No dejo de rogar para que Dios le ilumine en su delicada misión», se despide el hombre de Dios en la tierra del fiscal.

---

45. «Nunca ha sido chivato ni traficante. Estaba contra todo tipo de violencia y era un hombre que siempre daba la cara abiertamente ante cualquier asunto delictivo. Nunca tuvo que ocultarse de nada ni de nadie. Lo que han cometido es un asesinato brutal», declaran sus compañeros al diario *El Correo*, domingo 19 de mayo de 1985.

CAPÍTULO X
La Ertzaintza, entre el PNV y ETA

El dirigente radical del PNV Elías Gallastegui, Gudari, lo escribió en 1933. «España concederá algún día una amplia autonomía a Galicia, Cataluña y a Euskadi. Los "unionistas" formarán entonces el ejército vasco de "regulares" armado por España (y la policía autónoma), con los que combatirán a sangre y fuego a los "rebeldes separatistas vascos". Llegado ese momento, ¡nuestros compatriotas! nos fusilarán.» Esa duda metódica, la de intervenir contra los de su propia sangre por muy asesinos que sean, corroe a la dirección política de la Ertzaintza, la policía autónoma vasca, la atenaza y bloquea todas sus decisiones. Una policía pagada por todos los españoles es incapaz de enfrentarse a ETA, firma treguas de no agresión con los terroristas, protege los encuentros secretos entre PNV y ETA para que no puedan ser filmados por el Centro Nacional de Inteligencia (antiguo Cesid), tiene prohibido poner «palos en las ruedas» del entendimiento entre los llamados nacionalistas moderados y sus «hermanos» los radicales de las pistolas y cada vez que se encuentra con un comando mira hacia otra parte. La Ertzaintza es la única policía del mundo que paga un Estado (España) y está a favor de sus enemigos.

El 13 de octubre de 1997, a las siete de la mañana, José María Aguirre, miembro de la Ertzaintza, se despide de su mujer y de su hija de nueve años en la localidad vizcaína de Zalla. A esas horas, ignora que la muerte ronda a su alrededor.

Militante del PNV y afiliado al sindicato ELA, Aguirre es una de las personas de confianza de los dirigentes del partido. Por eso, aquel día le mandan a vigilar el Museo Guggenheim, un edificio vanguardista construido junto a la ría de Bilbao mediante una aleación de aluminio endurecido y titanio, para albergar la que pretende ser la primera pinacoteca del País Vasco.

Cinco días después está prevista su inauguración con la asistencia de los Reyes de España, la cantante Bianca Jagger, la princesa Lee Bouvier, el director de cine Sidney Pollack, la viuda del presidente francés George Pompidou, el *lehendakari* José Antonio Ardanza y la ministra de Cultura, Esperanza Aguirre. El PNV, obviamente, no quiere sobresaltos.

Mientras se ultiman los preparativos para la ceremonia, Aguirre y otros veinte agentes han sido encargados de la seguridad del edificio. Deben evitar que, aprovechando el desconcierto de los últimos momentos, ETA introduzca en el edificio armas o explosivos con los que llevar a cabo una masacre.

Era, precisamente, lo que había pensado el grupo terrorista. Pasadas las tres de la tarde, el policía observa cómo tres individuos vestidos con monos verdes aparcan una furgoneta frente a la puerta del museo. Instantes después empiezan a sacar unos inmensos maceteros con flores que pretenden introducir en la pinacoteca.

Aguirre sospecha de los «floristas». Sin tomar precauciones, procede a identificarlos. Es su última misión. Uno de los ocupantes de la furgoneta, Eneko Gogeaskoetxea, miembro de un comando de ETA, saca una pistola y le descerraja un tiro por la espalda. Tras veintisiete horas de agonía, el ertzaina fallece en el hospital de Cruces.[1]

Era la cuarta vez que ETA asesinaba a un policía afiliado al sindicato ELA. La muerte causa una profunda consternación entre los dirigentes de la policía autónoma vasca pero especialmente en el sindicato nacionalista, del que se dan de baja cerca de mil ertzainas y centenares de parientes de éstos, que trabajan en otros gremios, en solidaridad con los policías.[2]

Decididos a poner coto a la sangría de sus miembros, los representantes del sindicato ELA de la policía vasca no piden más medios ni mejores medidas de autoprotección a los mandos del colectivo. Atacan el problema de raíz, es decir, se trasladan al sur de Francia, se reúnen con Mikel *Antza*, jefe de ETA, y negocian una especie de armisticio con los terroristas.

De esta manera, la policía autónoma vasca se compromete a no actuar contra los pistoleros y los responsables del «ejército de liberación nacional vasco, heredero de los «heroicos *gudaris* de 1936» dejará de considerar a la Ertzaintza como una policía cipaya.

---

1. Los tres miembros del comando fueron identificados como Kepa Arrunategui, Eneko Gogeaskoetxea e Izaskum Urionaberrenechea.
2. LAB, que era el sindicato mayoritario en la Ertzaintza, obtiene en 1998 el 36 % de los votos mientras ERNE se hace con la mayoría absoluta y CC. OO. con el 12 %.

El pacto entre pistoleros y forajidos, entre defensores de la ley y pistoleros asesinos, por increíble que parezca, estuvo vigente ocho meses hasta que inevitablemente se produjo un encontronazo entre la policía autónoma y ETA. Ocurrió el 5 de junio de 1998, fecha en que la Ertzaintza intentaba detener en Gernika al comando «Vizcaya» de ETA.

La operación acabó en enfrentamiento y los agentes que estaban a su frente, ajenos al pacto firmado entre ELA y ETA,[3] dispararon contra la terrorista Inazia Zeberio Arruabarrena, en el momento en que se negó a rendirse e hizo uso de sus armas de fuego.

El asunto iba a tener esa tarde-noche otras derivaciones en las relaciones entre PNV y HB. Pero comencemos por el principio.

En la calle María López de Haro, esquina con Gran Vía de Bilbao, hay dos edificios de regulares proporciones. En uno de ellos, el de la izquierda, existía hacía unos años el bingo Kaiku. En 2002 se halla emplazada allí la sede de la policía científica y criminal de la Ertzaintza.

El edificio de enfrente, ocupado en la década de los setenta por una naviera, ha sufrido una remodelación similar. Varias cámaras de televisión vigilan el entorno y los antiguas vidrieras han sido sustituidas por cristales antibalas, ahumados, para impedir la visión desde el exterior.

En este segundo edificio se encuentra la unidad de inteligencia y análisis, la de tecnología, eufemismo con el que se conoce a los especialistas en realizar chapuzas,[4] y los expertos en seguimientos, vigilancia y contravigilancia de la Ertzaintza y algunos grupos de los antiguos HVCS (unidades de especialistas, adjuntos al viceconsejero de Seguridad).

El inmueble es el verdadero corazón de la policía autónoma, hasta el punto de que, poco después de su entrada en funciona-

---

3. El acuerdo entre ETA y LAB fue tan secreto que no se comunicó al resto de los sindicatos policiales, especialmente a ERNE, que representa a más del sesenta por ciento de los agentes.
4. Abrir clandestinamente puertas, coches, controlar la correspondencia y las transmisiones por Internet, colocar sistemas electrónicos de seguimiento, pinchar teléfonos, colocar micrófonos y cámaras ocultas, detectar observaciones ilegales, vigilancias y contravigilancias.

miento, se detectó la presencia de miembros de ETA realizando vigilancias por las inmediaciones. Al ser descubiertos, los terroristas desaparecieron,[5] pero poco después, a poco más de cien metros del edificio, en la misma calle, se instaló un bar, especie de *herriko* taberna camuflada, desde donde todo el mundo sabe que se espían los movimientos de los agentes de información de la policía del PNV, al estilo de las películas de espionaje de la guerra fría.

El jefe de todo este aparato de información está controlado políticamente por un ex abogado, Ignacio Ormaetxea, persona de confianza de Gorka Aguirre, el hombre en la sombra de los servicios secretos del PNV y el encargado de contactar con ETA en el sur de Francia.

El 8 de junio de 1998, por la mañana, en el despacho de Ormaetxea se recibe una llamada del partido. Esa tarde, sus dirigentes van a celebrar una reunión secreta con Herri Batasuna para ultimar los detalles de lo que sería el «Pacto de Estella» y se reclama la presencia de la unidad de servicios técnicos de la Ertzaintza para que limpien el lugar de micrófonos y escuchas ilegales, y la participación de los grupos de vigilancia y contravigilancia para detectar posibles seguimientos, vehículos camuflados o puestos de observación clandestinos.

Tras la decisión del presidente del Gobierno, José María Aznar, de no llevar a la práctica el «plan Ardantza»,[6] al no existir condiciones objetivas ni subjetivas para un abandono de las armas por parte de ETA, y después del asesinato del concejal del PP de Ermua Miguel Ángel Blanco, Xabier Arzalluz y Joseba Eguibar,[7] presentes en el encuentro con el jefe del Ejecutivo en la Moncloa, han decidido por su cuenta y riesgo iniciar conversaciones con Herri Batasuna, previas a entablar negociaciones con los pistoleros de ETA, autores de más de 850 asesinatos.

5. El descubrimiento obligó a cambiar los coches camuflados de la Ertzaintza, que se dejaban aparcados en las inmediaciones sin ningún tipo de vigilancia.
6. Plan de pacificación elaborado por el presidente del Gobierno Vasco José Antonio Ardanza, pocos meses antes de que Xabier Arzalluz decidiera sustituirle por Ibarretxe al frente de la *lehendakaritza*.
7. «El Gobierno no se va a lanzar a la piscina [a negociar] porque creemos que la piscina está vacía», dijo Aznar en aquel encuentro. «Pues si está vacía, nosotros nos encargamos de llenársela», replicó Arzalluz. *Arzalluz, la dictadura del miedo*, de los mismos autores, Planeta, 2001.

Para evitar intromisiones de los servicios de inteligencia españoles, y en especial del Cesid, su «bestia negra», el propio Arzalluz había recomendado a la dirección de su partido que un grupo de confianza de la Ertzaintza protegiera los encuentros entre los representantes de la trama civil de ETA y la embajada del Partido Nacionalista.

De esta manera, la élite de la policía vasca se encarga de encubrir, proteger y ocultar los encuentros secretos entre los que apoyan al terrorismo y los que lo toleran. Pero ese 8 de junio de 1998, cuando las dos partes están ya en la «recta final», se va a producir un hecho inesperado que está a punto de dar al traste con las negociaciones: la muerte de la etarra Inazia Ceberio.

Los miembros de HB y el PNV llevan más de tres horas reunidos, han ordenado que no se los moleste ni se les pasen llamadas, pero sobre las diez de la noche alguien llama insistentemente a la puerta.

—Josu, es un asunto grave. ¿Puedes salir un momento?

José Antonio Urrutikoetxea Bengoetxea, *Josu Ternera*, pidió permiso para ausentarse un segundo, se acercó a la puerta y allí mismo le dijeron:

—Han matado a Ina. Ha sido la Ertzaintza.

La noticia cae como una bomba entre los contertulios. La embajada de HB pide un receso para informarse mejor, hablar con la Mesa Nacional de Herri Batasuna y estudiar qué actitud adoptar. Pálidos, nerviosos, desencajados, vuelven a la sala de reuniones media hora después:

—La emboscada de la Ertzaintza y el asesinato de Ina es un hecho intolerable, inadmisible para la izquierda *abertzale* —protesta *Josu Ternera*.

—No ha sido un asesinato, sino un enfrentamiento.

—Llámalo como quieras. El hecho cierto es que rompe cualquier posibilidad de entendimiento entre *abertzales* —insiste airado el ex jefe de ETA.

—También vosotros habéis asesinado, por la espalda, sin darle la más mínima posibilidad de defenderse, a gente nuestra —replica Joseba Eguibar, que tiene aún fresca en la memoria la muerte de su amigo el jefe de información de la Ertzaintza de San Sebastián, Montxo Doral.

Durante cerca de una hora, los representantes de ambos grupos se dedican a tirarse mutuamente los trastos a la cabeza y a acusarse de poner en peligro las conquistas políticas conseguidas en el País Vasco.

Los representantes de HB siguen decididos a abandonar la mesa. Sin embargo, tras una consulta con ETA, aquella misma noche deciden continuar adelante.

—Pero, antes, el PNV debe comprometerse a pedir disculpas públicamente por este asesinato —advierten.

Días más tarde, Xabier Arzalluz en persona da las gracias a los representantes de la trama civil de ETA por la serenidad con la que aceptan la muerte de uno de sus pistoleros. «Tengo que elogiar la actitud de HB de no romper las conversaciones con el PNV pese a la desarticulación del comando "Vizcaya" y la desgraciada muerte de la etarra Ceberio», dice textualmente el presidente del PNV.[8]

En un país anestesiado por la violencia, la insólita «felicitación» del máximo representante del primer partido político del País Vasco a unos asesinos pasó desapercibida. La banda terrorista, sin embargo, no estaba dispuesta a olvidar tan fácilmente.

Como «no hay crimen sin castigo», un mes después, en represalia, ETA asesina mediante un artefacto explosivo al concejal del Partido Popular en Rentería (Guipúzcoa) José Antonio Zamarreño. El edil popular, que acababa de tomar posesión de su cargo y aún no había cobrado su primer sueldo de 25 000 pesetas, según el cinismo habitual de la banda armada era uno de los «responsables del conflicto» que vive el País Vasco y, por lo tanto, culpable indirecto de la muerte de Inazia Ceberio. Los miembros de la Ertzaintza, autores materiales de la muerte, también iban a tener su «merecido».

A mediados de julio, la banda terrorista hace público un comunicado de poco más de un folio. Esencialmente, dice:

---

8. *El Mundo*, 22 de junio de 1998.

En noviembre de 1997, Euskadi Ta Askatasuna, además de hacer pública su intención de detener las acciones en el frente de las cárceles, adoptó también otra decisión. Precisamente, la de poner en marcha una tregua de las acciones selectivas contra los cipayos [Ertzaintza], que consideramos fuerzas de ocupación españolas. Esta tregua, siendo una declaración de intenciones, no se hizo pública pero, en la confusión producida por la decisión de ELA de suspender las protestas contra el encarcelamiento de la Mesa Nacional de Herri Batasuna, con la excusa de la acción realizada contra un concejal del PP,[9] se dio información concreta de esta noticia a ELA.

La tregua [con la Ertzaintza] abrió un período de observación. Desde entonces no han sido pocas las acciones que han realizado los cipayos contra los intereses del País Vasco y contra el pueblo vasco. Con sus actuaciones han producido confusión y pérdida del rumbo entre los que quieren avanzar en la vía de la construcción nacional. [...] La acción contra ETA en Gernika que acabó con el «fusilamiento» de «Ina» y teniendo en cuenta la nula efectividad de los acuerdos, ETA ha decidido suspender la tregua de las acciones selectivas contra los cipayos que estaba en vigor desde noviembre.

De esta manera, muchos españoles se enteraron de algo increíble en un país civilizado, una de las diez primeras potencias industriales del mundo. La policía autónoma vasca, pagada con dinero de todos los españoles[10] para que cumpla funciones de policía integral, había pactado una tregua con una banda terrorista que llevaba treinta años secuestrando, extorsionando y asesinando a personas inocentes y a los que tenía la obligación de perseguir, detener y poner a disposición de la justicia.

El acuerdo en sí entre ELA y ETA es tan disparatado como si al FBI o a la CIA se le ocurriera pactar con Bin Laden o Al Qaeda un pacto de no agresión que dejara las manos libres a la red internacional terrorista islámica para seguir lanzando aviones contra los edificios del mundo civilizado o los Carabinieri italianos

---

9. José Luis Caso, concejal del PP en Rentería (Guipúzcoa) asesinado el 11 de diciembre de 1997 en un bar de Irún.
10. Cuesta 70 000 millones de pesetas al año, que se deducen del cupo.

negociaran con la mafia o la Camorra cerrar los ojos ante el crimen organizado a cambio de que no se asesinaran a sus agentes.

El hecho, además de incurrir en un delito tipificado en el Código Penal como colaboración con banda armada, penalizado con hasta diez años de cárcel,[11] tendría consecuencias nefastas para los colectivos no nacionalistas.

Así, mientras la Ertzaintza vive al resguardo de la violencia de ETA, la banda terrorista provoca la mayor escalada de asesinatos contra el Partido Popular. En Irún y Zarauz asesinan a los concejales José Luis Caso y José Ignacio Iruretagoyena; en Sevilla, al edil popular Alberto Jiménez Becerril y a su mujer, Ascensión García Ortiz; al portavoz de UPN en el Ayuntamiento de Pamplona Tomás Caballero Pastor, al subteniente de la Guardia Civil Alfonso Parada y al concejal popular por Rentería José Manuel Zamarreño.

La Ertzaintza, la policía autónoma vasca, como las *ikastolas*, la televisión autonómica y otras muchas de las instituciones del País Vasco, había tenido un nacimiento ilegal y bastante accidentado.

El domingo 13 de julio de 1980, todas las emisoras de radio y cadenas de televisión abren sus informativos con una grave noticia, la muerte de dos guardias civiles en Orio (Guipúzcoa) en un enfrentamiento con un comando de ETA, en el que se utilizan granadas de mano y en el que fallecen también dos terroristas.[12]

La información impide que se divulgue en toda su magnitud otra noticia que ese día publica en primera página el diario *El Correo* de Bilbao. Según el rotativo, un grupo de entre veinticinco y cincuenta jóvenes, seleccionados a dedo por la Consejería de Interior del Gobierno Vasco, estaban entrenándose clandestinamente en la finca Berrotzi, situada en el alto de Azazeta, en la carretera de Vitoria a Estella (Navarra), a unos veinte kilómetros de la capital alavesa, para constituir lo que sería el primer embrión de la policía autónoma vasca.

Los futuros agentes, elegidos en los *batzokis* del PNV, entre la

---

11. Artículo 576 del Código Penal.
12. Se trata de los agentes Antonio Gómez Ramos y Aurelio Navío Navío, y de los etarras Carlos Lucio e Iñaki Gabirondo.

gente de confianza del partido, llevaban varios días viviendo entre cabras, establos, sacos de pienso, árboles frutales y, junto a los habituales entrenamientos de defensa personal, hacían todos los días ejercicios de fuego real con armas adquiridas ilegalmente. Las personas encargadas de su preparación física y policial, ex agentes del Mossad y de los servicios secretos británicos, pertenecientes a dos potencias extranjeras, habían entrado en España para impartir instrucción policial y militar sin conocimiento del Gobierno.

De esta manera, la primera y única promoción de ertzainas salida de las campas de Berrozi, la policía encargada de cumplir y hacer cumplir las leyes, inició su aprendizaje vulnerando el Código Penal por posesión y uso ilegal de armas de fuego y otros delitos conexos.

Y es que, tras varios intentos de negociar con el presidente Adolfo Suárez y el vicepresidente Manuel Gutiérrez Mellado la creación de un cuerpo policial propio, dependiente de la Consejería de Interior vasca, sin llegar a un acuerdo, el Gobierno de Ajuria Enea había decidido imponer por la vía de los hechos su propia policía, la Ertzaintza.

Y aunque Adolfo Suárez, en más de una ocasión, estuvo tentado de mandar detener y disolver la única unidad policial española «ilegal», que se saltaba a la torera las normas básicas mínimas —se creaba sin saber previamente si sus miembros tenían antecedentes penales, sin pasar los test psicotécnicos y psiquiátricos para conocer la salud mental de los alumnos—, la sensatez acaba imponiéndose.

Así, resuelto el contencioso entre Madrid y Vitoria, el 1 de febrero de 1982 los primeros 680 alumnos seleccionados oficialmente ingresan en la nueva Academia de Arkaute, un complejo de edificios situados en las afueras de Álava. Pese a que los nuevos agentes van a cumplir funciones de policía integral y, por tanto, sus sueldos saldrán de los Presupuestos Generales del Estado,[13] el único distintivo visible es una inmensa *ikurriña*, tal vez la más grande que exista en el País Vasco, que ondea en un mástil de doce metros de altura.

---

13. En realidad, los 70 000 millones de pesetas que cuesta la Ertzaintza anualmente se deducen del cupo a pagar por Euskadi, que tiene su sistema fiscal propio, para el sostenimiento de los servicios compartidos por ambas administraciones.

Nacida al amparo del artículo 17 del Estatuto de Autonomía,[14] la Ertzaintza se concibe, inicialmente, como una policía idílica y moderna, típica de un cuento de hadas. A sus agentes se los educa para integrarse en el pueblo, luchar contra los malos tratos y torturas, velar por la defensa los derechos humanos de sus habitantes y hacer cumplir la ley, al estilo de los *bobbies* ingleses, que por entonces patrullaban desarmados por Londres, incluidos los barrios más peligrosos, y sólo la presencia de su placa y uniforme infundían respeto y cariño entre la ciudadanía.

De esta manera, el PNV pretende que sus fuerzas de orden público entronquen con la Ertzaña creada poco antes de la guerra civil por el consejero de Interior del Gobierno Vasco, Telesforo Monzón, con Luis Ortuzar como inspector general de Orden Público, olvidándose de que aquella policía fue incapaz de enfrentarse a los piquetes armados de anarquistas y comunistas y de evitar el asalto a los barcos-prisiones y el asesinato posterior de presos en Bilbao.

Dispuestos a tropezar dos veces en la misma piedra, ajenos a que en el País Vasco tienen que convivir de hecho dos comunidades, una nacionalista y otra que no se siente descendiente ideológica de Sabino Arana, el PNV confunde el orden público y la seguridad ciudadana con la seguridad del partido. Los futuros agentes son seleccionados, no por su cualificación profesional, sino por su grado de patriotismo e identificación con las esencias del nacionalismo.

Una vez elegidas a dedo las primeras promociones, el consejero de Interior, Luis María Retozala, una de cuyas aficiones es coleccionar soldaditos de plomo, se encarga de diseñar en persona el uniforme de los futuros agentes. Sustituye el pantalón mil rayas, las abarcas y la boina de antes de la guerra por las «casacas rojas», los pantalones azules y los correajes blancos.

En una sociedad convulsionada como la vasca, donde ETA se considera legitimada para secuestrar, asesinar y extorsionar a una parte de la población, a la que consideran enemiga, «lo mismo que los argelinos exterminaron a las fuerzas de ocupación france-

---

14. «Corresponderá a las instituciones del País Vasco, en la forma en que se determina en este Estatuto, el régimen de policía autónoma para la protección de las personas y bienes y el mantenimiento del orden [...].»

sas o los hindúes echaron a los británicos», y no admiten lecciones del PNV ni otra salida que no sea la del exterminio de sus adversarios, una policía formada en el mismo ideario que la banda terrorista tendría muy poco futuro por delante.

Como de costumbre, acababa de tomarse un café con leche en la gasolinera de Elorriaga, situada a dos kilómetros de la Academia de Policía de Arkaute (Álava).

Eran las diez de la mañana del 7 de marzo de 1985. Carlos Díaz Arcocha, bilbaíno, cuarenta y tres años, ex capitán de la Legión y superintendente de la Ertzaintza desde hacía dos años y cinco meses, se subió a su coche, un Ford Escort BI-6948-H, y puso el motor en marcha.

Fue el último gesto de su vida. Una potente carga explosiva situada en los bajos del vehículo le mató en el acto. Los principales dirigentes del PNV y del Gobierno vasco estuvieron en su entierro. Pero fue un acto frío, sin apenas calor humano, con el que daba la impresión de que muchos gobernantes vascos acababan de quitarse un peso de encima.

Y es que las relaciones entre Díaz Arcocha y la Consejería de Interior no habían sido nunca buenas. Por eso, sus dirigentes no hicieron demasiados esfuerzos en censurar el comunicado de ETA reivindicando la acción, en el que decía: «La *ekintza* no ha sido contra la Ertzaintza. Es una acción más contra el ejército de ocupación que trata de lanzar a la policía vasca contra los patriotas vascos y el pueblo. Cualquier otra interpretación es errónea e interesada.»[15]

El asesinato fue utilizado, además, por el nuevo *lehendakari* vasco, José Antonio Ardanza, para colocar a la policía autónoma, mandada hasta entonces por militares españoles, bajo control absoluto del Gobierno vasco. «Cada nuevo jefe salido de la Academia de Zaragoza se convertirá automáticamente en blanco de sus comandos», le informó Retolaza al ministro del Interior, José Barrionuevo.

La banda terrorista, que había demostrado el respeto que le

---

15. *Egin*, 9 de marzo de 1985.

merecía la policía autónoma meses antes, el 28 de febrero de 1983, al asaltar la comisaría de San Sebastián, inmovilizar a sus agentes, llevarse todo su armamento —112 pistolas— y, para más pitorreo, huir en un vehículo de la Ertzaintza,[16] va a seguir a partir de la muerte de Díaz Arcocha todos los pasos del nuevo cuerpo policial y a decidir cuál debe ser su actuación.

Así, el 14 de junio de 1986, ETA publica un comunicado en el que advierte al PNV y al Gobierno Vasco: «La Ertzaintza no es un objetivo ni forma parte de la contradicción fundamental a la que nos enfrentamos. Pero está en sus manos —y de ahí su enorme responsabilidad— no colaborar directamente con las fuerzas de ocupación españolas ni asumir funciones represivas contra ETA, porque nos veríamos obligados a responder en consecuencia.»

La banda terrorista pretende dirigir desde la sombra el mando de un cuerpo policial creado para velar por los derechos y la seguridad de la sociedad en general, sin hacer distinciones entre nacionalistas y no nacionalistas, y para combatir el terrorismo.

El 3 de noviembre de 1986, tras un enfrentamiento entre un comando terrorista y el jefe de la Ertzaintza, Genaro García Andoain, en Barazar, que se relata en otra parte del libro, ETA reconviene de nuevo al partido *jelkide* para que se abstenga de emplear a la policía vasca contra sus militantes. «La política suicida del PNV está conduciendo a la Ertzaintza a la plena participación en tareas represivas contra el MLNV, convirtiéndolos en los cipayos o harkis vascongados. [...] El partido *jelkide* debe meditar sobre la temeridad e insensatez del camino emprendido y rectificar», afirma la banda armada.[17]

«La Ertzaintza no supone por el momento un objetivo militar para nuestra organización [...] Sus mandos son militares o policías españoles. Por eso los hemos atacado en ocasiones, aunque no esté entre nuestros objetivos», asegura ETA todavía dos años más tarde, en 1988, al periódico *Diario16*.[18]

16. La operación fue realizada por un comando de once personas que habían recibido la información para actuar de José Ignacio de Juana Chaos, quien, posteriormente, abandona el cuerpo policial y se une a las filas de ETA.

17. Cipayos, denominación dada a los soldados indios al servicio del imperio británico y harkis eran los colaboracionistas con el ejército francés durante la guerra de Argelia.

18. Pedro J. Ramírez, *Diario 16*, noviembre de 1988.

El 16 de octubre de 1988, el agente de la Ertzaintza José Luis Pacheco Cano muere al desactivar un explosivo colocado por ETA en Legazpia (Guipúzcoa). ETA, cínicamente, echa la culpa de la muerte al PNV y a los mandos de la policía autónoma y vuelve a hacer un llamamiento para que no den cobertura a las «fuerzas represivas» y apoyen a los «auténticos vascos, comprometidos en liberar a Euskal Herría de la opresión de los estados español y francés».

«Si los mandos de la policía autónoma y del PNV no hubieran conducido a la Ertzaintza a la plena participación en las tareas represivas que las fuerzas de ocupación desarrollan contra el MLNV, proporcionando de esta manera un paso importante en la ulsterización de nuestro pueblo, el agente no habría muerto.»[19]

Tres años más tarde, la situación no sería la misma.

Había quedado con un compañero de correrías en el parque Etxebarría de Bilbao, a un centenar de metros escasos del puente de El Arenal y el casco viejo.

Salió de la plaza Ernesto Erkoreka, situada frente al ayuntamiento, y se desplazó andando, dando un rodeo por la avenida de Zumalacárregui, para llegar al otro lado del parque. Cuando llegó al lugar de la cita, Juan María Ormazábal, *Turko*, miembro del comando «Vizcaya» de ETA, se dio cuenta de que en lugar de Jesús María Mendinueta, *Manu*, quien estaba esperándole era la policía autónoma.

—¡Alto, Ertzaintza! —le gritaron.

Nacido en Hernani, de veintinueve años, *Turko* se sintió atrapado y, decidido a vender cara su vida, sacó la pistola y disparó contra el primer agente que tenía delante. Alcanzado por un proyectil, el agente Alfonso Mentxaca caía al suelo, falleciendo tres días más tarde y convirtiéndose así en la quinta víctima de la Ertzaintza.

Automáticamente, sus compañeros repelieron la agresión y Juan María Ormazábal perdía la vida al instante, quedando tendido en el asfalto hasta que el juez de guardia y el médico forense ordenaron el levantamiento de su cadáver.

---

19. Comunicado del 17 de octubre de 1988.

La muerte de *Turko* iba a provocar el primer grave enfrentamiento entre el PNV y ETA. Aunque la banda terrorista aseguró en su comunicado que «no iba a caer en la trampa odiosa y burda de ir a un enfrentamiento civil contra el resto de las formaciones nacionalistas», afirmó también que «los responsables de Ajuria Enea se equivocan si piensan que nuestra organización va a permanecer impasible ante actuaciones de este tipo».

Mes y medio más tarde, el 25 de octubre, era el diario *Egin* el que, citando fuentes de la banda armada, facilitaba la lista de los «despreciables torturadores y asesinos por encargo de nuestro compañero *Turko*»,[20] de los que asegura pertenecen a los servicios especiales de la policía autónoma.

La suerte para alguno de ellos estaba echada. El 22 de noviembre de 1993, mientras circulaba por las cercanías del Ayuntamiento de Bilbao, Joseba Goikoetxea Asla, *Cabezón*, sargento mayor de la Ertzaintza y supuesto jefe del operativo encargado de la detención, dos años, un mes y veintidós días antes, de *Turko*, es alcanzado por las balas de ETA. Trasladado al hospital de Cruces, en Barakaldo, fallece cuatro días después. Dos años más tarde, la banda terrorista justificaría así su muerte:

> Concretamente en lo que corresponde a la Ertzaintza se ha dado un grandísimo paso. Cuando la organización actuó contra *Cabezón* fueron muchos los esquemas que se rompieron y se abrió el camino para responder a la represión de la Ertzaintza. Se vio que había un camino para trabajar en vez de estar a la defensiva y con miedo a responder. Hoy en día, los miembros de ese cuerpo represivo tienen que responder a ese carácter, ya no es tan fácil ser ertzaina, hacer cualquier cosa y después vivir como si nada hubiera pasado.[21]

La muerte de Goikoetxea, el primer muerto de la policía autónoma llorado por el PNV como propio, iba a marcar un antes y un después en las actuaciones de la policía vasca.

---

20. La lista de agentes estaba formada por Joseba Goikoetxea, Javier Escalada, Julián Rubio, Daniel Etxebarría, Aitor Alcalde, Juan Miguel Campoy, Jon Ziarsolo y Javier Urien. *Egin*, 15 de octubre de 1991.

21. *Zutabe*, núm. 72, septiembre de 1995.

Eran las nueve y cuarto de la noche del 16 de agosto de 1994, lunes, víspera de la Semana Grande de San Sebastián. Dos ertzainas de paisano, acompañados de tres chicas, pasean por la calle Juan de Bilbao, junto al bar Herria, en el casco viejo de la ciudad.

Los dos agentes, francos de servicio y desarmados, están decididos a pasar una noche feliz cuando alguien a sus espaldas descubre su identidad y empieza a gritar:

—¡Cipayos! ¡Cipayos!

Un grupo de unas cincuenta personas con cara de pocos amigos empiezan a arremolinarse en torno a ellos, avanzan en círculo hacia los agentes, los acorralan y empiezan a insultarles y a golpearlos con los puños y con todos los objetos que encuentran a mano.

Los ertzainas logran zafarse de sus agresores y, con las pocas fuerzas que les quedan, ponen pies en polvorosa. Poco después, un médico los reconoce en el centro de asistencia del barrio de Gros y comprueba que, además de los golpes y tumefacciones, uno de ellos presenta una doble fractura en la mandíbula.

El 27 de agosto, once días más tarde, una voz anónima llama a la comisaría de la Ertzaintza de Rentería (Guipúzcoa) y denuncia que un grupo de miembros de la *kale borroka* acaban de incendiar un autobús en la carretera Nacional-I.

El jefe de la unidad avisa a los bomberos y desplaza inmediatamente al lugar de los hechos un coche patrulla con dos agentes para que corten la circulación y desvíen el tráfico mientras se extingue el fuego.

Lo que los policías ignoran entonces es que se trata de una trampa de los «cachorros de HB». Lo descubren en mitad del trayecto, al ser sorprendidos por una docena de militantes de Jarrai y de Gestoras Pro Amnistía, que han montado una barricada en plena calle para obligarlos a detenerse, y les lanzan varios cócteles molotov y una lluvia de piedras.

La situación llega a revestir, por momentos, caracteres de dramatismo. Mientras algunos vecinos miran desde las ventanas sin inmutarse, uno de los policías, envuelto en llamas, tiene que abandonar el vehículo y lanzarse al río Oyarzun para apagar el fuego, momento en que vuelve a ser apedreado por los grupos de apoyo a ETA.

El otro logra refugiarse en la caseta de un guardia jurado cercano. Al verle sucio, harapiento y con el cuerpo quemado, para evitarse complicaciones con ETA, en lugar de auxiliarle como ocurre en cualquier país civilizado, huye despavorido, dejándole abandonado.

Dolorido, con el cuerpo hecho una pura llaga, el agente se planta entonces en mitad de la carretera, para un coche y pide que le trasladen urgentemente a un hospital de San Sebastián, donde le curen las heridas y le den un calmante para sus dolores.

—Yo no le llevo a ningún lado. Con esa pinta me va a ensuciar el coche —le replica el conductor.

Un segundo intento también resultó fallido. Con un veinticinco por ciento del cuerpo quemado por las llamas, el ácido sulfúrico y el gel que Jarrai añade a los cócteles abrasándole la piel, decide tomarse la justicia por su mano. Saca el revólver, detiene un coche, apunta a la cabeza al asustado conductor y le grita:

—¡Lléveme a un hospital ahora mismo! Y si no obedece le dejo seco en un instante.

Fue la única manera de llegar a urgencias. Pese a tan expeditivo método, al «buen samaritano» que le trasladó a punta de pistola al centro sanitario le tacharían, días más tarde, de colaborador de la Ertzaintza.

Los hechos narrados anteriormente son sólo dos ejemplos de la larga lista de agresiones sufridas por la policía autónoma vasca en la década de los noventa. Así, entre los años 1992 y 1998, se realizan 429 ataques contra sus agentes de servicio, sus domicilios y sus bienes particulares.

En el mismo período, ETA incendia 130 vehículos policiales y se producen cerca de cien agresiones con piedras, cócteles molotov y explosivos contra sus comisarías, pese a que todas ellas cuentan con cámaras de seguridad y vigilancia exterior.

Como deja bien claro en el comunicado que analiza las «enseñanzas» extraídas meses más tarde de la muerte de *Cabezón*, ETA ha decidido atacar a la Ertzaintza desde dos frentes: de una parte, asesinando a los jefes que no son dóciles con sus planteamientos y, de otra, hostigando mediante la *kale borroka* al conjunto de sus efectivos en todo el País Vasco a la vez.

De esta manera, en lugar de ocuparse de la seguridad ciudadana, el tráfico e investigar el terrorismo, la Ertzaintza tiene que dedicar una buena parte de sus efectivos a protegerse ellos mismos de las agresiones del mundo radical, como le ocurrió a la Guardia Civil durante los llamados «años de plomo», período en que para patrullar en diversas zonas de Euskadi tenían que emplear tres coches patrulla.

El objetivo último era, no obstante, obligar al PNV a salir de su indefinición política y a optar entre la autonomía y la independencia. Varios ex dirigentes de ETA vinculados al entorno de HB, entre ellos Arantza Arruti, Itziar Aizpurúa, Jokin Goristidi o el ex sacerdote Julen Calzada, lo cuentan sin ambages en un comunicado público: «No existen terceras vías, o se soluciona el conflicto o se agudiza. El PNV tiene que optar entre su actual cipayismo policial, político, económico y represivo o apostar por la construcción nacional vasca.»

Al final, como siempre, los hechos revelan que la banda terrorista se lleva el gato al agua.

El presidente del PNV, Xabier Arzalluz Antía, lo reconoce ante la plana mayor de Herri Batasuna en las conversaciones secretas celebradas con el brazo político de ETA a comienzos de los noventa.

«Es falso que estemos impulsando a la Ertzaintza contra ETA. De hecho, es más bien lo contrario, la estamos frenando. Posiblemente, la Ertzaintza tenga datos sobre más de un comando (alguno en Guipúzcoa) y no ha procedido. Lo que ocurre es que, a veces, no queda más remedio que actuar»[22] presionados por los acontecimientos.

Las manifestaciones del dirigente nacionalista, de las que se da amplia cuenta en otro capítulo, podrían interpretarse como un intento de escurrir el bulto ante el acoso a que es sometido por

---

22. Juzgado Central de Instrucción número 5. Diligencias sobre la detención del comando «Askatu», julio de 1992.

la trama civil de ETA. Los hechos corroboran, sin embargo, que Arzalluz no mintió. En 1990 y 1991 actúan en Guipúzcoa los comandos «Ipar Haizea» y «Donosti», y en Vizcaya dos *taldes* del llamado comando «Vizcaya», que asesinan conjuntamente a dieciséis personas.[23]

La Ertzaintza no detiene a un solo pistolero de ETA en los doce meses y su primera actuación de envergadura se produce en septiembre de 1991, cuando intentan capturar a Juan María Ormazábal, *Turko*, como ha quedado relatado.

El aplomo y la sinceridad con la que se dirigió a Herri Batasuna, revelando su control absoluto del servicio de información de la Ertzaintza en San Sebastián, iba a tener consecuencias funestas años más tarde, según diversas fuentes del sindicato ERNE.

El 4 de marzo de 1996, cuando se dirigía en su coche particular a llevar a sus hijos al colegio, la banda terrorista asesina mediante una bomba-lapa, en Irún, a Ramón Doral Trabaledo, un hombre de confianza del PNV, hijo de una familia nacionalista, disciplinado, serio y dispuesto a acatar sin rechistar las órdenes del partido.

La orden para su eliminación física vino directamente de Francia, de la cúpula de ETA. Diversos informes llegados a la dirección de la banda terrorista determinaban que, como había advertido el presidente del PNV, el nivel de conocimiento de la Ertzaintza guipuzcoana sobre los entresijos de ETA en la provincia eran relevantes y peligrosos para sus comandos. Montxo Doral, como responsable máximo del servicio de información de la policía autónoma en Guipúzcoa, se convirtió así en un serio obstáculo para los planes de la banda armada.[24]

En agosto de 1995, ETA intenta volar el cuartel de la Guardia Civil de Arnedo, en Logroño. Los terroristas son descubiertos en

---

23. Los policías nacionales Francisco Hernández, Daniel López, Luis Achurra e Ignacio López; los civiles Rafael San Sebastián, Luis Alberto Sánchez, Miguel Paredes, Vicente López y Elena Moreno; Ángel Mota, funcionario de Prisiones; los guardias civiles Benjamín Quintero y José Manuel Alba; el industrial Carlos Arberas, y los militares José Lasanta, Aureliano Rodríguez e Ignacio Urrutia.

24. Según las declaraciones en la Audiencia Nacional de los responsables del comando «Ibarla», autores de su asesinato, Iñaki Tellería Gómez, Marcos Sagárzazu Gómez y Javier Irastorza Dorronsoro y otros.

la sierra de Badaya (Álava) y se organiza un despliegue sin precedentes para capturarlos, con participación de Guardia Civil, Policía Nacional y Ertzaintza.

El 27 de octubre de 1995, el miembro de la Mesa Nacional de HB y parlamentario vasco Karmelo Landa Mendibe recrimina en el Parlamento de Vitoria al consejero de Interior, Juan María Atutxa, por la colaboración de la Ertzaintza con la policía española en la persecución de unos «patriotas» vascos (el comando asesino de ETA) por el simple hecho de «defender su tierra, su cultura y luchar contra la opresión». Karmelo Landa dice:

> ¿Dónde han quedado las promesas del PNV de que en el plazo de unos años íbamos a ver fuera de Euskadi a la odiada Guardia Civil española? ¿En qué ha quedado esa promesa de que íbamos a sacar de aquí de una vez por todas a esa policía española torturadora? ¿Por qué esa subordinación vergonzosa de la Ertzaintza a la Guardia Civil, al Cesid, a la policía y al Estado español?
>
> Al señor Atutxa le ocurre lo mismo que al gigante de Polifemo: tiene un único ojo y sólo ve malhechores en un lado. ¿Por qué sólo ve usted malhechores en el lado de los *abertzales* vascos? ¿Acaso no existen malhechores en la Guardia Civil? ¿No existen presuntos malhechores en la policía española, en el Gobierno de Madrid, entre los dirigentes del PSOE que están ejerciendo las tareas de Gobierno conjuntamente con ustedes?

Tras la desarticulación de las tramas financieras de ETA en San Sebastián, los enfrentamientos entre ertzainas y manifestantes en las calles de San Sebastián y la captura de algunos terroristas, entre 1990 y 1995, cinco miembros o simpatizantes de la banda armada pierden la vida.[25]

Las relaciones entre el mundo *abertzale* y la policía autónoma se sitúan en el punto más caliente de su historia. Mientras la Mesa Nacional de HB no deja de injuriar a los agentes, a los que califi-

---

25. Xabier Kalpalsoro, Juan Mari Ormazábal, Ángel Irazabalbeitia, Imanol Lertxundi y Rosa Zarra.

ca de «asesinos y torturadores», en las calles los jóvenes de Jarrai se dedican a perseguir cada vez con más saña a sus agentes y su afición favorita, la «caza del ertzaina», junto a las denuncias en comisaría por malos tratos, se convierte en algo habitual.

Así, desde su creación hasta 1995 la policía vasca ha sufrido 546 denuncias del entorno de ETA que acaban en procedimiento judicial. Los sumarios afectaron a 1 498 agentes, más de la cuarta parte de la plantilla, de los que 1 224 resultaron imputados, quedando en libertad y sin cargos tras la vista oral 1 179 agentes.

La campaña de intimidación, coacción, desprestigio de la Ertzaintza y los ataques físicos a sus miembros llega a ser de tal magnitud que el 6 de mayo de 1994 el Parlamento vasco decide sacar un comunicado de apoyo a la policía autónoma:

> Este Parlamento proclama que quienes amenacen a la Ertzaintza por su actuación en materia contraterrorista amenazan a todo el pueblo de Euskadi y a sus legítimos representantes en esta Cámara. Es este Parlamento el que representa a un pueblo que ha decidido, libremente, disponer de un instrumento como la policía vasca, darle el carácter de policía integral y encargarle entre otros cometidos combatir los delitos derivados del fenómeno terrorista que los firmantes de esta propuesta condenamos rotundamente.[26]

Desde ETA y su trama civil, el que unos nacionalistas se dediquen a perseguir a otros, aunque estos últimos asesinen, coloquen coches-bomba y amenacen a miles de ciudadanos, es inadmisible. Así lo expresa de nuevo el parlamentario Karmelo Landa el 11 de noviembre de 1995 en el Parlamento de Gasteiz:

> Usted [Juan María Atutxa] es el responsable de esa sórdida línea de actuación de la policía vasca, el que lleva a la Ertzaint-

---

26. El 18 de mayo de 1990, el Parlamento vasco había tenido que publicar otra declaración institucional de apoyo ante la reiteración de la campaña de intimidación, coacción y desprestigio de la Ertzaintza, organizada por sectores sociales y políticos encuadrados en el ámbito de Herri Batasuna y al servicio de la estrategia y bajo la dirección de la organización terrorista ETA. El Parlamento vasco rechazó y condenó entonces «las actitudes antidemocráticas, expresión del fanatismo e intolerancia de quienes las promueven», y reiteró su «apoyo y reconocimiento de la Ertzaintza como institución democrática y popular, nacida del Estatuto y sujeta al control del Parlamento vasco».

za por ese camino. Usted la ha puesto a las órdenes de la policía española y de la Guardia Civil y el que ha hecho que adopte los métodos y comportamiento de aquéllas.

¿Acaso se alegra de la detención de unos patriotas? ¿Acaso se alegra usted de la muerte de unos *gudaris*? ¿Cuántos policías, guardias civiles y militares españoles hay dentro de la Ertzaintza, señor Atutxa? ¿Por qué no pone el PNV remedio a la cosa? Tras completar el despliegue de la Ertzaintza, la ha convertido en subordinada de la Guardia Civil, de la policía, del Cesid, en subordinada del Estado español. Usted la ha convertido en un grupo agresor. Bajo su mando, la Ertzaintza ha herido, detenido y agredido a parlamentarios y hombres y mujeres de este pueblo. Espero que no sea usted consejero por mucho tiempo.

La amenaza no era un farol. Ajeno o no a la estrategia de ETA, durante los últimos años la banda terrorista había intentado asesinar en siete ocasiones al consejero de Interior Juan María Atutxa, la última vez en la boda de su hijo, y sólo el azar le había salvado la vida, como se detalla en otro capítulo.

Fueron los años gloriosos de la Ertzaintza. El asesinato de Miguel Ángel Blanco y la firma del Pacto de Lizarra entre PNV y ETA acabaría convirtiendo a la policía autónoma en un instrumento más de la construcción nacional y de la independencia.

Con su habitual verborrea, Xabier Arzalluz lo dijo alto y claro en un mitin de su partido: «El PNV no va a permitir que se coloquen palos en las ruedas del carro de la paz», para neutralizar las vigilancias que la Ertzaintza venía realizando sobre un comando de ETA.

Al día siguiente, Mikel Uribe, jefe de la comisaría de Hernani (Guipúzcoa), la más conflictiva del País Vasco, reunió a todos los mandos y les ordenó paralizar cualquier actuación contra la banda terrorista mientras se mantuviera el alto el fuego.[27]

---

27. «El Departamento de Gobierno invierte su tiempo en dar cuenta a funcionarios de la Ertzaintza de un pacto entre PNV, ETA y EA, y les da instrucciones de actuación. ¿Por qué no se le ha explicado al colectivo de médicos de Osakidetza? ¿Por qué no a la comunidad de enseñantes?», pregunta el diputado del PSOE Víctor García Hidalgo al consejero Javier Balza en el Parlamento.

La misma consigna se imparte en el resto de los centros de la policía autónoma, donde se recomienda, además, tratar con guante de seda a los miembros y simpatizantes de HB, sin pretender identificarlos ni provocarlos en sus manifestaciones y actos públicos y negociar con los alcaldes y concejales radicales las medidas de seguridad a tomar en las fiestas patronales.

Así, de la noche a la mañana, sin que se hubiese producido ningún acto de arrepentimiento ni pedido públicamente excusas, muchos dirigentes de HB, LAB y de Jarrai, que se han dedicado a apalear ertzainas, a quemarlos vivos, a dinamitar e incendiar sus coches, a perseguir y a insultar a sus familias, a impedir que sus hijos vayan a las mismas *ikastolas*, asistan a las mismas escuelas de remo o participen en los campeonatos de pelota vasca, pasan a ser personas honorables.

Los resultados son inmediatos. Mientras los terroristas y sus cómplices campan por sus respetos, profieren gritos a favor de ETA, queman banderas de España, agreden a concejales del PSOE y PP, queman sus casas y transgreden todos los días los límites del Código Penal, la Ertzaintza permanece de brazos cruzados, como si la «guerra» de la banda terrorista con los partidos constitucionalistas no los afectara.

Según el servicio de estadísticas de la Guardia Civil, entre 1987 y 1999 se produjeron en el País Vasco 6 249 actos de violencia callejera atribuidos a jóvenes radicales. Los años de más violencia fueron 1996 y 1997, con 1 135 y 971 sabotajes, respectivamente. La intervención de la Ertzaintza, responsable del orden público, es más que deficitaria. Así, en 1997, la policía vasca detuvo sólo a 75 personas, un tercio del total. En 1999, en plena tregua, los detenidos se reducen sólo a siete personas. En todo el período analizado, más de la mitad de las detenciones se producen en Navarra, donde no interviene la Ertzaintza.

Euskadi es, de esta manera, probablemente el único lugar del mundo donde subirse a un autobús es más peligroso que quemarlo, donde al sacar dinero de un cajero automático por la noche en determinadas zonas se corre más riesgo que incendiándolo y donde llevar un lazo azul en la solapa es más arriesgado que gritar *«Gora ETA»* o «ETA, mátalos».

Con todo, no es lo más grave. Según denunció el PSOE en

el Parlamento vasco, los jefes de la Ertzaintza ocultan expedientes de hijos de dirigentes del PNV implicados en la *kale borroka* y el propio Javier Balza, el consejero de Interior, esconde en persona treinta atestados de personas implicadas en sabotajes callejeros, aunque el máximo responsable de la Ertzaintza asegura que lo hizo por un bien mayor, para capturar al comando «Vizcaya».[28]

Con los grupos operativos antiterroristas desmantelados siguiendo instrucciones del partido, los mandos de la Ertzaintza, llevados por su política de colaboración con ETA y su trama civil, se dedican además a interceptar las comunicaciones de la Policía Nacional y la Guardia Civil, a cuyos actos públicos tienen prohibido asistir para no «contaminarse», y boicotear sistemáticamente las operaciones terroristas en marcha.

Ocurre así con un intento de captura de Íñigo Guridi, veintitrés años, autor del asesinato del periodista José Luis López de la Calle, quien con otros cuatro terroristas más acababa de dinamitar el 22 de febrero de 2001 un centro de rehabilitación de menores construido por la Consejería de Justicia en la localidad de Zumárraga, tras sorprender y maniatar a los tres vigilantes jurados.

La Ertzaintza, que está al corriente de que la Policía Nacional dispone de un topo infiltrado en la estructura del comando «Donosti», cuyo nombre y datos personales serían publicados posteriormente por la revista *Ardi Beltza*, de Pepe Rei, y de que va a iniciar la «caza y captura» de los responsables, se adelanta, organiza una serie de detenciones arbitrarias y pone en fuga a los verdaderos responsables del comando.

No era la primera vez que la policía autónoma entorpecía las actividades de las Fuerzas de Seguridad del Estado. Según cuenta *El País*, durante el secuestro de Julio Iglesias Zamora la Guardia Civil instaló controles en los accesos al monte Andoain al sospechar que estaba oculto allí. Los jefes de la Ertzaintza ordenaron instalar a su vez controles más abajo, pero no con el fin de capturar a los etarras. Se situaron para advertir a la gente de que la Guardia Civil esperaba más arriba.[29]

---

28. Acusación realizada en el Parlamento vasco por el parlamentario socialista Víctor García. *Balza* reconoció los hechos. Se justificó diciendo que una de las personas investigadas en la *kale borroka* llevó a la desarticulación del comando «Vizcaya» y no se podían levantar sospechas.

29. *El País*, 22 de octubre de 2000.

«Sospechamos que llegamos tarde a los pisos de ETA porque alguien de dentro se ocupa de que así sea; [...] hemos visto cómo ETA mataba al empresario [Isidro Usabiaga] que denunció las extorsiones porque apareció en un vídeo presentado por Atutxa, y cómo asesinó a otro ciudadano [probablemente, Eugenio Olaciregui] que nos alertaba de la presencia de un etarra», añaden los responsables de la policía vasca a *El País*.

El «colaboracionismo» entre los terroristas y quienes desde las instituciones vascas tienen la obligación de perseguirlos se produce el 17 de diciembre de 1999, fecha en que las policías francesa y española, en una operación conjunta, detienen en Francia a la dirigente de ETA Belén González Peñalba. Al día siguiente, el consejero de Interior, Javier Balza Aguilera, en lugar de alegrarse porque se haya retirado de la circulación a una de las asesinas más contumaces de ETA, pone el grito en el cielo y pronuncia una frase que, fuera de contexto, pudiera parecer obra de un demente: «La detención es un grave error y, de alguna manera, hay que compensar a ETA por estas detenciones.»

Convertidos en socios y defensores de los pistoleros de ETA, con los que han firmado un pacto secreto para no participar en las instituciones españolas y expulsar del País Vasco a los representantes del PSOE y PP, el consejero de Interior vasco, Javier Balza, tenía toda la razón del mundo en indignarse. Y Xabier Arzalluz lo mismo, al calificar de «machada» el robo por ETA de 12 000 kilos de Titadyn en un polvorín de Pelvin (Francia) semanas antes de la ruptura de la tregua.

Si el comportamiento habitual entre bomberos es no pisarse la manguera y nacionalistas moderados y terroristas comparten en el año 2000 el mismo proyecto de la construcción nacional, lo lógico es que ningún terrorista vaya a colocar el explosivo en los bajos del Sabin Etxea, la sede central del PNV, situada frente a los jardines de Albia de Bilbao, y los jelkides, en contrapartida, no critiquen a ETA.

El 25 de marzo de 2000, Jarrai convoca una *borroka eguna* (jornada de lucha) contra las empresas de trabajo temporal y las entidades bancarias. Tras numerosos disturbios y algaradas, incendian tres bancos en San Sebastián, uno de ellos el BCH, junto a Marruma Elkartea, la *herriko* taberna de HB del barrio de Gross.

Varios testigos han seguido a los manifestantes, los ven entrar en la sede social de HB y avisan a la Ertzaintza. Forzada por las denuncias, la policía autónoma registra la sede social de HB y se incauta guantes de látex, carcasas pirotécnicas, caretas y lanzaderas similares a las utilizadas por los cachorros de ETA.

El 5 de mayo, la parlamentaria Jone Goiricelaya interpela en la Cámara de Vitoria al consejero de Interior, Balza. «Los hechos para nosotros son muy graves. La policía autónoma vasca, la Ertzaintza, dejó de lado los compromisos que tenía con el proceso político [Pacto de Lizarra] y actuó en contra de lo que era uno de esos principios: lograr un clima de distensión social del que tan reiteradamente se ha hablado tanto desde su consejería como desde el propio Gobierno vasco. [La Ertzaintza] volvió a recetas del pasado y volvió a actuaciones del pasado», protesta.

Los diputados de la oposición intentan tomarse a broma la intervención de la diputada de HB: «Aquella noche, en la sede de HB se iba a cenar bacalao al pil-pil. Los guantes eran para mover la cazuela y no quemarse, las carcasas pirotécnicas para dar potencia a la cazuela y que ligara bien la salsa, y la capucha para preservar al cocinero de los humos y malos olores», dice Carlos Uquijo, del PP.

Sin embargo, ni a Urquijo ni a su compañero del PSOE Víctor García Hidalgo se les pasa por alto la alusión que Jone Goiricelaya hace al pacto entre terroristas y policía autónoma. «Nos parece muy grave lo que se ha dicho en esta Cámara, que el registro policial supone la ruptura de un compromiso adquirido por la Ertzaintza con el proceso abierto en este país, es decir, en parte con los terroristas de ETA», señala García Hidalgo.

Y es que el PNV y HB ni siquiera de puertas afueras guardan las formas, no ocultan sus acuerdos. Con la sociedad vasca dividida en dos grupos, los nacionalistas, dispuestos a dinamitar las instituciones, que pueden pasearse tranquilamente por las calles sin escolta, y los defensores del Estatuto y de la Constitución, todos ellos amenazados y obligados a vivir en un estado de sitio permanente, rodeados de guardaespaldas, la Ertzaintza prefiere no molestar a los radicales y terroristas que proteger a sus víctimas.

A comienzos de marzo de 2001, tras el cese del Pacto de Lizarra, durante las fiestas de San Sebastián la ciudad aparece plagada de carteles con amenazas de muerte contra los dirigentes del PP y PSOE, y en la plaza de la Constitución se exhibe una enorme pancarta con el anagrama de ETA.

Eludiendo sus obligaciones, la policía autónoma decide no retirarla hasta que pasen las celebraciones. El 16 de marzo de 2001 José Antonio Maturana Plaza pide explicaciones al consejero Balza en el hemiciclo autonómico:

—¿Se ha identificado a los autores de la pancarta? ¿Se les ha detenido? ¿Se investiga el origen de los carteles en que se amenazaba de muerte a determinadas personas? ¿Si siempre son los mismos, se sabe dónde los fabrican? ¿Se sabe cómo los distribuyen?

—No se les detuvo porque era contraproducente para las fiestas. Pero teníamos un dispositivo de videovigilancia: hemos grabado el asunto y hemos identificado a los que colocaron la pancarta.

Nadie, hasta finales de 2002, ha llamado a los tribunales a sus responsables, presuntos autores de un delito de amenazas y de otro de apología del terrorismo. Un asunto menor, comparado con los hechos que se van a narrar a continuación.

A comienzos de junio de 2001, una patrulla de seguridad ciudadana de la Ertzaintza se detiene en un bar de Hernani. Uno de los camareros les comenta:

—He visto a un tío muy malo, pero malo de los de verdad.

El camarero se refiere al etarra Patxi Javier Makaraza, del que le aporta su descripción y otros datos que los agentes ponen en conocimiento de los responsables del servicio de información de la policía autónoma del cuartel de Oyarzun (Guipúzcoa). Pero sus compañeros se toman el asunto a broma.

—Chivatazos como ésos tenemos una decena al día y luego no conducen a nada.

Picados en su amor propio, los agentes de seguridad ciudadana deciden tomarse en serio la confidencia y, por su cuenta, montan una discreta vigilancia frente a un piso de la calle Bulandegui de Zizúrkil (Guipúzcoa). Durante varios días ven entrar y salir de allí a tres individuos. El hecho de que siempre vayan solos, entren y salgan de uno en uno y, antes de subir al piso, se den una vuelta por los alrededores, como para detectar si están siendo seguidos, empieza a infundirles cada vez más sospechas.

Miguel Uribe era un ertzaina de los pies a la cabeza. Vasco, nacionalista, más patriota que nadie, los dirigentes de HB se quedaban sin argumentos cada vez que pretendían rebatirle algún asunto.

Ex jefe de la comisaría del cuerpo en Hernani, cuarenta y cuatro años, casado y con un hijo, desde hacía unos meses era el responsable de inspección de la Ertzaintza para la provincia de Guipúzcoa.

Como nacionalista, se creía a salvo de cualquier amenaza y no tomaba ninguna medida de precaución. El 14 de julio de 2001, como todos los sábados, acude a cenar con su cuadrilla a la sociedad gastronómica Zaspi Bide de Leaburu (Guipúzcoa). En el momento en que aparca su coche, un Land Rover Discovery, dos individuos situados a ambos lados del vehículo le ametrallan y huyen en un automóvil de color verde.

Media hora después, los agentes de seguridad ciudadana apostados en la calle Bulandegui de Zizúrkil oyen por la radio de la Ertzaintza la noticia de la muerte de Uribe. Casi al mismo tiempo, las tres personas que están vigilando desde hace algo más de un mes entran en la casa. Por primera vez, uno de ellos lleva consigo una bolsa de viaje.

—Me apuesto lo que quieras a que es ahí donde esconden el subfusil con el que ametrallaron a Uribe —dice uno de los agentes.

Cuando regresan a la comisaría y cuentan lo que han visto a sus jefes, los responsables de información de Bilbao se hacen cargo del asunto. Con ello, la captura del comando es cuestión de días.

El 22 de agosto, la policía autónoma vasca detiene en Guipúzcoa a siete personas relacionadas con el comando «Burruntza»[30] mientras otros tres, entre los que se encuentra la ex concejal del Ayuntamiento de Hernani Ahinoa García Montero, escapan a Francia.

A los detenidos se les imputan 32 acciones terroristas y siete asesinatos, entre ellos los de los ertzainas Iñaki Totorika y Mikel Uribe, los de los empresarios José María Korta y Santiago Oleaga, del ex gobernador civil de Guipúzcoa, Juan María Jáuregui, y otros.

Los principales responsables del grupo, Ibón Etxezarreta Etxaniz, Santiago Vicente Aragón, Luis María Carrasco, Xabier Makaraza y Oskarbi Jáuregui, tras declarar ante varios jueces de la Audiencia Nacional, son enviados directamente a la cárcel.

Un mes después, funcionarios de Prisiones interceptan la autocrítica que Makaraza envía a la dirección de la banda terrorista ETA. «Durante los interrogatorios, los cipayos me enseñaron una foto saliendo del piso de seguridad con Ahinoa [García Montero]. Por la ropa que llevaba ese día, de invierno, deduzco que ésta nos la hicieron al menos cuatro meses antes, lo que indica que la Ertzaintza llevaba todo ese tiempo vigilándonos.»

La autocrítica de Makaraza revela que los grupos antiterroristas de la Ertzaintza disponían, meses antes de su detención, de información suficiente para capturar al comando «Burruntza», autor del atentado con granadas Mekar contra el Museo Chillida-Leku de Hernani sufrido el 16 de septiembre de 2000, el día de su inauguración, con la presencia del Rey de España, el canciller alemán Gerhard Shröder y el presidente del Gobierno, José María Aznar.

Tal vez, como afirmó Arzalluz, decidieron no proceder contra sus miembros para no verse obligados a cumplir con el doloroso trance de meter en la cárcel a sus «hermanos descarriados».

De ahí que en el verano de 2002, cuando se prepara un registro en las 120 *herriko* tabernas de HB para intervenir su contabi-

---

30. Burruntza es un monte de Lasarte de donde eran algunos de los miembros de este grupo terrorista.

lidad y cortar los flujos financieros a ETA, el juez Baltasar Garzón y el fiscal Enrique Molina se nieguen radicalmente a pedir la colaboración de la policía vasca y prefieran reducir la operación a una veintena de sedes sociales de la coalición *abertzale* ante el temor de que los terroristas sean informados por quienes tienen el deber de perseguirlos.

Y es que, dadas las relaciones de los jefes de la Ertzaintza con los dirigentes de HB, los recelos y suspicacias se han incrementado hasta el punto de que el Gobierno se niega sistemáticamente a que la policía vasca esté representada en los organismos policiales europeos emanados del grupo de Trevi.[31]

Amenazados por ETA, que los sigue teniendo como sus enemigos, y manipulados por sus jefes, que no quieren que la policía autónoma se signifique en la lucha contra el terrorismo, el resultado es que más de 250 agentes de una plantilla de 7 500 personas han trasladado su residencia a Castro Urdiales, La Rioja, Vera de Bidasoa, Miranda de Ebro y otras localidades limítrofes.

Se convierten así en la única policía del mundo que, además de actuar encapuchada como los bandoleros, de identificarse en sumarios judiciales por su número de placa y declarar en los juicios ocultos tras una cortina, tienen que vivir fuera de «su país», desafiando las amenazas de los dirigentes del PNV y del Gobierno vasco. Incluso los muertos que son enterrados en otra parte acaban satanizados.

Francisco Javier Mijangos Martínez de Bujo y Ana Ansotegui Legarreta fallecieron mientras dirigían el tráfico en la localidad guipuzcoana de Beasain una lluviosa tarde de noviembre de 2001.

Su muerte no fue natural ni tampoco los atropelló un coche. Los dos ertzainas, miembros de la decimotercera promoción del cuerpo, dependientes del departamento de seguridad ciudadana de la policía autónoma, acaban de entrar de servicio. A las siete y media del 23, cuando comienza a oscurecer, un hombre y una

---

31. No sólo por el temor a que se filtre la información a ETA sino a consecuencia de que el *lehendakari* Ibarretxe pretende que Euskadi no esté representada dentro de España. Aspiran a que aparezca como la policía de un Estado propio.

mujer miembros de ETA se sitúan a sus espaldas y les disparan varios tiros de pistola, segándoles la vida.

Durante las honras fúnebres a sus restos, la reacción de los mandos del cuerpo policial no fue similar en ambos casos. Javier Mijangos, nacido en Vitoria, de treinta y dos años y afiliado a UGT, residía con su mujer, Inmaculada Corcuera, en Miranda de Ebro, es decir, fuera de la Comunidad Autónoma Vasca. Tras su asesinato a sangre fría, su cadáver fue enterrado en Miranda y el funeral por el eterno descanso de su alma se celebró en Bujedo (Burgos), fuera del alcance de los curas carroñeros al servicio de ETA. El Gobierno vasco ha silenciado desde entonces su nombre, ha despreciado su figura y la ha ignorado.

—Lo han tratado peor que si fuera un hijo de Satanás —dice un compañero del cuerpo.

Un hermano suyo, también ertzaina, sufre el «estigma» de vivir fuera de la Comunidad Autónoma. El Gobierno vasco, que es incapaz de proteger a su propia policía, no admite, como ha quedado señalado, que sus agentes puedan residir fuera del territorio foral.

Ana Ansotegui milita en el sindicato ERNE pero pertenece a una familia *abertzale*, con *label* nacionalista. Su marido, Sabino Arnikoetxea, también ertzaina y nacionalista, recibe todo tipo de atenciones y apoyos de sus jefes. Se le ha retirado del servicio de calle, trabaja en una oficina y recibe tratamiento psicológico y el cariño humano de sus colegas.

Pese a todo, Arnikoetxea no es ningún privilegiado. Profundamente afectado por el asesinato de su mujer, tiene que vivir con el dolor de la pérdida del ser querido y sacar adelante él solo a los tres hijos del matrimonio.

Pero los familiares de dos víctimas de ETA, asesinadas el mismo día, en el mismo lugar y por los mismos pistoleros, son tratados de diferente manera según sean «de los nuestros» o «de los otros».

La única ventaja a favor del hermano de Mijangos, al residir en Miranda de Ebro, es que sus parientes no tiene que tender la ropa a escondidas, poner los recibos de la luz y el agua a nombre de otra persona, quitar su nombre del buzón de correos o esconder su identidad a sus vecinos.

Pero si el Pacto de Lizarra y la posterior ruptura de la tregua tuvo efectos devastadores en la policía autónoma, la decisión del juez Baltasar Garzón de suspender las actividades de Batasuna y la futura aplicación de la Ley de Partidos, que podría dejar a la formación de los terroristas fuera de la ley, acabará rompiendo la cohesión interna de un cuerpo que se debate entre los sentimientos profundamente nacionalistas de muchos de sus miembros, las órdenes sectarias de sus jefes y el cumplimiento de la ley.

Tras cuatro años de instrucción sumarial y de estudiar concienzudamente las conexiones entre ETA y Batasuna, el juez de la Audiencia Nacional Baltasar Garzón decide suspender las actividades de la formación política de la banda terrorista y clausurar todas sus sedes.

Era el 26 de agosto de 2002. Adelantándose a la decisión del magistrado, que se pronuncia dos días después, la plana mayor del partido de los terroristas, Jon Idígoras, Tasio Erkizia, Txomin Ziluaga, Arnaldo Otegui y Periko Solabarría, comparece ante la opinión pública en Bilbao y esgrime su habitual repertorio de amenazas. Las advertencias en este caso no se dirigen al Gobierno central, sino al PNV y al Gabinete de Ajuria Enea. Anuncia el portavoz de Batasuna Arnaldo Otegui:

> [Al PNV] que no se le pase por la cabeza utilizar los mecanismos de los que dispone [la Ertzaintza] para colaborar con la estrategia del Estado español en el aniquilamiento de la izquierda *abertzale*. Eso nos llevará a un escenario que no deseamos. En ese caso deberán asumir las consecuencias con todo lo que ello conlleva.
>
> Ante la actual situación de alarma y de emergencia nacional, el Gobierno y los partidos que lo conforman [PNV, EA e IU] deben tener responsabilidad nacional y sentido común. Si utilizan [la Ertzaintza] para golpear a Batasuna, cerrar sus sedes y, en definitiva, para colaborar con la estrategia genocida del Estado español, recibirán su merecido.
>
> Nadie votó al PNV para eso el 13 de mayo, y les pedimos que se apliquen el cuento y que cuando hablan tanto de desobediencia, de insumisiones, de plantes democráticos y de confrontaciones democráticas van a tener una oportunidad ahora de demostrarlo.

El mensaje de Otegui de que el Gobierno Vasco debía proteger a los terroristas en lugar de detenerlos tuvo su efecto. Hecho público el auto del juez, mientras la Policía Nacional clausura esa misma noche la sede de HB en Pamplona, la Consejería de Interior, con una parte considerable de la opinión pública española y vasca en contra, tarda casi 48 horas en aplicarlo. Los altos mandos de la Ertzaintza se instalan así en la desobediencia civil y están dispuestos a pasar por alto los autos del juez.

Cuando decidió regresar de Santo Domingo y entregarse a las autoridades españolas, el pistolero del comando «Madrid» José Manuel Soares Gamboa decidió elegirle como su abogado.

Posteriormente fueron varios jóvenes implicados en acciones de la *kale borroka*, hijos de dirigentes del PNV, los que optaron por él para que los defendiera en los tribunales.

De esta manera, Nacho Ormaetxea se labró un buen futuro como abogado penalista. Pero, en contra de lo que pueda parecer, no acabó en el colectivo de letrados de ETA. Gracias a su amistad con Gorka Aguirre, el lado oscuro del PNV, pasó a trabajar como administrativo en las dependencias de la Ertzaintza de la calle María López de Haro y, de la noche a la mañana, fue promovido a director de la Policía de lo Criminal y, por lo tanto, a máximo responsable de la lucha antiterrorista.

El 30 de agosto de 2002, cuatro días después de que el juez Baltasar Garzón decida suspender de funciones a Batasuna, Ormaetxea declara al diario francés *Le Monde*: «Estas medidas son ineficaces e inútiles. Con la ilegalización, una parte de ese mundo [ETA] que era visible va a pasar a la clandestinidad y será más difícil para la policía perseguirlos.» Y agrega: «ETA, se quiera o no, tiene un apoyo social suficientemente importante en la sociedad vasca. La única solución para que el terrorismo finalice es negociar. De lo contrario, esto puede durar y durar.»[32]

La opinión del máximo jefe de información de la Ertzaintza la comparten el actual presidente del Parlamento vasco, Juan María Atutxa, el consejero de Justicia, Joseba Askárraga, el pleno del

---

32. *Le Monde*, 30 de agosto de 2002.

EBB y gran parte del Gobierno vasco, decidido a no utilizar la policía vasca para reprimir a los vándalos de ETA y su entorno ni impedir las manifestaciones prohibidas por la Audiencia Nacional.

Dispuestos a hacer un frente común con ETA y su entorno, el presidente del sindicato ELA, el mismo que negocia una tregua con los terroristas, se dirige públicamente al Gobierno vasco y le incita a que se coloque fuera de la ley y del Estado de Derecho.

Y es que al igual que para la administración norteamericana, Anastasio Somoza, el dictador de Nicaragua, «será un hijo de puta, pero es nuestro hijo de puta», para muchos nacionalistas «ETA es una banda asesina, pero es nuestra banda asesina». Y, además, se encarga de hacer el trabajo sucio de arrinconar cada día más a «los españolazos de mierda, muertos de hambre».

CAPÍTULO XI
El control de la sociedad civil

El 17 de junio de 2001, tras la celebración de las elecciones autonómicas que dieron la victoria a la coalición PNV-EA, una de las primeras exigencias del portavoz del PNV en el Congreso de los Diputados, Iñaki Anasagasti, al presidente José María Aznar fue la desmovilización de los «grupos pacifistas» vascos. «Esa gente, nacidos de la noche a la mañana y pagada por Madrid, está haciendo mucho daño a los vascos», declaró. Disgustado con ETA y con sus alevines, que meses antes atacaban un autobús de pasajeros y daban un susto de muerte a su *amatxo* mientras acudía a merendar con unas amigas, el «embajador» de Arzalluz y del PNV en Madrid pretende que el Gobierno deje el control de la sociedad a Herri Batasuna y sus matones. Y es que los burukides, acostumbrados a ocupar todos los resquicios de poder civil, no han tolerado nunca que organizaciones pacifistas y silenciosas, como Foro de Ermua, Basta Ya o Gesto por la Paz, le hagan la competencia o le resten protagonismo en la sociedad vasca.

En las décadas de los cincuenta y sesenta, centenares de vascos escuchan todos los días el «parte» de Radio Nacional de España. Aunque la izquierda se ha encargado de propagar que lo hacen con la esperanza de oír la noticia de la muerte de Franco, había otra realidad más prosaica: muchos sólo pretendían averiguar si iba a llover en las dos mesetas.

Y es que desde que comienza a explotarse industrialmente la energía eléctrica, dos empresas con capital vasco, Hidroeléctrica Ibérica (nacida al amparo del Banco de Vizcaya) y Saltos del Duero (al abrigo del Banco de Bilbao), establecen centrales hidráulicas fuera de Euskadi, en la Meseta, a lo largo de los ríos Duero, Tajo y otras cuencas fluviales.[1]

Los vascos que han invertido su dinero en Bolsa en estas dos compañías saben que, de acuerdo con el índice pluviométrico anual, van a cobrar más o menos dividendos a final de año.

1. Ambas empresas se fusionan en 1944 en Iberduero.

De esta manera, parte de la riqueza que se genera de Miranda de Ebro para abajo acaba en Euskadi por partida doble: a través de los beneficios de las eléctricas y mediante el uso de la energía destinada a alimentar la potente industria local.

A comienzos de la década de los setenta, el consumo energético se dispara y los gobiernos de la dictadura toman una decisión: construir centrales nucleares, semejantes a las existentes en zonas superpobladas como Japón, Estados Unidos, Francia, Reino Unido o la Unión Soviética.

El Plan Energético Nacional que establece el emplazamiento de las plantas, elaborado con criterios técnicos, trata de acercar las fuentes de energía a los lugares de consumo y prevé la construcción de centros propulsados por uranio en Zorita y Trillo (Guadalajara), Almaraz (Cáceres), Cofrentes (Valencia), Santa María de Garoña (Burgos), Ascó y Vandellós (Tarragona), Lemóniz (Vizcaya) y Deba (Guipúzcoa). El cementerio nuclear para almacenar los desechos se establece en El Cabril (Córdoba).

De esta manera, casi ninguna de las regiones españolas queda al margen de los planes nucleares del Gobierno. Alcarreños, burgaleses, andaluces, cacereños y valencianos asumen los riesgos de la energía nuclear y no protestan. Los catalanes, con dos centrales, Vandellós y Ascó, asumen tanto los riesgos como sus beneficios y tampoco asesinan a nadie.

Los vascos, con una dependencia energética casi total del exterior y una industria en crecimiento que demanda muchos kilovatios/hora, ofrecen una lección de solidaridad: quieren todas las ventajas de la electricidad que les llega desde Santa María de Garoña (Burgos), pero rechazan la instalación de una planta en Lemóniz (Vizcaya).

La voz de alarma se da en 1973, en plena canícula, desde el periódico *La Gaceta del Norte*. El 20 de agosto titula en primera página: «En la costa vasca, el mayor peligro nuclear del mundo.»

En el interior, el rotativo anuncia los planes del Gobierno para construir dos centrales nucleares de segunda generación en Lemóniz (Vizcaya) y en la desembocadura del río Deba (Guipúzcoa).[2]

La información, sesgada y malintencionada, oculta que desde hace años instalaciones más obsoletas y con menos garantías de seguridad funcionan en áreas más densamente pobladas de Japón, Estados Unidos o en la orilla del Ródano (Francia), a pocos kilómetros de los Pirineos.

Lo cierto es que dieciséis meses antes, el 18 de abril de 1972, la empresa Iberduero, principal accionista del proyecto, solicita al Ayuntamiento de Munguía los permisos para comenzar las obras. La corporación los deniega, pero el Gobierno anula el acuerdo del consistorio y autoriza los movimientos de tierras.

La izquierda ve en el proyecto la oportunidad de acabar con los tentáculos del capitalismo «explotador y monopolista». Arquitectos, abogados, economistas e intelectuales de Bilbao se oponen a la central de Lemóniz y constituyen la Plataforma Costa Vasca No Nuclear.

Con una pegatina diseñada por el escultor Eduardo Chillida como logotipo, el movimiento antinuclear se extiende como una mancha de aceite y en todas las ciudades, pueblos, barrios y aldeas se constituyen comités antinucleares.

ETA, que aspira a representar en exclusiva al pueblo trabajador vasco, no permanece impasible. El 25 de julio de 1974, un comando coloca en Portugalete (Vizcaya) una bomba bajo el coche de Daniel Solar Ouro, responsable de la empresa Entrecanales y Tavora, que construye la obra civil de Lemóniz. El artefacto causa daños materiales, pero la decisión de la empresa constructora y del Gobierno de seguir adelante con el proyecto es inquebrantable.

La muerte de Franco, la coronación del Rey, los nombramientos de Carlos Arias Navarro y Adolfo Suárez como presidentes del Gobierno y el anuncio de la «reforma política» desvían la atención de la banda armada hacia otros intereses durante un tiempo. «Nuestro objetivo es imponer la "ruptura democrática" y no los conflictos sectoriales. El día que la izquierda *abertzale* asuma el poder no habrá Lemóniz», declara Txomin Iturbe.

---

2. Se habla de otros dos proyectos, menos avanzados, para construir una tercera central en Ipazter, junto al río Ea (Vizcaya), y una cuarta en Tutera (Navarra), que también fueron paralizadas.

Julen Madariaga, el primer jefe del aparato militar de ETA, lo había dejado escrito en *Insurrección en Euskadi*, adaptando las enseñanzas de Confucio, el filósofo chino nacido 551 a. J.C.: «La voz del pueblo es la voz del cielo. Obtén el afecto del pueblo y obtendrás el imperio. Hay que arrastrar al pueblo hacia la guerra revolucionaria. Sin el sostén popular, no hay revolución que valga.»[3]

En 1976, el movimiento antinuclear es imparable. El 29 de agosto convoca una manifestación en Plencia y Gorliz y concentra a miles de personas. El 14 de junio del año siguiente, en plena campaña por la amnistía, hacen otro llamamiento y abarrotan la Gran Vía de Bilbao.

Obsesionada por tener al pueblo de su parte, ETA vuelve a la acción. El 18 de diciembre de 1977, un comando asalta las obras de la central y es descubierto por la Guardia Civil. Tras un tiroteo, David Álvarez, veinticinco años, nacido en Plencia, camarero, estudiante de Derecho, resulta gravemente herido. Fallece veintiséis días más tarde, el 14 de enero.

Decidida a poner a las masas a su servicio, la banda armada constituye la Coordinadora de Comités Antinucleares. De esta manera, los distintos grupos en contra de la central, muchos de ellos autónomos y descoordinados, empiezan a recibir unas directrices homogéneas. A partir de entonces declaran la «guerra total» a Iberdrola. Frente al eslogan «*Lemoniz ez*» (No a Lemóniz) de la plataforma para una Costa Vasca No Nuclear, imponen el mensaje de la violencia: «*Lemoniz apurtu*» (Destruir Lemóniz).

Para que el Gobierno empiece a tomarse en serio el asunto, el 17 de marzo de 1978 un comando penetra en las instalaciones de la central y coloca una bomba en el reactor nuclear. Dos obreros, Alberto Negro y Andrés Guerra, mueren y otros catorce resultan heridos.

La tragedia se repite al año siguiente. El 2 de junio de 1979, en una manifestación antinuclear en Tudela (Navarra), pierde la vida Gladys del Estal. La venganza de la Bestia no tarda en llegar.

3. *Insurrección en Euskadi*, Colección Cuadernos de ETA, núm. 20, 1963.

El 13 coloca otra bomba en la central y asesina al trabajador Ángel Baños España.[4]

Cada vez que intenta «golpear» al gran capital, lo que consigue ETA es matar a algún obrero y escandalizar a muchos sectores sociales que empiezan a alejarse. Las alimañas deciden entonces corregir el rumbo.

Aquel 29 de enero de 1981; José María Ryan, ingeniero industrial y uno de los 250 técnicos encargados de la supervisión de la central nuclear de Lemóniz, faltó a su puesto de trabajo.[5]

Horas más tarde, el comando «Iraultza» (Revolución) de ETA reivindica el secuestro y da ocho días de plazo para que se demuelan las obras. «Tras haber comparecido ante un consejo revolucionario, Ryan es culpable en grado máximo de los planes de Iberduero en Lemóniz. Si en ese plazo no se cumplen nuestras exigencias, será ejecutado. Los culpables serán el Gobierno e Iberduero», afirma en un comunicado.[6]

El chantaje de los pistoleros moviliza a la sociedad vasca y al PNV. El 2 de febrero, Gorka Aguirre, dirigente del Partido Nacionalista, viaja al sur de Francia. En un bar de Anglet se entrevista con Txomin Iturbe y José Luis Arrieta, *Azkoiti*.

—¿Es cierto que vosotros habéis retenido a Ryan? —pregunta.

Iturbe no contesta, pero hace un gesto afirmativo con la cabeza.

—¿Y no os parece una locura? ¿Vais a condenar a muerte a un ingeniero, a un trabajador, porque se gana la vida en una central nuclear?

El dirigente de ETA no responde, señal inequívoca de que la banda terrorista está dispuesta a todo.

—Los representantes de Iberduero quieren hablar con vosotros. ¿Os importa recibirlos? —inquiere.

---

4. El 14 de abril de 1980, dos montañeros vascos, Martín Zabaleta y Pasang Tembla, financiados por el Estado, colocan en uno de los campamentos de ascenso al Everest una *ikurriña* con el emblema de ETA y una bandera en contra de la central.

5. El mismo día fallece en Tutera (Navarra) el etarra José Ricardo Barros al manipular un artefacto con el que pretende dinamitar una subestación eléctrica.

6. *Zuzen*, núm. 5, febrero de 1981.

—Naturalmente. Ya sabes cómo encontrarnos —concluye Iturbe.

El plazo para el asesinato del ingeniero expira el 6 de febrero. De regreso a Bilbao, en un último intento por salvarle la vida, los partidos convocan una manifestación para el día 5. Los ingenieros de Lemóniz firman un comunicado asegurando que paralizarán las obras y numerosas entidades a favor de los derechos humanos se dirigen a ETA en petición de clemencia. Especialmente emotiva resulta la entrevista que TVE ofrece con la mujer del secuestrado, Josefa Murúa, quien, acompañada de dos de sus hijos, entre sollozos, suplica «piedad» y «clemencia» hacia su esposo para que sus hijos no crezcan huérfanos.

ETA sólo entiende el lenguaje de las pistolas. A las once y media de la noche del 6 de febrero, el cadáver de Ryan es encontrado en una carretera cerca de Galdákano, a diez kilómetros de Bilbao. Tiene los ojos vendados, las manos atadas a la espalda, la boca sellada con algodón y un tiro en la sien.

Horas antes del asesinato, los intermediarios de Iberduero contactan en San Juan de Luz con Txomin Iturbe. «Es demasiado tarde. La orden está dada. El desenlace es sólo cuestión de tiempo», le dicen.

El uso de la energía nuclear como fuente de producción de electricidad en tanto no se descubran vías alternativas enfrenta por unos días al nacionalismo.

El 12 de febrero, seis días después del asesinato de Ryan, el PNV emite un comunicado acusando a ETA de llevar al país a la Edad de Piedra.

> [Los vascos] no tenemos energía propia y pronto los pueblos ribereños del Esla y del Duero reclamarán su canon obligatorio de explotación, cerraremos nuestras industrias, volveremos a ser un pueblo agrícola, de emigrantes. La Pampa argentina, las llanuras de Oregón e Idaho esperan a los nuevos emigrantes empujados por la vesania de ETA, mientras Francia, Alemania, China, USA y Rusia utilizan la energía nuclear.[7]

---

7. *Euskadi*, 12 de febrero de 1981.

La banda terrorista responde con un comunicado más duro.

El PNV no puede convertir Euskadi en una reserva nuclear y a sus pobladores en rehenes de la amenaza radiactiva. Si Iberduero cuenta con servicios de seguridad, la policía y el Ejército para defender sus intereses, los sectores que nos oponemos tenemos igual derecho a hacer uso de cualquier forma de combate para que esto no suceda.[8]

Decididos a seguir el ejemplo del miembro de las Brigadas Rojas italianas Giangiacomo Feltrinelli,[9] que reparte su vida entre la *dolce vita* y la destrucción de los tendidos eléctricos, los terroristas vuelan 68 subestaciones y líneas de alta tensión entre enero y julio de 1981, dejando a amplios sectores de la población sin luz noches enteras.

Todo ello tiene un tremendo coste en vidas humanas. Una mañana, el sepulturero del cementerio de Barrika (Vizcaya) descubre un cadáver que alguien ha depositado la noche anterior. Poco después, ETA reconoce que se trata de uno de sus terroristas, Mario Álvarez Peña, hermano del primer etarra muerto en la campaña de Lemóniz. Había fallecido el 17 de marzo, al intentar volar una estación de Iberduero.

A comienzos de 1981, el presidente del Gobierno, Adolfo Suárez, y el *lehendakari*, Carlos Garaikoetxea, llegan a un pacto para solucionar el «caso Lemóniz», que deteriora el clima político durante una década.

El acuerdo consiste en desgajar la central nuclear del conjunto del patrimonio de Iberduero, crear una sociedad dirigida por los nacionalistas y ceder su gestión al Gobierno vasco.

Aceptada la oferta en líneas generales, en el mes de marzo se desplazan a Álava el ministro de Industria y Energía, Ignacio

---

8. *Zuzen*, núm. 11, agosto de 1981.
9. Editor, hijo del «mayo del 68» y miembro de la *gauche divine* milanesa, Feltrinelli dedicaba las tardes y las noches a asistir a la mayor parte de las fiestas sociales de la populosa ciudad del norte de Italia. De madrugada se dedicaba a volar torres de alta tensión hasta que los carabineros le tendieron una trampa y falleció el 12 de marzo de 1972, electrocutado, al intentar dinamitar un tendido eléctrico.

Bayón, y el presidente de Iberduero, Manuel García de Pablos. En Ajuria Enea se reúnen con el *lehendakari* y estampan su firma al pie de un documento.

El Gobierno Vasco, que acaba de crear el Ente Vasco de la Energía, integra en su proyecto la polémica central nuclear y se compromete a su terminación, su puesta en funcionamiento y a su mantenimiento.

El traspaso definitivo debe hacerse el 15 de mayo. Ese día, ETA, al tanto de pactos secretos, decide jugar un órdago a lo grande. A media mañana, Ángel Pascual Múgica, director de programas de Lemóniz, circula en su coche por el centro de Bilbao. Mientras está detenido en un semáforo, dos individuos se acercan al vehículo y le asesinan a plena luz del día sin que nadie mueva un dedo para detener a los agresores.

El nuevo asesinato representa un vuelco de 180 grados en la estrategia del Gobierno Vasco. El PNV, que creía tener resuelto el asunto con los terroristas, da marcha atrás y se niega a hacerse cargo de Lemóniz sin someterlo previamente a referéndum entre los vascos.

El control que la banda armada ejerce sobre la sociedad civil es tal que la consulta popular está perdida de antemano. El Ejecutivo de Vitoria, en consecuencia, decide arrojar a la basura los 384 000 millones de pesetas invertidos, a aceptar la derrota del Estado por un grupo de criminales.[10]

El cierre, sin embargo, no acabó con el «terrorismo eléctrico».

Alberto Muñagorri era un niño normal que, como todos los niños, disfrutaba dando patadas a cualquier objeto que encontraba a su paso.

El 26 de junio de 1982 está jugando en Rentería (Guipúzcoa). Al golpear una bolsa abandonada, la bomba que contiene explota y le arranca de cuajo las piernas, dejándole inválido de por vida.

---

10. El «efecto Lemóniz» sensibiliza hasta tal punto a los gobiernos europeos contra los grupos extremistas que en mayo de 1986 la policía alemana hiere a cuatrocientas personas al reprimir una manifestación de los «verdes» contra la energía nuclear. Interpelado en el Parlamento, Helmut Kohl comparó a Die Grünen (Los Verdes) con ETA.

ETA niega que el artefacto fuera suyo. Posteriormente, ante la presión popular, reconoce que perteneció a uno de sus comandos que pretendía volar una torre del tendido eléctrico de Iberduero. Y en el colmo de la desfachatez, echa la culpa del atentado al ayuntamiento. «Los responsables de esta desgracia son los servicios municipales de limpieza, que debían haberlo retirado a tiempo», se justifican.[11]

Tras el cierre definitivo de Lemóniz, en 1982, la banda armada colocó todavía otros 36 artefactos explosivos a instalaciones de Iberduero. Tres de sus pistoleros, José Valencia Lerga, José Javier Alemán Astiz y Sebastián Antón Tolosa, pierden la vida manipulando la Goma-2.

La «batalla de Lemóniz» se salda así con 14 muertos y 31 heridos, sin contar los policías y guardia civiles que fallecen en enfrentamientos con ETA en esa época y que no aparecen contabilizados en el balance de la central nuclear. Es el tremendo tributo de sangre que la organización mafiosa se cobra en un intento de ganarse a un amplio sector de la población civil.

El 21 de mayo de 1986, el diputado general de Guipúzcoa, Imanol Murúa, y el presidente de la Diputación Foral de Navarra, Gabriel Urralburu, acompañados de sus respectivos séquitos,[12] se reúnen en Ventas de Muguiro, en la frontera entre las provincias de Guipúzcoa y Navarra.

Con este encuentro se pretende sellar un pacto entre las diputaciones para construir la autovía que una Pamplona con San Sebastián por el valle de Leizarán, aprovechando los tramos ya construidos.[13] «Las obras comenzarán en 1988 y finalizarán en 1992», informa al día siguiente *Egin*.

Tras la firma del acuerdo, los regidores de las dos provincias resaltan la importancia de la obra que viene a poner fin al secular

---

11. Comunicado de ETA al Pueblo Vasco, *Egin*, 7 de mayo de 1982.
12. El consejero de Obras Públicas del Gobierno foral, José Javier Arraiza, el director general José Ignacio Puras, el alcalde de Larraun, Manuel Barbería, el diputado guipuzcoano de política territorial Martín Elizasu, el diputado de economía Xabier Albistur y el director general de carreteras de la Diputación, Luis de los Mozos.
13. Pamplona-Irurzun y Tolosa-Donostia.

aislamiento entre Navarra y Guipúzcoa.[14] Murúa señala: «En los próximos días, el proyecto se someterá a información pública para que los vecinos opinen. Desde la Diputación no escatimaremos medios para corregir lo que haga falta y reducir el impacto medioambiental.» «Políticamente, nadie discute la necesidad de la autovía, y no me parece seria una oposición a la obra por razones ecológicas», agrega Gabriel Urralburu.

Todo el mundo, incluidos los editorialistas del diario *Egin*, el periódico de la izquierda *abertzale*, está de acuerdo sobre la trascendencia del pacto que acaba de firmarse.[15]

Días antes de la firma del pacto, el 25 de abril de 1986, un grupo de ecologistas, montañeros, concejales, alcaldes y algún campesino despistado, acaudillados por el concejal de Herri Batasuna por Tolosa Jonan Fernández, se congregan en el café Frontón de la localidad.

Los asistentes no llegan a las treinta personas[16] y su única obsesión es que el valle de Leizarán, de 74 hectáreas, incardinado en los municipios de Andoain, Villabona, Berasátegui y Elduain, por el que ha de discurrir la obra, no se toque y se convierta en parque natural.[17]

Considerándose a sí mismos la «voz del pueblo», los congregados crean la Coordinadora Anti-autovía y deciden plantar cara al Gobierno central, Gobierno vasco, Diputación de Navarra y Diputación Foral de Guipúzcoa para que la autovía no se construya.

«La autovía de Leizarán forma parte de las imposiciones del Comité de Planes de la OTAN al Gobierno español para crear co-

---

14. El transporte de viajeros y mercancías se hace entonces por la carretera Irún-Vera de Bidasoa-Velate-Pamplona, o por el llamado «corredor de Sacarna» (Donostia-Andoain-Villabona-Tolosa-Idiazábal-Alsasua-Extarri-Aranaz-Irutzun-Pamplona). Ambas vías eran de un solo carril y con un trazado muy antiguo, por lo que, en días de mucho tráfico, en un trayecto de 45 minutos se podían invertir dos y tres horas.
15. Véase *Egin* del 24 de mayo de 1996 y días siguientes.
16. Jonan Fernández, *La autovía en el espejo*, Txalaparta, 1989.
17. Una vez construida la autovía, por el Decreto 416/95, el Gobierno vasco decide convertir la zona en parque natural. Se unía así a los de Aralar y Ayako Harria (Guipúzcoa), Urdaibai y Urkiola (Vizcaya), Valderejo, Itxina, Gorbea y Lagunas de Laguardia (Álava).

rredores rápidos entre el Cantábrico y el Mediterráneo por los que puedan avanzar los tanques de la Alianza», razona Fernández, apoyándose en el «caldo de cerebro» de un articulista de *Diario16* a comienzos de 1983.[18] «¿No es lógico pensar que los intereses de la OTAN se cocieron en Madrid en 1977, [...] cuando se define [por primera vez] la autovía a Navarra?»[19]

Frente al criterio profesional de los ingenieros de las diputaciones de Navarra y Guipúzcoa, la Coordinadora tiene una propuesta que ofrecer a los ciudadanos: la llamada «Alternativa Lurraldea», plasmada en un documento de seis puntos.[20] Consiste, esencialmente, en dejar las cosas como están, no hacer nada salvo retocar levemente las redes de carreteras ya existentes. Para dar un toque de populismo a su propuesta, abogan por suprimir los peajes de las autopistas y potenciar el transporte público. Así, si no hay coches, para qué hacer autovías.

El fin de semana del 28 y 29 de junio de 1986, la Coordinadora Anti-autovía realiza su primera marcha de protesta en Lekumberri y reúne a doscientas personas. Aun así, se sienten legitimados para oponerse a las instituciones democráticas del País Vasco y Navarra y siguen adelante.

Lo que empezó como la protesta de un grupo de ecologistas chalados, de batasunos antisistema, miembros de LKI, EMK, Batzarre, anarquistas, antiguos miembros de ETA a los que nadie presta interés, acaba en un movimiento antiautopista.

Así, entre 1986 y 1989 convocan treinta ruedas de prensa, trescientas treinta charlas, construyen una maqueta de veinte metros cuadrados sobre el impacto de la obra en Leizarán, promueven una obra teatral contra la autovía, editan cerca de doscientos mil folletos y trípticos, noventa movilizaciones y nueve grandes manifestaciones, alquilan un autobús y viajan a Estrasburgo y escriben centenares de artículos de prensa.

En ese período atraen a sus filas a intelectuales, como Mario

---

18. La OTAN urge a España que modernice y amplíe sus bases, puertos y carreteras. *Diario 16*, 15 de enero de 1983.
19. Jonan Fernández, *La autovía en el espejo*, Txalaparta, 1989.
20. Mejora del corredor del Araxes, mejora del acceso Irún-Bera-Velate-Pamplona, mejora del «corredor de Sacarna», Leizarán, parque natural, mejora de los accesos locales y comarcales, y desaparición de los peajes en las autopistas vascas ya existentes, e impulso del transporte público.

Gabiria,[21] al jesuita y antropólogo José Miguel Barandiarán, y otros y logran minar las bases del PNV, Eusko Alkartasuna y Euskadiko Ezkerra en los pueblos del valle de Leizarán y alrededores: Villabona, Leiza, Andoain, Tolosa, Irurzun, Oyarzun, Elgóibar, Hernani, municipios casi todos ellos controlados por la izquierda filoetarra, y conducirlos hacia las tesis de la Coordinadora Lurraldea.

Y es que todo aquel planteamiento de un País Vasco, incluida Navarra, pastoril, bucólico, de amor a la tierra y al paisaje es un instrumento más de Herri Batasuna y ETA para imponer la ruptura frente a los que defiende un País Vasco moderno y gobernado por el Estatuto de Autonomía de Gernika.

En la primera quincena de septiembre de 1989, el consejero de Obras Públicas de la Diputación Foral de Navarra, Antonio Aragón, recibe un paquete-bomba en su despacho oficial. Por las mismas fechas, un petardo de escasa potencia destruye una caseta de una de las empresas encargada de los desmontes de la autovía de Leizarán.

Durante unos días, nadie se hace responsable del envío y la colocación de las bombas. Hasta el domingo 19 de septiembre de 1989. Ese día, el diario *Egin* publica un comunicado de ETA reivindicando la paternidad de los artefactos y anunciando sus intenciones de ponerse al lado de la Coordinadora Anti-autovía y frente a las instituciones del País Vasco, democráticamente elegidas.

Es el segundo desafío de la banda armada desde la central nuclear de Lemóniz. Por si alguien tiene dudas de las intenciones de los terroristas de instrumentalizar en beneficio propio los movimientos populares de los pueblos del valle de Leizarán, el 16 de octubre y el 12 de noviembre la dirección de ETA emite otros dos comunicados amenazando a los ingenieros y técnicos de la obra.

«Conociendo la trayectoria de ETA, creo que ha entrado en serio en este tema. Nadie puede afirmar que la decisión de esta

---

21. Autor de diversos libros, como *El buen salvaje*, Colección El Viejo Topo, Ediciones 2001, 1981.

organización de intervenir en el conflicto de las comunicaciones Nafarroa-Gipuzkoa constituyan una falsa alarma», anuncia Jonan Fernández.

La tercera prueba de que los terroristas van en serio se produce el 18 de noviembre, seis días después del tercer comunicado de los pistoleros. La Coordinadora Lurraldea convoca ese día una manifestación en San Sebastián. Al día siguiente, el diario *Egin* destaca la participación de la trama civil de ETA en la marcha. «Tras un féretro que representaba la autovía, iban los miembros de la Mesa Nacional de Herri Batasuna José Luis Álvarez Enparanza, Iñaki Altuna, José María Olarra, Gorka Martínez y Rufi Etxebarría.»

El año 1993 fue muy duro para los terroristas. Meses antes, su troika dirigente ha sido detenida en Bidart (Francia) y el aislamiento de Herri Batasuna y sus organizaciones de masas, por la aplicación del pacto de Ajuria Enea, tiene efectos catastróficos en sus bases políticas.

En este contexto, PSOE y PNV ponen en marcha el «plan Azkoiti»[22] para buscar una salida negociada al terrorismo y una vía de escape lo menos humillante posible a muchos de sus activistas.

El PNV, sin embargo, juega a dos barajas, y mientras sus dirigentes declaran que «la banda terrorista se encuentra peor que nunca», Xabier Arzalluz le ofrece un balón de oxígeno pactando con sus dirigentes el trazado de la autovía de Leizarán y el reparto de las instituciones en la provincia de Guipúzcoa, con el fin de acabar con la hegemonía de Eusko Alkartasuna en este *herrialde*.

El grupo de pistoleros, que lleva meses dinamitando la maquinaria de las empresas constructoras de la obra, gana así su segunda gran batalla para que ningún resquicio de la sociedad civil vasca escape a su control. En los meses siguientes tendrá que afrontar otras pruebas de fuego.

---

22. Llamado así al pactarse con José Luis Arrieta Zubimendi, *Azkoiti*, un ex militante de EGI, las juventudes del PNV, preso en la cárcel de La Santé, en las afueras de París.

El 6 de julio de 1993, los trabajadores de la empresa Ikusi colocaron un letrero en la fachada de la fábrica, emplazada en Martutene (San Sebastián). El letrero decía: «En Ikusi falta uno.»

Veinticuatro horas antes, como se ha expuesto anteriormente, ETA secuestraba en su casa de San Sebastián a Julio Iglesias Zamora, ejecutivo de la compañía dedicada a la fabricación de componentes electrónicos, y volvía a colocar en vilo a la sociedad vasca.

Decididos a sacudirse de una vez por todas el yugo del terrorismo, durante los 172 días que dura el cautiverio, tras veinticinco años de aguantar estoicamente la violencia, las fuerzas democráticas deciden plantar cara a ETA en la calle. Mientras el presidente del PNV afirma que está dispuesto a pedir a los militantes de su partido que salgan a buscarlo «casa por casa, lonja por lonja», Ramón Jáuregui, vicepresidente del Gobierno vasco, agrega: «HB, LAB y otras organizaciones que están beneficiándose de esta situación no pueden salir indemnes de esto, tienen que pagarlo política y socialmente.»

Dispuestos a acaudillar una rebelión del pueblo contra el terrorismo, dirigentes políticos, sindicatos, trabajadores de Ikusi y vecinos en general de San Sebastián ceden el protagonismo a organizaciones pacifistas como Gesto por la Paz, Plataforma Cívica Bakea Orain, Iniciativa Ciudadana, Asociación de Víctimas del Terrorismo, Manos Blancas, Denon Artean-Paz y Reconciliación, Gernika Gogoratuz[23] y salen a las calles a manifestarse en contra de la banda armada.

La respuesta ciudadana sobrepasa los límites de lo esperado. En pocos días se pone de moda el lazo azul como símbolo de que hay una persona privada de su libertad por un grupo de criminales[24] y el emblema encabeza la portada de los periódicos, la cabe-

---

23. Bakea Orain, organización pacifista creada en 1992; Basta Ya Iniciativa Ciudadana; Gesto por la Paz, inscrita en 1982; Denón Artean, organización pacifista de Donostia; Gernika Gogoratuz, centro de estudios para la paz creado en 1998 por el Parlamento vasco.

24. Iniciativa copiada de Estados Unidos, que durante la guerra del Vietnam atan un lazo en los árboles de sus casas como símbolo de esperanza en el fin de la contienda y para reivindicar la vuelta de los soldados obligados a luchar en Indochina.

cera de los informativos, y su uso se generaliza en amplios sectores de la población.

A comienzos de septiembre se crea una plataforma ciudadana por la liberación de Julio Iglesias, y el 4 de ese mes se unen artistas, escritores y deportistas vascos que, años más tarde, tras el asesinato de Miguel Ángel Blanco, acabarían en su mayoría en el Foro de Ermua.[25] Poco después, una gran manifestación con los representantes del Gobierno vasco, las diputaciones forales, ayuntamientos, sindicatos y personas de toda clase y condición social recorre las calles de San Sebastián coreando gritos contra ETA.[26]

¿Iban la banda armada, Herri Batasuna y el sindicato LAB a permitir que los *maketos*, sus hijos y los «cipayos del PNV» los echaran de «sus» calles y plazas? ¿Estaban dispuestos a tolerar que la asfixia impuesta por el Pacto de Ajuria Enea a sus dirigentes en las instituciones se trasladara a los barrios, fábricas, medios de comunicación y fiestas populares?

En uno de sus comunicados internos, la organización terrorista lo deja suficientemente claro a todos sus militantes. «Lo que se pretende con el lazo azul no es que dejemos libre a Iglesias Zamora, sino echarnos de las calles y recluirnos en un gueto. Con el argumento de defender los derechos de una sola persona pretenden secuestrar a todo un pueblo y fomentar el enfrentamiento civil entre vascos. Si lo consiguen, con la ayuda de los cipayos del PNV, Euskadi estará condenada a convertirse para siempre en una provincia española.»[27]

El 10 de agosto, treinta y cuatro días después del secuestro, los dirigentes de HB, Jarrai y LAB acuerdan no permanecer más tiempo de brazos cruzados. Establecen piquetes en el casco viejo de Bilbao y agreden a todas aquellas personas que llevan el lazo

---

25. Escritores como Bernardo Atxaga o Xabier Gereño, intelectuales de la talla de Fernando Savater, Manuel Tuñón de Lara (fallecido), Julio Caro Baroja (también fallecido), artistas del prestigio de Eduardo Chillida y Agustín Ibarrola, deportistas como Maite Zúñiga, José Luis Ugarte, Teresa Motos, Leite Aramburu, Luis Peña Ganchegui, o el cantante Imanol.

26. Cuarenta y cinco mil personas según *Egin* y setenta mil según el resto de la prensa.

27. Reflexiones sobre el caso Zamora, Papeles de José María Dorronsoro, Saint Denis (Francia), 1993.

azul en la solapa. «Las palizas refuerzan la necesidad de diálogo», editorializa posteriormente *Egin*.

La campaña de hostigamiento a los demócratas se mantendrá hasta el final del secuestro. Entretanto, para distinguirse de los que defienden la libertad del empresario, los dirigentes de Batasuna, en un claro desafío a la legalidad y al Estado de Derecho, fabrican una pegatina con el eslogan «Julio paga», que empiezan a distribuir en comercios, bares y entre los vecinos.

La guerra de lazos había comenzado. Los defensores de ETA dan un paso más. Cuatro días más tarde, el 14 de agosto, durante la Salve donostiarra, en el día mayor de las fiestas a la Virgen, intentan boicotear el acto. Al no conseguirlo, se manifiestan en favor del secuestro del industrial guipuzcoano y golpean a varios trabajadores de Ikusi, a los que acusan de esquiroles y enemigos del pueblo vasco.

Dispuestos a convertir el acto más execrable, inhumano y humillante que pueda cometerse contra un ser humano en un motivo de exaltación del terrorismo, propio de mentes trastornadas, ese día, durante la lectura del pregón de las fiestas de Bilbao, los dirigentes de Herri Batasuna interrumpen varias veces la velada al grito de «Julio, paga lo que debes».

Tras la manifestación de los demócratas para pedir la libertad del directivo de Ikusi, el 30 de agosto la base social de Herri Batasuna decide responder con la misma moneda y salen a la calle a manifestarse a favor del chantaje y la extorsión. «No sé de qué se quejan los empresarios. El Estado español les exige el 35 % de sus beneficios para mantener todo un aparato represivo y pagan sin rechistar. Lo que ETA les pide, en cambio, es sólo el uno por ciento, y se resisten cuando nuestro "impuesto patriótico" va destinado a liberar al pueblo», protesta la banda terrorista ante tanta incomprensión.

Lo más aberrante de este episodio es que, tras la liberación de Iglesias Zamora, algunos exegetas de la violencia tratan de presentar la extorsión y el chantaje a un empresario como un gigantesco secuestro del antiabertzalismo por quienes han tenido la valentía de condenar por primera vez sus métodos. «Es necesario desenmascarar a los partidos del Pacto, a sus periodistas de la gleba, a su sindicalismo colaboracionista y a su intención de desarrollar un Estado vasco policíaco. [...] Las conclusiones que se sacan del conflicto Iglesias es que mientras no seamos capaces de librarnos de ellos y de toda la ineficacia y el retraso histórico que representan, el futuro de los vascos tiene muy pocas posibilidades de solucionarse de forma pacífica», escribe Iñaki Alsasua en el libro *¡Secuestrados!*[28]

El «caso Iglesias Zamora», en libertad desde el 29 de octubre, fue el primer ensayo general de ETA de imponer su control de las calles del País Vasco. Dos años más tarde volverán a intentarlo.

Decenas de miles de personas, de cualquier origen y condición social, se manifiestan el jueves 20 de mayo de 1995 por las calles de San Sebastián para exigir a ETA la liberación del industrial guipuzcoano José María Aldaya.

Propietario de la empresa de transportes Aldritrans, Aldaya ha sido secuestrado doce días antes cuando regresaba de su trabajo a su domicilio, en la urbanización Jaizkibel de Irún. ETA, en lugar de asumir el «clamor popular» de los vascos que dice representar, se encierra en su caparazón y mantiene el cautiverio durante once meses.

En ese período, la sociedad vasca sale de nuevo a la calle a recriminar a los terroristas su crueldad. Todos los jueves, centenares de personas portando el lazo azul en la solapa se manifiestan en silencio en la plaza del Buen Pastor de Donostia para exigir la puesta en libertad de uno de sus convecinos.

Los pistoleros, decididos a impedir por segunda vez que «los representantes del fascismo español, con el apoyo de los cipayos del PNV», se hagan con el control de la calle, ordenan a Herri Batasuna, al sindicato LAB, Gestoras Pro Amnistía, Jarrai y al resto de sus organizaciones satélites que organicen contramanifestaciones en el mismo lugar y a la misma hora.

Así, con la aquiescencia de algún juez que asegura en un auto que «celebrar una manifestación el mismo día y a la misma hora frente a otra de signo contrario no constituye delito», el 29 de ese

---

28. *¡Secuestrados! 117 días en la encrucijada vasca*, libro escrito por el colectivo Ricardo Zabalza (los periodistas Iñaki Iriondo, Fernando Alonso, Antxón Zeberio, Aintzarne Alberdi, José María Caminos y el escritor Iñaki Alsasua), Txalaparta, 1995.

mes HB celebra una asamblea en la plaza Aita Donostia, presidida por Rufi Etxebarría y José María Olarra, y decide plantar cara a los promotores de la iniciativa a favor de la libertad de Aldaya.[29]

El jueves 5 de octubre, en el momento en que comienzan a concentrarse en silencio los manifestantes pacifistas, doscientas personas se colocan enfrente en actitud amenazante. A pesar de estar prohibida por la Consejería de Interior, los alborotadores comienzan a gritar: «ETA, mátalos», *«Gora ETA militarra»*, «Contra la represión, coche-bomba, solución», «Esos de ahí enfrente torturan a la gente», «Los asesinos llevan lazo azul» o «Atutxa, fascista, el próximo en la lista».

Para evitar provocaciones e incidentes, los pacifistas deciden cambiar de escenario y se encuentran con que los de HB, con Rufi Etxebarría, Joseba Álvarez, Itziar Aizpurúa, Joseba Permach, Roberto Sampedro, José María Olarra, Kepa Landa o Rafael Díez Usabiaga a la cabeza, los siguen a todas partes.

El consejero de Interior, Juan María Atutxa, ordena disolver a los grupos de ilegales. La reacción del entorno de ETA no se hace esperar. «Lo ocurrido es una expresión gráfica significativa de cómo se impone España en Euskal Herría», declara Tasio Erkizia. «[El PNV] está equivocado si piensa que mientras en esta sociedad se apalea salvajemente a la izquierda *abertzale* sus dirigentes van a poder vivir tranquilamente, porque no vamos a permitirlo», advierte Carlos Rodríguez. Por su parte, Juan Mari Olano, portavoz de Gestoras Pro Amnistía, agrega: «Atutxa tiene un concepto del orden público absolutamente fascista y debe desaparecer porque es un peligro para los hombres y mujeres de este país.»

HB trata de criminalizar a la Ertzaintza en el Parlamento y de aislarla políticamente para que no cumpla sus funciones. El 24 de octubre, Karmelo Landa interpela al consejero de Interior. Como si fuera un delito, le acusa de dar instrucciones a la policía vasca para ayudar a la Guardia Civil a capturar al comando «Donosti». «Sometida a la Guardia Civil, la Ertzaintza está recorriendo un camino siniestro. Y es que su trayectoria como consejero de Interior está sembrada de muertos», concluye.

---

29. Atestado de 121 folios entregado por la Ertzaintza en el Juzgado de Guardia de San Sebastián el 11 de octubre de 1995.

«Los únicos que están sometidos a alguna fuerza armada son usted y su entorno. Antes de venir a hablar de hipotéticas torturas de la Ertzaintza, piense que los únicos que alientan, aplauden e incluso marcan la estrategia de la más atroz de las torturas, el secuestro de Aldaya, son ustedes», responde Atutxa.

Ante este cúmulo de presiones y amenazas, la Ertzaintza recibe órdenes de no intervenir. Y así, durante diez meses se produce el espectáculo bochornoso de que mientras un grupo de pacíficos ciudadanos reclaman con su presencia la libertad de Aldaya, los colaboradores de los pistoleros de ETA, situados a menos de cincuenta metros de distancia, les increpan, insultan, amenazan y agreden[30] ante la pasividad de la policía autónoma, que se dedica a contemplar impasible el espectáculo.

Y, encima, tienen la desfachatez de protestar porque sus derechos de extorsionar, dar el tiro en la nuca y asesinar a sus adversarios mediante coches-bomba se ven coartados. Veamos un ejemplo:

> Oportunista y despótico, el lazo [azul] con el que nos fustigan desde sus solapas simboliza el rechazo, el revanchismo, el nuevo aplastamiento. Ha sido el banderín de enganche contra ETA, nacido de la alcantarilla y el desecho, los dos colmillos sobre el corazón eran la congénita incapacidad de diálogo, multiplicada estos días, de espera enfermiza en una solución policial sangrienta. Los laceros promotores esperaron el desenlace policial, la embestida que hubiera convertido el alba en rojo. [...] Gobernadores y sátrapas, abogadillos constituyentes, decanos y rectores tiranuelos de comunidad de vecinos, socios de *batzoki* españolizados, intelectuales de la *créme*, pringados de la calle y el vino tinto, tontos inútiles, becados del fascismo, sotacuras, prestamistas, obreros coagulados, socialistas sin causa, monárquicos y falangistas, empresarios sidos y por ser, soñadores de subsecretarías... Toda la carie y gangrena sociológica del felipismo, todos los godos vascongados han conseguido defecar al unísono en un color [el azul], hasta

---

30. Según *Egin*, en ese período se producen más de 390 agresiones, palizas y apaleamientos a manifestantes que se ocultan sistemáticamente para que no cunda el pánico entre los miembros de los colectivos pacifistas que portan el lazo azul.

ayer noble. Gente de buena voluntad, que los hubo, pasaron desapercibidos entre tanta suciedad.[31]

Neutralizada la Ertzaintza, Herri Batasuna, Jarrai, Gestoras Pro Amnistía y LAB vuelven a hacerse con el control de la calle, la llave para imponer el miedo y la coacción en sentadas, manifestaciones, algaradas, o quemando cajeros y autobuses a la sociedad en general.

A finales de los setenta, en la localidad vizcaína de Durango, un grupo de vecinos decididos a defenderse de lo que entonces se llamaban «los incontrolados» crea un grupúsculo terrorista denominado Herriko Autodefensa Komiteak (Comité de Autodefensa del Pueblo).

El comando, al que pertenecen alrededor de una docena de personas, sale muchas noches de patrulla por el pueblo a la «caza» de grupos parapoliciales, armados con una metralleta Mat y tres pistolas, una Stein, otra Browning y una tercera Walter PK-38.

Al poco tiempo, ETA se entera de su existencia, habla con uno de sus miembros y los conmina a entrar en su organización. Como varios de los integrantes se niegan, optan por la vía expeditiva.

Infiltran a uno de sus terroristas en la banda y una noche, tras una batida, les roba las armas y el comité queda disuelto. Y es que la organización del hacha y la serpiente no está dispuesta a admitir que otras personas le hagan la competencia al margen de su influencia.

Decididos a aplicar la máxima «lo que no controlas, lo destruyes», la banda terrorista ejerce su influencia prácticamente sobre la mayoría de los grupos ecologistas, de defensa del medio ambiente, de ayuda al Tercer Mundo, antimilitaristas, anti-OTAN, antinucleares, antidroga, de desobediencia civil, de defensa del medio rural vasco, así como colectivos importantes de enseñantes, alumnos, abogados, arquitectos y otros profesionales.

De esta manera, mientras en el resto de los países occidenta-

---

31. Colectivo Ricardo Zabala, *¡Secuestrados!* Txalaparta, 1995.

les, y en otras comunidades autónomas como Cataluña, Andalucía y Madrid, han surgido numerosos grupos antiglobalización y antisistema, en Euskadi es ETA la que coordina y dirige ese conglomerado de siglas y los manda a boicotear las cumbres del G-9 o las reuniones semestrales de los jefes de Estado y de Gobierno de la Comunidad Europea.

Y es que el afán de los criminales *abertzales* por tener en sus manos todos los resortes que le puedan dar algún poder no tiene límites.

El 30 de abril de 1995, la Fiscalía de la Audiencia Provincial de San Sebastián presenta una denuncia contra treinta ayuntamientos guipuzcoanos por su negativa a colaborar en el reclutamiento de los jóvenes que deben cumplir el servicio militar.

En su escrito, el fiscal Luis Navajas les imputa un delito de denegación de auxilio a la justicia, lo que, según el Código Penal vigente, llevaba aparejada la suspensión de cargo público y una multa de hasta 500 000 pesetas.[32]

La mayoría de los ayuntamientos afectados por la denuncia están gobernados por alcaldes de Herri Batasuna, Eusko Alkartasuna y PNV,[33] y en los últimos años han dejado de tallar a los mozos y de remitir los estadillos correspondientes a la cajas de reclutamiento de los respectivos gobiernos militares.

La decisión del fiscal Navajas es sólo el comienzo. El 18 de enero de 1998, el Juzgado de lo Penal número 3 de la Audiencia Provincial de Vizcaya abre juicio oral contra el alcalde de Ajangiz, Juan Pedro Urízar, de HB, por el mismo motivo. El 27 de agosto es el responsable de la corporación de Zestona (Guipúzcoa), Santiago Sagarzazu, el que tiene que sentarse en el banquillo por no colaborar con las FAS, al igual que ocurre con los alcaldes de Bakaiku, Orbaizeta y Echarri Aranaz (Navarra), y otros condenados por el mismo delito.

---

32. Artículo 371 del Código Penal.
33. Mondragón (HB), Alegría (HB), Lezo (HB), Orendain (HB), Aizarnazábal (HB), Aretxabaleta (HB), Asteasu (PNV), Ataún (Indpte.), Belaúnza (HB), Billabona (HB), Regil (Indpte.), Gaínza (Indpte.), Hernani (HB), Fuenterrabía (PNV), Leaburu (HB), Lizartza (HB), Ibarra (HB), Ikaztegieta (Indpte.), Oyarzun (HB), Olaberría (Indpte.), Pasajes (HB), Usurbil (HB), Zaldibia (HB), Zegama (PNV), Cestona (HB), Zizurkil (HB) y Zumárraga (PNV).

El rechazo a colaborar con las Fuerzas Armadas fue una de las primeras estrategias de desobediencia civil iniciadas por Herri Batasuna desde las instituciones en las que gobiernan en contra del Estado. La decisión forma parte de sus planes de crear zonas liberadas y ámbitos de contrapoder nacionalista *abertzale* en el País Vasco. Pero el fenómeno afecta a otros campos políticos, sociales y económicos.

Acudía a un mitin a celebrar en el frontón Beotibar para las elecciones municipales del 28 de mayo en la localidad guipuzcoana de Tolosa cuando agentes de la Ertzaintza procedieron a su detención.

Eran las ocho de la tarde del 23 de mayo de 1995. La policía autónoma cumplía orden de la Sala de lo Civil y Penal del Tribunal Superior de Justicia del País Vasco. El detenido, Mikel Zubimendi, miembro de la Mesa Nacional de HB y parlamentario autónomo, se había negado a sentarse días antes en el banquillo acusado de insumisión por negarse a hacer el servicio militar,[34] delito por el que el fiscal le pide una pena de dos años y cuatro meses y un día de cárcel.

En un claro desafío al tribunal, horas antes de su detención Zubimendi declaró: «No voy a presentarme ante ese tribunal de castigo, que no entiende de justicia, ni hoy ni nunca. No he cometido ningún delito, ya que no es delito negarse a ser secuestrado de forma permanente, y la mili es un secuestro.»[35]

Al tiempo que no tiene reparos para amenazar a sus adversarios políticos y arrojar un saco de cal viva en el escaño del entonces consejero de Justicia, el socialista Ramón Jáuregui, en el Parlamento vasco, Zubimendi es uno más de los 3 500 insumisos del País Vasco que se niegan a hacer el servicio militar obligatorio o el servicio social sustitutorio, aprobado por ley en 1984.

Con una población de poco más de dos millones de habitantes, Álava, Guipúzcoa y Vizcaya se convierten así en la región de

---

34. En febrero de 1992 se había negado a presentarse en el cuartel de Soietxe, en Mungía (Vizcaya), a cumplir el servicio en filas.

35. El diputado autonómico acudió a la constitución del parlamento con una camiseta que decía «*Zipaioak hiltzaleak*» (Cipayos asesinos), en relación a la policía autónoma.

España donde mayor número de objetores de conciencia e insumisos existen en esos momentos.[36] Una situación que no se produce por azar sino por la acción directa de ETA.

En efecto, en un principio la banda terrorista vio en el movimiento antimilitarista un peligro para la continuidad de su organización por los valores antibélicos y pacifistas que encarna el rechazo al servicio militar y el cierto grado de «pasotismo» que imbuye en la juventud. Sin embargo, ante el temor a ser desbordados por otros grupos de izquierda, asumió el reto y enarboló la antorcha de la desobediencia. El 20 de noviembre de 1993, Jarrai se suma así al movimiento de insumisos, presta asistencia jurídica a sus miembros y pide, incluso, la desaparición del Ministerio de Defensa español.

Los cachorros de ETA, sin embargo, se adoctrinan diferenciando dos clases de violencia: la ilegal, practicada por las clases dominantes contra las populares con sus ejércitos como elemento de sumisión, y la violencia legítima, la que ejecuta la organización terrorista, encaminada a la liberación política y social de los vascos de todo tipo de opresión.

El editor y escritor Xabier Mendiguren Elizegi lo explicaba gráficamente en 1998 en su relato *Gure barrica* (Nuestro barrio): «En la escuela, en la catequesis, nos decían que matar estaba mal, pero eso valía para cuando uno mataba a otro, no sin embargo para el caso en que uno de ETA mataba a un policía: eso era la guerra, y nosotros ya sabíamos, porque lo teníamos visto en mil películas, que en la guerra el bueno mata al malo, porque se lo merece y porque tiene que ser así.»

La objeción de conciencia y la insumisión se presentan por el terrorismo como un rechazo a formar parte del Ejército español, identificando a las Fuerzas Armadas con el franquismo y la opresión del «ser» y la «capacidad de decidir» del pueblo vasco. Negándose a ir a filas, los vascos contribuyen no sólo a reducir la violencia institucional que representa el Ejército sino que, además, ensanchan la «cultura a la resistencia» y el odio a todo lo español que impregna a una parte de la sociedad vasca desde los tiempos de Sabino Arana.

---

36. El número total de objetores en toda España era de 5 500. En 1997 asciende a más de 50 000 personas.

De ahí que en la década de los noventa, desde los *gaztetxes* (centros juveniles), *herriko* tabernas, sedes de Herri Batasuna y locales de Gestoras Pro Amnistía, se ponga en marcha toda una campaña encaminada a persuadir a la juventud de que la objeción de conciencia y la insumisión son algo más que un acto de «desobediencia civil». Constituyen un servicio a la causa del pueblo vasco[37] compatible con la existencia de una organización terrorista que asesina niños, coloca bombas en el centro de las grandes ciudades e impone sus planes a tiro limpio.

Con 3 818 habitantes, Salvatierra/Agurain es uno de los feudos del PNV en la comarca de la Llanada Alavesa, donde controla además los municipios limítrofes de Iruraitz, Arraia y San Millán.

Al alcalde, Ignacio María Beraza Zufiaur, un individuo nacido en Vitoria hace cuarenta y ocho años, probablemente nadie pueda acusarle de falta de autoridad. Entre 1990 y 1999 se niega a remitir las actas de los plenos municipales al Gobierno Civil de Vitoria y, al ser suprimido éste, a la Subdelegación del Gobierno.

Durante ese tiempo, el representante del Gobierno central en la provincia le requirió, en nueve ocasiones, sobre el cumplimiento de la Ley de Bases del Régimen Local,[38] recordándole la obligación de enviar en los seis días siguientes a las reuniones municipales copia certificada por la secretaría reflejando, en lenguaje comprensible, los acuerdos adoptados tanto por la junta de Gobierno como por el pleno.

Dispuesto a desafiar la autoridad del Estado, el 28 de octubre de 1999 Beraza reúne al pleno de la corporación, integrado por seis miembros de la coalición PNV-EA, tres de Batasuna y dos de PP y PSOE, y toma la siguiente decisión: «No remitir copia o en

---

[37]. Donald Eberly, *The moral equivalent of War? A study of Non-Military Service in Nine Nations*. Westport (Conn.), Greenwood, 1990; Ramón Ajangiz, *La opinión pública ante la objeción de conciencia y lo militar*, UPV, 1994; C. Manzanos y J. Pascual, *Objetores e insumisos*, Eusko Jaurlaritza, Álava, 1991; Tom Gallagher, *Autonomy in Spain: lesson for Britain?*, Oxford University, 1991.

[38]. Artículo 56: «Las entidades locales tienen el deber de remitir a las administraciones del Estado y de las comunidades autónomas, en los plazos y forma que se determinen, copia o extracto comprensivo de los actos y acuerdos de las mismas. Los presidentes y los secretarios de las corporaciones serán responsables del cumplimiento de este deber.»

su caso extracto comprensivo de los actos, decretos y acuerdos adoptados por dicha corporación y su presidente y prohibir la remisión de los mismos a la Secretaría del Ayuntamiento.»

Al tener conocimiento de los hechos, el delegado del Gobierno en el País Vasco, Enrique Villar, presenta denuncia ante la fiscalía, y el Juzgado de Instrucción número 2 de Vitoria incoa diligencias por un presunto delito de prevaricación del que acabaría absuelto años después.

El Ayuntamiento de Salvatiera es uno de los muchos casos de corporaciones municipales nacionalistas, especialmente las gobernadas por Herri Batasuna, que llevan lustros funcionando como pequeños reinos de taifas, al margen del Estado de Derecho,[39] como si fueran territorios liberados de ETA.

No sólo no informan al Gobierno vasco ni al central de sus decisiones, sino que muchos de ellos han impuesto el euskera como lengua única y exclusiva, vulnerando la jurisprudencia del Tribunal Constitucional, nombran a sus secretarias e interventores a dedo, conceden ayudas a los asesinos de ETA, les rinden homenajes públicos, los nombran hijos adoptivos y dan su nombre a calles y plazas de la localidad.[40]

---

39. HB controla 44 ayuntamientos (2 en Álava, 10 en Vizcaya y 32 en Guipúzcoa), con un total de 654 concejales (52 en Álava, 285 en Vizcaya y 321 en Guipúzcoa). Su principal zona de influencia por el poder económico de la región es el Alto Deba, donde poseen los ayuntamientos de Mondragón, Arretxabaleta, Antzuola (Guipúzcoa), Elorrio (Vizcaya) y Leguitiano (Álava), y son la segunda fuerza, tras el PNV, en Bergara (5 concejales). La segunda comarca en importancia económica (pero la primera desde el punto de vista político) es la zona de Tolosa, donde HB es fuerza mayoritaria en 14 de los 29 ayuntamientos (Zizurkil, Villabona, Tolosa, Orexa, Orendain, Lizartza, Leaburu, Irura, Ibarra, Elduain, Belauntza, Anoeta, Amezketa y Altzo). Varios de estos pueblos son limítrofes con los municipios de Hernani, Andoain, Astigarraga, Pasajes, Lezo, Oyarzun y Uzurbil (comarca de Donostia), por lo que San Sebastián, Rentería y Pasajes aparecen como islas en territorio de HB. Esta comarca posee una población de 111 296 habitantes (36 548 la comarca de Tolosa y 74 748 la de Donostia). Otros ayuntamientos gobernados por HB son Llodio (Álava), Gatica, Ondárroa, Munitibar, Dima, Ajangiz, Arratzu, Nabarniz, Aulesti y Lekeitio (Vizcaya), y Segura, Zaldibia, Itzasondo, Gabiria, Antzuola, Arretxabaleta, Eskoriaza, Motriko, Zestona y Aizarnazábal (Guipúzcoa).

40. Por ejemplo, Bilbao ha dedicado una plaza a los hermanos Etxebarrieta, Amorebieta una calle a Txiki y Otaegui. Las fotos de los etarras José Luis Erostegui y Carmen Irizar cuelgan del Ayuntamiento de Anzuola (Guipúzcoa). Astigarraga ha dedicado una calle al etarra Txikía y Arrigorriaga a Argala. El Ayuntamiento de Hernani tiene expuestas en el balcón las fotos de los etarras Andoni Murga, Fernando Alonso, Pedro Aira, Javier Zabaleta, Juan María Olano, Inmaculada Noble, José Antonio Pagola, Francisco Lujambio y Javier Arnaiz, todos ellos condenados. En la iglesia de Azkoitia están las fotos de los terroristas Ramón Oñaederra y Eugenio Gutiérrez. Astigarraga, Zizurkil, Oyarzun, Hernani, Antzuola y Villabona han colocado placas con el hacha y la serpiente.

Instalados en la desobediencia civil permanente al Estado, en lugar de dedicarse a asfaltar las calles, mejorar las aceras y preocuparse por los problemas del alumbrado público, la mayor parte de las sesiones las dedican a enmendar las decisiones de la Audiencia Nacional, a manifestarse en contra de la ilegalización de HB, a favor del acercamiento de los presos, a enviar dinero a los terroristas en las cárceles,[41] a condenar la entrada de las tropas norteamericanas en Afganistán, a discutir la moción de Idaho (Estados Unidos), la tortura, el proyecto del Gobierno sobre las Humanidades, la nacionalidad vasca, a aprobar proclamas a favor del Frente Polisario y el pueblo palestino y hasta a debatir si el País Vasco debe asistir o no a los campeonatos del mundo como representante de la pelota vasca.

De esta manera, la trama civil de ETA logra el efecto pretendido: convertir las corporaciones locales en un poder político paralelo al del Parlamento vasco, Congreso de los Diputados y tribunales de justicia, con *autoritas* para anular sus decisiones, mantener tensionada y en estado de guardia permanente a su militancia y hacerles creer que el Gobierno de España, el PSOE y el PP, no tienen otra meta que la de mantener sojuzgado permanentemente al pueblo vasco. Veamos un caso típico de usurpación de funciones.

El 13 de septiembre de 2000, la Audiencia Nacional procede a la detención del abogado y miembro de la Mesa Nacional de Herri Batasuna José María Matanzas. Poco después, el Ayuntamiento de Kuartango (Álava), 358 habitantes, gobernado por el PNV con apoyo de HB, toma el siguiente acuerdo:

> Ante la detención de Txema Matanzas, vecino de Kuartango:
> El 13 de septiembre nos ha vuelto a dejar un rastro de una nueva operación policial contra la izquierda *abertzale*, similar a otras que han sido dirigidas por el PP y el juez Garzón y que

---

41. Como el hecho puede ser tipificado de delito de colaboración con banda armada, los regidores municipales suelen camuflar las ayudas a los terroristas dentro de las partidas dedicadas a la beneficencia.

buscan la criminalización de los militantes vascos, el sufrimiento y un eco mediático que en esta ocasión viene precedido de antecedentes sospechosos. No es casualidad que hace poco se hayan publicado montajes periodísticos en contra de algunos miembros de la izquierda *abertzale*, ni tampoco lo comentado por Mayor Oreja en conversaciones públicas o privadas.

Todas estas declaraciones desembocan en esta operación policial ante la cual queremos manifestar lo siguiente a la sociedad en general y al municipio de Kuartango en particular:

1. Pedimos la inmediata puesta en libertad de Txema Matanzas y el resto de los detenidos, por la intencionalidad de venganza y los defectos probados que presenta el sumario 18/98, base de toda esta operación.

2. Denunciamos que la necesidad del PP de este tipo de acciones para alimentar su apuesta por la vía represiva es la causa de que haya actuado contra militantes que trabajan en distintos campos por el reconocimiento de las libertades democráticas de Euskal Herría, y el nuevo registro de las sedes de HB con robo de dinero y documentación. Esta operación es un ataque de primer orden contra libertades y derechos.

3. Denunciamos que en el intento de mantener la negación de Euskal Herría por medios policiales quieren criminalizar la implicación en los ayuntamientos, Udalbiltza, Juntas Generales, movimiento de euskera, movimientos culturales, sociales y sindicales, intentando impedir el desarrollo de la construcción nacional de Euskal Herría.

4. Ante el fracaso de la vía policial, el único camino es el reconocimiento de Euskal Herría y la salida democrática basada en las libertades democráticas y la construcción nacional, siendo estos pilares los que intenta golpear la operación puesta en marcha.

5. Subrayamos la inutilidad de esta operación de venganza del PP, no podrán parar ni el trabajo que ya están desarrollando miles de militantes en diferentes campos de la construcción nacional ni el de los que se sigan incorporando, porque el reconocimiento de Euskal Herría se está convirtiendo día a día en una realidad innegable.

El 1 de mayo de 1992, el fiscal general del Estado, Eligio Hernández, remite instrucciones por medio de la secretaría técnica a las tres fiscalías del País Vasco, solicitando le sean remitidas listas de las actuaciones dirigidas contra miembros de la coalición Herri Batasuna, Gestoras Pro Amnistía, KAS, Jarrai y otras organizaciones afines por presuntos delitos de injurias y calumnias, apología del terrorismo, manifestaciones ilegales, desórdenes públicos y amenazas y coacciones a funcionarios públicos o instituciones del Estado.

El 28 de ese mes, las fiscalías de San Sebastián, Bilbao y Álava remiten una lista de más de trescientos procedimientos abiertos en tribunales ordinarios, Tribunal Superior de Justicia del País Vasco o Tribunal Supremo.

El 95 % de los procedimientos fueron archivados al poco tiempo o se remitieron al Tribunal Superior de Justicia del País Vasco o al Tribunal Supremo por el carácter de aforado de algunos de los encausados. Pasado el tiempo, la tercera parte de las causas enviadas a los órganos superiores fueron devueltas a los tribunales ordinarios al celebrarse nuevas elecciones y perder los imputados la condición de parlamentarios. Al estar prescritas, muchas de ellas se archivaron.

En más de la mitad de los sumarios que llegaron a vista oral se dictaron sentencias absolutorias o penas muy bajas, muchas de ellas de inhabilitación para el ejercicio de cargo público y, en algún caso, condena a un año y un día de cárcel, como puede verse en la lista que publicamos a pie de página referida sólo a las diligencias incoadas en Guipúzcoa.[42]

---

42. Sumario 10/83 por ultraje a la bandera. Imputados, cuatro concejales de HB. Absueltos. Sumario 63/83. Ultraje a la bandera, tres concejales de HB de Donostia. Inhabilitados seis años y un día. Previas 404/90. Implicado, Jesús Iraeta, de HB. Absuelto. Previas 2958/84. Manifestación ilegal, contra Jokin Gorostidi y Txomin Zuloaga. Remitido al TSJPV. Previas 832/85, por injurias, contra Jon Idígoras, Txomin Ziluaga y Tasio Erkizia. Remitida al Supremo. Previas 1332/85, por apología del terrorismo, contra Itziar Aizpurúa. Remitidas al TSJPV. Previas 3327/85 contra Jon Idígoras y Txomin Ziluaga, por desacato. Remitidas al Supremo. Previas 749/89, por desacato, contra los mismos. Enviado al Supremo. Previas 2152/87, por calumnias contra José María Pagoaga, *Peixoto*, y otros. Remitidas al Supremo. Sumario 60/87, por calumnias contra los 31 miembros de la Mesa de HB. Enviado al TSJPV. Previas 2507/87, por injurias contra cuatro etarras. Absueltos. Previas 2423/87 contra HB en aplicación de Ley Electoral. Remitidas al TSJPV. Previas 2701/97 contra Ta-

Los informes revelan que los presuntos delitos de injurias a la bandera y al jefe del Estado, la desobediencia (antes desacato), la apología del terrorismo, los supuestos delitos de amenazas, coacción, colaboración con banda armada, injurias y calumnias, le salen gratis en la mayoría de los casos a los dirigentes pro etarras. De ahí que durante décadas hayan estado instalados en la descalificación y provocación permanentes.

Una de primeras iniciativas que tomó el Gobierno vasco nada más asumir el Estatuto de Autonomía de 1936 fue crear un DNI vasco, el Eusko Izat Agiria. Su vida fue tan efímera como la de los aguerridos y heroicos batallones de *gudaris*, ejemplo de las primeras generaciones de etarras, que se rindieron en masa en julio de 1937 a los italianos en Santoña (Santander).

En noviembre de 1997, un dirigente de Acción Nacionalista Vasca (ANV), partido miembro de la coalición batasuna, Eduar-

---

sio Erkizia por injurias y calumnias. Remitidas al TSJPV. Previas 2 717/87 contra Tasio Erkizia. Enviado al TSJPV. Previas 2738/87 contra Jon Idígoras y Tasio Erkizia por calumnias. Enviadas al TSJPV. Previas 2284/88, por calumnias, contra José y Juan María Olano y Rafael Díez Usabiaga. Remitidas al TSJPV. Previas 669/88 contra Ignacio Antigüedad, *Prontxio*, por injurias al Rey. Condenado a un año de prisión. Previas 942/88 contra KAS. Archivadas. Previas 2812/88 contra Mikel Arrizabalaga, alcalde de Lezo. Absuelto. Previas 3317/88 contra Jon Idígoras, Tasio Erkizia, Iñaki Esnaola, José María Montero, Ignacio Ruiz de Pinedo e Itziar Aizpuria, de HB. Remitidas al TSJPV. Previas 2274/87 contra José María Montero y otros por manifestación ilegal. Remitidas al Supremo. Previas 2119/89 contra la Mesa Nacional de HB por calumnias al Rey. Enviadas al TSJPV. Previas 25/90 contra HB del ayuntamiento de Vergara. Enviadas al TSJPV. Previas 191/90 contra José María Olarra, de HB. Remitidas al TSJPV. Previas 387/90, por injurias y calumnias, contra Xabier Salutregui y José Antonio Egido. Archivadas. Previas 243/90 contra Tasio Erkizia. Enviadas al TSJPV. Previas 2338, por apología del terrorismo, contra cinco concejales de Usurbil. Pendientes de juicio. Previas 373/91, por injurias, contra José María Olano. Pendiente de juicio. Previas 1702/91 contra Javier Oleaga, de HB. Pendiente de juicio. Previas 230/92 contra José María Olarra, por amenazas. Absuelto. Previas 907/82 contra cinco concejales de HB de Donostia por apología del terrorismo. Absueltos. Informativas 1/91 contra Jokin Gorostidi, José María Olarra. Archivadas. Previas 2493/94 contra José Antonio Egido, de HB. Archivadas. Previas 831/85 contra Imanol Lazpiaur, de HB. Archivadas. Previas 4043/86 contra Miguel Castells y otros, de HB. Archivadas. Previas 245/86. Absuelto. Previas 2096 contra Teresa Aldamiz, de HB. Archivadas. Previas 3 425/87, por manifestación ilícita, contra José María Montero. Archivadas. Previas 3273/87 contra José Egido. Archivadas. Previas 463/88 contra el Ayuntamiento de Lezo por denegación de auxilio. Archivadas. Previas 367/88 contra Gestoras por apología. Archivadas. Previas 2867/88, por apología, contra José María Olano. Archivadas. Previas 14/90 contra el alcalde de Usurbil por apología Archivadas. Previas 350/91, por provocación al delito, contra el Ayuntamiento de Lezo. Archivadas. Informativas 2/91 contra HB por amenazas. Archivadas.

do Bilbao Escobal, y los hermanos Carmen y Urtzi Iza Sainz deciden resucitar el DNI de Euskadi. Tras patentar un documento denominado «Euskal Nortasun Agiria», el ENA o carnet de identidad vasco, constituyen la sociedad Euskal Nortasunaren Elkartea (Asociación de Identificación Vasca), con domicilio social en el número 6 de la calle Ripa de Bilbao, y empiezan a trabajar.

Sin ningún control oficial ni respaldo institucional,[43] sin garantía en la confidencialidad en el tratamiento de los datos, abren oficinas en Bilbao, Vitoria y San Sebastián y se dedican a expender el DNI como el que reparte churros, carnets del Athletic, estampitas de san Ignacio de Loyola.

Tras año y medio de trabajar en secreto, el ENA se presenta públicamente el 25 de febrero de 1999 en Bilbao, durante una rueda de prensa a la que le da especial cobertura el diario *Gara* y el programa de ETB, la televisión vasca, «Bertatik Bertara», que se emite en franja de máxima audiencia, inmediatamente después del informativo de las nueve de la noche.

Destinado a convertirse en un documento de identidad alternativo al DNI español y a crear con los datos aportados un censo de personas euskaldunas en pueblos y ciudades, el ENA pasa a ser así un instrumento de segregación más[44] de una nación inexistente, Euskal Herría, que se identifica con el símbolo del *Zazpiat Bat* (Siete en uno) de Sabino Arana y los colores de la *ikurriña*.

«Es un mecanismo al servicio del totalitarismo y de la ruptura revolucionaria con la democracia española que, al igual que el censo vasco, pretende señalar con el dedo a quien no se adhiera a esta iniciativa», denuncia Nicolás Redondo Terreros semanas antes de las elecciones autonómicas del 13 de mayo de 2000.

Ayuntamientos e instituciones bajo control de Batasuna apoyan de inmediato la iniciativa y ceden gratuitamente parte de sus oficinas para que se instalen los «estancos» expendedores del ENA, decisión que se intenta hacer extensiva al resto de las cor-

---

43. La *Carte d'Identité* francesa y el DNI español, por ejemplo, lo expiden los respectivos ministerios de Interior y tienen carácter identificativo ante cualquier organismo, institución o fuerza del orden público. Nadie, salvo las autoridades —la policía y los jueces—, tiene potestad para identificar a un individuo.

44. Junto a un número de identificación personal, a los ciudadanos se los identifica por territorios. Así: «A», Araba, «B» Bizkaia, «G», Gipuzkoa, «N», Nafarroa, «L», Lapurdi, «Z», Zuberoa y «BN», BeheNafarroa. Para los nacidos en territorios limítrofes se usa la «K» (de *kampora*: extranjero).

poraciones, imponiéndola incluso por la fuerza. Algunas entidades dependientes del Gobierno vasco, comercios, instituciones deportivas, bancos y cajas de ahorros ligadas al movimiento *abertzale*, especialmente la Caja Laboral Popular,[45] lo aceptan como documento de identidad en sus transacciones comerciales. Notarios, registradores, jueces, policías, funcionarios de fronteras y los organismos públicos de los estados español y francés, en cambio, lo rechazan al carecer de validez jurídica.[46]

Poco después, un grupo de asociaciones del entorno *abertzale* apoya el ENA;[47] los ayuntamientos de Lekeitio, Getxo, Bermeo, Basauri, Tolosa, Trucios, Etxarri Aralar, Iturrioz, Alonsegui, Mondragón, Sopelana, Durango, Gernika, Bergara, Hernani y Oñate, entre otros, lo declaran oficial en sus demarcaciones. Por último, en noviembre de 2000, el Gobierno vasco, por medio del Departamento de Política Lingüística, decide subvencionar el lanzamiento de este documento ilegal.[48]

PNV y ETA coincidían así, una vez más, en socavar los cimientos del Estado de Derecho y en romper amarras con España.

El 18 de abril de 2000, un puñado de vascos vinculados a grupos radicales decidían encadenarse en el palacio de Justicia de Bilbao.[49] La protesta adquiere ese día un matiz especial: a su frente se encuentra el director de Derechos Humanos y Cooperación con la Justicia del departamento vasco de Justicia, Juan José Martínez Leunda.

Eusko Alkartasuna y PNV se suman así, aunque tímidamente, a la campaña de desobediencia civil lanzada desde las distintas organizaciones sectoriales de la izquierda radical. Sus responsables pretenden no sólo resaltar las supuestas diferencias cultura-

---

45. Para la obtención de uno de los documentos de identidad expedidos por la asociación, Euskal Nortasunaren Elkartea cobra seis euros, que se ingresan en la cuenta corriente 3035 0083 0830060519, ¡cómo no!, de la Caja Laboral Popular.
46. *Gara*, 27 de febrero de 1999.
47. Getxoko Bitzarra Lepoan, Donostiako Bagera, Gazteizteko Bagera, Basauriko Euskarabila, Tolosako Galzaundi, Sopelako Zurt, Arrasate Euskaldun Dezagun, Bergarako Jardun, Bierrik y otras.
48. Diario *La Razón*, 22 de diciembre de 2000.
49. Autodeterminazioren Biltzarrak, Herrian Mugi y Bai Euskal Herriari, entre otros.

les, políticas y sociales de los vascos con el resto del mundo civilizado. Aspiran también a crear una serie de usos y costumbres que lleven a una sociedad alternativa y, por último, a complementar en el terreno civil la *kale borroka* y las *ekinzas* de ETA, para darle un carácter de globalidad a la insurrección terrorista.

Al tiempo que se pone al Estado contra las cuerdas, se agudizan las contradicciones entre vasco-españoles y euskaldunes, para que los primeros comiencen a sentirse incómodos, desintegrados en su propia tierra, y sea más fácil aplicar la estrategia del *«Alde Hemerik»* (Fuera de aquí), o del colectivo Pitzu (grieta). Veamos cuáles son sus planteamientos:

> La utopía es como el horizonte. Camino dos pasos y se aleja dos pasos. Camino diez y aparece diez pasos más lejos. Sabemos que por mucho que caminemos nunca la alcanzaremos. Entonces, ¿para qué sirve la utopía? Pues para caminar.

De esta manera tan gráfica explica el colectivo Pitzu la necesidad de relanzar la desobediencia civil en todos los ámbitos del País Vasco, «aunque los resultados no se vean a corto plazo».

> Se trata de crear grietas, hendiduras en el sistema desde las entrañas del pueblo, para que éste, poco a poco, se vaya resquebrajando, pero, además, para impedir que el PNV monopolice la creación de Euskal Herría oponiendo nosotros el pueblo.
>
> Una muestra atractiva para los grupos de desobediencia civil es la Asamblea de Municipios. Es algo inédito en la historia de los grupos que luchan por sus ideales y por eso debemos instrumentalizar también Udalbiltza como una entidad de desobediencia civil en contra del poder establecido.
>
> El objetivo de Pitzu es crear zonas liberadas, espacios alternativos a la política del Gobierno, con el apoyo del pueblo. Así es cierto que no tomaremos la Bastilla, pero en los aspectos que gobierna el Estado central estará sometido a la presión de los ciudadanos, que deslegitimarán su acción.
>
> De esta forma crearemos una red de resistencia al Estado, conformaremos una nueva cultura *abertzale*, una ideología rupturista, una insumisión colectiva al Estado. En la medida

en que los avances que consigamos sean irreversibles, estaremos forzando colectivamente la independencia y el socialismo.

Si hemos sido capaces de desbordar al Estado con la acción guerrillera, ¿por qué no volverlos locos con acciones desobedientes para que, no pudiéndonos acusar de nada, le rompamos los morros de su propia legalidad? Tiene que ser una guerra de guerrillas de la inteligencia que con ataques relámpagos subvierta el orden institucional.

Si, como dice Erich Fromm, «el mundo empezó con un acto de desobediencia, el de Adán y Eva, y puede acabar también con un acto de desobediencia», ha llegado la hora de romper las cadenas de la opresión para construir con ellas los arados que necesitan los agricultores para arar las tierras de Euskal Herría.[50]

Dentro de la estrategia, Pitzu propone no hablar castellano una vez al mes, imponer el euskera en todos los centros públicos, dedicar el sueldo de un día para potenciar el euskera, presionar a todas las madres, una por una, para que los niños se matriculen en colegios del modelo D, acabar con el militarismo con manifestaciones para el desarme total de la policía y la Ertzaintza, expulsión de militares y *txakurras* (perros/policías), desobediencia a las personas armadas y reciclar las fábricas de armamento. Pero veamos con más detalle sus ofertas.

La propuesta de la izquierda abertzale sería no pagar el cupo a Madrid. Pero como el PNV va a negarse, habría que empezar por otras cosas más humildes.

La plataforma de la A-8 (autopista Bilbao-Behovia) anima a no pagar. Podemos organizar autocaravanas en todas las provincias y no pagar en ningún peaje.

En el campo del euskera, todos los juicios en euskera. Hay que cambiar el derecho al intérprete para que todo el mundo se exprese en nuestra lengua.

50. Documento fundacional del movimiento Pitzu. Los integrantes de este colectivo (Carlos Trenor, Iñaki O'Shea, Mikel Aznar, Sabino Ormazábal, Olatz Altuna, José Uruñuela y Fernando Olalde) y otros, como el grupo Joxemi Zumalabe, fueron detenidos y procesados por el juez Baltasar Garzón en octubre de 2000.

Todos los trabajos con la Administración de Justicia tienen que hacerse en euskera. En los juicios, el juez debe ser euskaldún, hay que exigirlo. En caso contrario, hay que negarse en el juicio.

En este campo del euskera, sobre todo en el norte de Euskal Herría (Iparralde) y en algunas zonas de Navarra, se necesita una mayor afirmación, es decir, crear *ikastolas* y fortalecerlas.

Hay que vivir el euskera en la calle como si fuera la lengua oficial, en los actos sociales, con las instituciones. Hay que vivir y exigir el euskera.

En el mundo del deporte hay que sacar las licencias en euskera. Por ejemplo, las de la federación de montaña, todas en euskera.

En nuestros pueblos (ayuntamientos), todos los campeonatos que se organicen y no sean en euskera, no hay que darlos por válidos.

Sobre el militarismo, el camino es lanzar Eudima [agrupación de ayuntamientos del País Vasco y Navarra Favorables a la Insumisión y contrarios a la colaboración con la Administración central en materia militar]. Hay que dar un impulso: nada de colaboración con la armada extranjera. Ni información, ni licencias de obras, ni servicios. ¡Fuera!

En la enseñanza no hay que aceptar los currículums anteriores. Hay que llevar currículums euskaldunes. La historia de nuestro pueblo no es ni en español ni en francés.

En las instituciones existe un terrible potencial, nuevos instrumentos institucionales que vamos a crear con las desobediencias. Por ejemplo, Udalbiltza puede sacar su revista oficial.

Hay que hacer el padrón de los pueblos vascos, todos los órganos e instituciones lo aceptan: ayuntamientos, universidades, cajas... y los documentos oficiales que a partir de ahí surjan.

Para defender las costumbres del pueblo y que se respete su palabra, cuando se produzca el llamamiento de los presos vascos, impulsar las dinámicas de desobediencia. Al hacer la declaración de la renta hay que descontar el dinero que se da para el sustento de los presos.

En defensa de la libertad democrática, no hay que hacer

caso a las leyes ni de España ni de Francia y exigir a los *zipaios* que no apliquen la ley antiterrorista.
Éstas son algunas de las exigencias. Sigamos con estos instrumentos. Hagamos Euskal Herría.[51]

En el colmo del control del individuo por el «Estado», ETA llega a decirles hasta lo que tienen que comer y beber.

> Si tenéis una cerradura Tesa o un calentador Otsein no es cuestión de arrancarlos y tirarlos a la basura. Lo que os proponemos no es deshacerse de los productos que ya tengáis sino dejar de comprarlos en el futuro, y recomendarlo así a vuestros amigos.[52]

De esta manera tan didáctica se dirigía ETA en febrero de 2001 a su militancia, recomendándoles boicotear una serie de productos fabricados por empresas supuestamente «enemigas» del País Vasco. «El boicot es un instrumento que han utilizado todos los pueblos oprimidos. Es una forma de lucha que requiere conciencia como pueblo y determinación, máxime en una sociedad de consumo como la nuestra», agrega la banda terrorista. Y añade:

> Como vivimos en unos momentos en que no hay que desterrar ninguna forma de lucha, el boicot es un castigo para el que lo sufre y un instrumento de disuasión para quienes no son objeto de él.

---

51. «La desobediencia, instrumento de lucha», documento de HB distribuido el 18 de abril de 2000, Juzgado Central de Instrucción número 3, Audiencia Nacional.

52. «BBVA, Banco de Comercio, Banco Atlántico. Seguros: AXA (BBVA), La Aurora (BBVA), Seguros Bilbao/Euroseguros (BBVA). Telefónica (BBVA/Repsol), gasolineras y butano (BBVA/Petronor), Gas Natural, Viajes Vincit, hoteles Tryp, editoriales Salvat y Espasa. Licores: Pacharán Alaiz, Pacharán Olatz, Marie Brizard, cava Laixartel. Vinos: San Asensio, Elegido, Campo Viejo, Las Campanas, Castillo de Olite, Tiebas, Castillo de Javier, Viña Albor, Viña Cruz, Viña Alcorta, Viña Recuerdo, Viña Alaiz, Siglo, Bandeo, Señorío de Condestable, Gran Feudo, Chivite y Señorío de Arinzano. Alimentación: Telepizza, Chocolates Zahor, Chocolates Fuerzahor, Pralin, [...] [sic], Don Balaclao, Don Salado, El Saladito. Alimentos congelados: Castillo de Marcilla (BBVA). Verduras: Green Castle (BBVA). Pescados congelados Aimar, Helados Miko y Helados Vivagel (BBVA). Electrodomésticos: Ufesa, Solac, Jata, Otsein, Candy y Mepansa. Muebles: Xey, Forma y Vegasa. Automóviles: Barcos, Nissan Guipúzcoa, Garaje Opel Donostia. Supermercados y tiendas: Sabeco, Súper Tres de Pamplona, Prosúper de Guipúzcoa. Deportes: Rober de San Sebastián. Otros: Puertas Securitesa, Cerraduras Tesa, Cerraduras Joma [...]», *Zutabe*, núm. 89, febrero de 2001.

Aunque muchos de estos productos sean fabricados en el País Vasco, muchas de estas empresas hacen sus beneficios a costa de los trabajadores vascos, se niegan a dar ayuda económica para la liberación de Euskal Herría, colaborando de esta manera con nuestros enemigos.

Jueves, 27 de enero. Durante toda la mañana los *txakurras* (perros) anduvieron a gran velocidad por Bakaiku. 21 de agosto, dos agentes de paisano de vigilancia en el cementerio de Alsasua. 19 de noviembre, entre las once y media y las doce de la noche, varias patrullas atraviesan la zona de Sacarna. 22 de septiembre, a la una de la tarde, el GAR[53] efectúa un control en la cantera de Alsasua. 21 de diciembre, gran control junto al parque de bomberos por varios *patrols* del Gar.

A principios de septiembre de 2000, en diversos pueblos del valle de Sacarna, en el norte de Navarra (Bakaiku, Etxarri, Arbizu, Olazagutia, Ciordia, Urdiain, Olazu y Alsasua), comienza a repartirse gratuitamente en bares, cafeterías, gasolineras y supermercados una publicación denominada *Alde Hemerik Boletina* (Boletín Fuera de Aquí).

Sus dieciséis páginas están dedicadas enteramente a la Guardia Civil, a los que se relaciona con la «opresión» del Pueblo Vasco. Aparecen los nombres, las fotografías de oficiales y agentes del instituto armado del cuartel de Alsasua —el único de la comarca—, las matrículas de sus coches oficiales y particulares, los números de teléfonos, los recorridos más habituales de los coches patrullas, dotaciones de cada vehículo, tipos de armas utilizadas en cada misión y los puntos elegidos para efectuar controles de carretera.

Su contenido revela, además, que los responsables de la publicación se han dedicado a seguir, fotografiar y a anotar con precisión cronométrica, al menos durante dos años (1999 y 2000), el paso de

---

53. Grupos Antiterroristas Rurales (GAR), unidades especiales de la Guardia Civil que se desplazan provistas de todo tipo de vehículos y medios (tanquetas, vehículos blindados descubiertos, motos todoterreno, perros policías, ametralladoras MG, fusiles de asalto, material antidisturbios e incluso con apoyo de helicópteros) para responder a cualquier tipo de atentado sobre el terreno.

vehículos policiales, los puntos de vigilancia, los controles de carretera, las rondas de las patrullas, tanto a pie como motorizadas. «Ellos nos tienen controlados a nosotros pero nosotros a ellos también», concluye *Alde Hemerik*. Y agrega «*¡Kanpora!*» (Fuera).

La opinión de los servicios de inteligencia es que se trata del inicio de una campaña para pedir la retirada de la Guardia Civil de todos los pueblos situados en el norte de la Comunidad Foral de Navarra. La Benemérita presenta denuncia ante el Juzgado de Instrucción número 2 de la Audiencia Nacional y su titular decide abrir diligencias.

La reacción es fulminante. Con una orden judicial, el 2 de septiembre el instituto armado procede al registro de las casas de la juventud de Alsasua, Ciordia, Olazagutía, Bacaioca, Arbizu y Lacunza, las sedes de HB, bares y sociedades vinculados a los *abertzales*.[54]

Los resultados del registro revelan a qué se dedican los miembros de Jarrai. En los centros juveniles se intervienen anagramas de ETA, con el hacha y la serpiente tallados en madera, *ikurriñas* con el logotipo terrorista, una emisora de radio —Garraxi Irratia— ilegal, ordenadores y disquetes. Además se incautan montajes con fotos de guardias civiles ante una señal de tráfico que indica «prohibida la circulación», planos del País Vasco con la situación de los cuarteles de la Benemérita, un listado de catorce folios con seguimientos a los agentes, fotos de sus caras y un retrato de José María Aznar con una diana en la cabeza.[55]

El 5 de septiembre, los alcaldes de Olazagutía, Bacaioca, Etxarri Aranaz, Alsasua, Irurzun y Ciordia, y un concejal de Urdiain,[56] todos ellos de Herri Batasuna, convocan una rueda de prensa. Declaran que «se quiere hacer creer que el valle de Sacarna es una zona sin ley donde se acosa a la Guardia Civil. Las cosas son más simples, en Sacarna no se quiere al instituto armado,

---

54. Diligencias previas 217/2000 del Juzgado Central número 2.
55. Muñecos de la Guardia Civil para ser colgados en plazas públicas, cuarteles del instituto con la leyenda «Aquí se tortura», listados de las intervenciones de los agentes para retirar pancartas de ETA o carteles de manifestaciones no autorizadas, intervenciones de antidisturbios en concentraciones no autorizadas, etc.
56. José Manuel Armendáriz Urbiola, José Manuel Etxebarría Solís, Fernando Flores Lazcoz, Camino Mendiluce Arregui, Eduardo Murugarren Francés, Francisco Javier Bengoetxea Morante y Margari Mendía Goikoetxea.

por lo que estamos sufriendo una «operación de castigo».[57] Si para muestra sólo hace falta un botón, veamos un botón de muestra.

El 11 de octubre de 2000, Camino Mendiluce Arregui, alcaldesa de Alsasua, envía la siguiente carta al capitán Antonio Jiménez, jefe del cuartel de la Guardia Civil de la localidad:

> Después de lo sucedido el viernes por la noche, recibo con estupor tu invitación a acudir al cuartel el día 12 a celebrar el día de vuestra patrona. Bueno, creo que será tuya, ya que me imagino que tú serás el comandante de puesto de la Guardia Civil de Alsasua. De todas formas, y puesto que eres al que conozco, a ti va mi respuesta y tú verás si se la tienes que trasladar a alguien.
> El viernes dejasteis muy claro cuál es vuestro trabajo aquí, incordiar, asustar y amedrentar a la población para que quede bien patente vuestro papel de fuerzas de ocupación. Ocupasteis el pueblo sin razón alguna, simplemente porque se os ocurrió. Tú sabías muy bien que no había ningún acto, permitido o no convocado. El asunto de la agresión a tus hombres fue una burda excusa para hacer lo que hicisteis. La historia de los quince cócteles se la tragará toda la prensa española que os haga caso. Tú y yo sabemos que no es cierto [...].
> Junto al sentimiento de absoluta impotencia y rabia ante vuestra demostración de fuerza, me venían una y otra vez a la cabeza los versos que acertadamente os dedicó aquel ilustre andaluz que fue Federico García Lorca:
>
> *Tienen, por eso no lloran / de plomo las calaveras.*
> *Con el alma de caracol, / vienen por la carretera.*
> *Jorobados y nocturnos, / por donde caminan, ordenan*
> *silencios de goma oscura / y miedos de fina arena.*
>
> No está mal, ¿verdad? Son muy gráficos. Y completamente actuales a pesar del tiempo transcurrido y de los cambios de situación acaecidos desde que se escribieron.

---

57. El mismo texto sería difundido por Gestoras Pro Amnistía y por Jarrai.

Insististe una y otra vez que no pasaba nada y que aquella situación era normal. Si ésa es vuestra normalidad, te aseguro que mi pueblo no la quiere y que difícilmente la aceptará. La Guardia Civil quiere a toda costa reventar el proceso de paz, no os interesa. Necesitáis el follón para poder justificar las extras que cobráis. [...] Me has dicho más de una vez que cumples órdenes. Es lo mismo que decían los jerifaltes nazis en los juicios de Nuremberg. Cumplíamos órdenes. A vosotros también os llegará vuestro Nuremberg y emplearéis el mismo argumento, pero hay algo a lo que no podréis volver la espalda: este pueblo tiene memoria. ¿Estarás orgulloso de pasar así a la historia?

Algún día os iréis, a mí me gustaría que fuese en paz, después de una negociación política que devolviese a Euskal Herría sus derechos arrancados por la fuerza de las armas allá por el año 1512. Siempre he pensado que hablando se entiende la gente, pero [...] nos encontramos ante un Gobierno que sólo escucha cuando lo que oye conviene a sus intereses. El arreglo es difícil, pero no tengo ninguna duda, algún día llegará. Mientras, la Guardia Civil representa aquí a quien no quiere llegar a ese arreglo.

Por eso no podéis en ningún momento decir, como me dijiste la otra noche, «éste también es mi pueblo». Este pueblo no os puede aceptar en tanto en cuanto representéis a las fuerzas de ocupación. Os podréis imponer por la fuerza, pero eso, imponer. Puestas las cosas así, entenderás que te devuelva la invitación. No tendría demasiado sentido acudir al cuartel el día 12 y participar activamente en la campaña *«Alde Hemedik»*, ¿verdad?

Mientras tanto, sabes que estoy dispuesta a hablar contigo cuando quieras, siempre y cuando no estés rodeado de hombres fuertemente armados e invadiendo mi pueblo. En esas circunstancias me tendrás siempre enfrente.

A pocos kilómetros del consistorio presidido por Camino Mendiluce Arregui, el 24 de septiembre de 2002, durante las fechas de cierre de este libro, ETA asesinó al guardia Juan Carlos Beiro con una pancarta-trampa activada en el momento en que con otros compañeros se dirigía a quitarla. El cartel asesino rezaba: «¡Viva ETA! ¡Guardia civil, muere aquí!»

CAPÍTULO XII
La pedagogía de la violencia

De las primeras octavillas lanzadas clandestinamente a comienzos de los años cincuenta hasta 2002, la organización terrorista ETA ha creado un poderoso entramado periodístico, en el que se incluyen varios semanarios, dos periódicos y una cadena de emisoras de radio, para desestabilizar la sociedad vasca y justificar los muertos y heridos ante sus seguidores. De esta manera, con sus propios medios, ha predicado la pedagogía de la violencia entre sus acólitos y ha logrado que un amplio sector de la sociedad vasca se autoconvenza de que los culpables de la matanza de Hipercor, el atentado a los cuarteles de la Guardia Civil de Zaragoza o Vic (Barcelona), no son los que ponen las bombas o empuñan las pistolas, sino los que «oprimen al pueblo vasco». Indeciso y vacilante, como siempre, el PNV intentó cerrar el diario *Egin* cuando comenzó a publicar casos de corrupción de sus dirigentes o a poner a sus líderes en el punto de mira de ETA. En el momento en que la Justicia toma esta decisión, en cambio, se ponen de parte de los presuntos instigadores del terrorismo y prestan los talleres de *Deia* para confeccionar el *Euskadi Información*.

Hora y media antes había enterrado a su marido, asesinado por ETA, en el cementerio de Polloe, en San Sebastián. Acompañada de sus hijos y de algunos amigos, con un coraje y una valentía inusual, Beatriz Lasa compareció ante los medios de comunicación.

«Mi esposo nunca ha estado relacionado con asuntos de narcotráfico. Eso es una maldad y una infamia, y yo acuso señaladamente a ese medio de comunicación local, amparador, cobijador y pantalla de los asesinos, que se erigió en el principal portavoz de tales prácticas infames», señaló.

Era el 21 de enero de 1993. Dos días antes, en plenas fiestas patronales, mientras cena con un grupo de amigos en una sociedad gastronómica, José Antonio Santamaría Vaqueriza, su marido, ex socio de la discoteca Ku de Ibiza, era asesinado por un terrorista disfrazado de cocinero, tras la publicación en el diario

Egin de informaciones que le relacionaban con el tráfico de drogas. «Aunque la situación es ya irreversible, clamo nuevamente contra quienes encubrieron y justificaron la mano asesina desde la difamación y el rumor falso», concluyó Lasa.

Tras el asesinato, las principales calles de San Sebastián habían amanecido regadas con miles de pasquines con la foto de la víctima y la siguiente leyenda: «Crónica de una muerte anunciada. *Egin*. Pepe Rei señala (16-1-93), ETA ejecuta (19-1-93). ¿Hasta cuándo?»

Al mismo tiempo, Euskadi Gastedi Indarra (EGI), las Juventudes del PNV, afirmaban en un comunicado de prensa: «Donde *Egin* pone la pluma, con sospechosa frecuencia, pone después ETA la pistola, la bomba o cualquier otro tipo de violencia. La conclusión es clara: *Egin* apunta y ETA mata.»

El 23 de enero, el consejo de administración del diario *abertzale* pone el grito en el cielo. Acusa a periodistas, miembros de partidos políticos y amigos de la víctima de difamadores y anuncia seis querellas contra Tele 5, Televisión Española, la cadena COPE, José María Benegas, Gregorio Ordóñez y el periodista Antonio Herrero, ya fallecido, por acusarlos de «incitación al asesinato».

Era sólo el principio de una serie de asesinatos indiscriminados y por la espalda cometidos por los pistoleros de la banda terrorista después de que las víctimas fueran «satanizadas» y «criminalizadas» por el diario *abertzale*.

Demasiados muertos con el mismo modus operandi —donde *Egin* pone el ojo, ETA pone la bala— para que un amplio sector de la sociedad, conocedora del control económico, empresarial y político que la banda terrorista ejercía sobre el rotativo desde su fundación, siguiera contemplado impasible el espectáculo de la muerte sin rebelarse ni dar la voz de alarma, denunciando las extrañas y letales coincidencias entre determinados artículos de prensa y el fusilamiento a traición de sus protagonistas.

Para una mejor comprensión de la «trama mediática» de ETA y su entorno, conviene comenzar por el principio.

El 26 de noviembre de 1976, poco antes de aprobarse la Ley de la Reforma Política, un grupo de personas acude al notario en

San Sebastián y constituye la sociedad Orain, S. A., con un capital social de once millones de pesetas suscrito por once individuos que aportan un millón cada uno.[1]

La mercantil, que aparece inscrita en el Registro, el 16 de marzo de 1977, con domicilio social en la calle Aizgorri de Donostia, tiene por objeto la «edición e impresión por cuenta propia de periódicos diarios y la realización de otros trabajos de impresión y fotocomposición».

La primera piedra para la salida de *Egin* (Hacer) acaba de colocarse. Constituida la junta de fundadores y el consejo de administración, que preside Buenaventura Garmendia Etxebarría, se inicia una amplia campaña publicitaria encaminada a recaudar los fondos necesarios para poner en marcha el rotativo.

Desde los comienzos, la idea esencial es crear un periódico antisistema, dirigido a movilizar y controlar los movimientos vecinales, sindicales, sociales, obreros, políticos y culturales del País Vasco, y a los sectores que están en contra de la reforma política, es decir, todos aquellos sectores descontentos con el cambio de la dictadura a la democracia, tesis que entonces sólo sostiene ETA, y lo que se iría configurando como su entorno.

Preocupados por hacer un medio informativo independiente y alcanzar, al mismo tiempo, una gran base social y un amplio respaldo popular, sus promotores rechazan cualquier vinculación con los bancos y entidades financieras, y así «nadie es dueño absoluto del periódico». El capital social del rotativo concebido para ser la «voz de los sin voz»[2] se constituye con los 120 millones de pesetas aportados por 25 000 cuentapartícipes, que desembolsan cada uno entre 2 000 y 100 000 pesetas, con un aval de la Caja Laboral Popular que, como se ha expuesto en este libro, curiosamente siempre aparece dispuesta a echar una mano al mundo de los violentos.

El 28 de noviembre de ese año sale a la calle el primer núme-

---

1. Los fundadores, que desembolsan inicialmente 275 000 pesetas cada uno, es decir, el veinticinco por ciento del capital social, fueron Mikel Goikoetxea Urriza, Buenaventura Garmendia Etxebarría, Donato Unanue Elustondo, Fernando Bengoa Armendáriz, Alberto Gárate Goñi, Rafael Ayestarán Lujambio, Josu Onaindía Elorriaga, Andoni Abando Ereño, Ramón Álvarez Dorronsoro, Gregorio Monreal Cía y Francisco Abrisketa Arrutza.
2. *Euskadi (1977-1992)*, Orain, S. A., 1982.

ro del diario *abertzale*, con una plantilla de 150 trabajadores y bajo la dirección de Mariano Ferrer Ruiz, un periodista donostiarra nacido en 1936 y miembro de la Compañía de Jesús. Aunque inicialmente se presenta como un órgano sin adscripción política e ideológica definida y en su redacción trabajan personas de izquierda tradicional mezcladas con otras nítidamente *abertzales*, su ideario es claramente nacionalista.

«Va dirigido a todos los que piensan que Euskal Herría, nuestro País Vasco —Álava, Baja Navarra, Guipúzcoa, Laburdi, Navarra, Vizcaya y Zuberoa—, no solamente tiene una historia común en tantos elementos esenciales sino también un presente que aclarar y un futuro que hacer conjuntamente para bien de todos. Nuestro saludo a cuantos piensan que *Egin* debe y puede ser un instrumento para trabajar en Euskadi abriendo caminos para una nueva sociedad», editorializa el rotativo en primera página, a titulo de salutación.[3] Así, aunque tenga a un cura al frente, desde el principio se ve claramente que no van a comportarse como hermanitas de la caridad.

Frente al *Deia*, el órgano oficial del PNV, y ante la prensa independiente del momento, *La Gaceta del Norte*, *La Nueva España*, *El Correo Español* o *El Diario Vasco*, el nuevo rotativo alcanza en los primeros meses una tirada media de 45 731 ejemplares, más del doble de su competidor del Partido Nacionalista, algo que ni los promotores más optimistas creían.

Las tensiones internas, que aparecen desde el primer número, afloran rápidamente. El detonante es el papel crítico que el diario adopta en sus primeros meses de vida en contra de la violencia. Se materializa el 8 de octubre de 1977, apenas siete días después de su salida a la calle. Ese día, ETA asesina en Gernika al presidente de la Diputación de Vizcaya, Augusto Unceta, y sus escoltas, los guardias civiles Antonio Hernández y Ángel Rivera. En un comentario editorial, *Egin* condena el asesinato. Los apologetas de la violencia como instrumento de liberación nacional se echan las manos a la cabeza.

«En todas las guerras hay muertos y nosotros estamos condenando a los nuestros, a los que nos defienden de los que mataron

---

3. «Agur», *Egin*, 29 de septiembre de 1977.

a nuestros padres en la guerra civil. Eso es intolerable», protesta un lector.

Alberto Negro Piguera y Andrés Cuadra Perera eran dos obreros especializados, sin adscripción ideológica conocida, que trabajaban en el reactor de la central nuclear de Lemóniz, en Vizcaya.

El 17 de marzo de 1978, la banda terrorista coloca un artefacto explosivo en el corazón de la central eléctrica y los dos obreros pierden la vida y varios de sus compañeros resultan heridos graves.

En un período de fuerte convulsión política, con la Ley de la Reforma Política en marcha y los presos saliendo de las cárceles tras la «amnistía general» decretada por el Gobierno, el periódico condena en términos muy duros el atentado promovido por quienes se dicen los «servidores de la clase obrera».

Atacar a ETA no está bien visto. La «osadía» le cuesta el puesto a Mariano Ferrer, que pierde ese día la confianza del consejo de administración. El 1 de mayo es sustituido por el subdirector del periódico, Juan Ramón Martínez, un navarro nacido en Salinas de Oro en 1946 y curtido en el periodismo en las redacciones de *La Actualidad Económica, Nuevo Diario* y *Cambio16*. Martínez fallece en un accidente de circulación el 24 de noviembre de ese mismo año.

Cuatro días después, bajo la dirección de Luis Lacassa, *Egin* publica por primera vez un comunicado de ETA de dieciocho páginas, una verdadera apología y autojustificación de la violencia que escandaliza a la sociedad de la época. Al mismo tiempo que dentro del Gobierno se alzan las primeras voces críticas pidiendo el cierre del diario «vocero» del terrorismo, la banda armada empieza a afianzar su poder en el medio de comunicación.

Entretanto, el incremento de la tirada y la ampliación del periódico obliga, de manera inmediata, a buscar nuevas instalaciones, a contratar nuevo personal, a renovar todo el utillaje, especialmente la rotativa, y a mejorar los canales de publicidad y de distribución.

Para hacer frente a las inversiones, la junta general de accionistas, reunida el 11 de diciembre de 1978, aprueba una ampliación de capital. Algunos bancos, entre ellos la Caja Laboral Popular, se ofrecen a financiar el proyecto. Los fundadores, sin embargo, se niegan a que el diario pierda su carácter popular y recurren a una segunda suscripción popular que avala de nuevo la entidad crediticia de las Cooperativas Mondragón.[4]

Han pasado apenas catorce meses y once días desde la constitución de *Egin*. Desde Francia, el jefe de la oficina política de ETA, José Miguel Beñarán Ordeñana, *Argala*, se da cuenta de la importancia de contar con un medio de expresión propio y ordena la compra de cuarenta mil acciones por medio de testaferros.[5] Herri Batasuna, que se ha constituido en el mes de abril, adquiere, a su vez, otros veinte mil títulos por un valor de veinte millones de pesetas, y algunos de sus dirigentes entran en los órganos rectores del diario.[6]

Merced a estas inyecciones económicas, el rotativo traslada su domicilio social al polígono Aciago, parcela 10-B, de la localidad guipuzcoana de Hernani, propiedad de la sociedad Ardantza, S. A., responsable de la impresión y la venta del rotativo. Dentro del mundo radical y violento en que se mueve —ETApm y ETAm y sus organizaciones de masas—, *Egin* continúa, sin embargo, sin tener una línea definida y clara.

El enfrentamiento entre los dos sectores que pugnan por el control del periódico —el posibilista, favorable a sumarse a la reforma de Adolfo Suárez, y el rupturista, a favor de romper cualquier tipo de relación con el Estado— estalla, finalmente, en ene-

---

4. La ampliación inicial es de veinticinco millones. Los nuevos accionistas, a los que se les permite un número máximo de títulos no superior a las cien mil pesetas, se agrupan en paquetes de un millón de pesetas y eligen a efectos de representación en los consejos a una persona, los llamados «representantes del millón». El dinero lo aporta la Caja Laboral Popular y los accionistas se comprometen a devolverlo a la entidad crediticia.

5. No hay constancia de que ETA adquiera la totalidad de los títulos. Se sabe que Antonio Elorza y Javier Pagalday, del aparato de finanzas de la banda, invierten tres millones en el proyecto. Posteriormente se efectúan otras entregas en metálico, procedentes del «impuesto revolucionario», una de ellas de cinco millones, según el relato de Eduardo Jiménez Ormaetxea a la policía. Atestados 1 363 y 1 187 de la Brigada Central Operativa remitidos a los juzgados centrales de Instrucción 2 y 4 de la Audiencia Nacional el 16 de julio de 1982 y el 24 de octubre de 1984, respectivamente.

6. Pese a todo, el diario es económicamente deficitario y tiene que financiarse con cuestaciones populares y mediante la instauración anual del «Egin Eguna/Día de Egin», instituido por su consejero delegado Francisco Javier Galdeano, asesinado por el GAL el 30 de marzo de 1985 en San Juan de Luz.

ro de 1979, a raíz del nombramiento de Mirentxu Purroy Ferrer como nueva directora. Pero una parte de la redacción no acepta a esta navarra nacida en 1943 y fundadora de la revista *Punto y Hora*, por lo que tiene que enfrentarse a trece despidos y a una huelga, que impide la salida del periódico durante unos días y que está a punto de acabar con la empresa.

La era de Purroy dura apenas un año y un mes. La «persecución» constante y la «falta de libertad» impuesta por ETA y el núcleo duro de HB obligan a la nueva directora a dimitir en febrero de 1979 y a «exiliarse de los suyos» a Nueva York, donde estudia cinematografía.

Su sucesor, José Félix Azurmendi, nacido en Gernika en 1941 y exiliado durante años en Francia y Venezuela, representa la imposición de las tesis de ETA en el rotativo. Semanas antes, el 27 de diciembre de 1978 se aprueba el texto definitivo de la Constitución española y ETA da la bienvenida a la Carta Magna asesinando a un general del Ejército, el gobernador militar de Madrid, Constantino Ortiz Gil, en la puerta de su domicilio.

En este contexto, mientras el PNV y el PSOE reclaman la elaboración inmediata del Estatuto de Gernika, y ETA expresa su rechazo a la reforma instaurando los «años de plomo», Azurmendi se encarga de hacer un periódico a la imagen y semejanza de los terroristas. Al tiempo que publica uno tras otro los comunicados de los pistoleros, lo que le supone varios secuestros, asume la batalla política contra el Estatuto y la campaña encaminada a la expulsión de las Fuerzas de Seguridad del Estado bajo el eslogan «Que se vayan».[7]

La fuerte personalidad de Azurmendi pone fin a la guerra interna y, así, a comienzos de los ochenta, HB y ex dirigentes de ETA, con José Luis Elkoro, Íñigo Iruín y Jokin Gorostidi a la cabeza, copan por entero el consejo de administración del rotativo.[8] Cualquier resquicio para la disidencia con la Alternativa KAS, el programa de la banda terrorista, ha dejado de existir.

---

7. Sacado del título del libro del mismo nombre publicado por el entonces director de *Punto y Hora* J. Sánchez Erauskin, con el seudónimo J. Bordegaray. La obra fue secuestrada.

8. El consejo de administración está formado por José Luis Elkoro, Jokin Gorostidi Artola, Íñigo Iruín Sanz, José Ramón Etxebarría, Xabier Antoñana, Lorenzo Petralanda Lizundia, Txema Montero Zabala, Esteban Pérez Herrero, Pedro Larumbe Biurrun y Carmen Galdeano Prieto.

Una veintena de años más tarde, el 19 de mayo de 1999, durante el encuentro entre la dirección de ETA y los representantes del Gobierno español en Suiza para establecer un canal de comunicación permanente entre la organización terrorista y el ejecutivo que preside José María Aznar, Mikel Albizu, *Antza*, en nombre de los pistoleros, echa en cara a los enviados de la Moncloa la existencia de algunas filtraciones. Exige:

—Será mejor para todos evitar [a partir de ahora] las especulaciones de la prensa.

—Todos estamos de acuerdo. [...] Pero no olvide que en España la prensa es libre y nosotros no la podemos controlar —replica el secretario general de Presidencia, Francisco Javier Zarzalejos.

—[Pienso, sin embargo] que a ustedes les incumbe controlar la prensa. Una cosa es la libertad de información y otra bien distinta que se digan tonterías. Con estos temas no se debe permitir —insiste Antxa.[9]

El contenido de la conversación revela el concepto que ETA tiene de la libertad de expresión y el papel que sus medios de comunicación desarrollan en los esquemas de la banda asesina. Frente a una prensa libre e independiente, los terroristas imponen unos medios de comunicación totalitarios, donde los periódicos no están para reflejar la realidad social, sino sometidos y subordinados a las directrices de los pistoleros.

Y esto es, en efecto, lo que ocurre a comienzos de los ochenta, en el momento en que Herri Batasuna y ETA se hacen con el control del diario *Egin*. Al más puro estilo estaliniano, paralelamente al consejo de administración, los terroristas imponen un denominado «consejo político», encargado de la supervisión de la línea ideológica y política del diario y del resto de las publicaciones del grupo.

Este órgano, hasta su desaparición, está compuesto, entre otros, por Ramón Uranga Zurutuza, José Luis Elkoro Unamuno,

---

9. Según el texto elaborado por la etarra Belén González Peñalva, incautado por la policía en medios abertzales.

Jokin Gorostidi Artola, Rafael Díez Usabiaga, Isidro Murga Luzuriaga, Xabier Oleaga Arrondo, José Ángel Catalán Aranguren, Julen Calzada Ugalde, Íñigo Iruín Sanz y Francisco Murga Luzuriaga. A ellos le estaría encomendado el papel de ejercer de «comisarios políticos» por delegación del «aparato político» de ETA.

La existencia de este *presidium*, secreto y desconocido, se descubre por primera vez en el registro que el juez Baltasar Garzón hace a la delegación de *Egin* en Bilbao en 1997. Al registrar la mesa de Isidro Murga Luzuriaga, el instructor descubre un documento que revela su existencia[10] junto a una propuesta de refundirlo en el consejo de administración de Orain, S. A.

No era, sin embargo, el único elemento de convicción de la presencia del entorno de Euskadi Ta Askatasuna en el ámbito de los medios de comunicación.

Nacido en Madrid en 1942, Joaquín Domingo Martorell ha hecho de todo en la vida: manager del cantante Julio Iglesias, directivo de Antena 3 Televisión y, últimamente, «traficante de drogas dominicales», es decir, comprador y vendedor de jugadores de fútbol.

Domingo Martorell fue antes cocinero que fraile. En su etapa de jefe de la Brigada Central Operativa de la Policía, el 24 de octubre de 1984 detiene a Eduardo Jiménez Ormaetxea, uno de los fundadores de *Egin*. «Ante los problemas habidos por la marcha del periódico, Francisco Javier Galdeano Arana, encargado de la economía del diario, le propone pasar a Francia para mantener una cita con la dirección de ETA, ya que todo planteamiento y resolución que podía realizarse en la dirección y elección de personas responsables del mismo debía ser consultada y aprobada por aquéllos», revela el detenido. Y dice más:

«Con tal objeto, sobre mediados del año 1978 y en unión de Iñaki Esnaola y Francisco Javier Galdeano pasan a Francia, a la localidad de Biarritz, donde [se entrevistan con] el fallecido dirigente José Miguel Beñarán Ordeñana, *Argala*. Tras hacer un

---

10. Diligencias previas 77/97 del Juzgado Central de Instrucción número 5 de la Audiencia Nacional.

planteamiento de cómo se encuentra el periódico y facilitar los nombres de la junta directiva, se debate la continuidad al frente del mismo de un directivo profesional o bien de una persona de la absoluta confianza de la Coordinadora Abertzale Socialista (KAS). [Argala opta] por la permanencia del mismo director, a la espera de poder sustituirlo por otro más afín a la línea ideológica de KAS», el brazo político de ETA.

Como se narra con detalle en otro apartado de este libro, Santiago Arróspide Sarasola, *Santi Potros*, dirigió durante seis años ETA desde el primer piso del caserío «Goiz Argi» de San Juan de Luz, sin salir a la luz del día ni ver a su mujer, Isazkun Goikoetxea Rekalde, ni a sus dos hijas, por temor a ser detenido.

Su obsesión por llevarlo todo personalmente, sin fiarse ni de su sombra, hizo que su captura en septiembre de 1987 fuera la más dura de toda la historia de ETA. Los archivos de la organización, habitualmente compartimentados, estaban centralizados en él. Entre los papeles que se le incautaron apareció un informe remitido a la dirección de la banda por Orain, S. A. sobre la puesta en funcionamiento de la emisora Egin Irratia.

«La concesión que nos han dado es sólo para Guipúzcoa, pero mantenemos las peticiones en Bizkaia y Araba. Actualmente estamos realizando el estudio técnico y el presupuesto y esperamos comenzar a emitir en enero. Las personas que proponemos para el funcionamiento de la radio son [Juan Manuel] Ydoyaga y Maite [Ubiría].»

Pero ETA no sólo es informada de todos los planes mediáticos del mundo *abertzale*; decide las vías de financiación o la gestión empresarial del rotativo. Meses más tarde, la policía francesa incauta un documento en la vivienda de Coq de Vive, en las afueras de Bayona, a José Antonio Urrutikoetxea, *Josu Ternera*. De su lectura se desprende que el jefe de los asesinos propone incluso «el lenguaje a utilizar por *Egin* en el contexto europeo»,[11] prohibiendo el empleo de expresiones como «banda armada», «terrorismo»,

---

11. Ternera fue detenido el 11 de enero de 1989. Proceso verbal 44/89, Policía Judicial de Bayona.

«asesinato», y sustituyéndolas por otras más asépticas, como «organización revolucionaria», «activismo armado» y «ejecución».

Propuesto años después por el Parlamento Vasco como miembro de la Comisión de Derechos Humanos, Urrutikoetxea propone, además, potenciar una serie de informaciones (insumisión, antimilitarismo, euskera, presos, kurdos, palestinos, Sinn Fein, Alternativa Democrática, movimientos ecologistas, pantano de Itoiz) a fin de romper el «bloqueo informativo» que el resto de la prensa ejerce sobre determinados asuntos alternativos, del máximo interés de la izquierda radical *abertzale*, en un intento de «adormecer a la sociedad» y que renuncie a su supuesta máxima aspiración: independencia.

Estamos en 1989. Lo que se ignoraba hasta entonces es que ETA nombraba a los directores, subdirectores y cargos de confianza del periódico.

Los guardias civiles del cuartel de Intxaurrondo, en San Sebastián, que siguen los movimientos del dirigente de ETA José Luis Álvarez Santacristina, *Txelis*, en el sur de Francia han montado un dispositivo espectacular: más de cien agentes, cincuenta cámaras de televisión que emiten vía radio y son monitorizadas por control remoto, decenas de micrófonos inalámbricos y casi dos docenas de coches camuflados, con placas francesas, para controlar todos los movimientos del jefe terrorista en diecisiete localidades de la demarcación de los Pirineos Atlánticos.

De esta manera saben que todos los fines de semana el Hôtel des Pyrennées, situado en Bidart, cierra sus puertas a cal y canto al público. Varias personas armadas se instalan en las inmediaciones y, poco después, aparece el jefe de la oficina política de ETA, el «cerebro» de los terroristas, montado en una motocicleta. Txelis se instala invariablemente en la habitación número diez y durante ese período se dedica a recibir visitas.

El 21 de febrero, los agentes descubren un hecho insólito.[12] A las 12.40 localizan el Renault 19 matrícula 1753TG64 en que

---

12. A raíz de esta investigación se produjo la caída de la cúpula de ETA en la localidad francesa de Bidart.

suele desplazarse José Luis Álvarez Santacristina circulando por la carretera de Saint-Pee-sur-Nivelle a Biarritz. Al volante del automóvil va, como siempre, Philippe Lasalle Astiz, *Tintín*, y en el asiento trasero tres personas, dos varones de menos de cuarenta años, uno de ellos con bigote y pelo negro y el otro con marcas de viruela en la cara, y una mujer un poco más joven, con el pelo descuidado.

Un minuto después, una cámara de televisión retransmite la imagen del coche circulando por Arbonne, camino de Bidart, donde toman la N-10 en dirección a Bayona.

A las 12.50, un vehículo camuflado de la Guardia Civil, apostado en el segundo cruce de Biarritz, detecta el paso del Renault 19 en dirección a Ahetze. Observan, además, cómo la mujer y el hombre con marcas de viruela en la cara vuelven dos veces la cara hacia atrás, tratando de averiguar si son seguidos por otro vehículo.

A las 13.02, finalmente, el coche habitual de Txelis se detiene en la parte trasera del Hôtel des Pyrennées. Una segunda cámara de televisión, en miniatura, colocada semanas antes en la trasera del establecimiento por el infiltrado de la Guardia Civil en ETA José Antonio Martínez Anido, *Joseph Anido*,[13] descubre la identidad de los tres visitantes. Se trata del presidente del consejo de administración de Orain, S. A., la empresa editora del diario *Egin*, Ramón Uranga Zurutuza, y de los periodistas Xabier Salutregui Menchaca y Teresa Toda Iglesias, corresponsal en Madrid del rotativo *abertzale*.

Los agentes encargados de la vigilancia de Txelis verifican que los tres miembros del periódico han entrado directamente a la habitación 10 del hotel a entrevistarse con el jefe de la oficina política de ETA, donde la luz permanece encendida hasta las 2.15, en que se retira la observación física y se instalan nuevas cámaras para verificar la salida de Ramón Uranga, Xabier Salutregui y Teresa Toda del hotel.

La reunión, sin embargo, se prolonga los días 21, 22 y 23, período en el que los congregados no abandonan el inmueble. Ni si-

---

13. La infiltración de este topo de origen gallego pero nacido en Estrasburgo se cuenta en otro capítulo.

quiera salen a la puerta, e incluso comen y cenan en la habitación de Txelis,[14] hasta las 16.32 del domingo 23 de febrero.

En ese momento, los tres responsables de *Egin* abandonan el hotel caminando y se dirigen a los bares del hotel Du Frontón y Elissaldia, desde donde toman el taxi matrícula 9927TS64 a Hendaya y se detienen frente a la estación del tren. Allí entran en el bar Luisito, se dan una vuelta por la estación y, cuando verifican que no son seguidos, cogen otro taxi[15] y se dirigen a España por el Puente de Santiago. En el paseo de Colón de Irún descienden de este vehículo y, tras andar unos centenares de metros por la avenida Fuenterrabía, toman un tercer taxi, marca Peugeot 405 blanco, matrícula SS-0341-AH, y se dirigen por la Nacional-I a San Sebastián. Allí se separan y se desplazan a sus domicilios en la calle Beraún de Rentería y Pío XII y Catalina de Erauso de San Sebastián.[16] A las 20.40 de la noche, Txelis abandona el Hôtel des Pyrennées y, en su ciclomotor, se desplaza a la residencia Elizaldia, en Bidart, donde tiene su domicilio.

Poco después de esta reunión, Xabier Salutregui y Teresa Toda son nombrados director y directora adjunta del diario, en tanto que a Uranga se le responsabiliza de la gestión empresarial. Los nombramientos, antes de hacerse efectivos, se comunican por los interesados al responsable del sindicato LAB, Rafael Díez Usabiaga, y al hombre fuerte de KAS, Javier Alegría Loinaz.[17] Semanas después, tras la detención de la cúpula de ETA relatada anteriormente, Txelis elabora una autocrítica en la que cuenta la reunión[18] con los periodistas de *Egin* y su decisión de ascenderlos a la dirección del rotativo.

---

14. Salvo veintiún minutos, entre las 13.19 y las 13.40 del día 22, período en que el jefe de ETA se ausenta del hotel para entrevistarse en el establecimiento Bricobidart de esta localidad con el camionero español Julio Pascual Domingo, que le entrega un sobre con papeles que Txelis guarda en una bolsa. Atestado 95/94 de la Guardia Civil.

15. Un Mercedes color gris, matrícula 5907TM64.

16. Teresa Toda a la calle Beraún de Rentería, donde reside también Florencio Aoiz Monreal; Ramón Uranga a Pío XII, y Xabier Salutregui a Catalina de Erauso.

17. La reunión informativa entre Xabier Salutregui, Teresa Toda, Ramón Uranga, Rafael Díez Usabiaga y Xabier Alegría Loinaz se produce el 11 de marzo de 1992 en el restaurante Jáuregui de Hernani (Guipúzcoa), durante una comida.

18. La documentación se interviene, en soporte informático, tras la detención el 6 de agosto de 1993 del dirigente de ETA José María Dorronsoro Malatxetxebarría en París. Proceso verbal 89/93, VI División Policía Judicial de París, y diligencias indeterminadas 88/93 y diligencias previas 497/94-2 del Juzgado Central de Instrucción número 1 de la Audiencia Nacional.

Informaciones posteriores, que relatamos a continuación, revelan que un sector de *Egin* forma parte de la estructura informativa de la banda armada.

Propietario de la empresa auditora Euro Appraisal, emplazada en las afueras de Madrid, el empresario vasco Francisco Javier Abasolo y varios de sus socios vieron a comienzos de los noventa la posibilidad de enriquecerse fácilmente.

Se trataba de colocarle unos pagarés por 7 000 millones de pesetas a la Banca Rothschild de París, nada más y nada menos.[19] Pero los documentos financieros resultaron falsos y Abasolo, cuya empresa se encargó de la corrección de los exámenes que dieron lugar al «escándalo Osakidetza»[20] en 1990, acabó encarcelado en la prisión parisina de Fleuri.

Teledirigido por el ex jefe de la Agrupación Operativa de Misiones Especiales (AOME) del Cesid, Juan Alberto Perote, que pretende, según sus propias palabras, «hacer un servicio al Estado», Abasolo es encarcelado en el mismo módulo que el dirigente de ETA Carlos Almorza Arrieta,[21] uno de los responsables del aparato de extorsión detenido.

En la soledad de la prisión, Abasolo y Almorza, los dos de origen vasco, congenian y el primero le cuenta al miembro de ETA los numerosos entresijos y chanchullos que conoce del Gobierno Vasco y otra información de mucho interés para la banda terrorista. Son datos, en su mayor parte, filtrados por el Cesid para ganarse su confianza.

Almorza, en lugar de comunicar la información a la dirección de ETA, se la remite a José Benigno Rey, al diario *Egin*. Al poco

19. La información fue publicada por primera vez por el periodista barcelonés Xabier Horcajo y los autores del libro en *Diario 16*.
20. Caso de corrupción que afecta a un sector del PSOE vasco al amañarse unos exámenes para la adjudicación de plazas de Osakidetza (Servicio Vasco de Salud). Tras un montaje fueron ocupadas por militantes de PSOE y UGT, dentro del reparto de puestos de trabajo realizado entre los dos partidos (PSOE y PNV) en el País Vasco. El asunto afectó a varios dirigentes socialistas que acabaron en la cárcel y alcanzó al mismo vicesecretario general del PSOE, Marcos Merino, que resultó absuelto.
21. Almorza fue detenido en Ivry-sur-Seine (Val del Marne) el 6 de agosto de 1993, a raíz de la desarticulación por parte de la Ertzaintza de la red de extorsión de ETA encargada del cobro del impuesto revolucionario.

tiempo recibe una carta de sus jefes en la que le reprochan su actitud. «Decirte antes que nada que estamos bastante enfadados por la forma de llevar el tema de Javier Abasolo. Hace poco hemos conseguido la carta que enviaste a un grupo de investigación. Para empezar, y esto es una fuerte crítica, esta información debías haberla pasado en primer lugar a nosotros, para coordinarla con otros y poder utilizarla.»[22]

Es sólo un ejemplo. Veamos nuevos hechos.

El 1 de diciembre de 1993, el juez Carlos Bueren ordena un registro en la sede del diario *Egin*, situada en el polígono Aciago de Hernani, una de las poblaciones más radicalizadas de la provincia de Guipúzcoa.

Varias docenas de policías toman ese día la redacción del diario y husmean en el ordenador y en los archivos del jefe de investigación del rotativo, José Benigno Rey, y de su equipo de colaboradores, las periodistas Edurne San Martín Larrañaga y Ahoztar Celayeta Zamakona, y David Mendizábal Madariaga, Begoña Kapapé y Mikel Ayuso.

El instructor[23] sabía lo que hacía. Poco antes, durante la detención en Francia del jefe del aparato de finanzas de ETA, Carlos Almorza, *Pedrito de Andoain*, citado anteriormente, se encuentran en su poder dieciséis informes comerciales elaborados por la compañía madrileña Incresa, S. A. y varios documentos sobre empresarios y empresas del País Vasco, copias literales de los hallados en el ordenador de José Rey.

Según quedó demostrado en la vista oral del caso, cuatro al menos de esos informes fueron utilizados por los pistoleros de ETA dirigidos por Pedrito de Andoain para extorsionar a industriales vascos, a los que se les exigió el pago del llamado «impuesto revolucionario».[24]

---

22. Documento intervenido al responsable de la oficina política de ETA, Kepa Picabea Ugalde, el 7 de julio de 1994 en Hendaya (Francia). Proceso verbal 421/94.
23. Dedicado posteriormente a la abogacía.
24. José Rey fue juzgado por estos hechos en 1997. Aunque el delito de «colaboración con banda armada» quedó probado, no resultó condenado debido a que su ordenador era utilizado por otras personas.

Un año, tres meses y once días más tarde, el 17 de noviembre de 1994, las autoridades francesas capturan a Félix Alberto López de la Calle Gauna, *Mobutu*. En su ordenador se encuentra una información sobre el decano de la Facultad de Psicología de Zorroaga (San Sebastián) de la Universidad del País Vasco coincidente con un texto elaborado por José Rey.

Para jueces, fiscales y policías ya no existía ningún género de duda: *Egin* había traspasado la barrera ética de la profesión periodística y sus informaciones se utilizaban, no para cumplir con el sagrado deber de informar a la opinión pública sino para amenazar, chantajear, extorsionar y segar vidas humanas de adversarios o disidentes con el proyecto de construcción nacional vasco. Formar parte de su redacción, con algunas excepciones, era igual que militar en HB, LAB, Jarrai o en ETA.

Nacido el 13 de abril de 1947 en Barbanes Cenlle (Orense), hijo de dos emigrantes al País Vasco, la opinión pública española ha convertido a José Benigno Rey en la «bestia negra» del periodismo español, al considerarle el único «periodista» de *Egin* y de *Ardi Beltza* relacionado judicialmente con actividades de la banda terrorista. Es un grave error. Entre 1978 y 2002, no menos de cien personas, incluidos directores, redactores-jefes, redactores y fotógrafos del desaparecido diario *Egin*, muchos de ellos empleados en 2002 en *Gara*, han sido denunciados por apología del terrorismo y reclamados por la justicia en unos casos y condenados en firme en otros, según los datos que figuran en el sumario 18/98 del Juzgado Central de Instrucción número 5 de la Audiencia Nacional, elaborado en base a las personas que han cotizado a la Seguridad Social.[25] En algunos casos, el número de re-

---

25. Asunción Monzón, condenada por pertenencia a banda armada, rollo 242/81; Ana Ereneo, condenada por pertenencia a banda armada, sumario 39/82; Gloria Alberdi, condenada por colaboración con banda armada, rollo 40/81; Mercedes Aizpurúa, condenada por apología del terrorismo, sumario 51/83; Javier Fernández, condenado por delito de riesgo y pertenencia a banda armada, rollo 79/82 y sumarios 219/94 y 1 035/94; Izaskun Labeaga, colaboración con banda armada, sumario 253/98; José Rey, colaboración con banda armada, sumarios 332/97 y 18/98; Javier Galdeano, condenado por colaboración con banda armada, rollo 96/79; Ignacio Gonzalo, condenado por colaboración con banda armada, sumario 47/95; Javier Bilbao, en busca por Juzgado de Donostia (hasta septiembre de 1996); Fernando Alonso, pertenencia a banda armada, diligencias 119/96; Mikel Arbeloa, colaboración con banda armada, sumario 119/81; Alfredo Hualde, pertenencia a banda armada, diligencias 67/81; Mirentxu Puroy, condenada por tenencia de armas y apología del terrorismo,

quisitorias o condenas se acerca a la media docena por individuo. Teniendo en cuenta la trayectoria de muchos de sus periodistas, *Egin* y otros medios próximos llegan a ser una de las principales fuentes de información de varios gobiernos sobre los planes de la banda terrorista.

A mediados de 1981, el ministro del Interior, Juan José Rosón, almuerza con el editor del entonces todopoderoso *Grupo 16* Juan Tomás de Salas, y varios periodistas, entre ellos uno de los autores del libro. En mitad de la comida, con su voz profunda, apenas audible, y su tono pausado y socarrón, el ministro Rosón comenta:

—Por cierto, que en *Diario 16* tenéis un colaborador de ETA.

—¿Un colaborador de ETA trabajando en la casa? Dame el nombre ahora mismo y ordeno que lo despidan —replica Salas, alterado.

—Es un tal Ydoyaga. Por lo que me cuentan, no está implicado en nada. Pero tiene buenos contactos en Francia. Y, por cierto, no lo despidas. Nos es de mucha utilidad.

Juan Manuel Ydoyaga es, en efecto, el corresponsal de *Dia-*

---

sumario 25/80; Joseba Llano, pertenencia a banda armada, sumario 87/82; Carlos Martínez, condenado por pertenencia a banda armada, sumario 30/95; Mikel Zabala, delito contra la Corona, diligencias 3 077/86; Luis Idarraga, colaboración con banda armada, diligencias 306/91; Javier Sánchez Erauskin, condenado por apología del terrorismo, sumario 111/79; José Félix Azurmendi, tres condenas por apología del terrorismo, rollos 41/82, 55/82 y 3/86; Josefa Andueza, reclamación judicial, 840/96; Santiago Zurbano, apología del terrorismo (abril de 1985); Ramón Leunda, pertenencia a banda armada (abril de 1981); Joaquín Iceta, condenado por colaboración con banda armada, sumario 63/82; Julián Iglesias, pertenencia a banda armada, diligencias 12/87 (puesto en libertad); Alejandro Oyarzábal, colaboración con banda armada, diligencias 36/87; Fermín Lagala, pertenencia a banda armada y delito contra la seguridad del Estado, sumario 47/84; Begoña Arrondo, colaboración con banda armada, diligencias 282/93; Begoña Prieto, condenada por colaboración con banda armada, rollo 67-A81; Ignacio Arrigain, pertenencia a banda armada, diligencias 228/84; Federico Álvarez, colaboración con banda armada, sumario 840/96; Jesús Muguruza, condenado por pertenencia a banda armada, sumario 193/81; Iñaki Usarralde, colaboración con banda armada, diligencias 270/90; Jerónimo Blanco, pertenencia a banda armada, diligencias 182/87; Ignacio Elorza, colaboración con banda armada, diligencias 137/95 y 184/95; Armando Legaz, condenado por colaboración con banda armada, sumario 9/93; Antonio Murga, pertenencia a banda armada, 119/96; Javier Arce, condenado por colaboración con banda armada, sumario 1/93; José Lacalle, condenado por colaboración con banda armada, sumario 167/81, y José Zaldúa, en busca por terrorismo, sumarios 10 y 12 de 1978. Fuente: sumario 18/98 de la Audiencia Nacional.

rio 16 en Bilbao. Sin que él probablemente lo supiera, sus informaciones sobre ETA, siempre certeras, evitaron algún atentado. Aunque nunca incitó a la violencia, sus informaciones aportaban pistas utilizadas por la policía para estar al tanto de cuál de los «frentes militares» de ETA se iba a reactivar.

Y es que, con unos servicios de información desmantelados, el terrorismo y el golpismo en pleno auge, la actitud de los primeros gobiernos de la UCD y del PSOE fue la de no combatir a los periodistas cercanos o vinculados al mundo *abertzale*. Lo mejor era tenerlos controlados y utilizarlos para saber lo que ocurría dentro del universo terrorista y sus aledaños. El diario *Egin* entró mucho tiempo dentro en esa categoría.

¿Fue una buena o mala estrategia? Tras la firma de los Pactos de la Moncloa, en toda España se instala, poco a poco, un clima de normalidad entre empresas y sindicatos, poniendo fin a la confrontación de los primeros años de la transición. Lo mismo ocurre con los movimientos vecinales, asociaciones profesionales, grupos antimilitaristas, antinucleares, ecologistas y toda la constelación de organizaciones antisistema surgida a finales del franquismo. Legalizados los partidos políticos y restablecidas las libertades, no tienen razón de ser y desaparecen.

En el País Vasco, los grupos que están a favor de la ruptura impulsan el fenómeno contrario. Situado en esa órbita, *Egin* se convierte en la plataforma de centenares de grupos minúsculos ultraizquierdistas y ultrarradicalizados, decididos a ir a un proceso de acumulación de fuerzas para derrocar a los gobiernos de España y de Ajuria Enea y tomar el palacio de Invierno.

Obligado a demostrar a su clientela que nada ha cambiado, ya que de lo contrario la «revolución» no tendría sentido, el diario *abertzale* tiene que inventarse cada día una «realidad virtual» y llenar decenas de páginas con conflictos laborales inexistentes, huelgas provocadas, decenas de manifestaciones en pueblos a las que acuden media docena de personas, detenciones indiscriminadas, torturas, *korrikas* (carreras populares), jornadas a favor del euskera, de la *ikurriña* (ya legalizada), del *gudari* vasco y de un sinfín de reivindicaciones ya satisfechas.

De esta manera, mientras el resto de los españoles llevan disfrutando décadas de convivencia pacífica, el rotativo de ETA continúa tensionando artificialmente la sociedad. Desde sus páginas se mantiene un clima de agitación y violencia entre su gente y de desestabilización de las instituciones (ayuntamientos, diputaciones forales, Gobierno de Ajuria Enea), las empresas y entidades públicas y privadas, hasta la vida cotidiana de las ciudades.

En algunos períodos, el diario se convierte en la plataforma informativa para lanzar las candidaturas políticas que interesan a la organización terrorista.

Poco antes de las elecciones generales de 1989, el diario *Egin* publica un artículo titulado «Votar a ETA». Éste es su contenido íntegro:

> ETA representa a toda la ciudadanía vasca en mucha mayor medida que los votos de HB, porque ETA —además de su forma determinante de lucha, ciertamente— tiene un programa político que en los períodos electorales es asumido no solamente por HB, que lo defiende en períodos electorales y fuera de ellos, sino por la mayoría nacionalista de este pueblo.
>
> Cuando alguien está votando al PNV, porque el PNV aboga por la territorialidad vasca, está votando a ETA. Cuando alguien está votando a EA, porque el señor Garaikoetxea está por la autodeterminación, está votando a ETA. Y cuando alguien está votando al señor Retolaza cuando dice que hay que retirar a las fuerzas policiales de aquí, está votando a ETA.
>
> ETA tiene el programa político de la mayoría de este pueblo. Un programa político para cuya realización no hay instrumentos legales. Consigamos los resortes legales.

El autor de esta columna, que revela la existencia de un «frente común ideológico» entre todo el nacionalismo, es el periodista Josu Muguruza, uno de los ideólogos más importantes y desconocidos de ETA en esa época. Huido a Francia en 1981, forma parte de la oficina política de los pistoleros hasta su expulsión a España, seis años más tarde, en 1987, donde pasa unos meses en la cárcel. Juzgado por pertenencia a banda armada en la Audiencia Nacional, es absuelto por falta de pruebas en mayo de ese año. Nombrado redactor jefe de *Egin*, desde entonces escribe una columna semanal en el periódico con el seudónimo «J. Iritzar». Durante años es, con mucho, la sección más leída del periódico. No por la brillantez de sus planteamientos, la claridad de sus exposiciones o sus florituras estilísticas. Josu Muguruza reproduce fielmente, al pie de la letra, sin aditamentos, el pensamiento de ETA.

Su peso dentro de la banda terrorista es tal que tras las elecciones generales del 29 de octubre de 1989, a las que acude de «número dos» en las listas de HB Tasio Erkizia, diputado electo por Vizcaya, es obligado por la dirección etarra a cederle su escaño en el Congreso de los Diputados. Tras la ruptura de las «negociaciones de Argel», la banda armada sigue empeñada en continuar el diálogo y envía a Madrid a su mejor espada.

Un mes más tarde, el 20 de noviembre de 1989, HB celebra en Bilbao el quinto aniversario de la muerte del médico Santiago Brouard. Ese día, Josu Muguruza, Iñaki Esnaola, Itziar Aizpurúa y Jon Idígoras, los cuatro electos, no asisten a la conmemoración. Están en Madrid para retirar sus credenciales de diputado en el palacio de la Carrera de San Jerónimo.

Pero «J. Iritzar» no va a tener tiempo de cumplir su cometido. Esa noche, mientras cena en el restaurante Basque del hotel Alcalá, situado en la calle del mismo nombre de la capital de España, un comando ultra, dirigido por el policía nacional Ángel Duce, condenado por los hechos y fallecido posteriormente en un accidente de moto, dispara contra los congregados, mata a Muguruza y hiere gravemente al abogado Iñaki Esnaola.

Trece años después del asesinato, ETA sigue sin creer que no fuera un «complot de Estado» urdido para poner fin a la estrategia negociadora iniciada por Felipe González años antes. Tampoco dispone de pruebas para afirmar lo contrario.

Por eso, en 1990, cuando una delegación de Herri Batasuna se reúne a parlamentar con otra del PNV presidida por el mismísimo Xabier Arzalluz, la pregunta más insistente que se formula, de mil maneras, por el brazo político de ETA es: «¿Sabe el Partido Nacionalista quién mató a Josu Muguruza?»

Antes de su muerte, «J. Iritzar», alias Josu Muguruza, dejó escritas advertencias como ésta, que no podemos ignorar dada la terrible invitación que contienen a acabar por la vía del tiro en la nuca con quienes se dedican libremente al oficio de escribir:

> Los medios informativos —decía— se han lanzado con una alegría suicida a la destrucción de cualquier sueño reivindicativo de este pueblo con una dinámica que, de no parar, abonaría y justificaría todas las reflexiones que desde la izquierda *abertzale* los apuntan como instrumentos de guerra del Estado español.
>
> Los medios informativos constituyen un permanente y agobiante intento de distorsionar la realidad, lo que los lleva a la barbaridad de televisar en directo el fracaso de una manifestación, en la que los libertos españoles y los dóciles esclavos vascos (PNV) se apiñan para exigir la libertad de una persona (el industrial José María Aldaya, secuestrado por ETA), imponiendo así la amnesia colectiva de la historia.

Pese a las amenazas no tan veladas, nadie se preocupa de cerrar el periódico *abertzale* hasta que no comienza a publicar la «historia negra» las tramas de corrupción del PNV.

El 2 de noviembre de 1993, el periódico *abertzale* denuncia el boicot y la marginación a que es sometido en el reparto de la publicidad institucional por parte del Gobierno Vasco y sus instituciones.

Mientras el diario del PNV, *Deia,* con 32 337 ejemplares de venta, recibe 838,4 pesetas de los fondos públicos, *Egin*, con 46 304, recibe 1,4 pesetas por número vendido de la tarta publicitaria institucional.[26]

La flagrante discriminación es el fruto de la lucha de las dos opciones políticas que defienden ambos diarios. Así, en las elecciones al Parlamento Europeo de 1989, el PNV, que se presenta en coalición con otras dos fuerzas políticas minoritarias,[27] obtie-

---

26. En la misma situación se encuentran *El Correo* y *Diario Vasco*. Con 13 616 y 93 512 ejemplares vendidos, respectivamente, según las certificaciones de OJD, obtienen 342,8 y 342,2 pesetas por comprador, es decir, cuatro veces menos que *Deia*.

27. Coalición Canaria y el Partido Aragonés Regionalista.

ne 303 038 votos. HB, en cambio, acude a los comicios en solitario y alcanza 269 094 papeletas. Queda, por tanto, a 33 944 sufragios del Partido Nacionalista, convertida en la segunda fuerza política de Euskadi, por delante del PSOE y el PP.

A partir de estos resultados, la dirección de ETA piensa que, con un poco de esfuerzo, puede dar un salto y situarse en una posición que les permita arrebatar el liderazgo al PNV en el terreno electoral y decide movilizar todas sus organizaciones de masas e instrumentos.

La traducción práctica de estas instrucciones en el diario *Egin* se plasman en una dura campaña contra el PNV, el uso de información privilegiada por muchos de sus dirigentes, sus entramados empresariales y los negocios del partido a la sombra.

En ese período, y debido especialmente a la labor del diario *abertzale*, se destapan una multitud de escándalos, desde el caso de las tragaperras al de Uribitarte, Apiesgitura, Max-Center, Mixast, S. L., las ayudas a la inversión, las vacaciones fiscales a sus amigos del poder peneuvista.

A raíz de las investigaciones del diario *aberztale*, al margen de la pelea entre los dos bandos que se disputan la hegemonía del nacionalismo, muchos españoles supieron que el País Vasco constituía para el PNV una especie de *batzoki* privado, una suerte de Patio de Monipodio, y que, en muchos casos, las barreras entre intereses públicos y privados no existían debido a la trama de influencias, favores, peajes y sinecuras.

La reacción del Euskadi Buru Batzar es tremenda. Tras entrevistarse varias veces con el consejo de administración del periódico para que se censuraran las informaciones del equipo de investigación, Arzalluz dio instrucciones directas al Parlamento vasco, Gobierno, diputaciones forales y ayuntamientos bajo su control, es decir, al ochenta por ciento de las entidades públicas, que dejaran de anunciarse en *Egin*.[28] Pero no porque fuera un periódico etarra, que justificaba los secuestros y

---

28. Numerosos bancos, cajas de ahorros e instituciones financieras con oficinas abiertas en el País Vasco recibieron en la misma época idéntica recomendación: poner todo tipo de trabas e impedimentos a conceder créditos y líneas de descuento al periódico abertzale, lo que se cumplió a rajatabla.

asesinatos, sino porque atacaban directamente a sus intereses.[29]

El boicot publicitario, llevado a rajatabla durante 1991 y 1992, en un intento de asfixiarlo económicamente, coincide con el período en que desde Orain, S. A. se pone en marcha una estrategia empresarial de expansión. La dirección financiera del diario pretendía aumentar el número de páginas y poner a la venta cuatro ediciones distintas todos los días para Álava, Guipúzcoa, Vizcaya y Navarra.

Era un gran reto empresarial y para ello había que adquirir una nueva rotativa capaz de imprimir un mayor número de páginas y funcionar a mayor velocidad. El proyecto se convirtió en realidad el 8 de noviembre de 1992, cuando *Egin* cambia de dimensiones[30] y pasa de 48 a 72 páginas diarias.

Los mil millones de pesetas que cuesta la nueva maquinaria no salen de ningún banco. Es el impuesto revolucionario que los constructores de la autovía de Leizarán tienen que pagar a ETA para que la *kale borroka* deje de quemarle la maquinaria. «Con eso compramos nuestra tranquilidad y un seguro de vida para los trabajadores sin poner un duro. Los mil millones fueron, más o menos, el dinero que nos costaban los trescientos vigilantes jurados que teníamos contratados para hacer las obras», afirma uno de los constructores extorsionados.

No es sólo un cambio de formato. El periódico inaugura, a partir de entonces, una línea informativa mucho más agresiva, de descarada apología de ETA y de justificación de su actividad criminal, y que sirve como instrumento de potenciación de los mensajes coactivos dirigidos desde el conjunto de la izquierda *abertale*. Con Xabier Oleaga como director se potencia la investigación y tienen que suplir con el insulto la caída de la cúpula directiva de los etarras en Bidart.

Pero volviendo al hilo conductor, *Egin*, no sólo se dedica a ejercer una labor de profilaxis social contra la corrupción del

---

29. *Egin*, en esa época, había iniciado campañas de acoso a la Ertzaintza, continuaba con sus «denuncias» de la política represiva de las FOP, las «torturas» de la Guardia Civil y los ataques a las instituciones vascas, en un intento de deslegitimarlas. Sin embargo, hasta que no empezó a hablar de los oscuros negocios de los jerifaltes del nacionalismo, el PNV no se movilizó para cerrar el periódico.

30. Se mantiene el clásico formato de tabloide, pero se reducen un poco las dimensiones de las páginas para adaptarlas a la nueva rotativa.

PNV. Es sólo una cobertura para poner en la «picota» a otras personas.

Bajo el título «El patinazo de Carmen», el domingo 24 de enero de 1993 el rotativo dedica una página entera a censurar la labor de la periodista Carmen Gurrutxaga, corresponsal de *Diario 16* en San Sebastián.

El patinazo no es tal. La valerosa periodista, como otros muchos colegas, se había dedicado a relatar el asesinato, días antes, del empresario de hostelería y ex jugador de la Real Sociedad Jose Antonio Santamaría Vaqueriza tras una campaña del diario *abertzale*.

El periódico filoetarra *abertzale* traspasa la fina línea divisoria entre la discrepancia política, la denuncia de los casos de corrupción del PNV, a «señalar» a distintas personas a las que ETA sitúa en su punto de mira.[31]

Fue sólo el principio de una nueva estrategia encaminada a justificar previamente los asesinatos de la banda terrorista. En cinco años y medio, entre 1993 y 1998, la siniestra operación se repitió milimétricamente, según el juez Garzón, con al menos otras once personas, desde el sargento mayor de la Ertzaintza Joseba Goikoetxea Asla[32] hasta el concejal del PP Manuel Zamarreño,[33] mencionados en distintas ocasiones en este volumen.

Así, el 14 de septiembre de 1994, en referencia al dirigente del PP Gregorio Ordóñez, el miembro de la Asamblea Nacional de Eusko Alkartasuna Imanol Beristain escribe en el diario *Egin*: «Que sea usted concejal de Donostia, para todo buen vasco, sobre todo si es nacionalista, supone una provocación. Dios quiera que no sea para mucho tiempo.»[34]

---

31. A raíz de estas y otras informaciones, que no son del agrado de HB, la propia Carmen Gurrutxaga es objeto de un atentado terrorista, lo que la obliga a exiliarse a Madrid.

32. Goikoetxea Asla llegó a querellarse contra el periódico porque en las páginas de *Egin* se le identificaba por el sobrenombre de *Cabezón*. La querella ni siquiera fue admitida a trámite.

33. Las víctimas fueron José Antonio Santamaría Vaqueriza, Joseba Goikoetxea Asla, José María Olarte Urreisti, Antonio Morcillo Calero, Gregorio Ordóñez Fenollar, Fernando Múgica Herzog, Ramón Doral Trabadelo, Isidro Usabiaga Esnaola, Francisco Arratibel Fuentes, Tomás Caballero Pastor y Manuel Zamarreño Villoría.

34. Es sólo uno de los 39 ataques que recibe en los meses previos a su asesinato.

El 24 de abril de 1998, *Egin* informa: «El PP sigue sin nombrar concejales en Orereta (Rentería) para sustituir a los ediles José Luis Caso, muerto en atentado de ETA, y a Concepción Gironza, que presentó su dimisión la semana pasada.» Al día siguiente insiste: «El PP ha preferido hasta ahora retrasar la sustitución de José Luis Caso por Zamarreño, puesto que éste tiene pendiente una demanda presentada por los concejales de HB por haberlos acusado de ser el comando de información de ETA sobre José Luis Caso.»

El 9 de enero de 1998, el portavoz de UPN en el Ayuntamiento de Pamplona, Tomás Caballero, durante el debate de una moción de condena por el atentado del concejal de Zarauz (Guipúzcoa), José Ignacio Iruretagoyena, acusa a los concejales de HB de connivencia con ETA. «Ustedes lo que quieren es matar y seguir matando para que de esta forma nos aterroricemos y nos vayamos. Me refiero al conjunto en el que están ustedes incluidos», denuncia.

Los tres concejales de HB, Koldo Lakasta, Alberto Petri y Santiago Kiroga, presentaron una querella y el 24 de marzo de 1998 Caballero resulta absuelto por el Juzgado de Instrucción número 3 de Pamplona.

ETA, en cambio, no les exculpa. Gregorio Ordóñez, casado y con un hijo, es asesinado en el bar La Cepa de San Sebastián el 23 de enero de 1995. Tomás Caballero, de sesenta y tres años, casado y padre de cinco hijos, es tiroteado en la cabeza cuando arrancaba su coche al salir de su casa de la capital navarra el 6 de mayo de 1998. Ese mismo año, el 25 de junio, una bomba en una moto destroza a Manuel Zamarreño a sus cuarenta y dos años, padre de cuatro hijos, cuando volvía de comprar el pan.

La muerte de Ordóñez, el primer político del PP asesinado tras los «años de plomo» de la reforma política, provocó un cataclismo en el seno de HB, con numerosas condenas y dimisiones de militantes, entre ellos el histórico dirigente de ETA José Luis Álvarez Emperanza.

Con todo el cinismo del mundo, la banda terrorista aprovechó su asesinato para hacer «pedagogía de la violencia» y «mostrar a las masas el camino de la revolución». «Esa acción provocó un gran terremoto, tanto en la sociedad vasca como en la izquierda *abertzale*. La acción mostró tanto a una como a otra la dirección de la nueva estrategia; que la lucha no era entre la Guardia Civil y ETA; que aquellos que hasta ahora se habían visto fuera del conflicto y limpios, los políticos, también tenían responsabilidades en esta situación y que a ellos también les afectarían las consecuencias», escriben los terroristas. Y agregan: «A pesar de todo, esta acción contribuyó a que el debate entrara hasta el fondo y, también, para que su significado y la dirección de esta estrategia se aclarara completamente. La acción contra Ordóñez muestra el alcance de la nueva línea política y no una acción de venganza. No se plantea el esquema de responder al odio con el odio.»[35]

La misma estrategia se sigue cuando los pistoleros deciden asesinar a dirigentes del PSOE o arremeter contra la Ertzaintza, el «brazo armado» del PNV, ante la imposibilidad de hacerlo contra el partido *jelkide* para evitar una confrontación entre nacionalistas. Previamente, el periódico se encarga de «demonizar» a sus víctimas, y en el caso de la policía autónoma, de publicar la lista entera de nombres de los agentes anti-ETA para quemarlos,[36] o de resaltar el papel de otros a los que relaciona con los servicios militares españoles.[37]

El papel de *Egin*, ejerciendo su «pedagogía de la muerte» y atribuyendo los asesinatos «al conflicto político», impidió que las deserciones del mundo de HB fueran masivas. Al mismo tiempo empieza a colocarse al margen de la legalidad.

El balance que Orain, S. A., la editora del diario *Egin*, presenta en junio de 1993 en el Registro Mercantil de San Sebastián sobre el ejercicio económico anterior refleja un grave desequilibrio patrimonial. Frente a 826 193 000 pesetas de inmovilizado material, presenta unas deudas a corto y largo de 900 787 000 pe-

35. Ponencia Karramarro (Cangrejo) de KAS, *Zutabe*, núm. 72, septiembre de 1995, intervenido tras el intento frustrado de asalto a un polvorín en la localidad de La Rochelle (Francia) por un comando de ETA, el 17 de noviembre de 1995.
36. Gervasio Gabirondo, Ramón Doral, Iñaki Baranguan, Todor Aresti, Joseba Urrutia, Marcos Ortiz de Lejarazu, Ángel Kartango, Patxi Leal, Óscar López, Iñaki Berriozábal, Joseba Goikoetxea y Jon Ziarzolo, *Egin investigación*, Txalaparta, 1998.
37. Juan Luis Bolado, Txomin Albín, Juan Campoy, Pedro Subina, entre otros, *Egin investigación*, Txalaparta, 1998.

setas, sin contabilizar las cuotas obreras y empresariales con la Seguridad Social y otras deudas avaladas por empresas interpuestas, que ascienden por lo menos a otros 38 700 000 pesetas.

Los datos indican que el periódico *abertzale* se halla en quiebra técnica. El consejero de Interior del Gobierno Vasco, Juan María Atutxa, que ha ordenado investigar su patrimonio, está al corriente de todo. Con una edición especial para cada provincia, unos altos gastos de impresión y distribución y sin apenas publicidad debido al boicot del Gobierno Vasco, la ruina económica es inevitable.

Atutxa sabe incluso que Orain, S. A. lleva algunos meses preparando un alzamiento de bienes para salvar del naufragio la rotativa, la imprenta, la redacción, algunas delegaciones y el sistema informático. Está al corriente de que el 14 de febrero de ese año, en junta general extraordinaria, Orain, S. A. decide ceder sus bienes a la sociedad Ardantza.[38]

Como la situación no mejora sino que empeora todavía más, en 1996, es decir, tres años después, se pone en marcha una nueva operación de ingeniería financiera para descapitalizar el periódico, ocupar los bienes y evitar el embargo. El 4 de enero, Ardantza, S. A. vende a Erigane, S. L., integrada por los mismos socios, la nave industrial del polígono Aciago de Hernani donde se imprime el periódico por 85 millones.[39] Los miembros de los consejos de administración de Orain y Ardantza, José Luis Elkoro, Jesús María Zalakain, José Ramón Aranguren, Xabier Alegría, Julen Calzada, Francisco e Isidro Murga, Carlos Trenor, Manuel Inchauspe Vergara, Pablo Gorostiaga y Manuel Aramburu Olaetxea, casi todos ellos vinculados al mundo de HB y ETA, dan su visto bueno a la operación.

Dos informes incautados a ETA en Francia revelan el penoso momento que atraviesa el diario. «Las previsiones de ingresos por publicidad han descendido y las ventas se mantienen estancadas.

---

38. El acuerdo se eleva a escritura pública del 5 de marzo de 1993. Mediante el mismo, Orain vende a Ardantza, con un pacto de retro de cinco años, tres fincas urbanas en Vitoria, un local comercial y un piso en Pamplona, la mancheta de *Egin*, el sistema informático y los equipos de fotocomposición, montaje, impresión y cierre.

39. La nave tiene, desde 1991, una hipoteca con la Kutxa de 150 millones y se tasa para su venta en 278 millones.

La única forma de que los bienes patrimoniales de Orain caigan en manos del Estado es traspasándolos a otras sociedades», informa Garikoitz, un individuo del entorno de HB-*Egin* no identificado, a la banda armada.[40]

Por su parte, *Hontza* (Lechuza), seudónimo que la Guardia Civil atribuye al dirigente de LAB Rafael Díez de Usabiaga y la Policía Nacional al abogado Íñigo Elkoro, agrega: «En lo referente a Orain, cada vez hay más marcha en la casa y los problemas también se amontonan. Perspectivas económicas muy duras y especialmente lo de la publicidad, que ha caído un treinta por ciento. Tenemos que presionar al responsable para que los resultados mejoren, pero lo que es innegable es que el mercado ha sufrido una increíble bajada. En el apartado de promoción se harán bastantes cosas nuevas, para que el propio "P"[41] ponga en marcha su laudo. Por otro lado, ya se ha puesto en marcha un proceso de recaudación de dinero para recibir este año alrededor de 200 kilos.»[42]

Para salir de la crisis, Hontza plantea sustituir al director por Martxelo Otamendi, de Tolosa, «que en su tiempo fue director del Euskaltegi del Ayuntamiento y luego ha trabajado en televisión», exigiéndole fidelidad ideológica absoluta al proyecto. Plantea también ir a América, a las Casas Vascas, a buscar dinero, especialmente en Los Ángeles, Reno, Idaho y México, a través de F. Munarriz y K. Korta. Por último, Hontza deja la decisión última en manos de ETA. «Vosotros sabréis si se puede hacer o quién o quiénes son intocables, pues lo primero es lo primero.»

Las tensiones se palpan en el ambiente y el reflejo más fiel de ellas es una carta publicada, tras su cese, en 1995 por el redac-

---

40. Documentación incautada a José María Dorronsoro Malatxetxebarría en París el 6 de agosto de 1993. Proceso verbal 89/93, VI División de la Policía Judicial de París, diligencias indeterminadas 88/93 y diligencias previas 497/94-2, del Juzgado Central de Instrucción número 1, de la Audiencia Nacional.

41. Según los Kodigos Berriak (Códigos nuevos), a los que hemos hecho referencia anteriormente, Orain figura en los documentos de ETA con la clave «P», al diario *Egin* se le denomina «P-E» y a la emisora Egin Irratia «P-EI».

42. Documento encriptado con el programa informático Utilidades Norton y titulado Hontza (93/02). Ha sido extraído del disco flexible A (Teknikoa) [KAS (Técnico)], carpeta A (Orokorra) [KAS (Permanente)], subcarpeta Tekniko (Técnico), subcarpeta Handik (De allí), subcarpeta Hontza. Archivos secretos de ETA capturados en Francia contenidos en 117 disquetes de ordenador. Los informes están en poder de los autores.

tor jefe de la sección de economía, Juan María Arregui Azpeitia. Dice así:

> Mi despido es la culminación de años de tensiones con el consejo de administración y la dirección del periódico. Ya hace más de siete años, el presidente del consejo, José Luis Elkoro, pidió sin conseguirlo mi cabeza tras negarme a modificar al alza la cifra de una manifestación multitudinaria de HB en Bilbao, cuyo recuento racional y razonado hice personalmente como era norma en aquellos años.
> [El consejero delegado] Ramón Uranga es máximo responsable de esa nefasta gestión que ha provocado esta grave crisis. Pero tan responsable como él es el consejo, con José Luis Elkoro a la cabeza, que mantiene a este consejero delegado, tal vez un buen comisario político para el aparato de HASI y KAS, pero que es un nefasto gestor incapaz de mantener a *Egin* en el mercado, como en su día lo estuvo.
> Con el nuevo proyecto periodístico se decidió el desmantelamiento de la redacción de economía, donde firmaba con el seudónimo de «Daniel Udalaitz». Me opuse a la decisión porque se hizo sin contar con los defenestrados, y se lleva a cabo por intereses políticos de la estrategia de LAB-KAS. A las personas que no respondemos a los intereses de LAB-KAS, no formamos parte de sus estructuras organizativas ni disciplinarias, no convenía mantenernos al frente de aquella sección.

Un testimonio más de quién, de verdad, manda en el periódico. Pero los días de *Egin* están contados.

En la madrugada del 15 de julio de 1998, el juez Baltasar Garzón, acompañado de ciento cincuenta policías, toma la sede del rotativo radical en el polígono industrial Aciago, en Hernani (Guipúzcoa).

Tras un minucioso registro, el titular del Juzgado Central de Instrucción número 5 de la Audiencia Nacional se incauta de veinte camiones de documentos, detiene a once personas, entre ellas a su director, Xavier Salustregui, y a varios miembros de su consejo de administración, decreta el cierre del periódico, embarga sus cuentas y precinta sus instalaciones y las de la emisora Egin Irratia.

Era la primera vez tras la instauración de la democracia que en España se clausura un medio informativo. Sin embargo, diez días más tarde, en un auto de 45 folios, el juez razona su decisión: el periódico *Egin* y la emisora Egin Irratia forman el cuarto frente —el informativo— de la organización terrorista ETA.

El rotativo está financiado por la banda armada, que marca la línea ideológica y permite a sus comandos operativos utilizar sus páginas para comunicarse entre sí y con la organización,[43] enviando mensajes a la dirección del periódico mediante ordenadores en clave.

Los directivos de la empresa y el consejo de administración son elegidos por ETA y por su brazo político, la Coordinadora Abertzale Socialista (KAS) y Herri Batasuna. En todo momento están sometidos a la disciplina de los terroristas y las rotativas del periódico se utilizan para imprimir panfletos en contra de otros grupos políticos que luego son distribuidos por Jarrai y otros grupos del conglomerado del llamado Movimiento Nacional de Liberación Vasco.

Un documento intervenido en Francia saca a la luz un nuevo descubrimiento que el director de *Egin* dispone de un pequeño ordenador portátil, con su *modem* incorporado y un programa de encriptación, proporcionado por KAS, para recibir instrucciones directamente de la dirección de ETA.[44]

Durante el registro aparecen también en un ordenador cuatro archivos con las denominaciones «Delclaux1», «Delclaux2», «Turbo» y «Turbo2000». Su contenido son documentos registrales de la familia Declaux, uno de cuyos miembros, Cosme Declaux Subiría, ha sido secuestrado un año antes, en 1987, por ETA.

«Todo ello —concluye el juez— revela que el diario *Egin* es el brazo informativo de KAS y un mero instrumento de la organización terrorista ETA para conseguir sus fines delictivos y pasar información a sus comandos.»

---

43. Para ello se utilizan dos secciones del periódico: «Agurrak» (Saludos) y «Merkatu Txikia» (Mercado pequeño).

44. Carta de Garikoitz a ETA. Se incauta entre la documentación de José María Dorronsoro ya citada en este capítulo.

El cierre del periódico proetarra provoca, en las semanas siguientes, reacciones encontradas en diversos ámbitos políticos, económicos, sociales y periodísticos de la sociedad.

En plenas negociaciones secretas del «Pacto de Lizarra», Eusko Alkartasuna y el Partido Nacionalista Vasco, que meses antes clamaba por su desaparición, condenan la medida por inoportuna. Xabier Arzalluz la califica de «ataque a la democracia» y para impedir que ETA se retire de las conversaciones llega a ofrecer la rotativa del diario *Deia* para que el diario pueda salir al día siguiente con otra cabecera.[45]

En contra de la decisión del juez, el cierre de *Egin* no supone la desaparición del aparato de propaganda de la izquierda violenta. Al día siguiente, bajo la dirección de Martín Garitano, sale a los quioscos el diario *Euskadi Información*, del que era propietario la empresa Ekin (Hacer), creada en 1985 y presidida por el escritor Alfonso Sastre.[46]

La vida del nuevo rotativo dura 198 días, el tiempo necesario para que el mundo *abertzale* reuniera mil millones de pesetas y pusiera en funcionamiento un nuevo periódico, *Gara*, continuador de *Egin*, según la banda terrorista.

> A mediados del 98, los dirigentes españoles ordenaron la clausura del diario *Egin* y de la radio Egin, así como el encarcelamiento de algunos ciudadanos vascos. Y en los últimos días de enero del 99 salía a la luz *Gara*, heredero de *Egin*. Un proyecto de diario que, como el anterior, surgía como un proyecto popular. El vacío que llenó *Euskadi Información* en el espacio entre la desaparición de un diario y la creación del otro demuestra que la sociedad vasca, y especialmente la izquierda *abertzale*, continúa teniendo una buena salud y una gran capacidad de iniciativa.[47]

---

45. El hecho no se produce debido a que los directivos del periódico *jelkide* exigen que se le aporte la documentación de la nueva cabecera, perdida en ese momento.

46. Sus responsables en España son Alfonso Sastre, Álvaro Reizábal, Carlos Sáez de Eguilaz, Martín Garitano y Felipe San Epifanio.

47. *ETA, ren Ekimena* (La iniciativa de ETA), documento incautado en la *herriko* taberna Herría de San Sebastián el 29 de julio de 2000.

En efecto, el nuevo diario refleja la interconexión entre las distintas entidades del entramado del abertzalismo radical. Ehke, la empresa propietaria del diario, está participada por José María Esparza Zabalegui, en representación de Txalaparta; Kepa Mirena Landa, delegado de Gestoras Pro Amnistía; Carlos Sáez de Eguilaz, hombre de KAS, y Feliciano López, miembro del sindicato LAB.

Para evitar nuevos sobresaltos, los radicales se instalan en otra docena más de cabeceras periodísticas. Desde Ekin, propietaria de *Euskadi Información*, hasta *Punto y Hora de Euskal Herría*, pasando por *Anaitasuna*, *Ezpala* (Reflexiones), *Egía*, *Herri Eginez*, *Euskadunon Egunkaria*, *Txalaparta*, *Amaiur Press Service*, o *Le Journal du Pays Basque*.[48]

Para el Estado, la batalla por acabar con las terminales informativas de los terroristas no ha concluido.

El 20 de mayo de 2000, ETA lanza cócteles molotov contra la sede de la Seguridad Social de Éibar (Guipúzcoa), y el 27 de diciembre de 2000 incendia las oficinas de la Seguridad Social de San Sebastián, situadas en el barrio de Gross, frente al casino Gran Kursaal.

Las dos acciones terroristas son la respuesta de los ultimadores a la pretensión de la Tesorería de la Seguridad Social de cobrar las deudas que mantiene con ella la sociedad Orain.

Poco antes, el 2 de diciembre de 2000, el Juzgado de lo Social de San Sebastián dicta sentencia condenando a pagar al Fondo de Garantía Salarial del Ministerio de Trabajo alrededor de quinientos millones de pesetas a 164 trabajadores despedidos del diario *Egin*.

Los hechos arrancan en julio de 1998, tras el cierre y clausura del periódico, la empresa Hernani Imprimategía y la compañía Publicidad Lema 2000 por la Audiencia Nacional, al considerarlos parte del entramado empresarial de ETA.

Tras el auto, los representantes legales de las empresas suspen-

---

48. *Euskadi Información* fue adquirido en 1985 por 35 millones y *Punto y Hora* en 1989 por 21.

didas presentan expediente de regulación de empleo ante la Delegación Territorial de Trabajo de Guipúzcoa y el Gobierno Vasco autoriza la extinción de los contratos de trabajo con fecha de 1 de enero de 1999.

Los 164 trabajadores de *Egin*, coordinados por Mertxe Aizpurúa y Asunción Monzón Martínez, formulan una demanda de indemnización que se falla a favor de los trabajadores. Según la sentencia, el Fondo de Garantía Salarial debe pagar a cada asalariado cantidades que oscilan entre 1,7 millones de pesetas de indemnización y 406 000 pesetas por salarios no satisfechos.

El organismo público rechaza la petición a la vista de un auto del Juzgado Central de Instrucción número 5 de la Audiencia Nacional, según el cual, entre Orain, editora de *Egin*, y Elke, propietaria de *Gara*, hay una clara sucesión de empresas.

Los trabajadores recurren esta decisión y el 17 de julio de 2001 la Sala de lo Social de Tribunal Superior de Justicia del País Vasco, integrada por los magistrados Isidoro Álvarez Sacristán, Juan Carlos Iturri Gárate y María del Carmen Pérez Sibón, falla a favor de los demandantes.

De esta manera, trabajadores de *Egin* condenados por terrorismo, que jamás han indemnizado a sus víctimas, y otros ajenos por completo a la violencia de ETA pueden cobrar su «despido» del Estado.

CAPÍTULO XIII
El huevo de la serpiente

En todos los manuales antiinsurgencia de los países se describe, con alguna que otra variante, el mismo proceso: las distintas generaciones de terroristas empiezan por rechazar el orden establecido y enfrentarse a sus compañeros en asambleas. De la dialéctica pasan a la acción y se enfrentan a la policía en la calle, se foguean formando barricadas, quemando autobuses y lanzando cócteles molotov contra las fuerzas del orden. Por último, la radicalización y la incapacidad para aceptar las ideas de los demás los lleva a empuñar las armas y asesinar a sus semejantes con la misma tranquilidad de quien degüella a un animal para saciar el hambre. Las últimas generaciones de activistas de ETA han seguido el mismo proceso. Casi todos ellos proceden de la lucha callejera, han hecho sus armas quemando cajeros o colocando bombas a los concejales del Partido Popular y el PSOE y han acabado asesinando, años más tarde, a las mismas personas a las que antes habían incendiado el coche o colocado un artefacto incendiario en el portal de sus casas.

El estribillo de una de las canciones más populares entre la juventud radical vasca, «*Jo ta ke*», juega con dos conceptos sobreentendidos en el mundo violento: Jo Ta Ke es el nombre de una mortífera granada de ETA y, a la vez, «*Jo ta ke irabazi arte*»[1] («Golpear y quemar hasta ganar») uno de los eslóganes de la banda armada.[2]

El grupo *Su ta Gar* (Fuego y Llama), uno de los conjuntos de rock radical vinculado a los movimientos antisistema y antiglobalización, uno de cuyos últimos álbumes, *Eromena* (Locura), contiene una canción escrita por la etarra Carmen Guisasola, su-

---

1. De hecho, con esa expresión firma ETA las cartas a sus comandos.
2. La granada se construye con un tubo de baquelita endurecida, al que se enrollan veinte espiras de metal al que se dan pequeños cortes longitudinales para que se convierta en metralla. En una de las extremidades del tubo se coloca una tapa de baquelita y por la otra se rellena de pólvora negra prensada con un hueco en el centro para introducir el multiplicador y el iniciador. La bomba se activa de la manera clásica, retirando el pasador de seguridad y dejándola caer.

bió al escenario y comenzó a interpretar su canción favorita, *Seguir adelante*.³

«Sí nací / en mitad de una guerra / han transcurrido los años / y estamos en las mismas / no digas jamás / esto está terminado / no pienses jamás / el camino está terminado / yo nunca te diré cuál es tu obligación / escucha las voces de las personas / *jo ta ke* / *jo ta ke* hasta ganar / *su ta gar* / luchando sin parar / *jo ta ke* / duro al enemigo / *su ta gar* / lo hecho / tendrán que pagarlo / *jo ta ke* / *su ta gar* / Yo nunca te diré cuál es tu obligación / yo hace tiempo que opté / *jo ta ke* / *jo ta ke* hasta ganar / *su ta gar* / luchando sin parar / *jo ta ke* / duro al enemigo / *su ta gar* / sin parar hasta vencer».

En otro de los escenarios, la música de los grupos La Polla⁴ —antes La Polla Records—, y Etsaiak (Los Enemigos) suena en un intento de en transmitir sus emociones al público juvenil.

«Vomito sobre el mundo y la pinche sociedad. / Vomito sobre el orden, la ley y la verdad. / Vomito a esas verdades creadas para dominar, / que al rico hacen rico y al pobre lo van a ahogar. / Espasmos de odio, rechazo e hipocresía. / Nos quieren ahogar entre tanta porquería. / Arcadas de miseria, rabia y maldad. / Invaden nuestra tierra, ¡que se vayan ya! / Escupo malestar, pura disconformidad. / Nos pisan como ratas, ¡no nos pueden aceptar! / Somos los bastardos de una cutre educación; / que se traguen ahora ellos su marrón. / Vomito, vomito, miseria, miseria y vida. / Porque vivir es pelear, sobrevivir ante tanta falsedad, / porque vivir es luchar, es pisar fuerte, / que si no te pisarán. / Me pudre la ironía, la farsa y el cinismo. / Me parto la cara del Gesto por la Paz. / Lloro por la atmósfera y el río al pasar. / ¡Se ve nuestra mierda a rebosar! / Me cago en el Gobierno, y la chistosa monarquía. / Reunión de monigotes, todos a mamar. / Que me encierren, que me maten, ja, ja, ja. / ¡Seguiremos vomitando cada día un poco más!»

A continuación fue el grupo Soziedad Alkohólica el que dejó su estela de rabia, odio y anticonformismo al interpretar su canción *¡Explota, cerdo!*, destinada a los «cipayos» de la Ertzaintza.

---

3. La EITB, la televisión vasca, le concede el premio al mejor grupo de rock el mismo día en que ETA asesina al concejal socialista de Orio Juan Priede.

4. Autores de canciones tan elocuentes como *No más presos*, *La tortura*, *Sin país*, *Moriréis como imbéciles*, *Aprieta el culo* u *Hoy haré la revolución*, que no necesitan explicación.

«Cualquier día estará cerca de ti / y sentirás que no puedes soportar, / su olor te hará vomitar, / ¡explota, *zerdo*! /Algún día reventarás, / ¡explota, *zerdo*! /Tus tripas se esparcirán. / Huele a esclavo de la ley, / *zipaio*, siervo del rey, / lameculos del poder, / carroñero coronel, / ¡explota, *zerdo*! / Dejarás de molestar, / ¡explota, *zerdo*! / Sucia rata, morirás. / Por los bares se pasea, / y se cree bien *disfrazao*, / nunca podrá camuflar, / su cara de subnormal. / Y *eske* el tufo que *akarrea*, / no es para nada normal, /a *kién kree* que va a engañar, / su hedor le delatará / ¡explota, zerdo!»

Aunque lo pareciera, por las tiendas de campaña, la vestimenta de los asistentes y el consumo desenfrenado de alcohol, el encuentro no era una reedición del mítico festival de música underground de Woodstock de 1969, en Nueva York (Estados Unidos), ni Soziedad Alkohólica se parecía en nada a Jimi Hendrix. Se trataba del acto de unificación de los dos órganos juveniles de ETA en un solo grupo.

Eugenia de Montijo, Eduardo VII, Napoleón I, Alfonso XIII, el músico español Isaac Albéniz y el poeta francés Edmond Rostand, el célebre autor de *Cyrano de Bergerac*, la utilizaron como lugar de veraneo y de descanso.

Dotada de un clima benigno y conocida desde la Edad Media por su famosa estación termal, Cambo-les-Bains es una pacífica localidad labortana con apenas 4 128 habitantes que viven de la agricultura y del turismo.

La tranquilidad del ambiente y la monotonía y amabilidad de sus gentes se vieron turbadas aquel viernes 20 de abril de 2001 cuando sus dos frontones, hoteles, campings y una superficie adyacente de más de un kilómetro cuadrado fueron invadidos por una muchedumbre de jóvenes que plantaron allí media docena de carpas, varios escenarios musicales y miles de tiendas de campaña.

Durante el fin de semana, los habituales visitantes de sus aguas curativas, sulfurosas y ferruginosas, venidos desde todos los puntos de Francia en busca de la sanación milagrosa a la artritis o al reuma, observaban con asombro cómo la localidad se convertía en el centro de exaltación terrorista más importante de Europa.

Las dos organizaciones juveniles radicales del País Vasco español y francés, Jarrai y Gazterriak, celebraban un acto conjunto encaminado a convertirse en una sola organización para luchar bajo una misma bandera y unas mismas siglas —HAIKA— por la implantación de un Estado independiente, socialista y euskaldún en los territorios situados a los dos lados de los Pirineos.

El acto congregó, según el diario *Gara*,[5] a veinte mil personas llegadas desde Álava, Navarra, Vizcaya, Guipúzcoa, Hendaya, San Juan de Luz y Bayona y, como se esperaba, se convirtió en un multitudinario homenaje a ETA y de exaltación de la violencia en los tres escenarios montados al efecto, donde no dejó de interpretarse rock duro mezclado con canciones populares vascas.

Y aunque la dirección de la banda criminal no estuvo físicamente presente, por los altavoces se difundió un mensaje de Mikel Albizu *Antza* mientras en el escenario dos encapuchados enarbolaban el logotipo del hacha y la serpiente. «Desde ETA os animamos a todos a continuar luchando, a seguir dando «caña» con todos los medios posibles y en todos los frentes por la independencia de Euskal Herría», concluyó *Antza*.[6]

Eran las diez de la noche pasadas. Los presentes despidieron el acto con un «*Gora Euskadi ta Askatasuna*», el grito de guerra de la banda terrorista y, al día siguiente, domingo, recogieron sus tiendas de campaña, hicieron las maletas y regresaron a sus lugares de origen. La semilla terrorista estaba sembrada.

En abril de 1979, un grupo de jóvenes radicales vascos, algunos de ellos hermanos o hijos de los primeros pistoleros de ETA, se reúnen en la Universidad de Lejona (Vizcaya).

Allí, tras un fin de semana de discusiones, deciden crear el grupo juvenil Jarrai (Seguir), que integra a los núcleos Egam y Gai, existentes entonces dentro de la izquierda *abertzale*.

En su asamblea fundacional de Lejona, el grupo se define ya como una organización juvenil, *abertzale* y socialista, encuadrada

---

5. *Gara*, 23 de abril de 2001.
6. También se leyó una carta del jefe del comando «Barcelona», Felipe *Pipe* San Epifanio, escrita desde la prisión.

dentro de la línea política de KAS y subordinada a la estrategia política de KAS y ETA, en aplicación del principio del centralismo democrático que rige en este tipo de organizaciones. Su objetivo primordial es imponer la «Alternativa KAS», es decir, las tesis de la banda armada, entre la juventud vasca.

A comienzos de 1980, el grupo celebra en Euba su I Congreso, con tres asuntos centrales para la discusión: servicio militar, trabajo y droga. Durante dos años, Jarrai defiende el no a la mili, hasta que en 1982 se definirá nítidamente por un servicio militar en el País Vasco y la creación de una Capitanía General que agrupara a las tres provincias vascas y Navarra. Esta postura, que años después será desbordada por el rechazo general al servicio militar, le llevará a perder el tren en el nacimiento de la objeción de conciencia y la insumisión, hasta años más tarde, en que la dirección de ETA cambia de opinión.

En diciembre de 1983, Jarrai celebra su II Congreso, después de un año dedicado, casi por entero, a contrarrestar la puesta en marcha del llamado Plan Zen, la estrategia diseñada por el Gobierno de Felipe González para acabar con el terrorismo.

En esos años, los militantes de la organización, empujados desde HB y KAS, se lanzan a la calle a levantar barricadas y quemar autobuses. Y en 1986 surgen las primeras críticas internas de quienes dentro de ETA piensan que los terroristas se han dedicado pura y exclusivamente al activismo.

«Cuando se dice que son cuatro críos los que se dedican a levantar barricadas y a quemar coches, la gente tiene razón. La media de edad de la gente ha bajado espectacularmente. Aunque desestabilicemos al enemigo, estas acciones nos deslegitiman ante el pueblo y tal vez nos supongan más costes que beneficios a la hora de acumular fuerzas», explica muy gráficamente ETA.[7]

En esa época, la «guerrilla urbana» se centra esencialmente en hostigar a las Fuerzas de Seguridad del Estado, la Policía Nacional y la Guardia Civil, especialmente en los cascos viejos de Bilbao y San Sebastián. Para ocultar sus rostros, los alevines de terroristas usaban todavía pañuelos anudados al cuello y no

---

7. «Reflexiones sobre la borroka en la calle», documento intervenido por la Ertzaintza el 17 de enero de 1996, en la sede de Jarrai, situada en el número 2 de la calle Lotería de Bilbao. Diligencias previas 18/97 del Juzgado de Guardia de la Audiencia Nacional.

pasamontañas y dos eran sus principales armas, los tirachinas y los cócteles molotov.

En el verano de 1987, el Ministerio de Asuntos Sociales, que dirigía Matilde Fernández, puso en marcha una campaña de ámbito nacional para prevenir el contagio del sida mediante el uso del preservativo, con el eslogan «Póntelo, pónselo».

En el mismo año, ETA saca uno de sus primeros manuales de guerrilla urbana en el que emplea un condón como elemento «retardante» de la explosión. El manual es bautizado por los terroristas como «Póntelo, pónselo». He aquí algunos ejemplos de los medios empleados:[8]

MANUAL DE GUERRILLA URBANA. DOCUMENTO NÚMERO 1

Cóctel Molotof mejorado. Componentes:
— Una botella,
— aceite de automóvil,
— un preservativo,
— ácido sulfúrico,
— gasolina,
— gel para limpieza de vajillas.
[...]
La botella debe ser de cristal fino para que al hacer el impacto se rompa con más facilidad.

La composición es de un setenta por ciento de gasolina, un veinte por ciento de aceite de automóvil y un diez por ciento de gel limpiador, del que usan vuestras madres en la cocina para lavar la vajilla.

Hecha la mezcla e introducida en la botella, la hacemos explotar introduciendo por el cuello una ampolla de ácido sulfúrico que habremos metido previamente en el preservativo, relleno a su vez con [...]. Todo ello se introduce por el cuello de la botella que contenga la mezcla incendiaria y luego se ta-

---

8. Aunque manuales mucho más letales están al alcance de cualquiera en las páginas de Internet, los autores hemos suprimido voluntariamente algunos de los componentes químicos empleados por ETA para la fabricación de sus artefactos.

pona. La combustión se produce al chocar la botella contra el suelo y romperse la ampolla.

MANUAL DE GUERRILLA URBANA. DOCUMENTO NÚMERO 2

Tirachinas.

El arma más destacada en la lucha de Euskalduna,[9] el tirachinas es muy valioso en los enfrentamientos con la *txakurrada*.

Con un tirachinas de competición se puede traspasar el casco de un policía a una distancia de veinticinco metros. Y, por supuesto, tiene mayor efectividad cuando se utiliza con bolas de pasta o rodamientos.

En los enfrentamientos con la *txakurrada* es muy importante llevar un pañuelo mojado al cuello para contrarrestar los efectos de los gases lacrimógenos. Para inutilizar un vehículo hay un sistema muy fácil y silencioso: verter azúcar o tierra en el depósito del carburante.

El 12 de octubre de 1988, en plenos contactos para las Conversaciones de Argel, la dirección de la Koordinadora Abertzale Socialista (KAS) ordena a los jefes de los comandos de Jarrai de las cuatro provincias vascas realizar una demostración de fuerza en el País Vasco y el antiguo Reino de Navarra.

Por esas fechas, el PSOE ha organizado en Bilbao una gran manifestación para forzar a ETA a rebajar sus exigencias. La cúpula etarra, que lleva meses negociando una tregua con el Gobierno de Felipe González, no quiere hacer un uso excesivo de la lucha armada, pero decide que la «provocación» de los demócratas no debe quedar sin respuesta.

Los dirigentes de KAS y ETA quieren comprobar, además, la capacidad de la *kale borroka* como elemento capaz de desestabilizar al Gobierno, de mantener un nivel de violencia que sirva como excusa para poner de manifiesto la existencia de un «conflicto» político, movilizar a los jóvenes para que no se acomoden

---

9. Los famosos astilleros Euskalduna, creados a finales del siglo XIX en Vizcaya y cerrados en la década de los ochenta, dentro del proceso de reconversión industrial.

y caigan en las vías del «reformismo»[10] y mantener y aumentar el nivel de compromiso de los cachorros con la «lucha armada» en el futuro.

Jarrai demostró a los pistoleros de ETA que, además de acosar a la policía y poner artefactos explosivos a las empresas encargadas de construir la autovía de Leizarán, podía asumir tareas más complejas. A lo largo de la noche, un total de cuarenta cajeros automáticos fueron incendiados en Álava, Guipúzcoa, Navarra y Vizcaya.

El ataque masivo contra la Banca es conocido en los anales de ETA como la «noche de los cuchillos largos».[11] «Aunque comprobamos que la gente que mejor actuaba era la que estaba comprometida con nuestras estructuras (ETA y KAS), la movida desestructurada y espontánea de los tiempos de la autovía de Leizarán dio un salto para tomar otra dirección», afirma ETA.[12] Importancia capital en este cambio de estrategia es el nuevo manual de guerrilla urbana que ETA acaba de poner en manos de Jarrai y donde se detalla de forma minuciosa la forma de construir bombas incendiarias de retardo.

MANUAL DE GUERRILLA URBANA. DOCUMENTO NÚMERO 3

Bomba incendiaria con bidón:
Elementos a utilizar:
— un bidón de plástico de 5, 10 o 25 litros,
— un tubo de PVC abierto por los dos lados,
— un preservativo,
[...]
— Esponja de baño (neopen),
— botellín de ácido sulfúrico,

---

10. Tesis de la ponencia Otsagabía, en que la dicotomía era «reformismo» / «ruptura». *Documentos Y*, vol. 18, Hordago, Francia.

11. «Aquella noche, el bloque KAS lanzó la consigna de que había que realizar acciones exclusivamente contra los bancos y no contra las cajas de ahorros, con motivo de las condiciones de aislamiento de los presos vascos.» Declaraciones de Ignacio Unzalu Pueyo, Juzgado de Instrucción número 2 de la Audiencia Nacional. Diligencias previas 389/88.

12. Algunas reflexiones en torno a los sabotajes. Documento Infos Sur Xagu A4 incautado en el disco duro del ordenador de José María Dorronsoro Malatxetxeberría, Francia, 1993. Algunos de los autores de aquellos atentados (Miguel Guerrero, Íñigo Unzalu, Aitzol Gaztañatorre, Javier Aranguena y Gotzon Alonso) fueron detenidos en Durango (Vizcaya) por la Guardia Civil.

— gasolina,
— aceite de automóvil,
— azúcar,
[...]

Se vierte en el bidón la gasolina (3/4) y el aceite (1/4) hasta que ocupen tres cuartas partes del volumen, dejando el resto con aire (vacío).

Seguidamente introducimos el preservativo en el tubo (así cerramos un lado del tubo), echamos el [...] el [...] con azúcar y, a continuación, metemos el tubo en el bidón de forma que la parte taponada por el condón quede en contacto con la gasolina. Finalmente (en el último momento) introducimos dentro del tubo de PNV el botellín de ácido sulfúrico (con el tapón de esponja hacia abajo). La mezcla hará explosión en el momento en que el ácido corroa el tapón de esponja y entre en contacto con el [...] y el [...]. Por tanto, debéis experimentar previamente con diversos grosores de tapón para calcular el tiempo que necesitáis para la huida.

Este artefacto, si se fabrica bien, es muy seguro. Resulta idóneo para quemar concesionarios, cajeros, bancos, comercios, etc.

En febrero de 1992, José Luis Álvarez Santacristina, *Txelis*, máximo dirigente del aparato político de ETA, enviaba una dura crítica a la dirección de Jarrai.

> Nos encontramos con una organización que se encuentra parada desde antes del IV Congreso. La moral no es muy alta, la apatía y la desmotivación se están convirtiendo en uno de los principales obstáculos, en una bomba de tiempo que si no somos capaces de neutralizar traerá consecuencias muy negativas. La mayoría de los militantes de Jarrai no tienen sensibilidad hacia los problemas juveniles. El comité nacional es un fetiche del comité ejecutivo que se convoca «porque toca» y la sensación generalizada es que nos sentamos a la mesa sin saber para qué ha servido esta reunión.[13]

---

13. Documento encontrado en el ordenador de Txelis el 29 de marzo de 1992.

Lo cierto es que Txelis tenía razón. Los 818 militantes que la organización juvenil tenía controlados en 1991 se habían reducido a 657 un año más tarde.[14] *Taldes* enteros, como el de Ardutza, Amurrio u Orduña en Álava; Deusto, Basauri, Lejona y Berango en Vizcaya; Amara, Irún, Rentería, Eskoriaza, Billabona o Altzo en Guipúzcoa; Txantrea, Vera o Lezaka en Navarra, habían desaparecido o su número de miembros se habían reducido a la mitad.[15]

La situación de la organización no presagiaba nada bueno. «Los *taldes* de Txagorritxu y de Zaramaga (Álava) están formados por personas de otros barrios y han funcionado mínimamente y se han limitado a juntarse para pasar la información. En Llodio, con la entrada de gente nueva, se ha empezado de nuevo. En Amurrio han estado paralizados pero ahora quieren empezar una dinámica contra la Ertzaintza. Además, en Gazteiz sólo tenemos siete militantes estudiando», se cuenta en el informe.

«En Navarra todo está en fase de letargo aunque la insumisión nos puede dar mucho curro. En Leitza, Alsasua, valle del Baztán, podemos montar asambleas de insumisos. Sin embargo, en Lizarra, Tutera y Larraun están muy pasotas y como no dinamicemos el asunto, Jarrai puede desaparecer.»

Meses después, los «cachorros de ETA» se reunirán para salir del *impasse* y dar un nuevo impulso a la lucha insurreccional.

Situado en el barrio Txurdinaga de Bilbao, uno de los sectores más marginales de la ciudad, el Instituto Gabriel Aresti, controlado desde hacía años por Herri Batasuna, era el lugar ideal para celebrar un encuentro secreto.

Por eso, aquel 9 de mayo de 1992 Jarrai elige el centro educativo para celebrar su V Congreso. Durante aquel fin de semana, alrededor de trescientos jóvenes de Álava, Navarra, Guipúzcoa y Vizcaya se dedican a debatir en secreto aspectos relacionados con los planes de estudios de los centros escolares, el servicio militar,

---

14. 60 en Álava, 245 en Vizcaya, 227 en Guipúzcoa y 125 en Navarra. Un *talde* de 2 miembros en San Juan de Luz también se había dado de baja.

15. Documento «Datuak» (Datos) que figura en la carpeta «Egoera organizatiboa» (Situación de la organización), incautado en Saint Denis (Francia), en el ordenador de José María Dorronsoro Malatxetxeberría. Diligencias previas 497/94 del Juzgado de Instrucción número 1.

las drogas, la precariedad del empleo juvenil, la falta de locales para la juventud y la carencia de alternativas de participación en las instituciones políticas.

ETA, que se encuentra en una situación de debilidad por el fracaso de las Conversaciones de Argel, el Pacto de Ajuria Enea y la acción policial, especialmente la caída de su cúpula en Anglet (Francia), decide incorporar nuevos elementos del frente de masas a la lucha armada.

Así, la banda terrorista establece cinco tipos de lucha, a las que designa con las últimas letras del alfabeto. El control de los comandos y las luchas «U», «V», «X» e «Y» son asignadas a HB y ETA. El nivel de lucha «Z», es decir, los asesinatos y coches-bomba, queda bajo la exclusiva responsabilidad de ETA.

La ponencia estelar, la que dará la clave del futuro de Jarrai como retaguardia de ETA, va a ser la discusión de las nuevas formas de *kale borroka* y la posibilidad de que los *sugekumea* (las crías de la serpiente) constituyan comandos «X» e «Y», dispuestos a crear un clima de violencia permanente en la calle y desestabilizar las instituciones.

Sin embargo, poco antes de que comience el debate, el gobernador civil de Vizcaya, Daniel Vega, llama por teléfono al consejero de Educación del Gobierno Vasco, José Luis Ávila, y al delegado provincial de este departamento, Pedro Gil Abad, y les pregunta si Jarrai cuenta con autorización del Gobierno autónomo para celebrar un congreso en el Instituto Gabriel Aresti.

Ante la negativa de los dos cargos políticos, el jefe superior de Policía de Vizcaya, Juan Bautista Felices, ordena a la policía desalojar el centro, incautarse de toda la documentación que se encuentre en el edificio e identificar a los asistentes al congreso. De esta manera, trescientos futuros alevines de ETA son fichados y controlados por la policía en un solo día.

Acusado de «privación de derechos cívicos», «apoderamiento de papeles y documentos» y «detención ilegal», Felices fue denunciado días después ante los tribunales, pero años más tarde fue absuelto.

La entrada en el instituto de Txurdinaga permitió, además, conocer cómo ETA inculca el sentimiento de violencia a la juventud. Así se explica en uno de los manuales:

No existe un «instinto de violencia». El comportamiento violento es un aprendizaje social. No existe un «instinto de agresividad» que incite al ser humano a agredir. En los momentos más angustiosos de hambre o supervivencia, el sistema nervioso del hombre genera estímulos de tanteo y medición del riesgo. Sólo muy tarde la especie humana construye una técnica de la muerte.

Pero ésta (la técnica de muerte) es necesaria para la supervivencia de los pueblos. Porque, como se vio en la revolución burguesa, la clase dominante tiende a anteponer su riqueza a su patriotismo, aliándose (como el PNV) con el invasor contra el pueblo y es el pueblo, y su vanguardia (ETA), el que mejor lleva el peso de la lucha nacional contra los opresores españoles y franceses.

Si los oprimidos renuncian a la violencia o la preparan tarde y mal, si dejan la vía libre al opresor, lo pagan tarde y mal. La violencia revolucionaria es una necesidad y un derecho. Sin ella hoy no existiría ya Euskal Herría.

El problema capital que se nos plantea en este tipo de luchas es: ¿Se acepta la muerte de inocentes? Nuestra respuesta no puede ser más clara: La muerte de inocentes siempre es algo doloroso para el conjunto del pueblo, pero a veces inevitable en un proceso de lucha armada como en el que estamos. Por eso lo aprovecha cínicamente tanto el enemigo con el fin de sacarle rentabilidad política.

Los bienes que nosotros atacamos no son tan colectivos. Son de un Estado opresor que los pone al servicio de la rentabilidad del capital privado. Su destrucción es una parte pequeña pero «pedagógica» de que el monstruo puede ser atacado en todas partes y, en ocasiones, se les puede provocar trabas para su funcionamiento.[16]

Resueltos los problemas morales, vencida la resistencia ética entre los cachorros, muchos dirigentes de Jarrai cruzan la barrera

---

16. «Propuestas de metodología», documento incautado a los abogados de Gestoras Pro Amnistía, Vitoria, 3 de febrero de 1993.

entre lo lícito y lo no lícito. La Ertzaintza se convertiría así en uno de los primeros objetivos de los aprendices de terroristas.

Los médicos y enfermeros de la Unidad de Grandes Quemados del hospital de Cruces (Barakaldo), acostumbrados a intervenir en las condiciones más escalofriantes, se quedaron horrorizados cuando observaron el cuerpo sobre la mesa del quirófano.

El ertzaina Jon Ruiz Sagarna traía el casco literalmente fundido, le faltaban la nariz y las orejas y en el 55 % de la piel presentaba quemaduras graves o muy graves. «Si salva la vida, quedará como un jarrón roto. Habrá que hacerle numerosos trasplantes de piel y siempre tendrá cicatrices, secuelas», le diría semanas después uno de los médicos a su mujer, Ana Arregui.[17]

Ese día, Jarrai había convocado una *borroka eguna* (jornada de lucha) al descubrirse en Alicante los cadáveres de José Lasa e Ignacio Zabala, asesinados años antes por los GAL. Ruiz Sagarna, conductor de una patrulla de policías antidisturbios, se desplazó aquel 24 de marzo de 1995 a la localidad guipuzcoana de Rentería, el «Belfast de Euskadi», a disolver una manifestación ilegal convocada por Herri Batasuna, las Gestoras Pro Amnistía y la asociación de familiares de presos de ETA, Senideak.

No les dio tiempo a parar el vehículo. Un grupo de miembros de la *kale borroka* estaba esperándolos, rodeó la furgoneta y lanzó en su interior varios «cócteles molotov». El coche policial ardió como la pólvora y, en pocos segundos, los cinco agentes ocupantes estuvieron a punto de ser quemados vivos, devorados por las llamas.

La rápida intervención de otras unidades de la Ertzaintza impidió la tragedia. Pero Jon Ruiz Sagarna, Óscar Muñoz, Germán Pérez, José Ignacio Íñiguez y Juan José Miragaya sufrieron quemaduras graves de las que tardaron en sanar entre 65 y 264 días, quedando en algún caso incapacitados para el servicio.

«En nombre de Jarrai queremos felicitar de forma calurosa y contundente a la juventud vasca por la pasión y la fuerza que han desmostrado y porque han demostrado cuál va a ser la respuesta

---

17. *El Mundo*, 7 de julio de 1996.

en casos como los de Joxi y Josean», declara al día siguiente de los incidentes Jon Salaberri, portavoz de Jarrai.

Rodeado de Ana Lizarralde y David Zuñiga, la plana mayor de los cachorros de ETA, Salaberri, en lugar de condenar el salvaje atentado contra cinco policías vascos, a punto de morir quemados, se felicitó de ello y amenazó: «Si la Ertzaintza da caña, recibirá caña. Así es y será. La respuesta que recibe la policía vasca está en proporción a la represión, no más. Mientras no se produzca un cambio en la Ertzaintza, recibirá ataques de esta clase. O ¿alguien cree que la juventud vasca reprimida va a poner la otra mejilla.»

«Valorar en positivo que alguien se debata entre la vida y la muerte a consecuencia de que algún malnacido le haya rociado con gasolina y prendido fuego solamente lo puede realizar una mente que raye en la paranoia o que sea un fascista», replicó el colectivo Hemen Gaude, vinculado a la Ertzaintza, en tanto Juan María Atutxa remitía las declaraciones al fiscal general del Estado.

El atentado a Ruiz Sagarna y a sus compañeros no fue casual o fruto de un brote de violencia momentáneo. Formaba parte de una campaña de violencia planificada y estructurada durante meses. A partir de 1990, fecha en que la policía autónoma, una vez finalizado su despliegue, asume sus funciones policiales en el País Vasco, sus agentes se convierten en objetivos de la banda armada, que los considera «cipayos» del Gobierno central, como hemos desarrollado en otra parte del libro.

«A muchos de éstos no puede llegar la lucha armada por las connotaciones políticas que no es el momento de sacar a relucir (evitar un enfrentamiento directo con el PNV). Sin embargo, la *kale borroka* puede encargarse, no de los mandos de la Ertzaintza, que para eso está ETA, sino del *txapelgorri*,[18] del agente represor del MNLV, que deben tener su toque de atención. Se les puede, por ejemplo, quemar el coche o lanzar un petardo contra su vivienda, siempre mediante un control estricto de los responsables de cada territorio», ordena ETA a KAS.[19]

18. «El tonto de la txapela», en traducción libre.
19. «Grupos X e Y borrokari buruzt», documento de ETA a la dirección de la *kale borroka*. Fue escrito el jueves 27 de mayo de 1993, a las 22.15, en el ordenador de Jose María Dorronsoro Malatxetxeberría, Saint Denis (Francia), finales de 1993.

El balance es tremendo. Entre los años 1993 y 1997 se realizan 383 ataques contra sus agentes de servicio, sus domicilios y sus bienes particulares. En el mismo período se incendian 122 vehículos policiales y se producen cerca de cincuenta agresiones con cócteles molotov contra sus comisarías.

En la ponencia «Karramarro-2», ETA se felicita por el éxito alcanzado por la *kale borroka* contra la Ertzaintza. «Hemos frenado, en cierto modo, su soberbia represiva y policial, a consecuencia de lo cual dichas fuerzas represivas han tenido que invertir cada vez más en su autodefensa», se asegura en el texto.

> Podemos afirmar que la kale borroka ha superado todas las previsiones, incluso las nuestras. Ha ido más allá de lo que esperábamos tanto en extensión como en eficacia. En el futuro tiene que evolucionar todavía más, asumiendo todos los sectores que no son de ETA para que la organización pueda dedicarse a la construcción nacional.[20]

Los «chicos de la gasolina» han pasado de lanzar rodamientos y cócteles molotov en las manifestaciones del casco viejo de San Sebastián a planificar y ejecutar celadas a la policía, atacar sus vehículos o lanzar piedras y artefactos incendiarios contra sus comisarías. Dentro de ETA, el debate acerca del papel que debía asumir la juventud, sin embargo, sigue sin resolverse.

El 29 de noviembre de 1996, la policía francesa detiene en Lasseube (Francia) a Joaquín Atxurra Egurrola, *Pototo*. En el interior de un zulo disimulado en un escalón de la vivienda encuentran varios discos informáticos encriptados.

Las autoridades judiciales galas recurren al experto David Znaty y, tras varios meses de trabajo, logran romper los códigos de los discos. En uno de los documentos, el «APOR5-E.DOC», se lee lo siguiente:

> Cuando se rompen las cabinas, ¿por qué se rompen? A favor de los presos o porque son un servicio público (léase esta-

---

20. Ponencia «Karramarro-2». Ya es hora de aterrizar en la tarea de construcción nacional.

tal). Porque, aparte de la de los presos, yo no he visto ni leído ninguna otra razón. O los bancos: ¿porque son traficantes de dinero?, ¿porque acatan al Estado español?, o, como ocurre a menudo, ¿contra la represión? Contra la represión y a favor de los presos, sí, pero también por el papel que juega el capital. Y eso hay que decirlo. Y hay, además, que sacar a la *kale borroka* de ese círculo vicioso que no conduce a nada.[21]

A las críticas de Atxurra se suman desde Santo Domingo, donde está deportado, las del ex miembro del comando «Madrid», Juan Manuel Soares Gamboa: «ETA es la única organización del mundo que tiene desde hace lustros abierto un frente de lucha sin ningún tipo de enemigo físico a la vista. Es el frente de las cabinas telefónicas, el de los cajeros automáticos, el de la quema indiscriminada de autobuses y de la rotura de cualquier tipo de mobiliario urbano, sea de la condición que fuere», critica a la organización en un documento interno.

En este tipo de lucha —se dice en otro documento— se dan demasiados fallos. La mayoría de la gente se conoce entre sí, se habla demasiado, y cuando hay una detención se produce una caída en cascada de un montón de gente.

Los jóvenes que andan en estas cosas están en demasiadas salsas a la vez, no asumen los peligros de este tipo de lucha, que ya no son delitos de estragos sino colaboración con banda terrorista. Por eso es incomprensible que la gente ande todavía con un par de botes de camping-gas o con un condón lleno de pólvora dando hostias a los cajeros o incluso, como ha sucedido, a una simple cabina.

No hay equilibrio entre el peligro que se corre y los beneficios económicos o políticos. Cuando se da caña a un banco, como no se puede romper el cristal blindado hay que preparar un petardo fuerte. Y, encima, actualmente, tienen controlados los bancos, concesionarios, paradas de tren, despachos de Telefónica, de Correos, porque saben que tarde o temprano alguien vendrá a dar una hostia.

---

21. Comisión rogatoria 30/97 del Juzgado de Instrucción número 4 (diligencias previas 373/96) relativa al estudio de la documentación incautada a José Luis Aguirre Lete Isuntza en Pau (Francia), el 26 de noviembre de 1996, anexo 2, sello 17.

Frente a un sector de la banda armada decidido a desmovilizar a la organización juvenil como frente de choque «porque eso supone quemar antes de tiempo futuras generaciones de militantes de ETA», otros piensan que hay que prepararlos para golpear en otros frentes: «cipayos», redes eléctricas, torretas de comunicación, postes eléctricos de trenes, oleoductos. «Si encaminamos los sabotajes a estos sectores, la gente se sentirá más enfervorecida, más encendida, y eso es importante», concluye la ponencia.[22]

Pese a las críticas de quienes temen que la *kale borroka* impida las futuras reclutas de terroristas, lo cierto es que desde el V Congreso, celebrado en mayo 1992, y hasta septiembre de 1998, mes en que ETA declara una tregua, el frente juvenil aporta nada menos que cuarenta y cuatro pistoleros a la banda armada.[23]

Decididos a seguir el ejemplo de los jemeres rojos y Pol Pot en Camboya, durante el Pacto de Lizarra y con posterioridad ETA no dudará en el futuro en incorporar a numerosos adolescentes y a generaciones de jóvenes, los «chicos de la gasolina», al llamado proceso de construcción nacional vasco.

De esta manera, a partir de 1998 se produce un hecho insólito en la historia de ETA. Centenares de jóvenes son lanzados todos los días desde Herri Batasuna y KAS a asumir el protagonismo tanto en la lucha armada como en el resto de frentes abiertos por la banda armada: *kale borroka*, político, juvenil, sindical, ecologista y otros.

Los comandos legales, que años atrás estaban integrados por individuos completamente limpios, sin antecedentes penales de ningún tipo, lo que dificultaba su detención y proporcionaba un alto grado de eficacia a ETA, empiezan a estar ahora integrados por individuos previamente quemados en la calle, lo que repre-

---

22. «Algunas reflexiones en torno a los sabotajes», fichero informático «Xagu A-4», extraído del disco duro del ordenador de José María Dorronsoro Malatxetxeberría, detenido en Saint Denis (Francia) en 1993.

23. Mikel Zubimendi, José Antonio Embeita, Felipe San Epifanio, Juan Carlos Apestegía, Xabier Galparsoro, Vicente Albarrán, Aritz Arnaiz, José María Camio, Ángel Figueroa, Irantzu Gallastegui, Jorge González, Imanol Iparraguirre, Iratxe Lejarza, Gorka Ortiz, Asier Oyarzábal, Juan Pedro Plaza, Jon Salaberría, Juan Carlos Tapia, Susana Vélez, Kepa Zibizarreta, Ahinoa Gutiérrez, Izaskun Orionabarrenetxea, Fernando Elejalde, Pablo Elkoro, Iker Beristain, David García, Igor Urrestarazu, Urko Labeaga, Iñaki Lizundia, Julen Larrinaga, Sabino Llona, Juan Luis Camarero, Francisco Rodríguez, Jesús María Lombide, Guillermo Merino, Gorka Palacios, Óscar Barreras, Irantzu Zabala, Olatz Arregui, Urtzi Arana-Legarreta, Jesús María Huerta, Elizardo Roncero y Sebastián Plaza.

senta un mayor grado de vulnerabilidad a la organización terrorista. Pero vayamos por partes.

Un mes antes del atentado a Miguel Ángel Blanco, a su primo Javier Pérez Aja le pegaron un tiro en Rekalde (Vizcaya). Ese día, Pérez Aja, que había salido a pasear a su perro, observó cómo de pronto éste se puso a ladrar. Instintivamente se volvió para saber lo que le pasaba: sólo acertó a ver al pistolero que le descerrajó un tiro en la nuca que le salió por la mandíbula y del que salvó la vida de milagro.

Luego fue a su padre, Dimas Sañudo López, sindicalista de toda la vida, histórico del PSOE y de UGT, protagonista de la primera huelga de Firestone en 1993. Le colocaron un artefacto compuesto por varias bombonas de camping-gas en la puerta de casa y pudo escapar sin lesiones porque había salido a dar un paseo.

El 23 de marzo de 1999, a las nueve y media de la noche, en plena tregua, los miembros de la *kale borroka* lanzan dos cócteles molotov contra su casa, situada en el número 61 de la carretera de Basurto a Castresana. Dimas Sañudo López, miembro de la ejecutiva socialista y concejal del Ayuntamiento de Bilbao, no está en esos momentos en casa, pero su mujer, Mabel, y sus dos hijos tienen que abandonar la vivienda, situada en un quinto piso, saltando sobre las llamas hasta que llegan los bomberos.

Para acceder a su domicilio, los *borrokas* juveniles habían tenido que subir y bajar en el ascensor, pero nadie vio nada. Al día siguiente, Sañudo se lo cuenta en el cuarto de baño a David Alonso, uno de los concejales de HB del Ayuntamiento de Bilbao.

—A ver si de una vez nos dejáis en paz.

—No, si a ti te dejamos en paz. Contra ti no tenemos nada, sino contra tu partido, que está ocupando ilegalmente el País Vasco —le responden.

Desde entonces, las amenazas no cesan. Los alevines de terroristas se manifiestan delante de su casa y le llaman «español» y «asesino». La Ertzaintza afirma que no puede hacer nada porque Jarrai está haciendo uso de su «libertad de manifestación». Por eso, envalentonados por la ineficacia de la policía autónoma, los aprendices de pistolero llegan a desplazarse al Colegio de los Jesuitas, donde estudian sus hijos, y llenan las cuatro paredes con carteles con su foto, en la que aparece la palabra «carcelero» y el logotipo de Jarrai.

Concejal del Ayuntamiento de Amurrio (Álava), miembro de la Diputación Foral de Álava y portavoz del Partido Popular en las Juntas Generales, Santiago Abascal Escuza ha sufrido de todo en la política desde que decidió ingresar en AP en 1977.

En abril de 1981, ETA comenzó pidiéndole el «impuesto revolucionario», luego pintándole el comercio de tejidos que tiene en el pueblo y, por último, organizando manifestaciones y sentadas delante de su casa, en las que le llamaban «asesino», «fascista», «hijo de puta», «carcelero», mientras daban vivas a ETA.

En agosto de 1997, dos liberados del comando «Vizcaya», Gaizka Gaztelumendi y Bustinza Yurrebasolo junto a Iñaki Krutxaga se desplazaron al monte en un todoterreno para matarle mientras montaba a caballo. En diciembre de 1999, un comando legal de Llodio integrado por Aitor Cortázar y dos liberados de Vizcaya, Patxi Rementería y Guillermo Merino, se trasladan de nuevo a Amurrio para asesinarle.

Presidente de Nuevas Generaciones del País Vasco, las juventudes del PP, y estudiante de Sociología en la Universidad de Deusto, su hijo, Santi Abascal Conde, decide seguir el mismo camino y en las elecciones municipales de la primavera de 1999 se presenta a concejal de Llodio por el Partido Popular. Y obtiene su acta de edil, lo que le convierte en el cargo público más joven de la corporación y, por tanto, en el encargado de tomar juramento al alcalde de HB, Pablo Gorostiaga González, quien tiene que pasar por el trago amargo de comprometerse a respetar la Constitución y las leyes.

Obligados a vivir con protección policial desde entonces, durante la tregua del Pacto de Lizarra, Santiago y Santi Abascal, padre e hijo, son conminados por ETA a abandonar Amurrio en tres días; sus nombres aparecen con relativa frecuencia adornando las paredes en el centro de una diana e incluso llegan a dejarles un animal muerto encima del coche.

La acción más singular de todas ocurrió durante la madrugada del 23 de julio de 2000. Un grupo de la *kale borroka* entró en los establos de su finca y pintó en el lomo de los caballos las siguientes frases: «Abascal cabrón», *«Gora ETA»* y «PP, hijos de puta».

Los casos de Dimas Sañudo, de Santiago Abascal Escuza y Santi Abascal Conde son sólo tres ejemplos de los cientos de amenazas y agresiones sufridas durante el período de la tregua de ETA por alcaldes, concejales, diputados forales, diputados autonómicos y altos cargos del PSOE y del Partido Popular, al tiempo que a los *burukides* se les llenaba la boca repitiendo hasta la saciedad la «estupenda calidad de vida» que hay en su tierra.

Jarrai, que ha celebrado poco antes del 17 de septiembre de 1998, el día de la tregua, su VI Congreso, con dos ponencias, la «Auñamendi» y la «Orreaga», en las que se hace una apuesta por asumir una mayor implicación en la lucha armada, ha decidido incrementar sus acciones. Así, mientras el frente «Z» se dedica, según la terminología de ETA, a operaciones de autodefensa y autoabastecimiento de armas, los llamados frentes «X» e «Y» pasan a asumir todo el protagonismo generado por el terrorismo.

> Los del PP y PSOE, los *txakurras*, los jueces y sus familiares —afirma ETA en un documento interno—, ahí están, y en la medida en que son opresores no pueden tener tranquilidad ni puede haber tregua para con ellos. A éstos hay que meterles presión y leña, haya alto el fuego o no de la organización.[24]
> Los concejales y otros cargos del PP quizá no mirarán a diario bajo el coche ni tampoco sentirán el aliento de los escoltas en la oreja, pero no por ello deberán sentirse tranquilos. Hay que darles fuerte además. Encarteladas en sus domicilios, masiva correspondencia de denuncia, bloqueo telefónico de sus sedes... El camino empieza ahí y llega hasta el ataque de sus propiedades. Hay que darles leña, todo lo que se pueda y más para impedir que se reequilibren y se vayan resituando políticamente con comodidad.

---

24. «Borroka Moldeen» (Moldes de lucha), documento incautado a Arritz Arnaiz Lazkurain en el centro penitenciario de Cáceres el 9 de diciembre de 1998.

Según un informe de la Guardia Civil en ese período, entre los años 1998 a 2000 se cometieron en el País Vasco más de mil quinientos actos de amenazas, coacciones y *kale borroka*.

> La juventud vasca debe demostrar qué consecuencias conlleva el mantener esta situación, esto es, debe extender la alarma social sobre la situación que sufrimos los jóvenes vascos y de Euskal Herría. Vamos a activar a nuevos sectores en diferentes luchas y dinámicas.[25]
>
> Ante la nueva expectativa esperanzadora gracias al acuerdo de Lizarra y a la tregua indefinida marcada por la organización armada vasca ETA, la *kale borroka* (lucha callejera) dejará de actuar contra numerosos objetivos ya marcados hasta el día de hoy: solamente serán atacados intereses españoles y franceses afincados en Euskal Herría, como Correos, Telefónica, así como también las fuerzas de seguridad españolas y francesas *(txakurras, pikoletos)*.

Las Conversaciones de Argel, celebradas entre 1988 y 1989, supusieron un tremendo parón en el frente de masas de ETA. Tras la deportación del llamado «frente negociador» a la República Dominicana y la detención de numerosos comandos, algunos de cuyos miembros cayeron en enfrentamientos con la Guardia Civil, la banda terrorista se quedó prácticamente sin capacidad de acción.

Una década más tarde, en 1998, ETA no está dispuesta a repetir el mismo «error». Así, los 13 sabotajes cometidos en el mes de septiembre se convierten en 39 al mes siguiente, coincidiendo con la celebración de las elecciones autonómicas,[26] y a 59 en enero del año siguiente.

El objetivo está claro: hacer la vida imposible a los representantes de los partidos constitucionalistas y a las Fuerzas de Orden Público para, tal como se indica en el punto 3 del Pacto de Estella, no logren formar candidaturas electorales, den todo por perdido y se vayan.

El 6 de febrero de 1999 se constituye la Asamblea de Municipios, el órgano del contrapoder *abertzale*, que debe suplantar la

---

25. «Bagoaz Independentzia eta Sozialismoruntz» (Vamos hacia la independencia y el socialismo).
26. Las elecciones fueron el 25 de octubre de 1999.

legitimidad de las instituciones emanadas de la Constitución y el Estatuto. Para facilitar el entendimiento entre EA, PNV y HB, los atentados descienden a 43. Al mes siguiente, el 9 de marzo, se detiene en Francia a varios miembros de la cúpula de ETA. Los actos de «sabotaje» se incrementan a la cifra de 126 y vuelven a descender considerablemente el 2 de mayo de 1999, día en que Herri Batasuna anuncia la presentación de candidaturas a las elecciones autonómicas y municipales del 13 de junio.

En 1995, el presidente del Partido Popular en el País Vasco, Jaime Mayor Oreja, hace unas declaraciones premonitorias: «Lo único que ha cambiado en ETA y su entorno es el movimiento juvenil Jarrai. Antes se dedicaban a hostigar a la policía en las manifestaciones, a organizar algaradas y a quemar cajeros. Ahora empuñan directamente las pistolas», dice.

A Mayor Oreja no le falta la razón. El 2 de junio de 1994, la Guardia Civil detiene a Manuel Inchauspe Vergara, ex miembro de HASI y habitual acompañante de Santiago Brouard y Txomin Ziluaga a las reuniones de KAS. Se le incauta el siguiente documento:

> Hoy día, después de tocar el *txistu* como se debe, Jarrai mueve de ocho mil a catorce mil jóvenes. Y tiene entre dos mil y cuatro mil dispuestos para hacer cualquier cosa. ¿Se entiende, no? [...] Jarrai últimamente está impulsando un nuevo significado de la lucha callejera y, además, sólo Jarrai. Sin embargo, en este frente veo la necesidad de una contextualización teórica para asegurar el adecuado uso de este frente y el [...] aglutinamiento en torno a la violencia. Aunque no hay descontrol gracias al trabajo que realiza un grupo de liberados, no tenemos completamente controlada la organización. Los problemas y el ritmo de crecimiento van por delante de nuestros mecanismos organizativos. Así, los liberados, columna vertebral de Jarrai, andan por detrás infinidad de veces. Pese a todo, Jarrai es la única organización que, de estar ahogada en sí misma, hoy se encuentra plenamente volcada en la calle.[27]

---

27. Manuel Inchauspe Vergara, *Organización desorganizada*, 1994.

El grupo juvenil comienza a convertirse en el vivero de ETA, en el *kinder garden* donde la banda terrorista acude a seleccionar a los jóvenes más violentos y dispuestos a matar. Veamos, a modo de ilustración, algunos casos.

En 1989, con dieciocho años, Asier Oyarzábal Txapartegui es un eficiente y servicial camarero del bar Xaxi Metro de Andoaín (Guipúzcoa), su localidad natal. Con las doscientas mil pesetas de sueldo, más IVA, que obtiene al mes tiene toda la apariencia de ser una persona feliz, ajena a los problemas cotidianos y despreocupada por el futuro.

Bajo la máscara de individuo bonachón y amigo de todo el mundo, oculta una segunda personalidad. Afiliado a Jarrai, la asociación juvenil de ETA, desde finales de los ochenta, Oyarzábal es un tipo duro y bragado, dispuesto a poner bombas o a matar a sus semejantes por la independencia del País Vasco.

En plena efervescencia de la autopista de Leizarán, el camarero de Andoaín, en unión de Aritz Arnaiz, Juan Petricorena, Francisco Javier Lecuona, Andoitz San Sebastián e Ignacio Kortajarena, decide crear un comando con el objetivo de paralizar las obras por el expeditivo método de dejar a las empresas constructoras sin su maquinaria pesada.

Utilizando como cuartel general la sede de Jarrai de Andoaín, en pocos meses queman tres excavadoras de la empresa Agromán en San Sebastián, incendian los talleres de la compañía Asfaltos Campezo de Añorga, tras reducir y atar al vigilante, destruyen las instalaciones de la sociedad Hormigones Ekarri, situada en el barrio de Martutene (San Sebastián), e intentan hacer lo mismo con los talleres de Construcciones Sobrino de Orio, desistiendo de la acción al aparecer el vigilante de una compañía cercana.

Detenidos por la Guardia Civil el 14 de enero de 1991, Oyarzábal y sus compinches confesaron más de una veintena de actos de sabotaje contra las obras de la autovía, los intereses franceses en España y las instituciones del Estado en Euskadi.

El juicio, celebrado en la Audiencia Provincial de San Sebastián, fue un auténtico escándalo. Mientras el fiscal solicitó 46 años de cárcel para los encausados, la sala anuló la práctica totalidad de las diligencias instruidas y absolvió a los cinco acusados.

El ministerio público recurrió la sentencia ante el Tribunal Supremo. En julio de 1995, la Sala de lo Penal consideró válidas todas las pruebas, revocó la sentencia absolutoria y ordenó que se repitiera la vista oral. Por esas fechas, Asier Oyarzábal había huido a Francia.

Su pista se pierde durante seis años y dos meses. El 23 de septiembre de 2001 la Policía Judicial francesa, siguiendo una línea de investigación realizada por la Guardia Civil y los Renseignements Generaux galos penetran en un apartamento de la localidad de Dax (Francia) y detienen al fugitivo.

Asier Oyarzábal Txapartegui ya no es un pistolero cualquiera.[28] Tras la caída, un año antes, el 17 de septiembre de 2000, de Ignacio García Arregui, *Iñaki de Rentería*, y de quince de sus colaboradores, se ha convertido en el máximo responsable del aparato de logística. También dependen de él los subaparatos de cursillos, fabricación de explosivos y coches-bomba, falsificación de documentos y electrónica. Además, junto con Félix López, *Mobutu*, Miguel Albizu, *Mikel Antza*, Juan Antonio Olarra y Ainhoa Múgica, podría pertenecer al comité ejecutivo de la banda terrorista.

Como premonitoriamente había señalado Jaime Mayor Oreja en 1995, Jarrai se había convertido en el «buque nodriza» en la cantera más importante de pistoleros de ETA. Entretanto, los aprendices de terrorista no renuncian a sus otras «obligaciones».

El 9 de agosto de 2000, cuatro miembros de ETA, Patxi Rementería, Zigor Arambarri, Urko Guerrikagoiti y Ekain Ruiz, mueren en Bolueta, en las afueras de Bilbao, al estallarles el coche-bomba con el que van a asesinar a seres inocentes. Tres de los terroristas muertos, Arambarri, Ruiz y Guerrikagoiti, han salido de las filas de la *kale borroka*.

10 de agosto de 2000, diez de la mañana. Sede de la organización juvenil Haika en San Sebastián. Conversación telefónica

---

28. También fueron arrestados sus colaboradores Oihane Errazquin, Dolores López, Alberto Iludain y Didier Aguerre, de nacionalidad francesa, y se descubrieron cuatro pisos francos en Dax, Saint Étienne y en el valle de Maurienne (Savoie).

desde el número 943 55 26 41 entre el responsable de la organización en Guipúzcoa, Garatzi Viteri Izaguirre, y Jon (sin identificar).

> *Garatzi.*—Hay que fortalecer lo de hoy y también lo del día de lucha de mañana. Un poco lo que hablábamos ayer: organizar historia durante todo el día hasta el anochecer. Y un poco lo que aquí comentábamos, agitación y todo eso. ¿Has estado con lo de los pueblos?
> *Jon.*—No, ¡qué va! No he estado en los pueblos.
> *Garatzi.*—La historia sería quedar con ellos [y decirles] que hay que meter caña con lo de mañana. Tiene que ser muy potente.
> *Jon.*—Sí, calentarlo un poco.
> *Garatzi.*—Sí. Hay que hacer un seguimiento para ver sus intenciones, un poco ese tensionamiento, esa mala hostia. ¿Sí?

Diez y cuarto de la mañana. Garatzi Viteri Izaguirre habla con un tal Aloña, sin identificar.

> *Garatzi.*—Tenemos que mantener el tensionamiento de cara hacia delante. A saco, lo de mañana.
> *Aloña.*—Aquí, la gente lo daba por muerto, pensaba que era mejor no hacer nada.
> *Garatzi.*—A la gente hay que decir que no existen imposibles. Que Euskal Herría siempre ha respondido...
> *Aloña.*—Si somos poca gente y nos movemos poco, pues estamos un poco resignados.
> *Garatzi.*—Decid a la gente que esté atenta, pero, ¡hostia!, sacad a la gente, o sea, el tensionamiento está en sacar a la gente, ¡me cago en Dios! Tú mete caña a los pueblos. El de mañana tiene que ser un día potente.

Diez y media de la mañana. Garatzi Viteri Izaguirre, responsable de Haika en Guipúzcoa, llama a Gari, jefe de la rama juvenil en Vergara y Mondragón.

> *Garatzi.*—¿Cómo va la movilización de hoy?
> *Gari.*—Hemos llamado a Vergara.

Garatzi.—¿A Vergara? ¿No se va a hacer nada en Mondragón?
Gari.—No, hay poca gente.
Garatzi.—Hoy a saco, mañana jornada de lucha a saco. Luego, el sábado, a las 5.30, tendremos un acto nacional en Bilbao.
Gari.—Bueno.
Garatzi.—Tiene que ser una cosa muy potente. Hay que hacer historias todo el día, historias desde la mañana hasta el anochecer.

Los resultados de esta convocatoria fueron centenares de comercios apedreados; cajeros, vagones de tren, edificios de la Seguridad Social y de Telefónica destruidos; autobuses quemados, y decenas de miles de ciudadanos amedrentados. Las jornadas de vandalismo organizadas por Jarrai-Haika costaron más de 4 000 millones al erario público.

La muerte accidental de los cuatro pistoleros, en lugar de actuar como elemento de disuasión entre la gente de Jarrai, en un grupo fuertemente radicalizado y fogeado en las malas artes de la violencia, provocó una entrada masiva de jóvenes de la *kale borroka* en ETA por una razón muy sencilla: el máximo jefe de la banda armada era uno de los suyos.

A comienzos de 1983, Ignacio García Gaztelu, *Txapote*, un bilbaíno de diecisiete años, comenzó a frecuentar la sede de Jarrai, situada en el primero derecha del edificio número 2 de la calle Lotería, en el casco viejo de Bilbao, entre la catedral de Santiago y la biblioteca municipal.

El 11 de octubre de 1986, acompañado de otros jóvenes de su edad, se desplazó a Galdákano (Vizcaya) y, amparado por la oscuridad, lanzó dos cócteles molotov contra un concesionario de la empresa Renault. Era el justo castigo a los franceses por permitir las actuaciones de los GAL y extraditar a los dirigentes de ETA a África.

García Gaztelu tenía entonces veinte años y tal vez no se fijó en la adolescente de trece Irantzu Gallastegui Sodupe que todas las tardes tenía que desplazarse desde Berango (una pequeña aldea del municipio de Berasátegui, donde su padre, el arquitecto Ander Gallastegui, había construido una reserva urbanística para protegerse de los *maketos*) para recibir su ración diaria de radicalismo.

Aunque no fue un terrorista precoz, García Gaztelu aprendió pronto. En 1992 aparece como colaborador del comando «Vizcaya», desarticulado por la Ertzaintza, y huye a Francia. Dos años más tarde, en 1994, regresa a España y asesina a tres personas, entre ellos el concejal del Partido Popular Gregorio Ordóñez.[29]

El destino vuelve a unirle a Irantzu Gallastegui en 1996, quienes, junto con Valentín Lasarte, entran en España para asesinar al abogado y dirigente del PSOE Fernando Múgica. La última incursión de la pareja Ikañi García Gaztelu-Irantzu Gallastegui en España se producirá en febrero de 1997, para preparar el secuestro y el asesinato, meses más tarde, del concejal del PP Miguel Ángel Blanco Garrido.

Asesinos brutales, sin entrañas, alimañas salvajes, carentes de cualquier asomo de piedad o de compasión para con sus semejantes, en marzo de 1999 comienzan a dirigir los comandos armados de ETA y en septiembre de 2000, tras la captura de Ignacio García Arregui, *Iñaki de Rentería*, Ignacio García Gaztelu se convierte en el máximo jefe de la banda terrorista. Para entonces, *Txapote* es ya pareja de hecho de Irantzu Gallastegui, la niña que conoció en la calle Lotería de Bilbao.

Y en recuerdo de aquella vieja etapa de su vida, con su llegada a la cúpula de la banda terrorista, echan mano de sus viejos amigos y reclutan a numerosos miembros de la *kale borroka* para nutrir los comandos de ETA. García Gaztelu llega incluso a designar a dos hombres de su confianza, Zorrion Zamakola y Lander Etxebarría, para que actúen de «ojeadores» de ETA e informen a la organización sobre qué miembros de Jarrai reúnen condiciones para pasar a los comandos armados y cuáles no.

Las listas con los nombres de los posibles candidatos decididos a empuñar una pistola y acabar con la vida de su vecino o a trasladarse a Santa Pola para colocar un coche-bomba frente a un cuartel de la Guardia Civil y asesinar a dos personas, una de ellas

---

29. Sus compañeros de comando son José Ramón Carasatorre y Valentín Lasarte.

una niña, están en la documentación que el juez Baltasar Garzón y el fiscal Enrique Molina incautan meses más tarde en las sedes de Jarrai.

Así, según un informe de la Benemérita, de los 252 terroristas detenidos y encarcelados tras la tregua de ETA, 91, es decir, casi el 37 %, proceden de las filas de la *kale borroka*, y la mitad de ellos son individuos con edades comprendidas entre los veinte y veinticinco años.[30] Sólo 11 de los activistas de Jarrai/ETA encarcelados son mujeres, lo que revela que la banda armada sigue siendo una organización esencialmente machista.[31]

Sin ningún tipo de entrenamiento ni preparación militar, los comandos salidos de la *kale borroka* suplen sus carencias con el fanatismo, la sangre fría, la brutalidad y la saña con la que asesinan a sus víctimas, entre las que se encuentran el ertzaina Iñaki Totorica, el empresario José María Korta, el ex gobernador civil de Guipúzcoa Juan María Jáuregui, el ex ministro Ernest Lluch, el miembro del Foro de Ermua José Luis López Lacalle, el dirigente socialista alavés Fernando Buesa o el concejal del PP de Leiza (Navarra) José Javier Múgica.

Era el «estilo» que había impuesto a la organización criminal Ignacio García Gaztelu. Detenido junto con su novia, Irantzu

---

30. Las dos grandes levas se producen en los años 2000, con 29 terroristas, y 2001, con 45 pistoleros salidos de Jarrai.

31. Xabier Abasolo, Zigor Arambarri, Aritz Aramburu, Gotzon Aramburu, Iñaki Beaumont, Jon Bienzobas, Asier Carrera, Hodei Galarraga, Carlos García Preciado, Unai González Azua, Ander Gueresta, Urko Guerrikagoiti, Egoitz Gurrutxaga, Harriet Iragui, Eduardo Karrera, Ana Lizarralde, David Lizarralde, Egoitz López de Lacalle, Aitor Lorente, Arkaitz Martínez de Albéniz, Martínez Igor, Garikoitz Mendiorez, Jorge Olaitz, Zigor Orbe, David Pla, Unai Quintana, Ekaitz Ruiz, Igor Solana, Aitor Zubillaga, y otros. El Ministerio del Interior aporta además de estos nombres: David Aguilar, Ibai Aguinaga, Vicente Anakoz, Miren Ansorena, Aritz Aramburu, José Miguel Arteaga, Aitor Astondona Altuna, Josu Ayerbe, Mikel Aznar, Ibon Beloqui, Anton Berrizbeitia, Gorka Betolaza, Ekaitz Bilbao, Aiboa Cazares, Ainara Esteban, Garikoitz Fernández, Iker y Ainara Frade Bilbao, Xabier Galpasoro, Asier y Aitor García, Ramón García, Paul Garin, Jon Gasmanes, Jesús María Goikoetxea, Ander González, Roberto González, Ivan Gorka, Íñigo Guridi, José Ignacio Guridi, Íñigo Gurrutxaga, Borja Gutiérrez, Nerea Hernández Sancho, Unai Hernández, Agustín del Hierro, Asier Íñigo Eguizurain, Asier Irastorza, Olaia Kastresana, Zunbetz Larrea, Javier Lazkano, Endika Lejarcegi, Gorka Lupianez, Luis Mariñelarena, Arantza Martín, Arkaitz Martínez de Albéniz, Ekain Mendizábal, Inaxio Miner, Asier Ochoa, Jon Olazábal, Andoni Ollokiegui, Javier Ortiz, Andoni Otegui, Mikel Otegui, Asier Otxoa de Retana, Oskar Oviedo, Aitor Peralta, Gorka Petrolaza, Oier Pujol, Gorka Ribadella, Premín Sanpedro, Igor Solana, Jokin Solana, Arkaitz Tejería, Ángel Telleria, Unai Tijera, Diego Ugarte, Julen Uriarte, Antonio Urrestarazu, Óscar Zalarain, Jon Zubiaurre, Ailetz Zuloaga y otros.

Gallastegui, el 22 de febrero de 2001 en París, los dos etarras fueron conducidos a la prisión de La Santé, situada en las afueras de la capital francesa, y recluidos en módulos separados. Aunque en las cárceles francesas está prohibido el *vis-à-vis*, el 6 de junio de 2002, cuando Irantzu es conducida a España para ser juzgada en la Audiencia Nacional por el asesinato de Fernando Múgica, se hace pública la noticia de que la terrorista está embarazada de seis meses y que el padre del bebé que espera es de su novio Ignacio García Gaztelu, *Txapote*.

Por esa época, en el Juzgado de Instrucción número 5 de la Audiencia Nacional se trabaja frenéticamente para asestar un mazazo definitivo a la rama juvenil de ETA.

Un total de trescientos agentes, coordinados por el juez Baltasar Garzón y el director general de la policía, Juan Cotino, tomaron al asalto las sedes de Jarrai en Hernani (Guipúzcoa), Vitoria, Pamplona y Vizcaya.

Era el 8 de marzo de 2001. Tras registrar concienzudamente las instalaciones, el instructor detuvo a los dieciséis responsables de la organización, los trasladó a Madrid y, tras tomarles declaración, ordenó su ingreso en el módulo de jóvenes de la cárcel de Alcalá-Meco, acusados de «integración en organización terrorista», «terrorismo con resultado de desórdenes públicos», «daños por vía de inducción» y «amenazas terroristas».[32]

En el auto, el magistrado afirma que «Jarrai-Haika forma parte de ETA y se encarga del desarrollo y ejecución de la *kale borroka*, cuyas directrices y objetivos son marcados por la organización terrorista».

Asimismo, reitera que Jarrai constituye la «cantera de ETA», organización que se encarga de su sostenimiento económico y de abonar los gastos generados por la *kale borroka*, cuyo objetivo es la «desestabilización del sistema democrático y el ataque sistemático a las instituciones emanadas de la Constitución y el Estatuto de Gernika», para sustituirlas por otras que forman parte del

---

32. Asier Tapia, Arturo Villanueva, Ibon Meñika, Uraitz Elizarán, Igor Ortega, Garikoitz Etxebarría, Aiora Epelde, Patricio Jimbert, Arkaitz Rodríguez, Olatz Dañobeitia, Unai Beaskoetxea, Olatz Carro, Igor Suberbiola, Garatzi Viteri, Mikel Ayllón, Igor Chillón y otros.

proceso revolucionario de construcción nacional del complejo KAS-ETA.

El 10 de abril de 2001, el titular del Juzgado de Instrucción número 5 da un paso más e ilegaliza preventivamente al grupo. «Jarrai es un apéndice de ETA, integrado plenamente en la estructura terrorista. Su misión es complementar la actividad de la banda armada y servir de base de aprovisionamiento de activistas a sus comandos.»

El juez ordena el bloqueo de sus cuentas corrientes, la clausura de sus locales y centros de reunión, y pone los hechos en conocimiento del Ministerio del Interior, las delegaciones del Gobierno de Álava y Navarra y de la Consejería de Interior del Gobierno Vasco para que se encarguen de ejecutar su auto.

Jarrai, oficialmente, ha sido barrida del mapa. En el verano de 2002, sesenta de sus miembros, acusados de delitos de *kale borroka*, huyen de España para eludir la acción de la justicia y las duras condenas que los esperan. La lucha callejera, a partir de entonces, entra en un período de franco declive, mientras Irantzu Gallastegui, en estado de buena esperanza, espera la llegada de su hijo. Veamos el desenlace.

En la cárcel, para llamar a alguien ha de anteponerse imprescindiblemente el demostrativo «esse». [...] Así, el Pichita gritaba desde la ventana llamando a un colega del patio:
—Esse flaco.
Nadie le contestaba.
—¡Esse de Castuera! ¡Esse flaco!
Nadie le contestaba.
—Esse flaco que va leyendo el periódico.
Nadie le contestaba.
—¡Esse flaco que va con el gordo!
Nadie le contestaba.
—Esse flaco que mató a hostias a una vieja con el martillo.
—¿Qué coño quieres? —le contestó el flaco.[33]

---

33. Álvaro Reizábal, *En esas casas ya se sabe...*, Txalaparta, 1993.

Donostiarra, nacido en 1951, licenciado en Derecho y Económicas por la Universidad Comercial de Deusto, Álvaro Reizábal Arruabarrena es, probablemente, una de las personas que mejor ha sabido plasmar las vivencias de la cárcel.

Abogado laboralista, defensor de los presos de ETA, miembro de la Mesa nacional de Herri Batasuna, como se cuenta en otro capítulo, Reizábal fue detenido por la Ertzaintza el 31 de enero de 1992 y permaneció en prisión hasta julio de 1993, acusado de actuar como mediador entre un empresario y la banda terrorista en el pago del impuesto revolucionario. En su relato de apenas 144 páginas, Reizábal escribe:

> La detención, incomunicación y prisión posterior son en alguna manera un ensayo general de la muerte, porque se nos hace desaparecer de nuestro medio de una forma brusca e impensable. Algo así como el accidente de tráfico fatal, que en décimas de segundo te arranca del mundo. [Cuando sales] vuelves a formatear el disco duro de tus odios y afectos y piensas y decides con quién contarás y con quién no. Porque este viaje experimental a la nada tiene truco: vuelves.

Es la terrible paradoja de la vida. Tarde o temprano, todos los asesinos de ETA saben que van a salir de la cárcel. Aunque sufran la privación de libertad, su vida no está en juego y tienen la esperanza de reunirse algún día con los suyos.

Incluso Irantzu Gallastegui Sudupe, la *sugeskumea*. Tras solicitar, sin éxito, ser trasladada al País Vasco para que su hijo fuera «inequívocamente vasco», el miércoles 18 de septiembre de 2002 fue trasladada desde la cárcel de Soto del Real al hospital Universitario de Getafe (Madrid).

Allí, rodeada de fuertes medidas de seguridad, la mujer que más vidas ajenas ha segado y que a más familias ha llenado de dolor y luto en los últimos años, pudo tener a su hijo sin problemas y con la ayuda de todos los adelantos que permite la ciencia.

Gallastegui, que —según cuenta el escritor Jon Juaristi—, en su infancia, en la *ikastola* de Sopelana apuntaba ya signos de odio, racismo y xenofobia al pintar siempre la misma escena, aviones con una *ikurriña* en la cola bombardeando barcos de la marina española, mientras su padre, Lander, ilustraba la revista infantil pro etarra *Kili Kili,* tendrá ahora que pasar treinta años en la cárcel.

Pero, gracias a la grandeza de la democracia y del sistema que ella, su compañero, Ignacio García Gaztelu, y otros tantos miembros de lucha callejera han tratado de destruir, cuando tenga sesenta y nueve años y peine canas saldrá de la cárcel. Lástima que de Miguel Ángel Blanco, una persona de su misma edad, y de otros centenares de víctimas no se pueda decir lo mismo.

En el verano del 2000 Ikasle Abertzaleak, la rama universitaria de Jarrai, celebra un macroconcierto juvenil en Dima, un municipio de 1 059 habitantes bajo control de HB. En el escenario se interpreta la canción «Palomas y Buitres». Dice así: «¿Qué paz?, ¿qué libertad es esa / que nos tratan de vender? / La democracia esta del *estao,* / no es real, huele a gato *encerrao,* / niega toda posibilidad a Euskal Herria, / para ejercer libremente su *deretxo* a decidir / su futuro bajo amenaza militar. / La paz era una paloma, / y alrededor los buitres. / Fascistas disfrazados de pacifistas, / *lintxan* arropados por la policía / ¿y los tolerantes? / ¿*kienes* son los tolerantes? / tal vez los que toleran las torturas? / ¿la dispersión? / ¿también la guerra sucia? / ¿o los que no son capaces de buscar una solución / que no sea la represión? / La peligrosa ignorancia de los que sólo saben / lo que sale en televisión, / es aprovechada siempre por el *estao,* / *pa* seguir alimentando la rueda del odio, / manipulando la muerte de unos y otros, / si esto sigue así no veo el final».

A continuación, otro grupo interpreta «Síndrome del norte», cuya letra es la siguiente: «Siempre que sales de tu casa / tú vas todo *acojonao* / mirando para todos los *laos.* / Ese bulto del sobaco es poco / *disimulao.* / Al llegar hasta el *cotxe* / dejas las llaves caer / ¿no sea *ke* haya un bulto raro? / y que te haga volar / como a Carrero, como a Carrero. / Hay qué jodido es ser *madero* / en un lugar donde me consideran / extranjero / ¡porrompompero!»

Henchidos de odio los *borrokas* de Jarrai regresan a sus casas. Esa noche queman cuatro cajeros en Gernika y Bilbao. Y en un goteo incesante muchos de ellos cruzan la «muga» para pasar de la gasolina al amosal y a las pistolas *Browning.*

CAPÍTULO XIV
La trastienda de ETA

Nacieron en 1977 con el objetivo de sacar de la cárcel a los presos vascos detenidos durante la dictadura, en una lucha titánica que costó decenas de muertos y heridos. Conseguida una generosa amnistía general que no dejó un solo reo en las cárceles, Gestoras Pro Amnistía, en lugar de desaparecer, se constituyó en un apéndice de ETA destinado a luchar en el frente de masas, y cuando la banda armada volvió a asesinar guardia civiles, policías y ciudadanos en general se instituyeron en defensoras de los «derechos humanos» de los únicos individuos que se dedican a aplicar indiscriminadamente la pena de muerte abolida en toda Europa asesinando por la espalda a sus semejantes. Dispuestos a imponer la disciplina de ETA en las cárceles, han convertido a los terroristas condenados en sus rehenes. A quienes se niegan a concederles graciosamente la libertad para que sigan matando en objeto de sus amenazas y represalias. Son los responsables de convocar las jornadas de lucha cada vez que muere un terrorista y su obsesión por lo escatológico los ha llevado a elaborar, al estilo de las grandes funerarias, un manual donde se estipula el ritual para enterrar a sus pistoleros.

Cuando ETA asesinó a Ramón Doral Trabadelo, *Moncho*, treinta y seis años, sargento de la Ertzaintza y como hemos dicho jefe del servicio de información de la policía autónoma en la provincia de Guipúzcoa, Iratxe Sorzábal Díaz brindó con sus amigas de Gestoras Pro Amnistía.

—¡Un cipayo menos!

Nacido, al igual que Iratxe, en Irún, en el seno de una familia de fuerte tradición nacionalista y casado con la hija de Patxi Sagárzazu, jefe de la Junta Municipal del PNV en el pueblo, Doral tenía fama entre el abertzalismo radical de tenerlos controlados a todos.

En el mundo desquiciado del entorno de ETA, su muerte por una bomba-lapa colocada en los bajos de su coche aquel 4 de marzo de 1996 era motivo de alegría porque suponía eliminar a uno de sus enemigos. A partir de ese momento, la Ertzainza supo que no se podía detener a los militantes de HB y ETA sin pagar las consecuencias.

Cinco años y unos días más tarde, el 30 de marzo de 2001, sobre las nueve de la mañana, Iratxe Sorzábal Díaz sale de su casa de la calle Lizeaga de Hernani (Guipúzcoa) para acudir a su trabajo en la sede de Gestoras Pro Amnistía.

Ese día acaba su carrera como coordinadora de la entidad responsable de la defensa de los presos de ETA en la provincia de Guipúzcoa. Media docena de guardias civiles de paisano la rodean, le tapan la boca para que no pueda gritar, le colocan las esposas y se la llevan detenida en un coche.

Cuarenta y ocho horas antes, la Benemérita había desarticulado en Irún al comando «Sugoi» y uno de sus miembros, Aitor Olaizola, había confesado a los agentes: «La persona que me captó para formar parte del *talde,* hace ahora tres años, fue Iratxe Sorzábal, la responsable de Gestoras Pro Amnistía.»

Trasladada a Madrid, en la Dirección General de la Guardia Civil, Iratxe, antigua profesora de euskera en una *ikastola* de la comarca, acaba confesando sus crímenes. «Soy militante de ETA. Mi cargo en Gestoras es sólo una tapadera para controlar a los presos y disponer de una cobertura legal para actuar con más libertad.»

Los agentes del instituto armado constatan una realidad que se repite en el mundo de ETA. Aunque oficialmente trabaja para Gestoras Pro Amnistía desde hace meses, al igual que otros compañeros suyos está inscrita en el paro, que cobra puntualmente. Así, su odio visceral a España no le impide beneficiarse del dinero de la Seguridad Social.

Con veintiocho años, la defensora de los presos había comenzado a militar en la banda terrorista hacía siete. «En julio de 1994 me captó Iñaki Tellería Goñi, jefe de la organización, para constituir el comando armado "Ibarla", del que formé parte con el propio Tellería, Marcos Sagárzazu Gómez y Javier Irastorza Dorronsoro», revela.

A partir de entonces, entre reunión y reunión de Gestoras Pro Amnistía, el comando «Ibarla» coloca una bomba en la empresa Bodegas Savin de San Sebastián, vuelan la oficina de turismo de Denia (Alicante), destrozan un Parador Nacional, lanzan granadas contra un destacamento de la Guardia Civil en Pasajes y contra el cuartel de Ordicia (Guipúzcoa) y dinamitan los juzgados de San Sebastián, Vitoria y Pamplona.

Tras este duro aprendizaje, al tiempo que se dedica a captar terroristas para la banda armada,[1] Iratxe Sorzábal y su comando emprenden tareas de mayor envergadura. Asesinan en los lavabos de El Corte Inglés de Valencia a Josefina Conesa, y al policía nacional Eduardo López Moreno, fallecido el 19 de abril de 1995 al desactivar un artefacto explosivo en el cuartel de la Guardia Civil de Endarlaza (Navarra).

En total reconoce haber participado en diecisiete atentados. Considerada una terrorista todoterreno, el plato fuerte de su declaración fue su participación en el asesinato del jefe de la Ertzaintza de San Sebastián, Ramón Doral Trabaledo, al que identifican al aparecer su nombre en el libro *La cloaca vasca*, escrito por José Rei y publicado por Editorial Txalaparta. «Al saber que era de Irún, y como conocía el pueblo, me dediqué a recopilar información sobre él, su familia, aficiones, el colegio a donde llevaba sus hijos todos los días. Una vez estudiados sus itinerarios, verificado que viajaba sin escolta, siempre en el mismo coche, se pidió autorización a la organización y se le colocó una bomba-lapa adosada a su vehículo», relata.

Su actividad como miembro de Gestoras le permitía viajar con cierta regularidad a las cárceles españolas a visitar a los presos de ETA. «Durante esas visitas procuraba anotar todas las matrículas de los coches aparcados por las inmediaciones de las cárceles, datos que pasaba a la organización terrorista para que se comprobara si pertenecían a funcionarios de Prisiones y poder preparar atentados contra ellos», relata.

Como carecía del don de la ubicuidad y no podía estar ofreciendo ruedas de prensa, colocando artefactos explosivos y vigilando a los funcionarios de Prisiones al mismo tiempo, creó su propia red de confidentes en las cárceles. «Me ayudaban en estas labores Ainhoa Adin Jáuregui y Arantxa Arretxe, una chica de Irún que ahora vive en Hernani, empleadas en la sede de Gesto-

---

1. Es el caso de Amaya Arrieta González, de Mondragón (Guipúzcoa), a la que entrega una carta de ETA para que se convierta en chivata de la banda armada.

ras Pro Amnistía de Guipúzcoa. Ellas me proporcionaban las matrículas de los vehículos y yo las hacía llegar a la organización», declara.[2]

Tras la muerte de Doral, la dirección de ETA ordena al comando del que forma parte que se traslade unas semanas a Francia para perfeccionar sus conocimientos en el manejo de armas y evitar que la policía autónoma pudiera relacionarla con el asesinato de su jefe y detenerla.

No fue una decisión demasiado acertada. El 29 de noviembre, mientras se encuentra descansando en una granja de Pluzunet (Bretaña), con los pistoleros de ETA Javier Gallaga Ruiz y Asier Oyarzábal, la gendarmería rodea el edificio y la detienen junto con los dueños del complejo, Annie Alexandre y Bertrand Michon. Poco después, la juez Laurence Le Vert la acusa de «asociación de malhechores en relación con actividad terrorista» y el tribunal correccional de París la condena a pasar tres años en la prisión, de los que cumple sólo dos y un mes.

En la cárcel no pierde el tiempo. En una de las visitas que le hace la abogada de Gestoras Pro Amnistía Yolanda Molina Ugarte para planificar su defensa, le entrega una nota para que la haga llegar a la dirección de ETA. «Eran los datos personales de Aitor Adin Jáuregui, un chico que a mi juicio quería colaborar con ETA. Ignoro si el papel llegó a la dirección y cuál ha sido, en todo caso, la decisión de la organización», reveló a la Guardia Civil.

El 21 de diciembre de 1999, tras una dura huelga de hambre, las autoridades francesas la sacan de la cárcel y la deportan a España, donde su delicado estado de salud le impide declarar, por lo que recobra la libertad sin cargos.

Ese mismo día, Iratxe Sorzábal acude a las oficinas del paro en San Sebastián y se inscribe para cobrar un subsidio de desempleo de 52 000 pesetas, al tiempo que empieza a trabajar como coordinadora de Gestoras Pro Amnistía en Hernani.

Sus planes no eran, sin embargo, ayudar a los presos de ETA a salir de la cárcel. En los tres meses que llevaba en España hasta su detención por la Guardia Civil había participado en un atentado frustrado contra un concejal del PP y preparaba la muerte

---

2. El enlace para pasar la información era Amaya Arrieta González.

del edil del PP de Irún Borja Semper, al que intentó asesinar en el campus guipuzcoano de la Universidad del País Vasco.[3]

Autor de los asesinatos que segaron la vida al portavoz del Partido Popular en el Ayuntamiento de San Sebastián, Gregorio Ordóñez, del dirigente socialista vasco Fernando Múgica, del jefe de la Unidad Antiterrorista de San Sebastián Enrique Nieto y del brigada del ejército Mariano de Juan Santamaría, el etarra Valentín Lasarte Oliden tenía una debilidad que acabaría perdiéndole: le gustaba tanto ir de compras como a un niño un caramelo.

El 26 de marzo por la mañana, mientras elegía cuál iba a ser su próxima víctima, fue a una tienda de San Sebastián a comprarse un par de bicicletas de montaña. Por la tarde acudió al supermercado de Oyarzun, un pueblo cercano a San Sebastián, a adquirir los alimentos que precisaba para la siguiente semana.

Pero como no era tonto, para no levantar sospechas se hizo acompañar por Idoia Arrieta, una maestra de escuela nacida en Astigarraga, profesora de un colegio y miembro de la asociación Gestoras Pro Amnistía de Hernani.

De veintisiete años de edad, nacida y criada en un caserío, tímida y modosita, Arrieta podía pasar perfectamente por la fiel compañera que se encargaba de llenar el carro de la compra de botellas de aceite, paquetes de carne, embutidos, pan de molde y cajas de leche envasada en botes de tetrabrick.

Al salir del establecimiento los esperaba una sorpresa nada grata. Decenas de coches de la Ertzaintza tenían rodeado el establecimiento y agentes camuflados habían tomado posiciones en torno a su coche. Valentín Lasarte e Idoia Arrieta no lo dieron todo por perdido. Sin dar tiempo a reaccionar a sus captores, abandonaron el carro de la compra y emprendieron una veloz huida hacia el centro de la población.

—*Valentin Lasarte naiz! Valentin Lasarte naiz!*[3 bis] —comenzó a gritar, mientras los agentes efectuaban disparos intimidatorios al aire.

---

3. No llegaron a matarle porque el comando no pudo identificarle al haber varios estudiantes con escolta.

3 bis. «¡Soy Valentín Lasarte! ¡Soy Valentín Lasarte!»

Antes de que los vecinos se dieran cuenta de lo que estaba pasando, los agentes le obligaron a arrojarse al suelo, a colocar las manos sobre la cabeza, le esposaron y se lo llevaron detenido, al igual que a su acompañante, Idoia Arrieta.

Esa misma tarde, los vecinos de Astigarraga, un pueblo de 3 202 habitantes también situado en las proximidades de Donostia y gobernado por HB, asistían entre estupefactos e incrédulos al registro que la Ertzaintza efectuaba en el piso que Idoia Arrieta ocupaba en el número 15 de la calle Pelotari.

Durante más de media hora, los agentes estuvieron bajando bolsas del supermercado Mamut y Eroski, que introducían en un coche policial. Su contenido no era frutas, verduras o artículos de limpieza, sino paquetes de amonal, amosal, Goma-2 y otros explosivos. Y es que la vivienda de Idoia Arrieta, alquilada hacía apenas unos meses y donde vivía sola, era todo un polvorín de ETA.

Nacida en el seno de una familia nacionalista y con algún hermano militando en la izquierda *abertzale,* bajo su inocente apariencia y su profesión de maestra de escuela, Arrieta se dedicaba a practicar las emociones fuertes: formaba parte de la infraestructura del comando «Donosti» bajo la perfecta tapadera de las Gestoras Pro Amnistía.

Las historias de Iratxe Sorzábal e Idoia Arrieta son dos de los muchos casos de activistas de Gestoras que, escudadas en la lucha por los «derechos humanos» de los presos de ETA, se dedican a asesinar a sus vecinos, a dar cobertura logística a los comandos más sanguinarios de la banda armada, a ocultarlos y protegerlos y a pasar información a ETA para que pueda seguir imponiendo su lenguaje de odio, violencia y muerte.

De esta manera, sus actuales dirigentes constituyen un apéndice más de la banda terrorista, dedicado a trabajar en la legalidad, traicionando los fines altruistas y desinteresados con que fue creado el grupo en los años setenta.

Como otros muchos vecinos, Gregorio Marichalar estaba ese día en la ventana de su casa en Rentería (Guipúzcoa) contemplando el enfrentamiento entre policías y manifestantes que habían convertido la «ciudad-dormitorio» situada en la carretera Nacional 1, en Guipúzcoa, en un ensayo de guerra revolucionaria.

Acosada no sólo desde la calle sino por muchos vecinos que les arrojaban piedras, macetas y agua hirviendo desde sus casas, la policía se defendía lanzando pelotas de goma, botes de humo y gases lacrimógenos mientras los miles de manifestantes rompían escaparates, arrancaban cabinas telefónicas, levantaban barricadas, cruzaban coches y los incendiaban para defenderse de los «grises».

Marichalar acababa de observar cómo dos botes de humo se colaban por el balcón del edificio de enfrente y una madre con sus hijos abrían apresuradamente las ventanas de la casa para no perecer asfixiados cuando una bala le entró por el pecho y le salió limpiamente por la espalda, dejándole seco en el acto.

Aquel 14 de mayo de 1977, los partidos políticos habían convocado una huelga general en el País Vasco en favor de una amnistía general. La jornada de lucha, que continuó a lo largo de varios días, se saldó con diez muertos,[4] decenas de heridos y varias ciudades y pueblos devastados, como si hubiese atravesado por ellos un ciclón.

Presionado, de un lado, por las movilizaciones populares y, de otro, por el estamento militar, contrario mayoritariamente a que se perdonara a los terroristas con delitos de sangre, el presidente del Gobierno, Adolfo Suárez, se encuentra cogido entre la espada y la pared.

Sin capacidad de reacción, la amnistía se administra con cuentagotas y a los primeros extrañados a Bruselas[5] siguen otros traslados de ex presos de ETA a Noruega, Viena o Copenhague,[6] y numerosas salidas de la cárcel de activistas de la banda armada sin delitos de sangre.

---

4. Rafael Gómez Jáuregui y Gregorio Marichalar (Rentería), José Luis Cano (Pamplona), Manuel Fuentes (Ortuella), Luis Santamaría y Clemente Caño (Bilbao), José Luis Aristizábal (San Sebastián), Juan Manuel Iglesias (Sestao), Jesús María Zabala (Fuenterrabía) y Begoña Menchaca (Santurce).

5. Javier Izko de la Iglesia, Mario Onaindía, Jokin Gorostidi, Teo Uruarte, José María Dorronsoro y Javier Llarena.

6. Iñaki Pérez Beotegui, Iñaki Múgica Arregui, José Mechacatorre Aguirre, Iñaki Egaña Aguirre, José Miguel Goiburu Mendizábal, José María Aldalur Arocena, José Manuel Pagoaga Gallastegui, Agustín Achaca Aguirre y José Luis Mendizábal Benito.

Con la gente al borde de la insurrección popular, con las calles tomadas a diario, la lentitud en la aplicación de las medidas de gracia exaspera a la oposición, que no entiende cómo tras las elecciones generales del 15 de junio no se adopta una solución definitiva que devuelva la paz y la tranquilidad a Euskadi.

Por eso, a comienzos de septiembre, todos los partidos políticos vascos, con excepción de la UCD, plantean un nuevo desafío al Gobierno: convocan una semana de lucha a favor de la amnistía y el día 2 celebran una manifestación que recorre Bilbao, desde El Arenal hasta la plaza de la Casilla, que reúne a más de doscientas mil personas.

Con los condenados en el Consejo de Guerra de Burgos, Javier Izko de la Iglesia, Jokin Gorostidi, Mario Onaindía, José María Dorronsoro, y otros ex presos, como José María Aldalur e Iñaki Múgica Arregui, a la cabeza, la marcha, una de las más numerosas celebradas por entonces en la ciudad, tarda más de dos horas en llegar a su destino. La profusión de *ikurriñas,* los puños en alto, la presencia de los dirigentes políticos de todas las organizaciones en la cabecera, detrás de los ex presos, es todo un reto para el Gobierno.

Al día siguiente, Adolfo Suárez no tiene más remedio que asumir que el clamor popular es casi unánime, acelera la salida de presos de las cárceles y envía al Congreso de los Diputados una proposición de Ley de Amnistía que, tras su aprobación, aparece publicada en el *BOE* el 15 de octubre de 1977.[7]

La concesión de la amnistía, considerada por muchos nacionalistas como un derecho arrancado, constituye en los meses posteriores motivo de celebraciones en la mayoría de los pueblos y ciudades del País Vasco.

Los recibimientos a los presos amnistiados se convierten en manifestaciones populares llenas de flores, emoción, discursos de bienvenida, reencuentros con sus padres, novias, cuadrillas y amigos. Hombres y mujeres con largos años de cárcel a sus espaldas, algunos de ellos con penas de muerte conmutadas, son tratados como héroes en muchos casos por pueblos enteros, donde se cierran los comercios, los bares, los bancos y se parali-

---

7. Ley 46/1977, *Boletín Oficial del Estado,* núm. 248, de 15 de octubre de 1977.

za la vida laboral para acudir a recibirlos en masa como en la antigua Roma se recibía a las legiones.

Los encargados de organizar su llegada y recorrer los municipios con altavoces anunciando la buena nueva son las Gestoras Pro Amnistía, formadas principalmente por los familiares y los amigos de los terroristas, sus compañeros excarcelados y la inseparable cohorte de abogados que ha hecho de la defensa de los etarras su medio de vida.

La primera gestora nace en Bilbao, con estas características, y comienza a publicar la revista *Askatu*.[8] Inmediatamente la siguen otras y, en la primavera y el verano de 1977, llega a haber más de cuarenta Gestoras Pro Amnistía en todo el pueblo vasco, cada una de ellas organizando manifestaciones, campañas para la salida de los presos, recogida de firmas, encierros en iglesias, barricadas y cortes de calles, que acaban con más muertos,[9] en un torbellino de violencia imposible de controlar.

A finales de 1977 sale de la prisión Añat Galarraga Andanondo, el último preso de la banda terrorista.[10] Ese día, los miembros de la izquierda radical y otros muchos demócratas, entre los que se encuentra el artista de renombre internacional Eduardo Chillida, fallecido en 2002, que ha diseñado el logotipo de Gestoras Pro Amnistía, se reúnen en el restaurante Guría de Bilbao para celebrarlo. «Allí, a los de la mesa de al lado, les oí decir: Ya hemos ganado una batalla; hay que empezar de nuevo. Me levanté de la mesa, me fui a la gestora y me di de baja», recuerda el gran escultor años después.

Ese día, él y la mayoría de las personas que los consideraban luchadores por la libertad y la democracia, pero que no tenían vínculos con la izquierda radical, se desgajan de Gestoras Pro Amnistía y se dedican a sus actividades habituales.

ETA, sin embargo, no piensa lo mismo. La batalla por sacar a sus presos a la calle no es el objetivo último, sino una mera estrategia para desestabilizar al enemigo y acelerar el proceso de

---

8. Libertad.

9. Nicolás Mendizábal y Sebastián Goikoetxea, muertos en un control de carretera en Guipúzcoa, y Francisco Aldanondo, que resulta herido, y otros.

10. La primera amnistía se concede el 14 de marzo de ese año, día en que salen de Carabanchel los terroristas Pablo y Juan Kortabarría, y Gotzon Osinaga.

acumulación de fuerzas de cara al objetivo final, la lucha por una Euskadi libre, independiente y euskaldún. Y vuelven a las andadas.

La Real Sociedad y el Real Zaragoza, con sus plantillas al completo, se enfrentan ese día en el estadio de Anoeta de San Sebastián en un partido de la Liga Nacional de Fútbol.

En medio del encuentro, retransmitido en directo por Televisión Española, José Luis Campos Barandiarán y otro joven no identificado saltan al terreno de juego y exhiben una pancarta que reivindica *«Pesoak kalera»* (Presos a la calle).

Es el 18 de marzo de 1979. Ha pasado un año, cinco meses y tres días desde la concesión de la amnistía. ETA ha asesinado en ese período a noventa y una personas, la última de ellas José María Maderal, dos días antes en Bilbao.

Las cárceles, especialmente la de Soria, vacías durante unos días, vuelven a llenarse de pistoleros y comienzan de nuevo los encierros en la iglesia del Buen Pastor de San Sebastián, en la de Santa Teresa de Barakaldo (Vizcaya) y en el Obispado de Bilbao, y los cruces e incendios de autobuses en la Nacional-I, a la altura del alto de Miracruz (Guipúzcoa), para que el Gobierno conceda nuevos indultos.

Esta vez, la mayoría de los partidos políticos democráticos no apoyan las tesis de los terroristas y Adolfo Suárez decide plantarse. «Estos tíos ya no luchan contra la dictadura. Lo que hacen ahora es matar a los nuestros, a los que nos hemos enfrentado al "búnker" franquista para sacarlos de la cárcel», replica el portavoz del grupo parlamentario de UCD y futuro ministro de Presidencia, José Pedro Pérez Llorca.

Las Gestoras Pro Amnistía, que se habían constituido como algo coyuntural, acaban convirtiéndose en un órgano permanente, en un instrumento más de una organización terrorista que rechaza el sistema constitucional, el Estatuto, el Parlamento vasco y el Gobierno de Vitoria.

«Llega un momento en que no se sabe si son los presos quienes necesitan a Gestoras Pro Amnistía o las Gestoras las que precisan presos para mantener una vida política eficiente al servicio de una ideología concreta y una forma de lucha violenta, dispuesta a socavar las estructuras del sistema. Como la función crea al órgano, las Gestoras llegan a su vez a generar presos para hacer la política que les ha sido asignada», escribe el escritor y periodista Luciano Rincón.[11]

Y es que ETA, que se sigue nutriendo del odio a España, no puede reconocer los cambios políticos. Si lo hace, desaparece. Por eso precisa crear su propio «pueblo vasco» y mantener artificialmente los mecanismos de represión para hacer creer a sus seguidores que son un pueblo sojuzgado desde tiempos inmemoriales por España y Francia.

Sólo si sus seguidores se creen perseguidos y acosados por un ejército invisible, que no sale de los cuarteles, y unas FOP en franco retroceso al ser sustituidas por la Ertzaintza, tiene justificación mantener un «ejército de liberación nacional» que haga de vanguardia política y «abra espacios» mediante la lucha armada que han de ir ocupando el «movimiento de liberación nacional» o Herri Batasuna, planteada como un frente de rechazo, y otra serie de organizaciones satélites, entre ellas la propia Gestoras Pro Amnistía.

Su misión, en esta nueva etapa, no es sólo sacar a los presos a la calle sino la de nutrir a ETA de jóvenes que sustituyan las bajas que se producen en sus comandos.

Jesús Miguel Medialuneta Flores es un joven nacido en un caserío de la localidad de Arbizu (Navarra), un municipio de poco más de dos mil personas situado en los límites con la provincia de Guipúzcoa.

Empleado en la sede de Gestoras de Pamplona, su trabajo consistía en coger el teléfono, repartir propaganda y hacer los recados. Poco a poco se fue integrando en las algaradas callejeras organizadas por la entidad dedicada a la defensa de los presos y empezó a cobrar protagonismo como un tipo duro, pendenciero y alborotador, capaz de asumir los mayores riesgos frente a las cargas de la policía.

11. Luciano Rincón, *ETA (1974-1984)*, Plaza y Janés, 1985.

En Gestoras Pro Amnistía se dan cuenta de sus «cualidades» y se pasa un informe a ETA. Un día de marzo de 1988, cuando aún no había cumplido los veinte años, la organización terrorista le envía una carta citándole en el sur de Francia. Acude al encuentro y allí le animan a realizar pequeñas acciones, como robar documentación de coches y prestar apoyo al comando «Nafarroa».

Su actividad como «legal» (individuo no fichado por la policía) duró muy poco. Identificado por la Guardia Civil el 3 de julio de 1988, tiene que huir a San Juan de Luz, donde el dirigente etarra José Javier Zabaleta, *Baldo,* le propone integrarse como liberado en el comando «Vizcaya».

—Tienes que hacerlo en honor a los muertos que ha habido, por la lucha de los presos por los que has trabajado desde Gestoras Pro Amnistía. Entre todos tenemos que sacarlos, intentar que vuelvan a casa.[12]

Semanas más tarde forma parte de un comando con Juan Carlos Ormazábal Ibarguren, *Turco,* Juan Carlos Iglesias Chouzas, *Gadafi,* José Luis Martín Carpena, *Koldo,* y otros.

Desde entonces y hasta su detención el 3 de septiembre de 1991 participa en los asesinatos de varios policías y guardias civiles, en la colocación de varios coches-bomba, entre ellos un cuartel de la Benemérita en La Rioja,[13] y en el lanzamiento de numerosas granadas contra instalaciones y coches patrulla del instituto armado en Balmaseda, Durango, Muskiz, Portugalete, Munguía, Basauri, Ortuella y Logroño.

2 de septiembre de 2001. Sede de Gestoras Pro Amnistía de Vitoria. Llama Ixone Urcelay Bengoa. Descuelga el teléfono Iker Zubía Urrutia.

Ixone.—Iker, soy Ixone. Era para ver si había alguien en la sede porque voy ahora a limpiar. ¿Qué ha pasado?

Iker.—Que han detenido a Txebe, a Jon [Jon Etxeberría Oyarbide].

---

12. De la declaración ante el juez.
13. Hecho ocurrido el 3 de abril de 1991 en el que participaron dos comandos y que estuvo a punto de causar una auténtica masacre entre los hijos de los agentes.

Ixone.—Ya, ya, ya. ¿Habéis estado con la familia?
Iker.—Con Arantza sí, ha estado Iker Urbina con ellos.
Ixone.—Pues bien, bien. Como esto no acabe pronto vamos a acabar sin sangre ya.

Empleado de una fábrica de mecanizados situada en Villarreal (Álava), donde percibe un sueldo de 170 000 pesetas, la persona a que se alude en la conversación, Juan Echeverría Oyarbide hacía una vida completamente normal. Ni sus más íntimos amigos sospechaban que había pertenecido a los comandos «Y» de la organización juvenil Jarrai.[14]

Echeverría tenía, sin embargo, una doble vida. Como muchos terroristas de su generación, en marzo de 2001 había dado el salto desde Jarrai a ETA y había comenzado a colaborar con la banda terrorista pidiendo documentos a varios amigos para dar cobertura legal a los pistoleros de la banda, el permiso de circulación de algunos vehículos y realizando actividades de información.

El 1 de septiembre de 2001, detenido por la Guardia Civil, declaró: «Fui captado por ETA mediante una carta que me remitió la organización desde Francia mediante Gestoras Pro Amnistía, en la que me ponían una cita con un liberado en Narbonne (Francia). La persona que me hizo entrega de la misiva fue Maite Díaz de Heredia. Lo hizo en la propia sede de Gestoras de Vitoria.»

Horas más tarde, María Teresa Díaz de Heredia y Ruiz de Arbulo, responsable de los presos en Álava, es detenida por la Benemérita y la sede de Gestoras Pro Amnistía registrada a fondo.

5 de septiembre de 2001. Observación telefónica al número 945 283655, correspondiente a la sede de Gestoras Pro Amnistía de Vitoria. Llama Iker Zubía Urrutia para preguntar por la detención de Maite Díaz Heredia. Le contesta Julen Celarain Erratzi.

Iker.—¡Epa, Julen! Si llego a subir un poco antes me pilla aquí todo el marrón.
Julen.—¿Qué marrón?

---

14. Había intentado quemar un autobús en el parque de La Florida (Vitoria), apedreó un concesionario de Renault en el barrio de Arambizcarra, e incendió un coche de la Ertzaintza en el barrio de Saramaga, la sede de la Seguridad Social, en una oficina del Banco Central.

Iker.—El de los *txakurras*. Han entrado un poco, ya sabíamos, buscando a la Maite. Y han registrado su mesa. Se han llevado el ordenador sin más. Así, bueno, nos han jodido el ordenador, el material informático. Todo lo que han pillado se han llevado. Miles de *txostenes* (informes), miles y miles de *txostenes,* todo nuestro debate interno.
Julen.—Bueno.

Y es que ante la dificultad de encontrar personas dispuestas a empuñar las armas y a integrarse en los comandos de ETA en la provincia de Álava, Gestoras asume el papel de «centro de reclutamiento». Así, Juan Antonio Cortés y Susana Echaerrandio,[15] responsables del bar Herrikoia, pasan en un mes de «tirar» cerveza y servir *txikitos* a los clientes a convertirse en colaboradores del comando «Basurdo», encargado de transportar centenares de kilos de explosivos a Madrid para volar la Torre Picasso; Jagoba Terrones, responsable de Gestoras en Vizcaya, es detenida en 1988 tras la captura del comando «Vizcaya», acusada de dar alojamiento y transporte a los liberados de ETA; Natale Landa, letrada del colectivo de presos, es acusada de un delito de «colaboración con banda armada» al «caer» en junio de 2001 junto a dos presuntos miembros del comando «Xoxua», integrado por Premin Sampedro, Jesús María Goikoetxea, *Iván,* Gorka y Aitor Asatondoa Altuna y otros.[16]

Los hechos revelan que la banda terrorista ha pasado de reclutar sus comandos en los pueblos *abertzales* a hacerlo en las sedes de Gestoras, lo que lleva a la paradoja de que la entidad encargada de sacar a los presos de las cárceles se convierta en una «fábrica» de pistoleros que, tarde o temprano, engrosarán las listas de Gestoras Pro Amnistía. Hay decenas de ejemplos al respecto. Éste es el relato de dos de ellos.

La policía los sorprendió el 24 de noviembre de 2000 cuando esperaban a la puerta de su casa la salida del ex concejal de

---

15. Además ocultaban en su casa de Zuazo (Álava) los archivos secretos de Gestoras Pro Amnistía.
16. Auto 129/2001 del juez Guillermo Ruiz Polanco de la Audiencia Nacional.

UPN de Pamplona Miguel Ángel Ruiz de Langarica para asesinarle allí mismo.

De los dos terroristas que formaban el comando, Iñaki Beaumont, responsable de Gestoras Pro Amnistía de Navarra, fue detenido, pero José Olaitz Rodríguez logró escapar y, con la ayuda de algunos miembros de las propias Gestoras, alcanzó el sur de Francia.

El 30 de noviembre de 2001, un año y seis días después, descendía de un autobús en la estación central de Pamplona. Acompañado de otro terrorista, Íñigo Vallejo, regresaba con instrucciones de la banda armada de reconstituir el comando «Nafarroa», rebautizado como comando «Kroma».[17] Al no observar nada anormal se dirigió al piso franco, alquilado en el barrio de San Jorge.

Allí, los agentes de la Benemérita, que llevaban varias horas siguiéndole, le dieron el alto y le ordenaron que se identificara. Jorge Olaitz, pamplonés, veintitrés años, e Íñigo Vallejo, vizcaíno, veinticuatro años, sacaron sus armas y se enfrentaron a sus perseguidores. Olaitz fue detenido en el acto, pero Vallejo, tras robar un coche, se dio a la fuga, llevando a su propietaria como rehén hasta la localidad de Etxarren (Navarra).

«La persona que me introdujo en los círculos de ETA y me propuso formar parte de un comando armado fue Josu Beaumont, en su lugar de trabajo, la sede de Gestoras de Pamplona», declaró Olaitz.

Un vehículo de la Gendarmería francesa efectúa una vigilancia rutinaria por las afueras de la ciudad de Pau, situada en el suroeste del país, cuando observa a dos jóvenes que conversan junto a dos turismos estacionados en una carretera comarcal.

Los agentes piensan que alguno de los vehículos puede tener un problema mecánico y se acercan para auxiliarlos. En ese momento se dan cuenta de que uno de los coches, un Renault Clio, lleva placas de matrícula falsificadas.

Son las 17.45 de la tarde del 28 de noviembre de 2001. Los gendarmes abordan a los dos individuos, les piden que se iden-

---

17. Por *Kromañón*, apodo del pistolero de ETA Esteban Esteban Nieto.

tifiquen y éstos, sin mostrar síntoma de nerviosismo alguno, lo hacen sacando sus carnés de la Universidad de Pau y los permisos de conducir.

Uno de los policías se dirige entonces al coche patrulla, situado a cincuenta metros de distancia, para efectuar por radio las comprobaciones oportunas y en ese momento escucha varias detonaciones de arma de fuego.

Al volverse, su compañero, Gérard Larruide, de treinta y tres años, está tirado en el suelo rodeado de un charco de sangre. Tiene ocho impactos de bala en el cuerpo. Es una de las pocas veces en la historia de ETA en que los terroristas disparan contra un miembro de la Gendarmería.

Mientras el agente Larruide se debate entre la vida y la muerte en el hospital Central de Pau, se hace pública la identidad de los pistoleros. Se trata de Ibón Fernández Iradi y de su compañero Antonio Agustín Figal, dirigente de Gestoras Pro Amnistía, acusado en España de un delito de coacciones contra la ex concejal y senadora del PP por Bilbao Ascensión Pastor. Y es que, en el colmo de la desfachatez, uno de los objetivos esenciales de Gestoras es imponer el terror y el miedo entre los dirigentes de los partidos demócratas, a los que hace responsables de la situación de los presos de ETA.

El 11 de enero de 1999, Victorio Fernández Aguado, concejal del PP en Erandio (Vizcaya) y propietario de un almacén de materiales de construcción en la calle Santa Eulalia de Santurce (Vizcaya), recibe por correo la siguiente carta, con matasellos de su propio pueblo:

> Habéis fracasado con la dispersión y seguís manteniéndola, haciendo de los prisioneros vascos vuestra moneda de cambio. Hacéis oídos sordos a la voluntad de este pueblo que ha salido a la calle y ha organizado decenas de plataformas contra vuestra dispersión [...], manteniendo el sufrimiento de muchos, en demasiados casos hasta la muerte, tanto de prisioneros como de familiares.
>
> Eres culpable. Y esa culpabilidad la vas a pagar cara. En el

momento en que estás dispuesto a llevar incluso hasta la muerte a presos y familiares debes también estar dispuesto a asumir tu muerte, junto a la de tu familia.

Por eso, hoy más que nunca, estás en nuestro punto de mira. Nosotros decidimos cuándo duermes o cuándo tu comercio es apedreado o cuándo puedes pasear tranquilo y cuándo no. Y vas a pagar caro el sufrimiento que tanto te gusta mantener. Ni tus guardaespaldas ni vuestras pistolas y tiros en la calle os van a librar del sufrimiento que tranquilamente imponéis a prisioneros y familiares. Contigo no hay tregua que valga. *Jo ta ke iribazi arte!* (Golpear hasta ganar.)

Cartas o amenazas parecidas reciben en esa época el presidente de la Diputación Foral de Álava, varios consejeros de esta entidad, los concejales del PP y del PSOE de Bilbao,[18] alcaldes y concejales de los pueblos situados en la margen izquierda de la ría de Bilbao y otras decenas de políticos y cargos públicos.

Instalados en la intolerancia y el fanatismo, los defensores de los asesinos exigen que se apliquen estrictamente los «derechos humanos» con quienes han demostrado una crueldad infinita a la hora de abatir a sus víctimas y, en el mayor de los contrasentidos, hacen responsables de la situación de los terroristas[19] a los dirigentes políticos a los que tienen en el punto de mira de sus pistolas y no asesinan porque no pueden. Los consideran responsables de que los verdugos de la democracia, los únicos individuos que aplican la pena de muerte en Europa, estén condenados a pasar decenas de años en los que ellos llaman «cárceles de exterminio», aunque existan todavía muchos pueblos en España que ya quisieran para sí los talleres e instalaciones deportivas de algunas prisiones.

Por increíble que parezca, sin embargo, las primeras víctimas de Gestoras Pro Amnistía son sus propios presos, cuyos derechos

---

18. Jesús María Medrano, José Antonio Alberdi, Pablo Mosquera, Ramón Rabanera, Alfredo Marco Tabar, Rafael Labrador, Antonio Basagoiti, María Victoria Riol, Juana Iturmendi, José María Oleaga, Adrián Castro, Dimas Sañudo, Beatriz Marcos, Eduardo Portero, Luis Eguiluz, Begoña Gil, Elena John, Raúl Fernández, Francisco Pontes y otros.

19. Ya en mayo de 1996, Carlos Iturgaiz, presidente del PP vasco, recibía la siguiente carta de Gestoras: «Desde ahora le decimos que está jugando con fuego, que un puñado de votos no le da derecho a actuar como un dictador, ni como verdugo de las vidas y del sufrimiento de vascos que peleaban por su patria cuando usted jugaba a las canicas. No nos va a tener que perseguir porque nos va a tener muy cerca, pues no le vamos a permitir jugar con la vida de los presos y sus familias.»

son «secuestrados» de por vida por sus compañeros, que los convierten en «rehenes» de una ideología que se fundamenta en utilizarlos como un instrumento más de lucha. Veamos dos casos nuevamente.

A comienzos de 2001, el terrorista de ETA Francisco Javier Arbulu, preso en Alcalá Meco, envía la siguiente carta a una amiga:

> Sobre lo que me dices de buscar un nuevo abogado, ya sé que lo haces con la mejor intención del mundo. Pero la cosa no funciona así. Nosotros somos un colectivo de presos políticos, tenemos nuestras reglas. Lo mismo que no podemos pedir cambios de grado, permisos, ni aceptar cualquier tipo de prebenda del enemigo que nos predisponga contra nuestros compañeros, jamás aceptaré un abogado que no sea del colectivo. Hacerlo sería darle bazas al enemigo. No sé si lograrás entender esto pero, para nosotros, la cárcel es otro frente de lucha y hay que permanecer firmes frente a los que, con sus artimañas y malas artes, pretenden dividirnos para acabar con ETA y el Movimiento de Liberación Nacional Vasco.[20]

Así, los presos que se niegan a obedecer hasta sus últimas consecuencias a Gestoras Pro Amnistía, incluso cuando deciden convocar huelgas de hambre, son automáticamente marginados y eliminados del colectivo de presos. «Txemi Gorostiza (abogado de Gestoras) pretendía tratarme como una marioneta, que obedeciera sin rechistar y fuera al juicio hecho un Gora Euskadi Askatuta. ¿Con quién se cree que está hablando? Ni a él ni a nadie le debo ningún tipo de obediencia ni de martirio. Por eso, al romper la disciplina de Gestoras, me han echado del colectivo», se quejaba el etarra José Ramón López Abechuco.

El brutal sometimiento a las férreas normas impuestas por ETA ha llevado a muchos presos de la banda terrorista, como es el caso de José María Aranzamendi Arburu[21] y otros, a buscar en

---

20. *ABC*, domingo 4 de noviembre de 2001.
21. Aranzamendi se suicidó el 7 de febrero de 1997 en la cárcel de Alcalá-Meco con su propia bufanda, legando sus pertenencias a *Josu Ternera*, interno entonces en el mismo módulo.

el suicidio la única salida a su desesperación y angustia, tras fuertes períodos de abatimiento y depresión.

En otros casos, cuando se produce un arrepentimiento han sido sus novias *abertzales* y hermanas quienes los han dejado plantados para no sufrir la «humillación» de los vecinos del pueblo o el aislamiento en el puesto de trabajo.

Por eso, para evitar las «malas influencias», una vez en prisión, los «duros» pistoleros vascos, que han hecho sus armas asesinando por la espalda, tienen prohibido todo contacto con el exterior que no sea por medio de Gestoras Pro Amnistía o el colectivo de abogados, que les han llegado incluso a prohibir las visitas de algunos parientes contrarios a la lucha armada.

Dos de marzo de 2001. Sede de Gestoras Pro Amnistía de Bilbao. Llama Gurutze, desde Ondárroa (Vizcaya), a Jagoba Terrones Arrate.

> *Gurutze.*—Buenas tardes desde Ondárroa. ¿Jagoba, sí?
> *Jagoba.*—Sí.
> *Gurutze.*—Sí, aquí desde Ondárroa, igual no me conoces. Soy Gurutze, del grupo de economía. Aquí nos aparece mensualmente un abonaré de setenta y cinco mil pesetas. ¿Eso es para repartir a los presos del pueblo?
> *Jagoba.*—¡Ah, sí! ¿Cuántos presos tenéis?
> *Gurutze.*—Presos, tres.
> *Jagoba.*—¿Tres? ¿Y de cuánto es el abonaré?
> *Gurutze.*—Setenta y cinco.
> *Jagoba.*—Sí, eso es, veinticinco para cada uno.

La conversación entre Jagoba Terrones, detenido, como hemos visto, acusado de colaboración con el comando «Vizcaya» en 1998, y Gurutze revela que ETA aporta todos los meses veinticinco mil pesetas a cada preso para ayudarle a su sostenimiento en la cárcel.[22] La banda terrorista gestiona también, por medio de LAB, de hablar con los empresarios donde trabajaban, en el caso

---

22. En una reunión celebrada hace dos años en Zarauz se pretendió subir la cantidad a 30 000 pesetas. La propuesta fue rechazada por falta de presupuesto.

de miembros de «comandos legales», para que se siga cotizando por él a la Seguridad Social, y a la salida del «mako» se los reintegre a su puesto de trabajo, con el mismo sueldo y categoría profesional que tenían cuando decidieron empuñar las armas.

Gestoras Pro Amnistía se encarga, asimismo, de solicitar ayudas oficiales al Gobierno Vasco,[23] a las diputaciones forales y a los ayuntamientos nacionalistas para que sus familiares puedan acudir a verlos a las cárceles sin poner un duro de su bolsillo.

La dependencia económica de la banda, el miedo al boicot a la familia en el pueblo y la angustia de encontrarse aislados y sin trabajo al salir a la calle acaban cerrando el círculo infernal de los presos. «No sé qué cárcel es peor, si la del Estado español o la prisión invisible pero presente a que nos someten nuestros queridos compañeros», deja escrito Aranzamendi antes de quitarse la vida.

Ignacio de Juana Chaos, jefe del comando Madrid hasta 1987 y uno de los asesinos más brutales de ETA, en una conversación mantenida con sus abogados y grabada en la cárcel agrega: «Yo he tenido un nivel de militancia equis, y cuando entro en la cárcel soy un cero a la izquierda, porque todos los que estamos aquí pasamos al camión del desguace. De nosotros pasa todo el mundo, menos nuestra vieja. Nuestra función ahora es recibir todas las hostias que nos caigan y recibirlas contentos.»

Responsables de la red de chivatos más importante existente en el País Vasco, otra de las misiones de Gestoras es alertar a los terroristas de ETA de las operaciones de la policía para facilitar la huida de los comandos que puedan estar en el punto de mira de la Guardia Civil.

El 14 de febrero de 2002, el juez Baltasar Garzón toma declaración a siete miembros de Gestoras a los que imputa un delito de «integración con banda armada». Los acusados, Txema Matanzas, Ainhoa Baglietto, Felipe Arriaga, Jorge Txokarro,

---

[23]. El Gobierno vasco, por ejemplo, subvenciona a Gestoras con 7,4 millones de pesetas y da facilidades a sus funcionarios para obtener permisos, siempre que sea para acudir a visitar a los terroristas.

Fernando María Lejarza, Mikel Korta y Joseba Iñaki Reta Frutos, quedan en libertad tras el depósito de una fianza en las arcas judiciales.

A Reta Frutos el juez le imputa informar a los miembros de la organización de la existencia de controles policiales para evitar que sean sorprendidos o detenidos los comandos y de coordinar el «área de huidos» de ETA.

Día 19 de septiembre de 2000. Julen Larrinaga Martín llama al número 656 725 295 de Joseba Iñaki Reta Frutos, de Gestoras Pro Amnistía de Bilbao.

Julen.—¿Señor Iñaki Reta?
Iñaki.—Sí.
Julen.—Un tema. Me acaban de decir que hay un gran control [policial] junto al cruce de Derio...
Iñaki.—¡Hostia! El otro día igual.
Julen.—Al pasar Santo Domingo y no sé qué.
Iñaki.—Sí, sí.
Julen.—Entonces cuidado.

Veinte de septiembre de 2000. Jagoba Terrones Arrate recibe la llamada de José Iñaki Reta Frutos en la sede de Gestoras Pro Amnistía de Bilbao.

Iñaki.—¿Jagoba?
Jagoba.—Sí, dime.
Iñaki.—Estoy aquí en Zarauz y hay un enorme control. No sé lo que ha pasado.
Jagoba.—¡Joder! ¿Y no has pasado el control?
Iñaki.—No, aún no.
Jagoba.—¡Puf!
Iñaki.—Entonces luego llamaré.
Jagoba.—Llama, ¡eh!
Iñaki.—Sí, vale, bueno.

El mismo día, horas más tarde. Jagoba Terrones Arrate llama al bufete de abogados de Gestoras Pro Amnistía en Bilbao y habla con el letrado Iñaki Goyoaga Llano.

Iñaki.—¿Quién eres?
Jagoba.—¡Ah! Perdona, Iñaki. Soy Jagoba.
Iñaki.—Sí, ¿qué pasa?
Jagoba.—Es para decir que Julen está bien. Antes estuvo en un control en Zarauz, retenido, pero bien. Por eso acabo de hablar con él. Le han estado preguntando.
Iñaki.—Vale, hippy.
Jagoba.—Oye, tú conoces a Fernando. Bueno, conocerlo seguro que sí... ¿Tienes confianza en él?
Iñaki.—¿Eh? Sí. Hablamos mañana, ¿no?
Jagoba.—Si tú vas a venir por aquí, vale. Hablamos mañana.

Olaia Castresana, donostiarra, veintiséis años, ex militante de Jarrai y terrorista de ETA, como le ha ocurrido a otros muchos de sus compañeros, probó de su propia medicina.

El 24 de julio de 2001, sobre las siete y cuarto de la tarde, se encontraba en un apartamento de Torrevieja (Alicante), junto con su compañero Enautz Oyarzábal, preparando una bomba para colocar al día siguiente cuando repentinamente el artefacto explotó y le segó la vida.

La noticia abre esa misma noche los noticiarios de los informativos de todas las televisiones. Cinco minutos después suena el teléfono en la sede de Gestoras Pro Amnistía de Vitoria. Lo coge María Teresa Díaz de Heredia, *Maite*. Habla con un tal Torre, no identificado.[24]

Maite.—¿Y el nombre [de la terrorista] os suena?
Torre.—No.
Maite.—¿Están diciendo que es Olaia, Olaia Castresana.
Torre.—Sí, pero no. Ni idea.

Transcurren otros cinco minutos. María Teresa Díaz de Heredia llama al número 605 705 925. Habla con Jagoba Terrones Arrate.

---

24. Diligencias previas 224/01 instruidas por el Juzgado Central número 5 de la Audiencia Nacional.

Jagoba.—¿Has conseguido localizar a alguien?

Maite.—He hablado con Torre, que a su vez ha hablado con Ainhoa y parece ser que igual ésta podía ser de Donostia, de Gross o de Intxaurrondo. Quedo ahora con Gorka [Zulaika] y me ha dicho que mañana nos vemos en la sede. Le he dicho que han dado el nombre de una tía y que el nombre de la familia hay que mover. Aunque el nombre sea falso hay que ponerse en contacto con la familia, que estará flipando, ¿no?

Sede de Gestoras Pro Amnistía de Bilbao. Diez y veinte de la noche. Jagoba Terrones Arrate recibe una llamada de Julen Larrinaga Martín.

Julen.—Estoy aquí en Lekeitio, en un bar.

Jagoba.—Estoy intentando hablar con Julen [Celarain Erratzi]. Hay que asegurarse de la identidad de esa persona y ponerse en contacto con la familia. Eh, la chica es donostiarra.

Julen.—Y, claro, mañana habrá que hacer alguna reunión. Pero no sólo nuestra sino de la izquierda *abertzale*. Habrá que llamar a Permach [Joseba Permach Martín, miembro de la Mesa Nacional de HB] para ver cómo está el asunto.

Sede de Gestoras Pro Amnistía, 25 de julio de 2001. Jagoba Terrones Arrate llama a una mujer no identificada.

Jagoba.—Convocado por Batasuna, movilizaciones. Hoy, a la tarde.

Voz.—A mí me han dicho que eran de Euskalde (comarca), aquí en Durango.

Jagoba.—Perfecto. Mañana, jornada de lucha y movilizaciones en todos los pueblos. Convocada por Gestoras Pro Amnistía.

Voz.—Vale.

Jagoba.—Luego, viernes, jornada de huelga, en la zona de Donosti. A la una de la tarde un acto nacional y luego manifa. La gente tiene que ir con *ikurriña* y crespón negro. [...] De propaganda habrá dos tipos de carteles: «Euskal Herría necesita una solución democrática» y «Olaia Castresana, adiós con todos los honores al soldado vasco».

Sede de Gestoras Pro Amnistía de Álava. Habla María Teresa Díaz de Heredia con Torre.

Torre.—Maite, nos han llamado de un pueblo y nos han notificado la prohibición de la concentración. [El consejero de Interior] Balza ha ilegalizado todos los actos de homenaje a Olaia.
Maite.—Y ¿entonces?
Torre.—Ahora han ido Julen y Gorka a una reunión de la izquierda abertzale.

Sede de Gestoras Pro Amnistía de Bilbao. Hablan Jagoba Terrones y Julen Celarain.

Julen.—¿Eh? Batasuna ha convocado la manifa nacional para el sábado en Donosti.
Jagoba.—¿A qué hora?
Julen.—A las cinco, en el Boulevard.
Jagoba.—¿Convocada por Batasuna?
Julen.—Sí. Y lo que nosotros hacemos [antes del sábado] es movilizaciones descentralizadas.
Jagoba.—Bueno, antes han venido los zipayos [Ertzaintza] aquí un poco con el asunto de la prohibición.
Julen.—¿Qué prohibición?
Jagoba.—Bueno, como ha salido en los periódicos que Gestoras, Senideak y Segi han convocado jornadas de lucha, pues que prohíben todas las cosas previstas para hoy y mañana.
Julen.—Si se ha ilegalizado hay que poner [en los carteles] la que se ha ilegalizado.
Jagoba.—¿Y mantener la convocatoria?
Julen.—Eso es, perfecto, ¡muy bien!

Es sólo una mínima parte, la imprescindible, para ilustrar a los lectores sin romper la lógica reserva sumarial de las transcripciones telefónicas que, bajo autorización del juez Baltasar Garzón, se recogen en el sumario 224/01 de la Audiencia Nacional. En pocas horas, Gestoras, HB, Haika, Segi y Senideak y otras organizaciones de la llamada izquierda *abertzale* iban a pasar de las palabras a los hechos convirtiendo el País Vasco en un campo de batalla.

El 25 de julio de 2001, un grupo de encapuchados incendian la central telefónica de Azpeitia, tres cajeros automáticos en Lekumberri, Pasajes y San Sebastián, y lanzan varios cócteles molotov contra el cuartel de la Guardia Civil de Ondárroa.

Es sólo el primer «día de lucha». Las siguientes jornadas, la *kale borroka* se extiende a Irún, Hernani, Portugalete, Arrigorriaga, Pasajes, Iurreta, Santurce, Sopelana, Galdákano, Bilbao, Álava, San Sebastián y otras localidades donde se queman cajeros, agencias de seguros, oficinas de Correos, sedes de UGT, coches particulares de militares, guardias civiles y agentes de la Ertzaintza, y se lanzan artefactos contra viviendas de concejales del PP y PSOE.

Las llamadas jornadas de lucha se prolongan durante cuatro noches consecutivas sin que se produzcan detenciones, a pesar de que, en pleno día, los simpatizantes de ETA toman el Ayuntamiento de San Sebastián y colocan una *ikurriña* con un crespón negro. Finalmente, la Ertzaintza prohíbe la manifestación convocada en el Boulevard de Donostia, lo que provoca nuevos altercados.

El vandalismo fue parte del homenaje a la terrorista. Antes de dedicarse al oficio de quitar la vida a seres humanos, Olaia Castresana, educadora, trabaja en una guardería en San Sebastián. Su novio y compañero de comando, Enautz Oyarzábal, con quien está ligada sentimentalmente, era el sepulturero del cementerio de Pasajes.

No contento con el ritmo vegetativo natural de la población, había decidido ayudar a su compañera a acelerar el envío de los «enemigos» de Euskadi al cielo, sin saber que la primera víctima de su máquina de matar iba a ser su propia novia, cuyas cenizas serían esparcidas por los siete territorios de esa nación inexistente llamada Euskal Herría.

Batasuna se encargaría de cumplir el tétrico encargo. Y es que, por tenerlo previsto, Gestoras Pro Amnistía dispone hasta de un protocolo escrito en el que se narran los honores fúnebres que deben tributarse a sus «mártires», según el lugar del escalafón que ocupen, algo muy «socialista». Obsesionados por el culto a la muerte, el texto «Qué hacer ante el asesinato de algún preso o militante de ETA», fechado en 1994, es uno de los documentos más escatológicos escritos por la banda armada.

> Nada más conocerse la noticia hay que convocar una reunión urgente de HB, LAB, Gestoras, Egizan, Jarrai y ASK.
> Si el militante es un preso, Gestoras Pro Amnistía debe convocar una rueda de prensa para denunciar el hecho y HB sacar, paralelamente, una nota.
> Si, en cambio, es un militante de ETA, el protagonismo es asumido esencialmente por KAS y HB.
> El traslado del cadáver y los trámites para el enterramiento corresponden a Gestoras, mientras las convocatorias, acciones y movilizaciones corresponden a HB, KAS y Gestoras. Las acciones de represalia se reservan a «A».[25]
> Los actos de homenaje son organizados por Gestoras con la colaboración de HB. El traslado del cuerpo, a hombros, se reserva, en cambio, a KAS y HB.
> El sábado siguiente se da el salto cualitativo con la convocatoria de una manifestación en las cuatro capitales o de una huelga general que culminará en una gran manifestación. La huelga general no deberá convocarse sin consultar previamente con el sindicato LAB, que deberá montar los dispositivos necesarios para que el cierre de comercios y la paralización de la vida ciudadana sea completa.
> El día en que se convoque manifestación, todas las *herrikos, gaztetxes* y *arranos* deberán cerrar.[26]

Las Gestoras Pro Amnistía son, con Herri Batasuna y los responsables de las *herriko* tabernas locales, los responsables de recibir en los pueblos a los terroristas de ETA encarcelados, asesinos de decenas de demócratas, tras cumplir decenas de años de prisión, y convertirlos en héroes populares siguiendo el mismo ritual que se utilizaba durante la amnistía de 1977.

25. ETA, según el manual *kodigos berriak* (códigos nuevos).
26. Documento «Ante el asesinato de algún militante», fechado en abril de 1994 e incautado a Manuel Inchauspe Vergara, detenido el 2 de junio de 1994 en Oyarzun (Guipúzcoa). Diligencias 96/94 de la Guardia Civil.

Hoy, sábado 21 de febrero de 1998, Jose Antonio Torre Altonaga *Medius* se encuentra ya camino de Euskal Herria.[27] Tras pasar más de diecinueve años secuestrado en las prisiones del Estado español, a las 9.30 horas de hoy las puertas de la cárcel de Logroño se han abierto para Medius, preso político vasco natural de Mungía. Fuera le esperaban emocionados sus familiares, amigos y vecinos.

Nada mas salir de prisión, sus primeras palabras han sido para recordar y animar a las compañeras y compañeros que ha dejado dentro. También ha querido recordar la lucha popular contra la central nuclear de Lemóniz, a consecuencia de la cual fue encarcelado, agradeciendo a todos cuantos hicieron posible aquella victoria.

La llegada de Medius a Mungía está prevista para hoy a las siete de la tarde. Previamente, la comitiva que lo acompaña recorrerá varios pueblos del Txoriherri y Mungialdea. En la plaza del pueblo tendrán lugar los actos del recibimiento y homenaje popular por sus largos años de lucha y de firme resistencia en las cárceles españolas. Posteriormente, Medius se dirigirá a la *herriko* taberna de la localidad para retirar su propio retrato de la pared en la que ha estado hasta hoy.

Autor de la colocación de una bomba que explotó con veinticinco minutos de antelación en el generador de vapor de la central nuclear de Lemóniz el 17 de marzo de 1978 y que mató a dos obreros,[28] causó catorce heridos y mil millones de pesetas en pérdidas; responsable de un atraco a la empresa Altos Hornos de Vizcaya, en Sestao, de donde se llevó 115 millones de pesetas,[29] José Antonio Torre Altonaga[30] es recibido como un mártir en su pueblo natal, Munguía, en la *herriko* taberna local y por el periódico *Egin,* que le dedica una larga entrevista.

27. «Presoak Euskal Herrira», del servidor del grupo anarquista ainfos.ca.
28. Los trabajadores de la empresa Alberto Negro Viguera y Andrés Guerra Pereda.
29. El atraco lo realiza en colaboración con José Luis Cereceda y José Legarreta-Echeberría Gamboa. Sumario 126/78.
30. Histórico de ETA procedente de las juventudes del PNV, Torre Altonaga, *Medius* (Vizcaya), junto a César Izar de la Fuente (Álaba), Jesús Mari Zabarte (Guipúzcoa) y Javier Morrás (Navarra) fueron los primeros presos que formaron parte de las listas de HB para el Congreso español.

Detenido el 15 de diciembre de 1978, el terrorista pasó casi diecinueve años en la cárcel, pero al fin salió en libertad y es elevado a los altares mientras nadie se acuerda de sus víctimas, enterradas en muchos casos de forma vergonzante, a centenares de kilómetros de distancia, sin recibir el homenaje y el cariño de su pueblo.

Mantener la memoria de los matones de ETA cuya foto cuelga de la pared durante el tiempo en que permanecen entre rejas, recaudar dinero para enviarles a la cárcel, organizar viajes a las prisiones para visitarlos y homenajearlos a su vuelta son algunos de los objetivos de las *herriko* tabernas. Pero no son los únicos.

El viernes 16 de septiembre de 1983, a primeras horas de la mañana, en la inspección de guardia de la Policía Municipal de San Sebastián se recibió una extraña llamada. Un anónimo comunicante aseguraba haber visto a un hombre desnudo correteando por el monte Ulía.

El jefe de la policía local envió inmediatamente a la zona al coche patrulla SS-4699-C, marca Seat 1430, con una dotación de dos agentes uniformados para informar de lo ocurrido.

Al llegar al lugar, una zona poco concurrida a esas horas de la mañana, los agentes no descubrieron a ningún *stripper*. Lo que se encontraron fue a un individuo rubio, de unos veinticinco años, encapuchado, que les apuntaba con una pistola. Tras reducirlos, los obligó a subir a la cima del monte, donde esperaban otros tres individuos también armados.

Los cuatro pistoleros, que se identificaron como miembros de ETA, los obligaron a bajarse del coche, a desnudarse y entregarles su gorra y sus ropas y, finalmente, los amordazaron y ataron con sus mismas esposas al tronco de un árbol.

Media hora más tarde, en pleno corazón de San Sebastián, dos policías nacionales, miembros de una compañía de reserva llegados a la capital guipuzcoana quince días antes desde Valencia, patrullan a pie por el Boulevard tras abandonar el casco viejo. Los agentes forman parte del plan ZEN (Especial Zona Norte) y realizan su trabajo amparados por otras parejas de agentes que los siguen a doscientos o trescientos metros de distancia y protegidos a su vez por coches patrullas que controlan la zona en círculos y están preparados para cerrar en pocos segundos todo el perímetro.

En ese instante en que la pareja llega al Boulevard, el vehículo robado de la Policía Municipal se detiene a cien metros de distancia. Los falsos policías se acercan a la patrulla de la Policía Nacional, que no sospecha nada, y los saludan amablemente.

—¿Qué tal va el servicio?

—Pues ya ves, de patrulla. Deseando que transcurra el tiempo, pues dentro de quince días volveremos a Valencia con nuestras familias.

Una vez ganada su confianza, los etarras disfrazados de policías municipales desenfundan sus pistolas y vacían el cargador contra los dos agentes del Cuerpo Nacional de Policía, sin darles tiempo a defenderse ni tener en cuenta la masiva presencia de transeúntes en la zona, especialmente de señoras que a esa hora hacen sus compras.

Como consecuencia del tiroteo, el policía nacional Eduardo Navarro Cañada, nacido en Burjasot (Valencia), veintiocho años, casado y con un hijo, fallece en el acto. Su compañero, Clemente Medina Monreal, nacido en Helito (Cuenca), de la misma edad, y el civil Crescencio Martínez Lecumberri resultan heridos de bala. Alguna mujer, presa de un tremendo ataque de nervios, tiene que ser asistida también en la Residencia Sanitaria de San Sebastián.

Entretanto, los dos pistoleros de ETA se dirigen al coche policial, colocan la sirena y el lanzadestellos y huyen precipitadamente de la zona. Los policías nacionales que acaban de cortar las calles y montar una «operación jaula» en la parte baja de San Sebastián los dejan huir pensando que van tras los asesinos, e incluso alaban su valiente actitud.

Fuera ya de la zona de peligro, los terroristas se dirigen a la *herriko* taberna de Pasajes, se quitan los uniformes, se visten con sus ropas de paisano, piden un vino para quitarse el miedo de encima y se van con su cuadrilla a celebrar su «hazaña».[31]

---

31. Según cuenta el periodista José María Calleja en *Arriba Euskadi*, (Espasa, 2001), ese viernes se celebra en la *herriko* una fiesta de cumpleaños, a la que asistían niños nacionalistas y no nacionalistas.

La decisión de ETA de crear una serie de empresas en el País Vasco que sirvieran de tapadera para ocultar a militantes y como fuente de financiación empieza a germinar en la cabeza de sus dirigentes desde finales de los años setenta. Uno de los consultados es el responsable de finanzas de la banda armada en el interior, Antonio Elorza Gorosabel.

«En agosto de 1980 me llamó *Peixoto* [José Manuel Pagoaga Gallastegui]. Me preguntó por la posibilidad de crear empresas en toda España que permitiesen libertad de movimientos a los militantes de ETA. Le contesté que no lo veía viable. Si era descubierta por la policía, significaría una caída importante de gente y una pérdida económica grande», revela Elorza Gorosabel, detenido en 1982.[32]

La propuesta de Peixoto genera un amplio debate en el seno de la izquierda *abertzale*. «¿Si el PNV se financia por medio de los *batzokis* y el PSOE a través de las casas del pueblo, por qué nosotros no podemos hacerlo por medio de nuestras instituciones creando *arranos* y *herrikos*, al amparo de Herri Batasuna?», se plantea ETA.[33]

Nacen así las primeras *herriko* tabernas (tabernas populares), dependientes del comité local de Herri Batasuna, que designa a una o dos personas para su gestión. Las entidades se inscriben, en unos casos como entidades culturales, cooperativas, sociedades recreativas, o, sencillamente, como sociedades anónimas o limitadas.[34]

---

32. Diligencias 1 363/82 de la Audiencia Nacional.
33. Disco duro de ordenador intervenido en la entidad Banaka C:\Enrike\herrikok\ \herrikok\ Herrikos, un debate necesario.
34. Gorrondatxe Jantokía (Getxo), Basauri Elkartea, Irrintza (Bilbao), Herriko Kultura (Barakaldo), Sustraiak Herriko (Santurce), Hariztkandia (Muskiz), Erandiotarrak Kultur (Erandio), Kurkudi (Leioa), Zohardía (Bilbao), Branka (Bilbao), Herriko Cultura (Zalla), Herrio Taldea (Sodupe), Artagan Elkartea (Bilbao), Aitzgorri Elkartea (Vitoria), Parralekoak Elkartea (Vitoria), Txalaparta Elkartea (Bilbao), Toloñogorri Elkartea (Labastida), Belatxikieta (Amorebieta), Baserriko Elkartea (Elorrio), Intxaurre Elkartea (Durango), Arrano (Abadiño), Gure Aukera (Llodio), Galarrena (Lekeitio), Gernikako (Gernika), Uribarri (Bilbao), Mendieta (Sestao), Unkina (Usásolo), Gutzur Arretxa, Intxaurre Elkartea, Mikelats Elkartea (Sopelana), Mungiberri (Mungía), Narria (Portugalete), Legazpi Eginez Elkartea, Osinberde Elkartea, Herria Elkartea, Centro Aitzaga, Sustraiak (Santurce), Castet (Zaldíbar), Egin (Arrigorriaga).

Se distinguen del resto de los bares por el *arrano* (águila negra) que aparece en sus fachadas, las fotos de los terroristas colocadas en las paredes, el tablón de anuncios donde se da cuenta de las manifestaciones y actos convocados por HB para la semana, las huchas destinadas a recaudar dinero para Gestoras Pro Amnistía y las letras de la música que suena en los altavoces, destinadas a mantener el espíritu combatiente de los militantes *abertzales* y a fomentar el odio a España.

Aunque están abiertas al público, la dependencia de las *herriko* tabernas de ETA queda patente nada más estudiar algunos de los documentos incautados por la policía. «Hay que reservar las habitaciones de atrás y la segunda planta para Herri Batasuna. A estas zonas queda prohibida la entrada a toda persona que no pertenezca a la organización», señala la banda armada en un informe.

Las *herriko* tabernas se convierten así en el club social de los activistas de Ekin, HB, LAB, Egizan, Jarrai, Gestoras Pro Amnistía, en el punto de encuentro de militantes de diversas localidades, en lugar de depósito de diversos materiales de HB (cartelería, pasquines), y en el lugar al que acuden muchos empresarios que no saben cómo pagar el impuesto revolucionario. También, en numerosas ocasiones, han sido lugar de refugio de los pistoleros de ETA o el sitio desde donde se han planificado actividades terroristas.

Situada entre el casco viejo de Bilbao y el barrio de Santutxu, la calle Zabalbide es una vía llena de curvas y cuestas y recuerda la vieja estructura de la ciudad, cuando aún no había excavadoras ni motoniveladoras y las casas se adaptaban sin más a la orografía del paisaje.

En una de las curvas, en los bajos de un edificio, tras unos ventanales protegidos por cristales blindados y persianas de hierro forjado de tres centímetros de grosor, se encuentra la sede de HB de la zona.

A comienzos de los noventa, con la asistencia de la plana mayor del PNV, contrae matrimonio en la basílica de Begoña, en Bilbao, el hijo del consejero de Interior vasco, Juan María Atutxa, como ya se ha señalado. Ese día, desde la sede de la calle Zabalbide se siguen con interés los pormenores de la ceremonia.

Y no porque a los dirigentes de HB les interesaran especialmente los programas del corazón. En un descuido de las escoltas, un comando de ETA pretendía colocar un maletín con explosivos bajo el coche del padre del novio y hacerlo explotar mediante un mando a distancia en el momento en que éste se subiera al coche.

«La información para realizar el atentado nos la facilitó Gorri, un liberado de KAS que trabajaba en la sede de la calle Zabalbide y con el que nos encontrábamos en las *herriko* tabernas de Bilbao», relató uno de los presuntos autores del atentado, Joseba Koldo Martín Karpena.

La profesionalidad de sus escoltas, al no perder de vista ni un solo segundo el automóvil, salvó la vida ese día a Atutxa. El entonces consejero de Interior, elegido posteriormente presidente del Parlamento vasco, fue un hombre con suerte.

ETA trató de asesinarlo en siete ocasiones (en un mitin en Gernika, con una bomba-lapa en el Pasaje de Usansón, en Usasondo, entrando a tiro limpio en la casa de su madre en Artea, aprovechando una visita a la Feria Agrícola del pueblo, a la salida de la iglesia donde iba a misa e incluso ametrallando su coche en Lemona), pero afortunadamente los terroristas no lograron su propósito en ningún momento.

Las diferentes alternativas se planificaban en encuentros del comando con Gorri en las *herriko* tabernas de Bilbao. Posteriormente, el grupo terrorista ensayaba con minuciosidad sus atentados. Colocaban el Renault rojo robado, con su carga de amosal en doble fila en las calles de Usasondo para observar si llamaba mucho la atención, acudían a la localidad de Muxica a buscar un lugar apropiado[35] desde donde accionar el mando a distancia. Tras pasearse durante semanas por el País Vasco con una bomba rodante, fueron capturados sin conseguir sus propósitos. Las *herriko* tabernas sirvieron, además, de centro de operaciones para cometer otras muchas atrocidades. Veámoslo:

---

35. Los detalles eran tan precisos que el propio Atutxa mandó reconstruir alguno de ellos. Los ertzainas volaron un coche similar al suyo en una operación que costó seis millones de pesetas.

- En 1986, la Guardia Civil desarticula el comando legal armado «Olloki». En la *herriko* taberna de Villabona (Guipúzcoa) se incauta el armamento de los pistoleros: una metralleta Mat, dos pistolas Star, una pistola Browning, munición y manuales sobre armas y explosivos.[36]
- Los integrantes de un grupo dedicado a actividades de «lucha clandestina» planifican las acciones durante las reuniones que celebran en la *herriko* taberna de Ordizia (Guipúzcoa).[37]
- Los militantes de ETA José Luis Sebastián Martínez y José Manuel Sáez Alaña declaran haber diseñado un sistema para intervenir los teléfonos de policía, Guardia Civil y Ertzaintza. Las escuchas se graban para remitirlas a la dirección de ETA en Francia. El centro de escuchas está en la *herriko* taberna Marruma Eltartea de San Sebastián.[38]
- En el registro practicado en la *herriko* taberna Txalaka de Donostia se intervienen pastillas de clorato potásico, gasolina, aceite y otros objetos usados como proyectiles. Los detenidos reconocen que tanto en la *herriko* taberna Xalaka de San Sebastián como en la Zulo-Zahar de Intxaurrondo se ocultan y almacenan los materiales para fabricar artefactos explosivos destinados a la violencia callejera.[39]
- Aritz Múgica Elizalde y Aitor García Justo, integrantes de un *talde* de ETA, declaran que en los locales de las *herriko* tabernas Txalaka y Haritza de la capital donostiarra fabrican y ocultan los artefactos explosivos y almacenan los materiales para su fabricación.[40]
- Varios detenidos, acusados de participar en acciones de *kale borroka* elaboran sus artefactos incendiarios en el interior de la *herriko* taberna de la localidad de Ordizia (Guipúzcoa).[41]
- En un registro de la *herriko* taberna Izar Gorria de Portugalete (Vizcaya), tras la detención, entre otros, de los responsables de la misma, Ernesto Sánchez del Arco y Fernando Landá-

---

36. Diligencias previas 236/86 del Juzgado Central número 5 de la Audiencia Nacional.
37. Atestado de la unidad de información de San Sebastián, referencia 178/93.
38. Diligencias número 420 del 8 marzo de 1994 de la Policía Nacional.
39. Juzgado Central número 5 de la Audiencia Nacional. Diligencias Previas 137/95.
40. Diligencias número 3447, de 3 de mayo de 1995.
41. Atestados de la 513 Comandancia de la Guardia Civil, números 105/95 y 111/95.

buru Gómez, se localiza material dispuesto para realizar actos de violencia callejera.[42]

• Manifestación convocada por Herri Batasuna en Pamplona en la que se lanzan «cócteles molotov» contra la policía. Los autores de los hechos vandálicos se refugian en la *herriko* taberna Aitzina Kultur Elkartea de Pamplona (Navarra).[43]

• Registro a la *herriko* taberna Etxe Beltza, situada en la localidad navarra de Villaba. Se incautan dos pistolas simuladas, varias capuchas, cadenas y petardos de alta potencia. Son idénticos a los usados en varias acciones de *kale borroka* desarrolladas en la comarca.[44]

• Registro de la *herriko* taberna Marruma, situada en el barrio de Gros de San Sebastián, tras una denuncia de un vecino a la Ertzaintza en la que revela que varias personas que acaban de quemar un cajero se han ocultado allí. Se intervienen guantes de látex, máscaras y pasamontañas, cohetes pirotécnicos y lanzaderas para los mismos.[45]

• Declaración del etarra Asier Altuna Epelde el 19 de octubre de 2001: «Que en febrero de este año recibe una carta a su nombre en la barra del bar Zaleka, la *herriko* taberna de Azkoitia. Dentro encuentra una nota en la que se le pregunta si quiere formar parte de ETA y se le proporciona una cita en un pueblo de Francia, donde debía acudir.»

Registradas con diversos nombres, en el verano de 2002 existían en el País Vasco 141 *herriko* tabernas censadas, sesenta y cinco de las cuales se encuentran en la provincia de Guipúzcoa.[46]

---

42. Diligencias 527 de 18 de febrero de 1996 tramitadas por la Brigada de Información de Bilbao.

43. Diligencias número 15 265 de 6 de diciembre de 1996 de la Brigada de Información de Pamplona.

44. Diligencias previas 126/2000 del Juzgado Central número 1.

45. Diligencias previas 79/2000 del Juzgado Central de Instrucción número 3 de la Audiencia Nacional.

46. Las *herriko* tabernas de Guipúzcoa son las siguientes: Arrano Taberna, Herri Taberna, Ezkiaga Elkartea, Aizkora Elkartea, Arroaro Herri Etxea, Intxaurrondo Elkartea, Tartalo Elkartea, Aitzorrotz Elkartea (Escoriaza), Intxurre Elkartea (Alegría), Irumberri Elkartea (Andoain), Urbaltz Elkartea (Aretxabaleta), Irati Elkartea (Mondragón), Harortz Toki (Mondragón), Zipotza Elkartea (Astigarraga), Xakela Elkartea (Azkoitia), Orkatz Elkartea (Azpeitia), Arrano Kultur (Beasain), Artatse Elkartea (Bergara), Iratzar Elkartea (Villabona), Arrano Elkartea (Deba), Handikona Taberna (Deba), Aldabe Herriko Taberna (Deba-Éibar), Arrano Elkartea (Éibar), Kimetz Elkartea (Elgoibar), Irrintzi Elkartea (Eskoriatza), Harralde Elkartea (Getaria), Antxiska Elkartea (Hernani), Jarki Elkartea

Carentes de número de identificación fiscal, con sus empleados contratados en la mayoría de los casos sin darlos de alta en la Seguridad Social, la mayor parte de los centros recibían sustanciosas ayudas del Gobierno vasco y las diputaciones forales controladas por el PNV por las actividades «culturales y educativas» —el odio a España y la exaltación de la violencia— que desarrollaban.

Al tener centralizadas sus compras y no abonar el impuesto de sociedades ni hacer declaraciones de IVA a las haciendas forales, los beneficios medios anuales de la red de *herrikos* oscilaba entre los quinientos y ochocientos millones de pesetas, lo que les permitía financiar el diario *Egin* y pagar muchos de los gastos de Herri Batasuna en el País Vasco.

Su cierre por el juez Baltasar Garzón en julio de 2002 supuso un duro golpe a la trama financiera, política y terrorista de ETA. Ilegalizadas las gestoras de la muerte y desenmascarada por la acción de la justicia la trastienda de la banda armada, parte del entramado legal, la cara amable de los terroristas, quedaba herida de muerte.

(Hernani), Subegi Elkartea (Ibarra), Hazia Elkartea (Irún), Atturi Elkartea (Irún), Muara Elkartea (Irún), Xirimiri Elkartea (Lasarte), Ansoategui Elkartea (Lazkao), Eginez Elkartea (Legazpi), Lekanazpi Elkartea (Legazpi), Tinelu Elkartea (Lezo), Zubiza Elkartea (Motriko), Mollaberri Elkartea (Motriko), Esait Kirole (Oyarzun), Giritzia Elkartea (Oyarzun), Gorgomendi Taberna (Oñate), Irriki Elkartea (Ordizia), Landare Elkartea (Rentería), Basai Elkartea (Pasajes Antxo), Antxeta Elkartea (Pasajes de San Pedro), Marruma Elkartea (San Sebastián), Uliazpi Elkartea (San Sebastián), Herri Berri (San Sebastián), Zulo Zahar Elkartea (Intxaurrondo, San Sebastián), Txalaka Elikartea (Altza, San Sebastián), Ilunbe Elikartea (Amara, San Sebastián), Haritza Elkartea (Amara, San Sebastián), Antiguotarrak (El Antiguo, San Sebastián), Hontza Elkartea (Loyola, San Sebastián), Elorri Elkartea (Segura), Arrano Taberna (Soraluce), Intxurre Elkartea (Tolosa), Trin-txerpe Elkartea (Pasajes), Aldiri Elkaertea (Urretzu), Aitzaga Elkartea (Usurbil), Osinberde Elkartea (Zaldibia), Arrano Elkartea (Zarautz), Impernupe Elkartea (Zumaya) y Amalur Elkartea (Zumárraga).

CAPÍTULO XV
Territorio comanche

Durante 34 años de asesinatos continuados, la banda terrorista ETA ha tejido una sarta de mentiras, embustes y patrañas de todo género para justificar el «exterminio» de los que consideraba sus enemigos y crearse una aureola de valientes *gudaris* libertadores del pueblo. Decenas de policías municipales fueron ultimados como colaboradores de las FOP cuando en realidad el único motivo era su condición de españoles. Muchos bares son dinamitados porque no les gusta la clientela o están al lado del Gobierno Civil «y son una continuación de éste». A los empresarios se los asesina por «reírse de ETA» al no pagar el impuesto revolucionario, «por tener unos terrenos en la Ribera de Navarra» o por «llevar pistola», lo que los convierte automáticamente en fascistas. Atentan contra el jefe del Cuarto Militar del Rey, general Valenzuela, porque se dedica a «enseñar a torturar en las tres academias militares», y la muerte del periodista José María Portell la justifican porque con su lenguaje «llano» les quita militantes. Convertido el País Vasco en su territorio comanche, en su reserva particular, alcaldes, concejales que han intentado disputarle la hegemonía en municipios que consideraban suyos han sufrido también sus iras.

El general Tirso de Olazábal y Arbelaiz, jefe de armamento del ejército carlista y representante de don Carlos VII, ordenó a sus tropas poner sitio a la ciudad de Irún, que se había erigido del lado de los liberales y de la reina regente, Isabel II.

Transcurría el año de 1872. El ejército carlista rodeó la villa, tomó con fuerzas de refresco los lugares estratégicos que permitían las entradas y salidas de aquélla y emplazó todas las piezas de artillería en las cotas más elevadas del terreno, desde las que resultaba más fácil hacer puntería. Cuando todo estaba dispuesto para el asalto, el general Olazábal pasó revista a las fuerzas y, luego, dirigiéndose al puesto de artillería más avanzado, ordenó:

—Prepárense todos para abrir fuego a mis órdenes. Pero, antes, disparen contra aquella casa hasta destruirla completamente.

—¡Pero, mi general! Si aquélla es su casa —le contestó un artillero, incrédulo.

—Soldado, no cuestione mis órdenes. Abra fuego, ¡inmediatamente! —le cortó el militar.

Sin dar crédito a lo que oía, el artillero se aprestó a cumplir las órdenes. De esta manera, el caserón donde había nacido el general Tirso de Olazábal, ocupado entonces por el alcalde liberal de la villa, su primo Juan José Olazábal Arteaga, casado a su vez con una prima de ambos, Carolina Menórquez de Olazábal, carlista, hija del general Menórquez, jefe del Estado Mayor en la segunda guerra carlista del pretendiente a la Corona de España, Carlos VII, y de la infanta Margarita, padrinos ambos de nacimiento de Carolina Menórquez, quedó destruido veinte minutos más tarde.

Cumplido el primer objetivo, la guerra continuó su rumbo hasta la toma de la villa de Irún. Desde entonces y hasta el Pacto de Lizarra, firmado por el PNV y ETA en 1998, dos de las ramas de la familia Olazábal, la carlista y la liberal, no se habían vuelto a hablar, según relata a los autores Carlos Olazábal, portavoz del Partido Popular en las Juntas Generales de Vizcaya y bisnieto del general carlista.

Ciento treinta años después, la geografía política del País Vasco reproduce con mayor o menor similitud el mapa de entonces: las grandes ciudades como Irún, Bilbao, San Sebastián, Vitoria y la margen izquierda de la ría votan a favor de los partidos constitucionalistas, y los viejos feudos del carlismo montaraz e irredento han caído bajo el control absoluto de nacionalistas y Herri Batasuna, que han establecido en ellos sus feudos, su territorio comanche.

En 1883, V. Gresac describía así la segunda guerra carlista:

> En aquel país se discurre poco; allí se obedece. Todas o casi todas las personas que ejercen autoridad son carlistas, por convicción o acomodo. Por consiguiente, de mayor a menor, hay un encadenamiento de obediencias que llegan desde la junta foral hasta el más modesto hijo de familia. [...] El paisano tiene el arma o su sitio marcado para recogerla, está en su casa y en su campo. Recibe la orden, la obedece, perma-

nece dos, tres días, una semana en campaña, entre camaradas. [En ese período] entra y sale de los pueblos en completa franqueza, sube a los riscos que le son familiares, cambia una docena de tiros con la tropa, abandona su posición porque no le interesa conservarla, se dispersa si se lo mandan o si le obligan, para volverse a unir al mismo sitio que ha abandonado o cualquier convenido de antemano. Y, salvo en el caso de que le alcance un balazo o una cuchillada, se va tranquilo a su casa, que abandonará si se aproxima el enemigo o alternará impasible con él si no tiene orden de escapar.[1]

Salvando las distancias, pocas cosas parecen haber evolucionado. Los pistoleros de hoy, como los carlistas de hace decenas de años, son igual de fanáticos, pendencieros y traicioneros. Asesinan a sus adversarios, no porque estén convencidos de derrotarlos, sino para imponer una negociación política desde una posición de fuerza. Y usando las nuevas técnicas revolucionarias del siglo XX, combinan el terrorismo con la acción de masas, para liberar una serie de zonas y crear sus espacios liberados, sus zonas de influencia o territorio comanche.

Así, en las elecciones municipales de 1995, la formación *abertzale* fue la única fuerza política que se presentó en once localidades del País Vasco y Navarra. Ocho de ellas se encuentran en Guipúzcoa (Orexa,[2] Lizartza, Elduain, Belauntza, Aizarnazábal, Zaldibia, Leaburu e Itsasondo) y las otras tres pertenecen a la Comunidad Foral de Navarra: Olasti, Ziordi y Gioizueta.

Como se ha expuesto en otros capítulos, Batasuna gobierna además en solitario en otros treinta y seis municipios vascos, entre ellos Tolosa, Hernani, Llodio, Mondragón o Pasajes, que intentan convertirlos en laboratorios terroristas donde experimentar sus formas de lucha, y comparte el poder con Eusko Alkartasuna y PNV en una docena más.

La única diferencia entre finales del siglo XIX y el año 2002, en contra del tópico habitual, es que en el País Vasco no existen dos comunidades cultural, económica y políticamente enfrenta-

---

1. V. Gresac, *La pacificación de las provincias vascongadas*, Imprenta de José María Pérez (Corredera Baja, 27), Madrid, 1873.
2. En Orexa, con 78 habitantes, HB tiene su mayor poder: el 74 % del censo.

das entre sí. Hay sólo una comunidad, la nacionalista, organizada, estructurada, con su policía, sus leyes étnicas y sus normas, que controla la administración, las finanzas, la industria y es dueña de los caseríos.

Y es que al margen de sus diferencias tácticas y estratégicas, de los ritmos y plazos, tanto el PNV como Batasuna anteponen a sus querellas internas la obsesión compartida por crear una nación soberana y euskaldún; se necesitan mutuamente para crear la masa crítica que haga irrespirable la permanencia a los representantes de los partidos constitucionalistas en el País Vasco, y están condenados a entenderse y a defenderse mutuamente.

Por eso, al igual que los viejos aristócratas ingleses que se dedicaban a la caza del zorro necesitaban un sirviente o mayordomo para que les adiestrara los perros y los enseñara a correr y a morder, el PNV precisa los servicios del abertzalismo radical (Batasuna) para que haga de lacayo, azuce a los pistoleros de la banda armada en contra de los demócratas, los mantenga a raya a tiro limpio e impida que la endeble hegemonía en el País Vasco de los nietos de Sabino Arana pueda ser puesta en peligro por el veredicto de las urnas.

De ahí que ETA, dispuesta a ampliar su presencia en zonas como Rentería, Irún o Lasarte, gobernadas desde hace años por el PSOE pero con un fuerte componente *abertzale* entre sus habitantes, haya amenazado reiteradamente a sus concejales, convirtiéndolos en objetivos de sus fanatizados grupos de choque.

La localidad de Rentería, un núcleo de casas-dormitorio, superpoblado por personas mayoritariamente llegadas de Extremadura y Andalucía durante los años del desarrollismo franquista, situado a pocos kilómetros de San Sebastián, se convirtió a comienzos de la década de los ochenta en el laboratorio revolucionario de ETA.

Feudo de HB, Rentería fue el primer municipio vasco en expulsar a la Guardia Civil de su cuartel tradicional, donde ese mismo día se brindó con champán y se izó la *ikurriña* en el mástil, y allí se inició la llamada «guerra de las banderas» en el verano de 1983.[3]

En las elecciones municipales de ese año, las tornas cambian. El socialista José María Gurrutxaga, licenciado en Ciencias Políticas, treinta y seis años, se hace con el control del ayuntamiento. Batasuna no acepta el cambio y el día en que sustituye en la alcaldía a su antecesor, el *abertzale* Sabín Olaizola, varios miembros del colectivo radical le reciben con una lluvia de huevos.

La situación empeora durante las fiestas municipales. Varios concejales se niegan a que se ice la bandera de España y, ante la negativa del alcalde, intentan agredirle con palos y piedras. La presencia de numerosos policías de paisano entre el público impidió que le lincharan materialmente.

El odio de los radicales hacia el regidor alcanza su momento culminante el 21 de diciembre de 1993. Ese día, Gurrutxaga está trabajando en su despacho de la Casa del Pueblo, en la calle Morronguilleta de Rentería. Sobre las diez de la noche, un grupo de cincuenta personas encapuchadas, armadas con cadenas y barras de hierro, asaltan el local, rompen la puerta del despacho del primer edil y le dan una paliza de muerte.[4]

Acompañado de sus escoltas y protegido por algunos militantes de UGT que se encuentran en esos momentos en la sede, José María Gurrutxaga tiene que escapar calle abajo, hasta refugiarse en la casa de un concejal de su partido. «Aunque no dejábamos de gritar pidiendo auxilio, nadie movió un dedo a mi favor», recuerda el alcalde.[5]

Cuando le preguntan a Batasuna por la criminal acción que pudo costarle la vida al alcalde, sus dirigentes responden: «Está claro que la impopularidad de Gurrutxaga era notoria.» La supuesta impopularidad constituía, en opinión de los exaltados, razón suficiente para matarle a palos.

---

3. Una «guerra» no a favor de la *ikurriña* que ondeaba desde años en todas las instituciones, sino en negarse a colocar la bandera española junto a la bicrucífera, movimiento que se extendió a otros municipios y ayuntamientos de todo el País Vasco.

4. Según el parte médico, recibió una herida inciso nasal, traumatismo en la muñeca derecha y contusiones en las costillas y en el abdomen.

5. *El País*, 23 de diciembre de 1983.

El 11 de julio de 1983, los periódicos madrileños informan del último viaje del *lehendakari* Carlos Garaikoetxea a Venezuela. Allí, ante el monumento de Simón Bolívar, donde deposita un ramo de flores, se le recibe con el *Gora ta Gora*. «Para evitar incidentes se ha recomendado al embajador español, José Antonio Acebal, que no asista a los actos», afirma el vespertino *Pueblo*.

Ese día, en Irún, a más de diez mil kilómetros de distancia, más de dos mil personas se han concentrado frente al ayuntamiento para impedir que Alberto Buen Lacambra, que encabeza la lista más votada en las últimas elecciones, se haga con el control de la alcaldía.

Los representantes socialistas son recibidos en las puertas de la casa consistorial a pedrada limpia, con abucheos y gritos de *«Gora ETA»* y «Con el PSOE se tortura como en la dictadura». Una vez en el salón de actos, PNV y HB deciden ausentarse del pleno, y el resto de los concejales presentes someten las distintas candidaturas a la Alcaldía a votación. Pero el recuento no llega a realizarse. En el momento en que parece claro que Buen Lacambra va a resultar el ganador, un dirigente de HB le arrebata la urna a los reunidos y la lanza por la ventana.[6]

El futuro alcalde, Lacambra, es abucheado con gritos de «Fuera españolista» y «Fuera *maketos*». Por último, numerosas personas gritan la terrorífica consigna de *«ETA, mátalo»*, la última y más civilizada forma de resolver los problemas por parte del nacionalismo *abertzale* cuando el resto de sus métodos coactivos han fallado.

Desde que mataron al primer teniente de alcalde del ayuntamiento, el socialista Froilán Elespe, el 20 de marzo de 2001, Ana Urchueguía, la alcaldesa de Lasarte, vive dentro de un búnker.

Una empresa de seguridad ha acorazado las puertas de su

---

6. Las elecciones habían sido muy discutidas y habían tenido que repetirse por decisión de la Audiencia Territorial de Pamplona al estimar que había existido «tongo», lo que permitió que en la «primera vuelta» ganara un nacionalista.

casa y de su despacho, han blindado los cristales del ayuntamiento y cuenta con protección policial las veinticuatro horas del día, tanto en su domicilio como en los accesos al ayuntamiento y en la entrada de su despacho, en la primera planta del edificio consistorial.

Desde entonces, las estrictas medidas de seguridad a que está sometida le impiden acudir dos veces al mismo supermercado, al mismo cine o pasear tranquilamente por el pueblo y charlar con los vecinos. Ha tenido que cambiar incluso de médico, de peluquera, de farmacia y hasta para divertirse y pasar un rato agradable con sus amigas se va a Irún, a Bilbao o a San Sebastián, lugares donde puede pasar algo más desapercibida a los *borrokas* de ETA.

Y es que los terroristas callejeros no asumen que en una población con 18 242 habitantes como Lasarte, rodeada por municipios bajo control absoluto de Batasuna, el PSOE pueda gobernar holgadamente con nueve concejales mientras el nacionalismo radical sólo tiene cuatro ediles.

En consecuencia, tras las elecciones del 13 de junio de 1999 comienzan sistemáticamente a amargarle la vida, y no hay un solo mes en que no reciba media docena de amenazas telefónicas o por escrito.

Separada y con dos hijos, Urchueguía, premiada por el Foro de Ermua por su coraje y valentía, resiste como puede y tiene que enfrentarse incluso a su propia familia que, cada vez que ocurre algún incidente, se planta en el consistorio a pedirle que renuncie a su cargo y se marche a vivir fuera del País Vasco.

Ocurrió así, por ejemplo, el 23 de junio de 2000. Aquel domingo se juega la final del 35 torneo interpueblos de pelota vasca en el frontón Atano III de San Sebastián, con capacidad para tres mil personas, situado a escasos centenares de metros del estadio de Anoeta.

Por primera vez en los treinta y cinco años de existencia del torneo, no se enfrentan los equipos tradicionales de Zestona, Regil, Azpeitia o Azkoitia, zonas profundamente euskaldunes. Los rivales son en esta ocasión los equipos de Hernani y Lasarte, una población de *maketos,* algo que los nacionalistas no pueden tolerar.

Decididos a impedir a cualquier precio que el campeonato del deporte vasco por antonomasia fuera a parar a «gente de fuera», dos mil *abertzales* se concentraron esa mañana en la cancha. Tras colocar una pancarta que ponía «Urchueguía, fascista» debajo del palco de la alcaldesa, el momento de la entrega de trofeos se convirtió en un motín contra ella.

Un grupo numeroso de violentos, muchos de los cuales tenían a sus hermanos o hijos en la cárcel por haber asesinado a personas inocentes, en un ejercicio de hipocresía y fanatismo, volvieron la oración por pasiva y comenzaron a gritarle:

—¡Urchueguía, asesina! ¡Urchueguía, fascista y asesina!

Fue algo atronador, tremendo. Sola ante las fieras, como en los circos romanos, sin un policía municipal ni un ertzaina que la protegiera, ese día revivió el mismo miedo que sintió cuando asesinaron a Elespe. Y se prometió que nunca más acudiría a un acto similar si no le aseguraban previamente que se habían tomado las medidas policiales oportunas que le garantizaran su integridad física.

«Un país donde se da una situación tan absurda como descabellada de tener que ir con chaleco antibalas y ocho policías municipales armados a repartir rosas rojas al mercado durante la campaña electoral de las municipales de 1999 no es un país sano y, mucho menos, agradable. Tirar la toalla y permitir que los bárbaros se apoderen de Lasarte y lo conviertan en parte de su "territorio comanche" es bastante peor», asegura a los autores.

La dictadura radical a pequeña escala no permite siquiera que los abanderados de los mismos principios nacionalistas usurpen lo que consideran terreno conquistado. La jauría pro etarra ha atacado por ello en contadas ocasiones a representantes de EA y PNV cuando las urnas los ha despojado de sus poltronas.

El miércoles 19 de noviembre de 1996, por la mañana, José Antonio Rekondo, alcalde de la localidad de Hernani (Guipúzcoa) por Eusko Alkartasuna, se encontraba en su despacho del consistorio municipal resolviendo los problemas del pueblo.

La tranquilidad en el municipio era total y nada presagiaba lo que iba a ocurrir. De pronto, sobre las 10.15, alrededor de cincuenta personas, en su mayoría encapuchadas, tomaron al asalto el ayuntamiento y subieron enfurecidas hasta el primer piso.

Allí, al grito de «*Rekondo, entzun, pim, pam, pum*» (Rekondo, escucha, pim, pam, pum), los terroristas urbanos intentan echar la puerta de la alcaldía abajo y linchar a la primera autoridad municipal. La rápida intervención de la Policía impidió que los grupos civiles de choque agredieran al regidor.

El único «delito» del alcalde había sido arrebatar en 1991 la alcaldía, un feudo tradicional de Herri Batasuna, a la trama civil de ETA e impedir que éstos se perpetuaran eternamente en el municipio, como pretendían. El desencadenante inmediato del asalto a su despacho aquel día había sido la detención, la madrugada anterior, de cinco miembros de Jarrai, acusados de más de sesenta atentados terroristas.[7]

Casado y con tres hijos, Rekondo es un nacionalista de toda la vida, de costumbres muy apegadas a la tierra. Como buen vasco, le gusta la buena mesa, el *txakoli*, la sidra, la música vasca, también la lectura de libros de historia, el *footing* y el ajedrez.

A pesar de su arraigo personal y familiar, a partir del día en que fue elegido primer edil fueron muchos en el pueblo los que juraron venganza eterna y sentenciaron que antes de seis meses tendría que dimitir, guardar cama en un hospital o acudir a su despacho en silla de ruedas.

Dicho y hecho. No había pasado una semana de su nombramiento cuando un grupo de mozalbetes se acercó a su vivienda, situada en las afueras del pueblo, a insultarle. De ahí pasaron a las agresiones. Un día le abrieron la cabeza con una piedra, otro le zarandearon en público, hasta que el 20 de noviembre intentaron lincharle sin más.

Y es que Hernani había sido durante muchos años «terreno conquistado» de ETA. En el pueblo viven varios dirigentes de la

---

7. Los detenidos fueron Asier Eceiza Ayerra, Alejandro Perera Arizkun, Zigor Izaguirre Otaegi y los menores E. K. C. I. y U. G. M. Se les atribuía la quema de autobuses, camiones, coches particulares y oficiales, ataques a tres vagones de Renfe, a las sedes del PSOE y EA de Hernani y quemas de cajeros automáticos.

Mesa Nacional de Herri Batasuna, allí estaba la sede de Jarrai, las instalaciones del diario *Egin*, la emisora Egin Irratia de Guipúzcoa, la base de Gestoras Pro Amnistía. Su *herriko* taberna —la más combativa de la comarca— había servido de refugio muchas veces, según sospechas policiales, a los comandos de ETA acosados por las Fuerzas de Seguridad del Estado.

Por eso, nadie osa entrar en aquel antro. Una vez lo hizo el único concejal del Partido Popular del pueblo. Pidió una cerveza y al levantar la cabeza para sorber el primer trago se encontró con su fotografía metida en una diana y colgada en la pared. No volvió por allí, ni siquiera a tomar posesión de su cargo.

El control del poder institucional por medio de la alcaldía y algunos mandos de la Policía Municipal permitía a los auxiliares de los pistoleros que nadie ajeno al municipio pusiera en riesgo las estructuras políticas de ETA y movilizar a centenares de personas en caso de redadas policiales. Enfrentarse día a día a esa peligrosa jauría, acosarlos en lo que ellos consideran su búnker inexpugnable, le costó a Rekondo algo más de un dolor de cabeza e incluso que, con sólo treinta y siete años, el pelo se le haya vuelto blanco.[8]

Militante del PNV y concejal del Ayuntamiento de Oyarzun, Nemesio Velasco fue el cuarto edil del municipio obligado a dimitir de su cargo en el año 1996.

Previamente, dos concejales de Eusko Alkartasuna, José María Mitxelena y el músico del grupo Egan Xanet Arozena, habían abandonado el consistorio en marzo y agosto de ese año, respectivamente.

Mitxelena lo hizo por temor a que le mataran. Había soportado las pintadas en su domicilio, pero cuando le dejaron un gato negro muerto junto a la puerta de su casa ya no pudo aguantar y se fue. Recordaba que las dos personas a las que los radicales habían dado un aviso similar murieron asesinadas.

---

8. Rekondo es autor de *Bietan jarrai (Guerra y paz en las calles de Euskadi),* uno de los análisis más lucidos del entorno de ETA, Aranalde, 1998.

Luego la tomaron con un concejal del PNV, farmacéutico, al que amenazaron con pintadas en la fachada de su establecimiento y lanzando cócteles molotov contra el balcón de su casa. El farmacéutico optó por abandonar el cargo y marcharse también.

Al último de la lista, a Nemesio Velasco, le asaltaron el 21 de noviembre de 1996 su establecimiento de hostelería y le lanzaron varios cócteles molotov contra el equipo informático y el mobiliario, destrozándolo.

Desde que ETA asesinó a su alcalde en 1975 y se hizo con el control de su ayuntamiento, este pueblo de 8 731 habitantes es «zona nacionalista *abertzale*». Cada grupo tiene su zona, sus bares, y a nadie que no sea de la izquierda radical se le ocurre cruzar la frontera imaginaria e internarse en terreno enemigo, y mucho menos entrar en los bares que «no son de ellos».

Es una provocación como la de pretender enmendarle la plana a Herri Batasuna en el consistorio. Los que lo intentan, como Nemesio Velasco, Xanet Arozena o José María Mitxelena, acaban pidiendo la «baja» y marchándose, al igual que le ocurrió al alcalde de Bilbao el día en que se le ocurrió adentrarse en el casco viejo, el territorio tradicional de la *kale borroka*.

El 26 de agosto de 1983, las lluvias torrenciales asolan el País Vasco con un saldo de 36 muertos (muchos más sin la intervención altruista de la Guardia Civil), miles de millones en pérdidas, infraestructuras destrozadas y más de 50 000 trabajadores con las fábricas paralizadas. Aquel caos histórico dejó barrios enteros sin luz, agua ni teléfonos, y hubo que reconstruir muchas cosas[9] o empezar desde la nada.

Cien días después de la riada, el 9 de diciembre, el alcalde de Bilbao, José Luis Robles, acude al casco viejo de la ciudad a inaugurar las obras de restauración y mejora realizadas por el ayuntamiento.

Acompañado de varios miembros del consistorio municipal y protegido por la policía urbana, los ediles recorren tranquila-

---

9. Como no había luz en ningún otro punto salvo en el Gobierno Civil, Garaikoetxea tuvo que entrar por primera vez en este edificio a dirigir la evacuación de las zonas en peligro.

mente las Siete Calles, hasta que un grupo de radicales les sale al encuentro con ánimo de cortarles el paso y expulsarlos de la zona.

Decidido a mantener la autoridad que le han conferido las urnas y a no dejarse atemorizar por la turba de batasunos, el alcalde sigue avanzando con paso firme. Hasta que una lluvia de piedras, palos, adoquines y todo tipo de objetos susceptibles de ser lanzados cae sobre la comitiva y una de las pedradas alcanza a José Luis Robles en un ojo y está a punto de dejarle tuerto de por vida.

Al día siguiente, todos los medios de comunicación condenan el bárbaro acto y a sus instigadores, los dirigentes de Herri Batasuna de la provincia. «Lo que pasó era de esperar. Es que se empeñó en entrar en el casco viejo», se justificaron los miembros del partido *abertzale,* como si la parte histórica de la ciudad les perteneciera.

Durante la década de los sesenta, la casa sacerdotal de Gaztelu, regentada por el párroco Lucas Dorronsoro, fue una de las principales madrigueras de ETA, como se ha contado.

Por allí pasaron José Luis Zalbide, Ángel Etxaniz, Xabier Larrañaga, Teo Uriarte y otros miembros de ETA. «Nos recogían en Tolosa, nos ponían una venda en los ojos y nos trasladaban de noche en moto hasta el escondite, donde permanecíamos ocultos hasta que pasara el peligro. Las medidas de seguridad eran tan estrictas que, teóricamente, ninguno de nosotros supimos que nos encontrábamos en Gaztelu. Años más tarde, al hablar con personas que pasaron por aquel sitio, todos recordábamos un almanaque que había en una pared con la foto de la iglesia», recuerda Teo Uriarte, secretario de la Fundación para la Libertad.

La influencia del cura Dorronsoro, el aislamiento del pueblo del resto de la comarca, tal vez haya marcado a sus 144 habitantes, que desde los albores de la democracia han votado sistemáticamente a Herri Batasuna hasta fechas recientes.

El Partido Popular, que obtiene una y otra vez once votos en las elecciones generales, lleva años intentando averiguar quiénes son las personas que depositan su confianza en ellos para montar una pequeña gestora. Por fin, en los últimos comicios, al obtener una papeleta de menos pudo averiguar el nombre de uno de ellos: el de la única mujer fallecida en los cuatro últimos años.

En la última consulta popular municipal, sin embargo, por primera vez la formación *abertzale* fue derrotada a favor del PNV, que se hizo con el poder en la alcaldía por medio de Gazteluko Auzotarrak (Vecinos de Gaztelu), una candidatura aparentemente independiente.

—Esto lo vais a pagar caro —amenazó entonces el portavoz de Batasuna, Arnaldo Otegui, a los dirigentes nacionalistas.

Y lo pagaron. A comienzos del verano de 2002, tras un pleno para debatir asuntos de urbanismo en el que fue derrotada una propuesta de HB, la concejal Rosa Gabirondo Arrate fue agredida físicamente por Antonio Goikoetxea y el concejal de HB Joxé Gabirondo Arrate por oponerse a los planes de la formación *abertzale*.

Los agresores, Goikoetxea y Gabirondo, además de militantes de Batasuna eran el hijo y el hermano de la víctima. «Los agresores tratan de acallar la voz y la palabra de los vecinos de Gaztelu usando la violencia contra sus propios familiares», dice el PNV. También considera responsable de los hechos a la propia dirección de Batasuna, que «sistemáticamente hace de la amenaza, la coacción permanente y la agresión física su norma de funcionamiento habitual».

Sus padres tenían un caserío en el municipio de Altzo (Guipúzcoa), con estructura de madera, el caserío Artetxe, catalogado como edificio a proteger por el Gobierno vasco.

En la noche del sábado 9 de octubre de 1999, a las once y media de la noche, un grupo de jóvenes radicales encapuchados rodearon la casa, rompieron los cristales con piedras y le prendieron fuego por los cuatro costados sin advertir previamente de su acción a las tres personas que se hallaban dentro.

Pilar Zubiarrain, abogada y ex concejal de este ayuntamiento de 313 habitantes incrustado en la Euskadi profunda y controlado por Herri Batasuna, pagaba muy cara así su «osadía» de desafiar las decisiones de los ayuntamientos limítrofes de Belaunza y Orexa, también en manos de los radicales, y el «atrevimiento» de llevar a los consistorios ante los tribunales judiciales.

Y es que en territorio comanche nadie osa cuestionar la autoridad de los jefes locales de la trama civil de ETA con «patente de corso para aplicar prácticas dictatoriales en nombre de la izquierda *abertzale* y saltarse a la torera las leyes», según un comunicado hecho público por el PNV en el año 2001.

No satisfechos con su acción, meses más tarde incendiaban el despacho del colectivo de abogados Usturre, situado en la calle Kondego Aldapa de Tolosa, en el que trabajaban el ex alcalde de Asteasu, Iñaki Amenábar, la parlamentaria del PNV Bakartxo Tejería, la mujer de un ertzaina y la ex concejal de Altzo Pilar Zubiarrain.

Los motivos volvían a ser los mismos: impedir que los alcaldes y concejales radicales de la comarca de Tolosa tuvieran que dar cuenta ante los tribunales de los desafueros urbanísticos y de las atrocidades paisajísticas que cometían como vías de financiación ilegal del conglomerado de Herri Batasuna.

«Tras quemarme la casa, el coche y el despacho y dejarme en la calle y sin un duro, ya, como no sea matarme, poca cosa más pueden hacerme», se lamentaba Zubiarrain a la prensa.

Y es que los municipios de Altzo, Gaztelu, Orexa, Belaunza, Ibarra, Berobi y Lizarza constituyen un mundo aparte, un gueto aislado donde ni siquiera la Ertzaintza se atreve a entrar en determinadas ocasiones y donde los partidos constitucionalistas no han tenido nunca representación municipal.

«¡Como en el resto de Euskadi saquemos tantos votos como en tu pueblo, Orexa!», suelen bromear los dirigentes del PP con Jaime Mayor Oreja, el único municipio junto con Atxaga donde los populares jamás han obtenido un solo voto.

La reconquista del País Vasco por los partidarios de José María Aznar ha situado a todos sus alcaldes y concejales, muchos de ellos jóvenes de menos de veinte años, en el punto de mira de quienes pretenden que las provincias de Guipúzcoa, Álava y Vizcaya sean un territorio exclusivo de los vascos separatistas y excluyentes. Sus historias, como la de los socialistas, están llenas de pequeñas y grandes heroicidades.

Pedro Gandasegui Barrena, cincuenta años, empleado del Banco Hispano, tuvo que pedir la jubilación anticipada en su empresa tras sufrir un infarto de miocardio y existir un serio riesgo de que el problema volviera a repetirse.

El 13 de mayo de 1999 se presentó a las elecciones municipales por el PP en la localidad de Pasajes de San Juan y, junto con su compañero de partido Guillermo Sánchez-Berra, obtuvo su acta de concejal.

Veinte días después se constituye la corporación, con mayoría de HB, y Gandasegui acude al pleno acompañado de su guardaespaldas. Cuando llega al edificio municipal, dos centenares de miembros de Herri Batasuna están esperándole a la entrada para propinarle una paliza.

Al acabar la reunión, el número de violentos ha aumentado y el ambiente está todavía más caldeado. Así que la decisión del alcalde Juan Carlos Alduntzun, en lugar de llamar a la Ertzaintza y pedirle que disolviera a los congregados, fue la siguiente:

—Pedro, creo que lo mejor para todos es que abandones el edificio por la azotea.

—¡Por la azotea! ¿Y cómo salgo yo por la azotea?

—No te preocupes. Todo está estudiado.

Con ayuda del regidor, que se encargó de buscar las llaves y abrir una trampilla, y de la Policía Municipal, el día de su toma de posesión, Pedro Gandasegui tuvo que salir del ayuntamiento cruzando los tejados del vecindario y entrando como un delincuente al restaurante El Camara, desde donde ganó la calle y pudo regresar tranquilamente a casa.

—¡Hijos de puta, esto va a ser un infierno para vosotros!

Íñigo Arcauz Azkargorta, estudiante de Derecho, diecinueve años, y Eulogio Pérez Garay, de treinta y tres, acababan de llegar al municipio de Elgóibar (Guipúzcoa) —11 359 habitantes— a tomar posesión como concejales del Partido Popular, y la que se les vino encima fue de órdago.

Era el 3 de julio de 1999, a la una de la tarde. Alrededor de treinta miembros de Euskal Herritarrok los estaban esperando en la plaza del pueblo con una pancarta que ponía «Arcauz y Pérez, carceleros».

Tras insultarles durante un buen rato y repartir entre los vecinos centenares de pasquines con sus fotografías en las que se los llamaba «fascistas» y «carceleros», les permitieron subir al salón de plenos. Allí volvieron a dedicarles los epítetos más gruesos del diccionario de tacos del premio Nobel de Literatura Camilo José Cela y, sin que el alcalde hiciera nada para impedirlo, se colocaron frente a ellos en la zona reservada para los ediles, sosteniendo la pancarta.

Íñigo Arcauz se quejó al alcalde y pidió que se los expulsara de la sala al estar alterando el normal desarrollo de la sesión. En pleno Pacto de Lizarra, el futuro presidente del municipio, el peneuvista Guillermo Gárate, no estaba dispuesto a promover un incidente con sus socios de coalición.

«Fue muy duro. Cuando se nos llamó a votar y tuvimos que pasar frente al grupo de alborotadores nos escupieron, nos echaron monedas al suelo y sembraron el salón de actos con pasquines en los que nos insultaban», recuerda Arcauz.

Lo más insólito fue que, al lado de los ediles del PP, se hallaba sentado el dirigente de ETA José Luis Ansola Larrañaga, *Pello el Viejo,* presentado por Euskal Herritarrok como número cuatro de sus listas para poder sacarlo de la cárcel. Nadie protestó porque un supuesto asesino ocupara uno de los escaños de un pueblo donde años antes se había asesinado a su alcalde, el dirigente de UCD Jaime Arrese Arizmendirrieta.

Y es que cuando es el partido de Xabier Arzalluz o de Begoña Errazti el que ostenta el bastón de mando, el abandono, la deslealtad y el echarles a los pies de los caballos a los constitucionalistas constituye el pan nuestro de cada día. Antes nacionalista que demócrata, reza su particular credo, profuso de bochornosos ejemplos.

Antigua presidenta de Nuevas Generaciones de Guipúzcoa y parlamentaria autonómica, Arantza Quiroga fue la única concejal del PP en Oñate, un municipio de 15 588 habitantes, gobernado por la coalición PNV-EA en las elecciones del 13 de mayo de 1999.

El día de la toma de posesión de su cargo acudió dos horas antes al pueblo y encontró que el ambiente estaba tranquilo. Al entrar al despacho del secretario y presentarse le dice:

—Creía que no ibas a venir.

—Y ¿por qué?

—Mujer, es que han puesto unos carteles a la entrada del pueblo.

De esa manera se enteró que HB había empapelado la localidad, haciendo un llamamiento a sus militantes para que acudieran a su toma de posesión a aguarle la fiesta. Acabados los trámites burocráticos, le comenta al secretario:

—Bueno, voy un momento a tomar café.

—No, mejor no salgas. Si quieres café y no te importa, ahí tienes una máquina —trata de persuadirle el jefe de la secretaría.

Una hora después, con el salón de actos repleto de gente, sentada entre dos ediles del grupo *abertzale* y con sus padres entre el público, tiene que aguantar los primeros insultos.

—¡Fascista! ¡Asesina!

En un ayuntamiento con diecisiete concejales, de los cuales nueve son del PNV-EA, siete de HB, y ella como única representante no nacionalista, es consciente de que han venido a provocarla y no se da por aludida.

Lo que más le duele de aquella situación, junto con el mal trago que pasan sus padres, fue la actitud de insolidaridad y de desprecio con que la trataron los miembros del PNV y EA de la corporación.

«Lo de no mirarme a la cara en ningún momento, hacer como que no estaba y no saludarme fue una experiencia que no olvidaré jamás. Fue una sensación de soledad inmensa. Si en algún momento, a cualquiera de aquellas bestias se le ocurre hacer algo en mi contra, estaba segura de que nadie iba a dar la cara por ayudarme», dice a los autores del libro.

A la semana siguiente, cuando se celebra el primer pleno, ya sin público y sin las bases de Herri Batasuna delante, todos acudieron a rendirle pleitesía. Desde entonces, Arantza Quiroga piensa que el PNV jamás se enfrentará a los terroristas.

Y, probablemente, no le falta razón. Dispuestos a borrar del mapa cualquier símbolo que identifique el País Vasco con España, los nacionalistas radicales no ceden ni un milímetro en sus conquistas y el mal llamado nacionalismo democrático no está dispuesto a asumir ningún riesgo con sus «hermanos separados», como ocurrió entre 1984 y 1997 con la «guerra de las banderas».

Llevaba tres años al frente del Gobierno Civil de Vizcaya e Iñaki López estaba harto de que los ayuntamientos nacionalistas incumplieran sistemáticamente la Ley de Banderas. Así que el 13 de agosto de 1984, cinco días antes de que empezara la Semana Grande (Aste Nagusia) de Bilbao, llamó al alcalde y se lo dejó bien claro.

—O pones la bandera de España o la coloco yo.

—¿Y cómo lo vas a hacer? ¿Trepando por el balcón del ayuntamiento o con una grúa?

—Tú espérate y verás.

José Luis Robles, alcalde de la ciudad con los votos del PNV se tomó el asunto como una bravuconada y no le dio mayor importancia. Hasta que el 18 de agosto, a las tres y cuarto de la madrugada, recibió una llamada de la Policía Municipal.

—Señor alcalde, acaba de llegar una cuadrilla de obreros. Dicen que vienen a colocar tres mástiles frente al ayuntamiento para poner la bandera de España.

—Pregúnteles si traen alguna orden judicial y, en caso contrario, ordene a sus agentes que los echen.

—La única orden que traen es la del gobernador civil. Además, no creo que pueda echarlos. Vienen protegidos por la Policía Nacional.

Una hora más tarde, el alcalde se desplazó al consistorio y se encontró a un capitán de la policía, vestido de paisano, al mando de varios furgones de antidisturbios que custodiaban a un grupo de obreros encargados de excavar tres hoyos ante la fachada de la casa consistorial, frente a la plaza de Erkoreka.

Al día siguiente, decenas de miles de bilbaínos contemplaron con asombro y estupefacción cómo la bandera de España, la *ikurriña* y la enseña de la ciudad ondeaban en lo alto de los tres mástiles.

«Se han colocado con nocturnidad, alevosía, sin autorización e invadiendo terrenos municipales», protestó el alcalde Robles al tiempo que durante las fiestas decidía trasladar su despacho a las instalaciones municipales del antiguo cuartel de Garellano.

Para rematar el asunto, la primera autoridad municipal de Bilbao, además de no cumplir las leyes del Estado amenazaba a quienes haciendo uso de la fuerza legítima obligaban a su cumplimiento: «Mañana mismo —agregaba— presentaré una denuncia ante los juzgados por "allanamiento de morada"» *(sic)*.

Nombrado gobernador civil de Guipúzcoa en abril de 1987, en plena «guerra de las banderas», José Ramón Goñi Tirapu trató de emular el precedente de su compañero de Vizcaya.

—He pensado colocar tres mástiles dentro de tres grandes maceteros frente a la fachada del ayuntamiento, ¿qué te parece la idea? —le preguntó al fiscal Navajas.

—Pues que si invades una propiedad municipal, como ocurrió en Bilbao, te puedes meter en un lío.

Considerado un personaje estrafalario, peleado con sus hermanos, algunos de ellos cercanos a Herri Batasuna, y con un hijo en ETA, al poco tiempo cambió de opinión y decidió comprar un aparato láser y proyectar los colores de la enseña nacional contra la fachada del ayuntamiento durante el tiempo que duraran las fiestas de la ciudad.

—El asunto no deja de tener su gracia, pero sería tanto como colocar al Estado al nivel de cualquier grupo de delincuentes —le disuaden en el palacio de la Moncloa.

Para no «provocar» a Herri Batasuna, la «guerra de las banderas» acabaría solucionándose primero por la vía de retirar todas las enseñas de los mástiles y dejar éstos desnudos durante las fiestas o colocándolas unas horas, como se hace en 2002. Para el nacionalismo, la simbología, hasta el más nimio detalle, debe ser fiel a su credo. El absurdo nacionalista de la intolerancia radical tiene su más macabro exponente en los centenares de personas asesinadas por ETA con las más absurdas y peregrinas excusas.

En un País Vasco convertido durante muchos años en el territorio comanche de los vándalos asesinos, algunas de las «justificaciones» que a comienzos del siglo XXI parecen auténticas barbaridades eran admitidas veinte o treinta años antes por una sociedad adormecida y anestesiada por el miedo y la violencia.

A Antonio García Caballero, policía municipal de Tolosa (Guipúzcoa), los terroristas de ETA le quemaron el coche a comienzos de junio de 1979. Militante de Comisiones Obreras, comprometido con la lucha del pueblo vasco, no le dio importancia al hecho. «Me habrán confundido con otra persona», le dijo a los amigos. El día 21, a las diez de la noche, cuando entra en su casa del barrio de Birebieta le asesinan.

> Le ajusticiamos porque amparado en el uniforme realizaba labores de claro colaboracionismo con las fuerzas represivas y opresoras que invaden nuestro pueblo [...] Si a CC. OO. le ha escocido que ETA haya ejecutado a uno de sus afiliados, es hora de preguntarse cómo un sindicato que dice defender a los trabajadores ampara a este tipo de gente. ¿Acaso CC. OO. quiere convertirse en Euskadi en una prolongación más del brazo represor de Madrid?[10]

El 21 de abril de 1979, diez meses más tarde, la banda armada hiere de gravedad a otro militante de CC. OO., Cándido Cuña González, en la localidad de Rentería (Guipúzcoa).

> Hemos actuado contra él por su condición de esquirol. Su pertenencia al sindicato reformista CC. OO. no ha representado obstáculo alguno para que ETA haya procedido a aplicar la justicia revolucionaria que exigía el pueblo de Pasajes-Rentería. En todo caso, es un problema de CC.OO. y no de ETA que dentro de sus filas se encuentre afiliado un personaje de la categoría de Cándido Cuña, quien debe marcharse inmediatamente, como otros muchos de su calaña, del País Vasco.[11]

---

10. *Zutabe*, núm. 6, junio de 1978.
11. *Zutabe*, núm. 22, mayo de 1979.

Entre 1978 y 1979, ETA asesina a once policías municipales y hiere a otros veintitrés. La excusa de la banda armada para «justificar» sus matanzas es que eran «chivatos» de las Fuerzas de Orden Público.

La realidad auténtica, la única realidad, es que ninguno de los asesinados en ese período era de origen vasco. Bajo la excusa de «limpiar de soplones» Vizcaya, Guipúzcoa y Álava, la banda terrorista se dedicaba a hacer una auténtica «limpieza étnica» de las policías locales con el fin de que los puestos de mando fueran ocupados por nacionalistas,[12] partidarios del marco vasco de decisión y la gran Euskal Herría.

Negociador con el Gobierno de Madrid y amigo personal de algunos dirigentes de ETA, el periodista José María Portell fue una persona que con sus gestiones y sus artículos contribuyó a la distensión en los albores de la democracia.

El 28 de junio de 1979, la banda armada le asesina a la salida de su casa en Portugalete (Vizcaya).

> [Sus cargos de] director de la *Hoja del Lunes* de Bilbao, redactor jefe de *La Gaceta del Norte,* corresponsal de *La Vanguardia* y *ABC,* corresponsal para la zona norte de la agencia norteamericana Associated-Press, constituyen por sí solos motivos suficientes para evidenciar el tipo de prensa y de ideología a que respondían sus intereses. [...] Además, ha es-

---

12. Ésta es la lista de policías municipales asesinados o heridos en 1978 y 1979: El 8 de abril disparan contra Miguel Lemos, policía municipal de Santurce (Vizcaya), quien fallece 43 días más tarde. Había nacido en La Coruña. El 15 de ese mes disparan contra los policías municipales de Portugalete (Vizcaya) Jesús Lobo y Andrés de la Mota. El 12 de febrero de 1979 asesinan al jefe de la policía local de Mungía (Vizcaya). El 28 de abril a Pedro Ruiz Rodríguez, policía de Durango (Vizcaya), nacido en Villadopardo (Jaén). El 9 de mayo acaban con la vida de Miguel Chávarri, de Cihuri (Logroño). El 22 de junio matan al jefe de la Policía Municipal de Tolosa (Guipúzcoa), Antonio García Caballero, nacido en Don Benito (Badajoz). El 5 de agosto se produce un atentado frustrado contra el agente municipal Francisco Betanzos. El 18 de diciembre matan a Juan Jiménez Gómez, jefe de policía de Pasajes (Vizcaya), de origen andaluz. Poco después disparan contra Vicente Rubio, policía municipal de Santurce (Vizcaya), de origen andaluz. A Manuel Ferreiras Simois le matan el 13 de agosto de 1979, a la 1.30, mientras está dirigiendo el tráfico. De cuarenta y siete años, Ferreiras es de Orense. El 17 del mismo mes disparan en Lasarte contra el guardia municipal Bienvenido García (Granada). El día 30 asesinan a Alfonso Vilariño en Amorebieta (Vizcaya), nacido en Galicia.

crito dos libros, *Los hombres de ETA* y *Euskadi, una amnistía arrancada*,[13] llenos de mentiras. Ambos respondían a un mismo contenido absurdo: presentar a ETA como una organización reducida a un puñado de jóvenes inmaduros que actúan de manera infantil tras un sueño irrealizable.

Sin embargo, los escritos de Portell acusan una preparación cuidadosamente planificada y obedecen a las ideas de crear en el lector un aire de credibilidad en torno a una sarta de mentiras. Se nota la sutil mano de un hábil intoxicador que presenta los hechos de forma que sean tragados por los sectores incluso menos predispuestos a aceptarlos. Portell no ha utilizado el lenguaje fascista para combatirnos, pero con su palabrería fácil y barata nos ha causado más daño que Semprún.[14]

Escribir bien y contar lo que se piensa es razón suficiente para acabar en la «lista negra» de los pistoleros de ETA, que prácticamente nunca admite haberse equivocado de objetivo. La culpa incluso en esos casos no es de los que empuñan las pistolas sino del «Gobierno de España, responsable de un conflicto político al negar a los vascos el derecho a decidir su futuro».

El 25 de agosto de 1978, a las nueve y media de la noche, un comando de ETA ametralla el cuartel de la Policía Nacional en Vitoria e intenta asesinar al agente de guardia en la puerta principal. Sin embargo, a consecuencia de la agresión matan al transeúnte José García Gastiain, al que alcanzan con una bala en la cabeza.

Aunque todos los datos indican que el comando terrorista asesinó a García Gastiain, ya que el agente de guardia, al oír los disparos y ver las balas rebotando a su alrededor, sólo le dio tiempo a entrar en el cuartel y esconderse, el 29 de ese mes la banda terrorista saca a la luz un comunicado en el que dice:

---

13. Dopesa, 1977 y 1978.
14. Alfredo Semprún, redactor de *ABC*, ya fallecido, a quien ETA criticaba que hubiera instalado una oficina en San Juan de Luz para estar más cerca de la noticia. En 1973, con la colaboración de Genoveva Forest, la banda armada estuvo buscándole por Madrid para asesinarle. Sumario sobre el caso Calle Correo, 1974.

«Nos vemos en el deber de declarar honradamente que carecemos de datos para afirmar o negar si la bala que causó la muerte al señor García Gastiain procedía de las armas de fuego que empuñaban nuestros militantes o no. Ahora, dos hechos son irrefutablemente ciertos: nuestro comando, en su ataque al cuartel, hizo uso repetidamente de sus armas, y el señor García Gastiain fue herido de muerte en ese preciso momento.»

Veinticuatro horas más tarde, la banda armada emite un nuevo comunicado en el que se desmiente a sí misma: «La muerte del señor García Gastiain no fue causada por nuestro comando sino por el centinela al intentar repeler alocadamente el ataque», afirma. Y agrega la ya clásica coletilla: «Este asesinato es consecuencia lógica de la ocupación militar con la que siguen oprimiendo y explotando al pueblo vasco.»[15]

Aficionado al paracaidismo, José María Arrizabalaga, veintisiete años, había sufrido una mala caída que le tuvo imposibilitado durante varios meses. El 27 de diciembre de 1978 se incorpora a la Casa de la Cultura de Ondárroa (Vizcaya), donde trabaja como bibliotecario, y una hora después de la apertura del centro una lectora se lo encuentra muerto en el suelo. Tenía once impactos de bala.

> Era un individuo que portaba pistola y con su sola presencia se dedicaba a amedrentar a los vecinos del pueblo y zonas limítrofes. [...] En mayo de 1976 acompañó a Sixto de Borbón a Montejurra, siendo, por tanto, responsable de la muerte de dos trabajadores vascos que habían acudido al acto conmemorativo.[16] Además, en una ocasión obligó a un grupo de trabajadores a marcharse a su casa por el simple hecho de estar cantando en la calle.

Lo que no indica el comunicado es que los autores de la matanza de Montejurra (Navarra) habían sido procesados y juzga-

---

15. *Zutabe,* núm. 8, agosto-septiembre de 1978.
16. Ricardo García Pellejero y Aniano Jiménez Santos, muertos el 9 de mayo de 1976 en Montejurra, Estella (Navarra).

dos por la Audiencia Nacional. Las personas que cantaban frente a su casa a las tres de la madrugada habían bebido esa noche alguna copa de más.[17] Otros comunicados de la banda armada no merecen el más mínimo comentario:

> ETA, organización revolucionaria vasca de liberación nacional, reivindica las ejecuciones de Lisardo Santil y José Luis Vicente llevadas a cabo los días 30 y 31 de diciembre de 1978 en Yurre (Vizcaya) y Llodio (Álava), respectivamente.
> Euskadi es un pueblo que vive bajo un régimen de dictadura militar reformada, es un pueblo que sufre un régimen de ocupación militar a cargo de unas fuerzas armadas extranjeras que actúan sobre nuestro territorio vasco de la misma manera que hicieron las tropas nazis en los años cuarenta en Bélgica, Francia, Polonia, Austria o Luxemburgo.
> Los trabajadores vascos, conscientes de esa situación de opresión imperialista en que se desenvuelve nuestra realidad cotidiana, hemos desarrollado unos invisibles muros defensivos que nos protegen y aíslan de la conveniencia negativa que supone relacionarse con estas fuerzas enemigas. Sin embargo, estos muros son franqueados por el Ejército español y Lisardo Satil y José Luis Vicente actuaban como agentes mercenarios introducidos en los medios populares para suplir el lógico aislamiento en que se hallan respecto al pueblo vasco.

Aunque la calle estaba acordonada y los dueños de las casas colindantes fueron alertados, la explosión se oyó en un radio de cinco kilómetros y sobresaltó a numerosos transeúntes y vecinos enfrascados todavía en sus compras de Reyes.

Aquel 2 de enero de 1979, ETA vuela mediante un artefacto explosivo en Pamplona la gestoría del empresario Fernando Jiménez Fuertes, en una acción en la que fallece el cabo artificiero de la Policía Nacional Francisco Berlanga Robles al intentar desactivar sin éxito la carga.

---

17. *Zutabe*, núm. 12, diciembre de 1978.

«Jiménez Fuertes, además de ser un conocido ultraderechista, se caracteriza también por poseer una serie de tierras en la zona de Ribera navarra cuya explotación somete a un régimen completamente caciquil y reaccionario», dice la banda armada.[18]

El 14 de febrero de 1979, ETA asesina a la puerta de su casa de Vitoria al teniente coronel Sergio Borrajo Palacín.

> La política represiva llevada a cabo por el Ejército español en Euskadi sólo encuentra precedentes en el levantamiento militar rebelde de 1936. [...] En la actualidad, con el Gobierno de Suárez, el número de policías en el País Vasco es superior al resto de los últimos cuarenta años y su capacidad de armamento para reprimir al pueblo trabajador vasco se ha incrementado hasta el infinito. [...] Hoy en Euskadi no se puede dar un paso sin encontrarse con la sombra asesina de los tricornios o los «grises» especiales del pañuelito. Lo mismo les da cargar contra una concentración de obreros en huelga que disparar injustificadamente sobre un grupo de personas de apariencia para ellos sospechosa, disolver a tiro limpio una manifestación o detener y torturar en comisaría a cientos de jóvenes.

A las nueve y cuarto de la noche llamaron al timbre de su casa en Beasain (Guipúzcoa) y su mujer, Ana, y sus hijas, María de las Mercedes y Susana, salieron a abrir la puerta.

Aquel 6 de febrero de 1979, las mujeres se encontraron con dos tipos encapuchados, pistola en mano, que las echaron a un lado y se pusieron a revisar la casa, preguntando por su marido.

—Será una broma, ¿no? —preguntó la mujer.

—No, señora, no es una broma. Venimos a por su marido —le dijeron.

José Antonio Vivo, cincuenta y ocho años, natural de Espinosa de los Monteros (Burgos), jefe de personal de la empresa Aristrain, S. A., del sector de los aceriales, no tuvo más remedio

---

18. *Zutabe*, núm. 13, enero de 1979.

que acompañarlos. No llegó a la calle. Le mataron y remataron en la misma escalera.

> Lo ejecutamos porque ejercía de forma autoritaria y despiadada su trabajo [...] y, además, porque como alcalde de Olaberría durante los años de ocupación fascista se había preocupado de montarse una posición social, política y económica digna de todo explotador de reconocida personalidad reaccionaria y sin excesivos perjuicios de mostrar su aversión hacia la causa nacional del pueblo trabajador vasco [...]. Fue un sicario útil e interesado del capital y sus instrumentos represivos de alienación. Como jefe de personal de Aristrain, es lógico comprender que tuviera conexiones con la policía y la Guardia Civil para que no se montaran huelgas en sus empresas.[19]

Los dos guardias civiles Antonio Peña y José Miguel Maestre iban a recoger a la oficina de Correos de Villafranca de Ordizia (Guipúzcoa) la correspondencia del día cuando aquel 2 de mayo de 1979 un comando terrorista disparó contra el vehículo oficial y los mató en el acto.

Un amplio sector del pueblo se echó a la calle para condenar el atentado de dos personas mayores, a punto de jubilarse, que se dedicaban a realizar tareas burocráticas en el cuartel.

> Parece mentira —dice ETA— comprobar que un sector del pueblo, mayoritariamente *abertzale*, a [sic] condenado nuestra acción armada contra dos miembros de las fuerzas de ocupación españolas. Nuestras acciones armadas entran dentro de la estrategia revolucionaria vasca de liberación nacional y nadie es quién, salvo el pueblo trabajador vasco, para juzgar y condenar un acto de ETA [...]. Por eso pedimos al Ayuntamiento de Villafranca, que tan arbitrariamente ha condenado nuestra acción armada, que salga de vez en cuando a la calle y escuche el clamor popular contra la represión. Una vez constatado el ¡Que se vayan!, si aún siguen pensando así, que lo digan.

19. *Zutabe*, núm. 14, febrero de 1979.

Diversos ayuntamientos nacionalistas, entre ellos los de Lejona, Barakaldo, Bilbao y Éibar, son reprendidos severamente en esa época por la banda armada por cuestionar muchos de sus asesinatos. «Condenar las acciones de ETA equivale a condenar a vuestros padres y hermanos que lucharon contra Franco en la guerra civil y mataron a todos los españoles que se les pusieron a tiro al otro lado de las trincheras», afirma la banda armada, como si asesinar por la espalda o colocar un coche-bomba y quitarle la vida a traición fuera equiparable a hacerlo en una guerra convencional donde se baten frente a frente dos ejércitos.

En 1987, tras el atentado de Hipercor (Barcelona), y en 1995, después del asesinato de Gregorio Ordóñez, ETA abronca en público a quienes censuran sus acciones armadas, especialmente a la concejal de San Sebastián Begoña Garmendia, al dirigente navarro Patxi Zabaleta, a Iñaki Esnaola, a Christianne Fandó o al dirigente histórico José Luis Álvarez Enparanza, dispuestos a desvincularse de la banda armada.[20]

«Le matamos porque era el buque insignia del Partido Popular en el País Vasco», replicó ETA a los pocos días, cortando la polémica. La liturgia de la muerte para la banda armada no admite réplicas y la regla sagrada de no asesinar a los dirigentes políticos, sean del partido que sean, para los terroristas no cuenta.

Pilar Careaga había sustituido a Javier de Ybarra, empresario secuestrado y asesinado por ETA, en el Ayuntamiento de Bilbao. «A ese tío le conozco, le he visto otros días y me he dado cuenta de que me venía siguiendo», le dijo a su marido Enrique Lequerica, cuando los ametrallan dentro de su Seat 127 en la confluencia de las calles Antonio Menchaca y del Carmen, en Neguri (Vizcaya). No sabía entonces que, además del cargo, iba a heredar las amenazas de ETA.

El día 25 de marzo [de 1979], en Bilbao, ametrallamiento de la ex alcaldesa Pilar Careaga, produciéndole heridas de

---

20. «Muestro mi profundo y total desacuerdo con la muerte de Gregorio Ordóñez. Lo condeno por conciencia humana y dignidad política», dijo Begoña Garmendia. «Desde ayer, oficialmente, estoy fuera de la coalición», afirmó Julen Madariaga.

consideración. Relacionada con la oligarquía financiera y terrateniente española, Pilar Careaga es una de las personas más nefastas y dañinas que Vizcaya ha tenido que soportar. [...] Si unimos a todo ello su actitud de negarse a pagar el impuesto revolucionario a nuestra organización, tendremos cumplidamente justificados los motivos por los cuales ETA ha procedido a llevar contra ella la acción armada. Todo aquel que se niegue a abonar dicho impuesto será considerado enemigo del pueblo trabajador vasco y en consecuencia procederemos a su ejecución. Nuestros comandos no permitirán que nadie se ría de la organización.[21]

Al igual que ocurriera años antes con la cafetería Rolando de Madrid, el 5 de marzo de 1979 ETA coloca una bomba en la cafetería Mohicano de Pamplona. El artefacto causa la muerte de Pedro Fernández Serrano, que se halla en aquellos momentos tomando un café en el establecimiento.

En su comunicado reivindicando el hecho, la banda armada no hace ninguna alusión a la víctima inocente que ha originado. De la cafetería, en cambio, asegura: «instalada junto al Gobierno Civil de Pamplona, venía a constituir una prolongación más de las dependencias de dicha entidad, sirviendo de centro de reunión para los miembros de las fuerzas represivas acantonados en Navarra».

El 4 de mayo de 1979, un comando de ETA coloca un artefacto explosivo con el bar Cuchy de Santurce (Vizcaya). «Dicha acción se enmarca en el contexto de la lucha popular por conseguir que desaparezcan del territorio vasco indeseables como el propietario del bar y la clientela habitual que frecuenta el bar Cuchy de Santurce.»

Al dueño del bar Zarza de Santurce (Vizcaya), uno de los lugares del pueblo donde puede encontrarse *Mundo Obrero,* el órgano de expresión de CC. OO., le ocurre lo mismo. Tras aparecer días antes unas pintadas en la fachada del establecimiento,

---

21. Al conde de Aresti, del que se habla en otra parte del libro, le matan también, según el comunicado hecho público, por «reírse de la organización», además de por su condición de representante de la oligarquía vasca que «vampiriza y sangra al pueblo».

en las que pone «*Gora ETA*» y «No entréis en el bar Zarza, son chivatos», el 9 de diciembre de 1978 ETA asesina allí al jefe de la Policía Municipal y «ordena» a sus dueños abandonar el País Vasco.

Más de una veintena de bares y restaurantes donde se reúnen simpatizantes de partidos políticos de derecha o individuos no nacionalistas son «castigados» en defensa de la pureza de la raza. A mediados de la década de los ochenta, también discotecas, night clubs, salas de alterne y puntos de venta de la droga vuelven a colocarse en el punto de mira de la banda terrorista, que, actuando como el ángel exterminador, amenaza a sus dueños y expulsa a muchos de ellos de Euskadi.

> Madrid, dándose cuenta de que no puede dominar al País Vasco —explica la banda terrorista—, ha decidido drogarlo. Desde hace varios años vemos que en San Sebastián, en Bilbao y en otros sitios se proporciona a los jóvenes vascos la droga dura, la cocaína, la heroína, al precio de un paquete de cigarrillos. Dese un paseo por la parte vieja de San Sebastián y verá los estragos que la droga causa allí. Entonces, ejecutamos a los traficantes que por lo general son policías jubilados como ejecutamos a los torturadores, pues estos traficantes son también torturadores del pueblo.[22]

El 4 de julio de 1977, ETA hace público un comunicado invitando a los miembros de las fuerzas de ocupación a abandonar el País Vasco. «Los que no quieran hacerlo que se quiten el uniforme y se integren en el pueblo como ciudadanos y les respetaremos su vida.» El 28 de abril de 1979 asesinan al policía municipal de Durango (Guipúzcoa) Pedro Ruiz Rodríguez. «La prueba de que no trabajaba en el ámbito civil, al servicio de los ciudadanos, es que hace unos meses tenía su residencia en el cuartel de la Guardia Civil. Si creía que camuflándose de policía municipal iba a ocultar su personalidad de antiguo miembro de

---

22. Emisión radiada por ETA los días 27 y 29 de noviembre de 1981 en Navarra, a las diez de la noche, en el 102 de Frecuencia Modulada, con un alcance de 35 kilómetros. El texto ha sido recogido de la publicación *Zutabe*, núm. 25, de 1981.

los cuerpos represivos y a sustraerse a la justicia del pueblo, estaba equivocado.»

ETA atentó en tres ocasiones contra José Larrañaga Arenas, monárquico y teniente de alcalde de Azcoitia. La primera de ellas fue el 15 de abril de 1978, pero logró escapar ileso. El 11 de abril de 1980, cuando regresa a su casa tras asistir a un concierto, vuelven a intentarlo. En esa ocasión le dejan malherido. Militante de UCD, empresario de la construcción, tiene que huir a La Rioja. El 31 de diciembre de 1984 regresa a su pueblo a las seis de la tarde a pasar la Nochevieja. A las siete acude al bar Alameda a tomarse una cerveza y, al salir, le matan en la misma calle Mayor. No tuvo tiempo siquiera de deshacer el equipaje.

Tras el segundo atentado, los pistoleros reivindicaron así su acción:

> Hemos atentado contra Larrañaga por los mismo motivos que ya expresamos hace dos años cuando nuestra organización realizó una acción armada de advertencia contra su persona. Este individuo, por su pasado franquista como ex teniente de alcalde, no tiene cabida en la Euskadi que queremos construir. Por eso, ETA vuelve a insistir una vez más para que José Larrañaga abandone el territorio vasco y advierte que, de no hacerlo así, nos veremos en la obligación de repetir nuestros ataques sobre tal elemento hasta conseguir su definitiva eliminación física.

Ayudante del Cuarto Militar del Rey desde 1975, el teniente general Joaquín Valenzuela, su ayudante, el coronel Guillermo Tebar Seco, el sargento de escolta Antonio Nogueira y el cabo conductor Manuel Rodríguez Taboada viajan por la calle Conde Peñalver de Madrid con destino al palacio de La Zarzuela.

Al llegar a la altura de la calle Goya, el coche oficial, un Dodge Dart negro matrícula ET 00017, se detiene en un semáforo para hacer un giro a la izquierda y continuar por Goya hasta

Argüelles y, desde allí, adentrarse en la carretera de La Coruña hasta alcanzar la desviación a la vivienda que ocupa el Monarca.

Es el 7 de mayo de 1981, diez y media de la mañana. Una moto Ducati-Vento de color rojo de 350 centímetros cúbicos de cilindrada conducida por el etarra Jacques Esnal se detiene a su costado. En el momento en que el semáforo está a punto de abrirse, Esnal, grita: «¡Vamos, ahora!» Henry Parrot, un segundo terrorista que viaja de acompañante en el asiento trasero, saca una bolsa de El Corte Inglés que lleva escondida bajo el chaquetón y la coloca sobre el techo del coche.

La moto sale disparada en dirección al parque de El Retiro y, dos segundos después, una potente explosión destroza el automóvil, el general Valenzuela resulta herido de gravedad y sus tres acompañantes pierden la vida en el acto. «¿Por qué una barbarie de estas características?», le pregunta a ETA el diario *Le Figaro*.

«Si usted me hace semejante pregunta es que no está suficientemente informado. Valenzuela no era sólo un ex combatiente franquista. Era director de todas las academias militares españolas. Pero en esas academias existen verdaderos cursos de tortura. Tortura física, tortura psicológica. Cuando un Estado, cualquiera que sea, no puede acabar con un pueblo, como es el caso del pueblo vasco, no tiene más recurso: la guerra psicológica. Valenzuela era el técnico número uno en este tipo de guerra. Imagínese usted el tipo de peligro que este hombre constituía para el pueblo vasco.» «Si mañana el Ejército da un nuevo golpe de Estado, ¿no es ésa vuestra responsabilidad? ¿No sois vosotros los que fabricáis a los tejeros?», le pregunta el periodista. «Desmentimos esa afirmación. Los militares no tienen por qué dar golpes porque han estado y siguen en el poder. Están agazapados en la sombra, lo controlan y lo vigilan todo.»[23]

El 14 de abril de 1981, ETA asesina a tres personas en el País Vasco, uno de ellos era el director de Moulinex, Luis María Latiegui, en Usurbil (Guipúzcoa). Los otros dos son dos jubilados: el teniente de Infantería retirado Oswaldo Rodríguez Fernán-

---

23. *Le Figaro Magazine*, 31 de octubre de 1981, y *Punto y Hora*.

dez, en la sede del Instituto Social de las FAS, en la calle Urbieta de San Sebastián, y, dos horas después, el teniente coronel de la Guardia Civil Luis Cadarso, en Basauri (Vizcaya), cuando acude a comprar el periódico.[24]

«¿Por qué os dedicáis a matar jubilados? ¿Qué os han hecho esas personas?», pregunta *Le Figaro*.

«Es bien simple: pertenecían a las fuerzas de represión: Ejército, Policía Nacional, Guardia Civil. Estas fuerzas martirizan a nuestro pueblo. Lo torturan. ¡Conque los pueblos de Europa supieran lo que pasa verdaderamente aquí! Veinte mil policías en pie de guerra, la VI Región Militar que nos cerca, nos estrangula, tanques por todas partes. Un día torturan a un alcalde *abertzale,* al día siguiente violan a una joven. Vaya usted a Mondragón, a Ondárroa, a Zizúrkil, a Rentería. Pregunte a la gente.»

«No me habéis contestado a mi pregunta. ¿Por qué matáis a jubilados?», inquiere el periodista.

«Tomemos como ejemplo el teniente Rodríguez. No era uno cualquiera. Preparaba el terreno logístico, la invasión, que además se produjo, del País Vasco por el Ejército español. Era un hombre clave de la represión contra el pueblo vasco. Y el guardia civil de Jaca que hemos decidido ejecutar el 2 de abril en Irún. ¿Sabe usted qué hacía? Torturaba a los militantes de la izquierda *abertzale.* ¿No le parece motivo suficiente para ejecutarlo? Dicho esto, quiero que sepa lo siguiente: en el País Vasco no hay policías jubilados. Tan pronto se quitan el uniforme se ponen a trabajar para el Batallón Vasco-Español. Pero esto no se lo dice nadie. Además, quien quiera que lleva uniforme en nuestro territorio es, por definición, un enemigo. Un opresor. No debe encontrarse entre nosotros. Eso es todo.»

Nacido en Roiriz (Lugo), en el seno de una familia humilde, viudo y con tres hijos, Oswaldo Rodríguez tenía veintiún años el día en que se inicia la guerra civil y era soldado raso. El 1 de julio de 1981 iba a cumplir sesenta años.

---

24. Los terroristas fueron a asesinarle en un Mercedes. Al no saber conducirlo, en el momento de huir tuvieron que dejarlo y robaron a punta de pistola un R-5 a un mecánico que pasaba por allí. Como el segundo vehículo no tenía gasolina, asaltaron a una mujer y le sustrajeron el coche, con el que finalmente escaparon.

Nadie, sin embargo, iba a poner en tela de juicio sus «justificaciones». Por algo Euskadi es para los pistoleros de la banda armada su territorio comanche, e incluso el periodista José María Portell, un hombre de pluma «fácil y barata», lo había pagado con su vida.

De ahí que alcaldes, concejales y otros cargos electos del PSOE o del PP, que representan a más del 50 por ciento de la población, no puedan dar un paso por Euskadi sin ir rodeados de una multitud de escoltas, incluidos jóvenes universitarios.

Cuando matan a Gregorio Ordoñez, en 1995, Jon Urionabarrenetxea, no tiene aún los 16 años cumplidos, la edad mínima requerida para ingresar en Nuevas Generaciones del PP. Pese a todo, haciendo una excepción, a él y a un grupo de amigos les permiten entrar en la sección juvenil del partido, en San Sebastián.

En marzo de 2000 asiste con varias decenas de miles de personas a una manifestación en la capital donostiarra para protestar por el asesinato del dirigente Fernando Buesa Blanco, asesinado días antes en Vitoria. Al poco tiempo, su foto aparece dentro de una diana en el campus de Ibaeta de la Universidad Pública del País Vasco. Desde entonces, con 21 años, está condenado a llevar escolta, situación que padecen otros 49 jóvenes del PP en Euskadi[25] y bastantes miembros de las juventudes del PSOE.

---

25. Luis Angel Urdiales, Nerea Llanos, Manuel Allende, Gonzalo Fernández. Cristina Cotano, Esther Martínez, José Encinas, Arantza Quiroga, Iñaki Ortega, Javier Maroto, Juancho Villafranca, Amaya Fernández, Jorge de Cima, Carmen Carrón, Juan Carlos Castaño, Santiago Pérez, Pedro Cadavid, Francisco Javier Núñez, Ruben González, Iñaki Ibáñez, Carlos García, Gonzalo Zorilla, Miguel Ángel Fernández, Santiago Abascal, Ana Díaz de Sugasúa, Anal Isabel Salazar, Ana Morales, Laura Garrido, Iñigo Arcauz, Ramón Gómez, Vanesa Vélez, Borja Semper y Jon Urionabarrenetxea... entre otros.

CAPÍTULO XVI
El *ministerio* de la santísima trinidad

Iñaki Anasagasti, un individuo sin un pelo de tonto, portavoz del Grupo Vasco en el Congreso de los Diputados, lo ha dicho muchas veces: «A ETA la creó el franquismo.» Pretende ocultar con ello que la banda armada vasca fue una escisión del PNV, se nutre hasta 1972 de militantes de EGI (Eusko Gastedi Indarra, la rama juvenil del partido), recibe dinero y apoyos económicos del Partido Nacionalista y del Gobierno vasco. Sus dirigentes, entre ellos el propio *lehendakari* Leizaola, intentan encubrir sus crímenes asegurando que al inspector Melitón Manzanas lo mató un gendarme «por un asunto de faldas» y que el magnicidio de Luis Carrero Blanco no lo hizo ETA, «porque si no yo, como *lehendakari* vasco, lo sabría». En esa época, a la organización terrorista que con la Iglesia vasca y el PNV forma la santísima trinidad, lo mismo le da robar la corona a una virgen que asesinar guardias civiles. Su objetivo, en contra de otro de los mitos creados, no fue nunca acabar con el franquismo, salvo por razones tácticas y coyunturales, sino luchar contra España, fuera cual fuese su forma de Estado o de gobierno, hasta lograr un Estado vasco, independiente, euskaldún y socialista.

El padre superior del convento de la congregación de los Carmelitas Descalzos de Larrea, situado en el valle de Arratia, en las estribaciones del Bizcargi, pensó que era una buena obra para enraizar el fervor de los católicos de Amorebieta, en Vizcaya, por la Virgen del Carmen.

«Este año, durante sus fiestas, vamos a coronar a la Virgen como patrona del valle de Arratia. Se va a hacer una colecta para comprar una corona y queremos que todos sus hijos contribuyáis dentro de vuestras posibilidades», soltó desde el púlpito en su sermón dominical.

Era el año 1967. La iniciativa es recibida con gran alborozo. Inmediatamente se organiza una colecta popular, casa por casa, y todo el mundo aporta su óbolo, incluso en joyas y piedras preciosas, para contribuir a la confección de la corona.

El solemne acto de coronación de la Virgen está previsto para el 16 de julio, día del Carmen. Para que la ceremonia tenga el mayor empaque posible, el superior de los carmelitas nombra padrinos de la ceremonia al presidente de la Diputación de Vizcaya y a su esposa.

En una sociedad politizada como la vasca, su decisión choca con las aspiraciones de algunos curas *abertzales*. En contra de la opinión del superior, pretenden que los padrinos sean las dos personas más pobres de la localidad. La pugna entre el clero nacionalista y el resto de la congregación va en aumento, hasta convertirse en una confrontación abierta.

Con los preparativos a punto y las invitaciones cursadas, un grupo de miembros del Frente Obrero de la banda armada asalta el santuario y roba la corona de la Virgen.

Los curas indagan por el pueblo y, como la joya no aparece, acuerdan suspender la ceremonia. El 15 de julio, veinticuatro horas antes del acto, acuden cabizbajos a Bilbao y se lo comunican al obispo, monseñor Pablo Gúrpide Beope.

Pero el prelado, que ha anunciado su visita, no está dispuesto a sufrir aquel bochorno y ordena seguir con la ceremonia adelante. «Si la corona de la Virgen ha desaparecido, se pide otra prestada a una iglesia de Vizcaya, se celebra la misa y ya está», ordena al superior.

Así, al día siguiente, durante la solemnidad del Carmen, patrona de los marineros, el obispo de Bilbao corona solemnemente a la patrona de Amorebieta y de los Carmelitas Descalzos en un acto al que asisten todas las autoridades franquistas de la provincia.

Casi nadie ha advertido el «cambiazo», pero la auténtica corona sigue sin aparecer.

En 1945, al acabar la segunda guerra mundial, el general norteamericano Bill Donovan, jefe de la OSS (Office of Strategic Service, el precedente de la CIA), recluta a un centenar de jóvenes del PNV, los lleva a un castillo en las afueras de París, y les da un intenso cursillo sobre sabotajes, manejo de armas, contrainsurgencia y técnicas de espionaje.[1]

---

1. Antón de Irala, *Escritos políticos sobre la situación vasca (1984-1985)*, Ediciones Beitia, San Juan de Luz, 1997.

Este grupo de choque secreto, del que hay pocas referencias, se crea con el visto bueno del *lehendakari* José Antonio Aguirre, que da su apoyo desde Nueva York. Los americanos pretenden emplearlos como agentes a sueldo de sus servicios. Aguirre, en cambio, abriga la efímera esperanza de que pronto se conviertan en la punta de lanza de los batallones de *gudaris* que deben cruzar los Pirineos para derrocar a Franco.[2]

La «guerra fría» acaba con las ansias de liberación de los republicanos españoles. Los aliados no están para desestabilizar la península Ibérica y no dan nunca la orden de partida. Así, los futuros responsables de los batallones de *gudaris* se hacen mayores, se casan y tienen hijos, sin que nadie los llame para iniciar la «guerra de liberación».

Amargados, la mayoría acaban formando parte de la denostada «Organización Gladio»[3] de la OTAN, o integrando los servicios secretos del PNV, que trabajan a sueldo de los norteamericanos.[4] Tal vez por eso no tienen buena fama entre los británicos, que utilizan para estos menesteres a la gente del interior, entre ellos los hermanos Flavio y Juan Ajuriaguerra, al que salvan de morir fusilado por Franco. En alguna ocasión, incluso, la prensa anglosajona llega a escribir de los espías del PNV que «eran mercenarios a los que la CIA recluta para cometer asesinatos por un sueldo de 160 dólares al mes».[5]

Sea como fuere, lo cierto es que durante los tiempos del exilio el PNV y sus servicios secretos forman dos mundos aparte, alejados el uno del otro, e incluso utilizan sedes distintas. Mientras la bandera del Partido Nacionalista ondea en la calle Singer, un palacete de tres plantas situado en el distrito XVI de París, donde se edita el periódico *Eusko Deya*, sus espías trabajan ca-

---

2. La brigada vasca situada en el Pirineo fue otro de los mitos del exilio. Estuvo formada por no más de dos o tres grupos de quince personas que «vivaqueaban» en territorio francés y disponían de una emisora para, cuando las circunstancias lo demandaran, ordenar una movilización general entre las 150 000 personas que vivían en el exilio.
3. Para más detalles, véase la revista *Tiempo*, 22 de marzo de 1989.
4. Hay nombres de sobra conocidos, como José María Lasarte, Primitivo Abad, Enriqueta, Juan José y Pepe Mitxelena, Pablo Baldarrain, el sacerdote Iñaki Azpiazu, Jesús Galíndez, Jon Bilbao, Patxi Abrisketa y otros.
5. Antonhy Gave Brown, *The Last Hero. Willd Bill Donovan*, Penguin, 1984. Se sabe, en cambio, que cobran entre 500 (Chile) y 800 dólares (Argentina) de la CIA.

lladamente en un piso de la rue Quetin-Bouchart, sin símbolos externos, bajo las órdenes de Pepe Mitxelena.[6]

En cambio, sus relaciones con el Gobierno vasco en el exilio, que hasta 1951 tuvo su sede oficial en la rue Marceau de la capital francesa, son magníficas.[7] Así, cuando el *lehendakari* Aguirre les encarga alguna misión especial abandonan su madriguera y desaparecen. Entretanto, se dejan ver por los tugurios del barrio Latino con militantes de confianza del sector «aberriano» o de Jagi-Jagi[8] del Partido Nacionalista, los dos núcleos escindidos del PNV desde antes de la guerra civil y más radicalizados del nacionalismo vasco.

Ese mundo siniestro no acaba ahí. El PNV tiene, además, otra oficina, Villa Antoniette, en San Juan de Luz, donde aterrizan los exiliados de México y Venezuela que no pueden regresar al País Vasco y quieren estar cerca de su tierra. Cuando Villa Antoniette se cierra, en 1956, se abre una nueva sede, Villa Izarra, en el barrio de Beyris, en Bayona. Desde aquí, Joseba Rezola, Mikel Isasi y otros coordinan la lucha clandestina y la oposición al franquismo en el interior.

Metidos en sus guerras internas, en sus confabulaciones, intrigas, carcomidos por sus frustraciones personales, tres lustros después de acabada la guerra civil, el PNV del exilio no tiene nada que ofrecer a la juventud. En este ambiente, los jóvenes cachorros del interior vienen pidiendo el relevo generacional.

No es fácil encontrar una fecha exacta, pero a comienzos de los años cincuenta un grupo de estudiantes comienza a reunirse en torno a la iglesia de San Antón, con la aquiescencia del párroco Claudio Gallastegui, en el despacho del padre Justo Mocoroa del Colegio de los Escolapios del Ensanche de Bilbao, en

---

6. Su cargo fue el de jefe de los Servicios Vascos de Información y director de la Resistencia Vasca en tiempos de Aguirre. Mitxelena fallece el 14 de marzo de 1982 en San Sebastián. Con el cuerpo aún caliente, los agentes del PNV asaltan su casa, registran palmo a palmo cada habitación y se llevan todos los documentos que encuentran.

7. De hecho los espías funcionan con un poder paralelo y sólo rinden cuentas al *lehendakari*.

8. Escisión surgida en el PNV durante el Aberri Eguna de 1932 con Elias Gallastegui a la cabeza.

las zonas comunes de los jesuitas de la Universidad de Deusto o en las aulas de la Escuela de Arquitectura.

El denominador común de todos ellos es su ascendencia claramente nacionalista y su descontento radical con la política de resistencia y de lucha de sus mayores para lograr una Euskadi libre, independiente y euskaldún, como ha planteado Sabino Arana, el padre de la patria vasca.

Así, mientras Franco consolida su Régimen, «expropia» la sede parisina del Gobierno Vasco en el exilio o firma tratados internacionales con la Santa Sede y los Estados Unidos,[9] los dos pilares del PNV durante el exilio, los *gudaris* de la guerra civil, a los que se pone como ejemplo de abnegación y sacrificio, siguen de brazos cruzados esperando un milagro para recuperar el poder. La máxima aspiración de muchos, por entonces, es la llegada del Aberri Eguna para descorchar una botella de champán en su casa y brindar en silencio por el mito de la patria despojada.

Dispuestos a no convertirse en una nueva «generación perdida» como la de sus mayores, José María Benito del Valle, Julen Madariaga, Iñaki Gainzarain, Alfonso Irigoyen, José Manuel Aguirre y Gurutz Ansola constituyen en el curso 51-52 un grupo de estudios en Bilbao. A esta célula se unirá un año más tarde el clan de San Sebastián integrado por Rafael Albisu, José Luis Álvarez Enparanza e Iñaki Larramendi.

Los «complotados» se dan el nombre de «Ekin» (Acción). Su objetivo primordial es la reconstrucción del verdadero Partido Nacionalista de los tiempos de la República para, posteriormente, pasar a la acción.

El paso definitivo no se dará, sin embargo, hasta años después.

En septiembre de 1956, tras dieciocho meses de preparativos, el PNV celebra en el palacio D'Orsay de París el Congreso

---

9. En 1951, el Régimen logra mejorar sus relaciones con Francia, hasta el punto de que los representantes del Gobierno vasco son desposeídos de su delegación oficial, situada en la rue Marceau. El edificio es entregado al régimen en 1951, que instala allí la embajada de España. El 27 de agosto de 1953, pese a la oposición del PNV ante el Vaticano, Franco firma el Concordato con la Santa Sede y el 26 de septiembre del mismo año un tratado militar con Estados Unidos.

Nacional Vasco, para conmemorar el XX aniversario del primer Gobierno vasco.[10]

Se trata de un acto multitudinario encaminado a poner en pie a la comunidad vasca en el exilio y prepararla para el combate contra la dictadura. Por eso, el Partido Nacionalista hace un llamamiento a todos los grupos políticos, desde Acción Nacionalista Vasca hasta los sindicatos ELA y UGT o Izquierda Republicana.

Los nacionalistas necesitan demostrar que están vivos y, para eso, echan la casa por la ventana. Invitan a 363 personas, 45 del interior, 217 a título individual, 58 en representación de los partidos hermanos y organizaciones sindicales y 38 en su calidad de representantes del Gobierno vasco.

Los miembros de EGI, las juventudes del partido, constituidas en 1945,[11] y de Ekin son invitados también a la ceremonia. En París se entrevistan con el *lehendakari* José Antonio Aguirre y con el vicepresidente del Gobierno vasco, Francisco Javier Landáburu. Les anuncian su intención de pasar a la acción, pero sólo obtienen de ellos falsas promesas de ayuda.

El PNV demuestra que es un partido esclerotizado, un cadáver viviente, que sigue teniendo como punto de referencia el año 1936.[12] Sus dirigentes, a juicio de Ekin, son unos «vagos y meapilas», y todo el programa del partido se limita a una serie de discursos grandilocuentes para luego no hacer nada, a contar sus «hazañas bélicas», a vaticinar la «agonía» y «muerte» del régimen y a vivir de los recuerdos de la guerra civil, esperando la desaparición de Franco para decidir su futuro.

«Aquél fue el último castillo de fuegos artificiales que le quedaba al nacionalismo. Una vez quemado, no tenía ya nada que ofrecer», escribe por entonces el etarra Emilio López Adán.

---

10. El acto se organiza con la aquiescencia del Gobierno galo, que da su autorización a cambio de que no se inviten a los nacionalistas del País Vasco francés.

11. Eusko Gastedi Indarra (EGI) se funda en 1945 con el objetivo de dar una formación patriótica a los jóvenes. Su primer presidente es Primitivo Abad, hombre de la CIA vinculado a los servicios de información del PNV. Según sus estatutos, el límite de edad para militar era de cuarenta años, se obliga a la junta directiva a sufrir un examen semestral de euskera y se impide el ingreso a mujeres. Su órgano de expresión es *Askatasuna,* cuyo primer número aparece en noviembre de 1945. Lo dirige Elías Echevarría y su línea es claramente izquierdista.

12. Un ejemplo: «Las actividades obreras en el País Vasco son hoy el doble de las registradas antes de la guerra civil», dice Leizaola.

El fracaso del PNV supuso el lanzamiento de Ekin. Tras varios meses de discusión, a finales de ese año varios dirigentes se reúnen clandestinamente en la casa de José María Benito del Valle, en la calle Elcano de Bilbao, enfrente de la Escuela de Comercio.[13] Allí, sobre un viejo ejemplar de la revista *Gudari* en cuya portada aparece una *ikurriña*, se juramentan para potenciar la organización secreta constituida años antes y ponerla al servicio de la lucha por una Euskadi libre, independiente y euskaldún. El rito tiene todos los ingredientes de una iniciación en una logia masónica y fue del siguiente tenor:

—Ocurra lo que ocurra a cualquiera de nosotros colocaremos los intereses generales del grupo por encima de cualquier contingencia, mantendremos la organización en secreto y no daremos información a nadie —recita Benito del valle.

—*Zin dagit* [lo juramos] —responden uno a uno, emulando las palabras del *lehendakari* Aguirre en Gernika en 1936.

El PNV, en una de sus típicas maniobras de absorción, plantea por esas fechas la fusión de Ekin con las juventudes del Partido Nacionalista. Surge así lo que ha dado en denominarse las Juventudes Vascas.[14] Pero la alianza dura muy poco.

Incitados por los agentes de la rue Cuetin-Bouchart de París, enfrentados a Ajuriaguerra, y por el grupo Jagi-Jagi,[15] desde la nueva organización juvenil se critica, ahora con más fuerza, la «criminal pasividad» de los dirigentes del partido, de las vacas sagradas del PNV dedicados a vivir de los recuerdos. Los reproches se dirigen también a la ineficacia del Gobierno vasco, convertido en un fósil, en una momia.

El enfrentamiento entre los futuros cachorros de ETA, que reciben dinero y ayuda de todo tipo del sector Servicios[16] de París a espaldas del Gobierno vasco, con la dirección del PNV en

---

13. Los asistentes son José Luis Álvarez Emparanza, Julen Madariaga, José Manuel Aguirre, Alfonso Irigoyen (que se retirará más tarde) y José María Benito del Valle.

14. EGI, *conjunto*, en la terminología de ETA.

15. La operación se encuadra en la lucha entre el aparato PNV y los servicios de información, que dependen del Gobierno vasco, por controlar el nacionalismo y promover un cambio generacional desde Ekin y EGI. Así, mientras el partido carecía de medios económicos, los servicios secretos se dedicaban a aportar grandes sumas de dinero y material propagandístico a los futuros cachorros de ETA.

16. Eufemismo para denominar a los espías del Gobierno vasco y del partido.

el interior, sin apenas medios, acaba en palizas, amenazas y expulsiones de activistas a los que se acusa de indisciplina y de hacer la guerra por su cuenta.

El *lehendakari* José Antonio Aguirre interviene para poner paz con poco éxito. La batalla entre PNV y EGI, que arrancó en Guipúzcoa, se contagia a Vizcaya. Dispuestos a firmar un armisticio, en 1957, el *Frente de Juventudes* del PNV solicita al Euskadi Buru Batzar (EBB) que suspenda las expulsiones, especialmente la de Benito del Valle, uno de los futuros fundadores de ETA.

Pero la reacción de Ajuriaguerra, presidente del EBB y el amo indiscutible del partido, no deja el más mínimo resquicio para el entendimiento: «Un acto de indisciplina de esa clase en un período de clandestinidad se paga con la cuneta. En este caso, las Juventudes Vascas nos hemos limitado a expulsarle.»

Julen Madariaga, un antiguo topo del PNV en ETA,[17] quien tras sufrir su «Camino de Damasco» es ahora un ferviente admirador del nacionalismo radical, sale en defensa de su compañero y se enfrenta a la dirección del partido. «La liberación política y social de Euskadi pasa inexorablemente por la destrucción del PNV», escribe.

Considerándose a sí mismos únicos e indiscutibles herederos del nacionalismo, los dirigentes nacionalistas no admiten lecciones de sus hijos o sus nietos y mucho menos que se los tache de «culpables» y «traidores». «Sólo con JEL[18] basta», replica Ajuriaguerra, conocido como *Almirante* por su carácter dictatorial. Antes de que destruyan el partido está dispuesto a entregar a sus militantes a la policía. «A los de Ekin hay que aplastarlos y luego, poco a poco, absorberlos de uno en uno.»[19]

Un año después, en junio de 1958, las relaciones entre el PNV y Ekin están rotas. La lucha por el poder se salda en perjuicio del Partido Nacionalista, que ve cómo sus cachorros, hijos de familias tradicionales del nacionalismo, y otros jóvenes descendientes de

---

17. Su infiltración, controlada por Luis María Retolaza de los servicios de información del PNV, se cuenta en otro capítulo.

18. Siglas de *Jaungoikua eta legezarra* (Dios y Ley Vieja), el lema del PNV, que a veces se utiliza como sinónimo del partido. De ahí la denominación *jelkide*.

19. Previamente, los jóvenes de Ekin amenazaron también con entregar a los dirigentes del PNV a la policía si se los seguía persiguiendo y se divulgaban sus nombres entre las bases del partido, como así ocurrió.

viejos carlistas, así como una parte de la sesión de *mendigoizales* (montañeros) del PNV[20] se pasan en bloque a sus adversarios.

«El fenómeno de ETA es serio: la gente joven se va con ETA, el clero joven se va con ETA. Este grupo se mueve, grita, alborota y hace cosas, valgan o no valgan», se queja años más tarde el ex ministro de Justicia de la República, Manuel Irujo. Y es que, a partir de 1958, el PNV se convierte en el «buque nodriza» que nutre permanentemente de activistas a la banda armada, por lo menos hasta 1972.

A todos los recién llegados, tras pasar varias semanas de observación, se les pide juramento de silencio. «Pase lo que pase y ocurra lo que ocurra, no denunciarás nunca que existe esta organización.» Tras asumir solemnemente el compromiso, se les abren las puertas al sancta sanctórum de Ekin, recuerda Álvarez Enparanza.[21]

Estamos en 1958. El nacimiento de Euskadi ta Askatasuna está a la vuelta de la esquina.

Situado entre los pueblos de Motrico, Mendaro, Zestona y Azcoitia, el municipio de Deba, con apenas 3 000 habitantes, es un lugar seguro. Por eso, a comienzos de julio de 1959, el núcleo fundacional de Ekin celebra allí una de sus citas clandestinas.

El encuentro, que pasa desapercibido a la Guardia Civil, tendrá una importancia fundamental en el desarrollo futuro del País Vasco. Durante varios días, los allí congregados acuerdan romper definitivamente con el PNV y elaboran un documento que ha dado en llamarse la carta fundacional de Euskadi ta Askatasuna (ETA) sobre un borrador presentado por José Luis Álvarez Enparanza.[22] El acta, en resumen, dice:

---

20. Esta organización tuvo mucho auge antes de la guerra civil, dado el carácter montañoso del País Vasco. A mediados de los sesenta se encarga su reorganización a Sabín Apraiz. El 6 de junio de 1968 controla a seiscientos jóvenes. En el primer Aberri Eguna de Elgueta los *mendigozailes* reúnen cerca de Pamplona a casi mil personas. Para impedir la represión, el PNV ordena su disolución y muchos ingresan en ETA.

21. José Luis Álvarez Enparanza, *Euskal Herria en el horizonte*, Txalaparta, 1997.

22. El nombre lo propone Álvarez Enparanza, académico de la lengua vasca. Según él, se barajó también otro, «Aberria ta Askatasuna», pero se desechó porque su contracción ATA significaba en euskera «pato».

> Para evitar las fricciones que se han dado entre organizaciones patrióticas se ha estimado conveniente continuar las actividades de nuestra organización bajo la denominación de ETA (Euskadi ta Askatasuna).
>
> Nuestro objetivo es la salvación de las esencias vascas por cauces patrióticos y la defensa del derecho de autodeterminación de nuestra nación. [Por eso], para evitar divisiones en los medios patrióticos, nuestra organización se declara apolítica y aconfesional.
>
> Por considerar que el Gobierno vasco, hoy en el exilio, es el depositario de la fe y la voluntad de nuestro pueblo, libre y legalmente manifestado, ETA se integra en la trayectoria y principios que de él dimanan. Euskadi ta Askatasuna, julio de 1959.

El documento se envía por correo desde San Sebastián a la sede del Gobierno vasco en París y lleva matasellos del 31 de julio de 1959, día de San Ignacio de Loyola. Una fecha, al igual que la Semana Santa, emblemática en la historia del nacionalismo vasco. Setenta y siete años antes, el 9 de abril de 1882, Domingo de Resurrección, Sabino Arana sufre la «revelación» y crea el nacionalismo. El 31 de julio de 1895 se funda en Bilbao el primer Bizkai Buru Batzar, la célula embrionaria del PNV. El mismo día, con cincuenta y cuatro años de diferencia, nace ETA.

Su alumbramiento no va a pasar desapercibido. Ese mismo año coloca sus primeras bombas en Vitoria y Bilbao, enfrente de la comisaría del barrio de Indautxu. La policía, que está tras sus pasos, cierra el cerco y numerosos activistas acusados de volar un monumento o colocar una *ikurriña* pasan por las manos de Enrique Eymar, coronel de Infantería y máximo responsable de impartir justicia a los separatistas vascos.

Perseguida y acosada, la banda armada tiene sus primeros exiliados.

El 19 de marzo de 1960, José Antonio Echevarrieta Ortiz, estudiante de Derecho de la Universidad de Deusto, cruza la frontera y se presenta en la casa que Antón Irala tiene entonces en San Juan de Luz.

Nacido en Bilbao en 1940, en el seno de una familia de clase media, educado en los Escolapios y en Deusto, Etxebarrieta tiene veinte años. Es militante de Eusko Gastedi, las juventudes del PNV, y acaba de salir de la cárcel, donde ingresó un año antes, tras la desarticulación de EGI y Ekin en Bilbao por el coronel Eymar.

Amigo de su familia, Irala, un nacionalista foralista, anticomunista feroz, analista jubilado del Departamento de Estado como otros muchos miembros del PNV de la clandestinidad, le pone en contacto con Elías Gallastegui, *Gudari*, un viejo militante radical del nacionalismo vasco, recién llegado de Irlanda, donde vivió exiliado desde la guerra civil.

De esta manera, Etxebarrieta, el que sería primer gran ideólogo de ETA hasta los años setenta, traba contacto en el sur de Francia con otros cuatro refugiados de Eusko Gastedi, entre los que se encuentra Iker Gallastegui Miñaur, hijo de Gudari, y con los viejos integrantes de *aberri* y Jagi-Jagi, los movimientos del nacionalismo irredentista fundados por Gudari y otros, que como se ha señalado, dieron lugar a purgas y escisiones dentro del PNV antes de la contienda nacional.

«Allí empezamos a traducir y a adaptar a nuestras necesidades notas, fotocopias y libros militares que yo había traído de Londres a mi regreso de Irlanda en octubre de 1960. También hablábamos mucho de táctica, estrategia, de Irlanda, Argelia, Palestina, el Congo [...]», ha escrito Gallastegui rememorando aquel período.[23]

«A través de Jagi-Jagi trajimos a jóvenes del interior para formarlos en Iparralde. Les hacíamos pasar la frontera, por Etxalar, los formábamos durante ocho o diez días y volvían de regreso al País Vasco», agrega Gallastegui. Los encargados de instruirlos en el manejo de explosivos, la guerra de guerrillas y los sabotajes, la impresión y reparto de propaganda clandestina son los hombres de Pepe Mitxelena o los viejos *gudaris* de la guerra civil, que esperan realizar a través de los jóvenes su revolución pendiente.

---

23. José Antonio Etxebarrieta Ortiz y otros, *Los vientos favorables (Euskal Herría 1839-1959)*, Txalaparta, 1999.

Como las enseñanzas son bien recibidas, el llamado sector Servicios del PNV manda a uno de los suyos a entrenar a gente en Bilbao, pero en la primera ocasión los encargados de recogerle en la estación de tren y llevarle a un piso franco se equivocan de persona, según Idígoras.[24]

Las clases teóricas, de euskera y patriotismo, las imparten el cura de San Antón, de Bilbao, Claudio Gallastegui y algunos seminaristas. «La formación sobre activismo la recibíamos en un piso del casco viejo de Bilbao, donde nos enseñaban a "disparar" *ikurriñas* y panfletos con un mortero de cartón, parecido a los que se usan en los circos, y, sobre todo, a colocar explosivos para obstruir carreteras u otros menesteres», añade Idígoras.

Figura poco valorada en relación con su hermano, José Antonio Etxebarrieta acabaría jugando un papel esencial en el seno de ETA. Entrenado concienzudamente por antiguos agentes de la CIA como Irala[25] o Gallastegui, anticomunistas feroces, en el futuro iba a jugar un papel esencial para evitar la infiltración del internacionalismo proletario en las filas de la banda armada.

—Hombre, Madariaga, ¿no sabía que había cambiado el calendario?

—Pero ¿qué dices, Telesforo? ¡Siempre con tus bromas!

—No, no estoy de broma. Acabo de leer vuestro manifiesto y me he enterado de que estamos en el Primer Año de la Liberación Nacional.

Y Telesforo Monzón ríe sin parar un buen rato hasta que un golpe de tos le obliga a detenerse. La conversación se celebra en San Juan de Luz entre el ex ministro de Gobernación del Gobierno vasco, un tipo alto, con aires aristocráticos, casado con María Josefa Olaso, y Julen Madariaga, jefe del aparato militar de ETA, casado con la hija de un terrateniente mexicano.

---

24. Jon Idígoras, *El hijo de Juanita Gerrikabeitia*, Txalaparta, 1998.
25. Antón de Irala trabajó durante años como analista del Departamento de Estado en Filipinas, país que conoce como la palma de su mano. A su regreso a San Juan de Luz crea el movimiento Goiz Argi, vinculado aparentemente a la CIA. Su libro más importante, *Uno se divide en dos. El arma revolucionaria del pensamiento de Mao Zedong*, es un concienzudo estudio de las técnicas de lucha e infiltración del comunismo internacional. Irala piensa que el comunismo es uno, pero actúa con dos grandes cabezas, la URSS y China, y numerosas ramificaciones menores.

El 1 de enero de 1964, a petición de Madariaga, se hacía público el *agiri* o *Manifiesto de ETA al pueblo vasco*. Frente a textos anteriores, más o menos cargados de ardor patriótico pero sin estructuración política, el nuevo documento revela por primera vez que sus autores han estudiado los movimientos de liberación (Túnez, Argelia, Israel) y han bebido en las fuentes de los teóricos de los movimientos revolucionarios mundiales, como Mao Zedong, el escritor francés Regis Debray, el uruguayo Raúl Sendic o el brasileño Carlos Marighela, autor de un manual sobre la guerrilla urbana traducido al español.[26]

En el *Manifiesto al Pueblo Vasco*, ETA plantea por primera vez su enfrentamiento con el Estado español en términos de guerra de liberación con una nueva aportación. «La liberación nacional y la liberación social son indisolubles.» Y dejan bien claro que su lucha no es contra el franquismo sino contra cualquier forma de dominación del pueblo vasco, sea república, monarquía o dictadura. «Se trata —dicen— de elegir entre Euskadi o España, entre el genocidio de la etnia vasca a manos de un Estado colonialista y dominador o por una Euskadi libre y a disposición de nosotros mismos, [a la que sólo llegaremos] mediante la autodeterminación y la independencia.»

Los autores del *Manifiesto* plantean la confrontación no como una tarea de minorías sino como una lucha de masas total. La banda terrorista se atribuye a sí misma el papel de vanguardia de todo ese movimiento. Su papel será golpear al enemigo para abrir brechas, espacios, en todos los frentes y que otros grupos comprometidos con la lucha los ocupen, y avanzar así de manera global en todos los ámbitos.[27] El documento concluye: «Por eso llamamos al año que empieza año primero de la lucha por la liberación de nuestra patria.»

El *Agiri* de ETA no era fruto del azar ni de la improvisación. En los años precedentes habían ocurrido cosas importantes. El

---

26. El volumen, un compendio de normas de seguridad y tácticas de guerrillas de comandos urbanos, funciona en fotocopias hasta que es publicado en castellano por la editorial Maspéro en París en 1970.

27. El proceso teórico de 1959 es el mismo que ha llevado a ilegalizar HB en 2002 como parte de ETA. Terroristas y trama civil trabajan juntos, con unas mismas metas y objetivos. ETA actúa de punta de lanza abriendo espacios y HB, Jarrai, LAB y otros grupos satélites se encargan de ocuparlos y ponerlos al servicio de la banda.

lehendakari Juan José Aguirre murió en París el 22 de mayo de 1960 sin lograr su objetivo de pisar de nuevo su tierra; el 18 de julio de 1961, ETA intentó descarrilar un tren de falangistas y requetés que acudían a San Sebastián a celebrar los XXV Años de Paz del franquismo y el sabotaje se saldó con una treintena de detenciones;[28] el PNV se había subido al carro de la Alianza Nacional de Fuerzas Democráticas, propuesta por Indalecio Prieto, la «bestia negra» del independentismo, y suscribió con el PSOE y otras fuerzas democráticas, en junio de 1962, el «Pacto de Munich» mediante el cual, don Juan de Borbón, padre del Rey, se comprometía a conceder «una amplia autonomía» al País Vasco en el momento en que se restableciera la legalidad monárquica en España.

La lectura que ETA hace de todos estos acontecimientos es que el partido *jelkide* ha renunciado definitivamente a su obligación de liberar el País Vasco de extranjeros y retorna al «Pacto de Bayona», suscrito al finalizar la segunda guerra mundial, dispuesto a repartirse el poder con el PSOE. La banda terrorista, por tanto, decide romper amarras con el Gobierno Vasco y el PNV y asumir el papel de vanguardia que años antes atribuía a éstos.

El año 1964 va a ser, por tanto, pródigo en acontecimientos. Sobre el mes de junio sale de la imprenta Les Cordeliers, situada en la rue Des Cordeliers,[29] en Bayona, donde se imprime el periódico bimensual del PNV *Alderdi*, el libro *Insurrección en Euskadi*,[30] del que hablamos en otro capítulo. Casi al mismo tiempo, Federico Krutwig, un nacionalista de padre alemán y madre vasca no vinculado orgánicamente a ETA, publica su obra *Vasconia*, una exaltación del nacionalismo, en la que dedica un capítulo entero a la insurrección armada.

Insurrección en Euskadi, al igual que *Vasconia*, constituiría una fuente de polémica interminable pero, al mismo tiempo, un tremendo revulsivo en el seno del nacionalismo. En su libro, Krut-

---

28. El hecho se relata más detalladamente en otro capítulo.
29. El mismo lugar donde se establece la sede del eurodiputado de HB Koldo Gorostiaga, sede postal de Batasuna tras la ilegalización por Baltasar Garzón en 2002.
30. La obra forma parte de una colección denominada «Cuadernos de ETA», de la que se publican, entre 1962 y 1964, un total de veintiséis títulos distintos. Se trata de cuadernos de formación sobre el euskera, el origen de las instituciones políticas vascas, el carlismo, la liberación nacional y la liberación social, y otros.

wig hace suya la teoría de Sabino Arana y de algunos militantes de ETA, como José Luis Álvarez Enparanza o Julen Madariaga, quienes piensan que el único elemento que define a la nación vasca es el euskera, y que el día en que desaparezca, Euskadi habrá muerto.

El clima que se respira es ya preinsurreccional. Mientras la banda armada está decidida a llegar hasta el final, sus homónimos franceses de *Enbata* reunidos en Itsasu un año antes, el 15 de abril de 1963,[31] se conforman con pedir al general Charles de Gaulle la creación de un departamento que englobe las tres provincias vascas (San Juan de Luz, Bayona y Hendaya). Como los franceses acceden,[32] aunque obviamente no en la medida en que pretende *Enbata*, se van a cantar *La Marsellesa* frente al monumento al soldado desconocido y regresan tranquilos a sus casas.

En 1964 hay que reseñar otro hecho relevante. Ramón de la Sota MacMahon, hijo Ramón de la Sota Aburto, ex presidente de la Diputación de Vizcaya, y ex gerente de la naviera Sota y Aznar y de Sofía MacMahon, recibe una carta de ETA pidiéndole el «impuesto revolucionario». Sota, que reside en San Juan de Luz, donde tiene sus negocios y colabora con la CIA y los servicios secretos británicos, monta en cólera y se niega a abonar el chantaje.[33]

El 10 de septiembre de 1964 ETA le raja las ruedas de su coche aparcado frente al chalet y le deja una nota en el parabrisas exigiéndole quinientos francos al mes o seis mil al año. «No habiendo efectuado normalmente la contribución voluntaria al Consejo Nacional de Contribución a la Resistencia Vasca, se le ha impuesto una cuota de quinientos francos o anual de seis mil. El modo de pago, el habitual.»[34]

El empresario, cuyo padre funda con Arana y otros el PNV, acude a la Gendarmería y denuncia a Julen Madariaga y a Eneko Irigarai como los autores de las amenazas. Pero tras sacar a re-

---

31. La llamada Carta de Itsasu pedía la creación de una región política, administrativa, cultural y económicamente autónoma, que reuniera a las siete provincias vascas en una Europa Unida, propuesta que en 2002, en que PRP posee los tres diputados en la Asamblea Nacional, sólo defiende una ridícula minoría.

32. Se crea el Departamento de los Pirineos Atlánticos, que engloba otros territorios, y deja diluidas las tres comarcas vasco-francesas.

33. *Zutik*, Caracas, 30 de noviembre de 1964.

34. *La Historia de ETA en sus documentos*, Hodago, 1983.

lucir en público los trapos sucios, el asunto se resuelve en familia. Kepa Ordoki, jefe de la Brigada Vasca que entra en París en la segunda guerra mundial, y otros destacados prohombres del partido *jelkide*, declaran a favor de la banda armada. Sota y Aburto retira la denuncia y Madariaga e Irigarai quedan libres, aunque se los confina al norte de Francia.

La mascarada de juicio revela que PNV y ETA, pese a sus peleas internas, representan lo mismo y que entre bomberos no está bien visto pisarse la manguera. De ahí que desde el partido *jelkide* impida dos años después que la banda armada renuncie a sus esencias nacionalistas.

Con algo más de cien habitantes que moran en sus cuarenta caseríos enclavados a ambos lados de la carretera, su enorme iglesia y su frontón, Gaztelu, situado a escasos kilómetros de Tolosa, parece un pueblo fantasma del Oeste americano.

Entre el 7 y el 11 de diciembre de 1966, un total de 42 miembros de ETA, uno en representación de cada diez activistas, se reúnen clandestinamente en el salón de actos de la parroquia, regentada entonces por el sacerdote Lucas Dorronsoro, miembro activo de ETA desde ese día.[35]

El motivo del encuentro es la celebración de la primera parte de la V Asamblea de ETA, un foro de debate donde la banda terrorista debe definir sus objetivos y estrategia política futuros. Los cinco días de reuniones se convierten, sin embargo, en un juicio sumarísimo a la anterior oficina política, a la que se acusa de revisionismo españolista, de imponer un sistema desconectado de la realidad vasca, de ser una tendencia no vasquista introducida solapadamente en ETA y de constituir un brote de social-oportunistas, calificativo habitual en aquella época.

En realidad, bajo toda esta palabrería lo que pretenden los dirigentes nacionalistas de ETA es depurar un intento de «infiltración comunista» de una organización cuyos dirigentes, bien aleccionados por el PNV y sus servicios secretos, odian el «in-

---

35. Hermano de los etarras José Mari y Jone Dorrronsoro, había sido detenido en dos ocasiones por participar en manifestaciones secesionistas. Como no pagaba las multas, se le había quitado el coche, un Seat 600, y se había subastado.

ternacionalismo proletario» y no están dispuestos a que su «revolución» se instale más allá del río Adour o por debajo de Miranda de Ebro (Burgos).

Según los datos existentes, la aparente infiltración se llevó a cabo a través del ESBA (Euskadiko Socialisten Batasuna), la sección vasca del Frente de Liberación Nacional (Felipe),[36] uno de los muchos grupos antifranquistas que aparecen y desaparecen en la época.

En la primavera de 1962, tras un manifiesto del ESBA en el que anuncia su disposición a «colaborar con las fuerzas patrióticas a fin de liberar al País Vasco de su estado de vasallaje», ETA y la filial del Felipe han creado un comité revolucionario conjunto.[37] Este órgano, según ETA, no es más que el Caballo de Troya para que algunas personas como Francisco Iturrioz y David López Dorronsoro se hagan con el control de la oficina política de la banda con la ayuda de miembros del Felipe, como José Ramón Recalde, Luciano Rincón y otros, que echan leña al fuego desde su órgano de expresión, *Batasuna*.

Detectada por los espías del Gobierno vasco en el exilio, la infiltración marxista-leninista provoca la marcha de Julen Madariaga y José Luis Álvarez Enparanza, quienes se dan de baja de ETA porque «ha caído en manos de los comunistas».

Tras este primer toque de atención, las alarmas se disparan a raíz de la publicación del *Zutik* número 42, distribuido en el verano de 1966. Su contenido, donde se liga «la lucha del pueblo vasco a la lucha por la liberación de todos los pueblos oprimidos», y otras frases por el estilo, demuestran el nuevo sesgo ideológico de la organización terrorista.

En plena «guerra fría», con 250 000 soldados norteamericanos desplegados en Europa, el PNV es consciente de que los

---

36. El Felipe se crea en 1956 en Madrid de la mano del diplomático Julio Cerón y se disuelve en 1970. Numerosas personalidades de UCD y PSOE pertenecieron a él. Entre ellas cabe citar a Javier Aguirre, duque de Alba, Joaquín Arango, Julián Campo, Alfonso Carlos Comín, Juan Manuel Arija, Juan y Lorenzo Gomis, Rafael Jiménez de Parga, José Luis Leal, José María Maravall, Víctor Pérez Díaz, José Pedro Pérez Llorca, César Ramírez, Luciano Rincón, José Ramón Recalde, Miquel Roca, Narcis Serra, Nicolas Sartorius, Manuel Vázquez Montalbán, Carlos Zayas y Juan y Elena Tomás de Salas. Varios de los fundadores han fallecido ya.

37. Forman parte del mismo José María Benito del Valle, Juan Manuel Bilbao, por ETA, y José Luis Uribesal y José Javier Leunda, estudiante de Ciencias Políticas en París, por el ESBA.

aliados no van a permitir el nacimiento de un grupo armado de raíz marxista en el golfo de Vizcaya que desestabilice la península Ibérica.

El sector Servicios decide pasar a la acción. Y en una entrevista con los hermanos José Antonio y Francisco Javier Etxebarrieta, formados en el entorno de Antón Irala y Elías Gallastegui, plantean con toda crudeza que no se puede ser comunista y nacionalista a la vez.

Decididos a cortar de raíz el «peligro bolchevique», el 20 de noviembre de 1966, diecisiete días antes de iniciarse la V Asamblea, ETA expulsa de su oficina política, como ha quedado relatado, a Patxi Iturrioz[38] y a otros acusados de «desviacionistas», «lacayos del comunismo» y «liquidacionistas» del Movimiento de Liberación Nacional Vasco.

En este contexto, cuando el 7 de diciembre se produce el encuentro de los 42 delegados de ETA en Gaztelu, como también ha quedado dicho, los responsables de velar por la ortodoxia de la organización, al más puro estilo estaliniano, sacan a punta de pistola de la asamblea a los asistentes díscolos y los encierran una semana, el tiempo que dura el cónclave, antes de expulsarlos.

La asamblea, presidida desde el primer día por Francisco Javier Etxebarría Ortiz, un economista de Sarriko de veinticuatro años, expulsa también de ETA al grupo de Los Cabras y sienta de nuevo las bases de lo que es ETA. «Nosotros somos vascos y hacemos la revolución en Euskadi y para Euskadi.»

La ponencia política, que debe definir el futuro de ETA, ha sido elaborada por su hermano, José Antonio Etxebarrieta, abogado de veintiséis años, ex miembro del Eusko Gastedi, con aportaciones de otros militantes de confianza.[39] Su título no deja de ser elocuente: «Análisis y crítica del españolismo social-chauvinista», aunque coloquialmente se conoce como *informe txatarra,* que aparecería publicado en el *Zutik,* 46. «Euskal Herría debe seguir un camino propio, al margen de las organizaciones

---

38. Al mismo tiempo se relega a sus compañeros Eugenio del Río, Iñaki Zubiaur, Ángel Uresberueta, a los hermanos Jokin y Francisco Barrutia, Jon Nicolás, a David López Dorronsoro y a otros.

39. José María Escubi, Xabier Barreño, Jesús María Bilbao, Mikel Azurmendi y José María Aguirre, quienes, a su vez, elaboran el llamado *informe verde.*

antifranquistas, para ejercer su liberación»,[40] asegura Etxebarrieta. Y agrega: «A Túnez la liberaron los tunecinos, a Chipre los chipriotas y a Argelia los argelinos. El movimiento de resistencia vasco lo tenemos que hacer nosotros, sin esperar nada del exterior. Y mucho menos de los partidos españolistas, que se convertirán en nuestros peores enemigos.»

La primera parte de la V Asamblea concluye el 11 de diciembre y no volvería a reunirse hasta meses más tarde, en marzo de 1967. Esta vez el lugar es distinto, la casa de ejercicios espirituales de la Compañía de Jesús en Guetaria (Guipúzcoa).

Esta histórica reunión daría lugar a la primera escisión interna de la banda armada, que se divide en dos ramas, ETA berri y ETA zarra, donde comienzan a militar Patxi Iturrioz y Eugenio del Río, que acaban fundando el Movimiento Comunista. En aquel ambiente convulsionado de los sesenta, poco después Eusko Gastedi, la rama juvenil del PNV, inicia su guerra particular dispuesta a no dejarse comer el terreno por ETA.

En el verano de 1968, mientras París vive convulsionado por los efectos del «mayo francés», en la carretera que va desde Beasain a Navarra, a su paso por la sierra de Urbasa, explota una bomba y provoca un fuerte socavón en la calzada.

La XV etapa de la Vuelta Ciclista a España, patrocinada por el periódico *El Correo Español-El Pueblo Vasco*, que debe pasar minutos después por el lugar, tiene que ser suspendida ese día.

Desde Villa Izarra, en Bayona, el ex secretario de Defensa del Gobierno vasco, Joseba Rezola, reivindica la acción en nombre de Eusko Gastedi. «Como epílogo al boicot decretado por el PNV contra *El Correo Español-El Pueblo Vasco*, organizador de la Vuelta Ciclista a España, un comando de EGI hizo explotar una potente carga de dinamita bajo un puente, en Urbasa, a 65 kilómetros de Pamplona», afirma en un comunicado.[41]

---

40. Etxebarrieta no asistió a la asamblea debido a una enfermedad incurable de la que fallece el 3 abril de 1973. Su pensamiento aparece reflejado en su libro *Los vientos favorables*, Txalaparta, 1999.

41. La obsesión por hacer la vida imposible a Franco es tal que en una de sus visitas a Bilbao, en 1950, intentan envenenar a los toros, para que no pueda asistir a la corrida.

Al mismo tiempo, el órgano de expresión del Eusko Gastedi aboga por la lucha armada «ahora que la patria está sojuzgada». «El ocupante debe saber esto: nuestro pueblo tiene derecho a la vida como otro pueblo de la tierra. Pero si así no lo entiende el genocida que hoy es Franco y mañana puede ser cualquier otro, bajo otro sistema, el brazo de la juventud vasca se armará y saldrá a luchar como la generación del 36.»[42]

Meses después, el 6 de marzo de 1969, con motivo del Aberri Eguna, el PNV quiere hacerse oír. Dos terroristas que manipulan una carga dentro de un coche en el kilómetro 2 de la carretera entre Ostiz y Ciaurriz, en el valle de Ulzama, quedan destrozados. Se trata de Jokin Artajo Gurro y Alberto Azurmendi Arana. Iban a volar la estatua de Sanjurjo en Pamplona.[43]

El 22 de junio de 1969, el PNV afirma en un boletín interno: «Reconocemos la legalidad de la lucha violenta contra el Estado español actual y, en general, contra cualquier forma de gobierno basado en la violencia y el terrorismo.[44]

Decidido a impedir la «fuga» de militantes, el Partido Nacionalista, que hasta entonces se había dedicado a colocar *ikurriñas* en el campanario de las iglesias, a hacer pintadas y a repartir propaganda clandestina, había encargado a Joseba Rezola la formación militar de algunos jóvenes para lanzarlos por la senda del terrorismo y la violencia.

No era algo nuevo. Ya en noviembre de 1946, sus servicios de información habían entrado en contacto con la CIA. Un agente que se identifica en los archivos del PNV como Plastic le suministra la dinamita con la que vuelan el monumento al general Emilio Mola, situado en El Arenal (Bilbao) y algunos monumentos más. Una segunda petición para que les entregaran cinco mil carabinas, sin embargo, no fue atendida, por lo que el PNV vuelve a cruzarse de brazos.[45]

Tras un segundo intento de resucitar un frente armado a finales de los sesenta, la muerte de Artajo y Azurmendi en 1969

---

42. *Gudari*, abril de 1968.
43. Ni el Gobierno vasco, por medio de *Eusko Deya*, ni el PNV, por medio de *Alderdi*, reconocieron nunca que eran militantes de EGI.
44. Manuel Tuñón de Lara, *Historia de España*, t. X, p. 405, Labor, Barcelona, 1980.
45. Santiago de Pablo, Ludger Mees y José Rodríguez, *El péndulo patriótico*, Crítica, 2001.

pone fin a los planes del partido *jelkide* de entrar por la senda del terrorismo. No fue el final, sin embargo, de los atentados. Algunos militantes de EGI, entre ellos José Ignacio Múgica Arregui, *Ezkerra*, continúan colocando bombas por su cuenta, que reivindican en nombre de ETA.

Lo que poca gente sabe, en cambio, es que sus servicios secretos seguían colaborado secretamente con la banda armada, como se verá a continuación.

Fue probablemente la decisión que más horas de discusión ocupó, pero no hay datos fehacientes del momento y lugar en que ETA, dedicada hasta entonces a colocar bombas y dinamitar los monumentos del franquismo, da el paso trascendental por sus consecuencias futuras de asesinar a un ser humano.

Se sabe a ciencia cierta que sus dos primeras víctimas iban a ser los jefes de las Brigadas de Investigación Social de Bilbao, Antonio Creix, y de San Sebastián, Melitón Manzanas López.

La operación se planificó concienzudamente sin descuidar el más mínimo detalle. El trabajo de reunir toda la información para atentar contra Manzanas (el único que es asesinado), lo asume personalmente Xabi Etxebarrieta Ortiz, como máximo responsable del aparato militar de ETA, y su hombre de confianza y guardaespaldas Iñaki Sarasketa.

Sin embargo, en contra de lo que se ha escrito, el entonces jefe del aparato militar de ETA no precisa seguir mucho a Manzanas, quien hace todos los días el mismo recorrido, desde la sede de la policía situada en la plaza Pío XII de San Sebastián hasta su domicilio de Irún. El inspector-jefe de la Policía viaja sin escolta, en el autobús de línea, y sólo abandona su casa los domingos para ir a misa acompañado de su mujer y su hija, sin ningún tipo de protección.

La información para asesinar a uno de los policías más odiados por ETA la facilita a la banda terrorista un ex agente de la CIA, delegado del PNV en Nueva York en los años cincuenta y uno de los jefes del servicio de información y propaganda del grupo político *jelkide*. Su nombre es Jon Oñatibia.

Nacido en Oñate y organizador, tras su vuelta del exilio en

1960, de los primeros cursos para estudiantes norteamericanos en la universidad de su pueblo natal, Oñatibia le facilita la información a Iñaki Sarasketa, que tiene entonces diecinueve años y es el compañero inseparable de Etxebarrieta. «Supimos qué autobús cogía, a qué hora, incluso dónde solía sentarse. Yo se la pasé a Txabi. En aquella época, media Guipúzcoa estaba atemorizada por este hombre, con una terrible fama de torturador. El caso es que fui yo quien levantó el pájaro.»[46]

Como era de esperar, el asesinato de Manzanas, realizado el 2 de agosto de 1968, forzó al Gobierno a declarar el estado de excepción y a incrementar las medidas policiales para capturar a los autores de aquella bárbara acción.

Lo que apenas ha trascendido es que, tras su asesinato, la rama juvenil del PNV trata de desviar la responsabilidad de la muerte y presentarla como un ajuste de cuentas. «El autor del hecho ha sido un carabinero que vengaba así las cuentas pendientes que con él tenía, porque el comisario, amparado en su cargo, mantenía relaciones con su mujer», afirma EGI en *Eusko Deya*,[47] el órgano oficial del Gobierno vasco.

Algo parecido a lo que había ocurrido el 26 de julio de 1960. En esa fecha, ETA coloca una bomba en la estación de Amara, en San Sebastián y asesina a un inocente, la niña Begoña Urroz Ibarrola, nacida en lo que hoy es la localidad guipuzcoana de Lasarte, a pocos kilómetros de la capital guipuzcoana.

El Partido Nacionalista, que está al tanto de quiénes pueden ser los autores materiales de los hechos, echa tierra sobre el asunto. Lo explica así en una carta interna. «Nadie protestaría contra una bomba en El Pardo o en un centro oficial, pero no es lo mismo hacerla explotar en lugares de concurrencia ciudadana. No conviene que otros modos de violencia practicados por amigos nuestros, o por gente que está muy cerca de nosotros, sean confundidos con lo de esa gente», en referencia a ETA, escribe uno de los responsables del Gobierno vasco.[48]

Pero las conexiones entre PNV y ETA son bastante más estrechas.

---

46. *La Revista de El Mundo*, núm. 138.
47. *Eusko Deya*, núm. 503, agosto de 1968.
48. Santiago de Pablo, Ludger Mees y José Rodríguez, *El péndulo patriótico*, Crítica. 2001.

Donostiarra, abogado, treinta y ocho años, Juan María Bandrés Molet es quien da la voz de alarma.

«El Régimen prepara un macroproceso contra dieciséis patriotas. Se piden penas de muerte y los militares pretenden celebrar un consejo de guerra a puerta cerrada. Me temo que se quiere dar un escarmiento y que a éstos los van a fusilar.»

Transcurre el mes de septiembre de 1970. Los candidatos a ser pasados por las armas son Javier Izko de la Iglesia, Jokin Gorostidi, Mario Onaindía, Eduardo Uriarte, Enrique Guesalaga, José María Dorronsoro, Gregorio López Irasuegui, Francisco Javier Larena, Víctor Arana, Josu Abrisketa Korta, Itziar Aizpurúa, Juan Etxave, Jone Dorronsoro, Anton Carrera y los curas Juan Etxave y Julen Kalzada.

Todos ellos están incursos en el sumario 31/69, que daría lugar al célebre «Proceso de Burgos». Se los acusa de bandidaje, terrorismo y rebelión militar, de haber participado directa o indirectamente en la reunión del convento de los Sacramentinos de Villaró, donde se planifica el asesinato del comisario de policía Melitón Manzanas González, en Irún. También en la muerte del taxista Fermín Monasterio Pérez[49] y, según el Código de Justicia Militar, iban a ser juzgados de forma sumarísima en un acuartelamiento de Burgos.

El 18 de agosto, el fiscal militar formula las peticiones de condena, que suman seis penas de muerte y seiscientos años de reclusión mayor. Los abogados defensores[50] saben que, en solitario, en un juicio a puerta cerrada, sin el apoyo de la opinión pública y el concurso de la solidaridad internacional, no tienen nada que hacer.

Y recurren al PNV y al Gobierno vasco en el exilio en demanda de auxilio para los «hermanos separados». El *lehendakari* Jesús María Leizaola, el *vice-lehendakari* Joseba Rezola, el minis-

---

49. Los detalles de estos dos asesinatos se cuentan en otros capítulos.

50. José Solé Barberá, Gregorio Peces-Barba, Francisco Letamendía, Jesús María Bagues, Gurutz Galpasoro, Pedro Ruiz Balerdi, Ramón Camiña, Juan Miguel Moreno, Juan María Bandrés, José Antonio Etxebarrieta, Pedro Ibarra, Artemio Zarzo, Ibón Navascués, José Luis Castro, Miguel Castells y Elías Ruiz Ceberio.

tro de Exteriores Mikel Isasi y el presidente del partido en el interior Juan Ajurriaguerra deciden movilizarse inmediatamente.

Como sus apoyos más importantes siguen estando en Estados Unidos y en la Santa Sede, toman un avión y se presentan en Roma. Allí estudian el asunto y verifican que en el Vaticano hay dos órdenes religiosas presididas por vascos. La de los Carmelitas Descalzos, cuyo prepósito general es Miguel Ángel Batiz, de Marquina (Vizcaya),[51] y la Compañía de Jesús, dirigida por el padre Pedro Arrupe.

Leizaola pide una entrevista con ambos religiosos y la consigue en veinticuatro horas. Acabado el encuentro con el superior de los Carmelitas Descalzos, en un aparte, éste le dice:

—*Lehendakari*, no sé si estará al tanto de que nos han robado la corona de la Virgen de Larrea.

—La corona de la Virgen. Y ¿quiénes han sido?, ¿sospecha usted de alguien? —pregunta Leizaola, indignado.

—Nos dicen que fue gente de EGI o de ETA —replica Batiz.

—Eso es cosa de chicos. Esté tranquilo. Se le devolverá en seguida.

El asunto queda ahí. La representación del Gobierno vasco y del PNV hace otras gestiones. Llama a la puerta de la Democracia Cristiana italiana, habla con el padre Iñaki Goenaga en el Vaticano y logran la intermediación del Santo Padre.

Gracias a su mediación, los dos sacerdotes procesados, Julen Kalzada y Juan Extave, renuncian al fuero que obliga a que no puedan ser juzgados en público, dada su condición de eclesiásticos, y el juicio se celebra a puerta abierta.

El 30 de diciembre de 1970, cuando se hace pública la sentencia, presos, familiares, abogados y dirigentes del PNV y del Gobierno vasco respiran tranquilamente. Gracias a la presión internacional ejercida por partidos políticos, sindicatos, gobiernos europeos, Vaticano, grupos de derechos humanos y otras instituciones internacionales, todas las penas de muerte han sido conmutadas.[52]

---

51. En abril de 2002 reside en Vitoria, y se encuentra muy enfermo.
52. Para ampliar más sobre este asunto puede consultarse Kepa Salaberri, *Sumarísimo 31/69*, Ruedo Ibérico, 1971, y Federico de Arteaga, *ETA y el Proceso de Burgos*, Aguado, Madrid, 1971.

Kepa Aulestia Urrutia, cuarenta y seis años, natural de Ondárroa (Vizcaya), parlamentario vasco y ex dirigente de ETA, lo ha sabido explicar como nadie. «En 1970, ETA estaba prácticamente desarticulada, casi no existía, debido a las numerosas redadas de la policía. Tras el Consejo de Guerra de Burgos su aureola se escucha en todas partes.»[53]

La debilidad organizativa, la incapacidad para reclutar nuevos activistas, le dura poco tiempo. EGI, la sección juvenil del PNV, va a acudir en su auxilio, nutriendo sus diezmados comandos de gente joven, dispuesta a matar al prójimo.

Las primeras reuniones entre dirigentes de una y otra organización juvenil para fusionarse se producen, en realidad, mucho antes, en 1968. Por esas fechas, Jonan Aranguren, *Iharra*,[54] de EGI, y los hermanos Txabi y José Antonio Etxebarrieta, de ETA, celebran un encuentro en un piso clandestino de Bilbao.

La muerte del jefe del aparato militar de la banda armada ese año, las redadas de 1968 y 1969, y el Consejo de Guerra de Burgos, celebrado al año siguiente, dificultan que el proceso de integración se realice, aunque muchos de los jóvenes del Eusko Gastedi, a los que se los conoce despectivamente como EGI Batasuna,[55] se sienten más identificados con ETA y empiezan a reivindicar sus atentados en su nombre.

La muerte, en 1971, de Joseba Rezola, el ex secretario de Defensa del Gobierno vasco, responsable del entrenamiento militar de los grupos de choque de EGI, facilita la fusión. En el otoño de 1971, Iñaki Múgica Arregui y Jonan Aranguren, en nombre de EGI, se entrevistan en Elgueta, un municipio de apenas ochocientos habitantes situado en la comarca del Alto Deba, con Jon Idígoras, José Antonio Etxebarrieta y Eustakio Mendizábal, *Txikia*.

Tras esta cita, alrededor de cuarenta miembros de EGI, entre ellos Iñaki Múgica, *Ezkerra*, José Ignacio Abaitua Gomeza,

---

53. Kepa Aulestia, *Crónica de un delirio*, Temas de Hoy, 1998.
54. Iharra muere a finales de 1972 en un enfrentamiento con la Guardia Civil en el paso fronterizo de Urdax.
55. Xabier Amuriza y otros autores, *Euskadi ta Askatasuna*, tt. I y II, Txalaparta, 1998.

Jonan Aranguren y Jon Ander Larreategui, rompen con el PNV y pasan a engrosar las filas de la banda armada. La información no se hace pública hasta el Aberri Eguna de 1972. Por esas fechas ya son por lo menos trescientas las personas que han enviado dos fotos de carnet de identidad al sur de Francia para que se les facilite documentación falsa e integrarse en los comandos operativos, de logística o informativos de la banda terrorista.

ETA, que hasta entonces sólo ha cometido tres asesinatos, aumentará de forma exponencial su cosecha de odio, sangre y sufrimiento. En 1973, los muertos son ya ocho, al año siguiente, dieciocho, y en 1975 ascienden a veintiséis.

Entre las víctimas, obviamente, no hay un solo nacionalista. Conclusión lógica: a la banda terrorista, como asegura en pleno siglo XXI el portavoz nacionalista en Madrid, Iñaki Anasagasti, con su habitual lucidez, la crea el franquismo. Naturalmente, para matar a su propia gente.

Aquel 16 de marzo de 1978, Aldo Moro, presidente de la Democracia Cristiana y primer ministro de Italia en varias ocasiones, sale de su casa para dirigirse a una sesión extraordinaria del Parlamento en Roma.

En mitad del trayecto, un grupo de las Brigadas Rojas intercepta la caravana, asesina a sus cinco guardaespaldas y se lo lleva secuestrado. Tras 51 días de cautiverio, el 9 de mayo el cadáver de Moro, sesenta y dos años, ex alumno y profesor de Derecho de la Universidad de Bari y contrario a la entrada de los comunistas en el Gobierno italiano, aparece muerto.

La década de los setenta fue un período de grandes magnicidios que convulsionaron el planeta. Mientras en Roma es asesinado Moro, en la República Federal de Alemania, la banda Baader Meinhof[56] secuestra y asesina en octubre de 1977 al presidente de la patronal Hanns Martin Schleyer. En Argentina, los Montoneros acaban con la vida del ex presidente Pedro Eu-

---

56. Su nombre real es Roten Armee Fraktion (Fracción del Ejercito Rojo). Se la conoce por Banda Baader Meinhof por sus dos principales dirigentes, Andreas Baader y Ulrike Meinhof, periodista que sacó al primero de la cárcel en 1970, uniendo su suerte a él. Ambos se «suicidaron» en prisión el 18 de octubre de 1977.

genio Aramburu; los Tupamaros secuestran al asesor militar norteamericano Dan Mitrione, y en Quito, el jefe de las fuerzas aéreas ecuatorianas, César Rohon, cae prisionero de la guerrilla local.

En este período de atentados destinados a ocupar las portadas de los periódicos, el 20 de diciembre de 1973 ETA asesina en la calle Claudio Coello de Madrid al presidente del Gobierno, el almirante Luis Carrero Blanco.

La banda terrorista tarda algunos días en reivindicar el magnicidio con el fin de que sus comandos puedan ponerse a salvo,[57] pero por el modus operandi la policía deduce inmediatamente que es obra de ETA. El Gobierno vasco, casi inmediatamente, hace público un comunicado oficial desmintiendo que los autores sean activistas vascos.

«Un acto tan violento como un asesinato premeditado y perfectamente organizado repugna a la naturaleza misma del hombre vasco (...)», afirma el Ejecutivo vasco en una nota fechada en San Juan de Luz. Y agrega: «Si ETA hubiera sido la autora de esta ejecución, el señor Leizaola, como presidente del Gobierno vasco en el exilio y por tanto, primer representante político del pueblo vasco, estaría al corriente del acontecimiento, y no lo ha estado.»

Sin pretender implicar a Leizaola ni a sus «ministros» en el magnicidio, los hechos revelan, sin embargo, que el Gobierno vasco mantenía relaciones con la banda armada por medio de su gente del sector Servicios. Lo comprobó, por ejemplo, en 1979 Íñigo Olcoz, encargado de preparar la campaña del referéndum sobre el Estatuto de Autonomía.

Un día, en plena campaña, alguien sin mala intención saca su nombre en el diario *Deia*. Olcoz, un técnico que, al margen de ideologías, se dedica a hacer su trabajo, se quedó preocupado por las repercusiones de la noticia sobre su persona, en el caso de que ETA decidiera actuar, y se lo cuenta al equipo de Carlos Garaikoetxea. Al día siguiente, tras una visita de un espía a Francia, el asunto queda resuelto.

---

57. Tras el atentado, José Miguel Beñarán Ordeñana, *Argala,* al que se atribuye la dirección del comando, se oculta en la casa de los padres de Txabi Etxebarrieta, el primer muerto de ETA, en Bilbao.

Y es que, según las fuentes documentales consultadas por los autores, en ningún momento de la historia de los terroristas, salvo en períodos coyunturales, ha perdido el apoyo de sus hermanos mayores del Partido Nacionalista, lo que no es nada nuevo: a partir de 1921 y de 1934 hizo lo mismo con los disidentes *aberrianos* y los Jagi-Jagi, con problemas parecidos con la justicia. Veamos, muy sintéticamente, varios ejemplos relacionados con ETA.

El 6 de octubre de 1961 se cumplen veinticinco años del Gobierno vasco establecido por José Antonio Aguirre en Gernika en vísperas de la guerra civil. Para conmemorar la efeméride, el partido *jelkide* organiza un acto en la calle Singer de París. E invitan a una delegación de EGI (Eusko Gastedi) y a otra de ETA a hablar en un acto público.

Por parte de la juventud del PNV, interviene José Antonio Etxebarrieta, hermano del que sería primer jefe del aparato militar de ETA. En representación de la banda terrorista lo hace José Luis Álvarez Enparanza. Miembro de la Academia de la Lengua Vasca, Enparanza gasta una pesada broma a un auditorio integrado mayoritariamente por viejos prebostes del nacionalismo. Les habla durante media hora en euskera y, como advierte que nadie le entiende, pasa al castellano.

«Es una vergüenza —les dice— que yo, un *abertzale*, os tenga que hablar en español a vosotros, los *abertzales*. Siento vergüenza y asco hablar la lengua del coronel Eymar y de Franco, la lengua que se habla en El Pardo, porque todos vosotros no entendéis otra cosa que el *erdera*.[58] ¿Dónde está ahora el glorioso PNV del que nos han hablado nuestros abuelos?»

La reacción de los *jelkides* fue de antología. Ofendidos y humillados, expulsan a la delegación de ETA de la sala y juran venganza eterna contra sus miembros. Pese a las provocaciones de los jóvenes y a las escaramuzas coyunturales, el PNV, como buen padre, protege con más cariño a su hijo pródigo.

Así, en 1960, Jesús Solaum, miembro del Euskadi Buru Batzar en la clandestinidad y responsable del Comité de Solidaridad

---

58. *Erdera*, lengua distinta al euskera. Coloquialmente se emplea para referirse a lo no vasco.

del PNV, reconoce que están ayudando desde Villa Izarra (Bayona) a los dirigentes de la banda terrorista. «A todos los que pasan la frontera les damos cobijo.»

Tras el descarrilamiento del tren de falangistas, en 1961, el PNV paga los abogados a aquellos terroristas que no tienen medios, ayuda económicamente a las familias necesitadas, facilita los pasos clandestinos de frontera, busca empleo en Francia a los huidos y pone todo el aparato del partido al servicio de ETA.

En 1966, los exiliados en Venezuela envían 1 500 dólares para ayuda de sus compatriotas nacionalistas. Solaum reparte el dinero de manera que quince de los beneficiados son miembros de la organización armada y sólo uno militante del sindicato ELA. Su filosofía es que hay que ayudar antes a los más necesitados.[59]

Paralelamente, el partido *jelkide* dedica su aparato de relaciones exteriores a presionar al Gobierno francés para impedir los confinamientos de terroristas fuera del Departamento de los Pirineos Atlánticos en 1962, 1963 e incluso en 1974, cuando ETA pretende cobrar el impuesto revolucionario a Ramón de la Sota.

En 1963, el Gobierno juzga en Madrid a dieciséis terroristas vascos. El PNV, por medio de Julio Jáuregui, recurre hasta al Foreign Office para que el Consejo de Guerra se suspenda, lo cual ocurre poco después.

Las connivencias llegan hasta tal punto que militantes *jelkides*, como Carlos Garaikoetxea, arriesgan su vida para sacar por la frontera a militantes de ETA; otros acuden a pisos no quemados por la policía a retirar fotocopiadoras, armas y explosivos, para borrar las pruebas de los delitos, e incluso cuatro de ellos son detenidos en Deusto mientras «limpian» un piso de ETA.

La lista de «auxilios mutuos» podría alargarse muchas más páginas, pero vamos a ahorrarles sufrimientos. Sepamos, entretanto, qué ocurrió con el «*ministerio* de la Santísima Trinidad», es decir, la trama curas-ETA-PNV, implicados en la desaparición de la corona de la Virgen.

---

59. Parte de esa suma se utilizará para comprar las armas con las que posteriormente se asesinará a Melitón Manzanas.

En 1972, el Gobierno de Franco establece de nuevo el estado de excepción y, al llegar el Aberri Eguna, el PNV no puede convocar a la gente a celebrar el Día de la Patria Vasca. Pero Mikel Isasi, ministro de Exteriores del Gobierno vasco en el exilio y uno de los responsables del servicio de información del PNV, está decidido a hacer algo para demostrar que el partido existe. Por eso llama a Txomin Saratxaga.

—Vete a Pancorbo —le ordena.

Militante nacionalista y propietario de la librería Kirikiño, situada a menos de cien metros de Sabín Etxea, la actual sede del PNV en Bilbao e incendiada en varias ocasiones por el Batallón Vasco Español, Saratxaga acude a la cita. Allí se encuentra con Primitivo Abad, otro ex miembro del PNV vinculado a la CIA.

Tras saludarse, se montan en un coche y se desplazan a las inmediaciones de Segovia. Las órdenes que tienen son volar la catenaria del tren Madrid-Irún-París para detener el ferrocarril sin producir daños personales. Pero el explosivo se encuentra en mal estado y la bomba no funciona.

De regreso a Bilbao, preocupado por las huellas que ha dejado en el paquete-bomba, Saratxaga lo consulta con Xabier Arzalluz, que se pasa un día en la biblioteca del Colegio de Abogados buscando documentación acerca del tiempo que tardan en desaparecer las impresiones digitales en la intemperie.[60]

Las cosas no salen del todo bien y Saratxaga, que no puede huir a Francia al estar «quemado» en los pasos clandestinos de frontera, tiene que esconderse unos días. Recurre a Jon Idígoras y éste le busca refugio en el convento de las Carmelitas Descalzas de Amorebieta, su pueblo.

Allí, para guardar las apariencias en el caso de que aparezca la Guardia Civil, se hace pasar por una oveja descarriada que necesita hacer una tanda de ejercicios espirituales. Hace vida contemplativa, sin hablar con nadie, y come aparte con un cura supuestamente encargado de llevarle por el buen camino. Un buen día, el sacerdote saca el asunto del robo de la corona.

---

60. Xabier Arzalluz, *Entre el Estado y la Libertad*, Iparraguirre, 1986.

—Sabemos que está en manos del PNV, o de ETA.

—Pues no se preocupe, padre. Si la tiene el Partido Nacionalista, yo les prometo que se les devolverá.

Saratxaga se lo cuenta a Idígoras. El dirigente *abertzale* le lleva a un monte, hace un hoyo debajo de un pino y saca una caja de madera recubierta con parafina. La abre y en su interior aparece la corona de la Virgen en perfecto estado. Esa misma noche, amparados por la oscuridad, acuden a la puerta de la iglesia y la dejan en un rincón.

Al domingo siguiente, en misa de doce, el oficiante no puede contener su júbilo. Exclama desde el púlpito: «¡Milagro, milagro! La corona de la Virgen ha aparecido. Ha sido un milagro. La robaron un viernes que llovía torrencialmente y la han devuelto otro viernes con mucha lluvia.»

CAPÍTULO XVII
Votos teñidos de sangre

El ex vicepresidente del Gobierno de UCD, Rodolfo Martín Villa, que los trató largamente a comienzos de la transición política, opina que el PNV «tiene la rara habilidad de la afrenta intolerable y permanente a España, a sus instituciones y a su bandera. España es algo que a los nacionalistas les es ajeno y que se puede maltratar y ofender a diario sin que pase nada».[1] Constituido por Sabino Arana hace más de un siglo, representa menos del 35 por ciento de los votos, pero gobierna como si hubiera tenido siempre mayoría absoluta. Al presidente Adolfo Suárez le trataron casi como a un delincuente, con Felipe González emplearon su alma más amable y con José María Aznar vivieron catorce meses de «luna de miel». Hasta que ETA asesinó a Miguel Ángel Blanco y vieron peligrar su hegemonismo. Desde entonces, convertidos en la retaguardia política de la banda terrorista, en los defensores de sus pistoleros y dirigentes, tratan de ampliar las bases del nacionalismo para construir un Estado vasco, independiente y euskaldún, con ETA, aunque sus votos estén manchados de sangre.

Si por algo hay que hacerle un monumento al ex presidente del Gobierno Adolfo Suárez González es por la infinita paciencia con la que soportó los desplantes, humillaciones, desaires y sinsabores con que fue recibido en el País Vasco.

Restablecidas las libertades individuales y colectivas, aprobada la Constitución, el papel más importante de Suárez fue consensuar con todas las fuerzas políticas, incluido el PNV, un Estatuto para el País Vasco que pusiera fin a algo más de un siglo de insatisfacción permanente que casi siempre acabó en guerra.

De aquel «pacto institucional» nace el Estatuto de Gernika, que acepta y respeta el hecho diferencial vasco, y se establece el «compromiso histórico» de cerrar para siempre una herida que había dejado miles de cicatrices entre vascos y españoles. Por eso, una vez concedida una generosa amnistía que vació las cár-

---

1. Rodolfo Martín Villa, *Al servicio del Estado*, Planeta, 1984.

celes de terroristas, el primer presidente del Gobierno español de la democracia reúne méritos más que suficientes para ser recibido en loor de multitud es en cualquier parte.

No fue eso, sin embargo, lo que ocurrió en el País Vasco. El 9 de diciembre de 1980, el hombre que culminó con éxito la feliz tarea de hacer una transición política pacífica de la dictadura a la democracia inicia su primera visita oficial a una región española. En contra de lo que ocurre en todos los foros internacionales, donde su figura es ensalzada en parecidos términos a la de Mihail Gorbachov, la dirección del PNV y el Gobierno vasco, con su presidente Carlos Garaikoetxea a la cabeza, deciden boicotear el viaje en el Parlamento y en las instituciones municipales y diputaciones forales bajo su control.

El agravio a un jefe del Gobierno fue tal que en los días previos al viaje el Eusko Gastedi Indarra (EGI), las juventudes del PNV, se dedican a empapelar todas las calles del centro de Bilbao y Vitoria con carteles llenos de insultos e injurias al promotor de la Carta Magna vasca, algo que ni siquiera la Segunda República les otorgó hasta bien entrada la guerra.

Poco después, el Ayuntamiento de Zestona decide declararle «persona non grata» y otros 108 municipios, entre ellos los de Bilbao, San Sebastián y Vitoria, bajo control nacionalista,[2] suscriben un manifiesto conjunto declarándose en huelga «mientras dure la visita»,[3] en señal de protesta y para no verse en la obligación de acogerle y entregarle el bastón de mando de la ciudad.

En el palacio de Ajuria Enea, el trato dispensado no fue mejor. Adolfo Suárez es recibido como si llegara a otra galaxia: con la *ikurriña* izada, bajo los acordes del *Gora ta Gora*, un himno todavía no oficial en el País Vasco, y los discursos de bienvenida se pronuncian sólo en euskera, sin traductor.

Por si los desplantes no fueran suficientes, para colmo de colmos, el segundo día de su estancia, el presidente del Go-

---

2. Los alcaldes de Bilbao, Donostia y Vitoria eran Jon Mirena Castañares, Jesús María Alkain y José Ángel Cuerda.
3. «Ante la visita del jefe del Gobierno del Estado español a nuestro país [...], esta alcaldía decreta: la suspensión de la vida corporativa durante la estancia del representante del Gobierno español en señal de protesta por la total ineficacia de esta visita que por tiempo indefinido condena a esta corporación a permanecer en la caótica situación de tesorería y falta de medios económicos necesarios para desarrollar su gestión con la mínima eficacia.»

bierno y su séquito, entre los que se encuentran el vicepresidente primero del Gobierno, Rodolfo Martín Villa, el delegado del Gobierno en Euskadi, Marcelino Oreja, y otros altos cargos del Estado, es invitado oficialmente a almorzar en la Diputación Foral de Vizcaya.

El diputado general José María Macua, que organiza el almuerzo y reparte las invitaciones, a última hora, por presiones del PNV, comete la intolerable grosería de irse de viaje a Madrid sin suspender el acto ni avisar a nadie de su ausencia.

Para arreglar el entuerto y que el Señorío de Vizcaya no le trate como a un villano, el delegado del Gobierno en el País Vasco, Marcelino Oreja, tiene que llamar por teléfono a Garaikoetxea y suplicarle, casi llorando, que acuda a presidir el almuerzo,[4] que se inicia con dos horas de retraso y en un ambiente de agresividad injustificada y de hostilidad manifiesta.

Entretanto, las algaradas, manifestaciones, sentadas, coacciones y amenazas a dirigentes de UCD y Alianza Popular, secuestros de empresarios y asesinatos se suceden sin parar en una comunidad donde, aparentemente, no hay otra ley ni otro orden que el que Herri Batasuna y ETA imponen cada día.

La falta de entendimiento con el *lehendakari* y el PNV es tal que Adolfo Suárez advirtió a Garaikoetxea de su obligación de contribuir al restablecimiento del orden y la paz ciudadana. «Si se hace necesaria una intervención militar, no tengo ningún reparo en ordenarla, ya que todo está preparado para ello», llega a apercibirle.[5]

Aunque había aceptado la reforma política y oficialmente formaba parte de los partidos comprometidos en consolidar el proceso democrático, los supuestos nacionalistas moderados parecían en ocasiones estar más cerca de la estrategia de ETA que en la de una formación política mayoritaria, responsable del buen funcionamiento de las instituciones.

Con la llegada del PSOE al poder, el nacionalismo cambia de estilo y de política y se inician dos lustros de entendimiento entre los gobiernos de Madrid y Vitoria.

---

4. Carlos Garaikoetxea, *Euskadi: la transición inacabada*, Planeta, 2002.
5. Miguel Platón, *La amenaza separatista*, Temas de Hoy, 1994.

Los que aquel día escucharon a Xabier Arzalluz y conocían su voz bronca y atronadora, su gesto adusto y seco, su estilo acusador y desafiante y sus palabras frecuentemente cargadas de «Goma-2», no podían dar crédito a sus oídos.

«Se nos ha acusado de hegemonismo, de considerar a Euskadi como un patrimonio exclusivo nuestro, de intentar "batzokizar" este país. Y yo, en cierta medida, tengo que darles la razón. Es cierto que ha existido entre nosotros, entre algunos dirigentes y simpatizantes del PNV, una tendencia a considerar que Euskadi es patrimonio nacionalista, y a equiparar el concepto de lo vasco con el de nacionalista, despreciando todo lo que nos viene de fuera», manifiesta.

Aquel 9 de enero de 1988, Arzalluz, como presidente perpetuo del PNV, había acudido al viejo teatro Arriaga, un edificio de estilo *renaisance* construido en 1834 en la margen derecha del Nervión, a clausurar el congreso de su partido.

El recién restaurado coliseo lírico, uno de los edificios más emblemáticos del otro lado del «ensanche», se encuentra a rebosar de dirigentes nacionalistas. Y un Arzalluz aparentemente desprovisto de prejuicios hacia sus semejantes, dispuesto al diálogo entre nacionalistas y constitucionalistas, ocupa durante una hora larga la improvisada tribuna de oradores situada en lo alto del escenario.

Parece decidido a «perdonar» y olvidar para siempre la «invasión» de los fértiles valles de Euskal Herría por tanto *maketo* o *coreano*[6] muerto de hambre «que han llegado aquí, se han llenado el estómago y ahora quieren quitarnos el caserío». Incluso acepta como integrantes de la comunidad vasca a los peligrosos *españolistas*, a los que el nacionalismo ha odiado y despreciado históricamente y ha situado en sus antípodas políticas.

«Pero esta concepción de vascos de aquí y vascos de fuera es injusta, agresiva y antidemocrática. Euskadi es de todos los vascos. Y será libre en la medida en que todos sepamos respetarnos

---

6. Sabino Arana utilizó un calificativo despectivo para calificar a los trabajadores españoles emigrados al País Vasco: *maketos*. Sin embargo, durante un período, tras la guerra civil, comenzó a denominárselos, incluso por ETA, también *coreanos*.

mutuamente y estemos dispuestos a olvidar viejas rencillas y a colaborar en el desarrollo de este país. Y si un día es nacionalista, deberá serlo por persuasión y no por imposición», dogmatiza.

El acto del teatro Arriaga es la culminación del proceso de profunda renovación interna iniciado por el PNV en el Congreso de Zestona, celebrado casi seis meses antes, en julio de 1987, en el que se sientan las bases políticas, ideológicas y doctrinales de un nuevo nacionalismo del siglo XX, que quiere romper con sus viejos moldes xenófobos y racistas para asumir los principios de un partido moderno, democrático, pluralista e integrador.

En el Congreso de Zestona, las aguas medicinales de la localidad guipuzcoana, conocida por su afamado balneario, sientan de maravilla a los dirigentes *jelkides*. Desde entonces y hasta el 9 de enero siguiente, bajo el eslogan «Un nacionalismo para el año 2000», el Partido Nacionalista cambia sus estatutos, renueva sus cuadros intermedios, arrincona a sus dinosaurios y «vacas sagradas» y elige un nuevo equipo dirigente formado por gente joven, que no ha hecho la guerra civil y que puede imprimir un sesgo de modernidad a una estructura que, al contrario que el resto de los grupos políticos, lleva sin renovar sus ideas prácticamente desde los tiempos de Sabino Arana.

Elogiado por todas las fuerzas políticas constitucionalistas y criticado por Eusko Alkartasuna, Herri Batasuna y ETA,[7] el discurso del presidente del partido *jelkide* supone el inicio del proceso de reformas del PNV. Constituye el llamado «Espíritu de Arriaga», en el que los nacionalistas parecen dispuestos a enterrar para siempre una de sus dos «almas», la radical e intransigente con los demás.

Frente al nacionalismo fundamentalista y excluyente del Sabino Arana Goiri iluminado y visionario de los primeros tiempos, para quien no existen más vascos que los dueños de los caseríos asentados en los llamados Territorios Históricos desde

---

7. Meses más tarde, durante el Aberri Eguna de 1988, celebrado en las campas de Salburúa, en las afueras de Vitoria, Arzalluz se ve obligado a matizar su discurso del 9 de enero para contentar al sector más nacionalista del PNV: «Es cierto que todos somos iguales, pero hay unos más iguales que otros. No negamos que [los otros] sean vascos pero ellos primero son españoles, luego europeos y finalmente vascos. Nosotros somos en primer lugar vascos, luego europeos, pero nunca seremos ni españoles ni franceses.»

mucho antes de los Conciertos Económicos de 1887, los nuevos dirigentes se inclinan por resucitar la imagen del segundo Sabino Arana. La del ideólogo y político que, tras pasar unos meses en la prisión de Larrinaga (Guipúzcoa), tuvo tiempo para reflexionar y elaborar una nueva teoría diametralmente contraria, donde propone la distensión y la coexistencia pacífica de vascos y españoles dentro de una autonomía «lo más amplia y radical posible», bajo soberanía española, en el marco de una «Liga Vasco-Españolista», como ha quedado expuesto anteriormente.[8]

¿Qué había pasado para que el PNV, no satisfecho con el Estatuto de Gernika, que pretende usarlo como una plataforma, como una especie de trampolín hacia la independencia, cambiara de actitud y asumiera la vía estatutista?

La respuesta hay que buscarla, sin duda, en las guerras bizantinas y divisiones internas del PNV, que concluyen con la salida de Carlos Garaikoetxea del Gobierno y con la creación de un nuevo partido, Eusko Alkartasuna, y en la disposición del PSOE para facilitar los cambios sin cuestionar el liderazgo de Xabier Arzalluz. Comencemos por el principio.

El 25 de abril de 1945, el Comité de Liberación Nacional de la Alta Italia fusila en Bonzánigo, cerca del lago Como, al ex dictador Benito Mussolini, y la 69 División del I Ejército norteamericano y la 58 División de la Guardia Ucraniana se encuentran en Torgau, a orillas del río Elba. La segunda guerra mundial está a punto de concluir.

Ante la inminente derrota de Hitler, el PNV y el PSOE, que han formado parte del Gobierno vasco durante la guerra civil y que ahora están distanciados,[9] son conscientes, al igual que el resto de las fuerzas políticas, de que tienen que arrumbar sus

---

8. *Patria*, 22 y 29 de junio de 1902, y *Noticiero Bilbaíno*, 25 de junio de 1902.

9. Durante los escasos meses que duró el gobierno del *lehendakari* Aguirre, tres dirigentes socialistas, Santiago Aznar, Juan García y Juan de los Toyos, ocuparon las carteras de Industria, Asistencia Social y Trabajo, respectivamente. Acabada la contienda, el presidente del PNV, Doroteo Ciaurriz, ordenó al *lehendakari* dar un ultimátum a sus socios de coalición. «Haremos un programa de gobierno exclusivamente para salvaguardar las características de la nación vasca. Los socialistas, tienen dos opciones: o firman este programa o se van.» Juan de Troyos e Indalecio Prieto se oponen a este acuerdo que el PNV impone al resto de sus socios hasta 1943.

rencillas si desean que las tropas aliadas le ayuden a liberarse del yugo de la dictadura.

Así, el 30 de marzo de 1945, tres semanas y media antes del encuentro de los ejércitos «rojo» y aliado en el Elba, partidos políticos y fuerzas sindicales vascas firman el llamado «Pacto de Bayona». En él, el PNV renuncia a la idea de construir un «Bloque Nacional Vasco» en el que todas las fuerzas políticas tuvieran que jurar prácticamente adhesión al *Jaungoikua eta Lege Zarra* (Dios y Ley Vieja), el lema *jelkide*, y aceptar un proyecto mucho menos ambicioso en el plano nacionalista. Del texto desaparecen las palabras «autodeterminación» y «soberanía», lo que supone que el PNV tiene que hacer serias concesiones a sus adversarios y, aunque en el fondo siguen siendo soberanistas, prefieren anteponer el pragmatismo al visceral fanatismo ideológico del Sabino Arana de finales del siglo XIX para recuperar la patria perdida.

El desembarco aliado en la península Ibérica no se produjo nunca, especialmente tras el discurso de Winston Churchill en Fulton, en 1946, acuñando la frase «Telón de Acero» y dividiendo el mundo en naciones libres y naciones oprimidas por el bolcheviquismo.

Casi medio siglo después, tras una serie de enfrentamientos de Xabier Arzalluz con Carlos Garaikoetxea, el PNV y el PSOE deciden en 1985 desempolvar su memoria histórica, especialmente su colaboración en Euskadi en la guerra civil y la firma del «Pacto de Bayona». Aparcan sus discrepancias, y los socialistas aceptan apoyar un Gobierno Vasco con otro *lehendakari*.

El Partido Nacionalista tiene sus razones para defenestrar al jefe del Gobierno de Ajuria Enea. Tras cuatro años al frente del Consejo General Vasco, primero, y del Gobierno vasco durante dos legislaturas, en 1984 Garaikoetxea, navarro, cuarenta y cuatro años, licenciado en Derecho y economista por Deusto, se había convertido en un personaje cuando menos antipático en la vida política española.

Soberbio, orgulloso, dispuesto a imponer su voluntad por encima de la de los demás, había tenido varios contenciosos con Adolfo Suárez durante la negociación del Estatuto, el Concierto Económico y el accidentado viaje al País Vasco.

Era un individuo al que le gustaba, además, imponer sus decisiones por la vía de los hechos consumados. De esta manera, el Gobierno se enteró de que, con ayuda de expertos israelíes e ingleses, había puesto en marcha la policía autónoma y ordenó la creación de un nuevo canal de televisión, para ampliar la cobertura del de euskera, pese a la advertencia de Leopoldo Calvo-Sotelo de que ordenaría la interrupción de las emisiones con la Guardia Civil.[10]

PNV y PSOE están de acuerdo con el diagnóstico: Garaikoetxea sólo va a ser una fuente de conflictos permanente. Así, a finales de 1984 y comienzos de 1985, con la intervención de la embajada norteamericana[11] y el consejo de la cúpula dirigente de los bancos Bilbao y Vizcaya,[12] negocian un pacto de gobernabilidad en una serie de reuniones secretas celebradas en un apartamento que Pedro Toledo, presidente del Vizcaya, tiene en la calle Goya de Madrid, a las que asisten José María Benegas, Carlos Solchaga, Xabier Arzalluz y otros.

Finalmente, limadas las asperezas, el 30 de enero de 1985, el mismo día en que ondea por primera vez la bandera de España en el palacio de Ajuria Enea, aunque fuera durante unas horas, y las cadenas de Navarra se caen del escudo del País Vasco, José María Benegas y José Antonio Ardanza suscriben un acuerdo que va a permitir al segundo presidir el Gobierno vasco durante casi dos años.[13]

El pacto, naturalmente, no satisfizo a Herri Batasuna, que acusó al PNV de «traicionar a todo el pueblo *abertzale*» y lo calificó de «rendición histórica ante el centralismo».[14] ETA, por su parte, no mostró su agrado, pero pronosticó que un acuerdo «antinatura», como el suscrito, estaba condenado al fracaso.

10. «Si tú me mandas a la Guardia Civil, yo movilizo a trescientos mil manifestantes», le dijo. Carlos Garaikoetxea, *Euskadi: la transición inacabada,* Planeta, 2002.

11. Los norteamericanos, especialmente el embajador Thomas Enders, están en el pacto, no porque deseen intervenir en asuntos internos de España, sino para garantizarse el voto del PNV al referéndum de la OTAN meses después.

12. José Ángel Sánchez Asiaín, presidente del Bilbao, tenía acceso directo a la Moncloa y escribía incluso la parte económica de los discursos de investidura de Felipe González. Pedro de Toledo era amigo del ministro de Economía y Hacienda, Carlos Solchaga, que había trabajado en el Gabinete de Estudios del Banco de Vizcaya.

13. Carlos Garaikoetxea ha dimitido el 15 de enero de 1985, siendo sustituido por Ardanza.

14. Informe de Herri Batasuna al pueblo vasco, 15 de febrero de 1985.

«Uno de los objetivos eternos que persigue el Gobierno español es potenciar una guerra civil entre vascos. Es una provocación en la que no vamos a caer, a pesar de que el PNV se preste al juego sucio de Madrid. El PNV es nuestro adversario político pero no nuestro enemigo directo, y va a tener que pagar un precio muy alto por ello. Pero no va a ser ETA quien, pistola en mano, le pida cuentas», afirma la banda.[15]

La declaración de los terroristas revela, una vez más, la perfecta sincronía entre los que «sacuden el árbol», sin romperlo, y los que «recogen las nueces» para repartirlas, y la decisión de la banda armada de no actuar incluso en las peores condiciones contra quienes son sus «aliados de sangre».

Al margen de estas consideraciones, el acuerdo PSOE-PNV tuvo raíces más profundas: el «pacto institucional con la Corona» suscrito en secreto.

El ex *lehendakari* Carlos Garaikoetxea afirma haber sido testigo de una conversación entre el presidente del PNV, ya fallecido, Juan Ajuriaguerra y el presidente de la Generalitat de Cataluña, Jordi Pujol.

—Pero, vosotros, en realidad, ¿pretendéis la independencia? —pregunta Ajuriaguerra.

—Hombre, eso es una utopía —responde Pujol.

—Pero ¿y si os la dieran? —repregunta Ajuriaguerra.

—Ah. ¡Eso ya es otra cosa! —replica el dirigente catalán.

El 27 de abril de 1984, Garaikoetxea, todo un carácter, no se dedica a maquinar la forma de alcanzar las más altas cotas de autogobierno dentro del Estatuto de Gernika para, desde allí, dar el salto a la independencia, en una estrategia reñida con el proverbial *seny* catalán.

El *lehendakari* tiene otras preocupaciones. Hace apenas once días que ha sido proclamado por segunda vez presidente del Gobierno vasco, y se supone que en las siguientes semanas debería haber sido recibido por el Rey. Esa mañana, leyendo la prensa,[16]

---

15. *Zutabe*, núms. 41 y 42, mayo y octubre de 1985.
16. Vicente Copa en *El Correo*, 29 de abril de 1984.

se entera no sólo de que no va a tener la habitual reunión de cortesía con el Monarca. Averigua algo peor. Ha sido sustituido por el presidente del partido, Xabier Arzalluz, quien, desde el día anterior, a propuesta del presidente del Gobierno, Felipe González, había sido convocado a La Zarzuela y se encontraba alojado en el hotel Ritz de Madrid, para celebrar su tercer encuentro en privado con don Juan Carlos en los últimos cuatro meses.

El desplante a quien durante algo menos de cuatro años fue el *lehendakari* de todos los vascos[17] pone de manifiesto quién manda de verdad en la Comunidad Autónoma Vasca. Demuestra, además, algo más importante: perdida la confianza de las primeras instituciones de España, los días de Garaikoetxea están contados.

La reunión con Arzalluz se sale de los habituales encuentros protocolarios que el Monarca celebra periódicamente con empresarios, sindicatos, intelectuales y representantes de los partidos políticos. Resuelto el contencioso de la Loapa que ha enfrentado meses antes al PNV y al Gobierno central, don Juan Carlos quiere propiciar desde su alta magistratura un «compromiso de Estado» con los nacionalistas que ponga fin a la desestabilización y acabe con el desafío permanente a las instituciones por el Gobierno de Ajuria Enea.

Se trata ni más ni menos que de establecer un «pacto bilateral con la Corona», como la más alta institución del Estado, al estilo de los viejos tiempos y siguiendo la tradición de los vascos. Así, a propuesta del presidente del Ejecutivo, Felipe González, el máximo responsable del Eukadi Buru Batzar asume como propios, entre otros, los siguientes puntos que respetará y hará cumplir:

1. El PNV se compromete a no plantear reivindicaciones sobre Navarra, al margen de lo establecido en la Constitución, y sin previa consulta con el Gobierno Foral.

2. La lucha antiterrorista es un problema de orden público y se considera competencia exclusiva de las Fuerzas de Seguridad

---

17. Garaikoetxea toma posesión como presidente del Gobierno vasco el 24 de junio de 1980, y tras dos mandatos en Ajuria Enea cesa en su cargo el 15 de enero de 1985.

del Estado. El Gobierno vasco no obstaculizará su actuación ni propondrá negociaciones con ETA.

3. El PNV no cuestionará las instituciones del Estado ni la Constitución, evitando enfrentamientos con el Gobierno.

4. El Partido Nacionalista Vasco no discutirá la unidad de España y se compromete a impulsar y defender los Derechos Forales en los Territorios Históricos.

5. La bandera de España ondeará en las instituciones vascas, especialmente en el palacio de Ajuria Enea.

El acuerdo, del que existen algunas anotaciones de puño y letra del ex jesuita, se cumple a rajatabla. A la salida de su reunión con el Monarca le dice a los periodistas que el PNV no amenaza la unidad de la nación.[18] Además, por primera vez en su vida, realiza desmedidos elogios de la Guardia Civil y la Policía Nacional, baluartes en la lucha contra el terrorismo.

Guiado por un afán de protagonismo desmedido, Arzalluz es incapaz de guardar el secreto de sus reuniones con el Rey. Al poco tiempo le concede una entrevista a *La Vanguardia*[19] y relata todo el encuentro. Por si fuera poco, sus notas manuscritas de la reunión son conocidas por Sabín Zubiri y otros miembros de la ejecutiva del PNV, partidarios del *lehendakari,* y acaban en manos del presidente del Gobierno vasco.

Cuando conoce todos los detalles, Carlos Garaikoetxea se indigna, y con toda la razón del mundo. Considera un desaire y una falta de respeto a la institución que encarna que la política de su Gobierno se pacte a sus espaldas con el presidente del partido, su más feroz enemigo.

El *lehendakari*, sin embargo, no está del todo seguro de si se trata de una «intoxicación» de sus adversarios o de si verdaderamente se le está «puenteando». Como tiene el acceso cortacircuitado con el Rey, para salir de dudas envía al presidente del Parlamento vasco, Juan José Pujana, a confirmar los hechos a La Zarzuela. Pujana es recibido inmediatamente por el Monarca y

---

18. Las manifestaciones fueron glosadas días después por Julen Guimón en un artículo de prensa. *El Correo*, 12 de mayo de 1984.

19. *La Vanguardia*, entrevista con Arzalluz firmada por el periodista Carlos María López, 17 de febrero de 1985.

en el momento en el que sale a relucir la cuestión no hace comentario alguno.[20]

El Pacto con la Corona se plasma punto por punto en las decisiones posteriores del Gobierno vasco. Es la clave del nombramiento de José Antonio Ardanza como *lehendakari*, su decisión de izar la bandera de España el día de su nombramiento, y su compromiso a no poner cortapisas a las Fuerzas de Seguridad del Estado en su labor.

Es también uno de los datos que explica la fractura del PNV en dos bloques y el nacimiento de Eusko Alkartasuna. Enfrentados a muerte en Guipúzcoa, Gernika, Bermeo, Éibar y en casi todas las poblaciones vascas, los nacionalistas pagarán cara su escisión en las siguientes elecciones autonómicas.

Todas las encuestas lo dan como seguro ganador y José María *(Txiki)* Benegas Haddad, secretario general del Partido Socialista de Euskadi (PSOE), abogado, treinta y ocho años, nacido en Venezuela, casado y con tres hijos y candidato al Gobierno de Ajuria Enea, está cada vez más pletórico a medida que avanza la campaña.

Pero cuando aún faltan doce días para la consulta electoral, Xabier Arzalluz viene a echarle un jarro de agua fría: «El PSOE tiene un apoyo de votos pero sus votos, socialmente, no son los más integrados en este país. Un país tiene una textura de vida social que no es sólo lo que se ve en el Parlamento. Es una presencia en todo tipo de sociedades, y ahí el electorado socialista no está muy presente»,[21] declaró el presidente del PNV a la agencia Vasco Press.

El 30 de noviembre de 1986, con el vuelco de las grandes ciudades que dan la espalda a los nacionalistas y votan socialismo, y la casi desaparición del espectro político del CDS y Alianza Popular, que obtienen los peores resultados de su historia,[22] el

---

20. Carlos Garaicoetxea, *Euskadi: la transición inacabada*, Planeta, 2002.
21. Vasco Press, 8 de octubre de 1986.
22. AP saca sólo dos diputados, convirtiéndose en la sexta fuerza política tras el PSOE, PNV, HB, EA y EE.

PSOE gana las elecciones en el País Vasco, pero de una forma muy peculiar.

El grupo liderado por Txiki Benegas logra un diputado más que el PNV[23] al beneficiarse del enfrentamiento entre Xabier Arzalluz y Carlos Garaikoetxea y la escisión del PNV con el nacimiento de Eusko Alkartasuna. El Partido Nacionalista, sin embargo, obtiene 18 975 sufragios por encima del PSOE.[24]

La formación de Gobierno se convierte así en un asunto endiablado. Como responsable del partido que, con 23 de los 75 escaños, es la fuerza política más votada en Euskadi, el candidato socialista, Benegas, inicia conversaciones con todos los partidos políticos para formar Gobierno. Las conversaciones con Euskadiko Ezkerra y Eusko Alkartasuna acaban como el rosario de la aurora. Ninguno de los dos grupos está decidido a dar su apoyo al PSOE, salvo a cambio de una serie de concesiones políticas e institucionales que rompen y sobrepasan el marco estatutario.

Tras dos largos meses de encuentros infructuosos, el secretario general de los socialistas vascos es consciente de una cosa: el único partido político que puede garantizar un gabinete estable son los representantes del nacionalismo moderado.

Las negociaciones avanzan por buen camino, hasta que el 21 de febrero de 1987, tras lograr los primeros acuerdos de reparto de poder, el PNV, fiel a su línea de chantaje, a su política de tensar la cuerda hasta el infinito, plantea un ultimátum. Tal vez por aquello de que los «nacionalistas están más integrados» para implicarse en un Gobierno con los socialistas, exigen que el presidente del Gobierno vasco sea José Antonio Ardanza Garro, un político moderado, de cuarenta y cinco años, nacido en Elorrio (Vizcaya) y ex asesor jurídico de las cooperativas de Mondragón.

Como ocurre con la campaña a favor del Estatuto, en que todas las fuerzas políticas permitieron que los nacionalistas lo capitalizaran como un triunfo suyo, el PSOE, y en especial Benegas, decide sacrificarse. En un gesto sin precedentes, del que

---

23. Veintitrés frente a veintidós de un total de 75 parlamentarios.
24. Los resultados fueron: PSOE, 252 233 votos; PNV, 271 208; HB, 199 900; Eusko Alkartasuna, 181 115; Euskadiko Ezkerra, 124 423 y Alianza Popular, 55 606 papeletas.

se hacen interpretaciones de todo tipo,[25] para garantizar la gobernabilidad del País Vasco entregan el poder a los nacionalistas.

De esta manera ocurre un hecho insólito o pocas veces repetido en unas elecciones democráticas: Ardanza, el perdedor en los comicios electorales, se hace con el santo y seña, es decir, por arte de birlibirloque se convierte en *lehendakari*.

Y lo hace con plenos poderes. Desde el de la iniciativa parlamentaria en la Cámara de Vitoria y nombrar y cesar a sus consejeros, hasta el de dirigirse al Parlamento vasco, cuando más interesara al PNV, para convocar las nuevas elecciones autonómicas y recuperar la mayoría parlamentaria perdida.

Este exceso de generosidad no le sería reconocido nunca a los socialistas. El 12 de marzo de 1997, cuando se forma el Gobierno bipartito PNV-PSOE, los nacionalistas no se contentan con colocar a su hombre de confianza en Ajuria Enea.

Exigen para su partido las carteras más relevantes del Gobierno, especialmente la de Interior, que le permite controlar a la Ertzaintza, donde colocan a Luis María Retolaza. Reivindican también la Consejería de Hacienda, responsable de los Presupuestos, en la que se instalan Fernando Spagnolo de la Torre (nada español, por cierto) y Alfonso Basagoiti, respectivamente. La Consejería de Cultura es la llave desde la que se controlan los medios de comunicación públicos, especialmente Radio Euskadi (Euskadi Irratia) y Radio Vitiria (Euskadi Gaztea), y las dos cadenas de televisión, Euskal Irriti Telebista 1 y 2 (ETB-1 y ETB-2). El PNV se la adjudica a Joseba Arregui Aramburu, guipuzcoano, doctor en Teología y profesor de Sociología de la Universidad de Deusto, y un nacionalista moderado, pero, al fin y al cabo, nacionalista.

Como en los tiempos del primer Gobierno vasco creado por José Antonio Aguirre en plena guerra civil, los socialistas son relegados a las carteras de Economía y Planificación (Milagros García Crespo y Luis Atienza, sucesivamente), Educación (José Ra-

---

25. Hay quienes opinan que fue un gesto de generosidad. Otros, por el contrario, opinan que, pese a las condiciones adversas, el PSOE tenía que haber asumido el poder y no cometer una traición con su electorado entregando el poder en bandeja a quienes perdieron en las urnas. Máxime cuando el PNV se siente ungido por un «plus de legitimidad» y no acepta de buen grado la alternancia en el poder entre nacionalistas y constitucionalistas.

món Rekalde) y Transportes y Obras Públicas. En sucesivos gobiernos asumirían también la Consejería de Trabajo, de la que se encarga Paulino Luesma Correas, con gran enfado de los sindicatos ELA y LAB, que radicalizan a partir de entonces sus posturas hacia la creación de lo que llaman un marco vasco de relaciones laborales.

Así, los vencedores de las elecciones autonómicas, por arte de magia, se tienen que conformar con la pedrea, mientras el premio gordo de la lotería se lo queda el PNV, debido a las exigencias de Xabier Arzalluz y el Euskadi Buru Batzar, el máximo órgano de gobierno del partido *jelkide,* que en el País Vasco, lo mismo que en los regímenes comunistas hoy desaparecidos, funciona como el verdadero poder en la sombra, por encima del Gobierno y de las instituciones.

No perdamos, sin embargo, el hilo conductor de esta historia. Porque, además del «Espíritu de Arriaga» del que hemos hablado antes, la debacle electoral del PNV tendría otras consecuencias positivas para la sociedad vasca y a favor del aislamiento del terrorismo.

Los partidos políticos y las instituciones que encarnan la voluntad popular, el Parlamento, «rechazamos la utilización de violencia, tal y como viene produciéndose en Euskadi, por entender que además de constituir una práctica éticamente execrable y de acarrear desastrosas consecuencias para nuestro pueblo, representa la expresión más dramática de la intolerancia, el máximo desprecio de la voluntad popular y un importante obstáculo para la satisfacción de las aspiraciones de los ciudadanos vascos».

Con estos términos, entre grandilocuentes y rimbombantes, comenzaba el punto primero del «Acuerdo para la normalización democrática y pacificación de Euskadi», más conocido como Pacto de Ajuria Enea, un documento de doce folios, con un preámbulo y diecisiete puntos, llamado a ser la piedra angular para acabar con el azote del terrorismo de ETA.

Para ponerse de acuerdo en un plan básico, de mínimos, para aislar políticamente a los terroristas y a su entorno, los partidos políticos con representación en el Parlamento vasco habían invertido ciento diez días en arduas negociaciones, habían consumido centenares de tazas de café, latas de Coca-cola e innumerables paquetes de cigarrillos. Durante largas jornadas, en sesiones interminables que acababan a altas horas de la madrugada, se habían discutido uno por uno todos los puntos hasta la saciedad, se había matizando en numerosas ocasiones el lenguaje, incluso hasta las comas, y se habían elaborado decenas de borradores.

Al final, el 12 de enero de 1988, a las cinco de la tarde, José Antonio Ardanza, como presidente del Gobierno vasco; Xabier Arzalluz, por el PNV; Julen Guimón, representante de AP; José María Benegas, *lehendakari* del PSOE; Ignacio Oliveri, en nombre de Eusko Alkartasuna; Kepa Aulestia, como secretario general de Euskadiko Ezkerra, y Alfredo Marco Tobar, por el CDS, estampaban su firma al pie del texto.

Se acababa de suscribir un documento histórico tanto por su contenido como por el cambio de actitud que suponía para algunos partidos políticos. Así, tras diez años de boicot activo a la estrategia antiterrorista del Gobierno, de rechazo de la política de deportaciones y extradiciones, el PNV se comprometía, al menos formalmente, a iniciar la senda contraria.

Propuesto en el Parlamento de Vitoria por el presidente del Gobierno vasco, José Antonio Ardanza, el 25 de septiembre de 1987, varios meses después de que estuviera sentado en el palacio de Ajuria Enea gracias a la gentileza del PSOE, el intento de crear un frente que aislara a Herri Batasuna y su entorno del resto de las fuerzas democráticas desató de inmediato las iras de los pistoleros abertzales.

La reacción de la banda terrorista fue colocar, un mes y unos días más tarde, el 11 de diciembre, un coche-bomba en el cuartel de la Guardia Civil de Zaragoza, asesinando a once personas, cinco de ellas niños, e hiriendo a otra veintena.[26] «El intento de pacto del PNV con los partidos unionistas supone que el partido *jelkide* da un giro de 180 grados, y apuesta por el GAL, el plan ZEN y la política genocida de Madrid contra el pueblo tra-

---

26. José Pino Arriero, Pedro Alcaraz Martos, Emilio Capilla Tocado, María Dolores Franco Muñoz, María del Carmen Fernández, José Ballarín Cazaña y los niños Silvia Pino Fernández, Silvia Ballarín Gay, Rocío Capilla Franco, y Julia y Esther Barrera Alcaraz.

bajador vasco, entregando a los patriotas abertzales a los torturadores policiales y sus esbirros del PSOE», escribe *Zutabe*.

Decidido a medir por el mismo rasero a unos y otros, a contentar por igual a demócratas y terroristas, el 5 de enero de 1988 Ardanza convoca a los representantes de los partidos políticos en el palacio de Ajuria Enea. Allí, el *lehendakari* se manifiesta favorable a elaborar un documento para aislar a ETA. Sin embargo, para que nadie pueda tildarle de antieuskaldún ni de antiabertzale propone que en el mismo texto se hagan amplias concesiones al desarrollo pleno del Estatuto y a la integración de Navarra en el País Vasco.

Julen Guimón y Alfredo Marco Tabar, representantes de AP y el CDS, no están en principio de acuerdo con la propuesta. «No se puede vincular el desarrollo del Estatuto, que es una aspiración legítima de todos los vascos y que compartimos todos los partidos, con el fin del terrorismo o la violencia. Eso supone, ni más ni menos, darle la razón a ETA», protesta el diputado Guimón, recientemente fallecido.

Finalmente, el Partido Nacionalista, como de costumbre, impone sus tesis. Situándose en el centro del debate, como si ellos fueran los únicos que poseyeran la verdad absoluta y constituyeran el punto de equidistancia entre ETA y el Gobierno legítimo de España, al que cínicamente mide por el mismo rasero, mete en el mismo saco las reivindicaciones incuestionables de todos los vascos y la violencia terrorista.

Así, dos de los doce folios del «Acuerdo para la normalización y pacificación de Euskadi» se dedican por entero a sentar por escrito «el compromiso de los firmantes a crear una comisión parlamentaria para el pleno y leal desarrollo de todos y cada uno de los contenidos del Estatuto» como instrumento de autogobierno, y a decidir, «en su caso, su reforma o a reivindicar cualquier otro derecho [el derecho a la autodeterminación, se supone] de acuerdo con la disposición adicional primera de la Constitución y única del Estatuto».

En relación con la Comunidad Foral Navarra, el Pacto de Ajuria Enea proclama que sólo los navarros pueden decidir su incorporación al régimen autonómico vasco. Sin embargo, al ser ésta una «aspiración sentida por amplios sectores de la sociedad vasca, los partidos firmantes nos comprometemos a intensificar las relaciones entre ambas comunidades y a crear instrumentos comunes».

Dispuesto a gobernar para todos los vascos, sin exclusiones, de esta manera el PNV salvaba la cara frente a ETA y sus bases radicales, que era lo que le preocupaba. Pese a todo, el texto es aprobado el 12 de enero de 1988 en el Parlamento vasco y se convierte durante tres años largos en un instrumento esencial en la lucha antiterrorista. «Ante la violación sistemática de los principios que conforman la convivencia democrática y el derecho a la vida, compartimos la necesidad e importancia de la acción policial para acabar con el terrorismo, la prevención de atentados y la persecución de sus autores. [...] Expresamos también nuestra convicción de que la colaboración internacional entre gobiernos y los distintos poderes judiciales es indispensable para erradicar la violencia, prevenir nuevos atentados y evitar la impunidad de sus autores.»

Aprobado el documento, el PNV vuelve por donde solía y, como se narra en otro capítulo, traiciona el pacto al reunirse en secreto con HB y negociar con la trama civil de ETA el trazado de la autopista de Leizarán. Resuelto a soltarse de las ataduras con el PSOE, el Partido Nacionalista está dispuesto a pactar también con el PP, partido que entonces no representa ningún riesgo para ellos en Euskadi.

Una de las amistades desconocidas de José María Aznar de su etapa de presidente en Castilla y León es el empresario José Antolín Irauza, burgalés, propietario de la empresa familiar Accesorios de Automóviles Antolín Ara, una compañía especializada en la industria auxiliar del automóvil, que fabrica piezas para las multinacionales del sector.

Su finca, «Sankirce», situada en la carretera de Soria, a quince kilómetros de Burgos, un paraje singular con un templo cisterciense en su interior, declarado monumento histórico-artístico, fue durante mucho tiempo uno de los lugares predilectos por los años atrás presidente castellano-leonés para celebrar algunos encuentros discretos.

En 1991, dos años después de la llegada a la Moncloa del Partido Popular, la finca, situada a mitad de camino entre Madrid y Bilbao, sirve de lugar de encuentro para la primera entrevista secreta entre José María Aznar y Xabier Arzalluz, al que seguirán otras reuniones en el hotel Palace de Madrid, con Jaime Mayor Oreja como testigo.

Ninguno de estos encuentros de trabajo conduce a acuerdos efectivos entre las dos formaciones políticas. Sirven, sin embargo, para que los dos líderes políticos se conozcan mutuamente y se cree una relación de confianza, traicionada de vez en cuando por el PNV, para futuros pactos.

Es así, al menos, como lo ve Jaime Mayor Oreja en 1996, el año en que el Partido Popular, refundado en el Congreso de Sevilla un lustro antes, gana las primeras elecciones generales y sustituye en el poder a un Felipe González cansado y sin fuelle político.

—Tienes que pactar con el PNV —le dice.

Aznar, que acaba de suscribir un difícil pacto de gobernabilidad con Coalición Canaria y Convergència i Unió, que le garantizan la investidura como presidente del Gobierno, no lo estima necesario. La desconfianza y el escepticismo que han presidido en los últimos meses las relaciones con el PNV, que se niega a darle su apoyo, le hacen recelar de éste.

—Dame un voto de confianza y déjame que lo intente por última vez —dice Mayor Oreja.

—Creo que vas a perder el tiempo. Además, conseguida una mayoría suficiente en el Congreso, ya no los necesitamos —le contesta Aznar.

—Tú déjame a mí. Ya sé que no necesitas sus votos pero, como vasco, creo que no es malo tener al PNV de nuestra parte —insiste el futuro ministro del Interior.

El domingo 28 de abril, el presidente del PP, José María Aznar, y el de la Generalitat de Cataluña, Jordi Pujol, rodeados de sus hombres de confianza, se encuentran en el hotel Majestic de Barcelona para brindar por el éxito de la aventura política que acaban de emprender.

Una de las ausencias es la de Jaime Mayor Oreja. A esas horas, mientras el resto de sus compañeros disfruta de las mieles del poder, se halla enfrascado en una dura negociación con el vicepresidente y consejero de Hacienda del Gobierno vasco, Juan José Ibarretxe, en el hotel Landa de Burgos.

Allí, apurando hasta el último segundo, negocian un pacto de legislatura que incorpora a última hora los votos del PNV a la investidura del presidente del Gobierno en el Congreso de los Diputados.

La «luna de miel» entre el Partido Nacionalista Vasco, el Partido Popular y el Gobierno fue corta, pero José María Aznar no había recibido en su vida política tantos parabienes ni halagos como entonces.

Era la primera visita que realizaba oficialmente un presidente del Gobierno español al País Vasco desde el accidentado viaje de Adolfo Suárez González en diciembre de 1980, hacía más de 16 años.

Aquel lunes 4 de noviembre de 1996, tras suscribir un acuerdo para el desarrollo del Estatuto y negociar la ampliación del Concierto Económico, permitiendo a las haciendas forales la recaudación de todos los tributos, incluso de los «impuestos especiales»,[27] Aznar es recibido con todos los honores en Euskadi.

En lugar de boicotear el viaje, el PNV saca una nota de apoyo y el mismísimo presidente del EBB, Xabier Arzalluz, se convierte en su «dama de compañía» perpetua para que no se sienta como un extraño en su propia tierra. Le lleva del brazo a entrevistarse con el *lehendakari* José Antonio Ardanza y acude con él a la Universidad de Deusto para que hable a los estudiantes, que le escuchan con respeto y devoción.

Como todo debe salir según lo establecido, al día siguiente está presente en la recepción del Ayuntamiento de Bilbao donde a su llegada se baila un *aurresku* en su honor y el alcalde, Josu Ortuondo, le entrega el bastón de mando, hecho insólito en la corporación.

El miércoles, la lluvia amenaza con deslucir la jornada, pero Arzalluz se desvive por mostrarle Bilbao, una ciudad viva que

---

27. Hidrocarburos, tabaco y tasas por el consumo de alcoholes.

mira al futuro y que quiere convertir su ría, donde se realizan fuertes inversiones, y el futuro Museo Guggenheim en símbolos de la prosperidad y el desarrollo que se pretende para todo el País Vasco.

Por primera vez en la historia, el PNV, en boca de su presidente, admite la autoridad del Estado en Euskadi, algo nunca visto en los anales de la historia del último siglo, salvo en los períodos dictatoriales. «Esta visita es un hermoso gesto que los vascos sabemos apreciar en todo lo que vale. Después de lo que ha hecho, lo mínimo que podemos es rendirle nuestro homenaje. Aznar, aparte de ser el presidente del Gobierno central, también gobierna aquí, no es un gobernante de París»,[28] dice un desconocido Arzalluz.

Como se cuenta en el volumen *Arzalluz, la dictadura del miedo*, el gran colofón de aquel viaje fue la cena a solas que celebran el presidente del Gobierno y el del PNV en el hotel Carlton de Bilbao, en una velada que se prolonga durante más de cinco horas.

Xabier Arzalluz explica personalmente el resultado de aquella cena: «El presidente del Gobierno se ha comprometido al desarrollo total del Estatuto, salvo en un punto, el de la Seguridad Social. Pero eso no es culpa suya, sino de los sindicatos CC. OO. y UGT, que se oponen frontalmente.»

En los días de su vida, los más viejos del lugar nunca habían visto un despliegue similar, una acogida tan favorable a un *maketo* de Madrid. En una sociedad tan católica como la vasca, sólo faltó recibirle bajo palio, pero ese tipo de ceremonias habían pasado hace años al baúl de la historia.

Tantos honores y deferencias demuestran que el PNV, cuando quiere, aplica el refrán «es de bien nacidos ser agradecidos». Dos meses antes, a comienzos de septiembre de 1997, los dos líderes políticos se han visto en el palacio de la Moncloa para firmar las transferencias. El presidente del PNV abandona el palacio presidencial pletórico: «Hemos conseguido con este Gobierno en un día lo que no logramos en dieciséis años con Adolfo Suárez, Leopoldo Calvo-Sotelo y Felipe González.»

En Ajuria Enea, el *lehendakari* José Antonio Ardanza, al co-

---

28. Agencia EFE, lunes 4 de noviembre de 1996.

nocer el alcance del pacto, tampoco puede reprimir su alegría y optimismo. «Es el acuerdo más importante de nuestra historia. Desde hoy podemos decir que somos el decimosexto Estado de la Unión [Europea].»

Si es cierto que hay amores que matan, el noviazgo del PNV y el PP, dos partidos de centro derecha dispuestos a disputarse el mismo espacio electoral en el País Vasco, está abocado al fracaso desde el principio.

Con sus 120 kilos de peso, Enrique García, *Gaztainondo*, comisario de policía y jefe de la «unidad de husmeadores» de la Comisaría General de Información de la Policía Nacional, no es una persona que pase desapercibida en una fiesta o acto social.

Fue lo que le pasó a Pepe Rei, jefe del equipo de investigación de *Egin*, cuando recibió su llamada, a mediados de la década de los noventa.

—Soy Enrique García de la «Agencia A», de Alfredo Fraile, en Madrid. Quiero hablar con vosotros —se presentó García, alias *Blasillo*, alias *Gaztainondo*, alias *el Gordo*.

Y de esa forma, ocultando su nombre e identidad pero no sus relaciones con Fraile, que pretende utilizarle por esa época para pasar mensajes al Ministerio del Interior y sacar así a su jefe, Javier de la Rosa, de la cárcel, entabla relaciones con el periódico *abertzale*.

En 1997, poco antes de la liberación del funcionario de Prisiones José Antonio Ortega Lara, secuestrado por ETA, el jefe de la unidad de rastreadores de la policía le cita en el despacho de Fraile, ex manager de Julio Iglesias, y le espeta:

—Hablo en nombre del Gobierno al más alto nivel. ¿Os vale Aznar? Pues bien, quiero que HB me dé treinta nombres de presos de ETA. Os garantizo que en quince días están en cárceles del País Vasco.[29]

—Nosotros no tenemos nada que ver con HB. Así que vas por mal camino.

—Da lo mismo. Tú tráeme a cualquier dirigente de HB, en-

---

29. Pepe Rei y Edurne San Martín, *Egin investigación*, Txalaparta, 1998.

mascarado si quieres para que no le reconozca, y yo le hago la oferta. Ahora bien, vosotros tenéis que hacer algún gesto de vuestra parte y demostrarme que Ortega Lara sigue vivo.

Rei, según afirma en uno de sus libros, no se fía del Gordo. Teme una encerrona y se niega a transmitir el mensaje a la Mesa Nacional de HB. Sin embargo, pocos días después el Gobierno, por su cuenta, comienza a trasladar algunos presos de la banda armada a Nanclares de la Oca (Álava) o Martutene (Guipúzcoa).

Para el periodista, procesado por Garzón por sus vinculaciones con ETA, fue la prueba irrefutable de que aquel personaje extraño, desconfiado, dicharachero y jovial, que aparecía y desaparecía misteriosamente, tenía algún contacto al más alto nivel con el Gobierno. Constituía la clave de que el Ejecutivo de Aznar estaba dispuesto a hacer concesiones para salvar la vida del funcionario de Prisiones secuestrado por la banda armada.

Y es que desde la llegada del PP al poder, ETA había hecho del traslado de sus presos uno de sus caballos de batalla en un intento de tranquilizar a sus familias, de desestabilizar las relaciones entre el PNV y el PP y de romper la «luna de miel» entre Aznar y Arzalluz.

Obsesionados con la reedición con el PP del «Pacto de Arriaga», que los situaría aún más contra las cuerdas, los terroristas necesitan a toda costa impedir que la alianza de los dos partidos de centro-derecha se consolide. Por eso, tras dos años largos sin atentar contra ningún político, dan instrucciones a sus comandos de secuestrar a un concejal del Partido Popular.

La orden tiene, además, prioridad sobre cualquier otra consigna impartida anteriormente por la banda terrorista.

Nacido en Bilbao en 1892, contemporáneo de Sabino Arana, su abuelo, Elías Gallastegui Uriarte, *Gudari*, dirigente de las juventudes del PNV, entonces Comunión Tradicionalista Vasca, provocó en 1921 la primera escisión del partido[30] y se convirtió en uno de los principales ideólogos del independentismo radical vasco.

---

30. Formó parte de la llamada corriente *aberriana* del PNV (por el semanario *Aberri*, su órgano de expresión) y fue expulsado en julio de 1921 del Partido Nacionalista junto con Manuel Eguileor, Francisco Gaztañaga, Adolfo Larrañaga y otros.

El 3 de marzo de 1925, durante su boda celebrada en un restaurante de Artxanda (Bilbao) con más de cuatrocientos invitados, fue detenido por convertir la ceremonia nupcial en un acto independentista. Como tenía cuatro causas pendientes con la justicia, poco después huye y funda en San Juan de Luz un Comité Pro Independencia Vasca.

Desde Francia intenta organizar un levantamiento contra la Dictadura de Primo de Rivera, con trescientos voluntarios armados que debían peregrinar a Lourdes, tomar las armas y alzarse en Bilbao, adonde llegarían por barco, siguiendo el modelo del levantamiento irlandés de la Pascua de 1916.

Sus sueños de visionario fracasaron, pero no por eso abdicó de su papel de «apóstol» del independentismo. En 1932, con Ramón de la Sota, fundó el semanario radical *Jagi-Jagi* y con la Federación de Mendigoizales (montañeros) de Vizcaya provoca una rebelión dentro del PNV que se salda, de nuevo, con una escisión dos años después. Tras la guerra civil se exilia a Irlanda, de donde regresa a San Juan de Luz a finales de los cincuenta, lugar en el que muere en 1974.

Su padre, Lander Gallastegui Miñaur, arquitecto, y su tío Iker, administrativo de la Naviera Sota, también independentistas furibundos, se encargaron de entrenar militarmente a algunos etarras en el sur de Francia en la década de los sesenta, de ocultarlos a la policía y de prestarles apoyo y sustento.

«Llegará nuestro día y el sueño del que hablaba el poeta irlandés se convertirá en realidad, y millones aún por nacer vivirán en la casa formada en los corazones y las mentes de nuestros *gudaris*», escribe Lander en *Gara* en 2001.

La tercera generación de la familia Gallastegui, las hijas de Ander e Iker, Irantzu Gallastegui Sodupe, sus hermanas y su prima Usune, siguen la saga de sus padres y abuelo. Pero con un agravante: forman parte todas ellas de los comandos operativos de ETA. Son integrantes de una generación rabiosa y fanatizada, con más de cien años de odio acumulado y transmitido de padres a hijos, capaz de cometer los más horrendos y salvajes crímenes contra sus adversarios por el hecho de serlo.

Por eso, sólo una persona como Irantzu Gallastegui, un individuo enfermo por el odio como Francisco Javier García Gaztelu, *Txapote,* y un demente, José Luis Geresta,[31] podrían cometer el crimen más inhumano de la historia de ETA: el secuestro y asesinato del concejal del PP en Ermua Miguel Ángel Blanco Garrido.

Antes de morir a finales de abril de 1990 en París, Raúl Sendic, líder histórico de los Tupamaros uruguayos, con el que ETA mantuvo numerosos vínculos, lo dejó escrito en sus célebres *Actas Tupamaras.* «El talón de Aquiles de las dictaduras son los militares; el de las democracias burguesas, sus políticos. Es ahí donde hay que golpear.»

Decididos a obligar al Gobierno a trasladar a sus presos a cárceles del País Vasco y a dinamitar los puentes entre el PP y el PNV, los pistoleros etarras llevaban varios meses buscando a un concejal del partido de la calle Génova para secuestrarlo.

A finales de mayo, el comando «Donosti», integrado por Irantzu Gallastegui, Francisco Javier García Gaztelu y José Luis Geresta, en una de sus incursiones por el municipio de Éibar (Guipúzcoa) le preguntan a Ibón Muñoa, ex concejal de Herri Batasuna y colaborador de ETA, a quién pueden secuestrar.

El dirigente local de HB, propietario de la empresa Talleres Muñoa, una empresa dedicada a fabricar placas de matrículas para coches, conoce perfectamente a Miguel Ángel Blanco, concejal del PP en el municipio vecino de Ermua. La compañía donde trabaja, Eman Consulting, situada en Éibar, se encarga de llevar la contabilidad de su taller y de presentar los informes trimestrales de IVA e IRPF a la Diputación Foral de Guipúzcoa.

Ibón Muñoa, sin embargo, aseguró a la juez Teresa Palacios, titular del Juzgado de Instrucción número 3 de la Audiencia Nacional, que nunca facilitó a ETA datos de Blanco. Sí ofreció otros nombres, los de los concejales del PP en Éibar Ramón Sánchez, Regina Otaola y Milagros Urízar.

---

31. Geresta se suicida de un tiro en la cabeza en 1999 en un monte cercano a Rentería (Guipúzcoa) tras revelar varios signos de manía persecutoria. Poco antes de su muerte estaba convencido de que la policía le había instalado micrófonos en los dientes y le pidió a varios amigos de HB que se los extrajeran con unas tenazas. Su cadáver fue encontrado sin varias piezas dentales.

Con la información, el comando desaparece de la zona a los pocos días y regresa de nuevo a comienzos de junio. Esta vez pretenden quedarse más tiempo. Se alojan en casa de Ibón Muñoa y le hacen partícipe de sus planes.

—Estamos preparando el secuestro del concejal del PP de Ermua. Vamos a esperarle en la parada del tren de Éibar, en el momento en que acuda al trabajo. Allí le capturaremos y nos lo llevamos.

—Y ¿cuál es mi papel en este asunto?

—El día que te digamos, colocas tu coche junto a la estación de tren para, a la hora convenida, cambiarlo por el que tenemos preparado para la operación y evitar los problemas de aparcamiento.[32]

A finales de ese mes, el comando ha localizado un piso franco en Lasarte y lo tiene todo listo para la operación. El día 30 tienen preparado el secuestro, pero por razones desconocidas fallan en su intento.

Entonces se produce un hecho inesperado. La noche del 1 de julio, al tiempo que la banda armada libera a Cosme Delclaux tras pagar un rescate de mil millones de pesetas, la Guardia Civil libera de un zulo de Mondragón al funcionario de Prisiones José Antonio Ortega Lara, tras 532 días de despiadado y cruel cautiverio.

La liberación del funcionario de Prisiones y las primeras imágenes que ofrece la televisión de aquel hombre famélico, que ha perdido 32 kilos de peso, taciturno, con la mirada perdida y con el dolor reflejado en su rostro, conmueven los corazones de media España.

ETA es acusada de falta de humanidad, de desprecio por la vida, de disfrutar con el sufrimiento de sus semejantes y de reinstaurar los campos de concentración nazis. La banda armada, en lugar de asumir las críticas, reacciona de la única forma que sabe: con una brutalidad aún peor.

Dispuestos a vengar la ofensa infligida por la Guardia Civil, los terroristas deciden acelerar el secuestro del concejal del PP.

---

32. De la declaración de Ibón Muñoa a la policía, ratificada ante la Audiencia Nacional. Según su testimonio, también les ofreció un apartamento de sus padres situado en Zarauz para retener a la víctima, pero García Gaztelu y Artantza Gallastegui lo rechazan. No reúne condiciones de seguridad necesarias.

Así, el 10 de junio, Miguel Ángel Blanco, tras comer en su domicilio, se dirige al apeadero del tren de Ermua para acudir a su trabajo. A las tres y media de la tarde llega a la estación de Éibar, en el barrio de Ardanza, y allí le está esperando Irantzu Gallastegui.

—Tú trabajas en Eman Consulting, ¿no? Es que acabo de comprar un coche, que tengo aparcado aquí al lado, y necesito que alguien me arregle los papeles —le dice.

Miguel Ángel Blanco la acompaña a buscar la documentación. Es la última vez que se le ve con vida. Dos días más tarde, tras el ultimátum que la banda armada da al Gobierno para que acerque en 48 horas a todos los presos de ETA a cárceles vascas, su cuerpo agonizante es encontrado en un paraje deshabitado de Lasarte.

Su asesinato, a «cámara lenta», anunciado por los terroristas horas después del secuestro, mientras la Santa Sede, Amnistía Internacional, las Naciones Unidas y miles de organizaciones humanitarias, partidos políticos y organizaciones de todo el mundo pedían que se respetara su vida, fue el mayor golpe que los españoles sufrieron en su conciencia tras la guerra civil.

La crueldad y la carencia de sentimientos de los terroristas fue de tal envergadura que más de seis millones de españoles de toda clase y condición social salieron a la calle para pedir la disolución de ETA. La inesperada movilización social, que pudo ser aprovechada por el PNV para acabar de una vez con la última lacra de los siglos XX y XXI, provocó el efecto contrario.

Viendo amenazado su liderazgo en el País Vasco, los nacionalistas, en lugar de cerrar filas con las víctimas y los partidos constitucionales, se echa en brazos de HB y ETA, los asesinos y sus cómplices, en un intento de recomponer la unidad de todos los vascos.

En septiembre de 1997, dos meses después del secuestro y asesinato, Ibón Muñoa, el ex concejal de HB que ha dado el apoyo logístico a ETA, vuelve a ocultar al comando y habla con Irantzu Gallastegui.

—Eso que habéis hecho es un error —le recrimina.

—De error, nada. Lo que pasa es que las consecuencias de

esta *ekintza* [acción] tardarán más de un año en verse —le responde la etarra.

Razón no le faltaba.

La captura de José Ignacio Herranz Bilbao, responsable de los archivos de ETA, en París, el 9 de marzo de 1999, fue un fuerte golpe policial. En la misma operación fueron capturados, como hemos contado, Irantzu Gallastegui y José Javier Arizcuren Ruiz, *Kantauri*, jefe de los comandos de la banda armada. En el piso franco de Herranz Bilbao se halló este documento:

> Euskadi Ta Askatasuna, Eusko Alkartasuna y Euzko Alderdi Jeltzalea-Partido Nacionalista Vasco, teniendo en cuenta la situación que vive Euskal Herría y con la intención de iniciar una nueva era en el conflicto con España, firman el siguiente acuerdo básico:
> 1. Los firmantes del acuerdo se comprometen a dar pasos efectivos desde hoy en aras a la creación de una estructura institucional única y soberana que contenga en su seno a Araba, Bizkaia, Gipuzkoa, Lapurdi, Nafarroa y Zuberoa, consensuando, respaldando e impulsando, con la vista puesta en la creación de la citada institución-estructura, y junto con las distintas fuerzas políticas y sociales que compartan el mismo objetivo, toda iniciativa encaminada a superar el actual marco de división institucional y estatal.
> 2. Los firmantes del acuerdo, junto con las fuerzas partidarias de la construcción de Euskal Herría, o asimismo junto con las fuerzas partidarias de los derechos democráticos de Euskal Herría, se comprometen a fomentar dinámicas y a lograr acuerdos, tanto puntuales como de largo alcance, en torno a las necesidades básicas y mínimas.
> 3. EA y EAJ-PNV se comprometen a romper los acuerdos que mantienen con los partidos que tienen como objetivo la construcción de España y la destrucción de Euskal Herría (PP y PSOE).
> 4. ETA, por su lado, se compromete a dar inicio a un alto el fuego indefinido. A pesar de que el alto el fuego tendrá el carácter de total e indefinido, se mantienen por parte

de Euskadi Ta Askatasuna tanto las tareas de aprovisionamiento como el derecho de defenderse en caso de posibles enfrentamientos.

En Euskal Herría, en agosto de 1998.

Euzko Alderdi Jeltzalea-Partido Nacionalista Vasco (EAJ-PNV). Eusko Alkartasuna (EA). Euskadi ta Askatasuna *(ETA).*

El 12 de septiembre de 1998, el PNV, Eusko Alkartasuna y Herri Batasuna, junto con los sindicatos ELA y LAB y varias organizaciones del entorno de ETA, se habían dado cita en Estella (Navarra) para firmar un pacto entre nacionalistas y establecer una estrategia común para acabar con el terrorismo, un fenómeno que debemos abordar entre nosotros «sin injerencias externas».

Tras el llamado «Pacto de Lizarra», el PNV, que hasta entonces basa su actuación en el Estatuto de Gernika, el Pacto de Ajuria Enea y el Parlamento de Vitoria, da un giro de 180 grados y se coloca al lado de los terroristas. Cuatro días después, ETA confirma los malos augurios. La banda armada declara una tregua «unilateral e indefinida» y apoya el acuerdo de los partidos nacionalistas, lo que revela que la formación fundada hace más de cien años por Sabino Arana se ha echado al monte y ha emprendido la senda soberanista.

Sus dirigentes niegan, sin embargo, que hayan firmado previamente algún pacto oculto con ETA. El descubrimiento de los archivos de la oficina política de la banda armada en París pone fin a las especulaciones. Uno de los documentos hallados, que se refleja anteriormente, demuestra la existencia de esos acuerdos. Y lo que es más grave todavía: sin consultar con nadie y al margen de las instituciones, el PNV se ha comprometido con los terroristas a marginar al PP y al PSOE, dos partidos constitucionalistas que representan al cincuenta por ciento del electorado, de los ayuntamientos, diputaciones forales y Parlamento vasco mediante la creación de un Estado paralelo que sustituya al actual.

Dos años después del más despiadado asesinato de la historia de la democracia, en un documento interno, ETA valora sus consecuencias:

La acción contra el concejal de Ermua se convirtió en una clave para todas las partes. Dejó en evidencia el enfrentamiento entre España y Euskal Herría a un nivel que ninguna otra acción había hecho hasta entonces. Siendo una acción situada en una lucha concreta, dio paso a un cambio de coyuntura.

La acción —agrega la banda armada— estaba planteada en el contexto carcelario. ETA había dado instrucciones a sus comandos de secuestrar a un cargo del PP para forzar la negociación y romper el pacto PNV-PP. La coincidencia del «arresto» con la liberación del «carcelero» por la Guardia Civil tuvo una lectura política diferente.

Fue un desafío violento e inmediato a España tras una operación espectacular de la Guardia Civil. El PNV se dio cuenta de que podía gobernar con el PSOE, como así había ocurrido en los últimos años, porque no competían ideológicamente. En cambio, PP y PNV tenían espacio de «pesca» electoral comunes dentro de una sociedad vasco-española normalizada. Al ver amenazado su «corral electoral» dejaron de sentirse cómodos en España.

El nuevo «espíritu de Arriaga», creado meses antes entre Xabier Arzalluz y José María Aznar, salta por los aires hecho añicos. En la primera reunión que tuvimos, los nacionalistas hablaron sin disimulo de recuperar el «Espíritu de Txiberta», roto veinte años antes cuando el PNV optó por el regionalismo, la partición y la reforma.[33]

Tras diecinueve años colocando bombas y asesinando por la espalda a centenares de españoles sin que el Estado se pusiera de rodillas y sin que el PNV renunciara a gobernar dentro del Estatuto de Gernika y la Constitución, una sola muerte había puesto el País Vasco patas arriba y al partido de Sabino Arana a los pies de ETA.

Desde la óptica terrorista, lo importante ahora era ver si el Gobierno estaba dispuesto a aceptar el nuevo marco creado y a respetar la decisión que unilateralmente pudieran tomar los vas-

---

33. *ETAren Ekimena* (La iniciativa de ETA). Análisis de la situación política antes y después del Pacto de Lizarra, Oficina Política de ETA, autor desconocido.

cos, al margen de las instituciones del Estado español, en un hipotético referéndum.

La tregua de ETA y las falsas expectativas creadas en la opinión pública de que era posible llegar a un acuerdo de paz con un grupo de asesinos obligaron al presidente del Gobierno a convocar una ronda de conversaciones con todos los partidos políticos para conocer su opinión.

Así, en octubre de 1998, poco después de la firma del Pacto de Lizarra pasan por la Moncloa Joaquín Almunia, secretario general del PSOE, Julio Anguita, coordinador general de IU y Jordi Pujol, presidente de CiU. El cuarto en ser convocado por José María Aznar es Xabier Arzalluz, máximo responsable del PNV.

—¿A ti no te gustaría pasar a la historia como el hombre que trajo la paz al País Vasco? ¿No te agradaría colgarte esa medalla?

—Si alguien me da una medalla la agradezco, pero no me importan. Ahora, si el planteamiento es que ETA va a dejar de matar y entrar en las instituciones pero con la pistola debajo de la mesa, entonces no.

—¿Qué propones, pues?

—Si ETA ha dejado de matar, después de treinta años de sembrar el dolor en el País Vasco y España, no es porque vayan ganando. Ha sido porque están perdiendo. Y si en este tiempo no han podido poner al país de rodillas y van perdiendo, no pueden exigir al Estado que les conceda lo que no han logrado a punta de pistola.

—Hombre, alguna salida tiene que existir.

—Por supuesto. Soy un firme defensor de la pacificación, pero bajo tres premisas inamovibles: haré todo lo posible por la paz, la paz no tiene precio y no está sujeta a contrapartidas políticas ni a cambios de los marcos jurídico-institucionales vigentes. ETA debe tener presente que el escenario «paz es igual a concesiones» no es factible.

Al día siguiente, la persona que se sienta en el mismo sillón es Carlos Garaicoetxea, máximo dirigente entonces de Eusko Alkartasuna.

—Ya sabes que España es una democracia y que todo el mundo puede expresar libremente sus ideas. Así que ETA, si deja las armas, puede integrarse en las instituciones y decir lo que quiera —le comenta Aznar.

—Lo sé. Pero con las reglas de la democracia no vamos a obtener lo que queremos —replica Garaikoetxea.[34]

—Entonces ¿qué pretendes? ¿Que haya que matar para conseguirlo?

Tras los dos encuentros, el primer ministro español es consciente de que el nacionalismo moderado se ha echado en los brazos de ETA y está dispuesto a defender los mismos postulados políticos. Pese a todo, da su visto bueno para que tres hombres suyos negocien con los terroristas en su nombre. Pero eso es materia del capítulo siguiente.

34. José Díaz Herrera e Isabel Durán, *Aznar, la vida desconocida de un presidente*, Planeta, 1999.

CAPÍTULO XVIII
«Cosa nostra»

Mientras PSOE y PP ultiman la Ley de Partidos que permita ilegalizar a Batasuna, el aparato político e institucional de ETA, el presidente del PNV, Xabier Arzalluz, anuncia la celebración de una consulta popular a los vascos para ver si la banda armada, la única lacra del siglo XXI que padece España, debe desaparecer.[1] Y no es que el dirigente nacionalista sufriera ese día una insolación, un arrebato de locura transitoria o no supiera que el terrorismo es una plaga al igual que el cólera, el tifus o la lepra en épocas pasadas. Es que ETA es la *cosa nostra*, nuestros pistoleros, que al más burdo estilo siciliano matan, ametrallan, colocan coches-bomba, acosan, amenazan, insultan, zahieren y llevan a cabo la «limpieza étnica» de los «enemigos del pueblo vasco», el «¡que se vayan!» para proteger a la gran familia nacionalista y acrecentar los «negocios comunes», la patria de los sólo vascos, por la vía del miedo y del terror. En los dos siguientes capítulos trataremos de relatar de forma sucinta, sin pretender ser exhaustivos, las relaciones secretas entre el llamado nacionalismo democrático y lo que Carlos Garaikoetxea define como el «nacionalismo radical».

La persona que más claro lo tuvo siempre fue el ingeniero y lingüista José Luis Álvarez Enparanza, *Txillardegui*. El miembro de la Academia Vasca de la Lengua y editor de la revista *Branka* había nacido en el barrio del Antiguo de San Sebastián en 1926, en el número cinco de la calle Zumalacárregui, pared con pared con el cuartel de la Guardia Civil construido por su abuelo.

«Los vascos somos un pueblo pequeño situado entre dos grandes estados, España y Francia. Si nos presentamos enfrentados entre nosotros mismos y no nos unimos, nos aplastarán como a un mosquito», escribe Txillardegui.[2]

Su tesis tuvo muy pronto grandes admiradores, especialmente entre personas como los hermanos Isidro y Telesforo Monzón, Manuel Sota, Manuel Eguilior o Iker Gallastegui, del grupo Jagi-

---

1. *La Vanguardia*, 22 de mayo de 2002.
2. *Branka*, 2 de septiembre de 1966.

Jagi o Aberri, o de Acción Nacionalista Vasca, o en ex miembros de ETA, como Federico Krutwig, José Manuel Aguirre, José María Benito del Valle. Desde el PNV, el glorioso partido de Sabino Arana, sus dirigentes no muestran demasiadas inquietudes en sumarse a la iniciativa.[3]

El 31 de abril de 1977, en plena negociación de la Reforma Política, es José Miguel Beñarán Ordeñana, *Argala*, jefe de la oficina política de ETA y líder carismático del nacionalismo *abertzale*, quien formula la apuesta:

«La Ley de Reforma Política aprobada por las Cortes fascistas —dice— convierte a la monarquía, a las Fuerzas Armadas en intocables. La unidad de la patria, española por supuesto, es intocable, lo que impide ya desde ahora el reconocimiento de la soberanía legal de Euskadi.

»Los diputados vascos en el Congreso van a ser 26 frente a 350. La única posibilidad de conseguir un Estatuto es hacerlo nosotros mismos, elegir a nuestros parlamentarios y presentarnos como representantes de Euskadi frente a un Parlamento español», plantea Argala.[4]

Convocados por Telesforo Monzón y *Anai Artea*, aquel día todas las fuerzas nacionalistas vascas se congregan por primera vez desde la guerra civil para crear un Frente Nacional, integrado exclusivamente por partidos vascos, y separarse de España.

Faltan dos meses y medio para que se celebren las primeras elecciones democráticas del 15 de junio de 1977 en España, tras cuarenta años de dictadura. La reunión de los partidos vascos se celebra en el hotel Txiberta, situado entre la avenida Des Plages y el bulevar de la Barra, en Anglet (Francia), y nadie ha querido quedarse fuera del evento.[5]

---

3. En 1964, Monzón publica un artículo en *Zutik*, y el 19 de marzo de ese año ETA convoca una reunión de partidos para crear el Frente Nacional. De las seis organizaciones invitadas a una cita el 20 de junio, Enbata, Jagi-Jagi, Iratxe (grupo independentista navarro que se integra posteriormente en ETA), Acción Nacionalista Vasca, LAB y PNV, asisten todas, salvo el PNV. A partir de entonces, los llamamientos se suceden, sin éxito, año tras año, estando a punto de cuajar el de 1971, debido al acercamiento del nacionalismo tras el Consejo de Guerra de Burgos.

4. *Zutik*, núm. 68, mayo de 1977.

5. Previamente, el 17 de febrero de 1977 ETA presenta un proyecto de reunificación bajo el nombre Euskal Erakunde Herritarra (EEH). A las reuniones asiste el dirigente del PNV Xabier Arzalluz, que muestra siempre todo su apoyo a la consecución de la Alternativa KAS, el programa de mínimos de la banda terrorista. *Euskadi ta Askatasuna*, tomo 5, Txalaparta, 1987.

Por parte del PNV asiste una representación integrada por Joseba Azkárraga, Juan José Pujana e Iñaki Bujanda. ETAm y ETApm han destacado a sus mejores hombres, José Miguel Beñarán Ordeñana, *Argala*, José Manuel Pagoaga, *Peixoto*, Domingo Iturbe Abasolo, Javier Garayalde, *Erreka*, Mark Etxegarai y Jesús Irín Baztarrika (Bereziak).

También están presentes representantes de partidos políticos clandestinos y de otras organizaciones, como Iñaki Martínez por EIA, Goyo Monreal por Euskal Sozialista Elkartzeko Indarra (ESEI), Mariano Zufía por Euskadiko Karlista Alderdia (EKA), Santi Brouard por Euskal Herriko Alderdia Sozialista (EHAS), Valentín Solagaistúa por Acción Nacionalista Vasca (ANV), Iñaki Aldekoa por Eusko Sozialista Biltzarrea (ESB), José Luis Elkoro por el llamado grupo de «Alcaldes de Vergara»[6] y José Luis Álvarez Enparanza, *Txillardegui*, por *Branka*. Actúa de secretaria María Dolores González Katarain, *Yoyes*, de la oficina política de ETA.

Pese a tan nutrida concurrencia, gran parte de las intervenciones de la «cumbre» secesionista va a estar protagonizada por Argala, que presenta un proyecto titulado «Liberación en Euskadi». El documento es, ni más ni menos, que un golpe de Estado político mediante el cual las fuerzas políticas congregadas, considerándose a sí mismas las legítimas herederas de la nación vasca, elaborarían un Estatuto de autonomía propio, sin consultarlo con nadie y al margen del resto de los españoles.

Una vez aprobada la Carta Magna, elegirían un Parlamento y un Gobierno provisional que discutiría con el Gobierno y las Cortes españolas, de igual a igual, los plazos para la retirada del Ejército y las Fuerzas de Orden Público, y la creación de un Estado independiente, libre y soberano.

La apuesta soberanista, en la que al Gobierno de la nación se lo pone en la tesitura de aceptar por las bravas una política de hechos consumados, cuenta, en principio, con el apoyo de todos los partidos políticos, incluido el PNV, dispuestos a romper con el resto del Estado y a no presentarse a las elecciones generales del 15 de junio.

---

6. Grupo de alcaldes de 142 municipios vascos que a comienzos de la transición se convierten en un auténtico poder fáctico.

Pese al radicalismo y el visceralismo demostrado, casi todas las fuerzas políticas representadas en Txiberta, incluida ETA, esconden ases en la manga, mantienen acuerdos secretos con el Gobierno y no están dispuestos a «echarse al monte» a las primeras de cambio.

Históricamente, a lo largo del siglo XX, por temor a contaminarse de «españolismo», el PNV está ausente de todos los momentos relevantes en que se decide el futuro de España y, con gallegos y catalanes, hace sentir su presencia en aquellos otros en los que se pone en cuestión la unidad nacional.[7]

Tras la muerte de Franco a finales de 1975, la coronación del Rey Juan Carlos y la llegada de Adolfo Suárez al poder, el partido *jelkide* es el último grupo en superar los recelos e incorporarse al proceso de «transición democrática».

Poco a poco empieza a superar su propio pasado, y el 25 de marzo, es decir, 35 días antes de la reunión de Txiberta, los nietos de Sabino Arana acuden al Registro de Asociaciones Políticas del Ministerio del Interior, se inscriben como partido político y depositan sus estatutos.

Dispuestos a que nadie les arrebate el liderazgo en el País Vasco, poco después celebran su primera Asamblea Nacional en la legalidad en Pamplona y firman y sellan con el PSOE un pacto para presentar listas conjuntas al Senado.

En este contexto, jugando al mismo tiempo a dos bandas, negociando por un lado con ETA y por otro con Adolfo Suárez, como buenos tahúres del Mississippi, el PNV se presenta el 12 de

---

7. Los nacionalistas no asisten al «Pacto de San Sebastián» el 17 de agosto de 1930, donde se decide el advenimiento de la República; se ausentan del Parlamento cuando se aprueba el 9 de diciembre de 1931 la Constitución republicana. En 1936, poco antes de la guerra civil, andan tonteando con los carlistas y la República y el mismísimo 18 de julio el EBB se declara «neutral» en la guerra, decantándose finalmente por el régimen establecido a cambio del Estatuto, que se aprueba el 1 de octubre, cuando parte de Álava, toda Navarra y Guipúzcoa han caído en manos de los nacionales. En 1975 se niegan a formar parte de la Junta Democrática, que aglutina a gran parte de las fuerzas antirrégimen, al estar presente el PCE de Santiago Carrillo. Por el contrario, el 11 de septiembre de 1923 firman la Triple Alianza, con gallegos y catalanes, y el 25 de julio de 1933 el Pacto de Compostela, origen de Galeuzca (gallegos-euskadis-catalanes), formando un frente para independizarse del resto de España.

abril a la segunda reunión de Txiberta.[8] Allí comienzan ya a definirse posiciones.

Mientras ETA, con el apoyo de Santiago Brouard, José Luis Elkoro y Telesforo Monzón, plantea la abstención en las elecciones generales, salvo que el Gobierno conceda una amnistía general antes del 15 de junio, el PNV deja claro que, con o sin amnistía, acudirá a los comicios.

«¿Y qué vais a hacer vosotros con los ocho o diez diputados que podéis obtener frente a los 350 del Parlamento?», protesta Telesforo Monzón, visiblemente contrariado.

«EL PNV lucha y luchará por la salida de todos los presos de las cárceles, la vuelta de los exiliados y el restablecimiento de las libertades democráticas. ¿Es que ya no os acordáis de las gestiones que hicimos durante el Proceso de Guerra de Burgos? ¿Es que los militantes de ETA no se acuerdan del comportamiento de la gente del partido, curándolos y escondiéndolos? ¿Acaso pensáis que la liberación de Euskadi empezó hace tan sólo quince años?», replican los representantes del PNV.[9]

Ante el enfrentamiento de posturas, Argala anuncia que ETA va a conceder una tregua hasta el 15 de mayo (que luego se prorrogaría hasta el 24) para que Suárez suelte a los presos. Y anuncia:

«A partir de entonces, nosotros vamos a dar unas cuantas bofetadas, vamos a iniciar una campaña de acciones. Porque la experiencia nos dice que sin lucha no se consigue nada.»

Acabado el encuentro, el Frente Nacionalista designa a una comisión para que viaje a Madrid y le transmita al presidente del Gobierno los acuerdos de Txiberta: amnistía total, el retorno de todos los exiliados y la elaboración de un Estatuto de autonomía vasco con carácter previo a la Constitución.[10]

La respuesta de Suárez es la esperada. Si se concede una amnistía es probable que el Ejército impida la celebración de los co-

---

8. Las citas fueron cinco y se celebraron los días 31 de abril y 12, 14, 17 y 23 de mayo. A una de ellas asiste como invitada Mirentxu Purroy, directora de la revista *Punto y Hora*.
9. *Enbata*, 23 de junio de 1977.
10. La comisión está integrada por José Luis Elkoro en representación de los alcaldes, Juan José Pujana por el PNV, Santiago Brouard por EHAS, Iñaki Aldekoa por ESB y Valentín Solagaistúa por Acción Nacionalista Vasca.

micios y todo el proceso político se vendrá abajo. Como gesto de buena voluntad, el 14 de mayo, el Gobierno saca de la cárcel y deporta a Bruselas a cinco de los presos por el Consejo de Guerra de Burgos, dos de ellos condenados a muerte y posteriormente indultados.[11]

ETA considera esta medida una burla. Tras dos meses y cinco días sin cometer un asesinato, el 18 de mayo un comando mata al policía nacional Manuel Ordera de la Cruz en la estación de Amara de San Sebastián. Pese a todo, las reuniones de Txiberta, donde el PNV y ETA llevan el protagonismo principal, se mantienen hasta el 23 de mayo.

Y aunque acaban con la división del nacionalismo en dos bloques, el PNV, decidido a apoyar la «reforma», y el resto de las fuerzas políticas, que apuestan por la «ruptura», la reunificación del nacionalismo bajo unas solas siglas queda en la memoria histórica del partido *jelkide* como una meta a alcanzar en el futuro.

Por eso, a partir de entonces, no habrá año en que PNV y ETA, que se necesitan mutuamente, dejen de verse en secreto.

El vehículo circula por las calles de Bayona, San Juan de Luz y Hendaya, a marcha lenta unas veces y acelerando otras, y dando vueltas en círculo de vez en cuando para despistar a posibles perseguidores.

Ha pasado media hora y el conductor, seguro de que nadie está tras su pista, se dirige a la estación de Biarritz y se detiene ante la puerta. Allí, cansado de esperar, Jokin Gorostidi, dirigente de Herri Batasuna y uno de los condenados a muerte en el Proceso de Guerra de Burgos, se sube en un santiamén al coche, que sale disparado de nuevo.

En el momento en que se ponen en marcha, un vehículo de la Direction de la Sûreté du Territoire (la DST), uno de los dos servicios de información de Interior de Francia, acaba de llegar al lugar. Sus agentes comprueban que el Peugeot 304 en el que viaja Gorostidi es un coche robado y salen en su persecución.

---

11. Mario Onaindía, Teo Uriarte, Francisco Javier Larena Martínez, Jokin Gorostidi y José María Dorronsoro.

El acoso dura apenas unos minutos. Los agentes de la DST, al comprobar que los huidos no tienen intención de detenerse, hacen uso de sus armas de fuego. Instantes después, el Peugeot 304 se estrella contra una tapia y la caza concluye.

Los presuntos ladrones de coches son identificados como Domingo Iturbe Abasolo, Eugenio Echeveste Arizcuren, máximos jefes de ETA, y el ya citado Jokin Gorostidi. Los dos primeros van armados y el conductor del vehículo, Iturbe, presenta una herida de bala en la sien y otra en el brazo derecho.

La noticia de la detención de la cúpula de ETA es divulgada al poco tiempo por la agencia France Press. Como los datos acerca de los heridos no son precisos, desde España acuden inmediatamente a Bayona, a interesarse por el estado de salud de los facinerosos, los dirigentes de HB. Pero Francisco Letamendía, Santiago Brouard y el abogado Miguel Castell son interceptados en la frontera y devueltos a San Sebastián.

Entretanto, los detenidos son trasladados a la comisaría de Bayona y allí se descubre la razón de la fuga. Jokin Gorostidi lleva encima un documento sobre una posible negociación entre ETA y el Estado español que no le ha dado tiempo a entregar a los máximos responsables de la banda terrorista, ni a romperlo. En el informe, los nombres de los interlocutores aparecen en clave: «M», Telesforo Monzón; «A», Xabier Arzalluz,[12] y «G», Jokin Gorostidi.

El encuentro había sido promovido a título individual por el diplomático, ex ministro de Asuntos Exteriores y senador real José María Areilza, ya fallecido, anunciándolo previamente en un artículo publicado en *El País* con el sugerente título «Todavía estamos a tiempo».

El PNV no quiere quedarse al margen de las negociaciones y, tras una entrevista entre Areilza y Xabier Arzalluz en el hotel Ercilla de Bilbao, se involucra en el proyecto. Marcos Vizcaya, diputado en Cortes, declara: «[Los nacionalistas] vamos a negociar con ETA hasta la extenuación, porque es el único camino para la pacificación de este país».[13]

---

12. Otras fuentes atribuyen la identidad «A» a José María Areilza.
13. *Erne*, núm. 28, 27 de abril de 1980.

Acusados de posesión de armas de guerra, robo, resistencia a la autoridad e intento de fuga, *Txomin* Iturbe y Eugenio Etxebeste, *Antxon* son juzgados semanas más tarde en el Tribunal Correccional de Bayona.[14] Antes de que se dicte la sentencia, la formación *jelkide* intercede ante el tribunal para que la condena se reduzca a un arresto simbólico de varias semanas, como así ocurre.

Pero no es sólo el partido el que se moviliza. Desde la sede del Gobierno Vasco, en Vitoria, Carlos Garaikoetxea se apresura a hacer público un comunicado en contra de la extradición de Domingo Iturbe y Eugenio Etxebeste a España. El *lehendakari* se pone así en contra de los planes antiterroristas del presidente Adolfo Suárez y del Gobierno español.

El 24 de marzo y el 10 de abril de 1980, prácticamente coincidiendo con las primeras elecciones autonómicas y la investidura de Carlos Garaikoetxea como primer presidente vasco,[15] el dirigente del PNV Koldo Amezketa, como secretario del Euskadi Buru Batzar, en papel oficial del partido y con el sello de su Consejo Nacional enviaba la siguiente carta a ETA:[16]

> De acuerdo con lo ya tratado verbalmente en torno a posibles conversaciones formales entre nuestras respectivas organizaciones, ratificamos aquí nuestra convicción de que sería útil y responsable, dada la situación de nuestro país, tratar, a la mayor brevedad, de los siguientes puntos:
> 1. El Estatuto de autonomía: valoración, posibilidades y alternativas de evolución.
> 2. La lucha armada como arma política, sus efectos.
> 3. Reconstrucción nacional: vertientes institucional, territorial, económica y cultural.
>
> Cualesquiera que sean los resultados de estas conversaciones, entendemos que un elemental sentido de la responsabilidad aconseja mantener una comunicación en la que se conoz-

---

14. Salvo Jokin Gorostidi, que quedó en libertad al ir desarmado.
15. Las primeras elecciones autonómicas se celebran el 20 de marzo. Poco después se constituye el primer Parlamento democrático tras la guerra civil, y el 9 de abril Carlos Garaikoetxea es elegido presidente del Gobierno Vasco.
16. *Punto y Hora*, núm. 369, 30 de noviembre de 1984.

can, al menos, con precisión los respectivos puntos de vista en torno a tales problemas y se agoten las posibilidades existentes de coincidir en posibles soluciones.

Bilbao, 10 de abril de 1980. Fdo.: Koldo Amezketa. *Idazkaria* (secretario).[17]

Por el mismo procedimiento, Domingo Iturbe Abasolo, en nombre de la banda terrorista, le responde inmediatamente:

«La organización nacionalista revolucionaria vasca de liberación nacional (ETA) ha acordado manifestar a EAJ-PNV su completa disposición a entablar dichas conversaciones.»

Aunque acaba de aprobarse el Estatuto de Gernika, se han celebrado las primeras elecciones autonómicas y Carlos Garaikoetxea está a punto de ser investido presidente del primer Gobierno Vasco, ETA pone dos condiciones para el encuentro: el reconocimiento de la Alternativa KAS como programa de mínimos para recuperar el autogobierno y dar publicidad a los encuentros, puntos que no son aceptados por el PNV.

El partido *jelkide* prefiere que los contactos sean discretos y sin imposiciones previas. Así, el 24 de abril, al mismo tiempo que el *Boletín Oficial del País Vasco* publica los nombramientos de los primeros consejeros del Gobierno autónomo,[18] las planas mayores del PNV, representadas por Xabier Arzalluz y Gorka Aguirre, se encuentran clandestinamente en el sur de Francia con Domingo Iturbe Abasolo, Eugenio Echeveste Arizcuren y José Antonio Urrutikoetxea Bengoetxea.

Las lecturas que se hacen desde ambos bandos de la situación política y la estrategia para avanzar hacia un Estado independiente son diametralmente opuestas.

«El PNV debe venir a nuestra trinchera. Desde aquí, trabajando juntos, ganaremos a los españoles», reclama *Antxon*.[19]

---

17. Las cartas son idénticas. La primera, la del 20 de marzo, fue rechazada por ETA al no venir firmada y traer sólo el sello del PNV.

18. Mario Fernández (vicepresidente), Pedro Miguel Etxenike (Educación), Ramón Labayen (Cultura), Carmelo Renobales (Justicia), Luis María Retolaza (Interior), Javier García (Industria), Juan Carlos Isasti (Industria), José Luis Robles (Transportes), Javier Lasagabaster (Obras Públicas), Carlos Blasco (Comercio), Jesús Aguirre (Sanidad), Félix Ormazábal (Agricultura) y Pedro Luis Uriarte (Economía y Hacienda).

19. J. Txindoki, «Un comunicado patético», *Deia*, 1 de abril de 1996.

«Aceptad vosotros el Estatuto. Luchando todos juntos, en diez años lo habremos sobrepasado y llegaremos a la independencia», plantea Arzalluz.

«Ante las dificultades de acercamiento y la imposibilidad para llegar a un acuerdo, las delegaciones de ETA y del PNV regresan a sus cuarteles generales. Poco antes de la despedida, Eugenio Echeveste entrega a los dirigentes del PNV una carta con el sello de la banda terrorista. Es una copia de la Alternativa KAS.

«Leedla y dadnos vuestro punto de vista. Por ahora, sólo con que nos hagáis saber si coincidimos en el programa de mínimos, nos daríamos por satisfechos», les dice.

El 5 de abril de 1979, los tres diputados y el senador elegidos el 1 de marzo anterior para representar a Herri Batasuna en el Parlamento[20] celebran una fiesta con otros cargos del partido en Leire (Navarra).

Allí, Telesforo Monzón, sesenta y un años, nacido en Vergara (Guipúzcoa) y ex ministro de Gobernación de la República al que se le atribuyen 225 asesinatos en la guerra civil por falta de celo en el ejercicio de sus funciones,[21] como máximo representante de las esencias históricas de sus mayores, decide tomar juramento a los parlamentarios. En medio de un profundo silencio y en tono solemne proclama:

—En pie sobre la tierra vasca, la patria de nuestros antepasados, juráis luchar sin tregua ni descanso por la plena unidad y total soberanía de nuestra única patria, Euskadi.

—Sí, lo juramos —contestan los diputados.

El nacionalismo vasco, el moderado y el radical, parecen tomar caminos cada vez más claramente divergentes. Pero es sólo en apariencia. Apenas unos meses antes, el 5 de mayo de 1978, Xabier Arzalluz, Gorka Aguirre, de la dirección del PNV, y Do-

---

20. HB no se había presentado a las elecciones generales de 1977. En el 79, sus representantes en el Parlamento son Pedro Solabarría, Francisco Letamendía, Miguel Castells (Senado) y el propio Monzón.

21. El 4 de enero de 1937, en plena guerra civil, grupos de milicianos, instigados por anarquistas, asaltan las cárceles y fusilan a 225 personas ante la pasividad de la *Ertzaña*, responsable del orden. George Lowter, *El Árbol de Gernika*, Gudari, 1951.

mingo Iturbe Abasolo, Eugenio Echeveste Arizcuren y José Antonio Urrutikoetxea Bengoetxea vuelven a encontrarse en secreto en el Polideportivo de Biarritz.

La dirección de ETA, por boca de su jefe, Eugenio Echeveste, hace una exposición larga y detallada de la situación política:

«El Estatuto es una carta otorgada. No sólo no reconoce nuestros derechos como pueblo sino que nos ata para siempre a España. Si el PNV no abandona esa vía errónea y el Estatuto se consolida, Euskal Herría será una colonia de España y Francia hasta el fin de los tiempos.»

La banda terrorista plantea por tercera vez a lo largo de ese año la conveniencia de que sus «compañeros de viaje», que han suscrito por primera vez en la historia de España un «compromiso histórico» con el resto de las fuerzas políticas, rompan su pacto, rechacen la legalidad del Estado español, pasen de nuevo a la clandestinidad y se unan a HB y ETA para defender un proyecto alternativo, KAS.

Xabier Arzalluz escucha la oferta de Echeveste. Casi un año después de la celebración de las primeras elecciones democráticas en España, los terroristas no se han movido ni un milímetro en sus planteamientos.

«Por primera vez tenemos un Estatuto fruto del pacto y no de la guerra civil, hemos celebrado elecciones y contamos con un Parlamento y un Gobierno propios. ¿Y vosotros pretendéis que un partido con ochenta y nueve años de historia arroje todo esto por la borda y tomemos la senda del aventurerismo?», inquiere.

El presidente del PNV no puede ocultar su irritación. Las profundas desavenencias de forma, que no de fondo, con Herri Batasuna y ETA, los «hermanos separados», le sacan de sus casillas. Decidido a no prolongar por más tiempo aquella situación, agrega:

«No quiero ser yo sólo quien me pronuncie. Pronto tendréis la respuesta del partido.»

El Euskadi Buru Batzar, máximo órgano del Partido Nacionalista Vasco, se reúne oficialmente el 7 de mayo de 1980. Por increíble que parezca, uno de los puntos del orden del día es el estudio y análisis de la Alternativa KAS y la posibilidad de «romper amarras» con Madrid para formar un frente común con ETA.

Nadie ha contado hasta ahora el desarrollo de aquel encuentro, pero sí se conocen sus conclusiones. Dos días más tarde, su secretario, Koldo Amezketa, remite por los conductos habituales una carta a ETA.

«Este EBB opina que el camino emprendido y recorrido por el PNV-EAJ [el Estatuto de Gernika] constituye, en estos momentos, el más válido para la construcción del pueblo vasco, la consecución de su unidad y la revitalización de su lengua y su cultura.»[22]

El PNV rompe así, provisionalmente, sus encuentros con ETA encaminados a la búsqueda en común de una vía hacia la independencia. El 9 de septiembre de 1985, siete años y unos meses después de estos encuentros, el ayatollah del nacionalismo declara al diario *Deia*, del PNV: «[...] si no hubiera sido por lo que implica la existencia de ETA, no hubiéramos tenido este Estatuto, y quizá el día en que las bombas terminen acabarán también los contenidos autonómicos.»[23]

Tras la amnistía política del 17 de octubre de 1977, que dejó las cárceles españolas sin ningún preso de ETA, el Gobierno Vasco y el Partido Nacionalista no creían que en tan corto espacio de tiempo el Ejecutivo estuviera dispuesto a conceder nuevas medidas de gracia a los presos y huidos de la banda terrorista dispuestos a decir adiós a las armas.

A comienzos de 1982, en el momento en que el diputado de Euskadiko Ezkerra Juan María Bandrés y el ministro del Interior, Juan José Rosón, suscriben un acuerdo y comienzan a soltar presos, el PNV no quiere perderse sus réditos. Y ordena a Joseba Azkárraga, alavés de Salvatierra, treinta y dos años, diputado por Vizcaya, y a quien el Cesid organizó sus primeros mítines electorales,[24] que se sume a la operación.

Así, en pocos meses, cerca de dos centenares de miembros de ETApm, entre ellos sus principales dirigentes, Pedro Astorkiza,

22. José Irujo y Ricardo Arqués, *ETA, la derrota de las armas*, Plaza y Janés, 1993.
23. *Deia*, 9 de septiembre de 1985.
24. Más detalles en *Los secretos del poder*, de los autores, Temas de Hoy, 1994.

Fernando López Castillo, José Miguel Goiburu, Joseba Aulestia y José María Lara Fernández, abandonan el sórdido mundo de las pistolas, la Goma-2 y la clandestinidad, y se reintegran a la sociedad como ciudadanos normales.

Durante el período en el que los «poli-milis» negocian su salida ocurre un hecho relevante. Con el golpe de Estado del 23-F reciente, un sector del Ejército, en ebullición, pretende frenar el proceso democrático y las autonomías históricas, en una carrera sin fin de reivindicación permanente. El Gobierno encarga al abogado Eduardo García de Enterría la elaboración de un borrador de Ley de Ordenación y Armonización del Proceso Autonómico (Loapa).

El PNV ve en la futura ley una seria amenaza a sus aspiraciones de completar el proceso de transferencias del Estatuto. Su estrategia de conseguir en unos años «la autonomía más radical posible», como proclama Sabino Arana, para posteriormente dar el salto a la independencia del País Vasco, se ve frustrada.

Y a partir de esas fechas se produce un curioso espectáculo. Mientras Joseba Azkárraga visita clandestinamente a la plana mayor de los «poli-milis» en San Juan de Luz para pedirles que se apunten a su «lista» de reinsertados, Xabier Arzalluz, Koldo Amezketa y otros compañeros suyos realizan el mismo itinerario para sugerirles lo contrario.

Pero retrocedamos tan sólo unos meses en el tiempo.

Hace tan sólo veinticinco días que Antonio Tejero Molina, al frente de un grupo de guardias civiles de la Agrupación de Tráfico, ha tomado al asalto el Congreso de los Diputados y la mayor parte de los españoles recuerdan horrorizados la imagen de los golpistas secuestrando la voluntad popular y ultrajando y humillando a sus representantes, a los que se obliga a arrojarse al suelo.

Para evitar que la asonada militar se repita, la clase política en general está dispuesta a hacer autocrítica y a enmendar errores pasados. Pero no todos los dirigentes piensan de la misma manera. El 16 de marzo de 1981, dos delegaciones del PNV y de ETA se reúnen a dialogar en San Juan de Luz.

La embajada *jelkide* está formada por el presidente del EBB,

Xabier Arzalluz, Koldo Amezketa, secretario de este organismo, Antón Jaime y Gorka Aguirre. Por parte de los «poli-milis» acuden sus dirigentes Juan Miguel Goiburu Mendizábal, Fernando López del Castillo, Jesús Abrisqueta Korta y Pedro Astorkiza.

«Después del *tejerazo* estamos seguros de que los golpistas van a exigir la reforma de los artículos 2 y 149 de la Constitución,[25] es decir, en materia autonómica —cuenta Arzalluz a los terroristas. Y añade—: Las ejecutivas de UCD y PSOE están asustadas y han dado garantías de recortar las competencias del Estatuto por vía indirecta».[26]

El *burukide* plantea una visión negativa y catastrofista del futuro del País Vasco por los recortes autonómicos y el repliegue de UCD y PSOE tras el golpe de Estado. Habla de realizar acciones unitarias ETA-PNV en defensa del Estatuto. «Su análisis fue tan pesimista que a muchos nos pareció una invitación a las armas», recuerda Goiburu Mendizábal.

La entrevista entre los dirigentes del PNV y los «poli-milis» se produce en un momento muy delicado. ETApm ha declarado una tregua y aunque sus dirigentes, José Miguel Goiburu y Joseba Aulestia, controlan a los comandos y mantienen una comunicación fluida con los presos, un sector de la banda duda que se deba abandonar las armas.

La irrupción del PNV es un factor distorsionador.[27] En pleno debate interno, varios miembros del grupo disidente piden, al margen de la organización, un segundo encuentro con el PNV para aclarar sus ideas.

La cita se produce el 20 de agosto en San Juan de Luz. Una comisión del Euskadi Buru Batzar, formada por Xabier Arzalluz y Antxon Jaime, presidente de la regional guipuzcoana, se entrevistan con Jesús Abrisketa Korta y Pedro Astorkiza, partidarios de

---

25. Artículo 2: «La Constitución [...] reconoce y garantiza el derecho a la autonomía de las nacionalidades y regiones que integran [la Nación española] y la solidaridad entre todas ellas.» Artículo 149, apartado 3: «Las materias no atribuidas expresamente al Estado por la Constitución podrán corresponder a las Comunidades Autónomas.»

26. Xabier Arzalluz, *Entre el Estado y la libertad*, Iparraguirre, 1986.

27. El PNV, un partido de orden, «se comportó peor que los "milis" porque ETAm no interfirió en la operación de los "pm", con lo que, en aquel momento, hizo más por la pacificación del País Vasco que el sector arzallista del nacionalismo», recuerda el diputado de Euskadiko Ezkerra Juan María Bandrés.

mantener la lucha armada. De esta conversación no se conoce su contenido, salvo que ETA plantea la posibilidad de realizar acciones comunes y que Arzalluz contesta que sería un «asunto a estudiar».[28]

La insistencia del PNV en no desmovilizar lo que algunos consideran su «ejército» particular les lleva todavía a una tercera «cumbre» en 1981. En ese momento, el mes de septiembre, el Congreso tramita la Loapa. Los *jelkides* y ETA se ven en el reservado de un restaurante de San Juan de Luz.[29] «Se me encoge el corazón al pensar que hay gente como Arzalluz, que por un problema de competencias pide a otros que sigan exponiendo su vida y su libertad, incluso que maten por eso», escribe años más tarde Bandrés.

¿Pudo Arzalluz incitar a los terroristas a no deponer las armas y a desestabilizar al Gobierno si no se aceptaban sus exigencias? La respuesta la tiene el que era entonces su presidente, Leopoldo Calvo-Sotelo.

Tras su ajetreada investidura el 27 de marzo de 1981, Calvo-Sotelo se instala en la Moncloa y una de sus primeras iniciativas es reunirse con los líderes de los partidos. El 29 de mayo recibe a Xabier Arzalluz. Como es el presidente del PNV quien solicita la entrevista, le pregunta:

—¿Xabier, tú me dirás?

— Hace unos días estuve cenando en San Juan de Luz con la cúpula de ETA. Están preocupados con los recortes autonómicos.

El presidente del Gobierno se queda perplejo con aquella introducción. Para evitar un grave incidente con su interlocutor, le interrumpe.

—Xabier, te ruego que no sigas por ese camino.

El dirigente *jelkide* hace como si no oyera. Insiste:

—Como te decía, estuve cenando en Francia con la cúpula de ETA...

---

28. Xabier Arzalluz, *Entre el Estado y la libertad*, Iparraguirre, 1986.
29. Los asistentes son Xabier Arzalluz y el diputado del PNV por Guipúzcoa Andoni Monforte. A ETApm la representan José Miguel Goiburu, Jesús Abrisqueta, Fernando López Castillo y Pedro Astorkiza. Como miembro de la Comisión de Exteriores y de Defensa del Congreso y experto en asuntos de la OTAN, el peso de los debates lo lleva Monforte.

Calvo-Sotelo se pone en pie, señala a un miembro de la Guardia Civil de protección, que en aquel momento está de guardia frente a la ventana de su despacho. Enérgico le comenta:

—Xabier, te he oído la primera y la segunda vez. Si me lo dices una tercera, tendré que llamar a estos señores y pedirles que te detengan y te pregunten con quién has estado, dónde, de qué has hablado con los terroristas y todas esas cosas. Tanto a la Guardia Civil como a mí nos interesa saber dónde se esconden los jefes de ETA.

Como el ex jesuita no quiere darse por enterado, llega incluso a amenazarle. «Como aquel jefe del Gobierno español que, en épocas pasadas, al ser amenazado sacó a su anfitrión al balcón, le enseñó los cañones que había en el patio para guarnecer el edificio y le dijo "Aquí están mis poderes", yo podría hacer lo mismo. Prefiero, sin embargo, dar estas palabras tuyas por no oídas y empezar de nuevo.»

El asunto tendría serias consecuencias en la desaparición de ETA.

Alberto Martín Barrios, treinta y nueve años, capitán de Farmacia destinado en el Gobierno Militar de Bilbao, tras despedirse de su mujer y sus hijas salió el 5 de octubre de 1983 de su domicilio para acudir a su trabajo y ya no volvió más.

Un comando terrorista le interceptó en el trayecto a sus oficinas, le mantuvo secuestrado durante dieciocho días en una covacha inmunda y lo asesinó frente a una tapia después de robarle la billetera y el reloj.[30]

ETA había asesinado hasta entonces a 37 militares, entre ellos cinco generales[31] y varios oficiales y jefes, algunos de ellos jubilados. En ningún momento se habían atrevido a secuestrarlos, por el clima de tensión y desasosiego que eso generaba en las salas de banderas, convulsionadas todavía por el juicio a los golpistas del 23 de febrero de 1983.

---

30. Integran el grupo Elena Bárdena Argüelles, *Tigresa*, Ignacio Rodríguez Muñoz, *Zipo* y Armando Vélez Cendoya, *José Mari*.

31. El almirante Luis Carrero Blanco, Constantino Ortiz Gil, gobernador militar de Madrid; Luis Gómez Hortigüela; Lorenzo González-Vallés, gobernador militar de San Sebastián, y Víctor Lago Román, jefe de la Brigada Acorazada Brunete 1.

El asesinato era la «carta de presentación» de ETA VIII Asamblea, una escisión de los «poli-milis» que decide continuar la lucha armada y que acaban integrándose, meses más tarde, en Eta militar. Las reuniones entre ETA y el PNV para discutir el alcance de la Loapa fue determinante para que se tomara esa decisión.

Lo cuentan los propios terroristas en julio de 1982, en *Zutik*, uno de sus órganos de expresión.[32] «Las razones por las que decidimos romper la tregua indefinida convocada a raíz del golpe de Estado del 23 de febrero de 1981 fue el proceso de derechización que está reconduciendo el sistema político español hacia formas cada vez más conservadoras y antiautonómicas.»

En definitiva, las mismas tesis expuestas por Arzalluz. «Los octavos utilizaron profusamente el argumento de que Arzalluz nos había animado a romper la tregua», recordaba en 1985 Goiburu Mendizábal, en esa época apartado de la lucha armada y militante de Euskadiko Ezkerra.[33]

Desde entonces y hasta 2002, no hay año en que los nacionalistas de misa y comunión y los «hermanos separados» del hacha y la serpiente hayan dejado de verse para contarse sus planes. Veamos algunos casos.

Secuestrado por ETA el 21 de marzo de 1993 y liberado a los catorce días, Jesús Guibert, militante del PNV, no sólo sufrió el «síndrome de Estocolmo». Un año después, en el verano de 1984, se presentó en el Gobierno Vasco acompañado de un miembro de la Compañía de Jesús. Iba a pedirle a Carlos Garaikoetxea que negociara con ETA.[34]

Tras varios intentos infructuosos de contactar con la banda terrorista y pese a la oposición del Gobierno de Felipe González y del PSOE, Garaikoetxea encarga el trabajo al dirigente del PNV Joseba Elósegui.

---

32. *Zutik*, núm. 65.
33. Efe, 27 de agosto de 1985.
34. Tras recibir el visto bueno de Felipe González, a finales de 1982 Garaikoetxea había creado una Mesa por la Paz y mantenía contactos con los dirigentes de HB Iñaki Esnaola e Itziar Aizpurúa. El Gobierno de Felipe González puso fin a los encuentros al enterarse de que el *lehendakari* hacía ofertas a ETA, por medio de Esnaola y Aizpurúa, para las que no tenía autorización.

Protagonista de un intento de inmolarse a lo «bonzo» ante Franco en el velódromo de Anoeta y del robo de una *ikurriña* del Museo del Ejército de Madrid en su etapa de senador, Elósegui es un tipo estrafalario y un poco lunático. Pero otra faceta de su personalidad, la de capitán de *gudaris* en Durango y combatiente en Cataluña al lado de Lluís Companys en la guerra civil, le convierte en un personaje simpático en los medios abertzales franceses. Posee, además, algo más valioso, un contacto en la antigua Resistencia francesa para llegar a Domingo Iturbe Abasolo.

De esta manera, en 1994 el PNV vuelve a negociar con ETA y a tratar de enredar en la vida política española. Elósegui, que se toma su papel en serio, no acude solo a los encuentros con ETA. Unas veces le acompaña Pello Ordoki, *gudari* de la guerra civil, jefe de la Brigada Vasca que interviene en la segunda guerra mundial y hombre de confianza del PNV, y otras Mikel Isasi, ex ministro de Exteriores del Gobierno Vasco en el exilio, ya desaparecido.[35]

Las entrevistas con Domingo Iturbe Abasolo son fructíferas y esperanzadoras. Hasta tal punto que el PNV le hace llegar en una ocasión una lista de dirigentes del partido y del Gobierno Vasco, entre los que se encuentran Joseba Azkárraga, Antxon Jaime, Francisco Garmendia, asesor del *lehendakari* Garaikoetxea y el propio Elósegui, para entablar negociaciones.[36]

Ese mismo año, el Gobierno francés decide extraditar a Eugenio Echeveste, jefe de la oficina política de ETA, a Santo Domingo. Eliminado el máximo responsable de las negociaciones, la dirección de ETA se da cuenta de que el equipo mandado por Garaikoetxea no cuenta con el respaldo del Gobierno de Madrid. Los contactos de Francia se interrumpen, pero el PNV y HB siguen manteniendo encuentros periódicos.

El 25 de abril de 1986, ETA asesina mediante un coche-bomba a un cabo primero y a cuatro guardias civiles cuando circulan en su propio vehículo por la calle Juan Bravo de Madrid.[37] Ese

---

35. Ordoki acaba de «espía» del comandante de la Guardia Civil, Enrique Galindo.
36. Revista *Euzkadi*, núm. 257, 28 de agosto de 1986.
37. Juan Mateo Pulido, Juan Carlos González Rentero, Alberto Amancio Alonso González, Juan Catón Vázquez y Vicente Domínguez González.

mismo día, mientras cinco familias viven la tragedia, retorcidas por el dolor producido por la muerte de sus seres queridos, dos delegaciones del PNV y de HB se reúnen en secreto para avanzar hacia la independencia del País Vasco.

La cita se produce en el restaurante Arano, en Vergara.[38] Por parte del PNV acuden Xabier Arzalluz, Jesús Insausti, *Uzturre*, Carlos Clavería, Xabier Aguirre y Markel Izaguirre.[39] La representación del partido de ETA estuvo presidida por Txomin Ziluaga, Iñaki Aldekoa, Jon Idígoras, Jokin Gorostidi e Iñaki Esnaola.

Ese día, los comisionados del PNV están serios, afectados por el atentado terrorista de Madrid. Temen que alguien los descubra reunidos con la plana mayor de la Mesa Nacional de HB en aquella situación y, antes de sentarse a la mesa, Xabier Arzalluz pide explicaciones:

—¿Por qué el atentado de Madrid, y precisamente hoy? —pregunta.

—A nosotros no nos digas nada porque nos ha sorprendido tanto como a vosotros. Precisamente, el motivo de esta reunión es buscar una solución que evite actos de violencia de este tipo —replica Ziluaga.

—Pero con matanzas como la de esta mañana lo que vais a conseguir es hipotecar el futuro de Euskadi durante siglos —protesta el presidente del EBB.

Pasado un rato y en un clima más distendido, mientras dan cuenta de varias fuentes de chorizo, morcilla y jamón, los dirigentes de HB y PNV se afanan en buscar puntos de coincidencia entre el Estatuto de Gernika y la Alternativa KAS, a fin de plantear una negociación política con el Gobierno de Felipe González.

Tras exponer sus puntos de vista, las dos partes deciden estudiar por separado el asunto y volver a reunirse pasadas unas semanas, cuando los grupos de expertos de los respectivos partidos, por separado, hayan elaborado sendos documentos de trabajo.

El encuentro llega a conocimiento del PSOE. Sus dirigentes, que acaban de regalar la *lehendakaritza* al PNV, después de ser la

---

38. En el restaurante de Miguel el Churrero, afirma Jon Idígoras.

39. La típica representación del PNV, el presidente del Euskadi Buru Batzar y un representante de cada *herrialde*.

fuerza mayoritaria de Euskadi, no pueden entender la traición sin límites de la dirección del Partido Nacionalista. Al día siguiente, en un congreso celebrado en Vizcaya, los socialistas critican duramente la deslealtad de sus socios. El secretario provincial de los socialistas vizcaínos, Ricardo García Damborenea, declara: «La Alternativa KAS no interesa a nadie. Lo mejor que puede hacer ETA es tirarla a la papelera.»[40]

En Madrid, en Castellana, 5, sede del Ministerio del Interior y en el palacio de la Moncloa, la desvergüenza de Arzalluz pactando con la trama civil de ETA un plan para expulsar a los no nacionalistas de Euskadi va a tener una inmediata respuesta.

El 27 de abril de 1986, *Txomin* Iturbe Abasolo, acompañado de su hermano Ángel, sale de una casa de Arbonne, en la que ha pasado la noche, y se desplaza en automóvil a San Juan de Luz. Unos minutos después, en Ahetze, un control de carretera colocado estratégicamente le cierra el paso.

Han pasado apenas 48 horas de la celebración de la «cumbre» de Vergara entre dos delegaciones de HB y el PNV. El máximo dirigente del aparato militar de ETA es detenido y encarcelado en la prisión Gradignan de Burdeos (Francia).

El 15 de mayo, un tribunal de Bayona le juzga y le condena a tres meses de cárcel por tenencia ilícita de armas. Acostumbrado a pasar cortos períodos de tiempo en prisión, no es eso lo que preocupa a Txomin. En esta ocasión sospecha que, tras cumplir condena, le van a deportar a alguno de los países africanos con los que el Gobierno español tiene un convenio para acoger terroristas.

Su olfato no le falla. Desde que meses antes se reuniera en la residencia de la Compañía de Jesús de Burdeos (Francia) a parlamentar con el jesuita José María Martín Patino, enviado de Felipe González, y decidiera unilateralmente levantarse de la mesa, el Gobierno se la tenía jurada. Y en esta ocasión, además, con el apoyo de los franceses, que habían enviado al encuentro a su embajador en Madrid, Pierre Guidoni, para que actuara de

---

40. El 27 de abril, la policía francesa detenía a Txomin Iturbe Abasolo cerca de San Juan de Luz. Era la prueba de que el PSOE iba a impedir futuros encuentros.

testigo[41] y «levantara acta» de si ETA, como afirmaba en sus comunicados, quería resolver el contencioso vasco por la vía del pacto.

Desde entonces había permanecido huido y sabía que el jefe del Estado francés, François Mitterrand, amigo de Felipe González, no le iba a dar una segunda oportunidad. Así se lo comunicó a sus abogados, Christianne Fandó e Iñaki Esnaola.

—Iñaki, tienes que hablar con Arzalluz y transmitirle un mensaje mío. Sólo él puede sacarnos de este lío —le dijo.[42]

El «equipo de abogados» de Herri Batasuna, siempre al servicio del máximo dirigente de ETA, se puso en marcha sin demora.

El antiguo *batzoki* del PNV en Durango (Vizcaya) ocupa uno de los edificios más emblemáticos de la localidad, situado en la calle Astarloa, entre la plaza de Eskurdi y el Colegio de los Jesuitas.

El 25 de mayo, tal y como habían planificado un mes antes, los dirigentes de Herri Batasuna y del PNV vuelven a encontrarse allí un mes más tarde. En esta segunda ocasión, los dos grupos llegan a un acuerdo.

«El elemento de distorsión que impide que los vascos podamos ejercer nuestro propio autogobierno es la Constitución española. Ésta niega a Euskal Herría, por su condición de pueblo oprimido, la posibilidad de ser sujeto de sus propias decisiones, e impide articular los mecanismos para ejercer el derecho de autodeterminación como nación», arguye Xabier Arzalluz tras escuchar las distintas opiniones expuestas.

La coincidencia de los partidos nacionalistas en sus puntos de vista al analizar la situación política es un avance importante. Y así lo reseña especialmente Txomin Zilueta en un detallado informe incautado años más tarde a la organización terrorista ETA.

La celebración de las elecciones generales, previstas para el 22 de junio, impide que se hayan alcanzado consensos más amplios.

---

41. Este encuentro había sido a finales de 1984, es decir, bastantes meses antes.
42. Alberto Pozas, *Las conversaciones secretas Gobierno-ETA*, Ediciones B, 1992.

Pero, satisfechos por el nivel de entendimiento logrado, ambos grupos deciden posponer la siguiente reunión para después de los comicios.

Acabada la parte formal de la entrevista, Iñaki Esnaola, que ha estado casi todo el tiempo callado, aprovecha el instante en que sus compañeros se levantan y se colocan los chubasqueros para acercarse al presidente del PNV y, en un aparte, decirle al oído:

—Tengo un mensaje personal de *Txomin*. Me pide que hables con Felipe González para que le dejen en libertad dos semanas. En ese tiempo está dispuesto a reunirse con las bases y plantear el inicio de negociaciones formales con el Gobierno. Si fracasa, se compromete a entregarse y a volver a la cárcel.

Arzalluz escucha la oferta con interés pero hace un gesto de contrariedad. Desde hacía un mes había roto todos los puentes con el presidente del Gobierno. Una ocasión como ésa —piensa— no puede perderse y, tras un instante de vacilación, se le ocurre una idea.

—Podemos encargarle la gestión a Ardanza, como si fuera cosa suya —sugiere.

—Muy bien. Ahora mismo se lo hago saber a Txomin.

Esa misma semana, el *lehendakari* viaja a Madrid y visita la Moncloa. Pero ni Felipe González ni su ministro del Interior, José Barrionuevo, que han presionado para que Txomin fuera detenido, están dispuestos a plantear al Gobierno francés una iniciativa aparentemente tan descabellada. Eso no es serio.

En el palacio del Elíseo y en Matignon, sede de la jefatura del Estado y la presidencia del Gobierno francés, están alucinados. Desde que el PSF llega al poder en 1981 hasta la fecha nunca se habían producido tal aluvión de llamadas para interceder por un terrorista.

Tras la decisión del Gobierno español a no mover un dedo por la suerte de Txomin Iturbe, el aparato internacional de ETA, dirigido por Francisco Javier Larreategui Cuadra, *Antxulo*, y su equipo de abogados, con Esnaola y Fandó a la cabeza, ordena zafarrancho general. Decenas de diputados de la Asamblea Nacional francesa, diplomáticos y asesores de diversos ministerios son movilizados para paralizar la orden de expulsión de Francia del dirigente terrorista.

Pero no es sólo HB la que mueve todos sus peones. Decididos a echar una mano a los «hermanos separados», el PNV, con Xabier Arzalluz e Iñaki Aguirre al frente, mueven también sus influencias internacionales para que un asesino que ha ordenado decenas de muertes sin que le temblase la mano no sea enviado a África.

Las presiones no surten ningún efecto. A comienzos de junio, el Gobierno francés anuncia su decisión irrevocable de deportar al jefe de ETA. El acuerdo cae como una bomba en el seno del PNV. Xabier Arzalluz instrumentaliza la Internacional Demócrata Cristiana, habla con el primer ministro Wilfried Martens y consigue que Bélgica se ofrezca como país de acogida.

La suerte, sin embargo, está echada. El 13 de junio de 1986, el Gobierno francés traslada al dirigente etarra desde la cárcel de Burdeos al aeropuerto parisino Charles de Gaulle. Allí le embarca en un avión de Air France y le envía con destino a Gabón, un país dominado desde hace veinte años por el Partido Democrático Gabonés, donde los franceses tienen una fuerte influencia.

La respuesta de ETA a la expulsión fue la colocación, al día siguiente, de una bomba en la plaza de la República Dominicana de Madrid, al paso de un autobús de la Guardia Civil, donde perdieron la vida doce agentes. La reacción del PNV iba a ser patética. Empecinados en forzar una negociación entre un grupo de asesinos y el Gobierno de la nación para obtener ventajas políticas del pacto, sus dirigentes se dirigen a los embajadores en España de Estados Unidos, Gran Bretaña y Alemania. Y les explican los obstáculos que pone el Gobierno a la firma de un armisticio con ETA, sin desvelar que el programa de mínimos de los terroristas exige la reunificación de los siete territorios y la independencia.[43]

Lo que nadie ha revelado todavía es que en ese año, 1986, además de sus encuentros con Txomin y HB, el partido *jelkide* tuvo una tercera vía de contactos abierta con ETA.

---

43. *El País*, 10 de agosto de 1986.

El 26 de abril de 1986, Genaro García Andoain, superintendente de la Ertzaintza, un viejo *gudari* de la guerra civil y hombre de confianza del Partido Nacionalista Vasco, hasta el punto de que maneja personalmente el dinero negro de la formación política,[44] cruza la frontera y se planta en *le Petit Bayonne*.

Allí, en un café del casco viejo, le aguarda Sabín Euba Cenarruzabeitia, cuarenta y ocho años, natural de Amorebieta y viejo conocido suyo de los tiempos de la clandestinidad[45] y uno de los encargados del cobro del «impuesto revolucionario».

Tras un rato de charla, Euba le lleva a una granja agrícola situada a unos veinte kilómetros de Bayona y, una vez en su interior, le presenta a Francisco Múgica Garmendia, *Pakito*, por entonces uno de los lugartenientes de *Txomin* Iturbe y de José Antonio Urrutikoetxea. En esta primera entrevista, de mero trámite, el PNV y ETA fijan las bases de futuras reuniones. La banda terrorista exige, como medida de buena voluntad para seguir con los encuentros, que sus «hermanos mayores» fuercen la retirada del llamado plan ZEN y pongan fin a la «depredadora» política de reinserción de los presos que lleva a cabo el senador Joseba Azkárraga. Al mismo tiempo, el PNV debe romper el pacto de legislatura firmado por José María Benegas y José Antonio Ardanza en 1985 y poner las bases necesarias para un mayor acercamiento entre las fuerzas nacionalistas.[46]

Entre abril y julio de ese año, García Andoain y Mújica Garmendia celebran hasta seis reuniones clandestinas, a algunas de las cuales asiste José Antonio Urrutikoetxea, para preparar una futura negociación con el Estado. La dirección de la banda armada, que se ve ya firmando la «suspensión de hostilidades» y la paz con Felipe González, exige que en los primeros encuentros estén presentes al menos tres ministerios, Presidencia del Gobierno, Interior y Defensa, es decir, los «representantes políticos» de los poderes fác-

---

44. Era el encargado de acudir a la sucursal del Banco Atlántico situada en la plaza Federico Mollúa de Bilbao una vez al mes y sacar de una caja fuerte el dinero en metálico con el que se pagaba a los trabajadores del diario *La Gaceta del Norte*, propiedad del PNV, hasta su cierre.
45. Varios autores, *Euskadi ta Askatasuna*, Txalaparta, 1993.
46. Documento de ETA previo a los contactos de 26 de abril de 1986.

ticos. En caso contrario, se niegan a considerar siquiera la oferta.
La muerte del jefe de la policía autónoma, que se narra en otro capítulo, puso fin a estos contactos, pero otros los continuaron.

En su número del 3 de abril de 1985, la revista *Argia*, vinculada al MLNV, revela que el PNV ha creado una comisión de expertos internacionales para poner fin a la violencia, es decir, para acabar con ETA.

El proyecto se ha puesto en marcha en marzo de ese año a propuesta del presidente del PNV, quien, a través del Gobierno de Ajuria Enea, logra convencer al Parlamento vasco para que contrate a cinco expertos internacionales[47] que estudien por qué se asesina en Euskadi.

Al tener conocimiento de los planes de Arzalluz, la banda terrorista interpreta el proyecto como un ataque directo a su organización. Su reacción no se hace esperar. El 13 de junio, ETA pública un comunicado en el que, entre otras cosas, dice:

> En la actualidad, el PNV, después de abandonar la oportunidad de defender los derechos del pueblo vasco y defender su soberanía, trata de descalificar la lucha armada utilizando argucias metafísicas para condenar las muertes que ésta produce. A nadie se nos olvida que en el 36 el PNV lleva al campo de batalla a los *gudaris* para matar al enemigo y morir por una causa. Hoy, la muerte tiene el mismo sentido, ya que desde entonces hasta aquí el valor de la vida no ha sufrido cambios. Entonces como ahora, el valor de la vida era y es la liberación de la soberanía de Euskadi. ETA, una realidad histórica del pueblo vasco para defendernos de nuestros opresores, no nos rendimos y seguimos combatiendo.[48]

Los terroristas, además, se ponen en contacto con Gorka Aguirre y le preguntan: «¿Es que el PNV, después de más de no-

---

47. La integraban Brian Crozier, agente del MI6, el miembro de la Rand Corporation Peter Janke, el siquiatra italiano Franco Ferracuti, Hans Horchem, experto antiterrorista alemán, y Clive Rose, especialista británico.
48. Comunicado de ETA al pueblo vasco, 13 de junio de 1995.

venta años de gloriosa historia, se va a convertir en un partido unionista y va a emplear a la Ertzaintza en contra nuestra como si fueran cipayos?»

Como colofón, la organización terrorista exige una inmediata explicación al Partido Nacionalista. Sus dirigentes pretenden saber por qué el PNV combate su forma de «hacer política» cuando los enemigos son otros. La respuesta la recibe del propio Xabier Arzalluz, quien a comienzos de octubre de 1985 cita a Iñaki Esnaola para «tranquilizar» a los medios *abertzales* y a la dirección de ETA acerca del documento.[49]

«Yo voy a ser el primero en tener acceso al informe de la comisión de expertos antiterroristas, así que podré influir en la propuesta que haga el Gobierno Vasco sobre la violencia.» En consecuencia, ETA no tiene nada que temer, «porque los nacionalistas estamos a favor de una salida negociada porque en estos momentos no hay más política que ésa». Ademas, es lógico que ETA «no esté dispuesta a dejar las armas a cambio de nada, y algo habrá que ofrecerles».[50]

Meses después de la entrevista se hace público el informe del comité de expertos. Las referencias a la necesidad de emplear medios policiales y combinarlos con acciones psicológicas y movilizaciones ciudadanas que provoquen el rechazo y la denuncia de los métodos violentos y de quienes los practican han sido suprimidas o enmascaradas.

En cambio se han introducido párrafos enteros haciendo hincapié en que el «contencioso» se solucione de manera dialogada entre las dos partes en conflicto, es decir, el Estado español y la plana mayor de ETA, los representantes de la «soberanía fáctica» del País Vasco.

Concebido como un arma para acabar con el terrorismo, por arte de funambulismo político, el documento final hace suyas las tesis de ETA.

---

49. *Navarra Hoy* y *El País*, 5 de noviembre de 1985; diario *El Correo*, 7 de noviembre de 1985.

50. El 6 de noviembre, Arzalluz reconoce la existencia de la entrevista, añade que se produjo a título personal y que los asuntos tratados no se corresponden con las informaciones aparecidas en la prensa, y que, además, ha dado cuenta de ello a la dirección de su partido.

En 1992, los quince miembros de la Unión Europea tienen que ratificar en sus respectivos Parlamentos el Tratado de Maastricht. Suponía la puesta en común de las políticas económicas y monetarias para dar lugar, años más tarde, a la entrada en vigor de la moneda única, el euro.[51]

Tanto el PNV como HB son conscientes de lo que ello supone: una pérdida de soberanía política y económica de las comunidades autónomas y la consolidación de los grandes estados, en perjuicio de los grupos étnicos minoritarios, dentro de la Unión Europea.

La entrada en vigor del Tratado de Maastricht no se producirá, sin embargo, hasta el 1 de enero de 1998, para lo cual los quince países miembros han de poner en común sus economías.[52] En este contexto, tras seis años sin entenderse debido al «Espíritu de Arriaga» y al Pacto de Ajuria Enea, dos delegaciones del PNV y de HB vuelven a reunirse.

Las citas se producen durante los meses de abril y mayo en el hotel Ercilla de Bilbao, en Igueldo y Mañaria. Por parte de HB asisten Jon Idígoras, Íñigo Iruín y Floren Aoiz. Los interlocutores del PNV esta vez no son los mismos. La vieja guardia ha pasado a los cuarteles de invierno y ha sido sustituida por una nueva generación de gente más próxima a las tesis de ETA: el presidente del Gipuzkoa Buru Batzar, Joseba Egibar; el miembro del Bizkai Buru Batzar, Gorka Aguirre, y Juan María Ollora, un alavés considerado el cerebro gris de la formación *jelkide*.

La presencia de Egibar, un talibán del nacionalismo, y especialmente de Ollora, siempre dispuesto a buscar fórmulas con los radicales, permite el establecimiento de una nueva «química» entre los representantes del nacionalismo de sotana y sus «descarriados» parientes de sangre. A partir de entonces, las relaciones entre uno y otro grupo ya no serán las mismas.

Idígoras e Iruín son conscientes de ello cuando oyen hablar

---

51. El euro entra en vigor el 1 de enero de 2002.
52. Reducir la deuda pública, controlar los tipos de interés y acabar con el déficit de los diferentes estados miembros, especialmente para converger en políticas de paro, bancarias, armonización fiscal y costes salariales de las empresas.

por primera vez a Ollora y éste expone, sin ambages, que una negociación con el Gobierno es un camino sin salida. «Al final —dice— siempre están la Constitución, la Guardia Civil o el Ejército dispuestos a impedir por cualquier vía el ejercicio de nuestros derechos como pueblo.»

Los reunidos se olvidan de que el País Vasco es una sociedad pluralista, donde conviven dos comunidades diferenciadas en muchos aspectos, con dos sensibilidades distintas, dos maneras de ser y de enfocar los problemas de la sociedad y de la vida.

—A los vascos nadie nos va a dar nada. La decisión final tiene que ser la autodeterminación y la independencia. Y ese sujeto no puede ser otro que el pueblo vasco. Lo primero que tenemos que hacer es definir nuestro ser, ponernos de acuerdo en nuestras señas de identidad como pueblo, para decidir —agrega el ideólogo del PNV.

Las dos partes consideran que todavía no ha llegado el momento propicio. Pero se comprometen a trabajar juntos para crear las condiciones que faciliten el nacimiento de una nueva nación: Euskal Herría.

«ETA, hasta hace unos años, parecía indestructible, imbatible. Ésa era la percepción de nuestra base social hasta poco antes de la caída de Bidart. Pero el mito se ha destruido. Ahora, nuestro baluarte puede ser golpeado en sus entrañas y eso ahonda nuestras inseguridades. A ello hay que sumar nuestro desastre organizativo: todo el aparato de Iparralde mezclado, el impuesto y la Mesa Nacional, los liberados de Navarra y los taldes. En una palabra, un cacao. Esto se parece cada vez más al ejército de Pancho Villa en todos los sentidos. En los aparatos políticos tenemos comisiones, subcomisiones, *batzarres,* liberados, prensa y un sinfín de cosas inoperativas. Para lo único que sirven es para ofrecer más flancos al enemigo. Aquí, o ETA asume de nuevo su papel o disolvemos el frente político y nos integramos en la organización, o plegamos velas y nos vamos todos a casa.»[53]

---

53. *Análisis de la organización tras la caída de Bidart,* Papeles de Dorronsoro Malatxetxebarría, Saint Denis (Francia), 1993.

Ésta es la lectura que ETA hace de la captura de su dirección en Bidart a finales de marzo de 1992. Semanas antes de la caída, el 17 de febrero, Jaime Mayor Oreja y Xabier Arzalluz tienen un encuentro en la sede del PP, situada en la calle Elcano de Bilbao.

—Xabier, con la excelente relación existente entre el PNV y el PP, no entiendo por qué compartís proyectos con HB —le dice.

—No te preocupes. Aquí hay que negociar, hasta con el diablo.

Un par de meses antes, durante una comida celebrada en el hotel Palace de Madrid, el PP y el PNV han firmado un acuerdo de gobernabilidad en el País Vasco. En febrero, Mayor Oreja se entera de que los nacionalistas habían traicionado el pacto negociando el reparto del poder en la Diputación de Guipúzcoa y el Ayuntamiento de Donostia con HB y el PSOE.

La alianza tiene su origen en junio de 1991. En esa fecha se celebran elecciones municipales y a Juntas Generales en las tres provincias vascas. El partido más votado en el Ayuntamiento de San Sebastián es Eusko Alkartasuna, pero el PNV y el PSOE unen sus fuerzas y arrebatan la alcaldía a Xabier Albistur, el candidato de EA, y colocan en su lugar al «socialista-nacionalista» Odón Elorza.

En la Diputación, la situación es más complicada. Gracias a la movilización por la autovía de Leizarán, HB ha cosechado un número importante de votos en la comarca de Tolosa y el Goyerri (Tierras Altas) y tiene la llave de la gobernabilidad de la institución.

Dispuesto a echar a EA, el partido de Garaikoetxea, de las instituciones y a reconquistar Guipúzcoa, Arzalluz pacta con HB. Así, el 2 de julio, las Juntas Generales de Guipúzcoa reunidas en Ordicia eligen diputado general al alcalde de Oñate y militante del PNV Eli Galdós.

Unos meses después se intuye que el acuerdo político tiene un precio. Nada más tomar posesión de su cargo, en agosto, Galdós ordena a los servicios técnicos de la Diputación estudiar un nuevo trazado para la autovía de Leizarán. El nuevo proyecto debe elaborarse de acuerdo con las directrices de la «Coordinadora Lurraldea», dominada por ETA.

Posteriormente se sabe que toda la estrategia se ha fraguado en la casa que Xabier Arzalluz y su mujer, Begoña Loroño, tienen en el conjunto residencial de Arragaya, en el paraje de Las Potocas (Zarauz). Tras consultar su decisión con Felipe González y José Luis Corcuera, su ministro de Interior, Arzalluz, pacta allí en secreto con HB el nombramiento de Eli Galdós como diputado general de Guipúzcoa y de su amigo Román Sodupe como director general de Carreteras. Y ofrece, en contrapartida, cambiar el trazado de la autovía de la discordia, sin importarle los costes políticos de su decisión ni el «balón de oxígeno» que aporta a ETA.

Mientras miles de vascos se enfrentan a diario, en sentadas y manifestaciones, a la banda terrorista en las calles en defensa de la legalidad y las instituciones que oficialmente apoyan el trazado inicial de la polémica carretera, el 22 de abril de 1992, apenas veintitrés días después de la caída de la cúpula de ETA en Bidart,[54] con los votos favorables del PNV y el PSOE se aprueba un nuevo proyecto de autopista, igual de malo y peligroso que el anterior.

La gota que colma el vaso de la paciencia de los demócratas la pone, de nuevo, Arzalluz. Tras la aprobación por las Juntas Generales del nuevo itinerario de la autovía, el presidente del PNV reconoce sus contactos con HB. «Ha sido un ensayo general para acabar con el terrorismo. El problema de la autodeterminación planteado por ETA debe resolverse de la misma manera que la autovía, negociando», dice.

Lo cierto es, sin embargo, que el máximo representante del PNV, con su irresponsabilidad, acababa de firmar, de hecho, el acta de defunción del Pacto de Ajuria Enea, y había traficado con la respetabilidad de las instituciones, sometiéndolas al chantaje terrorista. Con ser esto grave, lo peor fue que su actitud desincentiva al Gobierno de Vitoria y desmoviliza a la sociedad vasca que ha salido a la calle reiteradamente en una eficaz campaña de manifestaciones para que se cumpla la legalidad, haciendo retroceder la lucha antiterrorista a niveles anteriores a 1982.

ETA, que como vimos al principio era el ejército de Pancho Villa y estaba a punto de «dejarlo» y «marcharnos todos a casa», vuelve a sus andadas.

54. La dirección de ETA está integrada por Francisco Múgica Garmendia, *Pakito*; José María Aguirre Erostarbe, *Fitipaldi*, y José Luis Álvarez Santacristina, *Txelis*. Fueron capturados el 29 de marzo de 1992 en Bidart.

A comienzos de 1995, ETA tiene listo su programa de mínimos para la independencia del País Vasco, la «Alternativa Democrática». Para dársela a conocer al Partido Nacionalista hay un encuentro entre representantes de la banda terrorista y los dirigentes *jelkides*.

Durante la cita, de la que se conocen sus asistentes, más que hablar de la «Alternativa Democrática», los dos grupos se dedican a descalificarse y a lanzarse reproches mutuos.

—El asesinato de Gregorio Ordóñez y el coche-bomba contra José María Aznar han sido dos «errores» incalculables. En lugar de provocar el hundimiento del PP contribuís a su ascenso electoral —dice el PNV.[55]

—No es cierto, y ahí están los datos para demostrarlo. Es la política antieuskaldún del PNV, la aplicación de una política de *apartheid* con la izquierda *abertzale* y la concesión del *label*[56] de vasco-demócratas a las criaturas de Mayor Oreja, las verdaderas razones de esta subida en las urnas —replica ETA. Y añade—: Vosotros, con el Pacto de Ajuria Enea y otros acuerdos, sois los verdaderos responsables de la normalización de quienes desarrollan la representación política de los fascistas españoles en Euskadi. Sois los culpables de la «vascoiturgaización» de Euskal Herría. El pueblo toma nota de ello y algún día os pedirá cuentas.

—Eso es una calumnia intolerable —protesta uno de los *jelkides*.

—No sólo no es una calumnia, sino que de seguir con esa política, al PNV pronto le tocará gobernar con el PP, al igual que en estos momentos gobierna con el PSOE en Araba, Gipuzkoa y Bizkaia —concluyó el responsable de ETA.[57]

Como el hijo pródigo que hace años ha abandonado la casa del padre, los representantes de ETA pasan media hora larga reconviniendo y sacando a relucir los trapos sucios del PNV. Al final exponen la «Alternativa Democrática», que viene a sustituir a

---

55. En el texto que manejamos los autores, procedente de los archivos de ETA, no se identifica a los autores de cada frase ni siquiera por su inicial.
56. Término supuestamente euskérico adaptado del inglés. *Label*, etiqueta.
57. Archivos del etarra Juan Ignacio Herranz. París, año 2000.

los cinco puntos del KAS. El nuevo texto, redactado en un lenguaje más asequible es un intento de acercamiento a las tesis del peneuvista defendidas por Juan María Ollora, sin perder de vista el carácter «social» de la izquierda *abertzale*.

En el encuentro, ETA hace hincapié en la necesidad de lograr un consenso con el partido *jelkide* sobre la «Alternativa Democrática» para atraer, entre todos, al mayor número de votantes hacia la reconstrucción de Euskal Herría.

En sus últimos comunicados, la banda terrorista anuncia un salto cualitativo en su estrategia terrorista para imponer por todos los medios su enloquecido programa de mínimos. «A partir de ahora actuaremos contra los cargos políticos españoles al formar parte como eslabones de la cadena que ata Euskal Herría al Estado español. Hasta ahora los hemos respetado pensando que iban a cambiar. Sin embargo sabemos que no es así. Los políticos españoles son los verdaderos responsables, los actores directos, de la situación antidemocrática, de verdadera involución, que sufre nuestro pueblo», afirman.[58]

Y utilizando un viejo argumento extraído de las *Cartas Tupamaras*, de Raúl Sendic, ETA agrega: «En los entierros de militares y guardias civiles, los políticos españoles sueltan algunas lágrimas de cocodrilo, se van a sus casas y no ocurre nada. Cuando vean a sus compañeros dentro de una caja de pino y con los pies por delante, se miren unos a otros en los entierros y piensen cuál de ellos será el próximo, a quién le alcanzará la próxima bala, la situación cambiará.»

La dirección de ETA insta al PNV a romper el Pacto de Ajuria Enea, suscrito por los partidos democráticos, que dificulta la participación de Herri Batasuna en las instituciones y es un verdadero corsé a la «acumulación de fuerzas» de la izquierda *abertzale*. Los miembros del partido fundado por Sabino Arana no están de acuerdo y lo dicen:

—Los culpables de que los vascos no tengamos la plena autodeterminación sois vosotros —apostillan.

Los dirigentes de la banda terrorista saltan como movidos por

---

58. Nota explicativa de la ruptura de la tregua de 1998 incautada en la sede de HB de San Sebastián.

un resorte. Acusan al PNV de practicar un doble juego, el del nacionalismo y el del abertzalismo, y de hipotecar durante veinticinco años el autogobierno de Euskadi para conformarse con un Estatuto y unas instituciones impuestas por Madrid y sin capacidad de decisión.

—No os lo vamos a decir con mayor claridad ni contundencia. Aquí ya no valen las ambigüedades ni las medias tintas. Ha llegado el momento de decidirse, de elegir. Si seguís por esa vía, por la vía de España, os situáis entre ETA y España.

—¿Qué insinuáis? ¿Nos estáis amenazando?

—Tomadlo como queráis. Pero si el PNV sigue situado entre ETA y España, eso traerá consecuencias directas.[59]

Dos años después, tras el asesinato de Miguel Ángel Blanco, los dirigentes del PNV y ETA volverían a verse las caras. Esta vez para retomar la estrategia de hace veinte años, en Txiberta, y formar un frente común contra España.

---

59. «ETAren Ekimena» (La iniciativa de ETA), documento en el que la banda armada analiza los antecedentes y resultados del pacto de Lizarra.

CAPÍTULO XIX
«Nostra cosa»

Tras la aprobación del Estatuto de Gernika, en 1980 el PNV se comprometió solemnemente a acabar con ETA en el plazo de un año, pero más de dos décadas después la banda armada sigue sembrando el terror, la desolación entre muchas familias, el odio, la coacción y el miedo en uno de los países más desarrollados del planeta. Y es que el PNV, lejos de cumplir su promesa, se ha dedicado todo este tiempo a proteger a la banda armada como a la niña de sus ojos y a deslegitimar la lucha antiterrorista, a impedir la acción judicial contra su trama civil, Batasuna, y a obstaculizar la persecución internacional de sus pistoleros. Y es que al margen de las pequeñas rivalidades, el nacionalismo radical y el llamado moderado se necesitan mutuamente para construir la «casa común» de los *abertzales*, aunque para ello tengan que excluir a la mitad de la población. Por eso, en la larga lista de víctimas del terrorismo no figura ni un solo político del partido *jelkide* y sus empresarios no figuran en los archivos de quienes están obligados a pagar el «impuesto revolucionario». ETA se convierte así en *nostra cosa*.

En el debate celebrado en el pleno de la Carrera de San Jerónimo sobre la amnistía política, el portavoz del Grupo Parlamentario Vasco en el Congreso, Xabier Arzalluz, lo expresó con toda contundencia: «Aquí estamos reunidas personas que hemos militado en campos diferentes, que hasta nos hemos odiado y hemos luchado en campos diferentes. La amnistía que se aprueba hoy es el paso inexcusable para acceder a una situación democrática [...]. Cuando no quede ningún vasco en la cárcel o en el exilio ha llegado la hora del olvido y no hay razón para seguir matándonos.»[1]

La UCD, convertida en carne de cañón por los verdugos de ETA, no estaba segura de que hubiera que llegar tan lejos. Se lo dijo el presidente Suárez en persona a Arzalluz.

—Es que muchos de los muertos son gente nuestra.

1. *Diario de Sesiones del Congreso de los Diputados*, 14 de octubre de 1977.

—La amnistía ha de ser total. Hay que comprender que se trata de «chicos descarriados». Hay que ayudarlos a elegir el buen camino.

ETA, que había asesinado a 34 personas durante la dictadura, en los dos años que siguen a la muerte de Franco aniquila a otras 28, muchas de ellas demócratas perseguidos en la dictadura. Además, curiosamente, entre las víctimas de los «jóvenes descarriados» no hay ni un solo miembro o simpatizante del PNV.

Entre entierro y entierro, sin que la banda armada dejara de matar un solo día, todos los grupos parlamentarios y el Gobierno aceptan el reto y se llega a un pacto de Estado: Adolfo Suárez concede una amnistía general que deja las cárceles sin un solo preso.[2]

Lo que fue un gesto de generosidad extrema por un país que inicia su andadura por la senda democrática logra el efecto contrario al pretendido. ETA, el «hijo pródigo» del PNV, en lugar de dar pasos hacia la senda constitucional se aleja más de ella. Al año siguiente, en 1978, la banda terrorista bate todos sus récords y asesina a 69 personas.

En este contexto, el Gobierno habla con el PNV y le insta a cumplir su palabra.

Se necesitaron al menos dos reuniones de la ejecutiva del PNV para convencer a los indecisos. Al final, el 11 de octubre de 1978, al día siguiente de que ETA asesinara a dos guardias civiles en Marquina y Elgóibar (Guipúzcoa),[3] tras un encuentro con los parlamentarios, el Euskadi Buru Batzar del PNV hace pública una nota condenando la división de la sociedad que está provocando ETA y anunciando la convocatoria de una manifestación contra el terrorismo.

---

2. «Quedan amnistiados: *a*) Todos los actos de intencionalidad política, cualquiera que fuese su resultado, tipificados como delitos y faltas realizados con anterioridad al día 15 de diciembre de 1976. *b*) Todos los actos de la misma naturaleza cometidos hasta el 15 de junio de 1977, cuando en intencionalidad política se aprecie además un móvil de restablecimiento de las libertades públicas o de reivindicación de las autonomías de los pueblos de España», *Boletín Oficial del Estado*, 17 de octubre de 1977.

3. Los agentes Ángel Pacheco Pata y Anselmo Durán Vidal.

La división es inevitable cuando un grupo impone de hecho procedimientos que atentan a la más elemental concepción de los derechos del hombre, como es el derecho a la vida.

La división es inevitable cuando un grupo se dedica a distribuir cartas de extorsión con amenazas de muerte a tantos ciudadanos de este país.

La división es, sobre todo, inevitable cuando un grupo se resiste a aceptar la voluntad mayoritaria de todo un pueblo para establecer dogmática, imperativa y violentamente una concepción determinada del orden político y social.

Jamás el fin podrá justificar los medios. Nunca un grupo podrá imponer a un pueblo cuáles hayan de ser necesariamente esos fines y esos medios.

Por eso pedimos a nuestro pueblo que se manifieste para proclamar, pública y colectivamente, su rechazo absoluto al terrorismo, que menosprecia de forma brutal e incomprensible el derecho a la vida.

En su nota informativa, el PNV anuncia que retirará su convocatoria a los ciudadanos a manifestarse contra el terrorismo si «ETA deja de matar». De lo contrario, mantiene su llamamiento a la sociedad vasca a concentrarse y protestar contra la violencia el sábado, día 28, en la ciudad de Bilbao.

Cuarenta y ocho horas después de la publicación de la nota, ETA se da por aludida. Un comando de la banda armada ametralla ese día, 13 de octubre, un Land Rover de la Policía Nacional en la carretera al Sanatorio de Santa María, asesina en el acto a dos agentes y causa heridas a otros tres.[4]

La respuesta armada es un desafío en toda regla a las fuerzas democráticas y, en especial, al PNV. Al mismo tiempo, la banda armada envía una nota de respuesta al diario *Egin*[5] calificando de «triste y dolorosa» para el pueblo vasco la actitud adoptada por el partido *jelkide*, y remite una carta personal a todos y cada

---

4. Los policías Ramón Muiños Fernández y Elías García González.
5. *Egin*, 13 de octubre de 1978.

uno de los miembros del EBB, algunos de cuyos párrafos conviene desempolvar del transcurso de los años y reproducir para ajustarse a la literalidad de la historia:

> El PNV ha escogido para hacer política los instrumentos que le han parecido más idóneos. ETA ha hecho lo mismo. ETA critica la forma de hacer política del PNV y éste tiene derecho a criticar la nuestra. Pero ETA jamás se ha enfrentado a la forma de hacer política del PNV. En cambio, éste se va a enfrentar el día 28 a la nuestra. ¿Quién trata, pues, de imponer sus medios a quién?
> En cuanto a atentar contra los derechos del hombre, ¿quién atenta a los de quién? ¿ETA defendiendo los derechos del pueblo trabajador vasco, con las armas en la mano, o el Gobierno español sometiendo a nuestro pueblo con la fuerza de las armas del Ejército y de la policía españoles?
> Si se nos condena a nosotros, hay que condenar también a los argelinos que combatieron la ocupación de su territorio por tropas francesas, y a los vietnamitas que hicieron otro tanto con los franceses primero y los norteamericanos después; y a los franceses cuando la ocupación alemana; y a los angoleños y mozambiqueños cuando la ocupación portuguesa; y a nuestros padres, que mataron a soldados de Franco; y a todos los pueblos que han sabido luchar por su libertad. Por lo tanto, no comprendemos cómo el PNV, si es fiel al derecho de la dignidad de la persona humana, convoca una manifestación contra nosotros.[6]

La guerra verbal entre un partido que se proclama democrático, con ochenta y tres años de «clara trayectoria», y una banda asesina que se siente legitimada para matar por la espalda a sus adversarios políticos, y lo proclama públicamente, no ha hecho más que empezar.

En los días siguientes, ETA, que se dice «en guerra contra el Estado español», acaba con la vida de cinco guardias civiles y un policía nacional en cinco atentados ocurridos en Lequei-

---

6. *Enciclopedia de ETA*, Varios autores, Txalaparta. 1998.

tio, Las Arenas y Bilbao, todos ellos dentro de la provincia de Vizcaya.[7]

Mientras en Extremadura y Andalucía cinco familias lloran la muerte de sus seres queridos, el debate en el seno del PNV es el de un partido que vive en otra galaxia. En Bilbao y San Sebastián, la banda terrorista reparte panfletos titulados «La vergüenza del PNV» en los que se acusa al partido de no hacer nada en los últimos veinte años, habiendo permitido que Franco «muriera como murió: viejo y en la cama».

Acusados por la banda armada de seguir las consignas de Madrid, obsesionados más en mantener intacto su «granero electoral» que de las víctimas del terrorismo, toda la preocupación de sus dirigentes y cuadros medios es ahora neutralizar la «dura e injusta campaña de su partido» contra ETA.

Y entonces ocurre un hecho insólito en la vida política española. En una maniobra camaleónica y esperpéntica, el Partido Nacionalista recula por completo de lo declarado ante los representantes soberanos de la nación con motivo de la Ley de Amnistía y se coloca de lado de los terroristas. El viraje de 180 grados ocurre como sigue.

La sede de Unión de Centro Democrático en Madrid se encuentra, en 1978, situada en el número 11 de la calle Cedaceros, a escasos metros del Congreso de los Diputados.

El 14 de octubre, dos semanas antes de la manifestación anti-ETA, en el despacho de su secretario general se recibe una llamada de la dirección del PNV. El partido *jelkide* insta a los representantes del grupo político del Gobierno, al Ejecutivo de la nación y a Alianza Popular a que no acudan al acto.

Los nacionalistas no quieren mezclarse con los representantes de partidos «españolistas». Mucho menos, que éstos instrumentalicen el acto para gritar consignas en contra del terrorismo y crear una división insalvable con sus «hermanos separados».

Tras esta primera humillación de los partidos constituciona-

---

7. Alberto Villena Castillo, Luciano Mata Corral, Luis Gancedo Ruiz, José Benito Díaz García, Epifanio Vidal Vázquez y Andrés Silverio Martín.

listas, el PNV da un paso más. Decididos a pedir públicamente excusas a los etarras, como ha exigido la banda armada, ese día el diario *Egin* publica una entrevista con Iñaki Anasagasti, un individuo que asegura estar radicalmente en contra del terrorismo y al que no se le cae la cara de vergüenza. El futuro portavoz del Grupo Vasco en el Congreso dice: «Ha caído muy mal [en el Gobierno Vasco y en el partido] que el asunto de la manifestación se haya presentado como una iniciativa contra el terrorismo [...]. Parecía que nos dirigiéramos directamente contra ETA y no es eso. La gente que se quiere aprovechar de esta manifestación para ir contra ETA se ha confundido de manifestación.»

Habría todavía dos bajadas de pantalones ante los terroristas. Un día antes de la convocatoria, en un mitin celebrado en el Cinema Casino de Tafalla (Navarra), Xabier Arzalluz se pasa pública y radicalmente de bando y, usando el lenguaje del comunicado de ETA, afirma: «La manifestación no es contra ETA, porque siempre ha habido gente que se ha levantado con las armas contra la opresión. Madrid sólo entiende un lenguaje, el de la fuerza. La manifestación es para pararle los pies a Madrid.»

Carlos Garaikoetxea, el *lehendakari*, presente en el mismo acto, no podía ser menos, va un poco más allá e insulta incluso a las víctimas del terrorismo: «La convocatoria es contra los que, vestidos de uniforme, siembran la violencia en nuestras calles.»[8]

De esta manera, los lectores que siguen atentamente aquel turbio asunto por la prensa se enteran de que quienes amenazan a miles de vascos, los que los extorsionan, los que no respetan la voluntad mayoritaria de «este pueblo» son todos los partidos, salvo el PNV y el grupo armado ETA. ¿Y qué mejor manera de pararle los pies a Madrid que matando guardias civiles?

En enero de 1982, el embajador Pedro Manuel de Arístegui, a la sazón gobernador civil de Guipúzcoa, remite al ministro del Interior, Juan José Rosón, un voluminoso informe en el que le pone al día de sus conversaciones con el consejero de Interior del Gobierno Vasco, Luis María Retolaza, *Tanke*.

---

8. Diario *Deia*, 19 de octubre de 1978.

En el «dossier Arístegui», que lleva su firma y el sello de su secretaría, aporta una serie de nombres, direcciones y lugares de contacto de varios comandos terroristas que actúan en aquellos momentos en las tres provincias vascas.

Se trata de los elementos considerados más duros de la organización terrorista por aquellos años. Junto al documento figura una nota del gobernador civil: «El consejero de Interior me sugiere su "destrucción" o "neutralización" inmediata.»

Retolaza, según los papeles que llegan a la secretaría de Rosón, está preocupado con la estrategia de ETA. Teme que la banda armada, enfrascada en una guerra contra Iberduero para impedir la construcción de la central nuclear de Lemóniz, pretenda paralizar la economía del País Vasco mediante un corte general de fluido eléctrico, y recomienda al Gobierno que tome todas las medidas necesarias para impedirlo.

La información procede de los servicios de información del partido pero, con la Ertzaintza en mantillas, sin competencias y sin capacidad de actuación en materia antiterrorista, la Consejería de Interior teme que, de llevarse a cabo los planes de ETA, se produzca un nuevo proceso de involución política.[9]

Retolaza, que pide a cambio que el Gobierno español retire la Ley de Ordenación y Armonización del Proceso Autonómico (LOAPA), no actúa movido por un inesperado arranque de españolismo sino por todo lo contrario. Considerándose a sí mismo más patriota que la propia ETA, no está dispuesto a que un grupo de iluminados pongan en riesgo las conquistas políticas logradas con el Estatuto de Gernika.

Es la única vez, de la que se tenga conocimiento, en que el Ejecutivo de Ajuria Enea colabora en la desarticulación de ETA.

Una fría noche del mes de febrero de 1972, poco antes de las doce, sonó el teléfono en casa de Carlos Garaikoetxea en Pamplona.

---

9. El PNV dio al Gobierno de UCD datos para destruir y neutralizar a ETA. *El País*, 9 de julio de 1997. El Gobierno Vasco, naturalmente, como no podía ser de otra manera, desmintió la información.

Su comunicante, al que no identifica, le pedía auxilio para que ayudara a cruzar al otro lado de la frontera a E. I.,[10] activista de ETA en busca y captura por la policía, quien llevaba escondido en la ciudad varias semanas.

Ni corto ni perezoso, Garaikoetxea, dedicado entonces a la gestión de empresas y al ejercicio de la abogacía, por lo que se supone conoce las leyes, cogió su coche, acudió a la calle San Nicolás, situada en el casco viejo de Pamplona, y trasladó al presunto etarra a Burlada, a las afueras de la capital navarra, donde otras personas se encargaron de darle cobijo.[11]

Nueve años después, en 1981, recuperadas las libertades y las instituciones vascas, Garaikoetxea es el inquilino del palacio de Ajuria Enea y Leopoldo Calvo-Sotelo el responsable del Gobierno de España, tras su traumática investidura interrumpida por el golpe de Estado del teniente coronel de la Guardia Civil Antonio Tejero Molina.

El 8 de abril, ETA asesina en Barakaldo y Bilbao (Vizcaya) a dos policías nacionales, Vicente Sánchez Vicente y Francisco Francés Garzón, y Calvo-Sotelo le pide que le acompañe al entierro de las víctimas en un intento de distender el ambiente enrarecido por la asonada militar.

Garaikoetxea asiste a regañadientes y acompaña al presidente del Gobierno desde Madrid, donde se encuentra en esos momentos, a Bilbao para asistir a las honras fúnebres que se celebran en el Gobierno Civil de la ciudad.

Pero al aterrizar el Mystère en el aeropuerto de Sondica se niega a ponerse una corbata negra en señal de luto por los dos policías nacionales asesinados.

—Es que desentona con el traje —le explica.

Al mismo tiempo que se resiste a solidarizarse con las víctimas de ETA, no hay un solo día en que el Gobierno Vasco no se ponga del lado de los verdugos.

---

10. Supuestamente, Eneko Irigarai, estudiante de Medicina, casado y con un hijo, miembro de la dirección de ETA, expulsado de Francia en 1966 por extorsionar al empresario del PNV Ramón de la Sota. Irigarai estuvo residiendo en Argelia hasta 1971 y en 1972 está buscado por la policía española.

11. Carlos Garaikoetxea, *Euskadi: la transición inacabada*, Planeta, 2002.

—Lo único de malo que tiene esta ley es que permite a personajes como Valery Giscard d'Estaing venir libremente a España.

A finales de los ochenta, la Comunidad Europea empieza a hablar de modificar la legislación de los países miembros para permitir la libre circulación de personas sin necesidad de pasaportes ni trámites aduaneros dentro de sus fronteras.

Representante de Alianza Popular por León en el Congreso de los Diputados, Rodolfo Martín Villa no puede olvidarse del jefe de Estado francés. Hacía diez años que dejó la cartera de Interior, que ocupó con la UCD hasta 1979, y su experiencia en materia de colaboración con Francia en la lucha antiterrorista no puede ser más funesta.

Las relaciones con sus homónimos franceses, Michel Poniatowski, con el que se reúne en Niza el 18 de octubre de 1976, y su sucesor, Christian Bonet, al que visita en París el 20 de junio de 1978, fue toda una odisea. Tanto Poniatoswki como Bonet se negaron a retirar la «carta de refugiados» que ostentaban por entonces cerca de cuatrocientos pistoleros de ETA.

A Juan José Rosón, gallego de Becerreá (Lugo), la situación no le fue mejor, a pesar de que España era ya un país plenamente democrático, donde los partidos políticos estaban legalizados y tenían todos sus derechos reconocidos. Con el mayor de los cinismos, sus colegas franceses negaban que ETA se dirigiera desde territorio francés, incluso después de hacerle entrega de una lista con los nombres, apellidos y domicilios en Bayona, Hendaya y San Juan de Luz de 179 terroristas que estaban localizados por la policía.

En dos de los encuentros comprobó con asombro la seguridad de sus afirmaciones. Mientras hablaba con él, su homónimo francés tenía sobre la mesa un informe del Partido Nacionalista Vasco, al que consultaba sin disimulo delante de sus propias narices.

La llegada al poder del PSOE tras las elecciones del 28 de octubre de 1992 pareció cambiar las cosas, especialmente porque desde mayo de 1981, es decir, desde dieciséis meses antes, el socialista François Mitterrand, amigo y protector de Felipe González, ocupaba la presidencia de la República.

Sin embargo, la primera entrevista entre José Barrionuevo

Peña, titular de la cartera de Interior, y su titular Gastón Defferre, fue decepcionante. Nacido en 1910 en Marsella, ciudad de la que fue alcalde, abogado y miembro de la Resistencia francesa, amigo del cura de Sokoa Pierre Larzábal y de algunos *gudaris* del PNV, Defferre veía en ETA y en sus métodos de clandestinidad una continuación de la lucha de emancipación nacional en la que participó hasta 1945. El asesor de El Elíseo en asuntos relativos al País Vasco, Bertrand García, presente en todas las entrevistas, era asiduo invitado del PNV en Bilbao, ciudad de la que había sido cónsul.

En este contexto, con Carlos Garaikoetxea y Xabier Arzalluz torpedeando sistemáticamente la labor del Gobierno, la posibilidad de acabar con la retaguardia de los terroristas se convierte en una labor titánica pero acaba dando sus frutos.

Los etarras movilizaron a todos los grupos nacionalistas flamencos, promueven asambleas, encierros, conferencias en algunas universidades y hasta una manifestación, pero el Gobierno belga se mantuvo inflexible hasta el último minuto.

El 10 de julio de 1984, en un avión de Iberia, son extraditados a España dos terroristas de ETA, Salvador Ormaza Corral y José Artetxe González, quienes son puestos a disposición de la Audiencia Nacional. Al mismo tiempo, decenas de pistoleros son deportados por presiones del Gobierno de Felipe González a Cabo Verde, Gabón, República Dominicana, Santo Tomé y Príncipe, Ecuador, Venezuela y Panamá.

Acostumbrados a vivir a sus anchas hasta 1983 en el «santuario» francés de la Demarcación de los Pirineos Atlánticos y a matar en España, la nueva estrategia encaminada a acabar con el refugio de los terroristas indigna al PNV y a HB.

Al día siguiente, el Euskadi Buru Batzar emite un comunicado condenando las extradiciones. «Constituyen barreras para abrir vías de diálogo y para llegar a una auténtica negociación y a la solución definitiva de la violencia en nuestro país.» El *lehendakari* Garaicoetxea también se quita la careta: «Las condiciones en que el Gobierno belga ha concedido las extradiciones son capciosas y vejatorias para los refugiados vascos.»

Fue el primer paso. Poco después, en algunos *batzokis* del partido *jelkide* y en las *herriko* tabernas de HB comienzan a recogerse firmas contra las entregas de activistas de ETA al Gobierno español y las deportaciones a terceros países.

El 25 de octubre, dirigentes de Herri Batasuna y del PNV viajan a Estrasburgo y entregan al presidente del Parlamento Europeo, Pierre Pflimlin, la «Carta a los pueblos y naciones del mundo», un documento avalado por miles de firmas de los dos partidos.

En el documento se pide a Francia y Bélgica que ponga fin a las deportaciones de terroristas a países africanos y sudamericanos. En ningún momento a lo largo de su historia el partido *jelkide* ha tomado la misma iniciativa con las víctimas del terrorismo.

A comienzos de septiembre de 1984, el primer ministro francés Laurent Fabius lo dejó meridianamente claro: «Francia es y seguirá siendo una tierra de asilo. Pero España es una democracia plena, y los expulsados no son refugiados políticos sino terroristas con las manos manchadas de sangre.»

Poco antes, Felipe González y François Mitterrand acaban de entrevistarse en Madrid y en la sede del PNV de Bilbao las palabras de Fabius suenan a ultimátum.

Una comisión de dirigentes y parlamentarios del PNV viaja días más tarde a París, donde se entrevistan con las principales autoridades galas. Su objetivo es impedir a cualquier precio la extradición a España de los pistoleros de ETA. Aunque parezca increíble, los dirigentes *jelkides* prefieren que centenares de españoles vivieran con el miedo en el cuerpo sin poder salir de casa sin escolta, mientras sus asesinos se pasean tranquilamente por territorio francés, donde tienen sus campos de entrenamiento, sus bases de aprovisionamiento de armas y sus tramas dedicadas a la extorsión.

La respuesta que encuentran en la capital francesa no es nada tranquilizadora. «Si ETA no deja de secuestrar, asesinar y extorsionar en España, nuestro Gobierno no podrá seguir autorizándolos a residir en nuestro territorio. Ése es el acuerdo y no hay nada más que hablar del asunto», les deja bien claro uno de los asesores del primer ministro.

La primera ocasión para demostrar que hablan en serio se produce el 23 de septiembre de ese año. Los tribunales fallan a favor de la entrega a España de siete terroristas para ser juzgados, y François Mitterrand ratifica la extradición de tres de ellos, José Carlos García Ramírez, José Manuel Martínez Beiztegui y Francisco Javier Lujambio Galdeano, mientras el resto, Gotzon Castillo, Francisco Alberdi, José Miguel Galdós y Luciano Eizaguirre, son deportados a Togo.

La condena de Arzalluz resulta de nuevo elocuente. Lamenta que el país galo deje de ser la «tierra de asilo» que siempre había representado para muchos vascos y el PNV vuelve a movilizar sus influencias para que el precedente no vuelva a repetirse. Pero su política de boicot y obstruccionismo, que tantos resultados les ha dado hasta entonces, resulta ya inútil. En noviembre de 1985, el Consejo de Ministros francés con Pierre Joxe como titular de Interior, extradita a Juan Carlos Arriaga Martínez y a Vicente Celaya Otaño.

A partir de entonces, la política de extradiciones se generaliza. Entre el 16 de julio de 1986 y el 28 de septiembre de 1989, es decir, en tres años y dos meses, el Gobierno francés entrega a España 198 terroristas,[12] 59 de los cuales son puestos en la fron-

---

12. Txema López Varona, Juantxo Nafarrate Arretxe, Luis Artola Amenza, Ramón Ruiz de Gauna, Koldo Dobaran Urtiaga, Pedro Guridi Uriarte, Fernando Egilleor Ituarte, Iñaki Alberdi Urkia, Antonio Guinea Laña, Jokin Martínez Pérez, Mikel Urriz Deusto, Agustín Azkárate Intxaurrondo, Alberto Barrena Zugazagoitia, Carlos Gil García, Manuel Horna Santos, Pablo Vivanco Ruiz, José Gogorza Zugarramurdi, Miguel Urbistondo Ezkurdia, Ramón Sagarzazu Gaztelumendi, Manuel Zarrabe Elkoroiribe, Antonio Lizarribar Lopetegi, Luis Zabaleta Elósegi, José Arruti López, Elías Antón Murgiondo, Zeferino Mondragón Madina, Txema Olabarri Olabarri, Joaquín Amenabar Agirre, Francisco Ferrera Txabarri, Iñaki Irastorza Martín, Milagros Erbiti Treku, Mikel Goienetxea Fradua, Antonio Inziarte Gallardo, José Arriaga Intxausti, Miguel Retolaza Urbina, Donato González Merino, Enrike Errasti Villar, José Arrillaga Albizu, Patxi Adurriaga Berrondo, Juan Alberdi Puy, Juan Napal Txueka, Tarsicio Rey Bakaikoa, Julián Iglesias Expósito, Luis Lizaso Urreta, Ramón Basauri Pujana, Luis Ruiz Sainz, Manuel Etxabe Urrestilla, Javier Lakasta Salinas, Xabier Yoldi Mujika, Josu Muguruza Guarrotxena, Carlos Lezertua Urrutibeaskoa, Fernando Sáez García-Falces, Xabier Martínez Nogales, Antonio Oregi Etxebarría, Juan Narbaiz Goñi, Xabier Aya Zulaika, Leandro Utrera Díaz, José Huarte Irujo, Víctor Leiro Cortes, Iñaki Ibarra Unzueta, Conchi Labayen Intxauspe, Luis Bilbao Lertxundi, Alfredo Rodríguez Landa, Adrián Olaziregi Aizkorreta, Juan Bautista Argote, Begoña Clemente Lázaro, Inazio Etxaniz Oñatibia, Juan Eizagirre Olaizola, Pello Goikoetxea Errazkin, Juan Labordeta Bergara, Arnaldo Otegi Mondragón, Santos Larrondo Osta, Antxon Azkue Aizpurúa, Andrés Zabala Bilbao, José Barrena Gantxegi, Javier García Lasalde,

tera sin juicio previo en sólo tres días, tras la captura del jefe de ETA Santiago Arróspide Sarasola, *Santi Potros,* el 28 de septiembre de 1987.

El santuario francés comienza a serlo menos pero, como si se tratara de un ritual de la Cosa Nostra, cada vez que se producía la entrega de un terrorista a España, Gobierno Vasco, PNV y Eusko Alkartasuna sacaban una nota de protesta.

Gracias a la generosidad del PSOE, José Antonio Ardanza Garro, abogado, cuarenta y seis años, natural de Elorrio (Vizcaya) y asesor jurídico de las cooperativas de Mondragón, fue elegido por segunda vez presidente del Gobierno Vasco a comienzos de marzo de 1987.

El 11 de ese mes formaba gabinete y nombraba consejero de Cultura y Turismo, con funciones de portavoz, a Joseba Arregui

---

Luis Sebastián Martínez, Ramón Sagastibeltza Vivanco, Xabier Cervera López, Imanol Uriarte Sagardui, Pedro Aira Alonso, José Imaz Oiarzábal, Joseba Aranburu, Iñako Trula Larrañaga, Florencio Amuriza Sarrionandía, Elena Martínez Beades, Francisco Xabier Mújika, Jesús Arin Bastarrika, Alfredo García Salvador, Ramón Herrero Iríbar, Inaxio Otaño Labaka, Imanol Arrinda Uriza, Julián Alkorta, Juan Bautista Eizagirre, Arantza Otaegi, Fidel Lasa, Asunción Odriozola, Kontxi Etxebeste, Bonifazio Mujika González, Joseba Palmou, Enrike Letona Biteri, Jesús Bollada Álvarez, Andoni Urrutxua Zearreta, Luis Armando Zabalo, Mariano Barbero Prieto, Faustino Aginaga Santacruz, Jerónimo Azkue Arrizabalaga, Román Landera Martín, José Arriaga Intxausti, Begoña Etxeberría Río, José Eguren Mentxaka, Itziar Berna Murgoitio, Gemma Apalategi Lasa, José Askasibar Aperribai, Luis Alkorta Maguregi, Imanol Sein Etxeberría, Martín Apaolaza Azkargorta, Agustín Makazaga, Koldo Quintanilla Rueda, Dolores Ziribiain Basterra, Luis Eizkisabel Urdangarín, Román Garro Auzmendi, Ignacio Garcés Beitia, Rosario Olazaran Sagardui, Juan Iradi Lizarazu, Lourdes Arana Altuna, Loli Elkano Irusta, Obdulia Cereijo Rodríguez, Pedro Callejo Madrigal, Pugil, Pedro Fernández Argilea, Juan Maza San Emeterio, Nieves Elezgarai Andonegi, Paco Gastesi Sierra, Jesús Goena Álvarez, María Silvan Bastida, Severo Rodríguez, Pedro Urrutxua Zearreta, Maite Lasa Mitxelena, Jesús Etxeberría García, Garbiñe Beñarán Aldazábal, Luis Bilbao Zabala, Jesús Lejarza Madariaga, César González Menéndez, Arantxa Eskisabel Goikoetxea, Aintzane Kortázar, José Aranzamendi Arbulu, Jesús Garaizar, Iñaki Pérez, Fernando García, Alberto Barrondo Goioaga, Agustín Imaz Sorozábal, María Sabina, Miguel Mínguez García, David Blanco Corvat, Kepa Astorkiza Ikazuriaga, Conrado Utrera Díaz, Emilio Jesús Díaz Giménez, Mikel Ibarguen Alonso, Lucio Llopis, Jon García Gaztelu, Jokin Izeta Pikabea, Iñaki López Bergara, Xabier Illundain Gurbindo, Julián García Tercero, Jokin Urdanpilleta, Fernando Gezuraga, Fernando Beristain, Aitor Aramaio, Miguel Vázquez, Xabier Alkain, Javier Jáuregi, Cornelio Arregi, Julián Zinkunegi, Jesús Iñarra, Miren Korta, Ignacio Larrañaga, Joseba Oleaga, Eduardo Basabe, Ángeles Oliver, Bittor Tejedor, Eloy Irazábal, Flor Caño, Candelario Ormazábal, Imanol Mitxelena, Imanol Artano, Guillermo Kapanaga, Jesús Iparragirre, Idoia Etxeberría, Javier Martínez Mújika, Antonio Guruzeaga, Jesús Zumeta, Luis Lasa Olazábal, Javier Gallástegi, Roberto Utrilla y Pako Etxebeste.

Aramburu, un donostiarra doctor en Teología por la universidad alemana de Müster y miembro del Euskadi Buru Batzar hasta el año anterior.

Alejado de la política activa desde 1995 y ya sin las telarañas ideológicas del nacionalismo excluyente y racista de su partido, en el año 2000 escribió un libro junto a Diego López Garrido, dirigente de Nueva Izquierda en el que hace un descubrimiento acerca de la actitud del Gobierno Vasco frente a ETA.

«En 1984, como portavoz del Gobierno, me oponía a las extradiciones de miembros de ETA por parte de Francia a España. [Elegido] de nuevo portavoz del Gobierno Vasco en 1987, por primera vez afirmé la necesidad y la legitimidad de la labor policial en la lucha contra ETA.»[13]

Hasta esa fecha, la macabra lista de asesinatos de ETA es de 516 personas, incluidas las masacres, mediante coche-bomba, de la calle Correo, Juan Bravo y de la plaza de la República Argentina (Madrid).[14] El Gobierno Vasco, entretanto, insensible a la tragedia y al dolor humano, sigue defendiendo a capa y espada a los asesinos y manifestándose oficialmente contrario a la lucha terrorista, hasta que desde la Moncloa y La Zarzuela se hace entrar en razón a Xabier Arzalluz, como ya ha quedado expuesto.

Arregui fue el encargado de llevar a cabo en el ámbito de los medios de comunicación la nueva estrategia que, en el mundo *abertzale* e incluso en algunos círculos del PNV, no se veía con buenos ojos. «El reconocimiento de este hecho [de la legitimidad del Estado de Derecho para luchar contra el terrorismo con todos los medios legales a su alcance] me valió un artículo en euskera de un amigo que se despedía de mi amistad», reconoce Arregui.

Todos los hechos conocidos demuestran que la formación *jeltzade*, que tras la aprobación del Estatuto se compromete por medio de su portavoz en el Congreso, Marcos Vizcaya, a acabar

---

13. Joseba Arregui y Diego López Garrido, *Ser nacionalista. Dos visiones en diálogo*, Acento Editorial, 2000.
14. En la masacre de la calle Juan Bravo perdieron la vida cinco guardias civiles y otros seis resultaron heridos. En la de la plaza de la República Argentina, doce guardias resultan muertos y otros cincuenta y seis agentes y vecinos lesionados tras la explosión de un coche-bomba en Madrid.

en un año con ETA,[15] nunca se tomó en serio ese compromiso. Convencidos de que por las vías pacíficas no van a conseguir nunca el reconocimiento del derecho de autodeterminación en una Europa construida sobre estados plenamente consolidados, con siglos de historia, el recurso a las armas y a la desestabilización política de España por parte de una banda armada, con la que mantienen vasos comunicantes subterráneos, es la única estrategia que les queda.

Por eso, a pesar de los pactos coyunturales con el PSOE en los ochenta, dos décadas más tarde el PNV vuelve por donde solía.

El 30 de mayo de 2000, las fuerzas de seguridad mexicanas detenían en el estado de Michoacán, en el centro del país, al presunto etarra Lázaro Galarza Larrayaz.

Nacido en Orderiz (Navarra), treinta y cuatro años, casado y con dos hijos, Galarza estaba acusado de organizar un atentado terrorista contra el cuartel de Muguiro, en la Comunidad Foral de Navarra. Automáticamente, la Audiencia Nacional abrió un expediente de extradición y el Ministerio de Asuntos Exteriores lo tramitó a la Suprema Corte de Justicia del país azteca.

Galarza, finalmente, no fue deportado a España por diversos errores cometidos en la instrucción del expediente. Diecisiete meses más tarde, el 15 de octubre de 2001, durante un viaje a Madrid, el presidente de México, Vicente Fox, reveló que su Gobierno había recibido presiones del PNV para que se modificara la política de entrega de terroristas de ETA a España.

La formación *jeltzade*, por medio de su parlamentario Iñaki Anasagasti, desmintió los hechos e instó al mandatario latinoamericano a aportar las pruebas de esa «grave denuncia». «Así como con su antecesor, Ernesto Zedillo, sí mantuvimos contactos para comentar el asunto, Vicente Fox en ningún momento se ha interesado por conocer nuestra versión», agrega.

Una semana más tarde, el 24 de octubre, Felipe de Jesús Preciado, director del Instituto Nacional de Migración de México,

---

15. *El País*, 29 de octubre de 1980.

colocó las cosas en su sitio. No había sido oficialmente el PNV, sino veintidós ayuntamientos regidos por este partido y otros ocho de Navarra gobernados por Eusko Alkartasuna y Batasuna los que habían enviado cartas presionando para que Galarza no fuera extraditado.[16]

Dispuestos a construir la «casa común» del nacionalismo, la cooperación entre dirigentes y partidos *abertzales* y moderados va mucho más allá y alcanza a todos aquellos asuntos que puedan desgastar al Gobierno, como la Ley del Deporte, aprobada por el Parlamento Vasco en 1998, que prevé la creación de un comité olímpico propio y una selección vasca o, en otras materias, como el traslado de los presos a cárceles del País Vasco, un asunto que ha costado más de una vida.

Francisco Javier Gómez Elósegui, treinta y siete años, funcionario de Prisiones, casado y con una hija, afiliado al sindicato ELA, tenía un único caballo de batalla: convencer al Gobierno Vasco de que exigiera la transferencia de las cárceles, como había logrado años antes Convergència i Unió en Cataluña.

En la prisión de Martutene, donde trabajaba, formó parte en 1995 de un grupo de expertos que veía en la dispersión de los presos de ETA una condena sobreañadida que afectaba, además, a familiares y amigos de los asesinos de ETA. Aunque sabía que Euskadi sólo cuenta con seiscientas plazas carcelarias y una población reclusa de más de dos mil personas, creía que los presos de la banda armada debían ser acercados a centros penitenciarios vascos, aunque hubiera que «exportar» a quinientos delincuentes comunes.

Si se da satisfacción a los terroristas, que es lo importante, da lo mismo que los familiares de los violadores, asesinos y demás «ralea» social tengan que desplazarse a Ocaña (Ciudad Real), El Puerto de Santa María (Cádiz) o Salto del Negro (Gran Canaria).

Tras reunirse con miembros de su sindicato y del de LAB, expertos en política penitenciaria, así se lo comunican al Parla-

---

16. Diario *El Mundo*, 21 de octubre de 2001.

mento vasco, que utiliza su informe para presionar al Gobierno de la nación en beneficio de la cuadrilla de forajidos etarras.

Gómez Elósegui, un sindicalista comprometido con las tesis del nacionalismo *abertzale*, no vivirá para ver plasmadas sus ideas en el supuesto de que algún día se apliquen. El martes 11 de marzo de 1997, poco después de las ocho de la mañana, dos encapuchados se le acercan por la espalda y le descerrajan un tiro en la nuca.[17]

En una de esas paradojas de la vida, la política de acercamiento de los presos vascos había asesinado a uno de sus más furibundos defensores. Cuando se le exigieron responsabilidades a ETA por su asesinato, su respuesta dejó bien a las claras el respeto de los terroristas por la vida humana: «Un "boca" siempre es un "boca"; le hemos dado pasaporte y punto», dijeron.[18]

A Francisco Javier Gómez Elósegui lo mató ETA. Los culpables, por esa suerte de victimismo esgrimida por el nacionalismo, como siempre, fueron el Partido Popular y el Gobierno.

Por eso, su mujer rechaza la medalla al mérito civil concedida con carácter póstumo por el director general de Prisiones, Ángel Yuste. «Lo que tenía que haber hecho es mejorar las condiciones de los etarras presos. Así, mi marido no hubiera muerto», protesta.

Pero volviendo al PNV, sus buenas relaciones con Batasuna y ETA, a corto plazo, le reportarán sus dividendos. De momento, sus empresarios están exentos de pagar a la banda armada.

> Del *Egército* Real del Norte. Al Señor Administrador de la Fábrica de Paños de Tolosa. Sírvase entregar a la mayor brevedad posible a mi subordinado Esteban Indart ochenta piezas de paño azul claro de la clase que gastan los miqueletes. En su defecto, [deberá entregarle] seis mil duros en buena moneda de oro o plata. Conmino a usted con severas penas la falta de cumplimiento de esta mi orden. En cambio, le relevo a usted de pagar a ninguna otra autoridad carlista, es más, se lo prohí-

---

17. Uno de los autores del asesinato, Fernando Elejalde, era detenido minutos después por la Policía Nacional mientras el otro, Javier García Gaztelu, logra escapar.
18. «Análisis de coyuntura», informe capturado en Francia a Juan Ignacio Herranz Bilbao, 2000.

bo a usted en absoluto, so penas severas. Dios guíe a usted muchos años. Campo del honor, 12 de julio de 1873. Manuel Santa Cruz.»

En julio de 1981, con ciento ocho años de diferencia, Juan María Atutxa, abogado y *self made man* que de simple administrativo había llegado a subdirector general de la Caja Rural Vasca, recibe una carta en parecidos términos. La única diferencia es que no la firma el cura Santa Cruz, sino que lleva el logotipo del hacha y la serpiente de ETA y en lugar de seis mil duros debe abonar a ETA cinco millones de pesetas.

Atutxa, según cuenta su familia, lloró ese día de rabia y de dolor y se negó en redondo a que los pistoleros de ETA destrozaran el País Vasco con su dinero. Pero el hombre que andando el tiempo llegaría a ser consejero de Interior del Gobierno Vasco no acudió a la policía. Como buen nacionalista, prefirió buscar una solución personal a su problema, al margen de los cauces policiales y jurídicos.

Así, tras establecer una cita a través de amigos, a la semana siguiente se desplaza al sur de Francia y en una cafetería de San Juan de Luz se entrevista con Domingo Iturbe Abasolo y con su lugarteniente y experto en asuntos financieros Sabino Euba, *Pelopintxo*.

Allí, acodado en la barra del establecimiento, mientras siente el amargo y burbujeante frescor de la cerveza deslizarse por su garganta, se enfrenta a sus extorsionadores y les dice que no puede hacer efectivo el chantaje porque es un simple ejecutivo con un sueldo muy bajo que apenas le alcanza para mantener a la familia.

—Y, además, si lo tuviera no estoy dispuesto a daros un solo duro —agrega, según la versión oficial ofrecida por el propio interesado.

Txomin Iturbe aceptó sus explicaciones pero, de antemano, no las dio por buenas. Prometió hacer nuevas indagaciones y comunicarle por medio del intermediario su decisión antes de un mes. Y eso fue exactamente lo que ocurrió. Una noche sonó el teléfono en su casa y la persona que le había puesto en contacto con la organización terrorista le pidió disculpas en nombre de ETA.

—Quieren que sepas que ha sido un error y que, por favor, olvides el mal trago que te han hecho pasar.

Tras varias noches de insomnio, sin pegar ojo, inquieto, preocupado y temeroso por su vida, la de su mujer y sus hijos, Atutxa no está para bromas.

—Pues dile de mi parte a Txomin que me lo diga por escrito —exigió.

—¿Por escrito? ¡No sabes lo que pides!

—Tú díselo. Y cuéntale también que es mi único «salvoconducto» frente a futuras peticiones.

El intermediario transmitió la solicitud y, en abril de 1982, ETA le envía una nueva carta sin firma pero con el sello de la banda armada. Éste es su contenido:

«En relación a la petición económica que te hicimos para colaborar en nuestra lucha por la liberación nacional de Euskadi, tras la entrevista mantenida y contrastada la información, debemos manifestarte que fue un error por nuestra parte, por lo que dejamos sin efecto dicha petición, en la seguridad de que comprenderás y perdonarás nuestro error. Euskadi ta Askatasuna (ETA).»[19]

Resuelto su problema personal, Atutxa guarda silencio y no denuncia las amenazas a nadie, como si hubiera sido la obligación de cualquier buen ciudadano dispuesto a colaborar en la erradicación de la lacra terrorista. No fue el único.

Propietario del grupo siderúrgico vasco Marcial Ucín, radicado en Bayona, y de Acerías y Forjas de Azkoitia (Aforasa), empresa especializada en la fabricación de piezas del sector del automóvil, Jesús Guibert es uno de esos empresarios dotados de una gran iniciativa y enorme capacidad de trabajo del País Vasco.

Militante del PNV por tradición familiar, con todas sus empresas en auge, podía considerarse un triunfador nato. Hasta julio de 1982, en que ETA le envía una carta exigiéndole el pago de trescientos millones de pesetas.

---

19. *Vasco Press*, 6 de febrero de 1993.

Amigo personal de Xabier Arzalluz, al que conoce de la etapa en que gastaba sotana y alzacuellos, y del *lehendakari* Carlos Garaikoetxea, piensa que no tiene nada que temer y arroja la carta a la papelera. Ocho meses más tarde, el 21 de marzo de 1983, un comando terrorista le secuestra en la localidad de Azpeitia.

Son bastantes más los empresarios nacionalistas amenazados. Otros industriales afiliados al partido y varios dirigentes, entre lo que se encuentran Ildefonso Urízar, árbitro de Primera División, Eli Galdos, alcalde de Oñate, Pedro Dondiz, Justo Azcue y algunos ejecutivos y empresarios de Amorebieta, Sestao, Getxo y Las Arenas reciben una fotocopia de un modelo estándar de carta, con el sello de ETA impreso en tinta negra.

En ellas se les exige determinadas cantidades de dinero, que oscilan entre los cinco y veinte millones de pesetas, que deberán abonar a la banda armada en el sur de Francia en el plazo de un mes. La forma de establecer contacto es visitando los círculos *abertzales* de Bayona. Concluido el texto, su responsable hace una última y contundente advertencia: «Pasado dicho plazo, comenzaremos a ejecutarle, ya que no tenemos ningún problema en dar con usted.»

Enterado de los hechos, Xabier Arzalluz decide asumir personalmente el asunto. Su propósito, al igual que el de Atutxa, no es denunciar el chantaje a la policía o a la Ertzaintza para impedir que con el dinero arrancado a la fuerza a unos honestos empresarios la banda armada pueda rearmarse y seguir colocando bombas y asesinando a personas por la espalda.

Su intención es llegar a un acuerdo con ETA, a alguno de cuyos miembros defendió gratis en los tribunales en la época de Franco, a fin de que respeten el pacto entre nacionalistas y elijan con más cuidado a sus «financieros».

—Prepara un encuentro con ETA —le dice a Gorka Aguirre.

La cita se produce en un piso particular de Bayona y a la entrevista asisten por parte del PNV José María Retolaza, consejero de Interior del Gobierno Vasco, y Xabier Arzalluz, y por parte de ETA Domingo Iturbe Abasolo y José Arrieta Zubimendi, *Azkoiti*.

Durante el encuentro, el Papa del nacionalismo decide no perder el tiempo e ir derecho al grano.

—Estamos recibiendo a diario protestas de militantes del partido. No dejan de recibir cartas de ETA exigiéndoles el «impuesto revolucionario». Como nacionalistas que somos también, nos gustaría que nos dierais una explicación.

—Ya sabes que no estamos pidiendo nada para nosotros, Xabier.

—Pero estáis atemorizando a «nuestros» empresarios, obligándolos a endeudarse y a reducir las plantillas de sus empresas para pagaros a vosotros. ¿Creéis que eso está bien hecho?

Tras el duro rapapolvo, Txomin Iturbe, de por sí irritable, se sale de sus casillas.

—¿Y cómo crees, Xabier, coño, que vamos a financiar nuestra lucha? Si tienes otra solución, dímela.

—Por de pronto se me ocurre una: que dejéis a nuestra gente en paz.

Después de trasegar dos botellas de vino de Burdeos y muchos tiras y aflojas, los representantes del PNV y ETA llegan a «un pacto entre caballeros». A partir de esa fecha, ETA dejará de molestar a los empresarios del PNV, que ya bastante tienen con su contribución al partido, y los *jelkides* se comprometen a movilizar toda su artillería para dificultar o impedir las extradiciones de militantes de ETA al Estado español.

Resuelto el conflicto a satisfacción de las dos partes, Arzalluz y Txomin se dan la mano como amigos que se conocen de toda la vida y se despiden.

—¡Cuídate! —le grita el dirigente *jelkide* desde la lejanía.

Meses antes de ser sentado en el banquillo para responder por sus actividades en el secuestro de Segundo Marey, el turbio asunto que dio inicio a los GAL, José Barrionuevo Peña, abogado, cincuenta y cinco años, nacido en Berja (Almería), casado y con tres hijos, escribió un libro de urgencia[20] publicado en Ediciones B, una filial del Grupo Zeta.

El volumen, 520 páginas, no es realmente un modelo de sin-

---

20. La versión más amable afirma que el prólogo, elaborado por Felipe González, llegó tarde a la imprenta y se incorporó sin coser al resto de la obra. La más malvada asegura que quiso dejar tirado a su ministro y, a última hora, fue obligado a rectificar.

taxis ni de crónica literaria, pero aporta datos interesantes. Por ejemplo, éste: Han sido detenidos allí [en Bruselas] varios etarras. Según parece, algunos parientes han mantenido conversaciones con Gorka Aguirre, encargado de las relaciones exteriores del PNV. En los diálogos han utilizado teléfonos de la Consejería de Interior [por José María Retolaza]. Al parecer, [el Gobierno Vasco y el PNV] les han ofrecido influencia y presión contra unas eventuales extradiciones a cambio de que ETA deje de pedir —y cobrar— el impuesto revolucionario a los militantes del PNV. Estupendo. Esto es lo que algunos de ellos llaman solidaridad, juego limpio y oposición a la actividad terrorista», señala el ministro.[21]

La anotación del titular de Interior en su libro-diario confirma, por tanto, el contenido de la conversación con Domingo Iturbe Abasolo.

La desarticulación de la trama económica de ETA en Francia, ocurrida tres años después, acabará demostrando la existencia de un pacto de no agresión entre los terroristas y los dirigentes del PNV.

La reseña policial del material incautado, escrita a máquina, ocupa dieciséis folios a un espacio pero fueron necesarias veinte cajas de cartón para trasladar solamente la cantidad de papeles intervenidos.

Eran exactamente las siete horas y cincuenta minutos de la mañana del 6 de noviembre de 1996. Regis Abribat, comisario de policía y jefe de la PAF (Policía del Aire y Fronteras), ayudado del inspector divisionario Jaujau, del inspector principal Migliaccio y de los detectives Maillard y Bringuier, salen de la comisaría de Bayona y toman la carretera de Hendaya y, una vez allí, se dirigen a Behovia.

A mitad del camino, frente a un edificio de dos plantas con cubierta de tejas, pintado en blanco y con incrustaciones rojas, ordena a la caravana detenerse. En su interior se encuentran a su propietario, Patrick Nobilia. Al comunicarle el objeto de la visita pone el grito en el cielo.

---

21. José Barrionuevo, *2001 días en Interior*, Ediciones B, 1997.

—¿Un zulo? ¡Andan buscando ustedes un zulo aquí! Pero ¿qué se han creído? ¿No ven que ésta es una simple fábrica de muebles?

Los policías insisten. Le dicen que les enseñe todas las puertas existentes, inclusive aquellas que no puedan verse a simple vista o estén en la actualidad cubiertas por capas de pintura. Nobilia obedece, las puertas son abiertas y no pasa nada.

—¿Qué les había dicho yo? Aquí no hay ningún zulo. Recojan cuanto antes sus cosas, márchense con sus fantasías y déjennos trabajar que ya hemos perdido dos horas.

La voz de un policía español, que lleva tiempo observando la escena, se oye en la lejanía.

—¡Un momento! Permítame antes que haga una prueba.

El agente llenó dos cubos de agua, los lanzó sobre el suelo y se quedó observando un rato.

—¡Aquí! Aquí debajo está.

Regis Abribat seguía sin comprender nada.

—¿No ha visto por dónde se filtra el agua? Quiere decir que debajo hay un hueco. Las losetas del suelo son una puerta hidráulica que se abre y se cierra desde algún sitio.

El policía nacional tenía razón. Abierto el zulo, en su interior se encontraron dos misiles y decenas de pistolas Sig Sauer, Browning, Fire Bird, Star, Luger y Herstal, revólveres Nartial y fusiles Remington, munición, chalecos antibalas de Kevlar, grilletes y diversos uniformes robados a la Ertzaintza.

También había billetes en moneda extranjera de varios países, mapas de carreteras, planos de ciudades, insignias de ETA, cartulinas para la fabricación del DNI y varios archivadores con las inscripciones «Contabilidad» e «Impuesto».

El piso franco era, en realidad, el archivo del aparato de finanzas de ETA. Entre la documentación se encontraron 998 cartas solicitando el impuesto revolucionario a otros tantos empresarios y un cajetín con tarjetas donde se había anotado el nombre y apellidos, dirección, teléfonos de cada extorsionado, su situación económica y el estado de los pagos que había hecho hasta la fecha.

Algunas de las tarjetas ponían: «Rufino Cengotia Bengoa (Abadiano) ha cumplido con el PNV, Santiago Tolosa (Amorebieta) ha cumplido con el PNV, Eli Galdós Arrazola (Oñate) ha cumplido con el PNV, Pedro Dondiz (Bermeo) ha cumplido con el PNV, José Martín Azcue (Bilbao) ha cumplido con el PNV, Justo Azcue (San Sebastián) ha cumplido con el PNV.» Y así hasta cincuenta nombres.

Algunas de las cartas contenían anotaciones a mano que indicaban «Amigo de Carlos Garaikoetxea, no llamarle a su casa, hablar con Mikel Isasi (abogado del PNV), las citas con Isasi, consejero del Gobierno Vasco, hablar despacho Renobales (PNV)», y otras de parecido estilo.

Todo lo cual parece revelar que algunos miembros del Partido Nacionalista, aplicando la máxima del sálvese quien pueda, no sólo se habían puesto a cubierto de la extorsión. Había otros que habían encontrado una fuente de financiación asesorando a los extorsionados de ETA como posibles clientes.

Compañero de correrías de Xabier Arzalluz en Alemania en la etapa en que los dos estudiaban Teología, Joaquín Ruiz-Gimenez Aguilar, abogado madrileño e hijo del político del mismo nombre, llevaban varios años sin hablar.

A comienzos de septiembre de 1987 recibe una llamada telefónica del presidente del Euskadi Buru Batzar. Arzalluz quiere saber si puede ocuparse de la defensa de varios empresarios vascos acusados de pagar el impuesto revolucionario a ETA.

—El juez Bueren los ha citado a declarar y necesitan alguien en Madrid que los defienda y siga el asunto —le explica.

En efecto, semanas antes, Carlos Bueren, titular del Juzgado de Instrucción número 1, tras analizar minuciosamente la montaña de papeles del «caso Sokoa» que ocupan todo su despacho había decidido, de acuerdo con el ministerio fiscal, abrir las diligencias 220/87 y tomar declaración a los 982 empresarios que habían contribuido en los últimos dieciocho años, desde el asesinato de Melitón Manzanas, al sostenimiento económico de una mafia dedicada a matar, a secuestrar y a extorsionar.

La situación personal de muchos de los extorsionados, víctimas de infartos, crisis nerviosas, úlceras y padecimientos crónicos tras las amenazas de ETA, y la aplicación de las eximentes de «estado de necesidad» y «miedo insuperable» previstas en el Código Penal, hizo que no se tomaran medidas cautelares contra ninguno de los inculpados.

Algunos de los empresarios eran personas ligadas directa o familiarmente al PNV. En este contexto, el Euskadi Buru Batzar, el máximo órgano de Gobierno del PNV, que en ningún momento de su historia se había puesto del lado de las víctimas de ETA, se reúne, a instancias de Arzalluz, para dar asistencia jurídica a quienes, con su dinero, contribuyen a perpetrar, entre otros asesinatos, la masacre de Hipercor.

Portavoz del PNV y miembro de su EBB, guipuzcoano, cuarenta y dos años, Joseba Eguibar no podía ocultar su indignación esa mañana.

«Fui allí a lo que fui y punto. Fui a decir que el PNV no había pagado nunca y no iba a pagar el impuesto revolucionario. Si el juez Garzón tiene encarcelado por eso a Rufi Etxebarría es injusto», señaló a la SER.

Es el 30 de agosto de 2002. Días antes, el juez de la Audiencia Nacional ha ilegalizado a Batasuna y en un auto de más de trescientos folios relata un encuentro entre el dirigente del PNV y Rufino Etxebarría, miembro de la Mesa Nacional de HB, para evitar que se cobre el chantaje terrorista a un empresario nacionalista.

Los hechos arrancan en junio de 1993. Por esas fechas, el empresario José Cruz Larrañaga, militante nacionalista, recibe una carta de ETA exigiéndole el pago del «impuesto revolucionario».

Secuestrado en Beasain (Guipúzcoa) por los «poli-milis» el 7 de noviembre de 1983, es decir, casi diez años antes, Cruz Larrañaga ha tenido que abonar cien millones de pesetas a los terroristas por su liberación. «Te agradecemos tu contribución a la causa del pueblo vasco. Tienes nuestra palabra de honor», le dijeron los «p-m» al liberarlo.

La ruptura del pacto indigna al partido *jelkide*. Horas después, tras una cita telefónica, se presentan en la sede de HB de San Sebastián el portavoz del PNV, Joseba Eguibar, y el miembro de su ejecutiva guipuzcoana, José Arrese. En su interior los esperan Rufino Etxeberría y José María Olarra, de la Mesa Nacional de HB.

En un lenguaje duro y contundente, Eguibar y Arrese exigen explicaciones a los dirigentes de HB por la actitud de ETA con su militante José Larrañaga, cuñado de José Arrese. Los dirigentes de HB se excusan: no tienen nada que ver con ETA.

Eguibar y Arrese explotan. Acusan a la Mesa de HB, y más concretamente al abogado Álvaro Reizábal, de estar relacionada con el cobro del «impuesto revolucionario». «Lo sé perfectamente porque he mediado en tres secuestros. La intervención de Reizábal no ha sido precisamente humanitaria», apostilla el dirigente del PNV José Arrese.

Etxebarría y Olarra se muestran comprensivos y se comprometen a hacer lo que esté en su mano para que se solucione el malentendido. Con Juan María Atutxa de consejero de Interior no están dispuestos, sin embargo, a dar pasos en falso y exigen una carta del PNV donde se les pida por escrito su mediación «para evitar malentendidos».

La conversación con los dos dirigentes de HB fue el «bálsamo de Fierabrás». Ni José Larrañaga ni ningún otro militante del PNV volvió a ser molestado.

Los nacionalistas, indignados porque la víctima fuera de nuevo «uno de los nuestros», hicieron algo nunca visto: movilizaron a sus militantes y los mandaron al monte a buscar, borda por borda, al secuestrado.

Militante del PNV, en posesión del carnet número 6 del partido, el empresario alavés Lucio Aguinagalde, un jubilado de sesenta y nueve años, había sido «retenido» por ETA el 15 de octubre de 1986.

Como las «batidas» de los *mendigoizales* no dan resultado, los nacionalistas dan otro paso. El 25 de octubre convocan una manifestación en Vitoria bajo el lema «Lucio, *gudari*, encarcelado por Franco, secuestrado por ETA».

No fue el mejor día para salir a la calle. Aquella mañana, ETA asesinó en San Sebastián al gobernador militar, a su mujer y a un hijo de catorce años. El PNV, que ha pedido el apoyo del resto de las fuerzas políticas para liberar a su militante, no quiere incordiar a la Bestia. Y en un gesto de insolidaridad tan habitual en sus dirigentes, se niega a incorporar una segunda pancarta condenando los asesinatos,[22] por lo que algunos partidos se retiran de la marcha.

La manifestación tampoco sirvió de nada, pero los *jelkides* seguían empeñados en liberar a su militante al precio que fuera. Así lo entendió el superintendente de la Ertzaintza, Genaro García Andoain, y cruzó la frontera para negociar la liberación en San Juan de Luz con el responsable del cobro del «impuesto revolucionario», Sabín Euba.

Allí le recordó el pacto de no agresión entre PNV y ETA y le preguntó el lugar donde estaba oculto Aguinagalde. «Te prometo que no le va a pasar nada a nadie. Y este asunto quedará entre nosotros», le explicó.

De regreso, el superintendente de la policía vasca reúne a un grupo de agentes y, sin colocarse chalecos antibalas ni tomar ninguna precaución, se dirigen a una cueva del alto de Barazar, en las cercanías del monte Eguzkiola, provincia de Álava. Una vez allí rodean la gruta, cuya entrada está cubierta con piedras, y García Andoain grita en euskera:

—¡Salid, que soy García Andoain! ¡Entregaos y dejad en libertad a ese hombre y no os pasará nada!

Un silencio sepulcral envuelve las faldas del Gorbea. El superintendente insiste:

—¡Salid, que los que estamos fuera somos vascos también! Y, entre *abertzales*, las cosas las podemos arreglar por las buenas.

Es el 2 de noviembre de 1986. Uno de los miembros del comando se entrega voluntariamente. Cuando los efectivos de la Ertzaintza proceden a esposarle, dos de sus compañeros, pistola en mano, se abren paso a tiros y huyen. García Andoain pierde la vida en la refriega.[23]

El exceso de confianza en aquellos con los que meses antes se había sentado a tomar café y a negociar le llevó a la tumba. El

---

22. El general Rafael Garrido Gil, su mujer, Daniela Velasco, y su hijo Daniel.
23. El etarra que se entregó fue Patxi Cabello. El huido, Koldo Gárate, y un tercer miembro, Juan María Gabirondo, resultaría herido.

asunto provocó las iras de ETA, que culpó al Partido Nacionalista de la muerte del jefe de la policía autónoma: «El PNV es el refugio de las clases pudientes que, cubriéndose bajo las históricas siglas, se dedican a enriquecerse y a impedir que se consiga la liberación nacional, prolongando el sufrimiento del pueblo. Sus dirigentes, en lugar de buscar un arreglo satisfactorio al arresto de Aguinagalde, han puesto en grave riesgo su vida y han causado la muerte de Genaro García Andoain.»[24]

Hace tres horas que ha colocado una bomba-trampa, con bombonas de camping gas y explosivos en un Opel Corsa robado, que deja aparcado en una calle de Neguri. Ha llamado en dos ocasiones a los artificieros de la policía autónoma para hacerlos volar en el momento en que vayan a hacer el reconocimiento, pero nadie le hace caso.

—Cago en Dios, es para avisarlos de nuevo que he dejado un coche-bomba en Neguri y voy a matar a la oligarquía españolista. No ha explotado y no han venido a desactivarlo —insiste harto de esperar.

En esta ocasión, la llamada tampoco da resultado, e Iñaki Bilbao Gaubeka, miembro del comando «Vizcaya», está desesperado. Coge el mando a distancia que tiene preparado para la acción y aprieta el botón.

—¿Sabes lo que pasó? El maldito coche no explotó.

—¿Y qué hiciste después? —le pregunta el fiscal Enrique Molina, de la Audiencia Nacional.

—Cogí el coche, me monté en él y lo llevé a la lonja.

—¿Te llevaste el Opel Corsa después de accionar el mando? ¡Estás loco! Y si te hubiera explotado...

—Pues, sí, señor, me lo llevé con dos cojones.

—¿Y qué fue lo que pasó después? —inquiere Molina, intrigado.

—El sistema de ignición estaba formado por una bombilla que se mete dentro de una de las bombonas de camping gas después de romperle el cristal. Al activar el mando, el filamento se

---

24. *Zutik*, diciembre de 1986.

quema y el gas explota. Pues bien, el comando de apoyo colocó la bombilla con el filamento hacia afuera.

Entre el 29 de junio de 2000 y el 23 de enero de 2001, ETA colocó tres coches-bomba en Neguri, barrio residencial de Getxo, la última de ellas en la calle Virgen del Puerto. Casi doscientos kilos de titadyne que rompieron numerosos cristales, destrozaron una cincuentena de coches, provocaron fisuras en decenas de viviendas y obligaron a los vecinos a pasar algunas noches en los hoteles de Bilbao.

La ofensiva terrorista no pretendía causar víctimas entre las adineradas familias de la zona. Su objetivo era forzar a Cosme Delclaux a abonar a ETA los quinientos millones de pesetas que «debía» a la banda terrorista según el pacto suscrito entre Delclaux y los pistoleros vascos poco antes del verano de 1997, cuando fue secuestrado por la banda armada y su vida dependía de la suma de dinero que estuviera dispuesto a pagar.

Hijo de una de las familias más conocidas de Neguri, el bilbaíno Cosme Delclaux desaparece el 11 de diciembre de 1986 cuando se dirige a su trabajo en el Parque Tecnológico de Zamudio (Vizcaya).

Dispuesta a evitar que el caso acabe en una tragedia, como ocurre años antes con Ángel Berazadi o Javier Ibarra, la familia denuncia el presunto secuestro a la Ertzaintza.[25] Al mismo tiempo, a propuesta del PNV, encargan al despacho de abogados Renobales, Pascual, Mariscal, Castresana, Asociados, S. L., donde trabaja Carmelo Renobales Scheifler, hijo del senador peneuvista y consejero de Justicia del Gobierno Vasco Carmelo Renobales Vivanco, el pago de un rescate a ETA.

Así, mientras centenares de vascos se manifiestan a diario para pedir la liberación y el presidente del PP, Carlos Iturgaiz, está a punto de ser asesinado en una de esas concentraciones por un comando de ETA que le tiene unos segundos en el punto de mira de su rifle de mira telescópica,[26] los miembros de este bu-

---

25. El ministro del Interior, Jaime Mayor Oreja, se entera por casualidad horas más tarde en un encuentro que mantiene con Juan María Atutxa en el restaurante del hotel Las Landas, situado en el kilómetro 231 de la autovía Madrid-Burgos.

26. Salva la vida porque uno de sus escoltas, casualmente, se coloca delante. Los asesinos se ponen nerviosos y abandonan la operación.

fete, situado en el número 46 de la calle Gran Vía de Bilbao, que ya ha intervenido en situaciones similares durante los secuestros de José Lipperheide, Juan Pedro Guzmán y Lucio Aguinagalde, tratan de arreglar el asunto aceptando la extorsión.

El 1 de julio de 1997, después de 232 días de cautiverio, Delclaux es liberado tras una negociación en la que la familia abona quinientos millones en efectivo y se compromete a pagar una cantidad similar en un plazo de cinco años, a razón de cien millones anuales.

El clan familiar está dispuesto a cumplir su compromiso y a evitarse problemas. Cuando ETA declara la tregua de 1998 deduce que si los terroristas van a dejar las armas y a aceptar las vías democráticas, quedan liberados de pagar el chantaje.

Como ocurrió durante la disolución de los «polis-milis»,[27] el alto el fuego afecta a todo el mundo, salvo al empresario extorsionado. Con la mayor naturalidad, los pistoleros de ETA se acercan a los parientes de Delclaux, les muestran el *hierro* que llevan en la cintura y se lo anuncian: «Recordad que tenéis una deuda pendiente.»

Pero no es ETA la que presiona para forzar al empresario a hacer frente a un compromiso económico arrancado por la fuerza. Cuando en la sede del PNV se tiene conocimiento de la decisión de la familia a no continuar sometidos de por vida al chantaje, Xabier Arzalluz pregunta:

—¿Es cierto que dieron su palabra de que pagarían?

—Por supuesto.

—Que cumplan. Un vasco nunca se vuelve atrás de la palabra dada.

El consejero de Interior, Juan María Atutxa, que facilitó las negociaciones, piensa igual. Los Delclaux debe hacer frente a sus pactos.

Lo que revela que, para el llamado nacionalismo democrático, los pactos con banda terrorista, para cuyos miembros no hay más ley que la que emana de la punta de sus pistolas, tiene el

---

27. Como unos vulgares bandoleros, mientras negociaban su disolución con el Gobierno de UCD secuestran al empresario Julio Iglesias Puga y siguen cobrando el chantaje a varios industriales que tienen en «nómina».

mismo valor que cualquier acuerdo suscrito entre personas civilizadas sometidas a la Constitución, el Estatuto y las leyes. La palabra dada, arrancada mediante la extorsión y el secuestro, uno de los procedimientos más inhumanos y degradantes inventados por el ser humano, tiene un valor absoluto.

Lo extraño es que nadie se escandalice. El 8 de septiembre de 2002, al ser reproducidas en las páginas de *ABC* dos entrevistas entre el dirigente de Esquerra Republicana de Catalunya, Josep Lluís Carod-Rovira, con el portavoz de Batasuna, Arnaldo Otegui, en 2001 y 2002, para pedir el fin de los atentados en Cataluña, populares y socialistas, las auténticas víctimas del terrorismo, pusieron el grito el cielo.

«Es una canallada intolerable que sólo se le ocurre a un demente. Es lo mismo que renunciar al Estado de Derecho y aplicar el "sálvese quien pueda"», explicó con su habitual elocuencia el presidente de la Junta de Extremadura, Juan Carlos Rodríguez Ibarra.

Pocos, sin embargo, se plantean por qué el PNV lleva treinta años poniendo a su gente a cubierto de ETA, mientras la sociedad entera sufre sus tropelías.

Situado en la urbanización Bidabieta-2, cerca del palacio de Ayete, el paseo Bera Bera de San Sebastián es una de las zonas más tranquilas de la ciudad.

El 13 de mayo de 1993, un grupo de agentes de paisano del servicio de información de la Guardia Civil rodea el bloque número 21 y entra en el piso situado en la planta primera, a la derecha. Es la vivienda del secretario general del sindicato LAB, Rafael Díez Usabiaga.

Los guardias buscan documentos que relacionen al sindicalista, que aparece en las agendas de varios etarras, con la banda terrorista. Lo que encuentran, además de otros documentos, es el acta mecanografiada de una reunión entre la cúpulas del PNV y HB, a la que asiste Xabier Arzalluz, celebrada dos años antes.

> Nosotros somos los de siempre, nacionalistas. Sin revolución, sin marxismo ni tiros, pero con los mismos objetivos que

vosotros. En el futuro, en el País Vasco sólo van a quedar dos fuerzas nacionalistas, el PNV y HB, por lo que habrá que pensar en algún tipo de colaboración. Por eso es falso eso que decís de que estemos impulsando a la Ertzaintza contra ETA. Lo que estamos haciendo es frenándola. La Ertzaintza podía tener datos sobre un comando en Donosti y no ha procedido [a su detención]. No creemos que sea bueno que ETA sea derrotada. No lo queremos para Euskal Herría.

Las palabras que anteceden forman parte del texto de la entrevista y son atribuidas por el encargado de transcribirla al presidente del PNV Xabier Arzalluz Antía, el hombre que en 1977 juró en el Congreso que la amnistía representaba el «borrón y cuenta nueva» para todos los vascos y que al que se saliera de los límites democráticos había que aplicarle las leyes sin contemplaciones. Continúa Arzalluz:

No conozco ningún pueblo que haya alcanzado su liberación sin que unos arreen y otros discutan. Unos sacuden el árbol, pero sin romperlo, para que caigan las nueces, y otros las recogen para repartirlas. Antes, sin un acuerdo explícito, había un cierto valor entendido de esa complementariedad [entre PNV y ETA]. Desde hace unos años, tras la muerte de Txomin, estamos olvidando esto. Y eso nos lleva a situaciones peligrosas.

El encuentro entre los «estados mayores» de HB y PNV que aparece reproducido en estas páginas se produce el 26 de marzo de 1991, semanas antes de las elecciones municipales y generales. Finalizados los comicios, los dos partidos vuelven a reunirse, pero su contenido textual se desconoce. En la primera entrevista, el ex jesuita dijo:

Estáis equivocados si pensáis que el PNV busca el choque con ETA y el KAS. A veces no queda más remedio por la dinámica de los tiros. Pero nosotros no queremos que ETA sea derrotada, no es bueno para Euskal Herría. El enemigo no es ETA, es el de siempre [el Gobierno de Madrid], aunque ahora gobernemos con el PSOE. Pero no se fían de nosotros, hasta el punto de que Felipe González le dijo en una ocasión a Ardanza: «Tú, al final, acabarás poniéndole las medallas a estos de ETA.»

El presidente del PNV acude a la cita acompañado de peones de brega: Gorka Aguirre y Joseba Eguibar. HB está representada por José Luis Elkoro, Rafael Díez Usabiaga y M. G., siglas que algunos identifican con el periodista de *Egin* Martín Garitano, aunque éste lo niega. Tras cinco horas de charla amigable, Arzalluz pontifica:

> El Pacto de Ajuria Enea nunca será obstáculo para una negociación ETA-Estado. Europa está interesada en que para el 93 esto esté en vías de solución. Nosotros tenemos un plan diseñado ya, y le hemos puesto fechas. La soberanía de Euskadi, estilo Lituania, a proclamar entre el 98 y el 2002. [Porque] ya es impresentable en Europa andar a tiros.

El texto íntegro de la conversación se recoge por el diario *ABC* el 16 de marzo de 1998, en plenas negociaciones entre PNV y ETA que desembocarían en el Pacto de Lizarra, y en el libro *El árbol y las nueces* de Carmen Gurruchaga e Isabel San Sebastián.[28] La síntesis del encuentro revela que ETA y el PNV no son dos fuerzas políticas contrapuestas, divergentes, situadas en galaxias diferentes y enfrentadas. Por el contrario, al igual que ocurrió en 1921, 1931 y en 1934 con las escisiones internas del PNV que dieron origen a los grupos más radicalizados de Aberri, Acción Nacionalista Vasca y Jagi-Jagi, el PNV y ETA son una escisión del mismo árbol común, el nacionalismo, y son las dos caras de la misma moneda llamadas a confluir en el futuro en el mismo proyecto político, como ya ocurrió en el pasado.

Por eso, y sólo por eso, el PNV actúa de guardia pretoriana de los pistoleros asesinos y de sus tramas civiles e impide con todos sus medios su desarticulación. Desmontar las estructuras criminales de ETA es, en cierto modo, retrasar el proceso soberanista planteado por los llamados nacionalistas moderados.

---

28. Temas de Hoy, 2000.

CAPÍTULO XX
La estrategia del diablo

Una vez fracasada su estrategia de levantar a las masas para tomar el poder, la banda terrorista lleva veintiocho años extorsionando, secuestrando y asesinando a sangre fría y por la espalda, sin mirar a los ojos a sus víctimas, con el único objetivo de dialogar con el Gobierno. Su invitación a parlamentar es un «diálogo de sordos». Antes de sentarse a una mesa, los pistoleros de ETA pretenden que la sociedad se olvide de los más de ochocientos asesinatos cometidos, se ponga de rodillas ante ellos y acepte sin rechistar sus condiciones. A partir de entonces, están dispuestos a hablar, pero sólo acerca de las condiciones y los tiempos en que debe rendirse la sociedad española. Aunque esté apoyada por el PNV, que espera obtener sus buenos réditos del encuentro, y por la Santa Sede, que ha situado a la diplomacia vaticana del lado de los verdugos, la de los terroristas es la estrategia del diablo.

Con una exigua mayoría[1] y después de unas difíciles negociaciones para buscar apoyos parlamentarios, a finales de abril de 1996 el Partido Popular logra conformar con catalanes y canarios una mayoría que le permite gobernar.

Tras la «dulce derrota», Felipe González ordena a los miembros del gabinete que procedan al traspaso de poderes. El biministro de Justicia e Interior, Juan Alberto Belloch, se reúne en dos ocasiones con su sucesor Jaime Mayor Oreja. En la primera entrevista le dice:

—Quiero que sepas que tenemos dos contactos con ETA. Uno es el miembro de la organización Paz y Justicia y premio Nobel de la Paz Alfredo Pérez Esquivel, que contacta con Eugenio Echeveste Arizcuren en Santo Domingo.[2] El otro inter-

1. Exactamente 300 000 votos de diferencia con el PSOE.
2. Pérez Esquivel mantuvo dos encuentros en nombre de ETA con el Gobierno español. El primero de ellos, en mayo de 1995. En él, el ex secretario general de la ONU entrega a Margarita Robles el informe llamado «Paz y Democracia», fechado por ETA el 27 de abril anterior. En él solicitan que el Gobierno reconozca a Euskal Herría como pueblo. Asimismo, anuncian el inicio de «un

locutor es David Beltrán Catalá, director general de Instituciones Penitenciarias. Es el encargado de negociar con el grupo de presos.

—¿Y qué quieres que te diga?

—Me ha pedido Felipe González que te informe si queréis mantenerlos. De lo contrario tengo que desmontarlos en dos días.

—Ahora, a bote pronto, no sé qué decirte. Ésta es una cuestión muy delicada. Yo no puedo tomar decisiones sin consultar con el presidente.

—Bueno, pues habla con Aznar. Y dame una respuesta pronto, pues es un asunto que quiero dejar resuelto cuanto antes.

Los dos dirigentes políticos vuelven a reunirse por segunda vez días después en el Ministerio del Interior.

—¿Qué hay de lo de Pérez Esquivel y Beltrán? —pregunta Belloch.

—Las instrucciones del presidente es que, desde este momento, queda cortado cualquier tipo de interlocución con la banda terrorista.

—Pues muy bien, yo también he hablado con Felipe. Me ha dicho que si no queréis, no se hace nada. Vosotros os lo perdéis.

Decidido a llevar a cabo el programa político del PP, que incluye el cumplimiento íntegro de las penas por los etarras encarcelados y la derrota de la banda terrorista con medidas policiales, judiciales y la colaboración internacional, «sin buscar atajos», en palabras de Aznar, el Gobierno corta de raíz cualquier vía de enlace con la banda terrorista.

Existía, sin embargo, un tercer negociador. Era el caso del ciudadano francés Ángel Guerrero Lucas, *Jacinto*, un tipo malencarado, de baja estatura y modales rudos, según la descripción que de él hacen los colaboradores de Ricardo Martí Fluxá.

Guerrero Lucas ha trabajado durante tantos años en la Secretaría de Estado de Interior, bajo las órdenes de Rafael Vera y

---

proceso democrático en la sociedad vasca para decidir los temas que a ella le competen». El segundo encuentro se produce en enero de 1996 «para poner en su conocimiento nuestra extrañeza ante la falta de responsabilidad con la que han recibido nuestro documento "Paz y Democracia"».

Margarita Robles, que casi formaba parte del mobiliario. Disponía de su propio despacho en el edificio de Amador de los Ríos, sede de la Secretaría de Estado para la Seguridad, de permiso de armas y de un sueldo altísimo como asesor, pero casi una miseria comparado con los gastos de viajes, comidas y reuniones diversas que solía pasar.

Vinculado por *El Mundo*[3] al turbio submundo de los GAL, Jacinto disfrutaba de un statu quo privilegiado: de vez en cuando viajaba a Santo Domingo o al sur de Francia, se entrevistaba con los dirigentes de ETA o los servicios secretos y pasaba un informe a la Secretaría de Estado.

A Ricardo Martí Fluxá, diplomático de carrera y nuevo secretario de Estado para la Seguridad, otra de las prebendas de que disfrutaba Guerrero Lucas le parece un anacronismo del siglo XIX: en el período de la sociedad de la información y de la desaparición de las barreras políticas e idiomáticas, era el interlocutor único y directo para hablar con el ministro del Interior francés, Charles Pasqua. «Había acumulado tanto poder que no podíamos concertar entrevistas directamente con el ministro. Para hablar con Pasqua teníamos que pasar por él», recuerda con asombro.

En las cavernas de ETA, la negociación de la «Alternativa Democrática» es el eje de la actividad de la banda armada. ETA, sin embargo, es consciente de que no se dan las condiciones para llegar a un alto el fuego y obligar al Gobierno español a sentarse a una mesa a hablar.

«Desde el traslado de Eugenio Echeveste y Belén González Peñalva a Santo Domingo, las esperanzas de una negociación favorable para los intereses de la izquierda *abertzale* son mínimas», reconoce José Luis Álvarez Santacristina, *Txelis*, en un documento interno cuyo contenido se revela en esta obra por primera vez.

Con un frente negociador secuestrado por las autoridades de la República Dominicana, cuya capacidad de decisión de-

---

3. Manuel Cerdán y Antonio Rubio, *El Mundo*, 20 de enero de 1999.

pende de las autoridades españolas, que pueden decidir su expulsión del país, su extradición a España y su encarcelamiento en cualquier momento, la capacidad de llegar a acuerdos satisfactorios en un país no neutral resultan vanas.[4]

En un documento posterior, la banda terrorista analiza el papel de los diferentes interlocutores, aparentemente independientes, que aparecieron en aquellas fechas por la isla caribeña.

> El premio Nobel Pérez Esquivel nunca quiso reunirse con nosotros. Bajo la excusa de que había que mantener la discreción a rajatabla obvió todo contacto con la dirección de ETA. Nunca le vimos por aquí. Mandaba a Santo Domingo a su secretario, para hablar con Eugenio Echeveste y Belén González.
> Nos decía que nuestras ofertas para llegar a un acuerdo pactado eran entregadas en la Presidencia del Gobierno y en el Ministerio del Interior. Nosotros nunca tuvimos la certeza de que no mentía. Aunque afirmaba que las cartas llegaban al Gobierno, no supimos quién era el receptor ni cuál su actitud: Felipe González, Juan Alberto Belloch o el perrito de la Moncloa, como se decía entre nosotros en broma.[5]

Pese a todo, en 1997 ETA es consciente de que nunca podrían derrotar al Estado con las armas en la mano. «ETA es como un cáncer que azota al cuerpo social. Antes, el tumor era capaz de destruir al cuerpo del paciente. Hoy, en cambio, puede ser aislado. Cualquier gobierno puede asumir veinte o treinta muertos anuales sin que el cuerpo social se resienta», le había dicho años antes Luis María Anson a Xabier Arzalluz en el Ministerio del Interior, en presencia del ministro José Luis Corcuera.

La información, vía PNV, había llegado a ETA. Los terroristas creen, por entonces, que se encuentran en un «empate infi-

---

4. *Relaciones diplomáticas con los Estados que nos oprimen*, disquete 92, texto codificado con un sistema de Norton Encripter, Archivos de Jose María Dorronsoro Malatxetxebarría, Saint Denis (Francia), 1993.

5. Documento capturado en París a Ignacio Herranz Bilbao en el año 2000.

nito» con el Estado. Sus comandos, con su carga de brutalidad y ensañamiento, no son capaces de poner de rodillas a la nación española. La policía y la Guardia Civil, pese a sus esfuerzos, tampoco parecen capaces de poner fin a la violencia etarra.

Tras pasar por una etapa inicial de guerra revolucionaria clásica calcada de los manuales del Che Guevara, Mao Zedong o Ho Chi Min, por un segundo período cuya estrategia de lucha fue la acción-represión-acción inspirada en los teóricos del terrorismo de asfalto, el brasileño Mariguela o el uruguayo Raúl Sendic, en realidad la banda terrorista es consciente desde el asesinato del jefe del Gobierno franquista, el almirante Luis Carrero Blanco, ocurrido el 20 de diciembre de 1973, es decir, desde hace veintinueve años, que es imposible derrotar al Estado.

Gran parte de la historia de ETA puede resumirse, por tanto, en la persecución de una quimera, de un absurdo inalcanzable. El precio en vidas humanas que hemos tenido que pagar los españoles por el empecinamiento de la banda terrorista en mantener indefinidamente una «guerra» perdida de antemano con un enemigo que tiene más capacidad de resistencia es inaudito. Máxime si el objetivo durante veintinueve años ha sido que el Estado se siente a negociar una cuestión que, en la actualidad, dentro del marco de la Unión Europea, es imposible de obtener: la independencia de Euskadi y el retroceso político a la Europa de los pueblos, tras cuarenta y cinco años[6] construyendo una unidad política, económica, policial, judicial y militar basada en la estructura y en las instituciones de las naciones, consolidadas durante cinco siglos.

Antes de adelantar acontecimientos conviene, sin embargo, echar un vistazo al pasado y analizar, aunque sea someramente, los tres períodos revolucionarios de ETA.

Natural de Oñate (Guipúzcoa) pero criado desde joven en Amorebieta (Vizcaya), ajustador del taller mecánico Izar, Javier

---

6. Fecha del Tratado de Roma, suscrito por Bélgica, RFA, Francia, Países Bajos, Italia y Luxemburgo, por el que se crea la Comunidad Económica Europea.

Zumalde Romero, *el Cabra*, con sólo seis meses de militancia en ETA es nombrado en 1966 jefe del aparato militar.[7]

Ávido lector del escritor francés Regis Debray, el compañero de correrías del Che Guevara por Perú y Bolivia, cree a pies juntillas que el motor de cualquier guerra revolucionaria era un «cuerpo armado que debía actuar, en principio, aislado de la población civil».

También piensa que el manual guerrillero de apenas setenta páginas *Insurrección en Euskadi*, publicado en 1963, hace apenas año y medio, por ETA y cuyo autor es el histórico dirigente de la banda terrorista Julen Madariaga, es viable. El librito, en el que pretende recoger toda la experiencia revolucionaria de la época,[8] entre otras cosas, dice:

> Cuando la política ha agotado todos sus medios se impone la guerra justa de liberación. Es la situación en la que se encuentran todos los pueblos sometidos a ocupación extranjera. Frente al derecho de conquista de los estados modernos sólo hay un camino abierto, el de la rebelión triunfante. Los pueblos colonizados no tienen otro camino que los medios «ilegales» para conquistar su libertad. Tendrán que imponer su propia legalidad por la vía de las armas. No con declaraciones patrióticas platónicas como las de Leizaola[9] conquistaremos la independencia, sino con toneladas de plástico y metralletas.
> Tenemos que imponer la guerra revolucionaria. No tiene nada que ver con la guerra de frentes y estrategias clásicas. Un ejército gigante puede ser aniquilado por un grupo minoritario. El Irgum eran veinte o cuarenta y derrotó al ejército británico; el Eoka, en el Chipre de Grivas, sólo necesitó cincuenta hombres para poner en jaque a los británicos; 5 000 guerrille-

---

7. Sucedió a Julen Madariaga cuando éste decide trasladarse a vivir a Argelia. *Euskadi ta Askatasuna*, tomo 1, Txalaparta.

8. Las citas más importantes recogidas en el volumen pertenecen, especialmente, a *Vasconia*, de Federico Krubick; *La guerra de guerrillas*, del Che Guevara; *Guerre moderne*, del coronel Roger Triquier; *Historia del FLN*, de Jacques Duchenin; *La guerra revolucionaria*, de Mao Zedong y Claude Delmas; *La historia de Indochina* y *L'Argelie hors la loi*, de C. y F. Jeason; *Guerra psicológica*, de Maurice Mégret; *Les F.T.P.*, de Charles Tillon. También se recoge la experiencia de Ho Chi Min en Indochina y de Admed Burguiba en Túnez.

9. José María Leizaola, presidente del Gobierno Vasco en el exilio desde la muerte de José Antonio Aguirre Lekumbe en 1961.

ros de Malaca se enfrentaron a 300 000, y en Argelia el FLN llegó a tener enfrente a 600 000 hombres armados.[10]

Montañero, conocedor como nadie de los entresijos de la intrincada naturaleza vasca, dispuesto a emular al cura Manuel Santacruz y a iniciar una guerra de guerrillas, siguiendo las instrucciones de ETA,[11] durante meses se dedica a entrenar a un grupo de activistas a los que obliga a largas excursiones por la sierra de Aramotz, con una mochila cargada con treinta kilos de piedras.

---

10. El Irgum fue el núcleo inicial que se enfrentó a los británicos para crear el Estado de Israel; el Eoka, el grupo guerrillero con el que el coronel griego Gregorios Theodoros Grivas logró la independencia de la isla el 11 de febrero de 1959; Malaca es un territorio situado en el sudeste de Asia y el FLN (Frente de Liberación Nacional) fue el partido que se enfrentó al ejército francés en Argelia durante la guerra por la independencia.

11. «La guerra revolucionaria es un conjunto de acciones (políticas, sociales, económicas, psicológicas, armadas) que tienden al derrocamiento del poder establecido en un país y su reemplazo. Es algo más que la guerra clásica y la revolución clásica. Hay que organizarse en frentes (obrero, sindical, político, educativo, de propaganda). La guerra revolucionaria es todo, totalitaria. No podemos separar lo político, lo social de lo militar. Necesitamos implicar a toda la población.

»La guerrilla es sólo una parte importante pero no es el todo, en contra de lo que pensaba Zumalakárregui [Tomás de Zumalakárregui, general carlista que se bate contra las tropas leales en la primera guerra carlista]. La guerra de guerrillas se basa en elementos aislados que atacan al enemigo renunciando a la batalla general, que sólo se puede dar con el pueblo. Nosotros tenemos que ganarnos al pueblo. Él es nuestra salvaguarda.

»En la GR se lucha con el cuerpo pero sobre todo con el alma. Se desarrolla en fases y no todas son cruentas. Es un combate más feroz, donde las ideas juegan un papel más importante que las armas, aunque haya que ser más violentos y despiadados que en la guerra clásica. Para el *gudari*, engañar, obligar y matar no son actos deplorables sino necesarios. Es una necesidad para nosotros emplear todas las armas, tretas y procedimientos que emplea el agresor, e incluso incrementarlos. La violencia, como enseña Engels, es la comadrona de la vieja sociedad a la sociedad nueva.

»La mejor escuela es el combate mismo. Los combatientes tienen que ser apasionados de las aventuras, de imaginación ardiente, llenos de fuerza, de voluntad y de sangre fría. Temerarios y prudentes, políticos y militares, policías y bandidos. Cada hombre de [Francisco] Espoz y Mina o del cura Santacruz [Manuel Santacruz, famoso por sus atrocidades] hacía juramento de matar por lo menos cuarenta enemigos al mes. El enemigo avanza, nos batimos en retirada; el enemigo se atrinchera, lo hostigamos; el enemigo se agota, lo atacamos; el enemigo se bate en retirada, lo perseguimos y lo liquidamos.

»Somos muy pocos y materialmente débiles pero ideológicamente muy fuertes. No estamos en ningún sitio y en todas partes a la vez. Mientras el invasor no sabe dónde atacar, nosotros tenemos miles de blancos para elegir. Nos podemos permitir el lujo de atacar donde y como queramos. En el momento de atacar somos así más fuertes que el enemigo. Hay que acosar al enemigo por muchas partes para que pierda el control de sí mismo y cometa miles de torpezas. De esa manera creará muchas víctimas inocentes. Entonces, el pueblo, que se ha mantenido pasivo, se volverá indignado contra el tirano colonialista y por reacción se volcará hacia nosotros.» Reproducido de *Cuadernos de ETA*, 1963.

Una vez curtidos y adiestrados en técnicas de orientación, topografía, supervivencia y camuflaje, sabotaje, seguridad, análisis fotográfico y otras artes marciales, decide pasar a la acción y convertir las estribaciones montañosas del Gorbea y del Aizkorgui en la sierra Maestra vasca. Para ello, con un grupo de doce personas, se aísla de la población y crea un campamento guerrillero en los montes de Mugara (Amorebieta).

Su operación más espectacular fue la toma del pueblo de Garai, cercano a Yurreta-Durango, en las estribaciones del monte Oiz. El 1 de mayo de 1966, un comando de nueve hombres y una mujer con uniformes militares y las caras embadurnadas toma el pueblo, corta las comunicaciones, coloca la *ikurriña* en el ayuntamiento y proclama la independencia de Garai durante unas horas, ante el asombro de los vecinos.

Tras otras acciones de parecido signo, como el asalto a La Granja, centro de la Sección Femenina emplazado en Euba, en 1968 la Guardia Civil desmantela el grupo Los Cabas, treinta y dos personas, mientras su dirigente, que tiene su fuga planificada desde el primer día, se descuelga por una cuerda hasta el río Ibaizábal y, en compañía de su mujer y un hijo, huye a Francia disfrazado de fraile.

ETA le tuvo siempre por un tipo iluminado y locoide, que actuaba al margen de su comité ejecutivo. En 1967, a raíz de una propuesta suya a la dirección de ETA para tomar militarmente la localidad de Irún durante la celebración del Aberri Eguna, le expulsan. Pero su experiencia sirvió a los dirigentes de la banda para escarmentar en cabeza ajena y saber que en el País Vasco no se dan las condiciones para crear un grupo insurreccional, aislado del pueblo, que opere desde las montañas.[12]

Monje benedictino del monasterio de Lazcano (Guipúzcoa), perteneciente a la congregación sublacense, nacido en Itsasondo en 1945, Eustakio Mendizábal, *Txikia*, llega a la jefatura del

---

12. Todo su armamento se limitaba a cuatro metralletas Stein, dos carabinas con mira telescópica, dos pistolas, cien kilos de dinamita. En cambio disponían de excelentes planos militares, cartas topográficas y estudios detallados de todas las instalaciones estratégicas de ciudades y pueblos del País Vasco. Javier Zumalde, *Barro y asfalto*, Ediciones Euskaldunak Denok, 1980.

aparato militar de ETA en 1971 después de la expulsión de su antecesor, Juan José Etxabe,[13] acusado de «ineficacia» y «abandono de obligaciones».

Para la banda terrorista, prácticamente desaparecida desde el Consejo de Guerra de Burgos de 1970, su irrupción supone una bocanada de aire fresco. Dispuesto a sacar a ETA de su letargo, de su larga agonía, en 1972 llega a un acuerdo con el Eusko Gastedi Indarra (EGI), la sección juvenil del PNV, e incorpora a la banda a trescientos nuevos militantes, todos ellos «hijos» del partido de Sabino Arana.[14]

La incorporación de sabia joven permite a *Txikia*, un tipo frío, duro y decidido, dispuesto a asumir cualquier riesgo y que dirige personalmente las acciones más complejas de ETA, reconstruir el frente militar.

Su presencia al frente de los pistoleros de ETA se hace notar en seguida. En 1972, poco antes del Aberri Eguna, un comando bajo sus órdenes intenta volar el repetidor de Ulía de La Voz de Guipúzcoa, en Donostia, custodiado por la Guardia Civil. La operación acaba en un duro enfrentamiento, con dos agentes heridos. Poco después ordena una campaña masiva de colocación de bombas en monumentos de Tolosa, Lemona y Zegama, donde acaba incluso con el monumento a Juan Tellería, autor del himno *Cara al sol*. En diciembre vuela el edificio de los sindicatos en Hernani (Guipúzcoa) y tiene su segundo enfrentamiento armado con la Guardia Civil en la carretera de Hernani a Urnieta.

El balance de sus primeros doce meses al frente de ETA es estremecedor. Aunque no se producen asesinatos, los terroristas realizan 71 acciones armadas, 27 de ellas asaltos a polvorines para robar dinamita y otros tantos robos a bancos y a cajas de ahorros para aprovisionarse de dinero.

Por esa época, gran parte de la organización criminal trabaja

---

13. Los jefes del aparato militar de ETA habían sido, por este orden, Julen Madariaga, Javier Zumalde, Txabi Etxebarrieta, José Escubi Larraz, Juan José Etxabe (autor del secuestro del cónsul Beihl) y Eustakio Mendizábal. En otra parte del libro se cuenta cómo Etxabe estuvo a punto de ser «ajusticiado» por el abandono de obligaciones.

14. Otros autores, como Giovanni Giacopuzzi, hablan de entre 250 y 500 terroristas salidos del PNV. Véase *ETA, historia de una lucha armada*, Txalaparta, 1998.

en la capital de España en un proyecto supersecreto: la «Operación Ogro», es decir, el asesinato del almirante Luis Carrero Blanco. Así que *Txikia* tiene que dirigir personalmente las acciones.

Sus operaciones más espectaculares se producen entonces. El 16 de enero de 1973, junto con José Miguel Beñarán Ordeñana, *Argala*, secuestra en Villa Adriana (Pamplona) al presidente del consejo de administración de Torfinasa y constructor Felipe Huarte Beaumont.[15] *Txikia* en persona se coloca al volante del Dodge Dart del empresario y le traslada hasta una antigua mina de Itsasondo, donde le oculta. El 31 asalta un polvorín de Hernani, desarma a los nueve vigilantes jurados y roba cuatro toneladas de dinamita que envía a Madrid.

Pero sus días están contados. El 8 de marzo de 1973 se desplaza desde Beasain hasta Zumárraga, a una cita con la organización. Al llegar a Zumárraga, la policía le está esperando. Lo mismo que un año antes en San Sebastián y posteriormente en Hernani, *Txikia* tira de pistola y se abre paso a tiros mientras huye monte arriba.

Su suerte acaba el 19 de abril de 1973, Jueves Santo. Ese día, el pistolero más aguerrido de ETA viaja en dirección a Las Arenas (Vizcaya) en compañía de Juan Manuel Pagoaga, *Peixoto*.

Al llegar a la parada de Algorta desciende del ferrocarril y, de nuevo, la policía está a la espera. En esta ocasión, el despliegue de agentes de paisano y uniformados es impresionante. Se han establecido rigurosos controles a doscientos metros de las vías y todas las posibles salidas están controladas.

Eustakio Mendizábal echa mano a la pistola, se entabla un tiroteo y resulta herido en un muslo. Sujetándose la pierna con una mano y sosteniendo la pistola en la otra, cojeando, logra llegar a un coche e intenta robarlo para escapar. La policía le intercepta y un nuevo disparo, mortal de necesidad, le alcanza en la cabeza.

Cuando fallece, tiene veintiocho años y ha sido el pistolero más importante de ETA.[16] La policía impide que el sábado y do-

---

15. Véase también el capítulo referido al sindicato LAB.
16. El 22 de abril de 1975, ETA asesina en Getxo (Vizcaya) a Ramón Morán González, presunto autor de los disparos que mataron a Txikia.

mingo de Pascua se le rindan homenajes. La decisión del PNV y ETA fue cerrar esos días «todas las salas de fiestas y espectáculos alienantes».

Con el Cabra y *Txikia*, la guerra revolucionaria pura y la «insurrección popular» quedan arrumbadas por impracticables. Desde finales de 1967 hasta 1974, ETA formula una nueva estrategia de lucha: la llamada acción-reacción-acción.[17]

Su definición teórica es fácil: ETA tenía que provocar acciones que suscitaran una represión indiscriminada, desproporcionada, sobre las capas populares. De esta manera, amplios sectores de la población se pondrían automáticamente del lado de los luchadores vascos, crecería la militancia y se producirían condiciones más favorables para realizar nuevos atentados. En el momento en que la represión fuera insostenible se habrían acumulado las suficientes fuerzas y se darían las «condiciones objetivas» para abordar la fase siguiente, la «insurrección general y la toma del poder».[18]

Una cosa era la teoría[19] y otra la práctica. Tras la muerte de Melitón Manzanas y las masivas redadas de 1968 y 1969, ETA queda prácticamente aniquilada. Su dirección es consciente entonces de que la «espiral ascendente» de la represión a quien más alcanza es a ellos. Con su militancia en la cárcel o huida, «la insurrección general y la toma del palacio de Oriente» no es posible. Por eso, a partir de la muerte de *Txikia* empiezan a entrever

---

17. *Zutik*, núm. 46, 1 de mayo de 1976, elaborado íntegramente por Txabi Etxebarrieta. Posteriormente influyen en esta teoría ideólogos del Mayo del 68, como Alain Krivine, Daniel Con Bendit, Dani el Rojo, Regis Debray, Jean-Paul Sartre y otros.

18. La tesis se repite en todos los órganos de formación de militantes y de expresión (*Zutik, Zuzen, Zutabe* y *Hausti*) de la época y ha sido recogida en numerosos libros posteriores. Para ampliar datos puede consultarse *Historia de ETA*, de Txalaparta, y *ETA en sus documentos*, 18 tomos, de Hordago, 1985, tal vez la base documental más completa sobre la materia.

19. «Bases teóricas de la guerra revolucionaria», ponencia política presentada en la IV Asamblea de ETA, 1967. El texto se atribuye a José Antonio Etxebarrieta. «El gran principio inspirador de la práctica de ETA, el único que configura lo que puede ser una estrategia, es el principio de acción-represión-acción. A la acción, al principio evidentemente minoritaria del grupo de vanguardia (ETA), corresponde una respuesta (represión) por parte del aparato militar del Estado. Esta respuesta, al caer sobre el conjunto del pueblo vasco produce en éste un fenómeno de concienciación que ante la nueva respuesta (acción) del grupo de vanguardia debe aumentar la base social de éste y acercarlo al pueblo. De este modo, a través de una dinámica cada vez más rápida, cada vez con un mayor grado de acción (y de represión) habrá de llegarse al último momento de esta dialéctica, la insurrección popular armada.»

que no es posible acabar por la vía de las armas con el Estado español y crear en el País Vasco la «Cuba de Europa».

Los próximos episodios acabarían quitándole las telarañas ideológicas de la mente.

Siguiendo el ejemplo del FNL argelino, a comienzos de 1971 el comité ejecutivo de ETA, del que forma parte Eustakio Mendizábal, decide tomar una de las decisiones más trascendentales de su historia: enviar a Madrid a un grupo de avezados terroristas para construir una serie de «cárceles del pueblo» que le permitan trasladar la lucha armada a la capital de España.

Así, meses más tarde, Juan Manuel Galarraga Mendizábal, *Zaldibi*, Faustino Estanislao Villanueva Herrera, *Txapu*, y José María Arruabarrena Esnaola, *Tanque*, y otros, que han aprendido la técnica con los Montoneros en Buenos Aires y los Tupamaros en Uruguay, con la ayuda de un obrero de Comisiones Obreras, Antonio Durán, comienzan a fabricar pequeños habitáculos insonorizados en una serie de pisos del centro de Madrid[20] y del extrarradio, incluida la localidad de Alcorcón.

La persona encargada de buscar los pisos e implicar a sus dueños en las actividades de ETA es la médico catalana,[21] afincada en Madrid, Genoveva Forest Tarrat, *Vitia*, treinta y seis años, casada con el dramaturgo Alfonso Sastre Salvador y miembro del Partido Comunista de España.

Asidua visitante de la embajada de Cuba en Madrid, Forest asiste en 1966 a la Conferencia Tricontinental de La Habana, presidida por Fidel Castro, en la que se había leído una carta del Che Guevara invitando a los asistentes a convertir los países sometidos por los norteamericanos en «uno, dos, cientos de Viet-

---

20. Las viviendas están situadas en las calles Virgen de Nuria, Onésimo Redondo, avenida de América y Fernando VI. Pertenecen a Bernardo Badell Carreras, Carmen Nadal Bestard, Mari Paz Ballesteros, Eliseo Bayo Poblador y Lidia Falcón O'Neill.

21. El viaje aparece reseñado en su ficha de antecedentes penales, así como sus visitas a la embajada de Cuba en Madrid. Por otra parte, en la primavera de 1964 un reducido grupo de activistas de ETA viaja a Cuba, al Campo Guinés, próximo a La Habana, para recibir adiestramiento en materia de secuestros, subversión y sabotaje.

nams».[22] La médico catalana había tomado contacto allí con miembros de los Montoneros argentinos, los Tupamaros uruguayos, el MIR (Movimiento de Izquierda Revolucionaria) de Chile o el Mas (Movimiento hacia el Socialismo) de Venezuela.

De regreso a España, Forest trata de convertir en realidad una de las conclusiones acuñadas en aquel foro: «Abrir nuevos frentes, nuevos Vietnams en todo el mundo, para dispersar las fuerzas de Estados Unidos y obligarlas a retroceder.»[23] Y durante un viaje a San Juan de Luz entra en contacto con José Miguel Beñarán Ordeñana, *Argala*, con José Ignacio Múgica Arregui, *Ezkerra*, y con Eustakio Mendizábal, *Txikia*, y otros dirigentes de ETA, a los que propone «incendiar Madrid» de la misma manera que el FLN trasladó la guerra a París, al final del proceso de descolonización de Argelia.

Decidida a acelerar el proceso acción-reacción-acción, ETA, no sólo envía a Madrid a sus mejores comandos, construye media docena de «cárceles del pueblo», algunas de ellas dotadas con material de primeros auxilios y quirófanos improvisados.[24] La banda armada comienza a reunir información sobre el presidente del Gobierno, Luis Carrero Blanco; su sucesor, Carlos Arias Navarro, que vive en la urbanización Casaquemada, en las afueras de Madrid;[25] el jefe del Estado, Francisco Franco, al que piensan asesinar en las cercanías del Pazo de Meirás (La Coruña), y Luis Gómez Acebo, banquero, casado con Pilar de Borbón, hermana del entonces Príncipe de España, al que pretenden secuestrar.

Sus planes son llevar a cabo una serie de espectaculares acciones que pongan en jaque al Régimen, acentúen la represión

---

22. En contra de lo que suele decirse, ETA no estuvo en la reunión, pero remitió un comunicado de apoyo. Posteriormente, durante los primeros meses de 1968, aparecen en Vitoria y en otras poblaciones de la Comunidad Autónoma Vasca pintadas de ETA con el texto «Euskadi, Cuba de Europa».

23. Causa militar 285/74 de la Capitanía General de la Primera Región Militar. Sumario en posesión de los autores.

24. Las casas del pueblo se fabrican para servir de refugio a los miembros de unos supuestos «Comités de Solidaridad». En el de Virgen de Nuria, de Genoveva Forest, se encuentran torniquetes, equipos para la transfusión y coagulación de sangre, botellas de suero, bisturís, pinzas, guantes quirúrgicos, anestésicos y cloroformo.

25. En la causa militar 285/74 aparece un detallado plano que indica cómo llegar a su domicilio, en la urbanización Casaquemada, desde la carretera de La Coruña.

sobre el pueblo vasco y aceleren el levantamiento de las masas.

El primero de los atentados, el magnicidio del presidente del Gobierno, Luis Carrero Blanco, el 20 de diciembre de 1973, a su paso por la calle Claudio Coello de Madrid, no ocasionó la reacción que ETA pretendía. La represión no fue tan generalizada para que las masas se alzaran en armas contra el tirano opresor, «ni agudizó las contradicciones del Estado español ni rompió la continuidad del Régimen», tal y como afirma ETA en sus comunicados[26] o como relata el principal de sus hagiógrafos, el supuesto historiador Javier Tusell. Franco se limitó a situar en su lugar a Carlos Arias y la dictadura sobrevive hasta la muerte del general.

Meses más tarde, a la vista de que el franquismo es capaz de resistir sus embates, ETA pone en marcha la acción más sangrienta desde la guerra civil. El 13 de agosto de 1974, a las dos y media de la tarde, coloca una potente carga explosiva en los retretes de la cafetería Rolando, situada en la calle Correo de Madrid, en un lateral de la Dirección General de Seguridad, emplazada entonces en la Puerta del Sol.[27]

El atentado, destinado a provocar una matanza de policías torturadores que se supone frecuentan el bar, acaba en una auténtica masacre. Doce personas pierden la vida y setenta y una resultan heridas. Entre las víctimas mortales no hay ningún policía.[28]

La matanza de la calle Correo y la muerte de Carrero Blanco, el hombre más significado de la dictadura después de Francisco Franco, suponen el fracaso de la estrategia acción-represión-acción. ETA, a partir de entonces, comienza a replantearse una nueva forma de lucha.

---

26. Julen Agirre (sinónimo de Genoveva Forest), *Operation Ogro. Comment y pourquoi nous avons exécuté Carrero Blanco*, Seuil, 1974.

27. El atentado pudo haberse evitado. Quince días antes, el 28 de julio, la Guardia Civil había detenido en Zarauz, tras un tiroteo, a un comando de ETA. Uno de ellos, José María Arrubarrena, *Tanque*, llevaba la siguiente anotación en una agenda: «Rolando, 2.15-2.45 horas.» El terrorista logró engañar a los agentes, diciéndoles que era un nombre de guerra para una cita con Ezkerra, en Francia.

28. Según las declaraciones de Genoveva Forest, una de las responsables de la matanza, los planes iniciales eran colocar el artefacto en la «boca del lobo, en las entrañas del monstruo», es decir, dentro de la DGS. Posteriormente, a la vista de las dificultades, se colocó en una cafetería próxima.

Si no es posible derrotar al sistema, hay que seguir matando para obligar a sus representantes, los llamados «poderes fácticos», es decir, el Ejército, a hablar, a sentarse a una mesa a dialogar. Así, en 1974, los terroristas dan a conocer su «Alternativa KAS», de la que se exponen sus detalles en otro apartado del libro. Desde entonces, toda su estrategia se encamina a lo mismo: extorsionar, secuestrar, asesinar, amedrentar para que el «enemigo» negocie. Algo que, en palabras de ETA, supone aceptar sus condiciones mínimas: la territorialidad, el reconocimiento del ser para decidir y el derecho a establecer su propio Estado independiente. Los que no estén de acuerdo con esta forma sui géneris de parlamentarismo ya saben cuál es su futuro: hacer las maletas y marcharse.

Pero la «Alternativa KAS», vigente durante once años, no es un documento elaborado para durar eternamente.

A finales de 1993, los dirigentes de la mesa nacional de Herri Batasuna —el abogado Íñigo Iruín, el sindicalista Rafael Díez Usabiaga, el parlamentario Floren Aoíz y el dirigente navarro de la coalición *abertzale* Adolfo Arraiz— reciben el encargo de ETA de reelaborar la «Alternativa KAS», adaptándola a la nueva situación política.

El *think tank* del abertzalismo se pone a trabajar. Tras año y medio de reuniones, discusiones, elaboración de borradores y estudios, a comienzos de 1995 está listo el nuevo documento bautizado como «Alternativa Democrática».[29] Es Herri Batasuna, por tanto, la que define las bases ideológicas del llamado Movimiento de Liberación Nacional Vasco, que luego asume ETA como propias y sobre las que basa su táctica y su estrategia terrorista.

---

29. Bases de la «Alternativa Democrática»: «1) Para que se constituya una verdadera democracia en Hego Euskal Herría, el Estado español reconocerá nuestro derecho a la autodeterminación y nuestra territorialidad y, en consecuencia, se comprometerá a respetar lo que la ciudadanía decida. 2) Mediante la implicación y la participación de toda la sociedad vasca, se decidirá qué modelo de Euskal Herría deseamos, correspondiendo este proceso de debate y decisión únicamente a la ciudadanía vasca. La sociedad vasca será, por tanto, el único sujeto de decisión. 3) Para que este proceso resulte realmente democrático se concederá una amnistía que permitirá intervenir en el mismo a todas las personas presas, refugiadas y deportadas. 4) ETA manifiesta que cesará su actividad armada cuando se consigan y garanticen los citados contenidos mediante acuerdo político.»

Lo que no se presentía entonces es que ETA seguía dispuesta a «matar para convencer» y que la primera víctima de la «Alternativa Democrática» iba a ser el candidato del Partido Popular a la presidencia del Gobierno en las elecciones generales de 1996.

En efecto, el 25 de abril de 1995, meses antes de que se convoquen los comicios, los terroristas hacen explotar un coche-bomba con 92 kilos de amosal, amonal, cloratita[30] y Goma-2 al paso del Audi-8 que traslada al candidato del centro-derecha a la Moncloa, a su despacho de Génova. El atentado se produce en la confluencia de las calles José Silva con Arturo Soria, en el barrio situado al este de Madrid, y ETA justifica así aquella acción que pudo cambiar la historia de España:

> Con la acción contra el presidente del PP español, José María Aznar, ETA ha atacado a uno de los máximos representantes de los enemigos que garantizan la opresión de Euskal Herría. [...] Ahora que el PSOE, ahogado en la corrupción y la guerra sucia, ha fallado en su labor de desmenuzar la resistencia vasca, el PP se prepara, deseoso de relevarle, en la dirección del Estado y nos quiere hacer beber el vino avinagrado del mismo tonel. El objetivo de ETA consiste en eliminar los impedimentos y trabas impuestos por el Estado español a la soberanía de Euskal Herría.

Como si el magnicidio de Aznar fuera lo más natural del mundo, el mismo día del atentado se recibe en el palacio de la Moncloa un sobre con matasellos de San Juan de Luz. En su interior aparece un documento denominado «Alternativa Demo-

---

30. Frente a la Goma-2, un explosivo a base de nitroglicerinas y nitrocelulosas, de difícil fabricación, el amonal o trinolita es un compuesto de fácil elaboración. Sus componentes son un oxidante como el nitrato amónico, empleado como fertilizante en el campo, polvo de aluminio y carbón o gas-oil, que actúan de reductores. La primera vez que ETA utiliza el amonal es el 25 de abril de 1986 en la calle Juan Bravo de Madrid. El coche-bomba causa la muerte a cinco guardia civiles. A partir de 1989, ETA fabrica un nuevo explosivo llamado amosal, de mayor potencia. Lleva los mismos componentes que el amonal y una cantidad de sal. En 1993 elabora el amerital, mezcla de amosal y trinitotolueno (TNT), la clásica dinamita. Tres veces más potente que el amosal, dos años después, en 1995, tras el atentado al presidente del PP, José María Aznar, la banda terrorista dejó de fabricar también el amerital y opta otra vez por los robos de explosivos, especialmente en la Bretaña francesa.

crática», es decir, el proyecto de mínimos para negociar la independencia del País Vasco y la retirada de las «fuerzas de ocupación». En el extremo inferior derecho aparece el matasellos de Euskadi ta Askatasuna.

Como se ha relatado anteriormente, en 1984, poco antes de la defenestración de Carlos Garaicoetxea, el presidente del PNV se entrevista con el Rey en el palacio de La Zarzuela para hablar del futuro del País Vasco y del desarrollo del Estatuto.

Durante el encuentro, en un ambiente distendido y cordial, don Juan Carlos y Xabier Arzalluz pasan revista a los asuntos de Estado que quedan pendientes para una normalización de la situación en la comunidad autónoma.

—Sólo quedan dos o tres problemas graves: el paro, el terrorismo —dice el Monarca.

—Y la negociación con ETA —agrega Xabier Arzalluz.

—Se refiere usted a negociar el futuro del País Vasco con una banda armada. Pero eso es inviable, sólo traerá problemas... —comenta don Juan Carlos, preocupado.[31]

—¿Problemas, Majestad? —inquiere el ex jesuita.

—Sí. A ver quién convence a la Guardia Civil de que se han dejado matar durante lustros para que ahora ETA se salga con la suya...

Xabier Arzalluz es, por entonces, un ardiente defensor de hacer tabla rasa sobre los veinticinco años de violencia terrorista y conceder lo que ETA pida. Así se lo dice al ministro del Interior, José Luis Corcuera, durante las negociaciones de Argel en 1978 y 1979. «Si os pasáis diez kilómetros del límite que establecen los pactos, nos os preocupéis, el PNV no se opondrá. Si se consiguen avances, serán también para nosotros.»

Durante los encuentros, el PNV incluso hizo llegar una carta a ETA, por medio de Iñaki Esnaola, en la que exponían con toda crudeza los puntos débiles de los negociadores del Estado y «por dónde se podía apretar». La misiva llegó a conocimiento

---

31. Xabier Arzalluz en una entrevista con la dirección de Herri Batasuna.

del Gobierno y del secretario general del PSOE, José María Benegas. En la siguiente entrevista con Xabier Arzalluz, Benegas le reconviene: «Conocemos vuestros intentos de "salsear" y vuestra tentación de cambiar de bando, de poneros al lado de ETA y jugar en contra del Gobierno.»[32]

Las negociaciones de Argel suponen un tremendo fiasco para ETA. No sólo no logran imponer sus condiciones sino que, por inexperiencia, pierden la partida y los interlocutores con el Gobierno acaban desterrados en Santo Domingo. ETA decide entonces crear un frente negociador permanente, integrado por dirigentes de Herri Batasuna.

Con la dirección desmantelada en Bidart, el etarra Juan Manuel Soares Gamboa arrepentido y el consejero de Interior Juan María Atutxa enviando emisarios a las cárceles a pedir a los presos que se acogiesen a las vías de la reinserción, ETA no parece dispuesta a ordenar un alto el fuego en 1993 ni en los años siguientes.

Ha pasado casi un lustro desde las negociaciones de Argel y, pese a la insistencia del Gobierno en enviar un emisario a Santo Domingo, la banda armada cree que la situación no está aún madura.

Han llegado a nuestros oídos rumores sobre miembros del PSOE que, con el aval de [José María] Benegas y [José Luis] Corcuera, buscan una tregua. Son rumores muy extendidos que nos han llegado por canales inusuales, favoreciendo la difusión distorsionada de dicha oferta [...] Nosotros no vemos la posibilidad de hacer un movimiento de esa clase en marzo o abril. Pero si la organización diera en estos momentos un alto el fuego, se reiría hasta el perro de la Moncloa. La imagen que esto crearía sería penosa. No solamente por el alto el fuego en sí, sino si éste no tuviera continuación. Estamos convencidos

---

32. El ex jesuita ha llegado a insinuar que el PNV vota a favor de la OTAN para neutralizar el poder militar autónomo del Ejército e impedir la capacidad de un golpe de Estado como el del «23-F», originado, entre otras cuestiones, por la caótica situación en el País Vasco y la sensibilidad del estamento castrense ante los «años de plomo».

de que las consecuencias de una iniciativa semejante serían muy perjudiciales.[33]

ETA, sin embargo, a la vista de que el terrorismo está cada vez más agotado y que su única salida, según ellos, es el pacto, plantea la creación de un grupo de interlocución permanente, eligiendo a sus expertos en cada materia, distribuyendo el trabajo y estudiando y planificando cada paso a dar en el futuro.[34]

El «aparato de negociación», según el último documento incautado, lo integrarían no menos de veinte personas, una buena parte de HB, LAB y del colectivo de abogados. La estructura está formada por un cuerpo jurídico, del que forman parte I. I., A. A., K. G., J. L. R. y C. T.;[35] un equipo diplomático, integrado por K. L., I. A., J. L. E. y P. E.,[36] y un departamento de relaciones con otras fuerzas políticas para mantener encuentros con los que andan en las movidas y del que forman parte R. D., J. L. E., K. L. e I. G.[37]

La llegada del PP fue un duro varapalo para quienes, frente a la única salida posible, la de la rendición, pretenden reeditar con más de un siglo de retraso el Pacto de Vergara.

Decidido a presionar al Gobierno español para que negocie con los terroristas, en 1996 el PNV desplaza a Estados Unidos

33. Carta de la dirección de ETA a Hontza (supuestamente Rafael Díez Usabiaga) contenida en el ordenador de José María Dorronsoro. El documento encriptado con el sistema Norton Encripter lleva el título Hotza-ri (04/93). Figura en el disquete A-Tecnikoa (KAS-Tecnico), carpeta Orokorra (KAS Permanente), subcarpeta Tekniko (Tecnico), subcarpeta Hara (enviado desde aquí) y subcarpeta Hontza.

34. «Viendo la importancia que tiene el tema de la negociación no podemos seguir como hemos estado y tendríamos que llevar a cabo una correcta remodelación y una nueva distribución del trabajo. Una vez más repetimos la fuerza de ese asunto para nuestra estrategia, pero seguimos funcionando sin planificación, y cuando coyunturalmente se mueven las cosas, se coge la dinámica, pero no se hace más que adoptar unas simples decisiones e informar bien. Hay que hacer una correcta distribución de trabajo y reexaminar la composición y los quehaceres.» Documento protegido con clave de acceso BU-antolaketaz, subtítulo Organización del Bulego (oficina), de fecha marzo de 1993, contenido en el disco flexible Rene de la base de datos incautada a ETA en agosto de 1993 en Francia.

35. Las iniciales corresponderían a Íñigo Iruín, Adolfo Arraiz, Karmen Galdeano, José Luis Reizabal y Carlos Trenor.

36. Se trataría de Karmeno Landa, Itziar Aizpurúa y José Luis Elkoro. Las iniciales P. E. no han sido identificadas.

37. Presuntamente, Rafael Díez, José Luis Elkoro, Karmelo Landa e Iñaki Goyoaga.

al antropólogo Joseba Zulaika para que se entreviste con el ex presidente norteamericano Jimmy Carter, presidente de la «Fundación Carter», fundada por él y su mujer, Rosalynn Carter, con el apoyo de la Universidad de Emory, y dedicada a la defensa de los derechos humanos, a la lucha contra la pobreza y a la resolución de conflictos, y le pida su intervención en el asunto.

Zulaika viaja a Atlanta (Georgia) y en el 453 de Freedom Parkway entra en contacto con los responsables del grupo. El propio Carter destina para la misión a uno de sus hombres de confianza, Harry Barnes, durante treinta y siete años miembro del Departamento de Estado, ex embajador de Estados Unidos en Chile, la India y Rumanía, y director general del servicio exterior.

Director del programa de Resolución de Conflictos y del programa de Derechos Humanos, Barnes había ingresado en la «Fundación Carter» en 1983, un año después de su fundación. Por entonces se le considera un experto negociador y hábil intermediario que ha recorrido el mundo entero y ha intervenido en varios conflictos en Corea del Norte, Nicaragua, Sudán, Liberia, Etiopía y en la región de los grandes lagos del centro y el este de África (Ruanda, Tanzania, Burundi, Uganda y Zaire).

Sin contar con el apoyo explícito de la Moncloa, Barnes viaja a la República Dominicana a finales de 1996. Allí se encuentra con que el Gobierno español ha vetado la iniciativa. «La reunión con el frente negociador de ETA se produjo limitadamente, en condiciones muy precarias, ya que los carceleros dominicanos no aceptaron que se reuniera con los tres interlocutores», reconoce la banda terrorista.

De regreso a Madrid, el diplomático norteamericano fue ninguneado por el Gobierno, que no le presta la menor atención e impide un encuentro con la dirección del PP. Poco después, en un viaje a Madrid, en octubre, el propio Carter declara que el problema vasco «no necesita ninguna mediación internacional».[38]

Certificado el fracaso de la «Fundación Carter», es el propio Barnes quien sugiere a ETA que quizá el Gobierno del PP acep-

---

38. Pese a todo, una delegación compuesta por dos miembros del PNV, dos de EA y otros dos de HB se desplaza a finales de noviembre de 1996 a Atlanta, para intentar reactivar la iniciativa.

taría más fácilmente la intermediación de la Iglesia. La hasta entonces desconocida Comunidad de San Egidio se apresta a entrar en acción.

En 1968, un grupo de seglares comprometidos en la evangelización y en los problemas de la paz, y contrarios a la pena de muerte, se reúnen en Roma y constituyen la Comunidad de San Egidio.

La «orden» tiene su sede en la iglesia romana de San Egidio —un ermitaño de origen griego que vivió a caballo entre los siglos VI y VII, al que se le atribuyen numerosos milagros—, situada en el barrio del Trastevere. Su símbolo es una bandera vertical con los colores del arco iris y la paloma de la paz del pintor español Pablo Ruiz Picasso.[39]

Fundada por el ciudadano Riccardi Andrea, cincuenta y dos años, hijo de un banquero italiano, desde 1968 hasta el año 2002, este grupo al que hoy pertenecen unos 30 000 seglares en todo el mundo, ha intervenido como mediador en numerosos conflictos, desde el Líbano hasta Argelia, pasando por Guatemala, Mozambique, Burundi, Sudáfrica y la antigua Yugoslavia.

Conocidos internacionalmente por sus rezos multitudinarios a favor de la paz, por sus oraciones vespertinas en la iglesia de Santa María del Trastevere por la reconciliación entre los pueblos y las razas, considerados por muchos como el «Opus Dei rojo» de Roma, la comunidad tiene en el cardenal de origen vasco Roger Etxegaray, responsable durante catorce años de la comisión pontifical de Justicia y Paz, a su principal valedor ante la curia vaticana.

A comienzos de 1997, el ministro del Interior, Jaime Mayor Oreja, es invitado a unas jornadas sobre terrorismo y pacificación. Allí, en medio de los debates, entra en contacto por primera vez con los miembros de la Comunidad de San Egidio.

—Meses después se recibe una llamada en el ministerio. Un miembro de la orden, que acaba de estar con ETA en París, pide verme —recuerda el ministro.

---

39. E. Golias, *Sant'Egidio: les souterrains du Vatican*, Lyon, núm. 50, septiembre de 1996.

La persona que se presenta días más tarde en su despacho es el anciano sacerdote italiano Vicenzo Paglia,[40] un hombre preocupado por la beatificación del arzobispo de El Salvador Óscar Romero, asesinado en 1980, y miembro activo en la resolución de los conflictos de Albania y los Balcanes.

Según ETA, Vicenzo Paglia y Jaime Mayor Oreja se ven en dos ocasiones, en el mayor de los secretos, hasta el punto de que el secretario de Estado, Ricardo Martí Fluxá, desconoce la existencia de las entrevistas durante el encuentro que mantuvo en 1998 con la dirección de ETA, junto al secretario general de la Presidencia, Francisco Javier Zarzalejos, y el sociólogo Pedro Arriola.[41]

El ex ministro del Interior sólo recuerda una entrevista. Días después de la llamada, la banda terrorista asesina a los concejales del PP en Rentería y Zarauz, José Luis Caso y José Ignacio Iruretagoyena, respectivamente. Por estas fechas, Paglia cruza las puertas del Ministerio del Interior y se sienta ante el ministro. Jaime Mayor le despacha con una frase:

—¿Usted cree que puede venir a proponerme que negocie con los pistoleros que acaban de asesinar a sangre fría y por la espalda, sin atreverse a mirarlos a los ojos, a dos concejales de mi partido?

—Lo que trato de evitar es que esas muertes se vuelvan a producir.

—Y lo que yo le respondo es que piense un momento, que reflexione si tiene fuerza moral y no le da vergüenza venir a pedirme que me siente a una mesa con los verdugos de los dirigentes de mi partido.

Un sector de la Iglesia, muy en su papel de proteger a los desvalidos verdugos, no había hecho más que empezar.

---

40. En la actualidad nombrado obispo por el papa Juan Pablo II.
41. *Antza*: «Con San Egidio hubo seguimiento policial.» Martí Fluxá: «A nosotros, el ministro del Interior no nos informó de lo de San Egidio. Supimos lo de San Egidio por el intermediario [el obispo Juan María Uriarte].» *Antza*: «¡Pero si usted es del Ministerio del Interior!» Martí Fluxá: «Pero no me lo dijo el ministro.» *Antza*: «Pero, nosotros, cuando hablamos con San Egidio, tenía una entrada directa con el Ministerio del Interior.» Martí Fluxá: «San Egidio no tiene buena trayectoria ni las bendiciones de la Santa Sede.» (De las conversaciones entre el Gobierno y la dirección de ETA. La transcripción es de la etarra Belén González Peñalva.)

Mientras ETA y el PNV planifican una estrategia en común que los llevara al «Pacto de Lizarra», el Consejo de Europa convoca en mayo de 1988 un congreso sobre terrorismo.

En representación del Estado español acude el titular de Interior, y contempla como, entre los observadores, hay tres representantes de la Santa Sede. Uno de ellos, ¡bendita casualidad!, es el obispo de Zamora, Luis María Uriarte, futuro intermediario entre ETA y el Gobierno.

Mayor Oreja le conoce desde hace muchos años, al haber coincidido con él el Miércoles Santo en la procesión del Silencio de Zamora. Entre los dos existe una cierta amistad, pero el ministro del Interior intuye que la presencia de Uriarte en Estrasburgo no es casual, lo que comprobará en la recepción que horas después se ofrece en la embajada de España.

—Es necesario solucionar la cuestión vasca mediante un pacto con ETA —le plantea abiertamente el obispo.

El ministro del Interior le da largas, pero no sirve de nada. Mientras ETA sigue matando concejales del PP, Uriarte y el obispo de San Sebastián, José María Setién, no dejan de mandarle curas a su despacho.

Uno de ellos es Joseba Segura, joven jesuita formado en Estados Unidos, profesor de moral cristiana de la Universidad de Deusto y delegado de pastoral social de la diócesis de Bilbao, vinculado a Elkarri, Gernika Gogorauz, Senideak y la galaxia de organizaciones que viven del cuento de ETA. Nada más llegar a Castellana, 5 le cuenta:

—Acabo de estar con ETA. Me han llevado con los ojos vendados desde Roma hasta París y allí me he entrevistado con ellos. Me han pedido que abra un canal de interlocución con el Gobierno.

—¿Ha hablado usted con *Antza*?

—Sí, con Mikel *Antza* en persona.

La respuesta de Jaime Mayor es la misma que le había ofrecido al representante de la Comunidad de San Egidio, Vicenzo Paglia:

—El Gobierno no va a hablar con ETA. En las condiciones

actuales, con varios concejales asesinados, las posibilidades son menores todavía.

A partir del primer encuentro con ETA, Segura es uno de los claros interlocutores de la banda. En septiembre de 1999, en unos momentos en que pocas personas están al tanto de la ruptura de la tregua de ETA, hace unas declaraciones a *La Vanguardia* anunciando el desenlace.

Pero no adelantemos acontecimientos. Meses después de la reunión entre Jaime Mayor Oreja y Joseba Segura, el PNV y ETA firman el «Pacto de Lizarra», desarrollado en otro capítulo. El 18 de septiembre de 1988, los terroristas decretan una tregua «unilateral», de cinco meses, que prorrogan durante un año.

En estas circunstancias, presionado por la opinión pública que atisba por primera vez una mínima posibilidad de paz, el presidente del Gobierno, con el apoyo de todos los partidos democráticos, se ve obligado a entablar conversaciones con la banda terrorista.

Situado en el área de influencia del aeropuerto, el hotel Intercontinental de Zurich es uno de esos mastodónticos edificios impersonales, llenos de bares, cafeterías, salones de actos, salas de congresos y videoconferencias, donde es muy fácil pasar desapercibido.

El 20 de noviembre de 1998, un activista no identificado del aparato internacional de ETA se cita clandestinamente en el hotel con el empresario Tony Anghers.

Amigo de José Luis Elkoro, miembro de la Mesa Nacional de HB y eurodiputado, Anghers acaba de hacer un viaje de ida y vuelta a Berna por encargo del representante de la banda terrorista. Su misión es entrevistarse con el subdirector del Departamento de Derecho Internacional Público del Ministerio de Asuntos Exteriores de la Confederación Helvética, Franz von Däniken. El objetivo: sondear a las autoridades suizas sobre la posible celebración en su territorio de una eventual negociación entre la banda terrorista y el Gobierno español.

El resultado del encuentro entre Tony Anghers y Franz von Däniken[42] es plenamente satisfactorio. Nacido en 1949 en Win-

---

42. *Escrito de ETA Daeniken*. Sectores 711 a 715 del disquete A:\Tretre\doc. El original aparece en euskera.

terthour (Zurich), abogado, ex representante de la Confederación Helvética en Bruselas y Londres, experto en cooperación y desarrollo y en asuntos europeos, y secretario de Estado del Ministerio de Asuntos Exteriores, Däniken muestra toda su disposición para el encuentro. «Suiza se halla preparada para eso y por nuestra parte no habrá problemas», revela.

Acompañado del ministro de Asuntos Exteriores, Josep Piqué, y de un abultado grupo de empresarios españoles, aquel 19 de mayo de 1999, José María Aznar se encuentra de viaje oficial en la Federación Rusa, donde Boris Yelsin parece más interesado por el vodka que por la política.

También el presidente del Gobierno español tiene sus preocupaciones, pero de otra índole. Hacía veinticuatro horas que tres de sus hombres de confianza, Javier Zarzalejos, bilbaíno, treinta y nueve años, secretario general de la Presidencia; Pedro Arriola, malagueño, cuarenta y ocho años, sociólogo, y Ricardo Martí Fluxá, cincuentañero, madrileño, diplomático, habían iniciado un viaje sin destino conocido para entrevistarse con la cúpula de ETA.

Tras numerosas llamadas de ETA, después de aterrizar en tres puntos diferentes, cambiar varias veces de rumbo en el momento justo del despegue, seguidos por un equipo de apoyo del Cesid y otro de la policía que viajan en aviones diferentes y aterrizan en aeropuertos alternativos, cansados y aturdidos, el equipo negociador del Gobierno acaba de encontrarse en Zurich con los representantes de la banda terrorista.

Sus interlocutores eran los dirigentes de ETA Mikel Albizu, máximo jefe de la organización mafiosa, y Belén González Peñalba, ex miembro del comando «Madrid» y uno de los interlocutores con el Gobierno socialista en la República Dominicana.

Antza. — ¿El Estado español está dispuesto a aceptar y actuar democráticamente en el proceso en curso en Euskal Herría?[43]

Zarzalejos. — Como representantes del presidente valora-

---

43. El texto forma parte del documento «ETA, ren Ekimena» (La iniciativa de ETA). Se incautó en la *herriko* taberna Herria de San Sebastián el 29 de julio de 2000.

mos este momento, que hace posible el cese de la violencia. Sólo así el diálogo será factible.

Antza. — Lo que he pedido es una respuesta positiva o negativa a nuestra pregunta.

Zarzalejos. — [Sólo le puedo decir que] el Gobierno respeta todos los procesos democráticos: ahí está el acuerdo recién firmado en Vitoria. No pretendemos que dejen de ser independentistas socialistas.

Antza. — Quizá porque hablamos distintos idiomas, pero todo lo que está respondiendo es muy abstracto y nosotros le pedimos concreción. Pienso que en esta primera reunión lo que hay que hacer es crear las condiciones de confianza que hoy no se dan. Propongo establecer un canal de comunicación estable fuera de las coyunturas.

Zarzalejos. — Por nuestra parte está garantizado. Ayer, a las once de la mañana, nos hemos enterado de que la reunión iba a ser en un punto, luego nos dicen que en otro, y ahora estamos en Zurich. En estas circunstancias es mejor consolidar una vía de comunicación.

Antza. — [De acuerdo.] Se trata de que cuando ETA quiera hablar con el Gobierno no tenga que ir a Madrid a tocar a la puerta del Ministerio del Interior, o cuando el Gobierno quiera contactar con ETA no tenga que ir a le *petit Bayonne*. Hay que establecer un canal a salvo de coyunturas.

El Gobierno de Franco celebraba sus «25 años de paz» y un grupo de falangistas y ex combatientes de la guerra civil viajaron en tren de Durango y Éibar a San Sebastián a celebrar el 18 de julio.

Al llegar a una de las curvas de Amara, a dos kilómetros de la estación de destino, el tren descarriló y volcó en un terraplén, sin que hubiera muertos. Poco después, la policía averiguaba que la vía había sido saboteada por ETA, quitando algunos tornillos de sujeción y varias traviesas. Una redada policial provocó la primera gran caída de terroristas, de los que algunos acabaron en prisión.[44]

44. Se detuvo a veintinueve terroristas, de los que fueron encarcelados como culpables Rafa Albisu Ezenarro, Imanol Laspiur, Iñaki Larramendi, Evaristo Urrestarasu, Félix Arrieta, Iñaki Balerdi, Julen Madariaga, Antxon Iriondo, Ángel Arranzábal, José Urbieta, José Antonio Eizaguirre, Eustaquio Narbaiza, Rubén López de Lacalle y Santiago Iturrioz.

El primero en ser detenido y juzgado es Rafael Albizu Escenaro. Veinticuatro años más tarde, el 1 de julio de 1985, festividad de San Fermín, el cantante Imanol da un concierto en la prisión donostiarra de Martutene. Un comando de ETA aprovecha el acto para sacar de la cárcel a dos terroristas encarcelados, Iñaki Pikabea y Joseba Sarrionaindía, ocultos en el interior de los bafles.

La persona que organizó la liberación de los dos etarras, hijo del primer terrorista de ETA juzgado y condenado por intentar descarrilar un tren de falangistas, Mikel Albizu, *Antza*, fue la persona encargada por ETA en 1998 de negociar con el Gobierno, tras la firma del Pacto de Estella. Sigamos con su contenido.

Martí Fluxá. — Quizá haga un pequeño salto, pero ¿cómo tratamos este contacto? Por nuestra parte ha habido secreto absoluto, sólo lo sabe el presidente. Y ni siquiera sabía dónde iba a producirse, está en Rusia.

Antza. — Nosotros pensamos que va a ser difícil mantener que no ha habido contactos. En nuestro caso, si nos preguntan responderemos la verdad, aunque no se dan muchas ocasiones de que nos lo pregunten....

Arriola. — Nosotros no podemos controlar que salga en los medios, no tiene por qué ser secreto, aunque se pueden ocultar lugares y fechas. Pero no somos responsables de lo que dice la prensa. Eso es incontrolable.

Zarzalejos. — No venimos a convencerlos de que dejen de ser una organización armada. Es una decisión suya, un desarrollo unilateral de ETA, por razones estratégicas, de evolución, de eficacia. Tampoco venimos a ver si ustedes van a mantener la tregua.

Antza. — Tampoco podría responderles. Es ETA la que decide.

Arriola. — La posibilidad de negociar con una organización armada es ilegal. Nosotros no podemos abordar esas cuestiones, ni la salida de las Fuerzas Armadas ni el derecho de autodeterminación. Pero la Constitución española no es inamovible. Tampoco los estatutos. Existen vías de cambio, que no conozco en detalle...

Antza. —Nosotros tampoco porque no nos interesa, quizá su desconocimiento se deba a que tampoco les interesa.

En este punto del encuentro se produce una situación insólita. Ricardo Martí Fluxá mete la mano en la chaqueta para comprobar que el equipo de grabación que lleva en el bolsillo funciona correctamente.

Belén González Peñalba, que no le quita ojo, deja de tomar notas y en un gesto instintivo se lleva la mano a la pernera del pantalón, donde lleva oculta la pistola.

Pasados unos instantes de tensión, tras varias intervenciones sobre la forma de impedir que se hagan especulaciones sobre el encuentro que conviertan en inviable futuras reuniones, se discute la fecha para celebrar una nueva entrevista. Se proponen dos opciones, el 7 de junio, aniversario del intermediario, el obispo Luis María Uriarte, o el 14, tras la celebración de las elecciones municipales. Como no hay acuerdo, se decide aplazar el asunto para el final.

A continuación, el representante de ETA, que sospecha que ha sido fotografiado poco antes, al entrar a la cita, exige que el Gobierno se encargue de controlar al Cesid y propone que el canal de comunicación sea siempre el mismo, el obispo Uriarte.

Zarzalejos. — Hemos hecho un esfuerzo para asumir la lógica del otro, y, dentro de esa lógica, no creemos que ETA se rinda. Sabemos que tiene capacidad mortífera. No pensamos que lo que les podamos decir sobre la lucha armada pueda modificar sus actuaciones. Hemos hecho un esfuerzo de acercamiento. No venimos a por la derrota de ETA.

Arriola. — Tenemos dificultades porque no sabemos [qué pasó en otros encuentros]. Lo de Argel nadie lo conoce...

Antza. — ¿Los archivos de Argel estarán en el ministerio?

Martí Fluxá. — Les puedo asegurar que jamás he tenido contactos con Vera, que nunca le he saludado, y las cajas fuertes estaban vacías. Eso sí, en la mente de todos ha quedado la idea del fracaso de Argel.

Antza. — Nosotros hemos planteado claro cuál es nuestro

objetivo: la superación del conflicto. Queremos saber qué piensa el Gobierno.

Arriola. — Si no se admitiera la existencia del conflicto no estaríamos aquí. Sabemos lo que ustedes quieren. Ahora tenemos la Constitución española. Si la mayoría del Parlamento español lo decide, si la mayoría de los ciudadanos lo decide, entonces OK.

Zarzalejos. — ¿Qué opina el Gobierno sobre el conflicto? La pregunta es de doble vuelta: ¿qué esperan ustedes de nuestra interpretación?

Antza. — Desde la izquierda *abertzale* hay un proyecto abierto. De lo que se trata es saber si el Gobierno tiene una postura abierta o cerrada.

Zarzalejos. — Yo comprendo que el Estatuto no es de su agrado... No sé cómo valoran ustedes el conflicto.

Antza. — Nosotros lo que pedimos al Gobierno español es el compromiso de respetar lo que Euskal Herría decida. No queremos otra cosa.

Arriola. — Hay un elemento de fondo. Un gobierno puede negociar con las instituciones pero no con ETA para cambiar la Constitución.

Antza. — En estos momentos hay un proceso abierto. Lo que se pregunta es si el Gobierno es sensible ante esa situación.

Arriola. — El Gobierno no sabe qué piensan los otros partidos. Este equipo de interlocutores ¿qué puede hacer para que no haya violencia?

Antza. — Tras esta primera toma de contacto, todos debemos reflexionar sobre lo oído. Es preciso dejar la puerta abierta a otros encuentros, mantener el canal de comunicación y comprometernos a que los contactos sean por escrito. Habría, además, que informar de la reunión.

Martí Fluxá. — Propongo que ustedes saquen una nota de prensa: «Se ha producido un contacto entre representantes del Gobierno español y de la organización ETA.» Nosotros respondemos que es cierto.

El encuentro ha durado poco más de dos horas. Por parte de ETA, Mikel *Antza* es el único que ha hablado, mientras Belén

González Peñalba se ha dedicado a tomar notas y a actuar de guardaespaldas.

Los mediadores quedan en verse de nuevo en julio. Las elecciones municipales, en las que los partidos constitucionalistas, en lugar de retroceder, avanzan, suponen un duro palo para el PNV y ETA.

La convocatoria de las elecciones generales de 2000, en las que el PNV anuncia, en contra de lo negociado con ETA en el «Pacto de Lizarra», que se presentará a los comicios y acudirá al Parlamento de Madrid, supone el final de la tregua. El 21 de enero de ese año, tras casi diecinueve meses sin asesinatos, la banda terrorista mata en Madrid al teniente coronel Pedro Antonio Blanco.

Zarzalejos, Martí Fluxá, Arriola y *Antza* no volverían a verse las caras. La diabólica estrategia de ETA de matar a sus adversarios para que acepten sus tesis sin rechistar no ha acabado todavía.

CAPÍTULO XXI
El exterminio civil

A comienzos de 1976, muerto Franco, la organización terrorista ETA pone en marcha su primer plan de exterminio de las autoridades civiles en el País Vasco. «Tienen dos meses de plazo para dimitir o marcharse o los exterminaremos uno a uno», anuncian los terroristas en *Zutik*, su órgano de expresión. Poco tiempo después asesinan a varios alcaldes, a dos presidentes de Diputación, y obligan al resto a emigrar. En 1979 y 1980, durante la negociación del Estatuto y las primeras elecciones autonómicas, los sicarios abren de nuevo la veda y asesinan a los dirigentes de UCD, provocando la práctica disolución del partido en Guipúzcoa, Vizcaya y Álava. Tras la «escabechina» en las elecciones de 1986, sus sucesores, que han fundado el CDS, desaparecen del mapa y AP obtiene sólo dos diputados. Reconstruido con mucho coraje y valentía el centro derecha en Euskadi, en 1995 ETA acusa al PNV de dar carta de naturaleza a las «criaturas de Mayor Oreja» y de permitir la «iturgaeuskaldunización» del País Vasco. A partir de la muerte de Gregorio Ordóñez y del atentado contra José María Aznar en Madrid los pistoleros inician su tercera campaña armada para eliminar a los que consideran sus enemigos. En esta última etapa, el PSE, que intenta hacer una política de equilibrios con el PNV rompiendo las tesis fascistas del Frente Nacional de ETA, se lleva la peor parte.

Víctor Legorburu Ibarretxe, sesenta y tres años, casado y con dos hijos, lleva nueve años y tres meses al frente del Ayuntamiento de Galdákano (Vizcaya), un municipio situado a escasos kilómetros de Bilbao, y ha tenido que sufrir de todo.

Alcalde y miembro de la Diputación Foral de Vizcaya, en 1974 ETA le quema el coche, y meses más tarde le incendia la imprenta de su propiedad para que renuncie a su cargo público. Legorburu, sin embargo, decide no plegarse a los dictados terroristas y, con ayuda de una patrulla de la Policía Municipal que le da escolta, se mantiene en el cargo.

El domingo 8 de febrero de 1976, Juan Terreros Larrea, bilbaíno, se detiene en la gasolinera de la Alameda de Rekalde a poner gasolina a su coche, un Seat 1430, matrícula BI-8216-B.

En el momento en que se dispone a pagar, dos sujetos le encañonan y le obligan a entregarles las llaves del automóvil, con el que se dan a la fuga. Tras poner la denuncia en comisaría, esa misma tarde el Cuerpo Superior de Policía sabe que la banda armada prepara alguna acción, ordena una alerta general en la provincia y varios agentes se encargan de llamar personalmente a los miembros de la Diputación Foral de Guipúzcoa amenazados.

—Don Víctor, en los próximos días se teme un atentado terrorista. ¡No salga a la calle sin la escolta! —le advierten.

Al día siguiente, a las ocho y diez de la mañana, Víctor Legorburu abandona su casa, en el número 2 de la calle Reyes Católicos, para dirigirse a su puesto de trabajo en la Caja de Ahorros Municipal de Bilbao.

Siguiendo las instrucciones de la Brigada Político-Social, un Land Rover de la Policía Municipal, con dos agentes, se aposta en la puerta de su domicilio, y un tercero, Francisco Ruiz, le acompaña al garaje, situado a doscientos metros de distancia, a coger el coche.

Tantas precauciones no sirven de nada. En el instante en que cruza la avenida Juan Bautista, un individuo vestido con una gabardina blanca se baja del Seat 1430 robado y, sin mediar palabra, le dispara una ráfaga de metralleta.

El agente de escolta trata de repeler la agresión. En ese momento, desde la otra acera, otros dos pistoleros abren fuego hasta vaciar los cargadores de sus metralletas. Alcanzado por quince proyectiles, Legorburu fallece en el acto.[1]

Al día siguiente, tras el sepelio, la corporación municipal decide hacerle hijo predilecto y alcalde perpetuo de la localidad. Se decide también dar su nombre al polideportivo municipal, a punto de inaugurarse.

Veinticuatro horas después, el 10 de febrero, la banda terrorista intenta matar al alcalde de Cizúrkil (Guipúzcoa), José Antonio Vicuña, que ha osado también desobedecer sus órdenes de dimitir de su cargo y marcharse del País Vasco.

Sobre las doce de la mañana, el comando asesino roba un taxi

---

1. Su acompañante, el policía Francisco Ruiz, recibe once impactos pero tiene mejor suerte. Los disparos le alcanzan en el vientre y en las piernas y salva la vida.

a punta de pistola en Tolosa, deja al conductor atado a un árbol y se dirige hacia la localidad de Cizúrkil.

Al llegar al lugar detienen el vehículo en el cruce de carreteras hacia Asteasu y al ver aparecer a una persona parecida al alcalde, uno de los terroristas, rodilla en tierra, efectúa dos disparos, mortales de necesidad, y se da a la fuga.

La víctima, sin embargo, no es el alcalde del pueblo, sino Julián Galarza Oyastuy, un mecánico de treinta y siete años, *abertzale*, de rasgos similares al responsable de la corporación municipal, quien, además, hace todos los días el mismo recorrido que éste.

La familia protestó airadamente en Francia y, dos días más tarde, ETA declarará que «éste ha sido un crimen involuntario». Era el primer error formalmente reconocido.

Los asesinatos de los alcaldes de Galdákano y Cizúrkil (fallido) no eran hechos aislados. Se trataba de las primeras advertencias por parte de ETA de que estaban dispuestos a realizar una «limpieza étnica» contra cualquier cargo político que no se proclamase nacionalista o llevase entre los dientes el catecismo de Sabino Arana.

«Sabemos que en Euskadi sur no hay más que una autoridad local real, que es la de las fuerzas armadas, protagonizada hoy por la Guardia Civil. Concedimos a los alcaldes un plazo de dos meses para dimitir. Pero el plazo ha terminado y vamos a pasar a la acción. No permitiremos que nos sigan mostrando una autoridad civil que no existe», amenaza ETA en un comunicado.

Los «poli-milis» critican la campaña duramente en el siguiente *Hautsi*,[2] pero ETAm se mantiene en sus trece. Entre otras cosas porque su estrategia de actuar de punta para abrir espacios que deben ocupar sus organizaciones de masas da sus resultados. Decenas de alcaldes empiezan a dimitir, dejando las corporaciones en manos de gestoras que comienzan a ser controladas por el grupo de «Alcaldes de Vergara», cuya cabeza visible es el abogado

---

2. «¿Es que no existen otras formas de represalia menos contundentes para quienes no aparecen ante el pueblo como claramente fascistas?» (*Hautsi*).

y futuro miembro de HB, José Luis Elkoro.[3] Por eso, al asesinato del alcalde de Galdákano y al intento de matar al de Cizúrkil siguen otros.

Había sido durante dieciocho años regidor de la localidad vizcaína de Bedia y diputado foral por Vizcaya, hablaba perfectamente euskera, pero el día en que se legaliza la *ikurriña*, a la que considera la bandera del PNV, decide dimitir de su cargo.

ETA lo considera un insulto a los nacionalistas y *abertzales* y, a partir de ese día, comienzan a llamarle a altas horas de la noche y a amenazarle por teléfono:

—¡Fascista de mierda, te vamos a matar! ¡Español, pronto te daremos tu merecido!

Los vecinos, parientes y amigos le recomiendan en varias ocasiones que haga las maletas, meta a la familia en el coche y se vaya a vivir a otra parte lejos de Euskadi.

—Te van a matar —le dicen.

—Pues no me voy. Soy de la tierra y a mí nadie me echa de mi pueblo —responde una y otra vez.

Las amenazas son cada vez más directas. Luis María Uriarte Alza, cincuenta y seis años, nacido en Durango, casado y con tres hijos, prefirió no facilitarle el trabajo a los terroristas. Tras llevar escolta durante varios meses, en junio de 1978 se toma unas largas vacaciones fuera de Vizcaya.

A comienzos de septiembre de 1979 regresa para pasar unas semanas con la familia. El 30 de ese mes tiene previsto marcharse de nuevo pero, un día antes, se da una vuelta por Talleres Ugarte, la empresa de su tío político Manuel Ugarte, una filial de Cementos Lemona, donde había trabajado hasta su marcha.

Estaba aparcado frente a la fábrica, sentado dentro del coche, leyendo tranquilamente el periódico, cuando tres individuos se le acercaron. El primero le disparó una ráfaga de metralleta. A continuación, sus dos acompañantes desenfundaron sus pistolas y le

---

3. El grupo de «Alcaldes de Vergara» llega a agrupar a 142 alcaldías. Para ETA, que apuesta por la «ruptura democrática», el control de los municipios es importante. Los terroristas pretenden que salga de ahí el «poder constituyente» que elabore un Estatuto, tal y como ocurrió poco antes de la guerra civil con el alcalde de Getxo (Vizcaya), José Antonio Aguirre.

vaciaron los cargadores encima, a menos de metro y medio de distancia.

Con el cuerpo cosido a balazos,[4] casi agonizante, Uriarte fue trasladado al hospital general de Basurto. Gracias a su fortaleza física sobrevivió casi una semana. En los momentos de mayor lucidez, su mujer y sus hijos le preguntaban incesantemente:

—*Aita*, ¿quién te ha hecho eso? ¿Quiénes han sido?

El ex alcalde de Bedia, consciente de que va a morir, prefiere no dejar problemas a su familia y se niega a contestar. Sus parientes vuelven a insistir:

—*Aita*, ¿pero tú los conoces? ¿Sabes quiénes son? Son gente del pueblo, ¿verdad?

Luis María Uriarte responde afirmativamente con la cabeza. Pero no facilita los nombres de quienes le han tiroteado. El 5 de octubre, a las nueve y media de la mañana, fallece, llevándose el secreto a la tumba.

Aunque fue víctima de un atentado terrorista, las diligencias previas se incoan en los juzgados de Durango (Vizcaya) y no se remiten a la Audiencia Nacional. De esta manera, los asesinos del alcalde de Bedia siguen sueltos aunque su familia, su mujer y sus tres hijos, sospechan quiénes fueron.

Tampoco se ha esclarecido el extraño robo a punta de pistola, a las seis y media de la mañana, en Barakaldo, del coche del cura de Amorebieta[5] y distribuidor del diario pro etarra *Egin*, Pedro Berrioartegortúa Murgoitio, con el que se comete el asesinato.

Y es que el cura Berrioartegortúa, a la vista de su trayectoria pública en aquellos años, está más cerca del evangelio de ETA que del Antiguo y del Nuevo Testamento. Pasó varios períodos en la prisión concordataria de Zamora, fue suspendido de su ministerio por el obispo y se vio obligado incluso a huir a Francia.[6]

---

4. Presentaba dos impactos en un brazo, dos en el tórax, uno en los testículos, tres en el vientre y otro en una pierna.

5. El coche, un Renault R-5 amarillo, matrícula BI-5217, pertenecía en realidad a Rosario Arambarri.

6. El 31 de marzo de 1967 es condenado a seis años de cárcel por colaboración con ETA, el 1 de agosto de 1968 ingresa en la prisión concordataria de Zamora por no pagar una multa, y el 6 de mayo de 1969 vuelve a ser condenado a un año de prisión. En 1970, tras el atentado contra Luis María Uriarte en el que se utiliza el coche que conduce, el obispo José María Cirarda le prohíbe predicar

A Luis Olarra, senador real y hombre fuerte de Alianza Popular en la provincia de Vizcaya, ETA intenta matarle en varias ocasiones, una de ellas a comienzos de 1989, cuando explota una bomba en su empresa Olarra, S. A. de Larrondo (Luxua).

Dispuesto a seguir en la brecha pese a las amenazas, en las elecciones generales de 1979 Alianza Popular de Vizcaya presenta su candidatura,[7] que encabeza la lista. El número dos lo ocupa Modesto Carriegas Pérez, un hombre del pueblo, que habla euskera, presidente de la Federación Vizcaína de Bolos, director del Banco Hispano Americano en Barakaldo, un municipio de la margen izquierda de la ría del Nervión, cerca de Bilbao.

La formación política trata de aunar así el voto de los empresarios de Neguri junto a las papeletas de un sector más popular y de centro. Los comicios se celebran el 1 de marzo y la UCD, con 167 escaños, revalida su mayoría, seguida del PSOE, con 121 diputados. Alianza Popular obtiene apenas 15 parlamentarios.

Los integrantes de aquella candidatura no fueron elegidos por el pueblo, pero sus nombres permanecen en los archivos de ETA y se convierten automáticamente en objetivos terroristas. Meses más tarde hay un nuevo intento de atentado contra Olarra y se descubre que uno de los miembros de su propia escolta, integrada por ex trabajadores del sindicato ELA, pertenece a Euskadiko Ezkerra, un partido desde cuyo sanedrín se deciden muchos de los asesinatos de ETA político-militar.[8]

La banda terrorista no va a detenerse ahí. Nacido en el pueblo de Arcentales (Vizcaya), casado y con cinco hijos, el 12 de septiembre de 1979 a Modesto Carriegas Pérez le espera una gran fiesta en su casa, situada en la plaza 18 de Julio de Barakaldo, propiedad del banco. Ese día cumple cuarenta y siete años y al llegar

---

el Evangelio, lo que lleva a varios sacerdotes de Müster (Alemania) a solidarizarse con él. Detenido el 16 de mayo de 1980 en Amorebieta, el sacerdote tiene que huir meses más tarde a Francia, desde donde regresa, estableciéndose en Amorebieta.

7. La candidatura se presenta bajo la denominación Unión Foral del País Vasco.

8. El individuo en cuestión participa más tarde en el secuestro del doctor Iglesias, padre del cantante Julio Iglesias.

a casa su familia le canta el *happy birthday to you* y le obliga a apagar las velas colocadas sobre una tarta de chocolate.

Aquél iba a ser el último momento de felicidad familiar. Al día siguiente, a primera hora de la mañana, al cruzar la plaza 18 de Julio de Barakaldo para dirigirse a la oficina del Hispano Americano, situada enfrente, dos tipos se le plantan delante y le disparan dos balas en el pecho.

Una semana después, ETA reivindica su asesinato en el diario *Egin*. «Al presentarse en las listas de Alianza Popular al Congreso de los Diputados, Carriegas se significó como enemigo del pueblo vasco, miembro de la clase capitalista y opresora del pueblo», afirma la banda armada, justificando así su macabra «sentencia de muerte».

La realidad, como siempre, no tenía nada que ver con las alucinaciones terroristas. Fallecido el cabeza de familia, su viuda y sus cinco hijos tuvieron que abandonar la casa y, sin bienes de fortuna, sobrevivirían en un piso de Bilbao con una mísera pensión.

La lucha por la libertad no desaparece con él. Años más tarde, en 1991, uno de sus hijos, Rafael Carriegas, se presenta a concejal por el Ayuntamiento de Barakaldo y como número cuatro en las listas del Partido Popular al Congreso de los Diputados.

Hermano del comandante Demetrio Zorita, el primer piloto militar español que traspasó la barrera del sonido,[9] Vicente Zorita Alonso, empleado desde hacía treinta y dos años en Altos Hornos de Vizcaya, leonés criado en Madrid de sesenta años, casado y padre de cuatro hijos, tenía una costumbre muy corriente en el País Vasco.

Todos los días, tras salir del trabajo, entre las ocho y las diez de la noche, se reunía con su cuadrilla y se iba de vinos por la calle Capitán Mendizábal de Santurce (Vizcaya), donde residía.

Candidato número tres a las elecciones al Parlamento vasco por Alianza Popular, después de Florencio Aróstegui y de Adrián Castro, en las primeros comicios de 1980, no resulta elegido, pero continúa en la actividad política.

---

9. Falleció en un accidente de aviación en Torrejón de Ardoz y tiene una calle en Madrid.

A las nueve y media de la noche del viernes 14 de noviembre de 1980, tras la ronda con los amigos, regresa a su casa situada en la calle General Franco. A poco más de doscientos metros del portal se encuentra a Charo, la menor de sus hijas, de quince años, hablando con unas amigas.

—No tardes en subir —le dice. Y continúa camino de su vivienda.

Media hora después, Charo llega al domicilio familiar. Al no ver a su padre, pregunta alarmada dónde se encuentra.

—No, no ha llegado todavía.

—¡Qué raro! Hace media hora me lo encontré en la calle y venía hacia acá.

Ni su madre, Rosario Zabala, bilbaína, cincuenta y cinco años, ni el resto de sus hermanos conceden demasiada importancia a la tardanza. Lo habitual es que se haya encontrado con algún amigo y estén charlando por los alrededores.

Todo transcurre con normalidad hasta poco antes de las doce de la noche, en que suena el teléfono. «Era un periodista de la Agencia EFE. Preguntó por mí. Quería saber mi impresión por el asesinato de mi marido», recuerda Rosario Zabala desde Alicante, donde reside desde entonces.

Mientras la radio lleva media hora dando la noticia, Rosario se entera de esta manera que su esposo yacía en el suelo asesinado por ETA. Su cadáver había sido encontrado por unos niños poco después de las once de la noche en un camino forestal, cerca del monte Cabieses, enfrente de una panadería, en las afueras del pueblo.

La víctima presentaba ocho impactos de bala. Uno de ellos, efectuado con un proyectil «dum-dum», le reventó la tapa de los sesos y le arrancó media cabeza. Los terroristas, antes de dispararle, le habían vendado los ojos, obligándole a ponerse de rodillas. Y para que no cupieran dudas del motivo de aquella barbarie, antes de dispararle le taparon la boca con la bandera de España para que no pudiera gritar.[10]

Al día siguiente, algunos vecinos comenzaron a recordar de-

---

10. Otras versiones sostienen que fue con una pegatina de AP que lleva pintada la bandera de España. Los autores mantenemos la de su viuda.

talles de la tragedia. Los pistoleros de ETA habían llegado a su domicilio en dos coches, a media tarde, y habían permanecido varias horas esperándole. Lo que nadie vio ni supo explicar es de qué manera le condujeron hasta los automóviles.

Al sepelio no asistió, como era habitual, nadie del PNV ni del Gobierno vasco. Carlos Garaikoetxea, el *lehendakari* de todos los vascos, no se dignó remitir siquiera un telegrama de condolencia ni al domicilio de la víctima ni a la sede de AP en Vizcaya.

Lo más duro para la familia tras el sepelio fue encontrarse la calle y los alrededores de la casa regada de pasquines de ETA. No satisfechos con el asesinato, los pistoleros aseguraban que «habían interrogado a fondo al prisionero y, tras un juicio sumarísimo, habían decidido ejecutarle».

El supuesto interrogatorio había permitido conocer todos los detalles de Alianza Popular en el País Vasco, por lo que, a partir de entonces, sus principales dirigentes pasaban a ser objetivos prioritarios de ETA político-militar.

La peor parte del panfleto la dedicaban a los familiares de la víctima, «conocidos miembros de la oligarquía franquista», contra los que anunciaban nuevas «acciones de castigo». Y para que nadie pensara que bromeaban, cuarenta y ocho horas después del asesinato de Vicente Zorita comenzaron las llamadas telefónicas amenazantes en su domicilio.

Una de las noches, la tragedia estuvo a punto de consumarse. Tras una nueva amenaza de muerte telefónica, el único hijo varón de la familia, casado y con un hijo, con los nervios a flor de piel, cogió una pistola y decidió ir a por los asesinos de su padre. Una rápida intervención de la Guardia Civil, a las dos de la madrugada, impidió que varios miembros de Euskadiko Ezkerra acabaran esa noche criando malvas.

Al día siguiente, la Guardia Civil, incapaz de cortar las llamadas maliciosas ni de detener a los asesinos de Vicente Zorita, optó por el mal menor. Decidió sacar a la familia entera de Bilbao y trasladarla escoltada hasta Alicante para proteger su vida y ahorrarle sufrimientos.[11]

---

11. El temor a un segundo atentado fue tal que los dos hijos mayores de la víctima, casados y con hijos, fueron también trasladados fuera del País Vasco.

Allí, fuera de su tierra, intentan rehacer su vida, inquietos porque los asesinos de Zorita andan sueltos. Hasta el 30 de enero de 1987, en que un amigo les manda una noticia aparecida ese día en *Egin*. La policía francesa acaba de extraditar a España al etarra Iñaki Irastorza Martín, treinta años, nacido en Portugalete (Vizcaya) y pariente de los dueños de la panadería donde, supuestamente, «interrogaron» a Vicente Zorita antes de asesinarle. Irastorza, según la policía, había sido el autor material del asesinato.

La lista de asesinatos, muchos de ellos encaminados a que la derecha y el centro no puedan presentar candidatos a las elecciones generales, es bastante más amplia. El 24 de noviembre de 1975 asesinan a Antonio Echevarría Albizu, alcalde de Oyarzun (Guipúzcoa); el 16 de marzo de 1978, al teniente de alcalde de Castillo Elejabeitia, Esteban Beldarrain Madariaga; el 16 de marzo de 1978, al candidato de Anzola, Luis Cadendo Pérez; el 27 de enero de 1979, a Jesús Ulayar, ex alcalde de Etxarri Aranaz;[12] el 12 de mayo de 1980, a Ramón Baglieto; el 23 de octubre de 1980, a Felipe Estreminana; el 31 de diciembre de 1984, a José Larrañaga;[13] el 16 de febrero de 1982, a Alberto López Jaureguizar, delegado de Tabacalera y candidato de AP al Parlamento vasco y a otros.

Muchos de los atentados son «gratuitos», no buscan otro objetivo que la muerte por la muerte o la venganza política. Es el caso, por ejemplo, de la alcaldesa de Bilbao Pilar Careaga y Basabé.

Diputada a Cortes por Vizcaya y responsable del Ayuntamiento de Bilbao durante los seis últimos años del franquismo, veinticuatro meses antes de que Adolfo Suárez presente la Ley de Reforma Careaga, la primera mujer ingeniero industrial de España decide retirarse de la política.

Y cumple su palabra. Hija de una acomodada familia bilbaí-

---

12. Ulayar, cuyo caso se cuenta en otra parte de este libro, era el candidato in péctore de UCD a las elecciones municipales. Al asesinarle, ETA se hace con el control de Etxarri Aranaz, Alsasua, Olazaguitia, Urdiain, Bacaioca, Irurzun, Ciordia y otros municipios de la zona de Sacarna y del valle de Araxes (Navarra), al impedir que UCD y AP puedan presentar candidaturas.

13. Lo habían intentado asesinar años antes, en 1979 y 1980, pero no lo consiguieron.

na, desde 1975 vive ajena a la «cosa pública» en su casa de Neguri, dedicada a la Asociación de la Lucha contra el Cáncer. No pasó un mes en que no la amenazaran, y el 25 de marzo de 1977, yendo a misa, sufre un atentado terrorista en Getxo del que salva la vida de milagro.

Afiliada a Renovación Española en los tiempos de la República, al estallar la guerra civil había sido detenida y encarcelada. Salvó la vida poco antes de la toma de Bilbao al ser canjeada por las tropas de Franco por un dirigente nacionalista, a través de la Cruz Roja Internacional.

Lo que no hacen los batallones de *gudaris* con ella en 1937 lo realiza ETA cuarenta años más tarde. Cuando intentaron asesinarla y la obligaron a exiliarse hasta su fallecimiento en Madrid, era una anciana de sesenta y nueve años. Los *gudaris* de ETA, siempre tan valientes.

Tras aniquilar a los alcaldes, la organización terrorista intenta dejar sin presidentes a las diputaciones forales de Vizcaya, Guipúzcoa, Álava y Navarra, ocupadas respectivamente por Augusto Unceta, José María Araluce Villar, Luis María Lejarreta Allende y Amado Marco.

Junto con Antonio María e Íñigo Oriol, Miguel Primo de Rivera fue uno de los diecisiete miembros del Consejo de Estado que presentó el 2 de julio de 1976 la terna al Rey de la que salió elegido presidente del Gobierno Adolfo Suárez.[14]

Presidente de la Diputación de Guipúzcoa y senador real en la primera legislatura, José María Araluce Villar había apostado por el cambio pacífico de la dictadura a la democracia.

Por eso en La Zarzuela se le tenía en gran estima y el Rey Juan Carlos, con el que tenía una gran confianza, le llamaba de vez en cuando para enterarse de la situación política en el País Vasco.

En Euskadi, para los bárbaros de ETA, era uno de sus objetivos más señalados. Entre 1995 y 1996, en su casa de la avenida de España, 9, situada a dos manzanas de la plaza de Guipúzcoa, sede

---

14. Forman la terna Federico Silva Muñoz (15 votos), Adolfo Suárez (11) y Gregorio López Bravo (14).

de la Diputación, recibe más de veinte amenazas terroristas, entre llamadas telefónicas y cartas anónimas. «Las rompía directamente», recuerda su hijo Ignacio, en el año 2002 ejecutivo de una importante multinacional europea.

Araluce hacía todo lo posible por no preocupar a su mujer y a sus nueve hijos, pero la procesión iba por dentro. Custodiado por la policía las veinticuatro horas del día, incluso para ir de su casa a la Diputación, a comienzos de 1976 empieza a darse cuenta de que la situación en el País Vasco está francamente mal para quienes no se autoproclaman nacionalistas o manifiestan su odio a España.

Sin poder aguantarse más, un día se lo comunica a su mujer y a sus hijos. «Id despidiéndoos de los amigos. Ya no aguanto más. Nos vamos a Madrid.» Se lo dice también a Adolfo Suárez y a Rodolfo Martín Villa, que le quiere fichar para la UCD.

El presidente del Gobierno intenta disuadirle. Al final de la conversación está convencido de que no ha logrado hacerle cambiar de idea y habla con el Rey. Araluce Villar está en su despacho de la Diputación en el momento en que le pasan una llamada del Monarca.

—Sé que eres un buen español y un gran patriota. No podemos dar signos de debilidad. Así que te pido que procures aguantar y no tires la toalla ahora —le dice.

—Sí, Majestad.

El presidente de la Diputación guipuzcoana siguió firme al pie del cañón. Una semana más tarde, el 4 de octubre de 1976, le asesinaron junto a su chófer, José María Elicegui,[15] que llevaba apenas una semana a su lado, y a los miembros de su escolta, Alfredo García y Luis Francisco Sanz. Su familia eligió el camino de la diáspora y, desde hace veintidós años, no han vuelto por Donostia.

El vicepresidente del Gobierno, Alfonso Osorio, había acudido aquella mañana del 25 de agosto de 1976 a despachar con el Rey Juan Carlos en el palacio de La Zarzuela. Al despedirse, el secretario de la Casa Real, Nicolás Mondéjar, le entrega una carta.

---

15. Aunque era un conductor eventual nacido en Pasajes (Guipúzcoa), muchos vecinos lo tomaron por un policía y se negaron a ir a su entierro por miedo a ETA.

—El Rey me ha dicho que te la entregue en mano. Me ha rogado que, como eres sensible al tema vasco, la estudies bien.

De regreso a Castellana, 5, Osorio le echa un vistazo al texto. Se trata de una larga misiva enviada al Monarca por el presidente de la Diputación de Vizcaya, Augusto Unceta Barrenechea. El político vizcaíno hacía una larga exposición de la Ley de 23 de junio de 1937 mediante la cual Franco suprimió el Concierto Económico para Vizcaya y Guipúzcoa, al considerarlas «provincias traidoras» al Alzamiento. «[Lo que se nos arrebató] no fueron privilegios sino auténticos derechos fundamentales anteriores a la unidad nacional llevada a efecto por los Reyes Católicos a fines del siglo XV.»

Unceta califica la medida de «error político». «Por tales consideraciones —añade—, Vizcaya y Guipúzcoa están sancionadas sin comisión de falta alguna, es decir, cumplen pena sin comisión de delito.»[16] Y pedía a la Corona la reintegración plena del Concierto Económico y la derogación del decreto de «provincias traidoras», hecho que consigue.

Al mismo tiempo, como experto en cuestiones vascas, en una reunión a la que asiste en el Ministerio del Interior, junto a los «Alcaldes de Vergara», muchos de ellos cercanos a ETA, se opone terminantemente a la ilegalización de la *ikurriña*.

—Ésa no es la bandera de los vascos, es la enseña del PNV.

—Estoy de acuerdo contigo. Y, además, voy a legalizarla. Pero como bandera de un partido —coincide con él Rodolfo Martín Villa ante José Luis Elkoro y el resto de alcaldes, presentes en la reunión, que ponen el grito en el cielo.

Como empresario, propietario de la industria de armas Astra, en 2002 cerrada, y de la fábrica de cubiertos Dalia, a lo largo de su vida profesional recibió siete cartas en las que ETA le pedía el «impuesto revolucionario». Nunca hizo caso de las misivas, pero Unceta se sabía amenazado; iba con dos escoltas a todas partes, llevaba una pistola en el bolsillo e incluso a su hijo Eduardo, entonces aún en la universidad, le obliga a ir armado.[17]

---

16. Alfonso Osorio, *De orilla a orilla*, Plaza y Janés, 1999.
17. Tres años más tarde, un informe de la Guardia Civil revela que ETA trata de secuestrar a su hijo. Los terroristas, cuya identidad se ignora, pretenden canjearle por armas, hecho al que el propio Eduardo Unceta da escasa credibilidad.

El 9 de octubre de 1977, cuando viajaba desde la Diputación a Gernika, un comando de ETA ametralló su vehículo oficial y acabó con su vida y la de dos guardias civiles que le servían de escolta.[18]

Sus asesinos, incluido el taxista de Munguía que los trasladó desde Sukarrieta a Gernika para cometer el atentado, son capturados años más tarde. Sólo dos de ellos, Martín Apaolaza Azkargorta y Miguel Ángel Goyonetxea Fradua, se sientan en el banquillo pero salen absueltos por falta de pruebas y prescripción de los delitos.[19]

Para quien, en cambio, la tragedia no acabó nunca fue para su mujer, María Dolores Ugarte. En 1998 falleció de cáncer en Gernika, donde tienen su casa, sin haber podido superar en ningún momento el crimen de su marido.

Hasta su muerte tuvo que soportar, además, que uno de los presuntos asesinos de su marido, natural de Bermeo (Vizcaya), presumiera ante sus amigos de ser quien le dio el tiro de gracia. «Para esta gente, y dado el lugar donde se diga, quitar la vida a un semejante es una medalla que se ponen», reconoce su hijo, al tiempo que se le revuelven las tripas.

Tras imponer el terror en las diputaciones, el siguiente objetivo de ETA sería la UCD, el partido de Adolfo Suárez en el País Vasco.

José Ignacio Ustaran Ramírez, alavés, veintitrés años, y Rosario Muela, sevillana, de dieciocho, se conocen en Medina del Campo (Valladolid). Debido a que sus abuelos son vallisoletanos, Charo acude todos los veranos a Medina de vacaciones y Ustaran está haciendo las milicias universitarias en Montelarreina, y baja a divertirse a la localidad los fines de semana.

En 1964, con veinticuatro y diecinueve años, respectivamente, se casan y se quedan a vivir en Álava, donde Ustaran trabaja como inspector de seguros, y allí nacen sus cuatro hijos, Rocío, José Ignacio, Esther y Mariola.

---

18. Los agentes Ángel Rivera Navarrón y Antonio Hernández Fernández-Segura.
19. Sumarios 47/89 y 18/90 de la Audiencia Nacional.

Miembro de una familia profundamente nacionalista, con varios hermanos simpatizantes de Euskadiko Ezkerra y de la izquierda *abertzale*, cuando se instaura la democracia se afilia a UCD, el partido de Adolfo Suárez, y forma parte de su ejecutiva en la provincia de Álava.

Debido a sus diferencias ideológicas, sus hermanos le consideran la «oveja negra» del clan y, en las reuniones en casa de sus padres, le toman el pelo y le gastan bromas, que sabe llevar con sabia resignación.[20]

—Renegado, que eres un maldito renegado españolista —le dicen.

En marzo o abril de 1980 recibe una carta escrita a mano, con tachones y faltas de ortografía. «Eres un traidor a la causa vasca y lo acabarás pagando con tu vida», le amenazan.

Ustarán se la enseña a su mujer, pero no le da importancia y ni siquiera la comenta con los dirigentes del partido ni con sus amigos. Tal y como la recibe, la rompe.

—Eso es cosa de un demente —dice.

Amigo de todo el mundo, en ningún momento se imagina que pueda ser objetivo de ETA. El 29 de septiembre de 1980, sobre las ocho y media de la tarde, llaman a la puerta de su casa, situada en la avenida de Gasteiz de Álava.

—¿Está el señor Ustarán? —pregunta una voz.

Charo Muela, su mujer, concejal del ayuntamiento de la ciudad, abre la puerta y les franquea la entrada. «En seguida entraron tres individuos, dos de los cuales estaban escondidos en la escalera. Uno de ellos, pistola en mano, me apuntó a la cabeza. Entramos al despacho, situado en la entrada de casa, me echaron a empujones, y el jefe del comando se quedó con mi marido mientras los otros dos me llevaban a la cocina», recuerda veintidós años más tarde su viuda.

Sus dos hijas menores, Rocío, de diez años, y Mariola, de siete, se encuentran en esos momentos cenando en el *office* y el único varón de la familia, José Ignacio, de trece años, está estudian-

---

20. En 2001, su hermano, José Miguel Ustarán, escribió una carta al *Deia* asegurando que José Ignacio votaba al PNV. Su mujer y sus hijos aseguran que es absolutamente falso y que el periódico del PNV, dirigido por un nacionalista de Huelva como Juan José Baños, manipula la memoria de un difunto.

do en su cuarto. Pero como la vivienda es muy grande —dos pisos unidos— no logran dar con él y mantienen retenidas a las tres mujeres y a la sirvienta. Cuando un rato después, al oír voces, José Ignacio aparece por la cocina, los terroristas se ponen muy nerviosos.

—¿Tú quién eres? ¿De dónde has salido? —le interrogan.

Tras verificar que ha estado estudiando, ausente de lo que pasa en la casa y que no ha llamado por teléfono a la policía, vuelven a relajarse un poco. Pero casi en seguida el jefe del comando, que ha estado interrogando a su marido, ordena cortar los teléfonos, le dice a Ustaran que coja las llaves de su coche, que van a salir, y se lo llevan con ellos sin dejarle cruzar palabra con la familia.

—Os estáis equivocando. Él no tiene nada que ver con la política. Llevadme a mí —le suplica Charo al jefe del comando.

—No te preocupes, que no va a pasar nada —se despide Ustarán desde la puerta.

Una hora después, pasadas las nueve y media de la noche, se recibe una llamada en la central de la Policía Nacional informando que hay una persona muerta dentro de un automóvil. Un coche patrulla se desplaza a la confluencia entre las calles San Prudencio y Eduardo Dato, en el centro de Vitoria, y sus agentes se encuentran con un vehículo aparcado de cualquier manera sobre la acera, frente a la sede de la UCD. En su interior, en el asiento del conductor, yace inmóvil el cuerpo de José Antonio Ustarán. Un disparo en la cabeza, a quemarropa, ha sido suficiente para quitarle la vida.

Los autores materiales del asesinato, pistoleros de los «polimilis», el brazo armado de Euskadiko Ezkerra, los amigos de sus hermanos, no han sido encontrados nunca. Tras el pacto entre el diputado Juan María Bandrés y el ministro del Interior Juan José Rosón que condujo a la disolución de la organización, ni siquiera están identificados.

Con treinta y siete años y cuatro hijos de siete, diez, once y catorce años, Charo se queda viuda y sin trabajo. Abandonados psicológica y económicamente por la familia de su marido, sin bienes familiares, tiene que recoger su casa, regresar, «bendita la hora», a Sevilla y empezar su vida desde cero.

No satisfechos con el asesinato de su marido, ETA no la deja vivir tranquila. Candidata de UCD a la alcaldía de Sevilla en las elecciones de 1987, en 1996 su nombre vuelve a aparecer en una lista capturada al comando «Araba».

Jaime Arrese Aralaza, cuarenta años, empleado de la Asociación de Víctimas del Terrorismo del Gobierno Vasco, recuerda aquella escena como si fuera hoy.

A las tres o cuatro de la mañana sonaba el teléfono en su casa y su padre, Jaime Arrese Arizmendirrieta, alcalde de Elgóibar, una localidad de apenas diez mil habitantes situada en el Bajo Deba, entre Azkoitia, Éibar y Soraluce, descolgaba el aparato, casi seguro de lo que pasaba.

—Don Jaime, mire, que han detenido al chico. Le llamo a ver si puede enterarse adónde le han llevado.

Un minuto después saltaba de la cama, se vestía de calle y se encaminaba hacia el cuartel de la Guardia Civil de San Roque. A comienzos de los años setenta, la mayoría de los detenidos del pueblo lo eran por repartir propaganda ilegal o realizar alguna pintada. Arrese procuraba que los dejaran en libertad y si los detenidos habían sido trasladados al cuartel de la Guardia Civil de El Antiguo, en San Sebastián, se dirigía allí para interesarse por la suerte de sus convecinos.

En el pueblo, numerosas personas le debían favores por su constante ayuda, y el alcalde, que trabajaba a su vez como administrativo en la fábrica de máquinas-herramienta Arriola y Cía., era querido por todo el mundo.

Tolerante hacia lo vasco y lo español, procuró que sus hijos, Jaime y Francisco, que estudiaban en la *ikastola* del pueblo, a la que había echado una mano económicamente en diversas ocasiones, se educaran en esos valores. Por eso, cuando se legaliza la *ikurriña* fue el primero en subir al balcón del ayuntamiento y colocarla.

Asimismo, fue uno de los primeros guipuzcoanos en afiliarse a la UCD, el partido de Adolfo Suárez, de cuya ejecutiva provincial formó parte junto con Oreja, su sobrino Jaime Mayor y otros, y colaboró en las primeras elecciones generales y municipales.

Elgóibar, el pueblo donde vivía y donde se había criado su familia, no era un lugar seguro. En marzo de 1976, ETA secuestró al industrial Ángel Berazadi y lo asesinó. En Azpeitia y Éibar, justo al lado, en apenas unos meses acabaron con la vida de otros siete guardias civiles.

En 1977, el presidente del Gobierno se empeñó en ponerle escolta y el agente de la Benemérita Anselmo Durán Vidal se encargó de acompañarle todos los días al trabajo. Fue por poco tiempo. Jaime Arrese no podía andar por el pueblo con un miembro del instituto armado guardándole las espaldas.

—¿Para qué necesito escolta? ¿Para protegerme de mis vecinos? —protestó cuando desde la Moncloa insistieron en que necesitaba protección.

—De los vecinos no. De ETA.

—¡Venga ya! Pero si a todos los de ETA de Elgóibar los he sacado yo del cuartelillo de la Guardia Civil o de la cárcel. Por las cuentas que les trae si caen de nuevo en una redada, ellos son los primeros en procurar que no me pase nada.

El 10 de octubre de 1978, siendo ya cabo de primera de la Benemérita, ETA mata a Anselmo Durán, el que fuera su guardaespaldas. Para Arrese fue un duro golpe, pero logró sobreponerse, y sirvió para persuadirle aún más de que la protección era la identificación y el cariño con el que le rodeaban sus convecinos.

El 29 de septiembre de 1980, tras el asesinato del miembro del Comité Ejecutivo de UCD en Álava, José Ignacio Ustarán Ramírez, la dirección del partido y sus propios compañeros, Julen Guimón y Jaime Mayor Oreja, tratan de nuevo de imponerle un servicio de vigilancia.

Jaime Arrese Arizmendirrieta se sentía tan seguro que en la toma de posesión como delegado del Gobierno en el País Vasco de Marcelino Oreja Aguirre, en el hotel Canciller Ayala de Vitoria, se ofreció a ir a buscar el coche de sus compañeros, aparcado en una calle cercana para que no pusieran en riesgo su vida.

—No, vosotros no os mováis. Han matado a Ustarán. Ahora, por lógica, van a ir a buscar a uno de Bilbao.

El 23 de octubre, después de almorzar en casa con su mujer, María del Carmen Aralaza de la Hidalga, y con sus hijos, Jaime y Francisco, de diecisiete y quince años, salió para volver al trabajo.

Al pasar frente al restaurante Iriondo, como de costumbre, hizo una parada para tomarse el café habitual de la tarde.

Juan Carlos Arruti Azpitarte, *Paterra*, uno de los etarras más sanguinarios de los Comandos Autónomos primero y de ETA después, condenado a 1 285 años de cárcel por sus múltiples crímenes,[21] tenía un sistema bastante infalible de asesinar.

Nacido en Azpeitia (Guipúzcoa) y refugiado en Francia desde 1978, cada vez que cruzaba la frontera para ejecutar su tremenda «cosecha de sangre», en lugar de esconderse en su casa se ocultaba en la iglesia del pueblo, que regentaba el entonces cura de Azpeitia, José Ramón Triviño. Como las alimañas, sólo abandonaba la casa de Dios para segar la vida a sus semejantes.

Aquel 23 de octubre, Juan Carlos Arruti Azpitarte y Manuel Salegui le están esperando dentro de un coche frente al bar Iriondo. Nada más verle aparecer, Paterra desciende del automóvil y le descerraja un tiro en la cabeza. Arrese tenía cuarenta y cuatro años y toda una vida familiar y profesional por delante.

Su entierro, al día siguiente, fue un merecido acto de homenaje. Los colegios y los bares cerraron sus puertas, en la mayoría de las fábricas se permitió a los trabajadores ir a los actos fúnebres y, concluidos éstos, doce mil personas se manifestaron por el pueblo en contra de ETA.

Adolfo Suárez, que no asiste a las exequias fúnebres, recibe días más tarde a la viuda en la Moncloa. A partir de entonces, amigos, compañeros de corporación de su marido, comienzan a retirarse, y su muerte, como otras muchas, cae en el olvido. Cuatro años más tarde, en 1984, la familia decide dejar el pueblo e iniciar una nueva vida en San Sebastián.

El entierro de Jaime Arrese en Elgóibar fue el trágico preámbulo de la desaparición de la UCD en el País Vasco.

Nerviosos, taciturnos, los dirigentes del partido de Adolfo Suárez se miraban a la cara unos a otros con gesto de dolor y resignación, preocupados por quién de ellos sería el siguiente.

---

21. El 16 de septiembre de 1989 fue detenido en Irún cuando escapaba en un camión en compañía de los etarras Manuel Urrionabarrenetxea, *Manu*, y Juan Oyarbide Txilibita, que resultan muertos tras un tiroteo con la Guardia Civil.

—A mí, si me ocurre algo, sólo pido una cosa: que me entierren en Ezcarai —dijo Juan de Dios Doval.

Hijo de un conocido notario de San Sebastián, casado con Inma Inclán, con dos hijos de siete y cinco años, Juan y Ruth, Juan de Dios Doval Mateo era profesor de Derecho Procesal en la Universidad del País Vasco en Donostia.

Miembro de la ejecutiva de UCD en la provincia, su vida diaria se repartía entre la Facultad de Derecho, la recogida de los niños a la salida del colegio, la sede del partido, situada entonces en una planta de un viejo edificio de la calle Idiáquez, y su casa, en el barrio Lorea de Donostia.

En plena negociación del Estatuto de Autonomía, los informes policiales revelan que todos los dirigentes de UCD en Guipúzcoa constituyen objetivo preferente de ETA, que pretende, de esta manera, forzar al Gobierno a hacer concesiones y, de paso, realizar una «limpieza étnica» de los políticos que hicieron la reforma, «franquistas» a exterminar.

Es una situación angustiosa. Los responsables del partido de Suárez son conscientes de que viven con la muerte acechando en el lugar más insospechado, pero resisten estoicamente.

Tras el recrudecimiento de la acción terrorista, el Gobierno pone escolta a los presidentes del partido. El 28 de octubre de 1980, el responsable provincial en Guipúzcoa, Jaime Mayor Oreja habla con Juan de Dios Doval. Le plantea:

—Ya que no hay policías para todos, te sugiero que compartas conmigo la escolta. Una vez me dejen en el partido, pueden acompañarte a la universidad.

—¿Tú ya no recuerdas cómo es la universidad o pretendes que vaya con un gorila para que, en lugar de ETA, me linchen los alumnos? —bromea Doval.

—Tienes razón. Entonces, ¿qué puedo hacer por ti?

Más que un asesinato, Doval teme que le secuestren en su casa, delante de su mujer y sus hijos, debido al patrimonio personal de su padre. Sugiere:

—Ponme, si quieres, una puerta blindada en casa.

—Eso está hecho. El lunes mismo la tienes instalada —le dice Mayor Oreja.

No llegó a verla. El viernes 31 de octubre, a las nueve y diez de la mañana, sale de su casa para ir a la Facultad de Derecho. A cien metros de su domicilio, cuando se está subiendo al coche, dos individuos se le acercan desde ambos lados. Uno de ellos, rubio, de ojos azules, vestido con un pantalón vaquero y una zamarra verde, sacó una pistola y le disparó directamente a la cabeza.

«Los pocos testigos presenciales del asesinato, algún vecino, un taxista y alguien más, les vieron marcharse tranquilamente por la calle, riéndose», recuerda su hijo Juan, veintiocho años, periodista.

A partir de ese día, tras el sepelio, la familia se traslada a vivir a Castilla y León y, desde allí, a Madrid. Ninguno de ellos vuelve al País Vasco salvo para bodas, bautizos y primeras comuniones. Y en 2002, en que los últimos familiares se han marchado también de San Sebastián, ni siquiera para asistir a reuniones sociales.

En ese período, no sólo tienen que sobreponerse a la muerte de su padre. La mala fama que la banda asesina ha generado fuera del país Vasco los persigue.

—¿Tú, de dónde eres? —le preguntan a Juan en el colegio.

—De San Sebastián —responde.

—¡Ah!, entonces seguro que eres etarra.

La situación peor de su vida, la más desagradable con mucho, la vive en las elecciones europeas de 1987. Un día, al llegar a su casa se encuentra con un sobre de Herri Batasuna. «Como vasco, te exhortamos a que cumplas con tu deber ciudadano y patriota y des tu voto a Herri Batasuna.» Los asesinos de su padre le exigen, para más inri, que los apoyara electoralmente.

El presunto autor material de la muerte, José María Salegui Zuloaga, un tipo de Zarauz, fue detenido en Itziar por la policía junto con otros terroristas[22] el 10 de noviembre de 1981. Se supo entonces que ETA conocía todos sus movimientos: salida de casa, llegada a la facultad, recogida de sus dos hijos en el colegio, paso por una guardería a recoger a un sobrino, reuniones en la sede del partido.

El juicio contra los supuestos autores materiales del asesinato se celebró entre el 6 y el 15 de julio de 1982 en la Audiencia Na-

---

22. José Ramón Lazkurain, Juan Carlos Aguirrebengoa, Juan Ignacio Aguirre Lizarraga, Sagrario Barandiarán, Benito Eskizabel, Patxi Amezaga, Lourdes Isagurbe y otros.

cional. Amenazados por ETA, los testigos del crimen no se ratificaron en sus declaraciones y José María Salegui Zuloaga salió absuelto por falta de pruebas.[23]

Hoy, tras pasar algún tiempo en varias cárceles, entre ellas la de Martutene, vive tranquilamente en Orio (Guipúzcoa). Sus vecinos dicen que tal vez tenga cara de asesino pero que es un tipo muy risueño.

Orensano, maestro nacional, propietario de las primeras granjas de pollos industriales que se instalan en España, Eulogio Gómez Franqueira lleva la política en la sangre.

Dueño de un importante imperio económico,[24] en la primera legislatura de la democracia fue diputado a Cortes por UCD y, por esa razón, fue uno de los primeros políticos que defendió su vida a tiros contra ETA y pudo contarlo.

Los hechos ocurren el 9 de junio de 1980, a primeras horas de la mañana. Gómez Franqueira acaba de levantarse y está aún en pijama cuando un comando de ETA se presenta en su casa con ánimo de secuestrarle.

La suerte estuvo de su parte ese día. Flanqueado por el jefe del comando, José Alcocer Gabaldón, que no le quita la vista de encima, un segundo antes de llevárselo, los terroristas le permiten cambiarse de ropa. Y en ese instante, en un descuido de su futuro «carcelero», echa mano a una pistola que tiene sobre el armario, le hiere y echa de su casa al grupo terrorista a tiro limpio.

El intento de secuestro de Gómez Franqueira fue el último de una saga de actos similares realizados por ETA contra diputados de UCD mediante un comando del que forma parte Arnaldo Otegui, portavoz de Batasuna hasta su ilegalización.

A primeras horas de la noche del 2 de julio de 1979, tras pasar la tarde en el palacio de la Moncloa con el ministro de Presidencia José Pedro Pérez-Llorca preparando los debates del Esta-

---

23. *Egin*, 15 de julio de 1982.
24. Cooperativas Orensanas (Coren), dedicada a la producción de carne de pollo, huevos, ganado porcino, vacuno y ramificaciones en todo el sector agroalimentario y financiero de la comarca, con participaciones en empresas de conservas de carne, mataderos, frigoríficos, y fábricas en Portugal y Argentina.

tuto de Gernika, Gabriel Cisneros Laborda regresa a su casa, situada en el número 53 de la calle López de Rueda de Madrid.

Nacido en Tarazona (Zaragoza), treinta y nueve años, Cisneros ignora ese día que su mujer y sus hijos van a volver a verle de milagro. Al llegar al portal de su casa, un comando de ETA con Otegui a la cabeza le está esperando para capturarle.

El diputado y asesor de Suárez se resiste como un gato panza arriba y uno de los terroristas decide poner punto final a la operación allí mismo y le vacía el cargador encima. Trasladado al hospital Gregorio Marañón, tras varias horas en el quirófano, los médicos logran estabilizar sus constantes vitales, pero su salud quedará resentida durante mucho tiempo.

Cinco meses y nueve días más tarde, el domingo 11 de noviembre, Javier Rupérez, diputado por Cuenca y secretario de Relaciones Internacionales de UCD, sale de su casa, situada en la calle de la Morería, en Madrid, para acudir a la cumbre de partidos centristas latinoamericanos.

Esa mañana no llega a la cita que tiene en el hotel Monte Real, donde se celebra el evento, con un grupo de periodistas que quieren hacerle una entrevista. El comando de Arnaldo Otegui, miembro entonces de los «poli-milis», lo secuestra y se lo lleva a un chalet de Hoyo de Pinares (Ávila), donde le tienen retenido treinta y un días.

Tras el pago de una suma de dinero no conocida, que según el PSOE salió de las arcas del Banco de España, a Rupérez lo liberan el 12 de diciembre, horas después de que el Senado ratifique el Estatuto de Gernika. Sus guardianes, que temen ser descubiertos por la policía si le dejan en Madrid, le dan un largo paseo y lo dejan en el kilómetro 233 de la carretera de Burgos, a hora y media en coche de Bilbao.

El embajador Pedro Manuel de Arístegui y Petit muere en el Líbano, asesinado por los sirios en un atentado el 16 de abril de 1989.

Separado y con tres hijos, uno de ellos, Gustavo, diplomático y responsable de política exterior del PP, vivió peligrosamente. Su vida, en realidad, fue un desafío permanente a la muerte. En Nicaragua, durante la caída de Anastasio Somoza, ocultó a muchos miembros del Frente Sandinista, y de la embajada de España en aquel país salió medio gobierno.

Donde de verdad vio las orejas al lobo fue en el País Vasco, en la etapa en que fue gobernador civil de San Sebastián. Allí sufrió cuatro atentados terroristas. El primero de ellos fue abortado por la policía, el segundo consistió en la colocación de una bomba en el club de tenis donde iba a jugar todos los días.

En la tercera ocasión le lanzaron una granada anticarro, tipo Mekar, desde un colegio de monjas situado en un promontorio, frente al Gobierno Civil, en la plaza Pío XII de San Sebastián. El artefacto impactó en una ventana, pero no causó más que daños materiales.

El último atentado era bastante más sofisticado. Aficionado a volar, Arístegui acudía dos veces por semana a tomar lecciones de pilotaje en el club aéreo de Fuenterrabía, en una avioneta Cesnna biplaza, de un solo motor.

En una de las ocasiones se descubrió que el instructor de vuelo, miembro de ETA, había planificado con sus compinches simular un fallo en el aparato y provocar un aterrizaje de emergencia en un paraje de la zona donde debía estar esperándole un comando para asesinarle. Advertido por la policía, Arístegui, un hombre de un arrojo excepcional, se prestó a hacer de cebo para capturar al comando, pero el terrorista se dio cuenta y huyó a Francia.[25]

Al igual que Arístegui, sufren atentados por esa época el delegado del Gobierno en el País Vasco, Marcelino Oreja Aguirre, al que le ponen una bomba de veinte kilos de Goma-2 en las cercanías del palacio de Los Olivos (Vitoria); Jaime Ignacio del Burgo, hombre fuerte de UCD en Navarra; Jaime Mayor Oreja, Jesús María *Chus* Viana, Alfredo Marco Tabar y otros aparecen en los papeles de ETA. Los terroristas disponen de las listas de las candidaturas electorales y de las ejecutivas del partido del Gobierno y van a por ellos, uno a uno, como hicieron los nazis con los judíos en la segunda guerra mundial.

---

25. El piloto insiste, además, en que ya podía volar solo. El embajador se niega a hacerlo por miedo a que averiasen el avión para que se accidentase en vuelo. Posteriormente se comprobó que éste era, en efecto, un plan alternativo de ETA.

«No podemos permitir que los tradicionales enemigos de nuestro pueblo (*txakurras*, Ejército y partidos españolistas) continúen paseándose impunemente por nuestra tierra. Nuestro compromiso como vascos nos lleva a hostigarlos hasta conseguir que se vayan para siempre», afirma ETA por esa época.[26]

Marginados, ignorados y apartados por el PNV como si su mera presencia fuese contaminante; humillados, desligitimados y satanizados sus dirigentes, a los que se identifica con los controles policiales, los malos tratos y la dictadura, se los deja al margen de todos los actos políticos relevantes; sometidos sus parlamentarios y alcaldes a una campaña de acoso y presiones, la UCD, el partido que hace la transición, paga con su práctica desaparición su servicio a España.

Paga, además, un alto precio en sangre, algo que también le sucedería al PSOE a partir de 1982.

Faltan dos días para el cierre de la campaña electoral a las elecciones autonómicas en Euskadi, en las que iba a dilucidarse si el PNV iba a seguir gobernando desde Ajuria Enea, y el senador y secretario de Organización del PSOE vasco, Enrique Casas, número uno de las listas electorales por su partido en Guipúzcoa, sabe lo importantes y decisivas que eran aquellas últimas cuarenta y ocho horas.

Aunque las encuestas electorales que se manejan en la Moncloa reflejan un descenso importante de su partido, debido a la campaña hecha en la calle por Herri Batasuna relacionando a su partido con el GAL, está convencido de que la «caída» no va a ser tan importante como pronostican los sondeos.

Ingeniero nuclear formado en la universidad alemana de Erlanger-Nuremberg, casado con Barbara Durkkop, una sueca-alemana a la que conoce hace diecinueve años en Hamburgo, y padre de cuatro hijos, tras una agotadora mañana de reuniones, mítines y estrechar manos, no se da por vencido.

El jueves 23 de febrero de 1984, sobre las dos y media, acompañado por sus dos guardaespaldas, regresa a su casa, un modes-

---

26. Papeles de José María Dorronsoro Malatxetxebarría, Saint Denis (Francia), 1993.

to chalet situado en el número 5 de la calle Alondra de la urbanización Bidabieta 2, en Ayete, a las afueras de San Sebastián. Esa tarde tiene que dar un mitin en Andoain, en territorio enemigo, y tiene apenas hora y media para reponer fuerzas, almorzar, preparar las notas de su intervención y ponerse al día sobre los últimos acontecimientos políticos de la jornada.

Intuye por lo menos que en ese tiempo no va a ser molestado. Su mujer, profesora del Colegio Alemán de San Sebastián, no va a comer ese día a casa, y sus tres hijos mayores almuerzan en el colegio. Sólo el pequeño, un bebe de ocho meses, está en casa, pero probablemente se encuentre durmiendo, al cuidado de la asistenta.

Un cuarto de hora después, cuando alguien llama al timbre, comprueba que las elucubraciones no siempre son ciertas. Aunque tiene terminantemente prohibido abrir la puerta a desconocidos o salir a la calle sin escolta, como ha dejado descolgado el teléfono decide echar un vistazo por la mirilla por si se tratara de sus escoltas, que tuvieran que darle algún recado urgente.

—¿Es usted el propietario del Renault 12 que está en su garaje? Se lo preguntamos porque somos los obreros que estamos haciendo la zanja para el tendido del gas y dentro de una hora vamos a excavar delante de su casa —le dice una voz desde el exterior.

Detrás de la puerta acorazada, Casas atisba por el «ojo de pez» y observa a dos individuos con pinta de obreros que se protegen del *sirimiri* y del frío con unos chubasqueros usados de color amarillo y verde, respectivamente. Recuerda que hace unos días han empezado a levantar la calle y que un rato antes ha observado la máquina excavadora aparcada a pocos metros de su casa.

—Venimos a avisarle porque si necesita usar el coche en unos días es mejor que lo saque —agrega el individuo del chubasquero amarillo.

Confiado, el senador abre la puerta. Es entonces cuando se encara al individuo del chubasquero amarillo y observa que el cañón de una pistola le apunta directamente a la frente. No le da tiempo a reaccionar. En décimas de segundo, el arma vomita fuego y plomo y su cuerpo, sin fuerzas, se desploma junto al dintel de la puerta.

Acabado su «trabajo», Pablo Gude Pego, *Antxon el Grande*, un mecánico de veintiocho años nacido en Rentería, y José Luis Merino Quijano, *Coronel,* donostiarra, veintitrés años, miembros de los Comandos Autónomos Anticapitalistas, se dan la vuelta y suben a un coche Simca 1200 que los aguarda en doble fila.

Rosa María Jimeno Goikoetxea, veinticuatro años, natural de Orio, el tercer miembro del grupo, pone el motor en marcha y salen disparados en dirección a Hernani, donde tienen un segundo coche esperándolos para desplazarse al puerto de Pasajes y, desde allí, huir en una «zodiac» equipada con un motor Jhonson de 75 caballos a Hendaya (Francia).

Son poco más de las tres de la tarde. Dieciséis años después de cometer su primer asesinato, Enrique Casas era el primer político socialista que caía abatido por las balas de los pistoleros de ETA o, mejor dicho, de los CC. AA. AA., los encargados de hacer el trabajo sucio a la banda.

Ninguno de los partidos políticos constitucionalistas, que habían pilotado la transición y garantizado a Euskadi el mayor nivel de autogobierno del que hubiera disfrutado jamás, podía sentirse a salvo de las armas de los pistoleros.

En las elecciones autonómicas del 30 de noviembre de 1986, Manuel Fraga, con 55 606 votos, obtiene dos diputados. El CDS, el partido heredero de la UCD, consigue 40 445 papeletas.

Sumando los votos de ambos partidos, no llegan ni a la mitad de Herri Batasuna, que alcanza su mayor resultado histórico, 199 900 sufragios. Unidos a los 451 383 votos del PNV y Eusko Alkartasuna, el País Vasco se convierte en un feudo de los nacionalistas.

En las elecciones generales de 1993, con José María Aznar como líder, el PP resurge de sus cenizas. «El españolismo ha conseguido dar la vuelta a la tortilla electoral y ahora hemos descendido a los niveles de 1982. Los partidos estatales han movido 820 000 votos frente a los 625 000 de los nacionalistas (si incluimos al PNV en este escenario). Está claro que el PP ha recogido el voto "prestado" al PNV y ha aglutinado, asimismo, a todo el "fascio" y la "carlistada"», afirma ETA.[27]

---

27. «Hauteskundeen Balorapena eta Ondorio Politicoak» (Valoración electoral y consecuencias políticas), documento intervenido en Saint Denis (Francia) a José María Dorronsoro Malatxetxebarría a finales de 1993.

La organización terrorista no admite que un partido marginal en 1986 se haya convertido en la segunda fuerza de Guipúzcoa. «Pone los pelos de punta pensar que el PP haya sacado más votos que HB (175 000) y que a nivel de Hegoeuskalerría (Euskadi Sur) los "fácticos" nos saquen 80 000.» El temor de ETA, según el informe citado, es que el PP estructure su electorado político y lo saque de las capitales a las grandes ciudades y a los pueblos vascos, haciéndose con el control de amplias zonas «liberadas» por sus activistas a tiro limpio.

Ante el temor de que le arrebaten su coto electoral y político, su reacción no se hace esperar. El 23 de enero de 1995, a mediodía, semanas antes de las elecciones autonómicas, asesinan en San Sebastián a Gregorio Ordóñez Fenollar, el líder político más popular y con mayor gancho electoral del PP. «Hemos hundido el buque insignia del PP», explicarían gráficamente días más tarde los terroristas. En abril de ese año intentan matar en Madrid, con un coche-bomba, a José María Aznar, presidente del partido.

Para ETA y sus adláteres no hay más democracia que la que emana de la punta de los fusiles.

José Javier Arizkuren Ruiz, *Katauri*, pamplonés, cuarenta años, jefe militar de ETA, remite una carta a los miembros del comando «Vizcaya»[28] a comienzos de marzo de 1997. De forma tajante y reiterativa les ordena:

> Tenéis que hacer un esfuerzo enorme con los políticos. Es muy importarte darle a los políticos del PP. Deciros que cualquier político del PP es un objetivo, repetiros lo importante de estas acciones. Otra cosa, poner toda la fuerza posible en levantar a un concejal del PP, dando un ultimátum de días, para que los presos estén en Euskadi. En relación a este tema [secuestro] hacerlo lo antes posible, y si no podéis secuestrarlo o hay un problema en el intento, le dais *kostu* y a por otro. De todas formas, intentar levantar a uno.[29]

---

28. Dar *kostu:* dar boleto, eliminar, en el argot de ETA.
29. Diligencias número 122/97 de fecha 24 de septiembre de 1997 instruidas por la Guardia Civil de Vizcaya.

Como queda relatado en otro capítulo, el 10 de julio de 1997, ETA secuestra al concejal de Ermua Miguel Ángel Blanco, veintinueve años. Tras un ultimátum, cuarenta y ocho horas más tarde su cadáver aparece en un paraje solitario de Lasarte (Guipúzcoa).

Dos años después, Kantauri, ex miembro de los comandos «Araba» y «Madrid», donde ha dejado su sello de horror y muerte, es detenido por la policía francesa meses antes del final de la tregua de ETA.[30] Poco antes de su detención envió este texto al comando «Donosti»:

> En relación con el militante que se ofrece a hacer cosas más fuertes (tipo kamikaze), deciros que en principio no estamos de acuerdo con que un militante explote con un coche. En cambio, si está dispuesto a correr riegos suplementarios, existe la posibilidad de hacer una acción después de un entierro. Me explico: después de una acción fuerte, averiguar dónde va a ser el entierro o el funeral. Una vez conocido, secuestrar a los habitantes de una casa desde donde se vea la entrada de la iglesia o el cementerio y con el rifle o el G-3 tirar contra uno de los políticos presentes (el Rey, el Príncipe, el ministro del Interior, Aznar, etc.). Abandonando el arma y siendo el militante legal, hay posibilidades de escapar con la confusión.

El comando sigue sus pasos al pie de la letra. El 9 de enero de 2001, ETA intenta provocar una matanza de los líderes del Partido Popular del País Vasco en el cementerio de Zarauz, durante un homenaje al concejal del Partido Popular José Ignacio Iruretagoyena, asesinado por la mafia del crimen el 8 de enero de 1998.

Los sicarios colocan una bomba con varios kilos de explosivo en un macetero e intenta hacerla explotar por radiocontrol. Un fallo en el mecanismo impide que los dirigentes del PP vasco, entre los que se encuentran Carlos Iturgaiz, María San Gil, Gustavo Arístegui, José Antonio Foncillas, Carlos Urquijo y otros pierdan la vida en el acto.

---

30. Concretamente, el 9 de marzo de 1999.

Dispuestos a impedir por el único método que saben, el de las pistolas, lo que ellos llaman la «iturgaizeuskaldunización» del País Vasco y el resurgimiento de las «criaturas de Jaime Mayor Oreja», entre 1977 y 2002 asesinan a otros doce cargos políticos del Partido Popular en un intento de implantar el terror entre sus filas y torpedear la formación de listas electorales.

Dispuestos a «socializar la muerte y el sufrimiento», los dirigentes del PSOE han tenido que pagar también un alto precio en sangre para defender la Constitución, el Estatuto de Autonomía y las libertades en una región de España donde, desgraciadamente, la única ley que impera es la de la selva.

El 1 de marzo de 1997, dos individuos sustraen en Tolosa (Guipúzcoa) la furgoneta Renault Express, de color blanco, matrícula SS-3187-M, propiedad de Juan Antonio Drabasa. Tras cambiarle la matrícula por las placas falsas VI-5199-U, huyen con ella a Vitoria.

Aunque nadie puede preverlo, ese día comienza la cuenta atrás que culminaría el 22 de marzo de 2000, es decir, más de tres años después, con la vida del dirigente del PSOE vasco y ex vicepresidente del Gobierno de Gasteiz Fernando Buesa Blanco.

La segunda pista que indica que ETA está tras sus pasos aparece el 17 de noviembre de 1997. La Guardia Civil acaba de detener al miembro de ETA José Antonio Hernández Velasco, vinculado al comando «Araba».[31] Entre los documentos que se le incautan aparece un papel con los siguientes datos: «Fernando Buesa Blanco, PSOEko Buruzagia (jefe del PSOE). Caserío, 64, 70, y avenida de Gasteiz, 11. Coche: Renault-25 VI-H de color blanco.»

Los datos corresponden con el domicilio del dirigente socialista y la dirección de su bufete de abogados, y podían haber sido obtenidos directamente de la guía telefónica. La información del coche revela, en cambio, que Buesa ha sido seguido por ETA. En esa época usa el Renault-25 VI-4054-H, que vende el 30 de junio de 1999.

---

31. Diligencias 144/97 remitidas al Juzgado de Instrucción número 1 de la Audiencia Nacional.

El 28 de septiembre de 1999, a las seis de la mañana, un comando integrado por miembros de ETA y del Ejército Revolucionario Bretón (ERB) asalta el almacén de explosivos Titanite, situado en las afueras de la ciudad de Pelvins (Francia), al norte del país.

El comando, del que forman parte los activistas de ETA Jon Bienzobas Arretxe, José Francisco Segurola Mayoz, Mari Luz Perurena Pascual y otros, intimida a los vigilantes y se lleva doce toneladas de dinamita Titadyn 30 y Titadyn 50.[32] La tregua decretada por ETA tras el Pacto de Lizarra está a punto de romperse y los asesinos comienzan a rearmarse.

El 21 de diciembre de 1999, la Benemérita detiene al comando «Basurde».[33] Entre la documentación que se le interviene en el piso de la activista Alicia Sáez de la Cuesta, situado en el número 3 de la calle Fernández de Leceta de Vitoria, aparecen tres informes referidos al ex vicepresidente del Gobierno vasco.

Dos de ellos han sido sacados del diario *Euskadi Información*, y contienen las fotografías y datos publicados el 27 de octubre de 1998 con motivo de la campaña al Parlamento autonómico. El tercer documento pone: «Buesa Blanco, F. El Caserío, 64. El Caserío, 70. Buesa Blanco, F. Abogado. Avenida de Gasteiz, 11.»

Se trata, en definitiva, de la misma información incautada dos años antes, lo que parece indicar que el secretario general de los socialistas alaveses no se encuentra entre los objetivos más importantes de ETA.

No era cierto. El 20 de ese mes, un comando integrado por Asier Carrera Azenzana, Diego Ugarte López de Arcaute y Luis Marinelarena Garciandía, coloca en la parte trasera de la furgoneta robada en Tolosa una olla con veinticinco kilos de Titadyn y cincuenta de los sustraídos en Pelvins, y la aparcan en las cercanías de la Ciudad Universitaria de Vitoria.

Dos días más tarde, el 22 de febrero por la mañana, Asier Carrera aparca su automóvil NA-0334-AT en la calle Aguirre Miramón, esquina con Nieves Cano, de Vitoria. A las dos de la tarde cambia el coche de su propiedad por la furgoneta-bomba.

---

32. Al día siguiente se recuperan 4 562 kilos en Francia. Diligencias 11/99 instruidas por la juez Laurence Levert, titular de la 14 Sección del Tribunal de la Gran Instancia de París.

33. Diligencias 01/99 del Juzgado Central número 2 de la Audiencia Nacional.

El 22 de febrero de 2000, a las 18.30, Fernando Buesa Blanco y su escolta salen de su casa, situada en el número 5 de la calle Zapardiel, y se dirigen a pie hacia la sede del PSOE.

A las 18.38 caminan por la confluencia de las calles Nieves Cano y Aguirre Miramón de Vitoria, junto a la Escuela de Ingenieros. Al pasar frente a la furgoneta, la carga explosiva revienta y pierden la vida.

Alejado de la política activa, a comienzos de 2000, Ernest Lluch, ex ministro de Sanidad con el PSOE y catedrático de Historia de las Ideas Económicas de la Universidad de Barcelona, llamó a la alcaldesa de Lasarte, Ana Uncheguía.

Lluch acababa de hacer un descubrimiento. La primera víctima de ETA no había sido el guardia civil de tráfico José Pardines Alcay. Lo fue una niña, Begoña Urroz Ibarrola, asesinada en la estación de Amara (San Sebastián) el 28 de junio de 1960, y estaba preparando un artículo para *El Diario Vasco* y *El Correo*.[34]

—Ana, sé que la familia es de Lasarte. Necesito que me busques datos de sus padres.

Urcheguía localizó a sus parientes, dos jubilados a los que suele vérselos en las manifestaciones anti-ETA, y habló con ellos. Los dos tenían el mismo presentimiento que Lluch y le contaron su triste experiencia, de la que aún no se habían repuesto.[35] Acabado el artículo, en septiembre de 2000, antes de publicarlo, el ex ministro de Sanidad se lo mandó por fax y la llamó para comentarlo.

—¿Qué te parece? —le preguntó.

Tras charlar un rato sobre la situación en el País Vasco, una tierra que quiere como la suya y donde tiene una casa en la que pasa largas temporadas, Ana Urcheguía se despide:

—Cuídate, Ernest.

—No, cuídate tú, que eres la que estás en peligro —la corrige.

Catalán, nacido en Vilassar de Mar (Barcelona), sesenta y tres

---

34. Ver *El Correo*, 19 de septiembre de 2000.
35. «Al padre —dice Urcheguía a los autores— aún se le escapaban las lágrimas.»

años, ex rector de la Universidad Menéndez Pelayo de Santander, economista por la Sorbona (París), miembro del Instituto de Estudios Avanzados de la Universidad de Princeton (USA) y colaborador de Amnistía Internacional, lo que Ernest Lluch ignora aquel día es que apenas le quedan dos meses de vida.

El 21 de noviembre de 2000, sobre las nueve y media de la noche, regresa solo a su casa, situada en el número 40 de la calle Chile, en el distrito de Les Corts de la Ciudad Condal. Al bajarse del coche, un Ford Fiesta blanco, dentro ya del garaje, tres terroristas de ETA, José Ignacio Krutxaga, Lierni Armendáriz y Fernando García Jodrá, miembros del comando «Barcelona», le están esperando, uno en la puerta y dos en el interior.

Al catedrático de la Universidad de Barcelona no le da apenas tiempo de enterarse de lo que ocurre. Krutxaga se le acerca por la espalda y, sin mediar palabra, le dispara dos tiros en la cabeza. Su cuerpo sin vida queda tendido en el suelo, entre dos automóviles, durante más de una hora, hasta que es descubierto por unos vecinos.[36]

Lluch es la víctima número dieciséis de ETA desde que la organización terrorista, tras romper la tregua, asesina en Madrid mediante un coche-bomba el 21 de enero anterior al teniente coronel de Intendencia Pedro Antonio Blanco.

Pero al tratarse de un cualificado dirigente socialista enamorado del País Vasco, dueño de una casa en San Sebastián en la que pasa muchos fines de semana, partidario de «tender puentes» y buscar vías de entendimiento entre su partido y la plana mayor del PNV, se ha cruzado en la «línea de fuego» de ETA.

Aunque socialistas y nacionalistas colaboraron estrechamente en la gobernabilidad del País Vasco durante la guerra civil y vuelven a hacerlo en 1986, reiniciando un pacto que dura más de una década, la organización terrorista está dispuesta a romper cualquier punto de entendimiento entre el nacionalismo y las fuerzas políticas «extranjeras», tal y como han suscrito con el PNV el 12 de septiembre de 1998, cuatro días antes de iniciarse la tregua.

---

36. El 18 de julio de 2002 eran condenados cada uno de ellos por la Audiencia Nacional a treinta y cinco años de prisión.

Hace cuatro días que ETA asesinó a su padre, Juan Priede, viudo, de origen asturiano, sesenta y nueve años y único concejal del PSOE en el municipio guipuzcoano de Orio.

Ana, su hija, lo recuerda perfectamente. Eran las tres y cuarto de la tarde del jueves 21 de marzo de 2002. Se cumplía un año y un día de la muerte del teniente de alcalde de Lasarte Froilán Elespe cuando su padre bajó al bar Gure Txoko, sin escolta, a tomar un café, «cogerse los diez únicos minutos de libertad» de que disfrutaba al día. Tres proyectiles disparados a traición por un pistolero de ETA le arrebataron la vida casi en el instante.

A sus hijos se les echó el mundo encima desde ese instante. Pasadas las primeras veinticuatro horas de la tragedia, celebradas las honras fúnebres y los pésames, tras el agobio, el aturdimiento y la asfixia provocados por la conmoción, los hijos varones se van a Barcelona a respirar otros aires.

Ana, que tiene una hija de dos años, se queda en su casa de Orio, pero durante unos días se niega a leer los periódicos, encender la radio o poner la televisión. Tras poner sus ideas en orden y desahogarse a gusto sin que nadie la esté mirando y la compadezca, cuatro días después del fatal desenlace, decide encender la televisión. La primera noticia que escucha la deja petrificada.

«Tenemos novedades que ofrecerles sobre el asesinato del concejal Juan Priede: la Ertzaintza ha detenido a un hombre de cuarenta y ocho años, vecino de Orio, sospechoso de haber pasado información al comando terrorista», anuncia el periodista Alfredo Urdaci desde Televisión Española. Ana no escuchó más.

—¡Ése es el hijo de puta de Gregorio! —dice en voz alta.

—¿Cómo lo sabes? –inquiere su marido.

—Es Gregorio, estoy segura —se reafirma la hija de Priede.

No le falta razón. Gregorio Escudero Balerdi, cuarenta y ocho años, acostumbra a adoctrinar a los jóvenes alevines de terroristas pertenecientes a las diversas asociaciones juveniles del universo *abertzale* radical vasco. Desde hacía un mes «casualmente» tomaba café todos los días con una cuadrilla de cachorros de ETA en una terraza situada frente al bar Gure Txoko, donde asesinaron a su padre.

En un pueblo donde todo el mundo sabe lo que hace el vecino, aquello era una novedad que no pasó desapercibida a su padre ni a su hermano Carlos.

—¿No te has fijado en el grupito de gente de HB que viene ahora todos los días al Kbi? –le comenta un día.

Ana no le da importancia al asunto. Por su cuenta ha hecho sus averiguaciones y sabe el motivo por el que han cambiado de sitio: el bar Tragozka, al que acuden habitualmente, está en obras. No había, por tanto, razones para alarmarse.

Por eso, cada vez que podía, en unas ocasiones solo y en otras acompañado de su hijo Carlos, acudía a Gure Txoko a tomarse su café y su «ratito de libertad». El día que le mataron tenía otros planes. A esa hora debía estar en la sede del PSOE de Donostia, en la calle Prim, para hablar del congreso extraordinario del PSOE a celebrar 48 horas después, para cerrar la crisis abierta tras la repentina dimisión de Nicolás Redondo Terreros.

Un hecho imprevisto le impidió desplazarse a San Sebastián y bajar a tomarse la acostumbrada infusión de café. Pero ¿cómo lo pudo saber Gregorio Escudero? ¿Quién le informó del imprevisto cambio de planes para que avisara al comando?

El día en que los terroristas José Luis Merino Quijano y Pablo Gude Pego deciden asesinar al senador del PSOE Enrique Casas hay una tercera persona en el comando: Rosa María Gimeno Goikoetxea. Ella es la mujer que conduce a los terroristas al lugar del crimen, los espera al volante del coche y los traslada posteriormente al piso franco.

La mujer tiene entonces veinticinco años y es funcionaria del Ayuntamiento de Orio, actividad que compagina con la de colaborar con los Comandos Autónomos Anticapitalistas, a los que pertenece, en el asesinato de sus semejantes.

Días después de la muerte del primer alto cargo socialista de Guipúzcoa a manos de la banda armada iba a convertirse en la principal colaboradora para capturar a la banda de asesinos, entre los que se encontraba su presunto novio, Dionisio Aizpuru Arbelaiz, al que, sin saberlo, condujo a la muerte.

Según cuenta en su libro *El secuestro del cambio* el periodista José Oneto,[37] el 19 de marzo de 1994 la policía había descubierto a Rosa María Gimeno entrando en un piso franco de los CC. AA. AA. donde, en ese momento, se recibe una llamada de los terroristas, huidos en Francia, que preparan su regreso para continuar con sus matanzas indiscriminadas en Donostia.

Decididos a cortar de raíz el asunto, la policía detiene a la etarra sin que nadie se entere, la conduce a la comisaría de la calle Pío XII, la obliga a llamar a sus padres, amigos y a su puesto de trabajo y a dar una excusa de que está de viaje y no va a regresar en unos días, y la utilizan de cebo para capturar a los pistoleros.

Así, cuando el jefe del comando vuelve a llamar para ultimar los preparativos de su vuelta, la empleada del Ayuntamiento de Orio los anima a volver desde el teléfono del «piso seguro» de ETA, desviado previamente a la comisaría. De esta manera, el jueves 22 de marzo de 1994, en el momento en que intentan regresar por mar desde Francia, los GEO ametrallan en el puerto de Pasajes a los cuatro asesinos de Casas.[38]

Tras aplicar la política de «quien a hierro mata, a hierro muere», Rosa María Gimeno Goikoetxea fue condenada por la Audiencia Nacional. Tras cumplir su condena, cuando regresa a Orio el ayuntamiento bajo control nacionalista la restituye en su puesto de funcionario publico.

Desde entonces, su misión es ir casa por casa y leer los contadores del agua, lo que le permite conocer los hábitos de todos los vecinos, y repartir las citaciones municipales a los concejales de todos los partidos.

El día en que mataron a Priede, horas antes del asesinato, acudió a su casa a convocarle para un pleno, esa misma tarde, para resolver un problema de aguas. Era, por tanto, según su hija Ana, la única persona que sabía que el concejal socialista, que tomaba sus responsabilidades municipales muy en serio, no se iba a mover del pueblo.

---

37. José Oneto, *El secuestro del cambio (Felipe año II)*, Plaza y Janés, 1984.
38. Dionisio Aizpuru, Rafael Delas Aizcorbe, Pedro Isart y José María Izura.

¿Habló Rosa María Gimeno con Gregorio Escudero y le transmitió la información de que disponía debido a su cargo público? La duda corroe a los familiares del edil pero, por ahora, la ex etarra no ha sido ni siquiera llamada a declarar. Es, por lo tanto y mientras no se demuestre lo contrario, una persona fuera de toda sospecha.

Pone los pelos de punta, no obstante, que su trabajo sea leer los contadores de los vecinos en un municipio azotado por el terrorismo.

La muerte de Priede hizo el número seis de los dirigentes y cargos públicos socialistas asesinados por ETA, tras Enrique Casas y Fernando Múgica, en San Sebastián; el vicepresidente del Gobierno vasco, Fernando Buesa, el del ex gobernador civil de Guipúzcoa, José María Jáuregui, y el de Froilán Elespe. La lista de amenazados y obligados a vivir con escolta, en cambio, es tan larga como concejales, junteros, diputados autonómicos y dirigentes tiene el partido en el País Vasco.[39]

Una situación tan absurda como descabellada que obligó a Ana Urcheguía a repartir rosas —la rosa socialista— en el mercado municipal de Lasarte, en las elecciones municipales de mayo de 1999, custodiada por ocho policías municipales armados y con chalecos antibalas.

Casi cuatro años después, tras la nueva oleada de exterminio civil puesta en marcha por ETA a partir de 1997 para limpiar Euskadi de políticos no nacionalistas, sólo la derrota de las armas hará posible, como ocurrió en la Revolución de los Claveles en Portugal, que las bocas de las pistolas y fusiles dejen de ser símbolos de confrontación y aniquilamiento y sólo sirvan para poner flores.

---

39. Entre ellos, Txiki Benegas, Ramón Jáuregui, Odón Elorza, Dimas Sañudo, Iñaki López, Iñaki Totorica, Rosa Díez, Manuel Huertas, Nicolás Redondo, el vicesecretario general del PSOE andaluz José Asenjo o el consejero del Gobierno Vasco José Ramón Rekalde, tiroteado a finales de 2000.

CAPÍTULO XXII
La diplomacia de las pistolas

Dispuestos a exigir el cumplimiento de los derechos humanos y las garantías judiciales que ellos jamás han concedido a sus víctimas, a comienzos de los ochenta, cuando el Gobierno comenzó a extraditar terroristas a terceros países, ETA decidió crear un «ministerio de asuntos exteriores» para denunciar en los foros internacionales la falta de libertades y de democracia en España. La «diplomacia de las pistolas» ha permitido a la banda armada presentar internacionalmente su «Alternativa Democrática», mantener contactos internacionales con los grupos terroristas de medio mundo, utilizar sus campos de entrenamiento y redes de abastecimiento de armas, e incluso atraer a sus filas a personalidades del Estado Vaticano, como el cardenal Roger Etxegaray o el premio Nobel de la Paz Adolfo Pérez Esquivel o el escritor Gabriel García Márquez, y montar un *lobby* en Estados Unidos, con ayuda de la Fundación Carter y otras organizaciones, para forzar al Gobierno español a aceptar el llamado marco vasco de decisión y la independencia.

Fue una situación tan esperpéntica como increíble y si no fuera por los documentos existentes, pocas personas la creerían.

El 14 de julio de 1986, un coche-bomba explota en la plaza de la República Dominicana de Madrid, al paso de un autobús de alumnos de la Agrupación de Tráfico de la Guardia Civil. Doce agentes pierden la vida y otras dos docenas resultan heridos en uno de los más sanguinarios atentados realizados por ETA hasta entonces.

La masacre es la reacción de la banda terrorista a la deportación el día anterior de su jefe Txomin Iturbe Abasolo desde París al Estado africano de Gabón. Poco después de su llegada, el «ministerio de asuntos exteriores» de la banda terrorista, integrado por Javier Larrategui Cuadra, *Antxulo*, y los abogados Christianne Fandó e Iñaki Esnaola, se desplaza hacia la que fuera colonia francesa hasta 1957.

Allí se encuentran con que las autoridades españolas no están de acuerdo con el país elegido para la expulsión y presionan al presidente de Gabón, Omar Bongo, para que el etarra sea trasladado a Santo Tomé, Estado con el que España tiene un convenio de acogida de terroristas.

Al conocer los hechos, Domingo Iturbe monta en cólera. Su deseo es marcharse a Cuba. Así que, por medio de Fandó y Esnaola, logra entrevistarse con el presidente de la República de Gabón.

—Señor Bongo, nosotros tenemos mucho interés en mantener relaciones diplomáticas privilegiadas con su país cuando Euskadi logre su independencia. Pero no debe usted deportarme a Santo Tomé.

—Acabo de dar mi palabra al Gobierno español.

—Entonces, presidente Bongo, tendremos que declararle la guerra y nuestros comandos arrasarán Gabón —amenaza Txomin.

Omar Bongo, al corriente de la matanza cometida en Madrid días antes por ETA, ajeno a la capacidad operativa de la banda, se queda de piedra. Y allí mismo se compromete a impedir el traslado del dirigente terrorista a la isla de Santo Tomé y le ofrece todas las facilidades para que siga en Gabón hasta que Fidel Castro dé su visto bueno para viajar a Cuba.

—Considérese desde hoy mi invitado —le dice.

Temeroso de que el dictador africano cambie de opinión, *Txomin* Iturbe prefiere esperar la llegada del aparato de Cubana de Aviación en Angola, un país en guerra bajo control de las tropas castristas. Tiene dos problemas: carece de documentación y de medios de transporte. Sin perder un minuto, se lo hace saber al presidente africano.

—No se preocupe por eso. Mi país le dará un pasaporte diplomático y mi avión particular le llevará hasta Angola —se ofrece Bongo.

A mediados de agosto llega la respuesta de Fidel Castro a Angola. Cuba se niega a recibir y dar asilo al dirigente terrorista.

—O regresan ustedes de nuevo a Gabón o tengo órdenes de entregarlos a las autoridades españolas —les advierte un oficial angoleño.

Christianne Fandó y Javier Larrategui se movilizan de nuevo. Hablan con Bongo y éste le acoge por segunda vez en Gabón hasta que encuentren un tercer país que quiera recibirlo. Además, les envía su avión, un Boeing 707 con tripulación francesa, el único existente en el país, para que los traiga de regreso.

Txomin decide jugarse entonces la última carta que le queda en la bocamanga: Argelia. La «diplomacia» etarra se comunica con los hombres del presidente argelino Chadli Benjedid, especialmente con su jefe de Gabinete Larbi Berkheil y con el general Mohamed Lakhal, responsable de los servicios secretos y hombre fuerte en el país, y la apuesta da resultados.

El 13 de septiembre de 1986, tras una escala en Brazzaville (Congo), el avión de Bongo aterriza en el aeropuerto Huari Boumedienne de Argel y el dirigente etarra, que ha burlado todos los controles del Gobierno español, respira al fin tranquilo.

Recibido con todos los honores y alojado en una de las villas de las afueras de Argel destinadas a huéspedes ilustres extranjeros, Txomin Iturbe sabía perfectamente, en 1986, de que su intuición no le podía fallar.

Acabada su guerra de liberación y firmada la paz con los franceses, bajo el mandato del presidente Huari Boumedienne, Argelia se había convertido en uno de los primeros «santuarios» y países de acogida de ETA en el exterior.

Así, el 26 de octubre de 1964, cuando Francia decide expulsar a los dirigentes históricos de la banda José María Benito del Valle, Julen Madariaga y Eneko Irigarai, el régimen socialista islámico argelino se aprestó a recibirlos con los brazos abiertos, les facilitó una vivienda y puso a su disposición un coche marca Wolkswagen, tipo escarabajo, de color amarillo para que se desplazaran por la ciudad.[1]

Protegida por el Frente de Liberación Nacional y por el jefe del servicio secreto argelino, el todopoderoso Sliman Hoffman, la delegación de ETA contaba con libertad de movimientos por la ciudad y tenía acceso directo al edificio de la plaza Emir Abdelkader, sede del FLN.

Convertida en una de las bases de los «grupos de liberación» de medio mundo, Argel permitió a la organización vasca entrar

---

1. El coche sería «heredado», años más tarde, por el líder independentista canario Antonio Cubillo Ferreira.

en contacto con otros grupos terroristas extranjeros. Así, por medio de un contacto de los argelinos, ese mismo año viajó a Cuba un selecto grupo de activistas a entrenarse en el campo de Guines, próximo a La Habana, donde coincidieron con los Montoneros (Argentina), los Tupamaros (Uruguay), el Movimiento de Izquierda Revolucionaria de Chile, el Movimiento hacia el Socialismo (MAS) de Venezuela y otros.

En 1971, una delegación de la banda armada acudió a Irlanda y firmó, por primera vez, un comunicado con el IRA y el Frente de Liberación Bretón (FLB), haciendo un llamamiento de «solidaridad activa» de todos los pueblos oprimidos para colaborar en «nuestras justas aspiraciones de liberación nacional».

Poco a poco, la banda terrorista había comenzado a darse cuenta de la importancia de las relaciones con el exterior, creó un aparato internacional y puso a su frente a dos de sus dirigentes históricos, José Luis Ansola Larrañaga y Julen Madariaga. Son los encargados de viajar a Londres en 1973, para asistir a una cumbre terrorista en la que están presentes las Brigadas Rojas Italianas, el Frente Canadiense de Liberación de Quebec y el grupo palestino Septiembre Negro.

A partir de 1975, lo que hasta entonces eran relaciones formales se transformaron en intercambio de información para la compra de armas y en el uso conjunto de bases de entrenamiento para adiestrar militarmente a sus comandos. Así, en 1976 un total de 64 etarras se adiestraron en la escuela de policía de Souma, en las afueras de Argel, y años después en los campamentos palestinos del sur del Líbano y en Yemen del Sur.

A partir de 1983, tras las deportaciones masivas de terroristas a países africanos y sudamericanos, el aparato de relaciones internacionales de ETA se refuerza y se convierte en el comité de refugiados y deportados, encargado de buscar refugio a las decenas de terroristas dispersos por todo el mundo.

Tuvo que burlar los controles impuestos por el Comité de Deportados y Refugiados, pero finalmente logró que su carta, una llamada desesperada de auxilio, llegara al lugar deseado:

> Señor Juan María Atutxa: Usted se preguntará por qué le escribo esta carta. Porque necesito que me ayude a hacer mi

transición particular de militante de ETA a ciudadano normal de la sociedad a la que pertenezco. La idea de normalizar mi vida y vivir con los míos ha ido tomando cuerpo en mi mente. [...] Mi renuncia a la lucha armada es total; ya lo fue desde 1991, cuando se debatió aquí lo de las treguas [...] Nuestra particular forma de entender la liberación nacional ya no tiene sentido, y menos matando. El pueblo vasco ya no comulga con las ideologías que se sustentan en la muerte y el sufrimiento. [...] Señor Atutxa, yo ya no aspiro a cambiar el mundo, y menos con mis antiguos métodos violentos. No quiero alterar ni una sola de las leyes naturales, empezando por el derecho a la vida, y no sólo la mía sino en primer lugar la de los demás. Mi gran deseo es que usted me ayude. Juan Manuel Soares Gamboa.

El 15 de julio de 1995, el diario vasco *El Correo* difunde la decisión del dirigente de ETA, miembro del comando «Madrid», confinado en Santo Domingo desde 1989, de dejar la lucha armada. Soares Gamboa, al que la policía atribuye veintinueve asesinatos, toma esta medida tras sopesar que era preferible pasar un tiempo en una cárcel española a «pudrirse» en Santo Domingo.

Era uno más del centenar de terroristas deportados, a partir de 1983, por Francia a cerca de una veintena de países de África (Cabo Verde, Gabón, Togo, Argelia, Santo Tomé) y de Sudamérica (Venezuela, Cuba, Panamá, Ecuador, Uruguay, Santo Domingo, Costa Rica) con el fin de impedir que los comandos de ETA siguieran matando en España y escondiéndose en Francia.[2]

---

2. Los deportados fueron los siguientes: Pello Ansola, Karlos Ibarguren, José Miguel Arrugaeta, Txutxo Abiskera, Joxé Mari Larretxea, José Antonio Múgika, Martija Roteta, Juan Cruz Sáenz, Joxé Ángel Urtiaga, Asun Arrate, Marian Artola, Eugenio Barrutiabengoa, Jesús Urteaga, Lorenzo Ayestarán, José Antonio Gastón, Julian Tena, Juan Carlos Arriarán, Ramón Zurutuza, Koldo Saralegi, Juan José Aristizábal, Eugenio Etxebeste, Francisco Javier Alberdi, Ángel Kastillo, Luziano Izaguirre, Miguel Galdós, Endika Iztueta, Tomás Linaza, Alfonso Etxegaray, Ángel Lete, Ángel Aldana, Amaya Egiguren, Iñaki Etxarte, Juan Ramón Aramburu, Patxi Rementería, Elena Bárcena, Iñaki Rodríguez, Domingo Iturbe, Ángel Iturebe, Enrique Pagoaga, Asun Arana, Luis María Zuloaga, Emilio Martínez Marigorta, José Arturo Cubillas, Inazio Ayerbe, Juan Luis Azurmendi, Juan Miguel Bardesi, Begoña Trasbiña, José Luis Beotegui, Gabriel Segura, Josetxu Portu, Patxi Hernández, Belén González, Juan Manuel Soares, Ignacio Arakama, José María Gantxegui, Mikel López, José Miguel Bustinza, José Antonio Olaizola, José Luis Beotegui, Rosa Alkorta, Yolanda Berruete, José María Pagoaga, Féliz Manzanos, Juan Luis Aristizábal, Koldo Saralegui, Karlos Arriarán, Ramón Sagárzazu, Gabriel Segura, Josu Portu. Fuente: Gestoras Pro Amnistía.

Para suministrarles asistencia jurídica, negociar con las autoridades locales la mejora de sus condiciones de aislamiento y apoyarlos anímicamente, la banda terrorista crea una Comisión de Deportados y Refugiados y encarga a Gorka Martínez y Jokin Gorostidi que se ocupen de dar cobertura política a sus confinados con ayuda de Karmelo Landa, Itziar Aizpurúa, Jon Idígoras, Jone Goiricelaya, Íñigo Elkoro y otros.[3]

Pese a todo, la Comisión de Deportados no pudo impedir que varios de los terroristas extraditados a Cuba, Cabo Verde o Santo Tomé prefirieran entregarse a España y pasar unos años de cárcel a vivir en un país extranjero.

Escribe Alfonso Etxegaray desde Gabón:[4]

> El estar a miles de kilómetros de tu gente, el paso del tiempo y la falta de contacto con los tuyos acaba minando a cualquiera. Un militante en prisión continúa luchando con los suyos, puede estudiar una, dos o tres carreras y prepararse para el futuro de Euskadi, sabe que los barrotes de la prisión se pueden cortar. El exilio en estos países tercermundistas es peor que la cárcel. No tienes documentación, no tienes trabajo, no tienes pelas, no existes para nadie. Tampoco puedes dar un paso sin que te controlen, vives hacinado con otras cinco o seis personas en una habitación, acabas peleándote con tus compañeros y no tienes a nadie con quien compartir tus problemas. Sabes que si te enfermas no hay hospitales ni medicinas y que puedes palmarla.

Patxi Hernández, deportado en Argelia desde 1995, agrega:

> La jornada se convierte en comer, cagar y dormir sin saber si en algún momento se va a acabar esta vida de legumbre. Muchas veces pienso que los siete años que pasé en Carabanchel fueron más enriquecedores que los siete que llevo aquí.

---

3. Tras las deportaciones se habían puesto en marcha en Bayona los comités de apoyo a los refugiados que en 1994 intentan celebrar dos manifestaciones, una el 26 de octubre en Bayona y la siguiente el 2 de noviembre en Hendaya. Fueron prohibidas por las autoridades francesas y a raíz de ahí se creó el «comité de deportados».

4. Para más detalles, consultar su libro *Regreso a Sara*, Txalaparta, 1997.

Pero ¿por qué cojones tengo que elegir entre la peste y el cólera?[5]

Y es que los valientes *gudaris* de ETA, acostumbrados a matar por la espalda, no estaban habituados a que les dieran a probar a ellos la misma medicina. «Nunca en mi vida he pasado tanto miedo», escribía Juan Ramón Aramburu al llegar a Cabo Verde. Un día antes, en una escala en Senegal, la policía local se había pasado la noche divirtiéndose con él, obligándole a jugar a la ruleta rusa, oportunidad que el terrorista no había dado a los policías y guardias civiles que asesinaban.

Al margen de estas macabras anécdotas, la expulsión al Tercer Mundo causó tantos estragos en las filas de ETA como el GAL. Juan Ramón Aramburu murió ahogado en una playa de Cabo Verde; José María Lerretxea, en Cuba; José María Bustinza falleció en Cabo Verde; Juan Miguel Bardesi murió de cáncer en Venezuela; Luis Zuloaga, de un derrame en Cumaná; Juan Miguel y Begoña Trasbiña son ametrallados por el GAL en 1989; Francisco Javier Alberdi, de un infarto en Togo; Luciano Izaguirre y Ramón Sagárzazu sufrieron infartos y, al ser trasladados a Cuba, muchos de ellos cogen el paludismo, la amibiasis y el catálogo entero de enfermedades tropicales.

«Pasaba las noches postrado en la cama, con el cuerpo dolorido, como si me hubieran apaleado. Deliraba hasta ver cobras y ratas asquerosas agujereando el techo del cuarto. Aunque estuviéramos a veinticuatro grados tiritaba de frío sin parar y no había noche en la que no echara las tripas por el lavabo cinco o seis veces. La cloroquina que tomaba no me hacía ningún efecto», recuerda Alfonso Etxegaray en su libro ya citado.

Junto a las calamidades de la zona, los pistoleros de ETA han tenido que vivir varias guerras de verdad en 1991 en Gabón, sacudido por profundas revueltas sociales,[6] o la invasión por el Comando Sur del ejército norteamericano de Panamá para derrocar al general Noriega. Algunos de los terroristas pagaban así, en vida, parte del sufrimiento que habían causado a sus víctimas.

---

5. Pilar Iparraguire, *Deportación, el mal menor*, Txalaparta, 1998.
6. Los deportados Ángel Kastillo y Mikel Galdós tuvieron que ser confinados de nuevo en Francia.

Deportado a Cabo Verde en 1985, Tomás Linaza Etxebarría pasó los cuatro primeros años de su encierro viajando mentalmente al País Vasco. «Emocionalmente no vivía aquí, escuchaba la radio, leía el *Egin* y tenía la impresión de que estaba en Bayona o Donostia», escribe.

Luego, un buen día, viendo cómo sus compañeros se embriagaban o se volvían locos de desesperación, decidió tomar por el camino de en medio. Busco una chica caboverdiana, negra como el carbón, se casó con ella y se dedicó a tener hijos.

Cinco años después, el dirigente de HB Jokin Gorostidi visita Matxitxako[7] y envía la siguiente nota a la dirección de ETA:

> El Comité de Deportados de Cabo Verde está formado por trece personas, de los cuales diez residen en San Vicente y tres en la isla de Santiago.
>
> Tomás Linaza y Endika (ambos de Santurtzi) son los primeros que llegaron, el 23 de febrero de 1985. Los dos han estudiado enfermería y actualmente trabajan en el hospital de Praia. Tomás está casado con una caboverdiana, con la que tiene ya dos hijos. Endika tiene también un hijo. Se han sentido abandonados por ETA y de la lucha armada no quieren ni oír hablar.
>
> Ángel Lete (de Legazpia) es el siguiente en llegar, en agosto de 1985. Ha estudiado a través de la Universidad del País Vasco y se ha licenciado en Filosofía y Letras. Su mujer vive en Euskadi y viene a verle dos veces al año. No trabaja.
>
> Patxi Rementería[8] es el siguiente, llega el 17 de mayo de 1986. Estudia Psicología en la Universidad del País Vasco y trabaja en un proyecto de la Cruz Roja para menores. Es de Markina. Quiere volver como sea y está haciendo planes de fuga.
>
> Félix Manzanos (de Miravalles) llega a Argelia el 9 de mayo de 1989. Vive con Rosa, su compañera, de Ondárroa. No tienen hijos, no trabaja ni estudia. Pide salida.

---

7. En el libro de claves de ETA el término Cabo Verde se sustituye por «Matxitxako». A Venezuela la llaman «Andrés», a Cuba «Mario», a México «Pepe» y a Santo Tomé «Tuperware».

8. Muerto en agosto de 2000 en Bolueta (Vizcaya) junto con otros tres terroristas, al explotarle el coche-bomba en el que viajaba.

Rosa Alkorta, refugiada en el Estado francés, no trabaja y estudia Magisterio. Pide salida.

José María Pagoaga (Arrasate). La organización le envió a Argelia por razones de seguridad y es expulsado a Cabo Verde. Vive con Yolanda Berruete, su compañera, y trabaja como fotógrafo para un periódico.

Yolanda Berruete, de Iruña. Refugiada en Francia, pide traslado a Argel para estar con Pagoaga. Tiene una hija que vive con sus abuelos. No aguantan ni un minuto más.

Mikel López (de Zalla). Fue deportado de Francia a Argelia y de ahí a Cabo Verde en la redada de 1987. No trabaja ni estudia. Vive solo y pide salida.

Antxon Olaizola (de Zeztoa). Se le envió a Argelia por razones de seguridad. No tiene relación con su mujer. Vive con una caboverdiana.

José Miguel Bustinza (Iván, de Igorre). En Cabo Verde no trabaja. Se ha divorciado.

José Luis Beotegi (de Gasteiz). Deportado del Estado francés a Argelia, se le traslada a Cabo Verde. No trabaja ni estudia.

Emilio Martínez Marigorta (de Gasteiz). En Cabo Verde se separa de su mujer y vive en Praia con una caboverdiana.[9]

Aunque reciben un trato aceptable de las autoridades caboverdianas, tienen libertad de movimientos, carecen de vigilancia policial, pueden estudiar o trabajar y su situación económica es buena, la mayoría han sido incapaces de adaptarse al país.

Sus ideas convergen en abandonar la lucha armada, en una ilusoria vida familiar tranquila y en marcharse de aquí como sea, salvo los casados con caboverdianas. A todo ello hay que añadir los problemas de convivencia, la ansiedad por falta de expectativas, las enfermedades (gastritis, úlceras y demás) que aquí se convierten en problemas de salud importantes. Temen que empeoren las cosas en la isla y nosotros no tengamos nada preparado para sacarlos. Nuestra propuesta fue que tenían que quedarse en la isla hasta que se solucione el contencioso o la organización los necesite.

---

9. Los nueve últimos habían sido expulsados de Argelia en 1989, tras la ruptura de las conversaciones entre el Gobierno y ETA.

El informe resulta, de todas maneras, catastrófico: de los trece aguerridos *gudaris* deportados, cuatro han rehecho su vida con «*maketas* negras», dos se han divorciado, tres viven como ermitaños y varios se han dado a la bebida y están al borde de la locura.

A comienzos de los años noventa, el Gobierno español retira la asignación a los terroristas de ETA. El Comité de Refugiados vuelve a Cabo Verde. Éste es su segundo informe:

> La situación real del colectivo de *Matxitxako* es que se les ve bastante desmoralizados. Dan más importancia a sus problemas personales que a las cuestiones políticas. Hay tres grupos: los que quieren irse, los indecisos y los que quieren quedarse. La mayoría están mal aunque no lo demuestren y algunos no quieran hablar de ello. Resulta increíble, desde mi punto de vista, que fueran ellos mismos, aunque la lucha del pueblo vasco les importa cada vez menos, aunque aseguran que no van a abandonar ahora.
>
> La situación es que la mayoría no soporta el destierro. Pero ¿quién juzga cada situación y sabe lo mal que está cada uno?, ¿cuál es el baremo que determina su aguante?, ¿cuál es el orden de prioridades de cada uno, las sanitarias, jurídicas, de organización? Haciendo un repaso global, hay sólo cuatro (Paxti Rementería, Ángel Lete, Endika y Antxon Olaizola) que están bien.
>
> Yolanda Berruete y José María Pagoaga. Los he visto más unidos que la última vez. Han iniciado un tratamiento con hierbas, pero temen iniciar una nueva vida en un país sin papeles legales.
>
> «Rosa Alkorta. Critica a todo el mundo, aparatos, organismos, etc. Hace dos años solicitó que se la sacase de Cabo Verde. Espera dos meses para salir por su cuenta. Dice estar bastante quemada con todos porque ha pedido salir del país para que se le haga una revisión ginecológica y no ha recibido respuesta.[10]
>
> Félix Manzanos, su compañero, y Tomás Linaza quieren salir de la isla. Linaza, pese a los años que lleva, a su compañe-

---

10. La historia se cuenta en otra parte del libro.

ra caboverdiana y a sus dos hijos, propone irse a Cuba a estudiar un año de Enfermería.

Mikel López. Está muy mal. Con toda probabilidad tiene una fuerte dependencia del alcohol. Ha perdido su autoestima y se siente una persona sin importancia. Necesita un psicólogo. Hemos quedado que su mujer le llamará los miércoles y Tucán[11] los sábados para darle ánimos. Llamó a su mujer a altas horas de la madrugada y le dijo que como no volviera a la isla haría una locura.

A Yolanda Berruete la noté muy mal, con un estado de ansiedad muy agudo. Es la otra persona que peor he encontrado.

Endika. Quiere quedarse con toda seguridad.

Emilio Martínez. Quiere quedarse pero está preocupado con lo que pueda pasarles a su mujer e hija.

Ángel Lete. Ha rehecho su vida en Cabo Verde y hoy por hoy no sale.

En Venezuela, México y Ecuador, las condiciones de vida de los asesinos de ETA no eran mejores.

El Comando Vizcaya secuestra el 6 de enero de 1986 al empresario vizcaíno Juan Pedro Guzmán. El Gobierno español sabe que el zulo donde se encuentra recluido ha sido empleado anteriormente por los terroristas Alfonso Etxegaray y Ángel Aldana, refugiados en Ecuador. Felipe González habla con el presidente de la República, León Febres Cordero, y le convence para que la policía española pueda interrogarlos.

El 8 de enero siguiente, a las diez de la noche, al grito de «¡Alfaro vive, carajo!»,[12] un grupo de desconocidos sacan a Alfonso Etxegaray y a Ángel Aldana del piso donde residen, les colocan dos camisas de fuerza y los entregan a la policía española.

—¿Dónde está el zulo? Dinos, ¿dónde está el zulo? —les preguntan.

Veinticuatro horas más tarde, los GEO (Grupos Especiales de Operaciones) de la Policía Nacional se juegan la vida para liberar a Guzmán sano y salvo. Nada más recobrar la libertad, el empre-

---

11. José Ramón Antxía Zelaya, alias *Tucán*.
12. Nombre de un grupo terrorista ecuatoriano.

sario, para evitar represalias de ETA, llega a un acuerdo con los pistoleros y paga el impuesto revolucionario.

Poco después, León Febres Cordero le relata, entusiasmado, el interrogatorio de los deportados al presidente español.

—¿Sin ponerles la mano encima cantaron más que Sophia Loren?

—Que yo sepa, Sophia Loren no canta —dice González.

—Hombre, sí, ésa también canta. En Ecuador seguro que canta.

Tras la liberación de Guzmán, ETA envía a Ecuador una comisión al más alto nivel para averiguar lo que ha ocurrido. La integran Jon Idígoras y Txomin Ziluaga, quienes salen del aeropuerto de Barajas, en Madrid, el 21 de enero y al día siguiente aterrizan en Quito, donde los espera Elsie Monge, de la Comisión Ecuménica de Derechos Humanos.

Allí, gracias a las monjas y a una carta de recomendación del obispo de San Sebastián, José María Setién, se entrevistan con el obispo de Guayaquil, González Zumárraga, y tratan de interceder por los etarras.

Su capacidad de persuasión dura poco. Dos días más tarde, detectados por los servicios secretos ecuatorianos del presidente León Febres Cordero, son detenidos, encarcelados y sometidos a un duro interrogatorio, tras el cual Txomin Ziluaga, aquejado de una gastroenteritis súbita, no deja de repetirle a su compañero que de allí no salen vivos.

—Sabemos que ustedes tienen contactos con el grupo terrorista «Alfaro vive, carajo» y lo van a pasar muy mal. En este país, a los terroristas no les damos chance —le dice un oficial de inteligencia.

—¿Nosotros? Pero si yo soy un digno representante del Parlamento español. ¡Mire, mire mi credencial! —se justifica Idígoras.

—No trate de engañarme o soy yo el que le doy pasaporte ahora mismo —le advierte el interrogador.

Tras pasar siete días encerrados, casi seguros de que no saldrían con vida de allí, el 30 de enero los trasladan esposados al vuelo de Iberia y los repatrian a España. La «misión diplomática» de ETA había resultado todo un éxito.

«En la deportación no hay inculpados y, en consecuencia, no se puede aplicar el Derecho Internacional. Los deportados han sido condenados de por vida por los estados español y francés. Para los deportados vascos, que nunca han tenido un juicio, su condena es ilimitada, no saben cuándo terminará y no tienen derecho a redención. En algunos países, como Santo Tomé o Cabo Verde, no existen oficialmente, no están catalogados como personas», escribía José Ramón Antxía, abogado y responsable de la Comisión de Deportados de Gestoras Pro Amnistía.[13]

En agosto de 1994, en el momento en que el Gobierno de Luis Alberto Lacalle decide repatriar a España a los etarras Luis María Lizarralde, Josu Goitia y Mikel Ibáñez, para que comparezcan ante la justicia de los delitos de sangre en que están implicados, a ETA se le acaban sus argumentos.

Sus dirigentes prefieren que continúen como «extrañados» a una larga condena de cárcel. Los tres terroristas inician una huelga de hambre para que la medida no se consume y tienen que ser ingresados en el hospital Filtro de la capital uruguaya.

Al mismo tiempo, la diplomacia de las pistolas se moviliza y el 23 de agosto viajan a la República Oriental de Uruguay el eurodiputado de HB Karmelo Landa, el senador José Luis Elkoro, el diputado Jon Idígoras y el responsable de Gestoras Pro Amnistía Josu Varela.

En plena campaña electoral uruguaya, el «comité antideportación» intenta entrevistarse con el vicepresidente del Gobierno, Juan Andrés Ramírez, y con el candidato del Frente Amplio, Hugo Batalla, pero ninguno de ellos está dispuesto a recibirlos.

Karmelo Landa, Jon Idígoras y José Luis Elkoro recurren entonces al arma que mejor saben manejar, la movilización de las masas. Tras una rueda de prensa para exponer la situación del País Vasco, hacen un llamamiento en directo por el canal CX-40 Radio Panamericana, bajo control de los ex Tupamaros, hoy en contra de la lucha armada e integrados en el Frente Amplio, y piden una movilización de los uruguayos para «liberar» a los patriotas vascos del «yugo opresor» del Estado español.

La sociedad uruguaya, que identifica a ETA con un grupo de jóvenes idealistas que luchan por la libertad de un pueblo opri-

---

13. Pilar Iparragirre, *Deportados, el mal menor*, Txalaparta, 1998.

mido y los asocian con el mito de la guerrilla urbana, que todavía ejerce una cierta fascinación en la población, sale a la calle y organiza una huelga general que paraliza por completo el país.

Al día siguiente, el Gobierno de Lacalle ordena la expulsión de los diputados y senadores de HB bajo la acusación de instigar una revuelta popular que se salda con tres muertos y ochenta heridos.

Apelar a los derechos humanos y a las garantías judiciales que ellos jamás concedieron a nadie no sirvió de nada a Lizarralde, Goitia e Ibáñez, que tuvieron que responder ante la Audiencia Nacional de diez asesinatos y numerosos atracos.

A Miguel Ángel Eguibar Mitxelena su trabajo de delegado de Herri Batasuna en Bruselas y asistente del eurodiputado Karmelo Landa Mendibe no le satisface en absoluto.

Donostiarra de veintiocho años, Eguibar prefiere la acción, y en 1991 se ofrece a la dirección de ETA para asumir tareas más arriesgadas. Su petición no recibe respuesta de José Luis Álvarez Santacristina, *Txelis*. Cuando ha perdido toda esperanza, a finales de 1992, el parlamentario de Herri Batasuna por Guipúzcoa José María Olarra le cita en la sede de la coalición *abertzale* de la calle Urbieta de San Sebastián.

Tras el encuentro, Olarra le invita a un café en un bar próximo y allí le propone implicarse un poco más en las actividades de la izquierda *abertzale* y trabajar directamente para ETA. Tras aceptar el compromiso, el dirigente de HB le explica:

—El visto bueno lo tienen que dar otras personas.[14]

Unas semanas más tarde viaja a París y se entrevista con Vicente Goikoetxea Barandiarán, *Willy*, uno de los responsables del aparato político de la banda terrorista. De esta manera, con los nombres en clave de *Xorrotx* y *Elama*, a partir de 1994 y hasta su detención en 1999 comienza a hacer de «correo» de ETA y forma parte de la Asociación Europea Xaki, el nuevo ministerio de asuntos exteriores de la banda terrorista.

Situada al otro lado del Pirineo leridano, con sus pistas de esquí y sus albergues, Luchon (Francia) es una localidad que vive fundamentalmente del turismo y de la explotación de sus aguas medicinales. A finales de 1994 y comienzos de 1995, el máximo dirigen-

---

14. Diligencias previas 300/2000 del Juzgado Central número 5 de la Audiencia Nacional.

te de ETA Mikel Albizu, *Antxa*, se reúne allí con Jokin Etxeberría Lagisquet, Elena Beloki y una cuarta persona no identificada.

El motivo del encuentro es poner en marcha una organización internacional unitaria que sirva de plataforma de comunicación tanto a ETA como al resto de organizaciones legales subordinadas a la banda terrorista (HB, Gestoras Pro Amnistía, Jarrai, LAB, Egizan) en el País Vasco. La banda armada pretende, de esta manera, acabar con la pléyade de organizaciones internacionales del llamado MLNV, donde cada grupo hace la guerra por su cuenta; desligitimar ante la opinión pública mundial al Estado español y sus instituciones, y constituir otro de los cimientos del «Estado paralelo» que quieren constituir en Euskadi.

La nueva entidad debe, además, dar asistencia jurídica, apoyo político y económico y prestar cobertura legal a los terroristas de ETA deportados por los gobiernos español y francés, mantener la disciplina entre los extrañados, facilitar su fuga y el retorno al País Vasco cuando la banda armada lo decida, proveerlos de documentación falsa y evitar por todos los medios su extradición a España.

«En esa reunión —afirma ETA en un documento interno— hicimos una apuesta a favor de una estructura internacional común, es decir, de crear un verdadero ministerio para las relaciones exteriores. Y estamos más convencidos que nunca de que ése es el camino para romper el aislamiento internacional que nos llevó al fracaso de las Conversaciones de Argel, por carecer de apoyos externos sólidos y del reconocimiento de la comunidad internacional.»[15]

El aparato internacional se crea bajo la denominación de Asociación Europea Xaki y se inscribe en el Registro de Asociaciones del Gobierno Vasco, donde se depositan sus estatutos, los nombres de sus fundadores[16] y su domicilio social, que se establece en la calle Pedro Egaña, 12 de Donostia, la sede de Herri Batasuna. Los objetivos que desarrolla, a la vista de la documentación incautada a la banda armada, son:

---

15. Archivos de ETA incautados a José Ignacio Herrán Bilbao, lugarteniente de José Javier Arizkuren Ruiz, *Kantauri*, detenido en marzo de 1999 en París.

16. Mikel Eguibar Mitxelena (presidente), Esther Aguirre Ruiz (secretaria), Maite Ubiría Beaumont (tesorera) y Gerard Pierre Bideganberri, Arnaud Etxart, Mikel Resa Ajamil y Martín Lucien Carrere (vocales).

- Mantener el control sobre el colectivo de deportados y refugiados de ETA, contactando con los diversos responsables del mismo en cada país donde se encuentran asentados.
- Buscar países de acogida para los deportados, a fin de que éstos puedan cambiar de destino y escapar del control del Gobierno.
- Contrarrestar jurídica y políticamente las peticiones de extradición de las autoridades judiciales españolas a diversos países.
- Deslegitimar internacionalmente el ordenamiento jurídico español en sus aspectos procesales, penales y penitenciarios, intentando presentarlo como escasamente garantista, y la jurisdicción española como ineficaz en la salvaguarda de derechos y libertades.
- Dar a conocer la identidad del pueblo vasco a nivel internacional.
- Difundir en el mundo los pretendidos derechos colectivos del pueblo vasco y su negación por los estados español y francés, denunciando las restricciones que el ordenamiento jurídico español impone al derecho de autodeterminación y a la soberanía del pueblo vasco y denunciar el uso de supuestos medios represivos para mantener su unidad territorial.
- Dar a conocer la Alternativa Democrática de Euskal Herría como el marco de mínimos que debe respetarse por parte del Estado español para la resolución pacífica del conflicto, propiciando la formación de una opinión pública internacional favorable a dicha solución.

La institución, creada para actuar abiertamente con capacidad para representar a ETA y a sus organizaciones satélites, se presenta a bombo y platillo en rueda de prensa en Bilbao el 23 de julio de 1996, en un acto en el que participan Mikel Eguibar Mitxelena y Miguel Resa Ajamil. Posteriormente, durante unas reuniones celebradas el 24 de ese mes en Bermeo (Vizcaya) se planifica su lanzamiento internacional.

Los diversos documentos incautados en Francia revelan, sin embargo, que es la banda terrorista la que marca los objetivos, diseña los planes estratégicos, establece las directrices de cada momento, designa a las personas encargadas de realizar las diferentes labores y asigna a cada ente del frente de masas las cantidades a abonar para contribuir a su sostenimiento.[17]

«Para que nuestro proyecto sea operativo debemos contar con una sede permanente en Bruselas, la "Herri Enbaxada";[18] otra delegación para Europa, dependiente de Bruselas; una tercera "embajada" para Francia, radicada en París; otra para España, emplazada en el País Vasco, una quinta hispanoamericana, con base en México, y una sexta para el resto del mundo», afirma ETA en sus documentos internos.[19]

La Sala Segunda del Tribunal Supremo acaba de condenarlos a siete años de prisión y la Ertzaintza, en cumplimiento de la sentencia, ha detenido a la plana mayor de Herri Batasuna y los ha puesto a disposición de la justicia.

El 21 de octubre de 1997, los diplomáticos de las pistolas solicitan una entrevista a los embajadores de Gran Bretaña, Sudáfrica, Argentina y Venezuela para explicarles la situación de «opresión» del pueblo vasco y darles a conocer la Alternativa Democrática.

Los embajadores de Gran Bretaña y Sudáfrica rechazan el encuentro, pero los de Argentina y Venezuela no tienen inconveniente en recibir al portavoz de HB en las Juntas Generales de Vizcaya Sabino del Bado y a su compañero Santiago Hernando.

La entrevista del 21 de octubre es uno de los muchos encuen-

---

17. El sostenimiento de este aparato, en el que llegan a trabajar más de treinta personas, es sufragado en un 50 por ciento por Herri Batasuna, en un 15 por ciento, respectivamente por Gestoras Pro Amnistía y LAB, KAS 10 por ciento y Askapena y Jarrai un 5 por ciento cada una.

18. La casa del eurodiputado de HB Karmelo Landa Mendibe, conocida también en el mundo de ETA como el Talde de Bruselas.

19. En la elaboración de este capítulo hemos manejado los siguientes documentos internos de ETA: Mario'tik 93ko Otsaila, Mario (93-02), Jobanekuri, Cabo Verdeko balantzea, Kolektiboari gutuna, Cabo Verde'tik gutuna, Linaza'ri gutuna, Rosa-Fe'ri gutuna, KHKaz bi gogo, Andoni (93-03-31); Andoniri (92-12), Andoniri (93-01), Andoniri (93-02), Andoniri (93-04-09), Andoniri (93-04-18), Elamari gutuna, Elama, Elama (92-12), Andrés (92-12), Atxirikari gutuna, Atxirikari 93-02), DK Atxirikari buruz (93-02) Beñat, Portu erantzuna, Portu-ri, DK Irailak 92, Dekatik (93-03-01), Haritza-ri, Tukan, DK (Haritza)ri (92-09), Dkren informea (93-02), Haritza, Haritza2, Haritza3, Trabajo jurídico-diplomático, Tucan, Tucani, 93-01-08 ko Akta, 93-01-15 ko Akta, ko Akta, 93-01-29 ko Akta, eta, Pepe'tik gutuna (Urt.-93), Pepe'tik (93-04), Pepe'ra gutuna (93-04), Pepe (92-09), Pepe (93-12), Peke'ri (93-03), Tuperware'tik (92-09), Tuperware'tik gutuna (93-02), Tuperware'tik gutuna-2 (93-11), Zelai'ri (92-12), Zelai'ri (93-01), Zelai-k (93-04-01), Acta del debate realizado en KHK, Estatutos de la Asociación Europea Xaki, Relación cronológica de actividades de la Xaki. Todos ellos proceden de diversas comisiones rogatorias a Francia.

tros organizados por Xaki para impedir el encarcelamiento de la trama civil de ETA en 1997. Previamente, la «Herri Enbaxada» se había encargado de crear una plataforma internacional para «condenar» al Gobierno español, solicitando el apoyo de intelectuales como el premio Nobel de Literatura Darío Fo, el presidente de Paz y Justicia Adolfo Pérez Esquivel, el desacreditado dirigente italiano Francesco Cossiga, el mítico líder de la revolución de los claveles portugués Antonio Rosa Coutinho, la defensora de los derechos de los indígenas Rigoberta Menchú, los jefes del 'Parlamento kurdo en el exilio o la dirigente de las Madres de la Plaza de Mayo de Buenos Aires.[20]

Tanto la llamada «Herri Enbaxada» de Bruselas como el embrión de embajada de París, donde llegaron a trabajar dos etarras, iban a permitir desde entonces a la banda armada mantener encuentros secretos con grupos terroristas como las FARC Colombianas, el Ejército Zapatista de Liberación Nacional del comandante Marcos, las Brigadas Rojas italianas, el Frente de Liberación Popular de Palestina, la Yijad Islámica o Al Qaeda, el grupo árabe del saudí Osama bin Laden que voló las Torres Gemelas de Nueva York el 11 de septiembre de 2001, cambiando los conceptos de terrorismo en el mundo.

Los objetivos, la obsesión de los terroristas es, sin embargo, desacreditar internacionalmente al Gobierno español ante las instituciones internacionales, y a ello han dedicado gran parte de su tiempo los dirigentes de Xaki.

La Gendarmería francesa, en colaboración con la Guardia Civil, detiene en París en 1999 a José Ignacio Herranz Bilbao, uno de los lugartenientes de ETA, adscrito al aparato político, como ha quedado dicho.

En uno de sus dos ordenadores se localiza un documento según el cual, la banda terrorista pretende internacionalizar el «problema vasco» en el supuesto de que fracasen las negociaciones tras la tregua concedida a raíz del Pacto de Estella, pues «el apoyo internacional que el proceso reciba va a ser un factor clave para la resolución del conflicto».

---

20. Muchas de estas iniciativas promovidas desde el entorno de ETA han tratado de ser capitalizadas posteriormente por los dirigentes del Partido Nacionalista Vasco.

«La idea es crear un gran grupo de presión, generador de opinión pública internacional, que debería estar presidido por el presidente de Paz y Justicia y premio Nobel de la Paz, Adolfo Pérez Esquivel, con quien hemos hablado en el mes de mayo de 1998 y está de acuerdo en apoyarnos, siempre que haya otras personalidades de ámbito mundial dispuestas a hacerlo también.»

Según el documento inédito, otros de los nombres propuestos por Esquivel para crear el *lobby* son los de los también galardonados con el Nobel Rigoberta Menchú, guatemalteca y defensora de los derechos de los indígenas; Betty Williams, irlandesa, ligado a la búsqueda de la paz en Irlanda del Norte; Desmond Tutú, arzobispo de Johanesburgo y defensor de los derechos civiles; Gabriel García Márquez, escritor colombiano; Mario Molina, investigador mexicano y premio Nobel de Física, y el Dalai Lama.

Estas personalidades y otras que pudieran unirse, como los premios Nobel de Literatura Nadinne Gordiner o el portugués José Saramago, deberían suscribir una declaración conjunta donde se reconociera la «esencia política del enfrentamiento violento en el País Vasco y la superación del actual conflicto mediante el diálogo.»[21]

Paralelamente a esta iniciativa, ETA propone otros ámbitos en los que hay que buscar apoyos: el Sinn Fein irlandés, la Unesco, la Declaración de Barcelona y algunos intelectuales de la «nueva izquierda», como los escritores Noam Chomsky, norteamericano, nacido en Filadelfia, o James Petras, de ascendencia griega, miembro del Tribunal Bertrand Russell de Derechos Humanos y articulista de *Le Monde Diplomatique* y de *New Left Review*.[22]

ETA es consciente del rol que, desde la caída del Muro de Berlín en 1989, juega Estados Unidos, como agente activo en los «procesos resolutivos deviene en factor a tener en cuenta». En este sentido, plantean crear un grupo de presión vasco en USA, nu-

---

21. Documento A:\mintegi\texte de proposamen.
22. Alfonso Sastre y Genoveva Forest se han ofrecido a contactar con ellos e invitarlos a visitar el País Vasco.

cleado en torno a la Fundación Carter, con apoyos latinoamericanos como la Fundación Arias para la Paz y el Progreso Humano, de Costa Rica. «No obstante, dado el carácter marcadamente conservador de estas instituciones, habrá que atinar sobre la idoneidad del interlocutor con el que establezcamos contacto», explican.

En su documento, la banda terrorista recuerda la existencia de una carta que 602 religiosos vascos habían remitido al Vaticano pidiendo el «desbloqueo» del conflicto. Teniendo en cuenta, además, que la Iglesia católica desarrolló un papel de intermediación en Irlanda y Bosnia, e incluso en Cuba, tras el viaje del Papa, proponen: «Tenemos que hablar con Roger [el cardenal vasco-francés Roger Etxegaray, presidente de la comisión Justicia y Paz], con "Lb" [Sebastián Laboa] y sondear de nuevo a la Comunidad de San Egidio», todos ellos mencionados en otra parte del libro.

Madrid. (Agencias.) El juez de la Audiencia Nacional Baltasar Garzón decretó ayer el procesamiento de dieciséis supuestos integrantes del denominado aparato internacional o «ministerio de exteriores de ETA», conocido como Xaki. Varios de los procesados, como Jokin Gorostidi Artola, Gorka Martínez Bilbao o José María Olarra Agiriano, han desempeñado cargos relevantes en Herri Batasuna (HB).

A petición del fiscal del caso, Enrique Molina, y del fiscal jefe de la Audiencia Nacional, Eduardo Fungairiño, el juez Garzón ha ampliado su investigación a otras nueve personas, a las que tomará declaración a partir de septiembre, y ha iniciado los trámites para encausar a la parlamentaria autonómica vasca de HB Esther Aguirre Ruiz.

Además de a José María Olarra Agiriano, *Eneko*, Gorka Martínez y Jokin Gorostidi, que han pertenecido o pertenecen a la Mesa Nacional de HB, el juez procesa por integración en banda armada al portavoz de Euskal Herritarrok (EH) en las Juntas Generales de Vizcaya, Sabín del Bado; a los miembros del área internacional de HB Elena Beloki, Miriam Campos, Mikel Korta, Rosario Buñuel y Mikel Egibar; a los abogados Íñigo Elkoro y José Ramón Antxía; a la concejal de la coalición *abertzale* Nekane Txapartegi, y a la jefa de sección del diario *Gara*, María Teresa Ubiria. También procesa a un ciudadano suizo, Carlo Maria Gonzato Ravielli, por colaboración con ETA. (De los periódicos.)

LOS VIAJES DE ETA

Ésta es la lista completa de los viajes realizados por el «Ministerio de Exteriores» de ETA en la última década:

03-02-93. Eva Forest y Josu Varela viajan a Uruguay. Allí mantienen contactos con organizaciones políticas para impedir las extradiciones de los etarras extrañados por el Gobierno de Felipe González.[23]

13-12-93. Karmelo Landa Mendibe acude a la República Dominicana, contactando con los etarras deportados en la etapa socialista.

00-01-94. Gorka Martínez Bilbao y Crispín Batiz Olabegoya visitan Cuba para entrevistarte con Jesús Abrizketa y otros.

00-02-94. Blanca Kalzakorta Aramburu se desplaza a Uruguay, donde hace gestiones para impedir la extradición de etarras.

13-02-94. Karmelo Landa Mendibe retorna a Santo Domingo y se reúne con Eugenio Etxebeste Antxon.

03-03-94. José Ramón Antxía y Crispín Batiz viajan a México a interesarse por las bases de ETA. Completan el *tour* en Cuba y Venezuela.

09-04-94. *Tour* de Josu Varela y Jon Idígoras a Uruguay para encontrarse con la colonia etarra.

17-04-94. Itxaso Idoyaga se dirige a Copenhague (Dinamarca) para participar en unas jornadas sobre la tortura.

14-07-94. José Ramón Antxía y Jon Idígoras viajan a Venezuela con motivo del fallecimiento del miembro de ETA Víctor Luis María Zuloaga.

---

23. Archivos sobre Xaki. Algunas expresiones están modificadas, sin alterar su sentido, para evitar las reiteraciones.

09-09-94. José Ramón Antxía retorna a Venezuela a poner paz en el colectivo de terroristas.

10-10-94. Carlos Sáez de Eguilaz remite dos veces a la semana un dossier de prensa nacional y local española a los colectivos de deportados de ETA.

14-11-94. Miren Manterola de «vacaciones» en Cuba, como parte de una delegación de HB coordinada por Mikel Eguibar. Acuden al I Encuentro Mundial de Solidaridad con Cuba.

09-02-95. Karmelo Landa y Miren Manterola en Dublín (Irlanda) para asistir a un congreso del Sinn Fein.

00-03-95. Itziar Aizpurúa vuela a Cabo Verde a entrevistarse con el colectivo de deportados a la isla.

00-06-95. Gorka Martínez y Jone Goiricelaya se dirigen a Montevideo (Uruguay). Luego participan en el V Foro de São Paulo.

03-07-95. José Ramón Antxía y Florencio Aoiz se entrevistan con las autoridades de Venezuela. Solicitan beneficios para la colonia de ETA.

17-07-95. Jokin Gorostidi y Gorka Martínez desembarcan en Argelia para interesarse por el etarra Patxi Hernández Llamosas.

20-07-95. Periplo de Karmelo Landa e Itziar Aizpurúa por Venezuela.

28-07-95. Miren Manterola en la Perla del Caribe para ver a los etarras.

30-07-95. Nuevo *tour* de Florencio Aoiz y José Ramón Antxía a Venezuela, donde los etarras no acaban de integrarse.

08-08-95. Gorka Martínez de nuevo en Argelia para interesarse por el etarra Hernández Llamosas.

11-08-95. Itziar Aizpurúa se encuentra en Cabo Verde, manteniendo contacto con el grupo de deportados allí ubicado.

30-08-95. Gorka Martínez viaja a Venezuela para entrevistarse con parlamentarios del partido MAS (Movimiento hacia el Socialismo) y altos cargos venezolanos. Se queja de la actitud de la DISIT (servicio secreto venezolano) con los deportados de ETA.

04-09-95. Jokin Gorostidi y Gorka Martínez vuelan a Argelia a dar ánimos por tercera vez al terrorista Patxi Hernández Llamosas.

05-09-95. Gorka Martínez se encamina a Santo Tomé y Príncipe para hablar con el miembro de ETA Alfonso Etxegaray Atxirika.

15-09-95. Jesús Arriaga y Josu Varela mantienen encuentros con los diversos comités de apoyo locales en Italia.

23-09-95. José Ramón Antxía se encarga en Venezuela de facilitar la vida a los etarras deportados a esta República.

04-10-95. Gorka Martínez y Florencio Aoiz invocan en Venezuela, donde se hallan, el respeto del MLNV por la soberanía de esta nación. Piden «igualdad de trato» con los extrañados de ETA.

09-10-95. Gorka Martínez, Jon Idígoras y Eva Ayastuy de paseo por México y Venezuela, a echar una mano a los deprimidos etarras.

02-11-95. Gorka Martínez se entrevista en Santo Domingo con los deportados.

07-12-95. Itziar Aizpurúa regresa de Cabo Verde, donde ha levantado la moral a los chicos de ETA.

12-12-95. Gorka Martínez y José Ramón Antxía vuelven de Venezuela, donde se citaron con el colectivo de refugiados y las autoridades del país.

04-01-96. Gorka Martínez en Cuba, para felicitar el año a los etarras isleños.

00-01-96. José Ramón Antxía y Jokin Gorostidi retornan a Santo Tomé y Príncipe a consolar a Alfonso Etxegaray Atxirica.

03-02-96. En Copenhague se celebra el encuentro internacional Conference on European Alternatives, organizado por Enhedlisten/The Red-Green Alliance. Participan Karmelo Landa y Miren Manterola.

12-07-96. Eva Ayastuy y Jone Goiricelaya vuelan a México a interesarse por los chicos de las pistolas.

01-02-96. Gorka Martínez y José Ramón Antxía con los desterrados de ETA en Venezuela.

02-02-96. De vuelta, Martínez hace escala en Panamá,

donde los etarras confinados en la zona le cuentan sus desgracias.

07-03-96. En Nueva York, Esther Aguirre participa en una reunión del Comité de Prevención de la Tortura de la ONU.

06-03-96. José Ramón Antxía se deja ver por Santo Tomé y Príncipe en compañía del etarra Alfonso Etxegaray Atxirica.

30-03-96. Esther Aguirre e Íñigo Elkoro celebran encuentros en Costa Rica con diversas organizaciones políticas locales.

18-04-96. Gorka Martínez y Jone Goiricelaya en la plaza Garibaldi de México, después de comprobar la baja forma de los etarras deportados.

09-05-96. Jokin Gorostidi y Gorka Martínez retornan de Argelia tras escuchar los problemas del etarra Patxi Hernández Llamosas.

01-06-96. Convocada por HB y organizada por Xaki, se celebra la denominada «Marcha de Bruselas», para denunciar la situación de los presos.

03-06-96. Jone Goiricelaya recaba apoyos en Alemania tras la detención del terrorista Benjamín Ramos Vega.

14-06-96. Esther Aguirre se dirige a Costa Rica para interesarse por la situación del etarra José Ceberio Ayerbe, allí detenido.

18-06-96. Jon Idígoras, Eva Ayastuy, Gorka Martínez y Jone Goiricelaya detectados en México con el colectivo de etarras.

25-06-96. Itziar Aizpurúa otra vez a Santo Tomé y Príncipe. Allí se entrevista con el ministro de Exteriores en relación con la situación del miembro de ETA Alfonso Etxegaray Atxirika.

26-09-96. Esther Aguirre de nuevo a Costa Rica para recabar apoyos a favor del miembro de ETA José Ceberio Ayerbe.

07-10-96. Viajan a Dublín Blanca Kalzakorta y Elena Beloki.

08-10-96. Tercer viaje a Costa Rica de Esther Aguirre

para impedir la extradición del terrorista José Ceberio, detenido el 7 de junio de 1996 en la ciudad de Liberia. Aguirre moviliza las ONG locales y otros organismos y personas para recabar apoyos. Los abogados Esmeralda Navarrete, de Codeho, Soraya Long, de Codehuca, Alejandro Bonilla, de Farprep, y Enrique Cabrera solicitan al director de la Oficina de Emigración para los Refugiados de Costa Rica el asilo para este terrorista.

18-10-96.   Itxaso Idoyaga Hoyos localizado en Santo Tomé y Príncipe con el miembro de ETA Alfonso Etxegaray Atxirika.

30-10-96.   Josu Varela es visto en Lisboa interesándose por la situación del miembro de ETA allí detenido José Luis Telletxea Maya.

05-11-96.   Karmelo Landa en Uruguay con los «chicos de la dinamita».

13-11-96.   Se sabe que Josu Varela e Íñigo Elkoro organizan en Lisboa la defensa del terrorista José Luis Telletxea.

15-11-96.   En Pamplona cumbre de los responsables de Xaki (Esther Aguirre, Sabino del Bado, Jesús Felipe Arriaga, María Rosario Buñuel, Elena Beloki y Mikel Eguibar) con los jefes de Senideak.

20-11-96.   Josu Varela, Gorka Martínez y Miren Itxaso asisten en Lisboa al juicio contra el miembro de ETA José Luis Telletxea.

09-11-96.   Viajan a Belfast (Irlanda del Norte) Elena Beloki y Blanca Kalzakorta, para mantener una reunión con miembros del Sinn Fein.

03-11-96.   Gorka Martínez e Íñigo Elkoro son recibidos por las autoridades de Cabo Verde.

03-11-96.   Gorka Martínez, José Ramón Antxia e Itxaso Idoyaga visitan en Santo Tomé al pistolero Alfonso Etxegaray Atxirika.

00-01-97.   El aparato internacional de ETA utiliza sus contactos con Ana Santos, observadora internacional en el juicio a la Mesa Nacional de HB, para presentar al Parlamento portugués una moción de repulsa por el encarcelamiento de sus dirigentes.

27-01-97. Josu Varela y Esther Aguirre en Lisboa interceden por la situación del miembro de ETA José Luis Telletxea.

08-02-97. Los abogados de Xaki Esther Aguirre e Íñigo Elkoro, y el también letrado Kepa Landa, asisten en Lille (Francia) a una reunión de abogados europeos. Posteriormente viajan a Ginebra para realizar gestiones ante el Comité Contra la Tortura de la ONU sobre el caso del etarra Josu Arkauz Arana.

04-02-97. En México, Josu Varela y Eva Ayastuy escuchan las quejas de los terroristas de ETA que viven allí.

19-09-97.- Sabino del Bado se encarga, a través del partido Refundazione Comunista, de recabar apoyos para la dirección de HB en Italia.

01-09-97. Xaki solicita a través de Paulina Fernández el apoyo y la solidaridad del Ejército Zapatista de Liberación Nacional de México, en relación con el procesamiento de los dirigentes de HB.

21-02-97. Blanca Kalzakorta convoca en Lisboa una comida de homenaje al etarra José Luis Zapirain. Asisten unas cien personas.

26-02-97. El responsable de Xaki Mikel Eguibar se entrevista con grupos políticos europeos para informarles de la detención de los dirigentes de HB.

28-02-97. Reunión en Bilbao de uno de los jefes de Xaki, Jesús Felipe Arriaga con un enviado del MRTA (Túpac-Amaru), el abogado Isaac Velazco.

00-03-97. Kepa Landa y Jone Goiricelaya se dirigen a México para mantener contactos con diversos representantes políticos.

03-03-97. Asamblea de Xaki en Donostia para estudiar medidas en el caso de que el Gobierno ordene la detención de los dirigentes de HB, procesados por colaboración con banda armada. Se baraja que soliciten asilo político en Ginebra por medio de Jesús Arriaga. A la reunión asisten Mikel Eguibar, Sabino del Bado, Elena Beloki, Esther Aguirre y Jesús Arriaga.

04-03-97. Visitan Canarias miembros de Xaki para establecer encuentros con los partidos, exponer la situación del País Vasco, el encarcelamiento de sus dirigentes y explicar la Alternativa Democrática.

13-03-97. Karmelo Landa da una rueda de prensa en Lisboa sobre la «persecución política» en España.

19-05-97. Cita en Bilbao de los responsables de Xaki, con asistencia de Jesús Arriaga, Elena Beloki, Josu Varela y Mikel Eguibar.

30-03-97. Con ocasión del Aberri Eguna'97, en Pamplona, Xaki celebra un encuentro con los comités de apoyo de toda España. Se les informa que deben agruparse por zonas, y de la salida de la publicación *Info-Euskal Herria*. Actúa de coordinador Sabino del Bado.

18-04-97. Ocupación de cinco consulados de España en Roma (Italia), Bruselas (Bélgica), Hamburgo (Alemania), Lisboa (Portugal) y Amsterdam (Holanda), bajo el lema *«Freedom for the Basque Country»*. Con el acto se pretende llamar la atención sobre los terroristas de ETA y pedir su reagrupamiento en Euskal Herría.

18-04-97. Visitas de Xaki a los consulados de Finlandia, Austria, Gran Bretaña, Dinamarca y Holanda en Bilbao.

20-04-97. Encuentro en Irlanda con el Sinn Fein, que celebra su congreso, de Sabino del Bado y Jone Goiricelaya.

00-05-97. Xaki organiza un ciclo de conferencias en Italia sobre la Alternativa Democrática de ETA. Están coordinadas por Ursola Casagrande (Italia) y Josu Varela y Mikel Eguibar (España).

00-05-97. Conferencias en la zona francesa de Bretaña sobre la Alternativa Democrática de ETA.

00-05-97. Campaña de recogida de firmas en Luxemburgo en apoyo de un manifiesto elaborado por la dirección de HB.

08-05-97. Durante la celebración en Lausara (Portugal) de unas competiciones deportivas entre los pueblos «hermanos» de Rentería (Guipúzcoa), Tulle (Francia) y otro de Alemania, Xaki rinde homenaje al etarra Jose Luis Telletxea y difunde la Alternativa Democrática.

10-05-97. Nueva tanda de conferencias en Italia, en

las que intervienen Blanca Kalzakorta y Jean Philippe Cassabone.

13-05-97. Viajan a Lisboa Karmelo Landa, Iñaki Antigüedad y Sabino del Bado.

20-05-97. Cumbre en Bilbao de directivos de Xaki para organizar una campaña internacional ante el juicio a la Mesa Nacional de HB.

24-05-97. En Bruselas, Sabino del Bado recaba adhesiones a un manifiesto en favor de los miembros de la dirección política de ETA.

28-05-97. Rueda de prensa en Montevideo de Karmelo Landa y Josu Varela para explicar el procesamiento de los dirigentes de HB.

00-07-97. Una embajada de Xaki y Askapena asiste a una reunión internacional juvenil en La Habana. Piden la realización de una campaña de apoyo a los presos vascos.

10-07-97. Santiago Hernando y Mikel Korta realizan la misma labor en Venezuela.

14-07-97. Íñigo Elkoro asiste en Ginebra a reuniones con organismos internacionales contra la tortura.

25-07-97. Íñigo Elkoro visita en México a los presos de ETA residentes forzosos en esa república.

02-09-97. Blanca Kalzakorta se desplaza a Dublín para mantener contacto con jefes del Sinn Fein.

05-09-97. Blanca Kalzakorta viaja a Ginebra para ampliar los contactos con diversos organismos internacionales contra la tortura.

03-09-97. Eva Ayastuy vuela a México para mantener un encuentro con los etarras allí deportados.

18-09-97. Xaki convoca una conferencia de prensa en el Parlamento italiano para explicar la situación de los miembros de HB enjuiciados.

21-09-97. Se desplaza a París Jesús Arriaga Ibarra.

21-09-97. Una comisión de Xaki, compuesta por Eusebio Lasa y Agurtzane Goiriena, acude a Ginebra a entrevistarse con el Relator de la Comisión de Derechos Humanos de la ONU.

01-09-97. En el refugio Abeletxe de Zizúrkil (Guipúzcoa) se citan los jefes de Xaki. Están presentes Mikel Eguibar, Elena Beloki, Jesús Arriaga y Esther Aguirre, entre otros.

03-09-97. Xaki crea un centro de documentación para recabar datos sobre los interrogatorios a terroristas de ETA. Su objetivo es facilitar material a los abogados con el fin de elaborar informes jurídicos y presentarlos ante organismos internacionales. La coordinación y planificación del equipo la asumen Esther Aguirre y Josu Varela.

09-10-97. En Santo Domingo, Íñigo Elkoro se entrevista con Antxon.

09-10-97. Xaki convoca una conferencia en el Centro Cultural Chile, de Lieja (Bélgica), para dar a conocer la Alternativa Democrática.

16-10-97. Gorka Martínez coordina un foro en Zaragoza, formado por colectivos alternativos, denominado «Propuestas para una salida negociada».

20-10-97. Conferencia en el Ateneo de Madrid de Lolo Rico. Asisten Sabino del Bado y Santiago Hernando.

21-10-97. Xaki visita varias delegaciones diplomáticas en España para informar sobre el encarcelamiento de la Mesa de HB. Rechazan la entrevista los embajadores de Gran Bretaña y Sudáfrica; acceden los de Argentina y Venezuela. Organizan los encuentros Sabino del Bado y Santiago Hernando.

26-10-97. Conferencia en Washington de Blanca Kalzakorta e Íñigo Elkoro como final de un periplo por varias localidades de Estados Unidos (El Paso, Boston y Filadelfia), donde exponen el punto de vista de Senideak respecto a la política penitenciaria.

31-10-97. Gorka Martínez y Genoveva Forest mantienen contacto con Massimo Lioce, jefe del colectivo Buratxi Askatasuna de Turín.

04-11-97. Mikel Eguibar organiza en la llamada Herri Enbaxada de Bruselas actos de carácter restringido con parlamentarios belgas para ofrecer su versión del juicio contra la dirección de HB. El calendario es: 13-11-97: Reuniones con organizaciones turcas, kurdas y chilenas. 15-11-97: Encuentros por separado con parlamentarios flamencos y valones. 17-11-97: Cita con la comunidad vasca de Bélgica.

06-11-97. Josu Varela se desplaza a las localidades catalanas de Berga, Manresa y Vilafranca para hablar sobre la situación de los presos de ETA.

09-11-97. Se desarrolla en Roma un encuentro entre miembros de la extrema izquierda italiana y sindicatos autónomos con los responsables de LAB Jesús María Gete y Jesús María Ariznabarreta. Allí se acuerda profundizar las relaciones ítalo-vascas, con intercambio de información. Los italianos prometen sostener la «resistencia» vasca y apoyar a los presos de ETA.

14-11-97. Se identifica en Londres a Mikel Eguibar reunido con Jesús Antonio Bilbatua. Pretenden conocer a la comunidad vasca de la capital británica y ver si hay campo para explicar las tesis de ETA.

26-11-97. El diario *El Nacional* de Caracas entrevista a Mikel Korta. En Venezuela desarrolla estas actividades: en la Facultad de Economía de la UCV imparte la conferencia «Un juicio político a la alternativa de paz», en el centro vasco proyecta el vídeo «Alternativa Democrática», en el Ateneo de Caracas presenta el libro *La razón vasca*.

07-11-97. María del Rosario Buñuel y Sabino del Bado se citan en Bilbao con Virgilio Menéndez, presidente de la coordinadora de movimientos sociales de Ecuador y del Movimiento Pachaco.

28-11-97. Gorka Martínez interviene en un acto publico celebrado en Barcelona en apoyo de la Mesa Nacional. Lo convoca la «Plataforma de solidaridad Catalunya-Euskal Herría», en el Centre Artesa Tradicionarius.

00-12-97. Blanca Kalzakorta participa en Miami en una conferencia sobre los presos de ETA y aspira a crear una red de apoyo en Florida.

00-12-97. María del Rosario Buñuel habla con las Juventudes de Esquerra Republicana del Penedès, para que uno de los miembros de HB participe en un coloquio sobre la Constitución española.

10-12-97. Sabino del Bado se cita en Burgos con un representante de las autodeterminadas Brigadas Rojas castellanas.

24-19-97. Visita México Jesús Arriaga y el matrimonio formado por Ana Rekalde y Jose Ramón Murgoitio. Van a ver a los deportados.

07-01-98. Desplazamiento de Blanca Kalzakorta a Texas, donde proyecta crear con la pantalla de Gestoras Pro Amnistía una red de apoyo.

00-01-98. Santiago Hernando y Sabino del Bado se entrevistan en Madrid con los embajadores de Argentina y Venezuela.

00-01-98. Mikel Korta y Miriam Kampos vuelven a Uruguay a prestar su apoyo a los refugiados de ETA.

02-01-98. En el Gaztexe de Vitoria se celebra una reunión entre miembros de Xaki y un grupo de ciudadanos italianos agrupados en los denominados Foro Espartacus y Paci Paciana. Se explica la situación de HB tras el encarcelamiento de la Mesa Nacional y las iniciativas a adoptar hacia el exterior.

10-01-98. Xaki organiza un encuentro en la Herri Enbaxada de Bruselas con participación del PTD. Se presenta una ponencia de Paul Bekaert, defensor del miembro de ETA Benjamín Ramos.

16-01-98. Josu Varela y José María Otegui se encuentran en Alemania con una militante de ETA de aquel país, ante su ingreso en prisión.

19-01-98. Elena Beloki y Esther Aguirre visitan en el Parlamento Europeo a europarlamentarios belgas, italianos, suecos, daneses, portugueses, alemanes, holandeses y españoles para informarles de la situación en Euskal Herría. También celebran encuentros con el presidente de la Liga de los Derechos del Hombre, con la responsable de la Oficina Europea de Amnistía Internacional y con el jefe de la Comisión de Libertades Públicas.

26-01-98 Elena Beloki viaja a Alemania para mantener contacto con diversos grupos políticos.

97-01-98. Juan Bautista Iñarra, alcalde de Oyarzun (Guipúzcoa), y el responsable de Xaki Carlos Sáez de Eguilaz, se entrevistan con alcaldes y concejales de Venecia, Milán, Trento y Roma.

28-01-98. Xaki coordina el viaje a España de una cadena de la televisión de Quebec (Canadá). Se pretende realizar un reportaje sobre la actualidad vasca donde se incluye una entrevista con Arnaldo Otegui.

01-02-98. Sabino del Bado y Elena Beloki tratan de impedir la extradición del miembro de ETA José Luis Telletxea desde Lisboa.

02-02-98. Xaki inicia una campaña de encuentros internacionales en el ámbito de las instituciones europeas para dar a conocer la situación vasca. Las citas se realizan en el Parlamento Europeo, en Italia, Bonn, Berlín, Portugal y Ginebra. Están a cargo de Elena Beloki, Jone Goiricelaya, Manuel Elgorriaga y Sabino del Bado.

05-02-98. Xaki, con apoyo del abogado flamenco Paul Bekaert y la Liga Antiimperialista, organiza en Bruselas un acto a favor de HB.

05-02-98. Rueda de prensa en Lisboa de los tres observadores portugueses en el juicio a la plana mayor de HB: Urbano Tavares, Antonio Rosa Coutinho y Antonio Carvalho. Los acompaña Sabino del Bado, quien recaba el apoyo de personalidades de la vida política portuguesa.

09-09-98. José María Otegui contacta con Andrew Hammer, músico y uno de los firmantes del manifiesto internacional de apoyo a HB.

09-09-98. José María Otegui se entrevista con Eric Hayen Patkowski, responsable de Irish Republican Socialist Commitees of Nort América.

12-09-98. José María Otegui celebra una reunión con Owen O'Brian, del Sinn Fein.

12-02-98. José María Otegui contacta con Nora P. Dwyer, miembro de Irish Unity Commitee de Estados Unidos.

15-02-98. Xaki organiza en Berlín un debate bajo el título «La criminalización del partido vasco HB». También se proyecta el documental *Y, de repente, seré terrorista*, sobre el miembro de ETA Benjamín Ramos Vega.

01-03-98. Esther Aguirre y Jone Goiricelaya se entrevistan en Ginebra con dirigentes de organismos de la ONU, como el Grupo de Trabajo de Detenciones Arbitrarias, y con Alan Parra, asistente del Relator por la Libertad de Expresión.

01-03-98. José Otegui actúa de anfitrión en la visita que el dirigente del Sinn Fein, Owen O'Brian, realiza a España invitado por Xaki.

04-03-98. Conferencia de Xaki en el Centro Internacional de Prensa del boulevard Lemoniers de Bruselas, apoyada por la Liga Antiimperialista. Intervienen Elena Beloki, Esther Aguirre y Paul Bakaert.

10-03-98. Nuevo viaje a Ginebra de Jone Goiricelaya y Agurtzane Goiriena para celebrar encuentros con representantes de la ONU.

12-03-98. Sabino del Bado se entrevista con Isabelle Desmarais, de la organización de defensa de las minorías étnicas canadienses. Desmarais, que asistió como observadora al juicio de HB, se compromete a organizar encuentros con el grupo segregacionista de Quebec.

95-03-98. Xaki organiza un encuentro con Marie Llurd Kirzin, residente en Luxemburgo y representante de la Federación Internacional de Asociaciones Cristianas contra la Tortura ante la Comisión de Derechos Humanos de la ONU en Ginebra. Se pretende utilizar esta plataforma.

26-03-98. Se desplazan a Madrid Sabino del Bado y María Rosario Buñuel para un encuentro con Amaya Teresa Bolaños y con Antonio O'Connor Oliveros, del Comité de Solidaridad con los Pueblos.

30-03-98. Cita en Ginebra de Karmelo Landa con miembros de la Comisión de Derechos Humanos de la ONU, con el grupo de trabajo de Detenciones Arbitrarias y la Comisión por la Libertad de Expresión.

07-04-98. Viaje de una delegación formada por Mikel Korta, Eva Ayastuy, Santiago Hernando e Íñigo Elkoro a la República Dominicana. Se entrevistan con los representantes de la Cancillería de la República Alejandra Liriano y Ciriaco Landolf; con el consultor jurídico del poder Ejecutivo, César Pina; con el secretario de Estado Carlos Doré; el presidente de Partido de la Liberación Dominicana, José Bido; presidente de la Corte Suprema de Justicia, Jorge Subero; procurador general de la República, Abel Rodríguez, y presidente del Partido Revolucionario Republicano, Francisco Peña Gómez.

17-04-98. Desembarco en Belfast de Arnaldo Otegui, Pernando Barrena y Esther Aguirre para intercambiar impresiones con los jefes del Sinn Fein Gerry Adams, Pat Dohrty, Ales Maskey, Martin McGuinness y Pat Rice. También se citan con John Hume, del Partido Laborista británico. El grupo asiste a la celebración del Ard Fheis, la reunión anual del brazo político del IRA.

24-04-98. Carlos Aznárez, responsable de Resumen Latinoamericano, organiza el viaje a Bilbao de Hebe Bonamcine, presidenta de las Madres de la Plaza de Mayo de Buenos Aires.

24-04-98. Visita a Copenhague de Sabino del Bado y Eusebio Lasa para asistir a un encuentro internacional.

05-05-98. Miren Jasone Arandia Belaustegui se desplaza a Cuba.

06-05-98. Sabino del Bado se encuentra en Santo Tomé y Príncipe con el miembro de ETA Alfonso Etxegaray al tiempo que en Plenzia (Vizcaya) se prepara un homenaje a este terrorista.

10-05-98. Eva Ayastuy, Mikel Korta y Jone Goiricelaya retornan a México para entrevistarse con los mariachis de ETA.

13-05-98. Esther Aguirre celebra una reunión con el abogado alemán de Amnistía Internacional Piet de Pauw.

15-05-98. Conferencia en el Centro Vasco de México organizada por Xaki. Jone Goiricelaya habla sobre los «Caminos para la paz en Euskal Herría». También asiste a un debate sobre la Alternativa Democrática en el foro universitario Istapalapa en México D. F.

21-05-98. Mikel Korta y Eva Ayastuy celebran un encuentro en México con Manuel López Obrador, presidente del PRI.

91-05-98. Esther Aguirre se desplaza a Irlanda para seguir in situ el desarrollo del referéndum sobre los Acuerdos de Stormont.

22-05-98. El Frente Sandinista invita a Nicaragua a Esther Aguirre y a Joseba Permach para asistir a su congreso.

97-05-98. Viajan a La Habana Esther Aguirre, Rafael Díez Usabiaga y Jesús María Gete. Allí se encuentran con Mikel Korta, que regresa de México.

06-06-98. Nuevo viaje a Cuba de Jone Goiricelaya y Mikel Korta para entrevistarse con Jesús Abrisketa Korta y otros etarras.

13-06-98. Eva Ayastuy se desplaza a México para controlar deserciones del grupo de etarras deportados en aquel país.

31-07-98. Mikel Eguibar organiza la caravana «Euskal Herria Askatu», que recorre Irlanda, Cerdeña, Córcega, Bretaña e Italia.

07-08-98. Celebración de las «Jornadas Internacionales de la Nación Corsa». Las organiza el grupo A Cuncolta Naziunalista. Por Xaki está presente Jean Philippe Cassabone.

00-09-98. Desplazamiento de Íñigo Elkoro y Esther Aguirre a Estados Unidos para defender al etarra José Ramón Aldasoro. Aguirre se entrevista en San Francisco con un responsable del Centro para la Justicia y la Responsabilidad, dependiente de Amnistía Internacional.

17-09-98. Esther Aguirre asiste en Madrid a una reunión con personas del mundo intelectual y político en apoyo a la tesis Euskal Herritarrok. Encuentro secreto con un miembro del Frente Farabundo Martí.

17-09-98. En Bilbao se celebra un simposio sobre la resolución de conflictos armados pagado por la Unesco. Sabino de Bado interviene por Xaki.

22-09-98. El diario *La República* de Montevideo publica una entrevista con Mikel Korta sobre la tregua de ETA y el Acuerdo de Estella.

23-09-98. Rueda de prensa de Elena Beloki y Xabier Zubizarreta, de la Mesa Nacional de HB, en el Centro Internacional de Prensa de Bruselas. Proponen que Bélgica sea el marco donde Aznar firme la paz.

27-09-98. Mikel Korta y Miriam Kampos viajan a Uruguay, a dar cariño a la colonia de deportados.

28-09-98. Xaki organiza en Bilbao un acto en el Centro Cívico «La Bolsa», con participación de los colectivos Resumen Latinoamericano, Komite Internazionalistak y Paz y Solidaridad. El acto es en apoyo de las FARC (Fuerzas Revolucionarias Armadas de Colombia). Asisten Ricardo Santamaría, Rosario Buñuel y Jone Goiricelaya. Los representantes de las FARC se entrevistan con Arnaldo Otegui, Esther Aguirre y Sabino del Bado.

29-09-98. Arnaldo Otegui, Elena Beloki y Jean Philippe Cassabone dan una rueda de prensa en París y hacen un llamamiento a la comunidad internacional para que facilite las conversaciones ETA-Gobierno.

09-09-98. En Argentina, Mikel Korta y Miriam Kampos se entrevistan con ex montoneros.

04-10-98. Xaki organiza la «Semana de la Solidaridad» en Pamplona. Se trata de un ciclo de conferencias bajo el lema «Procesos de paz en el mundo». Participan Patt Rice, «ministro» de Exteriores del Sinn Fein; Txema Montero, abogado de HB; Maite Ubiría, periodista de *Egin*; Majed Dibfi, representante del FPLP palestino, y María Elena Álvarez, miembro en Cuba del Centro de Estudios para África y Medio Oriente.

09-10-98. Contacto de Elena Beloki en Bruselas con Steve Mc Giffen, europarlamentario laborista, quien le organiza una cita con el representante de la ONU en Rotterdam, Joan Van der Hout, para exponerle el tema de presuntas torturas a la etarra María Teresa Gabriel Rojo.

01-10-98. Gira por distintos países de Sudamérica de Mikel Korta para dar a conocer el Acuerdo de Estella.

02-10-98. Reunión de responsables de Xaki y HB en la herriko taberna de Yurreta (Vizcaya). Se decide que toda la información se canalice por la agencia Amaiur Press Service.

05-10-98. Xaki prepara el viaje de Gerry Adams y de Pat Rice, del Sinn Fein, el brazo político del IRA, a Bilbao en el curso de la campaña electoral al Parlamento vasco.

06-10-98. Elena Beloki y el miembro de la dirección de HB José María Lorenzo se desplazan a Portugal para encontrarse con Mário Soares.

19-10-98. Esther Aguirre y Lorenzo Arcocha ofrecen una rueda de prensa en Dublín.

14-10-98. En Londres se entrevistan con representantes de Amnistía Internacional y con miembros de la colonia vasca.

14-10-98. Esther Aguirre realiza gestiones para que

miembros de Abogados sin Fronteras se desplacen al País Vasco y visiten a los miembros de la Mesa Nacional presos Karmelo Landa y Adolfo Araiz.

16-10-98. Viajan a Belfast José María Otegui y el responsable de relaciones internacionales de Jarrai Arturo Villanueva para mantener contacto con el periodista de la BBC, Kypso Harry, por medio del Sinn Fein, tras la tregua de ETA.

03-10-98. Sabino del Bado habla con el Sinn Fein con el fin de que le explique las gestiones de Gerry Adams ante el presidente de Estados Unidos para presionar a Aznar a firmar un armisticio.

28-10-98. Viajan a Sudamérica Esther Aguirre y Mikel Korta para asistir al «VIII Foro São Paolo», bajo el epígrafe «VII encuentro de los partidos latinoamericanos caribeños del Foro de São Paolo. Los retos de la izquierda frente al nuevo milenio».

00-11-98. Gira por Bélgica de Elena Beloki y Xabier Zubizarreta para entrevistarse con miembros del Gobierno flamenco, con la presidenta del Grupo de los Verdes y con representantes del Parlamento Europeo.

03-11-98. Mikel Korta se encuentra en México, dispuesto a imponer la disciplina entre los refugiados de ETA en aquel país.

04-11-98. Xaki coordina el desplazamiento al País Vasco de un equipo de la televisión irlandesa para entrevistar a Arnaldo Otegui, a Martín Garitano y a algunos familiares de presos.

09-11-98. Elena Beloki y Lorenzo Arkotxa vuelan a Italia para mantener contactos con representantes del Senado y del Congreso.

09-11-98. Jone Goiricelaya y Pernando Barrena hacen un *tour* por Londres para entrevistarse con Ann Burly, director del Programa Regional Europeo, con miembros de Amnistía Internacional y con funcionarios del Foreign Office. También ofrecen una rueda de prensa organizada por Huae Stevens, de la organización de la izquierda radical Britanic Comunist of Britain.

09-11-98. Con el mismo fin se dirigen a Italia Elena Beloki y Lorenzo Arkotxa. En la cuna de Rómulo y Remo se reúnen con Refundacione Comunista, Partido Verde, Partido Popular Italiano, Liga de los Derechos de los Pueblos, Darío Fo, premio Nobel de Literatura, Giusseppe Ferrara, director de cine, y con el senador Francesco Cossiga.

11-11-98. Mikel Korta viaja a Panamá, donde el colectivo de expatriados lleva tiempo sin recibir noticias de ETA.

14-11-98. Con motivo de la detención en Amsterdam de la miembro de ETA María Teresa Gabriel Rojo, se desplaza hasta allí Íñigo Elkoro.

17-11-98. Jone Goiricelaya y Kepa Landa mantienen una entrevista con el embajador de Venezuela en Madrid.

18-11-98. Elena Beloki y Esther Aguirre viajan a Ginebra para visitar las organizaciones de defensa de los derechos humanos, así como a funcionarios de las embajadas acreditadas en la ONU, en especial con los de USA, Alemania, Canadá, México, Austria y Suiza.

18.11.98. Se desplazan a Amsterdam Íñigo Elkoro y Lorenzo Arkotxa para entrevistarse con el abogado que defiende a la etarra María Teresa Gabriel.

23-11-98. Elena Beloki se traslada a Bruselas como responsable de la «Herri Enbaxada».

25-11-98. Por tercera vez se encuentran en Amsterdam Íñigo Elkoro, José María Otegui, Elena Beloki y Lorenzo Arkotxa. Tratan de impedir la extradición de María Teresa Gabriel.

26-11-98. Xaki organiza la visita a Bilbao del miembro canadiense de la Asociación de Escritores Quebequianos René Boulanger, actuando como anfitriona y traductora Miriam Campos.

01.12.98. Íñigo Elkoro está en Miami para estudiar la situación del miembro de ETA Ramón Aldasoro, detenido allí, y ponerle al día de las gestiones internacionales para su liberación realizadas por Xaki.

04-12-98. Xaki coordina el viaje de tres letrados belgas, uno de ellos Paul Bekaert, miembros de Abogados sin Fronteras, para mantener entrevistas con HB y visitar en prisión a Karmelo Landa y a Adolfo Araiz.

07-12-98. Esther Aguirre viaja a Palestina para mantener contacto con diversos responsables políticos.

07-12-98. Elena Beloki y Jone Goiricelaya se entrevistan en Suiza con el presidente de la Comisión de Internacionales y el embajador de la División Tercera del Departamento de Exteriores de la ONU, al objeto de internacionalizar la negociación entre ETA y el Gobierno español y presionar a Madrid.

10-12-98. Con motivo del 50 aniversario de la «Declaración Universal de los Derechos Humanos», la Unión Internacional de Abogados organiza en la ONU unas jornadas en colaboración con el Colegio de Abogados de Nueva York. Asisten Esther Aguirre, Jone Goiricelaya y Pernando Barrena.

18-12-98. Xaki envía a Panamá, a la atención del jesuita Gorrochatregui, el texto del Acuerdo de Estella y el documento en el que ETA declara el cese temporal de sus acciones.

28-19-98. David Castellano, del Comité de Apoyo en Italia, se encarga de difundir el comunicado de alto el fuego de ETA en Roma, Milán, Bari, Génova y Bérgamo a petición de Xaki.

02-01-99. La integrante de Xaki Rosario Buñuel viaja a París.

04-01-99. Reunión en Donostia de los jefes de Xaki, José María Otegui, Jon Fonseka, Mikel Korta, Miriam Kampos y Andoni Gorostiaga.

05-01-99. Encuentro en Dublin de Esther Aguirre con los responsables del Sinn Fein para pedir su apoyo durante las municipales.

08-01-99. José María Otegui vuela a París para informar a Jean Philippe Cassabone del resultado de la reunión de San Sebastián.

18-01-99. Esther Aguirre se entrevista en Madrid con los representantes del Parlamento kurdo en el exilio, para que visiten Euskadi.

18-01-99. Íñigo Elkoro se desplaza a Holanda con motivo de la detención del etarra Esteban Murillo Zubiri.

19-01-99. Visita a Bilbao del primer secretario de la embajada de Japón. Le reciben Esther Aguirre, Jone Goiricelaya y Rosario Buñuel.

98-01-99. Con motivo de los actos del 97 aniversario

del «Domingo Sangriento» o *Bloody Sunday* en Belfast, se dan cita en Irlanda Rosario Buñuel, José María Otegui, Elena Beloki y Esther Aguirre.

02-09-99.   Mikel Eguibar recibe una carta de ETA dirigida al IRA. La misiva es entregada a Elena Beloki, quien la traslada al Sinn Fein.

07-02-99.   Mikel Korta y Jone Goiricelaya viajan a Venezuela para mantener contacto con los etarras recluidos en aquel país.

09-02-99.   Elena Beloki entra en contacto con representantes del Consejo de la Paz de Lisboa. Pretende poner en marcha iniciativas para la puesta en libertad de los miembros de la Mesa Nacional de HB.

05-02-99.   Viaja a Amsterdam Íñigo Elkoro para encargarse de la defensa del etarra Esteban Murillo, cuya extradición reclama el Gobierno.

08-02-99.   Vuelven a Lisboa Elena Beloki y Jone Goiricelaya para entrevistarse con Mário Soares.

11-09-99.   Cita en Bilbao entre el representante para Europa del Movimiento de Liberación Nacional Palestino, Abet Niusa, y María Rosario Buñuel, con el fin de estrechar las relaciones.

16-02-99.   Íñigo Elkoro corre a Lisboa a interesarse por la situación del etarra José Luis Telletxea.

19-09-99.   Xaki gestiona el desplazamiento a Bilbao del abogado Peter Depauw, acompañado de un equipo de televisión para hacer un reportaje sobre los presos vascos.

19-02-99.   Mikel Korta visita La Habana, contactando con el etarra José Miguel Arrugaeta San Emeterio.

23-06-99.   De nuevo a Mikel Korta le toca viajar, esta vez a Bruselas, para establecer contacto con personas que solicitan acreditaciones oficiales de una institución vasca para acelerar los trámites de visado y poder trasladarse así al País Vasco. Se sospecha que se trata de la delegación del denominado «Parlamento kurdo en el exilio».

26-06-99.   Elena Beloki y Mikel Korta visitan Canadá. Allí se entrevistan con representantes de organizaciones a favor de la independencia de Quebec.

02-07-99. Luis Ángel Gorostiaga y Elena Beloki ponen rumbo a Lisboa para mantener contacto con grupos políticos cercanos.

17-07-99. Jesús Felipe Arriaga se encuentra en San Francisco para sondear a las organizaciones de derechos humanos allí radicadas.

21-09-99. Elena Beloki e Iñaki Antigüedad visitan Cabo Verde, manteniendo contacto.

CAPÍTULO XXIII
La senda del abismo

Las elecciones autonómicas de 2001 dieron al bloque nacionalista PNV-EA una diferencia de 20 094 votos en relación con los partidos constitucionalistas (PP y PSOE). Pese a contar con ese escaso margen de votos, muchos de ellos «prestados» por Batasuna, el *lehendakari* Juan José Ibarretxe se propuso desde el primer día de mandato trasladar el Pacto de Lizarra a las instituciones vascas y forzar desde ellas la independencia del País Vasco. Así, mientras ETA, que no cree en su proyecto, sigue asesinando y el primer problema de Euskadi es el de la seguridad y las amenazas de la mitad de la población, el 25 de octubre de 2001 Ibarretxe insta al Parlamento vasco a que elabore una ponencia a favor de la independencia y, con su respaldo, un año después se lanza por la senda del abismo pidiendo la creación de un Estado libre asociado, la anexión de Navarra y de tres provincias francesas, por la vía de la firma de acuerdos puntuales. Al mismo tiempo, grupos de alaveses quieren un referéndum para romper con el País Vasco y unirse a España y los navarros se niegan a depender de Bilbao.

Manuel Giménez Abad, cincuenta y dos años, nacido en Jaca (Huesca), presidente del Partido Popular de Aragón, había decidido acudir aquella tarde al estadio de La Romareda de Zaragoza a presenciar el partido de fútbol Zaragoza-Numancia.

Eran las seis y media de la tarde del domingo 6 de mayo de 2001. Giménez Abad, acompañado de su hijo de diecisiete años, se desplaza por la calle Cortes de Aragón camino del coliseo. Al llegar a la esquina con la calle Princesa, un individuo joven, ataviado con atuendo deportivo, se coloca a su espalda y le dispara tres veces, dos en la cabeza y una a la altura del abdomen.

Horas más tarde suena el móvil 609 38 37 91, perteneciente a Segundo López de Aberasturi, *Txetxun*. La persona que le llama es Juan José Petricorena, *Petri*. Los dos son dirigentes de Batasuna, la «trama civil» de las alimañas que acaban de asesinar a un ser humano.

Txetxun. — ¡Eh! Lo que ha salido en la tele, ¿no? El presidente del Partido Popular de Aragón.

Petri. — Tiene dos tiros en la cabeza y uno en el abdomen. Por lo visto, lo que yo he oído es que no ha muerto.

Txetxun. — La «Teleberri»[1] lo ha dado como que ha muerto.

Petri. — Iba a hacer una declaración, una nota.

Txetxun. — Sí, o sea, la línea de siempre. Necesidad de superar el conflicto, que tal, que no sé qué.

Petri. — ¡Hostia! La cuestión es si éstos suspenderán la campaña electoral.

Txetxun. — Pues, nada. Nosotros seguir adelante.[2]

Faltan siete días para que los vascos se pronuncien en las urnas en las elecciones autonómicas más reñidas de la democracia. Los pistoleros de ETA, como siempre, se adelantan una semana. Con sus votos de sangre y de muerte demuestran brutalmente su rechazo al sufragio universal y el empleo del asesinato, de la liquidación física de sus adversarios, como única vía para superar lo que ellos llaman el «conflicto» y separarse de España.

La noche electoral del 13 de mayo de 2001 fue una acumulación de nervios, de vértigo y de esperanzas frustradas. En el País Vasco se ponían en juego dos modelos de convivencia, uno de ellos inspirado en la tolerancia, la alternancia en el poder, y en la integración de las dos comunidades que conviven en la región en un proyecto común; el otro, en el sectarismo, la exclusión y el predominio de los nacionalistas —dedicados a administrar los bienes públicos como un cortijo particular— sobre el resto de los habitantes de la región.

A las once y media de la noche, con el 98 por ciento de los votos escrutados, ETB-1, la televisión del Gobierno vasco y de sus adláteres de Herri Batasuna, ofreció los resultados de los comicios: «Partido Popular, 19 escaños; Esker Batua-Izquierda Unida, 3; Partido Socialista de Euskadi-PSOE, 13 diputados; Euskal

---

1. Informativo de la televisión vasca.
2. Diligencias 300/2000 del Juzgado Central de Instrucción número 5.

Herritarrok, 7 escaños, y Partido Nacionalista Vasco-Eusko Alkartasuna, 33 escaños.»

La lectura que se hizo al día siguiente en todos los medios de comunicación es que los partidos constitucionalistas (PP y PSOE), que habían incrementado en 108 333 papeletas los resultados de las elecciones anteriores,[3] habían sido los grandes perdedores de la consulta y habían sufrido un serio batacazo. La coalición PNV-EA tenía, por lo tanto, las manos libres para gobernar y llevar a cabo su programa a favor de la independencia.

Un estudio más reposado de los datos electorales demostraba que, frente a los 604 222 votos obtenidos por la coalición PNV-EA, socialistas y populares juntos alcanzaban la suma de 580 128. Las 24 094 papeletas de diferencia entre los dos bloques revelaban que la sociedad vasca estaba dividida en dos mitades y no daba a los nacionalistas margen alguno para emprender las reformas institucionales que habían prometido a sus electores.

La división del Parlamento en dos grupos antagónicos y divergentes se vio pocos días después, durante el nombramiento del presidente de la Cámara, que marcaría el comienzo de la séptima legislatura. Juan María Atutxa, que repetía mandato y contaba con el apoyo de Izquierda Unida, necesitó tres votaciones para salir elegido presidente al faltarle tres votos para conseguir la mayoría absoluta.

El 11 de junio de 2001, en su discurso de investidura de veintiún folios de extensión, el *lehendakari* Juan José Ibarretxe pasó de puntillas al abordar el viejo sueño nacionalista de ir a la secesión del País Vasco. «Nuestro proyecto de construcción política y social de Euskadi no es en absoluto una réplica tardía de los procesos de construcción de los viejos Estados nacionalistas», se limitó a apuntar. Y agregó: «Estamos y estaremos comprometidos en que Euskadi pueda alcanzar el nivel de autogobierno al que aspire en cada momento [...] y quien pretenda impedirlo estará aplicando, de nuevo, la razón de la fuerza y el derecho de conquista en lugar de la fuerza de la razón y el derecho a la libre decisión democrática.»

El presidente vasco dejó entrever, sin embargo, su decisión de

---

3. En las elecciones de 1998, sumando los votos de PP y PSOE, habrían obtenido 471 795 votos, y en la consulta del 13 de junio de 2001 sumaron 580 128 votos.

utilizar la puerta trasera para situarse en igualdad de derechos colectivos con el Estado. «Me parece fundamental —señaló— impulsar la presencia de Euskadi en aquellos foros de decisión de la Unión Europea en los que estén en juego los intereses vascos. [...] Es absolutamente normal que las realidades regionales con identidad propia puedan participar directamente en los órganos comunitarios. Tenemos que pasar de un mero conocimiento a un reconocimiento internacional de Euskadi como un país de futuro, dotado de personalidad e identidad propias.»

Oyendo su discurso, daba la impresión de que Ibarretxe había aprendido la lección de que los 24 094 votos que le separaban de los partidos constitucionalistas no le daban margen para franquear el marco constitucional y estatutario, violando el pacto suscrito a finales de los setenta por todas las fuerzas políticas, e iniciar en solitario un proceso de desanexión de España.

Había, no obstante, tres factores que hacían presagiar lo peor: desde el Pacto de Lizarra con sus «hermanos separados» de ETA, el PNV había iniciado la senda del abismo, el camino a la perdición; en las últimas elecciones, el mal llamado nacionalismo democrático tenía en su «cuenta corriente electoral» 80 862 votos «prestados» por la izquierda radical, lo que le obligaba a radicalizar sus propuestas. Y, al mismo tiempo, en su último congreso los peneuvistas habían planteado a sus bases el sueño utópico e irrealizable de una partición de Europa en microrregiones cuando la tendencia natural de la Unión Europea era acabar con las peleas tribales y avanzar unidos hacia la globalización.

Tras la segunda guerra mundial, la Europa occidental decidió superar los estados-nación y firmó en los años cincuenta el Tratado de Roma para avanzar hacia un mercado común europeo[4] que acabara con las contiendas fratricidas y las calamidades de la guerra. Por eso, la decisión del PNV fue como retroceder en el túnel

---

4. Inicialmente, «los Seis» (Francia, Italia, R. F. de Alemania y los tres del Benelux); se sumaron en 1973 el Reino Unido, Dinamarca e Irlanda; en 1981, Grecia; 1986, España y Portugal. Actualmente, la UE la forman, junto con Austria, Finlandia y Suecia, quince Estados miembros y está previsto que se amplíe a partir de 2004, paulatinamente, a Chipre, Bulgaria, Eslovaquia, Eslovenia, Estonia, Hungría, Letonia, Lituania, Malta, Polonia, República Checa, Rumanía y Turquía.

del tiempo, como hurgar en el desván de la historia y sacar a la luz un proyecto obsoleto, decimonónico y trasnochado.

El 15 de enero de 2000, los principales dirigentes nacionalistas se concentran en el palacio de Congresos de Bilbao para celebrar su III Asamblea General.[5]

Los responsables no se citan allí para cambiar su política errática, que los ha llevado a firmar un pacto secreto —el Pacto de Lizarra— con unos terroristas y a echar a los españoles del País Vasco como no hace muchos años hicieran los nazis alemanes con los judíos antes de mandarlos a las cámaras de gas. El PNV tampoco está dispuesto a hacer autocrítica ni ningún acto de contrición que les haga perdonar sus recientes errores.

La ponencia política elaborada por José María Ollora y repasada por Xabier Arzalluz es un canto a los países pequeños. «Andorra, con sus 47 000 habitantes, su código internacional propio [teléfono], su equipo olímpico, sello, puesto número 184 en la ONU, es mucho más acorde con la situación de los tiempos actuales que la Unión Europea, a la que se cree destinada al fracaso», pontifica.

Siguiendo las ideas de quienes pretenden disgregar la Unión Europea inyectando el virus del tribalismo y adaptándolo a su sueño visionario nacionalista, raquítico y mezquino, el PNV plantea acabar con las actuales naciones como base de la Unión Europea, arrojar a la basura siglos de historia, regresar a la Edad Media y construir una Europa de retales, rompiendo los estados-nación en 75 nuevos países de entre cinco y diez millones de habitantes, de acuerdo con sus características étnicas y lingüísticas. La ponencia propone:

«Islandia, Noruega, Suecia, Finlandia y Dinamarca seguirían iguales. Escocia y Gales serían independientes, al igual que Irlanda del Norte, Cataluña, País Vasco, Sicilia y la Padania italiana. Bélgica se dividiría entre francos y walones. París, con diez millones de habitantes —aseguran—, puede ser perfectamente un país miembro de la Unión.»

Tras estas reflexiones, pasa a exponer el proyecto político de su partido, que debe ser refrendado por la asamblea: «Los nacio-

---

5. Las dos asambleas generales anteriores ocurren en el mes de marzo de 1977 y en diciembre de 1995.

nalistas vascos de EAJ-PNV desde hace más de cien años centramos nuestra acción política en hacer del pueblo vasco, de una comunidad natural llamada Euskal Herría, un nuevo proyecto político llamado Euskadi. Una nueva formulación político-jurídica que dé cobijo a los vascos desde el Aldour hasta el Ebro, desde el Agüera hasta el Ezka, desde Bayona hasta Valdegoibia, desde Truzios hasta Ablitas y Barkoxe», proclama Arzalluz.

«Porque —añade— el Pueblo Vasco, Euskadi o Euskal Herría configura una realidad histórica, lingüística y cultural común que pertenece por igual a todos los ciudadanos de Araba, Baxe-Nafarroa, Bizkaia, Gipuzkoa, Lapurdi, Nafarroa y Zuberoa. El pueblo vasco y los territorios que lo integran constituyen, por tanto, una realidad diferencial y preexistente a los ordenamientos español y francés y, como tal, está dotado de personalidad e identidad propias.»

Los congregados, en lugar de asumir el fracaso de su acuerdo con ETA, se reafirman en su proyecto de construcción nacional. Así, el PNV, un partido casi extraparlamentario en Navarra, pretende anexionarse esta Comunidad Autónoma donde el 88 por ciento de sus habitantes no quieren romper sus lazos con España, y otras tres regiones francesas, situadas al otro lado de los Pirineos, en donde el sentimiento nacionalista es todavía mucho menor, como quedaría demostrado en las elecciones generales de 2002. Arzalluz continúa:

«El desarrollo del régimen de autonomía en el País Vasco y en la Comunidad Foral de Navarra, así como la posible creación de un departamento vasco en Iparralde, no supone renuncia de los vascos a los derechos que les corresponden en virtud de su historia y voluntad de autogobierno. Y entre esos derechos políticos se incluye el Derecho a la Autodeterminación, definido por el Parlamento vasco en febrero de 1990.»

Seis días después del congreso, el 21 de enero de 2000, ETA asesina en Madrid al teniente coronel del Ejército Pedro Antonio Blanco García. El PNV, que ha jurado solemnemente que si la banda armada vuelve a matar se retirará de Udalbiltza y del Pacto de Lizarra y romperá el frente común de los nacionalistas, incumple, como casi siempre, su palabra. «Los principios de Lizarra continúan siendo válidos», proclaman al unísono Arzalluz y Eguibar.

A partir de ahora, y tras las elecciones del 13 de mayo, cuyos resultados ya han quedado reflejados, van a utilizar las instituciones desde las que gobiernan —Gobierno y Parlamento— para imponer al resto de la comunidad vasca no nacionalista el proyecto de ETA. Entretanto, fiel al compromiso de las urnas, el Ejecutivo de la nación va a centrar todos sus esfuerzos en acabar con el único factor que altera la vida española, la plaga del terrorismo.

Cuando se detiene a un delincuente internacional o a un terrorista en un país de la Unión Europea y es reclamado por otro hay que formular una petición de extradición. Los jueces del país donde se ha producido el arresto examinan previamente el ordenamiento jurídico del país reclamante, analizan el comportamiento de sus jueces y policías, su sistema penitenciario y carcelario. Por este camino, las extradiciones tardan años y, en la mayoría de los casos, cuando se trata de terroristas o mafiosos, no se consiguen o se logran cuando los delitos han prescrito. Y es que los países europeos han creado un sistema de garantías para el justiciable que parece lógico hacia fuera, hacia el Tercer Mundo, pero no dentro de las fronteras de la UE.

Además, con una justicia lenta, que va a paso de carreta cuando el terrorismo y la delincuencia organizada utilizan la informática, cuando con un fax o una orden telefónica una suma de dinero puede viajar de Madrid a Singapur en décimas de segundo, no se puede combatir la criminalidad organizada. Así, las nuevas formas de delincuencia (mafia, narcotráfico, delitos cibernéticos, trata de blancas, comercio de seres humanos, terrorismo internacional) quedan casi siempre impunes.

Es preciso, por lo tanto, poner los cimientos de una justicia rápida, eficiente y basada en la confianza mutua entre los países de la Comunidad Europea, apoyada en el principio de que la justicia ha ser igual para todos se cometa el delito en Madrid, París, Bruselas o Roma.

El asunto, sin embargo, no es una tarea fácil. Exige unificar los sistemas penales de los Quince para que los delitos sean los mismos en todos los países. Hay que crear un cuerpo único de ley de enjuiciamiento, con las mismas garantías y procedimientos (hábeas corpus, derecho a no declarar en contra, derecho a la asistencia letrada, derecho a ser oído, derecho a la presunción de inocencia, derecho a no ser juzgado sin estar presente, derecho a tribunal imparcial, etc.). Es preciso adecuar los tipos de multas, los tipos penales y otros muchos asuntos.

Todo esto lo lleva pensando Ángel Acebes nada más tomar posesión de su cargo de ministro de Justicia en la primavera del año 2000. Preocupado por la persecución de los delitos de terrorismo, el principal problema de España, se lo expone así a sus colegas europeos en la primera reunión a la que asiste en Bruselas:

> España pretende suprimir los tratados de extradición con los países de la Unión Europea y espera obtener reciprocidad. Si nuestros jueces tienen parecida formación jurídica, hacen respetar los derechos humanos y los códigos penales son casi idénticos, ¿por qué un juez español no se va a fiar de sus colegas y tiene que revisar sus procedimientos?

Los ministros de Justicia de la UE, acostumbrados a bregar con unas maquinarias judiciales mastodónticas, lentas, hiperburocratizadas y anquilosadas, que funcionan con procedimientos de trabajo elaborados en muchos casos hace siglos, se toman sus palabras con enorme escepticismo. Pedirles a sus jueces, de la noche a la mañana, que renuncien a sus viejos códigos basados en el Derecho romano, napoleónico o anglosajón y compartan su trabajo con sus colegas europeos les resulta literalmente imposible.

Entienden, sin embargo, que un ministro recién llegado, como Ángel Acebes, acuda con planteamientos «utópicos e idealistas». Muchos de ellos padecieron también al principio este «síndrome» de soñar con una justicia universal, por lo menos europea, y un Tribunal Internacional Penal, pero en seguida se cayeron del guindo. Tarde o temprano, piensan, al ministro español de Justicia también le ocurrirá. Así que le dan la bienvenida con buenas palabras y le desean lo mejor.

El 21 de julio de 2000, las torres de control de los aeropuertos de Málaga y de Son Sant Joan (Mallorca) observaron un incremento poco habitual del número de helicópteros que sobrevolaban la zona.

Ese día, jueves, los ministros de Justicia de España, Ángel Acebes, y de Italia, Piero Fassino, firmaban un acuerdo para crear un espacio común de justicia, seguridad y libertad que agilice las extradiciones de mafiosos. Alrededor de treinta capos acostumbrados a vivir impunemente en las islas Baleares y la Costa del Sol salieron de estampida de España esa jornada hasta ver qué pasaba. Pocas semanas después regresaron, fueron capturados y, sin ningún procedimiento de extradición, fueron entregados a Italia.[6]

El procedimiento satisfizo tanto a los italianos que cuatro meses y siete días después, el 28 de noviembre, eran Giuliano Amato y José María Aznar quienes en el palacio de Chigi, en Roma, elevan aquel primer acuerdo a la categoría de tratado bilateral que permite entregar de un país a otro, sin juicio previo ni trámites de extradición, a terroristas, narcotraficantes, mafiosos y autores de graves delitos.

En la Europa del euro, de la libre circulación de personas, el convenio marca un hito histórico. Así lo resalta, en la próxima reunión de la Comisión de Justicia de la Comunidad Europea, el comisario europeo de Justicia e Interior, Antonio Vitorino:

«Hago mío el acuerdo España-Italia. Es el primer paso para la construcción de un marco policial y judicial europeo.»

A partir de entonces, el Gobierno español, empeñado en crear el tercer pilar de la Unión Europea, la Europa del Derecho, de la libertad y de la seguridad, el del marco policial y judicial europeo, basándose en los acuerdos alcanzados el 17 de octubre de 1999 en Tampere (Finlandia), pone toda la carne en el asador y despliega un amplio abanico de iniciativas.

El segundo paso encaminado a suprimir las barreras judiciales

---

6. Con la condición de que fueran juzgados de nuevo, oídos ante un tribunal, antes de ser juzgados, y no condenados en rebeldía, como hasta entonces se hacía en Italia.

que impiden la colaboración entre países se da en Madrid el 3 de febrero de 2001 cuando el ministro Acebes firma con su colega francesa, Marylise Lebranchu, una declaración conjunta por la que se comprometen a crear un grupo de trabajo para agilizar y mejorar la cooperación en materia judicial entre los dos países, principalmente para supuestos de delitos graves, crimen organizado, terrorismo, tráfico de personas y abusos sexuales de menores, así como tráfico de drogas, armas, blanqueo de dinero y corrupción.

El 21 de marzo de 2001, el ministro de Justicia español suscribe con su colega de Justicia e Interior Jack Straw, en el Home Office del Reino Unido, un nuevo acuerdo bilateral para la entrega judicial rápida de delincuentes acusados o condenados por delitos graves, incluyendo terrorismo, crimen organizado y tráfico ilegal de personas, al que sigue, una semana después, el 30 de marzo de 2001, un cuarto pacto con el ministro de Justicia belga, Marc Verwilghen, similar al suscrito con los franceses.

España, de esta manera, comienza a colocar los cimientos para perseguir policial y judicialmente a los terroristas de ETA por toda Europa e impedir que un dirigente de HB y un pistolero de la banda armada se presenten en Dinamarca o Finlandia, donde el delito de terrorismo no está tipificado, den una conferencia en la universidad o creen un santuario terrorista sin estar fuera de la ley. Los resultados de esta nueva estrategia se van a ver muy pronto.

José Javier Arizcuren Ruiz, *Kantauri*, uno de los jefes de ETA con los que el secretario de Estado para la Seguridad, Rafael Vera, pretendía iniciar una segunda negociación en 1993, fue sacado de la cárcel de La Santé, en París, introducido en un avión y trasladado a la Audiencia Nacional.

Era el 17 de diciembre de 2001. A Kantauri le quedaban aún varios años de condena en Francia pero, para evitar que los delitos cometidos en España prescribieran, que las pruebas desaparecieran o algunos testigos mayores fallecieran, el ministro de Justicia francés autorizó una entrega transitoria para que fuera juzgado y condenado en España y devuelto al país galo y allí terminar de cumplir su condena.

De esta manera, cuando salga de una cárcel, Arizcuren Ruiz sabe que va a ingresar automáticamente en otra a cumplir treinta años más de condena. La «entrega transitoria» fue uno de los acuerdos alcanzados el 11 de julio de 2001 por el grupo de trabajo franco-español en un encuentro celebrado en Toulousse[7] para evitar que los etarras, en una estrategia perfectamente calculada para no ser condenados en España por sus asesinatos, cometan pequeños delitos en Francia (llevar un arma que no usan o un DNI falso) para ser encarcelados allí y forzar, entretanto, a que sus sumarios de la Audiencia Nacional prescriban.[8]

Al mismo tiempo, los ministerios de Justicia español y francés llegan a otro acuerdo histórico en las relaciones bilaterales entre ambas naciones la entrega inmediata de terroristas a España, hayan cometido o no delitos en Francia, siempre que los hechos punibles por los que se los persigue en España sean más graves, encargándose la fiscalía francesa de acusarle, ya en territorio español, de los delitos que hubiese cometido al otro lado de los Pirineos.[9]

Entretanto, mientras el Ejecutivo de José María Aznar teje laboriosa y pacientemente un entramado jurídico europeo e internacional para perseguir eficazmente al terrorismo, el Gobierno vasco no permanece impasible. Su estrategia es la contraria de la del inquilino de la Moncloa y Ángel Acebes: darle a ETA todo lo que pida, para así acabar con el fenómeno de la violencia.

> El País Vasco debe tener una presencia real y efectiva en el proceso de toma de decisiones de Bruselas. El proceso de nuestra autonomía política en 1979 no tuvo en cuenta esta variable y, sin embargo, los tratados de la Unión Europea y la utili-

---

7. El protocolo de Toulouse es ratificado el 11 de octubre de 2001 en la cumbre hispano-francesa de Perpiñán, a la que asisten José María Aznar y Lionel Jospin. En este encuentro, ambos mandatarios profundizan en medidas concretas, como el intercambio de información y los equipos conjuntos de investigación, con la participación de las fiscalías especializadas de ambos países.

8. Terroristas como Julián Achurra, *Pototo,* o Irantzu Gallastegui, que cumplen condena en Francia por asociación de malhechores, han sido entregados provisionalmente a España y ya están juzgados y condenados.

9. Las autoridades francesas remiten los sumarios incoados en Francia. De esta manera, los terroristas son juzgados y condenados por el conjunto de delitos cometidos en España, cumpliendo la pena en el país de destino.

zación que está haciendo de los mismos el Gobierno tienen un efecto importantísimo en nuestro autogobierno. Europa influye cada vez más en nuestras vidas, en nuestra política monetaria, pesca, alimentación, autonomía financiera, política industrial y en cualquier ámbito en general.

El 25 de octubre de 2001, el Parlamento de Vitoria celebra un pleno monográfico dedicado al autogobierno. El *lehendakari* de los nacionalistas, como viene siendo habitual en los últimos años, hace un balance catastrofista del desarrollo del Estatuto de Gernika. «Después de veintidós años nos encontramos con un Estatuto atrofiado por la paralización del Gobierno, la aprobación de leyes claramente abusivas y de sentencias restrictivas que limitan nuestro autogobierno.»

Haciendo gala del ancestral victimismo, del irredentismo y de la insatisfacción permanente del PNV y adláteres, para Juan José Ibarretxe, no sólo son los tres poderes del Estado español (Gobierno, Parlamento y Justicia) los que estaban conjurados en una indigna cruzada para quitarles a ellos sus competencias. La pérfida Unión Europea se atrevía, sin contar con los vascos, ese pueblo milenario que se remonta a los albores de los tiempos, a tomar decisiones al margen de sus «derechos históricos». «Cuando en Bruselas se discuten temas que afectan a las competencias vascas, el Gobierno vasco está ausente y es preciso que el País Vasco y otras naciones sin Estado participemos en la toma de decisiones de la Unión», proclama, pretendiendo cambiar con un discurso decenas de miles de directrices y leyes europeas.

Frente a la tesis de la UE de ir a una política económica común, que acabe con los paraísos fiscales y la competencia ilícita entre estados, poniendo fin a privilegios y ayudas encubiertas a las empresas, Juan José Ibarretxe se queja porque la Unión no le permite vulnerar sus leyes: «¿Cómo es posible que la defensa de los incentivos fiscales de la Administración vasca, tan importantes en nuestro desarrollo económico, fuera ejercida en Bruselas por el ministro español de Economía y Hacienda, quien a su vez ha recurrido esos incentivos a nivel interno?», presionado, naturalmente, por navarros, burgaleses, catalanes, riojanos y cántabros, que los consideran ilegales y ven en la medida un instrumento de competencia desleal.

Frente a todos estos «atropellos», con total desprecio a las víctimas de ETA y a la mitad de la población, que no vota nacionalista, Ibarretxe está dispuesto a resucitar el Pacto de Lizarra en el Parlamento vasco, con el apoyo de Herri Batasuna o sin él. «El pueblo vasco —dice, manipulando descarada e interesadamente los resultados de las elecciones— se ha manifestado mayoritariamente por el autogobierno. [Por eso], sin renunciar a los actuales marcos políticos y jurídicos conseguidos, tenemos que pedir de nuevo el cumplimiento del pacto estatutario y profundizar en nuestro autogobierno.»

Antes de acabar su intervención, el *lehendakari* propone a la Cámara de Vitoria la creación de una comisión parlamentaria que le dé la cobertura mínima para iniciar su alocada carrera hacia la independencia.

A partir de entonces, la división en la sociedad vasca se hace más patente. Mientras los partidos constitucionalistas (PP y PSOE), a los que se quiere expulsar de las instituciones, privar de sus derechos políticos y convertir étnica y socialmente en ciudadanos de segunda, consideran que la normalización de Euskadi pasa por la desaparición previa de ETA, PNV y EA —a cuyos dirigentes políticos no los matan ni amenazan—, se aíslan de la realidad social y, como si vivieran en un mundo idílico y sin violencia, se confabulan para editar por segunda vez el Pacto de Lizarra, el acuerdo impuesto por los pistoleros de ETA, utilizando las instituciones existentes, el Parlamento y el Gobierno vascos, como plataforma.

Partidos constitucionalistas e independentistas van a iniciar, a partir de entonces, una carrera imparable, unos desde la Constitución y el Estatuto de Gernika y los otros amparándose en la desobediencia civil y el enfrentamiento, para ver quién gana la contienda.

El 11 de octubre de 2001, cuatro aviones civiles utilizados como bombas volantes alcanzaron las Torres Gemelas de Nueva York y el edificio del Pentágono, situado en las afueras de Washington, provocando el atentado terrorista más sangriento de la historia de la humanidad.

Con el mundo aterrorizado y conmocionado por la crueldad sin límites del terrorismo, acabar con los que matan y secuestran para imponer sus ideas a los demás se convirtió en el objetivo número uno de todos los países democráticos.

El 28 de junio de ese año, la banda terrorista había asesinado en Madrid al general Justo Oreja; el 14 de julio, al concejal del UPN de Leiza (Navarra) José Javier Múgica, y en Leaburu (Guipúzcoa), al ertzaina Mikel Uribe. Tras el atentado a las Torres Gemelas, en noviembre de ese año amplían su estrategia de muerte y destrucción contra el magistrado de la Audiencia Provincial de Vizcaya José María Lidón y los ertzainas Francisco Javier Mijancos y Ana Isabel Arostegui.

En este contexto, el 6 y 7 de diciembre de 2001, los ministros de Justicia de la Unión Europea se reúnen en Bruselas y, basándose en la experiencia española, deciden crear la Orden Europea de Detención y Entrega o Euroorden, un sistema que viene a superar el procedimiento clásico de extradición y que entrará en vigor en los estados miembros a partir del 1 de enero de 2004.[10]

De esta manera, mediante un simple fax, cualquier juez europeo puede solicitar a un colega suyo de otro país la entrega de un terrorista o delincuente y éste, sin necesidad de incoar un sumario, lo manda detener y se lo entrega automáticamente.

Al mismo tiempo, los Quince dan otro nuevo paso: constituyen en La Haya Eurojust, un organismo integrado por dos fiscales o jueces de cada uno de los estados miembros. Su misión consiste en centralizar toda la información sobre delincuencia organizada, terrorismo, tráfico de seres humanos y mafias en el territorio de la Unión Europea y tramitar las extradiciones.

La decisión más trascendental de aquella reunión fue, sin embargo, la creación de una lista de organizaciones criminales y terroristas internacionales e incluir en ella a ETA y a sus principa-

---

10. En la primera reunión de ministros de Justicia e Interior de la Unión Europea bajo presidencia española, el 15 de febrero de 2002, siete países europeos (España, Francia, Portugal, Luxemburgo, Reino Unido, Bélgica y Alemania) acuerdan adelantar la entrada en funcionamiento de la Euroorden al primer trimestre de 2003, un año antes del plazo previsto.

les dirigentes, quienes inmediatamente pasaron a formar parte de los terroristas más buscados en Estados Unidos,[11] Japón y Canadá.

La decisión del Gobierno español de incorporar a la lista de organizaciones terroristas a varios dirigentes de Herri Batasuna condenados por delitos de sangre o conexos queda bloqueada en la mesa de los ministros de Justicia e Interior de la Unión Europea.

> Si participan legalmente en las instituciones y cobran de los Presupuestos Generales del Estado, la Comunidad Europea no los puede condenar aunque den cobijo a pistoleros, los trasladen de un lado a otro para cometer asesinatos, jaleen sus atentados, hagan apología del terrorismo, amenacen a los cargos públicos del PP y del PSOE y luego se paseen por toda Europa pidiendo que se apliquen los derechos humanos a los asesinos de ETA. Antes deben ilegalizarlos ustedes.

Nos encontramos en diciembre de 2000. Una nueva batalla —la ilegalización de Batasuna— va a ponerse en marcha con el Gobierno vasco, que quiere pactar con ellos Lizarra II, y estará dispuesto a torpedear desde todos los ángulos la iniciativa.

Era la primera vez en la historia de la Unión Europea que se decidía perseguir al terrorismo vasco y se ponía fuera de juego a un grupo de matones que viven de amenazar a la mitad de la población del País Vasco y de asesinar a aquellos que pueden.

La reacción del Ejecutivo de Ajuria Enea ante la aprobación de la lista europea de terroristas no fue de optimismo sino de todo lo contrario. Su responsable de Industria, Comercio y Turismo, Josu Jon Imaz, valoró como positiva la medida, pero en seguida matizó: «ETA no es una simple banda de delincuentes sino

---

11. Javier Abaunza Martínez, Itziar Alberdi Uranga, Ángel Alcalde Linares, Miguel Albisu Iriarte, Eusebio Arzallus Tapia, Paulo Elcoro Ayastuy, Antonio Figal Arranz, Eneko Gogeascoetxea Arronategui, Cristina Goiricelaya González, María Soledad Iparraguirre Guenetxea, Gracia Morcillo Torres, Ainoa Múgica Goñi, Aloña Muñoa Ordozgoiti, Juan Jesús Narváez Goñi, Juan Antonio Olarra Guridi, Zigor Orbe Sevillano, Mikel Otegui Unanue, Jon Iñaki Pérez Aramburu, Carlos Sáez de Eguilaz Murguiondo, Kemen Uranga Artola y Fermín Vila Mixtelena

un grupo de personas, con un respaldo electoral importante, que luchan por un objetivo político.» Y añadió: «Por eso, el Gobierno español ha fracasado en su intento de meter en esa lista a Herri Batasuna y es que ETA y Batasuna son dos cosas distintas y no se los puede meter en el mismo saco.»

Para el PNV, la no ilegalización de Batasuna, por la vía de incluir a sus ex pistoleros en las listas de la Unión Europea, constituía un gran triunfo del nacionalismo frente a los partidos constitucionalistas. Pero la partida no había hecho más que empezar.

Como jefe de ETA, dueño de vidas y de haciendas, José Antonio Urrutikoetxea Bengoetxea, *Josu Ternera*, es el presunto responsable máximo de una de las matanzas más bestiales de ETA: el asesinato de doce personas, cinco de ellas niños, en un cuartel de la Guardia Civil de Zaragoza el 11 de diciembre de 1987.

Su actuación al frente de la banda armada fue tan despiadada que sus propios compañeros, Iñaki Esnaola y Christianne Fandó, lo entregaron a la policía española para que se pudieran iniciar las Conversaciones de Argel.[12] Tras pasar unos años en prisión, a mediados de los noventa es extraditado a España y queda en libertad.

Terroristas quemados como él, juzgados, condenados y dispuestos a seguir apoyando a ETA desde la legalidad, existen varios centenares en Herri Batasuna, una cifra escalofriante, hasta el punto de que siete de los catorce nuevos miembros de la formación política en la pasada legislatura tenían, directa o indirectamente, las manos manchadas de sangre.

Pese a estos datos, pese a que muchos parlamentarios de UCD, PP y PSOE han tenido la convicción de que han compartido durante años escaños en el Parlamento con individuos que mandaban amenazarlos o asesinarlos, la ilegalización de la trama civil de ETA había sido la piedra en la que habían tropezado una y otra vez los distintos gobiernos de la democracia, desde el 23 de

---

12. Revista *Tiempo*, 12 de septiembre de 1997.

marzo de 1980, en que UCD presentó una demanda de ilegalidad ante los tribunales contra la coalición.[13]

«Nosotros partíamos de un estudio profundo: ¿Cómo un partido que mata, extorsiona, amenaza, obliga a llevar escolta a los concejales de la oposición puede ser democrático? ¿Cómo podemos pedir colaboración internacional si tenemos legalizada a esa gente, le damos dinero para comprar balas, les toleramos en instituciones, convivimos con nuestros asesinos, nosotros con escolta, amenazados, amedrentados y ellos libres, yéndose de potes sin que nadie les toque un pelo?», plantea el ministro Acebes.

La filosofía estaba clara pero faltaba el marco legal. Tras reunirse varias veces a solas con el presidente del Gobierno, Ángel Acebes y el entonces secretario de Estado de Justicia, José María Michavila, piden informes a María José García, directora de gabinete y abogada del Estado; al fiscal de la Audiencia Nacional Eduardo Fungairiño, uno de los primeros especialistas españoles en materia de terrorismo; al profesor de Derecho Constitucional y subsecretario del ministerio Ignacio Astarloa, y a otros.

Fracasada en tres ocasiones la vía penal, Acebes y Michavila son partidarios de utilizar la político-constitucional, es decir, que sea el Parlamento, como máximo representante de la soberanía popular, el que, de acuerdo con el Gobierno, promueva la ilegalización de la trama civil de ETA, y los jueces quienes resuelvan. «Es el sistema utilizado por todas las democracias occidentales,

---

13. La demanda fue presentada por el ministro del Interior Antonio Ibáñez Freire ante el Juzgado de Primera Instancia número 1, que da la razón a los *abertzales* y ordena su inscripción en el Registro. El 19 de septiembre de 1983, Jon Idígoras, Jokin Gorostidi y otros dirigentes, en nombre de Herri Batasuna, presentan su inscripción, esta vez como partido político, en el Registro del Ministerio del Interior. El 2 de enero de 1984, el director general de Política Interior deniega la inscripción alegando defectos de forma en los estatutos. Los representantes de HB recurren al Tribunal Supremo y el 23 de mayo de 1984 la Sección Primera de la Sala de lo Contencioso-Administrativo la anula porque «los defectos encontrados son de carácter formal y pueden subsanarse» (Sentencia 2 918/84, de la que es ponente el magistrado Matías Malpica González). El último intento de ilegalizar Batasuna se plantea mediante demanda interpuesta por el ministerio fiscal ante el Juzgado de Primera Instancia número 15 de Madrid. Doce informes diferentes demuestran que los estatutos del partido independentista incurren en una situación de «ilicitud penal». El juzgado consideró que no era posible borrarla del Registro en base a la Ley de Partidos de 4 de diciembre de 1978. La Audiencia Nacional ratificó la sentencia y, por último, el 31 de mayo de 1986, la Sala Primera del Tribunal Supremo no aceptó el recurso de casación interpuesto por el fiscal (Sentencia 2 921/1986 de la Sala de lo Civil del Supremo). Tres días más tarde, el 3 de junio de 1986, el ministro José Barrionuevo ordenó inscribirla en el Registro Público.

empezando por Alemania», afirma Michavila, que lleva varios meses estudiando el asunto.

A comienzos de 2002, España inicia su presidencia semestral de la Unión Europea. El presidente del Gobierno tiene el asunto sobre la mesa pero, en un semestre sumamente ajetreado, Aznar necesita buscar el tiempo necesario para hacer nuevas consultas y dar el paso adelante.

A Javier Madrazo, un pelotari *abertzale* de Riaño (León), la ruptura de Izquierda Unida con los partidos constitucionalistas y su alineamiento con las tesis de ETA en el Pacto de Lizarra le iba a ser bien recompensada: en el segundo Gobierno de Ibarretxe le nombrarían consejero de Vivienda y Asuntos Sociales del Gobierno vasco.

Una de sus primeras medidas fue asumir ilegalmente parte de las políticas de emigración, que competen al reino de España y a la Unión Europea. Y fiel al «internacionalismo proletario» de su juventud, adobado con el «ámbito de decisión vasco» de su madurez, entre sus decisiones más tempranas figura el nombramiento de un «*abertzale* negro» como director general de Emigración del Gobierno de Ajuria Enea.

Así, la principal misión de Omer Oke, con todos los respetos a su color y su persona, no fue la de defender a los españoles constitucionalistas como Fernando Savater, Vidal de Nicolás, Teo Uriarte, Jon Juaristi, Juan Ramón Rekalde o Edurne Uriarte, declarados «extranjeros en su propia tierra».

Consistió en darse paseos nocturnos, de incógnito, a veces en chándal y zapatillas de deporte, por las discotecas y bares más «pijos» del País Vasco para verificar si la gente de color era discriminada. Oke comprobó así, y los periódicos lo contaron, cómo en todas partes se discrimina a la gente por el color de la piel, pero mucho más por no tener dinero.

Frente a la política caricaturesca de Javier Madrazo, un *abertzale* de aluvión, dirigente de esa parodia de partido en que se ha convertido a Izquierda Unida, a Idoia Cenarruzabeitia, vice-*lehendakari* del Gobierno vasco y militante de Eusko Alkartasuna, le tocó renegociar el Concierto Económico con el Gobierno de Madrid.

Con la dureza de la madera de boj y la cintura de Demmis

Roussos, la diva del nacionalismo radical, cercano a ETA,[14] que enseñaba en sus ratos libres al *lehendakari* a hablar en euskera, se plantó en Madrid no a negociar el concierto, como era su obligación.[15]

La vice-*lehendakari* pretendía que el Gobierno permitiera a la Comunidad Autónoma Vasca tener presencia permanente en la Unión Europea como un Estado miembro más. De esta manera, se materializaba la oferta hecha por Ibarretxe un mes antes en su pleno de autogobierno, al aspirar a negociar directamente con Bruselas sus políticas monetarias, fiscal, de empleo, de déficit y de financiación, al margen de España y del resto de las comunidades autónomas.

Su propuesta era todo un desafío. En caso de no aceptarse su imposición de acompañar al ministro español de Economía a Bruselas, sin saber que Rodrigo Rato empezaba a estar mejor acompañado, Cenarruzabeitia se negaba a firmar el Concierto Económico. Amenazaba, además, con reunir al Parlamento vasco y proclamar el 1 de enero de 2002 la «soberanía fiscal» de Euskadi, vulnerando el espíritu y la letra de la Constitución y el Estatuto de Autonomía.

Decidida a colocar al Estado contra las cuerdas, la vice-*lehendakari* mantuvo el pulso hasta el final. Lo hizo hasta que presionada por el presidente de Confesbask, la patronal vasca, Román Knorr, quien la acusa de llevar a la ruina al País Vasco con su intransigencia y obcecación enfermiza, tuvo que dar marcha atrás y firmar la prórroga del Concierto Económico.

Pero ni siquiera así dio su brazo a torcer. «Esperemos —declaró— que ésta sea la última vez y que, a partir de unos años, los vascos no tengamos que depender más de Madrid ni para fijar nuestra política económica ni para ninguna otra cosa.»

El rifirrafe del Concierto fue un ensayo general encaminado a medir las fuerzas entre el Gobierno vasco y el Estado central. La verdadera contienda, entretanto, se libraba en otros ámbitos.

14. Desde su fundación a comienzos de los ochenta, Eusko Alkartasuna plantea en el artículo primero de sus estatutos la «independencia» del País Vasco.

15. El último Concierto Económico con el País Vasco se había aprobado el 30 de diciembre de 1980 por el ministro de Hacienda de UCD Jaime García Añoveros, ya fallecido. Tenía una vigencia hasta el 31 de diciembre de 2001, según consta en su artículo primero. Por tanto, su renovación era esencial para que Euskadi pudiera seguir contando con un sistema fiscal propio.

Jaime Mayor Oreja se levantó muy de mañana en aquella casa provisional donde se había instalado al abandonar el Ministerio del Interior, en pleno barrio de Salamanca de Madrid. Era uno de esos días oscuros de invierno, con una fuerte humedad en el ambiente que presagiaba lluvia.

Tras escuchar unos minutos la radio, recibió la habitual llamada de su secretaria, Miren Aguirre. Desde su despacho de Vitoria, todas las mañanas le recordaba su agenda de trabajo y le ponía al día del correo y las llamadas telefónicas recibidas.

Aquel martes 12 de marzo de 2002, Mayor Oreja había sido convocado, junto con otros ministros y colaboradores del presidente del Gobierno, a una reunión en la Moncloa. Al llegar al palacio se encontró en la antesala con el vicepresidente primero, Mariano Rajoy, el ministro de Justicia, Ángel Acebes, y el secretario general de Presidencia, Francisco Javier Zarzalejos.

Al iniciarse la reunión, José María Aznar les explicó, sin rodeos, el motivo del encuentro. Se trataba de plantear la ilegalización de Herri Batasuna, el brazo político, la cara visible de ETA en las instituciones del País Vasco.

—El Estado lleva treinta años golpeando a ETA sin avances importantes porque la banda terrorista, cada vez que recibe un golpe, se regenera al poco tiempo. Y ocurre así porque durante tres décadas hemos golpeado en el lugar erróneo. Si Herri Batasuna es la cabeza de la serpiente, para acabar con ésta no hay más remedio que golpear en la cabeza —explicó gráficamente el presidente.

Durante el encuentro, el ex ministro de Interior observó que la única persona a la que el presidente había contado sus planes por anticipado era al ministro de Justicia. De ahí que, nada más sentarse a la mesa, Acebes abriera su maletín y extrajera un primer borrador del proyecto de ley que repartió entre los asistentes.

Allí, sobre la marcha, expuso por primera vez las líneas generales del documento, haciendo hincapié en el carácter minucioso y extremadamente detallista del informe. «Los autores del texto —explicó Acebes— han recibido instrucciones de estudiar todos los resquicios por los que la banda terrorista pueda vulnerar la legalidad. Por eso hemos pretendido un texto amplio y concienzudo, para impedir que haya lagunas o resquicios legales que permitan a ETA levantar cabeza.»

Tras la breve exposición, el presidente pidió a los presentes que dieran su opinión sobre la iniciativa. Sólo Mariano Rajoy consumió un turno matizando pequeñas enmiendas que debían ser recogidas en futuros borradores. Todos quedaron de acuerdo.

«Si una cosa está clara tras las elecciones del 12 de mayo es que la mayoría del pueblo vasco ha hecho una apuesta por la soberanía y la independencia. Desde mi punto de vista, esta cámara debe seguir el mandato del pueblo.»

Acostumbrado a decir las cosas claras, el ex *lehendakari* del Gobierno vasco, Carlos Garaikoetxea Urriza, efectuó esta declaración dentro de la Comisión Especial para el Autogobierno y, tras dos horas de comparecencia en la que no hizo otra cosa que abundar en la misma idea, regresó a su casa de Zarauz (Guipúzcoa).

Obedeciendo las órdenes del presidente del PNV, Xabier Arzalluz, y del *lehendakari* Juan José Ibarretxe, la Comisión Especial para el Autogobierno se había constituido el 29 de noviembre de 2001.

Presidida por la diputada nacionalista Elixabete Piñol e integrada por los halcones del PNV y EA Rafael Larreina, Joseba Eguibar, Juan María Juaristi, Emilio Olabarría, Juan Antonio Rubalkaba, Íñigo Urkullo y Gorka Knorr,[16] y por los dirigentes de HB Antton Morcillo y Josu Urrutikoetxea Bengoetxea, su objetivo estaba implícito en su propio nombre: buscar los cauces necesarios para declarar la independencia del País Vasco y preparar a la sociedad para que fuera asumiendo la nueva realidad política que pretendía el PNV.

Aunque se trataba, ni más ni menos, que de promover desde el Parlamento vasco el Pacto de Lizarra, el PNV necesitaba revestir la cuestión de un cierto aire de pluralismo y de neutralidad. Por eso, la «Comisión Lizarra» había decidido pedir su opinión a cincuenta y siete personalidades tan variopintas como el ex etarra Juan Carlos Joldi, el *bersolari* Xabier Amuriza, el ponente consti-

---

16. Los partidos constitucionalistas están representados por Leopoldo Barreda, Antón Damborenea y Fernando Maura (PP), Enriqueta Benito (Unidad Alavesa) y Rodolfo Ares, Jesús María Eguiguren y Víctor García Hidalgo (PSOE).

tucional Miguel Herrero, varios alcaldes de Udalbiltza, Juan María Bandrés, Mario Onaindía y otros.[17]

Así, el 13 de marzo concurren ante la comisión el ex *lehendakari* Carlos Garaikoetxea, el ex consejero de presidencia Juan Porres y el ex diputado Francisco Letamendía. Como no podía ser de otra manera, todos ellos creen que el Estatuto está agotado y que es preciso buscar un nuevo marco político «entre los vascos y sólo entre vascos» como vía para llegar a la independencia.

La casa que ocupa Jaime Mayor en Vitoria es un pequeño chalet de una zona tranquila y ajardinada situada en las afueras de la ciudad de Vitoria, en la que apenas se ven vecinos y donde de tarde en tarde circula algún coche.

Frente a la vivienda, que hizo las veces de cuartel general del PP en la campaña electoral del 12 de mayo de 2001, hay un club deportivo y varias canchas de paddel que se animan a mediodía. El viernes 15 de marzo, el candidato del PP a las elecciones autonómicas acude a jugar un partido con unos amigos. Un ligero traspié le provoca una lesión en el gemelo derecho que le tuvo imposibilitado para andar.

El domingo 17 de marzo de 2002, a las 12.30, tiene hora con su médico de Madrid para operarse. A las 8.30 le llaman desde la Moncloa para que media hora más tarde esté en palacio. El presidente, al que desde la oposición se le acusa de ralentizar el proceso de convergencia con los socialistas en la lucha contra el terrorismo, está dispuesto a dar un paso adelante pero con medidas concretas y llevando la iniciativa.

17. Ésta es la lista de comparecientes o de personas que envían comunicaciones a la comisión: Idoia Cenarruzabeitia, Carlos Garaikoetxea, Francisco Letamendía, Juan Porres, Luis Alberto Aguiriano, Javier Caño, José Ángel Cuerda, Juan María Ollora, José Antonio Maturana, Rafael Arias Salgado, Juan María Vidarte, Marcos Vizcaya, Roberto Lertxundi, Emilio Guevara, Jaime Mayor Oreja, Mario Fernández, José Pedro Pérez Llorca, Gregorio Monreal, Juan Echevarría, Imanol Zubero, Gurutz Jáuregui, Ramón Zallo, Marc Carrillo, Pedro Ibarra, Luis Carlos Rejón, José Manuel Castells, Txomin Ziluaga, Miguel Ángel García, Iñaki Lasagabaster, Tomás Urzainki, Jon Arrieta, Jaime Pastor, Román Knorr, Alberto Oliart, Antonio Mendizábal, Adolfo Araiz, Karmelo Sainz, Miguel Herrero, Pedro Portilla, José María Benegas, Xabier Arzalluz, Ramón Rabanera, José María Vizcaíno, Josu Bergara, Pascal Gómez, Iñaki Azkuna, Josu Onandi, Alfonso Alonso, Román Sodupe, Kepa Landa, Jon Jáuregui, Rafael Díez Usubiaga, Dámaso Casado Cuevas, Xabier Larralde, Loren Arkotxa, José Elorrieta, Odón Elorza y Mario Onaindía.

Al segundo encuentro asisten los mismos interlocutores del martes pasado y, además, el secretario general del partido, Javier Arenas, que ha tenido que adelantar su vuelta de Sevilla, donde ha pasado el fin de semana con su mujer, Macarena, y sus hijas. A Ángel Acebes le toca, de nuevo, hablar el primero para presentar el segundo borrador elaborado por Ignacio Astarloa y el secretario de Estado José María Michavila. Tras la exposición, Aznar pide a todo el mundo de nuevo su opinión.

Con Herri Batasuna más debilitada que nunca después de las últimas elecciones autonómicas, con la opinión pública internacional sensibilizada en contra del terrorismo por los atentados a las Torres Gemelas, el Parlamento Europeo y los gobiernos de Italia, Reino Unido, Francia y Alemania dispuestos a eliminar cualquier brote terrorista en Europa y España presidiendo la Unión Europea, la ocasión para colocar a ETA contra las cuerdas no podía ser más propicia.

—Es indispensable aplicar esta ley en los próximos meses. Es fundamental hacerlo ahora —reflexiona en voz alta Aznar.

—Estoy con el presidente. O damos este paso ahora o no lo daremos nunca —remacha Mayor Oreja.

Los presentes son conscientes de que una ley de tanta envergadura debe contar, al menos, con el consenso del principal partido de la oposición. La duda que se presenta en aquel momento es si el PSOE va a apoyar o no el proyecto.

—Hace un mes diría que no hay problemas, pero ahora tengo mis dudas —dice Mayor Oreja.

Meses antes, el 21 de diciembre de 2001, Nicolás Redondo Terreros había presentado su dimisión irrevocable como secretario general de los socialistas vascos y faltaba una semana para que Patxi López fuera nombrado su sustituto, en un congreso extraordinario celebrado el 23 de marzo siguiente. Entretanto, el ascenso al estrellato de un sector pro nacionalista capitaneado por los guipuzcoanos Jesús Eguiguren,[18] Odón Elorza y Ramón Jáuregui no era un buen augurio.

A las 13.30, Mayor Oreja abandona la Moncloa para acudir a

---

18. Eguiguren había presentado un documento en el que se hacía mención a la necesidad de un referéndum de autodeterminación y la existencia de un conflicto vasco previo a ETA como nuevas posturas a adoptar por el PSE.

la clínica Ruber, donde le operan de la lesión en el gemelo, le escayolan la pierna y le recomiendan dos semanas de reposo sin poder moverse. El resto del equipo, junto al ministro portavoz Pío Cabanillas, que se incorpora por la tarde, permanece en palacio hasta primeras horas de la noche analizando y discutiendo los pormenores del proyecto de ley.

El lunes 18 de marzo de 2002 fue un día pródigo en acontecimientos. Nada más levantarse, a muchos nacionalistas se les atragantó la tostada con mantequilla y mermelada y el café con leche al leer los periódicos o escuchar la radio.

Luis del Olmo, en Onda Cero, y Luis Herrero, en la COPE anuncian la intención del Gobierno de promover un proyecto de ley para ilegalizar al partido defensor del grupo terrorista del hacha y la serpiente. Los periódicos *El Mundo* y *El País* recogen, con gran despliegue informativo, los detalles del proyecto de ley celosamente guardado hasta entonces.

Al estupor y nerviosismo de los nacionalistas se une la tragedia en las filas del PSOE días más tarde. El 21 de marzo, tras despedir a su escolta, Juan Priede Pérez, único concejal socialista del Ayuntamiento de Orio, acude al bar Gure Txoko, situado en la calle Aritxaga, a cincuenta metros de su casa, a tomar un café, y es brutalmente asesinado, como ya ha quedado relatado en este libro.

Horas después, con el corazón en un puño y la tristeza reflejada en el rostro, Jesús Caldera, portavoz parlamentario del grupo socialista, llama a su compañero Juan Fernando López Aguilar y le dice: «Suspende todo lo que tengas en la agenda. El Gobierno nos ha citado en el Ministerio de Justicia. Dicen que van a enseñarnos algo importante.»

López Aguilar goza de prestigio en su partido como catedrático de Derecho Constitucional. Además es un hombre de la entera confianza del secretario general, José Luis Rodríguez Zapatero, y de Caldera, el portavoz. Pero ni uno ni otro estaban preparados anímicamente para digerir en una tarde el cuadro que se encontraron.

En el despacho del ministro de Justicia los espera la plana mayor del PP: el ministro Ángel Acebes; el portavoz parlamentario, Luis de Grandes; el portavoz en el Senado, Esteban González Pons, y el propio secretario general, Javier Arenas. Por si hubiese algo que consultar, en una sala aledaña aguardaba un ex letrado del Parlamento vasco, quien tenía en la cabeza toda la Ley de Partidos con sus puntos y comas: Ignacio Astarloa, ex letrado mayor de las Cortes y subsecretario de Estado de Justicia. Y junto a él, su jefe, el secretario de Estado, José María Michavila.

Después de darles el pésame por el compañero asesinado y tras los comentarios de rigor sobre la gravedad del terrorismo, los del PP presentan a Jesús Caldera y a Fernando López Aguilar el borrador de la ley para disolver a Batasuna. El PSOE, en principio, está de acuerdo con la iniciativa. «Sólo con la iniciativa», remarca López Aguilar.

«La ley es impecable», señala el subsecretario de Justicia, Ignacio Astarloa, el encargado de la letra pequeña. «Una ley así se trabaja mucho y, por experiencia, sabemos que es una ley impecable», añade.

Va a ser un día largo en negociaciones. A última hora de la tarde y en otro escenario distinto se reúnen en Madrid los firmantes del PP y del PSOE del Pacto Antiterrorista.

En un clima de duelo por el último atentado, los representantes del PSOE, Alfredo Pérez Rubalcaba, Ramón Jáuregui y Jesús Caldera, se olvidan de la filtración que el Gobierno ha hecho del proyecto de ley de ilegalización de Batasuna. Presidente de la gestora del PSOE vasco, Jáuregui insiste en que el Gobierno se comprometa solemnemente en garantizar que a ninguno de los concejales de su partido le falte escolta policial. Todos están de acuerdo. Mayor Oreja apunta:

—El problema no es sólo la seguridad de los concejales del PP-PSOE, que lo es, sino la necesidad de elaborar un proyecto que aporte ilusiones y ganas de derrotar al nacionalismo.

—El PSOE es un partido con 107 años de historia. Nadie desde el patriotismo constitucional va a decirnos que no tenemos proyecto, que nos falta ilusión y ganas de ganar el País Vasco —replica Jáuregui.

Jaime Mayor interviene de nuevo para quitar hierro al asunto.

—Yo no he tratado de poner en cuestión que el PSOE no tenga proyecto pero cuando se está en el Gobierno de España es difícil que no haya ganas.

Al margen de estas anécdotas y tras este pequeño desencuentro acaba la reunión. Los socialistas se comprometen a apoyar en todo su contenido el proyecto de ley del Gobierno para ilegalizar a Herri Batasuna, incluida la retroactividad de la ley «a efectos de información, no penales», y se acuerda que sea el Gobierno y el Parlamento los que insten al fiscal general del Estado a promover la «deslegalización».

Durante los últimos veinticinco años, el Partido Nacionalista Vasco no ha parado de jugar a la estrategia del perro del hortelano: no sólo no ha acabado con ETA sino que tampoco ha permitido que aquellos que sufren en sus carnes el azote terrorista pongan los medios para poner fin al último grupo terrorista de Europa.

A mediados de mayo, durante la tramitación de la Ley de Partidos en el Congreso de los Diputados, el PNV, por medio de su parlamentario Josu Erkoreka, trata de desvirtuar el texto legal introduciendo 56 enmiendas, que son rechazadas en su totalidad.

Convertidos en abogados de ETA, los nacionalistas no se dan por vencidos. Días más tarde, utilizando el Parlamento vasco —que representa la voluntad de menos de dos millones de españoles— como un pretendido instrumento de contrapoder al del Estado, los nacionalistas llevan a votación una propuesta rechazando la ilegalización de Batasuna que gana con apoyo, naturalmente, de los pro etarras, cinco de cuyos siete representantes están teñidos de sangre o acusados de terrorismo por la justicia.

El PNV no se detiene ahí. Demostrando una osadía supina, el Parlamento vasco «exige» a la Cámara de la nación la «paralización y revocación de todas las iniciativas puestas en marcha que tienen como objetivo la ilegalización» de la trama civil de la banda terrorista.

Como a PNV y EA sus «hermanos separados» no les cobran el «impuesto revolucionario», no los acosan ni los asesinan, y les permiten pasear tranquilamente por las calles sin escolta, los dirigentes nacionalistas no disimulan ya que se sienten más cómodos entre los asesinos y defensores del tiro en la nuca o secuestradores que junto a los representantes de los partidos constitucionalistas. Así, el sábado 17 de mayo, el grupo Elkarri, que dirige el ex concejal de Herri Batasuna por Tolosa Jonán Fernández, convoca una manifestación pidiendo que los partidos víctimas de ETA acepten la imposición de sus verdugos, la llamada Alternativa Democrática.

En primera fila de la marcha, celebrada en Bilbao, iban los miembros del Gobierno vasco Idoia Cenarruzabeitia, Joseba Azkárraga, Gabriel Inclán y Javier Madrazo. A continuación, los dirigentes Joseba Eguibar y Josune Ariztondo, del PNV, y Gorka Knorr y Rafael Larreina, de Eusko Alkartasuna. Y para poner una nota de color en la marcha, el dirigente de Izquierda Unida, Gaspar Llamazares, un tipo al que hace treinta años en su añorada «patria ideológica», la URSS, hubieran afeitado en seco si se le ocurre proponer la secesión de cualquiera de sus territorios.

El 28 de junio de 2002, el *Boletín Oficial del Estado* publica la Ley Orgánica 6/2002, más conocida como Ley de Partidos Políticos.

Aprobada el día anterior en el Congreso de los Diputados con los votos de PSOE, PP, Convergència i Unió y Grupo Canario, el nuevo texto legal regula en sus cuatro capítulos y trece artículos la creación de los partidos políticos, su constitución, personalidad jurídica y los requisitos para su inscripción en el Registro y sus normas de funcionamiento.

El nuevo instrumento jurídico establece así que los condenados por asociación ilícita o terrorismo «no pueden constituir un partido» hasta la prescripción de los delitos o su rehabilitación, ni quienes excluyan a sus semejantes por «razón de su ideología, religión, creencias, nacionalidad, sexo, raza u orientación sexual».

La ley atribuye al Parlamento la capacidad de instar al Gobierno y al fiscal general la ilegalización de un partido político, que presentará demanda ante una sala especial del Tribunal Supremo cuya creación está prevista en la Ley Orgánica del Poder Judicial.

El aspecto más importante del texto legal, que permite la ilegalización de Batasuna, reside en el artículo 9 que, en resumen, dice: «un partido puede ser declarado ilegal cuando vulnere los principios democráticos, deteriore o destruya el régimen de libertades promoviendo, justificando o exculpando los atentados contra la vida, fomentando, propiciando o legitimando la violencia, complementando y apoyando políticamente la acción de organizaciones terroristas».

Creado el instrumento legal necesario, la desaparición de uno de los pocos grupos políticos de la Europa contemporánea encargado de promover el crimen desde las instituciones era cuestión de tiempo. Entretanto, el Parlamento vasco, rehén de la obsesión enfermiza del *lehendakari* de caminar hacia la independencia, daba réplica a la Ley de Partidos dando otro paso más hacia el abismo.

En los despachos de abogados nacionalistas de Bilbao y San Sebastián había inquietud y revuelo a comienzos de julio de 2002 por lo delicado de los trabajos que se les había encomendado.

Desde los círculos próximos a Emilio Olabarría, dirigente del PNV, profesor de Deusto y ex vocal del Consejo General del Poder Judicial, se había encargado un dictamen acerca de la posibilidad de convertir el Tribunal Superior de Justicia del País Vasco en Tribunal Supremo, cubriendo las posibles vacantes que se produjeran con abogados de reconocido prestigio, hasta la creación de una escuela judicial propia.

Otros bufetes se responsabilizaron de estudiar las ventajas e inconvenientes que planteaba la creación de una Junta Electoral Central Vasca en el supuesto de que el Ejecutivo de Ajuria Enea decidiera asumir unilateralmente y en exclusividad las competencias en materia de convocatoria de elecciones municipales, forales y autonómicas.

Mientras preparaban en secreto y de espaldas a la sociedad española la ruptura con el Estado, PNV y EA necesitaban darle contenido formal al asunto para que no pareciera el sueño de unos locos en una noche de verano. Así, tras la conclusión de los trabajos de la Comisión Especial para el Autogobierno, el Parlamento había nombrado una ponencia encargada de redactar las conclusiones.

El 12 de julio de 2002, en una sesión presidida por Juan María Atutxa, quien había pasado de «látigo» de terroristas a defensor de sus tesis y planteamientos en el Parlamento, los diputados nacionalistas vascos decidían votar los acuerdos de la ponencia y darle un ultimátum para que los cumpliera. El texto aprobado a mano alzada fue el siguiente:

> El Parlamento vasco denuncia públicamente la responsabilidad política del Estado español por propiciar unilateralmente el bloqueo del Estatuto, y le insta a que, con carácter urgente y en el plazo no superior a dos meses, defina un proyecto operativo y un calendario de cumplimiento.[19]
>
> El Parlamento proclama que, de no obtenerse una respuesta satisfactoria, se apreciará que no concurre en el Estado voluntad alguna de desarrollo estatutario y de articulación del autogobierno, sino la de retrasar y castigar políticamente a la sociedad vasca frenando las posibilidades de sus derechos políticos, económicos y sociales. En consecuencia, le asistirá a la sociedad vasca el derecho a entender que el Estado habrá quebrado definitivamente y de manera unilateral el consenso estatutario pactado con las responsabilidades políticas subsiguientes.
>
> El Parlamento insta al Gobierno vasco a que proponga y, en su caso, adopte las medidas que procedan para garantizar el cumplimiento del Estatuto de Autonomía de Gernika y su pleno ejercicio por las instituciones vascas de las competencias

---

19. Según el Estado, las únicas materias pendientes de acuerdo eran: cárceles, transporte por carretera, transporte marítimo, gestión de archivos públicos, Instituto Nacional de Empleo, Instituto Social de la Marina e Inspección de Trabajo. El PNV exigía también la expedición de matrículas de tráfico y de permisos de circulación, el control de la seguridad privada, los paradores de turismo, el régimen económico de la Seguridad Social, el Fondo de Garantía Salarial, el control de crédito y banca, el crédito oficial, los seguros agrarios, control de aeropuertos, ferrocarriles, y la capacidad de convocar elecciones municipales. Había, además, una serie de materias como la creación de un Instituto nacional de Meteorología Vasco, de un Instituto nacional de Estadística, de una Biblioteca Nacional Vasca, de un Instituto Nacional de la Marina Vasco, el control de hidrocarburos y de la red de autopistas de peaje, expedición de títulos universitarios, Centro Nacional Vasco de Investigación y Desarrollo, cesión de las empresas públicas, fondo de protección a la cinematografía, Fondo de Promoción de Productos Pesqueros (FROM), Instituto de Pequeñas y Medianas Empresas, etc., cuyo control exigía el PNV y a los que el Gobierno no ponía objeción «siempre que se lo paguen de su bolsillo».

asumidas en el texto estatutario con independencia de los procesos de transferencias requeridos para su ejercicio y que dependen de la voluntad del Estado. En particular, entre las medidas citadas se impulsarán las iniciativas normativas o de otra naturaleza ante el Parlamento vasco que permitan, democráticamente, el cumplimiento y desarrollo completo del Estatuto de Autonomía de Gernika.

En lugar de acudir a los tribunales para denunciar el supuesto incumplimiento del Estatuto y exigir del Gobierno las transferencias de las materias no cedidas, el Parlamento vasco instaba al Gobierno de Ajuria Enea a tomarse la justicia por su mano, siguiendo la secular tradición del nacionalismo vasco de imponer las cosas por la fuerza y la vía de los hechos consumados.

A la una y cuarenta de la tarde, al concluir el pleno que va a permitir al Gobierno vasco, sin competencias para ello, convocar un referéndum de autodeterminación, configurar el Tribunal Constitucional vasco, crear su propio Tribunal Supremo, su Ministerio de Asuntos Exteriores y de Cooperación Internacional, un diputado nacionalista le dice a otro del Partido Popular:

—Hoy España es un poco más pequeña, ¿no?

—¿Por qué lo dices?

—He oído por la radio que ayer los marroquíes os quitaron la isla de Perejil, ¿no?

El diputado recuerda la noticia del día, que abre todos los periódicos. Dos pelotones del ejército marroquí acaban de instalarse en un islote del tamaño de un campo de fútbol, situado entre Ceuta y Marruecos, considerado terreno no militar por las dos administraciones.

—Pues, a la vista de lo que hemos votado hoy, dentro de unos meses será un poco más pequeña aún, ¿no te parece?

El nacionalismo instalado, como siempre, en la provocación estúpida y desmedida, en el desafío constante y radical, en la humillación de sus adversarios cada vez que ve amenazados sus privilegios; el nacionalismo, echado al monte de nuevo, pidiendo que ETA no se rinda. Fracasado el «Pacto de Estella», el PNV busca conseguir por la vía del chantaje y de la fuerza, por la vía del golpe de Estado institucional, lo que las urnas le han negado.

Para acabar de complicar el panorama, la banda terrorista iba a aportar su granito de arena.

Los vecinos de Santa Pola (Alicante), una población turística donde en sus años mozos el vicepresidente primero del Gobierno, Mariano Rajoy, ejerció su profesión de registrador de la Propiedad, no habían sufrido tanto dolor y pánico en su vida.

El domingo 4 de agosto de 2002, a las ocho y media de la tarde, una fuerte sacudida, seguida de un ruido atronador, interrumpió la paz y sosiego de sus habitantes. Un coche-bomba, con 45 kilos de explosivo, acababa de explotar frente al cuartel de la Guardia Civil.

La explosión alcanza de lleno a una niña de seis años, Silvia Martínez Santiago, hija de un guardia civil, y a un transeúnte, Cecilio Gallego Alaria, que pierden la vida en el acto. Como en el caso del presidente del PP de Aragón narrado al inicio del capítulo y en otros muchos asesinatos parecidos, Herri Batasuna califica el atentado como «exponente del conflicto» y se niega a condenarlo.

Al día siguiente, en Palma de Mallorca, adonde ha ido a visitar al Rey, el presidente del Gobierno, José María Aznar, declara: «Van a pagar por lo que han hecho y lo van a pagar muy caro. El Estado, el Gobierno y la sociedad no aceptan desafíos, y ello implica que la basura humana que son los dirigentes de Batasuna no sigan paseándose libre e impunemente por el País Vasco mientras los españoles tenemos que soportar el entierro de sus víctimas inocentes, niños incluidos.»

Un mes y ocho días después de su promulgación, el Gobierno anunciaba su intención de aplicar la Ley de Partidos Políticos y proceder a la ilegalización de Batasuna. El juez Baltasar Garzón, que llevaba cuatro años investigando al entramado legal de ETA, no iba a permitir que el Parlamento le tomara la delantera.

En su adolescencia, el fiscal Enrique Molina iba para músico y estudió durante cinco años en el conservatorio mientras tocaba la guitarra en varios grupos musicales del pop al rock duro.

Tanto debió de molestar a sus vecinos que su padre le convenció de que el buen camino era estudiar Derecho. Por entonces debía de tener tal aspecto (pelo largo, músculos de gimnasio) que, aunque se puso su mejor traje, en el Colegio Universitario San Pablo CEU, donde cursó la carrera, estuvieron a punto de no dejarle ingresar «porque no daba el perfil».

Mientras preparaba, al mismo tiempo, las oposiciones a secretario de ayuntamiento, a notarías y a la carrera judicial, acabó Derecho e ingresó en el ministerio fiscal porque las otras oposiciones no llegaron a convocarse.

En 1993 fue destinado como fiscal a Barcelona, primero con los malos (asesinatos, homicidios y delitos de sangre), luego con los de en medio (divorcios, separaciones matrimoniales) y por último a la cárcel (llevando los asuntos de los permisos penitenciarios y las libertades condicionales).

Cuando le trasladaron a Madrid, en 1996, cosa que agradeció especialmente su mujer, que quería estar cerca de sus padres, la fama de «limpiador de juzgados» le precedía, e inmediatamente lo mandaron a la plaza de Castilla, a desatascar los asuntos más conflictivos.

Allí duró un año. En la Audiencia Nacional quedó una plaza libre y el fiscal-jefe Eduardo Fungairiño y el teniente fiscal Jesús Santos se lo llevaron en «comisión de servicios» y le adjudicaron provisionalmente el despacho más grande que había, aunque observó, con asombro, que el suelo estaba tapizado de cajas con sumarios y que casi no se podía pasar.

—A ver si me quitáis del almacén y me dais un despacho más normalito, como los del resto de mis compañeros —le dijo a Fungairiño.

—No, si ése no es el almacén. Es un sumario que tienes que prepararte para el martes. Es un caso de asesinato —le responde su jefe.

—Bueno, tú estás de coña. ¿Quieres que en un fin de semana me lea miles de papeles y resuelva un caso de asesinato por terrorismo sin haberlo hecho nunca?

Lo preparó y el etarra fue condenado. Con sólo treinta y dos años, acababa de ver su primer caso en la Audiencia Nacional, cuatro días después de tomar posesión de su plaza, precisamente horas antes de que se produjera un suceso que iba a paralizar al país: el secuestro de Miguel Ángel Blanco.

Capaz de pasar horas y horas leyendo papeles, tomando notas y escribiendo en el ordenador, sólo un individuo como Enrique Molina era capaz de trabajar con un juez como Baltasar Garzón, candidato a premio Nobel de la Paz, al tiempo que los pocos auxiliares que le siguen acumulan muchos puntos como aspirantes a infarto por el ritmo que imprime a todas sus actuaciones.

Garzón, que es capaz de llevar al mismo tiempo un sumario sobre Augusto Pinochet, otro sobre el GAL, de cerrar el diario *Egin,* perseguir las redes mundiales de narcotraficantes e irse a Tenerife a acabar con la mafia de los autores del «robo del siglo» británico, se planteaba a finales de agosto de 2002 el reto más difícil de su vida: la suspensión de las actividades de Batasuna[20] y el cierre de todas sus sedes en el País Vasco y Navarra.

El 23 de ese mes, con un informe del fiscal Enrique Molina y otro del teniente fiscal Jesús Santos, elaboraba un auto de más de trescientos cincuenta folios en los que, tras demostrar que ETA, Jarrai, Batasuna y Gestoras Pro Amnistía eran parte de una misma estructura criminal, que ha cometido desde su creación 3 391 acciones terroristas, con 2 367 heridos y 836 muertos, y otros 3 761 actos de *kale borroka* en el período de 1991 a 2002, acuerda suspender las actividades de Batasuna por un período de tres años prorrogables a cinco.

La medida lleva aparejada la clausura de sus locales y sedes sociales, el cierre de las *herriko* tabernas, la suspensión de las ayudas o subvenciones que pudiera recibir, el corte de los suministros de luz, agua, teléfono y electricidad a sus locales, la cancelación de sus páginas de Internet y la suspensión de su capacidad de convocar manifestaciones, concentraciones o actos públicos, de hacer propaganda, utilizar signos políticos o espacios electorales públicos.

El auto, que impedía también la compra-venta de bienes inmuebles, el tráfico bancario, permitía a los cargos electos el uso de sus escaños al ostentar éstos a título individual, pero prohibía que pudieran actuar como grupo político tanto en el Parlamento

---

20. Antes HB, Euskal Herritarrok. También funcionan como Socialistas Abertzaleak.

vasco, diputaciones forales, Juntas Generales y ayuntamientos del País Vasco y Navarra.

Batasuna quedaba, por tanto, borrada oficialmente del mapa como partido. De esta manera, la posibilidad de ETA de actuar en el frente de masas, aprovechando los resquicios de la legalidad y del Estado de Derecho, al tiempo que amenazaba y asesinaba a los políticos de la oposición, estaba condenada a la desaparición.

En un comunicado hecho público por medio del diario *Gara*, la banda terrorista amenazó de muerte a todos los diputados que «votaran a favor de su ilegalización o se abstuvieran».

El lunes 26 de agosto, el día señalado por la Mesa del Congreso de los Diputados para votar la aplicación de la Ley de Partidos, el hemiciclo estaba como las plazas de toros en los días en que se toreaba una corrida de lujo, hasta la bandera.

Con un único punto en el orden del día, instar al Gobierno para que procediera a acabar con Batasuna, a las cuatro y cinco de la tarde la presidenta de la Cámara, Luisa Fernanda Rudi, abrió la sesión y dio la palabra a los portavoces de los grupos parlamentarios para que fijaran su posición respecto a la aplicación de la ley.

Acto seguido, se pasó a la votación. De los 334 votos emitidos, se pronunciaron a favor de la ilegalización de Batasuna 295 diputados, 10 lo hicieron en contra y 29 decidieron abstenerse.

A las seis y treinta y cinco minutos de la tarde, tras dos horas y media de debate, se levantaba la sesión con una propuesta del Parlamento al Gobierno y al fiscal del Estado para que instasen ante la Sala Especial del Tribunal Supremo a suprimir al partido de los pistoleros de ETA y a encarcelar a sus miembros si persistían en su actitud de rebeldía y apoyo a la violencia terrorista.

De esta manera, tras treinta y cuatro años de pasividad de las fuerzas políticas y las instituciones desde que cometiera el primer asesinato, los criminales y sus terminales legales iban a ser situados fuera de la ley, una situación que no era del agrado de muchos nacionalistas, especialmente del PNV, que durante el franquismo constituyó la principal cantera de la que se alimentaron los terroristas y cuyos vínculos de sangre, sociales y afectivos pesaban más sobre los seguidores de Sabino Arana que el peso de la ley.

Obligados por la Constitución y el Estatuto de Autonomía a «cumplir y hacer cumplir las leyes», la actuación del Gobierno vasco y de la Ertzaintza, que depende de su Consejería de Interior, a la hora de aplicar el auto del juez Baltasar Garzón, clausurar las sedes de Batasuna y prohibir sus manifestaciones públicas fue como el baile de la «yenka», un pasito *p'alante* y otro pasito *p'atrás*.

Durante las tres primeras semanas de septiembre, los terroristas deciden desafiar al juez y convocan manifestaciones ilegales en San Sebastián, Bilbao y otros puntos del País Vasco. El consejero de Interior, Javier Balza, contraviniendo el auto, autoriza por su cuenta una de ellas en San Sebastián «para no poner en riesgo la seguridad de muchos viandantes» y prohíbe «a medias» una segunda, convocada el 14 de septiembre en la plaza Aita Donostia de Bilbao.

A los manifestantes, entre los que se encuentra la plana mayor de Batasuna, con Josu Urrutikoetxea, Arnaldo Otegui, Jone Goiricelaya, Txomin Ziluaga, José Luis Elkoro, Arantxa Zulueta, Kepa Landa, Joseba Álvarez a la cabeza, les permiten concentrarse, desplazarse quinientos metros en dirección al ayuntamiento y dar un pequeño mitin. Cuando se supone que la trama civil de ETA ha conseguido el cincuenta por ciento de sus objetivos, Balza ordena a la Ertzaintza cargar con chorros de agua, lo que provoca veinte heridos.

El PNV no está dispuesto, sin embargo, a echar por la borda los 80 862 votos que ha arrancado en las pasadas elecciones a Batasuna, y necesita eliminar el sentimiento de culpabilidad de sus dirigentes y limpiar su mala conciencia. «En nombre del Gobierno vasco pido perdón con humildad a todos los manifestantes», se disculpa al día siguiente el portavoz del Ejecutivo de Ajuria Enea, Josu Jon Imaz, para quien muchos de los alborotadores son «gente descarriada» y no asesinos en potencia que no dudan en quemar los coches de sus adversarios políticos, incendiar sus sedes y casas, sin preocuparles lo más mínimo lo que pueda ocurrir a sus víctimas.

La esperpéntica y tragicómica manera de actuar del PNV y el Gobierno vasco, que daría material suficiente para una serie al estilo de *Loca Academia de Policía*, da lugar a episodios bastante más graves y de imprevisibles consecuencias si el precedente se generaliza.

Así, el 17 de septiembre, el Parlamento vasco, obligado por el juez de la Audiencia Nacional a disolver el Grupo Parlamentario de Batasuna, en un hecho sin precedentes en la historia de la democracia, con los votos de Izquierda Unida-Ezker Batua, Partido Nacionalista Vasco y Eusko Alkartasuna, decide arbitrariamente no aplicar el auto.

La Mesa del Parlamento de Vitoria se sitúa así en contra del dictamen de sus propios servicios jurídicos,[21] y, a los ojos de muchos españoles, en la línea del golpista Antonio Tejero Molina y de ETA, que, días antes, en un comunicado, instaba a todas las instituciones vascas a desobedecer las órdenes de un «juez extranjero».[22]

De esta manera se da la paradoja de que, mientras el Parlamento de Vitoria concede su amparo a los terroristas, la Cámara de Navarra y el Parlamento foral de Álava cumplen a rajatabla el mandato de la Audiencia Nacional, y la división entre constitucionalistas y nacionalistas se hace más patente que nunca en el País Vasco y la Comunidad Foral de Navarra.

Era el inicio de un nuevo pulso al Estado. Poco después, la Cámara vasca anuncia su decisión de querellarse contra el juez y, ante la falta de la mayoría suficiente para hacerlo, es el Gobierno de Vitoria el que decide sentar en el banquillo al instructor más amenazado por ETA, por el simple hecho de perseguir los crímenes de muchos pistoleros escindidos de EGI (Eusko Gastedi Indarra), el grupo juvenil del PNV y que, directa o indirectamente, han contribuido con sus pistolas a ensanchar el marco del Estatuto de Gernika.

Lo que el Gobierno vasco no ha precisado todavía es dónde va

---

21. Los servicios de la Cámara habían dictaminado que, aunque el auto de Garzón podía suponer una intromisión en las competencias de la Cámara, debía ser acatado. El Parlamento vasco, para defender su soberanía, debía plantear un conflicto de competencias ante los tribunales.

22. «Comunicado de ETA al pueblo vasco» de 10 de agosto. Se publicó en el diario *Gara*, 14 de agosto de 2002.

a presentar la querella contra el juez, en el Tribunal Supremo español o en el futuro Tribunal Supremo vasco. Porque, aunque pueda mover a risa a mucha gente, Juan José Ibarretxe aspira a presidir en tres años un Estado libre, independiente y eskaldún, como veremos a continuación.

Desde la firma del Pacto de Barcelona, en la primavera de 1998, el primer acto de reivindicación nacionalista previo al Acuerdo de Lizarra, Xabier Arzalluz Antía y Josep Antoni Duran Lleida tienen las relaciones rotas.

El ex jesuita vasco reprocha al presidente de Unió Democràtica de Catalunya que no hubiera suscrito el acuerdo tal y como hizo Pere Esteve en nombre de Convergència Democràtica de Catalunya, la otra fuerza nacionalista catalana que integra la coalición Convergència i Unió.

En 2002, dispuesto a dar un «golpe de Estado» en el País Vasco, Arzalluz tiene que unir fuerzas, buscar apoyos en las comunidades históricas y olvidar viejas rencillas. En consecuencia, el 30 de julio le invita a comer en Tudela.

En el hostal Remigio, en pleno centro de la ciudad navarra, hablan a calzón quitado del ultimátum dado por el Parlamento vasco el 12 de julio al Gobierno central exigiendo el traspaso de todas las transferencias.

—Supongo que la exigencia de que os den todas las competencias es una estrategia, que habéis pedido el máximo para luego, durante las negociaciones, bajar el listón —comenta el dirigente catalán.

—Estás equivocado. Estamos dispuestos a ir a por todas, a asumir directamente todas las transferencias y a descontarlas del cupo.

Y allí, sin el más mínimo temor a que sus planes se divulguen anticipadamente echando a perder el factor sorpresa, le pone en antecedentes de todos los detalles de la comparecencia que prepara el *lehendakari* Juan José Ibarrretxe en el Parlamento vasco semanas más tarde.

En la primera reunión de la federación de partidos, Duran Lleida da cuenta de su contacto con Arzalluz y expone a sus socios de Convergència los planes del PNV. Por eso, el día en que el Gobierno insta la ilegalización de Batasuna en el Congreso de los Diputados, CiU se abstiene. «No vamos a ser nosotros los que echemos más leña al fuego en las relaciones entre el Gobierno central y el Ejecutivo vasco», dice el representante de CiU Joan Puigcercós en el pasillo del Congreso de los Diputados.

Y es que los nacionalistas catalanes eran de los pocos parlamentarios que a mediados de septiembre de 2002 estaban al corriente del órdago a la grande que Juan José Ibarretxe Markuartu, un economista nacido, aunque no lo parezca, en Llodio (Álava) y templado en el fragor de las batallas de Herri Batasuna en este municipio, estaba dispuesto a echar al Estado.

El *lehendakari* de todos los vascos, de todos los vascos nacionalistas, subió a la tribuna de oradores del Parlamento de Álava, sacó un taco de cuarenta y cuatro folios y leyó:

> El pueblo vasco tiene derecho a ser consultado y decidir libremente su futuro desde el respeto a la voluntad de los distintos ámbitos territoriales y a través de su capacidad plena para realizar consultas democráticas a la sociedad por vía del referéndum. [Por eso] planteamos que se reconozca con toda naturalidad la nacionalidad vasca, a efectos políticos, jurídicos y administrativos.

Era el viernes 27 de septiembre de 2002. En el viejo palacete de la calle Becerro de Bengoa de Vitoria, a escasos centenares de metros de la Virgen Blanca, la Diputación Foral y el ayuntamiento de la ciudad, los 75 diputados del Parlamento vasco seguían con atención el discurso del *lehendakari*. Ibarretxe continuó:

> Planteamos la creación de un Estado libre asociado con España y nuestra capacidad de establecer relaciones con los territorios vascos de Iparralde, ubicados en el Estado francés, y con los de la Comunidad Foral de Navarra.
> [Aspiramos a tener] un poder judicial que, junto al poder

legislativo y ejecutivo, complete los tres poderes de nuestro autogobierno; un poder judicial en el que se agoten todas las instancias judiciales en Euskadi y la sustitución del Estado en la administración de justicia en nuestra comunidad.

Queremos desarrollar la gestión autónoma de una política económica propia, un ámbito sociolaboral, económico y de protección social propios, estableciendo mecanismos de solidaridad con España y con Europa.

Si estamos hablando de un pacto y de un modelo de cosoberanía libre y voluntariamente compartida, es preciso establecer un régimen de garantías mutuo que impida la restricción, modificación o interpretación unilateral del pacto suscrito.

El País Vasco forma parte de Europa desde los albores de la historia. Las instituciones de la Comunidad Autónoma Vasca queremos tener una presencia directa en las instituciones europeas en defensa de nuestras competencias y de nuestra identidad.

Asimismo y de conformidad con la aplicación más amplia del Derecho internacional, queremos tener voz propia en el mundo y en los organismos internacionales, así como competencias para firmar tratados internacionales para promover nuestros intereses económicos, culturales e institucionales.

En una carrera frenética hacia el abismo, Juan José Ibarretxe, un oscuro economista, ex alcalde de Llodio, de cuarenta y cinco años, un tipo frío como una estatua, con semblante del doctor Spock de la serie «Star Trek», anunciaba su intención de convocar un referéndum antes de un año para que los vascos se pronunciaran sobre su oferta independentista.

Su decisión era la respuesta anticipada[23] a la decisión del Gobierno de ilegalizar Batasuna, el brazo armado del nacionalismo, encargado de mover el árbol sin romperlo (léase asesinar a los adversarios políticos del nacionalismo) para recoger los frutos y repartirlos entre hermanos. Claro que para construir la «gran Euskadi», Ibarretxe pretende desposeer de su derecho a voto a los

---

23. El proyecto del *lehendakari* vasco de crear un Estado libre asociado estaba planteado para la próxima legislatura. La decisión de ilegalizar HB le forzó a adelantar sus planes, según fuentes del PNV.

539 273 vascos no nacidos en Vizcaya, Guipúzcoa y Álava.[24] Una tarea difícil, por no decir imposible, al igual que la anexión por la vía del pacto de Navarra y de las tres regiones francesas.

En las elecciones generales del verano de 2002, los candidatos centristas de Jacques Chirac y François Bayrou, contrarios a cualquier tipo de autonomía y, mucho menos, de referéndum secesionista, barren en los comicios y obtienen los tres únicos escaños en litigio,[25] incluso en Bayona, bajo control socialista en los cinco últimos años. Y en Navarra, donde el 88 por ciento de la población se declara española, donde el PNV sólo tiene un diputado en el Parlamento, compartido con Eusko Alkartasuna, tampoco quieren anexionarse al País Vasco.

«Los partidos nacionalistas no son realistas ni buscan la paz cuando repiten una y otra vez sus reivindicaciones sobre el territorio de la Comunidad Foral. La inmensa mayoría de los navarros está muy bien como está y no quiere modificar su estatus político y mucho menos para depender de Vitoria o Bilbao», había escrito meses antes el arzobispo de Pamplona y obispo de Tudela, Fernando Sebastián Aguilar. Y, con la contundencia que merece la imposición de una amenaza separatista, había advertido claramente: «Otra cosa, [...] pretender subvertir por la fuerza la situación actual [...]sería la guerra.»[26]

Entretanto, mientras Ibarretxe sueña con la desanexión del País Vasco de España, el partido Unidad Alavesa elabora un Estatuto de Autonomía para plantear la ruptura con el País Vasco y la anexión de Álava a España, y los primeros ministros de ocho países de la Unión Europea, entre ellos José María Aznar, están decididos a plantear el 17 y 18 de octubre en Estoril, cuando este libro entre en imprenta, la «inamovilidad de las fronteras de la

---

24. De los 1 780 336 electores del País Vasco, según la oficina del Censo Electoral, 1 241 063 han nacido en Guipúzcoa, Vizcaya y Álava y 539 273 fuera de Euskadi. Las provincias que más han aportado a la formación de capital humano son Burgos (67 110 personas), Cáceres (39 940), Salamanca (33 643), Navarra (30 461), Badajoz (28 057), Palencia (29 898), Cantabria (27 598) y León (24 744). Las que menos, Castellón (291 personas) y Santa Cruz de Tenerife (384). El fenómeno de los flujos migratorios no es exclusivo del País Vasco, sino de otras regiones españolas, como Cataluña, Madrid, Valencia o Mallorca, donde jamás se ha planteado retirar el derecho a voto a nadie.

25. Los ganadores son Jean Lassalle, un centrista bearnés de cuarenta y siete años, Jean Grenet, alcalde de Bayona, y Michèle Alliot-Marie, ministra de Defensa, que conquista los votos de Hendaya.

26. Epílogo al libro *La Iglesia frente al terrorismo de ETA*, Biblioteca de Autores Cristianos, Madrid, 2001.

Unión»[27] dentro de la futura Constitución Europea, lo que cercena de raíz cualquier veleidad independentista.

El PNV, sin embargo, no parece dispuesto a que la realidad les estropee la imagen virtual, idílica y decimonónica que tienen de una Euskal Herría unificada y euskaldún, con una frontera en Miranda de Ebro y otra en el río Adour (Francia). Porque para los nacionalistas cualquier derecho, incluido el de la vida, está supeditado al de la patria. Un derecho que muchos dirigentes del PNV equiparan a un título de propiedad que los convierta de forma perpetua en los amos del caserío. Así, ningún otro partido político pondrá en cuestión jamás su hegemonía.

Por eso, Euskadi es el único país del mundo donde 32 de los 75 diputados del Parlamento de Vitoria tienen que ir con guardaespaldas para no ser asesinados por defender sus ideas. Los amigos de los terroristas, los que pueden ordenar su muerte, no están ocultos en sus madrigueras, como los sicarios colombianos del narcotráfico o los pistoleros de la mafia siciliana, prestos a recibir la orden. Se encuentran en los mismos escaños, amparados ahora por la Mesa del Parlamento vasco.

La probable ilegalización definitiva de Batasuna por la Sala Especial del Tribunal Supremo en los próximos meses, la cooperación judicial y policial europea en la lucha contra el terrorismo, la desarticulación de las redes internacionales e internas de financiación de ETA, la eliminación de su poder institucional en los cuarenta y cuatro ayuntamientos donde gobierna, la imposibilidad de sus cuarenta y cuatro alcaldes, sus más de seiscientos concejales, veintinueve diputados forales y 7 parlamentarios autonómicos para volver a concurrir a unos comicios, son factores que inducen al optimismo.

Destruida la cabeza de la serpiente, el «brazo armado asesino» del nacionalismo violento y menos violento, garantizada la seguridad de los cargos públicos de los partidos constitucionalistas y reestablecida la educación bilingüe, en castellano y euskera, sin imposiciones ni discriminaciones, el PNV tendría perdida cualquier batalla. El futuro, como diría un poeta, está en las estrellas.

---

27. Los primeros ministros Jean-Pierre Raffarin (Francia), José María Aznar (España), Silvio Berlusconi (Italia), Jean Claude-Juncker (Luxemburgo), Wolfgang Schüssel (Austria), Anders Fogh Rasmussen (Dinamarca), Peter Balkenende (Holanda) y José Manuel Durao (Portugal).

Apéndice

Los cargos electos de HB
Ésta es la lista completa, salvo error u omisión, de todos los cargos electos de Herri Batasuna, Batasuna o Euskal Herritarrok en el País Vasco (se omiten los de la Comunidad Foral de Navarra), que no podrán presentarse a las elecciones si la Sala Especial del Tribunal Supremo decide ilegalizar, finalmente, la formación política.

Parlamentarios País Vasco
Joseba Álvarez Forcada; Jone Goirizelaia Ordorika; Antton Morcillo Torres; Arnaldo Otegui Mondragon; Jon Salaberria Sansinenea; Josu Urrutikoetxea Bengoetxea y Araitz Zubimendi Izaga.

Apoderados Juntas Generales de Guipúzcoa
Karmele Ierbe Mujika; Joxean Alustiza Usandizaga; Carlos Beristain Bereau; Fito Bornaetxea Rodríguez; Isidro Esnaola Herrero; Valentín Gabilondo Artano; Mila Idiakez Alzibar, Manuel Intxauspe Bergara; José Iriarte Zabaleta; Txema Maritxalar Picaza; Xabier Olano Jauregi; Lourdes Otaegi Leunda; Txelo Pérez Martínez y Araitz Zubimendi Izaga.

Apoderados Juntas Generales de Álava
Jon Iñaki Usategui Díaz de Otatora; Iñaki Javier Ullibarri Urraka; María Ángeles Ríos Irastorza; Santiago Hernando Sáez; Raúl García Linares e Iñigo Ribaguda Egurrola.

Apoderados Juntas Generales de Vizcaya
Gurutze Olagorta Arana; Maite Barreña Oceja; Sabiono del Bado González; Txema Pico Lete; Olatz Egiguren Enbeitia; Benito Ibarrolaza Munitiz; Jon Fano Orayen; Julen Aginako Arbaiza y Endika Garai Buztio.

Alcaldes
AIZARNAZÁBAL: José Francisco Larrarte Aguirre; **AJANJIZ**: Juan Pedro Urizar Enbeita; **ALZO**: Xabier Galarraga Zabala; **AMESQUETA**: Bixente Gorostidi Loidi; **ANDOAIN**: José Antonio Barandiaran Ezama; **ANOETA**: José María Sarasola Goenaga; **ANZUOLA**: Mireia Unamuno Unzurrunzaga; **ARECHAVALETA**: Angel Bergaretxe Aguirregabiria; **ARRASU**: José Luis Zallo Nabea; **ASTIGARRAGA**: Miren Elixabete Laburu Labaka; **AULESTI**: María Gema Mendieta Zelaia; **BELAUNZA**: Imanol Olano Lopetegui; **DIMA**: Xabier Etxabarria Etxebarria; **ELDUAIN**: Ambrosio Barandiaran Dorronsoro; **ELORRIO**: Nicolás Moreno Lamas, Julen Altube Cigarán, Nerea Mendizábal Cortabarría y Augusto Uriarte Artamendi; **ESKORIAZA**: Edorta Zubizarreta Alegria; **GATICA**: Mikel Larrazabal Zurbanobeaskoetxea; **HERNANI**: Mertxe Etxeberria Aramburu; **IBARRA**: Iñaki Urkizar Zubelzu; **IRURA**: Marimi Ugalde Zabala; **ISASO**: Iñaki Idiaquez Korta; **ISASONDO**: José María Otegui Goenaga; **LEABURU**: José Cruz Goñi Lizartza; **LEQUEITIO**: Miren Jaione Murelaga Izagirre; **LEZO**: Aitor Sarasola Salaberria; **LIZARZA**: José Antonio Mintegui Arrate; **LLODIO**: Pablo Gorostiaga González (Álava); **MONDRAGÓN**: Xabier Zubizarreta Lasagabaster; **MOTRICO**: José Agustín Elezgarai Flores; **MUNITIVAR**: Tomás Uberuaga Urriolabeitia; **NABARNIZ**: José Antonio Maruri Urizar; **ONDÁRROA**: Lorenzo Arkotxa Beabe (Vizcaya); **OREJA**: Miren Nekane Malkorra Beristain; **ORENDAIN**: Jon Zuriarrain Eizaguirre; **OYARZUN**: Xabier Iragorri Gamio; **PASAJES**: Juan Carlos Alduntzin Juanema; **SEGURA**: Luis María Telleria Lezeta; **TOLOSA**: Antton Izaguirre Gorostegui, **USURBIL**: Joxe Antonio Altuna Aizpurua; **VILLABONA**: Maixabel Arrieta Galarraga; **VILLAREAL DE ÁLAVA**: Ramón López de Bergara Astoa; **ZALDIVIA**: Joaquín Zubeldia Aranburu; **ZESTONA**: Joseba Estebeni Azpeitia Eizaguirre; **ZIZURKIL**: Juan Manuel Erasun Eizmendi (Guipúzcoa).

Concejales
Álava
ALEGRÍA: Joseba Koldo Garitagoitia Odria; **AMURRIO**: Aitor Garate Pagaldai, Txabi Gauna Caballero y Roberto Trujillano Agirre; **ARAMAYONA**: Amaia Aspe Aspe y Jesús Agirre Isasmendi; **ARCENIEGA**: Ramón Aretxabala Valle y Mateo Lafragua Álvarez; **ARRAZUA** Jon Agirre Galdós; **ASPARRENA**: Txelo Auzmendi Jiménez, Juan Carlos González Fernández de Alaiza y Joseba Legarda Olaso; **AYALA**: Rafael Isasi Landa y Prudencio Otegi Etxebarria; BARRUN-

DIA: José Luis Olabe Martínez; **BERNEDO:** Igor Unanue Osoro; **CAMPEZO:** Fidel Garraza Fernández de Gazeo; **CIGOITIA:** Josetxo Aizpurua Etxeberria, Josu Sáez de Biteri Larrazabal y Alberto Usaola Unda; **IRURAIZ:** Félix Pérez de Arriluzea Monte y Alfredo Martínez Etxebarria; **CUARTANGO:** José Antonio Rueda Biguri y Agustín Insausti Ugarri; **LA BASTIDA**: Idoia Aranegi García de Garaio y Enrique González Angulo; **LEZA:** Iñigo Franco Atorrasagasti; **LLODIO:** Pablo Gorostiaga González, César Fonbellida Mate, Juanan Urkijo Landazuri, Agurtzane Iriondo Goti, Jon Ander Altube Lazkano y Manolo García Centoira; **OCONDO:** Floren Otaola Terreros; **OYÓN:** Ángel Martín Varela; **SALVATIERRA:** Iñaki Olalde de Arana, Oihana San Vicente Sáez de Cerain y Jon Goikuria Aristorena; **SAMANIEGO**: Vicente Ruiz Sáez de Samaniego; **SAN MILLÁN**: Karmele García de Albéniz García de Albeniz y Oskar Arrieta López de Larrinzar; **UROABUSTAIZ:** Juan Antonio Zabala Urtaran y Rufino Santocildes Orue; **VALLE DE ARANA**: Mitxel San Vicente Mendaza; **VILLABUENA DE ÁLAVA:** Estibaliz Besa Sánchez; **VILLAREAL DE ÁLAVA:** Ramón López de Bergara Astoa, Sergei Uriarte López de Arechaga, Iker Amenabar López de Maturana y Juan Cruz Jainaga Inciarte; **VITORIA**: Iñaki Ruiz de Pinedo Undiano, José Enrique Bert Arretxea y Eba González de Heredia Campo; **ZUYA**: Kepa Iturrate Otsoa, Jontxu Egiluz Abecia y Pablo Ortiz de Guinea Pinedo.

Vizcaya
ABADIÑO: Francisco José Román Bravo, José Antonio Azkorbebeitia Agirre y Kepa Mirena Bengoa Madariaga; **ABANTO Y CIÉRVANA**: José Antonio Lozano Murga y Juan José Zarraga San Martín; **ACHONDO**: Pío Carmelo Gorostiza Sarraoa, Valentín Bernas Murgoitio y José Luis Eguzkiza Gorostiza; **AJANJIZ**: Juan Pedro Urizar Enbeita, José Luis Gerrilaetxebarria Amunategi, Aitor Albizu Intxausti, Franciso Javier Enbeita Urribarri y Olga Erezuma Irazabal; **ALONSEGUI**: Luis Miguel Rodríguez Beraza y Asier Intzausti Arregi; **AMOREBIETA**: Magdalena Goiria Montoya, Jesús Etxebarri Elordi, María Teresa López de Abetxuko Astobiza y Garikoitz Azkuna Linaza; **ARCENTALES:** José Antonio González Arrien y María Luisa Goikolea Etxebarria; **AREAZA**: Concha Lanchares Blanco, José Luis Madariaga Arbe y José Iturriaga Gojenola; **ARRANCUDIAGA**: Agustín Leturiaga Idigoras, Jesús María Ariznabarreta Zubero e Iskandar Hamawy Lopategi; **ARRAZU**: José Luis Zallo Nabea, José María Rodríguez Baena, Felipe Urrestarazu Gabikagogeaskoa y María Aranzazu Arazabal

Foruria; **ARRIETA**: Aintzane Enzunza Zorrozua y Arantza Larrieta Arrizabalaga; **ARRIGORRIAGA**: Asier Ibarretxe Fernández Larrinoa, Karlos Molinuevo Miranda, Oiakue Azpiri Robles y Niko Ibarra Gaztelumendi; **ARTEA**: Teles Bustinaza Arana y Begoña Tabera Ortega; **AULESTI**: María Gema Mendieta Zelaia, Juan María Onaindia Kareaga, Humberto Kareaga Urizar, Sabino Kortabitarte Expósito, Rafael Ikasuriaga Idoeta, María Aranzazu Arrein Goitiandia y María Lourdes Arizaga Susaeta; **BALMASEDA**: José Julián Pascual Gallastegui; **BAQUIO**: Begoña Makazaga Arietaleaniz e Iban Cancio Uriarte; **BARACALDO**: Koldo Castaños Ñekue, Eider Casanova Alonso y Nekane Eizagirre García; **BARRICA**: José Imanol Zarraga Uruia, María Victoria Oraa Aurrekoetxea y Elena Velasco Itza; **BASAURI**: Kontxi Gómez Mahaue y Goio Ramos Villanueva; **BEDIA**: Alberto María Sánchez Manzanal y Beñat Olazabalaga Leiza; **BERANGO**: Imanol Rodríguez Basauri, Marcelo Álvarez Suárez y María Artolozaga Loyola; **BERMEO**: Ane Ormaza Agirre, Ainhoa Fernández Arenaza y Bakarne Fernández Madariaga; **BERRIZ**: Karmele Gartzia Gurtubai, Sabino Barajuen Angiozar y José Antonio Ansoleaga Asueta; **BILBAO**: Lander Etxebarria Garitazelaia, Marta Pérez Etxeandia, Arantza Urkaregi Etxepare y David Marcelino Alonso Esteban; **BUSTURRIA**: Arantza Ugalde Orbe, Unai Serrano Mujica y Erroxeli Ojinaga Filibi; **CARRANZA**: Manuel Ángel González Portilla; **CEBERIO**: Kepa Pérez Urratza, Peitxo Sagasti Zorroza y José María Lejardi Kareaga; **CIÉRVANA**: Damaso Lazkano Lazkano y Pedro Pascual Díez Pereda; **CORTEZUBI**: Jon Karlos Larrinaga Lekerika y Jon Urkidi Gardoki; **DERIO**: Mikel Calvo Valpuesta; **DIMA**: Xabier Etxabarria Etxebarria, Juan Martín Gorostiaga Bizkargüenaga, Ismael Agirregoikoa Etxebarria, Zefe Ziarrusta Artabe, Andoni Garai Iturrondobeitia y José Martín Bustinaza Olabarri; **DURANGO**: Francisco Javier Arbeo Montalbán, José Ramón Murgoitio Areitio, Idurre Gaztañazatorre Gorritxategi, Miren Begoñe Markina Andueza y Leire Arrieta Barrueta; **EA**: María Teresa Landa Benedicto, José Antonio Aramburu Agirre y Francisco Javier Cilonis Uskola; **ECHEVARRI**: Juan Luis Azkunaga Salazar; **ECHEVARRÍA**: Juantxu Iruguenpagate Larruskain, María Jesús Zubialdea Zubizarreta y Miren Uranga Ostolaza; **ELANCHOVE**: Inmaculada Concepción Arza Goitiz y María Ángeles Agote Goitia; **ELORRIO**: Nicolás Moreno Lamas, Nerea Mendizabal Kortabarria y Augusto Uriarte Artamendi; **ERANDIO**: Felipe Fernández Martín, Ana Isabel Crespo Hurtado e Igor Moreno Jauregi; **ERMUA**: Javier Askoaga Ugarteburu; **ERRIGOITI**: Itziar Amezaga Apelza e Igor Zearra Etxebarrieta; **FORUA**: Enrique Agorria Ansostegi y Amelia

Zorrozua Egia; **FRUNIZ**: Joserra Barauazarra Gezuraga y Kristina Goiricelaia Gonzalez; **GALDÁCANO**: Itziar Barrenetxea Etxebarria, Kepa Apellaniz Valle, Miren Maite Ajuria Beitia, Kepa del Hoyo Hernández y José Ventura Iglesias de La Iglesia; **GALDAMES**: José Manuel Gomez Trueba; **GAMIZ**: Gontzal Omar Uriarte, Jasone Larrinaga Renteria y Karmele Arriola Amundarain; **GATICA**: Mikel Larrazabal Zurbanobeaskoetxea, Unai Arruza Elordui, Juan Ignacio Elordui Alzibar y José María Markaida Eguzkiza; **GAUTEGUIZ**: Joseba Peli Kobeaga Anitua y Bixente Atxirika Etxabe; **GECHO**: Christian Reinicke Urrutikoetxea, Josu Iturburu Ojinaga y Pili Askorbebeitia Garaiordobil; **GERNICA**: Josu Barandika Zubiaga, Arantxa Foruria Atxabal, Pili Ibarra Bandarika y Josune Ortuzar Uribe; **GORDEJUELA**: Orka Ezenarro Gotxi; **GORLIZ**: Karmele Elosegi Omagogeaskoa y Xabier Zabala Arias; **GÜEÑES**: Idoia Pérez Barrio, Miren Agurtzane Hurtado Larrea; **IBARRANGELU**: Manu Ziluaga Acebo y Joakin Arego Lupiola; **IGORE**: José Félix Aldape Amuriza, Jon Bengoetxea Martínez, Urtzi Arana Legarreta-Etxebarria y Olaia Gurtubai Zubero; **ISPASTER**: Ana Garatea Cortabitarte e Iragartze Gorostola Lejardi; **IZURZA**: Karmelo Irastorza Bizkarra y Alfredo Alonso Irisarri; **LARRABEZU**: Juan Manuel Basterretxea Barandika, Lourdes Etxebarria Uriarte, Josu Guinea Sagasti y Ainzina Lekue Etxebarria; **LAUKIZ**: Jesús Muruaga Rubio; **LEJONA**: Gabi Elkoroaristizabal Bujedo, Jabier Aostri Elorriaga y Ainohaa Correa Juez; **LEKEITIO**: Miren Jaione Murelaga Izagirre, Zigor Txopitea Basterretxea, Miren Karle Beristain Bernedo, Iñaki Gezuraga Ozkorta y Jon Andoni Seijo Arrinda; **LEMONA**: Pedro Betzuen Zuluaga y Roberto Fernández Cigarran; **LEMONIZ**: Estibaliz Olabarrieta Landa; **LEZAMA**: José Félix Ibarlucea Zarandona, Nora Artetxe Ornes e Igor Urrutikoetxea Bilbao; **LUJUA**: Josu Goikoetxea Bilbao; **MALLAVIA**: Francisco Aranburu Landa, Pedro María Mugarza Martínez, María Victoria Carrillo López y Nagore Aranburu Gallastegi; **MAÑARIA**: Karmelo Bilbao Inzunza, Juan Carlos Elgezua Telleria y Ana Agirre Irastorza; **MARQUINA**: María Inmaculada Elexpuru Egaña, Raquel Gandiaga Irusta, Karmelo Jayo Ibarlucea y Luis Ruiz de Austri Legaristi; **MARURI**: Juan Jesús Elortegi Ugarte; **MENDATA**: Juan José Aarambarri Magunagoicoechea y José Antonio Uruburru Irazabal; **MENDEJA**: José Martín Iturraspe Ocamica, José Luis Guenaga Laca y Carmen Amaya Ugarteburu Iturbe; **MEÑACA**: Ángel Ibarzabal Zelaia y Juan Ignacio Ureta Bilbao; **MIRAVALLES**: María Asunción Borde Gaztelumendi, Jesús María Gil Alonso y Nerea Pedrosa Barrenetxea; **MORGA**: Pedro Manuel Bilbao Barrena, Alazne Abrisketa Bilbao y Jesús María Erezuma Monasterio; **MUJICA**: Javier

Bilbao Astigarraga, Aritz Lopategui Urrutia, Anastasio Etxebarria Etxeandia y Begoña Embeitia Maguregi; **MUNDACA:** Kepa Yon Mancisidor Txirapozu y Nagore Lekuona Asla; **MUNGUÍA:** José Antonio Torre Altonaga, Ramón Zabala Egiluz e Idoia Gutiérrez Aretxabaleta; **MUNITIBAR:** Tomás Uberuaga Urriolabeitia, Francisco Javier Lejarcegui Irazabal, Joseba Andoni Zuazo Urionaguena, Xabat Urionaguena Achurra, María Elena Ituarte Gerrikebeitia, Miren Luke Sololuce Bernedo y Victor Manuel Urberuaga Arrate; **MUSQUES:** Edorta Arostegi Lejarza e Itziar Abellanal Tueros; **NABARNIZ:** José Antonio Maruri Urizar, Estibaliz Urzaa Ordorika, Bernardo Goiriena Goiriena y César Gerrikabeitia Ortuza; OCHANDIANO: Pedro Martín Ajuría Otxandiano, Irune Urigoitia Bengoa, Humberto Trapero Unzueta y Mikel Urigoitia Areitio; **ONDÁRROA:** Lorenzo Arkotxa Beabe, Koldobika Aitor Ituarte Arkotxa, Iñaki Plaza Azkarate, María Ángeles Burgoa Arkotxa, Joseba Andoni Argoitia Garmendia, Aitor Artetxe Jaio, Jon Iñaki Artetxe Egaña, María Trinidad Arrizabalaga Saras y Kemen Uranga Artola; **ORDUÑA:** Juan José Sanz Pérez, María Ángeles Solachi Ugarte y Bixintxo Azkarraga Biguri; **OROZCO:** José María Alangua Sáez de Ibarra, José Miguel Iza Beitia y Juan José Respaldiza Osaeta; **ORTUELLA:** Asier Arroitia Lafuente; **PEDERNALES:** María Dolores Mendez Ormaetxea y María Jesús Learreta Jaureguizar; **PLENCIA:** Jaime Pardavilla Silva y Bingen Gorritxo Martikorena; **PORTUGALETE:** Mikel Kintela Álvarez, Luis Pedro de Vega Martín e Izarra Guisasola Martín; **SANTURCE:** Gorka Galdeano Acebo, José Luis Fernández Ortiz y Dámaso José María Mantilla Rodríguez; **SESTAO:** Mikel Izquierdo del Mipo, María Rosario Llanos Hermosa e Iñaki Medina Alejandre; **SONDICA:** Deiñe Larrabeiti Mendikute y Alberto Cristóbal Martínez; **SOPELANA:** Amaia Unibaso Landaluze, Josu Barbarias Olabarria, Koldobika Llona Fernández de Nograro y Alberto Hernández Domínguez; **SOPUERTA:** Santiago Rodríguez Sánchez; **TRAPAGA:** Juanjo Aramburu Rojas y Begoña Martínez López; **URDULIZ:** Josu Iratzagorria Jauregui, Itziar Goikoetxea Otazua y Óscar Arana Corcuera; **YURRETA:** Mikel Gotzon Aiartzaguena Zugazartatza, María Pilar Bereziartua Bikandi y Ziortza Aldekoa-Otalora Astarloa; **ZALDIVAR:** Josu Gaizka Zabarte Lasuen, Idoia Martín Kortazar y Jon Azaguirre Aranguren; **ZALLA:** José Ángel Gauna Martínez; **ZAMUDIO:** Leandro Landeta Zarate, Miren Olabarrieta Iturbe y Carlos Martínez de Morentin Goikoetxea; **ZARATANO:** Erroka Itziar Aguirre y Nerea Goti Valle; **ZEANURI:** Miren Karmele Bobide Urigoitia y Joseba Larrakoetxea Beobide.

Guipúzcoa
AIZARBAZÁBAL: José Francisco Larrarte Aguirre, Olatz Aguirre Zubizarreta, José Adengel Oñederra Olaizola, Joseba Iñaki Ayerza Echabe, María del Carmen Arrieta Barrena, Asier Alkorta Arruti y Aroa Artola Salaberria; **ALEGRÍA:** Félix Irazustabarrena Arsuaga, Olatz Amundarain Goikoetxea, Jon Zigor Azpilgain Balerdi y Maider Zabala Balerdi; **ALZO:** Xabier Galarraga Zabala, Jexux Murua Gorostidi, José Antonio Gaztañaga Amiano, Antton Iztueta Maiz y Joxe Joakin Murua Balerdi; **AMÉZQUETA:** Bixente Gorostidi Loidi, Josefa Antonia Beldarrain Carrera, José María Amundarain Tolosa, Juan Bautista Galarza Garmendia y Miren Agurtzane Bernaras Bueno; **ANDOAIN:** José Antonio Barandiaran Ezama, Ainhoa Ozaeta Mendicute, José Ramón Karrera Mendizabal, Unai Balda Eceiza y Jesús María Olazabal Iñurrita; **ANOETA:** José María Sarasola Goenaga, Pedro María Peñagarikano Labaka, Miren Maite Aizpurua Etxeberria, Manuel María Odriozola Iruretagoyena y Mikel Errazkin Aguirrezabala; **ANZUOLA:** Mireia Unamuno Unzurrunzaga, Jon Kortabarria Arando, Juan José Azkarate Jauregui y Josune Irizar Azkarate; **ARRECHAVALETA:** Ángel Bergaretxe Aguirregabiria, Andoni Miguel Quintero, Luis María Errasti Enekotegui, María Socorro Unanue Arechaga, Javier Etxebarrieta López y Josu Atxaga Irizar; **ASTEAZU:** María Begona Usabiaga Errazquin, José Luis Zubeldia Irazusta, Nekane Chapartegui Nieves y Txomin Otegui Aldai; **ASTIGARRAGA**: Miren Elixabete Laburu Labaka, Bixente Loidi Jauregui, Belén Hernández Ezeiza, Joxe Miguel Jiménez Arbizu, Manuela Salvador Iradi e Igor Garmendia Urialde; **ATAUN:** Aitor Aldasoro Suqiia, Oihana Munduate Dorronsoro, Lourde Etxeberria Arrese e José María Barandiaran Beguristain; **AYA:** Miren Josune Izeta Lerchundi, Antxon Gómez Lorente e Irune Alday Arrillaga; **AZKOITIA:** Miren Jaione Eizaguire Uzin, Asier Altuna Epelde, Miguel María Múgica Arambarri e Ibon Araquistain Isasmendi; **AZPEITIA:** Miren Lourdes Odriozola Uzcudun, José Luis Otamendi Etxabe, Mikel Gotzon Astigarraga Aguirre, Aitor Unanue Albizuri, Unai Lizaso Sanz y Juan María Rezabal Peñagaricano; **BEASAIN:** Andoni Antxia Etxebarria, Arrate Izaguirre Iriondo, Leire López Zurrutuza y Aimar Larrea Garin; **BEIZAMA:** Jon Iñaki Aizpitarte Ugarte; **BELAUNZA:** Imanol Olano Lopetegui, Iban Olano Arbelegui, Margarita Arruabarrena Zubeldia y Asier Zabaleta Martiarena; **BERASTEGUI:** Francisco Javier Salvarredi Saizar, Onhintza Garciarrena Echeverria y Félix Lasarte Señorena; **BIDEGOYAN:** José Ángel Cincunegui Urdapilleta, Miren Agurtzane Celaya Arandia y Luis Galarraga Toledo; **DEBA:** Agustín Astorquia

Loidi, Miren Zuriñe Gredilla Careaga, Estitxu Unzurrunzaga Beristain y Maribel Subinas Aspiazu; **ÉIBAR:** Iñaki Amuateguii Basauri, Emiliano Ayastui García, Jon Azkune Hernando y Mila Arizmendi Etxaniz; **ELDUAIN:** Ambrosio Barandiaran Dorronsoro, Jorge Nazabal Egües, Juan Ramón Gurruchaga Lasa, Cristina Elizburu Urquizu y Jesús María Muñagorri Zabaleta; **ELGÓIBAR:** Asier Zengotita Alberdi, Miren Izazkun Arocena Echave, Juan Carlos Harcos Anton y María Victoria Guenaga Totoricagüena; **ELGUETA:** Olaya Jiménez Arrieta, Xabier Basauri Olaortua y Víctor Manuel Gallastegui Olabarria; **ESCORIAZA:** Edorta Zubizarreta Alegría, Davir Arrieta Armendariz, Josu Azkarate Cañamaque, Dorleta Kortazar Alkoz e Iñaki Uribetxebarria Beloki; **FUENTERRABÍA:** María Jesús Zapirain Garmendia, Andoni Fernández Manterola, Jaime Anduaga Matud y Koldo Elizetxea Imaz; **GAZTELU:** Joxe Gabirondo Arrate,
GUETARIA: Miren Usoa Sorazu Otamendi, Iñigo Azkue Leunda y Josu Insausti Etxegoien; **HERNANI:** Mertxe Etxeberria Aramburu, Milagros Apezetxea Loiarte, Manuel Fraile Etxenike, Jesús Rebollo Ortega, Ibai Aristimuño Zubilla, Lordes Etxeberria Elorza, Elixabete Igarriz Izeta, Imanol Beroitz Insausti y Joseba Apaolaza Cigaran;
HERNIALDE: Iñaki Artola Amiama; **IBARRA:** Iñaki Urkizar Zubelzu, María José Ruiz Pando, Imanol Lizartza Etxebeste, Jokin Sarasola Balerdi y Nekane Urteaga Olano; **IDIAZÁBAL:** Tomás Aldasoro Katarain, Loinaz Urrestarazu Lazkano y Gorka Eguialde Aramburu; **IRÚN:** José Andres Elosegui Arregui, Garokoitz Arrastua Lekuona y Koldo Barros Martín; **IRURA:** Marimi Ugalde Zabala, José Agustín Zubeldia Iraola, Aitor Lasa Olalde y María Jesús Otaño Zumeta; **ISASO:** Iñaki Idiaquez Korta, Iñazio Larrañaga Garmendia, Iñaki Etxeberria Aramburu y Aloña Etxeberria Maiz;
ISASONDO: José María Otegui Goenaga, José Ángel Mintegui Eskisabel, José Manuel Mendizabal Benito, Amagoya Etxeberria Picabea, Iker Mendizabal Garro, Xabier Iturrioz Oyarbide y Daniel Etxeberria Pascual; **ISKARRIETA**: Javier Díaz Alberdi, María Victoria Lazcano Otegui y José Esteban Mujica Arza; **LASARTE:** Xabier Elisondo Lasarte, Ayora Zulaika Soroa, Zigor Iriondo Yarza y Mikel Munduate Artola; **LAZKANO:** Irantzu Amundarain Irizar, Julio Ibáñez Urteaga, Jon Aguirre Garmendia y Urko Irastorza Aldanondo;
LEABURU: José Cruz Goñi Lizartza, Amalia Adurriaga Sarasola, María José Rincón Arano, Jon Otegui Eraso, Aitor Esnaola Aguirrezabal, Ana Isabel Pérez Sánchez y María Gosotegui, Aguirrezabala; **LEGAZPIA:** Eñeko Iriondo Eguren, Eneko Maiz Azpiroz y Ana Martín Urmeneta; **LEGORRETA:** Beñat Jauregui Larzabal, Jon Die-

go Díaz Egurbide, Patxi Joseba Ibáñez Garmendia e Igore Adurriaga Sarasola; **LEZO**: Aitor Sarasola Salaberria, Mikel Mitxelena Iza, Nekane Artola Labordeta, Imanol Esnaola Arbiza, Xabier Alegria Loinaz, Inmaculada Muñoz Martínez y Juli del Sol Bermejo; **LISARZA**: José Antonio Mintegui Arrate, Juan Luis Alaña Arrinda, Ana María Jesús Ederra Irurzun, Antonio Balerdi Garmendia, Nerea Altuna Zubeldia, María Lourde Altuna Arritegui y Lorenzo Goicoecheaundia Martínez; **MENDARO**: María Arantzazu Egaña Aldalur y José Manuel Idoeta Laucirika; **MONDRAGÓN**: Xabier Zubizarreta Lasagabaster, Utzune Urrizalki Jauregui, Juan Luis Arejolaleiba Biteri, Juan Ramón Garai Bengoa, José Ramón Arkauz Arana, Haritz Azkarraga Ugarte y Larraitz Trojaola Berezibar; **MOTRICO**: José Agustín Elezgarai Flores, Domeka Lasarte Iparraguirre, Aitziber Andonegui Astigarraga, Ibon Lekube Elezgarai e Itziar Egurbide Arrieta; **OLABERRÍA**: Asier Mujica Zubiarrain y José Ángel Munduate Imaz; **OÑATE**: Karmelo Arregui Maiztegui, Johana Olabarria Ugarte, Jon Egaña Mendizabal, Juan José Egaña Irarreta, Iñigo Biain Berraondo, Gaizka Arregui Urcelay y Aitor Mendi Egaña; **ORDICIA**: Agustín Linazasoro Usabiaga, Julen Aguirre Iturrioz, María Izaskun Urrestarasu Ceberio y Bittor Milo Urkiola; **OREJA**: Miren Nekane Malkorra Beristain; **ORENDAIN**: Jon Zuriarrain Eizaguirre, Jexux Ormaetxea Telletxea, Joxe María Esnaola Urkola, Nekane Arregui Garmendia y Argoitz Lizarribar Etxaide; **ORIO**: Emeterio Iribar Sorazu, Eneko Dorronsoro Portularrumbe e Ibon Urbieta Zubiria; **ORMAIZTEGUI**: Oihana Oñatibia Alkorta, Igor Elortza Sáez de Eguilaz y Roman Larena Martínez; **OYARZUN**: Xabier Iragorri Gamio, Xabier Landa Etxeberria, Larraitz Sanzberro Arakama, Kontxi Arrubarrena Ansa, Juan Inazio Ansa Martiarena, Sorkunde Lekuona Sagarzazu, Kepa Olaiz Odriozola y José María Gezala Legorburu; **PASAJES**: Juan Carlos Aldunzin Juanema, Obdulia Lorenzo de Dios, Joseba Xabier Portugal Arteaga, Karmele Goyonetxea Garmendia, Ángel Ouviña Vidal, Ainara Elola García y Ricardo del Pozo Gil de Albornoz; **PLAENCIA DE LAS ARMAS**: Ezozi Larrañaga Orbea, José Luis Badiola Quintanilla, Regina Maiztegui Aboitiz, e Iñaki Sáez Arreitunandia; **REGIL**: José Ignacio Azpillaga Ariztimuño, María Begoña Galarraga Toledo y Félix Arzalluz Amenabar; **RENTERÍA**: Juan Carlos Murua Roma, Ainara Lasa Pérez, Koldo Mikel Elizalde Telletxea, Begoña García García, José Javier Dorronsoro Gorriti y Gerardo Carrere Zabala; **SAN SEBASTIÁN**: Carlos Trenor Dicenta, Miren Zinkunegui Arrillaga, Maider Alustiza Lasa, Josetxo Ibazeta Gómez e Iñigo Balda Kalonge; **SEGURA**: Luis María Telleria Lezeta, Miren Jayone Telleria Albizu, Rafael Guerriko Erauskin, Aitzol Telleria Gabiria y Jon Aguirre Aburuza; **TOLOSA**: Antton Izaguirre Gorostegui, Miren Nekane Eizaguirre Odriozola, Aitor Iztueta Garaikoetxea, Benjamín Arregui Usabiaga, Begoña Aldalur Undampilleta, Silvana Ostiza Goikoetxea y Gotzon López Lorenzo; **URNIETA**: Teresa Toda Iglesia, Karmele Urbistondo Aranburu y Mikel Elosegui Olazabal; **URRECHU**: Joseba Mikel Garmendia Albarracin, José Miguel Lasa Salaberria, María Iciar Oñatibia Bagues y Miren Josu Aramburu Echeverria; **USÚRBIL**: Joxe Antonio Altuna Aizpurua, Sebas Cardenas Muñoz, Agustín Lizaso Azkonobieta, Carmele Hevia González, Nicolás Bengoetxea Izeta, Xabier Orbegozo Salsamendi, Karmele Muxika Huici y Xabier Pikabea Aizpurua; **VERGARA**: Jesús María Garitano Sánchez, Mikel Eguren Lazkurain, Maider Larrañaga Leunda, Martín Aitor Goiti Alkorta, Yolanda Juaristi Arietaleainz-Beaskoa, Aitor Aranzabal Altuna y Martín Guridi Alustiza; **VILLABONA**: Maixabel Arrieta Galarraga, Itziar Garmendia Bastarrika, Iratxe Bidaola Larrea, Juan Ignacio Etxeberria Cardenal, Pello Zelarain Oyarzabal y Carlos Calvo San Roman; **ZALDIVIA**: Joaquín Zubeldia Aramburu, Oroitz Etxabe Narzabal, Aitzol Jauregui Amundarain, Iñaki Gurrutxaga Cacho, Mayalen Hernández Irastorza, Agustín Mugica Yarza, Ramón María Suqia Esnaola, Joseba Arramun Murua Echave y Ustaritz Ormaetxea Irastorza; **ZARAUZ**: Juan María Gregorio Aguirre Manterola, Miren Mirari Eizaguirre Eguiguren, Jon Mikel Gastañares Arriaran y Daniel Iruretagoyena Odiaga; **ZEGAMA**: Jon Ramon Aguirre Berasategui, Ángel Carlos Gómez Torres, Josune Irastorza Aizpeolea y Andres Urbizu Murguiondo; **ZESTONA**: Joseba Estebeni Azpeitia Eizaguirre, María Ángeles Astilleros Izeta, Juan José Odriozola Odriozola, Xabier Arrieta Irureta, Nerea Alberdi Fernández y Leire Larranaga Arrieta; **ZIZURKIL**: Juan Manuel Erazun Eizmendi, Larraitz Goenaga Altuna, Mikel Eguibar Mitxelena, Garikoitz Tapia Erviti y Miren Geresta Mugica; **ZUMÁRRAGA**: Mikel Elgarresta Kastejon, Ainhoa Osinalde Zaldua y Montserrat Torner Calvo; **ZUMAYA**: Luis Javier Álvarez Yeregui, Arritokieta Manterola Ispizua, Uxua Ostolaza Egaña y Luiz Gonzalo Torre Oleaga.

Fuentes: Parlamento vasco, diputaciones forales y Guía de municipios vascos, editada por Eudel. Algunos nombres pueden no corresponder con la realidad por defunciones, cambios de partido o dentro del partido, detenciones y encarcelamientos, etc.